1 MONTH OF
FREE
READING

at

www.ForgottenBooks.com

By purchasing this book you are
eligible for one month membership to
ForgottenBooks.com, giving you
unlimited access to our entire
collection of over 1,000,000 titles via
our web site and mobile apps.

To claim your free month visit:

www.forgottenbooks.com/free978255

ISBN 978-0-260-86713-1
PIBN 10978255

REVUE

D'ÉCONOMIE POLITIQUE

XXIII

REVUE
D'ÉCONOMIE POLITIQUE

COMITÉ DE DIRECTION :

Paul CAUWÈS,
Professeur à la Faculté de droit de Paris.

Charles GIDE,
Professeur d'Economie sociale à la Faculté de droit de Paris et à l'Ecole nationale des Ponts et Chaussées.

Dr Eugen SCHWIEDLAND,
Professeur à l'Institut Polytechnique à l'Université de Vienne ; Conseiller aulique.

Edmond VILLEY,
Doyen de la Faculté de droit de Caen, Membre de l'Institut.

Raoul JAY,
Professeur à la Faculté de droit de Paris.

Auguste SOUCHON,
Professeur à la Faculté de droit de Paris.

GERMAIN MARTIN
Professeur à la Faculté de droit de Dijon,
SECRÉTAIRE DE LA RÉDACTION

PRINCIPAUX COLLABORATEURS :

MM. **Aftalion**, professeur à la Faculté de droit de Lille. — **Andrew**, professeur à Harvard-University de Boston. — **d'Aulnis de Bourouill**, professeur à l'Université d'Utrecht.— **de Boeck**, professeur à la Faculté de Droit de Bordeaux. — **de Böhm-Bawerk**, ancien ministre, professeur à l'Université de Vienne. — **Bourguin**, professeur adjoint à la Faculté de Droit de Paris. — **Brentano**, professeur à l'Université de Munich. — **Bücher**, professeur à l'Université de Leipzig. — **Clark**, professeur à Columbia-University de New-York. — **Denis**, professeur à l'Université de Bruxelles. — **Dolléans**, professeur agrégé à la Faculté de droit de Dijon. — **Duguit**, professeur à la Faculté de droit de Bordeaux. — **Foxwell**, professeur à University-College de Londres. — **François**. — **Garnier**, professeur à la Faculté de droit de Nancy. — **Gonnard**, professeur à la Faculté de droit de Lyon. — **Hitier**, professeur agrégé à la Faculté de droit de Paris. — **Ianjoul**, membre de l'Académie Impériale, ancien professeur à Saint-Pétersbourg. — **Landry**, docteur ès-lettres, professeur à l'Ecole des Hautes-Etudes, Paris. — **Larnaude**, professeur à la Faculté de droit de Paris. — **Levasseur**, membre de l'Institut. — **Loria**, professeur à l'University de Turin. — **Mahaim**, professeur à l'Université de Liège. — **du Maroussem** — **Mataja**, directeur de section au Ministère du Commerce, à Vienne. — **Menger**, ancien professeur, correspondant de l'Institut. — **Nitti**, professeur à l'Université de Naples. — **Oserov**, professeur à l'Université de Moscou. — **Pic**, professeur à la Faculté de droit de Lyon. — **Piernas**, professeur à l'Université de Madrid.— **Polier**, professeur agrégé à la Faculté de droit de Toulouse. — **Porte**, professeur à la Faculté de droit de Montpellier. — **Reboud**, professeur adjoint à la Faculté de droit de Grenoble. — **Rist**, à la Faculté de droit de Montpellier. — **Sauvaire-Jourdan**, professeur à la Faculté de droit de Bordeaux. — **Sauzet**, professeur à la Faculté de droit de Paris. — **De Schmoller**, professeur à l'Université de Berlin. — **Truchy**, professeur adjoint à la Faculté de droit de Paris. — **Turgeon**, professeur à la Faculté de droit de Rennes. — **Walras**, ancien professeur à l'Université de Lausanne. — **Wuarin**, professeur à l'Université de Genève.

VINGT-TROISIÈME ANNÉE

LIBRAIRIE
DE LA SOCIÉTÉ DU RECUEIL J.-B. SIREY ET DU JOURNAL DU PALAIS
Ancienne Maison L. LAROSE & FORCEL
22, Rue Soufflot, PARIS, 5e Arrt.

L. LAROSE & L. TENIN, Directeurs

1909

Bordeaux, Imprimerie Y. Cadoret, 17, rue Poquelin-Molière.

REVUE
D'ÉCONOMIE POLITIQUE

ÉTUDE EXPÉRIMENTALE DE TRAVAIL PROFESSIONNEL OUVRIER

TRAVAIL DE COUPAGE DE SARMENTS POUR BOUTURES

Il peut paraître étonnant, aux lecteurs habituels de la *Revue d'Economie politique*, de trouver ici un article où il va être question d'expériences de Laboratoire, au sens précis de ces mots, avec utilisation de l'outillage et des méthodes physiologiques, tambour et cylindre enregistreurs, graduation d'instruments disposés pour l'inscription directe, interprétation de graphiques expérimentaux, etc.

S'il en est, parmi les Economistes, qui soient fâcheusement impressionnés par l'aspect inaccoutumé des pages qui suivent, ainsi que par les considérations et les procédés d'étude qui y sont exposés, je les prierai de surmonter cette première répugnance et d'apporter quelque attention à la lecture de cet article, afin qu'ils puissent ensuite, en toute connaissance de cause, décider si les recherches, du genre de celles que j'y présente, ne peuvent pas fournir quelques données nouvelles, objectives et précises, pour la discussion de bien des problèmes ouvriers, et quelques éléments utiles, peut-être même quelquefois indispensables, pour la solution d'un certain nombre des conflits qui éclatent, si fréquents, entre le Capital et le Travail.

L'Economie politique et la Physiologie ont des frontières communes constituées par toutes les questions économiques dans lesquelles intervient, pour une part, le travail du moteur humain, et ces deux branches de la science se trouvent ainsi, dans une certaine mesure, reliées entre elles par des liens assez étroits de solidarité. Les Economistes, d'une part, les Physiologistes, de l'autre, sont

impuissants, me semble-t-il, à préparer isolément la solution pratique de bien des questions ouvrières, à cause du double caractère
physiologique et économique que ces questions présentent. Je suis
convaincu que ce sera hâter et assurer la marche du progrès social
que de montrer combien peut être féconde la collaboration de ceux
qui, réunis, possèdent toute la somme de connaissances nécessaire
pour établir l'ensemble des données indispensables à l'étude complète de bon nombre des problèmes ouvriers les plus préoccupants
de notre époque.

Ce n'est pas d'ailleurs par des considérations générales, qui
laissent presque toujours place à des objections dont il est souvent
difficile de préciser l'importance réelle, que je me propose de
justifier cette collaboration.

En tant que Physiologiste, j'apporte aux Economistes un exemple
particulier, précis, appuyé sur des nombres tirés de constatations
expérimentales, et je leur présente des conclusions dont la portée
leur paraîtra, je l'espère, dépasser l'importance minime du travail
professionnel, à l'occasion duquel elles auront été formulées, et
présenter par là un degré de généralité assez grand pour qu'ils
puissent apprécier la valeur que ces conclusions peuvent avoir
pour eux.

Si je ne m'illusionne pas sur l'intérêt que les Economistes peuvent trouver à des recherches du genre de celles dont il va être
question, d'autres recherches analogues pourront également être
soumises ici à leur appréciation et à leurs critiques.

Le travail dont il va être question, et qui consiste à débiter en
boutures, de longueurs et d'épaisseurs déterminées, les longs sarments des vignes américaines, n'occupe qu'un nombre minime
de personnes, surtout depuis la crise viticole dont souffre si cruellement tout le Midi de la France. A Montpellier, par exemple,
centre important d'expédition cependant, le personnel employé à
la préparation des boutures ne dépasse guère la centaine et est
constitué d'ailleurs presque exclusivement par des femmes et des
jeunes filles, parmi lesquelles on rencontre seulement quelques
rares adolescents.

L'étude de ce travail professionnel spécial ne se recommande
donc pas du nombre de ceux qui en vivent; l'intérêt des recherches que nous allons exposer est tout autre et tient tout d'abord à
ce que, ayant pu évaluer en unités mécaniques, d'une manière

suffisamment précise, un travail professionnel qui ne consiste pas, d'ailleurs, en une élévation ou en un transport de charges, il nous a été possible de fixer numériquement la somme d'efforts musculaires et de travail, au sens mécanique du mot, exigée de l'ouvrier pour chaque centime de salaire. Nous avons établi ainsi un nouvel élément, à ajouter à celui que l'on peut déduire de nos recherches antérieures sur le *cabrouet*[1], en vue de la détermination, pour des professions différentes et dissemblables, de la relation générale qui peut exister entre le salaire payé et le travail fourni.

Il résultera, d'autre part, de notre étude, et cette conclusion, pensons-nous, n'est pas sans intérêt, que, même pour un travail professionnel qui apparaît comme essentiellement mécanique, la supériorité d'une ouvrière sur une autre dépend beaucoup plus des facultés cérébrales que des qualités physiques.

Premières indications sur le travail de coupage. — Ce travail, qui ne dure guère que quatre à cinq mois chaque année, de novembre à mars, est effectué, soit sous de vastes hangars, soit même en plein air; il commence vers sept heures du matin pour se terminer vers cinq heures du soir, avec deux repos en général, l'un à huit heures du matin pour le déjeuner, l'autre à midi pour le principal repas. Comme le travail est payé à forfait et que la tâche de l'ouvrière est absolument indépendante de celle de ses camarades, chacune d'elles est entièrement libre de régler ces repos comme elle le désire ou même de les multiplier. Un certain nombre d'ouvrières qui, pour une raison quelconque, ne rentrent pas chez elles de la journée, limitent leur repos de midi à quinze ou vingt minutes; d'autres, mariées, et devant préparer le repas de la famille, suspendent au contraire leur travail pendant deux heures environ.

Jusqu'à ces derniers temps, le salaire était fixé ainsi qu'il suit :

0 fr. 50 pour 1.000 boutures d'une longueur de 0^m50 environ et d'un diamètre de 0^m003 à 0^m006 à l'extrémité la plus grêle;

0 fr. 60 pour 1.000 boutures d'une longueur de 0^m33 à 0^m40, et d'un diamètre minimum de 0^m006 à l'extrémité la plus mince.

Des ouvrières spéciales, payées à part, étaient affectées à compter les boutures taillées par leurs camarades et à supprimer celles

[1] A. Imbert et Mestre, Recherches sur la manœuvre du cabrouet et la fatigue qui en résulte (*Bulletin de l'inspection du travail*, n. 5, 1905).

dont le diamètre était trop petit ou l'état de sécheresse trop accusé.

Actuellement, il est payé un prix uniforme de 0 fr. 65 par 1.000 boutures, quelle qu'en soit l'espèce ; mais chaque ouvrière doit compter elle-même son propre travail, ce dont elle se félicite d'ailleurs, car elle se garde bien de supprimer aucune des boutures qu'elle a taillées.

Le travail est effectué ainsi qu'il suit.

L'ouvrière va prendre elle-même le paquet, composé de 200 à 300 sarments, qu'elle doit débiter en boutures et le dispose presque en face d'elle, à portée de sa main gauche, le gros bout des sarments tourné de son côté. Assise sur un siège bas (caisse, pierre, paquet de sarments, etc.), elle tient dans sa main gauche, d'une façon constante, une mince tige de bois, destinée à servir de règle pour couper les boutures, tige dont la longueur est de 0^m50 et qui porte deux entailles bien visibles à 0^m33 et à 0^m40 de l'une de ses extrémités. Un sécateur est tenu dans la main droite et sert, d'une part, à couper les tiges secondaires des sarments et les nombreuses vrilles qui lient souvent ces sarments entre eux ; d'autre part, à sectionner les sarments eux-mêmes pour les débiter en boutures de longueur en rapport avec le diamètre, lequel est toujours apprécié seulement à la vue. Il est évident d'ailleurs que les longueurs indiquées plus haut pour les boutures ne sont pas des nombres bien rigoureux et que des erreurs de quelques centimètres sont tolérées.

Enfin chaque ouvrière dépose les boutures coupées en deux paquets distincts, l'un à sa gauche, l'autre derrière elle, suivant la longueur et, par suite, la grosseur de chaque bouture.

Inscription des efforts de coupage. — Elle a été réalisée de la manière suivante.

Le manche $M\ N$ d'un sécateur ordinaire (fig. 1) est sectionné en S et les deux parties en sont réunies au moyen d'une charnière qui permet la rotation de la partie $S\ N$ autour d'un axe O. Sur une pièce métallique P, rivée au manche, est, d'autre part, fixée en H une lame d'acier $H\ E$ qui présente, vers son extrémité libre, une rainure destinée à recevoir une goupille E ; celle-ci sert d'axe de rotation à une chape $E\ D$, réunie au manche $S\ N$ au moyen d'une autre goupille D autour de laquelle la chape est également mobile. Enfin entre la lame d'acier $H\ E$ et le manche est logée une petite poire en caoutchouc C, poire d'obturateur photographique, de grosseur convenable, mise en communication par le tube T avec un tambour inscripteur ordinaire[1].

Grâce à ce dispositif, tout effort de coupage déterminera une flexion de la lame d'acier $H E$ et, par suite, une compression de la poire C, d'où résultera un déplacement de l'extrémité du levier inscripteur. On peut juger de la forme des tracés obtenus, ainsi que de la sensibilité du dispositif qui vient d'être décrit, par la figure 2 qui reproduit les tracés correspondant aux efforts musculaires nécessaires pour couper des sarments de diamètres croissants et égaux à $3^{mm}25$, 5^{mm}, $6^{mm}75$ et $10^{mm}50$.

Voici d'ailleurs la signification des diverses parties de chacun de ces tracés, qui doivent être lus de gauche à droite.

[1] Un tambour inscripteur est constitué essentiellement (voir figure ci-dessous) par une cupule métallique recouverte d'une lame de caoutchouc M qui l'obture et au centre de laquelle est collé un disque mince N en aluminium. A une faible distance au-dessus de ce disque, et réuni à celui-ci par un système articulé, est disposé un levier très léger O L, mobile autour d'un axe O, porté par une pièce métallique I H, qui peut recevoir en L un long stylet inscripteur (non représenté sur la figure) dont l'extrémité libre est amenée au contact d'une feuille de papier recouverte d'une couche non adhérente de noir de fumée et enroulée sur un cylindre animé lui-même d'un mouvement uniforme de rotation. L'intérieur du tambour est mis en communication,

grâce à l'ajutage P et à un tube en caoutchouc, avec l'appareil explorateur du phénomène à enregistrer ; dans nos expériences, le tambour était ainsi réuni à la poire en caoutchouc C de la figure I. Tout effort de coupage fait fléchir la lame d'acier H E qui exerce dès lors une compression de la poire C ; cette compression est transmise par l'air, intérieur à la poire, au tube T et au tambour, jusqu'à la membrane M, qui est, par suite, soulevée et met en mouvement le levier O L, dont le stylet tracera, sur le papier enfumé, un trait d'autant plus long que la compression, c'est-à-dire, en réalité, l'effort de coupage, aura été plus considérable.

La partie horizontale $a\ b$ correspond à la position initiale de repos du stylet inscripteur ; le crochet c représente l'effort musculaire nécessité par le coupage, effort qui augmente avec le diamètre du sarment ; en $d,$ la section a été opérée et le stylet est revenu à sa position initiale de repos.

Evaluation en kilogrammes des déplacements du stylet inscripteur. — De cette figure 2, il sera facile de déduire la valeur en kilogrammes des efforts musculaires différents nécessités par le coupage de sarments de diamètres divers, si une sorte de graduation préalable a été établie.

A cet effet, le manche $M\ N'$ (fig. 1) est solidement fixé entre les mâchoires d'un étau, de manière que la partie $S\ N$ du manche $M\ N$ soit horizontale, et le ressort R du sécateur est remplacé par une pièce rigide. Il suffit alors de suspendre, par le milieu de $S\ N,$ des poids graduellement croissants pour obtenir les éléments de la graduation à établir. La figure 3 représente les déplacements successifs, ainsi obtenus, de la pointe du stylet inscripteur, pour des poids de 1, 2, 3, 5, 7, 10, 12 kilogrammes, et la figure 4, dont les abscisses représentent des kilogrammes, et les ordonnées les déplacements correspondant du stylet donnés par la figure 3, constitue la graduation avec laquelle il sera possible d'évaluer en kilogrammes les efforts musculaires réalisés par les ouvrières.

On voit, par cette figure 4, que les déplacements du stylet peuvent être regardés comme directement proportionnels aux poids agissant et par suite aux efforts exercés pendant le coupage. Cette proportionnalité subsiste, avec la même inclinaison de la droite qui la représente, pour des poires en caoutchouc de forme et de dimensions quelque peu différentes. La figure 5, en effet, qui a été obtenue avec une poire ovale, comme la figure 4 l'a été avec une poire sphérique, est aussi identique que possible à celle-ci. Le fait tient d'ailleurs à ce que la déformation de la lame d'acier $H\ E$ est faible, même pour le coupage des plus gros sarments, et que par suite la diminution de volume subie par la poire en caoutchouc est toujours minime par rapport au volume total de l'air intérieur à la poire et au tambour. La conclusion pratique à tirer de là est qu'il est inutile de chercher à assurer, comme j'avais d'abord songé à le faire, la stabilité de position de la poire en caoutchouc ; de petits déplacements de cette poire, s'il vient à s'en produire pendant le coupage, ne peuvent avoir en effet, d'après les constatations précédentes, aucune influence appréciable sur la grandeur des déplacements de la pointe du stylet inscripteur.

Influence de la position du sarment entre les lames du sécateur. — La simple considération des leviers que constituent ces lames montre que les efforts de coupage, pour un même sarment, devront être d'autant plus grands que le sarment est disposé plus loin de l'axe de rotation M. Cependant ces efforts ne peuvent être calculés par la seule utilisation de la loi des leviers, à cause de la forme convexe de la lame coupante. Il résulte, en effet, de la théorie du couteau, établie dans tous ses détails par le docteur F. Monoyer, que, si le sarment est disposé plus loin de l'axe M, la lame agit, de par la forme convexe de son tranchant, comme une lame à bord rectiligne dont la section droite présenterait un angle d'ouverture plus aigu. L'accroissement d'effort musculaire nécessité par un éloignement plus grand du sarment par rapport à l'axe M est donc, de ce fait, plus ou moins compensé par ce que l'on peut appeler une meilleure utilisation du tranchant de la lame, grâce à la forme convexe de celui-ci. Dans ces conditions, le mieux à faire est de s'adresser à l'expérience et d'inscrire les divers efforts nécessités par diverses positions du sarment entre les lames du sécateur ; ces positions pouvaient d'ailleurs être exactement repérées, grâce à des divisions équidistantes gravées par quelques coups de lime sur le plat de la lame $M\ L'$. La figure 5 représente les efforts successifs de coupage pour des sarments placés successivement au niveau des divisions 1, 4, 8 de la graduation précédente. La partie droite de la figure est relative à un sarment d'environ 5 millimètres, la partie gauche à un sarment d'environ 7 millimètres de diamètre ; a et a', b et b', c et c' correspondent respectivement aux divisions 1, 4, 8 de la graduation portée sur la lame $M\ L'$ du sécateur.

On voit que l'accroissement d'effort est relativement minime lors du passage de la division 1 à la division 4, surtout pour le sarment le moins épais, et plus considérable quand on passe de la division 4 à la division 8.

Dans l'évaluation, que l'on trouvera plus loin, de la somme d'efforts musculaires effectuée par une ouvrière, pour la préparation de 1.000 boutures, j'ai admis que tous les sarments, quel qu'en soit le diamètre, étaient uniformément placés, au moment du coupage, en face de la division 4 du sécateur. Cette hypothèse est rigoureusement exacte, peut-on dire, pour les sarments les plus gros, qui, en raison même de leur grosseur, ne peuvent être poussés plus avant entre les lames coupantes; mais, par contre, on attribue ainsi une valeur un peu trop grande aux efforts correspondant aux sarments les plus minces, et la somme totale d'efforts se trouvera par suite majorée de ce fait dans une certaine mesure. Toutefois, on verra, d'une part, que les efforts nécessités pour le coupage des plus gros sarments entrent pour la moitié environ dans la somme totale, d'autre part, que je négligerai tous les coups de sécateurs destinés à sectionner les branches accessoires et les vrilles, si bien que le nombre auquel j'arriverai pour cette somme péchera bien plutôt par défaut que par excès.

C'est avec cette position uniforme des sarments au niveau de la division 4 du sécateur que la figure 2 a été obtenue; un arrêt A, soudé à cet effet sur la lame $M L'$, assurait la réalisation de cette position.

Evaluation de l'effort musculaire nécessaire pour effectuer le coupage. — Grâce aux diverses données expérimentales dont il a été question précédemment, il est possible de construire un graphique permettant d'évaluer, avec une approximation suffisante, l'effort musculaire exigé par la section d'un sarment de diamètre quelconque. Ce graphique est celui de la figure 7 qui a été obtenu au moyen des données des figures 2 et 4. A cet effet, on mesure la hauteur moyenne des crochets de la figure 2, pour chaque diamètre de sarments, et on évalue chacune de ces hauteurs en kilogrammes en utilisant la figure 4. On trouve ainsi que :

Pour un sarment de $3^{mm}5$, l'effort musculaire a été de 2^k
— 5^{mm} —   — 3^k4
— $6^{mm}75$ — 4^k4
— $10^{mm}5$ — 13^k

Portant alors ces divers diamètres en abscisses, et ces nombres de kilogrammes en ordonnées, on obtient les quatre points A, B, C, D (fig. 7), que l'on joint entre eux; l'ordonnée correspondant à une abscisse quelconque de cette figure fera connaître la valeur approximative de l'effort musculaire à développer pour sectionner un sarment dont le diamètre est représenté par l'abscisse considérée.

Evaluation en kilogrammètres du travail de coupage. — En outre de l'évaluation précédente de l'effort musculaire en kilogramme, il peut ne pas être sans intérêt d'évaluer le travail de coupage, au sens précis et mécanique du mot. Ce travail, comme l'intensité de la contraction musculaire, dépend à la fois du diamètre du sarment et de la position que le sarment occupe entre les lames du sécateur au moment où la section est opérée. Il y a lieu encore de tenir compte de ces deux éléments de variation.

On opère, à cet effet, de la manière suivante.

Le sécateur est de nouveau solidement fixé, par son manche $M N'$, entre les mâchoires d'un étau ; l'inclinaison de ce manche est d'ailleurs réglée, à chaque détermination, de façon telle que le manche $M N$ se trouve horizontal, dans sa partie $S N$, au moment où la section du sarment sera opérée. On suspend ensuite, au milieu de $S N$, un fil flexible et résistant terminé par un crochet destiné à recevoir le poids dont la chute devra opérer la section du sarment, et l'on dispose une règle verticale parallèlement à laquelle le poids tombera, afin de pouvoir mesurer la hauteur de chute nécessaire pour réaliser la section. Le produit du poids P par la hauteur de chute H fera connaître, à chaque détermination, le travail correspondant en kilogrammètres.

Ajoutons que, pour empêcher tout déplacement du sarment expérimenté au moment où la lame coupante l'atteint sous l'action de la chute du poids, ce sarment était immobilisé, entre des pinces fixes et de lourdes masses de plomb, dans les positions successives pour lesquelles les déterminations devaient être faites.

Le tableau suivant contient les résultats numériques fournis par une série d'expériences :

	Diamètre des sarments en millimètres.	Division du sécateur en face de laquelle se trouve le sarment.	Poids utilisé en kilogrammes.	Hauteur de chute nécessaire pour operer la section, en mètres.	Travail de coupage en kilogrammètres.
I	3,5	2	0,200	0,335	0,067
	—	6	—	0,35	0,070
	—	8,5	—	0,405	0,081
II	4,5	2	0,200	0,35	0,07
	—	6	—	0,405	0,08
	—	8,5	—	0,51	0,102
III	6,5	2	0,500	0,325	0,16
	—	6	—	0,34	0,17
	—	8,5	—	0,535	0,267
IV	8,5	2	1,000	0,33	0,33
	—	6	1,000	0,475	0,475
	—	8,5	5,000	0,24	1,200

Pour rendre plus évidentes les indications qui résultent des résultats numériques contenus dans ce tableau, nous avons, avec ces résultats, construit la figure 8, où chaque graphique correspond à l'un des groupes I, II, III, IV du tableau précédent.

On voit que, comme l'intensité de la contraction musculaire, le travail de coupage n'augmente que peu, pour les sarments petits et moyens, lorsque le sarment est placé de plus en plus loin de l'axe de rotation M (fig. 1), entre les divisions 1 et 6 du sécateur. Au delà de cette division moyenne, l'augmentation du travail de coupage est plus rapide, surtout pour les sarments épais.

Comme pour les efforts musculaires, il est encore nécessaire, en vue des évaluations qu'il y aura lieu de faire plus tard, en ce qui concerne le travail des ouvrières, de déduire de la figure 8 un graphique permettant de déterminer approximativement le travail correspondant au coupage d'un sarment de diamètre quelconque, placé au niveau d'une division déterminée du sécateur. Rappelons que nous avons donné plus haut les raisons pour lesquelles on peut admettre, sans grande erreur, que tous les sarments sont sectionnés au niveau de la division 4; c'est donc pour cette division que le graphique en question doit être établi. Il suffit pour cela de considérer les longueurs *ab, ac, ad, ae,* des ordonnées des divers graphiques de la figure 8 qui correspondent à la division 4 de la ligne des abscisses de cette figure, puis de porter ces longueurs en ordonnées nouvelles (fig. 9), aux divisions 3,5, 4,5, 6,5 et 8,5 d'une ligne d'abscisses qui représentera alors des diamètres de sarments. On obtient ainsi les points *A, B, C, D* de la figure 9, qu'il suffira de réunir entre eux pour avoir le graphique cherché; ce graphique permettra de connaître, avec une approximation suffisante, la valeur du travail de coupage d'un sarment d'épaisseur connue et quelconque placé au niveau de la division 4 du sécateur.

Observation des ouvrières. — Les observations ont porté sur deux ouvrières, l'une F. S., jeune fille de 20 ans, très habile, sinon la plus habile coupeuse, l'autre Mme H., femme mariée, âgée de 40 ans, coupeuse médiocre, très inférieure à la précédente comme rendement.

Après avoir fait travailler ces deux ouvrières pendant le même temps, une heure et demie environ, les boutures furent comptées et les résultats furent les suivants :

	Mme H.	Mlle S.
Petites boutures. . . .	180	331
Grosses boutures . . .	140	280
	320	611

Les paquets de sarments utilisés par chaque ouvrière avaient été pris au hasard dans un énorme tas et devaient être par conséquent, autant qu'il est possible, identiques entre eux. La preuve de cette identité résulte de ce fait que les rapports des nombres des petites et des grosses boutures, taillées par chaque ouvrière dans les paquets qui formaient leur lot, sont très voisins l'un de l'autre :

$$\frac{180}{140} = 1,28 \text{ pour M}^{me}\text{ H.}$$

$$\frac{331}{280} = 1,18 \text{ pour M}^{lle}\text{ S.}$$

On est dès lors autorisé à admettre que le rapport entre les petites et les grosses boutures, pour un travail prolongé, est égal à la moyenne des rapports précédents, c'est-à-dire à :

$$\frac{1,28 + 1,18}{2} = 1,23 ;$$

On peut conclure de là que, sur 1.000 boutures taillées par une ouvrière, il y aura :

> 551 petites boutures.
> 449 grosses boutures.

Ces boutures, avons-nous dit en commençant, doivent avoir à leur extrémité la moins épaisse, les petites, un diamètre minimum de 3 millimètres, les grosses, un diamètre minimum de 6 millimètres. Comme l'appréciation de ces diamètres minima est faite seulement à la vue, qu'en outre aucune prescription n'est imposée quant au diamètre de l'extrémité la plus grosse, que, d'autre part, l'effort et le travail de coupage varient avec le diamètre du sarment au niveau où une section est opérée, il était nécessaire, pour l'évaluation ultérieure des efforts musculaires et du travail des ouvrières, de connaître, avec assez d'exactitude, les diamètres des diverses sections effectuées.

A cet effet, nous avons pris au hasard 50 boutures de chaque espèce, et mesuré, au compas d'épaisseur, les diamètres de chaque extrémité, en vue d'établir des diamètres moyens pour chaque grosseur de bouture. Les résultats de ces mensurations ont été les suivants :

	DIAMÈTRE MOYEN	
	Extrémité grêle	Extrémité grosse
Petites boutures.	2^{mm}56	6^{mm}4
Grosses boutures.	7^{mm}43	9^{mm}65

On serait au-dessus de la réalité, c'est-à-dire que l'on arriverait à des nombres un peu trop forts pour l'effort musculaire et le travail total, si, d'après les résultats numériques précédents, on concluait, pour les petites boutures, à 551 sections au niveau de chacune des extrémités de diamètres 2^{mm}56 et 6^{mm}4, et pour les grosses, à 449 sections au niveau de chacune des extrémités de diamètres 7^{mm}43 et 9^{mm}65. Ceci, en effet, n'est vrai que pour l'extrémité la plus grêle des petites boutures et l'extrémité la plus épaisse des grosses, car toujours des coups de sécateur sont donnés à ces niveaux. Mais il arrive assez fréquemment que deux boutures successives peuvent êtres taillées dans le même sarment et que le même coup de sécateur donne alors l'extrémité la moins épaisse de la grosse bouture, et l'extrémité la plus grosse de la petite. D'après mes observations sur les ouvrières, la circonstance précédente se rencontre moins fréquemment qu'une fois sur deux ; en admettant donc le rapport de 1 à 2 pour la fréquence de cette circonstance, l'évaluation ultérieure des efforts et du travail sera faite par défaut. Si les diamètres moyens de la grosse extrémité des petites boutures et de l'extrémité la moins épaisse des grosses avaient été trouvés égaux, il eût suffi, pour tenir compte de la circonstance précédente, de diminuer de moitié le nombre 551 des sections correspondant à la plus grosse extrémité des petites boutures ; ces diamètres étant inégaux, 6^{mm}4 et 7^{mm}43, il nous a paru qu'il serait plus exact de diminuer d'un quart le nombre 551 des sections se rapportant au diamètre 6^{mm}4 et d'un quart également le nombre 449 des sections se rapportant au diamètre 7^{mm}43.

Nous admettrons donc que la préparation de 1.000 boutures nécessite :

551	sections de sarments d'un diamètre moyen de				2^{mm}56
$\dfrac{3 \times 551}{4}$	—	—	—	—	6^{mm}4
$\dfrac{3 \times 449}{4}$	—	—	—	—	7^{mm}43
449	—	—	—	—	9^{mm}65

En adoptant de telles bases de calcul, on néglige tous les coups de sécateur nécessités par l'ablation des petits sarments latéraux et des vrilles dont les boutures doivent être absolument débarrassées. Sans doute, l'effort musculaire et le travail sont, en général, chaque fois assez minimes; mais, comme ces coups de sécateur se répètent, pour les ouvrières habiles, de 40 à 50 fois par minute, l'effet résultant à la fin de la journée ne doit pas être négligeable. Avec un peu de temps et quelque patience, il serait possible d'arriver à ce sujet à une évaluation assez précise. Nous avons négligé cependant ces efforts et ce travail accessoires; mais il était nécessaire d'en signaler l'existence, afin d'en déduire que les résultats numériques dont il va être question représentent un minimum d'effort musculaire et de travail.

Pour établir ces résultats, en ce qui concerne les efforts musculaires, il suffit d'utiliser le graphique de la figure 7, d'où l'on déduit que :

la section d'un sarment d'un diamètre de 2mm56 exige un effort musculaire de 1k5
     —   —   6mm 4   —   4k
     —   —   7mm43   5k5
     —   —   9mm65   —   10k5

En raison des indications données plus haut et tirées du travail même des ouvrières, les efforts musculaires nécessités par la préparation de 1.000 boutures se composent donc de :

551 efforts de 1k5, soit 826,5 kilogrammes.
413   —   4k0, soit 1652   —
337   —   5k5, soit 1853,5   —
449   —   10k5, soit 4714,5   —

TOTAL. . . . 9046,5 kilogrammes.

La préparation de 1.000 boutures exige donc, de la part de l'ouvrière qui les coupe, un effort musculaire total équivalent à 9.000 kilogrammes environ, et ce nombre est presque sûrement un minimum pour les diverses raisons que nous avons indiquées.

Quant au travail en kilogrammètres, auquel équivaut la préparation de 1.000 boutures, il se calcule, comme l'effort musculaire total, en utilisant les données numériques dont il a été question précédemment.

La figure 9, dont nous avons indiqué la construction, montre, en effet, que :

le travail correspondant au coupage d'un sarment de $2^{mm}56$ équivaut à 0,045 kilogr^{tres}
— — $6^{mm}40$ — 0,165 —
— — $7^{mm}43$ — 0,280 —
— — $9^{mm}65$ — 0,575 —

En conséquence, le travail de préparation de 1.000 boutures se compose de :

$551 \times 0,045 = 24,80$ kilogrammètres.
$413 \times 0,165 = 68,14$ —
$337 \times 0,280 = 94,35$ —
$449 \times 0,575 = 258,17$ —

TOTAL. . . . $445,46$ kilogrammètres.

L'énorme disproportion qui apparaît ainsi entre l'effort muscu-laire total et le travail mécanique correspondant ne doit pas d'ail-leurs étonner par elle-même. L'expression du travail mécanique, en effet, comporte un produit de deux facteurs, force et longueur, ou masse et vitesse; or le produit ou travail peut rester minime, même dans le cas où l'un des facteurs atteint une valeur considé-rable, si l'autre facteur présente une valeur très faible. C'est ce qui arrive dans ce coupage de sarments; mais c'est là un point sur lequel je me réserve de revenir pour comparer à ce point de vue des professions différentes exercées par des enfants, des femmes et des hommes.

J'ajoute seulement ici qu'une très bonne coupeuse peut arriver à préparer environ 3.000 boutures en 9 heures de travail journalier. C'est alors un effort musculaire total de 27.000 kilogrammes qu'elle a réalisé et un travail mécanique de 1,335 kilogrammètres qu'elle a effectué avec les muscles d'un seul bras.

Comparaison de l'effort musculaire et du travail au salaire. — Les 1.000 boutures étant payées 0 fr. 65 à l'ouvrière qui les a pré-parées, il résulte des nombres précédents que l'effort musculaire dépensé pour chaque centime de salaire est de :

$$\frac{9.046,5}{65} = 139 \text{ kilogrammmes.}$$

De même, pour chaque centime de salaire, l'ouvrière doit fournir :

$$\frac{445,46}{65} = 6,86 \text{ kilogrammètres.}$$

Effets du travail de coupage sur l'organisme. — Il serait illusoire, au point de vue physiologique, de croire pouvoir, d'après les
seules valeurs numériques des résultats précédents, formuler des
conclusions fermes quant aux effets que l'organisme peut ressentir
comme conséquence du travail de coupage de sarments. Mais il est
permis de dire que la dépense de force paraît considérable par rapport à la puissance des muscles qui ont à y satisfaire, et il est dès
lors nécessaire de rechercher l'état dans lequel se trouvent ces
muscles à la fin d'une journée de travail ou au début de la journée
suivante.

Les déclarations des ouvrières à ce sujet sont précieuses à
recueillir, à la condition de ne s'adresser qu'aux ouvrières habituées à leur travail, c'est-à-dire en bon état d'entraînement. Or le
seul fait, peut-on dire, qu'elles accusent comme indice de leur
fatigue professionnelle est une douleur qu'elles ressentent au niveau
de l'épaule droite, ou vers l'insertion, sur les premières vertèbres
dorsales, des fibres moyennes du muscle trapèze droit, au moment
où elles se coiffent le matin.

Il y a lieu tout d'abord de conclure de là que les muscles actifs
pendant le travail sont soumis à un certain degré de surmenage
journalier, puisque le repos de la nuit est insuffisant pour que ces
muscles se retrouvent le lendemain dans un état de fonctionnement
normal.

Quant à la localisation, assez inattendue tout d'abord, des douleurs
accusées, elle est facilement expliquée [1], si l'on observe attentive-

---

[1] L'explication qui va suivre paraîtra peu claire à ceux qui n'ont pas quelques notions
d'Anatomie humaine. J'ai cru cependant devoir la donner, pour ne pas laisser, dans cette
étude du travail de coupage, une lacune en ce qui concerne les effets de ce travail sur
l'organisme qui le fournit, effets qu'envisage plus particulièrement l'ouvrier et qui me
paraissent être, plus souvent qu'on ne le croit, la cause première et intime, mais
insuffisamment précisée, de bien des conflits. Cette explication, débarrassée de toute
considération anatomique précise, se résume en ceci : pour tout sarment dont le diamètre atteint ou dépasse 6 à 7 millimètres, c'est-à-dire pour tout effort de coupage égal
ou supérieur à 5 ou 6 kilogrammes, les ouvrières adoptent spontanément une modification de technique qui a pour effet de substituer aux muscles, relativement faibles,
qui président aux mouvement des doigts, des muscles plus puissants et moins susceptibles par conséquent d'être atteints par la fatigue. Comme l'effort maximum que les
ouvrières peuvent réaliser, en fermant énergiquement la main, a été trouvé égal à 30
ou 35 kilogrammes, il y a lieu de conclure qu'un effort, fréquemment répété, égal à
1/6 ou 1/7 de l'effort maximum réalisable, doit être regardé comme pénible pour
l'organisme. Il est à peine besoin de faire remarquer l'importance de constatations de
ce genre, qui, lorsqu'elles seront assez nombreuses, constitueront des bases précises
et certaines pour la réglementation légale du travail en intensité.

ment les ouvrières pendant qu'elles travaillent. On constate ainsi,
et l'interrogation des ouvrières elles-mêmes confirme cette constatation, que, pour tout sarment dont le diamètre atteint ou dépasse
6 à 7 millimètres, la section n'est plus opérée par l'action seule des
fléchisseurs des doigts, comme pour les sarments plus petits. Pour
tout sarment un peu épais, en effet, l'ouvrière appuie sur la cuisse
la face dorsale des doigts, qui entourent le sécateur, et immobilise
ainsi sa main ; l'avant-bras est, à ce moment, comme pendant tout
le travail d'ailleurs, dans un certain degré de flexion par rapport
au bras, et le coupage est alors réalisé par l'action des extenseurs
de l'avant-bras, avec immobilisation du bras grâce à l'intervention
des muscles de l'épaule. Cette action des extenseurs de l'avant-
bras se transmet, par l'intermédiaire du squelette de ce segment
du membre supérieur, sur le manche supérieur du sécateur, qui
longe le bord palmaire de l'éminence thénar et sur lequel est ainsi
exercée une pression dirigée de haut en bas. Le coupage résulte
alors de cette pression, dont l'effet utile est assuré, d'autre part,
grâce à l'immobilisation de la main contre la cuisse, sans que les
muscles fléchisseurs des doigts, de puissance relativement faible,
aient par suite à intervenir. L'affirmation des ouvrières, quant aux
douleurs ressenties au moment où elles se coiffent, c'est-à-dire où
elle se servent des divers muscles de l'épaule pour réaliser des
mouvements du bras uniquement caractérisés d'ailleurs par une
grande amplitude, se trouve ainsi expliquée.

Il est à remarquer encore que le surmenage localisé, dont les
ouvrières se plaignent, se traduit non par un phénomène musculaire proprement dit, ou mieux énergétique, car les ouvrières
n'accusent aucune diminution d'aptitude au travail de coupage, en
tant qu'efforts à faire, mais par un phénomène d'ordre sensitif.
Cette constatation met bien en évidence l'importance de l'élément
douleur dans le phénomène complexe de la fatigue, et c'est là un
fait sur lequel je me propose de revenir pour le rapprocher d'autres faits analogues que j'ai observés et inscrits dans des circonstances et pour des travaux différents.

En raison de cette persistance des effets du travail après le
repos de la nuit, il y avait lieu de rechercher si ce surmenage,
localisé à des groupes de muscles bien déterminés, donnait ou non
naissance à des phénomènes inflammatoires tels que ceux que l'on
a observés dans des circonstances analogues, en particulier chez

les forgerons et les mineurs. Mais il ne semble pas, après enquête, que de tels faits aient jamais été constatés ; que cette absence de conséquences plus graves soit due à ce que le travail de coupage ne dure chaque année qu'un petit nombre de mois ou à une autre cause, elle n'en mérite pas moins d'être enregistrée.

D'autre part encore, les ouvrières n'accusent, comme maladies ayant un caractère professionnel, que des rhumes, et l'on conçoit du reste qu'elles soient exposées à de telles indispositions, si l'on songe qu'elles travaillent en quelque sorte en plein air, dans une immobilité presque constante, et durant les journées les plus froides de l'hiver.

Malgré ces conditions plutôt fâcheuses, ce travail professionnel de coupage des sarments n'est en lui-même l'objet d'aucune récrimination, peut-on dire, et est préféré à beaucoup d'autres. Parmi les ouvrières que j'ai pu interroger, se trouvaient quelques couturières de profession dont l'atelier était temporairement fermé et qui, pendant cette période de chômage, étaient venues travailler à la préparation des boutures. Leur opinion a été aussi nette que ferme ; elles mangent de meilleur appétit, dorment mieux, sont moins énervées après une journée de coupage qu'après une journée de couture ; si le salaire était plus élevé et le travail plus continu, elles préféreraient le sécateur à l'aiguille.

Règles de Coulomb relatives à l'effort continu et à la vitesse du travail. — La substitution spontanée, de la part des ouvrières, des muscles plus puissants de l'épaule à des muscles plus faibles, les fléchisseurs des doigts, substitution que nous avons interprétée plus haut, mérite d'être rapprochée de règles qui ont été posées par le physicien Coulomb, alors qu'il était professeur à l'Ecole d'application du génie et de l'artillerie à Metz, et qui sont restées confinées dans l'enseignement de cette école, jusqu'au jour où mon savant collègue, le Dr A. Broca [1], ancien officier d'artillerie, a eu l'heureuse idée de les publier.

« Un homme ne doit donner, d'après Coulomb, comme effort constant dans un travail soutenu, que les quatre neuvièmes de l'effort maximum qu'il peut donner avec le groupe de muscles mis en jeu.

» Pour cet effort, il ne doit travailler qu'avec une vitesse égale au tiers de la vitesse normale qu'il peut soutenir à vide ».

[1] A. Broca, *Physique médicale*, p. 209, Paris, 1907.

Or les ouvrières travaillant au coupage des sarments substituent spontanément les muscles du bras et de l'épaule aux fléchisseurs des doigts, lorsque le diamètre des sarments atteint 6 à 7 millimètres, c'est-à-dire lorsque l'effort de coupage devient égal à 4 ou 5 kilogrammes, d'après le graphique de la figure 7. Cependant l'effort maximum des muscles fléchisseurs des doigts, mesuré au dynamomètre médical, a été, pour la jeune S..., de près de 30 kilogrammes et pour Mme H..., de près de 35 kilogrammes. C'est donc à partir du moment où l'effort à faire atteint un sixième ou un septième de l'effort maximum, que l'ouvrière éprouve spontanément le besoin de soustraire à cet effort les muscles dont elle s'est jusque-là servie, pour leur substituer des muscles plus puissants et diminuer ainsi la valeur du rapport entre la force à développer et la force maxima qu'elle peut réaliser.

Ces résultats sont loin d'être d'accord avec la première règle de Coulomb; mais il y a lieu de se demander si cette règle est applicable au travail de coupage des sarments, travail qui ne réalise peut-être pas les conditions visées par Coulomb dans les termes d'efforts constants et de travail soutenu.

Il y a lieu toutefois d'enregistrer l'indication qui résulte, à ce sujet, de la manière de faire des coupeuses de sarments, car des indications de ce genre conduiraient à des règles pratiques dont l'importance serait loin d'être négligeable pour la réglementation du travail professionnel.

Causes de la supériorité d'une ouvrière sur l'autre. — Nous avons dit plus haut que, des deux ouvrières sur lesquelles ont plus particulièrement porté nos observations, l'une avait taillé 611 boutures, tandis que l'autre, pendant le même temps, n'avait pu en couper que 320, bien que celle-ci comme celle-là fût familiarisée avec le travail de coupage, que l'une et l'autre pratiquent, depuis trois ans, durant les mois d'hiver. Il ne pouvait qu'être intéressant de rechercher les causes de la supériorité de la première et de l'infériorité de la seconde. C'est par l'observation directe des ouvrières en plein travail que ces causes ont pu être déterminées et il est nécessaire d'entrer à ce sujet dans de multiples détails, quelque minutieux et insignifiants que ces détails puissent d'abord paraître.

Pour dégager un sarment du paquet, Mme H... en prend une poignée, 6 à 8, qu'elle partage entre ses deux mains et qu'elle commence à libérer les uns des autres par des mouvements répétés d'écartement des bras, manœuvre qui prend plusieurs secondes; elle choisit alors l'un des sarments, ainsi déjà dégagé en partie, le tire à elle et commence à couper branches latérales et vrilles, un peu au hasard et sans ordre, allongeant le bras droit pour atteindre les branches éloignées, ramenant le bras en arrière pour les branches plus proches, l'allongeant de nouveau, etc.

Mlle S..., au contraire, prend de la main gauche un seul des sarments superficiels du paquet, le tire à elle d'un brusque mouvement du bras gauche en arrière et aperçoit ainsi les premières branches latérales ou les vrilles les plus voisines qu'elle coupe successivement toujours dans le même ordre, des plus proches aux plus éloignées.

Il suffit d'une observation de quelques instants pour se convaincre que la technique de Mlle S..., pour libérer un sarment, est incontestablement plus rapide que celle de Mme H...; comme d'ailleurs cette économie de temps se répète des centaines de fois au cours d'une journée de travail, on conçoit que, de ce fait déjà, le rendement de la première ouvrière, Mlle S..., soit supérieur à celui de la seconde, Mme H...

L'une et l'autre des deux ouvrières arrêtent d'ailleurs les manœuvres de dégagement du sarment lorsque le diamètre de celui-ci lui paraît être égal au minimum exigé, 3 millimètres; le sarment est alors définitivement libéré d'un coup de sécateur au niveau convenable.

Mme H..., qui, comme Mlle S..., a tenu jusqu'alors le sarment à pleine main, contre la règle que l'ouvrière n'abandonne à aucun moment, dispose ce sarment, avec l'aide de la main droite, en croix avec la règle, coupe le talon (extrémité la plus épaisse) au niveau voulu, immédiatement au-dessous d'un bourgeon, en ramène ensuite, en s'aidant encore de la main droite, l'extrémité qu'elle vient de couper au niveau de l'extrémité de la règle, contre laquelle le sarment est ainsi de nouveau amené, puis fait une nouvelle section à une distance de 0^{m}34 à 0^{m}40 ou de 0^{m}50, suivant la grosseur, et une première bouture est alors entièrement taillée.

Quant à Mlle S..., elle a toujours soin, dès qu'elle a choisi de la main droite un sarment dans le paquet, de le faire passer dans sa main gauche, contre la règle, dans une position telle que le point du talon où la section devra être faite se trouve au niveau

de l'extrémité de la règle elle-même ; la section est aussitôt opérée
en plaçant la main droite en flexion pour diriger le sécateur per-
pendiculairement à la direction du sarment. Branches latérales et
vrilles sont aussitôt et successivement coupées, comme · nous
l'avons dit plus haut, le bras gauche étant, à chaque section nouvelle, ramené progressivement en arrière.

De ces deux manœuvres, très différentes entre elles, celle de
Mlle S... est incontestablement la plus rapide, d'où une nouvelle
économie de temps qui se répète bien des fois dans la journée
pour le plus grand bénéfice de cette ouvrière.

En outre, lorsque Mme H... donne le coup de sécateur qui détache une première bouture d'un sarment qui peut en fournir une
seconde, elle a souvent les mains assez loin en avant, parce que le
sarment, incomplètement libéré, l'oblige à allonger les bras à ce
moment. Fréquemment alors, ce sarment tombe à terre quand la
première bouture en est détachée par le sécateur, et l'ouvrière par
suite doit se baisser pour le ramasser et recommencer les
manœuvres déjà décrites.

Cette chute du sarment sur le sol est presque toujours évitée par
Mlle S..., parce qu'elle le tire progressivement avec la main et
qu'elle ne le sectionne, pour en détacher une première bouture,
qu'au moment où le reste de ce sarment retombera sur ses genoux.
Lorsque ce reste, encore retenu dans le paquet, n'a pu être amené
en assez bonne position pour en éviter la chute sur le sol, l'ouvrière le saisit entre le médius et l'annulaire droit et ne donne le
coup de sécateur qui détachera une bouture qu'après avoir pris
cette ingénieuse précaution pour éviter une chute qui l'obligerait
à se baisser. C'est pour elle une nouvelle économie de temps que
n'a pas su réaliser sa camarade et dont l'effet s'ajoute à ceux des
autres particularités déjà signalées plus haut.

Mme H..., comme Mlle S..., ne se débarrasse des boutures déta-
chées que lorsqu'elle en a trois, quatre ou cinq dans sa main
gauche. Chacune des deux ouvrières dépose les boutures les plus
grosses et les plus courtes à sa gauche, les autres, plus grêles et
plus longues, derrière elle, mais ce triage est encore fait par chacune d'elles avec une habileté et dans un temps différents. Tandis,
en effet, que Mme H... a besoin de se tourner et semble ne compter
guère que sur ses yeux pour le triage à faire, Mlle S... n'effectue
presque aucun mouvement du tronc et paraît apprécier presque

avec les doigts seuls, c'est-à-dire grâce à la sensibilité tactile, la grosseur des boutures à répartir entre les deux tas différents.

Il est encore un fait qui mérite d'être signalé au nombre des causes de la supériorité d'une ouvrière sur l'autre. La particularité que je vais indiquer m'avait d'ailleurs échappé pendant que j'observais les ouvrières au travail, mais je l'ai constatée après avoir remarqué des caractères différentiels très nets et très constants sur les longs tracés que j'ai pris, pour chacune des ouvrières, au cours d'un travail continu et normal qu'elles exécutaient avec le sécateur enregistreur décrit en commençant.

Les figures 10 et 11 reproduisent, pour chacune des ouvrières, une partie de ces longs tracés correspondant à 30 secondes; la figure 11 concerne Mme H..., la figure 10 est relative à Mlle S ..

On voit d'abord que la figure 10 comporte un plus grand nombre de coups de sécateurs que la figure 11 ; Mlle S..., en effet, donne de 50 à 60 coups par minute, tandis que Mme H... n'en fournit guère que 35 pendant le même temps.

En outre, et c'est en ceci que consiste la particularité qu'il importe de signaler, tandis que chaque coup de sécateur se traduit, sur le tracé de Mme H... (fig. 11), par un simple trait vertical, ou par un crochet plus ou moins ouvert, suivant que le sarment coupé était plus ou moins épais, chaque coup de Mlle S... (fig. 10) a donné en quelque sorte un crochet double. Cette différence constatée, l'obvervation attentive des ouvrières permet d'en découvrir la cause. Mme H..., en effet, donne le coup de sécateur lorsqu'elle a amené le sarment ou avancé le sécateur dans la position qu'elle juge convenable, sans que, la plupart du temps, elle ait placé ainsi le sarment aussi avant que possible entre les lames de l'instrument. Mlle S..., au contraire, pousse brusquement le sécateur ouvert contre le sarment à couper, dont elle ne s'occupe pas de régler la position; elle est ainsi prévenue que le sarment est poussé à fond entre les lames par le choc que sa main éprouve, et ce choc lui sert de signal pour reconnaître que le moment est venu d'opérer la section. Or ce choc est assez brusque pour pouvoir provoquer un écartement des lames contre lequel la main de l'ouvrière réagit par une contraction musculaire réflexe, sans que cette contraction se confonde avec celle d'où résultera la section. La première partie de chaque crochet double du tracé de Mlle S... doit correspondre alors à la contraction réflexe provoquée par le choc du sarment contre les lames du sécateur, et la seconde partie de ces mêmes crochets à l'effort de coupage.

Si cette explication est exacte, il doit être possible à un observateur quelconque de reproduire à volonté les caractères des tracés des figures 10 et 11, en réalisant ou non le choc auquel je viens de rapporter la forme particulière des crochets de la figure 10. Or il en est rigoureusement ainsi, comme le montre la figure 12; j'ai, en effet, obtenu le tracé supérieur de cette figure en réalisant, avant chaque section, le choc du sécateur contre le sarment, et le tracé inférieur lorsque j'effectuais les sections en évitant ce choc.

Il est incontestable, en dehors même de toute mesure précise de temps, que la section sera plus rapidement opérée, si l'on évite d'avoir à régler, minutieusement en quelque sorte, la position du sarment entre les lames du sécateur, et que l'on se borne à pousser celui-ci, d'un mouvement brusque et par conséquent rapide, jusqu'à ce que le sarment soit engagé à fond entre les lames coupantes. De là, par conséquent, une nouvelle économie de temps à porter à l'actif de Mlle S..., dont la supériorité, en tant qu'ouvrière, est ainsi expliquée par des causes multiples.

Je n'affirmerais pas avoir énuméré ainsi toutes les causes de cette supériorité; toutefois j'estime que celles dont il vient d'être question comptent au nombre des plus importantes et qu'elles suffisent à elles seules pour expliquer l'énorme différence de rendement en travail des deux ouvrières considérées.

Indications diverses résultant des recherches précédentes. — Les recherches que nous venons d'exposer, surtout quant aux causes de la supériorité d'une ouvrière sur l'autre, ne présenteraient qu'un intérêt restreint, si elles n'apportaient de renseignements que sur deux ouvrières déterminées, et si l'on ne pouvait en tirer des indications quelque peu générales et d'une portée plus grande. Or quelques indications de cette nature me paraissent pouvoir être tirées de l'ensemble des faits que nous avons établis.

a. De nos recherches actuelles, comme de nos recherches antérieures[1], en collaboration avec M. Mestre, relativement au transport des charges avec le cabrouet, il résulte d'abord que l'on peut évaluer en kilogrammes, avec quelque précision, les efforts mus-

[1] A. Imbert et Mestre, Recherches sur la manœuvre du cabrouet et la fatigue qui en résulte (*Bull. de l'insp. du trav.*, 1905).

culaires nécessités par certains travaux professionnels ouvriers, et même déterminer en kilogrammètres la valeur mécanique de ces travaux. J'ai déjà indiqué ailleurs[1] pour quelles raisons cette évaluation en kilogrammètres d'un travail professionnel était illusoire, quand on a la préoccupation de chercher les effets de ce travail sur l'organisme ouvrier qui l'effectue, et je ne crois pas devoir revenir ici sur ce point particulier. Mais ces évaluations des efforts musculaires en kilogrammes sont utilisables à un autre point de vue.

C'est une question discutée encore, je crois, par les Economistes de savoir si les salaires, tels qu'ils existent, sont proportionnels au travail dont ils constituent la rémunération, et si la formule : *à travail égal, salaire égal,* représente, d'une manière quelque peu générale et précise, le principe des contrats passés entre patrons et ouvriers. Or il est évident que, même en limitant la discussion aux professions manuelles dont le travail apparaît comme essentiellement mécanique, le degré d'exactitude de la formule *à travail égal, salaire égal,* ne pourra guère être déterminé que grâce à des évaluations du genre de celles que nous avons réalisées pour le travail au cabrouet et pour le travail de préparation des boutures.

Dans le langage économique sans doute, le mot *travail,* de la formule que nous venons de rappeler, n'a pas le sens précis et rigoureux qu'on lui attribue en mécanique, et il n'est même pas exagéré de dire que la signification de ce mot est en réalité assez nettement différente suivant qu'il est employé par les ouvriers, qui fournissent ce travail, ou par les patrons qui en recueillent le produit. Pour les patrons, en effet, le travail représente surtout le nombre d'objets fabriqués ou de charges transportées, tandis que pour l'ouvrier le travail est presque synonyme de fatigue. Or le premier bénéfice qui résulterait des recherches, du genre de celles que nous venons d'exposer, serait d'apporter une utile précision dans la signification des termes mêmes sur lesquels porte la discussion, et ce bénéfice me paraît être appréciable. Je réunis actuellement d'ailleurs un certain nombre de données relatives à quelques professions, et pourrai fournir prochainement un premier exemple du

[1] A. Imbert, De la mesure du travail musculaire dans les professions manuelles (*Rapport au 1er Congrès intern. de l'hygiène alim.,* etc., Paris, octobre 1906). L'étude scientifique expérimentale du travail professionnel (*Année psychologique,* XIII, Paris, 1907).

genre d'indications qu'il est possible d'apporter pour la recherche de l'une des bases sur lesquelles sont en réalité établis les salaires.

b. On a vu plus haut qu'il nous a été possible, soit par la seule observation directe, soit par l'inscription graphique, de constater, entre deux ouvrières très inégales en rendement, des différences très caractéristiques quant à la technique suivie par chacune d'elles, différences qui se traduisent pratiquement pour l'une par une économie considérable de temps et un salaire plus élevé.

Il est à présumer tout au moins que, puisque de telles constatations ont pu être faites en ce qui concerne un travail en réalité très simple et pour lequel il semble qu'un apprentissage préalable soit superflu, des constatations du même genre résulteraient de l'observation, directe et graphique, d'ouvriers et d'ouvrières de diverses professions. Sans doute cette différence de rendement entre ouvriers d'une même profession est une notion courante ; mais je ne crois pas que l'on se soit jamais systématiquement préoccupé de la détermination précise des causes directes, souvent multiples et plus ou moins difficiles à découvrir, auxquelles ces différences de rendement doivent être rapportées. L'ouvrier le plus habile est regardé comme plus alerte, plus expéditif; mais ces qualificatifs, et d'autres aussi peu précis, n'indiquent nullement un rapport de cause à effet entre telle manière d'opérer, qu'il y aurait lieu d'abord de préciser dans ses divers détails, et son influence sur la rapidité ou le fini du travail.

Puisque la question de l'apprentissage est actuellement l'objet de la préoccupation générale et de projets dont la réalisation semble devoir être prochaine, je crois que les considérations précédentes méritent quelque attention. Il me paraît, en effet, que des recherches entreprises dans la voie que je viens d'indiquer seraient susceptibles de fournir des renseignements qui, judicieusement utilisés, permettraient, dans bien des cas, de réduire le temps d'apprentissage et de rendre plus fructueuse pour plus tard cette période d'initiation.

c. Il y a d'ailleurs plus encore à essayer dans cette voie.

Lorsque, comme nous l'avons fait pour la préparation des boutures, les causes directes et immédiates de la supériorité d'un ouvrier ou d'une ouvrière auront été déterminées, il serait d'un très réel intérêt de rechercher à quelles qualités spéciales, propres à l'ouvrière ou à l'ouvrier, doit être originairement rapportée l'habileté constatée. En effet les résultats auxquels conduiraient des recherches, poursuivies avec cet objectif, permettraient peut-être ensuite de reconnaître dans une certaine mesure, et avec une exactitude qu'il est difficile de préjuger, les aptitudes réelles des écoliers ou des adolescents, et de donner aux parents des conseils judicieux de direction, quant aux professions dans lesquelles leurs enfants auraient le plus de chances d'acquérir une habileté rémunératrice. De telles recherches apparaissent comme pouvant être longues et quelque peu difficiles à mener à bonne fin ; mais rien, par contre, ne permet de les prévoir stériles, et c'est là une considération suffisante pour les justifier *a priori*.

Nous avons fait quelques essais dans ce sens à propos du travail professionnel dont nous venons d'exposer l'étude expérimentale. Bien que nos tentatives n'aient pas toutes abouti à des résultats heureux, nous croyons devoir les résumer en tant qu'exemple des considérations à faire intervenir et des expériences à instituer.

Si l'on envisage tout d'abord les résultats numériques auxquels nous sommes arrivé quant au nombre des boutures (3.000 environ) qui peuvent être préparées par une bonne ouvrière, au nombre (50 à 60 par minute) de coups de sécateur donnés, ainsi qu'à la somme totale d'efforts musculaires (27.000 kilogrammes au moins) qui doivent être réalisés, on est conduit à se demander si une bonne ouvrière ne doit pas présenter des qualités spéciales de force musculaire et de rapidité des mouvements. Il y avait lieu, dès lors, de chercher si, à ce double point de vue, les deux ouvrières observées présentent des différences susceptibles d'expliquer la supériorité de l'une sur l'autre.

L'exploration de la force musculaire a été faite au moyen du dynamomètre médical, et cette épreuve présente, en l'espèce, cet avantage d'exiger un effort analogue à celui qu'exige le maniement du sécateur. Or nous avons dit plus haut que l'effort maximum réalisé ainsi fut en moyenne, pour Mlle S..., de 30 kilogrammes et pour Mme H... de 35 kilogrammes. La différence est peu considérable ; mais si l'on croyait devoir en faire état, c'est en faveur de Mme H..., ouvrière médiocre, que l'épreuve prononcerait. Par suite, s'il est sans doute indispensable à une ouvrière coupeuse d'être douée d'une force musculaire moyenne, une valeur absolue plus grande de cette force ne constitue pas un élément important de supériorité.

Quant à la rapidité des mouvements, nous l'avons explorée par rapport aux mouvements de flexion et d'extension de l'index droit, en utilisant pour cela le dispositif très simple suivant.

L'index droit I (fig. 13) de l'ouvrière est introduit dans un mince anneau de caoutchouc EE' suspendu vers l'extrémité d'une tige métallique DO articulée en O avec la tige OP fixée sur la plaque d'aluminium d'un tambour T réuni par le tube t à un tambour inscripteur. Un autre mince anneau de caoutchouc E_1E_1' réunit la tige DO à une tige horizontale fixe AB. Si l'on fait exécuter alors à l'index I des mouvements alternatifs et d'ailleurs peu étendus de flexion et d'extension, ces mouvements seront inscrits par le stylet du tambour inscripteur sous forme d'une courbe plus ou moins régulièrement sinusoïdale. Afin de pouvoir déterminer ensuite sur le tracé obtenu, et d'une façon précise, le nombre de mouvements de l'index par minute, j'ai réuni par un fil flexible, mais inextensible, le balancier d'un métronome avec le stylet d'un deuxième tambour, de manière à obtenir la marque, sur le tracé, des battements successifs du métronome, battements dont le nombre est déterminé d'autre part avec une montre à secondes.

Les figures 14 et 15 représentent une partie des tracés ainsi obtenus avec l'ouvrière habile, Mlle S... (fig. 14), et avec l'ouvrière médiocre, Mme H... (fig. 15). Ces graphiques sont, peut-on dire, aussi identiques que possible et la comparaison de chacune des courbes sinusoïdales avec le tracé correspondant du métronome, qui effectuait 63 battements par minute, montre que Mlle S... a réalisé 315 mouvements de l'index en 60 secondes, tandis que Mme H.:. en a réalisé 311 pendant le même état. Il n'y a là encore que des différences trop minimes pour que l'on puisse attacher la moindre importance à la très légère supériorité que les nombres précédents font ressortir en faveur de Mlle S... Je puis même ajouter qu'il n'est pas rare de rencontrer des personnes qui peuvent effectuer plus de 400 mouvements de flexion de l'index par minute, et que, par suite, nos deux ouvrières sont loin de présenter une qualité spéciale de rapidité de mouvements.

C'est donc ailleurs que dans la force musculaire et dans la rapidité des mouvements qu'il faut chercher la ou les causes premières de la supériorité professionnelle de Mlle S... sur Mme H... Or si l'on se reporte aux différences très nettes des deux techniques adoptées par ces deux ouvrières, on reconnaît sans peine, nous semble-t-il, que ces causes ont en réalité une origine cérébrale.

Le désir d'aller vite est certainement commun aux deux ouvrières observées, puisqu'un salaire plus élevé correspond à une plus grande vitesse de travail ; mais l'une d'elles a été plus habile dans la recher- che et dans la réalisation des manœuvres susceptibles d'accroître cette vitesse. Alors que l'une et l'autre étaient également mala- droites et peu expéditives au début, Mlle S... a su bientôt juger que le dégagement d'un sarment est plus rapide, si l'on commence par couper les branches accessoires et les vrilles qui le relient aux autres sarments du paquet, puisque aussi bien ces diverses sections devront être opérées avant de tailler les boutures ; elle a jugé inutile de sectionner le talon avant d'avoir juxtaposé le sarment à la règle, parce qu'elle devrait ensuite exécuter les divers mouve- ments successifs effectués par Mme H... et que sa manière de faire lui permet de supprimer ; la chute du sarment sur le sol lui a paru de même préjudiciable à ses intérêts et elle a su trouver pour l'éviter deux moyens différents qu'elle emploie alternativement, suivant les circonstances ; elle a jugé enfin qu'elle gagnait du temps en poussant le sécateur à fond contre le sarment à couper, ce qui la dispense de surveiller et de régler, cinquante à soixante fois par minute, la position relative du sarment et des lames avant d'effec- tuer une section. Sans doute, sa technique opératoire est aujour- d'hui presque exclusivement automatique, car elle rit, cause, chante sans que la vitesse de son travail en paraisse diminuée ; mais tous les détails en ont été peu à peu imaginés et réglés intellectuelle- ment ; c'est sa moëlle qui intervient presque seule aujourd'hui, mais c'est avec son cerveau qu'elle a jugé d'abord les diverses parties de son travail professionnel et qu'elle a imaginé les diverses manœuvres d'où résulte actuellement sa supériorité incontestable. Cette supériorité est donc due, non à des qualités physiques, mais à des qualités intellectuelles, et cette conclusion, relative à un travail professionnel qui semble d'abord essentiellement mécanique et aussi indépendant que possible des facultés cérébrales de l'ouvrière qui l'effectue, méritait d'être mise en évidence.

Mais une autre question se pose, ainsi que nous l'avons fait remarquer plus haut, et l'on peut se proposer d'en rechercher la solution.

Aurait-on pu, dès le début, et avant même que Mme H... et

Mlle S... eussent en main un sécateur pour la première fois, prévoir la supériorité future de la seconde sur la première?

Le mieux à faire, semble-t-il, pour tenter de déterminer la réponse que comporte une telle question, est de comparer les résultats que fourniront les deux ouvrières si on les soumet à un certain nombre d'épreuves nouvelles pour elles, mais présentant quelque analogie avec leur travail professionnel, quant aux actes intellectuels, élémentaires auxquels nous avons été amenés à rapporter la vitesse plus grande de travail que l'une d'elles a su réaliser. C'est en somme un premier essai à faire en vue de la détermination à priori des aptitudes professionnelles d'un ouvrier, détermination dont nous avons ci-dessus indiqué l'importance, et si l'insuccès d'une première tentative faite dans ce sens doit être compté au nombre des prévisions possibles, nous n'avons pas cru du moins qu'il pût constituer une raison suffisante d'abstention. Voici donc les premières épreuves que nous avons choisies et l'état de nos recherches à ce sujet.

Nous avons songé tout d'abord à mesurer ce que les psychologues appellent le *temps de réaction;* c'est le temps qui s'écoule entre le moment où est donné un signal sonore convenu et celui où le sujet répond à ce signal par un mouvement également convenu. Ce temps est mesuré, en centièmes de seconde, au moyen du chronomètre de d'Arsonval, mouvement d'horlogerie entraînant une aiguille qui parcourt en une seconde un cadran divisé en cent parties égales. Grâce à une pile et à un électro-aimant, l'aiguille part du 0 à l'instant même où le signal est donné, puis est immobilisée lorsque le sujet répond à ce signal par le mouvement convenu.

Or, contrairement à ce que l'on pouvait prévoir, c'est Mme H... qui a fourni les meilleurs temps, c'est-à-dire qui a effectué le plus rapidement les divers actes cérébraux et mécaniques qui se succèdent depuis le moment où le signal est donné jusqu'au moment où est exécuté le mouvement de réponse. La moyenne d'un même nombre de déterminations a donné, en effet :

Pour Mme H... . . . . . 0,22 seconde.
Pour Mlle S... 0,25   »

Il convient d'ajouter toutefois que ces moyennes n'ont peut-être pas une réelle valeur démonstrative, par suite des différences que

présentent, pour une même ouvrière, les déterminations successives
d'une même série. Pour Mme H..., en effet, ces différences ont
varié plus que du simple au triple du temps de réaction minimum
constaté, tandis que, pour Mlle S..., les écarts ont été moindres
que du simple au double du temps minimum qui la concerne.
S'agit-il là d'un simple fait accidentel, ou faut-il en conclure à une
plus grande irrégularité d'exécution de la part de Mme H...? Avant
de pouvoir décider entre ces deux interprétations différentes, de
nouvelles et multiples déterminations nous paraissent encore nécessaires.

La seconde épreuve a consisté dans la reproduction, au moyen
de crayons de couleur, de lettres, chiffres ou traits diversement
colorés. La figure 16 reproduit conventionnellement lettres, etc., et
couleurs choisies ; chacune des lignes horizontales était séparément
et successivement disposée en face de l'ouvrière sous un carton et
découverte à un moment donné ; l'ouvrière devait, par des choix
judicieux et successifs des crayons qu'elle tenait dans sa main
gauche, reproduire le plus vite possible les divers signes qu'elle
avait devant elle, et le temps employé à cette reproduction était
mesuré avec un compteur donnant le cinquième de seconde.

Les résultats ont été les suivants :

	Mme H.	Mlle S.
Pour la 1re ligne	18″2	19″6
Pour la 2e ligne	19″4	13″8
Pour la 3e ligne	11″6	22″6
Pour la 4e ligne	63″8	48″
Total	119″	104″

L'avantage, comme temps total, appartient ici à Mlle S... et ce
résultat est surtout dû aux temps relatifs à la 4e ligne, la plus compliquée de toutes. Il y a lieu de faire remarquer que, pour cette
ligne, chacune des ouvrières a commis une erreur de couleur, dont
l'une et l'autre se sont aperçues et qu'elles ont rectifiée avec plus
ou moins d'habileté, c'est-à-dire en plus ou moins de temps. J'ajouterai encore, et le fait me paraît avoir une réelle importance en
l'espèce, que du commencement à la fin de l'épreuve, au lieu de
continuer à tenir les cinq crayons en bloc dans la main gauche,
comme Mme H... n'a cessé de le faire, Mlle S... les avait peu à peu
isolés entre ses doigts, ce qui lui permettait un choix plus rapide

et plus sûr de chacun des crayons qui devait être successivement
utilisé. Il me paraît que ce fait est entièrement analogue à ceux
par lesquels se caractérise la technique de Mlle S... dans le travail
de coupage des boutures; il faut tout au moins le retenir comme
indication de la nature des épreuves que l'on peut encore avoir à
imaginer pour achever de solutionner le problème dont il est ici
question.

J'ai soumis les ouvrières à une autre épreuve encore, que j'avais
d'ailleurs disposée de telle sorte que les résultats étaient inscrits sur
un cylindre enregistreur et que les mesures de temps, en particulier, pouvaient ensuite être faites avec toute la précision désirable.

Quatre cupules métalliques reçoivent chacune une petite poire
en caoutchouc qui communique avec un tambour inscripteur ;
chaque poire est, en outre, recouverte par un couvercle portant
un numéro bien visible, 1, 2, 3, 4. Les stylets des tambours sont
réglés de manière à se trouver, autant que possible, sur une même
génératrice du cylindre enregistreur et, à côté d'eux, au même
niveau, est disposé le stylet d'un cinquième tambour mis en communication avec une cinquième poire en caoutchouc que l'observateur tient entre les doigts de sa main droite; ce cinquième stylet
est d'autre part réuni, par un fil flexible, comme il a été indiqué
à propos d'une épreuve précédente, au balancier d'un métronome
afin d'obtenir sur le cylindre l'inscription du temps.

Les choses étant ainsi préparées, les quatre cupules, munies de
leur couvercle, sont groupées dans le voisinage l'une de l'autre,
dans un ordre ou une disposition ne présentant aucun rapport de
succession avec leur numéro, et recouvertes d'un carton. L'observateur retire alors, d'un mouvement rapide, le carton avec sa main
gauche, en même temps qu'il exerce une pression sur la poire en
caoutchouc qu'il tient de sa main droite, de manière à provoquer
l'inscription du moment précis où les numéros sont découverts;
l'ouvrière doit aussitôt frapper d'un doigt, le plus rapidement possible et successivement, les couvercles des cupules dans l'ordre des
numéros que ces cupules portent. Chacun de ces chocs détermine
une compression de la poire correspondante et, par suite, un
déplacement du stylet inscripteur du tambour auquel la poire est
réunie. La série des chocs terminée, on a, inscrits sur le cylindre,
tous les éléments nécessaires pour connaître l'ordre dans lequel
les couvercles ont été choqués et pour mesurer les temps écoulés,.

soit entre le moment où les numéros ont été découverts et celui où l'ouvrière a pesé du doigt sur un premier couvercle, soit entre les chocs successifs, d'où l'on déduit le temps total employé à la manœuvre. Ajoutons encore que, pour chacune des deux ouvrières, ce sont les mêmes dispositions ou le même désordre des cupules qui ont été réalisés, afin que les résultats fussent plus rigoureusement comparables.

La figure 17 (à lire de droite à gauche) reproduit les résultats graphiques de deux épreuves successives relatives à la même ouvrière.

Les crochets l_1, l'_2, l'_3, l'_4 sont dus au choc du doigt du sujet en expérience contre les couvercles portant les numéros 1, 2, 3, 4 ; on voit que ces couvercles, d'après les positions relatives des crochets les uns par rapport aux autres, ont été choqués dans cet ordre, 1, 2, 4, 3, et qu'une erreur a donc été commise. Les positions relatives des crochets fournis par l'épreuve suivante (moitié gauche de la figure) montrent, au contraire, que les chocs se sont alors succédé dans l'ordre voulu : 1, 2, 3, 4.

Quant aux divers temps qu'il y a lieu de mesurer pour chaque épreuve, on les obtient de la manière suivante.

Les positions initiales des stylets des cinq tambours ayant été inscrites en a_1, a_2, a_3, a_4, A, on porte en $a_2 l_2$, $a_3 l_3$, $a_4 l_4$, AL des longueurs égales à $a_1 l_1$; d'autre part, le tracé du métronome indique que les numéros des cupules ont été découverts à l'instant qui correspond au point D de ce tracé. Dès lors, l'intervalle DL représente le temps qui s'est écoulé entre le moment où les numéros ont été découverts et celui où l'ouvrière a posé le doigt sur le couvercle portant le numéro 1 qui est, dans cette épreuve, le premier couvercle choqué. De même, les longueurs $l_2 l'_2$, $l_4 l'_4$, $l_3 l'_3$ représentent les temps écoulés depuis le premier jusqu'au second, au troisième et au quatrième choc du doigt sur les couvercles des diverses cupules. Par suite, en portant la longueur $l_3 l'_3$ en LL', l'intervalle DL' représente le temps total de la manœuvre. Comme le métronome effectuait 110 battements par minute, on conçoit qu'il soit possible de réduire en secondes et fractions de seconde, indépendamment de toute détermination de la vitesse de rotation du cylindre enregistreur, les divers temps dont il vient d'être question et dont la mesure permettra de comparer entre elles les deux ouvrières auxquelles les tracés obtenus se rapportent.

Ces réductions faites on trouve :

	Mme H.	Mlle S.
Moyenne du temps DL en secondes	0,7	0,8
Moyenne du temps LL' en secondes	0,8	1,1
Moyenne du temps total en secondes.	1,5	1,9
Moyenne du temps $l_2\, l'_2$ en secondes.	0,4	0,5
Moyenne du temps $l_4\, l'_4 - l_2\, l'_2$ en secondes. . . .	0,2	0,2
Moyenne du temps $l_3\, l'_3 - l_4\, l'_4$ en secondes, ...	0,2	0,3

Ajoutons qu'avec un peu de soin ces temps peuvent être facilement mesurés à un vingtième de seconde près.

Quant aux valeurs particulières de ces mêmes temps pour chacune des six épreuves successives auxquelles chacune des ouvrières a été successivement soumise, nous les avons groupés, pour en faciliter la comparaison, en des graphiques reproduits sur la figure 18, dont la moitié supérieure se rapporte à Mme H... et la moitié inférieure à Mlle S... Pour chacune de ces moitiés inférieure et supérieure, la partie gauche ne donne que les temps DL et LL' de la figure 17, tandis que la partie droite fournit les temps entre les chocs successifs des doigts de l'ouvrière sur les couvercles frappés le premier, le second, le troisième et le quatrième. Pour l'une et l'autre ouvrière, les résultats d'une même épreuve sont disposés sur une même ligne horizontale ; les numéros d'ordre des épreuves successives sont inscrits, à gauche, en chiffres romains et les moments correspondants des diverses épreuves ont été réunis par des traits, continus pour les épreuves correctement effectuées, discontinus pour celles au cours desquelles l'ouvrière a commis des erreurs. Dans la construction de ces graphiques, le temps qui s'écoulait entre deux battements successifs du métronome a été conventionnellement représenté par la longueur du côté des petits carrés en lesquels la figure a été divisée.

De l'examen de ces graphiques, il résulte que, si Mme H... n'a effectué que trois épreuves correctes sur six, tandis que Mlle S... a commis seulement deux erreurs, la première de ces ouvrières a été incontestablement plus rapide que la seconde, quant à l'exécution des divers actes que chaque épreuve comportait.

En résumé, si l'on envisage l'ensemble des résultats des diverses expériences auxquelles les ouvrières ont été soumises, il faut reconnaître qu'il ne s'en dégage aucune conclusion nette pouvant être invoquée pour expliquer *a priori* la supériorité de l'une des

ouvrières sur l'autre, quant à l'exécution de leur travail professionnel.

Faut-il croire, d'après cette absence de résultats positifs, qu'il
y a lieu de renoncer à l'espoir de reconnaître, par des expériences
de laboratoire plus ou moins judicieusement choisies, la valeur
des qualités professionnelles d'un ouvrier? Penser ainsi, serait
accorder une importance excessive à nos premiers essais, d'autant
plus que l'insuccès de nos tentatives peut être raisonnablement
rapporté à des causes diverses.

Il est possible, en effet, que les expériences choisies et décrites
ci-dessus n'aient présenté que des rapports trop incertains ou trop
éloignés avec le travail professionnel à l'occasion duquel elles ont
été imaginées. Il est très possible également, et je pourrais être
plus affirmatif peut-être, que le choix de numéros, pour les couvercles des cupules, de lettres et de chiffres pour les objets à
reproduire, ait été franchement mauvais. J'avais bien demandé à
l'une et l'autre ouvrière si elle savait lire, mais je pourrais presque affirmer que Mlle S... avait quelque hésitation à reconnaître
chiffres et lettres, ce qui serait pour elle une cause particulière
d'infériorité qui n'existe à aucun degré dans l'exécution du travail
professionnel pour lequel elle se montre la plus habile.

D'autre part, quoique baptisées du nom d'expériences, les
épreuves diverses auxquelles nous avons soumis Mme H... et Mlle S...
sont en réalité des actes plus ou moins complexes, présentant à ce
point de vue des analogies avec leur travail professionnel. Ces
actes leur étaient inconnus, et il n'y a rien de surprenant peut-être
à ce qu'elles se soient montrées aussi maladroites l'une que l'autre
dans leur exécution. Mlle S... a mis un certain temps à acquérir
l'habileté professionnelle qu'elle possède aujourd'hui, tandis que
Mme H... est loin d'avoir atteint au même degré de virtuosité; pour
les actes de nos expériences, comme pour le coupage des boutures,
une pratique un peu longue, une sorte d'apprentissage est peut-
être nécessaire, afin que les facultés spéciales de chacune de nos
deux ouvrières puissent se manifester et s'affirmer par une exécution meilleure et plus rapide.

C'est en tenant compte de ces diverses considérations que nous
nous proposons de poursuivre nos recherches sur les points pour
lesquels les résultats obtenus sont jusqu'ici incertains; mais nous

pouvons du moins, reprenant ce que nous avions avancé au début de cette étude, énoncer les conclusions suivantes.

Conclusions. — Il nous a été possible d'évaluer, avec assez de précision, en kilogrammes et en kilogrammètres, les efforts musculaires et le travail correspondant à une occupation professionnelle qui ne consiste ni à élever, ni à transporter des charges ; nous avons pu dès lors calculer le nombre d'unités mécaniques d'effort et le nombre d'unités mécaniques de travail correspondant à l'unité de salaire.

Grâce à des déterminations analogues, on pourra reconnaître s'il existe ou non, pour des professions différentes, quelque relation générale entre le salaire payé et la somme d'efforts musculaires ou de travail mécanique fourni.

Même pour un travail professionnel qui parait être d'ordre essentiellement mécanique, l'habileté d'un ouvrier, et par suite son salaire, peuvent dépendre beaucoup plus de ses facultés cérébrales que de ses qualités physiques.

Les causes de la supériorité d'un ouvrier sur un autre ne peuvent pas toujours être déterminées par la seule observation directe ; cette détermination peut nécessiter l'emploi de l'outillage physiologique. L'organisation de l'apprentissage professionnel bénéficierait donc de l'étude expérimentale préalable du travail spécial pour lequel cet apprentissage serait institué.

Dr A. IMBERT,
*Professeur à la Faculté de médecine
de Montpellier.*

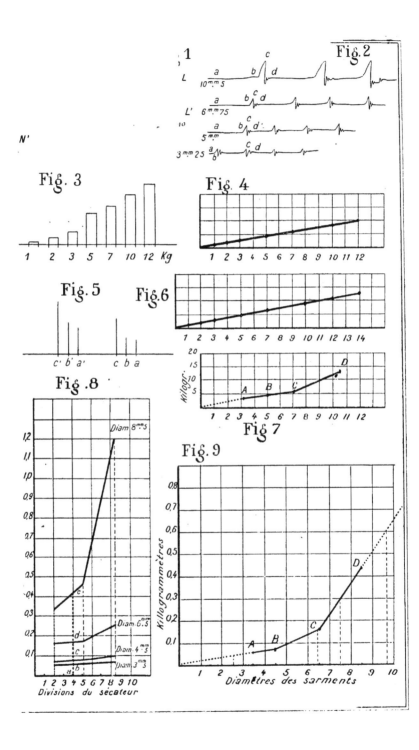

Fig. 1

Fig. 2

L $\frac{a}{10^{mm}5}$ b   c   d

L' $\frac{a}{6^{mm}75}$ b c d

$\frac{a}{5^{mm}}$ b c d

$3^{mm}25$ $\frac{a}{6}$ c d

N'

Fig. 3

1 2 3 5 7 10 12 Kg

Fig. 4

1 2 3 4 5 6 7 8 9 10 11 12

Fig. 5

c' b' a'   c b a

Fig. 6

1 2 3 4 5 6 7 8 9 10 11 12 13 14

20
15
kilogr. 10
5

A   B   C   D

1 2 3 4 5 6 7 8 9 10 11 12

Fig 7

Fig. 8

1,2
1,1
1,0
0,9
0,8
0,7
0,6
0,5
0,4
0,3
0,2
0,1

Diam 8mm5

e

Diam. 6.5

d
c

Diam. 4mm5

Diam 3mm3

a b

1 2 3 4 5 6 7 8 9 10
Divisions du sécateur

Fig. 9

0,8
0,7
0,6
0,5
0,4
0,3
0,2
0,1

Killogrammètres

D

C

A   B

1 2 3 4 5 6 7 8 9 10
Diamètres des sarments

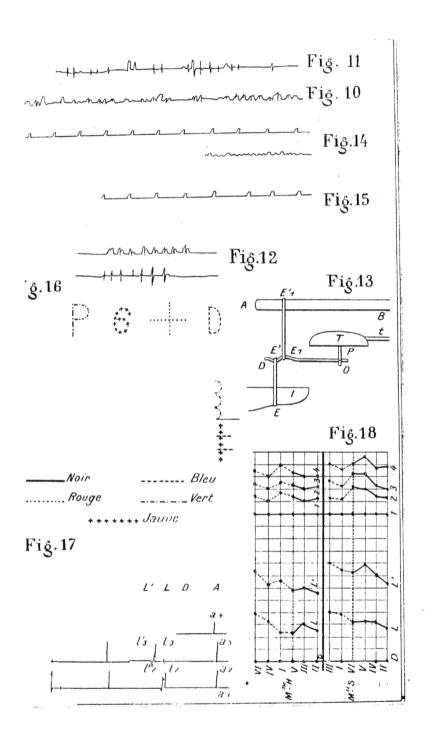

Fig. 11

Fig. 10

Fig.14

Fig.15

Fig.12

ß.16

Fig.13

P

Fig.18

Noir .... Bleu
.... Rouge .... Vert
+ + + + + + + Jaune

Fig.17

QUELQUES RÉSULTATS DE LA LOI DU 27 DÉCEMBRE 1892

SUR LA CONCILIATION ET L'ARBITRAGE

Depuis 1902, le nombre des grèves est allé sans cesse en augmentant passant de 512 à 567 en 1903, à 1.026 en 1904, à 830 en 1905 et à 1.309 en 1906.

En même temps qu'elles augmentent, les grèves ont une tendance à s'étendre à toutes les industries d'une même localité ou à tous les établissements d'une même industrie sur la surface du territoire, et elles deviennent plus acharnées et plus âpres[1].

Cette augmentation et cette généralisation de grèves préoccupent à juste titre le gouvernement qui étudie en ce moment les mesures susceptibles d'améliorer une telle situation[2]. A ce point de vue l'examen des résultats d'une loi, dont le but est précisément d'adoucir et de prévenir de tels conflits, peut être utile.

En second lieu, des faits récents sont venus confirmer les ouvriers dans cette idée que l'application d'une loi ouvrière semble n'être possible que s'ils l'imposent par la grève ou par la force[3], et que, même appliquée, elle est loin de leur donner les avantages qu'ils sont en droit d'espérer. Aussi, leur confiance en l'intervention législative est-elle fort limitée[4]. A ce second point de vue, l'examen des résultats de la loi de 1892, résultats obtenus sans difficulté et en beaucoup de points favorables aux ouvriers, peut présenter quelque intérêt.

La loi du 27 décembre 1892 sur la conciliation et l'arbitrage n'a pas une histoire aussi brillante ni aussi mouvementée que la plu-

---

[1] Cf. le rapport sur le projet Millerand présenté par M. Colliard le 22 décembre 1904. J. off., chambres, session extraordinaire 1904. Annexe 2172, p. 479.

[2] V. projet de M. Doumergue sur l'organisation du contrat de travail déposé le 2 juillet 1904. J. off., session ordinaire 1906. Annexe 158, p. 716.

[3] Nous faisons allusion aux faits qui se sont produits pour l'application de la loi sur le repos hebdomadaire.

[4] Dans une étude fort intéressante parue dans le numéro de *Pages libres* du 25 novembre 1905, M. Charles Guieysse a montré comment le parlement, inconsciemment d'ailleurs, en voulant réaliser l'idée ouvrière des retraites, l'a en fait complètement déformée.

part des lois ouvrières. On a fait peu de bruit autour d'elle et peu d'auteurs s'en sont occupés[1]. On considère généralement comme médiocres et insignifiants les résultats qu'elle obtient, quand on ne va pas jusqu'à nier complètement son efficacité. Cependant il n'en est rien. La loi de 1892, par les applications de plus en plus nombreuses qu'elle reçoit chaque jour, par les résultats qu'elle obtient tant au point de vue économique qu'au point de vue social, répond à un besoin profond de l'industrie moderne, besoin qu'elle satisfait dans une large mesure.

I

L'accroissement des cas où la loi de 1892 est invoquée ressort avec évidence des chiffres que nous fournit l'*Office du travail*.

De 1893 à 1897, leur proportion par rapport à la totalité des grèves est de 21,53 p. 100 avec un point culminant de 25,83 p. 100 en 1894; de 1897 à 1901 elle s'élève à 25,31 p. 100 avec un point culminant de 27,15 p. 100 en 1901; enfin de 1901 à 1905 elle est de 25,35 p. 100 atteignant 29,64 en 1905[2]. Par l'élévation continue de ces points extrêmes, on se rend exactement compte du mouvement d'ascension.

Ce qui, à vrai dire, importe plus que cette proportion des demandes, quoiqu'elle ait en elle-même sa signification et sa valeur, c'est la proportion des cas où la loi apporte une solution au conflit. L'offre de conciliation peut en effet rester sans résultat. Les parties intéressées ont toujours le droit de la rejeter, et il arrive, en fait, assez souvent que le comité de conciliation ou ne peut se former ou est obligé de se séparer sans avoir abouti. Il reste néanmoins une proportion relativement considérable de grèves où un résultat

---

[1] Comme auteurs s'étant occupés quelque peu de la question, il nous faut citer : Pic, *Traité élémentaire de législation industrielle*, 2e éd., 1903, p. 970. — Colson, *Cours d'économie politique*, I, p. 374. — M. T. Laurin, *Pages libres*, 16 décembre 1905. — Fromont de Bouaille, *La conciliation et l'arbitrage*, Lecoffre, 1905. — Risl, Chronique ouvrière, *Revue d'économie politique* (depuis 1904).

[2] *Office du travail*, Statistique des grèves, 1905. En 1906 la proportion n'a été que 23,07 p. 100. Cette année là marque un recul par rapport à la période précédente, soit au point de vue des demandes d'application de la loi, soit au point de vue des résultats effectifs de la loi. On pourrait être tenté d'attribuer ce recul aux grèves qui ont eu pour cause le 1er mai. Il n'en est rien, les 295 grèves dues à cette cause ont donné lieu à 78 demandes en conciliation, soit une proportion de 26,4 p. 100. Ce recul est-il accidentel ou bien marque-t-il le début d'une période d'arrêt dans le développement de l'idée de conciliation? C'est ce qu'il est impossible de dire pour l'instant.

positif est obtenu. De 1892 à 1903 la proportion moyenne a été de
10 p. 100 du nombre total des grèves. En 1904 elle dépasse 12 p.
100 et en 1905 elle atteint 16 p. 100 [1]. Ces chiffres donnés par
l'office du travail sont peut-être un peu exagérés. Ils s'appliquent,
en effet, non seulement aux grèves dont la solution est due directement à la loi de 1892 mais encore à celles que cette dernière
résoud indirectement. Ce mode d'évolution peut cependant se justifier, car il arrive fréquemment que les comités de conciliation,
dissous sans avoir obtenu de résultat, ont, grâce aux discussions
qu'ils ont provoquées, jeté le germe d'une entente qui se réalise
quelques jours après. On peut dès lors leur attribuer le mérite de
cette entente [2].

L'application de la loi de 1892 n'épuise pas tous les cas où le
principe de conciliation agit par l'intervention d'un tiers. Bien
souvent les parties, au lieu de s'adresser au juge de paix, ont
recours au maire, au préfet, au député, à une personnalité quelconque [3] ou bien c'est le syndicat ouvrier qui conduit les négociations en face parfois du syndicat patronal et sert ainsi d'intermédiaire. On peut aisément se rendre compte de l'importance de
cette forme de conciliation d'après les chiffres suivants : Pendant
les dix premières années d'application de la loi, l'intervention des
tiers ne s'est produite que dans 9 à 10 p. 100 des cas de grève.
Depuis cette époque elle s'est singulièrement développée, atteignant
20,80 p. 100 en 1903, 24,2 p. 100 en 1905 et 21,5 p. 100 en 1906.
Si l'on ajoute aux grèves où le juge de paix intervient en vertu de
la loi les grèves résolues par l'intervention d'un tiers, on obtient
une proportion de 33,3 p. 100 pour la moyenne des années 1893
à 1902, de 47,6 p. 100 pour l'année 1903 et de 53 p. 100 pour
1905.

[1] En 1906 la proportion n'a été que de 8 p. 100.
[2] Cette attribution d'ailleurs peut se faire sans inconvénient, le nombre des cas
ajoutés étant à peu près constant et augmentant uniformément et légèrement tous les
résultats. Voir Itist, *Revue d'économie politique*, chronique ouvrière, 1905, p. 853.
[3] C'est au maire que les ouvriers font appel le plus souvent. Voici par exemple les
années 1905 et 1906 :
En 1905 on a recours 44 fois au maire.
     15 fois au préfet.
     18 fois au sous-préfet. *Statist. des grèves*, 1905, p. xviii.
En 1906 on a recours 44 fois au maire.
     25 fois au préfet.
     36 fois au sous-préfet. *Statist. des grèves*, 1905, p. xx.

Ces résultats constatés demandons-nous qui, des ouvriers ou des patrons, réclame l'application de la loi, qui la repousse?

Les chiffres que nous donne l'Office du travail sont à cet égard formels. Sur 1.412 demandes en conciliation faites de 1893 à 1903 :

> 781 émanent des ouvriers.
> 516 sont dus aux juges de paix.
> 42 viennent des patrons.
> 33 sont l'œuvre des deux parties à la fois.

Depuis 1904 cette proportion s'est un peu modifiée grâce aux interventions devenues plus nombreuses des juges de paix. Ces derniers sont intervenus dans 118 cas en 1904 alors que les ouvriers ne formulaient que 115 demandes; en 1905, ils intervenaient dans 148 cas pour 88 demandes de la part des ouvriers et en 1906, 147 fois contre 141 de la part des ouvriers. Nous avons vu que pendant cette période, l'intervention des tiers s'était aussi considérablement accrue. Cette modification s'explique peut-être par des circonstances politiques comme nous le verrons tout à l'heure.

Si, quand il s'agit de réclamer l'application de la loi, les ouvriers arrivent les premiers, quand il s'agit de la rejeter, les patrons reprennent le dessus. Sur 808 refus enregistrés de 1893 à 1906 :

> 684 émanent des patrons.
> 46 sont dus aux ouvriers.
> 78 sont l'œuvre des deux parties à la fois.

Il est donc bien certain que ce sont les ouvriers qui désirent l'application de la loi de 1892 et les patrons qui la refusent.

Comment l'expliquer? L'aversion, innée chez l'industriel, pour toute ingérence étrangère dans ses affaires est-elle une raison suffisante? Evidemment non! elle peut bien motiver certains refus mais elle ne peut résoudre toute la question. Pourquoi dans certains cas agirait-elle (quand le patron refuse), pourquoi dans d'autres n'agirait-elle pas (quand il accepte)? C'est qu'il existe une seconde raison, peut-être plus réelle, que l'examen des résultats de l'application de la loi fait apparaître; à savoir que le plus souvent les ouvriers retirent de cette application un avantage appréciable au détriment du patron.

II

Pour s'en rendre compte, il suffit d'examiner les résultats des grèves dans les trois cas suivants :

a) Quand il y a eu conciliation effective ;

b) Quand il y a eu demande en conciliation repoussée par l'une des parties ;

c) Quand il n'y a eu aucune demande en conciliation.

Nous constatons alors, d'une part, que les transactions sont beaucoup plus nombreuses dans les cas où la loi apporte une solution au conflit et, d'autre part, que le nombre des réussites restant stationnaire ou diminuant très peu, ce sont les échecs qui ont à supporter le contre-coup direct de l'augmentation des transactions.

En prenant toujours les mêmes périodes, voici ce que l'on constate :

	Réussite	Transaction	Echec
De 1893 à 1897 [1] :			
Il y a eu conciliation	18,81 %	54,13 %	27,06 %
Il y a eu refus de conciliation	12,30 »	41,80 »	45,90 »
Il n'y a eu aucune demande de conciliation.	24 »	25,6 »	49,5 »
De 1897 à 1901 :			
Il y a eu conciliation	19,7 »	67 »	12,9 »
Il y a eu refus de conciliation	10,7 »	44,7 »	44 »
Il n'y a eu aucune demande de conciliation.	25,4 »	32 »	42,4 »
De 1901 à 1906 :			
Il y a eu conciliation	17 »	73,3 »	9,5 »
Il y a eu refus de conciliation	8,3 »	41,8 »	44,5 »
Il n'y a eu aucune demande de conciliation.	26 »	34,6 »	39,1 »

De tous ces chiffres, il ressort avec évidence que, dans les cas où il y a eu conciliation, la proportion des transactions est considérable et celle des échecs assez faible. Ces résultats, nettement affirmés dès la première période d'application de la loi, se précisent encore davantage dans les deux autres périodes.

Ils se retrouvent également dans les cas d'intervention de tiers autres que le juge de paix, mais ici un caractère nouveau apparaît : les échecs sont réduits à une proportion presque insignifiante. En 1898 même, sur tous les cas où un tiers est intervenu, on n'a pu constater un seul échec. Voici, du reste, la proportion des échecs, des réussites et des transactions dans ces cas particuliers :

[1] *Office du travail,* Statistique des grèves, 1897, p. XIII.

De 1893 à 1897 :

        Dans 46 % des cas, il y a eu transaction.
        » 44,6 »   »   réussite.
        »   9,2 •   »   échec.

    De 1897 à 1901 :

        » 58,7 »   »   transaction.
        » 35 »   »   réussite.
        »   6 »   »   échec.

    De 1901 à 1906 :

        » 57,8 »   »   transaction.
        » 30,9 »   »   réussite.
        » 10,6 »   »   échec.

Ces diverses constatations nous permettent de calculer à l'avance approximativement les chances de réussite ou d'échec des grèves suivant les différents cas où elles peuvent se produire. Dans une grève ordinaire, alors qu'aucune demande de conciliation n'a été faite, l'ouvrier a 43,6 chances sur 100 de voir ses prétentions repoussées, 30,7 chances sur 100 de voir une transaction se produire et 25 chances sur 100 de réussir complètement. Quand une demande de conciliation a été formulée, mais a été repoussée, l'ouvrier a 44,8 chances sur 100 d'échouer complètement, 42,7 chances d'aboutir à une transaction et 10,4 chances seulement de réussite complète. C'est l'hypothèse qui lui est le plus défavorable. Quand, au contraire, il y a conciliation effective, l'ouvrier n'a plus que 16,4 chances de perte pour 64,8 de transaction et 18,5 de réussite. Enfin quand un tiers intervient, il n'a plus que 8,6 chances de voir un échec complet, 54 chances de voir une transaction se produire, et 36,8 chances sur 100 de réussir complètement.

Il ne suffit pas cependant de constater que la conciliation augmente les transactions au détriment des échecs pour affirmer que les ouvriers retirent de la loi de 1892 des avantages appréciables. Il faudrait pouvoir se rendre compte de la nature des transactions. Il se peut en effet que la conciliation intervienne surtout dans des grèves où le salaire de l'ouvrier ne soit pas directement mis en cause et que les nombreuses transactions constatées ne portent que sur des points secondaires et de peu d'importance pour l'ouvrier. Il faut dès lors rechercher d'une part dans quels cas la conciliation intervient, quelles sont les causes de grèves où elle est appliquée et d'autre part quelle est la nature des transactions auxquelles elle aboutit. Il nous a paru suffisant, pour répondre à ces questions, d'interroger les faits depuis 1900. Leur réponse est la suivante :

Dans la plupart des grèves où intervient la conciliation, il est question d'une augmentation ou d'une diminution du salaire et en second lieu les transactions se traduisent soit par une augmentation notable du salaire, souvent supérieure à celle que procure une réussite complète, soit par le maintien ou une diminution seulement légère, quand la grève est motivée par une tentative de réduction du salaire par l'employeur. Quelques chiffres suffiront à le démontrer.

Et d'abord sur le premier point voici ce que l'on constate :

Quant aux différends soumis à la conciliation et où le salaire est directement mis en cause, on trouve qu'ils sont :

En 1900	. . . . .	192	sur	234	différends,	soit 82,4 p. 100.	
En 1901	. . . . .	101	»	142	»	71,8	»
En 1902	. . . . .	79	»	107	»	73,9	
En 1903	. . . . .	110	»	152	»	78,9	
En 1904	. . . . .	190	»	247	»	76,9	"
En 1905	. . . . .	176	»	246	»	74,3	»
En 1906	. . . . .	229	»	302	»	75,8	» [1]

Cette proportion est donc considérable. Mais ne va-t-elle pas être modifiée si nous retranchons les grèves où la concilation ne donne aucun résultat ? Pas le moins du monde !

Quant aux différends solutionnés par la loi de 1892 et où le salaire est directement mis en cause, on trouve qu'ils sont :

En 1900	. . . . .	87	sur	106	différends,	soit 82 p. 100.	
En 1901	. . . . .	45	»	65	»	69,2	»
En 1902	. . . . .	34	»	47	»	72,3	
En 1903	. . . . .	48	»	70	»	68,5	
En 1904	. . . . .	113	»	142	»	79,5	
En 1905	. . . . .	94	»	132	»	71	

Le second point est plus délicat. Les transactions portent-elles sur des points secondaires ou résolvent-elles des questions importantes ? Leurs résultats se rapprochent-ils de ceux des réussites ou

---

[1] Ces chiffres sont quelque peu exagérés. L'office du travail indique en effet, pour une grève, plusieurs causes différentes, en sorte qu'il faudrait calculer la proportion des causes attenant au salaire par rapport à toutes les autres causes invoquées dans les grèves où la conciliation a été demandée. Il n'en reste pas moins vrai que les chiffres indiqués doivent nous suffire, car ce qui nous importe c'est de savoir sur quels points la conciliation va porter.

42   QUELQUES RÉSULTATS

au contraire de ceux des échecs ? Ici encore la réponse n'est pas douteuse. L'ouvrier retire des transactions un gain très appréciable. Les chiffres suivants le prouvent.

Quand il s'agit d'augmentation, on constate les résultats suivants :

	Cas où l'ouvrier obtient peu de chose [1]	Augmentation de 0,05 à 0,25 par jour	Augmentation de 0,25 à 0,50 par jour	Augmentation de 0,50 à 1 fr. par jour
1900 . . .	5	9	20	13
1901 . .	3	6	9	4
1902 . .	2	7	6	2
1903 . . .	1	14	4	2
1904 . .	3	15	22	13
1905 . . .	11	7	16	17
1906 . .	6	5	23	12 [2]

Quant aux diminutions, le nombre des transactions intervenues à leur sujet est minime : 26 de 1900 à 1906. Dans treize cas la diminution n'a pas eu lieu grâce à une transaction[3]. Dans neuf cas elle a été notablement enrayée. Enfin dans quatre cas l'*Office du travail* constate une transaction mais ne dit pas en quoi elle consiste. Au reste, vu le nombre infime des transactions survenues à leur sujet, il n'est pas utile de s'y arrêter davantage.

Il convient au contraire de préciser les résultats des transactions sur une demande d'augmentation de salaire. On remarque d'abord que le nombre des grèves où une transaction due à la conciliation apporte peu de chose à l'ouvrier est assez minime : 12,1 p. 100 en moyenne de la totalité des cas, tandis qu'au contraire les grèves où les ouvriers, grâce à la conciliation, obtiennent une augmentation de salaire de 0,25 à 0,50 par jour, sont les plus

[1] Les cas dans lesquels l'ouvrier obtient peu de chose sont ceux où l'augmentation ne porte que sur un point secondaire (ainsi les ouvriers obtiennent qu'on leur donnera un litre de cidre par jour de mai à septembre) ou bien ceux où l'Office du travail constatant une augmentation n'en donne pas le chiffre.
[2] Le total des cas que nous donnons est un peu inférieur au total des grèves où il y a une transaction sur une question de salaire. C'est que l'Office du travail ne donne pas les résultats précis des grèves terminées au cours de la procédure de conciliation et dans lesquelles une transaction a pu se produire sur une augmentation ou une diminution de salaire.
[3] Il faut ajouter que dans certains cas, non seulement la transaction empêche la réduction mais encore qu'elle aboutit à une légère augmentation. V. *Office du travail*, Statistique des grèves, 1900, p. 100. — V. *Office du travail*, Statistique des grèves, 1965, p. 142.

nombreuses : 38,9 p. 100. La proportion des transactions où une augmentation de 0,05 à 0,25 est obtenue est de 24,5 p. 100 ; celle où on obtient une augmentation de 0,50 à 1 fr. est également de 24,5 p. 100. Cette dernière proportion doit appeler tout particulièrement l'attention, et par les résultats des transactions qu'elle révèle et par les grèves dans lesquelles ces transactions interviennent. Il se trouve en effet qu'elles se produisent dans des grèves importantes réunissant un grand nombre d'ouvriers.

En voici quelques exemples empruntés aux diverses années.

En 1900, dans la grève des arrimeurs de Bône (Constantine), 840 grévistes obtiennent, grâce à une transaction, les résultats suivants :

216 arrimeurs payés 0 fr. 50 l'heure le sont désormais à 0 fr. 60
624 porteurs à terre payés 0 fr. 40 l'heure le sont désormais à 0 fr. 50 [1]

En 1902, 345 déchargeurs de la Rochelle obtiennent par la transaction une augmentation de salaire de 1 fr. à 1 fr. 50 par jour [2].

En 1904, dans la grève agricole d'Arles (Bouches-du-Rhône), 4.000 grévistes obtiennent par la transaction une augmentation de 1 fr. par jour [3].

320 chantiers de Nice obtiennent les augmentations suivantes : 1re et 2e catégorie, 6 fr. de plus par semaine ; 3e catégorie, 4 et 6 fr. de plus [4].

En 1905, dans la grève des ouvriers du bâtiment et de diverses professions de Quimper, 1.700 grévistes obtiennent une augmentation variant de 0 fr. 25 à 1 fr. ; 1.135 d'entre eux reçoivent 0 fr. 50 de plus par jour [5].

A Brest et à Lambezellec, dans une grève identique, 3.752 grévistes obtiennent par la transaction une augmentation qui va de 0 fr. 20 à 0 fr. 75.

1.597 d'entre eux se voient augmentés de 0 fr. 50 et plus par jour [6].

[1] V. Office du travail, Statistique des grèves, 1900, p. 230.
[2] Id., 1902, p. 168.
[3] Id., 1904, p. 34.
[4] Id., 1904, p. 306.
[5] Id., 1905, p. 245 et 403.
[6] Id., 1905, p. 249 et 447.

En 1906, 1.200 mineurs d'Homecourt obtiennent une augmentation de 1 fr. 50 par jour[1].

Jusqu'à présent nous avons essayé de mettre en lumière les résultats de la conciliation en montrant qu'ils étaient heureux pour l'ouvrier, mais nous avons laissé dans l'ombre les cas où la demande en conciliation a été repoussée. Il ressort cependant de l'examen de ces cas une constatation curieuse : leurs résultats sont exactement à l'inverse de ceux obtenus grâce à la conciliation. On remarque que pour eux les échecs augmentent considérablement au détriment de réussites au lieu de diminuer au profit de transactions. Cette opposition dans les résultats ne révèle-t-elle pas une opposition dans la nature même des cas envisagés et de ceux où agit la conciliation? Ne peut-on pas les considérer comme des cas irréductibles, ne pouvant faire partie du domaine de la conciliation et représentant comme la limite extrême de son action? Qu'adviendrait-il cependant si on voulait leur appliquer à toute force ce principe contraire à leur nature? C'est une simple question que nous posons aux partisans de l'arbitrage obligatoire.

On distingue maintenant d'une façon précise la raison qui pousse les patrons à s'opposer à l'application de la loi, et les ouvriers à la rèclamer. C'est que seuls ces derniers profitent véritablement de la conciliation. Pourquoi en est-il ainsi? Comment expliquer la nature des résultats obtenus? La présence d'un tiers a-t-elle le pouvoir de faire tomber par elle seule ou tout au moins de diminuer les prétentions patronales? On pourrait le soutenir si on avait à faire principalement à des grèves où l'amour-propre des parties fût snrtout en jeu, chacune mettant son point d'honneur à ne pas céder. Mais nous avons vu que la conciliation intervenait surtout dans des grèves où le salaire était directement mis en cause et où par consé-

---

[1] *Id.*, 1906, p. 594.

Nous ne voulons pas multiplier les exemples, mais il ne faut pas croire que ceux-ci soient isolés. Voyez par exemple :

Grève des ouvriers careneurs de Marseille	1900,	Statist. des grèves,	p. 218
» des ouvriers arrimeurs d'Oran	1900	»	p. 230
» agricole de Fleury (Aude)	1904		p. 10
» des charretiers de Lézignan (Aude)	1904		p. 306
» des déchargeurs et charretiers de St-Raphaël	1904		p. 298
» des ouvriers en voilure de Vannes	1905	"	p. 174
» des ouvriers dockers de Gravelines	1905	»	p. 298
» des ouvriers scieurs de Pontarlier	1906	"	p. 254

quent il n'est pas question d'amour-propre, mais d'intérêts. Le
patron augmentera-t-il ou n'augmentera-t-il pas le salaire, le
diminuera-t-il ou ne le diminuera t-il pas? Il est évident que la
seule présence d'un tiers ne peut expliquer les résultats obtenus.
Elle y contribue pour une part mais elle ne suffit pas. Si le patron
consent à accorder une augmentation plus ou moins considérable,
c'est que la situation économique de son industrie le lui permet. Si
donc la conciliation produit les effets que nous avons constatés,
c'est qu'elle intervient surtout dans les cas où le patron jouit d'une
situation prospère. Elle réaliserait une sorte de sélection entre les
grèves et elle serait fonction de l'état économique général. En voici
une preuve. En 1904, le nombre des grèves a été supérieur à celui
de 1903 et de 1905. Si la conciliation était indépendante de l'état
économique, on aurait dû constater dans toutes les industries un
nombre plus fort de conciliation, Or, que l'on considère l'industrie
textile qui précisément en 1904 a eu à supporter une crise, et l'on
verra, alors qu'en 1903 et en 1905, il y avait 50 et 42 demandes de
conciliation, que celles-ci se réduisaient en 1904, à 30.

Il est alors peut-être permis de supposer que ce qui explique le
caractère et la nature des résultats obtenus par la conciliation c'est
la présence d'un tiers intervenant dans une situation économique
prospère.

Par les quelques constatations que nous venons de faire, il est
aisé de voir les avantages qu'il y aurait à étendre l'application de la
loi de 1892 jusqu'à ses limites naturelles. La paix sociale en particulier y gagnerait beaucoup. La conciliation en effet n'a pas seulement
des avantages économiques (augmentation du bien-être de l'ouvrier)
elle a aussi des avantages sociaux (diminution, atténuation des
luttes sociales). Jusqu'à ces deux ou trois dernières années, cette
extension s'est faite peu à peu, progressivement, sous l'influence
d'une connaissance plus complète de la loi elle-même et de ses
résultats. Depuis 1904 il semble que l'influence gouvernementale
se fasse sentir. Désireux de voir diminuer les conflits de toutes
sortes, toujours dangereux au point de vue politique, et reconnaissant dans la loi de 1892 un moyen efficace de parvenir à ce but, le
gouvernement pousse les juges de paix à intervenir d'eux-mêmes et
à chercher une solution rapide du conflit. Ainsi s'expliquerait fort
naturellement l'accroissement notable de ces interventions qui de 40
en 1902, passent à 118 en 1904, à 148 en 1905 et à 147 en 1906.

III

Ainsi donc réclamée de plus en plus en fait, résolvant des conflits de plus en plus nombreux, la loi de 1892, par ses résultats, apparaît au point de vue social comme un moyen efficace de paix sociale et au point de vue économique comme un instrument de plus équitable répartition de la valeur du produit entre l'ouvrier et le patron, principalement au moment où une rupture d'équilibre s'est produite au profit de ce dernier.

Elle fixe d'autre part elle-même la limite d'application du principe de conciliation en éliminant d'une façon automatique les cas irréductibles. Est-ce à dire cependant que cette application ne doive varier qu'avec le temps et que, dans une année donnée, la loi assure toute la réalisation possible du principe de conciliation ? Certes non ! Aussi a-t-on maintes fois proposé de modifier la loi de 1892 surtout au point de vue de la procédure qu'elle organise.

Nous préférons attirer l'attention sur un autre point du problème et constater que si, une fois la grève déclarée, la loi de 1892 est utile et bienfaisante, en revanche, son rôle préventif est à peu près nul. On n'a constaté, de 1893 à 1904, c'est-à-dire en onze ans, que 63 recours avant la cessation du travail sur 5.506 grèves. De ce côté, les résultats obtenus sont complètement insuffisants. Il n'y a pas lieu de s'en étonner. Cette forme de conciliation marque en effet une étape supérieure dans l'évolution des grèves.

Seule, jusqu'à présent, l'Angleterre est parvenue à cette étape. De 1891 à 1901, 11.083 différends ont été soumis aux conseils permanents et 6.694 ont été solutionnés avant toute cessation de travail. La France suivra-t-elle cette évolution ? Il est permis de l'espérer, mais rien n'autorise à la croire prochaine. Au reste, nous avons voulu simplement préciser quelques résultats de la loi de 1892 ; nous nous gardons de toute prophétie sur l'avenir.

Maurice PICARD.

VALEUR VÉNALE DE LA PROPRIÉTÉ RURALE

PÉRIODE 1851-1905

Au moment où il est question de procéder à une nouvelle évaluation de la propriété non bâtie, il nous paraît intéressant de donner
un sommaire des enquêtes précédentes et faire ressortir les principales fluctuations de la valeur vénale rurale.

Le revenu cadastral, qui était évalué à 805 millions, se trouvait
porté à 1.905 millions en 1851-1853, accusant ainsi une augmentation de plus du double, pour la première moitié du xixᵉ siècle ;
il atteignait ensuite, en 1879-1881, 2.645 millions, correspondant à
une valeur vénale de 91 milliards 584 millions. Depuis cette époque,
la valeur immobilière rurale est en constante diminution et le
chiffre global se trouve ramené à l'évaluation de 1851-1853, mais
le mouvement n'a pas eu partout la même amplitude, aussi allons-
nous essayer d'en esquisser les principales variations régionales.

La majeure partie des départements où la valeur vénale paraît
en hausse est constituée par un ensemble comprenant les régions
de l'ouest et du centre. Il y a lieu de remarquer que ce groupement englobe les pays les moins favorisés au point de vue de la
constitution géologique, ce qui paraît démontrer que la plus-value
est la résultante des travaux d'amélioration et de mise en valeur.

Sept départements seulement sont détachés de ce groupe : le
Nord, le Pas-de-Calais, la Gironde, les Landes, les Basses-Pyrénées, les Hautes-Pyrénées et les Pyrénées-Orientales ; mais pour six
d'entre eux l'augmentation est peu sensible ; dans les Landes, au
contraire, l'augmentation est très importante et due à l'exploitation
de plus en plus rémunératrice des résines de pins, revenu plutôt
industriel.

Dans les régions où la valeur de la propriété rurale est en diminution, nous trouvons les zones privilégiées au point de vue agricole et la presque totalité des départements viticoles ; d'ailleurs,
c'est dans cette dernière zone que se trouvent les fluctuations les
plus accentuées, notamment dans l'Aude, le Tarn-et-Garonne, la
Haute-Garonne, l'Ariège, le Puy-de-Dôme, le Lot, le Tarn, la Dor-
dogne, etc., où *les valeurs de 1.000 en 1851* se sont élevées à

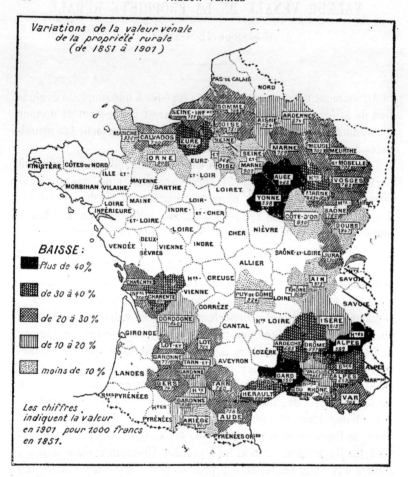

Variations de la valeur vénale
de la propriété rurale
(de 1851 à 1901)

BAISSE :

Plus de 40 %

de 30 à 40 %

de 20 à 30 %

de 10 à 20 %

moins de 10 %

Les chiffres
indiquent la valeur
en 1901 pour 1000 francs
en 1851.

2.303 [1], 1.677, 1.614, 1.568, 1.470, 1.463, 1.449, 1425 ; en 1879-1881, pour redescendre actuellement à 758, 868, 838, 901, 924, 765, 760 et 840.

C'est encore la région viticole des Charentes dont les valeurs de 1.136 et 1.159 en 1879-81 redescendent à 607 et 750, puis la région herbagère par excellence : la Normandie dont les valeurs atteignaient en 1879-81 :

1.358 dans la Seine-Inférieure, 1.252 dans le Calvados, 1.270 dans la Manche, 1.041 dans l'Eure et 1.297 dans l'Orne pour redescendre

[1] Valeurs proportionnelles à 1.000 en 1851.

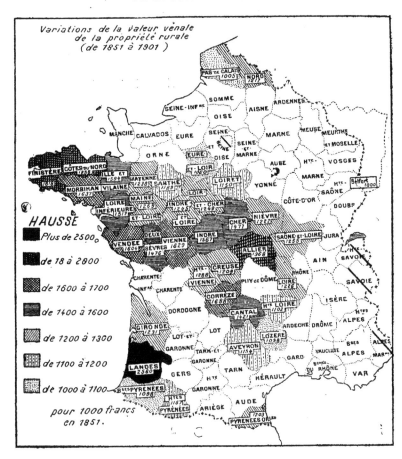

Variations de la valeur vénale
de la propriété rurale
(de 1851 à 1901)

HAUSSE

■ Plus de 2500 o
■ de 18 à 2800
▦ de 1600 à 1700
▨ de 1400 à 1600
▧ de 1200 à 1300
▤ de 1100 à 1200
▦ de 1000 à 1100

pour 1000 francs
en 1851.

ensuite à 777, 790, 824, 614, 908 soit des différences de 581, 462, 446, 427 et 389 (p. 1.000 en 1851).

Dans la région de l'Est, les différences sont en général moins accentuées mais atteignent encore 497 dans la Meuse, 456 dans l'Ain, 416 dans les Ardennes, 361 dans le Jura, 357 dans la Meurthe-et-Moselle, etc. Deux départements ont été particulièrement éprouvés depuis 1880, ce sont : l'Aube et l'Yonne où les fluctuations de baisse atteignent 571 et 554 (538 et 402 si l'on envisage l'ensemble de la période de 1851-1901).

Quant à la région du Sud-Est dont l'ensemble [1] avait à peine

[1] Non compris la Corse, les Alpes-Maritimes et les Savoies (voir tableau ci-après).

changé pendant la période 1851-1881 puisque les dix départements pris en bloc donnent en 1881 une valeur de 1.043 pour 1.000
en 1851 mais dont les valeurs de détail avaient subi des variations, la baisse a été très accentuée dans la majeure partie de ces
départements pendant la dernière période 1880-1905; nous relevons en effet :

1º Baisse très accentuée période 1880-1905.

Hérault.	627 de 1880 à 1905	310 de 1851 à 1905	
Var	502	»	298	»
Basses-Alpes	415	»	347
Bouches-du-Rhône.	384	»	362
Isère	376	»	185
Vaucluse	175	»	165

2º Baisse surtout accentuée dans la période 1851-1881.

Gard.	328 de 1880 à 1905	444 de 1851 à 1905	
Ardèche.	267	»	315	»
Hautes-Alpes.	256	»	411
Drôme	244	»	303

Avec le département de la Haute-Marne, les quatre départements ci-dessus forment le groupe dans lequel depuis 1851 la
valeur vénale est en constante diminution.

Si nous examinons les 35 départements où la valeur est en hausse
nous constatons qu'en 1879-81 :

7 départements avaient une valeur proportionnelle supérieure à	1.300
5	»	»	1.400
6			1.500
6			1.600
6			1.700
3			1.800
1			2.000
1			2.400

tandis qu'en 1900-05 :

4 départements ont seulement une valeur proportionnelle supérieure à	1.000
5	»	»	1.100
12			1.200
3			1.400
3		»	1.500
4			1.600
2			1.800
1			1.900
1		•	2.500

Les fluctuations ont été moins accentuées dans les départements où la valeur immobilière rurale est en hausse depuis 1851 que dans ceux où cette valeur est en baisse, elles atteignent néanmoins 651 dans les Pyrénées-Orientales, 602 dans l'Indre-et-Loire, 565 dans la Mayenne, 472 dans les Hautes-Pyrénées, 439 dans l'Allier, 433 dans la Nièvre, 425 dans le Loiret, 424 dans le Maine-et-Loire, 412 dans l'Eure-et-Loir, etc.

Pour six départements seulement, l'on constate une progression continue depuis 1851. Ce sont : le Cantal, la Corrèze, les Côtes du Nord, le Finistère, les Landes et le Morbihan dont la proportion de hausse s'est encore accentuée de 11,4 p. 100 dans la période 1880-1905 sur les valeurs constatées en 1879-81, tandis que dans tout le reste de la France la proportion de baisse atteignait 29,6 p. 100 pendant la même période, faisant ainsi ressortir une moyenne de 27,3 p. 100 dans l'ensemble (non compris le département de la Seine).

La proportion de baisse est en réalité bien supérieure, car dans les évaluations des diverses enquêtes il a été tenu compte des améliorations foncières qui, surtout dans ces dernières années, ont été très appréciables sur tous les points du territoire et peuvent être comptées pour une augmentation d'environ 10 milliards du capital foncier.

En résumé, l'on peut dire que la valeur vénale de la propriété rurale a perdu près de 40 p. 100 depuis 1880, soit plus de 35 milliards.

Le tableau ci-après a été établi en adoptant pour base une valeur à l'hectare de 1.000 en 1851 dans chaque département et en calculant les autres valeurs proportionnellement à cette base.

Les enquêtes 1851, — 1879-81, — et 1884 ont été faites par l'Administration des contributions directes, tandis que les données 1900-05 résultent d'une enquête personnelle dont nous donnons le détail dans nos études statistiques [1].

Les valeurs proportionnelles, qui, de 1.000 en 1851, se sont élevées à 1.434 en 1879-81, pour ensuite redescendre à 1.398 en 1884 et enfin 990 en 1900-05, correspondent à des valeurs réelles de 1.276 francs l'hectare en 1851, 1.830 en 1879, 1.785 en 1884 et 1.264 en 1900-05.

---

[1] Berger-Levrault, éditeur.

Table ENQUÊTES (left block)

DÉPARTEMENTS	1851	1879-81	1884	1900-05	
Aube	1.000	1.033	1.002	462	32
Gard	1.000	.884	.934	556	33
Hautes-Alpes	1.000	.845	.829	589	34
Yonne	1.000	1.152	1.152	598	35
Charente	1.000	1.136	1.120	607	36
Eure	1.000	1.041	.931	614	37
Haute-Marne	1.000	.954	.886	634	38
Bouches-du-Rhône	1.000	1.022	1.029	638	39
Basses-Alpes	1.000	1.068	1.020	653	40
Ardèche	1.000	.952	.919	685	41
Hérault	1.000	1.317	1.260	690	42
Drôme	1.000	.941	.940	697	43
Meurthe et-Moselle	1.000	1.059	.952	702	44
Var	1.000	1.204	1.188	702	45
Meuse	1.000	1.200	1.117	703	46
Somme	1.000	1.267	1.183	708	47
Jura	1.000	1.091	1.005	730	48
Gers	1.000	1.423	1.423	747	49
Charente-Infᵉʳᵉ	1.000	1.159	1.128	750	50
Oise	1.000	1.123	1.016	751	51
Aude	1.000	2.303	2.187	758	52
Marne	1.000	1.228	1.064	759	53
Tarn	1.000	1.449	1.449	760	54
Haute-Saône	1.000	1.063	.960	760	55
Lot	1.000	1.463	1.240	765	56
Lot-et-Garonne	1.000	1.384	1.332	771	57
Seine-Inférieure	1.000	1.358	1.336	777	58
Vosges	1.000	1.031	.984	782	59
Calvados	1.000	1.252	1.243	790	60
Isère	1.000	1.191	1.152	815	61
Aisne	1.000	1.270	1.000	824	62

Table ENQUÊTES (middle block)

DÉPARTEMENTS	1851	1879-81	1884	1900-05
Vaucluse	1.000	1.010	.991	835
Haute-Garonne	1.000	1.614	1.540	838
Dordogne	1.000	1.425	1.285	840
Tarn-et-Garonne	1.000	1.677	1.641	868
Ardennes	1.000	1.290	1.142	874
Ariège	1.000	1.568	1.575	901
Seine-et-Marne	1.000	1.045	1.021	902
Rhône	1.000	1.290	1.086	905
Orne	1.000	1.297	1.303	908
Puy-de-Dôme	1.000	1.470	1.458	924
Côte-d'Or	1.000	1.180	1.151	930
Manche	1.000	1.279	1.257	936
Doubs	1.000	1.219	1.112	947
Seine-et-Oise	1.000	1.086	1.065	968
Ain	1.000	1.429	1.296	973
Belfort	1.000	1.078	.983	1.000
Pas-de-Calais	1.000	1.392	1.120	1.005
Eure-et-Loir	1.000	1.472	1.409	1.060
Lozère	1.000	1.319	1.319	1.098
Basses-Pyrénées	1.000	1.343	1.337	1.098
Haute-Loire	1.000	1.502	1.532	1.103
Loiret	1.000	1.575	1.576	1.150
Aveyron	1.000	1.449	1.459	1.154
Hautes-Pyrénées	1.000	1.639	1.639	1.167
Sarthe	1.000	1.399	1.340	1.189
Pyrénées-Orienᵗˡᵉˢ	1.000	1.854	1.600	1.203
Creuse	1.000	1.329	1.334	1.209
Nord	1.000	1.430	1.362	1.217
Nièvre	1.000	1.655	1.660	1.222
Loire	1.000	1.391	1.388	1.226
Gironde	1.000	1.527	1.434	1.231

Table ENQUÊTES (right block)

DÉPARTEMENTS	1851	1879-81	1884
Mayenne	1.000	1.803	1.774
Indre-et-Loire	1.000	1.847	1.858
Loir-et-Cher	1.000	1.561	1.537
Saône-et-Loire	1.000	1.470	1.411
Maine-et-Loire	1.000	1.693	1.643
Haute-Vienne	1.000	1.567	1.573
Cantal	1.000	1.322	1.322
Deux-Sèvres	1.000	1.732	1.717
Cher	1.000	1.727	1.736
Loire-Inférieure	1.000	1.725	1.725
Indre	1.000	1.702	1.714
Ille-et-Vilaine	1.000	1.742	1.713
Vendée	1.000	1.740	1.711
Vienne	1.000	1.686	1.694
Morbihan	1.000	1.435	1.430
Corrèze	1.000	1.645	1.620
Finistère	1.000	1.542	1.538
Côtes-du-Nord	1.000	1.633	1.600
Allier	1.000	2.407	2.450
Landes	1.000	2.052	1.960
Départements qui, en 1851, ne faisaient partie du territoire.			
Corse	—	—	1.000	1.000
Savoie	—	—	1.000	.981
Alpes-Maritimes	—	—	1.000	1.003
Haute-Savoie	—	—	1.000	.995
Ensemble de la France	1.000	1.434	1.398

Pour le département de la Seine, l'enquête de 1879 avait fait ressortir une valeur de 15.000 contre 1.000 en 1851. Mais ce sont des valeurs conventionnel, non des valeurs intrinsèques s'appliquant à la propriété rurale.

Cette dépréciation n'est pas uniquement due à l'abaissement du prix de vente des produits agricoles, mais elle est plutôt la conséquence d'une profonde modification du mécanisme de la répartition et de la distribution de la richesse ; il ne nous paraît pas possible d'espérer revoir la valeur vénale de la propriété rurale atteindre les maxima de la période 1875-1884, mais il y a lieu de croire que les crises agricoles et économiques de ces dernières périodes décennales ne vont pas se renouveler de sitôt et qu'au contraire les valeurs locatives et vénales vont s'affermir et peut-être remonter dans certaines régions, notamment dans les zones viticoles où l'effondrement avait été trop complet.

E. MICHEL,
Inspecteur du Crédit foncier de France.

CHRONIQUE AGRICOLE

LE RÉGIME DES SYNDICATS AGRICOLES

SOMMAIRE :

L'arrêt de la Cour de cassation du 25 mai 1908 et les opérations permises aux syndicats agricoles; portée exacte de l'arrêt. — L'émotion soulevée dans le monde agricole. — Le projet déposé par le Ministre de l'agriculture sur la *constitution et le fonctionnement des syndicats agricoles* (10 juin 1908). — La création de *syndicats économiques*. — Analyse du projet. — Les objections qu'il soulève. — Solutions proposées par les groupements agricoles.

Un arrêt récent de la Cour de cassation, en date du 25 mai 1908, vient de susciter dans le monde des syndicats agricoles une grosse émotion.

A en croire certains commentaires provoqués par la décision en question, ce serait, de la part de la Cour suprême, une sorte d'arrêt de mort prononcé contre le mouvement syndical en agriculture, la ruine de toute cette série d'efforts laborieux qui avait abouti à la diffusion de l'idée coopérative dans les milieux ruraux, quelque chose comme un de ces orages qui, par une journée d'été, anéantissent en quelques minutes les légitimes espoirs de longs mois de travail.

A voir les choses de sang-froid, c'est-à-dire en analysant l'arrêt de la Cour, à en peser les termes, en se référant surtout aux faits de la cause relatés par l'arrêt de Nancy et appréciés souverainement par les juges du fait, on s'aperçoit que, heureusement, les craintes manifestées renferment une certaine dose d'exagération. Ce n'est pas à dire qu'à notre avis il n'y ait pas lieu de s'inquiéter et de voir dans l'arrêt du 25 mai un avertissement sérieux, mais il importe, et c'est ce que nous voulons essayer ici, de mettre les choses au point.

D'abord, il convient de rappeler brièvement les faits qui ont amené l'intervention des différentes juridictions, depuis les tribunaux de Commercy et de Montmédy jusqu'à la Cour de cassation en passant par la cour de Nancy[1].

---

[1] Arrêt de la cour de Nancy du 27 novembre 1907. — Arrêt de la Cour de cassation du 25 mai 1908.

Un petit syndicat agricole de la Meuse avait ouvert un magasin, où les adhérents trouvaient à acheter au détail toute une série de produits de consommation courante, tels que vêtements, chaussures, denrées alimentaires. Le syndicat achetait les marchandises sans commandes préalables et les revendait en prélevant une bonification de 5 p. 100. Le commerce local s'émut et, sur sa plainte, des poursuites furent entamées pour contravention à la loi du 21 mars 1884, aux termes de laquelle les syndicats agricoles ont exclusivement pour objet l'étude et la défense des intérêts économiques, industriels, commerciaux et agricoles.

Une condamnation s'en suivit en première instance et en appel, condamnation à une amende contre les administrateurs du syndicat, amende minime du reste avec application de la loi de sursis.

Mais peu importait le quantum de la condamnation, l'essentiel c'était la question de principe soulevée dans le débat. Pour que cette question fût vidée, le syndicat condamné saisit la Cour de cassation et celle-ci a rejeté le pourvoi formé contre l'arrêt de Nancy. De là l'émotion dans les milieux agricoles que nous signalions au début de cette chronique.

A dire vrai, certain considérant adopté par la Cour suprême est fait pour justifier toutes les appréhensions, puisque la Cour affirme que : « la constitution d'une association syndicale agricole, dans » les conditions déterminées par la loi du 21 mars 1884, donne » exclusivement vocation à cette association, d'étudier et de défen- » dre les intérêts agricoles qu'elle représente ». Interprété rigou- reusement, l'arrêt paraît bien condamner toutes les formes d'acti- vité pratique auxquelles les syndicats s'étaient habitués depuis plus de vingt ans, telles les commandes d'engrais, semences, machines pour leurs adhérents, et il ne resterait aux syndicats comme rôle strictement légal qu'un champ très limité. Ils exerceraient une sorte de patronage académique sur le monde rural, provoqueraient les interventions législatives reconnues utiles, agiraient sur l'opinion publique par la voie de la presse ou par des conférences, en un mot se confineraient dans le rôle où se cantonnaient les sociétés d'agriculture d'autrefois.

Mais ce serait, à notre avis, tirer de l'arrêt que nous commentons des conséquences que les magistrats n'y ont pas voulu mettre. Rien n'est plus dangereux que de prendre un considérant à titre isolé et de le séparer du contexte, or, ici le contexte limite, à notre

sens, très heureusement la portée de la formule et donne l'expression vraie de la pensée de la Cour : « Attendu, dit d'autre part
» l'arrêt, que de l'état de fait souverainement constaté par les juges
» du fond il résulte que le syndicat mis en cause ne pouvait exci-
» per de ce qu'il n'aurait fait qu'exécuter un mandat dans les ter-
» mes des articles 1986 et suivants du code civil », c'est-à-dire que
la Cour fait sienne en la condensant la thèse émise par le conseiller
rapporteur M. Atthalin et tout le passage du rapport est à citer.

« Nous tiendrons pour acquis, d'abord, que le syndicat agricole qui se
borne à servir d'intermédiaire entre un de ses membres et un fournisseur,
ou entre plusieurs de ses membres groupant leurs commandes et un fournisseur, ne commet aucune infraction. L'arrêt (de la cour de Nancy) le
concède nettement et il ne condamne qu'après avoir à deux reprises constaté que tel n'est pas le cas de l'espèce. En effet, la répartition pure et
simple des marchandises entre les diverses personnes au nom desquelles
et pour lesquelles l'achat a été effectué, ne peut constituer une revente,
puisque ce sont les acheteurs eux-mêmes qui prennent livraison des marchandises et les consomment. Alors le syndicat aura rempli un mandat
gratuit dans les termes de l'article 1986 du code civil. Dans ce cas, d'après
l'article 1999, le mandant doit rembourser au mandataire les avances et
frais que celui-ci a faits pour l'exécution de son mandat. Ne fait donc pas
acte de commerce le syndicat qui, servant d'intermédiaire pour le groupement des commandes de ses adhérents, traite directement avec le fournisseur, même s'il fait subir aux matières achetées une majoration qui représente simplement ses déboursés, *et qui, s'il reste quelques profits, fait
ristourne du trop perçu à ses mandants dans la proportion de leurs commandes
respectives.*
» Mais encore une fois, telle n'est pas la situation de fait, du moins
d'après l'arrêt qui, en fait, vous domine. Nous y trouvons la constatation
de l'absence de commandes antérieures aux achats, de la tenue d'un
magasin de revente au détail, et de la réalisation d'un bénéfice, si minime
soit-il ».

Nous avions raison de dire que l'arrêt est à analyser dans son
ensemble si on veut en déterminer la portée exacte, et cette portée
a été, ce nous semble, très nettement précisée par M. Rieul Paisant,
dans *La correspondance du comité permanent de la vente du
blé* [1].

« En définitive, l'arrêt de la Cour de cassation n'a pas interdit aux syndicats de faire de la coopération, si l'on entend que la coopération est par

[1] Voir numéro du 25 juin 1905.

essence un mandat gratuit et qu'elle comporte nécessairement la distribution entre les coopérateurs, en fin d'exercice, sous forme de ristournes, de
tout ce qui, dans une société ordinaire, constituerait un bénéfice. La Cour,
pour poser une limite aux droits des syndicats agricoles, s'est conformée
aux idées le plus généralement exprimées depuis vingt-cinq ans dans les
travaux préparatoires des diverses lois sur les associations et sur les sociétés
agricoles, dont le rapport de M. Atthalin a fait une synthèse vigoureuse. On
a toujours admis que les syndicats agricoles pouvaient faire certaines
« opérations concernant l'industrie agricole » — l'article 1er de la loi du
5 novembre 1894 leur en donne d'ailleurs implicitement le droit — mais
ils ne peuvent le faire qu'à titre de mandataires *gratuits*. L'arrêt de la Cour
de cassation concilie sur ce point les dispositions limitatives de la loi
de 1884 avec l'extension que la pratique a donnée aux attributions des
syndicats, mais en limitant strictement ces attributions. Un prélèvement
fixe, si minime soit-il, que fait un syndicat sur ses opérations, donne à
celles-ci le caractère d'actes de commerce, alors même que les bénéfices
réalisés auraient une destination philanthropique. C'est ce qu'a déjà décidé,
pour un cas analogue, le Conseil d'Etat, le 24 décembre 1897, dans l'affaire
de la caisse rurale de Sermérieu (Isère), déclarée imposable à la patente,
parce qu'au lieu de ristourner ses bénéfices, elle les mettait de côté, en vue
de la création d'œuvres agricoles ».

En résumé, c'est l'acte commercial, l'achat pour revendre, avec
prélèvement d'un bénéfice quel qu'en soit le chiffre, que la Cour
de cassation interdit aux syndicats. Et la Cour de cassation, trouvant dans la réalisation d'un bénéfice la justification de la condamnation prononcée à Nancy contre les administrateurs du Syndicat
de Consenvoye, a considéré que la décision attaquée avait fait une
saine application de la loi.

Le point de droit se trouve donc établi. *L'acte commercial, tel
qu'il est défini par le code, est interdit aux syndicats. Voilà tout
ce qu'il y a dans l'arrêt, mais il nous semble qu'il n'y a rien de
plus. La pratique du groupement des commandes par le syndicat servant d'intermédiaire entre ses membres et un fournisseur
est et reste licite du moment que le syndicat s'abstient de prélever un bénéfice et se borne à se couvrir de ses frais.* Et, à notre
avis, à condition toujours que le syndicat reste un mandataire
gratuit, il n'y a pas à tenir compte d'une circonstance accessoire
que l'arrêt de Nancy avait retenue dans l'affaire de Consenvoye, à
savoir l'achat pratiqué à l'avance en prévision des besoins futurs
des adhérents et l'établissement de magasins par le syndicat pour
la livraison en détail. Nous ne croyons pas, d'accord en cela avec

M. Paisant[1], qu'une pareille pratique puisse être incriminée. L'utilité qu'elle présente est incontestable, surtout quand il s'agit de dépôt de pièces de rechange pour les machines agricoles. On ne peut prétendre exiger, dans ce cas, des adhérents une commande préalable. Il s'agit de réparer une avarie de machine, c'est-à-dire de parer à quelque chose d'imprévu. Le syndicat s'approvisionne en vue de cette éventualité ; ce faisant, il ne nous paraît pas dépasser le cercle de ses attributions légales. Juridiquement, il peut être tenu pour agissant en vertu d'un mandat tacite. La seule condition à respecter pour lui, c'est de remplir gratuitement sa mission, s'abstenir de réaliser un bénéfice sur l'opération, se borner à se couvrir de ses frais (art. 1986 et 1999 du code civil).

Quant aux syndicats qui voudraient à l'avenir suivre les errements condamnés à propos du mode d'opérer de syndicat de Consenvoye qui, en un mot, feraient acte de commerce en pratiquant la revente avec bénéfice à leur profit, on ne peut que les engager à se mettre en règle avec les dispositions légales et deux procédés s'offrent à eux comme l'exposait M. Milcent à l'une des dernières assemblées de l'*Union centrale des syndicats agricoles*.

Ils peuvent d'abord constituer à côté d'eux, sous leur patronage et à titre de filiales, des coopératives proprement dites conformes au type prévu par la loi de 1867 sur les sociétés[2].

Ils peuvent, en second lieu, faire de leur dépôt et magasins de simples succursales de la coopérative centrale que l'*Union* a créée rue d'Athènes, à Paris. Voici un extrait de la lettre que M. Delalande, président, leur a adressée :

« Une autre combinaison permettrait de garantir l'existence des syndicats et de sauvegarder leur action, *sans rien modifier dans leur fonctionnement actuel, sans créer aucune société nouvelle*, et en donnant à leurs opérations d'achat et de vente cette forme légale qu'il s'agit de trouver.

» Toutes ces opérations pourraient être faites *au nom et sous le couvert de la Coopérative centrale* que l'Union met à votre disposition.

» Le magasin du syndicat deviendrait une succursale ou un dépôt de la

[1] V. numéro précité du *Comité de la vente du blé*.
[2] C'est la solution qu'ont adoptée certains syndicats, notamment le syndicat central de la Haute-Marne à la date du 3 octobre 1907. A titre d'annexe du syndicat il crée une coopérative qri s'occupera de l'achat des matières nécessaires aux membres du syndicat. La plus grande partie du capital de la coopérative sera formée avec le fonds de réserve du syndicat afin de permettre à tous ses membres d'y participer. *Journal de l'agriculture*, n. du 31 octobre 1908, p. 549.

coopérative centrale et serait géré comme cela a lieu actuellement, sous la direction d'un comité local désigné par le syndicat. C'est le système appliqué depuis longtemps dans la coopérative du Sud-Est, par un accord intervenu avec les syndicats des cinq départements qui y sont rattachés.

» Grâce à cette organisation déjà ancienne, aucun de ces syndicats ne se trouve atteint par l'arrêt de la Cour de cassation, et par suite de la cohésion qui en résulte pour tous les achats, la coopérative du Sud-Est a été à même de leur rendre des services exceptionnels.

» En adoptant cette organisation, les syndicats n'étant plus absorbés par les préoccupations commerciales pourraient se consacrer plus sûrement à l'organisation de toutes les institutions mutualistes de prévoyance, d'enseignement agricole et d'assurance ».

Cette manière de procéder permettrait aux syndicats de poursuivre leurs opérations sur le terrain commercial sans être inquiétés. En fait, un certain nombre de syndicats ont adopté la combinaison [1]. D'aucuns hésiteront peut-être à s'engager dans cette voie par souci de conserver leur individualité propre et par jalousie d'indépendance. En tout cas ce serait de leur part se leurrer d'un vain espoir que d'attendre une intervention législative favorable à leurs prétentions. Comme on va le voir, il n'y a rien de semblable dans le projet de loi déposé par le ministre de l'agriculture à la Chambre des députés le 10 juin dernier, bien au contraire.

Ce projet de loi a pour objet, l'exposé des motifs le dit ouvertement, en présence de la jurisprudence inaugurée par la Cour de cassation, de préciser le régime des syndicats agricoles. Nous nous sommes, dit le Ministre, proposé un triple but :

1° Donner aux véritables syndicats agricoles, composés exclusivement d'agriculteurs et gérés gratuitement, qui se bornent à servir d'intermédiaires désintéressés à leurs membres pour l'achat des matières utiles à l'agriculture et la vente des produits provenant exclusivement des exploitations des associés, tous les droits compatibles avec leur état d'association, sans empiéter sur le domaine des lois régissant les sociétés, sous l'empire desquelles devront forcément se placer les syndicats qui ne croiraient pas pouvoir se contenter des facilités nouvelles accordées.

2° Limiter rigoureusement la nature des opérations que pourront entreprendre les syndicats économiques agricoles, en proscrivant toutes les opérations concernant la livraison des denrées d'alimentation pour l'homme,

[1] C'est le cas d'un certain nombre de syndicats de la Somme, à notre connaissance personnelle. Cette solution, plus simple que la création d'une coopérative annexe de chaque syndicat, a été recommandée dans une réunion générale tenue à Amiens au mois de juillet, et en fait la plupart des syndicats s'y sont ralliés pratiquement.

des articles de ménage, de quincaillerie, de vêture, etc., qui ne peuvent pas être considérés comme utiles à l'exploitation du sol et que certains syndicats ont cru, bien à tort, pouvoir mettre à la disposition de leurs membres, faisant ainsi une concurrence injustifiée au commerce local ;

3º Permettre aux syndicats agricoles de se rendre acquéreurs non seulement des immeubles nécessaires à leurs réunions, mais encore au dépôt des marchandises et produits désignés à l'article 1ᵉʳ, paragraphe 2 du projet de loi.

Suivent les deux articles où on s'est efforcé de condenser l'essentiel de ces trois idées.

« Article premier. — Les syndicats économiques agricoles, composés exclusivement d'agriculteurs, ont pour but, à condition toutefois d'être gérés gratuitement et de ne pas réaliser de bénéfices commerciaux, de servir d'intermédiaires à leurs membres :

» 1º Soit pour l'achat en commun des engrais, machines, instruments, appareils et outils, semences et plants, animaux et matières alimentaires pour le bétail, produits divers utiles à l'exploitation du sol, la destruction des insectes ou animaux nuisibles et la lutte contre les maladies cryptogamiques.

» 2º Soit pour la vente en commun des produits agricoles récoltés exclusivement par leurs membres.

» Ils pourront se constituer, en se soumettant aux formalités prescrites par l'article 4 de la loi du 21 mars 1884 sur les syndicats professionnels. Leur est applicable également le paragraphe premier de l'article 6 de la loi.

» Ils pourront faire emploi des sommes provenant des cotisations et se rendre acquéreurs des immeubles nécessaires à leur réunion et au dépôt des marchandises et produits ci-dessus désignés.

» Leur sont applicables les articles premier de la loi du 5 novembre 1894, 5 et 10 de la loi du 19 avril, et 4 de la loi du 29 décembre 1906.

» Art. 2. — Les infractions aux dispositions de la présente loi seront poursuivies contre les directeurs ou administrateurs des syndicats et punies d'une amende de 16 à 200 francs. Les tribunaux pourront, en outre, à la diligence du procureur de la République, prononcer la dissolution du syndicat ».

Or, ces différents textes nous paraissent appeler quelques observations.

D'abord, le projet du ministre se refuse catégoriquement à consacrer par voie législative la légitimité des opérations commerciales pratiquées par les syndicats en tant que syndicats. « Indiquons immédiatement et sans hésitation que jamais nous n'avons eu l'intention de légitimer de pareilles opérations. Nous tenons, au contraire, essentiellement à conserver aux syndicats le caractère

d'association et ce serait aller à l'encontre des principes fondamentaux du droit français que d'autoriser des associations à jouir
de tous les privilèges accordés aux sociétés commerciales sans leur
en imposer toutes les obligations ». Voilà qui est formel.

En second lieu, le projet a cru utile de proclamer, en termes
explicites, le droit des syndicats à l'exercice du mandat gratuit
pour le compte de leurs membres. « C'est de la coopération pure
et de la meilleure », dit le ministre de l'agriculture. Nous avons
expliqué plus haut qu'à notre avis l'arrêt du 29 mai n'avait pas
condamné cette pratique. On aurait peut-être pu s'abstenir de
proclamer licite une forme d'activité dont la légitimité n'était contestée par personne d'une façon sérieuse. Les auteurs du projet de
loi ont préféré s'expliquer nettement sur ce point capital et voici la
raison qu'ils invoquent :

« Il peut sembler, au premier abord, que les syndicats peuvent exercer
le mandat gratuit sans autorisation législative, comme tout individu a le
droit de le faire ; mais il ne faut cependant pas oublier que, du fait qu'un
individu a le droit de faire quelque chose, il ne s'ensuit pas nécessairement
qu'une personne morale ait le même droit, et cela d'autant plus que la loi
du 21 mars 1884, qui constitue la charte organique des associations professionnelles, a énuméré limitativement les droits des syndicats ; or, cette
énumération ne comporte pas la faculté de remplir le mandat gratuit tel
que nous venons de le définir ; nous avons donc pensé que le projet sur les
syndicats économiques agricoles devait être à ce sujet tout à fait catégorique, surtout étant donné le mutisme sur ce point de l'arrêt précité de la
Cour de cassation ».

Le projet de loi coupe court ainsi à toute controverse éventuelle.

Il laisse toutefois dans l'ombre un point important, comme l'a
signalé M. Rieul Paisant[1]. Un doute subsiste sur l'étendue du
droit d'acheter et de vendre qu'on reconnaît aux syndicats.

Le droit de vendre les produits des syndiqués implique-t-il le
droit de faire subir préalablement aux produits une transformation
qui serait le fait du syndicat — c'est pratiquement le cas des syndicats pour la vente des câpres dans la région de la Provence —
et, question toute voisine, les syndicats de vente du blé pourront-
ils édifier des magasins analogues aux *Kornhäuser* allemands avec
l'agencement nécessaire à la manutention des céréales ?

[1] Rieul Paisant, Le projet de loi sur les syndicats agricoles, *Journal de l'agriculture*, n. du 8 août 1907, p. 170.

La même difficulté se rencontre pour les applications du droit d'acheter. Or, le texte est muet sur ces différents points. On ne peut laisser tout cet ensemble de questions à l'arbitraire des tribunaux qui admettront une interprétation restrictive ou extensive du texte suivant leurs tendances.

En troisième lieu, il résulte du silence des articles du projet et des explications formelles de l'exposé des motifs que l'on entend refuser aux syndicats visés par le projet gouvernemental, le droit de former des *unions*, à la différence de ce qui existe pour les syndicats professionnels en vertu de la loi de 1884. L'exposé des motifs se borne à indiquer la solution admise sans esquisser le moindre essai de justification quant à l'interdiction prononcée. Or, la mesure apparaît fâcheuse au premier chef et voici pourquoi.

Une expérience de plus de vingt années a démontré qu'il fallait encourager le développement des syndicats à faible rayon, syndicats communaux ou cantonaux, c'est-à-dire groupant des individus se connaissant. On hésite d'autant moins à entrer dans un syndicat qu'on connaît mieux ceux qui en font partie, et la vie syndicale est d'autant plus intense que la circonscription du syndicat est plus restreinte; c'est un fait d'expérience. Par contre, au point de vue des services d'achat et de vente, le petit syndicat présente une infériorité sérieuse par comparaison avec le syndicat à grand rayon. Le chiffre des commandes qu'il groupe ou des offres de vente qu'il fait est trop faible pour qu'il puisse obtenir le maximum de conditions avantageuses. Le régime des unions permet de concilier les deux points de vue. Les petits syndicats, institution bonne en elle-même, n'ont qu'à recourir au régime des unions pour s'assurer, quant au groupement des commandes et des offres, les mêmes avantages que ceux présentés à leurs membres par les grands syndicats.

Avec le projet gouvernemental, le syndicat à faible rayon est condamné, puisqu'on lui interdit de recourir aux unions, c'est-à-dire au seul procédé qui lui permette de racheter son insuffisance de puissance sur le terrain économique. Force sera donc, si le projet est voté tel qu'il est, de revenir à ces syndicats à grand rayon dont la pratique a démontré les inconvénients [1].

[1] M. Ricard, *Le mouvement syndical agricole*, p. 6, brochure publiée par *L'union centrale des syndicats des agriculteurs de France*.

Enfin un dernier point mérite d'être relevé. Le projet de loi a cru devoir introduire une terminologie nouvelle. Les droits qu'il consacre sont reconnus à ce qu'il appelle les *syndicats économiques agricoles.* Quelle est la portée exacte de cette innovation? On eût aimé à trouver quelques éclaircissements dans l'exposé des motifs — on les y chercherait en vain — comme le remarque M. Sagnier [1], ce terme nouveau semble bien, sans que ce soit dit, avoir été adopté en opposition avec le titre de *syndicat professionnel,* et tout de suite une question se présente à l'esprit. Quelle va être la ligne de conduite à suivre, en supposant le texte voté sans modification, pour les syndicats déjà constitués et qui servent d'intermédiaires gratuits à leurs membres, tout en poursuivant d'autres fins (services de prévoyance, de mutualité, etc.)? Leur faudra-t-il, avec le même personnel, créer deux organismes distincts, dont l'un sera le syndicat *économique* pour les services d'achat et vente, dont le second sera le syndicat *professionnel* pour les autres objets? Il semble bien que ce soit la solution imposée.

Mais à quoi bon pareille complication, et n'est-elle pas de nature à décourager bien des bonnes volontés, à arrêter le développement du mouvement d'association dans le monde agricole? Telle n'a pu être la pensée du ministre qui célébrait à Blois, il y a quelques semaines, les bienfaits de l'idée coopérative. Dès lors, ne serait-il pas infiniment plus simple de se borner purement et simplement à poser, dans l'article 1er de la loi, que les syndicats agricoles régulièrement organisés, *tels qu'ils fonctionnent à l'heure actuelle,* ont le droit de servir d'intermédiaires à leurs membres pour les opérations que la loi énumère? Il se trouvera, nous n'en doutons pas, des membres du Parlement pour proposer cette rédaction nouvelle ou toute autre analogue [2]. Elle sera accueillie avec satisfaction par le monde agricole.

[1] *Chronique du journal de l'agriculture,* n° du 11 juillet 1908.
[2] Nos prévisions viennent de se réaliser. Un certain nombre de députés ont déposé, le 18 décembre 1908, à la Chambre, une proposition de loi dont nous reproduisons les termes :

« Les syndicats professionnels institués par la loi du 21 mars 1884 pourront, à la condition d'être administrés gratuitement et de ne pas réaliser de bénéfices commerciaux, acheter, pour les revendre à leurs membres, toute matière, animaux, machines, instruments et généralement tout objet propre à l'exercice de leur profession ou

Que là soit la véritable solution, nous n'en voulons pour preuve que l'adhésion donnée à l'idée que nous défendons dans la réunion provoquée par l'*Union centrale des syndicats,* ie 21 novembre dernier. A l'unanimité, l'assemblée a voté le vœu suivant :

« L'Union centrale des syndicats des agriculteurs de France, réunie en assemblée extraordinaire, émet le vœu que la loi du 21 mars 1884 soit complétée sans retard par des dispositions qui confirment et augmentent la faculté de posséder qu'elle a accordée aux syndicats professionnels, et qui autorisent les syndicats à faire, au profit de leurs membres, toutes opérations d'achat et de vente concernant l'exercice de leur profession ;

» Et qu'en attendant le vote d'un projet de loi qui donne satisfaction à ce vœu, il ne soit exercé aucune poursuite contre les syndicats professionnels, à raison des opérations auxquelles ils se livrent depuis vingt-cinq ans ».

M. Millerand, présent à la réunion, a dit, avec l'autorité qui lui appartient en pareille matière, les raisons qui militent en faveur de cette solution.

« Ce qui importe avant tout, ce qui doit être la préoccupation essentielle, c'est de ne pas risquer de compromettre l'œuvre admirable accomplie depuis vingt ans par les syndicats agricoles.

» La vérité, c'est qu'il faut maintenir le fonctionnement des syndicats agricoles tel qu'il existe.

» Il faut se borner à en modifier les statuts, si je puis dire, sans troubler en rien les habitudes des syndiqués, qu'on risquerait autrement d'écarter pour jamais des syndicats, et les adapter aux nécessités de la loi de 1884 d'une part, et du fonctionnement actuel des syndicats d'autre part.

» On a cité tout à l'heure le projet déposé en 1900 par Waldeck-Rousseau et par moi sur la capacité commerciale.

» C'est, je crois, en effet, là le remède. Il faut permettre aux syndicats qui n'ont pas encore fait des actes de commerce de constituer en dehors d'eux des sociétés commerciales et consolider en même temps la situation actuelle des syndicats qui, comme les syndicats agricoles, en font depuis leur existence »[1].

métier, et faire pour eux toutes opérations de vente des produits de la profession ou du métier.

» Ils pourront posséder eux-mêmes ces objets pour les mettre à la disposition de leurs membres par prêts ou location en vue de l'exercice de leur profession ou métier.

» Ils pourront employer les sommes provenant de leurs cotisations et de leurs réserves.

» Toutefois, ils ne pourront acquérir d'autres immeubles que ceux qui seront nécessaires à leurs réunions, à leurs bibliothèques, à des cours d'instruction professionnelle, à des champs d'expériences, à des ateliers d'apprentissage, à des magasins de dépôt, de marchandises ou autres objets visés aux paragraphes précédents ».

[1] *Le Temps* du 22 novembre 1908.

Et cela nous paraît la sagesse même. Toutefois, notre devoir de chroniqueur impartial nous impose l'obligation de mettre sous les yeux du lecteur toutes les pièces du débat. Il y a des notes discordantes qu'il faut reproduire pour être complet.

Le projet du gouvernement sur la création d'un nouvel organisme séparé du syndicat professionnel et fonctionnant avec son autonomie sous le nom de *Syndicat économique,* a obtenu l'adhésion d'un groupement de fraîche date. La *Fédération nationale des syndicats agricoles,* née il y a quelques mois à peine au lendemain du Congrès *du crédit mutuel et de la coopération agricole* tenu à Blois en juin 1908, vient d'émettre le vœu suivant :

» La fédération, reconnaissant qu'il n'est pas désirable de voir attribuer aux syndicats agricoles le droit de faire au profit de leurs membres, sans restrictions ni limites, toutes opérations d'achat et de vente, ce qui équivaudrait en définitive à permettre à tout groupement de faire un commerce sans payer patente.

» Désireuse de laisser les syndicats professionnels poursuivre leur œuvre éminemment sociale en dehors de toute préoccupation matérielle et financière, donne son adhésion au projet de loi déposé par le gouvernement, sous réserve que les syndicats économiques, issus des syndicats professionnels, comme le sont les caisses de crédit et les sociétés d'assurances mutuelles, puissent également servir d'intermédiaires à leurs membres pour l'utilisation en commun et la réparation des machines agricoles.

» Emet le vœu que ledit projet de loi soit le plus tôt possible rapporté, discuté et voté par le Parlement » [1].

Il y aurait beaucoup à dire sur les considérants présentés à l'appui du vœu. Où a-t-on vu notamment qu'il n'y ait pas de solution intermédiaire possible entre le régime qui ferait du syndicat un établissement purement commercial et celui qui interdirait toute opération d'achat et de vente?

Le terrain de conciliation est tout trouvé, il a été indiqué plus haut. Il s'agit de reconnaître au syndicat agricole le droit de servir d'intermédiaire gratuit pour les achats et les ventes de ses adhérents en lui interdisant le prélèvement d'un bénéfice. Rien de plus simple en vérité.

Quant à dire qu'on entend, par la création du syndicat *économique,* décharger le syndicat professionnel de toute préoccupation matérielle et financière pour lui permettre de se consacrer exclusivement *à son œuvre sociale*, c'est, à notre sens, se payer de mots. On semble croire que le syndicat actuel aura tout intérêt à se couper en deux. D'un côté, comme on l'a dit, le *syndicat de progrès social*, de l'autre, le syndicat *de satisfactions économiques*. Théoriquement, l'opposition des deux formes d'activité paraît rationnelle ; pratiquement, elle nous apparaît une erreur. La préconiser, c'est montrer qu'on connaît mal le monde agricole. Si on veut voir se développer les services d'ordre social du syndicat, il faut au contraire souder étroitement ce qu'on prétend séparer. Il faut amener le paysan au syndicat et l'y retenir par l'appât, si je puis dire, des avantages d'ordre économique, d'ordre matériel, des avantages tangibles. Puis dans ce même syndicat dont il comprend l'utilité au point de vue de ses intérêts immédiats, on développera petit à petit l'œuvre de progrès social. La seconde plante, plus frêle, croîtra à l'ombre et sous la protection de la première, plus robuste et plus forte.

Mais la *Fédération* n'est pas la seule à repousser la solution transactionnelle qui nous paraît souhaitable. Tandis que la Fédération la condamne comme trop large, une fraction du monde syndical la repousse comme trop étroite. La capacité des syndicats limitée par l'interdiction d'un bénéfice lui paraît inacceptable. Ce qu'il faudrait obtenir des pouvoirs publics, c'est la reconnaissance officielle des pratiques imprudentes qui ont amené les syndicats de la Meuse devant les tribunaux. Il faut rendre légal ce qui a été déclaré illicite dans l'état actuel de la législation, proclamer purement et simplement la capacité commerciale du syndicat agricole. Le bénéfice commercial sera appliqué aux œuvres de progrès social, il ira alimenter les caisses de retraites, les caisses contre le chômage, la maladie ou les accidents que le syndicat pourra désormais faire vivre. On lui reproche de négliger à l'heure actuelle la partie œuvre de progrès social, mais c'est que l'argent lui manque. Qu'on lui donne avec le bénéfice commercial l'argent qui fait défaut et le syndicat ne faillira pas à sa mission.

Nous ne voulons pas mettre en doute la sincérité de ces déclarations ni suspecter la générosité des intentions, mais a-t-on bien vu les dangers d'une pareille conception? Ce qu'on projette c'est le syndicat bazar ouvert à tout venant, détaillant denrées, vêtements aussi bien que des semences ou des engrais, vendant pêle mêle ce qui a trait à l'agriculture et ce qui n'a aucun rapport avec elle, élargissant le cercle de ses affaires pour augmenter le chiffre de ses bénéfices. Mais qui ne saisit tout de suite l'aléa que comporte pareille entreprise, et les mécomptes qu'elle peut réserver? L'expérience, si elle était tentée, pourrait bien être grosse de désillusions. Insister est inutile.

Mais, à supposer que le succès soit au bout, serait-ce une raison pour approuver la tentative? Nous ne le pensons pas.

Du moment qu'on abandonne le terrain purement agricole, il n'y a qu'à se placer sous le régime du droit commun. Il faut fonder une coopérative et la soumettre au droit commun de ces sociétés sans privilège ni faveur d'aucune sorte. A cet égard, nous sommes pleinement d'accord avec l'exposé des motifs du projet Ruau. Le syndicat agricole n'est pas fait pour couvrir de son pavillon ou, si l'on préfère, de son étiquette des entreprises de bazar, d'épicerie où de quincaillerie, et nous restons convaincu que les syndicats agricoles n'auraient rien à gagner au prétendu cadeau que réclament pour eux des amis trop zélés.

Le résultat le plus clair jusqu'ici a été de faire la coalition des intérêts menacés.

On comprend la légitime émotion que de pareilles prétentions ont soulevée dans le monde du petit commerce. Il a cru à une menace de guerre à mort et il se prépare à se défendre.

Le 15 décembre, le ministre du commerce a reçu les délégués de la *Confédération des groupes commerciaux et industriels* de France. Au nom de deux cent mille patentés, ils venaient protester contre l'attribution aux syndicats agricoles de la capacité commerciale. La *confédération* veut se défendre contre une concurrence d'autant plus redoutable qu'il s'agirait de rivaux affranchis de la patente. A vrai dire, elle est dans son rôle : Elle demande que chacun reste dans sa sphère. Le tort des syndicats que nous visons est de vouloir en sortir. L'exagération de leurs revendications compromet une cause qui est juste quand elle sait se maintenir dans les limites que nous avons cherché à préciser plus haut. A trop réclamer, on risque de ne rien obtenir. A la Chambre et au Sénat, les avocats des syndicats agricoles auront la partie bien plus belle quand ils viendront se placer sur le terrain délimité par M. Millerand et par l'*union des syndicats,* c'est-à-dire quand ils demanderont sans création d'organisme nouveau la consécration légale de la pratique suivie par les syndicats depuis vingt-cinq ans, en ce qu'elle a de normal : la légitimité affirmée par la loi des opérations *purement agricoles ; le groupement des commandes ou des offres par le syndicat intermédiaire gratuit s'interdisant la recherche du bénéfice* [1].

D'ores et déjà il est un point par lequel l'*Union* obtient satisfaction. Elle demandait, dans son assemblée du 21 novembre, qu'il fût sursis à toute poursuite nouvelle contre les syndicats agricoles jusqu'à ce qu'un texte de loi eût défini les opérations licites. Or, le Ministre de l'agriculture, questionné par M. Noulens à la Chambre, le 14 décembre dernier, a déclaré que, d'accord avec son collègue le garde des Sceaux, il pouvait donner l'assurance qu'il en serait ainsi ordonné. Des poursuites engagées sur différents points du territoire ne feraient qu'augmenter l'inquiétude et le désaccord qu'a suscités la jurisprudence inaugurée au cours de 1908. Elles auraient peut-être un avantage cependant, celui de préciser la véritable doctrine des tribunaux et de montrer, comme nous l'avons soutenu, que ce sont les *excès* seulement commis par les syndicats qui sont condamnés (Voir plus haut le rapport Atthalin à la Cour de cassation dans l'affaire des syndicats de la Meuse). A cet égard, on trouve une indication intéressante dans une décision toute récente qui nous est signalée au dernier moment et dont nous n'avons que l'analyse.

Un syndicat des Charentes vient d'être acquitté par le tribunal correctionnel d'Angoulême devant lequel il était traduit. Le jugement constate qu'à la différence de ce qui se passait dans l'Est, le syndicat de la Rochefoucauld limitait son activité aux opérations d'ordre professionnel et que, cantonné sur ce terrain, il se bornait au rôle de mandataire sans rechercher le bénéfice commercial [2].

Il y aurait bien des chances pour que d'autres juridictions placées en face d'espèces identiques vinssent se ranger à l'avis du

---

[1] A part quelques exceptions, le mouvement se dessine en ce sens. Sur tous les points de la France, les associations agricoles repoussent la création de l'organisme nouveau proposé par le projet Ruau et demandent, pour le *syndicat professionnel existant,* la reconnaissance d'une capacité juridique maintenue dans les limites indiquées au texte. Voir vœu des *syndicats du Périgord et Limousin, Journal de l'agriculture,* n. du 31 octobre 1908, p. 549; vœu du *conseil departemental de l'Isère, eod. loc.,* vœu du *syndicat de Cadillac (Gironde), Journal de l'agriculture,* 28 novembre 1908, p. 676, etc.

[2] *La défense agricole de la région du Nord,* 7 déc. 1908.

tribunal d'Angoulême [1]. Des poursuites aboutissant à un pareil résultat auraient un effet rassurant, en précisant ce que les tribunaux reconnaissent licite et ce que, par contre, ils réprouvent dans l'état actuel de la législation. Mais puisque ces poursuites n'auront pas lieu, c'est d'un texte législatif qu'il faut attendre la solution ; souhaitons, dans l'intérêt des syndicats, que cette solution intervienne dans un sens libéral et surtout qu'elle intervienne rapidement.

Joseph HITIER,

Professeur agrégé à la Faculté de droit de Paris.

[1] Nous relevons dans la *Défense agricole,* numéro du 14 janvier 1909, une décision du Conseil de préfecture de la Sarthe qui, à propos de la question de la patente, nous paraît s'inspirer des mêmes principes que le jugement d'Angoulême.

Le Syndicat des agriculteurs de la Sarthe, l'un des plus importants de France, qui compte 12.000 syndiqués, possède un magasin général et de nombreux dépôts, avait été imposé à la patente.

Sur réclamation formulée devant le Conseil de préfecture, le Syndicat a été exonéré du paiement de la patente, et voici les considérants du Conseil de préfecture du Mans :

« Le Conseil, considérant qu'il résulte de l'instruction et des débats que le Syndicat des agriculteurs de la Sarthe se borne à grouper les commandes de ses adhérents en vue de les faire bénéficier des prix les plus favorables et de réduire au minimum les frais de transports ; qu'il n'entrepose que les denrées ou marchandises prévues par ses statuts ;

» Considérant que, pour faire face à des besoins prévus, le Syndicat doit nécessairement s'approvisionner à l'avance et, dès lors, disposer d'un dépôt central et de plusieurs sous-dépôts, correspondant au très grand nombre de ses adhérents ; que c'est la seule façon d'agir qui permette de faire face aux besoins individuels de 12.000 syndiqués ;

» Considérant que le Syndicat ne fait pas acte de commerce et n'agit qu'en qualité d'intermédiaire, puisqu'il est administré gratuitement ; que les commandes faites en bloc par le directeur, mandataire des syndiqués, représentent réellement le groupement des commandes de chacun d'eux, en vue des bénéfices réputés acquis à la commande collective ; que dans ces conditions le Syndicat ne saurait être assujetti à la patente.

• Arrête :

» Décharge accordée pour le dépôt et les sous-dépôts ».

CHRONIQUE LÉGISLATIVE

DOCUMENTS OFFICIELS

Le *Journal officiel* du 7 novembre contient un rapport au Pré- sident de la République sur les opérations des sociétés de secours mutuels pendant l'année 1905. Il y avait, au 31 décembre 1905, 12.711 sociétés de secours mutuels d'adultes. Sur ce nombre, 12.218 avaient fourni des comptes rendus de leur situation : elles comprenaient 2.908.363 adhérents (plus de 500,000 de plus que l'année précédente). Le nombre des membres participants était de 2.541.175 et celui des membres honoraires, de 367.188. Ces sociétés possédaient un avoir disponible de plus de 181 millions. de francs. Il faut ajouter 2.244 sociétés scolaires, comprenant 668.000 enfants, avec 47.200 membres honoraires.

Dans le n° du 12, est un rapport au Président de la République sur les subventions aux caisses de chômage pour l'année 1907. Il révèle l'existence de 68 caisses de chômage qui ont reçu des sub- ventions en 1807. Ces 68 caisses comprenaient 38.562 membres ; le nombre des chômeurs avait été de 7.041 et le nombre des jour- nées de chômage indemnisées, de 82.011 ; les indemnités versées par les caisses montaient au chiffre de 166.539 francs et les sub- ventions à 32.240 francs.

Le *J. O.* du 14 novembre contient le rapport annuel sur le fonc- tionnement de la Caisse nationale d'épargne pendant l'année 1907.

Celui du 16 novembre donne le tableau des résultats de l'exploi- tation des chemins de fer d'intérêt local et des tramways pendant les années 1906 et 1907.

Une loi du 15 novembre, promulguée dans le *Journal Offciel* du 17, a conféré aux femmes l'éligibilité aux conseils de prud'hommes.

DOCUMENTS OFFICIELS

Dans le *Journal officiel* du 1er décembre est un règlement con- cernant l'exécution de l'art. 5 de l'arrangement signé le 9 juin 1906 entre la France et l'Italie relativement à la réparation des dom- mages résultant des accidents du travail.

Dans le n° du 2 décembre on trouvera le rapport général du Conseil d'administration du Conservatoire national des Arts et Métiers sur l'état du Conservatoire, le fonctionnement des services et les résultats de l'enseignement.

Le *J. O.* du 3 contient un décret portant règlement définitif du budget de l'Algérie de l'exercice 1906.

Dans celui du 5 décembre est promulguée une loi du 3 décembre relative au raccordement des voies de fer avec les voies d'eau.

Le n° du 6 décembre contient le texte d'une loi autorisant certaines dérogations à la loi du 1er avril 1898 en faveur des sociétés de secours mutuels constituées dans les armées de terre et de mer.

Dans celui du 9 est un arrêté du ministre de l'agriculture, fixant, pour l'exercice 1908, le montant de la prime accordée aux cultivateurs de lin et de chanvre.

Le *J. O.* du 11 décembre donne, en annexe, le rapport du Président de la République sur l'hygiène et la sécurité des travailleurs pendant l'année 1907.

Dans celui du 23 sont deux décrets relatifs au régime financier de l'Algérie.

Dans le n° du 25 décembre est un décret fixant le budget des dépenses et des recettes de l'Algérie pour l'exercice 1909, ainsi qu'il suit : Dépenses 127.071.518 fr. — Recettes 127.120.094 fr.

Le *J. O.* des 26 et 27 décembre contient la loi portant fixation du budget général des dépenses et recettes de l'année 1909. Les crédits ouverts montent à la somme de 4.005.224.676 fr. : le quatrième milliard est, cette fois, officiellement dépassé !

Un arrêté du 14 décembre avait divisé en deux parties le concours général agricole de 1909. Il a été rapporté par un arrêté du 24 (*J. O.* des 26 et 27 décembre), portant que « le concours général agricole (animaux gras et reproducteurs, produits de laiterie, produits agricoles et horticoles, vins, cidres, poirés et eaux-de-vie, sociétés mutuelles agricoles, machines et instruments agricoles) aura lieu, en une seule fois, à Paris, dans la galerie des Machines et les terrains avoisinants, du lundi 8 au mardi 16 mars 1909.

Le *J. O.* du 29 décembre contient un décret et un arrêté relatifs à l'exploitation, après rachat, du réseau de l'Ouest.

Édmond VILLEY.

BULLETIN BIBLIOGRAPHIQUE

Weber, *A travers la mutualité.* 1 vol., grand in-8, 298 pages. Paris,
chez RIVIÈRE.

Depuis quelques années les mutualistes étaient couverts de fleurs et de
rubans que tous les personnages officiels leur prodiguaient d'une main
généreuse. Ils seront donc désagréablement surpris en trouvant dans le
livre de M. Weber pas mal d'épines, et déjà ils ont exprimé leur mécontentement.

« Quand on remarque chez une personne qui nous est particulièrement
chère les stigmates d'un mal profond..., le devoir n'est pas de lui dissimuler la gravité de son cas, mais tout au contraire de lui indiquer les
remèdes à suivre ». C'est en ces termes que M. Weber explique le motif
qui lui a fait écrire ce livre.

Quels sont donc les maux graves dont souffre la mutualité française?

D'abord une certaine tendance au *bluff.* M. Weber ne prononce pas le
mot, mais il traduit bien sa pensée. Ainsi on parle toujours de quatre millions de mutualistes, et même 4.250.000 est le chiffre officiellement proclamé
par le Président de la Fédération. Or quand on a déduit : 1° les mutualistes
des écoles primaires qui sont des gamins et des gamines et « si peu mutualistes qu'ils abandonnent presque tous, à la sortie de l'école, leur livret »;
2° les membres honoraires qui sont tout simplement des bienfaiteurs;
3° les sociétés d'épargne à caractère purement financier et qui ne pratiquent nullement l'aide mutuelle — finalement il ne reste que 1.468.358 mutualistes. Ce n'est pas énorme pour un pays de 39 millions d'habitants.

Mais il y a pis que cela! Non seulement le nombre des mutualistes est
très au-dessous des chiffres officiels, mais encore — bien loin de s'accroître
à raison de 100.000 ou de 200.000 par an, comme on le dit — il est en
décroissance. D'après les chiffres de l'auteur, au cours de l'année 1902 les
sociétés mutuelles auraient perdu 31.000 membres, et au cours de 1903,
encore 35.000, tandis que le nombre des sociétés, il est vrai, ne cessait
d'augmenter, ce qui prouve que les sociétés deviennent de plus en plus
petites.

Ce n'est pas seulement le nombre des membres, c'est le montant des
cotisations qui diminue! La moyenne, qui était de 14 fr. 15 en 1896, s'est
abaissée à 13 fr. 12 en 1903, soit une diminution de plus de 7 p. 100 en
sept ans; et la diminution ne paraît pas due à des causes accidentelles car
elle forme une courbe décroissante très régulière et ininterrompue d'une
année à l'autre.

Enfin, et ce serait là le plus grave symptôme, les sociétés dites de secours
mutuels, malgré le beau nom qu'elles portent, perdent de plus en plus leur
caractère d'institutions de *mutualité* pour devenir des institutions d'*assis-*

tance, vivant à l'aide de cotisations des membres honoraires et surtout des subventions grossissantes de l'Etat.

Si l'on ajoute à ce tableau que les frais de gestion ne cessent d'augmenter, quoique soi-disant gratuits (l'accroissement est de 40 p. 100 dans les cinq dernières années!), que l'organisation des retraites a lamentablement échoué et que par conséquent elles sont bien mal venues à disputer à l'Etat, comme elles le font en ce moment, le droit de les organiser — on comprendra que les mutualistes ne soient pas flattés d'un tel portrait. Il est peut-être un peu poussé au noir, mais nous avons lieu de croire qu'il est assez ressemblant et nous avions eu déjà l'occasion de signaler quelques-uns des symptômes inquiétants ci-dessus énumérés.

Terminons en citant ces sages paroles : « Les prévoyants français, quelque peu hallucinés par le beau mot de mutualité, n'ont pas une conception nette de la chose. Ils la considèrent comme une panacée capable de produire les résultats les plus brillants au moyen de sacrifices infimes. Ils ne se demandent point par quel mystérieux sortilège un pareil résultat peut s'obtenir et seraient stupéfaits si on leur montrait l'inanité de semblables espérances. Il est certain que le mutualiste français n'a pas la fierté d'être l'unique artisan de sa propre sécurité. Il ne donne qu'avec difficulté sa part d'effort dans l'œuvre qu'il considère comme une sorte d'assistance qui lui serait due. Voilà pourquoi nous le voyons chercher l'argent nécessaire au budget de ses groupements non pas dans sa poche, mais à côté de lui, dans les secours de l'Etat, dans les aides charitables et parfois dans des entreprises diverses comme par exemple dans l'exploitation des coopératives (qui au demeurant sont beaucoup plus rapprochées de la vraie doctrine mutualiste que les sociétés de secours mutuels) » !

Sur cette dernière parenthèse seulement nous ferons quelques réserves. Hélas ! non les sociétés coopératives ne sont pas plus pénétrées de l'esprit de solidarité que les sociétés de secours mutuels et elles auraient bien besoin, elles aussi, qu'un autre M. Weber fît leur portrait.

Ch. GIDE.

Milhaud, *L'imposition de la rente,* 1 vol. in-12, 260 p. Paris, chez ALCAN.

Le livre aurait dû faire quelque bruit car, écrit par un socialiste, il combat le projet d'impôt sur la rente, et certes les rentiers ne pouvaient s'attendre à voir un renfort leur venir de ce côté ! Malheureusement la plupart des rentiers l'ont ignoré et quant aux partisans de l'impôt ils ont été sans doute quelque peu gênés et ont préféré faire le silence.

Cependant le livre de notre collègue de Genève apportait une contribution très intéressante à une discussion qui fait assez de bruit. La conclusion est très catégorique. Je cite la dernière page : « Qu'il se trouve à l'heure actuelle un Etat pour adopter cet impôt alors que ceux qui en ont fait l'expérience l'ont rejeté, que cet Etat soit la France, liée par l'engagement de vendémiaire, particulièrement intéressé, par le caractère presque entièrement improductif de son énorme dette, à maintenir hors de toute atteinte l'élément moral de son crédit ; qu'elle inflige à sa rente l'impôt réel et proportionnel au moment précis où, inscrivant dans sa loi le principe de l'impôt personnel et progressif sur l'impôt global, il lui est si facile de l'éviter ; enfin que les partis démocratiques portent au crédit public ce coup à l'heure où pour réaliser une partie essentielle de leur programme, la reprise des grands monopoles, ils vont en avoir un impérieux besoin — cela n'est pas possible ».

On pense bien cependant que ce n'est pas dans l'intérêt du rentier que M. Milhaud part en guerre ; c'est dans l'intérêt de l'Etat, de l'Etat socialiste dont il tient à ménager le crédit. Le fond de sa pensée est très clairement expliqué dans la dernière phrase du livre que nous venons de citer, *in cauda venenum*. Il va être bientôt l'heure de socialiser les chemins de fer, les mines, la Banque de France, les assurances, peut-être les raffineries de sucre ou de pétrole, et pour tout cela il faudra bien des milliards (ce qui implique évidemment dans la pensée de M. Milhaud que l'expropriation ne se fera qu'avec indemnité). « Le crédit public est le véhicule qui transférera des compagnies privées aux corps publics la propriété et l'exploitation des monopoles ».

A cet argument, l'auteur en ajoute d'autres dont deux notamment valent la peine d'être notés, car ils sont assez nouveaux et même imprévus :

1° L'impôt sur la rente est désiré *in petto* par les rentiers et par les bourgeois et leurs défenseurs : quelques-uns le déclarent ouvertement. Et pourquoi ? Parce que du jour où l'impôt frappera la rente du même impôt que les autres valeurs mobilières, il s'établira entre celles-ci et celle-là une solidarité qui décuplera la force de résistance du capitaliste contre toute augmentation d'impôts. Les grosses bourses seront couvertes par les petites. Voilà qui doit suffire pour nous éclairer. « Les élus de la démocratie sont-ils disposés à fournir au capital du renfort et à lui livrer des otages » ?

2° L'exemption de la rente — et non des rentiers, car ceux-ci ni plus ni moins, ayant acheté la rente déduction faite du montant capitalisé de l'impôt, en fait ne le supporteront plus, après les premiers frappés — loin d'être une mesure antidémocratique, rentre dans la politique d'exemption ou de dégrèvement de toutes les entreprises qui paraissent dignes de la sollicitude de l'Etat. S'il est légitime d'exonérer d'impôts, dans l'intérêt de tous, les habitations à bon marché ou les sociétés de crédit agricole, pourquoi ne le serait-il pas autant et plus d'exonérer la rente, « véhicule » de tant d'entreprises d'utilité publique ?

Sans discuter ces arguments ni les autres exposés par l'auteur, nous acquiesçons absolument aux conclusions qui sont d'exempter la rente de l'*impôt spécial* sur les revenus et de se contenter de soumettre le rentier à l'*impôt global* qui frappera naturellement le revenu qu'il retire de sa rente sur l'Etat en même temps que tous les autres, puisque, par définition même, c'est l'ensemble qui est frappé.

M. Milhaud a grandement raison aussi de dire que le cours de la rente est nécessairement déprécié de tout le montant capitalisé de l'impôt. On ne comprend vraiment pas qu'une telle proposition, qui est un truisme, ait pu être contestée par des hommes d'Etat et même par des économistes.

Si l'on est capable de croire qu'un titre qui rapporte 2 fr. 88 peut avoir, *toutes choses égales,* la même valeur qu'un titre qui rapporte 3 francs, on peut tout aussi bien croire que 2 = 3.

Ch. GIDE.

A. Loria, *Verso la Giustizia Sociale.* Un vol. grand in-8, 632 p., 2ᵉ édition, Milan, *Société éditrice.*

Nous avons déjà rendu compte de la 1ʳᵉ édition de ce livre dans cette Revue (1905, p. 660). Il suffit donc de signaler celle-ci. Nous rappelons que le volume se compose de 50 à 60 études sur les sujets les plus divers de l'économie politique et de la sociologie, les uns touchant aux questions les plus actuelles, les autres illustrant quelques points de l'histoire des doctrines.

Le titre du volume est emprunté à la première des études qu'il contient et qui est inédite. L'auteur passe en revue les divers critériums de justice sociale qui ont été proposés et les écarte successivement.

« Au lieu de distiller de notre cerveau les formules plus ou moins fragiles d'une justice surhumaine », le mieux, dit l'auteur, est d'étudier patiemment où l'évolution nous mène. Il existe, en effet, « un état-limite » d'où nous nous rapprochons forcément. Cette forme-limite est par définition même la forme définitive, puisque si elle devait changer c'est qu'elle tendrait vers une autre limite. Il faut se la représenter comme un état d'équilibre des rapports économiques parfaitement stable, ce qui veut dire revenant de lui-même à sa position s'il a été momentanément dérangé. Or cet équilibre parfait, c'est là la justice. Il n'y a pas à en chercher d'autre. Et nous dirons d'un fait ou d'une institution quelconque qu'il est plus ou moins juste selon qu'il paraît nous rapprocher plus ou moins de cet état final.

Et pour mieux préciser cet état d'équilibre, il apparaît à M. Loria comme celui « où tous les producteurs, travailleurs manuels, capitalistes, propriétaires de la terre seront, dit-il, fongibles (on pourrait dire inter-changeables), c'est-à-dire « où chacun pourra à tout instant passer de la place qu'il occupe à toute autre ». Alors seulement il y aura égalité absolue entre l'effort et la rémunération.

Cet idéal de M. Loria n'est-il pas le même que celui de l'école hédoniste où, par la perfection de la libre concurrence, la valeur de toutes choses se trouverait ramenée au coût de production et où, du même coup, profits et rentes s'évanouiraient ?

Ch. GIDE.

Karl Kumpmann, *Die Wertzuwachssteuer,* 1 vol. in-8 de 124 p., Tübingen Laupp, 1907.

L'énorme accroissement de la population allemande et le développement des grandes villes, dont quarante et une comptaient en 1905 plus de

100.000 habitants, a provoqué dans ces dernières années en Allemagne une véritable « disette d'habitations », une *Wohnungsnot* dont les propriétaires urbains ont largement profité.

Pour ne citer qu'un des exemples contenus dans l'ouvrage de M. Kumpmann, la valeur des terrains a augmenté à Berlin, dans l'espace de trente ans (1865-1895), dans des proportions qui varient, suivant les quartiers, entre 17 p. 100 (Wedding et Gesundbrunnen) et 1975 p. 100 (faubourg de Schöneberg).

Comme les budgets communaux grossissaient à mesure que les villes prenaient de l'importance et exigeaient de plus fortes dépenses d'édilité, il était naturel que cette extraordinaire plus-value attirât l'attention des municipalités en quête d'impôts nouveaux ; c'était là également une occasion d'appliquer une idée chère au parti des *Bodenreformer :* la reprise de la « rente » urbaine par la collectivité, la confiscation des « bénéfices immérités » que la prospérité des villes allemandes a procurés aux propriétaires.

L'intéressante étude de M. Kumpmann est consacrée à cette question de l'imposition de la plus-value immobilière.

L'auteur examine d'abord les procédés indirects par lesquels on a cherché en Allemagne à atteindre la plus-value du sol : impôt foncier calculé sur la valeur vénale, droits de mutation, impôt sur les terrains à bâtir, contribution des propriétaires intéressés aux dépenses municipales d'embellissement et d'amélioration de la voirie. Il en fait la critique et s'attache à montrer que, seule, une taxe spéciale sur la plus-value immobilière est capable de répondre au but poursuivi.

Quels résultats financiers peut-on attendre du nouvel impôt? Quelle en est la valeur, au point de vue économique et social? C'est ce que l'auteur discute dans une seconde partie. M. Kumpmann expose en détail les diverses critiques qu'il a soulevées : ne paralysera-t-il point l'esprit d'entreprise des constructeurs; les effets n'en seront-ils point faussés par le jeu de l'incidence; est-il enfin conforme à la justice? Sur ce point, M. Kumpmann n'ignore pas qu'il existe des objections fort sérieuses : les gains de pure spéculation ne se rencontrent pas seulement en matière de propriété immobilière; — il ne semble guère facile de séparer, pour la taxer isolément, la plus-value imméritée de celle qui provient des travaux entrepris par le propriétaire et de sa bonne gestion; — enfin, est-il équitable d'enlever au propriétaire le bénéfice des conjonctures favorables, si on ne l'indemnise pas d'autre part, en cas de « moins-value imméritée »?

M. Kumpmann admet le principe de l'indemnité de moins-value et croit possible de le mettre en pratique sans trop de difficultés ni trop de risques pour les budgets locaux. Ce n'est donc pas là un obstacle décisif à l'application de la taxe qu'il s'efforce également de disculper des autres critiques.

La troisième partie du travail a trait à la mise en œuvre de l'impôt.

Après avoir examiné quelles sont les meilleures méthodes d'imposition — taxe périodique ou taxe additionnelle aux droits de mutation — et comment on peut faire cadrer la taxe avec les règles générales de la législation fiscale allemande, l'auteur expose les premiers essais d'application, en particulier dans la colonie allemande de Kiautschou, à Francfort et à Cologne.

Ce sont là encore des expériences trop récentes pour qu'on puisse se prononcer sur leurs résultats. Si celle de Francfort semble provisoirement réussir, celle de Cologne a déjà causé de nombreux mécomptes.

En tout cas, on trouvera dans le présent livre des renseignements fort utiles sur une question dont il n'est pas besoin de faire ressortir l'intérêt économique et fiscal. Peut-être le lecteur ne partagera-t-il pas, du reste, toutes les opinions de M. Kumpmann, qui nous paraît écarter parfois un peu rapidement les objections de principe et les difficultés d'application. Il est vrai que la situation de la propriété urbaine et les habitudes fiscales sont très différentes en Allemagne de ce qu'elles sont en France.

EDGARD ALLIX.

W. Stieda, *Die Nationalœkonomie als Universitœtswissenschaft,* 1 vol. grand in-8 de XII-407 pages. Leipzig, Teubner, 1906.

Le livre de M. Stieda est un vaste monument d'archives consacré à la commémoration des origines de l'enseignement économique en Allemagne.

L'auteur remonte à l'introduction des sciences camérales dans les programmes des anciennes universités allemandes, fait l'histoire des premières chaires et des premières facultés ou écoles camérales. Une partie spéciale retrace l'histoire des chaires économiques à l'Université de Leipzig.

L'ouvrage de M. Stieda est une contribution à l'histoire de l'enseignement universitaire en Allemagne, qui ne touche pas à l'histoire des doctrines.

Cependant, il n'est pas sans intérêt pour l'étude de l'économie politique allemande de l'époque actuelle, qui a, comme on le sait, gardé quelque chose de l'ancien esprit caméraliste.

Herman Schoolmesters, *La mission de l'Etat, l'ordre économique, la réglementation du travail,* 1 br. in-8, 63 p. Bruxelles, 1907.

Il n'y a pas lieu de s'appesantir longuement sur ce travail, il a été inspiré par la proposition de limitation légale du travail des adultes faite au Parlement belge. A ce propos l'auteur recherche « la valeur de toute immixtion officielle dans l'organisation des industries ». La façon dont il conduit cette recherche n'est exempte ni de pédantisme ni de naïveté. Il divise son étude en trois parties : La mission de l'Etat ou le bien public; l'application de la justice légale à une limitation du travail des adultes; l'ordre économique et la réglementation légale du travail.

On y trouve des propositions comme celle-ci : La médecine n'a pas fait savoir encore quelle était la durée du travail usinier qui nuit à la santé publique (p. 25), donc « une limite légale de la journée usinière est *hic et nunc* illégitime. On y trouve résolu en quelques affirmations le problème si délicat et si intéressant de la productivité du travail de l'ouvrier aux diverses heures de la journée. « L'ouvrier à la tâche donne constamment son plein effort à la dernière heure comme à la première ».

Nous ne multiplierons pas les citations de ce genre, persuadé que l'auteur n'a apporté dans aucune des pages de son travail un argument nouveau à la thèse qui peut souvent en invoquer d'excellents en sa faveur, de là non intervention de l'Etat.

H.-E. BARRAULT.

Louis Bertrand, *Histoire de la démocratie et du socialisme en Belgique depuis 1830,* II, 1 vol. in-4°, 692 p. Bruxelles, Dechenne et Cie, Paris, Ed. Cornély et Cie.

Nous avons donné le compte rendu du tome I de cet important ouvrage. Aujourd'hui l'œuvre considérable que M. Bertrand avait assumée est achevée et nous avons maintenant une histoire documentaire du socialisme en Belgique qui sera très précieuse aux historiens de la question sociale.

Dans le tome II nous parcourons l'histoire du mouvement de 1850 à 1874, date de la chute de l'Internationale, puis de 1875 à 1905. Il faudrait un long article pour résumer les étapes du socialisme que retrace M. Bertrand dans ce gros volume de près de 700 pages.

Cette histoire écrite par un des chefs militants du socialisme belge est très objective. Sans doute les conséquences des luttes avec le gouvernement sont ressenties très vivement par l'auteur et les deuils du parti tiennent-ils une place disproportionnée, mais on n'est pas en droit de reprocher de semblables choses aux hommes d'un parti. Ce qui est peut-être plus regrettable, c'est que les caractères du socialisme belge et leur évolution ne sont pas analysés par M. Bertrand si ce n'est de façon accessoire et superficielle. Il considère un peu les socialistes comme formant un bloc dont les préoccupations varient avec le temps et les circonstances, il y a autre chose à distinguer et à ce point de vue le socialisme offre une matière toujours mouvante et toujours attrayante en Belgique comme dans les autres pays.

Il est impossible de ne pas protester contre la médiocrité et parfois le mauvais goût des illustrations qui *ornent* un ouvrage qui aurait pu si facilement s'en passer. L'édition a l'intention d'être populaire, et c'est une raison de plus pour ne pas l'accompagner d'aussi lamentables dessins.

H.-E. BARRAULT.

Karl Marx, *Misère de la philosophie,* nouv. éd., 1 vol. in-18 de 300 p. Paris, Giard et Brière, *Bibliothèque socialiste internationale,* 1908. 3 fr. 50.

Il convient de rappeler, à l'occasion de la publication d'une nouvelle édition de la *Misère de la philosophie,* l'intérêt très grand que présente cet ouvrage de Marx. La critique très vive que Marx y fait des *Contradictions économiques* de Proudhon, outre qu'elle est un chef d'œuvre de polémique, est instructive en ce qu'elle nous fait comprendre les fondements du système marxiste. Grâce à elle, nous saisissons la conception que Marx se faisait de l'évolution économique, et sa théorie des rapports nécessaires de l'action sociale avec cette évolution.

A l'ouvrage de Marx, on a joint la préface qu'Engels écrivit en 1885 pour une traduction allemande. Cette préface constitue un document important pour qui veut étudier les rapports de la doctrine de Marx avec celle de Rodbertus. On a mis en appendice : un article de Marx sur Proudhon, écrit au lendemain de la mort de celui-ci, en 1865 ; un fragment de la *Critique de l'économie politique,* relatif à l'utopie des bons de travail ; enfin, un discours que Marx prononça en 1848 sur la question du libre échange, et dans lequel cette question est examinée au point de vue du prolétariat communiste.   Ad. L.

Administration des monnaies, *Rapport au Ministre des finances,* 1907.

L'Administration des monnaies et médailles vient de nous donner, sous la signature de M. Arnauné, son douzième rapport au Ministre des finances (année 1907). Il est à peine besoin de dire que c'est, comme les rapports précédents dont il a suivi le plan, un document du plus haut intérêt. Il contient, à côté de tous les renseignements qui ont pu être recueillis sur la législation monétaire, les frappes, la consommation industrielle et la production des métaux précieux dans le monde, les détails les plus complets sur les opérations de la Monnaie de Paris pendant l'année 1906. Dans le tableau donnant les cours moyens mensuels de l'argent en 1901, 1902, 1903, 1904, 1905, 1906 et 1907 (1er semestre), on peut constater que la reprise de l'argent a continué : après avoir fléchi jusqu'à 24 pence 1/10 en 1902 et 24 pence 3/4 en 1903, il est progressivement remonté jusqu'à 30, 31, 32 pence en 1907. C'est sans doute, nous dit le rapport, la conséquence des achats considérables du gouvernement de l'Inde, de la Monnaie de Paris, du gouvernement des Etats-Unis et du Mexique. Dans la partie consacrée à la législation générale, il faut signaler les lois monétaires des colonies et pays de protectorat britannique, celles du Canada, de l'Australie et de la Nouvelle-Zélande et de la Nouvelle-Guinée.

Ce livre sera précieux pour tous ceux qui s'intéressent au problème monétaire, qui y est, on peut le dire, étudié sous toutes les faces.

Edmond Villey.

ERRATA

Quelques erreurs d'impression se sont glissées dans le compte-rendu du livre d'Hoffmann, *Kritische Dogmengeschichte der Geldwerttheorien*, paru dans le dernier numéro de la *Revue.* Les lecteurs les auront sans doute corrigées d'eux-mêmes, notamment celles qui se trouvaient dans le titre de l'ouvrage analysé, et celle qui a consisté à imprimer Vrughan pour Vaughan.

POLITICAL SCIENCE QUARTERLY

Septembre 1908.

Present american politics (J.-W. BURGESS).
Injection in labor disputes (G.-G. GROAT).
The needs of the railroads (L.-G. Mc. PHERSON).
The crisis and panic of 1907 (J.-J. JOHNSON).
The British socialist labor party (Edward PORRIT).
The Lex Curiata (G.-W. BOTSFORD).

Décembre 1908.

Popular legislation in the United States :
   The development of the system (C. L. LOBINGIER).
   The value of the system (J.-B. SANBORN).
Instruction in public business (W.-H. ALLEN).
Federal quarantine laws (Edwin MAXEY).
The causes of poverty (Lilian BRANDT).
Marxim versus socialism (V.-G. SIMKHOVITCH).
The manorial system and the revolution (E. M. SAIT).

GIORNALE DEGLI ECONOMISTI

Novembre 1908.

La situazione del mercato monetario (X.).
Altre crisi economiche in vista. La condotta di istuti di emissione e di banche di credito mobiliare in Italia ed altrove (N. TREVISONNO).
La teoria dell' astinenza (U. RICCI).
I comuni et le abitazioni popolari in Germania (R. BADOGLIO).
Indici di simpatia nella sulta matrimoniale (G. MORTARA).
Il sindacalismo belga. — I sindicati di Verviers (G. FRANÇOIS).
Cronaca (F. PAPAFAVA).

Décembre 1908.

La situazione del mercato monetario (X.).
Leone Walras « Autobiografia » (M. PANTALEONI).
I primi anni di esercizio ferroviario di Stato (N. TREVISONNO).
Su la legge dei piccoli numeri e la regolarità dei fenomeni rari. — Replica at proff.
   L. V. Bortkewitsch e C. Bresciani (C. GINI).
Cronaca (J. PAPAFAVA).

Le Gérant : L. LAROSE.

31.042. — BORDEAUX, IMPRIMERIE Y. CADORET, RUE POQUELIN-MOLIÈRE, 17.

REVUE
D'ÉCONOMIE POLITIQUE

LA RÉALITÉ DES SURPRODUCTIONS GÉNÉRALES

ESSAI D'UNE THÉORIE DES CRISES GÉNÉRALES ET PÉRIODIQUES

Suite[1].

PREMIÈRE PARTIE

POSSIBILITÉ THÉORIQUE ET RÉALITÉ DES CRISES DE SURPRODUCTION GÉNÉRALE

CHAPITRE PREMIER

RÉFUTATION DE LA THÉORIE DE LA SURPRODUCTION PARTIELLE GÉNÉRALISÉE
LA SURPRODUCTION EST GÉNÉRALE

Fidèles à la doctrine des débouchés, de nombreux économistes se refusent à admettre la possibilité de la surproduction générale malgré le caractère d'assez grande généralité que présentent incontestablement en fait les crises périodiques. L'état pathologique de l'organisme social ne peut, d'après eux, provenir que d'une rupture d'équilibre entre les diverses industries, d'un manque de proportion, d'une inégalité d'allure dans le développement des différentes branches de la production[2]. La surabondance de certaines catégories de marchandises résulte de leur incapacité de s'échanger contre les autres catégories de marchandises, résulte de l'insuffisance de ces dernières. Toute surproduction n'est que partielle et suppose une sous-production dans d'autres industries.

---

[1] V. *Rev. d'écon. polit.*, nº d'octobre 1908, p. 696 et s.
[2] Cf. Bourguin, *Les systèmes socialistes et l'évolution économique*, p. 316, 324; Tugan-Baranowski, *op. cit.*, p. 10, 12; Spiethoff, *Jahrbuch de Schmoller*, 1903, II, p. 337; Lescure, *op. cit.*, p. 503.

Toute baisse des valeurs d'échange n'est que relative et suppose une hausse de la valeur d'échange d'autres articles.

Si cependant la crise prend une telle ampleur, ajoutent plusieurs auteurs, il faut en chercher l'explication dans la solidarité économique. Le malaise dont souffrent certaines industries surproductrices atteint d'autres industries qui sont leurs clientes et, de proche en proche, la plupart des industries. Il ne faut parler que de *surproduction partielle généralisée*.

C'est là du moins une première forme de la théorie de la surproduction partielle généralisée et on peut lui opposer des objections décisives.

Certes, il faudrait convenir de son exactitude si elle prétendait seulement décrire la genèse de la crise générale. Quelque large développement que la crise doive recevoir, elle ne surgit pas en même temps dans une foule d'industries. Elle ne devient générale qu'après nombre de mouvements partiels, de répercussions successives. Et certaines industries échappent à peu près entièrement à la mauvaise fortune.

Mais ce n'est pas le mode de propagation de la crise qui peut être en question. La théorie n'a de sens comme théorie des crises que si elle nie la surproduction générale, l'excès de l'ensemble des produits sur l'ensemble des besoins, que si, pour elle, la crise ne consiste que dans le défaut d'équilibre entre les diverses industries, dans un *faisceau de surproductions partielles,* faisceau grossi par l'interdépendance des industries.

Mais alors la doctrine même des débouchés va servir à réfuter cette théorie qui paraît issue d'elle. On assure qu'à la surproduction partielle correspond une sous-production partielle; à la surabondance dans un domaine, la pénurie dans d'autres domaines; à une diminution du pouvoir d'échange de certaines marchandises, un accroissement du pouvoir d'échange d'autres marchandises. Mais, une insuffisance de produits, une hausse surtout de la valeur d'échange dans certaines industries, ne sont-ce pas là les signes incontestés de la prospérité? Toute crise de surproduction partielle, tout faisceau même de crises partielles, a donc sa contre-partie inévitable dans la prospérité pour un autre groupe d'industries [1]. Tout manque d'équilibre entre les diverses industries oppose néces-

---

[1] M. Spiethoff le reconnaît, *eod. loc.*, p. 351.

sairement la crise, les bas prix, les faibles profits des unes à la
prospérité, à la hausse des prix et des profits des autres. Comment,
dès lors, peut-on qualifier cette situation de crise généralisée;
comment peut-il s'agir en définitive d'une souffrance pour l'ensemble de l'organisme? Pourquoi la prospérité d'une partie, mettons
de la moitié de l'industrie, ne fait-elle pas compensation à la crise
de l'autre moitié? Pourquoi la balance penche-t-elle décidément du
côté de la crise?

Ce n'est pas tout. La logique exige qu'on explique l'essor, qui est
une des phases du cycle périodique parcouru par l'industrie, de la
même manière que la crise, que la dépression qui en constituent
l'autre phase. Les produits s'échangeant contre les produits, l'offre
sociale générale étant égale à la demande sociale générale, la
prospérité devrait consister, d'après la théorie que je critique, dans
un excédent de demandes de certains produits ayant sa contre-partie
dans l'excès des offres d'autres produits; ou encore devrait consister
dans une hausse des prix et des valeurs d'échange impliquant une
baisse des prix et des valeurs d'échange en d'autres industries; ou
encore dans une sous-production partielle généralisée supposant
une surproduction partielle généralisée. Mais pourquoi donc l'essor
d'une partie, de la moitié de l'industrie s'accompagnant de la
dépression de l'autre moitié, pour l'ensemble de l'organisme social
est-ce donc cette fois de la prospérité que décidément il s'agit?

Si la théorie des débouchés exclut la possibilité des mouvements
généraux de l'industrie, d'une surabondance ou d'une insuffisance
positive des produits, et permet seulement des variations dans la
situation respective des diverses industries, des fluctuations relatives, on doit admettre nécessairement que la prospérité comme la
crise proviennent de l'inégale distribution des forces productrices
entre les industries, d'une rupture d'équilibre entre les industries
surproductrices et les industries sous-productrices. On ne peut
donc échapper aux deux conséquences suivantes, d'une absurdité
manifeste : 1° aucune différence ne distingue l'essor de la crise, la
période de prospérité de la période de dépression, puisque toutes
deux supposent également la coexistence de la surproduction et
de la sous-production généralisées; 2° crise généralisée et prospérité généralisée sont l'une et l'autre, et en même temps, perpétuelles, puisque leurs caractéristiques se rencontrent à toutes les
périodes.

De fait, le manque d'équilibre entre les diverses industries doit être bien tenu comme un phénomène chronique. Il est toujours des industries plus prospères contrastant avec d'autres qui le sont moins. L'équilibre entre les industries tend constamment à se rétablir sans y parvenir jamais. Mais cette instabilité permanente ne peut entraîner que des mouvements partiels, des surproductions et des sous-productions relatives, des changements continuels dans le taux d'échange des marchandises entre elles. Elle ne peut rendre compte des larges périodes alternées de hausse et de baisse *générales*. La perpétuelle agitation des menues vagues de l'Océan qui déplace incessamment leur situation respective ne les empêche pas d'être toutes entraînées en même temps et durant de longues heures dans une même direction, d'obéir au même grand rythme du flux et du reflux. C'est ce rythme d'ensemble qu'il faut expliquer et qu'on n'explique pas.

— La théorie de la surproduction partielle généralisée se présente parfois sous une seconde forme plus raffinée. La surproduction partielle n'apparaît alors qu'à la source de la crise. Quant à la crise même et à sa généralité, elles tiennent à un phénomène général qui est une conséquence de la surproduction partielle : le détraquement du crédit selon les uns, le découragement de l'esprit d'entreprise selon d'autres, la fuite de l'épargne des placements industriels selon une troisième opinion.

Mais quoi qu'on puisse penser en elles-mêmes des théories du crédit, de l'esprit d'entreprise, de l'épargne, théories à la critique desquelles je ne puis m'attarder ici, il me paraît que la surproduction partielle, impuissante à expliquer directement la crise générale, reste également impuissante à l'expliquer indirectement par l'intermédiaire de quelque phénomène que ce soit. Si la surproduction et la baisse des prix proviennent d'une simple rupture d'équilibre entre les diverses industries, si elles ont comme contre-partie une sous-production, une hausse des prix et par suite une prospérité partielle, il demeure toujours impossible d'admettre qu'un même fait, qu'une coexistence de surproductions et de sous-productions relatives déterminent dans le phénomène choisi comme intermédiaire tantôt des variations de nature à amener la crise générale et tantôt des variations de nature à amener un essor général. A tout moment l'influence exercée sur ce phénomène par la surproduction partielle doit se trouver paralysée par l'influence contraire exercée par la sous-production partielle concomitante. A tout moment existe-raient les conditions pour que se dessinent à la fois la prospérité et la crise générale ; ou si on veut à aucun moment ne peuvent se manifester ni l'une ni l'autre. Avec quelques variantes, tous les arguments contre la première forme de la théorie de la surproduc-tion partielle généralisée se peuvent répéter contre la seconde. Quel que soit l'intermédiaire appelé au secours de cette théorie, on ne réussit à masquer ingénieusement son indigence que pour un instant, on ne parvient à ajourner que momentanément les objec-tions qui doivent définitivement la faire succomber. Des fluctuations dans les rapports respectifs des industries ne peuvent pas rendre compte des mouvements successifs de l'ensemble de l'industrie en des sens diamétralement opposés.

On doit donc reconnaître la réalité de la surproduction générale. Peu importe que cette surproduction ne soit jamais universelle, que les industries atteintes par la crise le soient à des degrés inégaux, que certaines, comme par exemple les industries électriques en Allemagne, durant la crise de 1900, souffrent plus profondément après avoir été les premières à bénéficier de la prospérité. Point n'est besoin que tous les affluents aient grossi et encore moins qu'ils aient grossi également pour que le fleuve déborde. La pénurie de certains biens a beau venir compenser pour partie la surabondance de certains autres. La hausse de la valeur des uns a beau venir s'opposer à la baisse de la valeur des autres. La surproduction se déclare quand pour l'ensemble de l'industrie, malgré les variations relatives, il y a un excès positif des marchandises déterminant une baisse générale des valeurs et des prix.

CHAPITRE II

POSSIBILITÉ ET SENS DE LA SURPRODUCTION GÉNÉRALE. LA DIMINUTION GÉNÉRALE DE L'INTENSITÉ DU BESOIN DES MARCHANDISES PRODUITES

Si la théorie de la surproduction partielle doit être écartée, d'autre part une surproduction générale, un excès général des produits sur les besoins se peuvent-ils admettre? Et quel en est le sens?

Sauf pour certains articles spéciaux, on sait qu'il n'est point de limite assignable aux capacités d'absorption, aux besoins de la consommation. Ce fut une des erreurs des premiers théoriciens de la surproduction générale de prétendre le contraire. Sismondi prévoyait comme très prochain le jour où la consommation de cotonnades atteindrait ses bornes naturelles, et cependant, malgré l'expansion prodigieuse dont l'industrie cotonnière a bénéficié depuis Sismondi, on ne voit pas encore l'humanité devenue trop riche ne savoir que faire des cotonnades produites. L'exactitude du principe de l'insatiabilité des besoins ne peut se contester. La surproduction générale ne signifie certes pas que la masse des marchandises dépasse le maximum des besoins possibles de la population.

Elle ne peut signifier non plus que la production excède le pouvoir d'acquisition. La théorie des débouchés affirme avec raison l'équivalence du pouvoir d'acquisition et de la production sociale. La capacité d'acquérir plus de produits augmente pour chacun avec sa propre production. La demande finit bien par s'équilibrer avec l'offre. En fin de compte tous les produits sont absorbés.

Ce qu'il faut entendre par surproduction générale, c'est une augmentation des marchandises telle que diminue l'intensité générale du besoin social de ces marchandises, et que par suite baisse, comme on le verra plus loin, leur valeur d'usage globale et leur prix. L'intensité des besoins ne fléchit pas jusqu'au point où les biens arriveraient à perdre toute valeur. Mais elle est amoindrie à cause de l'amoindrissement de la rareté des biens. Si Sismondi a méconnu le principe de l'insatiabilité des besoins, on ne doit pas méconnaître aujourd'hui le principe devenu banal de l'utilité décroissante des marchandises, ce que je dénommerais volontiers pour accuser l'antithèse, le principe de la satiabilité progressive des besoins.

Comment se conçoit en effet l'insatiabilité des besoins ?

— Dans une première acception de ces termes on veut dire que le désir de la plupart des marchandises, non pas de toutes, est pratiquement inextinguible à cause de la multitude des besoins que l'humanité se découvre et auxquels ces marchandises peuvent satisfaire. Ces besoins cependant ne sont pas d'égale importance. Ce que l'observation psychologique nous révèle c'est l'existence en nous d'une longue échelle de besoins, mais de besoins d'intensité décroissante, de telle sorte qu'une fois les premiers besoins satisfaits, il en surgit d'autres moins vivaces et, après eux, d'autres encore plus ténus. Or justement nous n'apprécions les marchandises, on le sait, que d'après l'intensité du dernier besoin susceptible d'être satisfait. Leur désirabilité diminue donc à mesure que par leur augmentation nous pouvons satisfaire de moindres besoins. L'utilité décroissante des biens se concilie parfaitement ainsi avec l'insatiabilité des besoins. L'application des deux principes se fait même simultanément dans la conscience. A chaque besoin satisfait grâce à l'augmentation de la marchandise, fléchit l'intensité du besoin de cette marchandise et apparaît cependant un nouveau besoin moindre encore insatisfait. En même temps se manifestent, et notre disposition à moins apprécier des produits plus abondants, et notre capacité d'absorber des quantités de produits de plus en plus considérables. Nous estimons moins les biens à mesure que nous pouvons en consommer et que nous en consommons davantage.

Mais cette manifestation de l'un et l'autre principe ne s'effectue sans perturbation économique que si on a réussi à réduire l'effort nécessaire à la fabrication des marchandises. L'écoulement des biens produits en plus grande quantité s'accomplit alors aisément et sans pertes pour les entrepreneurs. L'histoire de la civilisation, grâce à la longue succession des découvertes techniques, nous offre le spectacle, pour beaucoup de produits au moins, d'une diminution de l'intensité du besoin de ces produits, d'une diminution de leur valeur en même temps que de l'accroissement de la masse des besoins satisfaits. Chacun des biens est moins apprécié. Mais comme il coûte moins à manufacturer, la société se félicite de l'abondance des biens mis à sa disposition, ne se plaint nullement d'un excès de ces biens. L'utilité décroissante des marchandises et l'insatiabilité des besoins agissent de concert harmonieusement.

Mais si, avec l'abaissement de l'intensité des besoins ne coïncide pas l'amoindrissement de l'effort, la crise se déclare. Peu importe alors le principe de l'insatiabilité des besoins. Notre capacité d'absorber toujours plus de produits ne peut avoir lieu qu'en employant ces produits à la satisfaction de besoins moindres. Nous les apprécierons donc d'après ces derniers besoins, et, partant, fléchiront leur désirabilité, leur valeur et leur prix. Ce dont souffrent les entrepreneurs à la crise, ce n'est pas de ne point trouver assez d'hommes pour consommer leurs marchandises, mais de n'en point trouver assez qui soient disposés à les leur bien payer. L'insatiabilité des besoins n'est point un obstacle à une crise générale de surproduction comprise comme une diminution générale de l'intensité du besoin des marchandises produites.

Peu importe aussi que le pouvoir d'acquisition de chacun augmente proportionnellement à sa production. L'intensité du besoin des marchandises ne s'identifie pas avec le pouvoir d'acquisition. Ce que je puis acheter de drap dépend de ce que j'ai produit de blé. Mais la force de mon désir de drap n'est pas en fonction de ma richesse en blé. Elle diminue avec la plus grande abondance de drap, puisque cette abondance permet maintenant la satisfaction d'un moindre besoin. Blé et drap s'échangeront mutuellement. Mais l'échange portera sur deux marchandises également dépréciées. Tous les produits arriveront à s'écouler. Il y aura équivalence entre l'intensité du besoin des uns et des autres. Mais l'intensité du besoin des uns et des autres, l'intensité générale du besoin des marchandises produites aura fléchi.

— Le principe de l'insatiabilité des besoins reçoit, il est vrai, une seconde acception. On peut penser que nous portons en nous une perpétuelle insatisfaction, une éternellement même capacité de toujours désirer plus de richesses que rien ne saurait éteindre ni même atténuer.

N'en faudrait-il pas conclure l'impossibilité d'un amoindrissement dans l'intensité de l'ensemble de nos besoins? Chaque marchandise particulière ne satisfait que des besoins décroissants. Mais la masse de nos besoins ne se restreindrait pas. A une atténuation dans l'intensité de certains de nos besoins correspondrait une recrudescence dans l'intensité d'autres besoins ou l'apparition de besoins nouveaux. Certains de nos besoins sont aujourd'hui tellement satisfaits que leur importance économique est presque évanouie. Mais ils ont été remplacés par d'autres [1]. Malgré la richesse croissante, ne s'émoussent pas l'intensité de nos désirs, la violence de nos appétits. La surproduction générale ne pourrait jamais se prononcer, car la diminution de l'intensité du besoin de plusieurs catégories même de marchandises aurait sa contre-partie dans la naissance d'une foule de besoins nouveaux, dans l'ouverture d'une ère de prospérité pour les industries satisfaisant ces besoins nouveaux, prospérité qui ferait compensation.

Une simple distinction permet d'écarter les conséquences qu'on pourrait être tenté de tirer de ce second aspect de l'insatiabilité des besoins. L'impossible décroissance du désir *abstrait* de riches-

---

[1] Cf. Marshall, *Principes d'économie politique,* trad. fr., I, p. 221 ; Gide, *Principes d'économie politique,* 10ᵉ édil., p. 40.

ses n'est pas un obstacle à l'amoindrissement de l'intensité générale du besoin des biens *concrets* existants. Tout en demeurant
aussi avide de plus de jouissances, d'on ne sait quelles jouissances,
on peut être las des biens qu'on trouve à sa disposition. L'obscure
inquiétude qui vient souvent troubler l'âme étonnée des hommes
parvenus au but de leurs ambitions est faite de cette union chez
eux de la satiété et de l'insatiabilité atavique. La crise, précisément,
ne consiste que dans la moindre désirabilité de l'ensemble des biens
actuellement existants. Elle ne suppose pas un amoindrissement
de la capacité humaine d'aspirer à toujours plus de bien-être.

Notre éternelle soif de richesses pourra sans doute susciter le
besoin de marchandises nouvelles. Mais un temps devra s'écouler
avant que se précisent ces besoins de produits encore inconnus. Ce
que l'insatiabilité des besoins conduit à affirmer, c'est donc uniquement le caractère nécessairement *temporaire* que présente la
diminution de l'intensité générale des besoins. Et en effet, crise
ni dépression ne se perpétuent.

De plus, une fois que la crise a éclaté, le malaise social qui en
résulte recule le moment où peut apparaître le besoin d'articles
nouveaux. Une période de pertes et de chômage, de ruines et de
découragement n'est guère favorable à l'éclosion de nouveaux
besoins. Il faut attendre pour cela que s'atténue la dépression
générale.

Quelque sens qu'on donne ainsi au principe de l'insatiabilité des
besoins, une surproduction générale consistant en une diminution
générale de l'intensité du besoin des marchandises produites
demeure possible.

CHAPITRE III

POSSIBILITÉ LOGIQUE D'UNE BAISSE GÉNÉRALE DES VALEURS D'USAGE

La diminution de l'intensité générale du besoin des marchandises,
de leur utilité finale, entraîne la baisse générale de leur valeur
d'usage. Cependant si, non seulement la valeur d'échange, comme
il est universellement reconnu, mais aussi la valeur d'usage présente un caractère relatif, comme on l'écrit parfois, une baisse
générale des valeurs d'usage n'est-elle pas contraire à la notion
même de la valeur ?

Il faut s'entendre sur le sens de cette relativité de la valeur

même d'usage. Certes on ne doit pas songer à voir dans la valeur
une qualité incluse dans la chose indépendamment de nous, ce que
dans l'ancienne métaphysique on aurait appelé une propriété substantielle. La psychologie moderne sait que les propriétés substan-
tielles des choses échappent à notre connaissance, si même il en
existe. Comme la couleur, la forme, le goût de l'objet, sa valeur
n'est pas une entité en soi. Elle ne s'imagine que par rapport à
nous, par rapport à nos désirs. En ce sens elle est toujours relative. C'est en ce sens que pour M. Wagner, par exemple, elle
« n'est pas une propriété intrinsèque des choses... mais c'est une
propriété qu'acquiert le bien quand l'homme prend connaissance
du rapport de ce bien avec ses besoins » [1]. La relativité de la
valeur d'usage ainsi entendue ne s'oppose pas à une hausse ou une
baisse générale des valeurs des choses, suivant qu'augmente ou
fléchit l'intensité du désir que nous en avons.

Mais pour que ces mouvements généraux de la valeur d'usage
restent admissibles, il faut qu'on ne pousse pas plus loin le caractère
relatif de la valeur. Il faut que la valeur d'usage de chaque marchandise puisse se concevoir isolément, en elle-même, sans comparaison avec les autres marchandises. Il faut qu'exprimant un rapport
entre nous et l'objet, elle n'exprime pas nécessairement aussi un
rapport entre les objets eux-mêmes. Il faut qu'elle constitue une
propriété intrinsèque des choses en entendant simplement par là
une propriété susceptible d'être conçue pour chaque chose indépendamment de la considération des autres choses. Sinon, si la
valeur d'usage impliquait une comparaison, un ordre de préférence,
un rapport entre les objets, tous les termes d'un rapport ne pouvant
varier en même temps dans le même sens, une hausse ou une baisse
simultanée de l'ensemble des valeurs d'usage constituerait une impossibilité logique. C'est justement ce qu'affirment certains penseurs.

Peut-être cependant une question de terminologie est-elle seule
en cause. Les économistes, même explicitement hostiles à l'idée
d'une valeur d'usage comprise comme une qualité de la marchandise indépendante des autres marchandises, concèdent qu'il existe
néanmoins un élément intrinsèque des biens, une qualité des biens
concevable sans la comparaison avec les autres biens ; de telle
sorte que cette qualité peut croître ou diminuer d'une façon concomitante pour toutes les marchandises. M. Bourguin, qui attaque

---

[1] Wagner, *Les fondements de l'économie politique*, Trad. fr., I, p. 485.

vigoureusement la notion de la valeur intrinsèque, même comprise comme je l'entends, reconnaît cependant le caractère intrinsèque de l'*utilité* des choses [1]. M. Gide, pour qui la caractéristique de la valeur même d'usage est dans le « degré de désirabilité », non pas dans la seule « désirabilité », accepte que l'utilité, le besoin, existent par eux-mêmes. Et parfois il n'est pas bien loin de se ranger à l'idée de la valeur intrinsèque des choses [2]. Il suffirait en tout cas, pour ne pas se mettre en contradiction avec MM. Bourguin et Gide, de parler de la baisse générale sinon de la valeur d'usage, du moins de l'*utilité* de l'ensemble des marchandises.

Mais d'autres auteurs ne paraissent pas répugner à cette notion de la valeur susceptible d'être pour chaque chose considérée indépendamment des autres choses. Pour M. de Bœhm-Bawerk, la valeur d'une chose consiste en ce qu'elle compte pour notre bien-être, en ce que notre bien-être dépend d'elle : ce qui n'implique aucune comparaison entre les choses [3]. M. Marshall, loin de voir dans la valeur d'usage le *degré* d'utilité, identifie, conformément à une terminologie qui paraît généralement répandue dans les écrits anglo-américains, valeur d'usage et utilité. M. Pareto aussi assimile valeur d'usage à utilité ou plutôt à ophélimité [4]. M. Walras déclare que c'est la valeur d'échange qui est une notion relative : la rareté est « un fait absolu » [5]. Et cette notion de la rareté chez lui ne diffère guère de l'expression d'ophélimité de M. Pareto.

Plus nettement M. A. Wagner [6] s'oppose à l'opinion qui fait de

[1] Bourguin, in *Revue d'économie politique*, 1895, p. 220.

[2] Gide, *op. cit.*, p. 51. « On ne doit jamais parler d'une hausse ou d'une baisse de toutes les valeurs... Cependant cette proposition pourrait prendre un sens... si l'on entendait... par là que les désirs de l'homme peuvent tous à la fois augmenter ou diminuer d'intensité ». Je ne prétends pas autre chose. M. Gide ajoute même que la conséquence pratique « d'une *décroissance générale des valeurs* et désirs » ne pourrait être autre que « le ralentissement de l'activité humaine dans l'ordre économique ». C'est bien là en effet la conséquence de la crise à quoi succède la stagnation industrielle de la dépression.

[3] V. Bœhm-Bawerk, *Positive theorie des Kapitals*, 1889, p. 140-144. Nulle part dans la section consacrée à la notion même de la valeur subjective, à son « essence », à l'analyse de ses éléments constitutifs, M. de Bœhm-Bawerk n'introduit une comparaison entre les divers objets ou les divers besoins. Les comparaisons, les classifications apparaissent seulement plus tard quand dans la section qui suit il étudie la « grandeur » de la valeur, p. 145 s.

[4] Marshall, *Principles of Economics*, l. I, § 5 (p. 8 de la 2e édit.); Pareto, *Cours d'économie politique*, I, p. 7, n. 18.

[5] Walras, *Éléments d'économie politique pure*, 1900, p. 102.

[6] Wagner, *op. cit.*, p. 486, 487.

la valeur « le degré d'utilité », à l'opinion « qu'on ne peut parler de la valeur d'un seul objet sans comparaison avec d'autres biens ». L'objection, dit-il, « ne me paraît pas exacte et me semble contraire à l'usage de la langue ». Il y a pour lui deux opérations psychologiques distinctes et successives : la première qui consiste à « attribuer » la valeur, la seconde à la « mesurer » [1]. La première opération suffit déjà à constituer la valeur. La seconde a pour but la comparaison, le classement des valeurs.

Il me paraît aussi que la valeur d'usage n'exprime pas forcément un ordre de préférence entre les choses. Sans aller jusqu'à assimiler entièrement la valeur d'usage à l'utilité, on peut écrire avec M. Wagner : « La propriété qu'a un bien de servir à satisfaire un besoin de l'homme peut être désignée par utilité... L'importance que les hommes donnent à un bien à cause de cette utilité est la valeur de ce bien » [2]. Et cette valeur se conçoit sans classement préalable entre les choses.

Déjà de nos désirs, en effet, on peut observer qu'ils se manifestent dans la conscience distincts les uns des autres, malgré tous les liens qui peuvent se nouer entre eux. Ma faim n'est pas en fonction de mon besoin de vêtement ou de logement. Elle est ou elle n'est pas. Avant toute hiérarchie de nos désirs, il faut que le désir soit. L'existence des divers désirs en eux-mêmes est la base sur laquelle s'appuiera toute hiérarchie ultérieure.

Il en est de même de la valeur des objets susceptibles de satisfaire nos désirs. Avant toute comparaison entre le blé et la laine, il faut que blé et laine soient désirables, que l'intensité du dernier besoin qu'ils satisfont ne soient pas nulle, qu'ils aient de la valeur. L'air, l'eau de l'Océan n'ont pas de valeur. Le blé, la laine ont de la valeur. Ces affirmations n'impliquent aucun examen comparé des objets. Chaque chose est seulement confrontée avec nos désirs. Selon qu'elle est ou non désirée, elle a ou n'a pas de valeur. L'existence d'une valeur de l'objet est la notion fondamentale. Elle est antérieure à la comparaison des marchandises entre elles. Toute comparaison la suppose. Une chose a de la valeur, telle est la proposition première. Une chose a plus ou moins de valeur qu'une autre est une proposition dérivée. La classification des

---

[1] V. de même en ce qui concerne M. de Bœhm-Bawerk la note 3 de la page précédente.

[2] Wagner, *op. cit.*, p. 485.

valeurs pour chaque individu ne se doit pas confondre avec la
valeur elle-même.

De même, pour la société prise dans son ensemble, avant toute
comparaison entre la valeur des divers objets, il faut que cette
valeur sociale soit. Avec M. Wagner, on peut admettre l'existence
d'une valeur d'usage sociale à côté de la valeur d'usage individuelle [1]. Cette valeur, résultante de la foule des estimations particulières, exprime l'utilité finale de l'objet pour la société, son
aptitude à satisfaire les désirs sociaux, sa désirabilité sociale. La
valeur d'échange intervient ensuite pour indiquer la conséquence
de la comparaison des diverses valeurs d'usages, fixer le *degré* de
désirabilité sociale des objets.

Si la valeur d'usage est comprise ainsi, des variations de la
valeur de chaque marchandise dans l'espace et dans le temps se
conçoivent indépendamment des autres marchandises suivant que
croît ou s'atténue l'intensité du besoin qu'on en a. L'eau qui avait
de la valeur pour un voyageur dans un désert, explique M. de
Bœhm-Bawerk, n'en a presque plus ailleurs pour la même personne, parmi des sources multiples [2]. Un objet a moins de valeur
qu'autrefois : voilà qui s'entend parfaitement sans qu'il soit indispensable de songer aux autres objets.

De même, si un seul objet, le blé par exemple, existait qui fût
susceptible d'être désiré, la notion de la valeur d'usage subsiste-
rait. Les hommes peineraient pour produire cet objet précieux. Son
accroissement ou sa diminution d'une année à une autre, suivant
le résultat des récoltes, élèverait ou abaisserait sa désirabilité et sa
valeur d'usage.

La valeur d'usage de l'ensemble des marchandises peut donc
aussi monter ou descendre. Il ne s'agit pas d'un mouvement
auquel prendraient part tous les produits sans exception. Il suffit
que des mille fluctuations particulières aux divers objets, il résulte
pour l'ensemble une plus forte ou une moindre désirabilité. C'est
une question de moyennes. On peut parler de « raretés moyennes » comme on parle de « tailles moyennes », nous dit M. Walras [3]. Une baisse générale de la taille des hommes ne signifie pas
une baisse de la taille de tous les hommes. C'est une des idées

[1] Wagner, *op. cit.*, p. 490.
[2] De Bœhm-Bawerk, *op. cit.*, p. 140.
[3] Walras, *op. cit.*, p. 103.

favorites de Bastiat, on le sait, que l'affirmation de l'abaissement progressif des valeurs dans l'histoire comme conséquence des successifs perfectionnements techniques. La crise aussi consiste en une diminution, mais en une diminution temporaire, des valeurs d'usage des marchandises par suite du fléchissement de leur utilite finale dû à leur surabondance:

CHAPITRE IV

LA RÉALITÉ DE LA BAISSE GÉNÉRALE DES VALEURS D'USAGE RÉVÉLÉE PAR LA BAISSE DES PRIX LAQUELLE NE RÉSULTE PAS DE LA MONNAIE

Après avoir établi la *possibilité psychologique* d'un amoindrissement général de l'intensité des besoins, la *possibilité logique* d'une baisse générale des valeurs d'usage, il faut prouver maintenent la *réalité* de ces phénomènes, montrer leur présence derrière la baisse des prix qui caractérise la crise.

Dans un régime d'échange en nature rien d'analogue au phénomène de la surproduction générale ne pourrait vraisemblablement se concevoir. Les seules variations de la valeur qu'on connaisse alors sont des variations dans la valeur d'échange. Et une baisse générale des valeurs d'échange n'a pas de sens. Le surplus des produits d'une industrie serait troqué contre le surplus des produits de l'autre industrie sans que se modifie la valeur d'échange des uns ni des autres. L'avilissement général des valeurs d'usage des marchandises tout en existant n'arriverait à se manifester d'aucune manière.

Il en est différemment lorsque l'échange s'effectue par l'intermédiaire d'une monnaie. Une baisse générale des valeurs d'usage peut trouver son expression dans la baisse des prix. Si nous supposons immobile la valeur de la monnaie et qu'on constate une baisse des prix, cette baisse ne peut provenir que de la baisse de la valeur d'usage des marchandises. Leur valeur d'échange peut ne pas avoir varié : les produits se troquent les uns contre les autres de la même manière qu'auparavant; mais, pour les uns et les autres, on donne aujourd'hui moins de monnaie. Si la valeur de la monnaie est restée intangible, c'est donc qu'a fléchi la désirabilité, la valeur d'usage des marchandises.

Malheureusement, à cause de l'imperfection de la monnaie comme mesure des valeurs, à cause des constantes variations de sa propre valeur, il n'est pas permis d'attribuer aussi rapidement aux fluctuations de la valeur des marchandises la responsabilité de la baisse des prix. Cette baisse peut tenir à des modifications dans la valeur de la monnaie aussi bien que dans celle des marchandises.

Il peut ainsi y avoir une explication monétaire de la crise et de l'essor, une explication monétaire des mouvements des prix à travers les diverses phases du cycle périodique qui constituerait une application en notre matière de la théorie quantitative de la monnaie. Et il peut y avoir une opinion qui rattache ces mouvements des prix, comme je le fais, aux variations de la valeur des marchandises. Il serait assez embarrassant de se prononcer entre l'une et l'autre hypothèses si, très nettement, n'apparaissaient dans les faits des fluctuations des prix contraires à ce qu'on devait attendre du facteur monétaire. Ces fluctuations ne vont pas seulement me servir à exclure la cause monétaire des crises. Il n'y aurait là qu'un argument négatif en faveur de ma théorie. Elles vont me servir à en faire la démonstration positive, à établir que prospérité et dépression proviennent bien des variations dans la valeur globale des marchandises. Elles vont apporter la preuve et comme la vérification expérimentale de ma thèse.

Or ces mouvements des prix contraires à ce qui devrait résulter des mouvements monétaires se trouvent par là même contraires à la théorie quantitative de la monnaie. Je serai ainsi conduit à montrer les causes de certaines dérogations à la théorie quantitative qu'on a souvent reprochées, sans peut-être en donner une explication suffisante, aux partisans de cette théorie ; à insister sur la nécessité de tenir compte, dans l'exposé de la théorie quantitative, de phénomènes souvent oubliés, de l'influence perturbatrice exercée sur les prix par le rythme de la production industrielle qui traverse alternativement des périodes d'essor et de stagnation.

La théorie quantitative fait dépendre les prix, tantôt des seules fluctuations dans les *quantités* monétaires, tantôt, en une formule plus complète, des fluctuations dans les quantités comparées de monnaie et de marchandises, autrement dit dans le *besoin* de monnaie [1]. L'explication monétaire des crises peut de même apparaître sous deux formes. Une première attribuerait l'alternance

[1] Dolléans, *La monnaie et les prix*, p. 43.

des années de prospérité et de dépression aux mouvements des quantités monétaires. Une seconde plus raffinée les attribuerait aux fluctuations du besoin de monnaie provenant de l'inégale allure dans l'accroissement des quantités de monnaie et de marchandises. La crise en particulier résulterait d'une augmentation de monnaie moindre que celle des marchandises. Point ne serait nécessaire de supposer une surproduction générale, une diminution de l'intensité du besoin des marchandises. Il n'y aurait pas excès des produits par rapport aux besoins. Il y aurait trop de produits par rapport à la monnaie. Ou plutôt il n'y aurait qu'insuffisance, pénurie de monnaie. La crise aurait une cause monétaire.

Mais l'observation révèle des mouvements dans les prix contraires à l'une et à l'autre forme de la théorie quantitative ou de l'explication monétaire des crises. Je vais donc examiner successivement cette double série de faits pour prouver que les variations des prix à travers le cycle périodique reflètent bien les variations générales dans les valeurs d'usage des marchandises.

CHAPITRE V

PREUVES EN FAVEUR DE LA THÉORIE DES VARIATIONS GÉNÉRALES DES VALEURS
D'USAGE TIRÉES DES MOUVEMENTS DES PRIX CONTRAIRES AUX FLUCTUATIONS DES
QUANTITÉS DE MÉTAUX PRÉCIEUX

Je serai très bref sur la première série des faits que j'ai annoncés. Ils ont un caractère accidentel, ne constituent pas une des manifestations régulières du phénomène des crises, et les preuves que j'en tire ne sont peut-être pas entièrement décisives. Je me bornerai à rappeler certaines dérogations à la théorie quantitative de la monnaie souvent invoquées par les auteurs hostiles à cette théorie.

Ces dérogations pourraient déjà être présentées comme des objections à l'une des théories monétaires des crises, à l'opinion qui fait dépendre de l'accroissement du stock métallique la hausse des prix de la prospérité que suivra la baisse et la crise. Mais je ne veux pas m'arrêter à la réfutation de cette thèse à laquelle ont été opposés souvent de si excellents arguments qu'il serait superflu d'y revenir. Il me faudrait répéter que des événements imprévus, survenant sans régularité, à des dates plus ou moins espacées, comme une augmentation du stock métallique, ne peuvent pas rendre compte des crises périodiques, du rythme chronique de la production. Il me faudrait à nouveau, par l'examen comparé des statistiques, montrer que si des modifications dans les quantités métalliques ont pu jouer un rôle dans certaines crises, par exemple dans celle de 1857, on n'observe pas quelque chose d'analogue dans toutes les crises.

C'est un autre point qui m'intéresse ici. Ce que je veux, c'est surtout suggérer que les mouvements des prix contraires à l'effet normal des fluctuations des quantités métalliques paraissent bien prouver la réalité des variations générales, à travers la prospérité et la dépression, des valeurs d'usage des marchandises.

Voici d'abord une série d'exemples empruntés à MM. de Foville et Nogaro, relatifs à des années que je classe par groupes et où de fortes augmentations du stock métallique en France ont été accompagnées, en dépit de ce à quoi on aurait dû s'attendre, d'une baisse des prix des marchandises importées ou exportées. Les Index Numbers de Sauerbeck, dont je reproduis également les données, montrent l'existence aussi de la baisse en Angleterre.

Années[1].	Augmentation ou diminution du stock métallique en France en millions de francs.	Hausse ou baisse des prix p. 100 par rapport aux années précédentes		Index Numbers de Sauerbeck : Variations par rapport à l'année antérieure.
		d'après les marchandises importées.	d'après les marchandises exportées.	
		I		
1865...	+ 222	— 5	— 3,5	— 4
1866...	+ 510	— 5,6	— 6,2	+ 1
1867...	+ 598	— 4,1	— 4,9	— 2
1868...	+ 321	— 2,8	— 4	— 1
1869...	+ 387	— 0,7	— 0,7	— 1
		II		
1874...	+ 791	— 6	— 4,5	— 9
1875...	+ 655	— 3,7	— 3,7	— 6
1876...	+ 644	+ 1	+ 0,2	— 1
1877...	+ 541	— 2,3	— 1,4	— 1
1878...	+ 357	— 6,4	— 5,6	— 7
		III		
1891...	+ 157	— 3,1	— 1,6	0
1892...	+ 294	— 5,1	— 2,9	— 4
1893...	+ 221	— 2,1	+ 0,8	0
1894...	+ 333	— 6,5	— 6	— 5

[1] Nogaro, Le rôle de la monnaie dans le commerce international, p. 177.

Voilà trois séries d'années où un accroissement très considérable
du stock métallique aurait dû, d'après la théorie quantitative,
entraîner un relèvement des prix. Cependant c'est la baisse qui
domine. Voici maintenant ce qu'on observe pendant des années
de hausse des prix.

Années.	Augmentation ou diminution du stock métallique en France en millions de francs.	Hausse ou baisse des prix p. 100 par rapport aux années précédentes		Index Numbers de Sauerbeck : Variations par rapport à l'année antérieure.
		d'après les marchandises importées.	d'après les marchandises exportées.	
		I		
1871...	− 199	+ 5,1	+ 0,3	+ 4
1872...	+ 49	+ 3,6	+ 2,2	+ 9
		II		
1888...	− 44	+ 1,3	+ 1,1	+ 2
1889...	+ 216	+ 3,4	+ 2,6	+ 2
1890...	− 104	+ 0,3	+ 0,9	0
		III		
1898...	− 110	+ 2,2	+ 0,2	+ 2
1899...	+ 127	+ 7,1	+ 0,5	+ 4

Cette fois ce sont des années de faible augmentation ou même de
diminution du stock métallique qui, au lieu de déterminer la baisse
des prix comme le veut le raisonnement théorique, coïncident avec
la hausse.

Que conclure de ces faits et d'autres semblables qu'on observe
en d'autres pays? Faut-il en déduire le caractère erroné de la
théorie quantitative comme le font certains auteurs? Faut-il, au
contraire, demeurer fidèle à la théorie et faire valoir que les prix
dépendent moins des fluctuations métalliques nationales que des
fluctuations internationales, ou encore que l'on doit tenir compte
aussi, au moins pour certains des faits invoqués, de la démonétisation, de la dépréciation de l'argent? En tout cas, les choses
demandent à être expliquées. Et il me semble que l'explication la
plus plausible ne sera trouvée que si on rapproche du problème posé
par la théorie quantitative le problème des crises et qu'on les éclaire
l'un par l'autre. Par là même apparaîtront des arguments sérieux
en faveur de ma théorie des crises.

Si on confronte en effet les chiffres indiqués plus haut avec
d'autres chiffres, avec les chiffres des années de crises depuis une

quarantaine d'années, on remarque aussitôt qu'un rapport doit
exister entre les uns et les autres. — Je viens de signaler trois
groupes d'années où l'accroissement du stock monétaire, loin
d'avoir relevé les prix, n'a pu empêcher leur baisse. Mais c'est
que ce sont là les années de *dépression* qui (à l'étranger comme
en France, ainsi que le montrent les Index Numbers de Sauerbeck)
ont suivi respectivement les *crises* de 1864, 1873, 1890. — De
même les trois autres séries d'années où l'arrêt de l'augmentation,
où la diminution même du stock monétaire n'ont pu cependant
entraver la hausse des prix, sont les années de *prospérité* qui ont
précédé les *crises* de 1873, 1890, 1900. — La théorie quantitative
est en défaut parce que l'influence exercée sur les prix par le facteur monétaire est paralysée par une influence contraire tenant aux
cycles périodiques, à la succession régulière des périodes de prospérité et de dépression. Quelle est donc cette influence?

Il est vraisemblable que le facteur monétaire a bien dû agir de
la façon que le prévoit la théorie quantitative. L'afflux des métaux
précieux en France, au moins après la crise de 1864, sinon avec
certitude, à cause de la dépréciation de l'argent, après les crises
de 1873 et 1890, a dû avoir réduit la valeur de la monnaie.
Toutes choses égales, les prix auraient dû hausser sous l'action du
facteur monétaire. Ils auraient même dû hausser d'autant plus que
comme je le montrerai longuement plus loin, dans les années de
dépression diminue le *besoin* de monnaie par suite du ralentissement des transactions. Il y avait à la fois plus de monnaie et moins
de marchandises en circulation. La hausse aurait dû prendre une
allure accélérée. Et cependant ce fut la baisse!

Voici sans doute la seule façon satisfaisante de comprendre les
choses : En même temps que par suite de l'accroissement de la
monnaie, baissait son utilité finale, sa désirabilité, sa valeur
d'usage, en même temps baissait aussi, ainsi que baisse aux
années de dépression, l'utilité, la désirabilité, la valeur d'usage
des marchandises. Et la dépréciation des marchandises était plus
marquée que la dépréciation de la monnaie. Si lorsque fléchit la
valeur d'usage de la monnaie, ne fléchit pas cependant sa valeur
relative, sa valeur d'échange, son pouvoir d'achat de marchandises, c'est donc que la valeur d'usage de la marchandise a diminué
de son côté et diminué de façon plus considérable. On a bien la
une preuve que la baisse des prix pendant la dépression : 1° ne

provient pas des fluctuations dans les quantités monétaires ; 2° résulte de la baisse de la valeur d'usage globale des marchandises.

On raisonnerait de même en ce qui concerne la hausse des prix constatée en dépit du ralentissement des importations métalliques aux années de prospérité ayant précédé les crises de 1873, 1890, 1900, pour prouver que la prospérité a sa source dans une hausse générale de la valeur d'usage de la marchandise.

Les mouvements des prix ainsi ne traduisent pas simplement des variations relatives, des variations dans le pouvoir d'achat de la monnaie. Ils peuvent impliquer aussi des variations absolues de la valeur de la marchandise s'effectuant dans le même sens que celles de la valeur de la monnaie. Prospérité et dépression tiennent aux fluctuations de la valeur globale de la marchandise.

CHAPITRE VI

PREUVES TIRÉES DES MOUVEMENTS DES PRIX CONTRAIRES AUX FLUCTUATIONS DANS LE *BESOIN* DE MONNAIE

Il convient d'attacher plus d'importance à cette seconde série de dérogations, aux mouvements des prix contraires à ce qu'on devrait attendre des variations dans le *besoin* de monnaie. Ces mouvements, en effet, se produisent régulièrement, font partie de l'ensemble des traits spécifiques des cycles périodiques. De plus, tandis qu'aux déductions tirées des dérogations précédentes à la théorie quantitative on pouvait opposer la possibilité d'une autre explication tirée de l'état des prix dans le monde, des conditions monétaires mondiales, l'objection ne pourrait être répétée ici, car les dérogations auxquelles je vais passer maintenant se produisent simultanément dans de nombreux pays, les cycles périodiques y déroulant à peu près en même temps leurs phases successives.

Je vais employer ces dérogations comme les précédentes à une double fin. Premièrement elles montrent l'erreur de l'explication monétaire des cycles même sous sa forme supérieure, l'erreur de la théorie qui les attribuerait aux fluctuations dans le *besoin* de monnaie, à l'insuffisance de la monnaie contrastant avec un accroissement considérable des marchandises. Deuxièmement et surtout elles fournissent l'argument le plus sûr à l'opinion que je soutiens et qui fait dépendre les fluctuations alternatives des prix, dans la prospérité et la dépression, des variations dans la valeur d'usage de l'ensemble des marchandises.

Pendant la prospérité, à raison de l'activité industrielle, de la multiplication des échanges, — à raison aussi de la hausse même des prix qui, pour le paiement de chaque marchandise, oblige à des versements de monnaie plus considérables, — devient beaucoup plus intense le besoin de monnaie. Sans doute l'extension du volume des marchandises porte avec elle le moyen de satisfaire partiellement au besoin qu'elle crée. Elle ajoute à l'émission des lettres de change, augmente la masse des substituts de monnaie susceptibles de servir aux règlements. Mais quelque ampleur que puisse prendre ainsi la circulation fiduciaire, une base métallique plus large paraît nécessaire à un mouvement fiduciaire accru. De fait, les symptômes de cette intensité du besoin de monnaie sont constamment énumérés parmi les indices ordinaires de la prospérité : réduction de l'encaisse des banques, gonflements de la circulation des billets, hausse du taux de l'escompte. La contraction, la gêne monétaire conduit presque parfois à des sortes de crises monétaires qui se manifestent au cours même d'une magnifique prospérité, entraînent des hausses considérables du taux de l'escompte, comme ce taux de 7 p. 100 en Allemagne dans les années de brillant essor que furent les années 1899 ou 1906.

La hausse du taux de l'escompte pendant la prospérité ne tient pas seulement, il est vrai, au resserrement monétaire. Comme il suppose un prêt, l'escompte participe, avec l'intérêt, à une même hausse résultant de la hausse des prix et des profits à cette époque, de la rentabilité plus grande des capitaux, de la demande plus forte, de la rareté des capitaux disponibles. Cependant, à cause de son caractère spécial de prêt de monnaie, l'escompte révèle, par ses hausses brusques et plus accentuées que celles de l'intérêt, la pénurie monétaire dont on souffre durant la prospérité.

A l'inverse, pendant la période de dépression, à cause du ralentissement des transactions, de la baisse des prix aussi, décroît le besoin de monnaie. L'encaisse des banques grossit, la somme des billets en circulation, le taux de l'escompte s'abaissent. C'est une période de pléthore monétaire.

Or, l'augmentation du besoin de monnaie dans la prospérité, la hausse de la valeur de la monnaie devraient entraîner une hausse de son pouvoir d'achat, une baisse des prix. De même, dans la dépression, la diminution du besoin de monnaie, la surabondance de monnaie devrait avoir comme conséquence la hausse des prix. Et justement, prospérité et dépression sont caractérisées par des mouvements de prix exactement contraires.

Pour expliquer ces contradictions à la théorie quantitative, on ne doit pas chercher du côté des variations dans le stock métallique. D'abord ces variations ne s'effectuent qu'irrégulièrement, et il s'agit ici de phénomènes périodiques. De plus, on a vu, au chapitre précédent, qu'il est des exemples nombreux de diminution du stock métallique dans la prospérité et d'accroissement dans la dépression : ce qui aggrave encore la dérogation à la théorie quantitative. Dans la prospérité, ainsi, il arrive parfois que se restreint l'offre de monnaie. En tout cas et surtout, la demande de monnaie a en même temps considérablement grandi, à cause d'une énorme amplification du volume des marchandises. Rarement, peut-être, on a eu un tel besoin de monnaie. D'autre part, il est peu entré de métaux précieux dans le pays. Offre et demande, variations dans les quantités monétaires et dans le besoin de monnaie s'accordent pour dicter une hausse du pouvoir d'achat de la monnaie, un effondrement des cours. Et cependant continue la brillante ascension des prix. — De même, mais en sens inverse, durant la dépression.

Comment expliquer ces dérogations à la théorie quantitative? Et, en négligeant maintenant les fluctuations du stock métallique, dont il a été déjà parlé, pour ne considérer que les fluctuations dans le besoin de monnaie, comment expliquer les dérogations périodiques à la théorie?

Il est pourtant vraisemblable que les variations du besoin de monnaie ont exercé sur la valeur propre de la monnaie l'influence que leur prête la théorie quantitative. L'accroissement du besoin de monnaie dans la prospérité, l'intensité grandie du désir de monnaie ne peuvent pas ne pas avoir entraîné une hausse de sa valeur, du moins de sa valeur d'usage. Cette hausse aurait dû s'accompagner d'une hausse de sa valeur d'échange, de son pouvoir d'achat. Si cependant on observe le contraire; si ce sont les prix qui haussent; s'il faut donner beaucoup de monnaie en échange de peu de marchandises; si la valeur relative de la monnaie, sa valeur par rapport aux marchandises a baissé : une seule explication est possible : c'est que, dans le même temps, s'est élevée aussi la valeur d'usage des marchandises. Si la monnaie, certainement plus désirée, — puisque la pénurie de monnaie va presque jusqu'à la crise monétaire — ne parvient pas cependant à acheter plus de marchandises, c'est donc que les marchandises sont plus désirées encore. Si l'appréciation absolue de la monnaie ne détermine pas son appréciation relative, c'est donc que l'appréciation absolue de la marchandise est plus considérable encore. C'est la preuve que la prospérité consiste en une hausse générale de l'utilité finale, de la valeur d'usage des marchandises. — Et, par les mêmes arguments, on montrerait que la baisse des prix pendant la période de dépression tient à la baisse de l'utilité finale, de la valeur des marchandises.

On peut ainsi énoncer les propositions suivantes :

1° Les variations des prix ne proviennent pas, au cours de la prospérité et de la dépression, de l'inégale allure dans l'accroissement des quantités de monnaie et de marchandises. Le prix n'exprime pas nécessairement le rapport entre les quantités de monnaie et de marchandises. Il exprime seulement le rapport entre la valeur de la monnaie et la valeur de la marchandise. Les deux choses ne se confondent pas toujours puisque dans la prospérité et la dépression les mouvements des prix s'effectuent en sens inverse des rapports quantitatifs. Dans la prospérité les prix haussent malgré une augmentation quantitative des marchandises beaucoup plus considérable que celle de la monnaie, malgré l'insuffisance de monnaie. Dans la dépression, les prix baissent malgré la surabondance relative de la monnaie.

2° Les mouvements des prix ne supposent pas uniquement des variations relatives, des variations dans la valeur d'échange, dans les taux d'échange réciproques de la monnaie et des marchandises. Les variations relatives sont la conséquence de variations absolues, de variations dans la valeur d'usage respective de la monnaie et des marchandises. S'il n'existait que des variations relatives, tout accroissement du besoin et par suite de la valeur de la monnaie impliquerait accroissement de son pouvoir d'acquisition, diminution de la valeur relative des marchandises. Or dans la prospérité on a des signes manifestes d'une augmentation de la valeur de la monnaie dont la désirabilité s'intensifie. Et cependant la valeur relative de la marchandise, loin de fléchir, demeure très élevée puisque se maintient la hausse des prix. C'est donc que les valeurs d'usage de la monnaie et de la marchandise ne sont pas en fonction l'une de l'autre, mais constituent deux grandeurs indépendantes susceptibles de varier dans le même sens et de décroitre simultanément. La valeur absolue de la monnaie grandit et cependant sa valeur relative baisse parce que grandit en même temps la valeur absolue de la marchandise. La valeur d'usage de la monnaie s'élève et cependant tombe sa valeur d'échange parce que s'élève en même temps la valeur d'usage de la marchandise. On saisit sur le fait l'existence de variations absolues des valeurs, de variations concomitantes dans les valeurs d'usage de la monnaie et de la marchandise.

3° La réalité de la hausse et de la baisse collectives des valeurs d'usage des marchandises se trouve également démontrée. Ces variations des valeurs des marchandises peuvent seules expliquer les fluctuations des prix dans la prospérité et la dépression. La hausse générale des prix dans la prospérité, qui ne résulte pas de la dépréciation de la monnaie puisqu'on est dans une période d'appréciation absolue de la monnaie, ne peut résulter que de l'appréciation absolue des marchandises. Malgré l'intensité plus grande de la demande de monnaie, les prix cependant ne baissent pas à cause qu'est plus intense encore la demande des marchandises. L'accroissement de l'utilité finale de la monnaie n'est même que la conséquence de l'accroissement de l'utilité finale des marchandises qui a donné l'impulsion à l'activité industrielle, à la multiplication des transactions, causes de la pénurie monétaire. C'est la hausse de la valeur d'usage de la marchandise qui entraîne à sa remorque la hausse de la valeur d'usage de la monnaie. C'est elle qui est le phénomène décisif, le phénomène constitutif de la période de prospérité. — De même la baisse des prix pendant la dépression ne peut provenir que de l'avilissement général de la valeur d'usage des marchandises.

CHAPITRE VII

LES VARIATIONS DES VALEURS ET DES PRIX A TRAVERS LES DIVERSES PHASES DU CYCLE PÉRIODIQUE

J'ai montré que l'augmentation du besoin de monnaie dû à l'accroissement du volume des marchandises n'arrive pas cependant à abaisser les prix à cause d'une augmentation plus considérable encore de l'intensité du besoin des marchandises. Mais d'où vient que l'abondance des marchandises en circulation n'entraîne pas leur dépréciation? Comment leur haute désirabilité se concilie-t-elle avec leur extrême multiplication?

Il faut faire intervenir ici ce grand fait moderne de l'allongement capitaliste du procès de production où je chercherai, on le sait déjà, la cause de la survenance périodique des crises. La hausse des prix et la prospérité se dessinent lorsque se manifeste le manque d'objets de consommation qui fait croître leur utilité finale. Mais avant de fabriquer les biens de consommation, il faut fabriquer les capitaux nécessaires dont le prix s'élève également. La prospérité est principalement une période de création de capitaux, de capitalisation. Tant que ne s'achève pas cette période, tant qu'on n'arrive pas à la production des objets de consommation désirés, dure la prospérité, grossit, d'une part, considérablement le nombre des transactions, mais de transactions portant surtout sur des capitaux, persiste d'autre part l'insuffisance des biens de consommation et partant leur valeur élevée. Le capital n'étant fabriqué qu'en vue de l'objet de consommation, du produit final, sa désirabilité, sa valeur dépendent de la valeur de ce dernier [1]. La haute valeur des biens de consommation maintient la valeur des capitaux, soutient tout l'édifice des hauts prix. Malgré l'ampleur des transactions, le besoin social demeure insatisfait puisque ne sont pas encore en activité, ni même terminés les capitaux, et qu'ainsi ne sont pas offertes à la population les quantités voulues de biens de consommation. Ce sont les mouvements de la valeur des objets de consommation qui déterminent les mouvements de la valeur de l'ensemble des marchandises et qui, à cause de la durée du procès de production, prolongent temporairement la hausse des prix en dépit de l'augmentation du volume des marchandises.

Cette distinction entre le total des marchandises en circulation et le total des objets de consommation existants sur lesquels se règle toute la série des valeurs permet de comprendre les variations des valeurs et des prix à travers les diverses phases du cycle périodique.

Pendant la prospérité, la rareté des objets de consommation entraîne la hausse générale de la valeur des marchandises. Cette hausse suscite une forte production de capitaux, une fiévreuse

---

[1] V. plus loin 2e partie, ch. III, § 2 au début.

activité industrielle, laquelle à son tour, peu à peu, à mesure que
se déroule la période de prospérité, intensifie le besoin de monnaie,
élève la valeur d'usage de la monnaie. Cependant n'augmente pas
la valeur d'échange de la monnaie, ne baissent pas les prix. Et cela,
parce que malgré l'accroissement des transactions, mais de transactions ayant trait principalement à des capitaux, subsiste la
hausse de la valeur d'usage des marchandises résultant de la pénurie
des objets de consommation. La hausse de la valeur des marchandises est plus accusée que celle de la monnaie. Le pouvoir d'achat
de la monnaie reste faible, les prix sont élevés.

Lorsque survient la crise, la chute des prix ne saurait être
imputée au facteur monétaire. Aucun changement notable ne se
produit en ce qui concerne la monnaie. Elle continue à être très
désirée. Sa valeur d'usage demeure très haute. La crise marque,
il est vrai, le point culminant de sa hausse, le moment où la contraction monétaire est le plus aiguë, le taux de l'escompte le plus
élevé. Mais cette hausse existait déjà. La baisse des prix ne tient
donc pas à la monnaie puisque alors elle aurait dû se manifester
déjà durant les dernières années de la prospérité caractérisées par
le resserrement monétaire. La perturbation des prix ne peut provenir que d'une perturbation dans la valeur des marchandises. Le
procès de production est, en effet, arrivé à son dernier stade. La
masse des objets de consommation, qu'un outillage trop considérable, que la surcapitalisation de la prospérité permet maintenant
d'offrir à la population, précipite la baisse de la valeur d'usage de
ces objets et par répercussion la baisse des capitaux, la baisse de
l'ensemble des marchandises. La valeur d'échange, le pouvoir
d'achat de la monnaie croit maintenant : mais c'est à cause de
l'effondrement de la valeur d'usage des marchandises. C'est la
diminution de l'utilité finale de ces dernieres qui détermine l'avilissement des prix.

Après les semaines de crise, pendant la période de dépression
qui suit, la faiblesse des transactions due à la sous-capitalisation,
due au ralentissement de la production, mais de la production
surtout de capitaux, amoindrit peu à peu l'intensité du besoin de
monnaie, abaisse sa valeur d'usage. La monnaie progressivement
afflue dans les banques à mesure que se prolonge la dépression et le
taux de l'escompte se réduit. Cependant ne se relèvent pas les prix.
Malgré, en effet, la restriction de la circulation générale des mar-

chandises, l'abondance des objets de consommation, résultat de la surcapitalisation antérieure, la lourdeur des stocks maintiennent la baisse de la valeur de ces objets et, par voie de conséquence, la baisse de la valeur des capitaux et de l'ensemble des marchandises. La baisse de la valeur de la marchandise dépasse même celle de la monnaie. C'est pourquoi reste considérable la valeur relative, la valeur d'échange, le pouvoir d'achat de la monnaie en dépit du fléchissement de sa valeur absolue, de sa valeur d'usage. C'est pourquoi persiste la baisse des prix.

Au terme de la période de dépression, la valeur d'usage de la monnaie est toujours faible. Rien ne se modifie en ce qui la touche. Le relèvement des prix ne saurait être attribué à l'abondance monétaire puisque cette abondance existait déjà dans les années de dépression. Le changement ne peut venir que de la valeur des marchandises. A cause de la sous-capitalisation, de l'extension normale des besoins aussi, commence à se manifester la pénurie d'objets de consommation. Leur utilité finale, leur valeur s'élève et, par suite aussi, la valeur des capitaux, de l'ensemble des marchandises. Le pouvoir d'achat, la valeur d'échange de la monnaie faiblit, l'ascension des prix s'accuse : mais c'est à cause de la hausse de la valeur d'usage de la marchandise.

A travers toutes ces phases, ce sont les variations de la valeur des marchandises, qui ont mené tout le mouvement. Au moment de la crise et au point de départ de l'essor seulement l'état des prix n'est pas contraire à ce qu'on pourrait attendre de l'influence du facteur monétaire. On constate cependant que ce n'est pas ce facteur qui agit. Et durant la prospérité et la dépression, les fluctuations des prix s'effectuent en des sens opposés à ce qui devrait résulter du besoin de monnaie : preuve que ces fluctuations sont la conséquence des variations générales dans la valeur d'usage des marchandises.

CHAPITRE VIII

LA PORTÉE EXACTE DE LA THÉORIE QUANTITATIVE DE LA MONNAIE DANS LA PRODUCTION CAPITALISTE CARACTÉRISÉE PAR SES CYCLES PÉRIODIQUES

Les faits que l'on peut objecter à la théorie quantitative permettent, on l'a vu, d'étayer une théorie de la surproduction générale. Mais que doit-on penser, après ces analyses, de la théorie quantitative elle-même?

La théorie quantitative devrait être considérée comme fausse si elle prétendait à tout moment faire dépendre les variations des prix — toutes choses, circulation fiduciaire, vitesse de la monnaie, etc. restant égales —, des variations dans les *quantités* comparées de monnaie et de marchandises. Le prix résulte non pas des *quantités*, mais des *valeurs* d'usage comparées de la monnaie et de la marchandise. Or, — et c'est en quoi réside l'erreur de la théorie —, dans la production capitaliste les rapports des valeurs d'usage ne se subordonnent pas étroitement aux rapports quantitatifs.

En ce qui concerne la monnaie seulement, une diminution de la quantité monétaire, de l'*offre* de monnaie, ou encore un accroissement de la quantité des marchandises, un accroissement de la *demande* de monnaie augmentent l'intensité du besoin de la monnaie, élèvent sa valeur d'usage. Mais il n'en est pas nécessairement de même pour les marchandises. A cause de l'allongement capitaliste du procès de production, la pénurie des objets de consommation détermine une hausse temporaire de leur valeur et par répercussion une hausse de la valeur des capitaux, une hausse ainsi de l'ensemble des marchandises, hausse qui se maintient en dépit d'une multiplication considérable de marchandises consistant surtout en capitaux, tant que le procès de production ne touche pas à son dernier stade, que le besoin d'objets de consommation n'est pas enfin satisfait. A la fois coexistent l'accroissement quantitatif des marchandises, l'abondance des transactions et cependant la hausse générale des valeurs d'usage résultant du déficit des biens de consommation. Les mouvements de la valeur d'usage de la marchandise s'effectuent durant ce temps en sens inverse de ses mouvements quantitatifs. Les fluctuations des prix au cours des périodes de prospérité et de dépression contredisent la théorie quantitative.

Cette théorie demeure cependant exacte si on ne la prétend pas d'application constante dans le régime économique moderne, si on en fait une théorie qui a sa place dans un état hypothétique d'équilibre, une première approximation abstraite. Logiquement en effet le rapport des valeurs d'usage devrait obéir aux rapports des quantités. Comme la valeur de la monnaie, la valeur de la marchandise aussi devrait fléchir avec son augmentation quantitative.

Il en serait bien ainsi si la production s'accomplissait de façon instantanée. Il en est à peu près ainsi dans un régime précapitaliste. Lorsqu'il est fait un faible usage de capitaux, qu'on ne se sert que d'outils, d'outils en petit nombre et de construction rapide, la quantité globale des marchandises en circulation se confond presque avec la quantité des biens de consommation. La valeur de la marchandise dépendant de ces derniers biens se trouve alors dépendre par là même des quantités totales de marchandises. Rapports des valeurs d'usage et des quantités évoluent de concert.

Il en serait encore de même en régime capitaliste malgré la longue durée du procès de production, si subsistait l'équilibre entre la production et les besoins. Le montant de la capitalisation demeurerait alors à tout moment exactement proportionné au montant des objets de consommation. Les fluctuations dans les quantités de biens de consommation de quoi dépendent les valeurs concorderaient avec les fluctuations dans les quantités totales des marchandises. Valeurs et quantités varieraient encore simultanément.

Mais cet état d'équilibre n'existe pas. Et ce qui oblige à rectifier la théorie quantitative, à passer à une seconde approximation, le facteur perturbateur qui paralyse l'influence de la loi hypothétique, c'est précisément cette alternance des périodes de prospérité et de dépression qui caractérise le développement industriel moderne. Des époques d'intense augmentation de la production, mais d'une augmentation qui porte surtout sur les capitaux se trouvent être cependant des époques où la valeur des marchandises demeure élevée à cause de la pénurie des biens de consommation. Et inversement en temps de dépression. Les variations dans les quantités totales des marchandises, variations provenant principalement, pendant ces périodes, des capitaux, ne correspondent pas avec les variations dans les quantités d'objets de consommation lesquelles surtout donnent l'impulsion aux fluctuations générales des valeurs d'usage. Et c'est ainsi que les rapports des valeurs d'usage sont indépendants des rapports quantitatifs globaux.

A cause ainsi de ce phénomène perturbateur qu'est le cycle périodique, la théorie quantitative exacte en un état d'équilibre, à l'état statique, ne préside plus d'une façon continue aux fluctuations des prix dans cet état de déséquilibre chronique qui caractérise la production capitaliste. Des facteurs secondaires font à l'état dynamique échec à l'application des facteurs généraux. Il semble bien cependant que ces derniers n'en continuent pas moins à exercer une certaine action à côté des facteurs secondaires. Et en effet, lorsque le phénomène perturbateur ne vient pas se mettre en

travers ou lorsqu'on en peut faire abstraction, des deux façons
suivantes peut se constater l'influence de la loi générale, la conformité avec les faits de la théorie quantitative.

Elle s'aperçoit d'abord aux instants où une certaine concordance
existant entre les quantités de capitaux et d'objets de consommation produits, rien ne vient plus empêcher la valeur d'usage globale
des marchandises de dépendre de leur quantité comme le veut la
théorie. Ces instants se rencontrent à l'intersection des périodes de
prospérité et de dépression, au moment de la crise où capitaux et
objets de consommation sont également surabondants, ainsi qu'au
point de départ de la prospérité où ils sont également insuffisants.
L'effet perturbateur des facteurs secondaires s'efface alors. La valeur
d'usage de la marchandise retombe sous l'action de sa quantité. Le
rapport des valeurs peut correspondre au rapport des quantités.
L'accroissement du volume des marchandises et du besoin de monnaie, qui pendant la prospérité n'arrivait pas à faire fléchir la valeur
des marchandises et leur prix, y parvient enfin à l'heure de la crise.
La diminution du volume des marchandises et du besoin de monnaie, qui pendant la dépression n'arrivait pas à rehausser la valeur
des marchandises et leur prix, y réussit de même au début de l'essor. Les faits ne sont plus contraires à la théorie quantitative.

D'une seconde manière encore peut s'observer l'application de la
théorie quantitative.

En raisonnant d'abord théoriquement, on doit penser que si on
ne se contente pas de suivre les fluctuations des prix à l'intérieur
de chaque cycle périodique, mais qu'on compare les uns aux
autres les prix des divers cycles périodiques successifs, doit apparaître la possibilité de deux séries de mouvements des prix : Les
uns à l'intérieur des cycles périodiques dérogeant à la théorie
quantitative et obéissant à l'influence perturbatrice de la loi secondaire qui, à cause de l'allongement du procès de production capitaliste fait échapper la valeur d'usage globale des marchandises à
l'action de leur quantité. Les autres chevauchant à travers les
cycles périodiques successifs et subissant l'influence de la théorie
quantitative. Si, en effet, dans l'ensemble d'un cycle périodique,
la circulation monétaire a été plus ample ou la quantité des marchandises plus restreinte que dans l'ensemble du cycle antérieur,
il est vraisemblable que conformément à la théorie quantitative
les prix seront plus élevés que durant le cycle précédent. La

moyenne des prix pour tout le cycle, années de prospérité et de dépression confondues, sera plus haute. Pendant la prospérité l'élévation des prix sera plus accentuée, parce qu'à l'action des facteurs secondaires qui poussent à la hausse dans l'un et l'autre cycle, vient s'ajouter dans le second cycle l'influence de la loi générale, de la loi des quantités qui agit également dans le sens de la hausse. Pendant la dépression, la baisse dans le second cycle sera moins prononcée, parce que l'action des facteurs secondaires qui pèsent sur les cours est contrariée par l'effet de la loi des quantités qui tend à les raffermir. — Ce sera l'inverse si on suppose à travers tout le cycle périodique une diminution des quantités monétaires ou un accroissement du volume des marchandises par rapport au cycle antérieur : la moyenne générale des prix sera plus faible, la hausse pendant la prospérité moindre et la baisse pendant la dépression plus profonde.

Ainsi se combinent le jeu de la loi générale et de la loi secondaire. Celle-ci explique une alternance régulière des hausses et des baisses des prix à l'intérieur des cycles périodiques s'effectuant en dépit de la théorie quantitative. Mais la théorie des quantités explique les différences d'ensemble entre les cycles périodiques successifs. La loi secondaire commande aux oscillations des prix dans chaque cycle périodique. Mais la loi générale commande au niveau moyen des prix autour duquel se font ces oscillations, au niveau des prix dans cet état hypothétique d'équilibre autour duquel se meut le cycle périodique. Il est des lois secondaires qui règlent la succession rythmique du flux et du reflux. Mais la ligne hypothétique autour de laquelle se balancent les marées, la limite de la mer qui, submergeant ou au contraire laissant à découvert d'immenses surfaces, recule ou avance à travers les siècles, suivant les péripéties de la lutte entre l'océan et le continent, est déterminée par les lois générales qui président à la distribution des terres et des eaux sur le globe.

Il est vrai que, passant maintenant aux faits, la vérification intégrale de l'influence ainsi entendue de la loi quantitative est malaisée à cause de notre ignorance, en dépit des procédés ingénieux proposés pour y remédier, du volume des marchandises. Mais à tout le moins, mieux informés pour ce qui est du stock métallique, pouvons-nous suivre les conséquences sur les prix de ses variations. Et justement, pour ne prendre que des exemples récents, l'histoire des prix dans ces trente-cinq dernières années nous présente bien à côté des fluctuations régulières des prix constituant les cycles périodiques, à côté de la cadence alternée des hausses et des baisses indépendantes de la théorie quantitative, des mouvements des prix à travers les cycles périodiques successifs où se révèle une répercussion des modifications du stock métallique conforme à la théorie quantitative. De 1873 à 1907, on assiste bien au rythme des hausses et des baisses qui se suivent alternativement. Mais dans une première et ample période, de 1873 à 1896, c'est d'un cycle périodique à un autre une baisse qu'on constate dans l'allure générale des prix. A partir de 1896, au contraire, se manifeste un relèvement moyen des cours qui dure encore aujourd'hui. Il est permis de penser que la longue période de dépression de 1873 à 1896 se doit attribuer principalement à la pénurie monétaire résultant de la démonétisation, de la dépréciation de l'argent, tandis que l'exploitation des riches mines d'or sud-africaines a contribué grandement à la hausse des prix depuis 1896. Que l'on compare, en effet, ce que je ne puis faire ici, les divers facteurs susceptibles d'agir sur les prix dans l'une et l'autre période, on ne trouvera de changement notable qu'en ce qui concerne le facteur monétaire. C'est donc bien, par application du procédé méthodologique bien connu, à ce facteur que devra être rattaché le changement dans les prix.

L'examen de l'un quelconque des *Index Numbers*, de celui de Sauerbeck, par exemple, montre assez nettement, de 1873 à 1907, la double action sur les prix dont je viens de parler, celle qui résulte des cycles périodiques, et celle qui résulte de la loi des quantités.

C'est ainsi, en premier lieu, que, si de 1873 à 1896, comme de 1896 à 1907, années de hausse et de baisse alternent régulièrement, les Index Numbers témoignent d'une baisse plus accusée durant les dépressions de la première période, et d'une hausse plus marquée durant les prospérités de la seconde. Dans la première période, en effet, la baisse des prix due au facteur monétaire, au jeu de la théorie quantitative, vient aggraver la chute des cours aux années de dépression et entraver l'ampleur de l'essor aux années de prospérité. Dans la seconde période, la hausse des prix due à l'abondance monétaire imprime une impulsion plus vigoureuse à la hausse dans la prospérité et ralentit la baisse dans la dépression. Voici, en effet, d'après les Index Numbers de Sauerbeck, la succession des cours *extrêmes* des prix, des cours les plus élevés et des cours les plus bas se suivant alternativement dans les divers cycles périodiques depuis 1873.

Années de hausse et de baisse maxima	Index Numbers de Sauerbeck	Différence en plus entre l'année de la plus grande hausse et l'année de la plus grande baisse antérieure	Différence en moins entre l'année de la plus grande baisse et l'année de la plus grande hausse antérieure
1873	111		
1879	83		— 28
1880	88	+ 5	
1887	68		— 20
1890	72	+ 4	
1896	61		— 11
1900	75	+ 14	
1903	69		— 6
1907	80	+ 11	

On observe bien ainsi que l'importance de la baisse est plus accusée de 1873 à 1896 que de 1896 à 1907. — Les prix, entre l'année de chaque cycle périodique où le cours est le plus élevé et l'année du plus bas cours qui vient ensuite, diminuent considérablement dans la première période : ils baissent de 28, de 20, de 11. Dans la seconde période, la baisse atténuée par le facteur monétaire est seulement de 6. — C'est l'inverse pour la hausse : l'augmentation des prix entre le minimum de chaque cycle et le maximum qui suit est très faible dans la première période où l'essor est paralysé par le facteur monétaire : elle est de 5 et de 4. Au contraire depuis 1896 la hausse des années de prospérité est plus accentuée, et l'augmentation des prix est de 14, de 11.

Le diagramme suivant dressé à l'aide des index Numbers de Sauerbeck montre de 1873 à 1896 comme de 1896 à 1907 la succession des courbes ascendantes et descendantes. Mais entre 1873 et 1896 les lignes descendantes sont très longues et les lignes ascendantes singulièrement courtes. A partir de 1896 au contraire les lignes ascendantes s'allongent et la ligne descendante se raccourcit. De sorte que l'allure générale des prix au lieu de s'effectuer dans le sens de la baisse comme dans la première période, s'effectue dans le sens de la hausse depuis 1896.

De même, en second lieu, si on calcule la moyenne des prix pour chacun des cycles périodiques successifs, on constate d'abord une

baisse persistante d'un cycle à l'autre, puis au contraire avec le
dernier cycle un relèvement des cours. Afin de pouvoir conduire

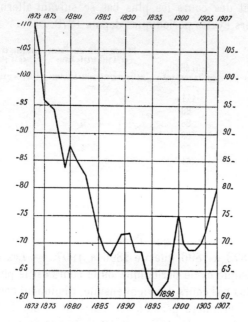

mes comparaisons jusqu'à la date la plus récente, si je fais aller
chaque cycle d'une crise à une autre et que je cherche la moyenne
des prix pour chaque cycle d'après les index Numbers de Sauerbeck,
je trouve :

1865-1873 . . . 102
1874-1880 . . . 92
1881-1890 . . . 75
1891-1900 . . . 66

1901-1907 . . . 72 [1]

Malgré les fluctuations des prix à l'intérieur de chaque cycle, le
facteur monétaire conformément à la théorie quantitative a bien
marqué son influence sur les prix.

Les dérogations à la théorie quantitative sur lesquelles j'ai lon-

[1] En faisant courir chaque cycle du début d'un essor à un autre je serais obligé de
m'arrêter à l'année 1903. Les chiffres montreraient encore une chute des prix mais qui
cesse à partir de 1897 de la façon que voici :

1887-1896 . . . 67
1897-1903 . . . 68

guement insisté pour appuyer ma thèse relative aux crises de
surproduction ne me paraissent donc pas devoir conduire à
l'abandon de cette théorie. Elle demeure exacte pour un régime
d'équilibre. Dans l'état de rupture constante de l'équilibre qui
caractérise la production capitaliste, des facteurs secondaires viennent contrarier, il est vrai, son influence, la paralyser ou la masquer momentanément. Même alors cependant elle n'en continue
pas moins à exercer ses effets. Les oscillations périodiques des
prix se font sans doute en dépit d'elle. Mais il semble bien que le
niveau moyen des prix autour duquel s'effectuent ces oscillations,
l'allure générale des prix à travers le siècle obéissent à son empire.
Et on verra qu'il est d'autres exemples encore de dérogations
semblables que les cycles périodiques apportent à des lois d'équilibre, lois cependant, dont, malgré tout, on découvre dans l'ar-
rière-fond l'action toujours présente derrière les fluctuations
dues aux facteurs perturbateurs[1].

CHAPITRE IX

PERTES RÉSULTANT POUR LES ENTREPRENEURS DE LA BAISSE DES VALEURS ET DES
PRIX

On a vu que la surproduction générale consiste en une baisse des
valeurs d'usage, laquelle se traduit par la baisse des prix des marchandises sans que peut-être il soit touché à leur valeur d'échange.
Il reste à établir, encore que la chose semble à peine utile, que,
même dans un régime où la production s'effectue pour l'échange,
de telles baisses constituent bien une perturbation de l'organisme
économique et méritent leur qualification de crises.

En se réclamant de la théorie des débouchés, on pourrait être
tenté, en effet, de nier le trouble résultant de la surproduction
générale. Si, pour reprendre l'exemple classique, laboureur et
drapier ont produit deux fois plus de blé et de drap, de façon
qu'une même quantité de blé puisse toujours s'échanger contre
une même quantité de drap, qu'importe la baisse des valeurs
d'usage? Laboureur et drapier pourront, par le troc mutuel de
leurs marchandises, obtenir en plus grand nombre les marchandises de leur voisin. Leur pouvoir d'acquisition, leur bien-être,

---

[1] V. plus loin 2ᵉ partie, ch. IV, § 1. Cf. aussi Clark, *Distribution of wealth*, 1902,
p. 29 et s., 402 et s. ; Wagner, *op. cit.*, p. 335 et s.

leur richesse auront grandi. Qu'importe même la baisse générale
des prix qui résulte de la baisse des valeurs d'usage? Laboureur
et drapier toucheront moins de monnaie par unité de marchandise
vendue. Mais ils auront aussi moins de monnaie à débourser par
unité de marchandise à acheter. Avec leur production doublée,
chacun d'eux pourra acheter la production doublée de l'autre.
Leur revenu réel à tous deux aura doublé.

Mais il n'est pas possible de faire ainsi abstraction de la monnaie. Une baisse générale des prix, comme on l'a maintes fois
montré à propos d'autres problèmes, est un phénomène nullement
indifférent pour plusieurs catégories de personnes. En particulier,
pour les entrepreneurs.

Dans le régime précapitaliste, où la production est presque instantanée, le petit patron pourrait ne pas être très atteint par la baisse
des prix. Son coût de production évalué en monnaie fléchirait en
même temps que le prix de vente de ses marchandises. Mais avec
la longue durée du procès de production capitaliste, l'entrepreneur
a payé depuis longtemps en monnaie et aux cours anciens les
divers éléments de son prix de revient, matériel, matière première,
travail, lorsqu'éclate la baisse qui diminue son prix de vente[1]. Avec
chaque unité des marchandises manufacturées par lui, il peut bien
acheter autant de marchandises qu'auparavant; avec le produit
brut de son entreprise, il pourrait obtenir en échange plus de
richesses qu'autrefois. Mais la part de l'entrepreneur est le produit
net, le profit. Si la vente lui rapporte moins de monnaie qu'il n'en
a déboursé, son profit est anéanti. Ce lui sera une maigre consolation de penser que sa production double de drap pourrait se
troquer contre une quantité double de blé. Si son profit est nul, il
ne lui reste rien; il ne pourra bénéficier de la baisse du prix du
blé. Il ne pourra personnellement rien acquérir de cette récolte de
blé plus considérable.

Comme dans le régime individualiste la fonction de directeur de

---

[1] La perte est d'autant plus lourde pour l'entrepreneur que la hausse du prix du
produit durant la prospérité a, conformément à la théorie des prix, déterminé par
répercussion une hausse du prix des services producteurs, principalement une hausse
de l'intérêt et aussi du salaire (Cf. Marshall, *Principles of economics,* V, v, § 3,
p. 420 de la 2e édition ; VI, v, § 3, p. 622 ; VI, v, § 5, p. 608 et s.). A côté des variations
de la valeur des produits, et dérivant de ces variations, les fluctuations du coût de production constituent un facteur secondaire agissant de façon parallèle et sur lequel je
n'ai pas voulu insister pour ne pas trop allonger cette étude.

la production appartient à l'entrepreneur, la diminution générale du profit, conséquence de la baisse des prix, diminution qui s'accompagne de nombreuses ruines particulières, détraque l'organisme économique, détermine l'arrêt de la production, constitue la crise.

Mais en d'autres régimes aussi, sauf dans celui où n'existerait que le troc en nature, où on ne connaîtrait que la valeur d'échange, la surproduction, la baisse générale des valeurs d'usage, à supposer leurs conditions réalisées, arriveraient à se manifester. On peut imaginer que Robinson, après avoir travaillé d'un rude labeur à la production d'articles dont l'abondance finit par amoindrir l'intensité du désir qu'il en a, se croise les bras avec découragement, estime le résultat inférieur à la peine et regrette l'inutile effort. En régime socialiste aussi, on s'apercevrait sans doute d'une façon ou d'une autre suivant l'instrument d'échange employé, et en tout cas s'il est fait usage de monnaie et que les prix restent assujettis à la loi de l'offre et de la demande, on s'apercevrait de la réduction de la valeur des produits résultant de leur amoncellement. On jugerait qu'il y a eu perte de labeur, perte de valeurs sociales et on se résoudrait à l'inévitable ralentissement de la production.

(*A suivre*). Albert AFTALION,

Professeur d'économie politique
à l'Université de Lille.

ERRATA

Par suite d'un malentendu, l'impression du premier article de cette étude dans le numéro d'octobre 1908 ayant eu lieu avant la réception des dernières corrections, il convient d'y apporter les rectifications que voici :

Page 696, après la 28e ligne, ajoutez : § 1. Généralités.
Page 696, supprimez la 38e ligne (§ 3. L'action du besoin des biens de consommation durables).
Page 696, après la 40e ligne, ajoutez « § I. La théorie de la formation du capital et les cycles périodiques ».
Page 697, ligne 12 : au lieu de « paraissant », lisez « paraissent ».
Page 703, en note : au lieu de 45, lisez : 4 et s.
Page 704, ligne 14, remplacez « terme » par « dernier stade ».
Page 704, ligne 24, remplacez « à la fin » par « au dernier stade ».
Page 705, ligne 10, remplacez « production » par « création du capital ».
Page 705, ligne 14, au lieu de « sera », lisez « serait ».
Page 705, ligne 20, remplacez « le but » par « sa dernière étape ».
Page 706, ligne 3, remplacez « effets de l'ancien procès de production » par « capitaux antérieurement construits ».

L'ASSURANCE CONTRE LE CHOMAGE

Suite [1]

III. Réalisation de l'assurance contre le chômage

La possibilité d'assurer le chômage *involontaire* [2] a été établie naguère par une dialectique victorieuse. Les objections anciennes trouvent d'ailleurs une réfutation dans le progrès de la technique [3].

La substitution de la notion de faute à celle de volonté ne fait nullement obstacle à la réalisation de l'assurance : c'est un déplacement d'origine dans la cause du chômage; ce n'est pas un changement de nature du risque.

Toutefois, cette explication sommaire pourrait ne pas suffire à dissiper tous les doutes. Il importe de démontrer directement que le risque de chômage *justifié* est assurable.

Les conditions pour que l'assurance soit applicable à un risque sont les suivantes :

1° Le risque doit exister : or il est certain que l'ouvrier est toujours menacé de la privation de travail.

2° Le risque doit être individuel par essence : il est certain que le chômage à couvrir par l'assurance comprend le chômage individuel, et, s'il comprend parfois le chômage collectif, il n'est pas de l'essence du risque que le chômage collectif atteigne tous les assurés à la fois : si, par exemple, l'absence de travail résulte d'une crise spéciale à une profession, une caisse d'assurance interprofessionnelle ne sera pas amenée à fournir des indemnités à tous ses assurés simultanément.

On objectera sans doute :

a) Qu'une caisse professionnelle sera obligée de secourir tous ses assurés à la fois en cas de crise spéciale à la profession ;

---

[1] V. *Revue d'Economie politique,* novembre décembre 1908, p. 759 et s.

[2] Voir l'argumentation de M. Eugène Rostand au Congrès international de la Mutualité en 1900 (*Compte rendu du Congrès,* p. 78).

[3] Voir Unger, *Die Mathematik und Teknik der Arbeitslosenversicherung* (*Zeitschrift für die gesamte Versicherungswissenschaft,* III, p. 277).

b) Qu'une caisse interprofessionnelle devra supporter une charge analogue en cas de crise générale s'étendant à toutes les professions.

Ces deux constatations sont exactes; mais la première ne tend qu'à montrer l'avantage que présente à cet égard la caisse interprofessionnelle sur la caisse professionnelle; quant à la seconde, on ne saurait en déduire l'impossibilité d'assurer le risque de chômage; car, lors même que le chômage est collectif, le risque demeure individuel; les ouvriers ne sont pas exposés au risque parce qu'ils sont occupés ensemble; chacun d'eux y est exposé à titre personnel : il en est du chômage comme de l'accident; lorsqu'une catastrophe fait un grand nombre de victimes, chacune d'elles est frappée comme si elle était seule, et la survenance de l'accident n'est pas, comme celle d'une maladie épidémique, liée à la présence simultanée de l'ensemble du personnel.

3° Le risque doit être étendu : or le chômage n'est que trop fréquent.

4° Le risque doit être fortuit : or la limitation imposée à l'intervention de la volonté humaine dans la survenance du risque, tel que je l'ai défini, satisfait à cette condition.

5° Le risque doit être susceptible de dénombrement et connu : or l'enquête effectuée par l'Office impérial allemand de statistique[1] a montré que « le chômage temporaire de cercles de personnes limités » « présente une certaine régularité et une certaine récurrence qui, tant sous le rapport de l'époque que sous celui de la durée et celui de l'étendue, sont susceptibles d'une évaluation basée sur une observation prolongée, et qu'à cet égard l'organisation d'une assurance n'offrirait pas de difficultés insurmontables au point de vue actuariel ». Ces constatations sont confirmées par une statistique récente de l'Office du travail français; à l'aide des renseignements que, depuis son origine, il publie chaque mois sur le chômage indépendant de la maladie et de la grève, il a établi des données fort instructives pour la période de 1900 à 1907[2] et spécialement pour les années 1903 à 1907[3]; il a ainsi calculé et représenté graphiquement

---

[1] *Die bestehenden Einrichtungen zur Versicherung gegen die Folgen der Arbeitslosigkeit*, Berlin, 1906, t. I, p. 665.

[2] *Le chômage en France de 1900 à 1907* (*Bulletin de l'Office du travail*, 1908, p. 128).

[3] *Ibid.*, p. 132.

les moyennes annuelles et les moyennes mensuelles de chômage par profession, en rapportant à 100 ouvriers existants le nombre des chômeurs. L'examen de ces chiffres montre que, dans certaines professions, le chômage reste compris entre des limites relativement restreintes : les valeurs de la moyenne annuelle ont varié, pour la période 1903 à 1907, dans l'industrie du livre de 3,0 à 5,3, dans l'industrie du bois de 7,3 à 13,0, dans l'industrie textile de 5,4 à 10,2. Ces chiffres accusent également une récurrence périodique du chômage aux diverses époques de l'année; ainsi, dans l'industrie du bâtiment, on constate l'hiver un arrêt annuel et l'été un maximum d'activité; dans l'industrie du livre, le chômage est maximum pendant les vacances d'août à octobre et minimum durant l'hiver.

6° Le risque doit être défini quant à sa nature : or le chômage justifié est une éventualité nettement déterminée; sans doute, il est parfois malaisé de reconnaître si le chômage est justifié; mais des difficultés analogues se présentent pour discerner si un ouvrier assuré contre le risque d'invalidité est réellement invalide.

7° L'importance du risque doit être déterminée d'avance ou déterminable avec précision lors de sa réalisation; or l'indemnité de chômage peut être fixée en fonction du salaire.

Mais il ne suffit pas de montrer que le risque de chômage justifié présente tous les caractères d'un risque assurable; il faut répondre aux objections qui ont été formulées contre l'assurabilité du risque de chômage involontaire et qui s'appliquent également au risque de chômage justifié.

1ʳᵉ Objection. — Le chômage justifié peut résulter d'un chômage non justifié; par exemple, une usine peut être amenée à s'arrêter par suite d'une grève survenue dans un autre établissement; c'est ainsi que la suspension non justifiée du travail par une équipe de fours à coke peut condamner à un chômage justifié le personnel de hauts fourneaux.

A cette objection je répondrai que le cas n'est point spécial à l'assurance-chômage. De même, dans l'assurance accidents, le sinistre peut résulter de la faute d'un tiers, ce qui n'exclut pas l'intervention de l'assurance; de même, dans l'assurance-incendie, le sinistre peut provenir d'un crime commis par un tiers, et ce motif ne s'oppose pas au jeu de l'assurance en faveur de l'assuré innocent ; on n'indemnise pas l'assuré incendiaire, mais on indemnise l'assuré dont l'immeuble a été attaqué par un incendiaire.

2ᵉ Objection. — L'intervention de l'assurance contre le chômage multiplie les grèves ; l'ouvrier, certain de l'obtention d'un subside, hésite moins à quitter le travail.

A cette objection je répondrai :

1° Que la cessation volontaire du travail ne doit ouvrir le droit au bénéfice de l'assurance que si elle est justifiée ;

2° Que, d'une manière générale, l'effet de l'assurance contre le chômage doit être, non la multiplication, mais la réduction du nombre des grèves. En effet, la plupart des grèves sont dues à des contestations motivées par la fixation du taux des salaires, et un grand nombre d'entre elles proviennent d'une menace de réduction de ce taux ; or pareille réduction dérive de l'excès de la main d'œuvre ; l'assurance contre le chômage, en diminuant le nombre des chômeurs dénués de ressources et en permettant aux chômeurs d'attendre un travail approprié à leurs aptitudes, réduit, sinon la quantité, du moins l'intensité de la demande de travail ; elle s'oppose donc à une baisse exagérée des salaires. L'expérience a, d'ailleurs, montré que, dans les pays où les syndicats développent l'assurance contre le chômage, ils ont une moindre tendance à inciter les ouvriers à la grève.

3ᵉ Objection. — L'assurance contre le chômage prête à trop de fraudes et d'abus pour être pratiquement réalisable.

A cette objection je répondrai que l'assurance contre le chômage n'est point la seule qui puisse donner lieu à ce péril : l'incendie volontaire est une des charges de l'assurance-incendie ; la simulation est le partage de l'assurance-accidents. Il s'agit, sans doute, d'une question de degré ; mais le recours à la surveillance des assurés par les assurés eux-mêmes sous un régime de mutualité semble fournir toutes les garanties désirables.

4ᵉ Objection. — Le patron se désintéresse du sort de ses ouvriers assurés contre le chômage ; par exemple, il ne se préoccupe pas de réduire sa production en vue de maintenir au travail l'ensemble de ses ouvriers.

Cette objection pourrait s'appliquer à toute autre branche de l'assurance ouvrière : par exemple, le patron pourrait se désintéresser de la salubrité de son établissement parce que ses ouvriers sont assurés contre la maladie auprès d'une société de secours mutuels. Or, à défaut de considérations morales, le patron est incité par le souci de son propre intérêt à conserver les bons ouvriers; dès lors, il tend à réduire le chômage au profit de son personnel, et il ne voit dans le chômage qu'une occasion de se séparer des ouvriers mauvais ou médiocres.

5ᵉ Objection. — Seuls les mauvais ouvriers que personne ne veut embaucher et ceux des professions sujettes à chômage constituent la clientèle des caisses; dès lors, les bons ouvriers paient pour les mauvais qui trouvent dans l'assurance un soutien à leur paresse, et les professions à chômage fréquent grèvent lourdement les caisses dont elles ont grossi le contingent [1] : tel a été le principal motif de l'échec de la Caisse d'assurance contre le chômage de Saint-Gall qui a cessé de fonctionner en 1907, après deux années d'une existence précaire, à la suite du refus de la continuation du paiement de la prime qu'opposaient un grand nombre d'assurés; telle a été également la cause du rejet, par le peuple du canton de Bâle-Ville, en 1900, d'un projet de loi sur la matière où cependant le souvenir de l'expérience de Saint-Gall avait conduit à varier les primes selon l'importance des risques.

A cette objection je répondrai :

1° Que l'institution de placement annexée à la caisse d'assurance-chômage permet de placer le chômeur dans l'alternative de la déchéance de l'allocation ou de la reprise du travail;

2° Que la limitation du taux de l'allocation prévient le danger des abus redoutés;

3° Que l'établissement judicieux de la tarification des primes fait supporter aux assurés de chaque industrie des charges correspondant aux risques qu'ils apportent;

4° Que les exemples de Saint-Gall et de Bâle sont empruntés à des types d'assurance obligatoire, alors que je préconise l'assurance libre [2].

La réfutation de ces objections ne doit pas toutefois entraîner la méconnaissance des réelles difficultés que présente l'assurance contre le chômage justifié.

Les difficultés essentielles proviennent, non de l'établissement

[1] MIROUEL, *Procès-verbaux du Conseil supérieur de la mutualité*, 1ʳᵉ session de 1907, p. 43 et 45.
[2] Voir ci-dessous, p. 125 et s.

des tarifs que doivent permettre des statistiques et des observations d'une étendue suffisante, mais de la survenance des abus et des fraudes : ainsi l'ouvrier peut abandonner le travail avec d'autant plus de facilité qu'il se sent protégé contre la rigueur du chômage ; le chômeur peut opposer la force d'inertie à la recherche du travail; il peut également prétendre aux allocations de l'assurance, alors qu'il a déjà trouvé une occupation dont il dissimule la rémunération à l'établissement assureur.

Toutefois ces difficultés ne sont pas sans remède : si les allocations de l'assurance ne sont pas excessives, le travailleur n'est pas incité à échanger contre un modeste subside le salaire qui le fait vivre; une organisation rationnelle et efficace de placement, qui peut offrir à chacun des chômeurs l'occupation qui convient à ses aptitudes et à sa profession, permet à l'assureur d'imposer à l'ouvrier le choix entre l'acceptation du travail offert et la perte de l'allocation, et cela plus aisément qu'à l'égard d'un malade qui peut invoquer une douleur impossible à vérifier; une surveillance attentive, que la constatation des charges manifestes de la famille ouvrière suffit parfois à éclairer, déjoue les tentatives d'une reprise dissimulée du travail, cumulative du bénéfice de l'assurance. Les intéressés eux-mêmes, librement associés dans des caisses mutuelles, sont naturellement désignés pour s'acquitter de cette mission.

IV. Situation de l'assurance contre le chômage au sein de l'assurance ouvrière

Si le terme de chômage était pris dans son sens général, le concept de l'assurance contre le chômage comprendrait l'ensemble de l'assurance ouvrière : celle-ci a, en effet, pour but de remédier à toutes les crises qui atteignent la personne ou la famille du travailleur, et ces crises aboutissent toutes à la privation du travail qui fournit les ressources nécessaires à la subsistance quotidienne.

Limité au domaine qui lui est normalement assigné, le chômage qui est visé dans l'organisation de l'assurance ne comprend pas toute privation de travail : il exclut les interruptions de travail causées par l'état physique ou par l'intention de l'ouvrier.

En effet :

1° D'une part, l'impossibilité de travailler qui résulte de la

maladie, de l'accident ou de l'invalidité fait l'objet de formes
d'assurance spéciales ;

2° D'autre part, l'ouvrier qui ne veut pas travailler ne peut pas
être admis au bénéfice de l'assurance.

Toutefois, même réduit à ces limites, le risque de chômage se
distingue essentiellement des autres risques qui menacent la
famille ouvrière.

En effet :

a) Les atteintes du risque de chômage sont plus cruelles pour
l'ouvrier que celles des autres risques. Car :

α) Si le manque de travail, quelle qu'en soit l'origine, ne tarde
pas à absorber la modeste épargne de l'ouvrier et le condamne à
faire appel au crédit et parfois à l'assistance publique, si dès lors
il entraîne, abstraction faite de sa cause, l'expulsion éventuelle de
la famille ouvrière par le propriétaire impayé, l'abandon des
enfants, l'accoutumance de l'ouvrier à la paresse subventionnée
par l'aumône et avant-coureur de la débauche ou du crime, si enfin
le recours à l'assistance prive l'ouvrier de ses droits civiques, c'est
surtout lorsque le travailleur en quête de travail est valide, que son
caractère s'aigrit à la vue de l'oisiveté des classes aisées qui semble
défier la misère avide de labeur : les « sans travail » sont
toujours à la tête des revendications sociales ; le droit au travail
semble à l'ouvrier laborieux le plus sacré de tous.

β) Le manque de travail de l'ouvrier valide, lorsqu'il affecte un
grand nombre de travailleurs, atteint non seulement les chômeurs,
mais encore les ouvriers occupés ; en effet, l'abondance de la main
d'œuvre disponible crée à ceux-ci, sur le marché du travail, une
concurrence qui déprime les salaires.

γ) L'absence de travail pour l'ouvrier laborieux et valide est
particulièrement pénible lorsqu'une crise industrielle, affectant
l'ensemble du marché, se prolonge pendant une longue période.

b) Le travailleur valide et désireux de travailler, que l'absence
d'occupation empêche de gagner un salaire, est dans l'impossibité
de faire acte de prévoyance, c'est-à-dire de pourvoir à l'alimentation des organes d'assurance destinés à parer aux autres risques :
l'assurance contre le chômage est donc indispensable pour lui
fournir les subsides nécessaires tant à l'acquisition de nouveaux
droits qu'à la conservation des anciens ; dès lors, cette assurance est
la condition logique des autres branches de l'assurance ouvrière.

En résumé, *l'assurance contre le chômage justifié est la base de l'assurance ouvrière.*

Au reste, de même que. les autres risques couverts par des branches appropriées de l'assurance ouvrière, le risque de chômage ne trouve pas dans l'assurance un remède intégral et exclusif. Le rôle de la prévention est essentiel en matière d'accidents ; celui de l'hygiène, en matière de maladie et d'invalidité naturelle. De même, la question du chômage ne peut être séparée de celle du régime économique du pays. Lorsque l'activité économique est pleine de vitalité, le chômage peut n'être qu'un accident motivé par des difficultés locales d'ordre économique ou social, telles qu'une crise industrielle spéciale soit à une profession soit à une région ou un conflit entre des ouvriers et leur patron. Lorsqu'au contraire l'activité économique est languissante, le chômage est une maladie endémique motivée par des causes générales, telles que des charges fiscales excessives, un régime abusif de protection douanière, une législation irrationnelle de protection des travailleurs.

Dans le premier cas, l'assurance est un remède efficace ; dans le second, elle n'est qu'un palliatif, semblable à ces médicaments qu'un malade absorbe pour améliorer son état général que peut seul rétablir une alimentation appropriée.

V. Caractère obligatoire ou facultatif de l'assurance contre le chômage

L'application du principe de l'obligation à l'assurance contre le chômage a été l'objet de tentatives et de propositions. Sans en indiquer le détail que fournit la publication officielle allemande précitée[1], il suffit de mentionner les propositions françaises d'initiative parlementaire :

1° M. Camille Jouffray, député, proposa, dès le 28 janvier 1895, d'autoriser les communes à réunir les travailleurs en une assurance mutuelle contre les risques de chômage involontaire, alimentée par les ouvriers, les patrons, les communes, les départements et l'Etat ; n'étaient dispensés de l'assurance que les ouvriers affiliés à une société autorisée leur garantissant une indemnité équivalente.

---

[1] *Die bestehenden Einrichtungen* etc. (v. *supra Bibliographie*, n° de novembre-décembre 1908, p. 759).

2° M. Coutant, député, proposa, le 17 janvier 1899, puis le 18 novembre 1902, la création d'une Caisse nationale de secours contre le chômage, cette caisse devant être alimentée au moyen d'une taxe par cheval-heure prélevée sur toute force motrice.

3° M. Dumont, député, proposa, le 28 octobre 1901, puis le 19 juin 1902, que les chefs d'entreprise assujettis à la législation sur les accidents du travail fussent astreints à assurer leur personnel contre les risques du chômage résultant de l'incendie ou de la destruction de leurs établissements jusqu'à concurrence d'un mois et demi de salaires.

4° M. Colliard, député, formula le 5 novembre 1903 une proposition tendant à la création d'une Caisse nationale de chômage dont le service aurait été garanti par une quadruple cotisation de l'Etat, des communes, des patrons et des ouvriers.

L'assurance contre le chômage ne saurait être réalisée sous la forme obligatoire.

Sans doute, on invoque en faveur de l'obligation les arguments suivants :

1° Les ouvriers ne s'assurent que s'ils y sont astreints ;

2° Les ouvriers des professions exposées au chômage s'assurent seuls, si bien que l'assurance est très coûteuse ;

3° Si certains ouvriers sont seuls assurés, ce sont eux que les patrons congédient de préférence.

Ces trois arguments ne sont point décisifs. En effet :

1° L'assurance perd toute vertu éducative, si elle est le résultat de la contrainte : l'obligation n'est point d'ailleurs nécessaire à la généralisation de l'assurance ; cette dernière est en effet susceptible d'embrasser l'universalité des travailleurs sous le régime de la liberté : car l'élite des ouvriers est la première à comprendre les bienfaits de l'assurance, et la constatation des avantages de la prévoyance entraîne plus tard la foule des travailleurs ;

2° Il est certain que, si les ouvriers qui ne chôment jamais payaient pour ceux qui chôment fréquemment, l'assurance deviendrait peu coûteuse ; mais qui ne voit l'injustice d'un régime qui enrégimenterait sous la même bannière et aux mêmes conditions l'ouvrier laborieux et l'ouvrier paresseux, l'habile et l'incapable, celui dont on recherche les services et celui dont le concours est toujours offert et jamais demandé ? Ce rapprochement est admissible sous le régime de la liberté, parce que les intéressés ne peuvent s'en prendre qu'à eux-mêmes s'ils se trouvent lésés et qu'ils peuvent, soit en imposant des conditions d'admission ou d'exclusion appropriées, soit en quittant une institution dont l'organisation serait défectueuse, s'affranchir d'un voisinage jugé trop onéreux; il est, au contraire, inacceptable sous un régime de contrainte;

3° Si, en cas de crise, le patron expose de préférence au chômage l'ouvrier qui n'est point dénué de ressources, il a du moins le légitime souci de l'économie de main d'œuvre, et il règle ses renvois sur la valeur de l'ouvrier plutôt que sur sa situation d'assuré.

Au surplus, on doit opposer à la thèse de l'obligation, non seulement les arguments d'ordre général qui militent en faveur de la liberté, mais encore des motifs spéciaux à l'assurance contre le chômage :

1° La détermination du caractère justifié du chômage, seul admis au bénéfice de l'assurance, ne manquerait pas de donner lieu à des protestations lors d'un refus d'indemnité, si le chômeur ne s'était pas spontanément affilié à l'assurance ;

2° Le domaine des travailleurs assujettis à l'obligation devrait être extrêmement vaste ; car il devrait comprendre, non seulement les travailleurs manuels, mais encore tous les travailleurs non indépendants : d'où une complication exceptionnelle dans l'organisation ;

3° Si le risque de chômage est indépendant du caractère, manuel ou non, du travail, il présente, d'une profession à l'autre, tant dans le domaine du travail manuel que dans celui du travail intellectuel, des différences trop marquées pour comporter l'institution d'une assurance générale obligatoire ; en effet, — ou bien celle-ci appliquerait la même cotisation à toutes les industries ; elle imposerait alors la charge de versements excessifs à des travailleurs qui ne sont menacés que peu ou nullement de la survenance du chômage ; — ou bien elle chercherait à graduer les cotisations selon l'importance du risque, et cette œuvre, appliquée à toutes les professions d'un pays, semblerait arbitraire, parce qu'elle serait nécessairement imparfaite à raison de sa complexité. — On a proposé, il est vrai, de faire supporter à chaque industrie son risque propre de chômage : les patrons, groupés en mutualité, assureraient leurs ouvriers avec ou sans le concours financier de ceux-ci et répondraient du verse-

ment des cotïsations nécessaires. Ce système amènerait toutefois à
conférer aux patrons un droit de contrôle sur les chômeurs, qui
trouveraient sans doute dans les sujétions imposées uné rançon
excessive du bénéfice de l'assurance ;

4° La mise en commun de risques disparates n'est admissible
que si elle est volontairement acceptée ; or le risque de chômage
varie, non seulement avec la profession, mais encore avec l'individu : il dépend dès qualités professionnelles, du caractère, de
l'âge, du sexe, de l'état civil : d'une part, l'ouvrier actif et habilé
chôme plus rarement que l'ouvrier incapable et paresseux, qu'aucune entreprise n'admet ni ne retient ; d'autre part, le célibalaire
est plus exposé au chômage que l'ouvrier marié ou père de famille,
soit que le patron, en cas de réduction de son personnel imposée
par des phénomènes économiques, ait un souci particulier de la
famille ouvrière, soit que le célibataire, affranchi de la préoccupation d'une famille à soutenir, se décide aisément à quitter un travail
dont les conditions lui semblent peu favorables pour chercher fortune ailleurs au risque de subir un chômage de quelque durée.
L'obligation de l'assurance imposerait donc à certains travailleurs
les charges apportées par d'autres.

5° Les fraudes sont particulièrement à craindre en matière
d'assurancé contre le chômage : de là la nécessité — soit d'un contrôle dont les intéressés ne sauraient accepter la rigueur que s'il
émane d'institutions auxquelles ils se sont volontairement affiliés,
— soit d'une restriction de la définition du risque assurable qui
réduirait l'étendue de la sécurité d'avenir recherchée par l'assuré.

L'assurance facultative n'offre point ces inconvénients. En particulier :

1° La discipline qu'exigent la définition du chômage admis au
bénéfice de l'assurance et la répression des fraudes semble légère ;

2° Le domaine des travailleurs assurés ne dépasse point le cadre
de telle caisse privée : d'où simplicité dans l'organisation ;

3° La graduation des cotisations selon l'importance du risque ne
présente que des difficultés limitées, car elle s'applique au domaine
restreint de telle caisse, et, si la comparaison des tarifs de deux
caisses peut provoquer les réclamations de l'assuré, ce dernier ne
saurait s'en prendre qu'à lui-même, son affiliation à l'assurance
n'étant que le résultat d'un acte spontané.

Au reste, certains partisans de l'assurance ouvrière obligatoire n'ont pas cru pouvoir admettre l'obligation en matière d'assurance contre le chômage. Ainsi, dans le rapport qu'il présenta à la Chambre des députés, le 21 octobre 1904, au nom de la Commission d'assurance et de prévoyance sociales sur diverses propositions relatives à une Caisse nationale de chômage, M. Millerand écartait la solution obligationniste pour des motifs d'ordre financier; il ajoutait, sans doute, que cette décision n'impliquait « aucun préjugé défavorable » [1]; mais des motifs analogues ne lui ont pas semblé décisifs dans le domaine des retraites ouvrières où il n'a cessé de préconiser l'obligation en dépit de la gravité du problème financier qu'elle soulève. De même, l'Office impérial allemand de statistique, dans les conclusions de sa vaste enquête sur le chômage [2], a repoussé l'obligation générale à raison de l'extrême diversité du risque d'une industrie à l'autre, de la difficulté de proportionner rigoureusement les cotisations au risque, de la nécessité d'un contrôle qui paraîtrait aux ouvriers une atteinte à leur liberté de déplacement et à l'indépendance de leurs associations.

VI. DÉFINITION DES ORGANES D'ASSURANCE CONTRE LE CHÔMAGE

L'organe d'assurance-chômage se trouve naturellement fourni par le groupement ouvrier constitué sous forme de mutualité. Comme en matière d'assurance-maladie, la découverte des fraudes et des abus est particulièrement aisée aux camarades du chômeur, et l'application, qu'ils décident, des sanctions statutaires dépouille, en émanant de leur autorité, le caractère vexatoire que l'intervention d'assureurs professionnels ou d'administrateurs patronaux risquerait de leur imprimer aux yeux du chômeur.

Toutefois cet organe doit être distinct de celui qui a pour but la défense des intérêts professionnels de l'ouvrier. Sinon, en cas de suspension concertée du travail, sous le régime compréhensif qui admet au bénéfice de l'assurance le chômage volontaire justifié, l'assureur, appelé à juger le bien-fondé de la grève, devrait être précisément l'organe qui l'a provoquée : il serait à la fois juge et partie.

[1] Doc. parl., n° 1982, p. 4 du tirage spécial.
[2] *Die bestehenden Einrichtungen*, etc., t. I, p. 666.

Mais cette distinction n'exclut pas le groupement des travailleurs de la même profession désireux de s'assurer. En d'autres termes, si la caisse d'assurance doit être séparée du syndicat, elle peut être professionnelle comme lui.

Les intéressés peuvent d'ailleurs, en vue de l'assurance, se grouper, non seulement par profession, mais encore par localité ou région.

La caisse professionnelle offre l'avantage de la cohésion et celui de la simplicité de la tarification des risques. En effet :

a) D'une part, dans une telle caisse, les ouvriers sont rapprochés par la communauté des intérêts professionnels ; dès lors, la caisse est certaine de son recrutement, et elle trouve des facilités de contrôle et de placement des chômeurs dans la connaissance des conditions du travail et des occupations accessibles aux travailleurs de la profession.

b) D'autre part, la fréquence et la durée des chômages varient moins au sein d'une profession que d'une profession à l'autre, et le taux de cotisation peut être unique dans certaines industries : la morte-saison, par exemple, est spéciale à des professions déterminées et, dans chacune des professions qu'elle atteint, la période qu'elle embrasse est, en général, de durée constante.

Par contre, la caisse professionnelle a l'inconvénient de confondre, sinon en droit, du moins en fait, l'association professionnelle et la caisse d'assurance, et celui d'exposer les ouvriers à de très lourdes charges en cas de crise spéciale à la profession. En effet :

a) D'une part, lors même que la gestion des intérêts de la caisse d'assurance et de ceux de l'association professionnelle sont distincts, il est rare que les membres des deux institutions ne soient pas exactement les mêmes ; car les ouvriers non syndiqués seraient, en général, des étrangers parmi les syndiqués : dès lors, la caisse devient l'annexe du syndicat, et les dangers précités[1] de la confusion des deux organes se manifestent en pratique.

b) D'autre part, si la profession est atteinte par un chômage général, la caisse d'assurance cesse d'être alimentée par suite de l'absence de ressources des ouvriers, et elle doit faire face aux besoins de tous ses membres devenus des sinistrés.

[1] Voir ci-dessus, p. 129.

La caisse interprofessionnelle a évidemment des inconvénients et des avantages corrélatifs. D'un côté :

a) Elle groupe difficilement des éléments hétérogènes que rapproche l'unique souci de parer au risque du chômage.

b) Elle doit dresser une laborieuse tarification des risques par profession.

Par contre :

a) Elle évite toute confusion entre les intérêts de la défense corporative et ceux de la gestion de l'assurance.

b) Elle réunit une variété de professions suffisante pour que le risque de chômage simultané soit limité au cas de crise économique générale, et que, dans l'hypothèse d'une crise frappant une profession déterminée, les professions non atteintes puissent venir en aide à la profession éprouvée.

Au reste, les inconvénients de chacun de ces deux types n'ont pas un caractère absolu : la difficulté d'associer, en vue de l'assurance, des syndiqués et des non syndiqués n'est inhérente qu'au caractère de la population ouvrière et peut disparaître grâce à un esprit de tolérance réciproque ; l'éventualité d'un chômage professionnel général trouve un remède dans la réassurance ; la diffusion du sentiment de la prévoyance suffit à rapprocher les travailleurs en l'absence de tout intérêt professionnel ; enfin, la tarification de diverses professions dans une même caisse d'assurance n'offre pas des difficultés plus insurmontables que la tarification isolée de telle ou telle profession.

Il est donc impossible de donner, d'une manière absolue, la préférence à l'un ou à l'autre des deux systèmes ; ils doivent coexister, car ils répondent à des situations et à des besoins différents. Dans une localité à industrie unique, le système professionnel s'impose ; le système interprofessionnel est, au contraire, seul applicable dans une localité où chacune des industries représentées ne compte qu'un effectif de membres insuffisant pour constituer les « grands nombres » nécessaires au fonctionnement d'une caisse d'assurance. Dans les localités à industries nombreuses et importantes, les ouvriers syndiqués doivent constituer des caisses professionnelles ; les non syndiqués, une ou plusieurs caisses interprofessionnelles ; le syndicat est naturellement indiqué pour être la base des premières ; la société de secours mutuels, pour être celle des secondes.

VII. Réassurance

L'organe d'assurance, constitué par les intéressés sur le type professionnel ou non, ne doit pas être seul à supporter la charge de l'assurance. Si le chômage se prolonge ou s'il est général, les ressources de la caisse, que les assurés privés de salaire ne peuvent plus alimenter par des cotisations, ne tarderaient pas à s'épuiser. On peut sans doute prévoir dans les statuts, non seulement la constitution de réserves, mais encore la majoration du taux des cotisations et la réduction du taux des indemnités. Mais, d'une part, les réserves ne sont pas inépuisables ; d'autre part, la variabilité des primes et des allocations ne donne qu'une satisfaction incomplète au besoin de sécurité qui constitue la raison d'être de l'assurance : celui qui achète la sécurité la veut intégrale. De là, l'opportunité de la réassurance.

Il suffit, dans ce but, soit que les caisses mutuelles se réunissent en une mutualité générale où chacune d'elles intervient comme assuré individuel, soit qu'elles s'assurent auprès d'une compagnie à primes fixes par actions.

Cette dernière solution ne saurait provoquer aucune objection.

D'un côté, en effet, les motifs susvisés [1], qui doivent faire préférer les caisses mutuelles pour la réalisation directe de l'assurance, n'existent point en matière de réassurance ; car :

α) La compagnie a pour assurés directs, non des chômeurs, mais des caisses ; elle a donc moins à redouter de la part de celles-ci que de la part des travailleurs les fraudes et les abus : le coulage ne pourrait provenir que d'une excessive facilité des caisses à prolonger les secours de chômage ; or, si la durée de la période à l'expiration de laquelle intervient le réassureur est suffisamment longue, la caisse mutuelle a un réel intérêt à suspendre le service des secours avant l'époque à laquelle elle peut faire appel à la réassurance ;

β) La compagnie n'a pas à appliquer de sanctions en cas de fraudes et d'abus de la part des assurés ; elle n'est donc pas exposée à l'impopularité auprès de ces derniers.

D'un autre côté, le recours aux compagnies par actions offre l'avantage de donner aux caisses mutuelles créées par les ouvriers

[1] Voir ci-dessus, p. 129.

l'appui d'une garantie basée sur d'importantes ressources et sur l'expérience de la technique actuarielle.

VIII. Etendue de l'assurance contre le chômage

Le chômage, pour être assurable, n'est lié à aucune condition d'étendue ni de durée : en effet, les considérations relatives au risque de chômage, qui ont été présentées ci-dessus, montrent que la survenance de ce risque est particulièrement pénible s'il s'étend à un grand nombre d'ouvriers et si la durée en est prolongée.

En d'autres termes, le chômage à assurer est, non pas seulement le chômage individuel et temporaire, mais encore le chômage collectif et prolongé.

Toutefois le caractère collectif n'intervient que par la simultanéité et non par l'atteinte globale qui affecterait un groupement de travailleurs ; chaque ouvrier doit être un assuré spécial, et les sinistrés, bien que victimes d'une éventualité qui les frappe tous à la même époque, n'en sont pas moins des ayants droit distincts.

De même le chômage périodique et prévu doit être assuré aussi bien que le chômage irrégulier et inopiné.

D'après quelques-uns, le chômage dont la périodicité est telle qu'il constitue un des éléments essentiels et connus de l'industrie considérée, n'appellerait aucune intervention de l'assurance ; tel est le cas des industries saisonnières : il appartiendrait à l'ouvrier de parer individuellement à ces interruptions de travail qu'il peut prévoir, et cela soit à l'aide de l'épargne qu'il a dû constituer pendant la période de travail, soit par l'accomplissement d'un travail distinct de l'industrie qu'atteint le chômage.

Je me refuse à partager cette opinion : ce serait, à mes yeux, diminuer singulièrement la valeur de l'assurance que d'en restreindre la portée à d'aussi étroites limites. Bien au contraire, le souci de développer chez les travailleurs l'attrait et l'habitude de la prévoyance doit conduire à en accroître l'efficacité et l'étendue.

Or il est inadmissible que l'on refuse l'indemnité à un ouvrier parce que son chômage se prolonge ou se répète ; il est inadmissible que, suivant une formule connue, on réduise son indemnité journalière à mesure que s'élève le nombre des jours de chômage ; c'est, au contraire, la prolongation de l'absence de travail qui aggrave la situation de la famille ouvrière par l'absorption progressive de ses modestes ressources.

Il est également inadmissible de n'accorder l'allocation de l'assurance qu'au bout d'un certain nombre de jours de chômage : cette mesure restrictive se justifie, prétend-on, par la nécessité de donner à l'organe d'assurance le temps nécessaire à la constatation du bien fondé du chômage, et par l'inutilité de ressources immédiates pour l'ouvrier qui, en cessant le travail, reçoit le salaire afférent aux derniers jours de son occupation. Ces motifs expliquent, selon moi, l'ajournement, non la suppression du versement des allocations qui correspondent aux premiers jours de chômage.

La seule limitation justifiée consiste dans l'adoption, pour le taux de l'indemnité, d'un chiffre inférieur au salaire, afin de ne pas constituer une prime à la paresse et de créer, au contraire, par le déficit des ressources une incitation à la reprise du travail.

Le danger de l'exagération des allocations d'assurance n'est, en effet, que trop réel ; il a été notamment mis en évidence par le dernier rapport quinquennal, relatif à la période 1902-1906 et daté du 31 mars 1908, de M. Robert Rendle, *Registrar of Friendly Societies* du Queensland. D'après ce rapport, les sociétés de secours mutuels ont constaté que plus les allocations sont voisines du salaire moyen du sociétaire, plus celui-ci est porté à demander des secours, et, dans les districts miniers où les subsides des sociétés d'assurance-accidents, ajoutés à ceux des sociétés de secours mutuels, excèdent le montant du salaire, les mutualités courent un véritable danger. « Les sociétés de secours mutuels, dit M. Rendle, ont pour but de devenir, pour leurs membres, non une source de profit, mais un moyen d'assistance pendant l'incapacité de travail, et, si, comme le cas s'est présenté parfois, elles dépassent ce but, elles peuvent devenir une source de démoralisation au lieu d'être un bienfait pour la collectivité ». Aussi M. Rendle conseille-t-il, en particulier, d'abaisser le taux des secours pour les jeunes sociétaires dont le salaire serait inférieur aux allocations normales.

La conception libérale de l'assurance que je suggère, en supprimant les limites usuelles des allocations stipulées, ne manquera pas de soulever des objections.

On déclarera, sans doute, que les charges de l'assurance deviendront alors écrasantes pour l'ouvrier et que les tentations de fraudes et les abus se multiplieront aux dépens de l'organe d'assurance.

Je répondrai :

1° Que l'organisation d'un service de placement permet d'abréger la durée du chômage lorsqu'une crise économique générale ne pèse point sur l'industrie;

2° Qu'en cas de crise générale, la réassurance dont j'ai prévu l'organisation [1] fournit les ressources nécessaires;

3° Que les fraudes et les abus peuvent être déjoués sous un régime de mutualité.

On ajoutera peut-être qu'une limitation de durée n'a rien de rigoureux, si les statuts confèrent aux administrateurs de l'organe d'assurance le droit de prolonger les secours après examen individuel de chaque cas particulier.

Je répondrai que subordonner l'octroi de l'allocation à une mesure de faveur équivaut à remplacer l'exercice d'un droit par le bénéfice d'une libéralité, c'est-à-dire l'assurance par l'assistance.

J'ajouterai que l'application de ces mesures restrictives semble un aveu d'impuissance de la part de l'assureur ou l'expression d'une trop facile tendance à s'affranchir du souci du placement des chômeurs.

Par contre, si le bénéfice de l'assurance doit être très libéralement accordé aux chômeurs innocents, il doit être entouré de toutes les précautions utiles. Je signalerai les suivantes :

1° L'octroi de l'allocation doit être subordonné à une certaine durée d'affiliation préalable. Sinon, à la veille d'une crise économique ou, chaque année, à la veille de la morte-saison, on constaterait l'afflux de nouveaux assurés qui ne tarderaient pas à devenir des sinistrés : la caisse d'assurance aurait donc à servir des allocations sans avoir encaissé des primes corrélatives. De plus, l'obligation de verser un certain nombre de cotisations éloigne les ouvriers incapables d'épargne, c'est-à-dire les mauvais ouvriers qui sont les plus exposés au chômage.

2° L'origine, le cours et la fin du chômage doivent être l'objet d'un examen attentif. Ainsi :

a) Il importe de rechercher si l'ouvrier non seulement n'a pas provoqué le chômage, mais encore s'il n'aurait pu l'éviter, soit par une conduite qui lui aurait épargné le renvoi, soit par une patience plus prolongée qui l'aurait retenu au travail.

V. ci-dessus p. 132.

b) Il est essentiel de constater que le chômeur ne trouve pas, dans un travail accompli à l'insu de la caisse d'assurance, des ressources qui viennent s'ajouter à l'allocation de cette caisse; l'allocation doit être, en pareil cas, diminuée d'autant; toutefois la réduction ne doit être appliquée que si les ressources additionnelles sont comparables à l'allocation : interdire tout travail rémunéré serait condamner l'ouvrier à l'oisiveté et aux périls moraux qu'elle engendre; un léger cumul est moins grave que la perte de l'habitude du travail.

c) La question de la reprise du travail par le chômeur est particulièrement délicate : si l'on ne peut exiger de celui-ci qu'il cherche lui-même un emploi, on doit l'obliger, sous peine de déchéance, à accepter un travail en rapport avec ses aptitudes et sa profession.

Si le travail offert n'est pas exactement celui de la profession, il faut, pour que l'ouvrier puisse être tenu de l'accepter :

1° Que l'ouvrier soit, au double point de vue physique et intellectuel, capable de l'exécuter ;

2° Que l'acceptation du travail extraprofessionnel ne compromette pas la reprise ultérieure du travail professionnel, c'est-à-dire : *a)* que le travail extraprofessionnel ne fasse point perdre à l'ouvrier la dextérité nécessaire : tel serait le cas d'un mécanicien de précision que l'on occuperait à la manutention des fardeaux ; *b)* que le travail extraprofessionnel ne lie point l'ouvrier pour une durée excessive : tel serait le cas où il ne pourrait être abandonné qu'à la suite d'un trop long préavis ; de ces deux conditions, la seconde est facile à remplir, car le travail extraprofessionnel est d'ordinaire un travail non qualifié pour lequel le patron procède à des embauchages et à des débauchages fréquents ; la première, au contraire, peut être prohibitive ; le travail qualifié exclut le plus souvent un travail non qualifié, car celui-ci exige en général une plus grande force physique et détruit les qualités professionnelles de l'ouvrier de métier. Si donc le changement de profession peut être imposé par la cause même du chômage, telle que la disparition d'une industrie qui, par exemple, de manuelle est devenue mécanique, le travail qualifié perdu doit être remplacé par un travail qualifié équivalent.

    (*A suivre*).   Maurice BELLOM.

1er octobre 1908.

CHRONIQUE DES TRANSPORTS ET TRAVAUX PUBLICS

Les conventions du 29 octobre 1908 avec l'Ouest et l'Orléans.

Lorsque le Sénat eut voté, le 26 juin dernier, le principe du rachat de l'Ouest et que la loi du 13 juillet 1908 eut autorisé le ministre des Travaux publics à procéder au rachat, le gouvernement se trouva en face d'un triple problème à résoudre :

1° Régler les conséquences pécuniaires du rachat à l'égard de la Compagnie de l'Ouest ;

2° Assurer au nouveau réseau d'Etat un fonctionnement normal en le débarrassant de certaines sujétions résultant de l'enchevêtrement de ses lignes avec le réseau d'Orléans ;

3° Déterminer l'organisation administrative et financière du nouveau réseau d'Etat agrandi.

Ces diverses questions sont actuellement en voie d'être résolues. Voyons comment.

En ce qui concerne, tout d'abord, la Compagnie de l'Ouest, le gouvernement a soumis à l'approbation des Chambres un projet de convention, signé le 29 octobre 1908 par le président du Conseil d'administration des chemins de fer de l'Ouest, par le ministre des Travaux publics et par le ministre des Finances. Il a pour but de régler à l'amiable le coût du rachat.

On ne peut qu'approuver cette initiative. L'Etat, aussi bien que la Compagnie de l'Ouest, ont intérêt à être fixés au plus tôt. Entrer dans la voie d'une discussion devant les tribunaux compétents, ce serait s'exposer à de multiples contestations dont la solution se ferait nécessairement attendre, et qui entraveraient les débuts de la nouvelle exploitation, comme l'établissement des futurs budgets de l'Etat.

Mais on conçoit combien est délicate en pareil cas la tâche du ministre des Travaux publics. S'il se montre trop exigeant au nom de l'Etat, la compagnie préférera évidemment courir les risques d'un procès. Et s'il témoigne d'un trop grand désir d'accommo·dement, il sera vite accusé de trahir les intérêts dont il a la garde.

Il ne faut donc pas s'étonner si la nouvelle convention a déjà été qualifiée de convention scélérate, à l'égal de celles de 1883. Cela était à prévoir. Mais ce qui est plus impressionnant, c'est que les journaux habituellement dévoués à la cause des Compagnies se montrent visiblement satisfaits, et rendent hommage au sincère désir de conciliation dont a fait preuve M. Barthou. D'autre part le cours des actions de l'Ouest, qui était de 825 francs au 31 juillet 1908, c'est-à-dire quinze jours après la promulgation de la loi de rachat, est passé à 929 francs au 30 octobre 1908. Qu'est-ce à dire, si ce n'est que la convention signée le 29 octobre, et dont les clauses principales devaient être depuis quelque temps connues et escomptées en Bourse, n'a pas paru trop draconnienne pour les porteurs de titres du réseau racheté?

Tout ceci semble avoir mis en défiance les milieux parlementaires ; et la Commission des travaux publics de la Chambre a manifesté l'intention d'étudier de très près les arrangements conclus avant de les ratifier. Il faut d'ailleurs dire que ce sont les dispositions relatives à l'Orléans, et dont nous parlerons tout à l'heure, qui semblent avoir attiré l'attention critique des membres de la Commission.

Pour ce qui est de l'Ouest, en effet, la convention, tout en étant évidemment avantageuse pour les actionnaires du réseau (et sans cela ils n'auraient point accepté de traiter à l'amiable), ne l'est point d'une façon choquante. Elle répond à peu près à ce que l'on pouvait attendre d'un règlement équitable de toutes les questions soulevées par le rachat.

La convention a deux objets essentiels : liquider par voie de compensation, les créances et les dettes réciproques de la compagnie et de l'Etat ; fixer le montant de l'annuité qui constitue le coût proprement dit du rachat.

Tout d'abord l'Etat donne décharge à la compagnie de sa dette envers l'Etat, du chef de la garantie d'intérêt (soit 450 millions en chiffres ronds).

En échange il reçoit :

1° Le matériel roulant, les approvisionnements et les objets matériels de toute nature. (Valeur d'inventaire au 31 décembre 1905 : 344 millions, dont il faut déduire au minimum 30 p. 100 à titre de dépréciation moyenne. Restent 240 millions environ) ;

2° la réserve statutaire (6 millions) ;

3° la réserve pour incendies (2 millions et demi);

4° la réserve pour le réseau à voie étroite (240.000 francs);

5° la réserve pour accident (3 millions et demi);

6° le fonds pour la caisse des retraites (99 millions).

Il n'y a évidemment pas lieu de tenir compte de ce dernier fonds qui n'est que la représentation, aussi exacte que possible, de charges qu'assume l'Etat pour le service ultérieur des pensions, et qui ne peut par conséquent être considéré comme un avantage pour l'Etat.

Si l'on fait le total des autres sommes, on voit qu'elles représentent environ 252 millions, en échange de quoi la compagnie conserve la réserve spéciale des actionnaires (une trentaine de millions) et est libérée d'une dette de 450 millions envers l'Etat.

Il y a donc une différence d'environ 200 millions au profit de la compagnie. Mais on peut considérer que cette somme compense à peu près l'indemnité qui serait due pour les travaux complémentaires (une cinquantaine de millions), et l'indemnité relative aux lignes construites depuis moins de quinze ans (qui serait payable par · annuités de 4 à 5 millions environ jusqu'en 1956).

Jusqu'ici, en somme, il y a peu de choses à critiquer. Sans doute la convention est sur ces divers points plutôt favorable à la compagnie, mais sans qu'il y ait rien de choquant dans la bienveillance qu'on lui témoigne.

On peut en dire autant de la seconde partie de la convention, la plus importante, celle qui stipule le montant de l'annuité proprement dite de rachat. Mais ici quelques explications sont nécessaires, car l'extrême brièveté et le manque de précision de l'exposé des motifs ont pu faire naître des malentendus.

On se souvient que, dans les conditions où se présentait l'opération de rachat, l'annuité à prévoir devait être fixée d'après l'article 15, paragraphe 3 des conventions de 1883. En d'autres termes, elle devait être réglée de façon à assurer aux actionnaires un revenu de 38 fr. 50 par action non amortie et de 21 francs par action de jouissance, une fois couvertes les charges d'intérêt et d'amortissement des emprunts. Et l'on se souvient aussi que les évaluations fournies par la Direction du mouvement des fonds et par le service de l'Inspection des finances oscillaient entre 97 et 99 millions de francs par an. C'était donc aux environs de ces chiffres que l'on pouvait s'attendre à voir se fixer l'indemnité définitive. Et cela était déjà fort avantageux pour les actionnaires qui voyaient leur revenu consolidé jusqu'en 1956 au lieu de 1935, date d'expiration de la garantie d'intérêt.

Or si l'on se reporte au tableau joint à la convention du 29 octobre 1908 et annexé au projet de loi déposé le même jour, on a la surprise de constater que l'annuité prévue oscille aux environs de 112 millions jusqu'en 1951, pour descendre aux environs de 45 millions pendant les cinq dernières années.

Une telle différence entre les prévisions et le chiffre définitif devait nécessairement étonner au premier abord. D'autant plus que l'exposé des motifs ne fait aucune allusion à cette divergence au moins apparente. En présence du sentiment de surprise qui s'est manifesté, M. Barthou a été amené à fournir l'explication qu'il aurait été bon de donner tout de suite pour éviter tout malentendu, et que voici :

L'ensemble des charges du capital social et des emprunts s'élève, en effet, au chiffre de 112 millions environ. Mais, jusqu'à cette année, une partie des sommes payées par l'Etat pour le service des emprunts de l'Ouest figurait à part dans le budget de l'Etat, à titre d'annuités représentatives d'avances, en argent ou en travaux, faites par la compagnie, ou représentatives de subventions promises par l'Etat. Ces annuités étaient les suivantes [1] :

1° Annuités inscrites au budget du ministère des finances et dues en vertu de conventions autres que celles de 1883 [1]

a) En représentation de subventions en argent promises à la compagnie. . . . . F. 4.334.068

b) En raison d'avances en argent faites par la compagnie. 213.983

2° Annuités inscrites au budget du ministère des travaux publics et résultant de la convention de 1883. 10.451.000

Soit un total de 15 millions environ.

Ces 15 millions avaient été déduits du total de 112 millions lors des études préparatoires, parce qu'on les considérait comme continuant à devoir être payés à part. La convention du 29 octobre 1908 les a confondus avec l'annuité globale du rachat. C'est une simple question de comptabilité qui ne change rien au résultat total. Il est indifférent que l'on dise que l'Etat paiera 112 millions

[1] Compte général de l'Administration des Finances pour l'année 1907, p. 84 et 155.

pour le rachat, ou qu'on dise qu'il paiera 97 millions à titre d'indemnité de rachat, et 15 millions à titre d'annuités dues antérieurement.

Mais ici pourrait se présenter une objection. La somme que nous venons d'indiquer comprend, par hypothèse, les charges de tous les emprunts faits par la compagnie. Or, nous avons tout à l'heure trouvé, dans le règlement par voie de compensation des créances et des dettes réciproques de l'Etat et de la compagnie, une balance de 200 millions environ au profit de la compagnie. Et nous avons dit que cette somme pourrait être considérée pour la plus grande partie (150 millions environ) comme représentant l'indemnité relative aux lignes construites depuis moins de quinze ans. Il serait évidemment inadmissible que cette somme fût comptée deux fois. Ou bien on capitalise dès maintenant l'annuité due de ce chef et on la compense comme j'ai dit tout à l'heure. Ou bien on ne la capitalise pas et il faut diminuer de 4 à 5 millions de ce chef l'annuité de 112 millions.

Mais ici encore, il ne faudrait pas trop se hâter de formuler cette objection, car on pourrait y répondre de la manière suivante :

Si l'on avait appliqué intégralement les clauses du rachat, l'indemnité, une fois fixée à 112 millions, aurait dû être payée jusqu'à la fin de la concession et les actionnaires auraient bénéficié de l'amortissement qui, dès 1852, abaissera sensiblement les charges annuelles des emprunts. Au lieu de cela, l'arrangement amiable fait bénéficier l'Etat de l'amortissement en abaissant l'annuité à 45 millions environ à partir de 1852 et jusqu'en 1956. C'est donc un bénéfice de plus de 200 millions que fait l'Etat de ce chef et qui compense assez exactement la perte apparente dont nous venons de parler.

En somme, je le répète, la convention du 29 octobre 1908 avec l'Ouest me paraît correspondre à peu près à ce que l'on devait normalement attendre d'un arrangement amiable. Le plus gros grief qu'on lui ait fait est de consolider le revenu des actionnaires jusqu'en 1956, alors que la garantie d'intérêt cessait en 1935. Mais j'ai déjà dit plusieurs fois ici quel était mon sentiment à cet égard ; cette consolidation m'apparaissait comme une conséquence juridique du rachat. Et il ne me paraît point qu'on puisse faire grief à M. Barthou d'avoir accueilli sur ce point les prétentions de la compagnie. L'esprit général de la convention me paraît assez bien indiqué par cette phrase du ministre des Travaux publics : « Elle consiste à couvrir annuellement la compagnie de ses charges de capital social et d'emprunts, mais à ne lui rien accorder au delà des sommes qui sont à cet effet nécessaires ».

Quant à la hausse qui s'est produite au cours de ces derniers mois sur les actions de l'Ouest, elle n'est aussi que la manifestation d'une situation qu'il était facile de prévoir, et il n'y a pas besoin pour l'expliquer de faire appel à une ténébreuse trahison du ministre des Travaux publics. Du moment où le rachat est opéré, l'action de l'Ouest voyant son revenu assuré par le Trésor public jusqu'en 1956, devient un véritable titre de rente devant se capitaliser au même taux que les fonds d'Etat, soit 3,50 à peu près. Son revenu de 38 fr. 50 correspond dès lors à un cours supérieur à 1.000 fr., qui n'est pas encore atteint, et qui a d'autant plus de chances de l'être que, la compagnie conservant la réserve spéciale des actionnaires, et ne pouvant, aux termes de la Convention de 1908, s'en servir pour augmenter le revenu des actionnaires avant 1956, c'est une somme de 200 à 300 francs, suivant que les revenus en auront été plus ou moins capitalisés, qui reviendra à ce moment-là de ce chef à chaque action.

* *

Il est beaucoup plus difficile d'apprécier avec quelque certitude la convention, signée également à la date du 29 octobre 1908, entre l'Etat et la Compagnie d'Orléans. Son but est de réaliser une cession réciproque de lignes entre le réseau d'Etat et le réseau d'Orléans, de façon à éviter des enchevêtrements de lignes préjudiciables. On sait que des pourparlers avaient déjà été entamés à ce sujet en 1904 par M. Maruéjouls et en 1905 par M. Gauthier. Mais ils n'avaient pu aboutir, par suite des exigences de la compagnie. Et il est fatal que ces exigences soient très élevées. Car l'Etat est en somme à la discrétion de la compagnie. Il n'a pas le droit de procéder à un rachat partiel de ces lignes. Tout au plus pourrait-il recourir à une procédure d'expropriation pour cause d'utilité publique ; mais il y aurait à craindre les surprises d'une fixation de l'indemnité par le jury. Et dans ces conditions la compagnie ne se déterminera évidemment à traiter à l'amiable que si cette opération est avantageuse pour elle.

La convention détermine d'abord quelles seront les lignes échangées. L'Etat reprend à la Compagnie d'Orléans les lignes de Tours au Mans, de Tours à Nantes et Saint-Nazaire, de Savenay à Landerneau et Pontivy, de Saint-Nazaire au Croisic et à Guérande, de Nantes à Chateaubriant, de Questembert à Ploërmel, d'Auray à Quiberon, de Concarneau à Rosporden, de Quimper à Pont-l'Abbé, de Quimper à Douarnenez, d'Aubigné à la Flèche, d'Angers à la Flèche, de la Flèche à Saumur, et de la Flèche à la Suze et à Sablé. Il cède en revanche à la Compagnie d'Orléans, les lignes de Voves à Toury, de Voves à Orléans, de Chateaudun à Patay, de Vendôme à Blois, et de Tours à Châteaurenault par Vouvray.

Les lignes cédées par la Compagnie d'Orléans sont évidemment beaucoup plus importantes que celles acquises par elle. Elles représentent une longueur de 1.098 kilomètres au lieu de 162, et en raison de cette différence l'Etat s'engage à payer à la compagnie une annuité de 15 millions et demi jusqu'en 1915 et de 13.700.000 jusqu'en 1956. Je n'ai pas entre les mains les documents d'information suffisants pour discuter cette annuité. En effet, sur les six lignes cédées par l'Etat, trois ne figurent pas individuellement dans la statistique annuelle, et ne sont que des tronçons de lignes plus importants. En tous cas les lignes cédées par l'Orléans avaient en 1905 un produit net total d'une quinzaine de millions[1]. Et ce produit net, si M. le sénateur Blanchier dit vrai[2], était destiné à diminuer de plusieurs millions à partir du rachat de l'Ouest, par une nouvelle application de la clause de plus courte distance. L'annuité prévue apparaîtrait donc comme sensiblement exagérée.

En second lieu l'Etat fait remise à la compagnie de sa dette pour garantie d'intérêt (219 millions). Cette dette est compensée, dit l'exposé des motifs : 1° avec la valeur du matériel roulant de grande vitesse remis par la compagnie à l'Etat pour le service des lignes cédées, déduction faite du matériel roulant cédé par l'Etat ; 2° avec la perte d'usage et l'amortissement du matériel roulant de petite vitesse, prêté pour cinq ans à l'Etat, et restituable chaque année par cinquièmes ; 3° avec les plus-values dès à présent capitalisées dont les produits nets des lignes cédées par la compagnie sont susceptibles dans l'avenir ; 4° enfin par l'attribution à l'Etat d'une part nouvelle des excédents de produits nets.

[1] Statistique des chemins de fer français au 31 décembre 1905. *Documents princi paux*, p. 338 et suiv.
[2] Cf. *Revue du mois*, 10 oct. 1908.

J'ai bien peur que tout cela ne représente pas grand'chose, et qu'il n'y ait là beaucoup de mots vides.

Le matériel roulant des lignes cédées à l'Etat représente, d'après la statistique de 1905, moins de 40 millions. Il est clair que sur ce chiffre le matériel affecté à la petite vitesse est de beaucoup le plus important. (L'Orléans possède en 1905, 3.917 voitures de voyageurs et 1.750 wagons de grande vitesse, contre 32.000 wagons de marchandise). J'admets que, du chef du matériel de grande vitesse, l'Etat puisse devoir une quinzaine de millions : ceci me paraît un maximum.

Quant à la petite vitesse, l'usure du matériel prêté pour cinq ans, et restituable par cinquièmes chaque année, doit être quelque chose d'assez peu important.

L'attribution à l'Etat d'une part nouvelle des excédents de produits nets est une véritable plaisanterie. Il est vrai que l'on a modifié le point à partir duquel l'Etat serait éventuellement appelé à bénéficier des excédents de recettes. Mais il est dans la pensée de tout le monde que cette clause ne sera jamais appelée à jouer au profit de l'Etat. M. Leroy-Beaulieu, qu'on ne suspectera pas d'être un critique trop sévère des compagnies, écrit dans l'*Economiste français* du 21 novembre 1908 : « Le remaniement des conditions de partage, entre l'Etat et la compagnie, des bénéfices dépassant le dividende actuel a un intérêt un peu conjectural, puisqu'il n'est pas sûr que ce partage s'effectue jamais ». Et en effet la convention prévoit la constitution et l'entretien, avant tout partage, d'un fonds de réserve destiné à couvrir les insuffisances éventuelles d'exploitation. On peut s'en rapporter à la compagnie pour savoir utiliser cette clause de façon à écarter toute probabilité d'un partage possible de bénéfices.

En somme, jusqu'à présent, l'Etat abandonnerait 219 millions contre une vingtaine ; et il ne reste plus, pour faire la différence, que les plus-values, dès à présent capitalisées, dont les produits nets des lignes cédées par la compagnie sont susceptibles dans l'avenir ! On conviendra que c'est un peu faible et un peu vague.

Il faut enfin noter, comme une conséquence indirecte, mais certaine de la convention, que l'Etat, ayant fait remise à la compagnie de sa dette du chef de la garantie d'intérêts, renonce pour longtemps au bénéfice de la clause de rachat à l'égard de l'Orléans.

Quoi qu'il en soit, l'impression qu'on retire de la lecture de cette convention, c'est que son approbation par les Chambres devra être subordonnée à une étude très minutieuse et très attentive des avantages accordés de part et d'autre. J'ai bien peur qu'après cet examen, la convention de 1908 n'aille rejoindre celles de 1904 et 1905.

Il reste enfin à signaler les mesures prises pour assurer, dès le 1er janvier 1909, l'exploitation provisoire du nouveau réseau d'Etat. Je dis provisoire, parce qu'un projet de loi réglant l'exploitation définitive a été déposé, le 28 janvier 1907, sur le bureau de la Chambre des députés et a déjà fait l'objet d'un rapport de M. Regnier.

En attendant, la loi du 18 décembre 1908 et le décret du 26 décembre 1908 sont venus provisoirement étendre au réseau racheté de l'Ouest les règles essentielles de l'administration de l'ancien réseau d'Etat.

Marcel PORTE.

CHRONIQUE LÉGISLATIVE

Janvier 1909.

I. Débats parlementaires.

L'impôt complémentaire sur le revenu global.

Les Chambres se sont réunies en session ordinaire le 12 janvier. La Chambre des députés a entamé la discussion du point le plus grave de la réforme fiscale entreprise par M. Caillaux, de celui qui lui donne sa vraie signification : l'impôt complémentaire sur le revenu global. Certes, le projet d'impôt sur le revenu actuellement soumis aux Chambres peut être critiqué dans toutes ses parties. Il est permis de penser qu'il est d'une grande imprudence de détruire d'un coup tout un système d'impôts directs qui a fait ses preuves depuis plus d'un siècle, pour le remplacer par un mécanisme tout neuf, dont on ne peut prévoir le rendement, alors qu'il était si facile de faire disparaître les pièces reconnues mauvaises de l'ancien et d'en combler les lacunes, sans risquer aucunement de compromettre nos finances.

Il est permis, d'autre part, de voir avec regret les traditions de la grande Révolution française abandonnées et le principe de l'impôt progressif, si dangereux dans une démocratie, s'introduire dans tout notre système fiscal ; car l'impôt progressif ne peut être présenté comme un principe de juste répartition des charges publiques, mais seulement comme un principe d'égalisation sociale ; ceux qui le préconisent ne sauraient soutenir que le riche profite *plus que proportionnellement* des dépenses publiques que celui qui a une fortune modeste ; ils disent seulement que, pour lui, le sacrifice est moindre, ce qui n'est pas douteux ; mais il est clair que vouloir que l'Etat prenne pour criterium l'égalité de sacrifice, c'est lui donner pour mission de corriger, dans la mesure du possible, les inégalités sociales !

Mais, de tout ce projet, l'innovation à la fois la plus dangereuse et la plus contraire au tempérament français, c'est l'impôt complémentaire sur le revenu global. Il s'agit là de faire porter sur une toute petite minorité le poids d'un impôt qui sera voté par les représentants de la majorité : alors tout frein, toute garantie, toute justice disparaissent ! M. Paul Leroy-Beaulieu, dans un récent article de l'*Economiste français*[1], démontrait par des chiffres qu'à

---

[1] *Economiste français* du 23 janvier 1909, p. 109.

peine 50.000 contribuables, sur 11 millions, supporteraient le plein
de la taxe! Si l'on introduit dans notre démocratie, si divisée politiquement, si passionnée, cet instrument de confiscation et d'oppression, ce sera la plus grande faute de la politique contemporaine!

MM. Raiberti, Jules Roche, Siegfried ont combattu ce projet.
« Ce n'est pas, a dit M. Siegfried, un impôt complémentaire, mais
un impôt spécial sur certains revenus et, dans ces conditions, il
renverse absolument le grand principe de l'égalité dans l'impôt qui
doit être à la base de nos lois fiscales ». M. Siegfried démontrait,
d'autre part, que cet impôt complémentaire, se superposant à l'impôt cédulaire, ferait monter le total de 13 p. 100 à 22 p. 100, suivant les catégories. « Croyez-vous, ajoutait-il, que de pareils chiffres ne seraient pas extrêmement dangereux? Ne pensez-vous pas
qu'ils auraient pour conséquence l'émigration des capitaux dans
une très large mesure et surtout des gros capitaux? » Et c'est là
pour l'industrie, pour les travailleurs, la menace d'un grand dommage, que MM. Raiberti et Siegfried se sont attachés à mettre en
lumière. Les conséquences seront déplorables au point de vue
économique et social; elles ne le seront pas moins au point de vue
moral; et cette guerre de tous les instants que l'on va déchaîner entre
l'administration et les contribuables, cette incitation permanente à
la fraude qu'on va susciter sur toute l'étendue du pays ne sont guère
de nature à rehausser la moralité et à restaurer la paix publique!

M. Joseph Reinach, partisan d'un impôt complémentaire sur
l'ensemble du revenu, a cependant fait une critique serrée de celui
qui est proposé et, à propos de la déclaration qui sert de base à ce
dernier, il a joué à M. Caillaux le mauvais tour de rappeler ces
paroles vigoureuses prononcées par lui en 1899 : « Croit-on qu'un
système difficilement applicable en Prusse et dans les autres pays
de race allemande puisse être substitué à notre système fiscal? Qui
pensera que l'on peut exiger de nos cultivateurs la déclaration de
leurs revenus? S'imagine-t-on que nos commerçants et nos industriels supporteront les investigations du fisc dans leurs affaires?
C'est parce que le Français est rebelle à l'inquisition fiscale, qui
est la conséquence directe de la taxation d'office ou la conséquence
indirecte du régime de la déclaration, que la Révolution a assis ou
tâché d'asseoir l'impôt personnel sur les signes extérieurs de la
richesse ». M. Reinach proposait un contre-projet qui assujettissait
à l'impôt global les revenus à partir de 1.250 francs et qui prenait

pour base de l'impôt, sans déclaration du revenu, les dépenses du contribuable en loyer d'habitation, mobilier, domesticité et équipages. Mais, comme il excluait toute superposition pour les revenus inférieurs à 5.000 francs avec l'impôt cédulaire, son contre-projet différait assez peu sur ce point du projet Caillaux et ne s'en distinguait guère que par l'assiette, qui serait sans doute moins vexatoire, mais plus incertaine, sans que cela fasse disparaître les critiques capitales que soulève le principe de l'impôt complémentaire.

Il faut signaler encore le magistral discours prononcé par M. Jules Roche contre le projet, après que sa motion d'ajournement eût été repoussée, ainsi que la proposition de M. Raiberti de renvoi à la commission. L'orateur a fort bien démontré, dans une étude historique très documentée, que le projet en discussion était contraire à tous les principes qui ont animé les hommes de la Révolution, et il a également démontré que l'exemple que l'on veut tirer de certains pays étrangers est absolument sans valeur, à raison de la différence des milieux. Nous ne saurions résumer ce discours ; nous nous contenterons d'en extraire le jugement porté par un homme qui a fait autorité en ce pays et qui ne saurait être suspect, M. Waldeck-Rousseau : « Le jour où le plus grand nombre pourrait imposer au plus petit nombre sa volonté, son arbitraire, ses caprices, déplacer le fardeau des charges publiques et le faire incomber seulement à une catégorie sociale, nous toucherions à la plus détestable et à la plus abominable des tyrannies ».

II. Documents officiels.

Le *Journal Officiel* du 15 janvier contient une loi ayant pour but de combattre les épizooties et les maladies contagieuses des animaux.

Celui du 17 contient des renseignements statistiques sur le commerce de la France pendant l'année 1908. — On y voit que les importations ont monté à 6.090.842.000 francs, avec une diminution de plus de 132 millions sur l'année précédente, et les exportations à 5.271.954.000 francs, avec une diminution de 324 millions, diminution portant presque entièrement sur les objets fabriqués.

Dans le même numéro du 17 est un tableau semestriel du mouvement de la population en France.

Le *J. O.* du 22 janvier contient un important décret réglementant l'exploitation des mines.

Edmond VILLEY.

BULLETIN BIBLIOGRAPHIQUE

J.-B. Paquier, docteur ès-lettres, ancien professeur d'histoire au Lycée Saint-Louis, *L'enseignement professionnel en France.* Paris, A. COLIN, 1908, 3 fr. 50.

Le livre de M. Paquier est tiré, nous dit l'auteur, du mémoire assez étendu auquel l'Académie des sciences morales et politiques, attribua le prix Félix de Beaujour pour lequel elle avait mis au concours en 1904 : « *De l'enseignement professionnel et de son efficacité comme moyen de prévenir la misère. Son histoire. Ses diverses formes. Ses résultats* ».

Aucun sujet n'est plus d'actualité depuis quelques mois. Étudiées par le Conseil supérieur de l'enseignement technique et par le conseil supérieur du travail, la création et l'organisation de l'enseignement professionnel obligatoire ont fait l'objet d'un projet de loi déposé par le gouvernement et rapporté devant la Chambre. Il est en connexion étroite avec la crise de l'apprentissage, et peu d'objets ont fait couler plus d'encre que celui-ci dans les derniers mois. Suivant l'expression de M. Georges Sorel, « toutes » les incompétences en discutent avec aplomb au point qu'elles finissent » par devenir incompréhensibles ». Il est donc agréable de lire un ouvrage témoignant d'un tel effort.

Mais si nul sujet n'est plus à la mode, nul n'est plus difficile ni plus complexe. M. Paquier nous le dit (page 9). « On a discuté pendant près de » cinquante ans pour trouver le mot. Devons-nous nous étonner qu'on ait » mis si longtemps à trouver la *chose?* Et encore ne l'est-elle aujourd'hui » qu'en partie ».

Que doit-on entendre en effet par l'enseignement professionnel ? Le projet gouvernemental lui donne un sens bien net et qui selon nous est le bon : c'est l'enseignement destiné à remplacer ou à compléter l'apprentissage disparu ou devenu insuffisant. Il diffère de l'enseignement technique qui embrasse la préparation des collaborateurs d'un métier à tous les degrés.

Étymologiquement il peut avoir un sens beaucoup plus vaste et général : ce peut être l'enseignement qui donne spécialement accès à toute carrière libérale, industrielle ou commerciale.

L'auteur n'a choisi ni l'une ni l'autre de ces définitions. Pour lui « l'en- » seignement professionnel, *comme* son nom l'indique (*sic*), prépare exclusi- » vement aux carrières agricoles, industrielles et commerciales. Il se con- » fond aujourd'hui avec l'enseignement technique, dont pendant long- » temps on eut à le distinguer ».

C'est là une erreur sur laquelle j'insiste parce qu'elle a une répercussion grave sur le livre. On pourrait interchanger les mots *professionnel* et *technique* (le tout est de s'entendre définitivement) pour dénommer les deux ordres d'enseignement indiqués ci-dessus, mais il est essentiel qu'on les distingue, si on ne veut pas demeurer toujours dans la confusion la plus préjudiciable à l'étude et à la solution du problème.

La différence est grande, en effet, selon qu'on se préoccupe de former des ouvriers ou des ingénieurs, des sous-ingénieurs et des contremaîtres, les soldats ou les officiers et les sous-officiers de l'armée industrielle suivant une métaphore très à la mode et dont la paternité, nous apprend M. Paquier, remonte à Bonaparte. Presque aussi grande est la dissemblance selon qu'on envisage l'industrie ou bien le commerce et l'agriculture : car dans ces deux derniers cas, quoique à des degrés divers, le métier des unités ouvrières s'apprend en effet d'une manière suffisante par la pratique quotidienne et c'est, qu'on le veuille ou non, principalement à former des chefs d'exploitation ou des employés d'élite que tendra l'enseignement technique.

La première de ces deux réserves a été faite par l'auteur, encore qu'il ne l'indique peut-être pas aussi complètement. « Nous voulons, dit-il, que cet » enseignement s'adresse à cette armée industrielle elle-même qui doit » englober plus de six cent mille enfants. Pourquoi nous borner à ne pré- » parer que des contremaîtres, des chefs d'atelier, « sous-officiers » qui se » recruteront parmi nos ouvriers d'élite, quand derrière eux nous verrons » une foule de mercenaires ignorants ou arriérés, incapables souvent de » comprendre leurs ordres ou de suivre leurs conseils » ?

Entre ces deux conceptions, cependant, M. Paquier n'a pas choisi. Il a abordé le problème du point de vue le plus général et il a essayé de condenser dans un volume de 340 pages in-12, l'historique (il remonte jusqu'à Henri IV), l'organisation et la description de ces enseignements sous toutes leurs formes, et même l'enseignement professionnel à l'étranger : Allemagne, Angleterre, Belgique, Suisse, Japon. Il passe en revue l'enseignement professionnel agricole, l'enseignement primaire élémentaire, l'enseignement primaire supérieur, les écoles pratiques de commerce et d'industrie, les écoles nationales professionnelles, les écoles d'arts et métiers, l'École centrale, le Conservatoire des arts et métiers, l'enseignement industriel donné par les villes; l'enseignement professionnel industriel à Paris, l'enseignement professionnel commercial; l'enseignement professionnel des jeunes filles, les universités populaires, les œuvres catholiques, l'école dans l'atelier et les cours de perfectionnement. Il consacre un chapitre à la crise de l'apprentissage et un autre à l'œuvre législative de 1841 à 1907.

L'immensité de ce programme et les dimensions du livre suffisent à montrer le caractère de celui-ci et combien est superficielle, forcément, une étude qui eût nécessité plusieurs gros volumes pour être approfondie. Il eût fallu aussi un auteur possédant à fond le problème, rompu à ces questions pour les avoir vécues. Or M. Paquier, professeur d'histoire, avait-il cette préparation ? Il semble bien, comme c'est parfois le cas pour les mémoires en vue des prix de l'Institut, que c'est la mise au concours de ce sujet qui l'a déterminé à en entreprendre l'étude dans un délai de quelques mois. Il n'est donc pas surprenant que cet ouvrage soit un tableau très résumé d'une matière aussi touffue, et s'il témoigne de nombreuses lectures et de beaucoup d'investigations, il n'est pas d'une documentation impeccable; c'est ainsi que l'auteur cite parmi les institutions concourant à l'enseignement professionnel la *Fondation universitaire de Belleville* et qu'il ajoute : « Les sujets de ces conférences nous paraissent toucher de » très près au véritable enseignement professionnel, tel qu'on peut le » concevoir pour le peuple ». Nul ne sera plus étonné de cette appréciation que le dernier secrétaire de cette université populaire.

C'est ainsi encore que M. Paquier signale la création, par la Société de protection des apprentis, de deux cours de demi-temps, rue Falguière et rue Saint-Louis en l'Ile, alors que celui-ci n'est qu'un cours du soir, et qu'il signale l'existence d'un troisième cours de demi-temps à l'école de la rue Blomet, à Paris, ayant oublié d'apprendre que c'est rue Blomet qu'a été transporté le cours de la rue Falguière qui a cessé de fonctionner.

Au surplus, l'auteur a fait preuve d'éclectisme en ce qui concerne les différentes théories professées en ces matières; et, s'il n'a peut-être pas su mettre à leur place tous les hommes à la compétence desquels il se réfère, les conclusions auxquelles il s'est rallié nous semblent en général être les meilleures.

Son livre pourra, malgré ses défauts, être utile à ceux qui voudront s'initier à cette complexe et redoutable question qui s'imposera de plus en plus à l'attention publique.

Georges ALFASSA.

Giov. Amadori Virgilj, *Il sentimento imperialista studio psico-sociologico,* con prefaz di Errico de Marinis. Milano, Remo Sandron, 1 vol. in-8, 340 p., 3 l. 50.

Depuis quelques années l'impérialisme se développe rapidement et largement, avec quelques variantes, dans tous les pays, qu'ils soient d'Europe d'Amérique ou d'Extrême-Orient. Ce phénomène nouveau, dans ses aspects et ses manifestations tout au moins, n'a tout d'abord paru qu'une forme d'action et a frappé les esprits par ses conséquences, par les guerres qu'il a pu engendrer ou faire craindre; puis on a voulu l'étudier ou généralement l'envisager, ainsi que le dit M. de Marinis, comme une opinion, comme une action politique ou un programme de gouvernement ou une tendance individuelle.

Le pénétrant sociologue qu'est M. Giov. Amadori Virgilj en a tenté l'étude psycho-sociologique qui peut être considérée de deux points de vue : « comme la théorie spéculative des sentiments collectifs et comme l'application et l'expérimentation positive de ces théories sur l'impérialisme » moderne ». Il démontre comment le phénomène impérialiste possède en soi la valeur et les caractères qui le révèlent comme un sentiment collectif dont un Chamberlain ou un Roosevelt n'est que l'interprète.

A vrai dire, ainsi conçue, l'étude demanderait, pour être complète, que l'on considérât d'une manière approfondie l'ensemble du monde social et économique dans lequel un pareil sentiment peut naître et se développer.

L'auteur, dans ce volume tout au moins, n'a pas abordé le problème avec cette ampleur ; il se borne, d'ailleurs avec beaucoup d'ingéniosité, de science et de talent, à l'étude du phénomène en lui-même : « La mentalité » d'un groupe déterminé dans ses différents moments statiques et dyna- » miques, leurs unités de formation, c'est-à-dire les états mentaux collec- » tifs, la nature de leur cercle d'évolution et toutes les lois psychologiques » qui contribuent à leur développement ». Pour cela il utilise tous les résultats modernes de la psychologie sociale.

L'auteur s'est par suite abstenu, dans toute la mesure possible, d'étendre la documentation historique, se bornant à se référer aux faits politiques supposés connus du lecteur : le présent ouvrage ne visant qu'à être une explication scientifique et objective de ces faits.

Après avoir, dans son introduction, largement posé la mentalité collective et la méthode psycho-sociologique, il envisage, dans sa première partie, l'essence du phénomène impérialiste, sa définition, ses fins et ses moyens, sa conception de l'altruisme, ce qu'il contient de sentiment religieux et de foi, et sa valeur sociale.

Quelles sont les causes de ce phénomène ainsi défini ? c'est ce que recherche la seconde partie où l'auteur examine l'ambiance intellectuelle, l'état politico-économique, les perceptions logiques des nécessités politico-économiques et l'élaboration psychique finale.

Il examine enfin l'effet du sentiment impérialiste ; l'action de pénétration négative, l'action de pénétration positive, les états volitifs et l'action.

Le phénomène impérialiste, conclut M. Giov. Amadori Virgilj, est essen-tiellement moderne, c'est un sentiment collectif qui donne lieu à une théorie impérialiste et à une action impérialiste. « C'est un processus de » formation typique, parce qu'il fait agir toutes les lois psycho-sociologi- » ques ; c'est dans celle-ci que se trouvent la raison de sa force, de sa vita- » lité, de son avenir ».

« Du point de vue intellectuel il constitue le flux naturel et complexe des » idées, le développement ultérieur des positions mentales préexistantes » dû à l'influence ambiante et aussi à un travail psychologique, collectif, » autonome ».

Et c'est pourquoi dans sa complexité il comporte une signification très importante : il constitue l'idée, le complexus de croyances qui accompa-gnerait la transformation finale du monde antique en un monde futur.

Mais ce sentiment né d'une mentalité collective est essentiellement indi-vidualiste dans son principe et ses inductions et il pourra constituer dans les prochaines années la force principale qui pourra s'opposer à l'autre sentiment fondamental de l'évolution humaine future, le socialisme.

Tout comme celui-ci l'impérialisme constitue un idéalisme nouveau ten-dant à augmenter l'énergie sociale.

Ce livre est une très intéressante contribution à l'étude de l'un des phé-nomènes les plus curieux et les plus attachants de notre époque contempo-raine.

Georges ALFASSA.

Alberto Dé Stefani, *Gli Scritti monetari di Francesco Ferrara e di Angelo Messedaglia.* Fratelli Drucker editori, Verona e Padova, 1908, 4 l.

L'étude de M. Dé Stefani a un double intérêt scientifique. En effet, tandis qu'elle donne un exposé critique des théories fondamentales de Ferrara et Messedaglia sur la monnaie et sa valeur — questions, on peut le dire, toujours à l'ordre du jour dans la science économique — elle contient plusieurs morceaux extraits de deux ouvrages inédites de Messedaglia sur la circulation.

L'auteur, après avoir bien établi la notion de la monnaie, d'après les principes de Ferrara et de Messedaglia, en considère la question de la valeur, dans sa *statique* — suivant les théorèmes fondamentaux de la valeur intégrale et de la valeur unitaire de Messedaglia, dont il fait l'analyse et la théorie bien connue du coût de reproduction de Ferrara — et dans sa *dynamique,* par rapport aux causes et aux conséquences des variations de la valeur. Une analyse suit des systèmes monétaires, dont une partie considérable est réservée aux écrits de Messedaglia.

M. Dé Stefani, dans son étude synthétique et cependant très claire, saisit très souvent l'occasion d'établir une confrontation critique entre les principes de Ferrara et de Messedaglia et les autres théories fondamentales.

Virginio GAYDA.

———

Roberto Michels, *Il proletariato e la borghesia nel movimento socialista italiano.* Bocca, Torino, 1903, p. 394, 4 l.

La littérature sociale scientifique d'Italie, depuis quelque temps, s'occupe, avec une profondeur toujours croissante, du mouvement socialiste. On peut même dire qu'elle en fait un des objets favoris de son étude. En réalité, l'énorme développement, en peu d'années, de ce grandiose courant social et la place très importante que viennent de conquérir les organisations ouvrières, non' seulement dans le marché du travail mais dans toute la vie sociale, se sont imposés à l'attention des savants, qui cherchent à en déterminer les lois scientifiques et les conséquences pratiques dans l'état actuel et dans un prochain avenir. Encore une fois, on peut bien démontrer que les courants des formulations théoriques et de la production scientifique suivent de près les conditions économiques et sociales qui en sont les principales déterminantes.

Le livre que M. Michels — un savant très sympathique qui depuis peu d'années s'est établi en Italie — vient de publier touche la question socialiste italienne dans la vie palpitante de l'actualité et s'impose bien à tout notre intérêt, puisqu'il est à la fois l'ouvrage d'un étranger qui porte son jugement — bien approfondi, il faut le reconnaître — sur notre vie sociale et un essai de constitution d'une nouvelle branche de la science sociale, c'est-à-dire l'étude et l'analyse d'un parti politique. J'en donne un résumé sommaire, en me bornant à un simple exposé tout à fait objectif.

L'auteur commence par analyser les conditions psychologiques de l'ancienne *Section italienne* de l'*Association internationale des travailleurs*. Selon Bakounine, c'était aux jeunes hommes intellectuels de donner aux aspirations, presque endormies et obscurcies par le brouillard de l'inconscience, du prolétariat, une forme précise et bien consciente. Pour que le mouvement socialiste pût s'affermir, la participation de la classe bourgeoise intellectuelle était absolument nécessaire. Il s'expliquait ainsi l'inertie et l'insouciance du prolétariat des régions méridionales de l'Italie, qui étaient le centre de son action; le prolétariat dans son ignorance ne pouvait pas prendre une efficace initiative. L'*Internationale* de Bakounine s'étendit avant tout parmi les classes les plus instruites, et en furent aussi causes l'unification politique de l'Italie et la participation même de Garibaldi à l'association.

M. Michels veut dessiner une figure socialiste de Garibaldi, en se fondant sur tout ce qui peut démontrer, même de loin, son idée : entre autres les paroles par Garibaldi à Fribourg, membre de l'*Internationale* « Guerre aux trois tyrannies : politique, religieuse et sociale. Vos principes sont les miens » ! Mais on peut douter, dans ces cas, de l'exacte interprétation de l'état d'âme de Garibaldi, qui a été, je pense, seulement un idéaliste — dirais-je presque un mystique — le héros de l'indépendance et de la liberté politique.

L'*Internationale* se répandit du sud au nord de l'Italie. Marx, et il ne fut pas le seul, voyait tout simplement dans la *section italienne* une association de déclassés, le rebut de la bourgeoisie, plutôt qu'une association d'ouvriers. M. Michels repousse ce jugement, en analysant les représentants de la section : le marquis Carlo Cafiero di Carletta, Emilio Bovelli, le député Fanelli, Malatesta, étudiant en médecine, F. Saverio Merlino qui vivait dans l'aisance... et bien d'autres, qui tous volontairement sortirent de la bourgoisie et n'eurent que des persécutions du gouvernement.

On peut dire que jusqu'à 1892 le mouvement politique de l'*Internationale* en Italie a été dirigé par des hommes venus, la plupart, de la bourgeoisie.

Le nouveau parti socialiste italien se constitue dans le congrès de Gênes (1892), par la fusion du *Fascio operaio* Lombard et la nouvelle courante évolutioniste : une grandiose transformation économique venait juste alors de s'accomplir qui substituait à l'économie nationale et à la petite industrie l'économie internationale et la grande industrie, en donnant origine à un vrai prolétariat — comme on l'entend aujourd'hui —. Un problème alors se pose : Dans quelle mesure la formation du prolétariat agit-il sur la composition du nouveau parti politique ?

M. Michels étudie les conditions sociales des dirigeants du parti, dans la chambre des députés, dans les conseils municipaux et dans les délégations socialistes : on peut dire que partout le vrai prolétariat n'est presque pas représenté et que le groupe socialiste est essentiellement un parti intellectuel.

On a dit bien souvent que la plupart de ces socialistes militants n'étaient que des prolétaires intellectuels : l'auteur réussit à démontrer que ce facteur social n'a pas plus d'importance en Italie qu'ailleurs.

M. Michels passe ensuite aux conditions qui dominent dans le socialisme italien, en étudiant la statistique des associés au parti et leur vie dans plusieurs régions. Il résulte de ses recherches que le prolétariat urbain et rural représente 72,18 p. 100; la petite bourgeoisie, 14,29 p. 100; la classe instruite, 3,8 p. 100.

La détermination exacte des électeurs socialistes n'est pas facile puisqu'il n'est pas possible — à cause de difficultés psychologiques — de déduire tout simplement des statistiques des électeurs le parti auquel les électeurs appartiennent. Il faut ajouter qu'en Italie le suffrage universel n'existe pas et par conséquent le parti socialiste ne peut pas traduire en forces effectives toutes ses énergies potentielles — une partie du prolétariat étant exclue du droit d'élection. Le plus grand nombre d'électeurs socialistes se trouvent dans les régions où les organisations du parti se sont mieux constituées (Emilie, Romagne). Pour ce qui regarde le sud de l'Italie on ne peut pas parler, jusqu'à présent, d'un vrai mouvement socialiste bien établi.

Le parti socialiste jusqu'en 1895 se composait presque seulement de population industrielle, mais dans ces dernières années il a reçu une force considérable des populations rurales du nord d'Italie.

Parmi les prolétaires qui ne votent pas on doit ranger les anarchistes, qui sont anti-parlementaires — les *mazziniani* intransigeants, les catholiciens, qui s'abstinrent pendant longtemps des combats électoraux mais qui en 1904 participèrent aux élections générales; parmi les ouvriers électeurs anti-socialistes, il y a les démo-chrétiens (Murri), les républicains et les radicaux. D'ailleurs le mouvement socialiste a souvent les sympathies d'une classe « prolétaroïde » qui est constituée, dans les communes rurales, par les métayers, les petits fermiers et les laboureurs.

Somme toute M. Michels observe que bien que les prolétaires constituent la majorité numérique du parti, ils ne suffisent pas tout seuls pour le soutenir dans les élections et que la participation des bourgeois est absolument nécessaire pour une pénétration efficace dans la Chambre des députés.

De la composition du parti socialiste il passe aux conséquences dans son action et dans son caractère. Les mobiles moraux dominent dans le socialisme italien, puisque l'Italie est la terre promise de la « propagande évangélique ». Cette caractéristique est une tendance du peuple italien et surtout des hommes qui composent le parti. En effet les intellectuels du parti n'en ont eu que des dommages matériels et moraux, ce qui signifie qu'ils se sont sacrifiés : les paysans sont très accessibles au sentiment religieux et par conséquent à tout ce qui représente une force mystique. En analysant la psychologie du peuple italien, on peut conclure qu'il y a en Italie « une prédestination et une adaptation psychologiques des bourgeois au socialisme ».

La lutte de classes dans le mouvement socialiste est le dernier objet de l'étude de M. Michels. La tâche de la bourgeoisie, dans ses rapports avec le socialisme, est l'éducation du prolétariat : après quoi elle doit disparaître. La majorité numérique des ouvriers, dans le parti, vient de plus en plus s'affermir. En 1900, deux ouvriers authentiques étaient envoyés à la Cham-

bre. Depuis celle époque, le mouvement socialiste élargit son action. Mais
presque en même temps deux courants opposés — le réformisme et le
syndicalisme — se manifestaient dans le parti. La guerre entre les dirigeants intellectuels des deux tendances, qui s'accusaient réciproquement
de servir la bourgeoisie, exaspéra le prolétariat qui essaya de s'émanciper
des classes intellectuelles et put s'affermir décidément au Congrès de Bologne (1904), sans qu'on puisse cependant parler d'une complète rupture
entre les deux classes, parmi lesquelles la bourgeoisie a toujours la prééminence parlementaire. D'où il suit que le parti ouvrier italien n'est pas,
un parti prolétaire.

Si on ne peut pas quelquefois souscrire à quelques jugements psychologiques et à quelques conclusions de l'auteur, force nous est toutefois de reconnaître que l'étude de M. Michels est l'œuvre précieuse d'un savant et d'un
observateur et que la longue étude du phénomène socialiste italien qu'il
nous donne est une synthèse claire, précise et bien souvent originelle dont
on avait besoin depuis longtemps. Je puis bien dire que parmi les récentes
publications scientifiques, qui regardent le socialisme italien, celle de
M. Michels est une des plus complètes et profondes.

Virginio Gayda.

Irving Fisher, *The rate of interest, its nature, determination and relation to
economic phenomena,* 1 vol. in-8° de XXII-442 pp. New-York, Macmillan,
1907.

Cet ouvrage fait suite, en quelque sorte, à l'ouvrage du même auteur,
The nature of capital and income, dont j'ai rendu compte dans cette Revue
il y a deux ans environ [1]. On se rappelle sans doute que dans cette première étude M. Fisher avait cherché à définir le capital, le revenu, etc.,
et à déterminer comment il convient de les estimer. Dans le livre qu'il a
fait paraître récemment, c'est une théorie de l'intérêt qu'il développe.

M. Fisher commence par critiquer quelques-unes des théories qui ont été
émises avant lui. Il le fait avec une très grande pénétration, et si ses critiques, à l'ordinaire, ne sont point nouvelles quant au fond, elles ont le
mérite d'être présentées sous une forme très frappante et très persuasive.
Il y a lieu de signaler, entre autres, le passage où M. Fisher indique le vice
de la théorie dite de la productivité (p. 14-15), et ceux où il dégage le fond
de vérité que cette théorie contient (p. 28, 52). De même, la démonstration
est lumineuse par laquelle il fait voir que la productivité technique du
capital ne saurait engendrer une préférence en faveur des biens présents
de la manière que veut Böhm-Bawerk (v. pp. 61 et suiv.). Je reprocherai
toutefois à M. Fisher, à propos de la critique qu'il fait de la théorie de
Böhm-Bawerk, de trop accorder à cet auteur. Il accorde à Böhm-Bawerk
(pp. 55, 58) sa proposition que l'allongement du processus productif permet d'accroître indéfiniment le produit : et cette proposition est fausse

---

[1] V. le numéro de mai 1907.

si on la prend au sens de Böhm-Bawerk, c'est-à-dire si on entend parler d'un accroissement du produit *par unité de capital*. Il fait mérite à Böhm-Bawerk (v. p. 98) d'avoir noté l'influence de la courbe du revenu sur la capitalisation et sur l'intérêt : mais les vues de Böhm-Bawerk sur ce point sont incomplètes ; Böhm-Bawerk n'a pas aperçu que, là même où le rapport des ressources et des besoins n'était pas destiné à devenir plus grand, un obstacle pouvait exister à la capitalisation, en raison du fait que celle-ci *par elle-même* modifie la courbe du revenu.

Arrivons à la théorie propre de M. Fisher. La caractéristique principale de cette théorie, ce qui plus que toute chose en fait l'originalité, c'est la place qu'y occupe la notion du *revenu*. L'intérêt, d'après M. Fisher, s'explique par les efforts que font les hommes pour modifier la courbe de leur revenu dans le temps.

M. Fisher n'expose pas sa théorie d'un coup. Il procède par une série d'approximations, considérant tout d'abord une hypothèse simple, et se rapprochant de plus en plus de la réalité par des complications qu'il introduit dans son hypothèse première.

M. Fisher suppose, tout d'abord, que la courbe du revenu futur, pour chaque individu, soit à la fois *certaine* et *rigide*. Cette courbe est certaine : chacun sait ce qu'il aura de revenu dans chacune des périodes à venir. Elle est rigide ; en d'autres termes, il n'existe pas d'autre moyen, pour un individu, de modifier la courbe de son revenu que celui qui consiste à échanger des revenus prochains contre des revenus éloignés, etc., bref, à conclure des prêts et des emprunts, ou encore à acheter ou à vendre des biens productifs de revenus. Dans une telle hypothèse, qu'arrivera-t-il ? On verra la plupart des gens, sinon tous, préférer les biens présents aux biens futurs, des biens disponibles dans un temps donné à des biens — de valeur égale —, disponibles seulement plus tard. Seulement, cette *time-preference* variera d'un individu à l'autre. Elle variera, notamment, selon la *grandeur* de chaque revenu et selon la *façon dont il se distribuera dans le temps*. La préférence pour les biens présents, par exemple, sera moins forte, toutes choses égales d'ailleurs, chez ceux qui posséderont des revenus plus élevés — à la vérité, M. Fisher ne nous montre peut-être pas assez bien pourquoi (v. pp. 94-95). — Elle sera plus forte chez ceux dont les revenus sont destinés à s'accroître considérablement que chez ceux dont les revenus sont destinés à s'accroître moins, ou à demeurer stationnaires.

La *time-preference* étant à la fois universelle et variable, il se fera des emprunts, et des achats de biens productifs de revenus : et l'intérêt apparaîtra. Cet intérêt s'établira en telle sorte que les opérations capitalistiques de sens inverse qu'il provoquera s'équilibrent. Et quand il se sera établi, quand toutes les opérations auxquelles il doit donner naissance auront été conclues, la *time-preference* sera la même pour chaque individu — par rapport à ce revenu qui restera en dehors des opérations en question —; et elle s'identifiera précisément avec le taux de l'intérêt.

Telle est la théorie de M. Fisher, dans sa première approximation. Une deuxième approximation sera obtenue en tenant compte du fait que nos revenus ne sont pas rigides. Mon revenu n'est pas fixé par avance — en écartant les possibilités que j'ai d'emprunter, etc. — à tant pour l'année qui vient, à tant pour celle qui suivra, etc. Selon, par exemple, que j'exploiterai de telle ou telle façon une forêt que je possède, selon que j'investirai mon avoir dans une exploitation forestière, agricole ou minière, je donnerai à la courbe de mon revenu telle ou telle forme. Et sans doute, au point de vue de l'individu, c'est le taux courant de l'intérêt qui règle ces choix qu'il nous faut faire. Mais pour la société, l'ordre causal est renversé ; c'est le taux de l'intérêt qui est influencé — en une certaine façon que M. Fisher indique — par les options qui existent (v. p. 146).

On arrivera à une approximation plus grande encore en prenant en considération le risque qui est attaché à toute opération capitalistique. Les risques varient d'une opération à l'autre ; ils sont appréciés différemment par les différents individus. De là, toutes sortes de conséquences que M. Fisher développe (chap. XI). Une de ces conséquences, qui est bien connue, c'est la diversité des taux d'intérêt auxquels les prêts sont consentis.

M. Fisher, enfin, appelle notre attention sur ce fait qu'il y a un taux nominal et un taux réel de l'intérêt (chap. V). Le revenu que nous tirons d'une somme prêtée variera, en réalité, quand variera la valeur de l'argent. D'autre part, comme les variations de la valeur de l'argent peuvent être prévues dans une certaine mesure, la perspective de ces variations ne sera pas sans exercer une action sur les mouvements de l'intérêt nominal lui-même.

M. Fisher, en somme, a construit toute sa théorie de l'intérêt en se servant de la méthode qu'on appelle improprement déductive, je veux dire de cette méthode qui consiste à analyser les faits familiers et élémentaires et à raisonner sur eux. Il estime — et tel est aussi mon avis — que dans un problème comme celui de l'intérêt, seul l'emploi de cette méthode est fécond, et que les résultats où il conduit n'ont pas besoin d'être justifiés autrement (p. 289). Il pense cependant qu'il convient de demander à l'observation des faits historiques et statistiques, à l'induction, la confirmation de ces résultats. Et il consacre trois chapitres (XIV à XVI) à cette vérification inductive de ses conclusions, comme aussi à la réfutation — par la même méthode — de cette idée, si courante dans le monde des affaires, que le taux de l'intérêt dépendrait de la quantité de monnaie disponible.

M. Fisher a consacré encore un chapitre de son livre (le chap. XII) à montrer la place que la théorie de l'intérêt doit occuper dans la science économique. Cette place, il la fait très grande ; il la fait même, à mon avis, trop grande. La théorie de l'intérêt, dit-il, pénètre celle des prix : car il n'est pas de prix, ou il n'en est guère, dans la détermination desquels n'entre quelque intérêt. Et cela est vrai sans doute : mais il n'en reste pas moins qu'on peut établir la théorie des prix en négligeant ce fait. M. Fisher, d'un autre côté, veut que la théorie de l'intérêt constitue la base de la théorie générale de la distribution. Il invoque ici cette conception de Cannan — qui est assez à la mode aujourd'hui — d'après laquelle la distinction classique des revenus en intérêts, rentes, salaires et profits serait de peu d'utilité pour expliquer la répartition des richesses. Et il émet pour son compte cette vue que l'intérêt est non pas une partie, mais, à le bien prendre, le tout du revenu. Il ne me semble pas en avoir assez dit pour ruiner à jamais, chez ceux qui l'ont, la croyance à l'importance à la fois théorique et pratique de la vieille division des revenus.

Mais prenons en elle-même l'explication que M. Fisher propose de l'intérêt. Cette théorie me paraît juste dans son fond. Et je ne saurais l'apprécier autrement, puisque j'y retrouve les mêmes éléments que j'ai fait entrer dans la mienne, agencés d'une manière qui n'est point essentiellement différente de celle que j'ai cru devoir adopter [1].

C'est surtout par la façon dont les éléments en question sont présentés que la théorie de M. Fisher est nouvelle, par le point de vue où celui-ci se place pour examiner les phénomènes dont il s'occupe. M. Fisher, comme je l'ai dit, explique l'intérêt en rapportant tout à la notion du *revenu*. L'effort perpétuel qu'il fait pour cela, sa volonté d'éliminer le plus possible de sa théorie l'idée du capital n'est pas sans le conduire à des exagérations, à des assertions discutables. M. Fisher nous affirme que, si l'on s'engage dans des opérations capitalistiques, c'est afin de modifier la courbe de son revenu. Mais supposons un individu qui possède un million d'argent liquide. Si cet individu dépose son argent dans une banque, s'il en achète des valeurs qu'il pourra négocier quand il lui plaira, faudra-t-il dire de lui qu'il a voulu modifier la courbe de son revenu ? Ne plaçant pas son argent à intérêts, notre individu certainement n'eût pas fait cet acte insensé de « manger » son million sur l'heure : il en eût mis de côté la plus grande partie, pour dépenser cette réserve peu à peu ; et peut-être eût-il dépensé chaque année la même somme qu'il dépensera en effet.

Les quelques réserves qu'il peut y avoir lieu de formuler n'empêchent pas que le choix que M. Fisher a fait de son point de vue est, à de certains égards, un choix heureux, que de ce point de vue, on aperçoit mieux bien des choses importantes. Et comment en serait-il autrement, puisque le revenu est, en dernière instance, tout ce que nous cherchons à nous assurer, puisque la consommation, en d'autres termes, est la fin où tend toute notre activité économique ?

Je n'ai pu que donner une idée toute sommaire de l'ouvrage de M. Fisher. J'en ai un vif regret. Je tiens à indiquer, du moins, que cet ouvrage est extrêmement riche en vues de détail, et que ces vues de détail sont nouvelles très souvent, justes presque toujours, et toujours pénétrantes ou ingénieuses. Je tiens à dire que sous le rapport des qualités d'observation qu'il manifeste, de l'habileté dans la construction théorique, de la rigueur dans le raisonnement, de la lucidité et de la précision dans l'exposition, il est digne pour le moins des travaux antérieurs du même auteur, et de la place éminente que celui-ci occupe parmi les économistes contemporains.

Adolphe LANDRY.

[1] Voir mon *Intérêt du capital* (Paris, Giard et Brière, 1904).

Handwœrterbuch der Staatswissenschaften, *Dictionnaire d'économie politique,* 3ᵉ édit. remaniée, 1ᵉʳ vol., 1.232 p. in-4°, Iéna, 1909, G. Fischer, éditeur.

Le grand dictionnaire allemand, publié par MM. Conrad, Elster, Lexis et Lœning, a vite atteint sa 3ᵉ édition. Le premier volume de la nouvelle édition qui vient de paraître contient la majeure partie de la *lettre* A (jusqu'à *Aristote*). Nous trouvons donc dans ce volume un grand nombre d'essais qui se rattachent à l'agriculture (*Ackerbau, Agrargeschichte, Agrarkrise, Agrarpolitik, Agrarstatistik*), aux sociétés par actions, aux questions du travail (*Arbeit, Arbeiterschutz, Arbeiterversicherung*), des grèves (*Arbeitseinstellung*) et des salaires (*Arbeitslohn*). Les collaborateurs de ce volume ont su réunir la théorie à l'aspect pratique et à la statistique (internationale) des sujets qu'ils traitent, et à chaque article se joint un important annexe bibliographique. Nul économiste allemand ne se passe aujourd'hui du *Handwörterbuch,* dont l'autorité va en augmentant dans les pays étrangers.

P. E.

Biblioteca degli studenti, R. Giusti, editore, Livorno.

M. Giusti a eu l'excellente idée, quoique pas tout à fait nouvelle en Italie, d'entreprendre la publication d'une petite collection qui puisse fournir aux étudiants — dans leurs préparations — et à tous ceux qui veulent passer un examen, sans trop de peine, les premières notions élémentaires scientifiques. Parmi les récentes publications dignes de remarque qui peuvent intéresser les sciences sociales, il faut citer les clairs exposés de M. G. Vaccaro-Russo. *Diritto costituzionale* (prix 0 l. 50), *Diritto civile* (1 l.), *Diritto commerciale* (1 l.) et l'*Enciclopedia giuridica* (0 l. 50) de M. Orano.

V. GAYDA.

Le Gérant : L. LAROSE.

31.099. — BORDEAUX, IMPRIMERIE Y. CADORET, RUE POQUELIN-MOLIÈRE, 17.

ically
REVUE
D'ÉCONOMIE POLITIQUE

L'EXODE DU MONTAGNARD

ET LA TRANSHUMANCE DU MOUTON EN FRANCE

Une cause essentielle, tangible, de l'exode rural, la dégénéres-cence culturale du sol, n'a jamais été que très superficiellement envisagée : comment persister à vivre dans des pays à ce point désertisés, que le sol n'y produit plus ni bois ni herbages? Or, surtout en montagne, la culture pastorale extensive, uniquement en quête de profits personnels, présents ou prochains, engendre toujours cette dégénérescence par l'érosion torrentielle, par l'ava-lanche ou l'aridité. Certaines de nos hautes vallées françaises, peuplées jadis, se sont ainsi vidées ; d'autres se dépeuplent tous les jours.

Les collectivités montagnardes, parmi lesquelles nul n'est respon-sable de la gestion du bien commun, confient cette gestion au plus offrant des intermédiaires : celui-ci, fréquemment étranger au pays, exploite les pelouses sans aucun contrôle, avec des troupeaux de moutons qui transhument, suivant les saisons, de la montagne à la plaine et inversement. Ces troupeaux finissent par semer le désert derrière eux, mais ils rapportent encore à leurs propriétaires des profits personnels très enviés.

Les montagnards fatalement expulsés de chez eux par les mou-tons, qui ne tardent pas à y être affamés, ne pâtissent pas seuls de ce pillage économique du sol. Le pays tout entier et l'Etat en sont des victimes immédiates. Le pays, aussi peu informé que gardé, se trouve à son insu, privé des profits impersonnels et sociaux, à plus ou moins long terme, que vaut toujours une montagne armée et parée de bois et de pelouses, à la plaine cultivée et peuplée qu'elle abrite et fertilise. Pour l'Etat, qui en France n'a su ou voulu se ménager dans la gestion des terres sylvo-pastorales communes un droit de contrôle qui n'incombait qu'à lui, il est bientôt contraint, dans l'intérêt public, de garantir, et à très grands frais, la sécurité de la plaine en restaurant la montagne. Faute de s'y être pris à temps, il cherche à se réapproprier des terres mortes qui eussent pu être conservées vivantes et peuplées. Il y accentue, quand il n'y provoque pas, l'exode du montagnard, souvent même son expatriation lointaine et irrémédiable.

Pour la France qui se dépeuple, les chimères de la colonisation ne sauraient atténuer semblables pertes.

I

De 1901 à 1906, la population a décru dans 55 de nos départements. Sur nos 31 départements montagneux à influences torrentielles, 26 ont perdu 107.000 habitants : pour les 5 autres, la dépopulation des hautes vallées est masquée par l'accroissement des grandes agglomérations de l'aval, Nice, Perpignan, etc. Les 5 départements des Pyrénées de l'Ouest ont perdu 23.142 habitants, la Haute-Garonne seule a perdu 6.416 habitants. Dans le massif central ou à ses abords, 7 départements, Ardèche, Aveyron, Cantal, Hérault, Lozère, Puy-de-Dôme, Tarn et Garonne, perdent 37.963 habitants, soit 15 p. 100. Les cinq départements alpins, Hautes et Basses-Alpes, les Savoies, l'Isère perdent 14.955 habitants, soit 10 p. 100.

De 1851 à 1901, les 4 départements pyrénéens du bassin garonnais ont perdu 146.000 habitants, le dixième de leur population. Dans les Hautes-Pyrénées, la dépopulation de la montagne est masquée par le développement des Centres, militaire, religieux et thermal de Tarbes, Lourdes, Bagnères, etc. Toutes les communes montagneuses se dépeuplent, certaines ont perdu 50 p. 100 de leurs habitants depuis 50 ans. Les Basses-Pyrénées, de 1840 à 1872, ont perdu 64.000 habitants. De 1851 à 1906, la population de l'Ariège, le pays de « la mine au mineur » autant que celui du « pâturage au pâtre », passe de 267.435 habitants à 205.684, perdant 23 p. 100 ; le district minier de Vic-Dessos s'est dépeuplé de 26 p. 100 en 36 ans. Dans les Alpes provençales, les Basses-Alpes ont décru de 153.783 habitants en 1870, à 115.021 en 1906, perdant 1.100 âmes par an : la seule vallée de Barcelonnette a perdu 28 p. 100 de ses habitants depuis 50 ans, plus que celle de Vic-Dessos. Dans les Hautes-Alpes, la population s'est accrue régulièrement de 1801 (116.317 habitants) à 1846 (133.100 habitants), pour décroître ensuite, perdant aujourd'hui plus de 400 habitants par an et tombant à 107.498 habitants en 1908. Certaines communes ont vu leur population réduite de moitié en 30 ans; d'autres ont capitulé devant le mouton, amorcées par les agents d'émigration; elles ont fui leurs torrents déchaînés. En Savoie, de 1858 à 1906, la population a passé de 281.103 habitants à 253.297 habitants, perdant 10 p. 100 en 50 ans; la dépopulation ne s'est plus ralentie à partir de 1886; de 1901 à 1906, les deux départements savoyards ont perdu 4.670 habitants.

En définitive, 26 de nos départements montagneux méridionaux perdent actuellement 1,03 p. 100 de leur population par période quinquennale, soit 22.000 habitants par an, pour la dernière période. La marche de cette dépopulation, qui exporte quand elle n'expatrie pas toute la sève jeune, entreprenante et travailleuse des montagnes où ne demeurent que l'enfant, la femme âgée, le vieillard et l'invalide, progresse partout.

En manière de contre-épreuve, on constatera que dans nos régions à grande culture, les départements où la population s'accroît ou ne diminue pas, ont un taux de boisement supérieur à ce qu'il est dans les autres. Dans le Gers, par exemple, pays de coteaux où la rapine culturale a saccagé les forêts, la culture est en détresse et le sol atteint de « misère physiologique » (Pedebidou, Risler, etc.); la natalité est restreinte plus que partout ailleurs en France (V. Turquan); la population s'élevait à 314.885 habitants en 1846, elle n'a cessé de décroître depuis, pour tomber à 231.088 habitants en 1906, perdant 1.400 habitants par an, plus que les Basses-Alpes. Par contre, dans les Landes, où les forêts couvrent aujourd'hui 50 p. 100 du territoire, la culture n'a cessé de progresser (E. Risler) ainsi que la natalité; la population en 1856 était de 309.833 habitants, elle est encore de 293.397 habitants, perdant seulement 372 habitants par an, depuis 50 ans, 4 fois moins que le Gers, près de 30 fois moins que le Lot qui a perdu 2.000 habitants par an. Il semble même que le point mort soit franchi, car de 1901 à 1906, la population des Landes a augmenté de 1.811 habitants en même temps que se développait la valeur des produits des pignadas. Le Gers et les Landes sont l'un et l'autre dépourvus de grands centres attractifs. Dans le premier département, entièrement dénudé, les rivières « intentionnelles », très nombreuses, sont de véritables torrents qui « versent à la Garonne des apports limoneux permanents »; dans les Landes, le régime régulier des rivières permet d'en utiliser un certain nombre pour le flottage et la houille-blanche.

Dans les Vosges, les basses vallées agricoles se dépeuplent, la population des hautes régions sylvo-pastorales augmente. Des faits identiques sont signalés en Bohême. La natalité française croît surtout... quand elle progresse, dans nos hautes vallées sylvo-pastorales (V. Turquan).

On devra donc admettre que, dans certaines conditions écologiques et économiques, la forêt, loin de constituer en principe, comme le pensèrent d'éminents géographes, un « vide dans l'œkoumène » (Ratzel),devient un centre diffus de population, une cause d'enracinement au sol pour l'homme civilisé.

Contrairement à l'opinion que firent valoir jadis certains financiers français, pour déterminer l'aliénation des forêts de l'Etat, l'association de la culture sylvicole à la culture agricole stabilise donc le paysan : il trouve dans la forêt spontanément renaissante, une cause d'enracinement au sol que lui refuse la précarité des autres cultures. L'essor actuel pris par la valeur de la matière ligneuse et de ses dérivés industriels, ne peut qu'accentuer cette relation.

Comment se refuser à voir dans la prospérité du tapis pastoral un puissant élément de stabilisation pour le montagnard? Comment vivre à ces hautes altitudes où, pendant de longs mois, le troupeau devra être nourri et abreuvé à l'étable ; le montagnard se chauffer, bloqué et terré sous la neige, quand le sol ne renferme ni houille ni tourbe, ne produit plus ni herbes ni bois, ni même des feuilles pour le couchage? Les savoyards de la Haute-Maurienne, ceux-là mêmes qui prétendent que les torrents rongeurs donnent aux vallées « la terre qu'il leur faut », croient résoudre la question, en se chauffant avec les houses desséchées de leurs bestiaux, comme au Pamir, comme sur les hauts plateaux algériens! Ils ont cependant des anthracites à fleur de terre. Dans l'Ariège, où il n'en existe pas, Dralet rapportait déjà que, bien avant 1813, le déboisement absolu de certaines vallées les avait fait déserter par leurs habitants qui ne s'étaient pas privés d'aller piller des forêts espagnoles pour se chauffer.

Des Alpes aux Pyrénées, nos populations montagneuses n'ont cessé, malgré de longues guerres qui nous coûtèrent dix-sept cent mille Français, de s'accroître pendant la première moitié du XIXe siècle. Mais nul frein n'était opposé, et ne l'est encore aujourd'hui, aux déprédations sylvo-pastorales de l'usine, du bûcheron ou du troupeau : aussi l'activité torrentielle se multiplia-t-elle partout. Dans les vallées alpines, le greffage de nouveaux cônes de déjections sur les anciens, stéréotypa cette reprise; ailleurs ce furent des inondations. C'est de 1846 à 1856 que commence à s'accentuer l'exode de nos montagnards : il fut en grande partie la conséquence tangible de l'exode du sol torrentialisé.

On peut apprécier les effets de la dénudation, en étudiant les masses de matériaux solides expulsées aux estuaires de nos grandes rivières torrentielles : Garonne, Rhône, Loire, Adour, Hérault, Var, etc... Ces puissants travailleurs du sol entraînent aujourd'hui dans la mer, par an, plus de 72 millions de mètres cubes de sables, vases et limons, sans compter les matériaux plus grossiers qu'ils entassent dans les hautes vallées ou dans leur lit. Si l'on suppose ce décapage restreint à la zone de nos montagnes essentiellement torrentielles, qu'on peut évaluer au dixième du territoire, il représente l'ablation d'une couche uniforme supérieure à un décimètre de hauteur par siècle. Ce dépouillement violent de la « chair des montagnes » est, pour l'ensemble d'un pays, le signe le plus perceptible d'une « dégradation d'énergie ».

C'est donc à juste titre qu'un ancien ministre de l'Agriculture représenta au Parlement, bien avant qu'on parlât du Retour-à-la-Terre, le sol de certains de nos départements « comme fondant littéralement dans les vallées » (J. Méline). Les ingénieurs hydrographes ont d'ailleurs établi la progression actuelle et très accentuée de ce phénomène qui ne saurait être uniquement attribuée à des causes purement géologiques : en France comme en Italie, ils l'ont très nettement rattachée à l'extension de la dénudation sylvo-pastorale.

Le montagnard ne perçoit ces effets, sans jamais en chercher les causes, que le jour où sa maison est emportée, son champ alluvionné. Parfois même c'est très loin, dans le temps et dans l'espace, que se fera le dénouement de cette tragédie culturale, quand les sables littoraux enseveliront maisons et cultures à l'estuaire de

fleuves d'où les navires auront été expulsés. C'est bien à la torrentialité croissante des gaves pyrénéens qu'on doit en grande
partie attribuer la fluidité des populations gasconnes très étudiée
aujourd'hui (V. Turquan). Dans ces cas désespérés, il n'y a évidemment qu'à fuir, et c'est le parti du grand exode, de l'expatriation, que prend le montagnard alpin, caussenard et pyrénéen.

Sans doute, il y a des échouages sur les écueils urbains, mais le
berger s'y trouve dépaysé et emprisonné. Des Basses-Pyrénées à
l'Ariège et de tous les pays gascons, c'est vers les ports de l'Amérique latine « la colonie du pays basque » que s'oriente le courant :
nos pasteurs retrouveront une existence pastorale dans les pampas.
On a essayé, mais en vain et particulièrement en Bretagne, de déri-
ver le courant dans nos colonies : le Languedoc mono-cultural y a
pourvu par intermittences, lors des crises viticoles. Dans le Plateau
central, s'approvisionnent nos cités métropolitaines « gouffres de
l'espèce humaine » (J.-J. Rousseau). Les Hautes et Basses-Alpes
envoient leurs émigrants en Algérie, mais surtout au Mexique et
dans l'Amérique anglo-saxonne. Ces courants, très établis aujour-
d'hui, ont dans la masse de nos populations rurales et surtout
montagnardes, la constance des grands courants marins dans
l'Océan. On estime à 15.000 le chiffre actuel et toujours en croissance de nos émigrants. Ils ne dépassaient pas 4.000 vers 1875.

Il est peu probable que dans ce nombre figurent nos *colons*
algériens et tunisiens, qui ne sont pas de véritables *émigrants* au
sens absolu de l'expatriation.

Je ne puis m'attarder à analyser ici les opinions émises en France
pour ou contre l'émigration, la colonisation de peuplement. On conçoit difficilement que dans notre pays, qui tient aujourd'hui dans le
monde le triste record de la dépopulation ; qui manque de « matière
émigrante », de bras pour ses cultures, ses travaux, sa défense ;
qui devient un pays d'immigration cosmopolite ; dont la faible natalité s'affirme même dans nos colonies, il se trouve encore des apo-
logistes de l'expatriation. Comment admettre que sous couleur de
peupler nos terres africaines, on laisse s'organiser sur nos terres
pauvres métropolitaines une sorte de racolage officiel de nos malheureux ilotes? Comment ne pas déplorer que notre législation
montagneuse du 4 avril 1882 ait si directement provoqué le montagnard à l'exode en organisant la *nationalisation* et non la *pro-*

lection des régions à restaurer ? Comment qualifier le trafic administratif de terres pauvres que l'on poursuit depuis 25 ans et aujour-
d'hui encore, sauf dans les Pyrénées où la route lui a été nettement
barrée, et qui nous a conduits à faire disparaître jusqu'au nom de
plusieurs communes françaises ?

Sans doute, il y a 25 ans, le pays encore peuplé pouvait être et
était obsédé par l'idée de peupler nos terres lointaines, africaines
et autres, avec nos higlhanders alpins. Mais aujourd'hui ! Qui sou-
tiendrait encore que « l'émigration de *quelques coins* de ces Alpes
satisfasse à la fois les intérêts alpins et ceux de la France colonisatrice, ceux de la petite et ceux de la grande patrie » ? Le sophisme
pouvait passer au temps où nous ne recourions pas encore à la
main d'œuvre de l'armée, à celle des Flamands, Suisses, Catalans,
Piémontais, Polonais qui fournissent la masse de nos chantiers...
en attendant que nous nous risquions à recruter des Asiatiques !

De 1851 à 1907, la population de l'Allemagne a passé de 35 à
62 millions ; celle de la France, de 35 à 39 millions d'individus. De
1897 à 1907, l'excédent annuel des naissances sur les décès a
passé, en Allemagne, de 787.000 à 920.000 ; en France, de 108.000
à 19.000. De 1870 à 1900, la population par kilomètre carré a
passé : en Allemagne, de 75 à 104, augmentant de 29 habitants ;
en France, de 69 à 73, augmentant de 4 habitants. De 1881 à 1895,
par rapport à la période antérieure de même durée, la consommation annuelle de *pain* par habitant, a augmenté de 19 kilogrammes
en Allemagne et diminué de 4 kilogrammes en France. A Berlin, il
y a 400 ouvriers français ; à Paris, il y a 50.000 Allemands. En
1881, l'Allemagne, qui organisait la « colonisation à l'intérieur »,
dans ses tourbières, dans ses landes sableuses, en Pologne...
comptait annuellement 210.000 émigrants ; elle n'en a plus que
19.000 en 1900. Encore sont-ce surtout des Polonais chassés,
expropriés, déracinés par la Prusse qui installe ses anciens émigrants dans leurs foyers. En France, nous laissons les Piémontais
supplanter nos Alpins que nous provoquons à l'expatriation.

En Russie, c'est par le développement des cultures qu'on cherche
à remédier à la crise agraire. Depuis 25 ans, près de 9 millions
d'hectares des marais du haut Dnieper ont été aménagés pour fixer
une partie du flot croissant de l'émigration. En 1907, 540.000
paysans ont émigré vers les plaines sibériennes où ils retrouvent
sensiblement les conditions de vie qu'ils avaient dans la steppe.

L'énergie slave n'est nullement amoindrie par le colossal exode, en grande partie dû à l'excès de natalité.

La condition essentielle pour coloniser, à notre époque, est d'apporter avec soi des capitaux, beaucoup de capitaux pour les incorporer au sol sous forme d'améliorations préalables à la culture intensive. Ce n'est pas le maigre pécule que nos montagnards tirent du prix du sang de leurs terres mortes, 60 à 80 francs par hectare, qui constitue la provision indispensable pour réussir. C'est un vernis de faux aloi que se donne ainsi la colonisation française, en orientant de propos délibéré nos montagnards miséreux vers des Cité-du-Soleil, des Icarie, des Port-Tarascon et autres pays d'Utopie que leurs inventeurs eux-mêmes ne pensèrent jamais voir sortir du domaine de l'imagination.

Les conclusions récentes d'une enquête approfondie à laquelle s'est livré le *comité Dupleix* dans toutes nos colonies (Algérie et Tunisie exceptées), sur la question : « Doit-on aller aux colonies » ? sont unanimes et formelles. Nulle part nous n'avons de colonie d'émigration, de peuplement. Ceux de nos émigrants, qui n'emportent pas avec eux un gros capital, 25, 30, 40 mille francs, et surtout une endurance et une énergie à toute épreuve, doivent s'attendre aux pires déconvenues. Des conclusions analogues ont été formulées pour les colonies allemandes. Dans les deux pays, on s'accorde à constater qu'aujourd'hui les colonies ne servent guère, au point de vue du peuplement, qu'à faire vivre une catégorie spéciale de fonctionnaires « arrivistes, qui les exploitent en faisant passer leur intérêt personnel avant l'intérêt général, etc. ».

En Nouvelle-Calédonie, on estimait, il y a dix ans, « que l'indigène ne pouvait être propriétaire; quand l'Etat le spolie, l'exproprie, il reprend son bien à lui, Etat », et il le fait à bon compte. C'est ainsi qu'il cède à des colons des terres qui lui reviennent, en état de culture, de 0 fr. 25 à 4 francs l'hectare. C'est une politique de négrier.

A Madagascar, le général Galliéni lui-même a déclaré la faillite de la colonisation officielle.

De 1871 à 1875, l'implantation en Algérie d'une des 900 familles d'Alsaciens-Lorrains expulsés après la guerre, par ceux-là qui, en pleine paix, expulsent aujourd'hui les Polonais de leur Pologne trop rebelle à la germanisation, a coûté près de 7.000 francs par famille : « Quand la société qui dirigeait l'émigration cessa les envois d'ar-

gent et de vivres, un certain nombre d'Alsaciens rentrèrent chez
eux ou se dispersèrent. D'autres attendirent l'expiration des cinq
années d'engagement, vendirent leur concession depuis longtemps
grevée et disparurent » (d'Haussonville).

Après l'éruption du Mont-Pelé, on décida de faire émigrer de la
Martinique à la Guyane, où les conditions de vie n'étaient pas très
différentes, 285 familles : pour chacune d'elles, les frais étaient
évalués à 2.700 francs. Or, 47 familles seulement purent être transportées et l'opération revint à 9.362 francs par famille.

La transplantation officielle, toujours délicate, du paysan français
en Algérie, revient à 5 ou 600 francs, le taux ne peut que monter
à mesure que les domaines s'épuiseront et qu'il faudra acheter des
terres à peupler.

Un éminent administrateur, très au fait de la colonisation algérienne, estime à près de 1.500 francs les frais d'installation en
Algérie d'un des 25.000 colons officiels provenant des 5.700 familles métropolitaines introduites au cours des 25 dernières années.

Dans les Basses-Alpes, l'émigration d'un « Barcelonnette » coûte
6.000 francs au pays. Tant hommes que femmes, 100 personnes
émigrent par an : le nombre progresse chaque année. De 1848 à
1908, 70.000 personnes ont émigré : la vallée se vide de nos nationaux, l'invasion piémontaise la remplit. Sur 855 conscrits appelés
dans la région au cours des 50 dernières années, 262, soit 30 p. 100,
ont été *insoumis*. Dans les Basses-Pyrénées, devenues depuis une
soixante d'années le pays de l'émigration clandestine, celle de la
jeunesse, et qui depuis des siècles, est aussi celui de la déforesta-
tion par le mouton, la chèvre et l'incendie, de 1897 à 1906,
36.231 conscrits étaient appelés, 3.377 soit 10 p. 100 ont été
insoumis. Pour la circonscription de Bayonne-Mauléon, le nombre
actuel des « Ramunchos » insoumis, « partis en conquérants, rentrés en vainqueurs et qui vieillissent en rentiers » (H. Lorin),
atteint presque 15 p. 100. Ces faits ont leur importance, si l'on
considère que les contingents aussi bien que les engagements et
les nationalisations se réduisent annuellement, chez nous, au delà
des prévisions les plus pessimistes.

En 1888, le chiffre de nos conscrits insoumis, tous expatriés
pour de longues années si ce n'est à tout jamais, était de 4.000 :
ce chiffre est actuellement de 16.582 (L. Achille), il progresse chaque année. C'est aux Arabes que nous voudrions faire appel pour

combler les vides ! aux fils de ces mêmes Arabes auxquels, en 1871, nous avons confisqué ou exproprié 287.000 hectares de cultures, à des prix variant de 57 à 115 francs, pour y installer des colons français ! Nos africains s'y prêteront-ils ? Et est-on bien sûr qu'ils n'aient pas oublié ces procédés justement qualifiés « inhumains » par certains économistes (P. Leroy-Beaulieu) ? Ainsi, par un singulier retour des choses, « alors qu'il n'y a plus d'objections à l'importation, qui sera demain nécessaire, de la main-d'œuvre africaine en France », ces Arabes, futurs soldats ou manœuvres, pourront croiser en Méditerranée les alpins, caussenards ou pyrénéens que nous envoyons coloniser leurs terres ! N'est-ce pas la plus étrange des incohérences ?

Si l'on veut bien se reporter à des chiffres exposés ci-dessus, on constatera qu'il y a parallélisme aveuglant en France, entre la marche des deux phénomènes : *émigration* et *insoumission ;* sans compter le tribut prélevé par la colonisation officielle algérienne, ce double exode expatrie annuellement et pour longtemps une armée de jeunes gens en pleine puissance d'énergie et d'initiative qui atteignait presque *32.000 personnes* en 1907, la plupart d'origine montagnarde.

Il est bon d'ajouter que des amnisties périodiques peuvent consacrer ces faits d'insoumission traditionnelle (Chambre, séance du 2 avril 1908).

La « nationalisation » des terres montagneuses, qui n'est, à vrai dire, qu'une socialisation détournée du sol, doit se poursuivre sur 350.000 hectares au moins, pour achever, disait-on en 1905, la restauration des terres torrentialisées il y a 25 ans : aucun cas n'est fait de celles qui ont été dégradées depuis et le sont tous les jours. Le pays ne court-il pas ainsi la pire des aventures agro-sociales ?

D'ailleurs, la plus grande partie des frais de main d'œuvre de cette restauration (?) bénéficie depuis longtemps aux nombreux étrangers, Piémontais et Espagnols, qui viennent chaque année former la masse des chantiers de reboisement : en échange, comme nous le verrons, leurs compatriotes envahissent impunément nos alpages frontaliers avec leurs moutons transhumants ; sans doute pour se ménager du travail !

Les Lombards et les Vénitiens qui émigrent en Argentine ensemencent leurs terres en novembre et décembre, avant de partir faire leur « récolte d'Amérique » : en mars et avril, ils reviennent au gîte, avec 1.000 ou 1.500 francs, faire leur moisson et arrondir leurs champs. Le fil qui les retient au pays n'est ainsi jamais rompu et la migration « saisonière » parfaitement justifiée. C'est le « Retour-aux-champs » (E. Vanderwelde).

Dans la Lorraine française, devenue aussi industrielle qu'agricole, l'usine a dépeuplé les champs. La culture, privée de bras, recourt largement aujourd'hui aux Polonais expulsés par les « deutschthum ». Les contrats qui lient ces ouvriers agricoles loués à l'année leur ménagent la possibilité de revenir annuellement passer quelques jours au foyer familial, faire un court « Retour-à-la-Terre ». Ils n'abdiquent ni leur langue, ni leur culte, ni surtout leur nationalité. On ne saurait en dire autant de la masse de nos montagnards.

En Beauce ou en Brie, les 45 ou 50.000 Belges qui effectuent périodiquement ce « retour » et qui, avec l'aide des travailleurs militaires, permettent de faire les récoltes, rentrent au bout de 3 mois rapportant de 18 à 20 millions d'or français dans leur Flandre surpeuplée, mais prospère. Cette migration n'a rien que de normal. C'est celle de nombre de nos Creusois, Nivernais, Cantalais, Aveyronais et autres vers la capitale, vers la plaine, à la morte saison des champs ; celle des populations morvandelles lors des vendanges bourguignonnes.

« Chaque printemps, 100.000 kabyles quittent leurs petites maisons de pierres entassées au plus haut des contreforts de la montagne, pour faire la culture et la récolte dans les vignobles de la plaine (de Peyerimhoff) ». C'est une pulsation naturellement rythmée de la vie campagnarde qui agit à son heure sur les habitants des terres pauvres ou surpeuplées, et les envoie périodiquement escompter par leur travail, et à bénéfices mutuels, la richesse des vallées. Chacun y trouve son compte, surtout si l'échange peut se faire entre nationaux d'un même pays.

Tout autre est le « Retour-à-la-Terre » d'un « Barcelonnette ». Les métiers et trafics qu'il a pu faire au Mexique l'ont dissocié tous les jours de plus en plus des choses de la terre et de celles de son pays. S'il y revient après « fortune faite » et de longues années, pour y édifier une villa parée, dont le luxe détonne dans ce milieu plus sauvage que pittoresque, ce sont des stimulants à l'expatriation et aux rapines pastorales, bien plus que les éléments de stabi-

lisation et de progrès culturaux, qu'il rapporte dans ces régions où
il n'existe d'autre culture et d'autre industrie possibles et durables
que celles qui procèdent de l'exploitation sylvo-pastorale.

Défendons aujourd'hui nos montagnards des mirages coloniaux,
des souricières argentine, californienne et autres. Nos Alpes et
nos Pyrénées n'ont rien des highlands d'Ecosse : c'est une double
faute économique et sociale d'y laisser progresser l'exode montagneux, en n'entravant pas l'exode du sol. Nous sommes devenus
trop pauvres en hommes pour en semer comme jadis aux quatre
vents du monde, et nous avons un meilleur emploi à faire de nos
capitaux que d'en subventionner la main d'œuvre étrangère : pour
protéger le travail national, le premier point n'est-il pas de protéger
la terre nationale ?

Sans doute « il vaut mieux cultiver la terre de France avec des
» bras étrangers que de la voir tomber en friches comme les plaines
» du Latium ou les plateaux de la vieille Castille » (M. Lair); mais
ne vaut-il pas mieux encore éloigner de cette terre de France les
fléaux qui ont désertisé ce Latium, cette Castille, le mouton et le
troupeau transhumant ?

II

Le troupeau est l'instrument « capitaliste » indispensable pour
l'exploitation des alpages : la forme *extensive* qu'on a donnée au
parcours de ce troupeau est, comme on l'a vu sommairement, la
cause essentielle de la dégénérescence du sol. A l'origine de ses
dégradations, de ses misères physiologiques, qu'il s'agisse des
pelouses des Alpes ou des steppes de Russie, on trouvera toujours
l'influence du troupeau ou pour mieux dire du berger; car livré à
lui-même, ce troupeau ne s'obstine pas à tirer sa vie d'une terre
morte, il la cherche ailleurs. Squatters et pionniers font mieux et
plus vite aujourd'hui avec le « ring barking » (l'anneau écorcé)
dans le « bush » australien, avec le troupeau de chèvres « essar-
teuses » dans la forêt américaine, pour précipiter la conquête des
terres vierges! Les Asiatiques sont fidèles à la pratique du feu.
C'est à l'incendie, au « ray », que recourent les montagnards de
l'Annam et du Tonkin pour ébaucher des cultures bientôt délaissées, quand la fertilité du sol est épuisée. L'incendie des vacants
et des pelouses pastorales est encore d'un usage courant dans les
Pyrénées.

Aussi le nomadisme est-il bien plus le fait des « râfles culturales » et des pillages économiques, que des seules conditions géographiques du sol. Les premiers hommes, stabilisés par des cultures rudimentaires, furent à la longue mobilisés par les besoins de l'élevage extensif de leurs troupeaux. Devenus pasteurs et ainsi déracinés, ils organisèrent le désertisme autour de leur berceau ; ils y tarirent avec les eaux, la source de toute énergie culturale.

La *chèvre* broute la feuille des arbres, si coriace soit-elle, plus volontiers que l'herbe. Elle se dresse haut le long des arbustes qu'elle décortique ; grâce à ses ongles larges, charnus et prenants, elle grimpera même parfois sur des troncs d'arbres inclinés. Organisée pour l'escalade, elle se perche sur des pointes rocheuses où l'attire une touffe verte, et d'où peu d'autres quadrupèdes sauraient redescendre. Le nez au vent, elle se dissocie volontiers du troupeau, courant où la pousse son humeur indépendante, capricieuse.

C'est à des troupeaux de chèvres que le planteur américain confie le déboisement de certaines terres vierges incendiées et à planter en coton. C'est à des chèvres que l'Administration militaire s'en remet du soin de maintenir toujours dénudés les abords de quelques-uns de nos ouvrages fortifiés de l'Est.

Le *mouton,* à l'allure résignée, le nez à terre, broute les plantes herbacées sous-ligneuses, les jeunes plants forestiers : il ne fait pas que tondre ras les gazons des plus maigres pacages ; il fouille le sol du nez, saisit les touffes avec ses lèvres minces et ses incisives, les arrache, souvent avec leurs racines qu'il dévore. Ses ongles, pincés, menus, à la corne dure, peu ouverte et tranchante, entament le gazon des pentes, y déchaînent et « dessollent » la terre. Sur les routes, le passage répété des grands troupeaux déchausse les empierrements, pulvérise le sol. Les moutons pâturent ordonnés en files ; où passe un d'eux, passeront les autres... comme au temps de Panurge ! En 1875, des moutons argentins formant toute la cargaison d'un navire qui arrivait en vue du Havre, furent pris de panique sur le pont et sautèrent par dessus bord jusqu'au dernier. En juillet 1908, un troupeau de transhumants, affolé on ne sait comment, se dérocha totalement du haut d'un à-pic, près de Gap. Les versants inclinés que les moutons fréquentent sont zébrés de longs sillons décharnés remontant à faible pente suivant la marche du troupeau : l'érosion y a toute prise. Moins leste et audacieux que la chèvre, le mouton est mieux doué au point de vue des facultés d'adaptation : sa laine, sa peau, sa chair, sa graisse en font un animal précieux. Son aire d'expansion est immense en latitude comme en altitude : c'est l'animal des grandes migrations, le berger en a fait celui des grandes dévastations.

Chèvres et moutons, rustiques et voraces, que le pâtre rassemble et stimule de la voix et du geste pour donner l'assaut fatal aux terres pauvres, furent associés dès les temps héroïques ; au chant des idylles et des églogues, au son des pipeaux et des flûtes de Pan, ils semèrent dans le vieux monde plus de terres-mortes que les barbares n'en ravagèrent. Ce sont la faim et la soif du troupeau nomade et destructeur qui déchaînèrent maintes fois les hordes barbares de l'Orient sur l'Occident, où l'araire et l'enracinement au sol ébauchaient la civilisation : les razzias des Touaregs perpétuent encore cette sauvagerie.

La France est un des pays européens qui élèvent le moins de moutons, c'est un de ceux où, par suite d'un ensemble de conditions géographiques et économiques, le mouton cause le plus de dommages au sol.

Le *porc,* d'humeur accommodante, frétillant et heureux de vivre, auquel Taine, après son voyage aux Pyrénées, consacra de si jolies pages, accompagne souvent vaches et brebis en haute montagne, mais monté à dos d'homme ou dans le bât d'un âne. Gavé de petit lait et bien en point, après sa cure d'air, on le redescend... comme on peut, à la fin de l'estivage. Le « retour à la terre » n'annonce pour lui rien qui vaille ! De la transhumance, ce sybarite n'a connu que les fleurs et pour une seule fois dans sa courte existence, sans se douter qu'il y ait encore une roche tarpéienne près du Capitole.

Le *bétail bovin,* massif, aux allures pesantes, aux sabots larges et foulants, est par nature l'exploitant ménager des alpages auxquels il peut accéder. Par suite de la conformation de son mufle, le bœuf ne peut attaquer directement le sol, ni en déraciner les plantes. Il lie la touffe d'herbes et la rompt avec sa langue et ses lèvres prenantes. Il ne pourrait vivre sur de maigres herbages. Les feuilles et ramilles sont pour lui rations de famine. Il y a incompa-

tibilité pastorale entre l'ovin et le bovin : ce dernier n'exploite pas
volontiers les pacages fréquentés et pour ainsi dire contaminés par
l'autre. Substituer la vache à la brebis, la stabulation à la
transhumance est partout l'objectif d'une industrie sylvo-pastorale
progressive. Le bovin stabilise et enracine au sol le cultivateur.

Anes, mulets et *chevaux* ne sont que des comparses accidentels
de la transhumance, peu dangereux pour le sol.

En région accidentée, l'évolution saisonnière de la végétation
exigera que le troupeau émigre chaque année à la belle saison,
après la fonte des neiges, pour exploiter les herbages qui mûris-
sent successivement d'aval en amont. D'où le « nomadisme » avec
ses migrations lointaines dans les régions semi-désertiques, et la
« transhumance », sa forme atténuée, dans certaines grandes
vallées de l'Europe méridionale, particulièrement en France.

Quand, dans les montagnes françaises, bûcherons, forgerons,
cultivateurs et pâtres associés et stimulés par l'Etat pour conquérir et exploiter le sol, y eurent coupé, brûlé, ravagé les forêts dont
les souches subsistent encore en bien des points, les populations
disposèrent d'espaces pastoralisés bien supérieurs aux besoins des
troupeaux qu'elles pouvaient élever : le nombre de ces derniers
est partout et toujours en rapport avec les abris et approvisionnements hivernaux qui, eux, ne sauraient être illimités. Ces pâturages
surabondants sont de temps immémorial loués sans aucun contrôle
par les communautés pastorales à des-capitalistes propriétaires de
moutons, souvent étrangers aux pays pastoraux avec lesquels ils
n'ont nulle attache. Leurs troupeaux vont hiverner au loin, dans
des régions de plaine restées incultes : ils *transhument* de là en
haute montagne pendant l'estivage. C'est ainsi que la Crau, la
Camargue, les garrigues languedociennes, les arides corbenoles,
les landes sous-pyrénéennes et celles de la basse Gascogne sont
devenus et restés jusqu'ici, les pays de stationnement hivernal
d'où, au début de l'été, se fait l'assaut du mouton transhumant
sur les Alpes, les Causses, le Plateau Central et les Pyrénées. Pour
les Alpes-Maritimes, qui versent directement dans la mer, l'hivernage se fait sur des territoires du littoral réservés, mises « à ban »
à cet effet, appelés « bandites ».

Le passage à travers les régions cultivées de troupeaux d'ovins,
« torrents de laine », comptant parfois jusqu'à deux à trois mille,

bêtes affamées, s'opère suivant des itinéraires traditionnels, fixes, des « carraires, drailles, camins ramades, terciers, etc. ». Les transhumants languedociens atteignent la Margeride et l'Aubrac en traversant les Causses ; pour accéder aux Alpes et aux Pyrénées, les troupeaux remontent le plus souvent les chemins des vallées. Ils utilisent les voies ferrées pour monter en Oisans, en Maurienne et en Tarentaise.

Au printemps dernier, la Compagnie des chemins de fer P.-L.-M. a, sur la demande du représentant d'une de nos régions savoyardes les plus pauvres et les plus torrentialisées, accordé un tarif réduit pour y faciliter le transport des transhumants provençaux.

A la même époque, des agronomes localisés dans la région exposaient que « si l'on ne veut pas que la montagne y soit ravagée, dévastée, il importe de ne pas laisser le mouton pénétrer dans les alpages où il sera la ruine et du sol et du pays ».

Rappelons en passant que, chaque année, nos voies ferrées subissent, par le fait de la dénudation pastorale, des avaries torrentielles considérables : la Compagnie P.-L.-M. paie de ce chef des dîmes écrasantes aux seuls moutons de Maurienne et de Tarentaise. Il est douteux que les profits qu'elle paraît attendre des moutons de Provence soient à hauteur des dégâts qu'elle a certainement à en redouter.

Dans ce pays d'où le mouton chasse le montagnard, où l'exiguïté des périmètres de restauration du sol contraste plus qu'ailleurs avec l'ampleur des travaux de maçonnerie faits pour... le reboiser, on a paru vouloir attribuer à des causes climatiques, cosmiques « l'exagération contemporaine de la torrentialité ». Il semble qu'il ne faille pas aller chercher si loin l'explication d'un fait purement humain, qu'avec raison on attribuait déjà, il y a une quarantaine d'années, à l'invasion des moutons provençaux dont la transhumance commença dès l'annexion (Hudry-Ménos). Cette cause de dévastation dut certainement se produire à la même époque, dans les hautes vallées de l'ancien comté de Nice.

Dans les Pyrénées, des accords entre populations de vallées voisines, parfois françaises et espagnoles, dénommés « liés, passeries, faceries... » sont intervenus depuis longtemps : certains furent sanctionnés diplomatiquement. Les mérinos de la Méséta qui ne trouvent plus rien à dévorer sur leurs steppes calcinées, refluent ainsi dans nos hautes vallées pyrénéennes, au plus grand dommage de nos gaves. On ignore dans quelle mesure les troupeaux français usent de réciprocité, sauf en Andorre où chèvres et moutons des deux pays broutent avec une entente cordiale que ne manifestent pas toujours leurs bergers. Colbert s'était déjà préoccupé des avantages que la France pouvait retirer de cette transhumance (lettre du 8 juillet 1682 à l'intendant Foucault, à Montauban).

Des faits de même ordre, quoique moins précisés, se passent dans les Alpes. Dans le haut Jura valaisien, la transhumance bovine s'exerce de temps immémorial, sans paraître encore préjudicier ni au sol, ni aux populations.

A la fin de 1906, et autant qu'on peut l'apprécier d'après les documents épars concernant la transhumance française, le nombre des moutons transhumant en Ardèche, Drôme, Basses-Alpes, Alpes-Maritimes, Hérault et Isère, était de 730.000. On peut évaluer à 800.000 le nombre des moutons transhumant dans les pays pyrénéens, les Savoies, le Var et les Hautes-Alpes; et à 200.000 les moutons espagnols et italiens qui estivent en France. Ce sont donc 1.700.000 ou 1.800.000 animaux, le dixième de nos ovins métropolitains actuels, qui transhument.

Les allures parasitaires de la transhumance sont de toute évidence. Si le montagnard, plus traditionnel et obstiné que tout autre paysan, peut être jugé relativement irresponsable de la part de ruines que subit la pelouse commune du fait des animaux qu'il possède en propre dans le troupeau commun, quelle n'est pas, en réalité, l'irresponsabilité du propriétaire d'un troupeau transhumant, personnage plus ou moins influent et cultivé, qui ne suit que très rarement son capital nomade, insaisissable et ravageur ? Les « middlemen » de cet absentéiste, auquel nulle charge restauratrice du sol n'est jamais imposée, ses « bayles » dans les Alpes, ses « majorals » dans les Pyrénées, ailleurs ses administradores, caciques, etc., ne visent qu'à entasser sur les pelouses la plus grande masse possible de moutons et au plus bas prix. D'autre part, le montagnard n'a souci que de louer très cher ces pelouses aux transhumants et d'en tirer le plus de fumier possible pour ses cultures. C'est le « Raüb cultur », la « mésadaptation », la culture « vampire », la « râfle économique», dans leur expression la plus âpre et perpétuée aussi bien sur la montagne en estivage que dans la plaine en hivernage.

Comme le « Mexicain » retour à Barcelonnette après fortune faite, le retour à la montagne du transhumant ne rapporte rien de bon à une terre où l'origine des fortunes fut pendant longtemps l'exploitation ou, pour mieux dire, la rapine sylvo-pastorale.

Jadis les comtes de Provence, les Dauphins, sur le territoire desquels passaient les troupeaux d'Arles pour gagner les Alpes, accueillaient ces'troupeaux avec sollicitude, en raison des dîmes, droits de péage, de « pulvérulage » et autres profits qu'ils en tiraient sur leur passage; les ducs de Lorraine faisaient de même à l'égard des troupeaux de gros bétail qui gagnaient les chaumes vosgiens.

Aujourd'hui, le fisc tire encore de ces errements parasitaires un profit « personnel et immédiat » très clair, mais non pour le grand bien du pays. Sauf dans les régions très forestières de l'Est, la plupart de nos communes montagneuses, surappauvries en bras et en ressources sylvo-pastorales par l'émigration et la dénudation, ne subviennent plus qu'à grand'peine à des dépenses collectives toujours. croissantes. Le total des centimes communaux était de 2.132.000 francs en 1900, il s'est élevé à 2.862.000 francs en 1907. Plus du tiers de nos communes sont imposées de 50 à 100 centimes : 7.000 communes (25 p. 100), toutes rurales, le sont à plus de 100 de ces centimes qui, à eux seuls, constituent un des problèmes les plus complexes et les moins étudiés du dogme de l'Impôt sur le Revenu.

D'ailleurs, il est bien évident que les possesseurs d'un capital aussi nomade n'ont jamais eu à se préoccuper de l'impôt du sol. Pour les communes à transhumance, le rendement de cette pratique est l'appoint rédempteur, en apparence et pour l'instant présent.

On peut estimer à un franc par mouton, soit à 17 ou 18 cent. mille francs, les sommes encaissées de ce chef par les caisses communales et dont elles reversent une grande partie à l'Etat sous différentes formes. Ce dernier aurait certainement eu depuis longtemps tout avantage à désintéresser pécuniairement les communes qui spéculent de la transhumance en évinçant les troupeaux étrangers.

N'est-ce pas surtout à lui, qui prend une si grande part de responsabilité dans la dégradation et la dépopulation de nos montagnes, qu'incombe la tâche d'obvier à ces fléaux, au plus vite et par tous les moyens? Serait-il donc impossible d'organiser l'*amélioration pastorale* par excellence, le rachat progressif de ce pillage, de cette « râfle économique », si préjudiciable à nos énergies montagneuses? Dans l'ancien comté de Nice, le *rachat des droits* de bandites serait autrement utile que le *rachat des terres* grevées de ces droits qu'on projetait jadis (J. Méline).

La somme nécessaire au désintéressement des communes serait facilement et naturellement prélevée sur le crédit annuel de 3.500.000 francs, affecté à la restauration des montagnes, sans majoration de ce crédit et par simple virement des allocations aux travaux à « grand effet », aux ouvrages en maçonnerie, aux nationalisations du sol. Il n'y a pas aujourd'hui d'autre moyen d'entraver cette « Mort de la Montagne », qu'on cite à tout propos, sans rien tenter pour l'éviter. Car il est fort douteux que les bonnes volontés du moment s'affranchissent assez de contingences électorales ou autres, pour trouver une formule véritablement utile à la restauration du sol; et pour donner l'autorité et l'indépendance nécessaires à ceux qui devront appliquer cette formule... si on la trouve? Nous ne sommes plus aux âges héroïques où l'on acclamait pareils désintéressements, et où l'énergie de quelques volontés haut placées savait triompher des intimidations du « nombre ».

Les terres pauvres de la vallée de Barcelonnette, ce champ clos torrentiel où depuis 50 ans tant de millions ont été employés, on pourrait dire engloutis, à barrer des torrents, à entasser dans leurs lits des « orgies de moellons », seront dans peu d'années presque entièrement nationalisées sans que l'exode du montagnard ait été en rien entravé, au contraire : quant à l'exode du sol, la petite cité, encerclée de plus en plus dans des laves torrentielles qui exhaussent impitoyablement le thalweg de l'Ubaye, restera comme une épave livrée à l'exploitation piémontaise. Dans ce coin reculé des Alpes provençales où s'épanouit à son berceau la grande œuvre de la Restauration des montagnes, se joue depuis 30 ans une véritable tragédie agro-sociale et de plus nationale. Ce ne sont pas les embrasures de notre frontière, si armées soient elles, qui empêcheront la haute Ubaye d'être avant longtemps une sorte d'enclave italienne en sol français.

Il y a 10.000 Français dispersés en Italie, on compte plus de 300.000 Italiens en France, groupés surtout dans le Sud-Est. Ils forment la masse du contingent cosmopolite qui exploite notre

Riviera et qui, dans les Alpes-Maritimes, atteint aujourd'hui les vingt-huit centièmes de la population française. C'est une force!

Certains auteurs, rares du reste, témoins de cette dénationalisation d'une région par la nationalisation du sol, envisagent avec sérénité l'éviction du montagnard et persistent à plaider pour le transhumant. Tel le pangermanisme, le « Deutschtum » aux formes obstinément brutales, proclame actuellement très haut son droit, celui du plus fort, à l'expropriation des terriens polonais, rééditant les « clearing », les « nettoyages » qui furent une honte pour l'histoire sociale de l'Ecosse et de l'Irlande. Quant à nous, et avec bien d'autres, nous estimons que la première tâche à poursuivre en haute montagne est d'expulser les parasites à la fois des montagnes et des montagnards, les transhumants, bêtes et gens, ces chemineaux malfaisants du pastorat qui ne peuvent s'enraciner nulle part. Cette éviction s'impose en France, partout où le troupeau est monopolisé entre les mains d'absentéistes nationaux et surtout étrangers. Ce serait certainement s'illusionner de compter sur nos bons voisins d'Espagne et d'Italie pour restaurer nos montagnes et éteindre nos torrents ; le mieux est de faire en sorte qu'ils soient obligés de garder chez eux leurs moutons ravageurs, de leur fermer nos portes comme nous les fermons à la peste.

Je m'empresse de signaler ici la généreuse coopération fournie par les *Sociétés pour l'aménagement des montagnes* dans les Alpes et surtout dans les Pyrénées. Elles y amodient à leur compte les pâturages à transhumance. Elles peuvent alors en évincer les troupeaux étrangers, réglementer le pacage des bestiaux autochtones admis et faire les améliorations désirables. L'Etat a très heureusement participé à cette initiative dans le Dauphiné. Il devient ainsi l'associé des Sociétés protectrices, exerçant un droit de contrôle sur leurs opérations, mais gardant la liberté d'allures qui lui est indispensable. Cette participation s'impose d'autant plus que les initiatives du début peuvent défaillir, laissant l'œuvre en détresse : elles sont d'ailleurs incapables d'étendre leur action partout où elle est appelée à s'exercer. En fait, des milliers d'ovins ont été de la sorte expulsés des hautes vallées de la Neste d'Aure et du Vénéon. Resterait à savoir s'ils ne sont pas allés surcharger des pelouses voisines. Sous prétexte d'exclure les transhumants d'une vallée, il ne faudrait pas en encombrer une autre qui serait plus

dévastée. En Australie, les lapins qu'on a exterminés au deçà
d'une enceinte close ont pullulé et ravagé de plus belle au delà.
L'absence de tout contrôle, de toute monographie sylvo-pastorale
explicite et sincère ne permet de rien affirmer encore en ce qui
concerne nos transhumants évincés. Qui s'en serait soucié, quand
le sort de nos montagnards évincés par les mêmes moutons n'a,
pendant si longtemps, jamais préoccupé personne en France?

III

Le mouton, cet intéressant laniger qu'il s'agit de parquer rigoureusement là où son travail ne menace pas l'intérêt public; cet
exploitant précieux mais ravageur des territoires sylvo-pastoraux
dont il finit par évincer le sol et jusqu'au berger lui-même, donne
en même temps que sa toison, de la viande, des peaux, du suif, du
lait, des engrais. Son élevage peut rapporter des « profits personnels, immédiats » considérables, jusqu'à 32 p. 100 en six mois dans
la Crau, ce qui explique l'acharnement des seigneurs de la transhumance à défendre leur capital. Dès lors, on pourrait craindre que
la suppression, même progressive, de la transhumance ne boule-
versât profondément l'économie générale des « pays à moutons »
de la métropole.

Les Andorrans dont les chèvres ont dévoré les forêts, qui manquent de bois pour faire des barils mais qui sont amateurs de vin,
estiment que les chèvres leur sont encore indispensables pour avoir
des outres. Est-il nécessaire, comme on voudrait encore le prétendre, de défendre à un titre quelconque l'*élevage extensif* du
mouton, et dans quelles conditions cet élevage se présente-t-il sur
les hauts alpages de France, si on l'envisage à la lumière des faits
économiques contemporains?

Au vieux temps, quand « labourage et pastourage » étaient les
deux seules mamelles où pouvait s'alimenter le pays confiné et aux
industries rudimentaires, l'utilité du mouton, aussi bien en plaine
qu'en montagne, était indiscutable. Il fallait absolument recourir à
lui pour vêtir, en grande partie pour nourrir et éclairer les populations rurales et même citadines. Aussi, un siècle après, Colbert,
aidé par le Contrôleur des troupeaux Carlier, s'appliqua-t-il avec
raison à propager en France les mérinos et southdowns, espagnols
et anglais. Mais en même temps, l'illustre fils du drapier de Reims,

« le commis aux écritures de Louis XIV », comme se plut à l'appeler Arthur Young, défendait de son mieux les forêts, gisements de combustible et surtout de matière première pour l'édification des flottes royales.

Car, en annonçant que « la France périrait faute de bois », en préparant sa belle Ordonnance forestière de 1669, où il consacrait si heureusement l'alliance naturelle des Eaux et des Forêts reconnue bien avant lui, le grand ministre ne visait que les objectifs nés et actuels de la défense du pays, du chauffage et de l'abri des populations. Rien ne fait pressentir dans son œuvre considérable, dans sa correspondance minutieuse et prévoyante, qu'il pût, mieux qu'aucun de ses contemporains, soupçonner les bénéfices indirects, immatériels et sociaux que le boisement vaut à l'ensemble d'un pays.

Les sapinières des Pyrénées étaient alors en France les seules susceptibles de fournir économiquement des bois de mâture que le flottage acheminait vers l'Océan. Cette exploitation fut désastreuse pour la région pyrénéenne. Tels les malgaches qui, pour avoir une planche, coupent un arbre ; tels les pyrénéens qui « pour faire un sabot abattaient un hêtre ; pour une solive, un sapin » ; pour mâter un navire des flottes royales, les traitants de la marine, malgré les énergiques défenses des Grands Maîtres Réformateurs des Eaux et Forêts, saccageaient la forêt qui avait échappé aux forges catalanes. Pâtres français et espagnols lui donnaient le coup de grâce.

Dans les Pyrénées plus que dans les autres montagnes françaises, les lois « libératrices » du 28 septembre 1791 et du 10 juin 1793 dictées par tous les « cahiers » de 1789, sanctionnèrent la ruée du montagnard, en quête « d'intérêts personnels et immédiats », sur tout ce qui pousse et vit à la surface du sol, sans maître, ni culture. Le bulletin de vote acquis plus tard par le berger, acheva d'inféoder à son troupeau le domaine sylvo-pastoral du pays tout entier. Le pâtre en est resté maître absolu jusqu'au jour où, comme à Châtillon-le-Désert, à Chaudun, à Bédéjun, dans la haute Ariège et sur bien d'autres terres, mortes par son fait, il dut capituler devant son œuvre et fuir avec le dernier de ses moutons aussi affamé que lui.

Au XIX° siècle, les *combustibles minéraux*, que les combustibles *liquides* concurrencent déjà d'une façon très appréciable aujour-

d'hui, sont devenus partout d'un usage courant; mais leur recherche exalte singulièrement la valeur de la matière ligneuse raréfiée,
difficile à conserver, encombrante, trois fois moins riche en calories,
et qu'ils vont supplanter, sauf en montagne. La consommation de
la houille noire croît sans cesse. En France, elle passe de 5 millions
de tonnes en 1893 à 9 millions et demi de tonnes en 1907, dou-
blant presque en quatorze ans. Pour extraire une tonne de houille,
il faut $0^{m3}025$, soit 17 à 19 kilog. de bois. Dans nos houillères
françaises, les frais de boisage s'élèvent à 0 fr. 80 par tonne extraite.
La raréfaction du bois menace très prochainement l'extraction de la
houille et, par suite, l'industrie sidérurgique.

Belges, Anglais, Allemands, de plus en plus rationnés en
matière ligneuse, organisent en grand la traite de nos forêts françaises. Les charbonnages belges, qui achètent des bois jusqu'en
haute Bourgogne, consomment actuellement par an 1 million de
mètres cubes de bois évalué à 23 millions de francs. Les houillères de Saint-Etienne consomment annuellement 170.000 mètres
cubes de bois, correspondant à la production de 50.000 hectares
de forêts parfaitement aménagées. Les forêts de la haute Loire et
du haut Allier ne suffisent plus à les approvisionner.

La production annuelle du *fer* n'a cessé d'augmenter au cours
du xixe siècle. Aux Etats-Unis, elle atteint 16 millions de tonnes;
en Allemagne (y compris le Luxembourg) elle est de 8 millions de
tonnes. En Angleterre, elle végète, dit-on, par suite de l'épuisement
des gisements, avec un chiffre de 7 millions de tonnes. En France,
avant 1880, la production ne dépassait pas 800.000 tonnes; mais,
depuis l'exploitation des puissants gisements lorrains et la déphos-
phoration de la fonte par le procédé Thomas auquel l'agriculture
doit ses précieuses scories, un grand essor a été donné à notre
sidérurgie qui a produit 2 millions de tonnes en 1904 et 2 millions et demi en 1905. La valeur de certaines fontes a augmenté
de près de 25 p. 100 dans ces trois dernières années. La France
devient exportatrice de fontes; mais à condition d'avoir de la
houille, par suite du bois, par suite de l'eau dans nos rivières et
nos canaux, nos « chemins qui marchent ».

D'où, une des causes de la participation persistante des forestiers
français aux discussions que, pendant six années consécutives, la
Société d'études du Sud-Ouest-Navigable, fondée à Bordeaux, a
suscitées en France. Ils remplissaient ainsi spontanément une tâche

professionnelle, aussi bien qu'un devoir social. Ceux qui ont pu
saisir cette occasion unique de faire discuter les questions sylvo-
pastorales, ne peuvent que s'en féliciter aujourd'hui.

. Pour écrire, pour propager et défendre « l'idée », il faut plus
que jamais du bois, de la cellulose, du *papier,* matière de prix
encore, au temps de Colbert.

En 1904, il existait 2.780 fabriques produisant 46 milhons de
quintaux de pâte de bois évalués à la somme de 2 milliards. Le
capital engagé était de 5 milliards. La France importe actuellement 286 millions de kilos de pâte de bois, en sús des 400 millions
de kilos qu'elle fabrique. Aux Etats-Unis où l'on est à court de
« pâte », l'industrie « de la Réclame, de l'Affiche » tire la cellulose
de la paille des céréales, sans souci des répercussions que cette nouvelle « rapine culturale » aura nécessairement sur la fertilité du
sol. Dans la steppe, le moujick, qui n'a plus de bois, chauffe son
isbâ avec ses pailles et ses fumiers séchés, mais il exploite un sol
des plus fertiles : il n'en est pas de même dans le Far-West.

. En présence du « rush » universel à la matière ligneuse, qui
fera défaut dans le monde au cours du xxᵉ siècle et dont la production exige là durée de plusieurs existences humaines, on pourrait
croire que, mieux avisés que ne l'était Colbert, protecteur simultané de la forêt et du mouton, nous cherchions aujourd'hui. en
France à restreindre les ravages sylvo-pastoraux de ce dernier.
Loin de là et bien plus, par des mesures fiscales contre lesquelles
aucun argument ne prévaut jusqu'ici, « qui sont une prime à la
réalisation du matériel, à la dévastation » (C. Broilliard), nous
accentuons l'exode de nos produits ligneux devenus matériel de
guerre plus précieux qu'il ne le furent jadis quand on recourait
presque à eux seuls pour construire des navires. Périssent nos
forêts.., comme jadis nos colonies!

De 1897 à 1907, la moyenne de nos importations en *gros bois,*
les plus rares et les plus utiles, les plus « valorisées », atteint
165 millions de tonnes, celle de nos exportations en même bois,
50 millions de tonnes seulement. De 1906 à 1907, par suite de la
réalisation hâtive de forêts particulières déterminée par des
appréhensions fiscales, nos exportations ligneuses ont crû subitement de 19 millions de francs. Cette reprise n'est, pour la fortune
du pays, qu'une victoire à la Pyrrhus. Où trouver demain des
reboiseurs bénévoles, alors qu'on leur refuse avec une farouche

obstination les exonérations fiscales que, depuis la loi de frimaire an VII, le législateur avisé leur avait toujours accordées?

Un fait économique fort heureux pour nos montagnes ressort des statistiques agricoles du bétail en France, c'est la *diminution constante des moutons,* qui de 32 millions en 1840, tombent par réductions successives à 18 millions en 1904. Par contre, le nombre des bovins ne cesse de croître et passe de 12.800.000 en 1862, à 13.700.000 en 1892. Les statistiques des animaux de boucherie confirment ces faits. Dans les Pyrénées françaises, le nombre des moutons a décru de 43 p. 100 depuis 1852; le nombre des bovins a faiblement augmenté sur l'ensemble, mais a nettement diminué dans plusieurs départements (P. Descombes).

Ces transformations pastorales s'accusent aussi très nettement sur un autre territoire montagneux, la Suisse, qui, d'après F. de Tschudi, possédait en 1859 : 850.000 bovins et 469.000 ovins, tandis que les statistiques fédérales de 1906 accusent : 1.497.904 bovins et 209.242 ovins. Les nombres d'existants doublent ou se réduisent presque de moitié en 50 ans, suivant qu'il s'agit de bœufs ou de moutons. Parallèlement, la population helvétique a augmenté de 2.392.740 à 3.525.266 habitants.

Sauf en Angleterre, et pour les raisons que nous indiquerons ci-après, ces faits sont universels et affectent même les *pays neufs :* il est intéressant d'en étudier sommairement les causes.

La *laine* est le principal produit du mouton. C'est certainement une des plus merveilleuses et utiles conquêtes réalisées sur la nature, si l'on songe aux efforts millénaires, aux croisements instinctifs, aux sélections conscientes, aux dépaysements, aux adaptations à grande envergure, opérés du Niger à l'Atlas, à la Méséta, aux Highlands d'Ecosse, par les Berbers, Arabes, Maures, Latins, Anglo-Saxons, pour amener le revêtement du mouton sauvage, resté pileux et ras dans l'Afrique centrale, la laine des mérinos, lincolns, costwolds, southdowns, dishleys, à devenir la longue, épaisse et soyeuse toison du mouton qui exploite les alpages néozélandais aujourd'hui.

L'Australie est le premier pays du monde pour la production de la laine qui forme la moitié de ses exportations. Sur une production mondiale de 994.335 tonnes, l'Australie, les Iles Falkland, l'Argentine, le Cap fournissent 502.277 tonnes au vieux monde, plus de la moitié. Dans l'Australie septentrionale, l'avenir du coton comme celui de la canne à sucre est lié aux mesures politiques d'exclusion prises en 1904 contre les noirs ; les blancs cultivent difficilement ces plantes tropicales.

En France, sauf pour les lainages massifs, cadis, bures, droguets, serges dont Colbert put être si fier jadis, pour les draps militaires, couvertures, tricots, chaussures, la fabrication nationale, que dirigent les caprices de la mode, ne fournit que 15 p. 100 des tissus laineux, et reste par suite entièrement subordonnée à la consommation des laines importées. Pour parer au déficit des 215 millions de kilogr. que l'étranger nous fournit, il faudrait élever 70 millions de moutons en sus des nôtres et sans être assuré d'en écouler les laines, malgré les progrès réalisés par nos éleveurs pour lesquels la laine constitue généralement un bénéfice net (E. Dupont).

Au fur et à mesure que s'est réduite notre production nationale lainière, les importations de laines étrangères ont vite augmenté et facilement comblé le déficit de nos laines moins recherchées.

En 1885, nous produisions 47.000 tonnes et nous importions 185.000 tonnes de laines.

En 1902, nous produisions 25.000 tonnes et nous importions 235.000 tonnes de laines.

Lors de la guerre russo-japonaise, l'industrie française des gros draps a reçu un « coup de fouet », mais elle est retombée dans le marasme. A. Young estimait que les laines françaises valaient à son époque de 36 à 50 francs le quintal. Au siècle dernier, les laines en suint du Midi n'ont pas dépassé 250 francs les 100 kilos ; en 1817, 1834, 1872, 1906 les belles laines languedoniennes ont atteint 200 francs. Leur valeur actuelle est souvent au-dessous de ce chiffre.

Les laines des Pyrénées, si vantées jadis, et dont l'exploitation eut, avec celle des mâts de navires, une si grande part dans la ruine des forêts montagneuses, ne sont pas utilisées dans les tissus renommés fabriqués à Bagnères-de-Bigorre. On y emploie des laines australiennes ou argentines filées dans le Nord, ouvrées avec des machines allemandes, que dirigent des contre-maîtres allemands !

A Béjar, au pays du mérinos, la crise des « draps militaires » a dépeuplé le pays dont, en trente ans, la population est tombée de 19.000 à 9.000 habitants.

Deux causes seules pourraient relever les prix de la laine française : une grande guerre ou une longue crise cotonière !

Au cours du siècle dernier, la *laine* a trouvé dans le *coton,* qui la menaçait depuis longtemps, un formidable adversaire ; la production cotonière mondiale a passé de un million et demi à 20 millions de balles. La culture du coton, primitivement localisée aux Indes et dans l'Amérique du Nord, s'est étendue dans l'Amérique du Sud, au Mexique, en Egypte, au Congo, dans le Turkestan, en Chine, en Corée... Elle se multipliera dans toute la zone intertropicale où le coton est spontané, quand l'irrigation sera possible. C'est pour développer les cultures du coton et de la canne à sucre que filateurs et raffineurs anglais ont barré le Nil à Assouan et qu'ils projettent d'y accroître les aménagements d'eau (W. Willcoks, conférence au Caire, 25 janvier 1908). Tous les efforts de la politique anglaise au Soudan tendent à y implanter la culture du coton par l'irrigation. C'est l'objectif du coton, patiemment et énergiquement suivi, qui a évincé la France de l'Egypte; puissent au moins les montagnes françaises bénéficier de cette défaite économique.

Au Congo français, à Madagascar, l'introduction récente des tissus européens a momentanément restreint la production cotonière, mais elle y subsiste « en puissance », n'attendant que des initiatives, des capitaux... et des irrigations, pour s'épanouir.

En Algérie, la plaine du Chélif, une partie de l'Oranie sont terres à coton. Des cultivateurs encore peu exercés réalisent déjà des bénéfices de 400 à 600 francs par hectare, dans ce pays lainier où, de 1883 à 1887, près de 5 millions de moutons, la plupart transhumants, furent exterminés par la sécheresse.

Aux Indes, l'industrie lainière reste bloquée par le coton avec une production stagnante de 5 à 6 millions de francs. Les importations de tissus laineux ont décru de 51 millions à 33 millions de francs, de 1904 à 1906.

En Italie, la production de la laine a décliné de 120.000 à 90.000 quintaux de 1886 à 1906; la production des tissages, filatures et imprimeries de coton, qui n'était que de 185 millions de lires en 1885, atteignit 400 millions de lires en 1904 (E. Ciretti).

L'Allemagne productrice de laine et où l'industrie du coton a pris un essor considérable, exporte annuellement pour 450 millions d'étoffes de coton, contre 375 millions d'étoffes de laine ; on estime que dans le dernier tiers du siècle dernier, la consommation du coton par tête d'habitant y a triplé (Lichtemberger). Le chiffre total de l'industrie cotonière allemande est actuellement de 1 milliard 54 millions et demi de francs.

Les exportations de laine diminuent en Chine ; sauf sur les hauts plateaux, la laine y est délaissée. Le Céleste Empire devient un grand pays cotonier. En 1906, il exportait pour 43 millions de francs de coton brut et importait pour 565 millions de tissus de coton (P. Clerget).

En 1907, l'Argentine, qui, après l'Australie, fournit une bonne partie de laines utilisées dans le monde, a exporté 7 millions de kilog. de coton cultivé sur 4.644 hectares ; c'est une entrée en scène.

Depuis 1871, les importations de coton ont passé : à Brême de 316.000 à 2.000.000 de balles, au Havre de 480.000 à 800.000 balles ; à Dunkerque de 7.000 à 220.000 balles.

Liverpool, le grand centre européen d'importation du coton, recevait 3.500.000 balles en 1905 et 4.393.400 balles en 1906. A cette époque on estimait à 21.744.000.000 mètres carrés la production annuelle mondiale en tissus de coton (R. Pupin) : la superficie de 4 ou 5 départements français.

Notre industrie linière elle-même, jadis si prospère en Flandre, agonise devant la concurrence « victorieuse » du coton.

« De tous les textiles connus, le coton est celui dont l'usage est le plus répandu aujourd'hui. Ni la soie ni la laine, ni le lin, ni le chanvre ne sont susceptibles d'une telle multiplicité ni d'une telle variété d'emplois, ne se prêtent à la fabrication de tissus joignant autant de solidité et de finesse à autant de bon marché, ne donnent lieu, enfin, à des transactions aussi importantes » (F. C. Roux).

Saluons donc ce Roi-Coton, comme l'ont appelé les Américains, qui va tenir le monde sous son sceptre. Sans doute, son empire ne grandira pas sans conflits, tel celui qui s'est produit en Egypte en 1900 ; l'étalisation progressive de l'irrigation ne peut que les multiplier. Mais pour nos montagnes françaises où l'élevage extensif du mouton est devenu si désastreux, l'avènement de ce monarque aux allures essentiellement démocratiques est une chance inespérée de salut. Il faut précipiter l'échec qu'il fait à la laine... pendant que nous avons encore des montagnards.

La viande du mouton est succulente. Celle du transhumant se défend-elle mieux contre celle des autres animaux de boucherie que sa laine contre le coton? Au début et presque au milieu du xixe siècle, le prix des viandes de mouton et de bœuf s'est élevé presque parallèlement, en raison du progrès de la consommation. A Paris, ces prix ont doublé depuis 1820. Mais on ne saurait en conclure qu'en France, où l'élevage du mouton décroît, la consommation de la viande de cet animal ait plus augmenté que celle du bœuf dont l'élevage progresse ; les statistiques d'abattoirs, comme nous l'avons vu, indiquent le contraire. Il est bon d'observer que l'élevage du porc s'est très développé en Europe ; il a augmenté en France de 1.400.000 têtes de 1862 à 1892 : signe du développement de la culture intensive. En Belgique, on calcule que pour 1.000 habitants, la consommation de viande de cheval a passé de 2,9 à 4,7 chevaux de 1895 à 1906. En France comme partout les boucheries hippophagiques se développent.

Nous importons annuellement 1.500.000 moutons vivants, presqu'autant qu'il en transhume sur nos terres pauvres : les « pays du mouton », Maroc, Algérie, Tunisie, Syrie, pays balkaniques, Russie et Allemagne nous les envoient, périodiquement et à bon compte : l'Algérie à elle seule nous en fournit 700.000.

En 1906, sans compter les importations des Etats-Unis, de Sydney, Melbourne et autres pays où l'on sut mieux qu'en France exploiter les procédés frigorifiques de notre compatriote Charles Tellier, le seul port de Buenos-Ayres importait en Europe 3 millions 673.778 moutons frigorifiés. L'Argentine entière exportait 172.637 tonnes de viandes gelées ou séchées. Les envois annuels de viandes que l'Europe reçoit de l'Argentine s'élèvent à 160 millions de francs ; les Etats-Unis et la Nouvelle-Zélande lui en fournissent respectivement pour 150 et 125 millions de francs. De 1902 à 1907, les importations en Angleterre de bœufs et moutons congelés ont cru de 383.128 à 464.666 têtes.

Les conditions d'approvisionnement, d'alimentation, d'éclairage, de chauffage se sont profondément modifiées depuis le temps où le mouton français seul fournissait à nos populations des matières de première nécessité, et où, par suite, on pouvait se croire autorisé à lui abandonner nos territoires sylvo-pastoraux. La tonne de laine qui, au temps de Colbert, payait 440 francs pour aller de Bilbao à Nantes, paie actuellement 20, quelquefois 15 francs pour aller d'Australie à Liverpool et la laine néo-zélandaise est beaucoup plus recherchée que celle du mérinos.

Aujourd'hui, la France ne saurait périr faute de moutons. C'est d'en avoir eu trop, et d'en conserver trop encore en haute montagne, que pâtissent ses populations pastorales trop enclines à faire manger leur blé en herbe. Si les autres paysans français n'ont encore que rarement la poule au pot, ils peuvent y suppléer journellement avec les produits d'un élevage, d'une culture et d'un outillage qui ne cessent de progresser.

L'honorable député rapporteur du budget de l'Agriculture en 1909 établit, et nous n'avons pas de peine à le croire, que la situation de l'élevage n'a jamais été plus prospère en France (p. 5 du rapport). Notre pays, « qui consomme trop d'animaux jeunes, pourrait exporter du bétail dans toute l'Europe, à condition que les frontières des différents pays nous soient ouvertes » (Rollin, 1908).

En ce qui concerne le mouton, l'effort de nos éleveurs se fait à juste titre en vue de la masse et de la qualité du type et non de l'accroissement de nombre des animaux ; en vue du minimum de travail et par conséquent de déplacement, à leur imposer. On cherche à produire l'agneau de 20 kilos, gras, râblé, ne donnant que 1 kilo de laine en une seule tonte, toutes conditions irréalisables avec la pratique de la transhumance. La « masse » de l'animal de boucherie mesure l'intensité de la culture et de l'enracinement des éleveurs.

Au point de vue de la *peausserie*, il ne semble pas que nos industries nationales puissent péricliter par suite de la réduction des moutons. Avec les laines étrangères, nous arrivent à bon compte peaux de moutons et d'agneaux. Ce sont la Suisse, l'Italie, l'Espagne et le Tyrol qui, fort heureusement pour nos montagnes, approvisionnent traditionnellement de peaux de chevreaux l'industrie gantière si prospère en France.

En ce qui concerne les *suifs*, ceux de moutons, de bœufs, d'ânes, de mulets, de chèvres, de boucs et autres animaux peu comestibles, sains ou non, provenant d'abattoirs ou de champs d'équarrissage, sont mélangés avec bien d'autres matières grasses et indistinctement fondus. Ils sortent de l'usine prestigieusement épurés, transformés en beurres, graisses, margarines, végétalines appétissantes dont il n'est plus possible de nier l'utilité domestique. D'ailleurs, s'il est une lumière qu'on puisse féliciter la science d'avoir éteinte... et remplacée, c'est bien celle de la fumeuse et nauséabonde chandelle d'antan que nos pères payaient de 2 fr. 50 à 3 francs le kilog., à des tarifs rigoureusement taxés, la vente du suif étant réglementée. La chandelle de cire, le cierge, était un objet de grand luxe dont on n'usait que dans les circonstances solennelles : elle coûtait de 10 à 20 francs le kilog. au xiii⁰ siècle et encore près de 10 francs du xvii⁰ au xviii⁰ siècle. Dans 40 ou 50 ans, il en sera de la bougie, comme de la chandelle aujourd'hui. Il ne faut pas oublier que ce fut par leurs mèches à toutes deux que le coton commença à se propager dans le vieux monde.

En 1906-1907, l'Uruguay exportait en Europe 82.249 balles de laine et 6.425 tonnes de suif : la France lui achetait 31.145 de ces balles et seulement 58 tonnes de suif. Un pays d'élevage intensif de gros bétail, d'oliveraies, d'œillette, de colza n'est pas importateur de suif.

L'industrie laitière et fromagère se défend d'elle-même contre le nomadisme et les grands parcours de la transhumance. Pendant de longs jours, parfois des semaines, les fatigues d'une épuisante odyssée harassent les brebis qui, dépaysées, ne restent plus bonnes laitières. Le pasteur, le bon pasteur, qui se fait de plus en plus rare (E. Boulet), s'alimente avec le lait de quelques chèvres plus rustiques qui transhument avec le troupeau : ce n'est qu'exceptionnellement, dans certaines basses vallées pyrénéennes, qu'il fabrique mal un fromage peu recherché. Partout, le lait de la vache distance celui de la brebis : à Roquefort même, où la transhumance du mouton paraît moins dévastatrice qu'ailleurs, le mélange des laits est d'un usage courant.

Le fumier de mouton est très recherché par la culture : c'est le seul engrais dont puissent bénéficier les alpages.

Dans les plaines basses, peu accidentées, ce fumier très riche, enfoui par le piétinement du troupeau, métamorphose à la longue la couverture herbacée du sol et fait d'une steppe un pâturage. C'est tout autre chose en haute montagne où le piétinement et l'intempérisme combinés détruisent le sol plus vite qu'il ne peut être amélioré. « Déminéralisé » et ulcéré progressivement, il disparaît, en proie à l'érosion. Du reste, comme le transhumant dissémine une bonne partie de ce fumier dans les fossés et la poussière des routes ou sur des pentes dénudées et ruisselantes ; comme le berger en fait partout commerce avec les cultivateurs des vallées et même des basses plaines où il l'expédie par voie ferrée, quand·il ne le fait pas véhiculer par l'eau des canaux d'arrosage, au plus grand dommage de l'hygiène publique ; comme ailleurs, le monta- gnard qui n'a plus de bois, se chauffe avec ces fumiers piétinés et séchés, il est inutile de chercher à mettre cette ressource naturelle à l'actif de la culture du sol montagneux, actuellement du moins.

Ce rapide aperçu met suffisamment en évidence non seulement les causes immédiates et lointaines, du déclin de l'élevage *extensif* du mouton en France, mais les motifs, on peut dire d'ordre public, qui commandent de précipiter l'agonie née et actuelle de la transhumance. Déjà à la fin du xviiie siècle, Arthur Young, qui, comme ses devanciers, ne voyait dans les forêts montagneuses fran- çaises qu'un gisement de combustible précieux pour un sol pauvre- ment doté de houillères exploitables, estimait que « dans, tout le royaume, l'administration des moutons est la plus détestable qui se puisse imaginer ». Depuis lui, la dite « administration » n'a fait qu'empirer dans nos montagnes, une fois de plus exploitées par les plaines ; alors que depuis longtemps, la transhumance exploite les unes et les autres.

L'évolution souhaitée est en cours un peu partout. Devant les caprices de la mode et l'invasion du coton, regressent les tissus laineux, jadis de première nécessité.

Depuis dix ans, la quantité de laine annuellement utilisée par l'industrie oscille autour de 1 million de tonnes. En Europe, où se fait la plus grande consommation de laine, la production reste constante (P. Clerget). Nos tissages manquent d'ordres livrables à longue échéance parce que le *tissu classique de laine* disparaît (E. Roulaud).

Depuis dix ans, en ce qui concerne les tissus de coton, la con- sommation a passé de 12.117.000 à 15.743.000 balles de 500 livres ; la production a passé de 15.959.000 à 21.796.000 balles de 500 livres. Cette production, toujours croissante en Europe comme aux Etats-Unis, stimule partout la consommation (P.-C. Roux).

Mais une des causes les plus perceptibles et remarquables de cette évolution est certainement le développement de la *culture intensive* dans les « pays neufs » où, chassés par la faim de leurs moutons, vont s'échouer aujourd'hui nos populations montagneuses.

En Argentine où, en 1906, on élevait 120 millions de moutons et 30 millions de bœufs la « luzerne rédemptrice » qui, grâce à son profond enracinement, survit aux autres plantes fourragères tuées par l'aridité, a décuplé la production du sol. En 1905, elle occupait 700.000 hectares ; en 1906, elle couvre 2 millions d'hectares et ce n'est qu'un début ! Le prix actuel d'une lieue carrée de luzernière est de 100.000 francs, on peut y engraisser en un an 4.500 bœufs de race ordinaire qui se vendent 200.000 francs, donnant du 100 p. 100 ; avec des races choisies, les bénéfices s'élèvent. En 1888, la culture occupait les 0,008 p. 100 des 300 millions d'hectares du territoire argentin ; elle en occupe aujourd'hui 5 p. 100. La luzerne envahit la pampas, la culture dépossède l'élevage extensif. Bœufs et chevaux expulsent le mouton, comme le gaucho jadis déposséda le patagon.

Les mêmes faits se passent au Cap où le boër cultivateur évinça le cafre pasteur. En Australasie, il y a 50 ans, le squatter dépossédait le maôri ; aujourd'hui c'est le « farmer » qui expulse le squatter et ses moutons. Déchu, aussi par la luzerne, celui-ci est relégué dans le désert aride et inirrigable. L'hectare de luzernière irriguée produit 20.000 à 30.000 kilog. de fourrage vert qui atteint 1 mètre à 1ᵐ20 de hauteur et peut nourrir 187 moutons (P. Privat Deschanel).

En 1901, le troupeau australien comptait 104.756.950 moutons qui se trouvèrent réduits à 54 millions en 1906 ; la sécheresse de 1903 en fit périr 73 millions dont les peaux et laines avariées allèrent encombrer le monde entier. En même temps, le nombre des bœufs se trouvait réduit de 11 à 7 millions. Aujourd'hui, le manque d'eau accrû par la dénudation systématique, la pratique généralisée du « ring barking », le « rabbit pest », le fléau des lapins, celui des sauterelles, ralentissent l'éviction des ovins. Elle sera consommée si les hydrauliciens qui, comme en Espagne, ont inauguré la Politique de l'Eau, réussissent à donner de ce précieux liquide au Murray et au Darling, à devenir pour ces Mançanarès des William Wilcocks.

Dans le Far-West, où le Cow-boy a brutalement exterminé le

Peau-Rouge, où paraît faillir devant l'aridité la luzerne qui se
dresse « si menaçante pour le domaine du Roi-Coton », c'est bien
plus au moyen d'ingénieuses « cultures à sec » qu'à « l'inondation
vivante » du mouton, que le pionnier recourt pour intensifier les
rendements du sol. On sait d'ailleurs par quelles mesures draco-
niennes les Etats-Unis savent défendre aujourd'hui leurs forêts si
menacées par les éleveurs et les fabricants de pâte de bois.

Sur les sables qui avoisinent le « Toît du monde » l'élevage du
mouton kirghyze décline devant le flot de l'émigration russe,
devant le coton. Au lieu de persister à exporter des laines et des
peaux de mouton, la Sibérie, où s'organise la culture, exporte des
beurres et des laitages ; le Japon, des fruits frigorifiés. La Chine
s'outille pour nous envoyer des porcs congelés.

Partout, « l'agriculture perd sa forme extensive : ancien domaine
banal, libre parcours des communaux, droits de glandage... rentrent dans l'oubli... L'antique forme pastorale diminue sous l'envahissement de la grande culture, de la *spécialisation dans la production* » (R. Olry).

Au « pays du mouton » lui-même, où l'Arabe nomade, pasteur
et pillard céda devant l'enracinement du Kabyle, « le principe auquel
il faut s'attacher aujourd'hui, pour résoudre les difficultés qui
peuvent surgir entre les agriculteurs et les pasteurs, est qu'on doit
toujours préférer les intérêts de la forêt à ceux des pasteurs et le
plus souvent les intérêts de l'agriculture à ceux de l'élevage
extensif » (A. Bernard et N. Lacroix).

Dans l'Allemagne orientale, la colonisation néo-prussienne organisée depuis plus de vingt ans, simultanément contre le régime
latifundiaire et l'esprit slave, détermine la disparition progressive
du mouton supplanté par le bœuf et le porc des « Kleinbauern »
(L. von Viese).

En Italie, en Autriche, en Suisse, on signale ces faits de régression du pastorat extensif.

En Angleterre, où d'ailleurs un ensemble de conditions géographiques rend le fait pastoral moins dommageable au sol sinon à
son occupant, l'évolution est moins accentuée : de 1906 à 1907,
le nombre de moutons a même augmenté de 26.115.000 à
27.037.000. Mais à cela, il est des causes multiples et bien connues. La spéculation sur les laines est toujours intense ; le troupeau
autochtone est le « volant » de l'industrie lainière. Pour satisfaire

l'appétit anglais, très amateur de viande, la boucherie recherche les « gros » moutons. L'éleveur de bœufs, qui ne leur demande pas un travail excessif, les produit de taille moyenne. Enfin et surtout, l'extension contemporaine du régime latifundiaire laisse dénudées et incultes des terres de chasse et de plaisance, encore abandonnées aux moutons. Délaissement du sol, absentéisme, « pleasure grounds », régime des « substitutions, des inclosures », furent au siècle dernier les causes essentielles des évictions du *bétail humain,* si justement stigmatisées par Sismondi, de Laveleye, Leroy-Beaulieu, Ch. Boutmy, R. Gonnard et bien d'autres. La masse du pays se ressaisit aujourd'hui, particulièrement en Irlande ; les efforts de la « Land League » pour faciliter le morcellement du sol, l'accession du tenancier à la propriété, l'Irish Land Act de 1881, celui de 1903 ; en Ecosse, le Crofter bill de 1885 ; et dans tout le Royaume-Uni, le Small Holding and Allotments Act de 1907, la « loi des petites tenures », réagissent contre le déracinement du paysan, de l'highlander ; on cherche à reconstituer la race agricole, travailleuse et stable des anciens yeomens, des crofters, que la gentry, les landlords et surtout l'industrie lainière, dépossédèrent si longtemps du sol britannique. Le bovin prend sa revanche sur l'ovin.

En Russie, l'abolition toute récente du régime communiste du mir, décrétée à une imposante majorité par la Douma, ne peut que conduire aux mêmes résultats culturaux et sociaux.

IV

Aujourd'hui, c'est moins du feu que de l'eau ; c'est moins l'énergie qui bruit, étincelle et vibre, que l'énergie silencieuse, invisible et calme, l'énergie physiologique, la vie « commencée », qu'on doit surtout demander aux territoires sylvo-pastoraux des montagnes. C'est dans leur verte armature, à la source d'eaux qui peuvent être, au gré de l'homme, vivifiantes ou dévastatrices, que se trouvent les « régions nobles » du sol, celles dont la dégradation anéantit fatalement l'énergie organique de la terre.

Mieux que la houille blanche de Cavour, de Bergès, de tous les exploitants d'une force vive « qui a ouvert un monde des horizons par delà les vieux édifices » (E.-F. Côte), la houille verte des bois et des alpages associe l'homme à la terre et l'y enracine. Chacune

d'elles concourt bien à « faire le pain et la viande moins chers »
(Lucion), mais la houille verte travaille partout au plus bas prix.
Ses gisements peuvent être disséminés presque à l'infini. Les éléments de son énergie : azote, matière hydro-carbone, bactéries et
autres germes innombrables, se régénèrent spontanément, sans
dégradation perceptible, aux sources intarissables de l'atmosphère.

Avec elles, d'autres énergies économiques inconnues jadis, la
vapeur, l'électricité, le froid industriel, l'aviation peut-être, ouvrent
l'avenir au peuple qui saura le mieux tirer parti des conditions
géographiques du sol où il est implanté, y enraciner les populations,
les adapter aux nécessités culturales.

Il faut savoir *cultiver son jardin*, ce jardin que Candide, après
de merveilleuses aventures courues au pays à Eldorado, sur un
char attelé de moutons enchantés, regrettait de n'avoir pas su cultiver plus tôt !

Gardons les montagnards français en France, nous ne les rem-
placerons jamais. Eux seuls sont adaptés à la mise en valeur, à la
garde de nos montagnes, réservoirs d'énergie pour nos plaines.

A diverses reprises, le Parlement parut surpris que le crédit
annuel affecté à la restauration de nos terres montagneuses, n'ait
pas été intégralement employé. Puisse-t-il en être souvent ainsi,
tant que cette restauration procédera de la *nationalisation* d'un
sol laissé en proie à tous les abus. Et puisse l'Etat ne plus s'exploiter lui-même à l'avenir, en tendant des pièges à nos montagnards !

Le danger économique, l'écueil social aujourd'hui, ce n'est plus
la hantise d'une surpopulation, qu'Arthur Young et Malthus redou-
tèrent jadis, comme Ricardo et Stuart Mill redoutaient la famine :
sans d'ailleurs que ces économistes aient paru beaucoup se soucier
de l'influence que les Bills d'Inclosures provoqués par l'élevage extensif du mouton, eurent jadis sur la dépopulation rurale du Royaume-
Uni. L'ennemi universel pour le vieux monde, c'est l'entassement
urbain avec le cortège de misères auxquelles on cherche à remédier partout : c'est pis encore pour notre pays, aux prises avec la
faible natalité, avec une troublante dépopulation qui, au cours du
siècle, ne doit pas faire perdre à la France moins de 5 à 6 millions
de Français (P. Leroy-Beaulieu).

Mieux vaut ne plus provoquer l'exode croissant des pyrénéens,
alpins, caussenards et gascons, que de prêcher un Retour-à-la-
Terre illusoire à ces hallucinés, quand leur déracinement est devenu

irrémédiable. Quelle voix assez décisive, assez puissante pour franchir l'Océan, les déterminerait alors à venir rallumer des foyers sur les terres mortes de France?

L.-A. FABRE.

PRINCIPAUX AUTEURS CONSULTÉS OU CITÉS

ACHILLE (L.). — Rapport au conseil municipal de Paris sur le budget de la préfecture de police en 1909. *Insoumis*, p. 6 à 8.

AFTALION (A.). — Crise de l'industrie linière et concurrence du coton. *Journ. des écon.*, 1904, IV, p. 261.

AMALBERT. — Elevage des ovidés dans les Bouches-du-Rhône. *Bull. Soc. agricult. des Bouches-du-Rhône*, octobre et novembre 1906.

ARDOUIN-DUMAZET. — Voyage en France. 10ᵉ série, Du Limoux à la Durance, p. 263-285.

ARNAUD (F.). — La vallée de Barcelonnette. Grenoble, Gratier, 1900, 121 p.

AUDEBRAND. — La houille blanche et la question sylvo-pastorale. *La houille blanche*, Grenoble, 1907.

AUERBACH (B.). — La colonisation des tourbières du nord-est de l'Allemagne. *Annales de géographie*, 1894, p. 227-241. Le peuplement national en Algérie. *Revue gén. des sciences*, 1907, p. 307, 311.

BÉCHAUX (A.). — La question vitale, la population d'après le XXVIIᵉ Congrès d'économie sociale. *Correspondant*, 25 mai 1908.

BERNARD (A.) et LACROIX (N.). — L'évolution du nomadisme en Algérie. Paris, Challamel, 1906, p. 62, 63.

BLADÉ (J.-F.). — Essai sur l'histoire de la transhumance dans les Pyrénées françaises. *Revue des Pyrénées*, 5ᵉ livraison, 1894.

BELLINI (D.). — La situation économique et agricole de la Basilicate, comparée à celle de l'Italie méridionale. Actes du VIIᵉ Cong. intern. d'agricult. Rome, 1903, p. 53, 60.

BOUET (H.). — Spoliation des indigènes de la Nouvelle-Calédonie. *Journ. des écon.*, 1902, I, p. 299.

BOUTMY (E.). — Le développement de la constitution et de la société politique en Angleterre. Paris, Colin, 1907, p. 174, 206, 231, 383.

BUFFAULT (P.). — Forêts et gaves du pays d'Aspe. Bordeaux, Durand, 1904. La ville d'Oloron et sa forêt du Bager. Toulouse, Privat, 1907.

BRIOT (E.). — Etudes d'économie alpestre. Berger-Levrault, 1896, p. 27, 70, 87 et suiv. Nouvelles études sur l'économie alpestre. *Id.*, 1907, p. 261, 307 et suiv.

BROILLIARD (Ch.). — La feuille ou le revenu foncier. *Bull. Soc. forest. de Franche-Comté et Belfort*, décembre 1908, p. 712 et suiv.

BRUNHES (B.). — Houille blanche. Déboisement et droit de propriété. *Revue de Fribourg*, mars et août 1905. La dégradation de l'énergie. Paris, Flammarion, 1908, p. 195, 205, 361, 388.

BRUNHES (J.). — La faible crue du Nil en 1900. *Revue d'écon. polit.*, 1900.

BRUTAILS. — La coutume d'Andorre, 1904, *passim*.

BUTEL (F.). — Une vallée pyrénéenne. Pau, 1894, p. 147, 205 et suiv.

CABANES (H.). — Les chemins en transhumance dans le Corizerans. *Bull. géogr. hist. et descrip.*, 1899, p. 185 et suiv.

CAMMAERTS (E.). — Mésadaptation et exploitation destructive. *Revue écon. intern.* 1905, III, p. 373.

CASTÉRAN (P. de). — Traités internationaux en liès et passeries. *Revue des Pyrénées,* IX, 1897.

CAVAILLÈS (H.). — Le déboisement dans les Pyrénées centrales. *Revue de Paris,* 15 novembre 1903. Le problème agraire dans le midi de l'Espagne. *Rev. pol. et parl.,* 10 novembre 1906, p. 335-356.

CHÉRADAME (A.). — La colonisation et les colonies allemandes. Paris, Plon, 1905, *passim.*

CHEVALIER (M.). — La transhumance et la vie pastorale dans les vallées d'Andorre. *Revue des Pyrénées,* 1906, p. 604, 618.

CLERGET (P.). — La Suisse au xxiᵉ siècle. Paris, Colin, 1908, p. 35, 122 et suiv. Le commerce extérieur de la Chine en 1906, *La Géographie,* septembre 1908, p. 180.

DESCOMBES (P.). — Etude sur l'aménagement des montagnes dans la chaîne des Pyrénées. Bordeaux, Feret, 1905, p. 18 et suiv.

DOUCET (R.). — Doit-on aller aux colonies? Comité Dupleix. *Revue de Grammont.* Paris, 1907.

DRALET. — Description des Pyrénées, etc. Paris, Bertrand, 1813, *passim.*

DUPONT (E.). — La laine en France. Paris. Amat, 1907, p. 26 et suiv.

DYBOWSKY (J.). — Moutons à laine et sans laine de l'Afrique Occidentale. *Bull. Soc. nat. d'agriculture,* 1908, III, p. 180.

ETCHEVERRY (L.). — Les Basques et leur émigration. *Réforme sociale,* 6 mai 1886.

FABRE (L.-A.). — La restauration des montagnes et la navigation intérieure en France. Rapport au Iᵉʳ Congrès international de navigation. Bordeaux, 1907.
— L'exode montagneux en France : causes physiographiques, culturales, etc., les remèdes. *Bull. de géogr. histor. et descrip.,* n. 2, 1908.

FALSAN.

FOURNIER (J.). — Le chemin de transhumance en Province et en Dauphiné. *Bull. géogr. histor. et descrip.,* 1900, p. 237-262.

FRIEDRICH (Dʳ E.). — Wesen und geographische Verbreitung des « Rouilwirtschaft ». *Peterm. Mittheil.,* I, 1904, p. 73-74.

FROIDEVEAUX (H.). — Essai sur l'histoire de la colonisation en Algérie. *Quest. diplom. et colon.,* 16 octobre, 1ᵉʳ décembre 1906, 16 janvier 1907, 16 juillet 1908.

GALLIENI (Gᵃˡ). — Neuf ans à Madagascar, 1908, p. 65.

GALLOIS (L.) et LEDERLIN. — La culture du coton dans le monde. *Ann. de géogr.,* VII, p. 289-307.

GÉNIN (C.). — Rapport sur les concours de 1906. Annecy, Hérisson, 1907, p. 19.

GIRETTI (E.). — La protection et les procédés industriels de l'Italie. *Journ. des économ.,* mai 1906, p. 157-178.

GIRARDIN (P.). — L'accroissement de la torrentialité en Savoie. Bordeaux, Feret, 1907.

GONNARD (R.). — L'émigration européenne au xixᵉ siècle. Paris, Colin, 1906, *passim.*
— L'émigration française. *Quest. diplom. et colon.,* 1ᵉʳ août 1907, p. 145.

GUERNIER (C.). — Les « Crofters » d'Ecosse. Paris, Rousseau, 1897.

GUIOT (L.). — Les droits de Bandit dans le comté de Nice, Visconti, 1884, 220 p.

HARDY (M.). — La végétation des Highlands d'Ecosse. *Ann. de géogr.,* mai 1906.

HAUSER (H.). — L'émigration aux Etats-Unis en 1906-1907. *Ann. de géogr.,* 15 mars 1908, p. 175-176.

HAUSSONVILLE (Cᵗᵉ D'). — La colonisation officielle en Algérie. *Revue des Deux-Mondes,* 1ᵉʳ juin-1ᵉʳ juillet 1883.

HITIER (H.). — L'évolution de l'agriculture. *Ann. de géogr.,* X, p. 385-400.

HUDRY-MÉNOS. — La Savoie depuis l'annexion. *Revue des Deux-Mondes,* 15 novembre 1862-1er juillet 1864, p. 621.

GORSSE (E. DE). — Reboisement du bassin supérieur de la Garonne. Toulouse, Privat, 1903.

HURET (J.). — En Allemagne. De Hambourg aux marchés de Pologne, 1908 p. 380 et suiv.

IMPHEY (F.). — Petites tenures en Angleterre. *Rev. écon. internat.,* 1908, IV, p. 519.

JOURNAL OFFICIEL, Chambre, *Doc. parl.,* 1908, Annexe 2018, p. 1343 et suiv. : Les contingents indigènes de l'Afrique du Nord, etc.

KOVALEWSKY (M.). — La fin du noir. *Revue Bleue,* 2 janvier 1909.

LABORER. — Une culture en sol vierge aux Etats-Unis. *Revue des économ.,* 15 avril 1906, p. 76.

LAVELEYE (E. de). — La question agraire en Irlande et en Angleterre. *Revue des Deux-Mondes,* 15 juin, 15 juillet 1870.

LAIR (M.). — Les ouvriers étrangers en France. *Rev, écon. int.,* mars 1907, p. 527-571.

LECARPENTIER (G.), — Les « crofters » d'Ecosse. *Musée social,* 1906, p. 61-129.

LECOMTE (H.). — Le coton, monographie, etc., 1900. Le coton en Egypte. Paris, Challamel, 1905.

LEROY-BEAULIEU (P.). — La France dans l'Afrique du Nord. Le Maroc. *Revue des Deux-Mondes,* 1er janvier 1908. Nombreux articles publiés dans l'*Economiste français,* les derniers dans les nos du 19 septembre 1908 et du 2 janvier 1909.

LESCA (J.-H.). — Basques et Béarnais dans l'Argentine et l'Uruguay. *Bull. Soc. com. de Bordeaux,* 15 février 1907.

LEVAINVILLE (J.). — La vallée de Barcelonnette. *Annales de géographie,* 15 mars 1907, p. 223-245.

LICHTEMBERGER (H.). — L'Allemagne moderne. Son évolution. 1907, p. 59 et suiv.

LORIN (H.). — La colonisation officielle en Algérie. *Rev. pol. et parl.,* 10 novembre 1900. L'Afrique du Nord, 1908. L'industrie rurale en pays basque. *Musée social,* 1906, p. 348 377. L'industrie rurale en Guipuzcoa. *Id.,* 1907, p. 213-245.

LUCION (R.). — La question de l'azote. Le pain et la viande moins chers *Rev. écon. int.,* 1904, p. 406-417.

MATHEY (A.). — De la propriété et des droits d'usage en Algérie. *Revue des eaux et forêts,* février-mars 1909.

MANTOUX (P.). — La révolu'ion industrielle au XVIIIe siècle en Angleterre. Paris, Bellair, 1905, p. 28 à 68, 131 à 170, etc.

MARRE (E.). — La race d'Aubrac et le fromage de Laquiole. Rodez, Carrère, 1904. Le Roquefort. *Id.,* 1906, p. 43.

MARVAUX (A.). — Le problème de l'émigration en Espagne. *Quest. diplom. et colon.,* 16 août 1908, p. 232, note.

MÉLOIRD. — Insuffisance de la production des bois d'œuvre dans le monde. Paris, Imp. Nationale, 1900, 120 p.

MÉTIN (A.). — Le socialisme sans doctrine en Australie et en Nouvelle-Zélande. Paris, Alcan, 1901, *passim.*

MÉLINE (J.). — Le retour à la terre. Paris, Hachette, 1905, p. 204 et suiv., 219 et suiv. Le reboisement et les caisses ouvrières. *La République française,* 29 novembre 1904.

MURY (F.). — Notre conception coloniale actuelle. *Le Correspondant,* 25 février 1908, p. 741-766.

MOYSSET (H). — La politique de la Prusse et les Polonais. *Revue des Deux-Mondes,* 1er novembre et 1er décembre 1908.

OLRY (R.). — L'agriculture française et la concurrence mondiale. *Revue des Idées,* 25 juin 1907, p. 480-525.

Orléans. (Prince Louis d'). — L'Argentine. *Le Correspondant,* 10 juillet 1908, p. 41-67.

Pawlowsky. — Les émigrants temporaires en Argentine. *Bull. Soc. nat. d'agriculture,* 1906, n. 2, p. 209-211.

Peyerinhoff (de). — Enquête sur les résultats de la colonisation officielle en Algérie de 1871 à 1895. Alger, Torrent, 2 vol. in-4°, 1906, I, p. 82, 95, 153 et suiv. Les forces nouvelles en formation dans l'Afrique du Nord. *Rev. polit. et parl.,* 10 août 1908, p. 213-245.

Privat-Deschanel (P.). — L'Australie pastorale. *La Géographie,* 15 septembre 1908. La question de l'eau dans le bassin du Murray. *Ann. de géogr.,* 15 mars à juillet 1908. L'élevage du mouton à laine et l'industrie de la laine en Australie. *Le Génie civil,* I, 1907, p. 196 et suiv.

Pupin (A.). — Le coton; sa production, sa consommation. Paris. Alcan, 1905.

Rouland (E.). — La laine, ses débouchés, ses prix. *Economiste français,* 2 janv. 1909, p. 8 à 10.

Roux (F.-C.). — La production du coton en Egypte. Paris, Colin, 1908.

Roquette-Buisson (Cte de). — Statistique de la propriété communale dans la zone montagneuse du département des Basses-Pyrénées. *Bull. off. des renseign. agricoles,* novembre 1907, p. 1389 et suiv. Le déboisement des Pyrénées. Tarbes, Crohari, 1908.

Sabatier (C.). — Le recrutement des indigènes algériens. *Rev. polit. et parl.,* 10 janv. 1909, p. 25 et suiv.

Sismondi (J.-C.-I. Sismond de). — Nouveaux principes d'économie politique, I, p. 161 à 164, 234 à 236 et suiv.

Sorre (H.). — Répartition des populations dans le bas Languedoc. *Bull. Soc. languedoc. de géographie,* 2e trim., 1906, p. 136, 273 et suiv.

Tchudi (F. de). — Les Alpes. Berne, librairie de l'Alp., 1859.

Trabut (Dr). — Le coton en Algérie. *Bull. Soc. nat. d'agriculture,* 1908, p. 76-79.

Turquan (V.). — Etude de la population et de la dépopulation en France. *Bull. Soc. d'anthropologie de Lyon,* XXI, I, 1902.

Utéry (A.). — Mise en valeur de l'Australie, envisagée dans ses rapports avec les marchés extérieurs. *Rev. écon. internat.,* 1908, IV, p. 563-596.

Van der Welde. — L'exode rural et le retour aux champs. Paris, Alcan, 1903, *passim,* p. 53. Le socialisme et l'agriculture. Bruxelles, Lamertin, 1906, p. 8, 37, 83 et suiv.

Varigny (C. de). — Les lapins d'Australie. *L'Illustration,* 13 janvier 1894.

Viese (Dr I. von). — La colonisation intérieure en Prusse. *Rev. écon. intern.,* 1907, IV, p. 576, 617.

Vinson (I.). — Les Basques et le pays basque. Paris, Cerf, 1882, p 22, 23 et suiv.

Walter-Schiff (Dr). — La question des biens en jouissance commune en Autriche. Compte rendu VIe Cong. intern. d'agriculture. Paris, 1900, I, 400-407.

Wybranowsky (R. de). — Le régime du Dnieper. *La géographie,* 1903, p. 85 et suiv.

Yermoloff (A.). — La Russie agricole devant la crise agraire. Hachette, 1906, p. 30, 31, 54, 55, 276, 277, 300, 341 et suiv.

Young (Arthur). — Voyage en France pendant les années 1787 à 1790. Paris, 3 vol., 1793.

Yon (A.). — Madagascar. Histoire, etc., 1905, p. 628 et suiv.

Zolla (D.). — La concurrence américaine. *L'Illustration,* octobre 1897 à février 1898. La question du coton. *Rev. pol. et parl.,* 10 avril 1908, p. 178, 182.

LA RÉALITÉ DES SURPRODUCTIONS GÉNÉRALES

ESSAI D'UNE THÉORIE DES CRISES GÉNÉRALES ET PÉRIODIQUES

Suite[1].

DEUXIÈME PARTIE

CAUSES DE LA SURVENANCE ET DE LA PÉRIODICITÉ DES CRISES DE SURPRODUCTION GÉNÉRALE

CHAPÎTRE PREMIER

LA DIFFICILE PERSISTANCE DE L'ÉQUILIBRE ÉCONOMIQUE

Les crises ne constituent pas une nécessité naturelle. Il n'est pas de l'essence des besoins de passer alternativement par des phases de sursaturation et d'insatisfaction. Mais en fait l'équilibre se réalise malaisément.

Pour chaque industrie, l'observation révèle une oscillation perpétuelle autour de l'état d'équilibre. De là, cette gravitation, comme enseignait la vieille économie classique, des valeurs courantes des marchandises autour de leur valeur normale, autour du coût de production : de là, comme écrit de façon plus précise l'économie moderne, la tendance des prix qui, à tout moment, dépendent de l'utilité finale, à graviter autour d'un point d'équilibre où ils tombent aussi sous la dépendance du coût marginal [2]. Suivant le mécanisme que l'on sait, la hausse des prix et des profits détermine une extension de la production qui, à son tour, réagit sur les prix et tend à les ramener vers le prix normal, vers les prix d'équilibre ; la baisse des prix et des profits détermine le ralentis-

---

[1] V. *Rev. d'écon. polit.* d'octobre 1908, p. 696 et s., de février 1909, p. 81 et s.

[2] Cf. Marshall, *Principles*, V. III, § 6 (p. 406 de la 2e édit.) et V. v, § 2, 3, 5 (p. 419 et suiv.). Au lieu de prix *normal, naturel,* de prix à l'état d'*équilibre* ou encore à l'état *statique* comme dit volontiers M Clark (*Essentials of economic theory*, 1907, p. 121, 124 et suiv.), M. Marshall parle de prix *de longue période,* opposés aux prix *de courte période,* ce qui a l'inconvénient de substituer à une notion, dont le caractère abstrait et hypothétique est très apparent, une notion *chronologique* d'un réalisme trompeur, pouvant faire croire à quelque chose de concret qui finit à la longue par se rencontrer dans les faits, alors qu'il ne s'agit que d'une *tendance* vers un état imaginaire auquel il se peut que les prix n'accèdent jamais.

sement de la production qui, à son tour, entraîne le relèvement
des prix.

Il en est de même pour tout l'organisme économique. Sans doute
ici l'équilibre semblerait moins difficile à atteindre. Avec des industries prospères peuvent coïncider des industries surproductrices.
Les prix élevés de certaines des marchandises peuvent compenser les prix avilis des autres. Malgré cet effet compensateur cependant des industries les unes sur les autres, il arrive inévitable-
ment des moments où, en définitive, se manifeste un excès ou une
insuffisance de l'ensemble des produits, où la moyenne des prix est
supérieure ou inférieure à la moyenne des prix normaux, des prix
à l'état d'équilibre. Bien que puissent se croiser en des sens contraires les courants particuliers aux diverses industries, il serait
bien improbable qu'ils réussissent jamais à se neutraliser exactement. Certains des courants seront les plus forts et l'ensemble de
l'industrie paraîtra entraînée dans leur direction. L'équilibre sera
rompu. Ce sera la crise ou la prospérité générale; la baisse ou la
hausse de la moyenne des prix.

Mais l'équilibre rompu tend à se rétablir. Pour l'ensemble de
l'industrie aussi l'action d'une part des prix et des profits sur la
production et, d'autre part, de la production sur les prix tend à
rapprocher le prix du prix normal, entraîne de perpétuelles oscillations autour de l'état d'équilibre.

Mais la façon dont s'effectuent ces oscillations dans un régime
de production capitaliste — j'entends par là non pas un régime
juridique, mais un régime économique, technique, faisant un large
usage de capitaux au sens social, national de ce terme [1] — la

---

[1] Il n'y a pas lieu d'entrer ici dans une discussion relative à la notion exacte du capital *social, national* comme on dit communément en Allemagne, du capital de *production* ou *productif* comme écrivaient, en l'opposant au capital *lucratif*, au *capital
de profit*, MM. Cauwès et Gide avant M. de Bœhm-Bawerk, des *capital-goods*
comme on écrit souvent aux Etats-Unis, des biens *intermédiaires*, des biens *instrumentaux* comme on dit encore, du capital *économique* suivant l'expression proposée
par M. Châtelain : dénominations diverses qui impliquent aussi une certaine diversité des notions envisagées. Je signale seulement que dans le capital *social*, comme
j'écrirai, conformément à la terminologie la plus répandue, je comprends, au cours
de cette étude, tout produit servant à la production, les bâtiments ou installations
destinés à la production, l'outillage et les matières premières, mais non pas comme
le font certains économistes et, par exemple, M. A. Wagner, (*op. cit.*, p. 451, 463),
les subsistances des travailleurs employés à la production, choses qu'avec la plupart
des auteurs, je range parmi les biens de consommation (Cf. Rodbertus, *Le capital*,
trad. Châtelain, p. 214; de Bœhm-Bawerk, *Positive theorie des Kapitals*, p. 71;.

manière dont agit alors la tendance à retourner vers l'état d'équilibre occasionne la périodicité des crises générales de surproduction. Ce qui, dans des régimes précapitalistes n'est qu'un accident survenant à des intervalles irréguliers va devenir chronique. Après chaque rupture de l'équilibre, l'effort fait pour y revenir va dépasser le but et aboutir à une rupture en sens contraire. Toute réaction sera excessive et entraînera une contre-réaction également exagérée. La prospérité suscite elle-même la crise, la dépression conduit à la prospérité et ainsi indéfiniment. Une fois l'équilibre rompu dans le régime capitaliste, et il est impossible qu'à un moment donné il ne l'ait pas été, les séries alternées des années de prospérité et de dépression se sont succédé, l'organisme économique s'est trouvé engrené dans la chaîne sans fin des actions et réactions qui constituent les cycles périodiques.

CHAPITRE II

L'ALLONGEMENT DU PROCÈS DE PRODUCTION CAPITALISTE COMME FACTEUR DÉTERMINANT DES CRISES PÉRIODIQUES MODERNES

§ I. *Généralités.*

Ce qui, dans la production capitaliste, transforme les menues oscillations des prix autour du prix normal, les menues fluctuations autour de l'état d'équilibre en amples et durables périodes de prospérité et de dépression, c'est, on le sait déjà, l'allongement capitaliste du procès de production.

Au lieu que les facteurs primitifs de la production, le travail et la nature, soient appliqués immédiatement à la confection du bien de consommation désiré; au lieu que même, comme à l'époque

---

Cauwès, *Cours d'économie politique*, I, p. 287; von Wieser, *Der Natürliche Werth*, p. 184; Clark, *Distribution of wealth*, p. 149 et s.; Châtelain, *Revue d'économie politique*, 1905, p. 678).

Je m'écarte donc à *fortiori*, dans cette étude, de ces notions du capital très compréhensives (notions dont certaines au moins conviendraient plutôt au seul capital lucratif ou privé, au capital source de revenu) et qui englobent dans le capital, la terre (Clark, *op. cit.*, p. 123, 188 et s... 338 et s...; Cannan, *Economic Journal*, 1897, p. 283; Walras, *op. cit.*, p. 180; Irving Fisher, *The nature of capital and income*, 1906, p. 186), ou même d'une façon générale presque toutes les richesses, toute richesse survivant à un premier usage comme écrit M. Walras (p. 177), toute la richesse à un moment donné, *at an instant of time*, comme écrit M. Fisher (p. 52), et jusqu'aux êtres humains eux-mêmes (Walras, p. 181; Pareto, I, § 91, p. 40).

précapitaliste, on n'ait recours, avant d'arriver au bien de consommation, qu'à des capitaux rapidement construits comme le sont les
outils; l'une des caractéristiques techniques du capitalisme consiste à produire, antérieurement à la fabrication des objets de
consommation et en vue de cette fabrication, une longue série de
capitaux, dont la construction peut durer plusieurs mois ou plusieurs années [1]. De là l'allongement de ce que j'appellerai la première phase de la production capitaliste. A cette phase, à la longue
durée du procès de création du capital je rattache la période de
prospérité : car lorsque se déclare la pénurie des biens de consommation un assez long temps devra s'écouler avant que l'achèvement
de la production du capital permette la satisfaction du besoin.

Mais une fois le capital créé, le procès de production n'est
pas terminé. Il reste la seconde phase, la confection du bien de
consommation. Or, si cette phase est de courte durée pour les
premiers biens créés à l'aide du capital, elle se trouve prolongée
jusque bien après l'achèvement de la fabrication de certains des
capitaux, des instruments de production, des machines par exemple,
pour les derniers biens produits. S'il a fallu deux ans pour construire les engins destinés à la fabrication des chaussures, et cinq
ans pour leur usure, la durée de la période de la production aura
été de deux ans et quelques heures pour les premières chaussures
produites, de sept ans pour les dernières. Cette longue durée [2]
du maintien en fonction des capitaux autres que les matières premières, des instruments de production, jusqu'à leur mise à l'écart
définitive, n'est pas absolument propre à la technique capitaliste,
puisqu'un simple outil peut aussi servir plusieurs années. Mais il
s'agit ici du long fonctionnement de biens dont la construction
aussi a duré longtemps, de façon que leur valeur est grande et

[1] Pour plus de détails sur l'allongement capitaliste de la période de production qui
constitue l'une des bases empiriques de sa théorie du capital, Voy. : Von Bœhm-
Bawerk, *Positive Theorie des Kapitals*, 1889, p. 15 et suiv., p. 86 et suiv.; et sa brochure, *Einige strittige Fragen der Capitalstheorie*, 1900, I et II. — Cf. aussi Marshall, *Principles of Economics*, 2e édit., 1891, V. iii, § 4, p. 403; V. v, § 4, p. 425;
Clark, *op. cit.*, p. 128.

[2] Il n'est évidemment question ici que de la durée matérielle des *choses* qui constituent le capital. Il ne peut s'agir en aucune manière de la perpétuité de cette entité
éternelle que constitue le *Capital* suivant M. Clark, notion abstraite qu'il oppose aux
capitaux, *capital-goods,* les seuls biens dont je parle, choses en définitive périssables
après avoir duré un certain temps (V. Clark, *Distribution of wealth*, p. 117 et suiv.,
et son article in *Quarterly journal of economics*, 1906, p. 351 et suiv.).

qu'on ne consent pas volontiers à les laisser chômer. C'est de la réunion de ces deux traits que vont résulter des conséquences spéciales au régime capitaliste. C'est par là qu'à cette longue durée de la seconde phase du procès de production capitaliste, à cette longue durée de fonctionnement du capital, je pourrai rattacher la seconde période du cycle économique, la période de dépression et sa persistance : car malgré qu'éclate la crise et que se manifeste la surabondance des biens de consommation, leur production excessive se maintient un assez long temps à cause de l'excès du capital antérieurement créé et qu'on ne veut pas laisser inemployé, jusqu'à ce qu'enfin une partie de ce capital soit hors de service.

Je me hâte d'ajouter, pour éviter toute méprise, que je ne prétends fixer aucune corrélation numérique rigoureuse entre la durée des deux stades du procès de production et la durée des deux périodes du cycle économique, de la prospérité ni de la dépression. Déjà la durée de la production est assez malaisée à préciser pour chaque catégorie de marchandises[1]. La notion même peut prêter à des acceptions diverses que je ne veux pas discuter ici[2]. A plus forte raison, la période de production pour l'ensemble des marchandises, la durée du procès de production collectif, résultante des mille procès de production particuliers à chaque industrie, constitue-t-elle une conception difficilement délimitable, aux contours nécessairement flottants. Mais il n'est pas besoin pour ma théorie et il ne saurait être question de précision numérique. Il suffit qu'on m'accorde, et la chose ne semble pas contestable, que si on envisage l'ensemble de l'organisme économique, un temps assez long s'écoule, dans la production capitaliste, quelque indéterminé et indéterminable qu'il soit, entre le moment, d'une part, où une pénurie assez notable des marchandises se révèle et le moment où, grâce à la construction des capitaux requis, le besoin commence à être assez largement satisfait ; entre le moment, d'autre part, où s'accuse l'excès des biens de consommation ainsi que des capitaux et le moment où, grâce à l'usure d'une partie du capital, d'une partie du matériel surtout, disparaît l'engorgement des marchés. Au premier laps de temps va correspondre la prospérité. Au second la dépression.

---

[1] Bœhm-Bawerk, *Strittige Fragen der Capitalstheorie*, p. 45.
[2] Bœhm-Bawerk, *Ibid.*, p. 4-6 ; 53, et *Quarterly Journal of Economics*, 1895, p. 383 et s. ; Clark, *Distribution of wealth*, 1902, p. 137 et s.

Comme il s'agit de mouvements relatifs à l'ensemble de l'industrie, la prospérité ne se termine pas dès que pour une seule catégorie de marchandises le capital est créé. Elle ne se clôt que quand déjà une assez grande quantité de capitaux dans plusieurs industries est entrée en activité de façon à entraîner l'encombrement des marchés. De même, la dépression s'achève non pas quand tout le capital est consommé, quand tout le matériel est hors d'usage, mais dès qu'une certaine partie l'est. La prospérité ni la dépression, on le sait, ne se caractérisent par une hausse ou une baisse de tous les prix, mais par une hausse ou une baisse de la moyenne des prix. De même, il ne s'agit pas d'attendre que la première ou la seconde phase du procès de production soit terminée pour toutes les industries, mais seulement d'attendre que, de façon notable, du capital nouveau soit créé pour que se déclare la crise, où du capital ancien mis hors de service ou consommé pour que se prononce la prospérité. Il s'agit de moyennes, de tendances générales.

L'allongement capitaliste du procès de production collectif est donc le grand fait moderne qui détermine l'ampleur des oscillations autour de l'équilibre, la durée de la prospérité et de la dépression. C'est encore ici un exemple où apparaît le rôle considérable que joue le *temps* dans l'ordre des phénomènes économiques. A quoi s'ajoute, pour expliquer la périodicité des cycles économiques, la manière dont les prix et les profits agissent sur la production dans un régime où le procès de production se trouve ainsi allongé, de façon à déterminer, on va le voir, la surcapitalisation et la souscapitalisation, à faire sortir la crise de la prospérité et la prospérité de la dépression.

§ II. *La longueur du procès de production prolonge la durée de la prospérité et pousse à la surcapitalisation qui détermine la crise.*

Lorsqu'on attribue les crises aux conditions techniques de la production capitaliste, on invoque généralement la formidable puissance de l'outillage mécanique moderne qui, en peu de temps, inonde les marchés de ses produits. Et on rappelle le joli apologue conté par Sismondi qui s'était lui-même souvenu d'une ballade de Gœthe et où l'apprenti-sorcier Gandalin ne peut plus maîtriser les forces aveugles qu'il a déchaînées. Il est exact, en effet, que la cause immédiate de la crise consiste en la capacité de forces productrices trop accrues d'encombrer les débouchés par la masse des marchandises précipitamment manufacturées.

... Mais, si on ne concentre pas son attention sur la minute même de la crise, on admettra peut-être que l'ensemble du phénomène aboutissant à la crise a sa cause profonde dans un fait à première vue contraire à celui que je viens d'indiquer. De sorte que les deux faits opposés s'associent, mais pour agir à des moments différents, l'un pour préparer, l'autre pour déclarer la crise. A l'instant de la crise, on n'aperçoit que l'aptitude du capitalisme à satisfaire trop et trop vite le besoin. Mais, d'autre part, tout le cycle périodique est dû à l'incapacité de la production capitaliste de satisfaire immédiatement le besoin social, au long temps qui s'écoule avant que soient forgés tous les capitaux devenus nécessaires, que s'achève le procès de création du capital suscité par la pénurie des marchandises désirées.

Et les deux traits, en apparence antithétiques, sont intimement liés. *L'allongement de la période de production* capitaliste a pour but de *réduire le temps de travail* requis pour la fabrication de chaque unité de marchandises. Si, au lieu d'entreprendre immédiatement la confection des objets de consommation, on a recours à la fabrication préalable d'une *longue* série de capitaux, de biens intermédiaires, c'est afin d'*abréger* le temps de travail, de l'abréger surtout dans la dernière étape du procès de production, dans la phase de la confection des biens de consommation[1]. Ces deux caractères de la technique capitaliste ainsi corrélatifs l'un de l'autre vont apparaître successivement comme facteurs des crises générales : le premier commandant à l'ensemble du cycle périodique ; le second exerçant ses effets au moment même de la crise.

— Voici d'abord comment pendant la prospérité agit le premier facteur.

Lorsqu'apparaît la pénurie des objets de consommation, que leurs prix s'élèvent, que s'ouvre la période de prospérité, le besoin de biens de consommation suscite le besoin de capitaux et relève leur prix. C'est un surcroît de capitaux nouveaux qu'il faut commencer

---

[1] Contre la confusion parfois faite entre la *période de production* qui se trouve allongée et le *temps de travail* nécessaire à la production de chaque marchandise qui est au contraire abrégé, V. von Bœhm-Bawerk, *Strittige Fragen der Capitals theorie*, p. 18 et s... — V. aussi les faits cités en faveur de l'un et l'autre phénomène par M. Werner Sombart, *Der moderne Kapitalismus*, II, p. 71 et s., 80 et s.

par construire avant de pouvoir arriver aux objets de consommation que l'outillage existant ne parvient pas à manufacturer. Les fabricants d'objets de consommation, alléchés par la hausse des prix des profits, désirent étendre leurs entreprises et multiplient leurs commandes de capitaux, machines, usines, matières premières. Les fabricants de machines, les constructeurs d'usines, les producteurs de matières premières, de marchandises mi-ouvrées, se tournent à leur tour vers d'autres fabricants. De proche en proche, le mouvement se propage parmi les fabricants de capitaux de divers degrés. Un nouveau procès de production commence. Mais jusqu'à ce que s'effectue la série des répercussions, que soient construits les capitaux successifs, que soient agrandies les usines de produits bruts, de produits mi-ouvrés, de produits finis, jusqu'à ce que le surcroît de minerai de fer extrait de la terre, après avoir passé par une longue suite de transformations, serve enfin comme machine terminée et installée à fabriquer des objets de consommation, des mois, des années s'écoulent. Durant ce temps, demeure insatisfait le besoin de biens de consommation, le besoin social. La période des hauts prix, des hauts profits, la période de prospérité se prolonge.

Sans doute le procès de création du capital dans toutes les industries n'a pas la même durée. Il arrivera que pour certaines d'entre elles le procès sera achevé, la suffisance, bientôt la surabondance des marchandises se manifesteront tandis que la pénurie subsistera encore pour les autres. La prospérité générale se maintiendra, comme je l'ai déjà indiqué, tant que pour l'ensemble de l'industrie la somme des objets de consommation sera décidément inférieure aux besoins, tant que la moyenne générale des prix restera élevée en dépit des baisses particulières de certains prix.

— De la même façon va s'expliquer aussi la *surcapitalisation* qui caractérise la période de prospérité. Au bout d'un certain temps la masse des capitaux en voie de construction serait déjà plus que suffisante pour la satisfaction des besoins. Mais les capitaux ne sont pas encore entièrement construits, ne servent pas encore à la production. Tant que le procès de création du capital n'a pas touché à son terme, persistent l'insatisfaction du besoin social, la pénurie des objets de consommation, leurs prix élevés, les hauts profits qu'assure la fabrication. Par suite, aussi, en vue de l'extension des entreprises ou de la création d'entreprises nouvelles se maintiennent la demande active de capitaux, leurs prix élevés, leur production en masse, leur production excessive. C'est la surcapitalisation.

L'intensité du besoin social, par l'intermédiaire des prix et des profits, constitue un excellent instigateur de la production au moment où s'ouvre la période de prospérité. Elle sera aussi un exact et implacable contrôleur de la production quand le capital terminé entrera en activité et que se déclarera la crise. Mais, entre temps, à cause du long délai qui dans le régime capitaliste sépare ce point de départ de ce point d'arrivée, tout régulateur sûr fait défaut.

Dans le régime individualiste c'est aux entrepreneurs qu'il incombe d'adapter la production aux besoins. Ce sont eux qui commettront les presque inévitables erreurs. Mais il est douteux que, dans d'autres régimes, d'autres directeurs de la production montrent plus de perspicacité. Le *profit* n'est pas seul à constituer en ces circonstances un symptôme trompeur. La fabrication en vue du profit ne doit pas porter toute la responsabilité de la surcapitalisation. C'est le *besoin* lui-même qui égare et aveugle les producteurs. Le degré d'insatisfaction présent du besoin social ne dépend en effet que des objets de consommation actuellement offerts aux acheteurs, nullement de la puissance des forces productrices en création. Tout ce qui se prépare de capitaux l'intensité actuelle du besoin social l'ignore tant que ces capitaux ne sont pas terminés et ne produisent pas les objets de consommation désirés. Les prix et les profits se ressentent de cette ignorance et abusent l'entrepreneur.

Si à cause de la basse température constatée dans une pièce on ravive et on alimente le feu du foyer, un temps s'écoulera avant que s'obtienne la tiédeur désirée. Comme le froid persiste et que le thermomètre continue à le signaler, on serait conduit par là, si on n'était instruit par l'expérience, à jeter plus de combustible dans l'appareil de chauffage. On en jetterait encore alors même que la quantité de combustible entassé dans l'appareil est déjà telle qu'elle dégagera, lorsque tout aura pris feu, une chaleur intenable. En se laissant guider par la sensation de froid présente, par les indications présentes du thermomètre, on surchauffera fatalement la pièce à cause du temps nécessaire jusqu'à ce que rougisse tout le combustible et que se répande la chaleur dans la chambre. Et on voit que ce ne serait pas le thermomètre seul qui serait coupable de l'erreur, mais bien aussi la sensation présente du froid.

Il en est exactement de même dans l'ordre économique. Comme la production s'effectue en deux étapes, production de capitaux d'abord, d'objets de consommation ensuite, tant qu'on n'est pas parvenu à la seconde étape, rien ne témoigne de l'excès des biens à la première. L'insatisfaction du besoin social résulte seulement de ce que la période de la création du capital n'est pas achevée. Mais l'entrepreneur est induit à croire que les conditions suffisantes pour la satisfaction de ce besoin ne sont pas encore réunies. La pénurie des biens de consommation, le maintien des prix et des profits élevés lui fait supposer la persistance de la pénurie des capitaux. Il ne peut constater que l'insatisfaction *actuelle* du besoin. Il ignore que sa satisfaction *virtuelle* est déjà excessive. Comment ne commanderait-il pas toujours plus de capitaux puisqu'on n'a pas encore assez d'objets de consommation? Dans cette simultanéité de la *sous-production* d'objets de consommation et de la *surcapitalisation*, la première même déterminant la seconde, réside la cause d'erreur due à l'allongement capitaliste du procès de production.

Dans les civilisations précapitalistes au contraire, où il n'était pas fait usage de capitaux très longs à construire, n'existait pas la longue période trompeuse entre le moment où le besoin se déclare et le moment où il est satisfait, période pendant laquelle l'insuffisance des biens de consommation pousse à la surcapitalisation. L'intensité du besoin social, les prix étaient de bons indicateurs en quoi on pouvait avoir foi. La continuation de la hausse des prix signifiait bien qu'il fallait persévérer dans la production sans que se dissimulât aucune surcapitalisation. Et l'équilibre rompu dont témoignait cette hausse des prix pouvait rapidement se rétablir puisqu'on entreprenait directement la production des objets de consommation demandés sans recourir à une période préliminaire de création des capitaux. Les oscillations autour de l'état d'équilibre pouvaient être plus courtes. Aucune raison ne se rencontrait de la périodicité des crises puisque rien de semblable à la surcapitalisation ne venait enchaîner la crise à la prospérité, pas plus que rien ensuite ne faisait résulter la prospérité de la dépression.

A la différence de ce qu'écrivent parfois les théoriciens des crises, c'est donc bien la *longueur*, la lenteur de la production capitaliste, c'est son inaptitude à satisfaire immédiatement et rapidement le besoin qui constitue la cause supérieure du phénomène moderne des crises périodiques de surproduction. A côté de ses incontestables avantages économiques, la longueur de la production capitaliste présente cet inconvénient de rendre très difficile l'exacte adaptation de la production aux besoins, de déterminer les crises périodiques.

— Mais, à cette première caractéristique de la production capitaliste, s'ajoute, lorsque la création du capital est achevée, la seconde caractéristique, la caractéristique contraire qui agit à son tour comme facteur de la crise pour la faire éclater, la précipiter. Lorsque le surcroît de capitaux construits pendant la prospérité commence à entrer en service et qu'on commence à livrer les objets de consommation en vue desquels les capitaux étaient créés, alors se manifeste toute la capacité de l'outillage moderne de produire en masse, de produire rapidement. Le but même, on l'a vu, des procédés détournés, indirects de la technique capitaliste consiste dans l'énorme diminution du temps nécessaire à la fabrication de chaque unité de marchandises. Bien vite le besoin est satisfait. Bien vite même il l'est trop. Chaque jour, une partie nouvelle de l'excessif matériel dont la fabrication a été progressivement entreprise durant la prospérité se trouve terminée et vient ajouter un contingent nouveau à l'amas grandissant des biens de consommation. La chute des prix se déclare, puis s'aggrave. C'est la crise. Après la *longueur*, après la lenteur de la production capitaliste, c'est bien maintenant, mais maintenant seulement, qu'exerce son action la *brièveté* de la production capitaliste, le prodigieux accroissement de la productivité dû au machinisme.

§ III. *La longueur du procès de production prolonge la dépression et conduit à la sous-capitalisation qui suscitera une nouvelle prospérité.*

La crise passée, les mêmes facteurs que précédemment vont déterminer la longueur de la période de dépression ainsi que la sous-capitalisation qui conduira à une nouvelle ère d'essor.

La longue durée de création du capital, source de l'allongement de la première phase de la production capitaliste, va encore agir. Comme leur construction a coûté plusieurs années de travail, les moyens de production, le matériel surtout, ont une grande valeur. On s'efforcera donc de ne point les laisser inemployés. On préférera, à cause des frais qui continuent à courir et en particulier à cause de l'intérêt des sommes dépensées, vendre à faible bénéfice, vendre à perte même, plutôt que d'arrêter la production. Ou si on chôme, car il faudra bien se résoudre souvent à un chômage partiel, on le fera le moins possible, et le chômage entraîne des pertes en quoi justement se manifeste la dépression.

Mais, en outre, s'exercera l'action de ce que j'ai appelé la longue durée de la seconde phase du procès de production capitaliste, de la phase où on produit les objets de consommation, la longue durée du fonctionnement du capital, du matériel principalement, la longue durée de son amortissement avant son usure définitive. On a vu déjà, en effet, comment, à cause du long maintien en activité de l'outillage, se trouve prolongée la période de production, sinon des premiers, du moins des autres biens, surtout des derniers biens de consommation produits à l'aide de cet outillage : puisque, pour ces biens, la période de production comprend, premièrement, la série d'années nécessaire à la construction du capital et, deuxièmement, la série d'années qui s'écoule jusqu'à ce que le capital en fonction rende ses derniers services.

Ce sont ces deux sources réunies du long procès de fabrication moderne en ses deux phases successives qui vont produire leurs effets sur la dépression. Le long maintien en activité seul de l'instrument de production ne suffirait pas à expliquer les choses. Dans la période précapitaliste, malgré la longue durée possible des outils [1], leur faible valeur permettait à la production de s'arrêter instantanément de façon à déterminer un prompt rétablissement de l'équilibre. Il n'en est plus de même aujourd'hui parce que cette longue durée de fonctionnement est celle de moyens de production ayant coûté eux-mêmes de longs mois ou de longues années à manufacturer, parce qu'il s'agit de la longue existence de capitaux qui, ayant eux-mêmes été créés grâce à un long travail, ont une grande valeur.

— Ce long maintien en activité des capitaux va d'abord prolonger la dépression. Plusieurs années en effet doivent passer avant que

[1] Dans sa théorie du capital, M. de Bœhm-Bawerk rencontre aussi cette difficulté résultant de la longue durée possible de l'outil et de l'allongement, par suite, de la période de production des marchandises exécutées avec cet outil. Pour résoudre la difficulté, au lieu de ma combinaison des deux conditions, dont il est parlé au texte, il imagine sa notion de la durée de la production *moyenne*, corrélative de sa notion de la « durée moyenne de l'attente » (V. *Positive Theorie des Kapitales*, p. 94-96 et *Strittige Fragen*, p. 4-6).

soit hors d'usage une bonne partie de l'énorme matériel antérieurement fabriqué, matériel encore grossi, pendant la dépression,
des capitaux nouveaux anciennement commandés et livrés seulement aux acheteurs après la crise et malgré la crise. En attendant, en dépit du chômage partiel que l'on s'impose mais que l'on
réduit autant qu'on peut, en dépit même de la baisse des prix qui
facilite l'écoulement des marchandises, persiste longuement la
surabondance des biens de consommation manufacturés par un
outillage trop accru. La surcapitalisation de la période écoulée pèse
de nombreuses années sur l'organisme économique. Malgré le
ralentissement de la production, ralentissement qui porte surtout
sur la production des capitaux, le besoin social reste sursaturé
comme il restait insatisfait durant la prospérité en dépit de l'intense
activité industrielle. Les stocks demeurent élevés, les prix très
réduits.

Et il continuera à en être ainsi, sinon comme je l'ai déjà indiqué,
jusqu'à ce que tout le capital en service soit hors d'usage, mais
jusqu'à ce qu'une certaine portion le soit, suffisante pour que la
diminution des biens de consommation manufacturés qui en résulte
mette fin à l'engorgement des marchés. Il faut même observer
que parfois cette portion peut être assez faible. L'accroissement
normal de la population et des besoins vient en effet, au bout de
quelques années, faciliter l'absorption des stocks, faire paraître
moindre ce qui constituait auparavant un excès très considérable
de capitaux et de biens de consommation.

— Pour les mêmes raisons que se prolonge la dépression va s'effectuer aussi la *sous-capitalisation*. Il existe un certain taux normal
de la capitalisation annuelle[1] afin, à la fois, de remplacer le capital
qui s'use et d'accroître en vue de l'avenir la masse des capitaux existants. Mais ce taux normal et moyen n'est qu'une entité abstraite.
En fait la civilisation procède en cette matière par bonds irréguliers.
Le taux normal est dépassé durant la prospérité. Il n'est pas entièrement atteint dans la dépression. En cela consiste la sous-capitalisation. Ce n'est pas, certes, qu'on ne capitalise plus. Mais on capitalise insuffisamment.

Le ralentissement de la capitalisation était au début indispensable
à raison des excès de la période de prospérité. Mais il se poursuit

[1] V. *infra*, ch. IV, § 1.

au delà du terme nécessaire. Au bout d'un certain temps une partie
de l'outillage ancien, sans être encore hors de service, approche
cependant du moment où il le sera. On pourrait déjà procéder à
son remplacement afin d'avoir prêts une quantité de capitaux suffisants pour le jour où le capital ancien serait définitivement mis à
l'écart. Mais la surabondance des objets de consommation, due à
l'outillage légué par l'époque antérieure, maintient le bas prix de
ces objets et par répercussion celui des capitaux, maintient la faible
rentabilité de l'industrie, entrave toute reprise de l'activité industrielle. On se garde de préparer un agrandissement notable du
machinisme existant puisque ce machinisme paraît déjà excessif.

Cette fois, pour reprendre ma comparaison, à cause de la chaleur
de la pièce, on n'alimente plus le foyer. On ne songe pas que le
combustible ancien étant presque totalement consumé, lorsque tout
à l'heure la température de la chambre baissera, un long moment
s'écoulera jusqu'à ce que le nouveau combustible trop tard jeté
dans le foyer parvienne à rétablir la tiédeur ancienne.

De même dans le domaine économique, on pourrait déjà se mettre à fabriquer des capitaux. Jusqu'à ce qu'ils soient achevés et en
état de manufacturer des objets de consommation, la valeur de ces
derniers se serait relevée. Mais on hésite à le faire à cause de la
pléthore et des bas prix des objets de consommation qui fait croire
aussi à une pléthore de capitaux. Même les entrepreneurs familiers
avec le phénomène de l'alternance de la prospérité et de la dépression ne peuvent prévoir à coup sûr l'instant où se terminera la
dépression, ni décider par suite la date où on peut sans crainte
s'engager dans un nouveau procès de production. Tout régulateur
manque à nouveau. L'intensité du besoin social actuel, par le moyen
des prix et des profits, ne révèle que l'excès des objets de consommation et des capitaux en activité. Rien ne renseigne sur les
capitaux qui seront bientôt hors d'usage et détermineront une
pénurie prochaine. Quand on constate la saturation *présente* du
besoin, on ne peut croire en même temps à son insatisfaction *virtuelle*. Quand on souffre encore de la *surproduction* de biens de
consommation on ne peut admettre qu'il y ait en même temps *sous-
capitalisation*. Et cependant à cause de la longueur du procès
de production coexistent bien les deux choses pendant la dépression.

Mais au bout de quelques années les stocks enfin se trouvent

fortement réduits par suite du ralentissement de la production, du
large écoulement des marchandises facilité par la baisse des prix,
par suite aussi de l'accroissement des besoins. On découvre alors
l'insuffisance des objets de consommation, la difficulté de satisfaire
au besoin social à raison de la sous-capitalisation. Les prix se relèvent. Un nouveau procès de production va reprendre avec son
même cortège d'années prospères et d'années de crise.

— Ainsi se trouvent dégagées les causes dominantes du phénomène moderne des crises périodiques. En résumé c'est le capitalisme, la production au moyen du capital, en conservant toujours
à cette expression son sens de capital social, qui porte la responsabilité des révolutions chroniques de l'industrie. C'est l'action du *temps*
si grande dans le domaine économique, c'est la longue durée de la
création du capital d'abord, c'est aussi ensuite la longue durée de
son existence, jointes à la façon dont l'intensité du besoin agit sur
la production par le mécanisme des prix et des profits dans un
régime où le procès de fabrication se trouve ainsi prolongé, qui
font se dérouler la succession des ères de prospérité et de dépression, déterminent les crises périodiques. L'allongement de la production capitaliste, principalement, mais aussi le jeu des besoins, des
prix et des profits, voilà les deux *moments* de la théorie des crises.

Il me reste, dans les pages qui suivent, à ajouter quelques traits
à l'esquisse d'ensemble qui vient d'être tracée, à insister sur certains points effleurés et à en toucher quelques autres dont il n'a pas
encore été question.

CHAPITRE III

L'ACTION DU BESOIN D'OBJETS DE CONSOMMATION SUR LA PRODUCTION DE CES OBJETS
ET DES CAPITAUX DURANT LES CYCLES PÉRIODIQUES

§ I. *L'action des besoins nouveaux.*

Au terme de la période de dépression, à côté du ralentissement
de la production dont j'ai déjà parlé, l'accroissement des besoins
peut contribuer au relèvement des valeurs et des prix, source de la
prospérité.

L'accroissement des besoins peut tenir à l'augmentation de la
population. Plus de biens de consommation seront alors désirés. Et
à leur production pourra être employé le surplus des bras dû au
développement même de la population.

L'extension des besoins peut provenir aussi du perfectionnement de la technique, d'une découverte, de toute réduction du prix de revient. Cette réduction est précisément un des traits de la période de dépression. La baisse des prix et des profits stimule l'esprit inventif des entrepreneurs, les pousse à chercher plus attentivement encore les moyens d'une meilleure organisation, de plus fortes économies dans le coût de production. C'est dans la dépression surtout que la concurrence se faisant plus âpre entraîne les effets ordinaires qu'on lui prête. Elle accentue la concentration des entreprises, élimine les petits ateliers ou les établissements mal outillés, mal dirigés, auxquels les hauts prix de la prospérité permettaient de vivre malgré leur production plus coûteuse, ne laisse debout que les établissements les plus résistants qui sont souvent les plus vastes.

A la différence de la baisse des prix constitutive de la crise, une baisse des prix comme conséquence d'une considérable diminution du prix de revient est un facteur de prospérité. La baisse des prix élargit la consommation, augmente le besoin. Et comme l'entreprise demeure cependant rémunératrice, puisque la baisse n'est que la conséquence d'une réduction du prix de revient, une extension de la production, une ère d'essor et de capitalisation commencent pour l'industrie intéressée [1] : à quoi plus tard, à cause d'une surcapitalisation quasi-inévitale, succèdera souvent la crise.

De la même façon agit l'apparition d'un besoin nouveau. La prospérité pourra même cette fois être particulièrement intense. L'industrie nouvelle devra pourvoir des marchandises nouvelles que personne encore ne possède, par exemple d'automobiles, toutes les personnes susceptibles d'en désirer, alors que pour les industries anciennes la prospérité ne consiste que dans la possibilité d'ajouter un contingent supplémentaire au montant de la production annuelle. L'outillage ici demande à être construit de toutes pièces. Ce sera, un temps, un afflux de commandes, une fièvre de capitalisation et de fabrication. Mais aussi la crise qui suivra n'en sera souvent que plus retentissante. Quand tous les acheteurs possibles auront reçu les objets voulus, le besoin social annuel sera limité à la quantité d'objets nécessaires pour le remplacement de ceux qui sont progressivement consommés. Tandis qu'en peu de

---

[1] Cf. Spiethoff, *Jahrbuch de Schmoller*, 1902. II. 300.

temps, mettons en trois ou quatre ans, il a fallu produire les 100.000 automobiles demandées en France, la cinquième année, tous les acquéreurs étant nantis, la production annuelle devra se réduire au dixième, je suppose, des véhicules existants, à 10.000 pour prendre la place de ceux qui s'usent et répondre au lent accroissement du besoin. Une industrie outillée pour une fabrication annuelle de 20.000 ou 30.000 machines verra inutilisée plus de la moitié de son matériel.

On échapperait cependant à la surcapitalisation et à la crise, si le besoin nouveau ne se propageait que très lentement de façon que l'outillage aménagé pour une fabrication modérée d'objets acquis pour la première fois ne se trouve pas excessif le jour où on n'aura plus guère qu'à remplacer les marchandises usées.

Prospérité et crise dues aux besoins nouveaux ou aux découvertes techniques ne peuvent être en principe que partielles. On ne doit pas, comme on pourrait être tenté de le faire, prendre ces phénomènes pour les causes des crises périodiques générales. Tout caractère de périodicité d'abord leur fait défaut aussi bien qu'aux guerres ou aux événements politiques. En outre leur manque également le caractère de généralité indispensable. La prospérité ou la crise suscitée par le besoin nouveau verra fréquemment son influence sur l'ensemble de l'organisme économique neutralisée par une influence en sens contraire de la part d'autres industries se trouvant à un autre stade de leur développement. Le besoin nouveau, la découverte mécanique, ou tout accroissement du besoin dans une industrie quelconque ne sont qu'un des affluents formant le grand fleuve économique. Si l'affluent se forme ou grossit à une époque de sécheresse générale, malgré la violence de sa crue, il ne réussira pas à faire déborder le fleuve. Si la chose coïncide au contraire avec la crue des autres affluents, il contribuera au débordement, pourra même en apparaître comme le facteur principal. Parfois enfin si déjà baisse la crue des autres affluents, mais que sa crue à lui-même soit très forte, il pourra prolonger un temps, mais un temps seulement, l'inondation. Le besoin nouveau sera impuissant à déterminer une prospérité générale s'il surgit peu après la crise. Il pourra seulement entraver la régularité du phénomène, prolonger la prospérité s'il apparaît vers la fin de la période d'essor. Mais s'il se présente au terme de la dépression ou au début de la prospérité, il hâtera ou amplifiera l'essor,

semblera même, parfois, mener alors tout le mouvement. C'est là
ce qui pourrait faire illusion et amener à tort les économistes à prêter au besoin nouveau ou à la découverte nouvelle une influence
excessive, à en faire le moteur exclusif des cycles périodiques.

§ II. *L'influence déterminante du besoin d'objets de consommation et sa répercussion intensifiée sur les capitaux. Le rôle des diverses catégories d'industries.*

Le besoin social ne peut avoir pour objet immédiat que les biens
de consommation. De la quantité de ces seuls biens résulte le degré
de sa satisfaction. Seule aussi la valeur des biens de consommation
obéit à l'action directe du besoin. Au contraire les capitaux ne sont
pas désirés pour eux-mêmes, n'ont pas de valeur par eux-mêmes
mais parce qu'ils servent à la création des objets de consommation.

C'est un des mérites de Rodbertus d'avoir excellemment montré
comment, malgré la division du travail, production de capitaux et
production de biens de consommation ne constituent que les
étapes successives d'une même et unique production, de la production destinée à obtenir les objets de consommation désirés. Le
« travail médiat » employé à la création des capitaux n'est que le
commencement du travail consacré à la fabrication des biens de
consommation. Le capital est le bien de consommation encore
« imparfait, inachevé ». Le bien de consommation est le produit
terminé. La création du capital est une phase même de la production des biens de consommation. Elle en est le premier stade [1].

En conformité avec ces vues, la théorie moderne de la valeur
enseigne que c'est le désir, la valeur du produit final qui entraîne
le désir, la valeur des capitaux, des « biens intermédiaires »,
des « biens instrumentaux » échelonnés pour aboutir à ce produit
final [2]. C'est la hausse ou la baisse de valeur des objets de consommation, des biens « directs » qui, comme un courant qui se propage, va successivement rejaillir sur la série des biens « médiats »,
des biens « indirects », des biens « productifs » ou comme on a dit
encore tellement la terminologie est variée en cette matière du

---

[1] Rodbertus, *op. cit.*, p. 208, 209 et *passim;* Châtelain, *Revue d'économie politique,*
1905, p. 681.

[2] V. Bœhm-Bawerk, *Positive Theorie des Kapitals,* p. 190 et s.; Walras, *op. cit.,*
p. XVII; 241 et s.; Pareto, I, p. 42, n. 95; von Wieser, *op. cit.,* p. 68-69; Carver,
Distribution of wealth, 1904, p. 105.

capital, va rejaillir sur les biens de deuxième, de troisième ordre et jusque sur les biens de l'ordre le plus éloigné. C'est du produit final que les capitaux tirent toute leur valeur. Le besoin premier, le besoin direct, est celui des biens de consommation. Le besoin des capitaux est un besoin *dérivé,* un besoin indirect, soumis aux répercussions du précédent[1].

Les variations de l'intensité des besoins qui déterminent les phases alternées des cycles périodiques ne peuvent donc être que des variations relatives aux biens de consommation. Mais les mouvements qui ont leur point de départ dans les biens de consommation gagnent aussi les capitaux. C'est même en ce qui concerne les capitaux, en ce qui concerne en particulier le matériel, l'outillage, qu'ils prennent le plus d'intensité et qu'ils sont le plus apparents.

— Plus d'*intensité* d'abord. Un excès ou un déficit assez faible d'objets de consommation entraînant des fluctuations modérées de leur valeur amènera un accroissement plus que proportionnel du besoin et de la valeur des instruments de production. Le montant de la fabrication annuelle d'instruments de production, en vue de remplacer le matériel hors d'usage et d'augmenter progressivement l'importance de l'outillage existant, n'égale en effet qu'une portion assez faible du matériel actuellement employé à la production des objets de consommation. Si nous supposons que la proportion est du dixième, et si dans une année donnée la fabrication des objets de consommation devait s'accroître d'un dixième, la production relative au matériel devrait cette année-là doubler : puisqu'à une production normale et annuelle d'un dixième devrait s'ajouter une production supplémentaire égale encore à un dixième. Une légère extension des industries de consommation exigera une extension beaucoup plus considérable des industries productrices du matériel[2].

Un exemple d'ailleurs entièrement hypothétique montrera comment les choses pourront se passer aux époques de prospérité et de dépression. A une industrie d'objets de consommation utilisant 100.000 métiers devrait, je suppose, correspondre une fabrication annuelle moyenne de 10.000 métiers. Mais, comme conséquence d'un déficit de 10 p. 100 des objets de consommation, entraînant le besoin de 10.000 métiers supplémentaires, on constate que, pen-

[1] V. Marshall, V. vi, § I, (p. 430 et s. de la 2e édit.)
[2] Cf. Carver, *Quarterly Journal of economics*, 1903, p. 497.

dant les cinq années de la prospérité, à la production normale par les industries de capitaux de 50.000 métiers, s'ajoutent un contingent de 10.000 métiers rendu nécessaire par le déficit d'objets de consommation, et un second contingent de 10.000 métiers constituant la surcapitalisation de la prospérité. La production est de 70.000 métiers ou de 14.000 annuellement. Dans les cinq années de la dépression, par suite d'un excès de 10 p. 100 des objets de consommation, la production, au lieu d'être de 50.000 métiers, se voit diminuée de 10.000 métiers à cause de cet excès d'objets de consommation, impliquant un excès égal de capitaux et de 10.000 autres métiers par suite de la sous-capitalisation de la dépression. La production est de 30.000 métiers ou de 6.000 annuellement. Tandis que la quantité d'objets de consommation produite oscille entre un déficit et un excès de 10 p. 100, entre 90 au début de l'essor et 110 à la crise, le déficit ou l'excès des 10.000 métiers qui en est la conséquence fait bondir la fabrication des instruments de production de 60 à 140, puis la fait s'effondrer de 140 à 60. Un déficit de 10 p. 100 d'objets de consommation fait plus que doubler, fait croître de plus de 100 pour 100 la production relative au matériel. Un excès de 10 p. 100 d'objets de consommation réduit au chômage plus de la moitié de l'industrie productrice de machines.

De faibles fluctuations dans le prix et le besoin des biens de consommation sont ainsi la source de fluctuations très considérables dans les industries productrices de capitaux. Il suffit d'insensibles oscillations à la base de la pyramide économique pour déterminer de terribles ébranlements, des écroulements retentissants parmi les constructions qui sont au sommet.

— La prospérité et la crise sont, en second lieu, plus *apparentes* dans les industries de capitaux que dans les industries d'objets de consommation. A cause de la multiplicité, de l'extrême variété de ces dernières, — dont on peut se rendre compte en visitant un grand bazar ou une maison de nouveautés, en parcourant des yeux les enseignes ou les étalages dans les rues commerçantes des grandes villes, en feuilletant les volumes du *Recensement professionnel,* — il devient difficile de savoir avec précision si la prospérité ou la crise, la hausse ou la baisse des prix dominent dans le plus grand nombre d'entre elles, difficile de savoir en quel sens s'effectue un mouvement général résultant du croisement en tous sens de mille mouvements particuliers. Au contraire beaucoup moins nombreuses

sont les industries productrices de capitaux, surtout les industries
productrices du matériel. Les principales d'entre elles en particulier
étant les industries métallurgiques, les fluctuations des prix, caractéristiques de la prospérité et de la crise, se manifestent dans ces
industries avec une éclatante clarté.

Ainsi s'explique que la hausse ou la baisse soient, ou parfois
peut-être seulement *semblent* plus accentuées dans les industries
de capitaux, bien que tout résulte du besoin d'objets de consommation.

— Il est vrai que la prospérité ou la crise des industrie des capitaux, une fois suscitées, exercent à leur tour une influence sur le
besoin d'objets de consommation. En temps de prospérité se voient
embauchés, pour la fabrication de capitaux, nombre d'ouvriers
auparavant sans ouvrage. La production sociale et le pouvoir
d'acquisition social sont ainsi accrus. Mais l'intensité du besoin
social l'est aussi. Les nouveaux travailleurs prennent une part plus
large de l'ensemble des biens de consommation. Ce qui demeure
au reste de la nation se trouve diminué. L'insatisfaction du besoin
social grandit. Toute une population que la pénurie, l'absence
presque de ressources écartait pour ainsi dire du marché, qui
n'arrivait pas à participer aux échanges, dont les désirs ne comptaient en quelque sorte pas pour la détermination du besoin social [1],
reçoit maintenant accès au marché. Et ses désirs s'ajoutant aux
désirs déjà manifestés augmentent l'intensité du besoin social d'objets de consommation. Le besoin ne sera satisfait que le jour où
on aura comblé non seulement le déficit premier d'objets de consommation qui a donné naissance à la prospérité, mais aussi
ce second déficit occasionné par l'augmentation de la demande
des ouvriers nouvellement rappelés au travail : comme si s'ajoutait à la population existante un supplément de population qu'il
faut également approvisionner. En temps de crise et de dépression,
à l'inverse, le chômage qui sévit surtout sur les industries de
capitaux, réduisant la part d'objets de consommation qui revient
à une fraction de la classe ouvrière, accroît la quantité de ces
biens offerte au reste de la nation, aggrave leur surabondance et
la baisse de leurs prix.

Par suite de la solidarité économique toute prospérité ou toute

---

[1] Cf. v. Bœhm-Bawerk, *op. cit.*, p. 221 ; v. Wieser, *op. cit.*, p. 58.

crise particulière à une industrie est un facteur de prospérité où de crise pour les autres. L'essor des industries de consommation détermine celui des industries de capitaux. Et ce dernier à son tour amplifie et prolonge le premier. L'effet réagit sur la cause et renforce son action. Mais on ne doit pas perdre de vue que l'impulsion première et décisive part des objets de consommation.

— Les révolutions chroniques générales étant la conséquence de multiples variations particulières, toutes les industries de consommation paraissent capables d'y contribuer. Mais, suivant les circonstances, la prééminence dans la direction du mouvement d'ensemble appartient à telles ou telles d'entre ces industries à ce moment plus importantes ou susceptibles d'une influence plus énergique.

— A l'agriculture cependant, il semble qu'il faille refuser toute action déterminante sur les cycles économiques. Les crises générales et périodiques sont proprement des crises industrielles. L'agriculture subit seulement le contre-coup des fluctuations de l'industrie ou n'y coopère parfois qu'accidentellement. Le montant de la production d'abord n'est pas dans l'agriculture, aussi étroitement que dans l'industrie, subordonnée au besoin social, aux désirs des hommes. Un autre facteur agit sur sa prospérité ou ses crises, facteur capricieux et changeant : les conditions météorologiques qui occasionnent des variations incessantes dans le résultat des récoltes annuelles. En second lieu, n'existe pas ici, en général, ce long procès de la production, cette capitalisation susceptible de s'étendre sur plusieurs années. Aussi les crises agricoles sont-elles passagères si elles proviennent de l'imprévu des récoltes ou, au contraire, peuvent se prolonger durant d'amples, très amples espaces de temps, vingt ans, trente ans et davantage, si elles proviennent de certaines modifications assez durables dans les conditions économiques générales. Elles ne présentent pas la périodicité régulière des crises industrielles.

— On a montré également que certaines industries comme les industries textiles [1] participent moins que d'autres au mouvement général de l'industrie, probablement parce qu'elles aussi sont sou-

[1] V. en particulier la distinction faite par M. Werner Sombart entre les industries suivant qu'elles travaillent des matières « organiques » ou « inorganiques » au sens que ces mots ont dans les sciences naturelles. *Schriften des Vereins für Socialpolitik*, CXIII, p. 130.

mises aux rendements variables des récoltes. Une récolte déficitaire relevant considérablement le prix de la matière première les empêchera de bénéficier de la prospérité, ou une récolte abondante atténuera les effets de la crise, de la baisse des prix du produit fabriqué. C'est ainsi qu'en Allemagne, par exemple, on a observé que dans le cycle ayant abouti à la crise de 1900, si l'industrie linière [1] a paru suivre le mouvement général, il n'en est pas de même, de façon nette, pour les industries lainières [2] et cotonnières [3].

Mais, à la différence de ce qui se passe pour l'agriculture, dans les industries textiles existe pourtant l'allongement du procès de production, la nécessité de la fabrication préalable des capitaux en vue de satisfaire le besoin. Par suite, ces facteurs des crises périodiques doivent bien parfois réussir à exercer leur action rythmique. Si, pendant une série d'années, le rendement des récoltes ne passe pas par des changements trop considérables, l'industrie textile pourra constituer aussi une des industries motrices du cycle périodique. Il se peut seulement que son influence ne soit pas très manifeste parce qu'il s'agit justement d'une de ces industries dont les insensibles mouvements suffisent à déterminer une prospérité ou une crise accentuée des industries de capitaux. De fait, au début du xxᵉ siècle, les industries textiles ont joué un rôle important dans la prospérité qui a précédé la crise de 1907, ont souffert, souffrent encore grandement de cette crise. Et les historiens des crises avaient déjà noté aussi que les crises des premières décades du xixᵉ siècle avaient atteint principalement l'industrie cotonnière [4].

— Il faut cependant reconnaître que plus que les industries textiles, ce sont les industries de consommation assujetties davantage à l'action de l'homme, moins dépendantes des caprices de la nature, qui sont appelées à diriger les mouvements périodiques. Ce sera le cas de ces industries de consommation variées dont le métal est la matière première. Et comme le métal constitue aussi une

[1] V. Potthoff, *Ibid.*, CV, p. 38 et s. pour la filature, 45 et s. pour le tissage.
[2] Kuntze, *Ibid.*, CV, p. 177, 178, 180 : la situation n'est prospère pour l'industrie de la laine que partiellement et seulement en 1896, 1897, 1898.
[3] Sybel, *Ibid.*, CV, p. 129. Pas de prospérité pour l'industrie cotonnière jusqu'en 1899, et la crise en 1900 est très atténuée. — En France, pour cette industrie, l'année 1900 compte parmi les bonnes années (V. mon étude sur les *kartells textiles* dans la *Revue économique internationale*, janvier 1908, p. 125).
[4] Tugan-Baranowski, *op. cit.*, p. 252 ; Lescure, *op. cit.*, p. 516.

matière première très importante pour les industries de capitaux, les industries métallurgiques sont celles qui, à l'ordinaire, accusent avec le plus d'intensité les fluctuations industrielles.

— Il est encore d'autres industries, se confondant d'ailleurs pour plusieurs de leurs parties avec les industries métallurgiques, qui, à raison de leur extrême importance dans l'économie moderne et parce qu'aussi leurs mouvements sont plus visibles que ceux, par exemple, des industries textiles, apparaissent souvent à la tête des perturbations chroniques. Ce sont les industries qui satisfont de grands besoins publics : principalement le besoin de locomotion avec les chemins de fer nationaux, locaux, les tramways, les métropolitains, avec les paquebots, les navires de toute sorte ; mais aussi besoin d'éclairage, d'eau, de défense militaire, de correspondance par lettre, télégraphe, téléphone, etc. Il s'agit là d'industries qui, pour la plus grande part, répondent directement aux besoins de la consommation publique, peuvent être rangées à côté des industries de consommation, plutôt que parmi les industries de capitaux, plutôt que parmi les industries productrices de biens destinés à fabriquer d'autres biens. Pour ce qui est des chemins de fer ou des navires, si on peut les rapprocher des industries de capitaux lorsqu'ils servent au transport des marchandises, il convient de les assimiler aux industries de biens de consommation, puisqu'ils satisfont un besoin immédiat de la population, lorsqu'ils servent au transport des voyageurs [1].

Le fait que le matériel des industries servant au transport des voyageurs, ou satisfaisant au besoin d'eau, d'éclairage, de correspondance, constitue du capital n'empêche pas de les comprendre parmi les industries de biens de consommation, puisque presque toutes les industries de consommation font, elles aussi, usage de capitaux. Il s'agit toujours, et c'est le critère de la distinction des deux catégories d'industries, il s'agit toujours d'industries produisant des marchandises ou rendant des services qui répondent immédiatement au besoin de la population et non pas d'industries produisant des « biens intermédiaires », lesquels serviront à la fabrication d'autres biens.

Les facteurs des crises agissent pour ces industries qui satisfont à certains grands besoins publics de la même façon que pour les

---

[1] Cf. Marshall, trad. fr. de M. Sauvaire-Jourdan, I, p. 176, note 2 ; p. 207.

autres industries. Seulement, comme elles atteignent leur but en
rendant des services et non pas en fabriquant des marchandises,
comme le prix de ces services, les tarifs, pour des raisons diverses, ont une certaine fixité, ne sont pas soumis aux perpétuelles
variations résultant de l'offre et de la demande, ce sont les mouvements des *recettes,* au lieu de ceux des *prix,* qui reflètent la
plus ou moins grande intensité du besoin social, poussent à la
surcapitalisation ou révèlent la crise et ouvrent l'ère de la dépression. Mais, sauf ce point, le processus se déroule à peu près de
même ici que pour les autres industries. Ici aussi, lorsque le besoin
se déclare, lorsque la production est entreprise, un assez long
temps s'écoule jusqu'à l'achèvement des constructions nécessaires,
voies ferrées, navires, installations, conduites de toutes sortes. Et
la longue durée de la période de production entraîne la durée de
la prospérité. Mais ici encore, tant que l'œuvre de construction
n'est pas terminée, le besoin demeure insatisfait, et les fortes
recettes, les hauts dividendes des exploitations existantes poussent à la surproduction, déterminent des entreprises similaires
dans des régions ou des villes où elles ne peuvent être aussi
rémunératrices. Quand les constructions sont achevées, les faibles
recettes de certaines des exploitations nouvelles, les faibles dividendes prouvent la surproduction, la moindre intensité du besoin.
C'est la crise.

L'allongement du procès de production et le jeu des recettes à
défaut du jeu des prix jouent donc ici le même rôle que pour les
autres industries. Il ne faut donc pas, comme certains économistes
sont tout près de le faire[1], voir dans les crises périodiques relatives
à ces industries une nécessité de *nature,* la conséquence inévitable
du caractère forcément intermittent de l'aménagement des installations requises. On ne peut entreprendre qu'à certains grands intervalles, pourrait-on dire, en effet, la construction de voies ferrées ou
de conduites d'eau, et, cette construction terminée, le besoin social
se trouve satisfait pour un long temps de façon qu'inéluctablement
se déclare la crise. On aurait là quelque chose de semblable à un de
ces besoins nouveaux dont j'ai parlé plus haut, mais à un besoin
nouveau dont la survenance périodique déterminerait l'alternance

---

[1] Cf. Spielhof, *Schriften des Vereins für Socialpolitik,* CXIII, p. 219; *Jahrbuch
de Schmoller,* 1902, II, p. 276, 283.

chronique des années d'essor et de dépression. Je ne crois pas cependant à cette nécessité de nature des crises périodiques. La crise pourrait être évitée par une construction habilement échelonnée de façon à continuer toujours à une allure régulière, de façon que, l'ouvrage étant terminé ici, un autre ouvrage similaire soit commencé ailleurs ou qu'on procède au remplacement du matériel déjà usé. La crise ne tient pas à la nature des industries en question, mais à ce que dans ces industries comme dans les autres, sous l'influence des mouvements des recettes, des dividendes, et à cause de la longue durée du procès de production, on va trop vite à certaines années, on produit trop, de sorte qu'on doit s'arrêter dans les années qui suivent.

Il ne faudrait pas non plus prétendre que les industries dont je parle, ces industries qui satisfont de grands besoins collectifs, portent *seules* la responsabilité des crises périodiques générales par la répercussion de leurs propres crises sur l'ensemble de l'organisme économique. On arriverait à affirmer ainsi que le grand fait nouveau auquel se doit attribuer la périodicité des crises générales depuis la fin du xviiie siècle n'est autre que l'apparition de ces industries nouvelles ou des formes nouvelles de ces industries. Et l'affirmation serait sans doute erronée. Reprenant des arguments déjà invoqués, je ferai observer, en effet, que, malgré l'importance de ces industries, malgré le grand rôle qu'en particulier les chemins de fer ont joué dans l'histoire des crises, la crise générale ne peut être une conséquence *nécessaire* de mouvements particuliers à certaines industries. Rien n'empêche en effet qu'à une crise partielle résultant de l'achèvement d'une voie ferrée nationale ne puisse correspondre une prospérité partielle résultant de la construction commencée de lignes locales, de tramways, de téléphones, d'installations pour l'eau ou l'éclairage, de navires, de façon que, pour l'ensemble de l'organisme économique, subsiste l'équilibre ou la prospérité. Rien non plus n'empêche qu'avec une crise collective des industries que je viens d'énumérer ne puisse coïncider la prospérité de plusieurs industries d'une autre nature, industries textiles, industries polygraphiques, industries du cuir, du bois, de façon que persiste encore l'équilibre ou la prospérité générale.

Comme pour les autres industries en réalité, et comme pour les besoins nouveaux dont il a été traité précédemment, les mouvements d'expansion et de contraction, ou demeurent particuliers aux industries en question, où participent aux mouvements de l'ensemble de l'organisme économique. Dans ce dernier cas seulement, à cause de l'énormité des capitaux engagés dans ces industries, dans celle des chemins de fer par exemple, à cause de la masse des ouvriers occupés, ce sont ces industries qui conduisent ou parfois *semblent* conduire toute l'industrie dans la succession de la bonne et de la mauvaise fortune. Il faut reconnaître l'extrême importance de ces industries. Mais il faut se garder de leur attribuer à elles seules et encore moins à leur nature même, le phénomène moderne de la survenance régulière des perturbations économiques générales.

— Pour la crise de 1900, qui est celle sur laquelle nous possédons les documents les plus abondants, les industries motrices en Allemagne semblent avoir été les industries électriques et aussi certaines des industries de transports, surtout les tramways et les chemins de fer locaux. Ce sont là des industries qui sont des industries de capitaux à certains égards, mais aussi des industries de consommation à d'autres.

En particulier, le besoin d'éclairage électrique, à côté d'ailleurs du besoin de gaz, du besoin de becs « Auer », le besoin de plus de lumière — *der steigende Lichtbedürfniss*[1] — est mis par l'enquête du *Verein für Socialpolitik* au premier rang des besoins qui ont entraîné la période d'essor. Les installations pour l'éclairage électrique se multiplient[2]. La prospérité, issue de ces industries de consommation rejaillit sur toute la série des industries de capitaux, machines à vapeur[3], industries métallurgiques d'une façon générale, charbonnages. — De même agit l'industrie des chemins de fer locaux, des tramways urbains[4], qu'il faut ranger à côté des industries de biens de consommation, puisqu'elle vise presqu'exclusivement au transport de voyageurs. Ici aussi se manifeste la même répercussion sur les industries métallurgiques

---

[1] Loewe, *Schriften des Vereins für Socialpolitik*, CVII, p. 86.

[2] Loewe, *Ibid.*, CVII, p. 81. Le nombre des *Glühlampen* passe de 602.986 en 1895-1896 à 2.623.893 en 1900.

[3] Loewe, *Ibid.*, p. 88. La production de l'électricité en 1902 utilise :
3.624 machines à vapeur d'une force de 206.000 chevaux pour l'éclairage,
1.126 machines à vapeur d'une force de 315.000 chevaux pour l'éclairage et en vue de la force motrice,
218 machines à vapeur d'une force de 52.000 chevaux pour d'autres buts.

[4] Loewe, *Ibid.*, p. 81. La longueur des lignes des tramways et chemins de fer électriques monte de 583 kilomètres en 1895 à 3.689 en 1900.

de toutes sortes, sur les industries productrices de rails, de wagons et sur d'autres.

Au moment de la crise, les mêmes industries tiennent la tête du mouvement. La satiété du besoin d'éclairage et de locomotion se manifeste. Les hauts dividendes des installations existantes qui étaient celles des grandes villes avaient poussé à des constructions similaires dans des villes de moins en moins peuplées. La prospérité avait duré tant que ces constructions n'étaient pas achevées. Une fois ces constructions terminées et l'exploitation commencée, une fois le long procès de fabrication arrivé à son dernier stade et la production confrontée avec le besoin, l'excès se révèle dans beaucoup d'endroits par la faiblesse des recettes[1]. Et la crise se répercute sur nombre d'industries productrices de capitaux.

A côté des industries importantes dont je viens de parler doit s'être exercée l'influence des multiples industries de consommation sur lesquelles l'enquête n'a pu porter, influence qui doit avoir eu sa part dans la prospérité et la crise des industries de capitaux. A chaque instant, il nous est parlé, dans l'enquête, de l'accroissement incessant pendant l'essor ou, au contraire, de l'arrêt lorsque survient la crise, des demandes de capitaux, de machines de toutes sortes, de machines-outils en particulier[2], de la part de toutes les industries qui font usage de machines. Et le plus grand nombre de ces industries, on doit le supposer, ne peuvent être que des industries d'objets de consommation dont la prospérité ou la crise a ainsi rejailli sur les industries de machines-outils[3].

— Les faits ainsi ne paraissent nullement démentir l'opinion théo-

[1] Loewe, *Ibid.*, p. 116. On fait alors l'amère expérience qu'une exploitation de tramways électriques est difficilement rentable dans des villes de moins de 40.000 habitants. Des entreprises rémunératrices à Berlin, à Hambourg, — où la longueur de la ligne est de 0 kil. 13 ou 0 kil. 16 par 1.000 habitants, le nombre de voyages par habitant et par année de 110 ou 117, — ne le sont plus dans des localités de 10.000, de 20.000 habitants, — où la longueur de la ligne par 1.000 habitants atteint 0,33, 0,54 et le nombre des voyages par tête et par année tombe à 24, 20, ou même à 6, — de façon qu'à la fois augmentent les frais puisque la ligne est relativement plus longue et que diminuent les recettes puisque décroît le nombre des voyages.

[2] Steller, *Ibid.*, CVII, p. 44-45.

[3] M. Lescure, *op. cit.*, p. 291, résumant les données de l'enquête allemande, écrit : « La crise commença par atteindre les produits fabriqués et, de là, s'étendit aux produits mi-ouvrés et aux matières brutes avec toute une série de contre-coups réciproques ».

rique que la hausse ou la baisse des prix doivent avoir leur source dans les industries de consommation pour se réfléchir ensuite sur les industries de capitaux. Mais, comme dans ces dernières les mouvements sont plus accentués et plus en lumière, on s'explique la thèse, à mon sens erronée, de certains économistes qui font des industries de capitaux, les industries motrices des cycles périodiques, thèse qui se rattache à la théorie, dont je n'aborde pas ici la critique, du rôle dominant de l'épargne en notre matière des crises générales.

(*A suivre*).

Albert AFTALION,
*Professeur d'économie politique
à l'Université de Lille.*

CHRONIQUE LÉGISLATIVE

Février 1909.

I. Débats parlementaires.

Le bien de famille insaisissable.

Le Sénat avait commencé, aux derniers jours du mois de janvier, et a terminé la deuxième délibération sur le projet de loi,
adopté par la Chambre des députés, tendant à la constitution d'un
bien de famille insaisissable, le *homestead* des Etats-Unis.

Il y a longtemps que le problème de la constitution d'un bien de
famille insaisissable est posé devant le Parlement. Depuis les premières propositions de M. Leveillé et de M. l'abbé Lemire, en juin
et juillet 1894, la question a été reprise à chaque législature et a
abouti finalement au dépôt d'un projet de loi par le ministre de
l'agriculture en 1904, projet adopté par la Chambre des députés et
transmis au Sénat.

Cette idée a fait des progrès sensibles dans l'opinion publique
française depuis quelques années. De plus en plus, on paraît
admettre qu'il est nécessaire de protéger les faibles contre leur
propre imprévoyance. C'est l'idée qui inspirait déjà la loi de 1895
sur l'insaisissabilité et l'incessibilité des petits salaires, loi à laquelle
on veut donner des effets encore plus absolus. Il y a là plus qu'une
mesure d'humanité. La famille est la véritable cellule sociale : il
est d'un intérêt social de premier ordre de lui assurer deux choses,
les moyens d'existence et le foyer.)

N'est-ce pas l'absence ou la perte du foyer qui pousse tant de
ruraux à quitter la campagne, de plus en plus désertée, pour s'entasser dans les villes, ce qui y développe la misère et le *sweating
system,* pendant que la terre se meurt faute de bras pour la
féconder? Si le bien de famille insaisissable peut être un remède,
il ne faut pas hésiter à l'employer.

Et, pourtant, il ne faut pas que l'intérêt de la famille, si considérable qu'il soit, fasse perdre complètement de vue un autre
intérêt social, qui est capital : la nécessité d'assurer le respect des

engagements et de la foi jurée. L'histoire nous enseigne que les
rigueurs du droit sont allées constamment en s'adoucissant en
faveur des débiteurs ; la raison nous dit qu'il y a des limites qui ne
sauraient être franchies sans qu'il en résulte un grand dommage
social.

Ces considérations nous semblent conduire à admettre le principe d'un bien de famille insaisissable, mais, en même temps, à lui
poser des limites assez étroites et à en organiser l'application avec
la plus large publicité et de manière à sauvegarder tous les intérêts légitimes.

Aux États-Unis, l'étendue et la valeur du *homestead* varient
beaucoup suivant les États et suivant qu'il s'agit de propriétés
rurales ou de propriétés urbaines ; quelques législateurs, sans faire
cette distinction, exemptent la propriété immobilière, où qu'elle
soit située, d'une valeur de 500 dollars (2.500 fr.) dans le New-
Hampshire à 5.000 dollars (25.000 fr.) dans la Californie.

Le projet en discussion fixe le maximum à 8.000 francs ; nous
sommes tout à fait d'avis que c'est assez, si même ce n'est trop, et
le Sénat a bien fait de repousser un amendement de M. Strauss,
qui voulait faire une exception pour les habitations à bon marché,
dont la valeur dépasserait le chiffre de 8.000 francs, ce qui aurait
fait un régime de faveur pour la ville de Paris et pour la banlieue
de quelques grandes villes, Lyon, Marseille, Bordeaux : inégalité
d'autant moins admissible que c'est surtout dans les populations
rurales qu'il est utile de garantir le foyer domestique pour empêcher l'exode vers les villes.

L'article 4 dispose que le bénéfice de la constitution du bien de
famille reste acquis alors même que, par le seul fait de la plus-
value postérieure à la constitution, le chiffre de 8.000 francs se
trouverait dépassé. En disant « par le seul fait de la plus-value »,
le législateur entend sans nul doute exclure toute addition ou
modification provenant du fait de l'homme ; peut-être n'eût-il pas
été inutile de le dire plus clairement. Peut-être aussi eût-on dû
fixer une limite à raison de cas exceptionnels et qu'on ne peut prévoir.

La loi organise une publicité pour la demande par affichage et
insertion dans les journaux (art. 6) ; mais il serait bon de prévoir
le cas où des tiers intéressés n'auraient pas été touchés par cette
publicité, nécessairement locale : leurs droits seront-ils perdus,

comme cela semble résulter de l'article 10? La chose est d'autant
plus grave que le juge de paix est investi d'un pouvoir d'homologation qui semble sans recours, d'après les termes de l'article 8 et
les explications données par le rapporteur, pouvoir exercé, comme
le faisait judicieusement remarquer M. Boivin-Champeaux, sans
contradiction! Il est vrai que l'article 15 donne compétence au tribunal civil sur toutes les demandes relatives à la constitution! Il y
a là une grave question qui a besoin d'être élucidée.

Aux États-Unis, très souvent, les créances des domestiques et
ouvriers pour travaux d'amélioration du fonds ont prise sur le
homestead; n'y a-t-il pas là une pensée d'équité dont notre loi
pourrait s'inspirer?

L'article 10 du projet porte que le bien de famille ne peut être
ni hypothéqué ni vendu à réméré. — En Amérique, il n'y a que
deux États, le Texas et l'Arkansas, qui interdisent d'hypothéquer
le homestead; dans les autres, la femme peut renoncer à son privilège et l'hypothèque est valable quand le contrat porte sa signature à côté de celle du mari. De la sorte, le ménage n'est pas dans
l'impossibilité de trouver du crédit. En tous cas, il faudrait peut-
être réserver certains cas, comme l'a fait la loi pour l'aliénation
des immeubles dotaux. D'autre part, puisque l'article 11 permet
au mari d'aliéner le bien de famille avec le consentement de la
femme, pourquoi, d'après l'article 10, ne peut-il pas être vendu à
réméré sous la même condition?

Nous croyons devoir encore appeler l'attention sur l'article 16 du
projet : « L'insaisissabilité subsiste même après la dissolution du
mariage sans enfant au profit du survivant des époux, s'il est
propriétaire du bien ». Cela nous paraît critiquable. L'insaisissabilité ne se justifie que par l'intérêt supérieur de la famille, par la
nécessité de lui garantir un foyer : elle est surtout une mesure de
protection pour la femme et les enfants; elle a perdu sa raison
d'être quand la famille a disparu. Aux États-Unis, un veuf sans
enfants perd son privilège de homestead; s'il a des enfants, il le
perd quand ceux-ci ont atteint leur majorité, quoiqu'il y ait doute
dans le cas où une fille majeure continue à vivre au foyer paternel.
La veuve, en général, perd le privilège si elle se remarie; ses
enfants, après sa mort, le perdent à leur majorité.

Il nous semble que ce projet, dont nous approuvons le principe, a encore besoin d'être mis au point.

II. .Documents officiels.

Le *Journal Officiel* du 9 février donne, en annexe, le rapport au Président de la République par la Commission de contrôle de la circulation monétaire pour l'année 1908.

Celui du 15 contient aussi en annexe un intéressant rapport au Ministre des Colonies sur la Côte française des Somalis.

Une loi du 26 février (*J. O.* du 28) autorise des avances aux sociétés coopératives agricoles d'Algérie.

Edmond VILLEY.

BULLETIN BIBLIOGRAPHIQUE

G. **Lecarpentier**, *Le commerce international*. Paris, 1908, Marcel Rivière,
in-16, 109 p. 2 fr.

Le livre de M. Lecarpentier vient bien à son heure. A un moment où l'on
commence en France à donner aux questions relatives au développement
du commerce extérieur, et aux moyens d'y parvenir, la place leur appartenant, il était nécessaire d'avoir sur la matière une étude sérieuse, solidement documentée, et posant avec clarté et concision les termes du
problème.

C'est le but que s'est proposé M. Lecarpentier.

Son livre nous paraît excellent en certaines de ses parties.

Il a notamment tracé un remarquable tableau de l'évolution contemporaine du commerce international indiquant avec une très grande précision
les modifications modernes dans les transactions des principales nations
agricoles et industrielles.

Le tableau comparatif du commerce extérieur de quelques grands pays
pendant la période 1885-1890 et en 1906 (p. 82) comme la division par
groupes de produits de leurs mouvements commerciaux étudiés dans les
pages suivantes, notamment, sont extrêmement intéressants.

M. Lecarpentier a également donné, à la fin de son petit volume, une
série de tableaux relatifs aux progrès et aux diminutions des exportations
françaises dans les divers pays du globe.

Mais il n'en a pas tiré de conséquences et c'est à notre sens une regrettable lacune. Le livre aurait gagné à avoir un dernier chapitre dans lequel
eussent été étudiées les causes de ces variations : il en serait résulté sans
doute d'utiles indications quant aux directions dans lesquelles le commerce
d'exportation de la France est le plus susceptible de se développer. Ce sont
les choses que M. Lecarpentier a laissées dans l'ombre.

L'organisation actuelle du commerce d'exportation est exposée avec beaucoup de clarté et très complètement dans le chapitre sur les *Institutions et
moyens propres à développer le commerce d'exportation*. L'auteur a insisté à
très juste titre sur la France et indiqué les progrès réalisés depuis quelques
années.

Les spécialistes comme le grand public le liront avec fruit. Ceux-ci y
trouveront des informations précises sur certaines institutions dont ils se
méfient d'une manière peut-être exagérée. Celui-là y gagnera de comprendre
le mécanisme compliqué du commerce d'exportation et les difficultés à
vaincre, dont il entend parler sans cesse et parle souvent avec une incompétence et une ignorance profondes qu'explique l'impossibilité pratique
pour lui de se documenter jusqu'ici sur la question.

Malheureusement M. Lecarpentier n'a pas complètement rempli le programme qu'il s'était tracé dans le premier paragraphe de sa préface : il a

réussi à donner une idée exacte du commerce international, mais s'il a indiqué certaines des *conditions nécessaires à son développement,* il en est d'autres fort importantes qu'il a omises.

C'est ainsi notamment qu'après avoir indiqué, comme il l'a fait fort bien, l'utilité de la création de postes d'attachés commerciaux et les avantages obtenus par notre attaché à Londres, il n'a pas, comme cela eût été nécessaire, recherché quelles étaient les conditions indispensables à remplir pour que la mission de ces agents fût fructueuse.

Le lecteur, insuffisamment prévenu de la multiplicité de leurs fonctions, de la difficulté de leur tâche, est incité à croire que partout où seront envoyés des attachés commerciaux ils arriveront à des résultats équivalents à ceux du poste de Londres.

C'est pourquoi il aurait fallu que M. Lecarpentier indiquât avec plus de netteté les fonctions diverses qu'ils ont à remplir, qu'il montrât leur enchevêtrement, les difficultés du recrutement d'agents capables à la fois d'être des informateurs économiques et d'exercer une action commerciale efficace.

On aurait vu alors que les agents du cadre diplomatique et consulaire parmi lesquels doivent se recruter les attachés n'ont pas et ne peuvent pas avoir eu la préparation indispensable.

On aurait vu aussi toute l'importance que présentent le choix et la limitation des circonscriptions, que c'est folie de confier une étendue comme les États-Unis à un unique agent obligé de recueillir toutes les informations économiques, de parcourir annuellement les centres industriels et commerciaux de sa circonscription et ceux de France, d'entretenir des rapports suivis avec les producteurs et commerçants des deux pays, de correspondre régulièrement avec eux.

Il aurait apparu également que si heureux qu'aient été les résultats obtenus par M. Périer à Londres, si grandes les qualités d'initiative déployées, le dévouement apporté dans l'accomplissement de ses fonctions — auxquels nous nous plaisons à rendre un éclatant hommage — on ne peut conclure que ce qu'il a fait pourrait être réalisé par d'autres dans des conditions très différentes.

Sa tâche, encore très malaisée, s'est trouvée simplifiée par certaines circonstances qu'il eût fallu mettre en lumière : il trouvait en Angleterre un débouché déjà très large, un marché unique pour nos produits, une circonscription relativement très peu étendue, enfin une absence presque totale de tarifs douaniers.

Et l'on ne saurait méconnaître par exemple le surcroît considérable de difficultés que présentera pour certains agents la connaissance de tarifs douaniers aussi complexes et variés que le sont ceux des États-Unis, de l'Allemagne et de la Russie et combien leur action se trouvera entravée.

Nous regrettons d'autant plus que ces importantes considérations n'aient pas trouvé place dans le livre de M. Lecarpentier qu'il a présenté par ailleurs, dans le même chapitre, des observations de cet ordre relativement à la représentation commerciale privée et que l'absence des critiques que nous indiquons peut laisser croire à tort que l'institution actuelle des attachés commerciaux se suffit à elle-même.

Enfin il nous paraît qu'avec l'objectif qu'il avait, l'auteur a donné une place trop considérable aux questions de doctrine : la moitié du volume leur est consacrée. Il eût mieux valu en faire un exposé plus bref qui eût permis d'approfondir davantage les chapitres d'ordre pratique, c'est-à-dire le fond même du sujet traité.

Il sera facile à M. Lecarpentier de refondre son ouvrage pour une seconde édition qu'il lui faudra en faire dans un avenir très prochain. Il nous donnera ainsi, au lieu d'une très bonne étude, un livre excellent dans toutes ses parties. Maurice ALFÁSSA.

G. de Greef, *Sociologie. La structure générale des sociétés,* t. I; *La loi de limitation,* t. II; *Théorie des frontières et des classes,* 2 vol., 278-304 p., Paris, Alcan, 1908.

Le mérite de ces deux volumes est de poser des problèmes relativement précis et de les étudier objectivement. L'auteur y recherche les limites des variations sociales, ce qui l'amène à traiter des limites externes des sociétés, des frontières.

ı

Le caractère essentiel des faits sociaux, c'est qu'ils changent. Mais les exigences de la vie collective nécessitent qu'une certaine constance se maintienne à travers ces changements. Comme l'avait dit Comte, la sociologie n'expose pas seulement les lois de la dynamique sociale ou conditions de l'évolution sociale, elle détermine aussi les lois de l'équilibre social, et c'est l'objet de la statique sociale. Certains caractères de la vie sociale se maintiennent constants et immuables : il n'y a pas de vie collective sans une certaine constance. Quels sont donc les faits qui limitent la tendance de la société au changement?

Ce ne sont pas seulement des faits sociaux. Parce que la société comprend des choses et des hommes, les lois générales qui limitent toute variation lui sont applicables. C'est ainsi que l'auteur distingue des limites mathématiques, mécaniques, biologiques, anthropologiques. Les éléments essentiels de la société sont, d'après une doctrine que M. de Greef avait déjà exposée, le territoire et la population; or tous deux sont limités.

C'est surtout en tant qu'il impose des limites à l'extension géographique et à l'intensification de la vie sociale qu'on peut dire que le milieu physique agit sur la société. D'ailleurs celle-ci trouve en elle-même des nécessités de limitation; même, à mesure que la société avance, les variations sociales tendent à devenir moins nombreuses et moins extrêmes.

Les observations de l'auteur sont souvent ingénieuses et nouvelles. Cependant M. de Greef, qui fait remonter à Comte la position du problème des limites des variations, oublie que Gauss et Quételet s'en étaient déjà occupés. Il ne tient pas compte non plus d'un bel essai de Tarde, trop peu lu, sur la *variation universelle*. Il reste que M. de Greef est le premier qui ait étudié la question avec quelque détail.

II

Il n'y a pas de société qui ne soit limitée extérieurement; même les groupes les plus primitifs, si peu denses et si distendus qu'ils soient, ont des frontières; ils ne se fondent pas les uns dans les autres. La limitation externe est ainsi la première forme de la différenciation sociale. Mais le phénomène se complique. La frontière elle-même se différencie : les frontières militaires, économiques, mentales se séparent, et on sait qu'elles ont des degrés de détermination bien différents. Quand la société se différencie en groupes, chaque groupe a ses frontières; le clan dans la tribu, la caste et la classe dans la société ont leurs limites déterminées. En même temps que la frontière devient plus complexe, ses fonctions changent. Elle a d'abord été une limite, une cloison; elle devient un organe de pénétration et de fusion. Souvent les premiers marchés naissent des frontières. A mesure que la société se pacifie, cet état interne s'exprime dans son attitude externe, et la frontière se transforme. Et parce qu'elle est un phénomène social, parce qu'elle est, en quelque sorte, la limite de la propriété d'un groupe sur le sol, elle n'est pas fixée par la configuration du sol. Il n'y a pas de « frontières naturelles », la frontière est constamment mobile et variable; et aujourd'hui, les frontières tendent de plus en plus à s'effacer à mesure que la société des nations se développe.

Ici encore, l'auteur a su soulever un problème presque capital, quoiqu'il oublie que M. Ratzel a déjà étudié soigneusement, dans ses divers travaux, le phénomène des frontières. Il a raison de dire que même les sociétés primitives ont des frontières très nettes : il aurait pu citer à cet égard beaucoup plus de faits qu'il n'en a donnés. Il eût pu aussi étudier avec plus de détail le fait que les frontières sociales, comme celles des groupes secondaires, perdent de plus en plus en netteté et en détermination. Cela est aussi vrai des frontières économiques. La *villa* du Moyen-Age est étroitement fermée au dehors; comme l'observe M. Sée, elle a son *finage* bien délimité. La cité antique, comme la ville médiévale, est aussi fermée, et beaucoup plus rigoureusement différenciée du plat pays que ne le sont les villes d'aujourd'hui ; on sait combien les villes ont lutté, du xve au xviiie siècle, contre l'extension de l'industrie à la campagne. De même, les frontières entre les groupes secondaires sont de plus en plus confuses : les sexes ont eu primitivement leurs places distinctes, comme les professions ont, dans les villages nègres et dans les anciennes villes médiévales, leurs quartiers séparés. Si M. de Greef avait porté plus d'attention sur ce problème, il se fût aperçu que cette indétermination progressive des frontières n'est qu'un cas particulier d'un fait plus général. A mesure que les groupes perdent de leur personnalité, ils se sentent moins distincts, et les signes extérieurs qui les séparaient tendent à s'effacer. Comme nous l'avons dit ailleurs, si la différenciation sociale progresse constamment en étendue, elle diminue sans cesse en intensité et en rigueur : les sexes et les professions, les villes et les campagnes, les castes et les classes, sont de moins en moins rigoureusement séparés. Les « segments sociaux », s'atténuent, les sociétés s'unifient, leur unité morale devient de plus en plus réelle ; et voilà pourquoi les frontières, qui ne sont que la marque extérieure de ces séparations, perdent de leur détermination, à mesure que la division du travail social gagne en souplesse.   René Maunier.

———

G. de Greef, *Sociologie. La structure générale des sociétés,* t. III; *Théorie des frontières et des classes,* 1 vol., 410 p. Paris, Alcan, 1908.

Comme le précédent, ce volume est consacré à la théorie des limites sociales, dont les frontières et les classes ne sont, d'après l'auteur, que des aspects particuliers. Le fait social fondamental, c'est que toute société est homogène; elle forme une unité. Ce fait ne s'explique pas, comme le voulait M. Tarde, par l'imitation interindividuelle, ni, comme le veut M. Durkheim, par la contrainte toute puissante que le groupe exerce sur les individus; il n'est que l'expression de cette loi générale qui régit toute la nature, y compris la nature inorganique, en vertu de laquelle toute variation, quelle qu'elle soit, est limitée. Si la vie collective laisse de plus en plus le champ libre aux variations individuelles, c'est qu'avec le temps toute limite est plus conciliante, moins impérieuse; elle s'oppose de moins en moins au changement.

Cette loi générale se vérifie en ce qui concerne ces limites particulières qui séparent les sociétés et les classes. La frontière est de moins en moins un organe de défense et de séparation, pour devenir une zone intermédiaire de pénétration et de fusion. Et quant aux classes, les barrières matérielles et morales qui les séparent ne cessent de s'abaisser. De ce phénomène, les causes sont multiples. D'abord, les groupes secondaires qui forment les classes se multiplient, et par cela même tranchent moins les uns sur les autres; à un régime de groupements peu nombreux et fortement différenciés, succède ainsi un système d'associations multiples qui se sentent moins distinctes, et s'opposent moins les unes aux autres. De plus, toute inégalité sociale, interne et externe est, d'après l'auteur, une cause de ruine; d'où l'effacement des castes et des classes. Enfin, la mobilité intra-sociale va croissant, qui brouille les distinctions de classes, fond de plus en plus des groupements qui avaient leur vie à part, et, par cela même, fait qu'ils se pensent de moins en moins comme des entités distinctes. Mais toutes ces raisons particulières ne doivent pas cacher que l'effacement des classes comme celui des frontières, n'est que la traduction, dans le domaine social, de la loi universelle de limitation et de son intensité décroissante. M. Tarde voyait dans la loi de l'*imitation* la loi sociale fondamentale, mais, pour lui l'imitation, au sens propre, était un phénomène spécifiquement social : tandis que pour M. de Greef cette loi fondamentale de *limitation* est une loi physique, universelle; et ainsi la sociologie de M. de Greef nous apparaît enfin, dans son fond, comme une tentative nouvelle de réduire le social au physique, le mental au matériel, le plus complexe au plus simple; de tout expliquer par une force unique, agissant dans toute la nature.

C'est cette méthode qui fait le charme de la construction de M. de Greef, sorte d'édifice géométrique où tout est simple et se ramène au simple, où

tout s'enchaîne et se déduit. Mais c'est cette même méthode qui en fait
aussi la faiblesse ; car c'est elle qui fait de cette sociologie une simple philo-
losophie, système d'hypothèses souvent ingénieuses, mais fragiles et pré-
caires. A mesure que nous pénétrons plus avant dans la réalité sociale,
nous sentons combien il est imprudent de réduire des phénomènes complexes et changeants, qui ont leur originalité, aux lois simples qui régissent
la nature physique. La frontière sociale, nous l'avons déjà dit ici, s'explique par des systèmes de causes bien autrement complexes que « la loi de
limitation », et elle remplit des fonctions qui n'ont pas d'analogue parmi
celles que remplit la limite organique. Parce qu'elle marque matérielle-
ment que la société occupe sur le sol une place à elle, elle est, de même
que le totem pour un clan, le blason pour une famille, le drapeau pour un
régiment, un signe externe par le moyen duquel le groupe reprend perpétuellement conscience de son unité. Par cela seul que les clans ont dans la
tribu leur place spéciale, ils se sentent mieux distincts et leur personnalité se perpétue.

Comme la frontière, la classe est quelque chose de spécifique, qui doit
être étudié en soi-même. C'est bien à tort que M. de Greef réduit ce phénomène si complexe, et que nous connaissons si mal, à l'idée fondamentale
et unique de division, de séparation, de limite. La classe est cela, mais elle
est aussi bien autre chose, elle est un phénomène divers fait de caractères
hétérogènes ; elle est hiérarchie, spécialisation, répulsion [1] ; et cette multiplicité de constitution est, à elle seule, un obstacle à toute explication uni-
latérale du phénomène. Ce nom unique de « classe » cache des phénomènes
différents, qui requièrent chacun leur explication distincte. C'est en retrou-
vant, sous le simple apparent, le complexe réel, en découvrant sous l'unique le multiple, que la science sociale progressera ; et c'est pourquoi toute
tentative de déduire tout le social d'une force unique et simple doit être
actuellement considérée comme une dernière résistance de l'esprit philosophique, comme un obstacle à la constitution définitive de la sociologie
comme science.   René MAUNIER.

Andrew Thorndike, *Zùr Rechtsfähigkeit des deutschen Arbeiterberùfsve-
reine* (La situation juridique des syndicats ouvriers allemands). Tübingue,
1908, 392 p.

C'est une étude d'histoire conciencieuse et documentée que nous donne
ici M. Thorndike. Il passe en revue brièvement l'histoire des syndicats
ouvriers en Allemagne jusqu'à nos jours. Il montre leur situation juridique
actuelle. Il raconte avec de nombreuses citations les tentatives faites pour
la modifier, en particulier le projet présenté en 1906 par le comte Posa-
dowsky au Reichstag, et qui dut être retiré devant les protestations unani-

[1] C'est ce que M. Bouglé a bien montré pour la caste, qui n'est que le type maximum de la classe (*Essais sur le Régime des Castes*, p. 3-6).

mes de tous les partis, sauf des conservateurs. Et l'on sait cependant que nos voisins se contentent de peu en fait de libéralisme politique !

L'ouvrage est impersonnel, mais par là même et par la conscience qu'il apporte à débrouiller une question de droit très délicate et très mal connue, il rendra peut-être plus de services au lecteur français que le précédent, marqué d'une empreinte plus originale, mais d'un intérêt trop exclusivement national. Charles RIST.

Administration des Monnaies et Médailles. — *Rapport au Ministre des Finances*, 13ᵉ année, 1908.

Le nouveau directeur de l'Administration des Monnaies, M. Ed. Martin, vient de publier le 13ᵉ volume de la série des Rapports au Ministre des Finances, inaugurée par M. de Foville et continuée par M. Arnauné : il correspond à l'année 1908. Nous avons maintes fois signalé aux lecteurs de la *Revue* l'importance scientifique de ce document annuel qui contient les plus précieux renseignements sur toutes les questions monétaires. Le rapport de 1908 est conçu d'après le même plan que ceux qui l'ont précédé et, par suite, offre autant d'intérêt en mettant toutes questions à jour. Les rapports de 1906 et 1907 donnaient la législation monétaire du Royaume-Uni de Grande-Bretagne et d'Irlande, ainsi que des colonies et protectorats anglais. Le rapport de cette année contient les textes de loi régissant le · système monétaire de l'empire d'Allemagne. E. V.

GIORNALE DEGLI ECONOMISTI
Janvier 1909.

La situazione del mercato monetario negli ultimi cinque anni (X...).
Parole inaugurali dei lavori della sezione di economia e statistica al congresso di Firenze (R. DALLA VOLTA).
Il diverso accrescimento delle classi sociali e la concentrazione della richezza (C. GINI).
Sulla scadenza della classe media industriale antica sul sorgere di una classe media industriale moderna nei paesi di economia spiccatamente capitalistica (R. MICHELS).
La cointeressenza degli impiegati nei proventi dei servizi pubblici (V. TANGORRA).
I fenomeni demografici in relazione allo stato economico della popolazione (U. GIUSTI).
Sull'uso delle ipotesi nella demographia storica (E. FORNASARI DI VERCE).
Cronaca del congresso (C. BRESCIANI, R. MICHELE).
Cronaca (F. PAPAFAVA).

Le Gérant : L. LAROSE.

31.156. — BORDEAUX. IMPRIMERIE Y. CADORET, RUE POQUELIN-MOLIÈRE, 17.

REVUE
D'ÉCONOMIE POLITIQUE

LA RÉALITÉ DES SURPRODUCTIONS GÉNÉRALES

ESSAI D'UNE THÉORIE DES CRISES GÉNÉRALES ET PÉRIODIQUES

Suite et fin[1].

CHAPITRE IV

TRAITS SECONDAIRES ET CONSÉQUENCES ÉCONOMICO-SOCIALES DES DIVERSES
PHASES DU CYCLE PÉRIODIQUE

§ I. *La théorie de la formation du capital et les cycles périodiques.*

La théorie de la formation du capital montre que l'un des facteurs principaux — je ne dis pas le facteur exclusif — dont dépend le montant de la capitalisation à un moment donné consiste dans l'importance de la production existante[2], dans la grandeur du « fonds de subsistances » *lato sensu,* c'est-à-dire de l'ensemble des produits existants, de l'ensemble non seulement des biens de consommation, mais aussi des capitaux manufacturés[3]. Plus est considérable la masse des objets de consommation ou de capitaux déjà fabriqués, la masse aussi des capitaux en voie de construction qui, une fois achevés, permettront les années suivantes d'obtenir d'abondantes quantités d'objets de consommation ; et moins la satisfaction du besoin présent ou prochain en biens de consommation demandera de bras ; plus par suite sera grand le nombre de travailleurs disponibles pour la fabrication de nouveaux capitaux en vue d'un avenir plus lointain ; plus large ainsi pourra être la capitalisation.

---

[1] V. *Rev. d'écon. polit.* d'octobre 1908, p. 696 et s., de février 1909, p. 81 et s., et de mars 1909, p. 201 et s.

[2] Wagner, *Grundlegung der Politischen Œconomie,* Zweiter Teil, p. 303.

[3] V. von Bœhm-Bawerk, *op. cit.,* p. 42, 100, 337 et s.

Or, voici cependant que les mouvements de la capitalisation à travers le cycle périodique s'effectuent en des sens entièrement contraires à cette théorie. La capitalisation augmente au début de la prospérité malgré qu'alors le fonds de subsistances soit diminué, que cette diminution même, relative à la fois aux objets de consommation et aux capitaux, soit la cause de la prospérité. La capitalisation se ralentit au moment de la crise, au début de la dépression en dépit de l'accroissement du fonds de subsistances, accroissement tel qu'il se traduit par la surproduction, par la surproduction de capitaux et d'objets de consommation.

C'est que la théorie de la formation du capital est relative à l'état d'équilibre, le seul auquel songent d'ordinaire les auteurs lorsqu'ils traitent de ce sujet. Mais il conviendrait d'élaborer aussi une théorie de la formation du capital pour le cas de rupture de l'équilibre. J'ai déjà expliqué, pour la théorie quantitative de la monnaie, comment, à cette théorie, exacte en un état d'équilibre, il était dérogé en cet état dynamique, en ce régime de déséquilibre constant qui est le régime réel comme le prouvent les cycles périodiques. Il en est de même pour la création du capital. Si l'équilibre se maintenait, si la production s'effectuait à une allure régulière, le montant de la capitalisation obéirait bien à l'influence normale du fonds de subsistances. Mais le phénomène des cycles périodiques, le manque perpétuel d'équilibre entre la production et le, besoin que ce phénomène indique, viennent se jeter en travers de la théorie. Il arrive alors qu'en dépit de cette théorie, l'insatisfaction du besoin, la hausse des prix, au début de la prospérité, incitent à une forte capitalisation malgré la diminution du fonds de subsistances. Et la saturation du besoin, la baisse des prix, au début de la dépression, déterminent une moindre capitalisation malgré l'amplification du fonds de subsistances.

C'est le jeu des besoins et des prix qui pousse à la violation de la théorie générale de la formation du capital. Mais ce qui permet cette violation, c'est *l'élasticité* du montant de la *consommation* sociale et surtout l'élasticité du montant du *travail* social. En mettant à notre disposition une quantité de biens de consommation plus considérable (ou plus restreinte) — et, par suite, en laissant libres pour la capitalisation, pour la création de capitaux nouveaux, un nombre de bras augmenté (ou diminué), — l'accroissement (ou l'amoindrissement) du fonds de subsistances facilite (ou, au contraire, rend plus pénible) une capitalisation plus étendue. Mais l'influence du fonds de subsistances n'est pas telle que cette extension de la capitalisation devienne inévitable (ou dans l'hypothèse inverse impossible). Et cela, parce que consommation et travail social ne sont pas à un moment donné des quantités immuables.

Si, comme au début de la dépression, l'état des prix n'est pas favorable, la capitalisation s'arrêtera en dépit de l'augmentation du fonds de subsistances. La société élargira sa consommation. Surtout elle restreindra son labeur. Au lieu d'employer les bras, que la grande quantité des biens de consommation existants rend disponibles, à la fabrication de nouveaux capitaux, on renverra les ouvriers des usines. Et c'est bien cette aggravation du chômage qu'on constate durant la dépression. — A l'inverse, si, comme au début de la prospérité, l'état des prix est favorable, la capitalisation pourra s'accroître en dépit de la pénurie du fonds de subsistances. La société se privera, diminuera sa consommation, résistera à la tentation d'employer plus d'ouvriers à la création des biens de consommation qui lui font défaut. Surtout elle consacrera plus de travail à la production des capitaux. On allongera la durée des journées de travail. On multipliera les heures supplémentaires. On rappellera dans les ateliers la foule des chômeurs de la période précédente. On ira même chercher parfois de nouveaux bras dans la population des campagnes ou même dans les pays agricoles limitrophes. Et ce sont bien ces phénomènes qu'on observe en temps de prospérité.

L'influence théorique du fonds de subsistances existant se trouve ainsi contredite par les faits. Mais ici, comme pour la théorie quantitative de la monnaie, il faut ajouter que si le cycle périodique paralyse ou masque les effets de la loi d'équilibre, cette loi n'en continue pas moins à demeurer une force toujours agissante. Il faut reprendre encore cette fois la distinction des facteurs généraux et des facteurs secondaires perturbateurs. Les fluctuations du taux de la capitalisation à l'intérieur de chaque cycle périodique s'effectuent certes en désaccord avec la loi générale, en désaccord avec les conséquences normales du fonds de subsistances. Mais si on compare plusieurs cycles périodiques ou plusieurs pays entre eux et si, dans l'ensemble d'un cycle ou dans un pays donné, le fonds de subsistances est plus considérable que dans l'ensemble d'un cycle antérieur ou que dans un autre pays, il est vraisemblable que, dans l'ensemble, le montant de la capitalisation y sera aussi plus ample : plus élevé encore dans la prospérité, tombant à un niveau moins bas dans la dépression. Ainsi se révèlera l'action de la loi générale. Les mouvements relatifs dans chaque cycle périodique, l'alternance régulière de la surcapitalisation et de la sous-capitalisation, obéissent aux facteurs secondaires perturbateurs résultant des cycles périodiques. Mais le taux moyen de la capitalisation autour duquel se font les fluctuations relatives, ce taux normal de la capitalisation par rapport auquel il peut être parlé, comme je le fais, de surcapitalisation et de sous-capitalisation, le montant absolu de la capitalisation dans l'ensemble du cycle périodique, dépendent pour une grande part du fonds de subsistances existant, de la loi générale qui commande à la formation du capital.

Ce qui vient d'être dit pour la théorie du capital, comme ce que j'ai écrit pour la théorie quantitative de la monnaie, je pourrais le répéter pour d'autres théories. Toute une étude serait à faire des dérogations que les cycles périodiques, que la rupture d'équilibre qu'ils constituent apportent aux lois générales, aux lois d'équilibre, et de la façon dont cependant ces lois, mais de loin et de haut, commandent encore à l'activité économique. Nous aurions là l'illustration la plus saisissante peut-être de la manière dont, en cet état de perpétuel mouvement, en cet état constamment *dynamique* qui constitue la règle de fait pour nos sociétés, la réalité déroge aux lois hypothétiques de la *statique* économique tout en en subissant néanmoins l'influence générale [1].

§ II. *L'utilité de la capitalisation et la répartition des revenus pendant la prospérité.*

L'accroissement de la capitalisation qui se produit au début de la prospérité répond à une nécessité sociale, puisqu'il a pour but de remédier à la pénurie constatée des objets de consommation, de préparer la satisfaction du besoin social. D'une manière plus générale encore, cette capitalisation constitue un bienfait. Le développement de la civilisation demande non seulement qu'il soit procédé au remplacement du capital usé, consommé, mais encore que s'amplifie progressivement la masse des capitaux existants. Pour

[1] Cf. sur ce dernier point Clark, *The distribution of wealth*, 1902, p. 28 et s., 72 et s., 401 et s., et tout son dernier ouvrage, *Essentials of economic theory*, 1907, en particulier p. 195 et s.

éviter les conséquences de la loi des rendements décroissants, loi aussi exacte dans l'industrie que dans l'agriculture, à l'augmentation de la population doit correspondre une extension du capital permettant d'employer le surplus des bras. En outre, il est désirable, pour que s'élève le bien-être général à travers les siècles, que l'accroissement du capital dépasse celui de la population, que chaque génération lègue à la génération suivante un patrimoine sans cesse agrandi. Une capitalisation sans cesse accrue signifie, en général, une production de plus en plus *détournée,* un procès de fabrication de plus en plus allongé, partant un asservissement plus large des forces naturelles à la satisfaction de nos besoins, une productivité supérieure de l'effort humain, des rendements croissants par travailleur.

Pour rendre compte de la manière dont s'effectue cette augmentation de la capitalisation pendant la prospérité, il faut distinguer, d'une part, l'aspect du phénomène au point de vue de l'économie nationale, au point de vue de la production et de la consommation, d'autre part, son aspect au point de vue des économies privées, au point de vue de la répartition [1].

— Au point de vue de l'économie nationale, quelques traits suffisent à la description du phénomène.

L'insuffisance des biens de consommation source de la prospérité poussera à une plus large production de ces biens. Par l'emploi d'un plus grand nombre d'ouvriers, par la prolongation de la journée de labeur, on pourra accroître la quantité de biens de consom-

[1] J'évite à dessein d'écrire au texte que la distinction doit être faite entre l'aspect *purement économique* et l'aspect *historico-juridique* du phénomène suivant une terminologie familière à Rodbertus et ses disciples. Non pas que je prétende nier le très haut intérêt scientifique de cette distinction. Il en est peu d'aussi fécondes. Mais il faut prendre garde qu'en la superposant à d'autres distinctions, elle n'entraîne des confusions et des inexactitudes. — En matière de capital, par exemple, il n'apparaît pas certain que la différence entre les deux notions du capital consiste en l'opposition entre le capital *économique* et le capital *historico-juridique*, puisque, pour beaucoup d'économistes contemporains, l'intérêt, le revenu de ce qu'on appelle le capital *juridique*, constitue aussi une catégorie *économique* indépendante du droit (cf. von Wieser, *Der Natürliche Werth*, p. 61, 78, 93, 158; von Bœhm Bawerk, *op. cit.*, p. 64-68 et 390-398; Clark, *Distribution of wealth*, p. 83. V. également, pour la rente foncière, von Wieser, p. 62, 112, 114). — De même, ici, en ce qui concerne les traits du phénomène au point de vue des économies privées, au point de vue de la répartition, traits du phénomène qui, au premier abord, paraissent avoir un caractère exclusivement juridique, dépendre uniquement du droit actuel, on peut soutenir qu'ils subsisteraient, modifiés seulement sur certains points, avec tout autre régime juridique et, par exemple, en régime socialiste.

mation fabriqués. Mais un tel accroissement se heurte bientôt à
certaines limites. Le montant des biens qu'on peut manufacturer
au dernier stade du procès de production, le montant des objets
de consommation, dépend du quantum de biens existant aux stades
précédents, du montant des capitaux. Pour augmenter la masse des
biens aux dernières étapes de la production, c'est donc par l'augmentation des biens aux premières étapes qu'il faut commencer.
La création des capitaux étant le premier acte du procès de fabrication, c'est vers cette création que doit surtout se porter et que
se porte en effet l'effort social de la période de prospérité. On sait
déjà comment on arrive à ce surcroît de travail productif en rappelant dans les ateliers les ouvriers auparavant sans emploi, en y
ajoutant parfois un contingent de bras venus des campagnes. C'est
vers les industries de capitaux qu'on dirige principalement cet afflux
de nouveaux travailleurs.

Malgré la possibilité de leur augmentation absolue, la part relative des biens de consommation dans l'ensemble de la production
diminue ainsi à cause d'un accroissement plus considérable encore
de la fabrication des capitaux. Le pourcentage des hommes qui
travaillent aux biens de consommation, aux biens destinés à satisfaire le besoin présent, fléchit au profit du pourcentage des hommes employés à la fabrication des capitaux, des biens destinés à
la satisfaction du besoin futur. L'ère de la capitalisation est une
époque où on produit plus qu'on ne consomme. La prospérité est une
période de privation où on se résigne à une satisfaction imparfaite
des besoins présents en vue d'accroître la richesse des années à
venir. Ou, plus exactement, c'est une période de surtravail où la
consommation croît moins que le labeur auquel on s'assujettit.

— Si tel est l'aspect des choses au point de vue de l'économie
nationale, en ce qui concerne la production et la consommation,
voici maintenant comment on arrive à ce résultat par les changements survenus dans la répartition, par l'action des prix sur les
revenus particuliers et la réaction de ces revenus sur la production.

Les revenus, du moins les revenus en *monnaie* que je considère
d'abord, les sommes d'argent attribuées aux divers facteurs de la
production, augmentent pendant la prospérité. On se trouve dans
une de ces « courtes périodes » dont nous parle M. Marshall [1], pério-

---

[1] Marshall, *Principles*, 2e édit., 1891; V, v, § 2, p. 419 et s.; V, v, § 4, p. 425.

des où la production n'arrivant pas à croître aussi rapidement que la demande, les prix échappent à l'influence régulatrice du coût de production, obéissent aux seules impulsions venant. de l'utilité finale des marchandises, s'élèvent considérablement et deviennent sources de « ·rentes ». L'affirmation est banale aujourd'hui qui étend le phénomène de la rente à tous les services producteurs, à tous les revenus [1]. La hausse des prix des produits, durant la prospérité, entraîne par voie de répercussion la hausse des prix des services producteurs, la hausse des profits, de l'intérêt, des salaires [2], parfois aussi du revenu foncier. C'est une période de rente, de rémunération supérieure à leur rémunération *normale*, à leur rémunération à l'état d'équilibre, pour les divers facteurs de la production. Des entreprises mal organisées et. sur le point d'arrêter, des engins surannés et dont on était près de se défaire demeurent en fonction et sont rémunérateurs. Des ouvriers nouveaux sont embauchés en masse, et des ouvriers inexperts employés à des travaux qualifiés bien rétribués [3]· Ainsi s'accroît la rente différentielle des services producteurs. Son montant se déterminant d'après le service qui est à la marge de la production s'élève lorsqu'on est obligé de faire appel à un élément marginal qui est de moins en moins productif, qui augmente de plus en plus le coût. D'ailleurs, il se peut même qu'il y ait rente absolue, au moins pour ce qui est du profit : les entreprises les plus mal outillées peuvent parvenir, grâce à la hausse générale, à donner elles aussi une rente [4].

Beaucoup plus que les autres revenus, en effet, s'accroît le profit. L'entrepreneur qui vend le produit bénéficie immédiatement de toute la hausse du prix du produit. C'est très lentement qu'il est obligé de faire participer à cette hausse les services producteurs qu'il emploie. Et il ne le fait jamais que de façon moins accentuée.

[1] Marshall, *ibid.*, liv. V et VI (en particulier V, xiv, § 3, p. 351; VI, v, § 5, p. 608 et s. pour le salaire; VI, vi, § 3, p. 622 pour l'intérêt; VI, viii, §5 et s., p. 655 et s. pour le profit). Clark, *op. cit.*, p. 188 et s. ; Pareto, *op. cit.*, § 746 et s., p. 105 et s. du t. II; Carver, *Distribution of wealth*, p. 115 et s , 182.

[2] V. tous les faits signalés dans les enquêtes du *Verein für Sozialpolitik* déjà citées et dans les ouvrages de MM. Lescure et Tugan-Baranowski.

[3] C'est là d'ailleurs la conséquence de toute augmentation considérable et brusque du besoin des marchandises. Cf. Marshall, *op. cit.*, V, v, § 2, p. 420 et V, ix, § 3, p. 469.

[4] Cf. von Wieser, *op. cit.*, p. 118; Landry, *Manuel d'économique*, p. 592. V. cep. Clark, *op. cit.*, p. 345 et s.

« Les fluctuations des profits précèdent généralement les fluctuations des salaires et sont beaucoup plus intenses » [1].

Ainsi s'accroît le revenu en argent total de la société. Mais l'augmentation porte surtout sur le profit et aussi sur l'intérêt des capitaux placés dans l'industrie. Le revenu capitaliste s'amplifie proportionnellement plus que le revenu ouvrier. Il s'élève de façon absolue et de façon relative. Au contraire le revenu ouvrier, tout en s'accroissant de façon absolue, diminue sans doute de façon relative. La part relative qui lui est échue dans le revenu national total fléchit à cause de la très grande part prise par le revenu capitaliste.

Il ne s'est agi jusqu'ici que des revenus en argent. Mais la hausse des prix des marchandises oblige à examiner les fluctuations du revenu *réel,* les variations du pouvoir d'acquisition des diverses classes sociales.

A cause du labeur social plus considérable, des journées de travail allongées, du nombre des travailleurs accru, du chômage réduit, la production sociale a grandi. Partant aussi le pouvoir d'acquisition total de la société. Mais c'est le pouvoir d'acquisition capitaliste qui a surtout augmenté.

Pour ce qui est du pouvoir d'acquisition ouvrier, il est possible que par suite de la hausse des prix des marchandises ait décru le salaire réel de certains des travailleurs, si leur salaire en argent n'a pas été majoré ou ne l'a pas été de façon suffisante. Mais pour l'ensemble de la classe ouvrière, il y a vraisemblablement augmentation absolue du revenu réel, à cause de l'élévation des salaires en argent, à cause que le renchérissement peut ne pas avoir beaucoup touché la nourriture et le logement, chapitres principaux du budget ouvrier, et à cause surtout de la masse très grossie des ouvriers occupés, du rappel dans les ateliers des travailleurs auparavant sans ouvrage.

Cependant l'augmentation n'est vraisemblablement pas proportionnelle à l'augmentation de l'intensité du labeur. La hausse des prix des produits étant plus accentuée que la hausse des salaires, chaque heure de travail ouvrier ne peut acheter qu'une moindre quantité de marchandises qu'auparavant. Le salaire réel par heure de travail baisse, bien qu'à cause de l'accroissement total du labeur se soit accru le salaire réel total de la classe ouvrière.

[1] Marshall, VI, viii, § 7, p. 657; VI, xi, § 4, p. 709.

De même, l'accroissement du pouvoir d'acquisition ouvrier n'est pas proportionnel à l'accroissement de la production totale. Une hausse brusque des prix des produits détermine une hausse du salaire bien moindre et une hausse du profit souvent bien plus considérable que celle du produit même [1]. La part de la valeur du produit qui demeure à l'entrepreneur comme profit augmente. Il gagne bien plus comme entrepreneur qu'il ne perd comme consommateur par la hausse du prix des produits. Au contraire la part du produit que l'ouvrier peut racheter avec son salaire se retrécit. Malgré sa hausse absolue baisse de façon relative le revenu ouvrier. La thèse Rodbertienne de la diminution de la quote-part ouvrière dans le revenu social total est probablement exacte en période de prospérité. Ce sera l'inverse dans la dépression.

Plus encore que l'ensemble de la classe ouvrière souffrent de la hausse des prix les couches de la population bourgeoise qui ne peuvent compter que sur un revenu fixe en argent. Leur bien-être subit une diminution absolue et relative.

Le revenu capitaliste est donc le principal bénéficiaire de la prospérité. L'inégalité sociale s'aggrave à cette époque. Ce qui est un mal. Mais peut-être est-ce partiellement un mal nécessaire, au moins dans notre régime juridique de la propriété privée. Il ne faut pas oublier en effet que les profits, la rente touchés par les capitalistes ne sont pas dépensés par eux, en totalité, en biens de consommation. Ils sont ce qu'on appelle, au point de vue de l'économie privée, épargnés pour la plus grande part. Puisque la période de prospérité est, puisqu'il est utile qu'elle soit une période de création de capitaux sociaux, machines, usines, moyens de production, il faut bien que ces capitaux sociaux puissent être achetés, acquis par certains des individus. Ils le sont grâce à l'augmentation des profits, des épargnes, des capitaux privés [2]. Dans le régime juridique moderne le patrimoine général de la nation ne peut croître que par la croissance des capitaux privés, par l'augmentation des

[1] Une hausse de 10 p. 100 du prix du produit peut doubler ou tripler le profit. Cf. Marshall, *op. cit.*, p. 657; Carver, *Quarterly Journal of Economics*, 1903, p. 497.

[2] Ne présente plus naturellement aucune utilité sociale la partie de l'augmentation du profit qui ne sert pas à l'accroissement du capital social, mais qui est par exemple dépensée par les capitalistes en consommations improductives ou encore qui sert à souscrire à des emprunts de pays étrangers surtout lorsque ces emprunts eux-mêmes ont pour but non pas la création de capitaux sociaux, mais des dépenses improductives.

fortunes des capitalistes. L'ascension des profits constitue le moyen nécessaire de l'agrandissement désirable du capital social [1].

Lorsque se manifeste l'insatisfaction du besoin dans une industrie spéciale, la théorie économique enseigne que la hausse des prix et des profits dans cette industrie y attire les capitaux privés, les épargnes en quête d'emploi, de façon qu'augmente aussi le capital social dans cette industrie et que tend à se rétablir l'équilibre entre les diverses industries. Mais il s'agit, dans notre matière, d'une insatisfaction générale des besoins. Pour y remédier, il ne peut plus être question de déplacements des capitaux privés ni sociaux d'une industrie vers une autre. Il faut créer le capital. C'est à quoi vise la hausse des profits. La part capitaliste dans le revenu national ayant grossi, une plus grande proportion de ce revenu sera épargnée, et par suite de façon concomitante aura lieu imposée par l'augmentation du travail social une plus large création de capitaux sociaux.

Ainsi concordent les mouvements de la production et de la répartition, les fluctuations dans l'économie nationale et les économies privés. La quantité des biens de consommation produits grandit légèrement, mais aussi le pouvoir d'acquisition de ces biens puisque augmente en particulier le revenu absolu de la classe

---

[1] Dans un régime socialiste également, si on laisse les prix soumis au jeu des offres et des demandes et si persiste le rythme actuel de la production, la période de prospérité sera une période de prix élevés et, partant, d'un côté, de diminution de la part du produit total consommée par la population, de diminution du bien-être relatif des citoyens, d'un autre côté d'accroissement du « bénéfice », de la « rente » de l'Etat : rente capitalisée également par l'Etat et cristallisée en définitive en ces capitaux nouveaux qui viennent grossir le patrimoine collectif. La société se sera imposé une restriction de sa consommation présente ou plutôt un surcroît de travail en vue d'augmenter le capital national, de se préparer plus de bien-être pour l'avenir.

Certains des effets du phénomène décrit au texte en ce qui concerne la répartition, — la diminution du revenu relatif des masses et l'augmentation du revenu, de la *rente* du propriétaire des moyens de production — subsisteront ainsi en régime socialiste. Mais le propriétaire, le bénéficiaire de la rente sera l'Etat et non plus comme aujourd'hui des particuliers. Ce ne sont donc pas seulement les caractères du phénomène au point de vue de l'économie nationale, de la production et de la consommation, qui constituent des traits *purement économiques*, de manière à persister avec tout autre régime juridique que le nôtre, pourvu que la technique de la production et le jeu des prix demeurent à peu près ce qu'ils sont aujourd'hui. Ce sont aussi les caractères du phénomène au point de vue de la répartition, qui, quoique fortement imprégnés actuellement du droit en vigueur, subsisteraient, avec certains changements sans doute, mais au moins dans leurs grandes lignes, avec un régime juridique différent du nôtre comme le régime socialiste.

ouvrière. Ce qui croît bien davantage, c'est la masse des capitaux manufacturés, mais aussi le pouvoir d'acquisition des capitalistes, puisque le revenu capitaliste croît beaucoup plus que le revenu ouvrier, puisque s'élargit considérablement la part capitaliste dans le revenu global. La prospérité constitue bien une période de sur-travail dont tirent avantage surtout les entrepreneurs. Mais c'est que de cette manière seule peut s'effectuer la capitalisation sou-haitée dans le régime juridique moderne. Le surtravail des ouvriers permet l'épargne des capitalistes, la constitution du capital social sous la forme du capital privé.

Il n'est cependant pas nécessaire d'attendre que les hauts profits aient été déjà perçus, épargnés pour qu'ait lieu la capitalisation. Les commandes de capitaux se multiplient dès qu'apparaît l'espoir de profits élevés. Ou même les fabricants de capitaux, stimulés par les hauts prix, en entreprennent la production sans attendre les commandes. C'est plus tard seulement, quand les capitaux seront achevés, qu'on voudra en prendre livraison, que le paiement devra s'en faire à l'aide des profits touchés dans l'intervalle. Encore grâce au crédit l'heure du versement pourra-t-elle être reculée. Point n'est besoin d'imaginer deux étapes, la première où on accumu-lerait les profits, la seconde où à l'aide de ces profits accumulés on achèterait, on ferait construire les capitaux. Les deux choses peuvent avoir lieu de concert. Capitaux sociaux et épargnes ou capi-taux privés dus aux profits se constituent simultanément. Les mouvements dans l'économie nationale et dans les économies pri-privées s'effectuent parallèlement.

Encore moins il n'est indispensable de supposer, comme le veut la théorie du rôle dominant de l'épargne en matière de crises, que des épargnes se soient amassées pendant plusieurs années, pendant ce qui constitue la dépression, pour rendre possible et déterminer la prospérité. Les variations du besoin par le jeu des prix et des pro-fits suffisent à expliquer les phénomènes. L'insatisfaction du besoin par la hausse de la valeur et du prix des objets de consommation révèle l'utilité de la capitalisation. Par la hausse encore des prix à laquelle se joint l'attrait des hauts profits, le besoin incite les producteurs à la capitalisation. Par cette même ascension des pro-fits enfin le besoin crée les moyens de la capitalisation nécessaire, augmente les épargnes privées à l'aide desquelles on paie les capitaux fabriqués,

§ III. *Les méfaits de la surcapitalisation et de la crise. Le rôle du crédit.*

La période de prospérité, utile malgré tout, en dépit des rentes capitalistes excessives qu'elle occasionne, l'action des prix et des profits, salutaire en ce qu'elle détermine la capitalisation désirée, deviennent nuisibles lorsqu'elles finissent par conduire à la surcapitalisation d'où sortira la crise. On a vu comment le maintien des hauts prix et des hauts profits, tant que ne s'achève pas le procès de création du capital, pousse à cette surcapitalisation. Et les hauts profits en outre la facilitent par la persistance de l'accroissement du pouvoir d'acquisition chez les entrepreneurs. Or s'il n'est pas de limites à la capitalisation utile à cause de l'insatiabilité des besoins, il est des bornes à la capitalisation rentable à cause de la baisse des valeurs qui résulte de l'augmentation des marchandises. Les prix s'effondrent. La crise se déclare.

De cette crise les entrepreneurs sont les premiers à souffrir, de même qu'ils ont été les principaux bénéficiaires de la prospérité. La baisse des profits sera plus accentuée que la baisse des prix des produits et des salaires. Pour nombre d'entreprises les pertes iront jusqu'à la ruine totale. Mais une ère de misère aussi va commencer. pour ceux des ouvriers que l'on congédiera des ateliers.

Au point de vue national également, on peut dire que se révèle un véritable gaspillage de forces. On possède sans doute plus de marchandises et la consommation sociale pourra être plus abondante pendant la dépression. Mais les marchandises sont dépréciées. Leur valeur n'égale pas les valeurs dépensées au cours de la fabrication. La société a beau avoir plus de biens. Elle se sent comme appauvrie à cause de l'affaiblissement de leur désirabilité. Les privations ou si on veut le surtravail auquel elle s'est astreinte pendant la prospérité apparaît partiellement vain. Le résultat obtenu à la suite du dur labeur collectif est inférieur à l'effort. La capitalisation était utile. La surcapitalisation est un méfait social.

La crise présente surtout une très grande gravité lorsque dans la prospérité a été considérable l'abus du crédit. On ne doit pas chercher dans le crédit seul la cause profonde des crises périodiques. L'action isolée du crédit ne permet pas d'expliquer les diverses étapes du cycle périodique. On ne concevrait pas pourquoi au début de la prospérité le crédit pousse à la hausse plutôt qu'à la baisse ; comment ensuite il réussit à prolonger la prospé-

rité ; pourquoi il s'arrête soudain de sorte que surgit la crise ; pourquoi enfin il fait durer la .dépression, maintient alors la baisse au
lieu d'amener aussi bien un réveil de la hausse. Le crédit n'est pas
à lui-même son propre moteur. Le sens dans lequel il agit lui est
dicté par le cours des choses, par un facteur supérieur qui est ici
le besoin. Mais, déterminé par ce facteur, il opère dans la même
direction, amplifie les mouvements naturels. Et si on ne doit pas
au crédit les crises périodiques, on lui doit souvent la violence des
crises [1].

Il en est déjà ainsi parce que, durant la prospérité, le crédit a
ajouté à la surcapitalisation et de deux façons. — D'une part, les
prix étant à la hausse, le crédit et la spéculation ont renforcé cette
hausse, agent décisif on le sait de la surcapitalisation. Sans parler
même des marchés fictifs, la spéculation a accru de manière excessive la demande ferme de marchandises. Redoutant l'accentuation
de la hausse, escomptant l'aptitude de la population à absorber
toujours plus de produits, négociants et fabricants se hâtent d'envoyer des ordres, aux prix actuels, de marchandises, matières premières ou produits finis, à livrer à des dates plus ou moins reculées.
Ils s'engagent pour plusieurs mois, pour un an et davantage. A la
demande réelle et actuelle de la consommation, facteur déjà de
hausse et de surcapitalisation, vient s'ajouter cette demande supplémentaire, demande plutôt de spéculation, qui exagère encore la
croyance à la disette de marchandises, intensifie l'ascension des prix
et la multiplication excessive des forces productrices. — D'autre
part, et par un procédé plus direct, le crédit pousse encore à la
surcapitalisation. Grâce à son concours se fondent nombre d'entreprises peu solides et les anciennes étendent démesurément leurs
opérations avec l'espoir de payer leurs achats à l'aide des profits
futurs.

La surcapitalisation ainsi aggravée va accroître, lorsque se terminera le procès de création du capital, la masse des marchandises
qui seront jetées sur le marché, va précipiter davantage la chute
des prix. C'est la baisse maintenant que le crédit va accentuer.
Vers la fin de la prospérité déjà, les appels au crédit en vue du
maintien des prix, de résister à la mévente, permettant un temps
encore artificiellement à la surcapitalisation de continuer, retar-

●

[1] Cf. Spiethoff, *Jahrbuch de Schmoller*, 1902, II, p. 292, 297.

dent la crise, mais en augmentent l'intensité et les dangers. Et
lorsque enfin malgré tout la crise éclate, les entreprises qui ne
subsistaient que grâce au crédit, d'autres aussi, peut-être solva-
bles, mais dont le chiffre d'affaires s'était trop développé, ayant
besoin de vendre immédiatement pour remplir leurs engagements,
acceptent des baisses de prix de plus en plus profondes, et, avant
de sombrer misérablement, déterminent un effondrement des cours
plus accentué même que ne l'exigent les circonstances. — Le crédit qui a souvent exagéré la hausse exagère aussi la baisse. Si ses
abus ne sont pas un des traits constitutifs du phénomène des cycles
périodiques, ils ont, peut-on dire, toujours figuré jusqu'ici dans
le cortège qui les accompagne.   .

§ IV. *La sous-capitalisation et la répartition des revenus pendant la dépression.*

Lorsqu'ont passé les mois désastreux de la crise, l'avilissement
des prix qui persiste durant la dépression maintient la réduction
des profits, entraîne la diminution absolue du revenu capitaliste
par rapport à la prospérité et vraisemblablement aussi sa décroissance *relative* dans le revenu national total. La part qui, dans la
valeur de la production globale vendue par eux, demeure comme
profit aux entrepreneurs, fléchit.

Mais la classe ouvrière, dans son ensemble, ne bénéficie pas
cependant de la situation nouvelle. Seuls tirent avantage de la
baisse des prix des marchandises, les personnes à revenu fixe en
argent et en particulier ceux des ouvriers dont ne se restreint pas
le salaire hebdomadaire. Ils ne perdent rien comme producteurs et
ils gagnent comme consommateurs. Mais la détresse sera grande
pour la masse des travailleurs renvoyés des ateliers et le sort est
empiré aussi pour nombre d'ouvriers obligés à un chômage partiel
notable. Pour toute la classe ouvrière, si à cause de la baisse des
profits augmente la part qu'elle reçoit dans le revenu national, cet
accroissement *relatif* du revenu ouvrier n'empêche pas sa décroissance *absolue*. L'ouvrier peut racheter avec son salaire une plus
grande partie du produit. Le salaire réel par heure de travail
augmente. Mais une foule d'ouvriers se trouve sans emploi et ne
peut rien acheter d'autre que ce que lui permettent de maigres
épargnes, les allocations syndicales ou les secours de l'assistance
publique et privée.

Cette fois, c'est bien la thèse optimiste de Bastiat, la thèse de
l'augmentation de la quote part ouvrière dans le revenu social qui
se vérifie [1]. Mais il est douteux que la classe ouvrière doive préférer une période de chômage considérable où s'élève son revenu
relatif mais se réduit son revenu absolu à une période de surtravail comme était celle de la prospérité où diminue son revenu
relatif, mais croît son revenu absolu. On ne doit pas s'exagérer les
avantages sociaux de la baisse des prix pendant la dépression.

De même, au point de vue économique et national, si la dépression est une époque de perfectionnements techniques, d'abaissement du prix de revient, il ne faut pas oublier que bientôt s'effectue
la fâcheuse sous-capitalisation. Maintenant c'est la proportion des
ouvriers employés à la production des biens de consommation qui
grandit au détriment de la proportion des travailleurs occupés à la
fabrication des capitaux. Ces derniers surtout souffrent du chômage. Une plus large part de la production annuelle est immédiatement consommée. Une moindre part consiste en capitaux fabriqués en vue de l'avenir pour prendre la place du capital légué par
la période précédente. La société consomme plus qu'elle ne produit, vit sur le capital passé, sur le fruit du travail antérieur, l'use
sans le remplacer suffisamment. Et cette sous-capitalisation va
préparer le retour de la prospérité.

Il semble cependant que la surcapitalisation de la prospérité
dépasse en importance la sous-capitalisation de la dépression. La
tendance à l'excès de production paraît plus accusée que la tendance contraire. C'est pourquoi sans doute la hausse des prix au
début de l'essor est moins accentuée que leur chute n'est profonde
au moment de la crise. Vraisemblablement c'est surtout la surcapitalisation de la prospérité qui doit porter la responsabilité du

---

[1] L'alternance chronique des périodes de prospérité et de dépression donne ainsi
tort et raison, tour à tour, à Bastiat et à Rodbertus au sujet de la controverse sur les
variations de la quote part ouvrière dans le revenu social total. Mais on pense bien
que ce n'est pas là la solution du problème discuté. Il y a des fluctuations temporaires
du revenu ouvrier dues aux cycles périodiques. Mais il est aussi un mouvement
d'ensemble du revenu à travers le siècle, à travers les cycles périodiques successifs.
Et c'est uniquement sur ce mouvement d'ensemble que porte le débat. Nous avons
ici un troisième exemple, et il en est d'autres, à joindre à ce que j'ai montré pour
la théorie quantitative de la monnaie et pour la théorie de la formation du capital,
exemple de dérogations périodiques que les cycles industriels apportent aux grandes
tendances tout en en respectant l'allure générale.

rythme de la production industrielle, de la survenance des crises
périodiques.

§ V. *Appréciation économico-sociale des cycles périodiques.*

L'alternance des périodes de prospérité et de dépression pourrait à certains égards être présentée comme un phénomène social
utile. La prospérité pourrait être donnée comme le remède que le
cours spontané des choses suscite pour parer au défaut de capitalisation. La dépression serait le remède à l'excès de capitalisation.
Puisque le développement de la civilisation demande une certaine
capitalisation, puisque la juste mesure peut malaisément être atteinte
et conservée, il semble précieux que le mécanisme des besoins,
des prix et des profits provoque lui-même le correctif au mal qu'il
crée, ordonne à la capitalisation, par la baisse, de s'arrêter et,
par la hausse, de reprendre. L'équilibre tend à se rétablir de lui-
même par le jeu des lois naturelles suivant une formule chère aux
économistes des écoles optimistes.

· Mais cet optimisme ne paraît plus justifié si on songe que le
remède surgit tardivement et lorsque le mal a eu le temps de
s'aggraver. Peut-être à défaut d'un équilibre inaccessible doit-on
se résoudre à de perpétuelles oscillations autour de l'équilibre.
Mais l'allongement capitaliste du procès de production amplifie
démesurément ces oscillations. La longue durée des périodes alternatives, l'excès de la hausse ou de la baisse des prix, l'exagération de la surcapitalisation et de la sous-capitalisation qui en résultent, le contraste trop accusé entre les phases qui se succèdent, la
violence des soubresauts constituent · des méfaits certains dont on
ne peut se féliciter. On ne peut applaudir ni à ces époques d'un
surmenage intense, surmenage qui finit par se révéler partiellement
inutile et par constituer un gaspillage de forces, ni à ces époques de
stagnation qui laissent trop longtemps sans emploi des forces productrices matérielles et humaines. Les rentes capitalistes sont trop
considérables durant l'essor. Et il n'est pas bon que la classe
ouvrière passe alternativement par des années de surtravail où son
bien-être croît moins que son effort, et par des années de chômage
où une grande misère accable les ouvriers sans emploi.

Les révolutions chroniques de l'industrie avec leurs diverses
phases constituent un des aspects fâcheux de la technique capita·

liste. Si on ne voit pas comment on pourrait les supprimer totalement, il est désirable que l'Etat, par sa politique économique et sociale, par l'échelonnement habile de ses commandes, que les entrepreneurs surtout par une direction des kartells plus perspicace qu'elle ne l'a été jusqu'à présent, que les associations d'ouvriers peut-être un jour aussi, s'efforcent au moins d'en diminuer la gravité.

§ VI. *Le socialisme supprimerait-il les crises périodiques ?*

A défaut du régime individualiste, le socialisme ne pourrait-il nous délivrer des crises périodiques ? Il n'est pas certain. Les conditions des crises, on l'a vu, ne tiennent pas principalement au régime *juridique* moderne, ne se rattachent pas à l'existence de la propriété privée du capital à quoi le socialisme veut mettre fin. Elles tiennent avant tout au régime *économique*, à la technique capitaliste, à la nécessité de la fabrication préalable de capitaux sociaux pour répondre aux demandes de la consommation, à l'allongement du procès de production capitaliste, toutes choses que le socialisme n'a jamais prétendu supprimer.

Il est vrai que des facteurs juridiques influent aussi sur la préparation de la crise. La technique capitaliste ne va pas jusqu'à faire de la crise une nécessité inéluctable. Elle la rend seulement quasi-inévitable. Mais ceux qui, aujourd'hui, ne parviennent pas à l'éviter, ce sont ceux dont notre régime juridique fait les directeurs de la production : ce sont les entrepreneurs qui se laissent tromper par la persistance des hauts profits durant la prospérité sans tenir compte de la masse des capitaux en voie d'achèvement et se laissent entraîner à la surcapitalisation source de la crise. En régime socialiste où disparaissent entrepreneurs et profits, où la production s'effectue en vue du besoin sous la direction de fonctionnaires spéciaux, ceux-ci n'étant plus égarés par l'appât du profit ne réussiront-ils pas à mieux maintenir la capitalisation dans de justes limites ?

Mais j'ai déjà montré[1] que le *profit*, catégorie *historico-juridique*, n'est pas seul un guide infidèle pour les producteurs. L'intensité actuelle du *besoin*, catégorie *économique*, l'est aussi et continuera par

---

[1] V. *supra*, ch. II, § 2.

suite à l'être en régime socialiste. Le degré d'insatisfaction actuelle du besoin dissimule l'excès des capitaux en cours de fabrication, fait croire à tort à une insuffisance de capitaux, et ne fournit aucune indication sur ce que sera le besoin lorsque ces capitaux entreront en activité. Dans le régime précapitaliste seulement, la production pouvait obéir sans danger aux impulsions venant du besoin, car elle travaillait à la satisfaction immédiate de ce dernier. Il n'en est plus ainsi avec la technique nouvelle même en régime socialiste où la production se fait en vue du besoin. Comme un long temps s'intercale entre le moment où le besoin se déclare et celui où il est satisfait, comme on doit recourir au préalable à la fabrication de capitaux, l'insatisfaction du besoin pousse, dans l'intervalle, à la surcapitalisation en dépit de la pléthore des capitaux en construction mais non encore terminés. Toute capitalisation de quelque importance a lieu en vue d'un besoin futur assez reculé. A l'heure où on capitalise, on ignore ce que sera le besoin le jour où les capitaux seront achevés. Quoi que l'on fasse, il faut prévoir le besoin. Par suite, à défaut de régulateur sûr, on ne peut prétendre le faire avec certitude. Abusé par ce régulateur mensonger qu'est l'intensité actuelle du besoin, on risque de préparer la sursaturation ou l'insatisfaction future du besoin, la surproduction ou la pénurie.

Des changements d'ordre juridique amèneront des modifications dans certains des traits du phénomène des crises. Mais il n'est pas prouvé qu'ils supprimeront les crises périodiques mêmes. Comme pour d'autres notions, comme pour l'intérêt par exemple ou la rente foncière que l'on a pu tenir pour des catégories juridiques, pour des conséquences de la propriété privée, jusqu'à ce que des analyses plus pénétrantes en aient montré le caractère économique, naturel, indépendant de toute forme de propriété[1], il semble que l'essentiel dans les crises périodiques de surproduction générale doive aussi être considéré comme étant, non pas d'ordre juridique, mais d'ordre économique, indépendant du droit en vigueur. Le mal ne vient pas de la production individualiste en vue du profit. Il vient de la technique capitaliste et du mauvais régulateur de la production qu'est l'intensité actuelle du besoin. On ne peut donc affirmer qu'à coup sûr des transformations d'ordre

---

[1] Von Wieser, *op. cit.*, p. 61, 62, 93, 112, 114, 158; Von Bœhm-Bawerk, *op. cit.*, p. 390-398.

juridique suffiront à modifier profondément le phénomène des crises. Il est possible qu'en régime socialiste on parvienne à mieux éviter les crises de surproduction générale ou à les rendre moins nocives. Mais il se peut aussi qu'elles y deviennent plus graves, sans parler de nouvelles causes de frottements économiques qui pourraient surgir. En l'état présent des choses, on ne saurait dire davantage.

Quel que soit le régime juridique, du moment que subsiste l'allongement du procès de production et que l'intensité actuelle du besoin social illusionne sur l'intensité du besoin futur, le problème de la proportion à garder entre la capitalisation en cours et le besoin futur dont il faut deviner l'importance demeure malaisé à résoudre.

Réussira-t-on jamais à échapper entièrement à l'erreur? Ce serait déjà un résultat précieux que de trouver les moyens d'en atténuer d'une façon notable les effets désastreux. Il est permis de penser que pour y arriver on doit se rendre exactement compte des caractères essentiels du phénomène auquel il s'agit de porter remède : ce qui est la justification, ou, si on veut, tout au moins l'excuse d'études théoriques de la nature de celle qu'on vient de lire.

Albert AFTALION,

Professeur d'économie politique à l'Université de Lille.

Juillet 1908.

L'ASSURANCE CONTRE LE CHOMAGE

Suite et fin [1]

IX. L'assurance contre le chômage et l'épargne

Le souci d'échapper aux difficultés pratiques que rencontre l'assurance a conduit à recourir à l'épargne dans la lutte contre le chômage.

D'une part, M. Schanz[2] a pris l'épargne pour base du système qu'il a proposé ; d'autre part, le système appliqué à Gand admet l'épargne comme suppléant l'assurance :

1° Dans le premier système de M. Schanz, l'ouvrier est obligé par la loi à effectuer des versements qui constituent à son profit un fonds productif d'intérêt, et c'est dans ce fonds que sont puisées les allocations qui lui sont servies en cas de chômage : chaque ouvrier supporte donc lui-même son propre risque, et il est intéressé, en l'absence de tout contrôle, à ne pas provoquer et à ne pas prolonger le chômage, puisque ses ressources personnelles sont directement en jeu.

L'inutilité de la surveillance, de la tarification des risques, de la création d'une organisation complexe, l'individualisation du risque qui permet à l'ouvrier de retrouver à toute époque ou de laisser aux siens le fruit de ses versements accrus, la sauvegarde de la liberté d'avenir qui est réservée au législateur grâce à la faculté dont il dispose de suspendre à toute époque l'obligation de l'épargne, l'extension du bénéfice des allocations par suite de toute distinction relative à la cause du chômage, constituent, aux yeux de M. Schanz, les principaux avantages du système.

Ces avantages sont sans doute effectifs, mais ils sont achetés au prix de l'infériorité technique de l'épargne comparée à l'assurance.

2° Dans le système de Gand, l'assurance et l'épargne coexistent ; la première s'adresse aux ouvriers syndiqués, la seconde aux non

[1] V. *Revue d'Economie politique,* novembre-décembre 1908, p. 759 et s., février 1909, p. 118 et s.

[2] V. *Revue d'Economie politique,* novembre-décembre 1908, *Bibliographie,* p. 759.

syndiqués. L'expérience a montré[1] qu'à l'origine le procédé de l'épargne a été négligé par les intéressés et que, plus tard, lorsqu'ils en ont usé, la sauvegarde des finances communales exigeait une limitation des avantages qui y étaient attachés et, par suite, détournait les intéressés d'y recourir.

C'était la condamnation du système. Aussi bien cet échec pouvait-il être prévu; la combinaison de deux procédés aussi différents que l'assurance et l'épargne est irréalisable : en particulier, l'épargnant doit constater que le fruit de son épargne est inférieur au fruit de la prévoyance de l'assuré.

En résumé, l'épargne et l'assurance constituent deux modes de prévoyance trop distincts pour pouvoir être associés comme équivalents, et le recours à l'épargne doit être abandonné à raison de son infériorité technique : il n'offre d'ailleurs, au point de vue de l'organisation du régime des subventions, que des avantages illusoires, et ce n'est point dans la mise en œuvre de la prévoyance individuelle, mais dans l'abandon des subventions que l'on doit chercher le remède aux inconvénients constatés.

X. Les subventions officielles a l'assurance contre le chômage

En l'absence d'assurance obligatoire, les législateurs qui ont réglé sous la forme facultative la question de l'assurance contre le chômage ont voulu encourager par des subventions officielles l'affiliation à l'assurance.

Cet encouragement, en dépit de la généralité de son emploi, est loin d'être recommandable, et cela tant au point de vue du principe qu'au point de vue de l'application.

I. Au point de vue du **principe** :

1° Les subventions énervent l'initiative individuelle; si, en effet, elles sont assez importantes pour devenir appréciables, l'ouvrier compte sur elles plus que sur son propre effort; l'assurance perd dès lors sa vertu éducative; si même elles sont trop peu considérables pour que leurs conséquences financières qui seront décrites plus

---

[1] La lecture du rapport sur le fonctionnement du Fonds gantois en 1904-1905 Gand, 1906) permet de s'en rendre compte.

loin [1] se manifestent, elles accoutument l'individu à recevoir et, par suite, à solliciter l'aide de la collectivité, au lieu de tout attendre de son initiative et de son énergie.

2° Les subventions appellent les subventions. En effet, les fonds nécessaires à ces libéralités du Trésor public sont fournis par l'impôt : dès lors, — ou bien le législateur augmente les charges fiscales des individus qu'il subventionne, ce qui équivaut au retrait d'une partie de la faveur qui leur est octroyée, — ou bien il les dispense d'impôt à raison de la précarité de leurs ressources, ce qui aboutit à créer un danger social par la division de la nation en deux classes de citoyens, les uns contribuables, les autres exonérés. Dans les deux cas, les consommateurs sont grevés d'impôts additionnels; leur puissance d'achat diminue et, avec elle, la facilité d'écoulement des produits; dès lors, la production se ralentit; les chefs d'entreprises réduisent les salaires ou congédient des ouvriers; le chômage augmente, et l'assurance entre en jeu : les charges de celle-ci s'élèvent et appellent, par suite, des ressources c'est-à-dire des subventions nouvelles. — Le système des subventions prête, d'ailleurs, à la surenchère : selon l'énergique expression de M. Winthorst dans un discours de décembre 1888 au Reichstag, « c'est le commencement d'un régime où tous les citoyens mangeront dans la même auge sans se préoccuper de savoir qui la remplira ».

3° Les subventions provoquent chez les citoyens des désirs immodérés : en effet, la nécessité de l'effort a disparu et, avec elle, le frein des appétits; l'éducation du caractère du peuple est de ce chef gravement compromise.

4° L'Etat est exposé à des charges illimitées; car la subvention à telle institution sert de précédent et d'argument en faveur de la subvention à telle autre institution.

On cherche, sans doute, à justifier les subventions par trois arguments :

a) Les ressources de l'assurance contre le chômage ne peuvent être fournies par l'ouvrier seul.

b) La collectivité s'affranchit, grâce à l'assurance, d'une partie correspondante des charges de l'assistance publique.

c) L'assurance n'apporte pas seulement une aide matérielle au chômeur; elle est aussi une source de relèvement moral : par suite,

[1] Voir ci-dessous, p. 268.

l'intérêt et le devoir commandent l'un et l'autre à la collectivité
d'encourager l'affiliation à l'assurance.

Ces trois arguments ne me semblent pas décisifs. En effet :

α) S'il suffit, pour que les pouvoirs publics interviennent par leurs
subventions, que les ressources de l'individu soient impuissantes
à le satisfaire, c'est l'aveu que les subventions présentent le grave
inconvénient, signalé plus haut, de la création de désirs immodérés[1]. — De plus, l'ouvrier n'est pas incapable du paiement de toute
cotisation : une statistique officielle anglaise[2] apprend que l'ouvrier
anglais s'impose volontairement une cotisation de 4 p. 100 de son
salaire équivalant à celle que l'ouvrier allemand supporte en vertu
d'une prescription légale. — D'autre part, la même statistique
montre qu'affranchie des charges de la protection douanière qui
pèse sur l'industrie germanique, l'industrie anglaise procure à ses
ouvriers des salaires supérieurs à ceux des travailleurs allemands.
Sans doute, la différence des salaires n'est point due à la seule
intervention des droits protecteurs ; le producteur allemand supporte également des charges élevées, telles que les impôts nécessités par le service des emprunts récents de villes et d'Etats, et ces
multiples motifs l'empêchent de donner satisfaction à des demandes d'augmentation de salaire. Il n'en est pas moins certain que
les subventions, par les taxes qu'elles imposent au contribuable pour
la constitution des ressources nécessaires à leur service, exercent
la même influence que les droits protecteurs et ne peuvent dès lors
qu'abaisser le niveau des salaires : on s'enferme donc dans un
cercle vicieux si, pour permettre à l'ouvrier la souscription de l'assurance qualifiée d'excessive pour ses capacités financières, on les
diminue par le remède lui-même cherché dans la subvention officielle.

β) L'assurance contre le chômage n'allège pour le Trésor public
les charges de l'assistance que dans le cas où les sommes versées
à titre de subventions sont inférieures à celles que les pouvoirs
publics affectent au soulagement de la misère. Sinon, l'assurance
ne créerait qu'un déplacement de charges ; elle ne réaliserait aucune
économie : lorsque par exemple, comme sous le régime de la loi

[1] Voir ci-dessus, précédente page, 3°.
[2] Cost of living in german towns, Londres, 1908 (Voir dans le *Journal de la Société
de statistique de Paris*, 1908, p. 345, l'étude que j'ai présentée d'après ce document
sous le titre *Le coût de la vie en Allemagne*).

danoise, la subvention s'ajoute à la prime, elle substitue une dépense préventive à une dépense réparatrice. Sans doute, l'assurance n'est pas exclusivement alimentée par le Trésor public ; la cotisation ouvrière doit contribuer à fournir le montant de l'allocation de chômage ; mais, d'une part, si cette allocation n'est pas supérieure au secours de l'assistance, l'économie réalisée par le Trésor public se réduit à la limite dans laquelle la cotisation ouvrière intervient pour parfaire l'équivalent de ce secours ; d'autre part, si cette allocation excède le secours de l'assistance et si la cotisation ouvrière correspond à cet excédent, la subvention fournit l'équivalent du secours, de telle sorte que l'économie est nulle pour le Trésor public : entre ces deux cas extrêmes, l'économie réalisée par les finances publiques se gradue suivant les circonstances de chaque espèce. Il est permis, en tous cas, d'affirmer que, pour être importante, l'économie n'est achetée qu'au prix de la réduction de l'allocation et de celle de la subvention.

Au reste, indépendamment de toute supériorité de son taux, l'allocation d'assurance impose des charges supérieures à celles qu'entraîne le secours d'assistance ; car, tandis que ce dernier n'est accordé qu'à titre de faveur et après épuisement des ressources de l'ouvrier, c'est-à-dire après une certaine période de chômage, l'assurance intervient en vertu de l'exercice d'un droit et au bout de quelques jours d'incapacité de travail.

γ) Les avantages moraux de l'assurance disparaissent par suite de l'atteinte que le régime des subventions porte à l'initiative des individus.

II. Au point de vue **de l'application,** les subventions sont inefficaces ou dangereuses :

1° Les subventions sont *inefficaces :* en effet, pour être efficaces, il faut qu'elles s'appliquent à des groupements que les ouvriers forment volontiers ou ont déjà formés dans un but différent de la lutte contre le chômage, tels que syndicats professionnels ou caisses de maladie ; elles ne profitent donc qu'aux membres de ces caisses ; lors même que le législateur les a prévues pour les ouvriers étrangers à ces deux catégories de groupements, les ouvriers intéressés n'en profitent que rarement ; car, soit par défaut d'initiative, soit par insuffisance de ressources, les ouvriers qui ne sont pas

déjà associés en vue d'un objet ou d'un risque distinct du chômage,
ne se groupent que rarement dans le but de parer à ce risque ; or
ces ouvriers sont précisément les ouvriers normalement isolés et,
par suite, les plus vulnérables en cas de chômage. Ainsi, au mépris
de toute logique, les subventions vont aux ouvriers membres des
caisses professionnelles ou des caisses de secours, c'est-à-dire aux
ouvriers qui jouissent, en temps de travail, de la situation la plus
avantageuse ; elles ne vont que peu ou point aux ouvriers étrangers
à ces caisses, c'est-à-dire aux ouvriers dont la situation est, au
point de vue économique, la moins favorable et, par suite, la plus
digne d'intérêt : en un mot, elles ne vont d'ordinaire qu'aux ouvriers
syndiqués.

Pour remédier à cette difficulté, on a cherché — soit à attribuer
une subvention à l'acte de prévoyance accompli par l'individu isolé,
c'est à-dire à l'épargne, — soit à ouvrir aux ouvriers non syndiqués
l'accès des caisses syndicales.

On ne peut, en effet, mentionner que comme un palliatif la
faculté, laissée aux intéressés groupés en une association interprofessionnelle, de créer au sein de celle-ci plusieurs caisses de chômage spéciales chacune à l'une des professions représentées dans
l'association. Cette faculté, prévue par le rapport introductif au
décret français du 9 septembre 1905, ne semble applicable qu'à
une association très étendue dont l'effectif, même divisé, fournirait
les éléments de plusieurs caisses susceptibles de fonctionner : le
cas peut être tenu pour exceptionnel. C'est seulement dans les
communes de moins de 50.000 habitants que les caisses interprofessionnelles sont subventionnées par l'Etat français. Les conseillers
les plus autorisés de la mutualité française [1] ont, sans doute,
indiqué le parti que les sociétés de secours mutuels pourraient
tirer de ce régime en organisant dans les « centres urbains relativement importants l'assurance contre le chômage au profit de tous
leurs adhérents exerçant des professions différentes, avec les subventions de la ville, du département et de l'Etat », sous le régime
d'un tarif de cotisations qui individualise les risques de chaque
profession ; mais ils ont dû, par un processus inverse de celui que
les deux décrets de 1905 et de 1906 avaient adopté, conseiller

_____

[1] Voir notamment E. CAYREL, *Les subventions de l'Etat aux caisses de chômage*
(*Avenir de la mutualité*, 5 janvier 1907).

d'instituer l'assurance interprofessionnelle dans les grandes villes avant de l'étendre aux petites : cette recommandation s'inspire, à l'évidence, du souci des grands nombres; elle paraît plus logique que la préoccupation du décret de 1905 qui limitait à 20.000 habitants la population des villes où des caisses interprofessionnelles pouvaient être admises au bénéfice des subventions, préoccupation qui se retrouve dans le décret de 1906 où la limite, au lieu de disparaître, a été seulement reportée au chiffre de 50.000 habitants; la restriction apportée par les décrets français au bénéfice des subventions pour les caisses interprofessionnelles ne peut qu'entraver la création de ces caisses en réduisant l'effectif des travailleurs locaux susceptibles de les constituer.

C'est donc aux deux procédés précités, savoir encouragement de l'épargne et ouverture des caisses syndicales aux ouvriers non syndiqués, qu'il convient de s'attacher :

a) Le système de l'épargne subsidiée s'est présenté sous deux formes :

α) D'une part, M. Schanz a prévu la contribution des patrons, des communes et de l'Etat pour l'alimentation de l'assurance; il a dû toutefois admettre l'intervention d'un contrôle destiné à garantir l'attribution correcte des allocations : l'épargne perd de ce chef celui de ses avantages — peut-être le principal — qui consiste dans l'inutilité de la surveillance. M. Schanz a, il est vrai, cherché à répondre à cette critique en établissant une démarcation rigoureuse entre les versements de l'ouvrier et les subventions des tiers : dans son système, l'ouvrier ne devrait être admis au bénéfice des sommes constituées par les subventions qu'après épuisement de son épargne; toutefois cette solution, si ingénieuse soit-elle, ne fait qu'ajourner la difficulté qui se présente avec les sujétions du contrôle lors de l'attribution des sommes fournies par les subventions.

β) D'autre part, à Gand, pour assurer aux ouvriers non syndiqués des avantages équivalents à ceux des ouvriers syndiqués, on remet aux épargnants individuels un livret qui constate leurs versements, et les retraits qu'ils effectuent en cas de chômage sont majorés d'une subvention équivalant à celle dont bénéficient les assurés. Le système a été condamné par l'expérience qui a montré l'indifférence des intéressés lors de l'entrée en vigueur du régime, puis leur tendance à en profiter dans une mesure qui devait exagérer les charges communales; les avantages faits aux épargnants

durent donc être réduits dans des proportions qui ruinaient l'économie du système.

En résumé, le recours à l'épargne ne résout pas la difficulté :
il ne saurait conférer l'efficacité aux subventions.

b) L'ouverture des caisses syndicales aux ouvriers non syndiqués
a été réalisée par la loi norvégienne du 12 juin 1906. Cette loi
spécifie dans son article 6 que, pour bénéficier des subventions,
une caisse rattachée à un syndicat, mais pourvue d'une comptabilité distincte, doit admettre à l'assurance les travailleurs de
la profession lors même qu'ils ne sont pas membres du syndicat ;
un recours devant l'autorité administrative est prévu au profit du
candidat écarté par la caisse. Toutefois la loi refuse à ces assurés,
sauf consentement du syndicat, le droit de prendre part à la direction de la caisse et aux délibérations qui visent les statuts ; en
outre, lorsque les frais d'administration de la caisse sont acquittés
à l'aide de la cotisation syndicale, la loi confère à la caisse le droit
d'imposer aux assurés non syndiqués un supplément de cotisation
de 10 p. 100 et, si cette majoration ne suffit pas, un nouveau supplément de 15 p. 100. De ces deux sujétions appliquées aux assurés non syndiqués, la seconde est conforme à l'équité ; la première,
au contraire, ne s'explique que par le souci de ménager les susceptibilités des syndiqués ; car, si la gestion de la caisse est distincte de celle du syndicat, la participation des assurés à cette gestion n'implique nullement l'affiliation au syndicat. Le législateur
norvégien a craint, sans doute, que les caisses syndicales, plutôt
que d'admettre des assurés étrangers au syndicat, ne renoncent au
bénéfice des subventions ; mais ces concessions n'ont pas satisfait
le parti socialiste qui a demandé au Parlement la suppression de
l'article 6 de la loi, et, en attendant la décision du législateur,
aucune caisse syndicale n'a sollicité la reconnaissance officielle. La
motion socialiste a été repoussée, mais la subvention de l'Etat a
été augmentée et les caisses syndicales se sont décidées à adhérer
au nouveau régime. Si, toutefois, le législateur a pu triompher des
préventions des syndiqués, il semble douteux qu'il décide les non-
syndiqués à entrer comme des associés inférieurs dans les caisses
syndicales ; il leur paraîtra préférable de constituer des caisses
d'assurance interprofessionnelles ; or, cette entreprise est plus
malaisée que la fondation des caisses professionnelles à raison de
l'absence de cohésion des assurés et de la diversité des risques ;

la propagation de l'assurance contre le chômage n'est donc pas, dans ce système, réalisée d'une manière satisfaisante. En un mot; le régime norvégien, quelle qu'en soit l'ingéniosité, ne donne pas au problème une solution recommandable.

En d'autres termes, l'ouverture des caisses syndicales aux ouvriers non syndiqués ne peut s'effectuer dans des conditions qui rendent les subventions efficaces.

L'impuissance des diverses solutions proposées démontre donc l'inefficacité des subventions.

2° Les subventions sont *dangereuses,* et cela pour plusieurs motifs :

a) Les subventions acquièrent l'efficacité si elles s'adressent à tous les ouvriers, soit que la subvention ait été allouée au moindre effort de prévoyance, soit que l'attrait en devienne suffisant pour déterminer tous les travailleurs à s'affilier à l'assurance. Mais dans ce cas, elles peuvent ruiner les finances publiques. En effet, ce régime équivaut à prévoir le subside officiel pour toute la population ouvrière; or l'expérience de la France pour l'organisation des retraites et celle de l'Allemagne pour l'institution de l'assurance des veuves et des orphelins montrent que la question posée par le concours financier de l'Etat constitue un problème dont la solution préjudicielle domine l'ensemble du régime : il n'est pas inutile de rappeler que le rapport précité [1] de M. Millerand repoussait l'obligation de l'assurance par crainte des charges financières qui auraient pesé sur l'Etat.

b) Les subventions peuvent détourner de leur véritable but les sommes versées par les contribuables. En particulier, elles peuvent constituer une intervention indirecte dans des conflits d'ordre privé : tel est le cas où la grève déclarée dans une industrie entraîne le chômage d'une autre industrie ; les chômeurs qui bénéficient de l'assurance supportent l'absence de travail avec plus de patience, tandis qu'à défaut de ces allocations ils exerceraient peut-être une influence décisive sur leurs camarades grévistes pour hâter la solution du conflit ; les subventions, en coopérant à la formation des sommes fournies par l'assurance, représentent donc un élément actif dont l'intervention serait, sans doute, légitime s'il

---

[1] Voir ci-dessus, p. 129.

émanait de la libre initiative des intéressés, mais qui doit être critiquée à raison de l'origine des sommes qu'il met en jeu. Ces sommes proviennent, en effet, de l'impôt que les contribuables alimentent de leurs deniers pour la sauvegarde des intérêts généraux et
non pour la lutte des intérêts particuliers.

c) Les subventions conduisent à une limitation du domaine de
l'assurance. En effet[1], les pouvoirs publics ne doivent pas être
exposés à intervenir dans des contestations privées; par suite,
l'existence de subventions conduit à exclure du nombre des cas
susceptibles d'ouvrir le droit au bénéfice de l'assurance celui où la
cessation du travail résulte d'un acte volontaire, mais justifié, de
l'ouvrier.

d) Les subventions conduisent à une limitation de la liberté
des bénéficiaires : la limitation susvisée du domaine de l'assurance en est un exemple; l'obligation de subir le contrôle nécessaire aux pouvoirs publics pour veiller à l'emploi régulier des
fonds, en est un autre. Tel est, au reste, d'une manière générale, l'effet des subventions : une revue allemande, les *Kritische
Blätter*, a dû renoncer à sa partie critique le jour où des subsides
officiels lui sont venus en aide; une société française d'étudiants,
l'*Association corporative des étudiants en médecine,* à l'occasion
d'un conflit survenu entre elle et l'*Association générale des étudiants* en juin 1908, a dénoncé les subsides officiels comme susceptibles de nuire à l'indépendance des groupements qui en bénéficient. La subvention est le collier du chien de la fable.

e) Le contrôle des pouvoirs publics, motivé par l'octroi des subventions, n'est pas seulement malaisé : il peut devenir impopulaire,
si les ouvriers, ayant interrompu le travail de propos délibéré,
s'insurgent à la suite d'un refus de subventions qu'ils jugent trop
rigoureux; l'assurance contre le chômage, au lieu d'être un instrument de paix sociale, devient alors une source de réclamations
et de conflits. — On pourrait, sans doute, alléguer en faveur du
régime des subventions l'exemple de pays où de telles difficultés
ne sont point survenues. Je répondrai que le succès d'application
n'est pas toujours la démonstration de l'excellence d'un système;
il a parfois pour cause l'intervention nécessaire d'un homme dont
les qualités personnelles font accepter les mesures législatives par

---

[1] Voir ci-dessus, précédente page, *b.*

les intéressés. Telle a été la mise en vigueur de la loi danoise de 1907 ; celle-ci charge de la surveillance des caisses un fonctionnaire dénommé inspecteur de chômage ; le titulaire de ce poste a été, dès le début, M. Th. Sörensen que la pratique de l'inspection des caisses de maladie avait préparé à cette nouvelle mission et qui avait déjà su gagner la confiance des ouvriers ; c'est à son ascendant qu'est due l'acceptation, par les ouvriers danois, des sujétions imposées par le législateur. — Le seul argument qui puisse, dans cet ordre d'idées, être invoqué en faveur des subventions, est basé sur les avantages d'un contrôle qui empêcherait une caisse professionnelle d'assurance-chômage de fournir des subsides aux syndiqués en grève. Le contrôle s'impose évidemment à raison des subventions officielles dont bénéficie la caisse ; lorsqu'au contraire elle ne profite d'aucun concours de cette nature, elle est libre de faire des sommes apportées par les ouvriers seuls tel emploi qui lui convient ; dès lors, l'existence du contrôle est liée à celle des subventions. Toutefois, en dehors du cas de grève, le contrôle n'offre que des inconvénients ; car il entraîne pour les pouvoirs publics une responsabilité et des charges auprès desquelles l'avantage précité doit sembler de bien faible valeur ; le contrôle coûte donc à la collectivité plus qu'il ne lui rapporte ; il ne saurait, par suite, constituer un motif de préconiser le régime des subventions.

Les difficultés d'institution d'un régime de subventions suffisent, d'ailleurs, à montrer la précarité du système.

Plusieurs solutions sont en présence.

Elles diffèrent soit par le donateur, soit par le bénéficiaire, soit par le mode de fixation du taux des subventions, soit par le mode de gestion des fonds :

1° *Donateur*. — Les subventions peuvent être allouées soit par l'Etat, soit par les communes, soit par le premier et les secondes.

En France, sous le régime du décret du 9 septembre 1905, modifié par ceux du 20 avril et du 31 décembre 1906, la subvention est fournie par l'Etat, sauf dans le cas des caisses locales pour lesquelles le concours financier de l'Etat est subordonné à celui des communes ou des départements.

En Danemark, la loi du 9 avril 1907 prévoit, à titre certain, la subvention de l'Etat et, à titre uniquement éventuel, celle des communes.

En Norvège, la loi du 12 juin 1906 associe étroitement à titre obligatoire les deux ordres de subventions.

Le système de Gand ne fait intervenir que la commune.

Les partisans des subventions d'Etat allèguent : 1° que le chômage résulte de causes générales, nationales, internationales ou mondiales ; 2° que l'Etat trouve dans le fonctionnement de l'assurance un allégement des charges que lui impose le service de l'assistance publique ; 3° que l'inégalité des situations qui seraient faites aux chômeurs des diverses communes en l'absence de subvention d'Etat, selon qu'une commune fournirait ou non des subsides, déterminerait une attraction de la population vers les communes les plus généreuses aux dépens de l'équilibre de la population.

Les partisans des subventions communales soutiennent : 1° que les communes sont plus intéressées que l'Etat à réduire les charges de l'assistance publique ; 2° que, si les subventions sont fournies par l'Etat, les diverses parties du pays ne bénéficient pas également des subventions ; en effet, les seules régions qui constituent des caisses d'assurance sont celles que menace le risque de chômage, c'est-à-dire les villes à l'exclusion des campagnes ; celles-ci acquittent donc des impôts pour venir en aide aux travailleurs urbains [1] ; 3° que les organes des communes, étant plus rapprochés des chômeurs que ceux de l'Etat, peuvent exercer un contrôle plus efficace sur l'emploi des subventions par les institutions d'assurance.

De ces divers motifs, ceux qui visent les charges de l'assistance publique n'ont qu'une valeur relative qui a été discutée plus haut [2] ; les autres me paraissent seuls à retenir.

Or le motif invoqué en faveur de la subvention d'Etat et basé sur la généralité des causes du chômage, ne me semble point décisif. En effet, à ces causes générales il faut ajouter les causes locales qui ne peuvent déterminer que le concours des communes. Inversement, l'argument invoqué en faveur de la subvention communale et basé sur le caractère régional du chômage, néglige les causes générales qui justifient le concours financier de l'Etat.

A cet égard, on ne saurait donner la préférence à l'un ou à l'autre des deux modes de subventions : on doit les associer. L'Etat

---

[1] COROT TRAP, *Arbejdsloshedsforsikring*, p. 28 et 29, Copenhague, 1907.
[2] Voir ci-dessus, p. 263.

et la commune ont l'un et l'autre un devoir à accomplir et un intérêt à sauvegarder en remédiant au chômage.

Mais la supériorité que les communes présentent sur l'Etat au point de vue du contrôle doit faire prédominer la subvention communale sur la subvention d'Etat, soit que l'Etat subordonne au concours préalable de la commune son intervention financière en se bornant à rembourser à la commune tout ou partie de la subvention allouée par cette dernière, soit qu'il récupère sur les communes une part de la subvention dont il fait lui-même l'avance. Le premier procédé, adopté par la loi danoise du 29 mars 1904 sur la Caisse des pauvres, a l'avantage de respecter l'autonomie communale, mais l'inconvénient de laisser subsister entre les communes, dont certaines ne prennent aucune initiative, l'inégalité de régime visée plus haut[1] qui peut motiver des déplacements de population. Le second procédé, appliqué par la loi norvégienne du 12 juin 1906, sur les caisses de chômage, ne semble pas compromettre gravement l'indépendance des communes, dont il ne demande le concours qu'à raison du sacrifice que leurs chômeurs propres ont imposé à la collectivité du pays; il les exonère, d'ailleurs, de la charge de toute comptabilité et de toute gestion relatives au service des subventions; d'autre part, le second procédé fait sentir aux communes plus nettement que le premier les charges que le chômage local leur impose, puisque l'intervention de l'Etat se manifeste, non par un remboursement, mais par un appel de fonds; il constitue donc pour les communes un stimulant spécial en vue d'une gestion éclairée et vigilante qui réduise les causes de chômage par une répartition judicieuse des travaux communaux et par une politique d'économies destinée à prévenir l'exagération des charges fiscales; enfin le second procédé évite les migrations de population uniquement déterminées par l'inégalité de régime des chômeurs d'une commune à l'autre.

Le second procédé doit donc être préféré.

2° *Bénéficiaire*. — Les subventions peuvent être attribuées soit à la caisse de chômage, soit au chômeur.

Le premier système, consiste à remettre à la caisse une subvention proportionnelle, par exemple, aux primes qu'elle encaisse, a été appliqué par la loi danoise du 9 avril 1907. Il a l'avantage

[1] Voir ci-dessus, p. 270 et 271.

de la simplicité ; mais il a le double inconvénient de ne pas rendre directement appréciable le produit du concours officiel, et d'exiger un contrôle rigoureux de l'emploi des fonds de la caisse ; ce contrôle est, en effet, indispensable ; car, en particulier, si la caisse est professionnelle, les ressources de celle-ci pourraient, en l'absence de contrôle, être affectées à des objets de défense corporative et non d'assurance contre le chômage.

Le second système, qui consiste à majorer l'allocation que la caisse fournit au chômeur, a été appliqué par le fonds communal de Gand et de Roubaix, par les décrets français des 30 septembre 1905, 20 avril et 31 décembre 1906 et par la loi norvégienne du 12 juin 1906. Tantôt, comme à Gand, la caisse fait l'avance de la majoration que la commune rembourse ensuite ; tantôt, comme à Roubaix[1] et sous le régime des décrets français et de la loi norvégienne, la caisse justifie des indemnités qu'elle a versées et obtient une subvention proportionnelle au montant de celles-ci. Ce système a l'avantage de subordonner l'octroi de la subvention au résultat fourni et justifié ; par suite : 1° il simplifie le contrôle ; 2° il incite la caisse à majorer l'indemnité pour obtenir une subvention proportionnelle plus élevée ; il n'est donc pas à craindre qu'une caisse professionnelle ne réduise ses cotisations de chômage au profit des cotisations syndicales, puisque cette réduction entraînerait la diminution corrélative de la subvention ; 3° il consacre l'indépendance de la caisse, puisque celle-ci verse l'indemnité et réclame ensuite comme un dû le paiement de la subvention, au lieu de sembler tributaire d'une libéralité publique sans laquelle le service de l'indemnité aurait excédé ses forces ; 4° il permet aux intéressés de constater directement la part d'allocation qu'ils doivent à leur effort personnel et celle qu'ils doivent à la collectivité.

Si les primes versées par les ouvriers sont régulièrement affectées au service du chômage, les deux systèmes sont équivalents, sauf l'avance effectuée par la caisse dans le second système ; ce

---

[1] On a soutenu [v. Duquenne, *L'assurance contre le chômage (Bulletin de la Fédération des industriels et commerçants français*, n° 56, mai 1908, p. 299, col. 2 *in fine*)] que la subvention communale dans le système de Roubaix, à la différence de celui de Gand, s'adressait à la caisse, non au chômeur ; en fait, la caisse tient compte des subventions dans la fixation des indemnités qui se trouvent dès lors majorées par les subventions : la différence entre les deux procédures se réduit à celle qui distingue le mode de remboursement de la fraction d'allocation que la subvention doit couvrir.

sont uniquement les considérations pratiques tirées de la plus grande facilité de la surveillance et de l'appréciation du résultat des subsides par les intéressés qui doivent, selon moi, faire préférer le second.

3° *Fixation du taux des subventions*. — Les subventions peuvent être fixées selon divers modes :

Tantôt, comme à Gand et en France, le montant total des subventions est fixé par avance.

Tantôt, comme en Danemark et en Norvège, le taux de la subvention attribuée à chaque caisse ou à chaque chômeur est seul déterminé par un coefficient, sans souci du montant total qui en résultera pour l'ensemble des subventions.

Le régime adopté à Roubaix se rattache en fait au premier système; car si le taux de la subvention est défini par un coefficient, celui-ci est revisable chaque mois et, en cas d'insuffisance de ressources, la majoration peut être réduite ou supprimée.

Dans le premier système, les ressources disponibles à titre de subventions sont réparties entre les ayants-droit proportionnellement à l'effort que chacun d'eux a accompli : ceux-ci ignorent donc le taux de la majoration qu'ils obtiendront [1]; mais le sacrifice des finances publiques est limité.

Dans le second système, le taux de la majoration est connu d'avance de chaque bénéficiaire; mais les sommes qui seront demandées au Trésor public ne le sont pas.

Au reste, si le légitime souci des finances publiques a pu faire préférer le premier système, il est illogique de limiter par avance le montant total des ressources disponibles : en effet, dans ce système, le chômeur obtient une majoration d'autant moindre que le chômage est plus général et, en cas de crise intense, la modicité du subside individuel peut être telle que le chômeur soit porté à croire que la caisse des subventions est vide au moment précis où son intervention serait le plus appréciée.

---

[1] C'est ainsi qu'en France l'arrêté du 28 juin 1908 du ministre du Travail et de la Prévoyance sociale a fixé comme suit le taux des subventions de l'Etat à allouer aux caisses de chômage pour le second semestre de 1907 : 16 p. 100 du montant des indemnités versées par les caisses locales et 24 p. 100 du montant des indemnités versées par les caisses fonctionnant dans trois départements au moins et comptant 1.000 membres au minimum.

4° *Gestion des fonds.* — Les fonds destinés aux subventions peuvent être ou non l'objet d'une gestion spéciale.

Dans le premier cas, une caisse spéciale les renferme et les distribue : tel est le cas du fonds communal à Gand et à Roubaix.

Dans le second cas, les finances publiques, c'est-à-dire les ressources générales de l'Etat ou de la commune, versent directement les subventions aux ayants-droit, caisses ou chômeurs : tel est le cas sous le régime des décrets français, de la loi norvégienne et de la loi danoise.

Le premier système comporte, en fait sinon en droit, la fixation préalable du montant total des subventions ; il est certain, en effet, que l'épuisement ou la menace d'épuisement de la caisse spéciale qui fournit les subventions amènerait à réduire ou à supprimer celles-ci. Il participe donc de l'illogisme[1] de la combinaison. Mais il offre deux avantages : 1° il consacre la spécialité de la gestion et de la comptabilité ; 2° la caisse des subventions peut être gérée par un comité où siègent des délégués-ouvriers, en même temps que des délégués du pouvoir communal : il en est ainsi à Gand et à Roubaix ; les décisions de ce comité, notamment celles qui, faute de ressources, diminueraient ou supprimeraient la subvention, seraient donc mieux accueillies par les intéressés que si elles émanaient de l'autorité municipale délibérant hors du concours de ces derniers : un pareil avantage est trop réel pour qu'on doive regretter, ainsi que l'a fait le Comité norvégien[2], les frais d'administration qu'il entraîne.

Le second système ne présente point les avantages du premier, et l'économie de gestion qu'il procure ne semble pas devoir être appréciée ; son seul avantage est de permettre de maintenir invariable le taux de la majoration ; toutefois cet avantage n'est pas de son essence ; car, si cette invariabilité a été réalisée en Norvège, elle n'est nullement consacrée par le régime des décrets français qui ont pour base l'inscription annuelle au budget d'un crédit fixé d'avance comme encouragement aux caisses de chômage.

Conclusion relative au régime des subventions. — L'exposé qui précède montre que le régime des subventions présente de

[1] Voir ci-dessus, p. 274.
[2] Voir OSKAR JÆGER dans la collection ZACHER, *Die Arbeiterversicherung in Auslande*, fasc. III *b* (t. IV), p. 69, Berlin, 1908.

graves inconvénients de principe et d'application et que les systèmes proposés pour le mettre en œuvre prêtent tous à de sérieuses
critiques.

Au reste, le procédé des subventions a un vice originel : destiné
à encourager l'assurance, il n'y réussit que dans les cas où l'assurance trouve d'elle-même les éléments de son fonctionnement : il
est alors plus nuisible qu'utile par les entraves qu'il apporte au
libre développement de l'initiative privée. M. Victor Léo[1] a caractérisé l'inanité des subventions en montrant que là où il n'existe
point d'associations ouvrières capables de servir d'organes à l'assurance-chômage, l'attrait des subventions ne suffit pas à provoquer
la création de cette assurance et que réciproquement là où ces
associations existent, elles n'attendent pas les subventions pour
introduire les secours de chômage qui constituent l'intérêt propre
de leur groupement : « l'effort autonome (*Selbsthilfe*), conclut-il,
est une question d'organisation, non une question de subventions
officielles ».

Il est peu de matières où l'on puisse refuser avec plus de certitude la vertu créatrice à la loi et appliquer avec plus de raison
l'épigraphe que donnait à son livre[2] M. Jean Cruet : « Nous
voyons tous les jours la société refaire la loi, on n'a jamais vu la
loi refaire la société ». Comme l'a dit le même auteur[3], il faut « se
rendre compte de l'efficacité minime de la loi, résultante et non
créatrice ».

Ces considérations ne tendent pas, du moins, à refuser à l'assurance-chômage tout concours de la collectivité. Mais ce concours
doit être limité à la période où il est nécessaire et utile. Or, au
début de son fonctionnement, une caisse ouvrière ne peut, à la
différence d'une caisse patronale, obtenir de ses membres des ressources immédiates : elle doit attendre, pour régler les premiers
sinistres, que les sommes fournies par le versement des primes
aient atteint un chiffre suffisamment élevé : à cette époque de
l'existence à la caisse ouvrière, les subventions seules peuvent
permettre de couvrir les premiers sinistres. Les pouvoirs publics
doivent donc intervenir lors de la création de la caisse par le don

---

[1] *Zur neuesten Entwicklung der Frage der Arbeitslosenversicherung (Zeitschrift
für die gesamte Versicherungswissenschaft*, octobre 1907, p. 601).
[2] *La vie du droit et l'impuissance des lois.*
[3] *Loc. cit.*, p. 335.

d'une somme une fois versée : cette subvention unique constitue l'impulsion première et imprime un mouvement qu'il appartient aux intéressés d'entretenir par leurs cotisations ultérieures; mais, dès que la période initiale est terminée, les primes des assurés doivent suffire à l'alimentation régulière de la caisse en dehors de tout concours étranger : à partir de cette époque, c'est donc à la liberté intégrale, sans aucune aide financière des pouvoirs publics, qu'en toute confiance le sort de l'institution doit être remis.

L'application de ce régime de liberté supprime, d'ailleurs, les difficultés pratiques que soulève, dans le système des subventions, l'assurance des travailleurs non syndiqués [1]. Les procédés ingénieux, mais artificiels, imaginés en vue de permettre à ces ouvriers l'accès des caisses syndicales, ne sont plus nécessaires; rien ne s'oppose à ce qu'une association professionnelle fermée réserve à ses membres les avantages des institutions qu'elle a créées; car, en l'absence de subventions, elle ne monopolise aucun concours officiel, et l'on n'a plus à craindre de voir les deniers publics accaparés au profit d'une classe privilégiée de travailleurs.

Aussi bien la question des subventions dépasse-t-elle le cadre de l'assurance contre le chômage : elle s'étend à l'ensemble du domaine de l'assurance sociale. C'est en effet le salaire qui doit couvrir les risques de la famille ouvrière; il doit comporter une part qui, superflue pour la satisfaction des besoins immédiats, puisse être affectée à la prévoyance par le travailleur soucieux de son avenir et de l'avenir des siens.

XI. L'ASSURANCE CONTRE LE CHÔMAGE ET LES PATRONS

La participation des patrons aux charges de l'assurance-chômage a été prévue selon différents modes.

Je citerai, à titre d'exemples, sous le régime de l'assurance obligatoire, les systèmes de M. Zacher et de M. Herkner et, sous le régime de l'assurance facultative, le système de l'industrie de la broderie de la Suisse orientale, celui de Roubaix et celui de M. Dulhoit.

Dans le système de M. *Zacher* [2], l'industrie doit supporter les ris-

---

[1] Voir ci-dessus, p. 266 et 267.
[2] *Die Arbeiterversicherung im Auslande*, fasc. I a (t. II), p. 30, Berlin, 1903.

ques de chômage rendus inévitables par son propre fonctionnement; il doit en être du risque de crises économiques comme du
risque d'accident; c'est donc à l'organe d'assurance-accidents,
c'est-à-dire, en Allemagne, aux corporations créées par la législation d'assurance obligatoire, que M. Zacher recourt en y associant
la contribution financière de l'ouvrier, afin de l'intéresser au fonctionnement de l'institution. Ce projet exclut toutefois les chômages
saisonniers et ceux qui résultent de causes personnelles à l'ouvrier.

Le système de M. *Herkner*[1] est plus vaste : tout en faisant appel
aux corporations, il admet comme donnant droit à indemnité le
chômage résultant, par exemple, d'une rupture du contrat de travail justifiée par une vexation patronale, sauf à faire intervenir le
tribunal industriel compétent en matière de conflits du travail.

Les représentants (fabricants et commerçants) de l'*Industrie de
la broderie de la Suisse Orientale* ont constitué à Saint-Gall, en
1906 [2], un fonds de secours (*Hilfsfonds der Stickerei-Industrie*)
qui a pour but de subventionner les caisses créées par les ouvriers
brodeurs en vue de parer au cas de crise; ce cas est formellement
spécifié dans l'article 1er des statuts.

Les *Industriels de Roubaix* [3] ont versé une somme une fois
payée par la constitution d'un fonds communal « destiné à favoriser la prévoyance en vue du chômage involontaire » sur le type.
gantois et, si, d'après les déclarations de M. le Maire de Roubaix,
ce subside doit être continué durant les années suivantes, il
n'affecte point, en l'absence de tout engagement formel, le caractère d'une cotisation régulière.

M. Duthoit, dans les leçons qu'il a données en juillet 1908 à la
Semaine sociale de Marseille, a envisagé le chômage résultant de
la « situation industrielle », cette expression étant entendue *lato
sensu*, c'est-à-dire visant six causes principales, savoir :

---

[1] HERKNER, *Referat auf der dritten Verbandsversammlung und Arbeitsnachweis-konferenz*, Berlin, 1902 ; *Arbeiterfrage*, 3e éd., p. 438 ; *Arbeitslosenversicherung durch die Berufsgenossenschaften* (*Zeitschrift für die gesamte Versicherungswis-senchaft*, IV, juillet 1904).

[2] *Soziale Praxis*, n. 35, 31 mai 1906; *Reichs-Arbeitsblatt*, 1907, p. 42.

[3] E. Roussel, *Municipalités et chômage involontaire* (*Aide sociale*, 1907-1908, p. 219; Duquenne, *L'assurance contre le chômage* (*Bulletin de la Fédération des industriels et commerçants français*, no 56, mai 1908, p. 297); (anonyme) *Le fonds municipal de Roubaix contre le chômage involontaire* (*Bulletin du Comité perma-nent des Congrès internationaux des assurances sociales*, 1908, p. 452).

a) Crises industrielles ;

b) Transformations mécaniques ; déplacements d'industries ;

c) Mauvaise répartition des salariés entre les diverses branches de la production ;

d) Pratiques fâcheuses des consommateurs ; tyrannie de la mode ;

e) Concurrence de plus en plus marquée faite par les femmes, les enfants et les vieillards aux travailleurs virils ;

f) Errements de l'Etat consommateur.

Le travail de l'ouvrier étant sujet à des interruptions qui ne proviennent pas de son fait, son salaire devrait, outre la part afférente aux besoins quotidiens du ménage, comprendre une prime d'assurance contre le risque de chômage involontaire. Cette prime serait versée dans une caisse mutuelle professionnelle. Toutefois, en fait, à raison de nécessités économiques qui s'imposent aux employeurs, le salaire payé à l'ouvrier ne suffit pas toujours à parer, en même temps qu'aux besoins actuels de l'ouvrier, à ses besoins éventuels pour le temps de chômage. Il est donc nécessaire que, par des subventions versées aux caisses de chômage, les communes, les départements et l'Etat complètent la prime insuffisante prélevée sur le salaire de l'ouvrier. Il est également désirable qu'en tout état de cause les subventions volontaires des employeurs, des ouvriers et des consommateurs bienfaisants alimentent les caisses de chômage et réduisent d'autant la part à retenir obligatoirement sur le salaire des ouvriers de la profession. Cette retenue obligatoire ne serait point, d'ailleurs, effectuée pour toutes les professions ; elle serait limitée à celles dont le conseil du travail, après avoir pris l'avis des intéressés par voie de referendum, aurait reconnu la nécessité de priver ceux-ci d'une part de leur salaire. Ce programme se rattache à l'organisation obligatoire de la profession qui est l'idée maîtresse de l'école des catholiques sociaux, le syndicat devant rester libre dans la profession organisée.

A l'exception du système de M. Herkner, les divers systèmes précités qui comportent la contribution patronale ne visent que le chômage causé par la situation industrielle. L'intervention, admise par M. Herkner, du chômage justifié sans être involontaire, suppose d'ailleurs l'existence d'une juridiction arbitrale.

C'est qu'en effet il est impossible de concevoir que les patrons alimentent une caisse où leurs ouvriers peuvent trouver une assis-

tance contre les fautes de ces mêmes patrons. Si donc on substitue,
comme je le propose, la notion du chômage justifié à celle du chômage
involontaire, le versement d'une cotisation régulière des patrons est
inadmissible. Aussi bien, d'une manière générale, le versement
d'une telle contribution présenterait les inconvénients des subventions officielles : le contrôle patronal serait encore plus malaisé et
plus mal accueilli que le contrôle de l'Etat ou de la commune[1].

Au reste, les systèmes de M. Zacher et de M. Herkner ont, à mes
yeux, le défaut d'être basés sur le principe de l'obligation.

Par contre, il est naturel que, lors de la création de la caisse, le
patron aide ses ouvriers à la constitution de cette œuvre de prévoyance. D'une part, en effet, cette œuvre lui garantit la permanence des engagements de l'ouvrier, parce que ce dernier peut
être frappé de déchéance pour cessation injustifiée du travail ;
d'autre part, elle n'est point nécessairement dirigée contre le
patron, puisqu'il ne tient qu'à lui, par la correction de son attitude,
d'éviter ou de rendre injustifié le chômage de ses ouvriers ; la formule des industriels de Roubaix est donc très recommandable ;
elle n'est, d'ailleurs, que la traduction du système que je préconise
pour les subventions [2].

XII. L'ASSURANCE CONTRE LE CHÔMAGE ET L'ASSURANCE CONTRE LA GRÈVE

Le domaine élargi que j'attribue à l'assurance-chômage en
substituant au criterium de la volonté celui de la faute et en comprenant la cessation volontaire et justifiée du travail au nombre des
circonstances qui motivent l'intervention de l'assureur, ne doit pas
être confondu avec le programme élaboré par le parti socialiste.
M. Jaurès a, en effet, tracé[3] les grandes lignes d'un projet d'assurance sociale contre le chômage, et cela dans des termes qui, pour
prévenir toute équivoque, doivent être intégralement reproduits :
« Le jour, écrit M. Jaurès, où l'assurance sociale contre le chômage,
qui est, comme je l'ai indiqué, une pièce nécessaire de l'organisation ouvrière en préparation, le jour où cette assurance sociale
fonctionnera, la sanction à appliquer à ceux qui rompront le con-

---

[1] Voir ci-dessus, p. 269.
[2] Voir ci-dessus, p. 276.
[3] *Humanité* du 19 août 1908.

trat collectif est très facile à imaginer. Si c'est le patron qui est convaincu d'avoir rompu le contrat, il aura par là même, autant qu'il dépendait de lui, aggravé les risques et les charges du chômage. Il sera donc condamné au profit de la caisse de chômage à une surprime. Si ce sont les ouvriers qui ont rompu abusivement le contrat, ce sont eux qui seront responsables d'une aggravation des risques de chômage. S'ils viennent à chômer, ce sera par leur faute ; et ils peuvent être privés, pour une certaine période, des indemnités de chômage auxquelles ils auraient eu droit, ou du moins d'une part de ces indemnités. »

La simple lecture de ce texte permet de constater les différences profondes qui séparent cette conception de la suggestion que j'ai présentée :

1° Au lieu d'une vaste organisation créée par la société comme un de ses rouages essentiels, je propose la formation d'institutions isolées, nées de la libre initiative des intéressés.

2° Au lieu de supposer un régime universel et uniforme de contrat, dont un organisme social apprécierait les ruptures éventuelles au point de vue de leur bien fondé, je défère les intéressés au jugement de pairs qu'ils ont librement désignés pour gérer l'institution d'assurance qu'ils alimentent de leurs propres deniers.

De plus, le programme socialiste est incomplet : si, en effet, l'assurance sociale est généralisée par l'Etat comme ce programme le suppose, elle doit profiter à tous ceux qui cherchent dans le travail leur subsistance d'aujourd'hui ou de demain, aux patrons comme aux ouvriers; elle doit donc garantir les chefs d'entreprise contre la grève comme elle garantit les ouvriers contre le chômage : les ressources que la collectivité affecte aux ouvriers sans patrons doivent également venir en aide aux patrons sans ouvriers.

Toutefois, l'organisation de l'assurance patronale contre la grève ne doit pas se présenter comme le corollaire exclusif d'une assurance sociale obligatoire contre le chômage; elle est, sous un régime de liberté, le pendant naturel, le contrepoids logique d'une assurance ouvrière contre le chômage. Bien plus, et toujours en l'absence de contrainte, ces deux institutions, étendues respectivement au terrain de la grève et à celui du lock-out, sont des garanties de paix sociale; ce n'est pas seulement parce que la puissance préventive des armées écarte les risques de guerre par l'impression morale qu'elle produit; c'est aussi parce que l'assureur exerce directement la plus salutaire influence; en effet, lorsque les statuts librement acceptés par les intéressés confèrent à l'assureur-chômage le droit de priver d'allocation le gréviste coupable, et à l'assureur-grève le droit d'exclure du bénéfice de l'assurance le patron dont l'attitude a motivé ou prolongé la grève, le travailleur hésite à interrompre le travail et se hâte d'y retourner, le patron se garde des décisions qui provoquent les ruptures et accorde les concessions qui ramènent l'harmonie. En entrant dans une usine, l'ouvrier devrait présenter sa « police d'assurance contre le chômage justifié » comme une garantie de fidélité à ses engagements, et le patron devrait, en apposant sur la porte de son établissement une plaque d' « assuré contre la grève injustifiée », donner à ses ouvriers la confiance que la garantie dont l'assurance le couvre se restreint aux luttes engagées pour de légitimes motifs.

La création corrélative d'une caisse patronale de défense contre la grève et d'une caisse ouvrière de défense contre le chômage n'est donc point l'expression d'une antinomie d'intérêts : elle traduit, au contraire, le souci commun de la permanence du travail sous le régime d'un contrat librement souscrit : les deux caisses ne doivent pas être deux armées ennemies accumulant les ressources en vue d'une lutte inévitable : ce sont deux groupements d'intérêts connexes basés l'un et l'autre sur le maintien de la paix sociale. La libre expansion de l'initiative privée, qui met en présence l'assurance des ouvriers contre le chômage et l'assurance des patrons contre la grève, donne aux premiers comme aux seconds la conscience de leur force collective, mais oblige l'individu à n'user de son droit intangible de suspension du travail que dans les conditions licites auxquelles est subordonné le bénéfice de l'assurance.

XIII. Conclusions

Les développements qui précèdent paraissent autoriser les conclusions suivantes :

1° Le chômage à assurer est, non le chômage involontaire, mais le chômage justifié, c'est-à-dire celui qui n'est point causé par la faute de l'ouvrier : le critérium de faute doit être substitué à celui de volonté comme caractéristique du risque à assurer;

2° L'assurance contre le chômage justifié est réalisable;

3° L'assurance contre le chômage justifié est la base de l'assurance ouvrière ;

4° L'assurance contre le chômage justifié doit être facultative ;

5° Les organes d'assurance contre le chômage justifié peuvent être, selon les cas, professionnels ou interprofessionnels ;

6° Les organes d'assurance contre le chômage justifié doivent contracter la réassurance soit auprès de caisses mutuelles ouvrières, soit auprès de compagnies à primes fixes par actions ;

7° Le chômage à assurer est le chômage collectif et prolongé aussi bien que le chômage individuel et temporaire, le chômage périodique et prévu aussi bien que le chômage irrégulier et inopiné ;

8° Les subventions officielles aux caisses de chômage ne sont admissibles qu'au début du fonctionnement de ces caisses et sous la forme d'une somme une fois versée ;

9° Les patrons ne peuvent contribuer à l'assurance contre le chômage justifié qu'au début du fonctionnement de la caisse d'assurance et sous la forme d'une somme une fois versée.

Ces conclusions ne s'inspirent ni de généreuses utopies qui méconnaîtraient les contingences de la pratique, ni de rigueurs excessives à l'égard de la classe ouvrière. Elles n'ont pour objet ni de construire un édifice idéal dont le plan trop complexe, parce que trop complet, soulèverait des impossibilités d'exécution, ni d'exiger de l'ouvrier mal rémunéré un sacrifice qui excèderait ses ressources, mais de tracer un programme rationnel dont le caractère méthodique facilite la réalisation et de rappeler aux individus librement associés qu'ils peuvent et doivent devenir les artisans de leur mieux-être.

Maurice BELLOM.

1er octobre 1908.

LE MOUVEMENT NÉO-CORPORATIF ET LE SYNDICALISME OUVRIER

EN ALLEMAGNE ET EN AUTRICHE

C'est de l'Empire austro-hongrois qu'est partie, il y a un quart de siècle, l'impulsion en faveur d'un retour au régime corporatif, plus ou moins modernisé. L'Autriche a été suivie dans cette marche par l'Allemagne et par les Etats balkaniques (Roumanie et Bulgarie).

L'objectif commun de ces diverses législations a été « de restaurer les corporations anciennes, mais sous une forme compatible avec l'esprit moderne et avec les origines de l'industrie contemporaine ». Nous citons les propres paroles du prince de Lichtenstein, l'un des chef du parti conservateur autrichien et l'un des principaux promoteurs de la loi autrichienne de 1883 sur l'organisation de l'industrie.

La liberté de l'industrie, proclamée par la Révolution française, adoptée vers le milieu du xixe siècle par tous les Etats de l'Europe, a causé, disent les partisans du régime corporatif, plus de maux qu'elle n'a rendu de services. Elle a permis, il est vrai, à la grande. industrie de se développer, mais son essor même s'est produit au détriment de la petite industrie, des petits patrons, et aussi de la classe ouvrière, qui trouvait dans l'organisation corporative une sécurité dont elle ne jouit plus dans le régime nouveau ; d'immenses fortunes se sont constituées, mais elles n'ont pu s'édifier que sur des ruines, d'où les plaintes légitimes de la petite bourgeoisie et de la classe des travailleurs.

Que doit donc faire un Etat prévoyant pour remédier au mal? Son devoir, dit-on, est de rétablir les cadres corporatifs au moins pour la petite industrie, d'y faire entrer de gré ou de force patrons, ouvriers et apprentis, et de surveiller de près le bon fonctionnement de la loi, fût-ce au prix d'une ingérence plus grande que par le passé dans les rouages de l'organisation corporative. Au *patronage* proprement dit, c'est-à-dire à la tutelle exercée par les maîtres sur les compagnons et les apprentis, vient donc s'ajouter, dans la conception corporative nouvelle, nettement imprégnée de socialisme d'Etat, le patronage supérieur de l'État.

C'est cette conception de l'Etat-providence, de l'Etat imposant sa protection à tous, et cherchant à satisfaire les aspirations de la classe ouvrière, tout en respectant et même renforçant les prérogatives traditionnelles des patrons (afin de sauvegarder l'esprit hiérarchique qui est à la base de tous les régimes monarchiques), c'est cette conception, disons-nous, qui est la caractéristique véritable de la législation récemment inaugurée dans les Etats de l'Europe centrale, mais surtout en Autriche, où les théories nouvelles ont été aussi complètement que possible traduites en articles de loi [1].

I. AUTRICHE [2].

Evolution historique de la législation autrichienne. — Les anciennes corporations avec monopole et privilège se sont perpétuées en Autriche jusqu'en 1859 [3]. La loi du 20 décembre 1859 a proclamé le principe de la liberté des professions, mais tout en laissant subsister, comme associations libres et jouissant de la personnalité morale, les corporations existantes. Ces corporations, dépouillées de leurs privilèges, eurent grand'peine à lutter contre la double concurrence de la grande industrie et des petits patrons indépendants; elles s'adressèrent aux pouvoirs publics pour obtenir le rétablissement de l'état de choses ancien, et leurs doléances aboutirent au vote, à l'instigation du parti conservateur, de la loi

---

[1] Sur le mouvement néo-corporatif et ses caractères distinctifs, cons. notamment : Martin Saint-Léon, *Histoire des corporations des métiers*, suivie d'une étude sur *L'évolution de l'idée corporative de 1791 à nos jours*, 2e éd. 1909; Boissard, *Le mouvement corporatif en France et à l'étranger, syndicats mixtes*, 1897; Brants, *Le régime corporatif au XIXᵉ siècle dans les Etats germaniques*, 1894, et *La petite industrie contemporaine*, 2e édit. 1902; La Cour Grandmaison, *Le mouvement corporatif en Europe, Revue des Deux Mondes*, 15 fév. 1900.

[2] Demangeat, *Lois industrielles de l'Autriche*, 1890; Altmann, *Le régime corporatif des métiers en Autriche et en Allemagne au XXᵉ siècle*, 1907; Herz, *La législation du travail en Autriche (Congrès intern. de lég. du travail de Bruxelles*, p. 515 et suiv.); Brants, *L'état du régime corporatif en Autriche : l'enquête de 1895 et la loi du 23 février 1897 (Réforme soc.*, 16 juillet-1ᵉʳ août 1897, p. 179), et *Les corps de métiers en Autriche après vingt ans*, 1883-1903 *(ibid.*, 1ᵉʳ mars 1905); X..., *Association de patrons à Innsbrück (Questions pratiques*, 1900, 339); P. Louis, *La corporation autrichienne (Mus. soc.*, 1904, n. 10); Rapp. sur l'organisation corporative de la petite industrie (*Zeitschr. für Volkswirtsch.* de Böhm-Bawerk, 1904, heft 2). Comp. chroniques de la *Revue politique et parl.*, de la *Réforme sociale*, de la *Revue sociale catholique*, etc.

[3] Sur les *Zünften* allemandes, cons. notre *Traité de législation industrielle*, 3e éd., 1909, nᵒˢ 132 et s., et les autorités citées.

industrielle *(Gewerbeordnung)* du 15 mars 1883 (*Ann. de lég. étr.*, 1884, 932), qui a rétabli en Autriche, *pour la petite industrie,* le régime des corporations obligatoires, sur des bases assez différentes d'ailleurs du régime antérieur à 1859.

Cette loi, complétée ou amendée sur certains points par la loi du 23 février 1897 (*Ann. de lég. étr.*, 1898, 390), n'est applicable ni aux ateliers de famille, dans lesquels le chef de famille n'emploie aucun ouvrier étranger, ni aux fabriques, c'est-à-dire à la grande industrie, ni au commerce, qui continuent à vivre sous un régime de liberté relative.

Lois de 1883 et 1897. — La loi de 1883 divise les professions en trois catégories :

1° Les professions *autorisées,* c'est-à-dire celles qui ne peuvent être exercées qu'en vertu d'une *concession* ou autorisation spéciale de l'autorité. Ces professions sont celles qui présentent un certain danger, soit au point de vue moral ou politique (profession d'aubergiste, imprimeur, libraire, armurier, etc.), soit au point de vue de l'hygiène publique (établissements insalubres).

2° Les professions *libres,* c'est-à-dire les professions que tout individu peut exercer, sous la double condition de satisfaire à certaines conditions de capacité, et de faire, soit au tribunal civil, soit au conseil provincial, suivant les cas, une déclaration préalable indiquant le nom, l'âge, la nationalité, le domicile de l'impétrant et la nature de la profession. Les professions libres sont le droit commun ; l'on doit considérer comme telles toutes celles qui ne sont ni soumises au régime de l'autorisation, ni classées par l'autorité administrative dans la catégorie des professions dites *de métier.* La grande industrie, en tant du moins qu'elle ne tombe pas sous l'application des dispositions restrictives concernant les établissements insalubres, rentre dans ce second groupe.

3° Les professions dites *de métier,* ou de la *catégorie des métiers,* lesquelles ne peuvent être exercées que sur la production d'un certificat constatant un certain stage, comme apprenti, et des connaissances techniques suffisantes : ledit certificat pouvant d'ailleurs être suppléé par la présentation de certains diplômes. Lors de l'enquête qui précéda la révision de 1897, un certain nombre d'artisans avait réclamé l'adoption d'une disposition rendant rigoureusement obligatoire, pour l'accession à la maîtrise, *la preuve de capacité,* c'est-à-dire l'examen probatoire des connaissances techniques acquises au cours de l'apprentissage [1]. Le Parlement ne crut pas pouvoir imposer aux aspirants à la maîtrise une règle aussi rigide, d'autant plus que les connaissances techniques acquises, dans une école professionnelle par exemple, pouvaient dans bien des cas être réputées équivalentes à celles résultant d'un apprentissage régulier. La loi de 1897 s'est bornée à donner au vœu précité une demi-satisfaction en décidant que là où les statuts corporatifs imposeraient la preuve de capacité, l'autorité administrative pourrait prolonger le temps d'apprentissage de l'aspirant à la maîtrise qui n'aurait pas satisfait à l'épreuve requise.

C'est en vue de cette troisième catégorie de professions, c'est-à-dire de la *petite industrie,* que le législateur de 1883 a restauré le régime corporatif, par une disposition ainsi conçue : — Chapitre VII, article 110 : « Entre ceux qui exercent le même métier ou des métiers similaires, dans une même commune ou dans les communes limitrophes, le lien corporatif *doit* être maintenu là où il existe ; s'il n'existe pas, l'autorité *doit* chercher à l'établir là où les circonstances le permettent ».

Ainsi, aux termes de la loi, tout patron exerçant un métier dans une circonscription où fonctionnait, avant la promulgation de la loi, une corporation *libre,* est tenu, légalement, d'entrer dans cette corporation ; se rattachent également à cette même corporation, mais comme simples *adhérents,* tous les ouvriers, compagnons ou apprentis, au service des membres actifs de la corporation. Dans les régions où n'existent pas de corporations, l'autorité provinciale a pour mission d'en créer ; elle est investie, à cet effet, des pouvoirs les plus étendus, peut tracer à sa guise des circonscriptions dans lesquelles elle englobera bon gré mal gré, les artisans des métiers similaires ou connexes.

Objet de la corporation. — L'objet de ces corporations (*Genossenschaften*) est multiple. Certaines de leurs attributions appartenaient déjà aux corporations libres ; les corporations nouvelles sont, en effet, spécialement chargées, comme les corporations anciennes, de prendre toutes les mesures propres à sauvegarder les intérêts communs de la profession, d'organiser l'enseignement

---

[1] « Nous réclamons la preuve de capacité, disait le délégué Kuntschak, pour forcer les maîtres à faire vraiment l'éducation de leurs apprentis, sous peine de se voir enlever le droit d'en avoir... et pour que des gens qui n'ont pas la capacité de gouverner une entreprise ne viennent pas gâter le métier *par leur concurrence* ».

professionnel, d'assurer la prédominance de l'esprit de corps sur les tendances individualistes. Mais les corporations instituées par la loi de 1883 sont en outre investies de certaines attributions nouvelles, dont l'énumération non limitative suffit à indiquer l'esprit de la réforme. Elles doivent :

1° Edicter des règlements sur les rapports entre patrons et ouvriers et l'organisation du travail, notamment sur l'apprentissage, l'hygiène et la police des ateliers, etc.

2° Organiser des caisses de secours au profit des ouvriers et apprentis, caisses alimentées tant par une subvention corporative que par une retenue sur le salaire des ouvriers, laquelle ne peut excéder 3 p. 100.

3° Fonder ou développer dans l'intérêt de leurs membres, des institutions de secours et de prévoyance ou d'économie destinées, les premières à garantir chaque adhérent contre les risques professionnels, les secondes à diminuer le prix de revient des produits par l'association (entrepôts à frais communs, coopératives pour l'achat en commun des matières premières, la vente par bureau commun, etc.) [1].

4° Ouvrir un registre pour les offres et demandes de travail.

5° Fournir, soit à l'autorité administrative, soit aux chambres de commerce, les documents statistiques dont elles ont besoin, etc.

Fonctionnement de la corporation. — La corporation est administrée et ses biens sont gérés par un conseil de direction ou bureau de douze patrons.

Le bureau doit rendre ses comptes à l'assemblée générale annuelle de la corporation, à laquelle peuvent assister les délégués des ouvriers. A côté de cette assemblée patronale, qui détient la réalité du pouvoir, est instituée une assemblée d'ouvriers dont les attributions sont purement consultatives. Ses délibérations n'ont, en effet, aucune sanction pratique ; elle ne peut qu'émettre des vœux, que ses délégués cherchent à faire prévaloir dans l'assemblée corporative.

Parallèlement au bureau fonctionne une commission arbitrale,

[1] A ce point de vue, la loi industrielle contient un encouragement implicite à la formation des *kartells.* — V. notre *Traité de lég. industr.,* n. 593 et suiv. et notre étude sur les *Trusts et kartells (Annales de droit commerc.,* octobre 1908). — Ces institutions de prévoyance, à base coopérative, sont régies par une loi spéciale du 9 avril 1873, *Ann. de lég. étr.,* 1873, p. 221.

composée en nombre égal de délégués patronaux et de délégués
ouvriers, chargée de trancher les différends qui s'élèvent entre
patrons et ouvriers. Le recours à cette juridiction est d'ailleurs
purement facultatif pour les parties. Quant aux contraventions
aux règlements corporatifs, ces contraventions sont déférées au
bureau, lequel est composé exclusivement de patrons, même lorsque
le prévenu est un ouvrier.

Ajoutons, pour compléter ce tableau sommaire du régime corporatif autrichien, que les corporations sont soumises à une tutelle
administrative des plus étroites. Tous les statuts, tous les règlements
intérieurs, en un mot tous les actes importants doivent être soumis
à l'approbation préalable de l'administration supérieure.

Associations professionnelles libres, mixtes et ouvrières. — Le
chapitre V de la loi de 1883 autorise toutefois la constitution
d'associations professionnelles libres entre patrons et ouvriers,
c'est-à-dire de syndicats mixtes. Mais ces syndicats, dans lesquels
la prépondérance serait presque forcément acquise à l'élément
patronal, n'avaient aucune chance de succès, car ils devaient fatalement faire double emploi avec les corporations officielles.

La seule association professionnelle qui aurait pu prospérer à
côté des corporations eût été l'association ouvrière ou syndicat
professionnel ouvrier; mais la loi autrichienne, hostile à la liberté
d'association, tient pour illicites les associations de cette nature [1].

Critique du régime corporatif autrichien. — Il nous paraît
inutile d'insister longuement sur les vices fondamentaux de la

---

[1] Comme en France avant la loi de 1884, les associations ouvrières tombent sous
l'application d'une législation qui subordonne au bon plaisir de l'administration l'existence même des associations, quel qu'en soit l'objet. Comme en France également,
l'autorité administrative autrichienne s'est peu à peu départie de ses rigueurs premières; et les syndicats professionnels ouvriers, qui au début avaient adopté la forme mutualiste ou coopérative, ou s'étaient dissimulés sous l'apparence de sociétés d'enseignement mutuel, *Société d'éducation des typographes, Association pour l'instruction
des ouvriers,* etc., ne craignent plus, sous le régime de tolérance actuel, d'adopter le
type professionnel pur à l'instar des trade-unions anglaises ou des syndicats français ;
les uns se rattachent au parti social démocrate, les autres au groupe social chrétien,
quelques-uns (mais en minorité) ne se réclamant d'aucun parti politique. — V. Brants,
op. cit. ; Merlin, *Les associations ouvrières et patronales,* 1899, p. 110. — Leur progression est considérable depuis 1904. L'on comptait, fin 1905, 323.009 ouvriers syndiqués en Autriche, contre 189,121 seulement en 1904, soit une augmentation de
70 p. 100 d'une année à l'autre (*Bull. off. du trav.,* 1906, p. 1044). Leur nombre aurait
dépassé 500.000. L'importance numérique du parti socialis'e dans le nouveau *Reis-*
chrath ne peut qu'accentuer encore ce mouvement.

législation autrichienne. Aux inconvénients inhérents au système
même du syndicat obligatoire, viennent s'ajouter dans le régime
autrichien deux vices graves, qui ne permettent pas d'augurer
favorablement de la réforme accomplie en 1883 : 1° Cette législation a un caractère aristocratique, quasi féodal même des plus
accentués. Les patrons ont, dans la corporation, la réalité du pouvoir ; les droits laissés à l'assemblée des ouvriers sont purement
illusoires, et il paraît d'autant moins vraisemblable qu'ils se contentent encore longtemps de cette portion congrue que la loi autri+
chienne n'autorise pas la constitution d'*associations professionnelles libres,* en dehors des corporations. Une telle prohibition, à
une époque où presque toutes les législations autorisent ou tolèrent
les groupes professionnels ouvriers, ne saurait avoir d'autre résultat,
si elle était strictement appliquée, que de pousser les ouvriers à se
constituer en sociétés secrètes, toutes plus ou moins affiliées aux sectes
socialistes ou anarchistes, et par conséquent beaucoup plus dangereuses pour l'ordre public que les syndicats professionnels ouvriers
fonctionnant au grand jour ;

2° La législation autrichienne a, de plus, un caractère inquisitorial
et policier, susceptible d'étouffer toutes initiatives. Non seulement
l'administration intervient dans tous les actes quelque peu importants de la vie civile des corporations, mais nous avons vu qu'elle
avait pour mandat de provoquer l'organisation des corporations,
dans les centres industriels où ces associations ne se seraient pas
constituées spontanément.

S'inspirant du mot d'ordre du prince de Lichtenstein « le travail
doit être un *office public* », l'administration autrichienne est entrée
avec zèle dans la voie indiquée par le législateur de 1883, mais sa
compétence et son flair ne paraissent pas s'être élevés à la hauteur
de son zèle. La plupart de ces corporations constituées administrativement groupent les métiers les plus disparates [1].

Artificiellement composées, groupant des professions qui n'ont
aucune affinité entre elles, ces corporations nouveau style végètent,
ou versent dans la politique ; plusieurs, et non des moindres, sont
minées par des luttes violentes, issues du mouvement antisémite.

Quant aux corporations greffées sur un tronc ancien, constituées

---

[1] Cons. notamment Glolin, *Etude historique sur les syndicats professionnels*, 1892,
p. 371 et s.

entre. les artisans d'un seul métier, elles sont assurément plus vivantes, et leurs efforts pour la défense de la profession et le relèvement de la petite industrie ont parfois donné d'heureux résultats. Mais déjà l'on voit renaître entre elles ces conflits d'intérêts si fréquents sous l'ancien régime entre métiers connexes [1]. Chaque métier cherche à étendre son domaine réservé au détriment du voisin, et trop souvent l'esprit d'initiative des administrateurs de la corporation s'use dans ces conflits mesquins et stériles.

Grande industrie. — Le résultat, peu encourageant en somme, de cette restauration mal venue du régime corporatif [2], l'exagération évidente des revendications de certaines corporations, ont déterminé dans l'opinion publique un revirement assez marqué. Celui-ci s'est traduit pratiquement : 1° par le rejet des dispositions inscrites dans le projet de réforme de la loi de 1883 (qui a abouti à la loi de 1897), tendant à réglementer les fabriques de produits dits de la petite industrie (fabriques de chaussures en gros, établissements métallurgiques livrant au commerce des produits fabriqués. également par les serruriers, ferblantiers, et métiers divers travaillant le fer ou autres métaux, etc.) ; 2° par le rejet pur et simple du projet, déposé le 17 juin 1891, tendant à étendre, sous une autre forme (conseil d'usine obligatoire), le régime corporatif à la grande industrie. L'enquête ouverte par la chambre des députés sur ce projet aboutit à des conclusions tellement défavorables, soit des chambres de l'industrie et du commerce, soit des cercles industriels (Gewerbevereine), que le gouvernement renonça à demander la discussion du projet.

Industrie minière. — Seule l'industrie minière a été dotée par une loi plus récente (14 août 1896, *Ann. de lég. étr.*, 1897, 283), d'une réglementation spéciale comportant le groupement, sous

---

[1] Les tailleurs réclament l'interdiction aux magasins de confection d'accepter des commandes sur mesure, le congrès des bottiers-cordonniers demande que les merciers se voient interdire la vente de leurs produits, que les fabricants en gros de chaussures ne puissent travailler que pour l'exportation, etc.

[2] Les partisans les plus convaincus, les défenseurs les plus éloquents du régime corporatif avouent implicitement ce demi-échec. « L'organisation nouvelle, écrivait en 1898 M. Brants, a donné plus de cohésion à l'esprit professionnel : elle a rendu possible un effort continu en faveur de la petite industrie, elle a aussi procuré certaines améliorations très appréciables. Dans l'ensemble cependant, l'action des corporations est assez restreinte, et cela par suite du manque d'initiative, de l'étroitesse d'esprit des membres ou des difficultés administratives ». V. aussi Brants, *Petite industrie contemporaine*, p. 187; P. Louis, *op. cit.*

l'égide des compagnies et de l'administration, des ouvriers mineurs
du fond ou de la surface. .Chaque district minier doit avoir au
moins un *syndicat minier* : patrons et ouvriers en sont membres,
mais ils forment dans le syndicat deux groupes distincts ayant
chacun son assemblée : le grand comité formé de la réunion des
comités des deux groupes sert de trait d'union.

En fait, il s'agissait moins, dans la pensée des promoteurs de la
loi de 1896, d'adapter à la grande industrie le système de la corporation obligatoire que de faciliter le développement, dans l'industrie minière, d'institutions arbitrales destinées à.prévenir les grèves
et d'organiser des caisses de prévoyance (*Bruderladen*) dans l'intérêt
de la classe ouvrière. La loi autrichienne, à ce dernier point de vue,
pourrait être rapprochée de notre loi française du 29 juin 1894 sur
les caisses de secours et de retraites des ouvriers mineurs. Le but
de la loi de 1896 a d'ailleurs été atteint : il n'existait pas moins, en
1900, de 195 caisses de maladies et 238 caisses de pensions groupant 180.000 adhérents non compris les femmes et les enfants [1].

Industrie agricole. — C'est bien au contraire au système de la
corporation obligatoire que se rattache la loi du 19 février 1902
(*Mus. soc.*, juin 1902), sur les associations professionnelles
d'agriculteurs, puisque cette loi groupe obligatoirement les propriétaires fonciers en syndicats [2]. Mais il y a loin du texte actuel au
projet primitif. Dans le projet ambitieux primitivement élaboré par
le parti agrarien, le syndicat agricole devait être un organisme
puissant, investi des pouvoirs nécessaires pour prendre la direction
économique des cultures de la région, et organiser au besoin
l'exploitation et la vente en commun. Ce projet fut abandonné,
peut-être à raison de ce qu'en apparence au moins (car au fond
aucune atteinte n'était portée au principe de la propriété individuelle), il se rapprochait à certains égards de la solution collectiviste.

D'après le texte qui a prévalu, le groupement obligatoire des
propriétaires n'est plus qu'un syndicat de défense, participant à la
fois du syndicat agricole et du comice agricole français, ayant pour
mission d'aider à la constitution d'œuvres diverses dans l'intérêt
collectif de ses membres (crédit mutuel, coopération pour l'achat

---

[1] *Statistiches lahrbuch des Ackerbau ministeriums*, 1900, II, heft 2.

[2] Paisant, *Les associations professionnelles d'agriculteurs en Autriche*, loi du
19 juin 1902 (*Mus. soc.*, juin 1902, p. 240 et suiv.).

des machines, la vente des produits, etc.), mais ne pouvant lui-
même poursuivre un but lucratif. Comme toutes les institutions
corporatives autrichiennes, le syndicat agricole institué par la loi
de 1902 est à base aristocratique : seuls les propriétaires du sol en
font partie, les fermiers ne peuvent y figurer que comme délégués
des propriétaires ; les ouvriers ruraux en sont exclus.

II. Hongrie.

Le régime corporatif institué en Hongrie par la loi du 21 mai
1884 (*Ann. de lég. étr.*, 85, 329) est à peu près semblable au
régime autrichien. Il convient toutefois de relever une différence
importante au point de vue de la constitution des corporations nouvelles. Tandis qu'en Autriche l'administration peut créer des corporations arbitrairement, soit au point de vue du groupement des
métiers, soit quant à l'étendue de la circonscription, la corporation
hongroise est une fédération *communale* de métiers. Elle englobe
tous les métiers de petite industrie existant dans chaque commune
mais à une double condition : 1° qu'il existe dans la commune au
moins cent personnes exerçant l'un des métiers spécifiés par la loi ;
2° que les deux tiers des industriels demandent l'établissement
d'une corporation [1].

III. Allemagne [2].

La législation allemande actuelle (lois des 18 juillet 1881 et
26 juillet 1897, *Ann. de lég. étr.*, 1882, p. 148, et 1898, p. 168),

[1] Sur le développement industriel de la Hongrie, pays presque exclusivement agricole jusqu'à ces dernières années, sous l'énergique impulsion de l'Etat, qui reprenant
la tradition colbertiste des manufactures royales, a créé des établissements industriels
qu'il met à la disposition des industriels dans des conditions avantageuses, consul.
Gonnard, *La politique économique et les agrariens en Hongrie*, broch. in-8°, 1908. —
Sur la condition juridique des ouvriers agricoles (loi hongroise du 20 août 1907), et
sur les coopératives agricoles, v. Gonnard, *La Hongrie au XXᵉ siècle*, 1908, p. 222 et s.
[2] Sur le *régime corporatif allemand*, Cpr. Altmann, *op. cit.*; Brants, *Les métiers
de la petite industrie en Allemagne et les premières applications de la loi corporative de 1897, Réf. sociale*, 1900, p. 421 et Rev. d'économie politique, février-mars
1900. — Voir aussi les ouvrages précités de MM. Martin Saint-Léon, Merlin, etc. —
Sur les *groupements patronaux libres dans la grande industrie* : Schomarus, *Les
associations libres dans le commerce et l'industrie* (Iahrbuch de Schmoller, 1901,
fasc. II); Blondel, *La défense patronale en Allemagne (Mus. soc.*, 1907, doc. n. 4). —
Sur le *mouvement syndical ouvrier*: Blondel, *L'ouvrier allemand (Mus. soc.* septembre 1899); *Syndicats ouvriers en Allemagne (Quesh. prat. de législ. ouvr.*, janv. 1902);

présente avec la législation autrichienne la plus grande analogie.
L'analogie tout d'abord est manifeste au point de vue du caractère
obligatoire de la corporation de métier. L'obligation n'existe, *en
droit,* que depuis la loi de 1897, et encore sous certaines restrictions; mais depuis 1884, cette obligation existait en *fait* pour les
patrons de la petite industrie, par suite d'un ensemble de dispositions légales sur l'apprentissage et sur les charges corporatives,
rédigées dans un esprit tel, que les patrons demeurés en dehors de
la corporation étaient presque dans l'impossibilité de recruter leur
personnel. La législation allemande ressemble également à la loi
autrichienne par la prééminence qu'elle assure aux patrons sur les
ouvriers, et par le droit de tutelle qu'elle confère à l'administration :
elle est cependant plus libérale, en ce qu'elle ne proscrit pas les
associations ouvrières libres.

Petite industrie, corporation de métier. — Loi de 1869. —
Les corporations privilégiées du moyen-âge se sont perpétuées
dans certaines régions de l'Allemagne jusqu'au milieu du xixᵉ siècle.

Elles n'ont été abrogées complètement que par la loi fédérale du
21 juin 1869 (code de l'industrie, *Gewerbeordnung*), applicable
d'abord exclusivement à la Confédération du nord, et introduite
dans les Etats du sud après la constitution de l'Empire. (V. notre
Traité de lég. industr., n. 132-134). Mais il importe de remarquer
que cette loi, à l'instar de la loi autrichienne de 1859, et à la différence de la loi française de 1791, ne prohiba nullement les corpo-

---

Brants, *Les associations ouvrières en Allemagne,* broch. 1899 ; Milhaud, *La démocra-
tie socialiste allemande,* 1 vol. in-8º, 1903 ; Dupin, *Du mouvement syndical ouvrier
dans l'industrie allemande,* 1 vol. gr. in-8º, 1902, et la bibliographie jointe au texte ;
Tondeur-Scheffler, *Les syndicats ouvriers allemands (Mus. soc.,* avril 1902 ; A. Rivaud,
Les syndicats ouvriers allemands (Rev. pol. et parl., 1903, XXXVII, p. 301 et suiv.) ;
Giesberts, *Les syndicats chrétiens en Allemagne (Assoc. cathol.,* 1904, I, 212) ; Leroux,
Les associations professionnelles en Allemagne (Ibid., 1906, I, 415) : *Le développe-
ment des forces ouvrières allemandes (Rev. écon. internat.,* 1906, III, 396) ; *Gewer-
bliche Organisationen (Die Weltwirtschaft,* 1907, 259). — Comp. Schönberg,
Handbuch, II, p. 176 et suiv.) Hitze, *Arbeiterfrage,* Berlin, 1897 ; Bassermann et
Giesberts, *Die Arbeiterberufsvereine,* rapp. au comité de la *Gesellschaft für Soziale
Reform,* sect. allemande de l'*Assoc. intern. pour la protect. lég. des travaill.,* Iéna,
1901 ; Schmoller, *Princ. d'écon. pol.,* IV, etc.

Pour plus de détails sur les divers types d'associations ouvrières, cons. les chroniques de la *Soziale Praxis,* et la bibliographie jointe aux ouvrages ou articles de Dupin,
Tondeur et Rivaud. — Sur les récents congrès ouvriers (socialistes, chrétiens, Hirsch-
Duncker, indépendants), cons. les comptes rendus de la *Soziale Praxis,* 1906-1907,
p. 78, 913, 925, 1119, 1245, 1377, 1907-1908, p. 125 et 212, et 1908-1909, p. 1059.

rations ; elle supprima simplement leurs privilèges, leur monopole, et les laissa subsister en tant que sociétés libres, ayant pour objet l'assistance mutuelle et la défense des intérêts professionnels, et jouissant de la personnalité morale sous le contrôle de l'administration. Délaissées par les patrons, libres désormais de rester en dehors de tout groupement professionnel, les sociétés libres périclitèrent tout d'abord ; mais la crise qu'elles traversèrent ramena sur elles, au bout de quelques années, l'attention des pouvoirs publics.

Loi de 1881. — Les petits artisans et industriels s'étaient émus, en effet, de cette décadence des corporations, qu'ils considéraient comme indispensable pour leur permettre de lutter contre la concurrence ruineuse de la grande industrie. Un vaste pétitionnement s'organisa dans tout l'empire en faveur du rétablissement des corporations fermées. Le Reichstag fut saisi de la question et fit droit en partie aux réclamations de la petite industrie par la loi du 18 juillet 1881, qui fut un premier pas dans la voie du rétablissement des corporations fermées.

Caractères distinctifs de la corporation. — L'article 1ᵉʳ de cette loi, qui porte la marque de l'esprit féodal encore puissant en Allemagne, indique les conditions requises pour entrer dans la corporation : « Peuvent seuls être admis en qualité de membres de la corporation (*Innung*) ceux qui exercent dans le district corporatif, *et à titre indépendant,* un métier pour lequel la corporation est instituée, ou qui sont employés comme contremaîtres... ». La corporation allemande, comme la corporation autrichienne, est donc exclusivement patronale ; la loi allemande n'organise même pas, comme la loi autrichienne, d'assemblée ouvrière à côté de l'assemblée corporative ; elle décide simplement que « les compagnons peuvent prendre part aux assemblées et à l'administration dans la mesure déterminée par les statuts ». A défaut d'assemblée ouvrière dotée de pouvoirs précis, l'article 95 de la loi allemande prévoit la constitution, dans chaque corporation, d'un *comité de compagnons* élu par ceux-ci ; l'un des membres au moins de ce comité est délégué au comité de direction.   •

La corporation allemande est plus spécialisée que la corporation autrichienne, et moins localisée que la corporation hongroise : tantôt elle est circonscrite au territoire d'une commune, tantôt elle s'étend jusqu'aux confins de la circonscription administrative, mais en aucun cas elle n'englobe d'artisans de métiers non similaires

(art. 82). A ce point de vue, elle procède directement de la corporation médiévale, qui ne groupait que les patrons d'un même
métier.

Objet et attributions de la corporation. — L'article 81 *a* et *b*
de la loi de 1881, complétée par la loi de 1897, définit le but
complexe des corporations : entretenir l'esprit de corps ; favoriser
l'établissement de relations convenables entre maîtres et compagnons, et constituer à cet effet, en vue de résoudre pacifiquement
les conflits, des tribunaux arbitraux ; organiser l'enseignement
professionnel, réglementer l'apprentissage ; instituer tant dans
l'intérêt des membres de la corporation, patrons ou contremaîtres,
qu'au profit des compagnons ou apprentis, des œuvres d'assistance,
de prévoyance ou d'assurance, spécialement des caisses de secours,
de maladie ou de chômage et des offices de placement ; créer des
organismes corporatifs dans l'intérêt collectif des adhérents (caisses
d'avances, d'achat ou de vente en commun, etc.).

Il ressort de l'énumération précédente que le législateur allemand
a reconnu à la corporation un pouvoir de tutelle très étendu sur les
ouvriers et apprentis ; mais les ouvriers allemands jusqu'à ce jour
se sont montrés peu enthousiastes de cette organisation corporative,
au fonctionnement de laquelle ils participent à peine. Ils n'acceptent
cette tutelle qu'à leur corps défendant, malgré ses allures pater-
nelles, et n'accordent leur confiance qu'aux associations professionnelles ouvrières libres, qui ne jouissent pas, il est vrai, de la personnalité morale, mais dans lesquelles ils sont les maîtres.

L'évolution vers l'obligation. — La loi de 1881 contenait, sur
l'apprentissage, une disposition tendant à placer les industriels libres
dans une situation d'infériorité manifeste au regard des adhérents
de la corporation. L'article 100 conférait en effet à l'autorité administrative supérieure le droit de déclarer obligatoires pour les
patrons libres les règlements sur l'apprentissage édictés par la
corporation [1].

Ce n'était là qu'un premier pas dans la voie de l'obligation. A la
loi de 1881 succéda d'abord une série de lois dont l'objet évident
était de contraindre indirectement les patrons de la petite industrie,

---

[1] Comp. loi du 18 juillet 1884 sur l'assurance contre les accidents, qui confère aux *Innungen* le droit d'arrêter, de concert avec le représentant des ouvriers, les mesures préventives nécessaires. Ces mesures sont obligatoires pour tous les artisans, même pour ceux ne faisant partie d'aucune corporation.

ceux qui ne peuvent que difficilement se passer d'apprentis, à
entrer dans l'organisation nouvelle : loi du 21 mars 1884, interdisant aux patrons ne faisant pas partie des corporations de recevoir
des apprentis ; loi du 28 avril 1886 reconnaissant aux unions ou
fédérations de corporations la personnalité civile, et conférant
ainsi aux groupements corporatifs une puissance nouvelle ; loi du
6 juillet 1887 permettant de contraindre les patrons libres à contribuer dans les mêmes conditions que les patrons syndiqués, aux
charges corporatives, telles que celles nécessitées par l'organisation
de l'enseignement professionnel, et des conseils d'arbitrage, ou par
l'installation d'auberges affectées aux compagnons effectuant leur
tour d'Allemagne.

La corporation obligatoire : loi du 26 juillet 1897. — Toutes
ces mesures de contrainte indirecte parurent insuffisantes au gouvernement allemand, qui soumit en 1895 au Reichstag un projet
de loi tendant à restaurer, à l'instar de l'Autriche, la corporation
obligatoire pour la petite industrie. Ce projet est devenu la loi du
26 juillet 1897, dont la disposition principale, incorporée sous le
paragraphe 100 de la *Gewerbeordnung,* est ainsi conçu :

« Dans l'intérêt commun professionnel des *métiers de petite
industrie,* l'autorité supérieure de surveillance *peut* autoriser la
formation d'une corporation *obligatoire* entre ceux qui exercent le
même métier ou un métier similaire dans une circonscription
déterminée, lorsque la *majorité* de ceux qui exercent un métier le
demandent, lorsque par suite de l'étendue de la circonscription
aucun adhérent n'est dans l'impossibilité (par suite de l'éloignement
de son domicile) de prendre part à la vie corporative et d'utiliser
les institutions de la corporation, et lorsque le nombre des adhérents
est suffisant pour assurer l'existence de cette corporation ».

De ce texte il résulte que l'administration allemande est loin de
jouir, en cette matière, des attributions arbitraires concédées par
la loi de 1883 à l'administration autrichienne. Une corporation
obligatoire ne peut, en effet être créée que si, d'une part, la majorité des intéressés le demande formellement et que si, d'autre
part, les conditions indiquées en l'article 100 précité sont réunies.
Aussi les corporations libres sont-elles encore aujourd'hui en grande
majorité. Leurs attributions sont d'ailleurs identiques : les unes et
les autres jouissent de la personnalité morale.

Lorsque l'administration a décidé la création d'une corporation obligatoire, ou la transformation, en corporation obligatoire, d'une corporation facultative-préexistante, sont inscrits de plein droit sur la liste des membres tous ceux qui exercent le métier *pour leur propre compte,* à l'exception de ceux qui l'exercent en *grande industrie (fabrikmässig)* ou au contraire de ceux qui exercent le métier seuls, sans compagnons ni apprentis. Grands industriels ou artisans travaillant en chambre *peuvent* adhérer à la corporation du métier ; mais c'est pour eux une simple faculté.

La corporation peut *limiter* le nombre des apprentis (art. 130) ; mais elle ne doit pas limiter pour ses membres le prix des marchandises, le champ de leur activité commerciale ou l'importance de leur clientèle. Au point de vue *commercial,* la liberté d'allure des *maîtres* dans la corporation allemande demeure donc complète.

Chambres de petite industrie ou d'artisans (Handwerkskammern. — Une autre innovation de la loi de 1897 consiste dans la création des chambres de petite industrie ou d'artisans, organe représentatif des intérêts collectifs de l'industrie de métiers [1].

Ces chambres sont fondées par des arrêtés administratifs qui en déterminent la circonscription.

Les membres en sont élus par les corporations (*Innungen*), obligatoires ou facultatives, et par les associations industrielles instituées pour l'amélioration des intérêts professionnels de la petite industrie (*Gewerbevereine*). Sont éligibles les personnes aptes aux fonctions de jurés, majeures de trente ans, exerçant pour leur propre compte depuis au moins trois ans un métier de la petite industrie, et possédant la compétence voulue pour diriger des apprentis : le mandat est de six ans. A côté de la chambre fonctionne un comité de compagnons, investis d'attributions purement consultatives.

Les chambres d'artisans ont été créées en vue de rendre à la petite industrie des services analogues à ceux que le commerce et la grande industrie peuvent attendre des chambres de commerce

---

[1] Pour l'étude comparative des chambres de petite industrie *allemandes,* des chambres de métiers *autrichiennes* (L. 15 mars 1883 et 23 février 1897), des conseils de l'industrie et du travail *belges* (L. 16 août 1887), des chambres du travail *hollandaises* (L. 2 mai 1897), et des conseils consultatifs du travail *français* (Déc. 17 septembre 1900, remplacé par la loi du 17 juillet 1903) : v. Martin Saint-Léon, *Notice bibliographique sur les conseils de l'industrie dans les différents pays (Mus. soc.,* sept. 1901). — V. aussi notre *Traité,* n. 228, et chronique des *Quest. pratiques de lég. ouvr.,* août-septembre 1908.

(*Handelskammern*). Sur ces dernières v. notre *Traité*, n. 226. — Il leur appartient d'éclairer l'administration par des rapports ou des avis motivés, sur toutes les questions susceptibles d'intéresser le développement des métiers ; mais leur mission ne se borne pas à ces attributions purement consultatives. Elles ont également qualité pour réglementer l'apprentissage dans ses traits généraux, former les comités d'examens d'apprentis et de compagnons aspirant à la maîtrise, surveiller ou subventionner l'enseignement technique.

Il est à remarquer qu'au point de vue de l'apprentissage notamment, les attributions des chambres d'artisans font quelque peu double emploi avec celles reconnues par la même loi de 1897 aux corporations de métier ; aussi a-t-on pu dire sans trop d'exagération que les deux institutions étaient dans une certaine mesure antinomiques, et que la diffusion des *Handwerkskammern* ne pouvait s'effectuer qu'aux dépens des *Innungen*, réduites à la mission un peu platonique « de payer une cotisation pour entretenir l'esprit de corps » (M. Block, *Le mouvement économique et social en Allemagne, Econ. franç.*, 14 décembre 1897). La formule est un peu excessive, attendu qu'une chambre d'artisans ne peut, dans un règlement d'apprentissage par exemple, que formuler des règles générales, les détails d'application demeurant du ressort exclusif de la corporation ; mais il n'en est pas moins certain que les conflits d'attribution sont à prévoir entre ces deux rouages parallèles, l'un professionnel et basé sur la communauté du métier, l'autre régional et reposant sur le groupement de tous les métiers de la circonscription.

Quel a été le résultat des réformes législatives de 1897 ? Des plus médiocres à ce qu'il semble, de l'aveu même des partisans les plus déterminés du régime corporatif tels que M. Brants. Quelques chiffres nous suffiront à l'établir. D'après la statistique la plus récente, dressée en 1905 par les soins de l'Office impérial de statistique [1], l'on comptait en Allemagne, à la fin de 1904, 8.147 corporations libres comptant 270.232 membres et 3.164 corporations obligatoires avec 218.400 membres, soit au total 488.700 artisans incorporés (chiffre supérieur à la réalité, parce qu'il convient d'en retrancher les 5.949 patrons de la grande industrie ou travailleurs

---

[1] *Erhebung über die Wirkungen des Handwerkergesetzes* (juin 1897), Berlin, K. Heymann, 1908. — Un résumé de cette enquête officielle allemande vient d'être publié par le *Bulletin de l'Office du travail*, 1908, p. 579 s.

en chambre ayant usé de la faculté d'adhésion). Les *Handwerks-kammern* étaient au nombre de 63 seulement pour tout l'Empire. Dans certaines villes, à Berlin notamment, les artisans libres, indépendants de toute organisation professionnelle, forment une majorité considérable atteignant jusqu'à 85 et 90 p. 100.

La corporation obligatoire, en particulier, malgré l'appui de toutes les forces officielles, ne se développe qu'à grand'peine ; cette atonie contraste singulièrement avec le développement rapide et spontané des groupements ouvriers, en dehors de toute intervention officielle. — H. Valleroux, *Les associations professionnelles, l'idéal et la pratique* (*Réf. sociale*, 1ᵉʳ et 16 mars 1908).

Grande industrie. — La grande industrie, sans être assujettie au régime de la corporation obligatoire, n'en est pas moins enveloppée à certains égards dans le mouvement corporatif. Il convient, en effet de remarquer que le fonctionnement des *assurances obligatoires ouvrières* contre les risques d'accidents, maladies, invalidité ou vieillesse, organisées par les lois fédérales de 1883, 1884, 1886 et 1889, a pour base la constitution entre tous les chefs d'industrie assujettis au nouveau régime légal, de corporations *sui generis*, ayant pour mission essentielle d'opérer entre tous les adhérents la répartition équitable des charges imposées par la loi. Ces associations, dans lesquelles presque tous les chefs d'industrie (grande ou petite industrie peu importe) ont été incorporés, sont généralement distinctes des *Innungen*, spéciales à la petite industrie : cependant la constitution de caisses d'assurance au profit des compagnons, ouvriers, etc., rentrant dans le cadre des corporations de métiers, les caisses corporatives peuvent, sous certaines conditions, coopérer à l'application des lois d'assurance, spécialement de l'assurance-maladie.

Il s'est constitué d'autre part, entre patrons de la grande industrie, un certain nombre d'associations libres, analogues aux syndicats patronaux, avec cette différence toutefois qu'elles ne jouissent pas de la personnalité morale. Mais la plupart d'entre elles, à l'origine tout au moins, se sont écartées de leur objet propre, qui était de pourvoir à la défense des intérêts généraux de la profession, pour se transformer en syndicats de production ou *kartells*, poursuivant la monopolisation du marché. Depuis quelques années cependant les groupements patronaux se préoccupent également de la défense professionnelle. La plupart d'entre eux se sont fédérés et ont constitué deux puissantes fédérations (*Centralverband der deuts-chen Industrieller*, et *Bund der Industrieller*), dont le double objectif est d'agir auprès des pouvoirs publics pour la défense économique des industries nationales, et d'organiser la résistance anx revendi-cations ouvrières, notamment sous forme d'assurance contre les grèves. — V. notre *Traité*, n. 306 et 329, et Blondel, *op. cit.* — Ces groupements, ramifiés à l'infini, engloberaient aujourd'hui la grande majorité des patrons de l'industrie (grande ou petite) et du com-merce (*Soz. Praxis,* 7 nov. 1907 et 9 avril 1908).

Syndicats ouvriers. — Si les ouvriers ne sont pas, et ne peuvent pas être membres actifs des corporations, du moins peuvent-ils constituer entre eux des associations professionnelles ou syndicats. Ces syndicats sont parfaitement licites à la condition de ne pas poursuivre un but interdit par les lois de l'Etat, mais ils restent soumis au droit commun des associations, c'est-à-dire qu'ils ne jouissent pas de la personnalité morale ; ils ne peuvent donc, à la différence des syndicats ouvriers français, ni posséder, ni ester en justice. Les associations ouvrières, très répandues aujourd'hui dans tout l'Empire d'Allemagne qu'elles recouvrent d'un réseau aux mailles de plus en plus serrées, peuvent se diviser, d'après leurs tendances générales, en trois catégories :

1° Associations ouvrières socialistes (*Gewerkschaften*). Leur développement a suivi un mouvement ascensionnel presque continu, depuis le congrès ouvrier de Berlin de 1868, et surtout depuis le Congrès socialiste d'Erfurt de 1872, où fut définitivement fondée la fédération de tous les groupes socialistes ouvriers d'Allemagne, sous le nom d'*Union des métiers.* « Les corps de métiers, écrivait alors l'un des journaux les plus influents du parti, le *Volksstaat,* sont les places d'armes, les champs de manœuvres où s'instruisent les soldats du socialisme. Tant que les travailleurs ne sont pas organisés en corps de métiers, on ne saurait songer à une amélio-ration de leur condition matérielle dans la société actuelle, ni à une transformation de la société ».

Affiliée à l'Association internationale des travailleurs tant que cette association vécut, imbue des doctrines de Lassalle et de Karl Marx, l'Union des métiers contribua puissamment à la diffu-sion de ces doctrines dans les masses ouvrières, et même dans la classe rurale. Les deux articles essentiels de son programme étaient : 1° L'amélioration de la condition des travailleurs par l'intervention-

de l'Etat ; 2° la suppression du salariat, notamment par la généralisation des sociétés coopératives de production.

Effrayé des progrès du socialisme, le gouvernement eut d'abord recours aux moyens de répression violents, préconisés par M. de Bismarck : la loi de 1878 contre les socialistes, renouvelée par deux fois, vient interdire aux associations socialistes tout congrès, toute manifestation extérieure.

Mais le virus socialiste n'en avait pas moins produit son effet : le gouvernement lui-même,, dans l'espoir d'enrayer le mouvement, entrant dans la voie préconisée par le parti qu'il combattait, soumettait au Reichstag toute une série de lois en faveur de la classe ouvrière : lois d'assurance, lois sur la police des ateliers, sur les tribunaux industriels, sur les sociétés coopératives, etc. Il alla jusqu'à provoquer la réunion, à Berlin, d'une conférence internationale en vue de délibérer sur l'adoption d'une législation internationale du travail (V. notre *Traité*, n. 174).

Les socialistes triomphaient pour ainsi dire sans combattre ; les lois répressives étaient impuissantes à enrayer leurs progrès [1] ; des grèves redoutables éclataient de toutes parts, surtout dans les districts miniers, si bien que le nouvel empereur Guillaume II considéra qu'il serait de bonne politique, au lendemain de son avènement, de se départir de rigueurs d'un autre âge.

Le Reichstag se montrait d'ailleurs nettement hostile au renouvellement de cette législation d'exception ; l'on revint donc au droit commun.

Depuis cette date (1890), et surtout depuis 1895, les syndicats ouvriers socialistes ont progressé avec une rapidité croissante. L'année 1890 vit se reconstituer, sur des bases plus solides, la fédération de 1872, désagrégée par l'effet des lois d'exception. Cette fédération a pour base les unions de métiers, dotées pour la plupart d'un bureau central et d'un congrès périodique [2] ; chaque

---

[1] Voici quelques chiffres significatifs que nous empruntons à Dupin, *op. cit.*, p. 76. : « En 1878, il y avait environ 50.000 ouvriers syndiqués ; en 1890, après douze ans de persécutions, on comptait en Allemagne 53 unions avec 227.733 membres et 5 organisations, centralisées au moyen d'hommes de confiance, avec un effectif de 73.467 personnes. Au total, 307.200 syndiqués, six fois plus qu'avant la loi destinée à paralyser les efforts de la classe ouvrière ! »

[2] Chaque union (*Centralverband*) se compose de l'ensemble des syndicats (*Zahlstellen* ou *Zweigvereine*) d'une industrie ou d'une branche d'industrie répartis sur l'ensemble du territoire ; *d'une industrie* (ex. union des métallurgistes, du bâtiment, etc.),

union envoie un délégué par 3.000 membres aux congrès périodiques de la fédération. Celle-ci a pour organe permanent sa *Commission générale,* composée de sept membres, et siégeant à Hambourg.

A côté de ces unions de métiers, organisées régionalement ou
nationalement, se sont constituées depuis quelques années de nombreuses unions locales, correspondant à peu près à nos Bourses de
travail (*Gewerschaftskartelle*). Ces bourses étaient, fin 1906, au
nombre de 553 pour l'Allemagne entière ; elles groupaient 7.390
syndicats, avec 1.500.000 membres. A ces bourses, adhérentes au
parti socialiste, il convient d'ajouter 157 unions locales des syndicats Hirsch-Duncker, et 130 unions locales chrétiennes (*Bull. off.
travail,* 1908, 1319).

Les syndicats socialistes fédérés comptaient, en 1900, plus de
680.000 membres, dont 22.000 femmes, soit une progression de
plus de 100 p. 100 en dix ans. Cette progression s'est poursuivie
depuis lors, avec la même rapidité. A la fin de l'année 1906, les
66 corporations ou unions centrales affiliées à la commission générale comptaient 1.689.709 membres dont 118.908 femmes. L'augmentation sur l'année précédente est de 344.906, soit 25,6 p. 100
du total. A la fin de l'année 1907, le chiffre de 1.800.000 était
dépassé, 1.865.506 cotisants d'après le rapport de la commission
générale du Congrès de Hambourg de 1908. L'ensemble de leurs
recettes s'est élevé, en 1907, à 51.396.784 marks, leurs dépenses à
43 millions, soit une augmentation, sur 1906, de 10 millions aux
recettes et de 7 millions aux dépenses. Leur fonds de réserve
dépassait, fin 1907, 33 millions de marks, alors qu'il n'était que
de 25 millions à la fin de l'année précédente.

2° *Associations ouvrières à base confessionnelle.* — Ces associations sont de deux sortes : les associations exclusivement religieuses, impliquant adhésion formelle à une confession déterminée,
telle que les *Evangelische Arbeitervereine,* dont les promoteurs les
plus connus furent le pasteur Stoëker, Frédéric Naumann, le professeur Wagner ; et les *Christliche Gewerkvereine,* fondées par le

---

ou d'une *branche d'industrie* dans la plupart des corps de métiers, divisés en spécia-
lités comportant un apprentissage différent.

Le congrès fédéral a lieu tous les trois ans. Le premier a eu lieu à Halberstadt en
1893 ; le second à Berlin en 1896 ; le sixième a eu lieu en juin 1908, à Hambourg.

Il convient de remarquer d'ailleurs qu'en dehors des syndicats socialistes fédérés,
il subsiste un certain nombre de syndicats locaux autonomes, de nuance socialiste. V.
la statistique citée *infra.*

parti catholique, mais ouvertes néanmoins à tous ceux, catholiques
ou protestants, qui se réclament de la morale et de la discipline
chrétiennes. Les premières, vues avec défiance aussi bien par les
chefs d'industrie que par les ouvriers, malgré les théories nettement socialistes de certains de leurs chefs, n'ont progressé qu'assez
lentement. Leur nombre a même diminué pendant quelques années.
Elles ne comprenaient, en 1906, que 73.132 membres, contre
76.926 en 1905. La progression, toutefois, a repris en 1907 (80.437
membres).

Les secondes, au contraire, sous la double impulsion des socialistes chrétiens qui eurent longtemps pour guide l'évêque de
Mayence, M. de Ketteler, et du centre catholique, plus modéré
dans ses revendications, se sont rapidement développées, surtout
dans les provinces rhénanes; elles ne comptent pas moins, à
l'heure actuelle, de 274.323 membres, formant comme les *Gewerkschaften* socialistes, une vaste fédération (*Gesamtverband*) ayant
pour organes des assemblées périodiques, un comité et un bureau
directeur [1].

3° *Associations ouvrières purement professionnelles (Gewerkvereine Hirsch-Duncker et syndicats indépendants).* — Ces associations, fondées en 1868 par le Dr Max Hirsch et le député pro-
gressiste Franz Duncker, ont le même objectif que les *Trade-
Unions* anglaises, de l'ancien type : améliorer pacifiquement la
condition des travailleurs sans bouleversement social, en dehors de
toute politique de parti.

Malgré le talent et le zèle de leurs promoteurs, ces associations
n'ont obtenu en Allemagne qu'un succès relatif : c'est à peine si
elles atteignent aujourd'hui 109.000 membres, fédérés comme les
autres groupes [2]. L'on en peut donner une double explication :

---

[1] *Correspondenzblatt der Gewerkschaften Deutschlands,* n. 17 août 1907. (Organe
de la Commission générale paraissant à Berlin une fois par semaine). — Sur le Congrès de 1908, v. *Soziale Praxis,* numéro du 2 juillet 1908.

[2] Au total, d'après le dernier recensement, arrêté au 31 décembre 1907 (*Reichsar-
beitsblatt* septembre 1908), les syndicats ouvriers allemands de toute nuance groupent
à l'heure actuelle bien près de deux millions et demi de membres, soit de 25 à 26
p. 100 du nombre total des ouvriers et employés. Ce chiffre dépasse sensiblement
celui des *Trades-Unions* anglaises. — Dans certaines industries, notamment dans la
typographie, presque tous les ouvriers sont syndiqués. Si les ouvrières ne fussent
demeurées jusqu'à ces dernières années en dehors du mouvement syndical, la proportion pour l'ensemble serait encore plus élevée. — Sur la progression des syndicats
allemands, documents statistiques, répartition par catégories, créations principales

a) une ·explication *psychologique :* « l'homéopathie du socialisme
d'Etat ne satisfait plus aujourd'hui la plupart des ouvriers allemands,
leur ·désir de· s'organiser est· essentiellement l'expression d'une,
révolte plus ou moins apparente contre l'ordre capitaliste » (Blondel,
Les syndicats ouvriers en Allemagne, Quest. prat., 1902, 1) ; —
b) une raison *historique :* les syndicats Hirsch-Duncker ont été
tolérés de 1878 à 1890, les syndicats·socialistes ont été proscrits,
et cette proscription même a fait leur force : « Le mouvement syndical et la démocratie socialiste, a fait justement observer Dupin,
op. cit., p. 76, portés par la police sur les mêmes listes de proscription, allaient demeurer indissolublement· unis dans l'esprit
populaire ». ·

et sommes affectées à chacune d'elles, cons. notamment, *Bull. office du travail*, 1907,
p. 1186 et 1319, et 1908, p. 1000; *Quest. prat.*, 1903, p. 346, 1905, p. 286, et 1908,
p. 50.

Tableau statistique des syndicats allemands d'après le dernier recensement.

GROUPES	NOMBRE DES MEMBRES en 1906	en 1907	DIMINUTION EN 1907	AUGMENTATION en 1907	RECETTES EN 1907 (en marks)	DÉPENSES EN 1907 (en marks)	FONDS DE RÉSERVE EN 1907
Fédérations socialistes	1.689.709	1.865.506	»	175.797	51.396.784	43.122.519	33.242
Syndicats locaux socialistes	13.145	20.641	»	7.496	»	»	»
Syndicats Hirsch-Duncker	118.508	108.889	9.619	»	1.541.359	1.434.345	3.968
Syndicats chrétiens	247.116	274.323	»	27.207	4.311.495	3.193.978	3.487
Syndicats chrétiens indépendants (évang.)	73.132	80.437	»	7.305	204.923	163.360	271
Syndicats indépendants	72.044	96.684	»	24.640	»	»	»
TOTAUX	2.213.654	2.446.480	9.619	242.445	57.454.561	47.914.202	40.97

Augmentation nette 232.826

Il convient toutefois d'ajouter à la liste des syndicats Hirsch-Duncker les *syndicats indépendants,* qui poursuivent eux aussi un objectif exclusivement professionnel (96.684 membres en 1907).

L'œuvre des syndicats. — L'œuvre des syndicats ouvriers allemands est considérable [1]. Ils ont tout d'abord apporté leur concours actif, soit à l'organisation de l'apprentissage et de l'enseignement technique, soit au fonctionnement des institutions d'assurance contre la maladie, les accidents ou la vieillesse. Signalons également leur intervention dans le contrat de travail [2], dans le fonctionnement des institutions arbitrales destinées à prévenir les conflits [3], dans la création d'œuvres destinées à assurer le développement intellectuel et moral de leurs membres, leurs efforts en vue de remédier au chômage involontaire, leurs encouragements au mouvement coopératif.

Leur action sur le mouvement législatif, pour indirecte qu'elle soit, n'en est pas moins certaine; la plupart des lois sociales votées

[1] Principales dépenses des syndicats socialistes allemands en 1907 :

Secours en cas de grève ou de lock-out	13.196.363	marks.
Secours de chômage	6.527.577	—
Secours de maladie	3.482.822	—
Propagande	2.271.271	—
Journaux corporatifs	1.878.392	—
Secours en cas de décès ou d'urgence	1.385.808	—
Secours aux ouvriers congédiés	1.010.045	—
Secours de voyage	869.148	—
Secours aux invalides	84.562	—
Assistance judiciaire, renseignements juridiques	6.773	—
Bibliothèque, éducation technique	76.588	—

Sur l'emploi des fonds des autres groupements syndicaux, v. *Bull. off. trav.,* 1907, p. 1190, et 1908, p. 1003.

[2] Cette intervention, surtout de la part des *Gewerkschaften* socialistes, se manifeste nettement aux points de vue suivants : placement gratuit des ouvriers et employés et assistance en cas de voyage, organisation des grèves, service de renseignements, contrat collectif de travail. — Sur l'organisation très complète du service de renseignements juridiques par les *secrétariats ouvriers,* consult. Morizet, *Les secrétariats ouvriers en Allemagne,* 1904; *Bull. off. trav.,* 1907, p. 822. — Sur le développement du contrat collectif en Allemagne. cons. Dupin, p. 286; Fany Imle, *Die Tarifverträge zwischen Arbeitgebern und Arbeitnehmern in Deutschland.* Iéna, 1907. V. aussi notre *Traité,* n. 442 et s.

[3] Sur le projet de loi tendant à instituer en Allemagne des *Arbeitskammern* (organes permanents de conciliation et d'arbitrage, analogues aux conseils de l'industrie et du travail de Belgique), v. notre *Traité,* nos 1254 et 1319. — Cf. Francke, *Arbeitskammern* (*Soz. Praxis,* n. des 13, 20 fév. et 10 déc. 1908, et 21 janv. 1909).

dans ces dernières années avaient été discutées et étudiées à fond dans les congrès syndicaux.

· *Avenir des syndicats : projets de réforme.* — Depuis plus de quinze ans, les syndicats ouvriers sans distinction de nuances luttent pour obtenir leur reconnaissance légale, à l'instar des *Trades-Unions* anglaises ou des syndicats français. En 1895, ils semblaient sur le point d'obtenir gain de cause ; mais la disgrâce de M. de Berlepsch, ministre du commerce et ancien président de la Conférence ouvrière de 1890, vint ruiner leurs espérances.

Les partisans de cette réforme ne se sont pas découragés. Une entente, nettement circonscrite à la défense professionnelle, intervint en 1903, et l'on vit pour la première fois à Francfort un Congrès corporatif grouper pour une action commune les délégués des groupes socialistes (en petit nombre, il est vrai), chrétiens (en majorité) ou indépendants. Les efforts de ce congrès et de la section allemande de l'association internationale pour la protection légale des travailleurs (*Gesellschaft für Sozial Reform*) n'ont pas été vains. Sous la pression de l'opinion publique, le gouvernement s'est départi de son intransigeance et a déposé sur le bureau du Reichstag, le 12 novembre 1906, un projet de loi tendant à conférer, sous certaines restrictions, la personnalité juridique aux associations syndicales de patrons ou d'ouvriers de l'industrie. Seraient exclus les travailleurs qui n'exercent pas une industrie au sens légal du mot (marins, domestiques, ouvriers agricoles, travailleurs des chemins de fer). L'autorité administrative aurait le droit de dissoudre toute association poursuivant un objectif non professionnel ou dont les agissements menaceraient l'ordre public, l'approvisionnement des cités en eau ou en lumière, etc. (*Questions pratiques,* 1907, p. 97 ; *Mus. soc.,* janv. 1907, p. 21 et s.).

Ce projet a été discuté et étudié à fond dans le second Congrès corporatif des syndicats allemands tenu à Berlin en 1907, et patronné cette fois par le Gouvernement[1]. Les pouvoirs très étendus qu'il confère à l'administration ont été vivement critiqués, surtout, il est vrai, par les groupements socialistes non adhérents au Congrès loyaliste de Berlin (*Les socialistes et le projet de loi*

---

[1] Sur ce congrès, ses tendances et ses travaux, cons. notamment : *Der zweite deutsche Arbeiterkongress* (*Soz. Praxis,* 31 octobre 1907, p. 113 à 125); Fusler, *Les progrès des syndicats socialistes et le Congrès des ouvriers loyalistes* (*Mus. soc.,* novembre 1907, p. 346).

sur les syndicats, Mus. soc., fév. 1907, p. 56), et il est peu vraisemblable que ce texte ne subisse pas, au cours de la discussion, de
sérieux remaniements. Quoi qu'il en soit, l'attitude du gouvernement allemand est significative et prouve qu'il ne se sent plus de
force à enrayer leur développement.

Les syndicats ouvriers allemands, nés d'une poussée démocratique irrésistible, présentent, dès aujourd'hui, par leur vitalité, la
multiplicité de leurs créations, leur forte organisation fédérative,
un contraste frappant avec le mouvement corporatif : mouvement
à demi-artificiel, destiné à maintenir les forces ouvrières dans un
état de subordination auquel le travailleur moderne ne saurait plus
consentir. Le cadre archaïque des corporations d'ancien régime
étant trop étroit, les ouvriers de métiers sont venus grossir les
rangs des ouvriers de la grande industrie ou des employés de
commerce, et ont formé un faisceau puissant, qu'il serait imprudent
de chercher à rompre. D'où cette particularité singulière, d'une
Allemagne, encore profondément monarchique au point de vue
politique, et démocratique ou évoluant vers la démocratie au point
de vue social.

IV. ROUMANIE ET BULGARIE.

Les Etats balkaniques ont, en matière de législation syndicale,
suivi la même évolution que les Etats germaniques. Après avoir
proclamé le principe de la liberté d'association, ils s'orientent
aujourd'hui dans le sens de la corporation obligatoire. La question
est à l'ordre du jour en *Serbie;* elle a été résolue en *Roumanie*
par la loi du 5 (18) mars 1902 [1] sur l'organisation des métiers, et
en *Bulgarie* par la loi du 20 juin (3 juillet) 1903 [2].

Aux termes de la loi *roumaine,* — spéciale à la petite industrie
comme les lois autrichienne et allemande dont elle s'inspire —,
nul ne peut exercer un métier à son compte, ni employer des
apprentis ou des ouvriers, s'il ne possède un brevet de maître
délivré sous certaines conditions par le Comité de la corporation.

La corporation est *obligatoire* dès que les *deux tiers* des artisans d'un même métier résidant dans une commune ont décidé sa
constitution, pourvu qu'ils soient au nombre de 50 au moins. Tout
artisan de la commune fait partie de droit et obligatoirement de la

[1] *Bull. off. du travail,* 1902, p. 473; *Mus. soc.,* août 1902.
[2] *Ann. de législ. du trav.,* 1903, p. 115.

corporation de sa spécialité, qu'il soit maître, ouvrier ou apprenti ; les ouvriers ne sont donc pas, comme en Allemagne ou en Autriche, dans une situation d'infériorité au regard des maîtres. L'égalité est complète, l'assemblée générale se compose de tous les membres majeurs et jouissant de leurs droits. Dans toute corporation fonctionne une commission arbitrale de cinq membres, un commissaire du gouvernement (choisi dans la profession), président, deux membres élus par les patrons et deux par les ouvriers.

La loi *bulgare* présente une grande analogie avec la loi roumaine.

V. Conclusions.

Quelles conclusions convient-il de tirer, au point de vue français, de cette vue d'ensemble sur le mouvement néo-corporatif?

Il est un parti en France, celui des *chrétiens sociaux,* qui, considérant la liberté du travail proclamée par la Révolution comme la source de toutes les misères endurées par les travailleurs contemporains, préconise la reconstitution de la corporation chrétienne avec sa hiérarchie et ses règlements. Imbus de telles idées, les chrétiens sociaux ne peuvent évidemment que condamner le caractère libéral de la loi de 1884, qui, respectueuse du principe de la liberté du travail et des droits de l'individu, a organisé le syndicat en association libre. Pour eux, c'est sur la législation autrichienne ou allemande qu'il conviendrait de prendre exemple.

Il en est peu d'ailleurs qui préconisent le retour pur et simple à la corporation médiévale. Les uns voudraient que la corporation fût rendue obligatoire, au moins dans la petite industrie ; mais cette corporation engloberait de droit, sans condition d'apprentissage ni examen de capacité, *tous* les travailleurs, patrons ou salariés, des diverses professions. Elle aurait donc un caractère démocratique que ne présentait à aucun degré la corporation de l'ancien régime [1].

D'autres, sans réclamer la corporation *obligatoire,* préconisent une législation dans laquelle le *syndicat mixte,* composé de patrons et d'ouvriers, mais avec une certaine prééminence pour l'élément patronal, serait ouvertement *favorisé* et pourrait notamment éla-

---

[1] *Sic :* Martin Saint-Léon, *Conclusions.* V. à la page 780 de sa 2ᵉ édit. les vues très intéressantes de cet auteur sur *La profession organisée.* — Cf. lois roumaine et bulgare.

borer des règlements obligatoires, même pour les *non syndiqués*[1].

D'autres enfin, placés à l'aile gauche des chrétiens sociaux, formulent des revendications assez voisines de celles du parti ouvrier; repoussent toute idée de corporation ou syndicat assurant à l'élément patronal une prééminence quelconque sur l'élément ouvrier, et demandent simplement la transformation des syndicats patronaux et ouvriers en syndicats obligatoires : le trait d'union entre patrons et ouvriers syndiqués devant résulter moralement de la communauté d'idées religieuses, et pratiquement de la généralisation des conseils d'usine, ainsi que des conseils régionaux du travail[2].

Nous avons par avance manifesté notre sentiment sur la valeur des solutions proposées par l'Ecole sociale chrétienne, en faisant ressortir les inconvénients multiples du régime corporatif modernisé, instauré il y quelques années en Autriche, puis en Allemagne. Le vice fondamental du système germanique, qui à lui seul suffirait à en rendre impossible l'introduction en France, réside dans son caractère inégalitaire, dans le fossé profond qu'il creuse entre le patronat et la classe ouvrière. Sans doute, cet inconvénient disparaîtrait avec la solution démocratique et égalitaire préconisée par le groupe socialiste chrétien le plus avancé. Mais resterait le caractère *obligatoire* du syndicat, qui transformerait entièrement les bases mêmes de la loi syndicale et se heurterait, dans l'application, aux plus graves difficultés[3].

Au surplus, peut-on sérieusement prétendre, en présence des progrès merveilleux de l'association libre sur tous les points du

---

[1] Trav. préparat. de la loi de 1884, amendement de Mun (v. notre *Traité*, n. 360); Boissard, *Le syndicat mixte*, 1896; de Girard, *Les associations professionnelles de l'avenir*, leçons à tirer de l'histoire en faveur de l'organisation future du travail, *Rev. d'écon. polit.*, mars 1899. — Cf. Fagniez, *Corporations et syndicats*, 1905.

[2] Lorin, Le mouvement syndical ouvrier, *Assoc. cathol.*, 1903, et *L'organisation professionnelle et Le Code de travail*, 1907; Bureau, *Le contrat de travail, Le rôle des syndicats professionnels*, 1902. — Cf. Démocratie chrétienne, Association catholique, *Le Sillon* (de Marc Sangnier), *La démocratie du Sud-Est*, etc.

[3] L'échec final de la corporation helvétique de Saint-Gall, qui était parvenue à rendre le syndicat obligatoire en fait, offre un exemple frappant de ces difficultés. V. notre *Traité*, n. 514 et s. — Cpr. cependant, en faveur, non point du retour aux corporations, mais des syndicats obligatoires : R. Jay, *L'organisation du travail par les syndicats professionnels* (Rev. d'écon. polit., 1894) et *L'évolution du régime légal du travail* (Rev. polit. et parl., 1897); Favon, *Organisations professionnelles, syndicats obligatoires*, 1893; Paul Boncour, *Le fédéralisme économique*; Laronze, *Représentation des intérêts collectifs des ouvriers*, 1905.

globe [1], que la contrainte légale peut seule vivifier les groupements professionnels, et n'est-il pas à craindre, au contraire, que l'intervention intempestive du législateur [2] ne fasse dévier ce mouvement spontané, dont la puissance même est peut-être due à l'absence d'entraves légales? Ne voyons-nous pas, en Belgique par exemple, toutes les fédérations ouvrières puissantes se maintenir et se développer en marge de la loi, dédaignant les faveurs que leur offre la loi de 1898, mais au prix d'une restriction de leurs libertés [3]?

Le législateur, sans doute, n'a pas accompli sa tâche lorsqu'il a reconnu l'existence légale des syndicats et déterminé, aussi libéralement que possible, le champ de leur activité. Il doit aussi, par tous les moyens en son pouvoir, en favoriser le développement, pourvu qu'ils se cantonnent sur le terrain professionnel, encourager leur création, les subventionner même, notamment lorsqu'ils organisent l'assurance contre le chômage. Nous estimons même que le législateur peut, très légitimement, accorder aux travailleurs syndiqués certains droits qu'il refuse aux isolés, et constituer un système de représentation du travail ayant pour base l'organisation syndicale. C'est ce qu'avait essayé de réaliser M. Millerand, ministre du commerce, dans son décret du 17 septembre 1900 sur les conseils du travail; et nous regrettons, pour notre part, que par suite de l'opposition du Sénat, le décret de 1900 n'ait pu recevoir effet, et que la nouvelle loi du 17 juillet 1908 sur les conseils consultatifs du travail ait rejeté, par prétérition, l'innovation qu'il consacrait.

Mais l'intervention législative, selon nous, dépasserait le but, si

[1] Les États *australasiens* eux-mêmes, dans lesquels les syndicats ont conquis une véritable souveraineté *de fait*, ne possèdent pas de législation *imposant* l'entrée dans les groupements corporatifs. C'est par des moyens indirects (arbitrage obligatoire, minimum de salaire), et surtout par la conquête des pouvoirs publics, que toutes les constitutions démocratiques rendent possibles, que les forces syndicales des États australiens ou néo-zélandais sont parvenues à dicter leur loi. — Métin, *Le socialisme sans doctrines*, 1901; Vigouroux, *L'évolution sociale en Australie,* 1902; A. Siegfried, *La démocratie en Nouvelle-Zélande,* 1904. — Cf. notre *Traité*, n. 489 et s.

[2] Il est à noter, d'ailleurs, que les projets tendant à rendre le syndicat obligatoire ne sont point encore du domaine parlementaire. Ce sont plutôt des vœux ou des avant-projets, aux contours plus ou moins vagues. Aucun n'a encore reçu de forme définitive, l'opinion publique n'étant évidemment pas mûre en France pour une telle réforme, et les partisans les plus déterminés de l'obligation estimant plus politique de ne pas donner encore à leurs revendications une forme plus précise. Cpr. conclusions de l'étude précitée de M. Jay sur *L'évolution du régime légal du travail.*

[3] V. notre *Traité*, n. 501.

elle tendait à imposer à tous les travailleurs une suprématie syndicale qui, lorsqu'elle pourrait se réclamer de la loi, risquerait de
devenir aussi abusive, aussi tracassière, aussi imbue de l'esprit
de monopole, aussi hostile au progrès que pouvaient l'être les corporations abolies en 1791.

En un mot, et ce sera notre conclusion, les abus trop réels du
régime de liberté institué par la Révolution ne doivent pas nous
en faire oublier les avantages, et nous conduire à une réaction,
dont nul ne saurait mesurer les conséquences. Avec Waldeck-
Rousseau [1], nous répéterons qu'ayant choisi en France entre la
conception *tyrannique*, dans l'acception scientifique du terme, et la
conception *libérale*, nous devons faire confiance à la liberté, et ne
lui assigner d'autres limites que celles de l'ordre public.

P. Pic,

Professeur à la Faculté de droit
de l'Université de Lyon.

[1] Waldeck-Rousseau, préface pour *La fédération économique*, de P. Boncour, et
Questions sociales, 1900. — Cf., en faveur du syndicat libre : Deschanel, *La ques-
tion sociale*, 1898; Barthou, *Syndicat obligatoire* (*Nouvelle Revue*, mars 1901), et
L'action syndicale, 1904, p. 47 et s.

CHRONIQUE LÉGISLATIVE

Mars 1909.

I. Débats parlementaires

Le projet d'impôt sur le revenu et les erreurs de M. Caillaux.

La Chambre a terminé, le 2 mars, le vote du projet de loi relatif à l'impôt sur le revenu. Le vote sur l'ensemble a été précédé de quelques déclarations dont certaines méritent d'être relevées.

Par exemple, celle-ci de M. Vaillant : « Ce qui a effrayé la classe possédante, c'est qu'elle a senti qu'en reportant sur elle une part de l'impôt par un impôt personnel et progressif commençant, en faisant cesser le régime de son exemption d'impôt (*sic*), on ouvrait dans sa domination une brèche qui irait s'élargissant. Si ce n'est pas l'assemblée actuelle, si ce n'est pas le gouvernement actuel de la classe dominante, ce sont les faits, c'est la force des choses qui nous mèneront, l'effort de la classe ouvrière et de notre parti aidant, à cet aboutissement qui fera porter aux possédants exclusivement toute la charge de l'impôt, tous les frais des réformes sociales... ... La classe possédante, comme nous, se rend compte que c'est un commencement, capable de développement ». Voilà qui est parlé clair et nous sommes bien d'accord avec M. Vaillant.

M. Jules Roche a rappelé à la Chambre l'admirable adresse aux Français du 24 juin 1791, dans laquelle la Constituante exposait le système fiscal qu'elle venait d'établir :

« Suppression des impôts de l'ancien régime, qui visaient la personne et non pas la chose, de telle sorte qu'ils entraînaient fatalement l'arbitraire et l'inquisition ;

» Plus de taille ! Plus de dîmes ! Plus de capitation ! Plus de vingtièmes !

» Par conséquent, plus de soupçons de fraude, plus de recherches ni de vexations insupportables aux hommes libres !

» Désormais, égalité de tous les citoyens devant l'impôt et généralité de l'impôt — par conséquent, suppression définitive de tout arbitraire et de toute inquisition ».

« Telle était, ajoute M. Jules Roche, la grande œuvre d'affranchissement et de justice accomplie par la Révolution française et accueillie avec enthousiasme par le pays tout entier. Elle vient d'être renversée de fond en comble par votre projet de loi d'impôt sur le revenu. Il rétablit, sous un autre nom, la pire méthode fiscale de l'ancien régime ».

Après lui, le rapporteur, M. Renoult, a fait un exposé clair et habilement présenté de la loi.

M. Raiberti a, au contraire, vigoureusement repoussé le projet, qu'il a qualifié d'une manière pittoresque « l'inconnu multiplié par l'arbitraire ».

Nous passons sur la longue série des déclarations par lesquelles nombre de nos honorables sont venus expliquer leur vote, pour nous arrêter quelques instants sur le discours dithyrambique dans lequel M. Caillaux a vanté son œuvre (*Exegi monumentum...*!) et qui a eu les honneurs de l'affichage sur les murs de toutes les communes de France. Et nous nous bornerons à l'examen du passage dans lequel le ministre des finances a présenté la défense de son impôt complémentaire, global et progressif. Car c'est là, nous l'avons dit déjà[1], le vice radical, la tache indélébile de cette loi, ce qui en fait une loi de spoliation et de privilège, au lieu de la loi de justice fiscale qu'elle prétend être.

Il est admis que cet impôt complémentaire portera, au plus, sur 500.000 contribuables, ce qui faisait dire à M. Siegfried ces paroles, qui sont la condamnation décisive du projet : « Ce n'est pas un impôt complémentaire, mais *un impôt spécial sur certains revenus* et, dans ces conditions, il renverse absolument le grand principe de l'égalité dans l'impôt qui doit être à la base de nos lois fiscales ».

La réponse de M. Caillaux est monumentale! Il faut la transcrire intégralement : « Il y a 500.000 contribuables qui ont plus de 5.000 francs de revenus.

» Ces 500.000 contribuables détiennent, d'après les statistiques, environ le cinquième des revenus du pays : ils ne représentent que le 80e du nombre des contribuables. On ne fera croire à personne que, composant le 80e des contribuables, ils puissent consommer des produits taxés par les contributions indirectes dans une proportion telle qu'ils représentent à ce point de vue le cinquième des contribuables.

---

[1] V. notre chronique législative de février 1909.

» Sans doute, chacune de ces personnes riches a un train de maison, retient autour d'elle un certain nombre de gens qui sont à sa charge ; mais il résulte des calculs auxquels j'ai procédé avec méthode et scrupule, je me permets de le dire, qu'au maximum l'ensemble de ces contribuables fournit à l'Etat le dixième des contributions indirectes...

» D'autre part, ces mêmes citoyens devraient payer le cinquième des taxes indirectes, puisqu'ils détiennent le cinquième des revenus de la nation. Or, la différence entre le cinquième et le dixième des impôts de consommation peut être évaluée à 200 millions environ. Vous pouvez donc dire, sans chance sérieuse de vous tromper, que les classes riches sont, par le mécanisme des contributions indirectes, allégées d'une somme de 200 millions, qui retombe sur les autres contribuables.

» Et quand nous venons, par un impôt complémentaire, leur demander 170 millions, est-ce que nous ne sommes pas plutôt en deçà qu'au delà de la mesure permise? Est-ce que nous n'aurions pas tout au plus à rétablir les règles de la proportionnalité des charges, que je ne voudrais en aucun cas enfreindre? »

Il y a une douzaine d'années déjà, j'écrivais dans cette Revue un article sous ce titre : « L'exagération des critiques adressées à notre système d'impôts »[1], dans lequel je développais les trois propositions suivantes : 1° Les taxes directes pèsent, beaucoup plus lourdes qu'elles ne le paraissent, en très grande partie sur les classes aisées et riches, qui sont la petite minorité et auxquelles par cela même elles imposent une lourde charge ; — 2° les recettes autres que les produits des taxes qu'on appelle directes ne sont pas toutes, à beaucoup près, le produit de contributions indirectes ; — 3° toutes les contributions indirectes ne méritent pas, ou ne méritent pas au même degré le reproche d'improportionnalité qu'on leur adresse en bloc.

Nous ne reprendrons pas cette démonstration ; mais nous ne pouvons nous empêcher de constater que l'argumentation de M. Caillaux ne tient pas debout. Elle a été péremptoirement réfutée par M. Paul Leroy-Beaulieu[2].

Il y a d'abord une erreur colossale, qui saute aux yeux : M. Cail-

---

[1] Revue d'économie politique, 1896, p. 678 et s.
[2] V. l'Economiste Français du 13 mars 1900 : « Les sophismes de M. Caillaux sur la répartition des impôts ».

laux avance que les 500.000 contribuables qui ont plus de 5.000 fr.
de revenus et qui détiennent environ le cinquième des revenus du
pays ne représentent que le 80ᵉ du nombre des contribuables! Il
oublie de compter les membres de leurs familles, ce qu'il fait au
contraire pour l'ensemble des contribuables, qu'il évalue à 40 millions, chiffre même supérieur à la population totale! L'ensemble
des contribuables ne dépasse pas 11 millions, d'après les chiffres
de M. Caillaux lui-même : on voit la méprise! Il n'en est pas moins
vrai qu'on a pu lire dans toutes les communes de France, avec
l'estampille gouvernementale, que la cinquième partie des revenus
du pays était aux mains d'une minorité représentant le 80ᵉ du
nombre des contribuables!

    On a pu y lire encore cette affirmation que ces 500.000 contri-
buables qui ont plus de 5.000 francs de revenus et qui devraient
payer le cinquième des taxes indirectes puisqu'ils détiennent le
cinquième des revenus du pays, n'en paient pas plus du dixième (??),
et sont allégés dès lors d'environ 200 millions, qui retombent sur
les autres contribuables; et voilà ce qui justifie l'impôt complémentaire, qui leur demandera seulement 170 millions!

    Ce raisonnement suppose établies les deux propositions suivan-
tes : 1.° « que la différence entre le cinquième et le dixième des
impôts de consommation peut être évaluée à 200 millions; 2° que
les 500.000 contribuables ayant plus de 5.000 francs de revenus
ne paient pas plus que leur part dans les autres impôts.

    Or, sur ce deuxième point, nous avons démontré jadis, dans
l'article précité, que les taxes directes, beaucoup plus lourdes
qu'elles ne le paraissent dans le budget général et qui, avec les
centimes additionnels, montent à près d'un milliard, pèsent *en
très grande partie* sur les classes riches de la société, qui sont la
petite minorité. C'est ce qui ressort avec évidence de la décompo-
sition des cotes et cela est plus manifeste encore aujourd'hui
après les dégrèvements que nombre de dispositions ont accordées
à la base.

    Ajoutons que les 45 millions de taxes assimilées aux contribu-
tions directes pèsent à peu près exclusivement sur les classes
riches et que les 870 millions de droits d'enregistrement et de
timbre et les 100 millions de la taxe sur le revenu des valeurs
mobilières pèsent sur elles en très grande partie, pour les trois
quarts au moins, dit M. Leroy-Beaulieu. Il est évidemment difficile,

de chiffrer tout cela ; mais on fausse l'opinion publique en répétant à chaque instant que les classes les moins aisées sont surchargées par les taxes indirectes; sans voir et sans dire que les classes riches paient bien plus que leur part dans les impôts directs !

D'autre part, il est tout à fait arbitraire de fixer, comme l'a fait M. Caillaux, à 200 millions la surcharge que supporteraient les classes les moins aisées du chef des impôts de consommation.

Prenons, en chiffres ronds, le montant des droits sur les consommations dans le budget de 1909 :

Produits de douanes	510.000.000
Produits des contributions indirectes	600.000.000
Produits des sucres.	156.000.000
Produits des monopoles de l'Etat (allumettes, tabacs, poudres).	528.000.000
Soit. . . . . F.	1.794.000.000

Il est clair que les produits des postes, des télégraphes et des téléphones, qui ne sont que le prix des services rendus et qui, d'ailleurs, sont en grande partie payés par le monde des affaires et par les classes riches, n'ont rien à faire ici.

Admettons donc qu'il y ait, en chiffres ronds, 1.800 millions d'impôts de consommation : mais que d'observations à faire à ce sujet ! M. Paul Leroy-Béaulieu en a fait déjà, qui sont décisives, dans l'article de l'*Economiste français* que nous avons cité. Nous ajouterons seulement quelques mots :

Voici 500 millions de droits de douane : c'est ce qui est payé pour l'introduction de produits étrangers ; mais cela représente-t-il exactement la charge imposée à la consommation ? Il serait très téméraire de le dire ; il s'en faut de beaucoup que le droit joue toujours pleinement. D'autre part, il est vrai, le renchérissement du droit de douane se répercute sur toutes les consommations à l'intérieur ; mais, si l'on vient sur ce terrain, c'est la légitimité de la protection douanière que l'on met en question et le grand argument que l'on fait pour elle, c'est qu'elle est nécessaire à alimenter le travail national !

Voici 325 millions de droits sur les alcools. C'est un impôt établi sur une consommation, non seulement inutile, mais positivement nuisible, pernicieuse, de telle sorte que le droit devrait avoir autant que possible le caractère prohibitif : c'est un impôt volontaire, dont chacun a la faculté de s'exonérer : il n'est pas permis de parler ici d'improportionnalité !

Voici le produit des tabacs : 470 millions. Il en faudrait déduire d'abord les frais de fabrication et de vente, près de 100 millions; car, dans cette mesure, ce n'est que le prix du service rendu. Au-delà, c'est un impôt; mais, dirons-nous encore, c'est quasi un impôt volontaire ! Il n'est d'ailleurs pas vrai qu'il manque totale-ment de proportionnalité : les fumeurs de la classe riche, qui fument le plus souvent des cigares de luxe, font une dépense en tabac qui n'a aucune comparaison avec celle des classes moins aisées.

Et il faudrait mettre encore de côté : les droits de transport par chemin de fer (près de 70 millions); le produit de la vente des poudres à feu (18 millions et demi), et plusieurs autres impôts indirects de moindre importance, qui sont payés en grande partie par les classes riches !

On voit toutes les déductions qu'il y aurait à faire sur les chiffres qu'a pris M. Caillaux pour affirmer qu'il y avait une surcharge d'environ 200 millions sur les classes les moins aisées du chef des impôts de consommation.

Et c'est pourtant là la seule raison par laquelle il prétend justi-fier son impôt complémentaire, oubliant d'ailleurs, comme le fait très justement remarquer M. Leroy-Beaulieu, que la progression se trouve déjà, d'une façon très accentuée, dans chacun de ses impôts cédulaires !

Notre système d'impôt a de graves défauts et il appelle de sérieuses retouches. Nous n'y contredisons pas. Il a déjà été amé-lioré, en ces dernières années, au point de vue spécial qui nous occupe, par le dégrèvement des boissons hygiéniques et des sucres. D'autres réformes s'imposent, que la prudence la plus élémentaire commandait de sérier et de faire l'une après l'autre sans jeter tout par terre.

Mais nous tenons à redire bien haut ce que nous disions il y a une douzaine d'années déjà : on exagère beaucoup les vices de nos impôts, surtout au point de vue de la proportionnalité et l'on égare l'opinion publique, qui n'a pas besoin aujourd'hui d'être excitée contre la richesse acquise !

II. DOCUMENTS OFFICIELS.

Le *Journal officiel* du 10 mars contient les tableaux de la production des mines de charbon et des usines à fer pendant le deuxième semestre 1908 et les années 1907 et 1908. La production des combustibles minéraux a été, en 1908, de 37.622.556 tonnes, avec une augmentation de près de 900.000 tonnes sur l'année 1907.

Dans le numéro du 15 mars, on trouvera les tableaux publiés par le ministre des finances à l'occasion du projet de loi relatif à l'impôt sur le revenu et donnant « en regard des sommes que les contribuables des diverses catégories seront appelés à payer demain, celles qu'ils paient aujourd'hui » (lettre de M. Caillaux au président de la Commission de la législation fiscale).

Le *Journal officiel* du 19 contient le texte de la loi relative à la vente et au nantissement des fonds de commerce.

Edmond VILLEY.

BULLETIN BIBLIOGRAPHIQUE

Dondlinger Peter Tracy, *The book of Wheat,* New-York, Orange. 4 vol. in-8 de 369 p. Judd. C., 1908.

L'ouvrage de M. Dondlinger sur le blé est un résumé technologique d'un très vif intérêt et tous ceux qui s'occupent de questions agraires y puiseront avec profit. Le point de vue purement économique est traité avec beaucoup moins d'ampleur. L'auteur donne certains renseignement, il ne traite pas des *problèmes économiques* qui concernent le blé. Tout le côté économique ne dépasse pas 80 pages. Les renseignements donnés sont d'ailleurs intéressants : consommation par tête dans les différents pays, ensemencement, production, valeur du blé dans les différents Etats d'Amérique en 1905. Récolte du blé dans le monde de 1901 à 1906, stock visible en 1896-1897 et 1905-1906, etc. L'ouvrage est accompagné d'une bibliographie méthodique et abondante.

H.-E. BARRAULT.

GIORNALE DEGLI ECONOMISTI

Février 1909.

La situazione del mercato monetario (X.).
Il monometallismo ed i cicli industriali (M. JANNO).
Il disegno di legge per modificazioni nella contabilita dello Stato (L. OTT. BORZONI).
Sulla rappresentazione analitica delle curve statistiche (J. DE HELGUERO).
I comuni e le abitazioni popolori in Germania (R. BADOGLIO).
Cronaca (A. RENDA).

Mars 1909.

La situazione del mercato monetario (X.).
Revisione critica dei recenti concetti nella teoria del capitale e delle loro fondamentali applicazioni (L. AMOROSO).
La liberta e l'obbligatorieta nelle assicurazioni sociali (G. ARIAS).
Sui metodi per la mizura delle correlazioni (C. BRESCIANI).
Cronaca (A. RENDA).

Le Gérant : L. LAROSE.

31.229. — BORDEAUX, IMPRIMERIE Y. CADORET, RUE POQUELIN-MOLIÈRE, 17.

REVUE
D'ÉCONOMIE POLITIQUE

A PROPOS D'UN NOUVEAU LIVRE SUR PROUDHON [1]

Une mode se répand parmi les littérateurs des sciences morales et sociales. On pense et on écrit de plus en plus selon cet adage moliéresque : « Nul n'aura de science hors nous et nos amis ». Combien n'en voit-on pas qui, pour quelque livre publié ou seulement en préparation, s'imaginent être l'auteur connaissant le mieux le sujet traité dans ce livre ou l'homme auquel il est consacré. C'est une innocente manie qui prête à sourire; elle n'est pas dangereuse tant qu'elle ne rend pas celui qui en souffre aggressif vis-à-vis des écrivains qui ont eu la téméraire prétention de s'occuper du même sujet que lui. L'amour-propre trop sensible de celui qui jalousement veut se garder l'exégèse d'un auteur, est toujours prêt à partir en guerre pour défendre son monopole intellectuel contre les interprétations d'autrui.

Il est probable qu'une brève notice suffirait à signaler le livre de M. Droz sur Proudhon, si cet ouvrage n'était pas justement un exemple typique de ce curieux état d'esprit et s'il ne débutait pas par un mode de réclame, bien fait pour attirer l'attention sur un livre dont le contenu avait besoin d'être rehaussé par une polémique.

M. Droz commence son étude sur le centenaire de Proudhon par quelques lignes d'appréciations cavalières à l'égard d'une personnalité en qui nombre d'économistes se plaisent à reconnaître un maître dont l'influence à la fois scientifique et morale tient à la haute probité intellectuelle.

On est tout naturellement porté à lire le livre pour rechercher si

[1] Droz, professeur à la Faculté des lettres de l'Université de Besançon: *P.-J. Proudhon* (1809-1865), Librairie des Pages Libres, 1909.

REVUE D'ECON. POLIT. — Tome XXIII. 21

cette allure, inaccoutumée en de tels travaux, peut trouver quelque
excuse dans une science et une compétence toutes particulières.
Mais, par une ironie que sans doute il n'a pas voulue, M. Droz,
dans la première partie ·de son ouvrage, donne la démonstration la
plus évidente de la proposition qu'il critique.

*
* *

Quelle était donc, en effet, l'hérésie émise par M. Boùrguin;
dans une étude remplie, nous dit M. Droz, « d'erreurs de fait et
et d'appréciations insoutenables? » M. Bourguin avait eu le tort de
déclarer, en 1892, à la séance de rentrée des Facultés de Lille :
« Qui pense aujourd'hui à Proudhon? Si le socialisme français, à
son réveil, en 1864, se rattachait encore à lui, son influence a
complètement disparu depuis l'année terrible ».

Or, cette proposition qui choque l'orthodoxie proudhonienne
de M. Droz est d'une exactitude absolue. Les théories proudhoniennes ont eu une certaine influence sur la classe ouvrière au
moment de la formation de l'Association internationale des travailleurs : les ouvriers parisiens qui, après l'exposition de Londres,
·s'unirent aux ouvriers anglais pour fonder l'Internationale étaient
proudhoniens et les conceptions qui triomphèrent au premier congrès de l'Association, à Genève, en 1866, étaient les idées mêmes
du *Mémoire de la délégation parisienne,* mémoire tout pénétré du
mutuellisme de Proudhon. Mais l'influence chaque jour grandis-
sante de Marx au sein de l'Internationale eut pour conséquence le
recul des idées proudhoniennes.

Malgré la lutte entreprise par la Fédération jurassienne contre
Marx, la défaite des conceptions fédéralistes et mutuellistes est un
fait accompli en 1870. A partir de cette époque, c'est l'influence
du marxisme qui triomphe dans les milieux socialistes et aussi
dans les milieux ouvriers et l'on doit ajouter, pour être tout à fait
exact, que le marxisme subit la déformation fatale d'une vulgarisation faite à l'aide d'ouvrages de seconde main. En 1892, on peut
dire avec M. Bourguin que l'influence de Proudhon a complètement
disparu parmi les socialistes français, M. Bourguin parlant pour le
présent et non pour l'avenir.

Sans doute, pour nous prouver la continuité de cette influence,
M. Droz nous cite des ouvrages dont certains ont paru avant cette
date : Karl Diehl publie son premier volume sur Proudhon en 1888

et le second en 1890 ; Muelberger, ses *Études proudhoniennes,* en 1891, en 1894, en 1896 et en 1899 ; mais, bien que parus autour de 1892, ces ouvrages prouvent seulement l'intérêt qu'en Allemagne le socialisme portait à Proudhon.

M. Droz paraît avoir un tel souci de justifier l'assertion qu'il critique dès les premières lignes de son livre qu'à l'énumération et à l'analyse « en poste » de la littérature proudhonienne allemande, il ajoute immédiatement l'exposé bibliographique des ouvrages français. En France, la littérature sur Proudhon est tout entière postérieure à 1892. Il faut citer d'abord les articles de M. Georges Sorel, dans la *Revue philosophique,* sur la philosophie de Proudhon : Ces articles sont de 1892. La thèse d'Henri Michel sur *L'idée de l'État,* dont un chapitre important est consacré à Proudhon, est de 1895. L'étude de M. Emile Faguet, étude plus riche dans sa brièveté que les deux volumes de M. Arthur Desjardins parus la même année, est de 1896. *L'abrégé des œuvres de Proudhon,* publié par Flammarion, est de 1897. Et c'est seulement en 1903 que, dans son *Introduction à l'économie moderne,* M. Georges Sorel déclare : « Beaucoup de socialistes semblent revenir aujourd'hui vers des conceptions proudhoniennes ». [M. Georges Sorel dit : Beaucoup de socialistes et non pas de nombreux ouvriers.]

Cette phrase, qui constate que c'est seulement dans les premières années du xxᵉ siècle, après une éclipse de vingt-cinq ans, que Proudhon revient à la mode (ou, pour parler le langage de M. Droz, est « mis à l'ordre du jour du socialisme »), a une importance fondamentale. M. Georges Sorel peut, en effet, être considéré comme celui qui a ressuscité en France l'influence de Proudhon par ses publications, par de nombreux articles et des ouvrages tels que les *Illusions du progrès* et les *Réflexions sur la violence.* A son action personnelle est venue s'ajouter celle des socialistes qui s'inspirent de lui ; l'un d'eux, M. Edouard Berth, a développé ces tendances dans des articles du *Mouvement socialiste* et dans une brochure remarquable sur les *Nouveaux aspects du socialisme* et il mérite la reconnaissance de M. Droz pour lui avoir donné la substance même de ses dissertations proudhoniennes.

En résumé, l'influence de Proudhon sur le socialisme est toute récente ; on peut même dire qu'elle se restreint à une école, à quelques penseurs originaux et, par le fait même qu'ils sont originaux, médiocres vulgarisateurs et limités dans leur action. En réa-

lité, jusqu'en 1892, la tendance prédominante dans le parti socialiste français était le marxisme, un marxisme très simpliste et
accommodé aux exigences de la politique ; et cette tendance n'était
contrebalancée en France que par les descendants de nos premiers
utopistes et par les fils avisés des prudents Saint-Simoniens. Des
formules marxistes servaient de thème aux politiciens du socialisme
lorsqu'ils s'adressaient aux ouvriers inorganisés ou groupés en
syndicats.

A partir de 1892, les organisations ouvrières ont commencé à
avoir quelque défiance de l'action parlementaire, à s'écarter des
hommes politiques, à s'efforcer de se développer d'une façon autonome, à opposer l'organisation corporative aux groupements politiques. 1892, c'est en effet la date du premier Congrès de la Fédération des Bourses à Saint-Etienne. Au mois de février 1892, se constitue une organisation purement ouvrière qui prétend à une entière
indépendance. La même année, se tient le Congrès corporatif de
Marseille qui, sur le rapport de M. Briand, adopte le principe de
la grève générale. Deux ans plus tard, en 1894, au Congrès de
Nantes, la rupture entre les organisations corporatives et les groupements politiques est un fait accompli ; elle a été surtout l'œuvre
de Fernand Pelloutier, nommé, en 1895, secrétaire de la Fédération
des Bourses du travail. L'émancipation de l'élément syndical est
définitive lorsque, en 1895, la Confédération générale du travail
est fondée au Congrès corporatif de Limoges.

C'est en 1893 que Fernand Pelloutier s'est séparé du parti
marxiste : si l'on en croit M. Georges Sorel [1], Fernand Pelloutier
ne doit pas à Proudhon les conceptions qu'il a fait triompher dans
l'organisation des Bourses du travail : « Il avait été conduit à la
pratique qu'il a fait adopter, en partie par des préoccupations
libertaires, mais bien plutôt encore par le sens remarquable qu'il
avait des conditions de la lutte de classe ».

Ces observations et ces précisions de dates sont utiles, parce
qu'elles fixent dans le temps les étapes qu'a suivies dans son émancipation le mouvement ouvrier et les influences auxquelles il a
obéi ; mais elles permettent aussi d'apprécier le degré d'exactitude
des idées émises par M. Droz.

---

[1] G. Sorel, préface, p. 26, de l'*Histoire des Bourses du travail* de Fernand Pelloutier, 1902.

Le livre de M. Droz se compose de deux parties : le centenaire de Proudhon (1809-1909), et un résumé de la vie et des œuvres de P.-J. Proudhon.

Dans la première partie, consacrée au centenaire de Proudhon, M. Droz a l'intention de montrer combien Proudhon est actuel, combien sa pensée même est plus vivante aujourd'hui qu'autrefois, non seulement parce qu'elle est souvent évoquée par la nouvelle école socialiste qui reconnaît en M. Georges Sorel son éveilleur d'idées ; mais surtout parce qu'elle est l'inspiratrice des sentiments et de la tactique du milieu révolutionnaire et des chefs de son organisme central, la Confédération générale du travail.

Pour ne pas atténuer la portée de sa thèse, laissons la parole à M. Droz (p. 33) :

« Si Proudhon ne vivait que dans les livres, même d'économie sociale, même de socialisme pratique, ce succès n'aurait pas de quoi contenter le réformateur qu'il voulait être, ni surtout l'homme du peuple qu'il est resté toute sa vie, voué dès sa jeunesse par un serment d'Hannibal, qu'il a tenu en héros et pour lequel il est mort, à défendre jusqu'à leur affranchissement complet ses « frères et compagnons », les ouvriers. Mais la seconde affirmation de M. Bourguin est encore plus fausse que la première : depuis 1864, l'influence du socialisme proudhonien n'a pas cessé un instant de s'exercer en France sur les couches profondes du prolétariat militant... En ce moment même, chez nous, l'action ouvrière, dans ce qu'elle a de plus intime et de plus énergique, reçoit de Proudhon ses principales directions. Par lui-même et par ses disciples, Proudhon a créé, pour la plus grande part, la Confédération générale du travail ».

Divisons la question et demandons-nous dans quelle mesure ces affirmations sont exactes en ce qui concerne, d'abord, la théorie du socialisme ouvrier et, ensuite, la pratique du syndicalisme révolutionnaire.

Sans doute, la nouvelle école socialiste, les théoriciens du syndicalisme révolutionnaire, Hubert Lagardelle, Edouard Berth, rattachent le socialisme ouvrier [1] à Proudhon ; ils le rattachent

---

[1] Tel est le nom que donne au néosocialisme H. Lagardelle pour l'opposer au socialisme idéologique et au socialisme politique.

aussi et peut-être plus fortement encore à Marx, qui n'a pas
seulement à leurs yeux le mérite d'avoir su donner tout son relief
à l'idée de lutte de classe, mais qui a su formuler dans l'Association Internationale des travailleurs l'ébauche de l'action ouvrière
telle qu'elle s'est développée depuis dans les organisations syndicales. Mais M. Droz est antimarxiste plus encore peut-être
que proudhonien et il veut accabler Marx de critiques comme
celles-ci : « La métaphysique de l'économie politique, c'est là que
Marx est dans son élément, ou croit l'être, bien posté et bien armé
pour accabler une fois de plus le pauvre Français en lui remon-
trant qu'il n'a rien compris à la dialectique de Hégel! Comme si
Proudhon n'avait pas, et de bonne heure, dépassé l'hégélianisme!
Comme s'il en avait eu besoin pour découvrir, longtemps avant
Marx, ce « matérialisme de l'histoire », dont Marx et son école sont
si fiers, — mais sans y faire tenir le monde, lui, et sans en tirer
des conséquences inattendues et odieuses, comme le culte idolâ-
trique de la multitude et la dictature du prolétariat » [1].

M. Droz entreprend de démontrer que les seules sources du
socialisme ouvrier sont dans Proudhon et qu'il faut refuser à Marx
toute contribution à la formation des théories qui servent de principes directeurs à l'action du prolétariat révolutionnaire. Mais
pour qui connaît, par leurs écrits et par leurs conversations, les
théoriciens de la nouvelle école, il est incontestable que l'influence
de Marx a été sur ceux-ci tout aussi forte que celle de Proudhon.
L'idée centrale de leur doctrine leur vient de Marx. Nous n'en
pouvons donner ici de meilleure preuve que les déclarations
d'Edouard Berth dans un article sur le centenaire de Proudhon,
dans lequel il apprécie le livre de M. Droz : « On ne saurait nier
que Marx n'ait eu de la lutte de classe une conception plus nette
que Proudhon, ni dissimuler que celui-ci ait formellement condamné les grèves » [2]. L'idée des classes et de la lutte des classes

[1] Op. cit., page 17, M. Droz continue : « Le matérialisme économique, réduit à ce
qu'il a de vrai, il est là, dans les Contradictions Economiques tant ridiculisées par
Marx, mais où, en réalité, la grande question du siècle a été formulée avec une profondeur qui n'a jamais été dépassée ». Et, à la page 88, M. Droz reprend : « Ce matérialisme économique ou mieux cette explication économique de l'histoire, que Proudhon
a enseignée à Marx.... ». Les justifications que M. Droz donne en note de cette affirmation paraissent peu probantes et la thèse est absolument contestable.

[2] Mouvement socialiste du 15 janvier 1909.

est l'idée maîtresse du socialisme ouvrier [1], et la pratique des
grèves, s'accentuant chaque jour davantage et se généralisant de
plus en plus jusqu'à la grève générale, est la forme même de l'action
des syndicats à tendances révolutionnaires.

Avec raison, dans le même article, Edouard Berth ajoute que
ni le proudhonisme, ni le marxisme pris à la lettre ne trouvent
dans le syndicalisme leur exacte traduction historique. S'il est en
effet incontestable que les ouvriers parisiens, fondateurs de l'Internationale, étaient des mutuellistes, il est non moins certain que la
lecture des livres de Proudhon n'a jamais agi, depuis cette époque,
ni sur les masses, ni sur l'élite ouvrière. Sans doute Fernand Pelloutier, l'organisateur de la Fédération des Bourses et d'un mouvement purement ouvrier, avait d'abord été marxiste et avait lu
Proudhon ; mais, si l'on en croit ceux qui l'ont connu, il se détacha
du marxisme beaucoup plus par l'influence des idées libertaires
que par obéissance à Proudhon.

Si l'on interroge les chefs ouvriers du syndicalisme révolutionnaire, ceux-ci affirment que le mouvement ouvrier est un mouvement spontané et de formation autonome. Et, d'autre part, les théoriciens du syndicalisme, comme Hubert Lagardelle [2], déclarent qu'ils
ne font qu'interpréter et systématiser les sentiments et les idées
souvent inconcientes qui dirigent le mouvement ouvrier.

L'ancien secrétaire général de la Confédération du travail,
M. Griffuelhes, dont l'autorité a paru un moment comparable à
celle de Pelloutier, soutient, dans sa brochure sur *L'action syndicaliste* [3], que le syndicalisme s'est formé, non sous l'inspiration de
telle ou telle doctrine, mais sous l'action des événements et de
l'expérience ouvrière. C'est même par ces caractères de sponta-
néité, de réalisme, d'autonomie que le syndicalisme s'oppose,
comme son antithèse, au socialisme politique, réformiste, juridique
et idéologique : « Le mouvement ouvrier actuel est le résultat
d'une longue pratique, créée bien plus par les événements que par

[1] Hubert Lagardelle donne de cette idée la formule concise dans l'avant-propos de
Syndicalisme et Socialisme (brochure : Marcel Rivière, 1908), p. 3. « Si la lutte de
classe est tout le socialisme, on peut dire que tout le socialisme est contenu dans le
syndicalisme, puisque, hors du syndicalisme, il n'y a pas de lutte de classe ».

[2] Il est vrai que M. Droz (p. 68) fait à M. Hubert Lagardelle le reproche d'apporter
au service de cette thèse des preuves d'ordre théologique, reproche auquel du reste
ce vigoureux esprit est habitué de la part de ses contradicteurs.

[3] *L'action syndicaliste* (brochure, Paris, Marcel Rivière, 1908), p. 3.

tels ou. tels hommes. Et cette pratique est loin d'avoir eu une marche
régulière : les incohérences la caractérisent, les contradictions la
jalonnent. Et il en est ainsi, parce qu'elle n'est pas le produit d'une
action exercée en vertu seulement de principes, *mais d'une vie
chaque jour renouvelée et modifiée.* Cette vie agissante rejette
naturellement au loin un tas de formules, de solutions spéculatives et abstraites et elle va placer au premier plan, *après les avoir
extraits des milieux ouvriers,* les moyens de lutte qui sont du
domaine exclusif de la classe des travailleurs » [1]. Ainsi la pratique
commande la théorie, et non la théorie la pratique ; la théorie n'a
qu'un rôle tout à fait secondaire : elle n'est jamais empruntée aux
docteurs du socialisme ; elle n'est que la systématisation momentanée et temporaire de l'action, diverse et mouvante comme la vie
des organisations ouvrières.

M. Droz estime que les chefs du mouvement ouvrier s'illu-
sionnent et qu'ils obéissent, sans vouloir s'en rendre compte, à
l'influence méconnue de Proudhon : « Les grands inventeurs ou
initiateurs, les croyants de tout ordre, sans qu'il leur soit nécessaire d'avoir l'imagination prestigieuse d'un Fourier, pensent volontiers que le monde est venu au monde avec leur foi, ou même qu'ils
sont capables de le mettre au monde » [2]. Pouvons-nous ne pas nous
incliner devant cette affirmation dont l'exactitude ne semble pas
démontrée en ce qui concerne tout au moins la formation du syndicalisme en France? Ne sont-ce pas « les yeux les mieux ouverts
qui sont seuls à discerner dans la vie sociale, où il a fait reconnaître le développement de sa pensée, l'image de Proudhon, un
moment disparu sous les pierres que lui avait jetées le marxisme ? » [3].
M. Droz, professeur à la Faculté des lettres de Besançon, où est
né Proudhon, a su « regarder dans la pensée populaire les jets
qu'ont poussés et que poussent les racines proudhoniennes ».

* *

La seconde partie du livre est un résumé de la vie et de l'œuvre

[1] « C'est l'action seule, ajoute M. Griffuelhes, qui permettra aux militants de concevoir l'usage de ces moyens de lutte ; le rôle du militant n'est-il pas de tirer de la pratique ouvrière une indication donnant à son activité le relief et l'autorité qu'elle
exige? », p. 7.

[2] *Op. cit.,* p. 65.

[3] *Op. cit.,* p. 27 et 28.

de Proudhon. M. Droz a-t-il su à grands traits évoquer la physionomie attachante de Proudhon, donner une idée juste de sa pensée si complexe ?

En moins de 200 pages, (la seconde partie va de la page 95 à la page 271), la tâche était difficile, certains même pourront penser impossible : c'est l'avis de M. Edouard Berth. Quoiqu'en sympathie avec l'auteur, celui-ci déclare qu'il dira peu de chose de cette seconde partie : « car, l'avouerais-je à M. Droz et me pardonnera-t-il de cette franchise tout amicale, ce résumé ne m'a pas paru très satisfaisant ; » et il ajoute : « Peut-on d'ailleurs résumer Proudhon ? N'est-ce pas le gâter que le résumer ? A-t-on jamais pu résumer une œuvre quelconque, surtout quand cette œuvre est aussi vivante et aussi peu didactique que celle de Proudhon ? »[1].

Ainsi la tentative de M. Droz aurait été chimérique par suite de la complexité des conceptions de Proudhon, par suite de leur caractère antisystématique, par ce fait même que Proudhon est l'auteur des *Contradictions économiques,* et qu'il serait facile de s'amuser à écrire, par jeu intellectuel, un livre intitulé : *Les contradictions proudhoniennes.*

Il est vrai que, pour avoir voulu résumer Proudhon en une centaine de pages, un esprit distingué, M. H. Bourgin, auteur d'un volumineux Fourier, s'est exposé à un échec fatal. Mais, si vouloir résumer Proudhon est tenter l'impossible, ne pourrait-on en 200 pages donner de la physionomie de l'homme et de sa pensée tout au moins une esquisse, brossée en fresque, mais vraie ?

Quel procédé M. Droz a-t-il employé pour donner une idée générale de l'œuvre de Proudhon ? Il a juxtaposé toute une série d'analyses très courtes et qui ne laissent en aucune façon l'impression de la richesse et de la diversité de l'auteur de *La capacité politique des classes ouvrières.* Cependant la synthèse s'imposait à M. Droz qui avait l'intention de faire de Proudhon un syndicaliste avant la lettre : ne devait-il pas, en effet, pour apporter la preuve démonstrative de cette thèse, ramener à des directions générales le mouvement syndicaliste et chercher les traces de ces tendances et de ces idées chez Proudhon, y étudier par exemple l'antiintellectualisme, le pragmatisme, le sentiment de l'action ouvrière indépendante de l'action politique, etc.

[1] Art. cit. Mouvement Soc., 15 janvier 1909.

Au lieu de morceler l'œuvre en analyses fragmentaires, M. Droz pouvait procéder par synthèse, grouper autour de quelques idées essentielles les conceptions diverses de Proudhon. Pour échapper au reproche de fausser Proudhon en le faisant apparaître trop systématique, il lui suffisait, par quelques larges divisions historiques, de montrer l'évolution d'une pensée partagée entre une grande passion de l'égalité et un ardent amour de la liberté.

On aurait vu successivement un premier Proudhon (1840-1846)[1], le négateur, qui critique la propriété au nom de l'égalité et la communauté au nom de la liberté; un second Proudhon (1848-1855)[2], le socialiste de l'échange, qui cherche à concilier l'égalité et la liberté par une organisation du crédit et de la circulation; enfin, le Proudhon des dernières années, l'auteur de la *Guerre et la paix* (1861), du *Principe fédératif* (1863) et de deux ouvrages posthumes, *De la capacité politique des classes ouvrières* (1865) et la *Théorie de la propriété* (1866), ouvrages dans lesquels, sans abandonner ses idées sur l'organisation de l'échange, Proudhon se préoccupe de défendre la liberté sous toutes ses formes, en opposant la fédération à la centralisation, l'organisation ouvrière à la politique et en montrant dans la propriété le contre-poids nécessaire à l'omnipotence tyrannique de l'Etat.

M. Droz pouvait ainsi nous donner une impression juste, en apportant les atténuations et les réserves nécessaires. Nous nous trouvons en présence d'une analyse sèche de chacun des ouvrages de Proudhon; entremêlée à l'histoire de sa vie, cette analyse n'offre aucun relief, mais seulement des jugements de polémiste et des éliminations injustifiables, commé celles du livre de la *Guerre et la paix* considéré comme trop peu proudhonien.

Il est utile de faire remarquer ici cette exclusion du livre de la *Guerre et la paix,* parce qu'elle est singulièrement intéressante au point de vue psychologique. Elle a été reprochée à M. Droz par M. Edouard Berth. Celui-ci prétend en effet que la théorie du

---

[1] *Qu'est-ce que la propriété?* est de 1840; — et le *Système des contradictions économiques ou Philosophie de la misère*, de 1846.

[2] 1848 : *Organisation du crédit et de la circulation et solution du problème social; Résumé de la question sociale; Banque d'échange.*
1849 : *Banque du peuple*..... etc., ...
1850 : *Intérêt et capital* (discussion avec Bastiat).
1855 : *Projet d'exposition perpétuelle* (écrit pendant l'Exposition de Paris et publié en 1866).

mariage, l'antiféminisme de Proudhon, et son apologie du Droit de
la Force, contenue dans la *Guerre et la paix,* constituent toute la
substance du proudhonisme : « Si l'on rejette ces deux points,
c'est tout le proudhonisme qu'on rejette ». Ce n'est pas le lieu
de s'arrêter aux vigoureux motifs que M. Edouard Berth donne de
cette assertion ; il suffit seulement de souligner cette opposition
d'interprétation et l'exclusion par M. Droz du livre de la *Guerre et la
paix,* exclusion dont les raisons sont aisées à découvrir. M. Droz,
comme tout bon adepte « de la démocratie pensante et de la démocratie sentante », est à la fois un féministe convaincu et un ami
de la paix ; tandis que M. Edouard Berth n'a que railleries pour la
démocratie, pour le règne aristophanesque du bonhomme Demos,
cajolé et éternellement dupé par ses amis les démagogues, qui
depuis la République athénienne, vivent à ses dépens.

S'il ne voulait pas donner de l'œuvre proudhonienne une impression incomplète, M. Droz ne devait-il pas faire abstraction de
toutes tendances personnelles ? Même s'il croyait que, en écrivant
le livre de la *Guerre et de la paix,* Proudhon s'était trompé,
M. Droz ne devait pas chercher à l'en excuser en déformant ses
idées [1]. Son rôle d'apologiste ne lui défendait pas de donner tout
leur relief aux différents aspects de la pensée proudhonienne,
même lorsque celle-ci faisait le panégyrique de la guerre et exal-
tait le droit de la force : la guerre, selon Proudhon, a été la grande
institutrice de l'humanité, la source de tout idéal, de toute poésie et
de toute grandeur, « ce qui honore le plus l'homme devant l'Eter-
nel ».

S'il avait fallu montrer, pour être vrai, les contradictions proudhoniennes, celles-ci n'auraient rien enlevé, à notre avis, à la personnalité puissante de Proudhon : ce sont elles, tout au contraire,
qui en font la grande originalité. Ne sont-ce pas ces contradictions
seules qui permettent d'expliquer, au cours des apologies du centenaire, le mélange de tant de voix discordantes : celles de M. Eugène Fournière et celle d'Hubert Lagardelle, celle de M. Camille
Sabatier et celle d'Edouard Berth ? Du reste ces contradictions,
indispensables pour composer une figure vraie de Proudhon, ne

[1] *Op. cit.,* p. 244. N'est-ce pas déformer la pensée de Proudhon que de dire : « Il
a voulu bafouer, déshonorer la guerre, et on l'accuse de l'avoir exaltée »? M. Droz
ajoute : « D'où venait ce malentendu ? De ce que l'ouvrage était mal fait, sans équilibre, outrancier dans la thèse, tardif et écourté dans l'antithèse..... ».

réduisent pas à néant sa pensée et le résidu qu'elles laissent est encore riche et substantiel : Proudhon se peint par ses contradictions, mais il ne se définit pas par elles.

S'il est facile de comprendre l'injustice de M. Droz à l'égard de la *Guerre et la paix,* on ne s'explique pas pourquoi cet auteur a négligé de donner les développements nécessaires à l'exposé du système d'échange dont il devait logiquement parler. C'est peut-être l'aspect du proudhonisme le plus malaisé à saisir et à exposer lorsqu'on veut n'en point donner une idée inexacte ou superficielle; mais, en ce domaine, la tâche est étrangement facilitée par les travaux de M. Marc Aucuy[1] qui a fait du socialisme de l'échange chez Proudhon une analyse achevée. Proudhon est resté si fidèle à ses projets pour réformer l'organisation de l'échange qu'on en retrouve le fonds, sous des formes diverses, dans plusieurs tentatives grâce auxquelles il espérait concilier l'égalité et la liberté.

Omettre de faire de ces projets et des théories sur lesquelles repose cette organisation de la circulation une analyse sommaire, n'est-ce pas là une lacune, d'autant plus grave, que l'importance de ce socialisme de l'échange est grande dans l'histoire de la pensée proudhonienne et dans celle des conceptions socialistes?

*

Le défaut du livre de M. Droz est d'avoir été écrit avec une hâte d'où viennent les vices de fond et de forme. Le style s'en ressent. Selon M. Droz[2], M. Edouard Bernstein « s'est aperçu que les événements n'avaient pas dansé au rythme de l'air sifflé par Marx et ne faisaient pas mine de se diriger vers la sortie qu'il leur indiquait d'un doigt impérieux ». M. Droz affirme aussi que « Proudhon n'était pas du bois dont on fait les Ollivier dans le passé et dans le présent, les..... (choisissez) »[3], et que « son ouvrage de la *Guerre et la paix* fit scandale et put le compromettre auprès de toute la Démocratie pensante et davantage auprès de la Démocratie sentante, qui est le peuple »[4].

« L'instant, nous dit M. Droz[5], semble propice pour que notre

[1] Marc Aucuy, *Les systèmes socialistes d'échange,* Alcan, 1908, chap. II, p. 114.
[2] *Op. cit.,* p. 26.
[3] *Op. cit.,* p. 38.
[4] *Op. cit.,* p. 39.
[5] *Op. cit.,* p. 30.

génération fasse dans les œuvres de Proudhon ce choix du
meilleur, auquel doivent être soumis les classiques eux-mêmes
pour durer autrement que par leur nom. Ce travail ne serait pas
moins utile à la société qu'équitable au génie et aux vertus de
Proudhon, s'il servait à persuader *la jeunesse ambitieuse d'écrire*
qu'à la parole aussi et à la science sociale peuvent sourire les
Muses, même les Grâces, et si les beautés de premier ordre qu'il
offrirait aux gens de goût aidaient la doctrine proudhonienne de
justice, d'égalité, de liberté, à s'insinuer dans les âmes ».

M. Droz estime que la jeunesse « ambitieuse d'écrire » trouvera
dans les livres de l'auteur des *Contradictions économiques* une
pensée riche en enseignements, et il désire mettre Proudhon à
l'ordre du jour du socialisme ; mais il pense aussi qu'à la science
sociale doivent sourire les Grâces et même les Muses. On s'étonne
alors qu'il sacrifie si facilement ces nymphes discrètes, protectrices
de l'élégance et de la belle tenue littéraires aux divinités plus tapa-
geuses de la démagogie populacière. Pourquoi son style prend-il
si souvent l'allure des polémiques du journalisme et de la politique ? Pourquoi aux déesses qu'il invoque et qui enseignent aux
hommes les divines cadences et la mesure, n'a-t-il pas demandé
de lui inspirer un ton plus objectif et laissant moins apparaître des
préoccupations confessionnelles ? Pour être démocrate et socialiste,
un professeur de Faculté des lettres doit-il sacrifier, en même
temps que les idées traditionnelles, la forme classique que son
éducation et son métier lui ont donné l'heureuse chance de posséder et d'enseigner, et ne doit-il pas chercher dans les luttes
d'idées et les oppositions sociales à rester « l'honnête homme » ?
M. Droz aime Proudhon pour ses idées sociales, mais aussi pour
ses idées morales, il compte sur l'influence proudhonienne pour
aider à l'éducation de la démocratie. Mais celle-ci resterait toujours imparfaite si elle devait exclure la politesse de la forme qui
n'est pas du tout une hypocrisie verbale, mais la manifestation de
l'entière possession de soi et de ses idées.

Edouard DOLLÉANS.

L'ÉVOLUTION DU PROLÉTARIAT INDUSTRIEL EN HONGRIE

L'effort industriel de la Hongrie ; la population vivant des industries ; l'augmentation du nombre des travailleurs industriels de 1890 à 1900.

Le prolétariat ou les ouvriers de la grande et de la moyenne industrie.

I. **Caractères de son évolution favorables au développement d'un mouvement ouvrier :** — 1° l'accroissement particulièrement rapide du nombre des ouvriers ; son évaluation actuelle ; — 2° la concentration de ces ouvriers dans des établissements en occupant un grand nombre ; l'industrie des mines et des hauts-fourneaux ; l'industrie des transports ; l'industrie proprement dite et les établissements occupant plus de 100 ouvriers ; de cette concentration ouvrière résulte-t-il l'existence d'une concentration capitaliste ? le nombre stationnaire de patrons ; le développement industriel hongrois et la grande industrie ; — 3° la concentration géographique des industries et par conséquent de la population industrielle dans un petit nombre de régions productrices ou consommatrices : Budapest, centre énorme ; la région des monts de la Haute-Hongrie, avec une population ouvrière nombreuse, mais assez dispersée ; la région des villes du bassin de la Haute-Hongrie, les deux bassins miniers du Banat et de Pecs, les quelques grandes villes de la plaine, avec une population ouvrière concentrée, mais encore plus nombreuse.

II. **Caractères de son évolution défavorables au développement d'un mouvement ouvrier :** — 1° la masse encore relativement faible du prolétariat industriel ; — 2° son développement récent et l'absence de tradition, de solidarité et d'élite ouvrière apte à diriger un mouvement ; — 3° le mélange des nationalités dans ce prolétariat et la non prépondérance des Magyars : leur aversion pour le travail de l'usine et la crise de la main-d'œuvre ; — 4° le peu de culture de beaucoup d'ouvriers et les inalphabètes ; — 5° les conditions économiques défavorables au développement d'organisations puissantes ; le temps de travail dans l'industrie et les mines ; les salaires industriels des hommes et des femmes ; les salaires des mineurs ; la hausse des salaires dans ces dernières années et l'exemple des ouvriers du bâtiment ; les causes de cette hausse et l'augmentation du coût de la vie : le prix de la vie et la cherté des loyers.

Etat autrefois presque exclusivement agricole, voué à l'agriculture par la géographie et la politique, la Hongrie fait depuis une quinzaine d'années un effort relativement considérable pour se créer une industrie, surtout une grande industrie, dont elle était presque dépourvue. Sentant, dans le monde moderne, la faiblesse économique d'un Etat sans industrie suffisante, dont le développement agricole est soumis aux intempéries des saisons et aux limites du sol, elle a tenté de faire violence à la nature et l'Etat y a aidé par ses lois de subventions et de faveurs pour les industries nouvelles, lois votées d'abord en 1890, puis en 1899 et en 1900.

Que cette industrie ne soit encore ni très florissante ni très étendue, on doit le reconnaître. Mais elle n'en a pas moins une importance réelle au point de vue social qui nous occupe. 20 p. 100 environ de la population hongroise vit aujourd'hui de l'industrie au sens large du mot, en y comprenant les exploitations de mines, de transport et de commerce [1]. Le prolétariat industriel s'est développé d'une façon considérable dans ces quinze dernières années ; au recensement de 1890 (les publications statistiques comparables hongroises ne datent que de cette époque) [2] le nombre des ouvriers et employés attachés à l'industrie, aux mines et aux moyens de transport — le commerce non compris, — s'élevait environ à 540.000 ; au recensement de 1900, ce chiffre a augmenté de moitié et dépasse 800.000 [3]. Depuis cette date, nous n'avons pas d'autres indications précises; mais le million doit être dépassé aujourd'hui. Il est vrai que dans ces chiffres sont compris tout le personnel intermédiaire d'employés et de chefs de service, qui ne fait pas partie de la classe ouvrière, la masse des ouvriers isolés travaillant à domicile [4] et ceux aidant le patron dans les petits ateliers.

Aussi tenons-nous-en à ce qui constitue vraiment le prolétariat moderne, les ouvriers de la moyenne et de la grande industrie [5]. Trois phénomènes sont ici à noter, dont l'importance sociale se devine ; ils imprimeront à l'évolution du prolétariat des caractères favorables à la création et au développement d'un mouvement ouvrier ; ce sont l'accroissement particulièrement rapide du nombre de ces ouvriers ; leur concentration, c'est-à-dire l'augmentation relative d'importance des établissements occupant beaucoup d'ouvriers ; enfin l'agglomération territoriale de ces industries dans un petit nombre de lieux.

Comme, en effet, l'effort de la Hongrie s'est porté surtout du côté de la grande et de la moyenne industrie, on constate une très forte

[1] Voir notre volume sur *La question sociale et le socialisme en Hongrie*, Alcan, 1909, in-8 avec 5 cartes hors texte, Annexes, tableau A.

[2] Les recensements antérieurs de 1869 et de 1889 présentent des données qu'il est impossible de comparer, nous dit l'office statistique de Budapest, à celles de 1890 et 1900 (cf. *Dénombrement de la population des pays de la couronne hongroise*, 2ᵉ partie, p. 26 de la préface).

[3] Voir *La question sociale, etc.*, Annexes, tableau B.

[4] Cf. Dʳ Emerich Ferenczi, *Die Hausindustrie in Ungarn und die Budapester Heimarbeit*, 1908, Fischer, Iena.

[5] Généralement on entend par moyenne industrie celle qui occupe de 5 à 50 ouvriers; en Hongrie les statistiques rangent les établissements selon qu'ils occupent de 6 à 20 ouvriers, de 21 à 100 et au-dessus de 100.

extension de la population ouvrière qui y travaille : elle a doublé
en dix ans dans l'industrie des transports, passant de 45.000 à
87.000 travailleurs, occupés pour la plupart dans des établissements de moyenne ou de grande importance; dans l'industrie proprement dite, les documents statistiques permettent une comparaison concluante entre le nombre des employés des entreprises
industrielles occupant plus de 20 personnes en 1890 et leur nombre en 1900; il a bondi de 99.000 à 212.000 [1]. Si, à ces chiffres, on
ajoute celui des employés des entreprises occupant de 6 à 20 salariés (95.000 au lieu de 53.000) et celui des ouvriers des mines et
des hauts fourneaux exploités par des personnes privées ou par
l'Etat (69.000 au lieu de 54.000), on voit qu'il y avait en 1900, en
Hongrie, un prolétariat industriel composé au moins de 460.000 travailleurs, tandis qu'en 1890 il n'en comptait environ que
250.000. On peut donc supposer qu'aujourd'hui cette population
ouvrière active doit être voisine du nombre qu'on entend citer en
Hongrie de 600.000 individus.

En même temps que cette population ouvrière augmentait ainsi,
elle se concentrait surtout dans des établissements industriels occupant de nombreux ouvriers. Cette observation est vraie dans les
trois branches d'industrie que distingue la statistique hongroise :
dans l'industrie des mines et des hauts fourneaux, le nombre des
patrons a diminué de 1890 à 1900 de 786 à 508, surtout par suite
de la disparition de petites exploitations de mines d'or et d'argent;
le nombre des salariés a crû au contraire de 43.000 à 55.000, sans
compter ceux des mines et des salines de l'Etat qui passaient de
11.000 à 14.000 [2]. Et le plus grand nombre, soit au moins 50.000,
sont attachés à de très grands établissements occupant plus de
100 ouvriers [3].

Dans l'industrie des transports, les voies ferrées occupent à elles
seules les 2/3 des salariés de ce groupe; en Hongrie, le principal
patron des chemins de fer, c'est l'Etat et quelques compagnies qui
complètent son action; or le recensement de 1890 a décompté
33.000 salariés, celui de 1900 64.000 [4].

[1] Voir La question sociale, etc., Annexes, tableau C.
[2] V. La question sociale, etc., Annexes, tableau B et note 2.
[3] V. La question sociale, etc., tableau C.
[4] Dénombrement de la population de 1900, 4e partie, p. 2 et s.; Annuaire statistique hongrois de 1904, p. 38.

Dans l'industrie proprement dite, la concentration des ouvriers dans des établissements en occupant un grand nombre est très marqué : en examinant les résultats du recensement des entreprises, fait spécialement pour ce groupe, on remarque que tandis que le nombre total des salariés de l'industrie proprement dite n'a pas doublé (327.000 en 1890, 575.000 en 1900), le nombre des travailleurs attachés à des entreprises occupant de 6 à 100 employés a à peu près doublé : ils étaient 89.000 en 1890, soit 27 p. 100, 163.000 en 1900, soit 28 1/2 p. 100 ; quant au nombre de ceux recensés dans les entreprises occupant plus de 100 employés, il a beaucoup plus que doublé : 63.000 en 1890, il ne comptait que pour 19 p. 100 des travailleurs de l'industrie proprement dite ; en 1900, ils sont 144.000 et comptent pour 25 p. 100 [1].

De ce que nous constatons ce que l'on pourrait appeler une *concentration ouvrière,* doit-on conclure qu'on assiste à une concentration industrielle ou si l'on veut capitaliste ? Les statistiques existantes ne permettent pas une telle affirmation, car les deux problèmes ne sont pas absolument liés. Si l'on considère le nombre total des patrons dans l'industrie proprement dite, on voit qu'il reste stationnaire [2] ; il diminue bien dans quelques branches, dans l'industrie textile, dans l'industrie du bâtiment, dans l'industrie de la fonderie de fer et il semble bien qu'il y ait dans ces groupes un mouvement de concentration capitaliste ; mais il augmente dans d'autres, par exemple dans l'industrie hôtelière et dans l'industrie du vêtement [3].

Il est vrai qu'on peut objecter : si en nombre absolu il n'y a pas concentration, elle existe au moins en nombre relatif, par cela même que le nombre des patrons reste stationnaire et que celui des employés dans l'industrie proprement dite double presque.

En réalité, il nous semble que la vraie interprétation soit la suivante : si l'on entend par concentration capitaliste un mouvement tendant à la disparition ou même simplement à l'affaiblissement de la petite entreprise au profit de la moyenne et surtout de la grande,

---

[1] V. *La question sociale, etc.,* tableau C.

[2] Voir *La question sociale, etc.* Annexes, tableau B. On ne peut prendre pour base le nombre des entreprises (tableau C), car il est supérieur au nombre des patrons ; il l'est sensiblement en 1898 (si l'on ajoute aux chiffres du tableau C ceux de l'industrie personnelle alors exclue : cf. note 2) et très fortement en 1900. C'est donc qu'on ne s'est point occupé de savoir si une entreprise était autonome ou succursale.

[3] Voir *La question sociale, etc.* Annexes, tableau D.

il n'y a pas actuellement de signes extérieurs de cette concentration en Hongrie, d'après les statistiques. L'évolution sociale est
toute différente : la grande industrie ne détruit pas la petite, mais
la richesse du pays augmente ; or jusqu'à présent l'industrie
moyenne était faible et la grande presque inexistante ; aussi le
développement industriel a-t-il naturellement porté surtout sur ces
catégories ; là où il n'y avait rien ou presque rien, l'accroissement
absolu frappe davantage et l'accroissement relatif est énorme ; cela
ne signifie pas que la proportion doive se maintenir. D'autre part
le développement particulièrement marqué de la grande industrie
est dû en grande partie à la politique économique hongroise, aux
lois de protection et de subvention, aux efforts du nationalisme
magyar, qui a voulu conquérir de vive force ce qui manquait à sa
vie nationale.

Ainsi il nous semble que l'on ne peut guère parler de concentration capitaliste. Le mouvement auquel nous assistons est un mouvement de croissance ; il a agi surtout sur les éléments les plus
faibles de la vie économique hongroise. C'est lorsque la grande et
la moyenne industrie seront assez florissantes que l'on apercevra
leur action sur la petite industrie ; c'est le problème de demain et
non d'aujourd'hui. Aujourd'hui, la Hongrie augmente sa richesse ;
cet accroissement développe de nouveaux besoins ; l'action de la
politique économique hongroise en profite pour créer une grande,
fortifier une moyenne, sans affaiblir une petite industrie.

Mais le fait important au point de vue de l'évolution sociale,
c'est que l'extension de la moyenne et surtout de la grande industrie modifie la répartition des travailleurs.

Ils sont, et absolument et proportionnellement, beaucoup plus
nombreux que jadis dans les grandes entreprises. Il y a donc concentration des ouvriers dans les grands établissements industriels.
Ce phénomène n'est pas sans avoir des répercussions sociales.

* *

Enfin la grande et la moyenne industrie sont concentrées au
point de vue géographique ; quelques villes ou quelques régions en
ont à peu près le monopole. Cet Etat était hier encore complètement agraire. Il en résulte que l'industrie naissante s'est portée en
quelques endroits favorables, soit aux lieux de consommation,
c'est-à-dire dans les grandes villes, soit aux lieux de production,

c'est-à-dire près des mines ou des dépôts abondants de matières premières. Or, les uns et les autres sont rares en Hongrie. Aussi tout le mouvement industriel est-il concentré dans deux centres de consommation et dans trois régions de production [1].

Un de ces centres est absolument monstrueux pour l'harmonie économique du pays : c'est la capitale. Comme c'est vraiment la seule grande ville de Hongrie et de beaucoup la plus importante agglomération ; comme, d'autre part, c'est sur elle que les Hongrois ont porté toute leur complaisance, qu'ils l'ont parée, qu'ils y ont fait de considérables travaux ; comme enfin c'est une place de commerce naturelle, elle est devenue le rendez-vous de toutes les industries ; celles des machines et de la métallurgie, celles de la minoterie et de la distillerie, celle du bois et bien d'autres y sont réunies ; un chiffre montrera cette importance. Puisque c'est à partir de 20 ouvriers que commence la grande industrie pour le recensement hongrois, prenons cette catégorie : toute la Hongrie comptait, en 1900, 212.000 salariés attachés à des établissements de ce genre dans l'industrie proprement dite. Or, la région de Budapest à elle seule en occupait 75 000 environ.

Les autres centres industriels ont sensiblement moins d'importance. 45.000 ouvriers de grande industrie vivaient, en 1900, dans les quatre ou cinq comitats situés autour des monts métallifères de la Haute-Hongrie : les mines de houille et de fer et les forêts expliquent l'existence des industries métallurgiques et minières et de l'industrie du bois aux lieux de production entre Miskolcz et les hauts Tatra. La nature même a dispersé dans cette région, toutefois peu étendue, les exploitations ; par suite, la population ouvrière est essaimée de ci, de là, sans grand centre attractif.

Le bassin de la Haute-Hongrie est ouvert vers l'Ouest et communique facilement avec l'Autriche. Aux bords du Danube et près de la frontière, des villes déjà anciennes se sont établies : l'industrie des textiles, du cuir, des machines y a été importée : des sucreries et des moulins ont mis en œuvre les produits du bassin ; quelques dépôts houillers, situés au nord de ce bassin, on facilité un petit développement industriel qui, en 1900, faisait vivre dans les exploitations employant plus de 20 salariés quelque 25.000 travailleurs dans les villes de Gyor (Raab), Sopron (OEdenberg), Komaron

---

[1] Voir *La question sociale*, Annexes, tableau E.

(Komorn), Esztergom (Gran), Szombathely (Steinamanger) ou dans
leur comitat et surtout à Poszony (Pressburg), capitale industrielle
de la région.

La dispersion est beaucoup moins grande dans les deux régions
qu'il nous reste à indiquer; ce sont les mines qui en ont commandé
le développement : dans le Banat et le sud de la Transylvanie, la
houille d'Oraviczabinya, le fer de Vadjà Hunyad et de Resicza a
concentré 20.000 ouvriers dans les mines et les usines métallurgiques. Telle vallée, comme celle de la Zsil, offre un exemple remarquable de développement industriel et de concentration récente de
la population ouvrière : en 1892, la ville de Lupécy ne comptait
guère que 600 bergers et paysans; aujourd'hui les mines y ont
attiré 6.000 habitants et la vallée entière plus de 30.000. Faisant
pendant au bassin houiller de Banat, celui des Pécs (Fünfkirchen),
de l'autre côté du Danube, occupe quelque 5.000 mineurs dans un
petit nombre d'entreprises.

En dehors de ces cinq centres, il n'y a quelque industrie moderne
que dans les rares villes du bassin de la Basse-Hongrie : dans chacune d'elles, à Szegedin, à Debreczen, à Kassa, à Arad, à Temes-
var, à Kolosvar, 2 à 3.000 ouvriers sont occupés surtout dans des
industries alimentaires (moulins, distilleries). Ailleurs subsiste seule
la petite industrie : dans des comitats entiers, on n'a recensé pas
plus d'un millier d'ouvriers employés par des entreprises comptant
plus de 20 salariés.

Cette répartition géographique montre à la fois les conditions du
mouvement ouvrier en Hongrie et les lieux où il peut se développer : dans une douzaine de villes et dans les deux régions minières
de Banat et de Pécs, il est assez concentré, géographiquement parlant; mais la population ouvrière n'y est pas encore très nombreuse;
elle l'est davantage dans la région minière de la Haute-Hongrie,
mais la production est ici plus dispersée; c'est à Budapest seulement que se trouve un centre éminemment favorable et par le
nombre et par la concentration des travailleurs à la force et au
développement d'un mouvement ouvrier.

Même ailleurs, il peut prendre une certaine extension, car l'industrie, parquée somme toute dans un petit nombre d'endroits,
donne à la population ouvrière de Hongrie une cohésion relative.

Ainsi l'évolution du prolétariat industriel en Hongrie présente
trois caractères favorables à la naissance et au développement d'un

mouvement ouvrier : un véritable prolétariat moderne, employé
dans de moyennes ou de grandes entreprises, a passé rapidement
de 250.000 âmes en 1890 à 460.000 en 1900 et sans doute à plus
de 600.000 aujourd'hui : en second lieu il a été attiré de plus en plus
vers de très grandes exploitations : en 1900, plus de 260.000 travailleurs étaient attachés soit à de grandes entreprises de transport, soit à des établissements miniers ou industriels occupant plus
de 100 ouvriers ; enfin.ces prolétaires ont été réunis dans un petit
nombre de villes ou de régions et surtout ont été massés pour plus
d'un tiers dans la capitale même du royaume.

II

Mais il suffit de remarquer que dans un pays de 17 millions
d'habitants, moins d'un demi-million était en 1900 occupé dans
de grandes ou de moyennes exploitations industrielles, pour sentir
aussitôt combien faible encore est cette industrie commençante et
relativement peu nombreux ce prolétariat industriel. Pour une
population d'un peu du double, la France compte sept fois plus de
travailleurs dans des entreprises analogues [1].

Mais ce qui est plus important encore que la quantité de ces
ouvriers, c'est leur qualité ; on peut dire, dans l'ensemble et avec
des réserves que nous formulerons, que la classe ouvrière, trop
nouvelle, manque de traditions et d'ouvriers d'élite, entreprenants
et aptes à développer un mouvement ; en second lieu, elle se compose de nationalités différentes, dispersées et souvent peu cultivées et les Magyars ne paraissent pas prêts de conquérir une prépondérance marquée, leur éloignement pour le travail industriel
causant même une véritable crise de la main-d'œuvre en Hongrie ;
enfin, ces ouvriers, malgré des progrès récents, sont encore trop
peu rétribués et sont astreints à un trop long temps de travail pour
pouvoir développer leur éducation ouvrière et créer des organisations propres.

Le développement de la grande et de la moyenne industrie est
de date si récente en Hongrie que la classe ouvrière y manque
totalement de traditions : la masse des ouvriers sont des déracinés

[1] Les établissements occupant plus de 4 salariés (industrie, mine ou transport) au
recensement de 1896, comptaient 2.718.000 ouvriers : en outre, le personnel des chemins de fer est à ajouter à ce chiffre.

de tousl es coins de la Hongrie et même des pays voisins, des nouveaux venus en quête de travail; à leur arrivée à Pest ou ailleurs,
ils ne trouvaient jusqu'en ces derniers temps aucune organisation;
dans ce flux mouvant, rien ne dirigeait, rien ne canalisait des
efforts quels qu'ils soient; les ouvriers qualifiés étaient rares et
souvent étaient appelés de l'étranger, car la main-d'œuvre n'a pas
encore pu se former en Hongrie; de même qu'il faut des années
pour créer un noyau d'ouvriers sachant leur métier et habiles en
leur art, de même il faut du temps pour que des ouvriers apprennent à se grouper, à se soumettre à une discipline volontaire, à
prendre conscience de leurs intérêts, à créer, diriger et développer un mouvement. Ce ne peut être l'œuvre d'un jour dans un
milieu où tous sont nouveaux, sans tradition de solidarité, sans
organisation antérieure, sans une élite ouvrière, apte à conduire
leurs camarades.

Le travail nécessaire d'organisation ouvrière était rendu particulièrement difficile par la différence de nationalité des ouvriers
industriels et le peu de culture de beaucoup d'entre eux. Si,
comme en Autriche par exemple, les ouvriers étaient réunis, sinon
toujours, du moins souvent par nationalités réparties géographiquement, des mouvements ouvriers autonomes pourraient se développer parallèlement et s'entr'aider ensuite; là où la population
industrielle serait la plus éduquée, l'organisation serait aussi la
plus avancée. Mais en Hongrie, les ouvriers de la moyenne et surtout de la grande industrie sont très mélangés : Magyars, Allemands, Slovaques, Serbo-Croates se trouvent dans la même ville,
et les nationalités non magyares sont plus nombreuses et plus
dispersées dans cette classe de la population que dans toutes les
autres. Il est assez difficile de donner des chiffres exacts, car le
recensement de 1900 ne contient aucun renseignement à cet égard
pour l'industrie : tandis qu'il montre avec détail la grande prépondérance des Magyars dans la classe des professions libérales, il ne
donne aucun tableau représentant la proportion des nationalités de
Hongrie dans la classe prolétarienne. On estime que dans la
moyenne et la grande industrie un quart des ouvriers est de langue
allemande, un quart de langue slovaque, un peu plus d'un tiers de
langue magyare et le reste est serbo-croate ou étranger.

Ce phénomène de la faiblesse numérique des Magyars et de la
dispersion des autres nationalités tient à une cause très générale,

l'aversion des Magyars pour le travail de la fabrique et de la mine. On entend communément dire en Hongrie que le Magyar est d'une race apte à la vie indépendante des champs et inapte, comme le Turc, à la vie casernée des usines. Ce qui est certain, c'est qu'il fuit le travail de la grande industrie. Celle-ci, dans son développement de jeunesse, a besoin d'un nombre rapidement croissant de bras ; elle fait appel à la masse des journaliers du pays ; mais ceux-ci ne répondent pas à cet appel et préfèrent, s'il le faut, émigrer, que venir travailller dans la fabrique de la ville voisine. Est-ce une incapacité ethnique? c'est très peu probable, car ceux qui émigrent vers l'Amérique y réussissent fort bien comme travailleurs industriels. C'est surtout une aversion traditionnelle pour tout ce qui n'est pas le travail de la terre à l'air libre et dans l'indépendance de la Puszta ; le Magyar ne renonce à cette préférence que quand il ne peut pas faire autrement : il préfère tenter une vie nouvelle au delà de l'Océan que venir à la fabrique voisine ; il en voit de trop près les côtés repoussants, on lui en décrit la vie pénible, pour l'en écarter et le retenir aux champs.

Quelle qu'en soit la cause, le fait est observé : le Magyar est peu disposé au travail industriel et, lorsqu'il quitte le travail agricole, il préfère s'expatrier. Ce phénomène a pour effet de produire dans une grande partie de la Hongrie une véritable crise de la main-d'œuvre : l'industrie, que l'on cherche à développer, ne trouve pas d'ouvriers ou du moins en trouve moins qu'il ne lui en faudrait. L'importance de ce phénomène a été observée par exemple dans l'industrie houillère, de 1903 à 1907 ; le développement des industries et des voies ferrées exigeait une plus grande abondance de charbon ; les mines existantes étaient capables d'y pourvoir, mais elles ne le purent faute de main d'œuvre et l'on dut faire venir du charbon étranger, même d'au delà des mers. Quoique la consommation prévue pour 1908 et 1909 doive être encore sensiblement plus forte, les sociétés hongroises de charbonnages comptent cependant pouvoir la couvrir à elles seules ; mais elles doivent pour cela faire racoler les ouvriers, augmenter leur salaire, améliorer leurs conditions d'existence et de logement ; enfin, cette main-d'œuvre de fortune n'a pas besoin, pour le travail de la mine, d'une longue préparation technique, à la différence d'autres industries. Pour ce recrutement, les sociétés de mines, comme les fabriques, font appel autant que possible aux ouvriers des autres nationalités et même de l'étranger. C'est ce qui explique que la prépondérance magyare est moins sensible chez les ouvriers industriels que dans les autres classes de la population, et que les Allemands et les Slovaques, par exemple, se retrouvent nombreux dans certaines usines, alors même qu'ils sont assez faiblement représentés dans le pays environnant.

A cette difficulté d'organisation, provenant de la coexistence de plusieurs nationalités, se joint celle du peu de culture de beaucoup de ces ouvriers. Chez les Magyars, parmi les éléments susceptibles de venir travailler à l'usine, les plus vigoureux s'expatrient. Les Slowaques, qui forment peut-être un quart de cette population industrielle, sont les plus arriérés de tous les peuples de Hongrie; Ruthènes et Roumains sont en petit nombre et ne valent guère mieux; seuls les Allemands constituent comme un ferment d'activité et ce sont eux qui se retrouvent à l'origine des mouvements purement ouvriers; les Serbo Croates, qui sont aussi assez cultivés, se tiennent un peu à l'écart et restent dans le sud du royaume. Ainsi, cette population ouvrière est, par suite de ces circonstances, d'une culture sensiblement moindre que la moyenne de la population, et s'il y a en Hongrie une crise de la main-d'œuvre, une crise aussi des ouvriers qualifiés, on peut dire qu'il y existe également une crise de culture. Elle est d'autant plus sensible que la Hongrie est un des Etats d'Europe où il y a le plus de personnes ne sachant ni lire, ni écrire : en moyenne, la moitié de la population est inalphabète.

La situation économique de ces ouvriers industriels est aussi peu propice que la condition morale de ce prolétariat à la formation d'organisations puissantes : nous voulons dire qu'il reçoit en général un salaire minime pour un long temps de travail, et quelques progrès récents ne font que souligner l'état antérieur. L'absence de loi protectrice du travail, le manque de cohésion de la classe ouvrière, la qualité inférieure de la main-d'œuvre expliquent cette situation. D'après une enquête officielle menée en 1900, environ 12 p. 100 seulement des ouvriers travaillent moins de neuf heures par jour, 40 p. 100 de neuf à dix heures et le reste plus de dix heures; sur l'ensemble, 5 p. 100 sont occupés plus de treize heures[1]. Dans les usines, le temps ordinaire de travail est de douze

[1] V. *La question sociale*, Annexes, tableau F.

heures par jour ; il serait même, paraît-il, de quatorze heures, si
on y joignait le temps de la mise en train, de la descente et de la
remontée, et le syndicat des mineurs prétend même que « le repos
du dimanche est une conception inconnue; le plus souvent, on
laisse aux surveillants le soin d'accorder la faveur de donner
congé le dimanche ; celui qui s'absente le dimanche sans excuse est
gratifié d'une amende de 1 à 5 couronnes ; dans les exploitations
de l'Etat, les conditions de travail sont encore pires, s'il est possible »[1].

D'après la même enquête officielle, les salaires sont en général
des plus faibles : il n'y a pas 9 p. 100 des ouvriers qui reçoivent
plus de 20 couronnes par semaine, c'est-à-dire 21 francs ; environ
25 p. 100 reçoivent de 14 à 20 couronnes, soit à peu près de 2 à
3 francs par jour ; 65 p. 100 n'ont pas pour vivre plus de 14 couronnes par semaine ; et l'on croit rêver quand on lit au tableau
récapitulatif que 14 p. 100 des ouvriers industriels, — et il ne
s'agit que de ceux qui ont plus de seize ans et ne sont pas des
apprentis, — reçoivent moins de 6 couronnes, c'est-à-dire qu'ils
n'ont pas même pour leur entretien 1 franc par jour.

Quant aux femmes, c'est encore pire : 33 p. 100 appartiennent
à cette dernière catégorie et 95 p. 100 reçoivent moins de 14 cou-.
ronnes par semaine[2] !

Chez les mineurs, d'après une enquête faite par leur syndicat en
1903, lorsqu'ils gagnent leur plein salaire, ils ne reçoivent en
moyenne que 68 couronnes par mois[3]. Ce chiffre doit être exact, si
l'on considère les chiffres donnés annuellement par les autorités
minières : on voit qu'en 1905, dans les principaux centres, le
salaire journalier *maximum* des hommes était, selon les lieux, de
2 c. 50, 2 c. 93, 3 c. 20, 3 c. 84 ; quant au salaire minimum, —
et les femmes et les enfants ne sont pas compris dans le tableau,
— il oscille de 0,60 à 1 c. 80[4].

Depuis 1901 ou 1902, ces salaires ont haussé sensiblement :
nous manquons de chiffres d'ensemble à cet égard, mais la constatation a été faite par les économistes hongrois et ils admettent que
cette hausse n'a pas été de moins de 30 à 40 p. 100 durant ces

[1] *Die Lage der Bergarbeiter*, in-8. Budapest, 1903, p. 6.
[2] V. *La question sociale*, Annexes, tableau F.
[3] V. *La question sociale*, Annexes, tableau F.
[4] *Annuaire statistique hongrois de 1905*, Budapest, 1907, p. 135.

quatre ou cinq dernières années. La corporation des maçons nous
donne sur ce point des renseignements assez précis : les ouvriers
du bâtiment étaient jusqu'en 1908 les mieux organisés de Hongrie
et, dans presque toutes les villes, ils ont conclu des contrats collectifs avec les patrons ; leur annuaire montre les progrès accomplis :
en cinq ans, de 1903 à 1907, le temps de travail courant à
Budapest a passé de dix heures et demie à neuf heures et demie
et le salaire à l'heure de 30 à 50 hellers ; dans presque toutes
les villes, un progrès analogue quoique moins sensible a été accompli [1].

Cette hausse récente des salaires indique leur faiblesse antérieure et s'explique par plusieurs causes : la crise de la main-d'œuvre, dont nous avons parlé, en est peut-être la principale ; d'autre
part, le commencement d'organisation ouvrière et les grèves, qui
en sont résultées un peu partout, en particulier celles des ouvriers
du bâtiment, ont fortement contribué à ce résultat.

Enfin, il ne faut pas oublier que le prix de la vie a considérable-
mènt augmenté dans les villes de Hongrie, surtout à Budapest ces
dernièrès années. La valeur réelle du salaire dépend essentiellement du coût de la vie dans le lieu considéré. Les salaires très faibles, que nous avons signalés, n'étaient possibles que parce que
l'ouvrier très inculte supportait des privations et une condition de
vie inférieure et que, d'autre part, les objets nécessaires à son
entretien n'étaient pas d'un prix élevé. Dans l'enquête faite par le
syndicat des mineurs, on a établi le budget moyen de ces mineurs
qui gagnaient 68 couronnes par mois. On y voit qu'ils dépensent,
pour leur alimentation et celle de leur famille, 37 couronnes par
mois, soit à peu près 1 fr. 10 par jour, et qu'il ne leur reste que
11 couronnes par mois pour habiller leur famille et eux-mêmes,
élever leurs enfants, distraire et former leur esprit [2]. Nous croyons
sans peine la brochure du syndicat, quand elle nous dit qu'ils ne
peuvent « se nourrir qu'à moitié » ; mais le seul fait de pouvoir
subsister à ce prix indique un coût de la vie assez faible.

Or, ces dernières années, la cherté et le renchérissement des
choses ont été très marqués en Hongrie : si les céréales et le pain
n'ont pas augmenté de prix, par contre les combustibles, les objets

---

[1] Voir *La question sociale*, Annexes, tableau F.
[2] Voir *La question sociale*, Annexes, tableau F.

alimentaires et surtout la viande, coûtent beaucoup plus cher qu'il
y a cinq ans, par suite de diverses circonstances ; un grand nombre de produits alimentaires sont l'objet, soit du monopole d'Etat,
soit d'impôts de consommation élevés, principale ressource de
l'Etat, soit de kartell industriel, et par là leur prix augmente dans
de fortes proportions : le sel est monopolisé, son coût de production varie de 80 à 90 hellers (environ un franc) par quintal métri-
que, alors que son prix de vente est de 23 couronnes ! De même
le tabac est monopole d'Etat et ce sont les sortes de cigares et de
tabac les plus ordinaires qui sont du plus grand profit. La viande,
le pain, le sucre, les boissons, le pétrole sont frappés de droits.
L'impôt sur l'alcool augmente considérablement le prix des boissons qui en contiennent : tous les spiritueux, le vin, la bière, sont
imposés. Le pétrole est objet de kartell et proportionnellement plus
cher que le gaz ou l'électricité, qui sont libres de tout impôt et
dont peuvent se servir les gens aisés. Les ustensiles de cuisine,
s'ils sont fabriqués en fer, sont l'objet du kartell du fer; s'ils sont
émaillés, leur prix sont renchéris par le kartell du fer-blanc et celui
de l'émail ; le charbon et le sucre sont de même l'objet de kartells
semblables. On a rendu impossible, dans l'intérêt des agrariens,
l'abaissement du prix de la farine en abolissant le droit de transporter la mouture, de la viande en interdisant l'importation du bétail
roumain ou serbe, de la bière par le système d'impôt. Même les
pommes de terre et tous les légumes sont d'une acquisition onéreuse : c'est dû à ce qu'en Hongrie ils sont cultivés par des jardi-
niers émigrants bulgares, qui vendent leurs produits cher, alors que
les cultivateurs hongrois ne s'en occupent pas. Quant au renchérissement de la viande, on sait qu'il est très sensible depuis peu de
temps dans toute l'Europe centrale : les grands marchés de Budapest, Vienne, Munich, Berlin ont signalé le fait; les partis politiques se sont emparés de la matière; les agrariens se sont réjouis;
mais en Hongrie l'augmentation a été d'autant plus marquée que,
le bétail étant sur place, on le payait autrefois au prix du lieu de
production.

Une autre dépense nécessaire, celle de l'habitation, est également devenue très coûteuse dans les villes hongroises, tout particulièrement à Budapest, où se fait sentir une augmentation
croissante des loyers et où sont concentrés, comme nous l'avons vu,
une grande partie des ouvriers. Il existe à Budapest une véritable

crise de l'habitation qui a été très étudiée : la ville a augmenté
rapidement de population par suite d'une émigration qui s'est
produite de l'intérieur du pays dans la capitale et de la concentration anormale qui en est résultée. Tandis que survenait cet
afflux de personnes, se produisaient à la fois la crise de la main-
d'œuvre, des grèves d'ouvriers du bâtiment et des lock-outs.
Comme en même temps ni l'État, ni l'initiative privée ne s'occupaient des maisons ouvrières, il en est résulté une situation
lamentable : les logements sont extrêmement chers, on estime
qu'une seule pièce infecte à Budapest coûte le même prix que
deux pièces et une cuisine à Berlin, par exemple[1]. Aussi se
trouve-t-on en présence d'un véritable entassement de la population dans des taudis sans hygiène : en 1901, 58 p. 100 de la
population, soit 365.000 âmes, habitaient dans une demeure ne se
composant que d'une seule chambre, tandis qu'à Vienne 7,5 p. 100
seulement de la population vivait ainsi. Et quelle tristesse de songer qu'à cette même date 36 p. 100 de la population de la capitale
était parquée dans des habitations où demeuraient au moins six
personnes dans une seule chambre[2] !

Cette situation a été avouée avec beaucoup de franchise dans
l'exposé des motifs du projet de loi présenté en juin 1908 par
M. Weckerlé en vue de la construction de maisons ouvrières à
Budapest ; celui-ci dépeint de la façon suivante ce qu'il appelle
« les conditions vraiment honteuses de l'habitation ouvrière dans
la ville de Budapest ». « Tout le monde sait ici de quelle pénurie
extrême d'habitations la ville de Budapest souffre depuis quelques
années. Devant une demande toujours croissante, à laquelle ne
répondait aucune offre, on estime que les loyers payés annuellement par nos concitoyens ont été augmentés d'environ 12 millions
de couronnes pendant ces trois dernières années. Ils sont arrivés
ainsi à être hors de toute proportion avec les salaires. L'habitation

[1] M. de Elek donne les chiffres suivants : dans les faubourgs de Budapest une
chambre et une cuisine coûtent par an de 280 à 320 couronnes, soit d'ordinaire le
quart, exceptionnellement le cinquième ou le sixième du salaire annuel. Les ouvriers
des chemins de fer allemands paient, pour un logement beaucoup mieux tenu de
deux pièces et une cuisine, de 140 à 160 marks. C'est de la même source que nous
tirons les chiffres cités ci-dessus sur la cherté des produits de consommation.

[2] Le problème des logements ouvriers à Budapest est de plus en plus aigu, ainsi
que l'indiquent l'enquête et les statistiques que nous reproduisons dans la *Question
sociale*, Documents annexes, tableau F *bis*.

chère, insalubre et insuffisante et toutes les calamités qui en résultent font souffrir cruellement la population qui se trouve désarmée devant une telle situation ».

Les ouvriers les plus aisés et qui pouvaient supporter les frais d'un déménagement ont envahi les communes voisines, mais les mêmes causes y ont produit les mêmes effets et, au bout de très peu de temps, il a fallu un prix énorme pour une cave ou un grenier à peine convenables pour abriter des animaux. La population s'y est entassée dans des conditions lamentables, un lit d'une personne servant pour quatre ou cinq et le reste à l'avenant.

Cette situation navrante montre la malheureuse condition économique du prolétariat industriel de Hongrie. Dans une conférence faite, en avril 1908, à la Société hongroise des sciences sociales, M. Paul de Elek, directeur général de la Société commerciale hongroise, disait qu'il n'y a pas un pays civilisé où le travailleur vit aussi chèrement qu'en Hongrie et il s'en plaignait au point de vue économique : un bon ouvrier ne peut pas, disait-il, accepter de vivre dans ces conditions onéreuses et les logements infects qu'on lui offre à Budapest ; même avec le salaire identique, disait-il, l'ouvrier autrichien vit mieux et moins cher que l'ouvrier hongrois ; son pain n'est pas plus cher ; sa viande lui coûte un peu plus, mais est sensiblement meilleure ; les pommes de terre, les légumes et les fruits sont de beaucoup moins onéreux, la bière vaut moitié prix, les articles de ménage et d'habillement sont moins coûteux, les logements sont d'un loyer moindre et d'un confort plus grand. Comme, en outre, l'ouvrier hongrois est encore celui qui gagne le salaire le moins fort parmi les pays civilisés — M. de Elek évalue son salaire moyen annuel à 185 couronnes — il en résulte que l'industrie est entravée dans son développement, malgré la politique d'aide que poursuit aujourd'hui l'État : elle ne peut trouver les bons ouvriers qui lui sont indispensables et la main d'œuvre nécessaire, sans prendre à son compte de très lourdes charges, construire des logements ouvriers, accroître les salaires, etc. ; et, en ce cas, elle ne pourrait, industrie naissante, se défendre contre la concurrence autrichienne. Au point de vue économique, la politique industrielle doit donc se doubler, pour être efficace, d'une politique sociale. Quant au point de vue spécialement social qui nous occupe, si l'on rapproche de cette situation matérielle du prolétariat sa condition morale encore inférieure, l'amalgame de nationalités qui le forme, l'absence de traditions et d'élite ouvrière, sa masse encore relativement faible, on comprend pourquoi le mouvement ouvrier est encore à ses débuts dans le royaume de Hongrie. Cette situation économique et morale explique l'évolution des idées et de l'organisation dans le monde ouvrier.

Gabriel-Louis JARAY.

LA MORALE DU TESTAMENT

AVERTISSEMENT

Le lecteur comprendra que j'aie fait subir à la correspondance
dont se compose cette publication les altérations qu'il fallait pour
qu'on ne pût rétablir aisément l'identité de la personne avec
laquelle je l'ai échangée. Cette précaution même ne me justifie pas
entièrement du reproche de divulguer des lettres que j'ai reçues et
dont je ne suis pas devenu par cela seul le maître de faire usage.
Rigoureusement, j'aurais dû peut-être obtenir l'autorisation des
héritiers de leur auteur. Mais je ne me fais aucun scrupule d'en
user très librement avec la propriété théorique de gens qui me doivent, en définitive, une opulente succession, et je ne crains pas
qu'ils m'inquiètent, à supposer que mon travail de démarquage ne
parvienne pas à les tromper.

En second lieu, rien n'est plus éloigné de ma pensée véritable
que de rattacher, comme j'ai paru le faire dans ces lettres, le droit
de tester au droit de propriété. La propriété est bien la condition
et comme la matière du testament, mais elle n'en est pas la cause
ni la justification ; et ce droit que nous avons sur notre patrimoine,
ce n'est pas dans notre patrimoine que nous le trouvons. Faire du
droit de tester une conséquence du droit de propriété, c'est, à mes
yeux, l'avilir et le prostituer. Non, il est bien plutôt, comme les
Romains l'avaient compris, une fonction du droit public, une délégation par l'Etat à l'individu de son pouvoir législatif. Cette question de dogmatique, dont j'ai fait il y a longtemps l'objet d'un
petit écrit [1], a, sans doute, une importance morale considérable
puisque, selon qu'on la résoud dans un sens ou dans l'autre, on
met dans la main du testateur un petit hochet pour son amusement
ou bien un sceptre confié à sa loyauté. Mais je pouvais me dispenser d'examiner ce point en écrivant à une personne qui avait l'esprit naturellement élevé et la conscience délicate.

Au reste, ce n'est pas tout de suite que je me décidai à écrire ma
lettre un peu brutale du 16 mai 1897, où je découvre toute ma

---

[1] *Le droit de tester*, Neuchâtel, Attinger frères, 1891.

pensée. Lorsque, à ma grande surprise, Mme S.-B... quitta le
ton ordinairement moins sérieux de notre correspondance et me
confia son intention de tester et ses incertitudes, je formai sans
doute presque aussitôt le dessein de profiter de son insistance pour
sauver, si possible, cette fortune de la destination impersonnelle
dont je la voyais menacée. Mais, sans entrer dans le vif du sujet,
je me contentai de répandre un peu d'ironie sur les testateurs en
général et de plaider tant bien que mal la cause d'héritiers *ab
intestat* qui ne m'intéressaient pas le moins du monde. N'ayant
rien ou à peu près rien gagné par cette voie détournée, je crus
d'abord que la discrétion me condamnait à m'en tenir là, et je
n'aurais pas eu l'audace de faire à une femme du monde, habituée
à toutes les déférences, une leçon directe sur l'usage rationnel
du testament, si, quelques semaines plus tard, respirant l'air du
Colisée, je n'avais eu honte de ma lâcheté. Comment, dans un tel
lieu, n'aurais-je pas pris en pitié la misérable délicatesse qui m'engageait à taire une vérité que je crois importante, de peur de
hasarder une amitié surtout intellectuelle? Ma lettre est le fruit
d'un remords, et peut-être doit-elle à cette origine quelque chose de
son âpreté. Si, comme Mme S.-B... me le fit remarquer plus tard,
je lui avais dit les mêmes choses avec plus de douceur ou de diplomatie, nous ne nous serions pas brouillés ; mais aussi une démonstration atténuée n'aurait probablement fait aucune impression sur
son esprit ; au lieu que l'ayant blessée, en ne cherchant d'ailleurs
qu'à la frapper, je l'ai forcée du moins à réfléchir, et finalement à
révoquer un de ces testaments que tout le monde admire, et dont
j'ai horreur comme d'une défection et d'une hypocrisie.

Enfin ma dernière lettre, où je semble abandonner tout à fait
mes idées, s'explique par la circonstance que je l'écrivais à une
mourante, à laquelle j'eusse été sans excuse d'exprimer le moindre
regret sur le parti qu'elle avait pris. Au fond, je n'étais bien qu'à
moitié satisfait de la révocation d'un testament socialiste, et il m'eût
été agréable qu'un testament à la romaine l'eût remplacé. Mais il
m'était impossible de le dire, et j'ai même dit tout le contraire, en
alléguant des raisons assez spécieuses pour motiver ce revirement
charitable. Sans doute, je trouve déconcertant et, pour tout dire,
ignoble le spectacle des milliers de testateurs cultivés qui sont
morts sans songer au malheureux Lamartine, obligeant ainsi l'Etat
lui-même à intervenir pour tempérer la détresse d'un grand

homme. Je me flatte cependant qu'un tel scandale n'est pas dû à une véritable ingratitude, mais à cette erreur néfaste de l'opinion publique, qui considère que l'usage le plus noble et le plus excellent qu'on puisse faire du droit de tester, c'est d'abolir à jamais la propriété individuelle dans des fondations et des œuvres collectives, au lieu qu'il devrait servir à la réhabiliter aux yeux des masses en la propageant avec intelligence. Non, le cas de Lamartine, oublié systématiquement par ceux dont il avait fait battre le cœur, et secouru dans cet abandon par l'Etat, ce cas, tout humiliant qu'il est, ne décide rien encore, puisqu'il est imputable peut-être à une doctrine morale erronée et qu'il faut avoir quelque foi dans la puissance de la raison. Si tel n'était pas mon espoir ou du moins mon illusion, je ne publierais pas ces lettres et je ratifierais le jugement qu'un ami portait dernièrement sur elles, en me disant que cette lecture lui avait mis la mort dans l'âme. Mais je n'ai pas encore des idées aussi funèbres.

Attaquons donc courageusement ce préjugé séculaire, dont je crois que personne encore n'a entrepris de secouer le joug, et qui fait malheureusement la loi à tant de testateurs animés des intentions les plus pures. Pour peu qu'on réfléchisse, on s'aperçoit bien vite que les riches sont en général très mal inspirés quand ils donnent à leur héritage une destination impersonnelle. En effet, s'ils le font parce qu'ils estiment vraiment que c'est à des êtres collectifs et non pas aux individus que les biens doivent appartenir, ils prononcent leur propre condamnation, puisqu'ils se permettent de posséder eux-mêmes jusqu'à leur dernier souffle une fortune dont, selon leur conscience, les individus n'auraient pas le droit de jouir. Et s'ils répondent qu'ils n'ont point une telle pensée, que la propriété individuelle ne cesse pas de leur paraître très bonne et très légitime, mais qu'on ne saurait leur faire grief d'assurer dans l'avenir le soin des pauvres et des malades, la culture des lettres, des arts et des sciences, ou enfin le lustre de la cité, je leur demanderai si, de leur vivant, ils sont donc restés indifférents à toutes ces choses, et ce qui les autorise à craindre que leurs biens, passés à d'autres maîtres, cesseraient d'y servir.

Il n'est pas permis de soupçonner le mal : chacun doit donc présumer que ses héritiers, surtout lorsqu'il est libre de les choisir, marcheront sur ses traces et mettront à soutenir les entreprises d'intérêt public et les œuvres de charité la même passion que lui-

même. Les riches ont raison sans doute de se croire un devoir
social ; mais ce devoir consiste uniquement à exercer la libéralité
pendant leur vie, pour laisser à des successeurs capables de les
imiter une fortune grevée des exemples de leur sollicitude.

Tels sont les sentiments qui inspiraient sans doute le cardinal
Richard, archevêque de Paris, dans son testament du 3 mars 1900[1],
dont voici les passages essentiels, admirables d'élévation, et de can-
deur :

« *Je laisserai peu de chose à faire après ma mort.* Je crois
» avoir employé aussi fidèlement que je le pouvais, en œuvres de
» piété et de charité, tous les revenus ecclésiastiques dont j'ai joui
» pendant ma vie. N'ayant fait aucune économie provenant de ces
» revenus, je n'ai point de dispositions à faire sous ce rapport,
» sinon de prélever sur mes biens patrimoniaux la somme qui
» serait nécessaire pour satisfaire aux quelques obligations de
» charité ou autres que je pourrais avoir au moment de mon
» décès.

» Pour mes biens patrimoniaux, j'en ai fait deux parts, dès le
» commencement de mon sacerdoce, d'après les conseils d'hommes
» animés de l'esprit de Dieu et connaissant bien la situation de ma
» famille.

» *J'ai aliéné depuis longtemps la part que j'avais réglé d'em-*
» *ployer aux œuvres de charité et de piété, croyant de beaucoup*
» *préférable d'accomplir moi-même ces œuvres durant ma vie,*
» *que de les laisser à faire après ma mort.*

» Quant à la seconde part, je crois me conformer à l'ordre de la
» Providence en la laissant à mes nombreux neveux, petits-neveux
» et arrière-petits-neveux, mes héritiers naturels, dans la pensée
» non de les enrichir, mais de les aider à conserver la position
» modeste que le bon Dieu a faite à notre famille ».

Je suis heureux de pouvoir placer sous la recommandation d'une
telle autorité morale quelques-unes au moins des idées exposées
dans ces lettres.

---

[1] *Journal des débats*, 1er février 1908.

MADAME S.-B. A L'AUTEUR.
                                        X., le 7 février 1897.

. . . .
Je ne comprends pas du tout les plaisanteries que vous vous permettez
sur le souci que me cause mon testament. C'est pour moi une affaire très
sérieuse, et je n'aurai de repos d'esprit que lorsqu'elle sera réglée. Mais
jusque là que de doutes, que d'hésitations! J'attendais de vous des encouragements, peut-être même des conseils ou des indications. Ne saurez-vous
jamais que vous moquer?
. . . .

L'AUTEUR A MADAME S.-B.
                                        N., le 19 février 1897.

. . . .
Eh bien! cette fois je ne me moquerai plus de votre testament, mais je vous
dirai, puisqu'il vous jette dans une si grande inquiétude : Qui donc vous
force à tester, Madame? Dispensez-vous donc de ce travail, sans lequel on
parvient toujours à mourir. La loi se chargera de vous trouver des héritiers, qui même seront très contents de vous. Si vous ne voyez pas distinc-
tement ce que vous devez faire, ne faites rien : dans le doute abstenez-vous.
. . . .

MADAME S.-B. A L'AUTEUR.
                                        X., le 3 mars 1897.

. . . .
Assurément, ce n'est jamais de gaîté de cœur qu'on fait son testament.
Mais, quoi que vous disiez, je ne peux guère m'en dispenser. C'est un devoir
certain pour une femme de mon âge, sans très proches parents, et qui
soutient un assez grand nombre d'œuvres et d'établissements charitables
ou d'intérêt général. Voyez plutôt ce que deviendrait ma fortune, si je n'en
disposais pas moi-même. Une moitié irait à des cousins germains paternels,
au nombre de six, et tous aussi riches ou plus riches que moi : la part de
chacun serait une quantité tout à fait négligeable. Dans la famille de ma
mère, j'aurais, pour prendre l'autre moitié, deux parents éloignés avec
lesquels depuis longtemps nous n'avons plus aucune relation. Ce sont, je
crois, d'assez petites gens, un peu bornés, dont mon héritage ferait infailliblement des parvenus insupportables; la médiocrité de leur situation convient à celle de leur esprit : il ne faut pas les en tirer.
Ainsi, Monsieur, je vois que si ma succession passe à mes héritiers
naturels, elle ne fera aucun bien ni même aucun plaisir appréciable à la
plupart d'entre eux, et probablement beaucoup de mal aux autres. Voulez-
vous que j'y consente, alors que tant de belles entreprises et de misères
béantes sollicitent l'intérêt des gens de cœur?
Maintenant que vous savez mieux mes raisons, vous comprendrez sans
doute l'importance que je mets à mon testament. Ce n'est pas une importance sentimentale, c'est une importance morale et sociale. Je voudrais

donner à ma fortune une destination telle qu'elle produise, à vues humaines, l'effet le plus utile. Il n'y a rien là que vous ne deviez approuver.

Déjà, tout était à peu près arrangé dans ma tête, lorsque deux des institutions qui me sont le plus chères ont été dotées magnifiquement par des testateurs plus pressés de mourir, et je suis en quête de nouveaux légataires. Si quelque idée vous vient, faites m'en part, je vous prie, et montrez, en m'aidant de vos conseils, que vous êtes mon véritable ami.

. . . .

L'AUTEUR A MADAME S.-B.

N., le 10 mars 1897.

. . . .

J'en viens maintenant à cet article de votre testament, qui envahit notre correspondance. C'est à regret que je vous en parle, parce que vous m'y contraignez, et j'espérais qu'en vous répondant comme j'avais eu soin de le faire jusqu'ici, c'est-à-dire sur le ton du badinage, je décourageais votre confiance.

Mais enfin, puisqu'il le faut, je m'acquitte avec franchise du devoir que vous imposez à mon amitié.

Je commence donc par vous dire que les raisons qui vous déterminent à ne rien laisser à vos héritiers *ab intestat* ne me semblent pas décisives.

De bonne foi, vous êtes-vous jamais trouvée trop riche, Madame? Pour moi, je ne m'en suis pas aperçu; je raisonne donc dans l'hypothèse que la possession de votre fortune ne vous a pas véritablement embarrassée.

Cela étant, je ne peux comprendre, et il n'est pas conforme à votre bienveillance ordinaire, que vous envisagiez avec déplaisir le changement que ferait votre héritage dans la situation de vos parents de l'une et l'autre ligne. Pour les uns, dites-vous, ce changement ne serait pas assez considérable, et pour les autres, il le serait trop. En vérité, Madame, qui pourrait jamais recueillir une succession quelconque, s'il fallait pour cela trouver grâce à vos yeux, c'est-à-dire être riche déjà, mais sans l'être trop cependant?

Ce n'est pas la peine que vos cousins paternels recueillent un douzième chacun de votre fortune : qu'est-ce pour eux cette bagatelle? Mon Dieu, Madame, assez communément ce sont les petits ruisseaux qui font les grandes rivières. Etes-vous bien sûre que votre patrimoine ait jailli en une fois tout formé d'une source unique, sans se grossir de petits affluents de droite et de gauche? Et si vous étiez appelée actuellement à faire encore un héritage du dixième ou du vingtième de votre fortune, le jugeriez-vous dérisoire, le mépriseriez-vous, et plaindriez-vous la sottise de celui qui vous le laisserait, à vous qui n'en avez aucun besoin? Ne vous réjouiriez-vous pas, modérément bien entendu, de cette possibilité, je ne dis pas de vivre plus agréablement, puisque cela n'est guère concevable, mais d'augmenter vos largesses, ou même de vous sentir plus puissante? Et si tels sont vos sentiments, pourquoi ne pas en supposer de semblables chez vos cousins et cousines déjà riches? Songez d'ailleurs que quelques-uns sans doute auront des enfants à pourvoir, raison d'acquérir dont vous ne pouvez pas sentir la force.

Quant à vos parents maternels, votre répugnance est celle d'une femme que son excellent cœur n'empêche pas d'avoir le goût sévère, parfois même un peu dédaigneux. Il se pourrait toutefois qu'éloignée d'eux systématiquement par leur médiocrité, vous ne les connaissiez pas aussi bien que vous le croyez. Quoi qu'il en soit, s'ils ont des descendants, il y a des chances pour que ceux-ci réussissent à se décrasser au bout de deux ou trois générations, et dans ce cas, votre héritage poserait le fondement de ce qu'on finit par appeler de bonnes familles, phénomène social tout à fait recommandable à vos yeux, et même aux miens.

Ne voilà-t-il pas, Madame, des motifs suffisants de renoncer au devoir que vous vous êtes forgé d'exhéréder si laborieusement votre famille, sous prétexte que votre fortune doit produire un maximum d'utilité? Elle peut être assez utile, ce me semble, en passant à vos héritiers naturels. Que savez-vous si, dispensée par votre volonté, elle procurera réellement un beaucoup plus grand bien?

Vous vous étonnerez que je plaide ainsi la cause de vos cousins, qui sont pour moi des inconnus, auxquels je ne veux ni bien ni mal : pour parler net, c'est que je ne suis pas un grand ami des testaments. Quelque chose blesse mon idée de la mort, dans ces ordres que dicte un cadavre. Exerçons de notre vivant, selon notre conscience ou même simplement pour notre plaisir, la plénitude de nos droits; mais n'ayons pas la présomption d'affirmer notre personnalité au moment où l'organisation du monde exige qu'elle disparaisse. Sachons mourir discrètement.

A la rigueur, je conçois que des gens réduits à une existence étroite, au dessus de laquelle ils n'ont pas su s'élever par une vue un peu philosophique des choses, s'évertuent à compenser l'insignifiance de leur volonté dans l'espace en en prolongeant la durée. Le testament est pour eux une consolation merveilleuse : on n'a pas pris garde à eux tant qu'ils se trémoussaient ici bas, et leurs déclarations posthumes les plus saugrenues seront comme autant d'oracles recueillies avec solennité. Cette perspective ravit d'aise et gonfle d'orgueil le cœur d'un petit bourgeois; je me saurais mauvais gré de lui ôter cette joie, toute puérile que je la trouve.

Mais vous, Madame, vous êtes d'abord incapable d'avoir des idées aussi mesquines; et ensuite, franchement, n'avez-vous pas eu, n'avez-vous pas encore assez de puissance, et vous en faut-il davantage? Votre volonté n'est-elle donc pas rassasiée? Ne vient-on pas de loin vous solliciter comme une sorte de providence? Ne dit-on pas assez de bien de vous? Allons, Madame! Vous jouez un rôle assez considérable pour que, l'heure venue, vous le déposiez sans murmure; le maître du théâtre vous a gracieusement traitée : laissez les pauvres comparses, rentrés dans la coulisse, affirmer bruyamment que les personnages ont été mal distribués, et qu'on a méconnu leurs talents.

Je crois me souvenir ici que les rois de France, qui faisaient à peu près tout ce qu'ils voulaient pendant leur règne, ne pouvaient pas disposer par testament de la moindre tête d'épingle : cette petite prérogative était bonne pour leurs sujets. Si le fait est exact, mais il faudrait le vérifier, ne sentez-vous pas la beauté et la grandeur de cet exemple? Les âmes royales ne testent pas. Voyez un peu, Madame, à qui je vous compare, et si je ne sais pas flatter.

En résumé, acceptons la mort telle que nous voyons qu'elle est, sans chercher en elle une occasion de nous faire connaître quand on ne peut plus nous aimer. Que les importants, qui ne savent jamais se taire, poussent encore du fond de la tombe des cris impérieux. Il est plus élégant, je crois, d'entrer sans bruit dans ce silence, et quand le mystère de la mort succède à celui de la vie, d'être passé comme un frémissement.

Vous m'avez autorisé à vous parler librement sur toute sorte de sujets. J'en ai usé, même sur celui-ci qui est particulièrement délicat, puisqu'il concerne votre propre conduite. Vous avez désiré mon conseil. Le voici donc en deux mots : *Ne testez pas.* C'est le seul parti qui soit tout à fait noble et digne de vous.

. . . .

MADAME S.-B. A L'AUTEUR.

X., le 14 mars 1897.

Vous pourriez bien, Monsieur, n'avoir jamais rien écrit de plus inutile que la dernière lettre dont vous m'avez honorée : j'approuve à peu près tout ce que vous me dites, et ma résolution n'en est point ébranlée.

Mais oui, vous avez raison de vous moquer de ceux qui, pour leur satis-faction, tiennent à laisser un testament, et qui croiraient leur vie manquée s'ils n'y mettaient cette rallonge.

Mais sans attacher pour moi-même, je crois pouvoir le dire en conscience, — et il me semble que vous auriez pu déjà vous en apercevoir — le moindre prix au droit de tester, je considère comme un devoir social, puisque enfin ce droit existe, de l'exercer. Il ne s'agit pas de savoir si cela me plaît ou me déplaît ; il s'agit de savoir ce qu'il faut que je fasse, dans une situation donnée dont je ne suis pas l'auteur, mais où je me trouve, apparemment, pour quelque chose. Vous me citez les rois de France : je vous répondrai donc, à propos des rois en général, que je n'aime pas qu'ils abdiquent, malgré l'ennui qu'il peut y avoir à régner. Nul ne doit déserter son poste.

La loi me permettant de donner une destination à la fortune que je lais-serai, j'encourrais sans doute une lourde responsabilité, si je dédaignais de m'en occuper. Je n'ai pas à réformer le monde, mais à faire le plus de bien possible dans les circonstances actuelles.

Il est étrange, Monsieur, que cette idée pourtant si naturelle d'un devoir envers la société ait tant de peine à pénétrer dans votre esprit, et que le seul souci que la mort vous inspire soit celui de la subir élégamment. Cette élégance-là, je dois le dire, me paraît un peu affectée.

D'ailleurs, vous avez bien fait de m'ouvrir les yeux sur les sentiments peu charitables que je nourrissais, si cela peut s'appeler nourrir, pour mes parents maternels. Vous m'avez persuadée que je dois leur laisser quelque chose. Je suis donc sans parti pris ; et, si votre morale ne se réduit pas à un

chapitre d'esthétique, j'examinerai attentivement ce que vous pourriez
avoir encore à me dire. Ne manquez pas de me le faire savoir.

. . . .

L'AUTEUR A MADAME S.-B.

N., le 16 mai 1897.
MADAME,

Enfin, après une interruption qui pourrait bien avoir duré deux mois, je
me remets au grand œuvre de votre testament.

Vous savez, par les salutations que je vous ai adressées de Rome, que j'y
ai fait un petit voyage. Je me sentais las, je devenais maussade, et tout à
coup, pour me rasséréner, j'ai suivi mon désir auprès des dieux de marbre.
Je les ai retrouvés avec satisfaction, et la ville même, et la campagne. J'ai
regretté seulement deux choses disparues, les jardins Ludovisi, et, le croi-
riez-vous? les petits clochetons du Panthéon.

Mais ne nous écartons pas du sujet. Je sens que je vais vous écrire une
lettre peut-être longue, du moins pleine de la plus austère morale.

Je vous ai parlé jusqu'ici comme si, avec mon âme un peu flottante,
j'étais à votre place. Or, je ne me ferais probablement aucun scrupule d'être
riche, mais je le serais aussi sans conviction. Une belle fortune me semblerait un heureux accident, dont je jouirais, j'espère, avec toute la liberté et
la bonne grâce qui me serait possible, sans m'imaginer qu'il y eût dans ce
fait de la justice, ni que l'ordre du monde y fût intéressé. Aussi, de cet
accident ne tirerais-je pas une morale ni pour les autres, ni pour moi-
même; surtout je ne ferais pas durer cet accident au-delà de ma mort.

Mais vous, Madame, vous êtes riche avec conviction. Cela vous paraît
tout à fait naturel et voulu de la Providence. Vous entendez que cet état
soit respecté, qu'il y ait des lois qui le protègent et le consacrent; et, par
une conséquence équitable, vous vous sentez des devoirs correspondants à
remplir. J'admets fort bien cette conception. Les raisons personnelles que
j'aurais de ne pas tester ne valent évidemment pas pour vous, et, sentant
comme vous sentez, j'avoue que le droit de disposer de votre fortune s'impose comme un devoir à votre conscience.

Partant de là, il ne me semble pas très difficile de vous dire dans quel
esprit vous devez tester, pour rester fidèle à vous-même.

Je ne vous apprendrai rien en vous disant que jamais testateur, quelques
dispositions qu'il prenne, ne mérite le nom d'homme généreux, de bienfaiteur, de philanthrope. Les desseins que nous laissons à notre mort le soin
d'exécuter, et que nous n'aurions jamais conçus si nous avions la disgrâce
d'être immortels; les dotations les plus magnifiques, mais qui ne nous
imposent aucun sacrifice, ne révèlent pas en nous beaucoup de grandeur
d'âme. La plupart des hommes, il est vrai, ne jugent pas ainsi : dès qu'ils
voient une grosse somme d'argent consacrée à une œuvre qui leur plaît et
d'un caractère bien impersonnel, établissement charitable ou scientifique,
ils se mettent à pousser des cris d'admiration. Et l'on n'a pas honte dans
nos petites Républiques, lorsqu'un avare fieffé, faute d'avoir aimé personne
ou en haine de sa famille, laisse par testament sa fortune à la communauté,

de décréter en grande pompe, dans des assemblées qui se lèvent comme
un seul homme, que ce triste personnage a bien mérité de la Patrie. Nous
avons, vous et moi, l'esprit trop libre, Dieu merci, pour partager cet enthousiasme irréfléchi ; nous savons qu'un testament n'est presque jamais un
acte de bonté véritable parce qu'il ne coûte rien à son auteur : il ne peut
être que raisonnable, sensé, opportun ; il faut donc le faire avec son cerveau
beaucoup plus qu'avec son cœur, auquel les actes entre vifs offrent de quoi
se contenter.

Autrefois, lorsque l'inégalité des conditions était acceptée par tous
comme un fait providentiel, les testateurs n'avaient, j'en conviens, aucune
raison de résister aux inspirations confuses qui leur dictaient leurs soi-disant
libéralités. Chacun était le maître de sa fortune pour en faire ce que bon
lui semblait, et le plaisir d'en disposer à sa guise remplaçait naturellement
ceux auxquels la mort forçait de renoncer.

Mais aujourd'hui, Madame, il en est autrement. L'inégalité n'est plus
considérée par un grand nombre comme voulue précisément de Dieu, et
l'on ne saurait méconnaître le droit de la majorité d'établir un tout autre
régime, si elle est assez candide pour se croire en possession d'une formule
de justice. Il me semble donc que vous autres riches, qui ne partagez pas
ces idées-là, vous avez actuellement le devoir strict, sinon de démontrer,
du moins de croire vous-mêmes que cette propriété individuelle, si véhé-
mentement attaquée, est, quoi qu'on dise, une institution d'intérêt public.
Voilà l'attitude que vous devez prendre, si vous ne consentez pas à la condamnation du régime actuel.

Ce sont d'ailleurs vos sentiments, Madame ; je les déduis de deux petites
phrases de votre dernière lettre; où vous dites en propres termes : *Je n'ai
pas à réformer le monde ; nul ne doit déserter son poste.* Vous êtes, encore une
fois, riche avec conviction ; je le constate sans la moindre ironie, je vous
prie de le croire, et c'est bien la seule manière d'être riche moralement.

Dès lors, tout est pour vous d'une merveilleuse simplicité : il faut que
vous testiez dans l'intérêt de cette propriété individuelle, qu'on menace et
dont vous soutenez l'excellence ; il faut que vous employiez à la défendre
l'acte qui en constitue le suprême exercice.

Comment cela?

Mais, je pense, en testant au profit d'individus ! en procurant l'aisance ou
même la richesse à des gens qui vous paraîtraient capables d'y faire honneur,
et qui sans votre aide n'y parviendraient probablement jamais ! en donnant
la sécurité à quelques inquiets, et, s'il se peut, la paix à quelques envieux !

Tel est de nos jours, selon moi, le seul usage sensé et socialement recommandable que ceux qui n'ont aucun devoir particulier puissent faire du
droit de tester.

Vous jugez de bonne foi la propriété individuelle une institution très
utile à la société, tant que vous en jouissez : c'est fort bien. Mais elle ne
saurait perdre ce caractère à vos yeux par cela seul que vous n'en jouirez
plus. Il faut donc qu'après vous vos biens rendent à d'autres les mêmes
services que vous trouvez légitime de leur demander pour vous-même, et
qui vous semblent nécessaires à l'ordre général.

Donc, point de fondations testamentaires! Point de gros legs aux établissements charitables ou scientifiques! Point de dispositions en faveur de l'Etat ou de la ville, avec ou sans affectation spéciale! Renoncez à toute gloire posthume, et qu'on vous ignore dans un siècle!

Ce n'est pas que je condamne ces institutions qu'on appelle d'intérêt public; j'en fais grand cas, mais je veux que leur prospérité se fonde sur la sollicitude des vivants, et non sur la fortune glacée des morts. Laisser de grands dons à ces œuvres, c'est sans doute leur vouloir du bien, mais ce n'est pas toujours leur en faire.

J'en ai sous les yeux un exemple frappant.

Quelques hommes de cœur avaient fondé dans cette ville, il y a plusieurs années, une société de Colonies de vacances pour les enfants pauvres. Cette entreprise eut aussitôt l'appui de tout le monde; et tandis qu'un millionnaire donnait une somme suffisante pour acheter une ferme dans une riante campagne, tous ceux qui le pouvaient, rentiers cossus et petits artisans, professeurs et domestiques, s'empressaient de pourvoir aux dépenses courantes; chaque année les recettes augmentaient. Mais voilà que ce bienfaiteur, pour mettre le comble à sa générosité, s'avise de faire à nos Colonies un legs de plusieurs centaines de mille francs. Louable intention, et cruelle maladresse! Aussitôt tout est changé: l'intérêt du public se refroidit, les dons cessent; et cet excellent homme, à force de vouloir faire mieux que le bien, a compromis le développement de l'œuvre qu'il croyait assurer, et ôté par surcroît à une foule de braves gens le plaisir de faire, chacun selon ses moyens, une bonne action au commencement de l'été.

Faut-il donc savoir gré aux morts, lorsque leur facile bonté vient accabler celle des vivants?

Vous ne commettrez pas cette faute; vous pensez à des fondations nouvelles ou à des œuvres qui végètent, et vous ne toucherez pas de votre or ce qui déjà prospère par soi-même. Y aurait-il là des inconvénients? Peut-être bien, Madame.

Tout d'abord, la même idée peut venir à d'autres qu'à vous, de sorte que, pour certains besoins, on disposera de ressources très considérables, alors qu'elles manqueront pour d'autres, plus pressants peut-être. Rappelez-vous ce que vous m'avez dit sur votre premier projet de testament: deux des œuvres que vous préfériez venaient d'être amplement dotées, et vous deviez chercher de nouveaux légataires. Un heureux hasard vous a fait connaître ces libéralités, qui rendaient les vôtres superflues; un hasard malheureux aurait pu vous faire mourir en même temps que ces autres testateurs, et alors on aurait eu des capitaux surabondants affectés au soulagement d'infortunes privilégiées, rendant plus choquant et plus cruel l'abandon où d'autres eussent été laissées.

Mettons que j'imagine une coïncidence assez rare. Mais, Madame, au cours des siècles tout change; les maux eux-mêmes varient, ceux qui sont à la mode aujourd'hui ne le seront pas toujours, et il faut adapter sans cesse, dans une société bien réglée, les ressources aux besoins et les remèdes aux maux. Des fondations spéciales ne le permettent pas; elles s'imposent à perpétuité, et prescrivent à l'avenir les objets dont il doit s'occuper, comme si nous pouvions connaître ce qui couviendra le mieux à l'humanité dans cinq ou six cents ans !

Eh ! ce sont tout simplement les hommes, et les hommes qui vivent sous nos yeux, mais ces hommes là tout entiers, que nous avons le devoir d'aimer. La plupart de ceux qu'on appelle philanthropes ne s'en doutent même pas, car cela est trop simple et trop chrétien. Ils arrachent arbitrairement un nœud à l'immense tissu de la vie humaine, et se font une petite idole abstraite à laquelle seule ils vouent un culte, transportant ainsi dans leur cœur cette détestable spécialisation que le travail impose à l'esprit et qui, de tant de savants, fait des sots. Chacun enfourche son dada pour qu'il le mène à l'immortalité. Les beaux arts, les recherches historiques, l'épilepsie, la tuberculose, l'astronomie, la musique, l'ethnographie, etc. etc. : voilà sur quels débris d'autels les amis de l'humanité prétendent condamner les générations futures à sacrifier éternellement. Surtout, une conception erronée du christianisme fait consister depuis des siècles l'amour du prochain dans le soulagement des misérables plutôt que dans la propagation de la joie. Il semble que nous ne devions aucune complaisance à la jeunesse, à la force, à la beauté, mais seulement à la décrépitude, à la laideur et à la toux. Pour moi, je trouve que la charité devrait offrir des fleurs autant que des bandages. Allons ! je vais vous faire couronner des rosières !

Mes idées sur ce point vous sembleront, Madame, un peu paradoxales. Pourtant, si l'on y réfléchit, c'est une étrange morale d'exiger que les choses prennent à notre mort un aspect que nous n'avons pas voulu leur donner de notre vivant même. Peut-être vous souvenez-vous du silence que j'ai gardé, lorsqu'il y a deux ou trois ans, me promenant avec vous sur votre terrasse, je vous entendais décrire les miracles de dévouement que vous veniez d'admirer à La Force, et me faire confidence que vous songiez à disposer pour une œuvre analogue de votre maison de campagne. Je me disais *in petto* : Quoi ! s'il dépend de Madame S.-B., ces allées, ces pelouses, ce paysage cesseront de réjouir des êtres intelligents : jusqu'à la fin du monde, s'il se peut, des idiots, des épileptiques, des incurables feront dans ce beau lieu une symphonie d'horreurs ! Et tandis que son imagination s'attendrit sur un spectacle si touchant, Madame S.-B. trouve fort bon d'entretenir à grands frais pour son plaisir une serre d'orchidées. Elle prélude par des fêtes charmantes au rendez-vous qu'elle entend donner ici, après sa mort, aux plus tristes épaves de l'humanité. Eh ! si c'est Dieu qui lui met au cœur cette pensée, croit-elle donc qu'il lui soit permis d'en différer l'exécution ? Ou plutôt, quelle étrange modestie l'empêche de se procurer dès aujourd'hui la joie céleste de voir ces misères se vautrer autour d'elle, et la bénir en écumant ?

Pour ce qui est des dons testamentaires sans affectation spéciale en faveur de la chose publique, je les trouve plus raisonnables en ce qu'ils ménagent parfaitement la liberté de l'avenir. Mais ce sont presque toujours des trahisons, inconscientes sans doute, dont la pensée me fait horreur. On ne saurait blâmer assez la contradiction d'un homme qui, partisan de la propriété individuelle tant qu'il s'est agi de lui même, la méprise dès qu'il s'agit des autres, et ne craint pas de couronner une existence bourgeoise par un testament socialiste.

Testez donc, Madame, puisque vous y tenez ; mais testez du moins conformément à vos idées, c'est-à-dire en faveur de la propriété individuelle, qui vous semble bonne, et de laquelle vous tenez ce droit ; testez pour la défendre, testez pour la propager ; et gardez-vous, dans votre testament, de forger une arme que ses adversaires pourraient brandir contre elle. Car que voulez-vous que nous leur répondions si, ajoutant l'acte que vous méditez à tous ceux de même inspiration qui l'ont déjà précédé, ils nous disent un beau jour :

« Voyez donc ce qu'ont pensé ceux que vous reconnaissez pour les plus » nobles et les meilleurs d'entre vous, lorsqu'ils ont envisagé leur mort et » leur devoir envers les survivants. Affranchis de tout intérêt personnel et » n'écoutant que leur conscience, ils ont, juges alors impartiaux, décidé que » leur fortune ne devait plus appartenir à tel ou tel individu, mais rentrer, » d'une manière ou d'une autre, dans le grand patrimoine collectif. Eh » bien ! souffrez que nous imitions ces philanthropes dont vous glorifiez » la mémoire, et que nous proclamions tout haut dans nos lois ce qu'ils » ont avoué à voix basse dans leurs testaments. Ne nous accusez plus de » vouloir des choses nouvelles : nous n'appliquons pas ici des théories » hasardeuses, mais des traditions approuvées ; nos principes, que vous décla- » rez subversifs, mais ce sont ceux qu'ont pressentis déjà tant de riches, » auxquels votre société bourgeoise a dédié des statues, des bustes, des ins- » criptions. Ne sentez-vous donc pas que vous ne pouvez condamner nos » idées sans lapider leurs monuments ? »

Cela me semblerait assez joliment raisonné.

Je vous conjure donc de ne pas vous faire l'alliée posthume de ces hommes dont vous réprouvez le programme. En vérité, Madame, il ne vous appartient pas de leur fournir des arguments, mais de multiplier leurs adversaires.

L'inégalité, qui semble s'accentuer chaque jour davantage, est souvent portée jusqu'à l'excès. Travaillons à l'atténuer : le devoir est incontestable. Les systèmes violents qu'on propose ne m'inspirent d'ailleurs aucune confiance et nous feraient, je le crains, tomber de Charybde en Scylla ; je suis un homme de peu de foi ; toutes les constructions spéculatives me sont suspectes. Elles paraissent sans doute exercer une grande influence, et nous savons que les régimes qui s'écroulent ont été toujours préalablement condamnés au nom de principes abstraits et de considérants philosophiques, comme ceux de Jean-Jacques. En réalité, c'est le mécontentement du grand nombre qui seul donne le coup de mort ; mais ce mécontentement, qui est un simple fait, croit devoir s'autoriser de soi-disant vérités générales et désintéressées. Nous sommes trop civilisés pour qu'il ose aller nu ; il périrait de honte, s'il ne s'attachait pas une petite draperie de doctrines.

La draperie ne me fait pas peur, mais bien le terrible gaillard qui s'en affuble. C'est perdre son temps, selon moi, que de réfuter les idées qu'on appelle subversives : il faut s'attaquer tout droit au sentiment qu'elles habillent, à ce mécontentement formidable, que nous devons avoir la loyauté de considérer comme naturel, et dont nous ne pourrions pas nous défendre si nous vivions nous-mêmes dans la condition précaire de beaucoup.

Le devoir des riches qui comme vous, Madame, se demandent à quelle œuvre ils pourraient destiner leurs biens, le voilà! Qu'ils introduisent dans notre régime, mais sans en saper la base, assez d'intelligence et de souplesse pour le sauver; que, comprenant dans leur sécurité l'égoïsme inquiet des autres, ils s'élèvent ainsi jusqu'à la bonté. En d'autres termes, qu'ils laissent à des individus leur fortune individuelle, c'est ce qu'ils doivent au maintien du régime; mais qu'ils la laissent à des individus qui sans cela n'auraient rien à espérer, c'est ce qu'ils doivent au salut du régime. Bien entendu, je ne songe pas à un émiettement infini, au partage d'un grand patrimoine entre une foule de déshérités, mais à quelques dons assez considérables pour transformer la vie de ceux qui les recevraient.

Ne m'objectez pas, Madame, le choix difficile de ces légataires d'un nouveau genre : je ne doute pas qu'il ne soit très souvent malheureux. Il faut en prendre son parti, et ce n'est là qu'un petit accident. Tandis que nous assistons, par le jeu des lois économiques, à une concentration toujours plus grande des fortunes, je voudrais combattre cette tendance aveugle par un usage intelligent et parfaitement normal du droit de tester, qui remettrait les biens dans la circulation. C'est un usage nouveau — conforme d'ailleurs à l'usage primitif du testament — que je voudrais voir s'établir. Je ne vous exposerais pas cette idée si vous deviez être seule à la suivre. Mais je me flatte que si une femme comme vous daignait tester dans le sens que j'indique, c'est-à-dire en faveur de quelques personnes que vous arracheriez aux étreintes de la médiocrité ou de la gêne, en ayant soin de déclarer nettement et courtement les raisons d'ordre général qui vous déterminent à prendre ce parti, la chose ferait grande impression. Vous êtes intelligente, libérale, noble d'esprit; non seulement vous êtes tout cela, mais encore vous passez pour être tout cela; ces qualités, les relations brillantes qu'on vous connaît à l'étranger, en un mot votre fortune, votre vie morale et sociale vous confèrent, dans un cercle assez étendu, une véritable autorité. Il n'est donc pas chimérique d'espérer que si, usant du droit de tester comme je vous le conseille, vous donnez vos motifs sans ambages, beaucoup y réfléchiront. D'abord vous serez surtout blâmée, c'est évident; mais quelques-uns vous approuveront aussi et peut-être vous imiteront; et si cet exemple salutaire se répète, peu à peu l'usage dont je parle s'établira. Un usage général n'est même point nécessaire : dix justes, à ce qu'on dit, auraient sauvé Sodome.

Que ces capitalistes nouveaux soient ceux-ci ou ceux-là, vous comprenez que je ne m'en soucie pas beaucoup. Je voudrais simplement que ce mode d'accession à l'aisance ou à la richesse devînt assez fréquent pour que le ciel des malheureux s'éclairât d'un peu d'espérance. Car je crois qu'à défaut d'autres biens, la plupart des hommes sont capables de se contenter de celui-là. C'est la sagesse de notre ami Voltaire qui, après avoir étalé avec complaisance les misères de la destinée humaine dans son Poème sur le désastre de Lisbonne, rétablit pour finir l'équilibre en jetant dans l'autre plateau de la balance le seul mot sacré d'espérance :

Un calife, autrefois, à son heure dernière,
Au Dieu qu'il adorait dit pour toute prière :
« Je t'apporte, ô seul roi, seul être illimité,
» Tout ce que tu n'as pas dans ton immensité :
» Les défauts, les regrets, les maux et l'ignorance ».
Mais il pouvait encore ajouter l'espérance.

Si le régime actuel s'effondre un jour, il l'aura mérité non point par la somme de souffrances qu'il comporte nécessairement comme tout régime quelconque, mais parce que la minorité de ceux auxquels il est clément n'aura pas même pris la peine d'offrir, sans qu'il lui en coûte rien, à l'immense multitude qui gémit, la moindre miette d'espérance.

Comme je me promenais au Colisée, je me suis demandé tout à coup si ce qui a permis à cette civilisation inhumaine de durer si longtemps, ce n'était pas pour une large part la mode des affranchissements. Se peut-il que cette chaudière bouillonnante d'esclaves n'ait pas sauté cent fois? Eh! qui sait si ces malheureux ne trouvaient pas dans l'espoir, assez souvent réalisé, de devenir enfin libres de leur personne, une raison de tolérer le joug? Nul sans doute ne reviendra le dire, mais il est permis de le supposer.

Avons-nous donc dans l'âme moins de bonté que ces païens? Où sont-ils les pauvres, grelottant sous les haillons d'une égalité théorique, dont nous avons couvert les membres non pas d'une étoffe d'aumône, mais des droits amples qui nous réchauffent? Madame, croyez-moi : Renoncez à soulager dans les siècles futurs, envers lesquels vous n'avez pas l'ombre d'un devoir, une ou deux misères d'élection, et contentez-vous d'affranchir d'un geste rapide, où votre main touchera des vivants, quelques-uns de ces captifs modernes, qui seuls sont votre prochain puisqu'ils respirent aujourd'hui. Ne me répondez pas que vous ferez ainsi trop peu d'heureux : d'abord, il vaut mieux en faire peu que point du tout, et ensuite votre exemple peut ouvrir à tous les autres la porte dorée de l'espérance.

Il serait honteux pour nous, si nous devons succomber, que dans quelques siècles, en étudiant cette crise, on pût nous reprocher de n'avoir pas même essayé de la prévenir en mettant avec intelligence, au service de la propriété individuelle menacée, le droit de tester que nous tenons d'elle.

Si le vulgaire s'imagine que ce droit n'existe que pour la satisfaction de caprices arbitraires ou pour acheter des louanges posthumes, que ceux qui pensent le fassent servir non pas à augmenter, mais à diminuer le nombre des déshérités.

Ce droit, vous voulez l'exercer pour remplir un devoir social. Eh bien! Madame, je vous approuve, et je me persuade que, si cette lettre n'est pas inutile, vous aurez la joie de le remplir ce devoir social, mais d'une manière digne de vous, en donnant l'exemple et non pas en le suivant.

Encore un mot! Si, après mûre réflexion, vous jugez à propos de suivre mon conseil, ayez soin, je vous prie, de ne pas me nommer. L'influence d'autrui affaiblirait l'autorité de votre testament, qui ne peut avoir toute sa valeur que s'il émane directement de votre conscience. Il me suffit de vous avoir présenté des considérations capables de l'éclairer. Je ne mets pas d'amour propre en cette affaire.

Adieu, Madame. J'espère que vous serez contente de ma franchise, et que vous tiendrez cette interminable épître pour le meilleur témoignage de mon respect et de mon dévouement.

Le 23 mai 1897.

P.-S. — Je viens de relire cette lettre, que je n'ai achevée qu'hier. Ce sont des pensées que j'ai depuis longtemps, mais je leur ai donné un tour trop absolu, car je sais bien qu'en morale il faut se défendre de toute affirmation tranchante comme d'une sorte d'impiété. Je n'aurais pas dû m'engager dans une démonstration aussi pesante, moi qui me pique de n'être pas tout à fait borné, mais indiquer d'une plume plus légère l'esprit général dans lequel on devrait tester. Je vous prie donc, Madame, d'estomper vous-même les lignes trop dures de mon dessin ; j'essaierais de le recommencer si j'en avais le temps et si cette réponse n'avait déjà trop tardé. Je n'en mets pas moins beaucoup d'importance au conseil que je vous donne ; et si vous avez le courage de le suivre, je crois, Madame, que, dans toute ma vie, je n'aurai rien fait d'aussi utile.

Je rougis de ce que j'ai pu écrire sur votre projet de donner un pendant à La Force. Cela m'est échappé, et je vous en demande pardon. Le raisonnement est un affreux voyou qu'on ne devrait jamais laisser en liberté ; je le constate une fois de plus. Sur ce point, je plaide coupable, et j'implore votre indulgence. Peut-être trouverez-vous un amusement psychologique à discerner dans ma lettre ce qui est mon œuvre, et ce qui est l'œuvre de cette logique impersonnelle que je déteste, que je désavoue, et qui, dans un moment d'oubli, a fait de moi un juge implacable, c'est-à-dire une bête féroce.

MADAME S.-B. A L'AUTEUR.

Paris, le 28 mai 1897.

MONSIEUR,

Votre..... dissertation m'a suivie à Paris, où je suis depuis quelques jours.

Le post-scriptum m'a vraiment un peu dépitée : il m'ôte le plaisir de vous dire que vous, qui vous moquez de la fureur démonstrative et moralisante de vos compatriotes, vous pourriez leur rendre des points à l'occasion. Je n'ai jamais rien vu de plus éperdument pédagogique que votre lettre. Avouez que vous avez prévu la chicane que je vous ferais, et que vous avez paré le coup.

Vos idées me semblent se tenir assez bien. Seulement l'amertume extrême de votre écrit ferait presque croire qu'il vous a été inspiré par une déception personnelle. Vous me dites par deux fois que je suis riche avec conviction : peut-être bien. Et vous, Monsieur, ne seriez-vous pas conservateur par désespoir ? Lequel vaut le mieux, je vous prie ?

Quoi qu'il en soit, vos conseils tombent sur moi comme une grêle après vendanges. Vous mettiez si peu d'empressement à me dire votre avis, — dans votre petit mot de Rome, vous ne faisiez aucune allusion à mon tes-

tament, — que j'ai dû croire que vous m'abandonniez à moi-même. Et alors,
avant de me mettre en voyage à mon tour, je me suis adressée, pour en
finir une bonne fois, à un de ces philanthropes décisifs, qui savent toujours
ce qu'il faut faire. Ces esprits-là ne sont pas très élégants, je vous l'accorde,
mais ils sont très catégoriques, et c'est parfois ce qu'on demande.

Ainsi, mon testament est fait, et pas du tout d'après votre recette. J'en
suis fâchée. Sans doute, je pourrais en faire un nouveau. Mais vos para-
doxes ne m'ont pas convertie. Que voulez-vous? Nous autres femmes, nous
pensons volontiers que tout le monde a plus d'esprit, même que votre ami
Voltaire. D'ailleurs, vous m'attribuez une influence que je n'ai pas. Conseil
pour conseil : faites connaître votre thèse, attirez sur elle l'attention, gagnez-
lui des partisans, éclairez le public, provoquez la discussion ; cela vaudra
beaucoup mieux, croyez-moi, que de chercher à inspirer secrètement vos
innovations à une pauvre testatrice isolée et, après tout, fort obscure.

Il faut pourtant que je vous remercie de la peine que vous avez prise à
mon intention. Vous en seriez bien mal récompensé, si je ne présumais
que vous avez trouvé une certaine satisfaction à développer vos idées. Dites-
vous bien, encore une fois, que, si elles sont justes, elles n'ont nullement
besoin de moi pour faire leur chemin dans le monde. Beaucoup d'enfants
prospèrent sans marraine.

Adieu, Monsieur. Mon indocilité laisse intacts mes sentiments d'estime
et de considération parfaite.

L'AUTEUR A MADAME S.-B.

N., le 31 mai 1897.

MADAME,

Rien ne doit être si libre que la volonté du testateur : je n'ai qu'à m'incliner devant la vôtre, et qu'à me taire.

Il faut pourtant que je vous félicite de juger que tout le monde a plus
d'esprit que Voltaire. Que n'ai-je aussi le même goût, Madame? Ce doit
être en général un excellent moyen de trouver toujours la vie divertissante.
Et surtout, si j'avais eu cet instinct moutonnier, je me serais épargné la
mortification de me dire qu'après avoir eu l'honneur de vous amuser pendant quelques années avec des bagatelles et de petites médisances, quand
un jour, cédant à vos sollicitations, je mets à vous éclairer tout le sérieux
dont je suis capable, je ne réussis qu'à vous déplaire,

Croyez cependant qu'en cherchant à servir des intérêts qui ne sont
pas les miens, je ne voulais pas m'écarter du profond respect que j'ai toujours professé pour vous, et dont je vous prie, Madame, d'agréer encore ici
l'hommage.

MADAME S.-B. A L'AUTEUR.

X., le 23 novembre 1903.

MONSIEUR,

Après les six ou sept ans pendant lesquels j'ai feint de ne plus me souvenir de vous, vous serez sans doute surpris de recevoir une lettre de moi.
Et je romps en l'écrivant une résolution que j'aurais crue inébranlable.

La leçon que vous m'aviez faite sur l'usage du droit de tester m'avait semblé, au moment où je la reçus, d'une souveraine impertinence ; et sans vous le déclarer en tout autant de termes, j'avais su vous le faire sentir. Mais, malgré tout, je n'ai jamais réussi à chasser de mon esprit certaines choses que vous m'aviez dites. Votre affirmation que nous avions, nous autres riches, le devoir de considérer la propriété individuelle comme une institution d'intérêt public, m'a dès lors accompagnée comme un refrain obsédant, et plus d'une fois j'ai hésité avant d'entreprendre un voyage ou de faire une acquisition. Sans doute, je finissais toujours par imposer violemment silence à ces scrupules insupportables, mais ce ne fut jamais qu'une victoire passagère. Le froissement de la première heure s'est donc aggravé du trouble dont vous avez empoisonné ma vie : je devais penser à vous trop souvent pour ne pas sentir mon aigreur croître avec les années.

Mais depuis plusieurs mois je suis souffrante et recluse ; pour me distraire un peu, j'évoque les anciens jours, et votre figure a surgi de ma mémoire avec des traits moins déplaisants : je me suis souvenue de l'agrément de nos relations jusqu'au moment de notre rupture. J'ai été curieuse d'examiner encore de près la cause de cette rupture ; j'ai relu il y a quelques semaines votre grande lettre sur les testaments. Elle m'a choquée de nouveau, peut-être autant que la première fois ; puis, j'ai réfléchi, et à force de réflexions je me suis convaincue que des pensées telles que les vôtres étaient nécessairement choquantes, mais qu'il n'était pas équitable de les juger avec le sentiment et qu'elles pouvaient être à la fois dures et vraies. Enfin, tout en croyant que vous auriez pu me dire les mêmes choses avec un peu plus de douceur ou de diplomatie, il m'a paru que vous aviez grandement raison en somme, et surtout que je n'avais pas le droit, bourgeoise que je suis, de laisser un testament socialiste, tel qu'était le mien.

Vous avez donc fini par emporter mon approbation, et c'est ce que je voulais vous dire. Mais vous regretterez d'apprendre que cette approbation restera platonique. Tant que ma santé a été bonne ou simplement passable, je ne me suis guère intéressée, au fond, qu'aux gens de mon petit monde ; oh ! j'ai toujours senti le devoir d'être charitable, mais je vois bien à présent que c'est sans avoir véritablement aimé ceux que j'ai secourus, souvent sans prendre la peine de les connaître. J'ai beau chercher, il n'existe pas de famille dont j'aurais des motifs suffisamment raisonnables de transformer le sort. Je vous fais là, Monsieur, une confession humiliante. Et je me dis que votre idée du testament employé à réduire le nombre des déshérités est vraiment belle et bonne. L'avantage direct que vous lui attribuez pourrait bien être moins sensible dans la réalité que dans votre imagination ; mais cette idée aurait un effet indirect et plus excellent, puisque les riches disposés à faire ce que vous proposez devraient s'intéresser personnellement et fraternellement aux autres, afin de découvrir parmi eux leurs futurs héritiers. C'est ce que j'ai négligé, et la faute est irréparable, car je ne saurais compter pour le choix à faire sur le conseil du peu de personnes que je reçois encore : elles m'accuseraient de démence.

Ainsi, je n'ai pu faire autre chose que de révoquer mon testament, à la réserve de quelques legs à mes domestiques et autres semblables : tout le

gros de ma fortune ira donc à mes héritiers naturels. Vous ne me désap-
prouverez pas tout à fait ; et cela seul, après les espérances qu'on a conçues, va faire un beau scandale.

Vous recevrez avec cette lettre toutes celles que vous m'avez écrites. Les
dernières contiennent des allusions qui ne feraient pas grand plaisir à
certains de mes héritiers, et peut-être ne serez-vous pas fâché que je vous
les restitue avec mon approbation, même tardive, même stérile.

Je vous prie d'avoir aussi pour agréable le présent de ces vieilles tasses
que vous connaissez bien. Vous vous souviendrez quelquefois de moi en
prenant le café, dont je vous exhorte à ne pas faire d'abus, de peur que le
médecin ne vous l'interdise comme à moi.

Et maintenant, Monsieur, vivez heureux jusqu'au jour où il s'agira d'être
résigné. Votre vieille amie ne revient à vous que pour vous serrer un peu
tristement, mais très cordialement la main.

L'Auteur a Madame S.-B.

N., le 26 novembre 1903.

Madame,

Il me serait difficile de dire si ce qui domine, dans l'émotion avec
laquelle je viens de recevoir les marques de votre amitié réveillée, c'est le
plaisir ou la mélancolie.

Je me souvenais souvent de vous avec le regret de m'être aliéné une
bienveillance dont j'avais tant de motifs de sentir le prix. Mais je voyais
que je n'aurais pu tenter de renouer nos relations sans commettre une
maladresse plus lourde encore que celle qui les avait rompues ; et comme
je n'attendais rien de moi, à plus forte raison n'osais-je espérer rien de
vous. Pourtant, c'est vous qui revenez à moi. Mais en pensée, que de fois
ne vous avais-je pas prévenue !

Je suis désolé d'apprendre qu'une phrase de ma lettre sur les testaments
a troublé longtemps votre sérénité. Dieu sait que je ne me proposais rien
de semblable ! Si j'ai dit que les riches devaient considérer la propriété
individuelle comme établie dans l'intérêt public, je n'entendais pas leur
imposer par là des obligations bien sévères. La plupart des hommes sont
comme les arbres d'une forêt trop dense, où ils se pressent de toutes parts :
il est fort bon qu'à côté de ceux-là quelques exemplaires croissent en
liberté et réalisent la perfection de leur type. Les riches, j'entends,
Madame, ceux de votre sorte, sont un peu comme ces arbres isolés qui
jettent au loin leurs racines, et dressent en pleine lumière leur tête triom-
phante. Le développement harmonieux qu'ils sont capables de donner à
leur être, ils peuvent fort bien le considérer comme leur mission propre,
sans laquelle il manquerait quelque chose au spectacle du monde. Mais
s'ils sont persuadés que cette grâce et cette indépendance font l'ornement
du siècle présent, ils doivent aussi vouloir que d'autres après eux tiennent à leur tour le même rôle. Pardonnez-moi, Madame, d'avoir si mal
expliqué une pensée très innocente, tandis que j'en développais d'autres

avec tant d'insistance. Je n'ai jamais blâmé ni vos voyages, ni vos plantes rares, ni votre chasse aux pierres gravées.

Pour la révocation pure et simple de votre testament, j'y applaudis des deux mains. A l'heure qu'il est, je me ferais probablement des reproches, si vous aviez testé selon mes conseils. J'ai perdu la naïveté qui me les avait inspirés ; je suis aussi un peu moins conservateur et beaucoup moins pessimiste que dans ce temps-là.

C'était sans doute une naïveté énorme, pour ne pas dire une niaiserie, de me flatter que mes considérations, même recommandées par votre autorité mondaine, pourraient exercer une influence appréciable sur la destination des libéralités posthumes. N'est-ce pas folie d'attendre qu'on se mette à tester en faveur d'individus souvent un peu quelconques, alors que, dans toute cette grande et riche France, il ne s'est pas trouvé un homme ni même une femme pour se donner la joie de délivrer, par un testament délicat, Chateaubriand et Lamartine, vieillis et fatigués, du fardeau assez notoire, je crois, de leurs dettes? Cette ingratitude unanime et parfaite condamne toutes mes espérances. Ainsi, Madame, ne regrettez plus de n'avoir pas testé comme je vous y exhortais autrefois : vous prêcheriez dans le désert et on se moquerait de vous.

Je ne suis pas devenu l'adversaire de la propriété individuelle, dont je continue à faire autant de cas que de mon linge. Mais il ne me semble plus qu'il faille à tout prix conjurer une révolution sociale. C'est une sottise de rêver comme l'idéal un état paisible et constant ; le changement est la loi inexorable, c'est-à-dire divine de la vie : l'humanité n'est vraiment intéressante et ne gagne ses titres de noblesse que dans les crises qu'elle subit. Il ne faut pas maudire absolument les tragédies, quand on se sent du goût pour les héros.

Bref, soit sentiment de notre impuissance à faire prévaloir les idées les plus simples lorsqu'elles ne prennent pas leur appui dans un avantage bien palpable, soit surtout conviction que la dignité humaine survivra infailliblement à ce que notre égoïsme décore du nom mystérieux de civilisation, je crois qu'il faut renoncer à faire aux autres des leçons qu'ils ne nous demandent pas, et chercher dans la morale purement individuelle la règle des actes de notre vie privée.

, Et alors, il n'est pas douteux que, — sauf quelques rares exceptions, bien entendu, — la morale individuelle ne conseille de mourir *intestat*. Oui, le plus sage est de quitter nos biens comme nous devons quitter la vie elle-même, sans aucune réserve. Cette attitude modeste ménage, autant qu'il convient, l'organisation sociale actuelle, et nous dispense de faire le choix toujours délicat et parfois décevant de nos héritiers. Un testament, même à la romaine, c'est-à-dire en faveur d'individus (tout autre usage est une altération de l'esprit de cet acte), me semble aujourd'hui un geste un peu trop théâtral, du moins quand on est presque seul à le faire.

Je suis donc très heureux, Madame, d'apprendre d'abord que vous avez révoqué votre testament socialiste, et ensuite que vous n'en avez point fait d'autre. Puisque j'y ai quelque part, je nous félicite, vous et moi, de ce dénouement.

Vos vieilles tasses sont charmantes, même aux yeux d'un Béotien ; leur fragilité a parfaitement supporté le voyage, et je viens d'y boire un café digne d'elles en pensant à vous, comme vous le désiriez, mais, ce que vous ne désiriez pas, avec la gorge un peu serrée.

Quel plaisir pourrais-je vous faire Madame ? Je lis entre vos lignes qu'il n'y faut pas songer. A tout hasard, voici un pauvre vers qui résume assez bien l'espèce de philosophie où se complaisent mes cheveux grisonnants :

Je crois que la Bonté achève l'univers.

Faut-il que je justifie le hiatus qui déchire ces deux hémistiches ? Hélas, Madame, il n'y a pas de philosophie sans hiatus ; heureux seulement qui peut donner à ce hiatus inévitable le nom plus glorieux de foi. Je n'ai pas une telle hardiesse ; mais du moins c'est dans cette espérance, assez imprécise pour ne pas décevoir tout à fait, que je cherche à saluer la fraîcheur du soir et le silence qui s'élargit.

Adieu.

F.-H. MENTHA.

CHRONIQUE BUDGÉTAIRE ET FISCALE

I. La réforme fiscale en France et à l'étranger. — II. Le vote de l'impôt sur le revenu par la Chambre ; l'amendement Reinach. — III. L'abus des exemptions et des dégrèvements dans le projet Caillaux. — IV. Le projet de réforme des impositions locales.

I

L'année 1909 méritera de faire époque dans l'histoire des finances. Les trois pays les plus riches d'Europe, ceux qui marchent en tête de la civilisation occidentale, travaillent simultanément à introduire dans leur système fiscal des réformes ou des innovations dont on ne saurait exagérer la portée. L'Angleterre est amenée à demander aux Communes 14 millions et demi de livres sterling de ressources nouvelles pour faire face aux dépenses de sa récente loi de retraites et à celles de l'augmentation de sa flotte. C'est de cinq cents millions d'impôts nouveaux que l'Allemagne aura besoin pour mettre d'aplomb le budget d'Empire et pour apporter un peu d'ordre dans l'enchevêtrement des finances impériales et des finances des Etats particuliers. Enfin, en France, l'adoption par la Chambre du projet d'impôt sur le revenu, quel que soit l'accueil qui l'attende au Sénat, constitue un fait significatif : c'est la première fois qu'un projet de ce genre donne lieu à une manifestation semblable, et il est permis de penser que nos impôts directs n'ont plus, sous leur forme actuelle, qu'une destinée limitée, sans préjuger d'ailleurs de la nature et de la valeur de ceux qui les remplaceront.

Cette situation financière des grandes puissances est grosse de conséquences politiques et sociales.

Partout, les charges publiques s'accroissent d'un mouvement rapide et continu. L'application des lois sociales de plus en plus envahisantes elle service de la défense nationale, en raison des incessantes transformations techniques, dévorent les crédits budgétaires. L'ingéniosité fiscale a ses limites. Lorsque les impôts qui pèsent sur la masse sont déjà écrasants, il faut, bon gré mal gré, suivre la ligne de la moindre résistance et prendre spécialement à partie les contribuables dont les facultés sont les plus compressibles, c'est-à-dire revenir à la charge contre la fortune acquise et surtaxer les riches. Le cabinet Asquith propose une *supertax* progressive sur les revenus supérieurs à 125.000 francs. En Allemagne, malgré l'opposition des conservateurs, les impôts directs auront une large place dans le lot de ressources à créer, et le mécanisme déjà formidable de l'impôt des successions établi en 1906 sera aggravé. Enfin, la grande nouveauté du projet Caillaux est l'institution de l'impôt complémentaire progressif.

Et ainsi, par la force des choses, sous la seule pression des nécessités financières, en dehors de toute question de doctrine ou de parti — la majorité qui votera les nouveaux impôts allemands n'a certes rien de révolutionnaire — se produit, au détriment des minorités possédantes, une accumulation de charges fiscales qui finira à la longue par modifier la répartition de la richesse nationale.

Qu'on s'en afflige ou qu'on s'en réjouisse, il y a là un facteur budgétaire d'évolution démocratique, de « reprise » de la richesse, qui peut prêter à réflexion, et qui agira avec une force croissante, à moins — chose invraisemblable — que les nations ne mettent un frein à leur folie de dépenses. La gestion financière des grands pays aura plus fait pour la réalisation d'un régime de nivellement social que la poussée des idées avancées et l'agitation socialiste.

II

Le projet d'impôt sur le revenu a été adopté à la Chambre, le 9 mars dernier, par 388 voix contre 129. Ce résultat était d'ailleurs facile à prévoir car la majorité avait son siège fait. La discussion la plus intéressante qui se soit engagée dans cette fin de débats a été soulevée par l'amendement de M. Théodore Reinach, au sujet de l'impôt complémentaire.

L'honorable député a caractérisé en termes heureux la double fonction de l'impôt complémentaire. Impôt glaneur ou « reviseur » il doit, après que les impôts cédulaires ont fait leur œuvre, ressaisir tous les revenus qui, par suite des déclarations inexactes des contribuables ou des appréciations erronées du fisc, sont parvenus à se dissimuler une première fois et à s'échapper à travers les mailles du réseau cédulaire. Il doit encore, à titre d'impôt compensateur, rétablir l'équilibre fiscal, rompu au détriment des petits revenus par l'énormité de nos impôts indirects. Au dire de M. Reinach, l'impôt complémentaire, tel qu'il est conçu dans le système de M. Caillaux, répondrait fort mal à cette double exigence.

Le chiffre de 5.000 francs de revenu à partir duquel il commence à fonctionner serait beaucoup trop élevé. Comme la Chambre a consenti d'autre part, pour les impôts cédulaires, des abattements véritablement abusifs, sur lesquels nous reviendrons d'ailleurs plus loin, nombre de citoyens à qui leurs facultés permettraient de participer aux charges publiques seront totalement exonérés.

L'impôt complémentaire, en second lieu, est incapable de combler les lacunes des impôts cédulaires, parce qu'il a la même base qu'eux. Le revenu global qu'il frappe est en effet obtenu par la totalisation des revenus des cédules, déclarés ou taxés administrativement. S'il y a erreur ou omission dans les impôts cédulaires, elle se retrouve donc mathématiquement dans l'impôt complémentaire.

Aussi, M. Reinach proposait-il, dans un amendement très étudié dont nous ne pouvons reproduire les détails, de faire commencer l'application de l'impôt complémentaire à partir de 1.250 fr. de revenu et surtout d'en changer l'assiette. Sans modifier le mécanisme des impôts cédulaires adoptés par la Chambre, on leur eût superposé un impôt complémentaire sur le revenu global, déterminé, cette fois, par les signes extérieurs, par la dépense globale du contribuable, évaluée ou constatée.

M. Reinach faisait valoir que lorsqu'on veut contrôler l'exactitude des déclarations ou de la taxation d'office, on est, par la force des choses, obligé de s'appuyer sur le train de vie du contribuable. Pourquoi ne pas inscrire franchement dans la loi ce qu'on sera forcé de faire dans la pratique? Si le fonctionnement des impôts cédulaires aboutit à des résultats imparfaits, l'impôt complémentaire, calculé sur d'autres bases, en corrigera les défauts et réciproquement. Le tout est de trouver des signes extérieurs suffisamment instructifs.

M. Reinach prenait pour mesure de la situation de fortune du contribuable un ensemble de quatre éléments : 1° dépense d'habitation; 2° dépense de mobilier; 3° gages et nourriture des gens de service; 4° dépense d'équipages. Un jeu de coefficients et de correction pour charges de famille eût perfectionné cet indice composite.

On a reconnu, à ce rapide aperçu, l'influence du souvenir de la contribution mobilière de la Révolution, dont M. Peytral, dans son projet d'impôt sur le revenu de 1898, avait déjà tenté la restauration.

L'amendement a été écarté, mais il est probable que nous en retrouverons l'écho dans la discussion du Sénat. C'est toujours la grande querelle entre la méthode de la constatation directe et celle des signes extérieurs. Les signes extérieurs sont, à notre gré, un procédé fort peu scientifique et fort peu satisfaisant; mais l'opinion publique s'est alarmée à tel point au sujet de la déclaration et de l'évaluation administrative, qu'il sera peut-être sage de tenir compte de cet état d'esprit.

III

Au moment du vote final, M. Caillaux s'est flatté de pouvoir appliquer le projet délibéré par la Chambre, même si le Sénat n'y apportait aucune correction. Peut-être est-ce là une illusion d'auteur. En réalité, le texte approuvé par la Chambre est quelque chose d'assez informe, pour peu qu'on pénètre dans le détail.

Nous ne sommes pas suspect de parti-pris à son égard et nous croyons avoir dit, dans une précédente chronique, que les grandes lignes du projet nous paraissaient assez simples et logiques. Si l'on est décidé à abandonner la méthode des signes extérieurs, dont le procès a été maintes fois entrepris, nous n'apercevons guère la possibilité de faire la réforme de l'impôt sur des bases sensiblement différentes de celles du projet actuel. Beaucoup des adversaires qui sont venus le combattre en réclamant une réforme autrement conçue, ne désirent en réalité que le maintien du système existant — ce qui est d'ailleurs un point de vue également défendable, mais qui eût gagné à être défendu ouvertement.

Quels sont les éléments essentiels du système de M. Caillaux? Des impôts cédulaires, *en principe proportionnels,* reproduisant, pour la plupart, purement et simplement les impôts actuels, saisissent toutes les catégories de revenus imaginables qui font l'objet de discrimination des tarifs, à raison de leur nature et de leur provenance. A ces impôts cédulaires, se superpose l'impôt général sur le revenu global qui, lui, est *progressif* et fonctionne à partir d'un certain minimum de revenu. Voilà l'instrument de graduation qui, après que les taxes cédulaires ont frappé, suivant des taux rigoureusement proportionnels, chaque branche distincte de revenus, s'attaque à la situation de fortune des assujettis, fait la sélection entre les petits, les moyens et les gros contribuables et établit approximativement la justice distributive en matière fiscale. Les impôts objectifs se complètent de l'impôt subjectif : impôts réels sur les divers revenus, impôt personnel sur le total des revenus.

La justice réclame également l'exemption d'un minimum d'existence. Il suffisait d'établir que toute personne faisant la preuve que son revenu total n'excède pas un certain chiffre ne paierait ni impôt complémentaire — la chose va de soi — ni impôts cédulaires.

Malheureusement, dès le début, toute la logique du système a été faussée et les déformations qu'il a subies sont allées en s'aggravant au cours des débats et du vote des amendements. On en pressent la cause, dont l'action néfaste se retrouve dans la plupart des discussions parlementaires : l'esprit de surenchère et, pour tout dire, la complaisance démagogique. Une pluie de dégrèvements et d'exemptions s'est abattue sur toutes les cédules, de sorte que le caractère *réel* des impôts cédulaires a totalement disparu et qu'ils ne remplissent plus le rôle qui leur était dévolu. Il n'est pas sans intérêt, croyons-nous, d'insister quelque peu sur cet abus et de faire ressortir les résultats invraisemblables auxquels il conduit.

Les propriétaires fonciers qui exploitent eux-mêmes, au cas où leur revenu total ne dépasse pas 5.000 francs, sont totalement ou partiellement exemptés de la contribution de la propriété non bâtie (2ᵉ cédule, art. 13).

Dans la troisième catégorie (revenus mobiliers), les intérêts des livrets de caisse d'épargne bénéficient d'une exonération totale (quelle que soit, du reste, la situation de fortune du titulaire) ; de même, les arrérages de rentes sur l'Etat qui ne dépassent pas 625 francs, lorsque celui qui les touche n'a pas un revenu total supérieur à 1.250 francs. En quoi les déposants des caisses d'épargne ou les petits rentiers sur l'Etat sont-ils plus intéressants que ceux qui placent leurs modestes économies en obligations de chemins de fer ou en obligations de la ville de Paris ?

Pour la cédule des revenus de l'exploitation commerciale, l'article 32 accorde des abattements à tous les revenus de cette catégorie *inférieurs à 20.000 francs,* c'est-à-dire que la majorité des patentables ne paiera pas le tarif normal, quand bien même ils auraient, du reste, par ailleurs, des revenus d'autre nature qui les rangeraient parmi la classe riche.

Nous renonçons, au surplus, à comprendre le principe qui a guidé le législateur dans la détermination de l'échelle des abattements en cette matière.

L'étrange rédaction de l'art. 32 laisse supposer qu'il n'en avait aucun :

« Sur le montant du revenu déterminé comme il est dit à l'art. 30, et lorsque ce revenu ne dépasse pas 20.000 francs, chaque imposable *n'est taxé que sur un septième* de la fraction n'excédant pas 1.500 francs. *Il a droit à une déduction des deux tiers* sur la fraction comprise entre 1.501 et 2.500 francs et *d'un quart* sur la fraction comprise entre 2.501 et 5.000 francs. Le surplus est taxé au taux plein ».

Pour les revenus de l'exploitation agricole (5° catégorie), les exemptions et dégrèvements portent sur les premières tranches de revenu comprises entre 0 et 3.000 francs, *lorsque la valeur locative réelle de l'exploitation n'excède pas 12.000 francs.* Ajoutons que les modes forfaitaires de calcul du revenu agricole, en fonction de la valeur locative, tels qu'ils sont établis à l'art. 37, favorisent déjà les petits revenus.

La 6° cédule (traitements, salaires et pensions) est un de ces « coins de démagogie » que quelques rares députés, en particulier M. Reinach, ont courageusement dénoncés.

Aux termes de l'art. 39, les salaires et traitements *assimilables aux salaires,* inférieurs à 5.000 francs, sont d'abord réduits aux deux tiers pour l'application de l'impôt. Cette faveur vise du reste exclusivement les salaires et non les traitements proprement dits qui sont calculés pour leur montant réel. Pourquoi cette différence entre l'ouvrier et le petit fonctionnaire ?

Ensuite, sur le montant imposable du salaire ou du traitement on retranche de 1.500 à 3.000 francs, suivant que le contribuable habite une ville plus ou moins peuplée, ou a son domicile dans le département de la Seine. Sur ce qui reste finalement, on opère encore des retranchements allant des 5/6°ˢ au 1/6°, suivant l'importance de la fraction taxée.

Un salaire de 4.500 francs à Paris ne paie donc rien, puisque les deux tiers seuls en sont imposables, soit 3.000 francs, et que dans le département de la Seine le retranchement initial est précisément de 3.000 francs.

Un salaire de 5.000 francs, toujours à Paris, est taxé sur les deux tiers de cette somme dont on retranche 3.000 francs, soit sur 333 fr. 33 dont on défalque encore les 5/6°ˢ, soit finalement sur

55 fr. 55, c'est-à-dire qu'il paie, au taux de 3 p. 100, 1 fr. 65
d'impôt.

Enfin, la 7ᵉ catégorie (revenus des professions libérales) reproduit les mêmes déductions, sauf qu'ici le revenu pris en considération est toujours le revenu réel, et non un revenu ramené aux
deux tiers, comme pour les salaires. Nous ne voyons pas cependant en quoi le titulaire d'une modeste profession libérale qui.
gagne péniblement 4 ou 5.000 francs dans son année, mérite moins
de sollicitude que l'ouvrier d'art à 15 francs par jour.

L'application de tous ces dégrèvements accordés au petit
bonheur conduit aux inégalités les plus choquantes.

Rappelons quelques situations signalées à la tribune par M. Reinach.

Un employé habitant Lyon et gagnant 4.000 francs paiera 7 fr. 50
d'impôt. Un ouvrier de la même ville qui réalise un gain identique,
0 fr. 85 seulement, car, aux déductions dont bénéficie le traitement du premier, s'ajoute le retranchement du tiers pour calculer
le montant du *salaire* imposable. Par contre, un petit commerçant
qui gagne lui aussi 4.000 francs sera imposé de 58 fr. 50.

Considérons quatre revenus égaux de 4.500 francs :

Le premier est un salaire gagné à Paris. Impôt : Néant.

Le second est le traitement d'un commis de ministère. Impôt :
7 fr. 50.

Le troisième est un revenu commercial. Impôt : 71 fr. 66.

Le quatrième est un revenu de l'exploitation agricole. Impôt :
72 fr. 49.

Quelle est la raison de ces inégalités? On l'a donnée au cours de
la discussion. Par suite de la liberté accordée aux municipalités
par les lois des 16 juillet 1903 et 20 juillet 1904 d'exempter de la
cote mobilière les petits loyers, il arrive dans les grandes villes
que des ouvriers ou des employés dont le revenu atteint 4.000 fr.
ne paient pas d'impôt du tout. On n'a pas voulu leur retirer l'immunité dont ils jouissaient jusqu'ici. Singulière conception de la
justice fiscale! Nous pensons qu'en équité il était légitime de faire
peser sur les gros contribuables, par le jeu de l'impôt complémentaire, des charges supérieures à celles que leur occasionnent les
impôts directs actuels. Mais la justice doit être la même pour tous.
Si on entend la réaliser à l'égard des gros contribuables, par contre, ne faut-il pas ériger des privilèges en faveur des petits. Or,

avec le texte voté par la Chambre, ceux-ci, même s'ils ont des ressources suffisantes pour supporter leur part fiscale des charges
publiques (dont ils ont cependant leur part morale de la responsabilité, comme électeurs), ne paieront pas ou presque pas d'impôt
cédulaires. Les impôts cédulaires ne devraient pourtant épargner
que le minimum d'existence indispensable.

On a reproché au projet de séparer les contribuables français en
deux compartiments : ceux qui ont moins de 5.000 fr. de revenu,
et ceux qui, ayant davantage, figurent seuls au rôle de l'impôt complémentaire. Le projet fait plus que cela. Il ne se borne pas à infli-
ger à ces derniers une taxe spéciale et progressive ; aux autres il
confère l'exorbitante faveur d'obtenir déduction sur déduction, dispense sur dispense.

Le seul moyen d'atténuer un peu cette faute eût été, comme le
proposait M. Reinach, d'abaisser du moins le chiffre de revenu à
partir duquel commence l'application de l'impôt complémentaire.
La mesure eût été de prudente politique, dans un pays où la fortune est extrêmement morcelée, et où l'impôt complémentaire, à
moins d'atteindre des taux spoliateurs, ne peut être productif que
s'il a une base très large. Elle aurait été aussi conforme à l'équité,
car les charges de l'impôt complémentaire eussent ainsi en partie
compensé les dégrèvements dont la faiblesse de la Chambre a fait
bénéficier les petits revenus cédulaires.

Mais la Chambre s'en est remise au Sénat — qui semble disposé
à ne pas faillir à cette tâche — du soin de rectifier un projet dont
beaucoup de ceux qui l'ont voté ne méconnaissent pas les défauts.

Ces défauts, nous ne saurions mieux les résumer qu'en citant
l'extrait suivant d'un document que nous avons sous les yeux :

« On peut admettre, lorsque les ressources du citoyen sont exactement suffisantes
pour subvenir à ses besoins dans le milieu où il se trouve, que les obligations fiscales
donnent lieu à une application très modérée ; mais en allant plus loin, en faisant, au
lieu d'équité, de la générosité, on s'expose à ébranler le sentiment démocratique, à
fausser la vie sociale elle-même.

» Si l'on répartissait en fait les citoyens d'une même nation, ayant des droits politiques identiques et des moyens d'existence incontestables, quoique très inégaux, en
deux classes, celle des contribuables qui pourvoirait à toutes les charges afférentes
aux services communs, et celle des non contribuables qui profiterait de ces services,
on verrait surgir une mentalité de parasites, préparatoire du césarisme ».

On pourrait croire le passage emprunté à ces « journaux hostiles à la réforme », dont les tableaux de l'*Officiel* commentent

maintenant les assertions dans des colonnes spéciales (V. *J. off.* du 15 mars 1909, p. 2676 et suiv.). Il n'est que plus piquant de le rencontrer dans un des rapports administratifs publiés par les soins du gouvernement, en annexe du projet de loi de réforme des finances locales, à titre de pièces justificatives[1].

IV

Ce fameux projet de réforme des impositions départementales et communales qui doit compléter la réforme des impôts d'Etat et qu'on commençait à désespérer de voir sortir des limbes, vient enfin d'être distribué le 30 mars dernier. On sait qu'au mois d'août de l'année passée, une commission extraparlementaire avait été chargée de l'élaborer. D'après une note communiquée à la presse, son examen devait porter sur trois points principaux :

« 1° Révision des évaluations foncières actuelles et modifications d'un cadastre périmé.

2° Introduction de la progressivité dans la répartition et la quotité des impôts perçus par les communes et les départements.

3° Participation des valeurs mobilières aux impositions communales et départementales ».

La commission n'a pas eu à se préoccuper des réévaluations foncières qui sont déjà amorcées par l'article 3 de la loi du 31 décembre 1907 et prises en considération dans le projet d'impôt sur le revenu. Quant aux deux derniers points qui lui étaient soumis, ses conclusions ont été nettement négatives.

Elle s'est, en effet, prononcée, en principe, pour la proportionnalité, et en a donné d'excellentes raisons. Dans le département et dans la plupart des communes, les taxes indirectes n'existent pas. L'impôt direct progressif n'a donc pas à jouer le rôle de redressement » qu'il remplit dans le système fiscal de l'Etat. D'autre part, — et l'Exposé des motifs rappelle ici les théories financières de M. de Miquel — les dépenses locales profitent surtout aux choses situées dans le département ou la commune. Les groupements locaux sont des syndicats d'intérêts qui rendent à leurs membres des services d'ordre surtout matériel. A des dépenses « réelles » doivent logiquement subvenir des impôts « réels », exclusifs de toute acception de personne, et exactement répartis entre les « choses ».

[1] *Doc. parl.*, Ch. des dép., sess 1909, n. 2351, p. 84.

A ces considérations théoriques s'adjoignent des considérations pratiques.

Les impositions locales actuelles sont proportionnelles et portent même sur les cotes les plus minimes. Des dégrèvements en faveur des petits contribuables bouleverseraient l'équilibre des charges existantes, aggraveraient d'une façon excessive la rigueur de la progression de l'impôt d'Etat et même, dans les petites communes exclusivement composées d'habitants peu fortunés, risqueraient de tarir la matière imposable.

Nous verrons que, malheureusement, la commission a fait de larges accrocs au principe qu'elle avait si bien motivé.

Elle a reconnu enfin l'impossibilité de soumettre les valeurs mobilières à la taxation locale, et a justifié également ici sa décision par une raison de principe et par une raison de fait.

La raison de principe, c'est qu'on ne voit pas à quel titre le département et la commune pourraient imposer des revenus qui ont été créés en dehors de leur territoire et dont ils n'ont facilité la création par aucun service (revenus de fonds d'Etat, d'exploitations commerciales situées hors du département ou de la commune). Quant aux revenus de titres représentant des exploitations commerciales situées dans la localité ou le département, l'impôt qui les atteindrait se superposerait aux autres taxes locales qui frappent déjà tous les éléments de l'exploitation (taxe foncière et autres), et ferait double emploi. De ce que cet illogisme existe dans l'impôt d'Etat, il ne s'ensuit pas qu'il faille le transporter dans la fiscalité locale. D'autant plus — et c'est là l'argument de fait — que les valeurs mobilières acquittent déjà au profit de l'Etat des impôts tellement lourds que la mesure est comble et qu'une surcharge locale serait une prime redoutable à la fraude.

Le terrain ainsi déblayé, la commission s'est surtout préoccupée, comme elle le dit elle-même, « de ne s'écarter que le moins possible du système d'impositions aujourd'hui en vigueur ».

Partant de ce fait que les centimes locaux actuels atteignent les uns les revenus acquis[1], et les autres les revenus dépensés[2] sur le territoire local, elle conserve cette division pour les nouveaux impôts.

[1] Centimes additionnels à la contribution foncière, aux patentes et à la contribution des portes et fenêtres des établissements industriels.
[2] Centimes additionnels à la contribution mobilière et à la contribution des portes et fenêtres des maisons d'habitation des non-patentables.

Les impôts sur les revenus *acquis* dans le département et la commune seront constitués par des taxes additionnelles aux impôts cédulaires d'État (sauf en ce qui concerne la cédule des valeurs mobilières).

L'impôt sur le revenu *dépensé* dans le département ou la commune consistera en une taxe sur le revenu global qui, à appeler les choses par leur nom, n'est autre que la contribution mobilière actuelle, légèrement modifiée et réduite au rôle d'impôt local.

Les taxes sur les revenus par catégorie comprennent donc : une taxe sur la propriété bâtie, une taxe sur la propriété non bâtie, une taxe sur les bénéfices de l'exploitation commerciale, une taxe sur les bénéfices de l'exploitation agricole, une taxe sur les pensions, salaires et traitements et une taxe sur les revenus des professions libérales.

Nous avons déjà dit que la Commission n'était pas allée jusqu'au bout dans l'application de ses principes en matière de proportionnalité. « Elle s'est efforcée, avoue-t-elle modestement, de faire plier les rigueurs de la logique et de présenter des conclusions qui se puissent concilier avec les possibilités de l'heure présente ». Elle n'a donc supprimé radicalement les exemptions et dégrèvements, tels qu'ils sont organisés dans le projet relatif aux impôts d'État, que pour l'impôt foncier local et a maintenu pour les impôts des autres catégories les exonérations totales et partielles prévues par ce projet, sauf à autoriser les conseils municipaux à abaisser des trois quarts au maximum les fractions de revenu bénéficiant d'exonération dans l'impôt d'État (art. 4 du projet) : « Ainsi, par exemple, les fermiers dont l'exploitation n'a pas une valeur locative réelle supérieure à 12.000 francs ont droit, dans l'impôt d'État, à une déduction à la base de 1.250 francs de revenu; en outre, ils ne sont taxés que pour un tiers sur la fraction de leur revenu comprise entre 1.251 et 2.000 francs et pour deux tiers sur celle comprise entre 2.001 et 3.000. En vertu de la disposition rappelée ci-dessus, le conseil municipal pourra décider que la déduction à la base sera réduite à 313 francs, que la fraction du revenu comprise entre 314 et 500 francs sera taxée pour un tiers et celle comprise entre 501 et 750 pour les deux tiers. Mais ce sont là des limites minima au-dessous desquelles il ne lui sera pas permis de descendre »[1].

---

[1] *Exposé des motifs*, p. 10 et 11.

Cette faculté n'existe d'ailleurs que pour les conseils municipaux, c'est-à-dire que le système d'exemptions partielles et d'abattements est le même pour les impôts départementaux que pour les impôts d'État.

Du reste, dans le but d'éviter l'arbitraire des assemblées municipales, le projet stipule qu'au cas où elles font usage de la faculté qui leur est départie, leur décision doit s'appliquer indistinctement aux quatre catégories de revenus susceptibles de déductions (c'est-à-dire à tous les revenus, sauf ceux de la propriété foncière).

Les divers impôts sur les catégories de revenus seront perçus sous forme de centimes additionnels à un principal calculé de la façon suivante :

Pour obtenir le principal départemental, on totalisera les revenus cédulaires imposables figurant aux rôles des impôts d'État, et on y appliquera les taux d'impôt afférents à chaque cédule, tels qu'ils sont stipulés pour le calcul des impôts d'État.

On procèdera de même pour avoir le principal communal, sauf qu'on tiendra compte ici, dans le calcul des revenus imposables, des modifications que le Conseil municipal, faisant usage de la faculté que lui donne l'article 4, aura pu apporter à l'échelle des abattements institués pour l'impôt d'État.

L'impôt sur le revenu global est basé sur la valeur locative de l'habitation, en faisant application aux diverses fractions de celle-ci d'un tarif de coefficients calculé de façon à faire apparaître le chiffre du revenu présumé.

A cet effet, la valeur locative est divisée en un certain nombre de tranches dont l'importance varie suivant la classe de population du lieu ; le tarif des coefficients applicables à ces diverses tranches est fixé par la Commission cantonale instituée en vue de l'examen des déclarations concernant l'impôt complémentaire d'État, et approuvé par le Conseil général. Ces coefficients ne peuvent d'ailleurs s'écarter que dans une mesure limitée, soit en plus, soit en moins, des coefficients que propose le texte de la loi.

La Commission a cru, comme on le voit, devoir se référer aux signes extérieurs. Autrement il eût fallu, pour tous les contribuables dont le revenu n'excède pas 5.000 francs et qui ne figurent pas au rôle de l'impôt complémentaire d'État, exiger une déclaration spéciale, ce qui a semblé impraticable.

De plus, on a fait valoir que les signes extérieurs du loyer pou-

vaient fournir ici une indication suffisante, car c'est moins le
revenu que la dépense globale du contribuable qu'on se propose
de taxer, et on peut l'estimer approximativement, d'après la
dépense d'habitation.

Cependant, lorsque l'administration, soit par les rôles de l'impôt complémentaire, soit autrement, pourra établir que le revenu
réel du contribuable est supérieur au revenu ainsi calculé, ou lorsque le contribuable, de son propre mouvement, demandera une
réduction de cote en souscrivant une déclaration, le revenu réel
sera substitué au revenu présumé comme base d'imposition.

Du revenu global de chaque contribuable est déduite une somme
en principe égale au montant de la première tranche de valeur
locative, multipliée par le coefficient 5 [1].

Le conseil municipal a, du reste, la faculté soit de restreindre le
chiffre de cette portion de revenu non imposable, soit, au contraire, d'y ajouter une réduction sur la tranche suivante, mais,
dans cette dernière hypothèse, seulement au cas où il existe dans
la commune un octroi suffisamment productif (art. 9 et 10).

La moins-value qui résulterait de cette mesure pourra être com-

[1] Art. 5. — « Le revenu global qui doit servir de base aux impositions départementales et communales est calculé en faisant application aux diverses fractions de
la valeur locative réelle et actuelle de l'habitation de chaque contribuable d'un tarif
de coefficients établi dans la forme ci-après :

COMMUNES DE	FRACTION DE LA VALEUR LOCATIVE				
	COMPRISE ENTRE				Supérieure à
2.000 habitants et au-dessous.	0 et 100	100 et 200	200 et 400	400 et 800	800
2.001 à 5.000 habitants	0 et 200	200 et 400	400 et 800	800 et 1.500	1.500
5.001 à 30.000 habitants	0 et 300	300 et 600	600 et 1.200	1.200 et 2.500	2.500
30.001 habitants et au-dessus.	0 et 400	400 et 800	800 et 2.000	2.000 et 4.000	4.000
Ville de Paris...............	0 et 500	500 et 1.500	1.500 et 3.000	3.000 et 6.000	6.000
Coefficients					

» Les coefficients applicables aux diverses fractions de chaque valeur locative
d'habitation, telles qu'elles résultent du tableau précédent, ne peuvent être inférieurs
à cinq pour la première fraction, à six pour la deuxième, à sept pour la troisième, à
huit pour la quatrième et à neuf pour la dernière, ni supérieurs à ces chiffres de plus
d'un tiers..... ».

Art. 8. — « Il est déduit du revenu global imposable de chaque contribuable une
somme égale au revenu correspondant, eu égard à la population de la commune, à la
limite maxima, multipliée par le coefficient 5, de la première tranche des valeurs
locatives comprises dans le tarif prévu à l'article 5 ».

blée par une des taxes de remplacement de la loi du 29 décembre
1907 et notamment par une taxe portant sur la plus-value des
propriétés immobilières situées dans la commune.

Les exemptions et déductions ci-dessus seront, en outre, majorées d'un dixième par personne à la charge du contribuable.

La Commission a pensé que la nouvelle taxe devrait fournir à peu
près la même fraction des ressources locales que produisent actuellement les centimes portant sur les revenus dépensés dans la commune (centimes additionnels à la mobilière et à la contribution des
portes et fenêtres des maisons d'habitations des non-patentables).

Les revenus acquis fournissant actuellement, tant aux départements qu'aux communes, 355 millions et les revenus dépensés
135 millions, la part contributive de ces derniers ressort à 28 p. 100
environ du produit total.

Pour réaliser cette proportion, la taxe sur le revenu global sera
calculée sur un principal constitué du montant du revenu révélé
par les valeurs locatives, multiplié pour l'imposition départemen-
tale par le taux de 0,75 p. 100, et pour l'imposition communale,
par un taux choisi par le conseil municipal entre 0,50 et 1 p. 100.

C'est sur la somme ainsi obtenue que seront établis les centimes
constituant la nouvelle taxe.

La répartition des impôts départementaux entre les communes
se fera en proportion des principaux attribués à chacune d'elles tant
pour les impôts par catégorie que pour la taxe sur le revenu global. Dans l'intérieur de la commune, la répartition se fera entre
les contribuables au prorata de la part qu'ils prennent dans la
composition des principaux.

Nous ne saurions entrer dans tous les détails du projet. Signalons
cependant encore l'article 16 qui modifie les droits des assemblées
locales en matière de vote des centimes, et l'article 19 qui institue
un fonds commun départemental, formé de centimes additionnels,
destiné à faire face aux frais de perception et aux dégrèvements
et remises de toute nature accordés sur les impositions locales.

Actuellement, les dépenses de cette espèce sont, on le sait, assu-
mées par l'État qui s'en couvre au moyen du produit des centimes
spéciaux pour non-valeurs et frais de perception. Ces centimes sont
désormais attribués au département avec les charges correspondantes.

Telles sont les grandes lignes de cette réforme qui apparaît, dans

l'ensemble, comme un compromis entre le système actuel d'impositions locales, et les principes adoptés dans le projet sur l'impôt d'Etat.

Elle apporte, à la propriété immobilière, un allègement de charges assez sensible. En vertu de la législation existante, une grande
partie des centimes locaux sont additionnels à la contribution foncière. Ces centimes seront désormais répartis entre toutes les
natures de revenus acquis dans la commune. Comme, de plus, la
nouvelle évaluation du revenu des propriétés non bâties prescrite
par l'article 3 de la loi du 31 décembre 1907 aura pour effet de
diminuer considérablement le principal, l'*Exposé des motifs* croit
pouvoir chiffrer à 30 millions au moins le dégrèvement dont béné-
ficiera la terre, comparativement aux impositions locales actuelles.

Si ce résultat est de ceux dont il convient de se féliciter, il s'en faut
que le projet que nous venons d'analyser ne mérite que des éloges.

Trois critiques notamment nous semblent devoir lui être adressées.

Il est impossible de ne pas être frappé de la contradiction latente
dans l'œuvre de la commission, qui semble s'être infligé un continuel démenti à ses principes.

Après avoir établi péremptoirement que les impositions locales
devaient être proportionnelles, elle fait tout le contraire de ce
qu'elle avait annoncé.

Sauf en ce qui concerne les revenus de la propriété foncière, les
exonérations totales ou partielles dont bénéficient les autres catégories de revenus pour l'impôt d'Etat (4e, 5e, 6e et 7e catégories),
s'appliquent également aux impositions départementales.

Pour les impôts communaux, le conseil municipal a simplement la
faculté d'abaisser des trois quarts au maximum les limites établies
pour les dégrèvements fixés en matière d'impôts cédulaires d'Etat.

Il est facile de prévoir l'usage qui sera fait de cette faculté. Elle
sera utilisée dans les petites communes dont les contribuables ont
peu de ressources et où il est nécessaire d'avoir des bases d'impositions très larges pour réaliser un produit appréciable. Et encore
souvent les élections municipales s'y feront elles sur la question
des abattements.

Dans les grandes villes où les contribuables aisés sont en nombre
suffisant et où l'assemblée municipale appartient à l'opinion avancée,
on conservera, au contraire, le tarif des déductions applicables aux
impôts d'Etat de façon à rejeter la plus grosse part des charges
locales sur la minorité des habitants riches.

Ainsi, à Paris, par exemple, une personne dont le revenu consiste en un salaire de 4.500 francs ne paiera ni impôt d'État, ni impôt départemental, ni probablement d'impôt communal[1].

A Lyon, un salarié gagnant 4.000 francs contribuera aux charges publiques tant locales que générales, sur un revenu ramené à 27 fr. 77 par le jeu des abattements, c'est-à-dire paiera 0 fr. 85 d'impôt d'État, et un chiffre également insignifiant d'impôts départementaux et communaux.

Un fonctionnaire de la même ville, ayant aussi un traitement de 4.000 francs, en admettant que les centimes locaux doublent le montant des impôts d'État, paiera 15 francs au total.

Un commerçant paiera beaucoup plus, bien qu'il y ait encore inégalité de traitement entre commerçants réalisant plus ou moins de 20.000 francs de bénéfices. De même pour l'agriculteur.

Que devient la proportionnalité des impôts locaux? Toutes les inégalités que nous avons critiquées dans l'impôt cédulaire d'État réapparaissent dans ceux-ci. L'injustice contre laquelle nous nous étions élevé se trouve, en quelque sorte, portée à la seconde puissance, additionnée d'une autre injustice, plus criante encore. En effet, si la progression peut se défendre en matière d'impôt d'État, à condition de ne pas être faussée par l'abus des dégrèvements à la base, comme dans le projet actuel, elle est injustifiable en matière de taxes locales.

De plus, il est plus choquant et plus dangereux encore de diviser les habitants des localités en deux catégories : ceux qui paient et ceux qui ne paient pas ou presque pas, car si la responsabilité des citoyens relativement aux charges publiques de l'État se perd plus ou moins dans la masse, elle est au contraire beaucoup plus directe et plus effective à l'égard des charges des groupements locaux. Quel sera le frein aux dépenses locales, si la majorité qui les vote n'en supporte pas les conséquences?

Enfin, dans les communes moyennes, la lutte s'engagera sur cette question des abattements entre les propriétaires fonciers et les autres classes de contribuables; suivant en effet que le conseil municipal réduira ou maintiendra intégralement pour l'impôt local les bases de dégrèvement établies pour les impôts d'État des 4e, 5e, 6e et 7e catégories, la part contributive de la propriété foncière, qui ne bénéficie pas de dégrèvements, sera plus ou moins

[1] Sauf peut-être une cote d'habitation minime.

considérable, puisque c'est elle qui fait les frais des dégrèvements accordés aux autres revenus.

L'argument invoqué par la Commission pour justifier ces compromis est toujours le même : il fallait tenir compte de certaines situations de fait. Cela s'appelle perpétuer les inégalités fiscales et les injustices.

A un autre point de vue, la réforme de nos impositions locales est incomplète. Il eût fallu profiter de la circonstance, comme l'a justement observé M. Maurice Bloch, au cours de la discussion, pour réaliser l'indépendance des finances locales, et couper les liens qui rattachent actuellement l'impôt local à l'impôt d'Etat. Ce sont ces liens qui rendent aujourd'hui si difficile et si complexe la réforme fiscale.

Or, les nouveaux impôts locaux se présentent sous la forme de centimes additionnels à un principal formé, en ce qui concerne les impôts par catégories, par l'application au montant des revenus cédulaires portés aux rôles de l'Etat, du taux d'impôt qui leur est respectivement afférent. De la sorte, il sera impossible à l'avenir de modifier les impôts cédulaires d'Etat, soit au point de vue du tarif, soit au point de vue du mode de détermination du revenu imposable, sans modifier par là même les principaux qui servent au calcul des impôts locaux et sans détruire l'équilibre des finances locales.

Tout remaniement des impôts d'Etat entraînera, demain comme aujourd'hui, un remaniement correspondant des impôts départementaux et municipaux.

Enfin, observons, en terminant, que l'incertitude de l'assiette de la taxe sur le revenu global n'est pas non plus sans inconvénient.

En principe, elle est basée sur la valeur locative multipliée par un jeu de coefficients appropriés. Gageons, du reste, qu'il se trouvera des censeurs sévères pour penser que ce n'était pas la peine de dire tant de mal de la contribution mobilière actuelle et de la rayer du nombre des impôts d'Etat pour la rétablir comme impôt local. Peut-être il y a-t-il de bons arguments à opposer à ces esprits chagrins.   .

Ce que nous voulons simplement retenir, c'est qu'aux termes du projet, lorsque le revenu réel sera connu, c'est le chiffre de ce revenu qui sera substitué à celui du revenu présumé, tel qu'il se déduit de l'examen des valeurs locatives.   .

Cette latitude est, à notre sens, fâcheuse. Du moment qu'on

adoptait la méthode des signes extérieurs, il fallait s'y maintenir franchement. Il est inutilement dangereux, quand on peut faire autrement, de susciter des discussions entre le fisc et les contribuables au sujet de la consistance du revenu réel et de multiplier dans la population les craintes d'inquisition et de dénonciation. La taxation du revenu global réel, au titre de l'impôt d'Etat, soulèvera d'assez grosses résistances pour qu'on ait intérêt à ne pas les exciter davantage.

D'ailleurs, que se propose-t-on exactement? Veut-on taxer la situation de fortune du contribuable, son revenu réel, ou seulement son revenu *dépensé* dans la commune (ce qui n'est pas la même chose, comme semblent le croire les rédacteurs du projet)?

Au second cas, la considération de la valeur locative, insuffisante peut-être pour établir le revenu réel du contribuable, donne des indications très passablement précises sur sa dépense, sur son « train d'existence ». Pourquoi tantôt taxer la dépense du contribuable, et tantôt son revenu global (qui comprend en plus du revenu dépensé le revenu épargné)?

En bonne justice, seul le revenu dépensé dans la commune nous semble devoir fournir matière à taxation. Le contribuable, dans ses dépenses, profite de tous les services, de toutes les commodités, de tous les agréments de l'organisation locale. Il est légitime qu'il en supporte sa part de frais. On comprend que le groupement local, facilitant à ses habitants, par tous les services qu'il met à leur disposition, les moyens de se créer des revenus et les moyens de les consommer pour leurs jouissances, impose à la fois les revenus produits et les revenus dépensés sur son territoire. On ne voit pas, par contre, pour quelle raison les revenus économisés devraient contribuer au même titre que les revenus dépensés. S'il me plaît de prendre un loyer plus faible, de réduire mon genre de vie, de moins dépenser dans la ville que j'habite et d'employer une portion de mon revenu à acquérir de la rente sur l'Etat, en quoi l'organisation municipale m'a-t-elle rendu service pour ce placement? Quelles facilités m'a t-elle données pour l'emploi de cette partie de mon revenu? A quel titre prétendra-t-elle l'imposer?

Il eût été à désirer que la commission formulât d'une manière plus nette ce principe de l'imposition du revenu dépensé, pour laquelle le signe extérieur de la valeur locative fournit des renseignements à la fois discrets et suffisants. •

Edgard ALLIX.

CHRONIQUE LÉGISLATIVE

Avril 1909.

DOCUMENTS OFFICIELS.

Une loi du 1er avril (*Journal Officiel* du 2 avril) a modifié l'article 37 et la disposition transitoire de la loi du 17 mars 1909, relative à la vente et au nantissement des fonds de commerce.

Le numéro du 5 avril contient un décret portant organisation de la propriété foncière dans la colonie de la Côte française des Somalis (application du système Torrens).

Dans le *Journvl Officiel* du 11 avril se trouve un rapport sur les résultats de l'application, pendant l'année 1908, des dispositions du Code civil relatives à la nationalité et à la naturalisation.

Dans celui du 25 avril est un décret portant promulgation de la convention internationale concernant la création d'un Institut international d'agriculture, signée à Rome le 7 juin 1905.

Nous croyons devoir signaler encore l'intéressant rapport fait au nom de la Commission de la réforme judiciaire et de la législation civile et criminelle chargée d'examiner : 1° le projet de loi adopté par le Sénat relatif à la publicité des actes intéressant la propriété immobilière et à la réforme hypothécaire ; 2° la proposition de loi de M. Guillaume Chastenet sur la sécurité du titre financier, par M. Maurice Violette, député : rapport donné en annexe, sous le numéro 2256, avec le *Journal Officiel* des 9 avril et suiv.

Edmond VILLEY.

BULLETIN BIBLIOGRAPHIQUE

Dr J. Riesser, *Finanzielle Kriegsbereitschaft und Kriegsführung*, 1 vol. in-8
de 104 p. Iéna, Fischer, 1909.

Les craintes de guerre provoquées à plusieurs reprises par la tension des
rapports diplomatiques entre l'Allemagne et la France ont donné naissance,
surtout en Allemagne, à toute une littérature spéciale. Les écrivains militaires ont cherché à apprécier le chiffre et la valeur respective des effectifs
qu'un conflit mettrait aux prises, tandis que les économistes se préoccu-
paient des ressources financières sur lesquelles les deux pays pourraient
s'appuyer. C'est à cette dernière question qu'est consacrée l'étude de
M. Riesser qui fait porter son enquête exclusivement sur les finances allemandes. Son travail est divisé en trois parties. Dans la première, il examine
les ressources dont l'Allemagne, en temps de paix, peut disposer en vue
d'une guerre ; la seconde a trait à la « mobilisation financière », c'est-à-dire
aux moyens de réaliser immédiatement les disponibilités nécessaires dès
l'ouverture des hostilités ; la troisième, à la « conduite financière de la
guerre », aux opérations d'emprunt et aux mesures fiscales indispensables
pour couvrir les frais de la campagne.

En s'appuyant sur les renseignements fournis par les guerres les plus
récentes, M. Riesser croit pouvoir estimer à 22 millions et demi par jour
— 675 millions par mois, plus de 8 milliards pour une année — les dépenses
purement militaires de la guerre, du côté allemand.

La situation financière actuelle de l'Allemagne supporte sans désavantage
la comparaison avec celle des autres grandes puissances. Il y a toutefois
quelques points faibles : le manque d'élasticité du marché financier allemand paralysé par la législation des bourses ; la proportion insuffisante des
disponibilités dans l'actif des banques allemandes, immobilisé en grande
partie dans des emplois de trop longue durée ; enfin, la négligence de la
Banque d'Empire à accroître son portefeuille de changes étrangers, qui,
mieux garni, lui permettrait de protéger efficacement sa réserve d'or, en
cas de crise des changes.

Si la guerre éclatait, il faudrait, dès les premières semaines, trouver un
peu plus de 3 milliards pour faire face aux dépenses de la mobilisation et
aux demandes de numéraire de l'industrie, du commerce et du public. Le
gouvernement impérial devrait aussitôt donner cours forcé aux billets de la
Banque d'Empire, sans d'ailleurs abroger le paragraphe 17 de la loi sur la
Banque qui oblige cette dernière à conserver une encaisse égale au tiers de
ses émissions. Cette sage précaution éviterait la dépréciation du billet. La
Banque, d'autre part, grâce à ses réserves métalliques (qu'elle devrait s'appliquer à grossir par tous les moyens, et que viendraient également compléter les 160 millions qui restent du trésor de guerre) pourrait émettre
jusqu'à 5.325 millions de billets. Comme en temps de paix, le chiffre de ses

émissions est d'environ 1.875 millions, il resterait trois milliards et demi, c'est-à-dire une somme largement suffisante pour les premiers besoins de la guerre.

Quant à la conduite financière de la guerre, une fois surmontées les difficultés du début, elle nécessiterait l'appel à l'impôt et au crédit public. Il conviendrait dès maintenant d'opérer une réforme générale du système fiscal de l'Empire pour avoir un budget enfin équilibré et en terminer avec ces emprunts répétés, en période de paix, qui alourdissent la tenue des fonds d'Etat allemands. Quel que soit d'ailleurs le produit des relèvements d'impôts en cas de guerre, il est certain que les deux tiers au moins des ressources nécessaires devraient être demandées au crédit.

L'Allemagne, en cas de conflit, ne pourra guère compter sur les marchés étrangers ; en tous cas, il importerait d'offrir aux capitalistes des autres pays des conditions très favorables et de ne pas craindre de payer de sacrifices momentanés des avantages durables. D'ailleurs, même si l'Allemagne restait réduite à elle-même, elle pourrait, dans ses épargnes qui atteignent annuellement entre 3 milliards et 3 milliards 3/4, trouver les quelque 4 milliards dont elle aurait besoin.

Il faut seulement que, dans l'éventualité d'un conflit de plus en plus probable, les banques et les caisses d'épargne se gardent des immobilisations imprudentes, et que l'usage du chèque, des virements et des compensations vienne libérer dans une plus large mesure le numéraire et permettre de le réserver pour le rôle décisif qu'il aura à jouer dans la guerre de demain.·

On trouvera dans l'étude de M. Riesser des renseignements instructifs sur les dépenses et opérations financières des dernières guerres (guerre du Transvaal, guerre russo-japonaise). Les évaluations auxquelles il se livre au sujet de la guerre à venir sont forcément conjecturales. Au point de vue français, il est intéressant de noter que l'auteur semble considérer la guerre comme inévitable et l'envisage avec un optimisme qui a peut-être influencé parfois ses calculs. Il est d'ailleurs regrettable que M. Riesser n'ait pas fait plus de place, dans son travail, à la comparaison de la situation financière de la France et de l'Allemagne, en cas de guerre.

                                                              Edgard ALLIX.

René Bomboy, *L'impôt sur le revenu en Prusse,* 1 vol. in-8 de xx-360 p. Paris, Rousseau, 1908.

Au moment où l'on parle beaucoup des projets de réforme financière en Allemagne, on consultera avec fruit le livre que M. Bomboy a consacré à l'impôt sur le revenu en Prusse. Au courant de la législation la plus récente, enrichie de statistiques, de textes et de reproductions des formules administratives, cette étude constitue une excellente monographie du sujet. Il serait à désirer qu'on nous en donnât une semblable sur l'*Income-tax*. Peut-être se trouvera-t-il un étudiant laborieux pour tenter ce travail pour lequel la thèse de M. Bomboy pourra lui servir d'utile modèle.

                                                              Edgard ALLIX.

Luigi Cossa, *Premiers éléments de la science des finances,* traduit sur la 9e édition par Alfred BONNET. 1 vol. in-18 de 236 p. Paris, Giard et Brière, 1909.

Nous n'avons pas besoin de présenter à nouveau aux lecteurs de la Revue les « premiers éléments de la science des finances » de L. Cossa, qui ont trouvé auprès du public un accueil très mérité par leur élégante concision. Nous nous bornons à signaler la nouvelle édition qui en paraît aujourd'hui sur le texte de la 9e édition italienne.

On sait la place considérable que M. Cossa fait dans ses œuvres aux indications bibliographiques. Il est d'autant plus regrettable qu'il n'ait pas profité de l'occasion de cette nouvelle traduction pour rajeunir et pour mettre au point la bibliographie de ses éléments de finances et pour y faire un peu moins exiguë la part des publications françaises dont il paraît insuffisamment informé. On peut s'étonner que M. Cossa cite encore la *sixième* édition (1899) du livre de Leroy-Beaulieu, la *deuxième* édition (1891) du budget de Stourm, et omette dans sa liste des ouvrages généraux en langue française le traité aujourd'hui classique de Boucard et Jèze qui eût remplacé avantageusement les « Principes » de Gandillot qui remontent à 1874.

Edgard ALLIX.

H. Matton, *Précis de droit budgétaire belge,* 1 vol. in-8 de 411 p. Bruxelles, Misch et Thron ; Paris, Rivière, 1908.

Le précis de droit budgétaire belge de M. Matton est issu d'un mémoire présenté à un concours universitaire sur « la nature de la loi de budget ». Cette origine explique sans doute le manque de proportions dans les développements et les lacunes qu'on y relève. Ainsi, l'organisation de la trésorerie et le rôle de la Banque nationale y sont totalement laissés de côté. Les discussions critiques y sont aussi écourtées, sauf sur quelques points, ou même simplement remplacées par des citations d'ouvrages français, comme, par exemple, au sujet de la responsabilité budgétaire des ministres.

Le livre de M. Matton ne saurait être mis en parallèle avec l'excellente *Étude* de M. Dubois *sur le système belge en matière de budget de l'État.* On y trouvera néanmoins des renseignements intéressants sur les éléments caractéristiques de la législation budgétaire belge qui se distingue surtout, comme on le sait, par le contrôle préventif de la cour des comptes, la pratique normale des douzièmes provisoires et la pluralité des lois de budget, de la législation française sur laquelle elle est, en général, calquée.

Le budget belge se compose d'une loi spéciale aux recettes et de quinze lois relatives aux dépenses : justice, affaires étrangères, etc., gendarmerie, dette publique, dotations, non-valeurs et remboursements. A cet ensemble qui constitue le budget général, s'ajoutent un budget extraordinaire et un budget pour ordre.

On trouvera dans l'ouvrage en question une analyse très complète de ces deux derniers budgets qui offrent un intérêt particulier pour la comparaison avec nos finances françaises.

Le budget pour ordre est un de ces recoins fâcheux qu'on découvre dans toutes les comptabilités et où il est difficile de faire pénétrer la pleine lumière. Il correspond, en grande partie, à nos services spéciaux du Trésor. Non seulement, en effet, on y inscrit en recette et dépense les fonds de concours et les fonds provinciaux et communaux ; on y fait également figurer certains services, comme les colonies agricoles ou les établissements d'aliénés, les fonds de dotation pour les pensions de vieillesse, etc., et enfin les « fonds de remploi » contre lesquels M. Matton s'élève avec raison. Ces fonds, qui proviennent du produit de certaines taxes, de la vente de vieux matériel ou d'objets neufs (cartes d'état-major, etc.), de l'Etat, forment des fonds spéciaux dont la permanence est assurée, par la faculté de report, et dans lesquels les divers services peuvent puiser pour grossir leurs ressources, en dehors des crédits budgétaires.

Quant au budget extraordinaire, on s'est attaché depuis 1906 à l'organiser sur des bases plus rationnelles. Toutes les dépenses exceptionnelles n'y figurent pas. Y sont seules portées celles qui ont un caractère productif, c'est-à-dire celles qui accroissent et perfectionnent l'outillage économique : premier établissement des lignes de chemins de fer, postes, télégraphes, routes, canaux, etc. Les autres dépenses exceptionnelles restent à la charge du budget général.

Les crédits du budget extraordinaire, dont la comptabilité est tenue par gestion, restent à la disposition du gouvernement pendant trois ans.

Ses recettes proviennent des bonis du budget ordinaire, des portions de la dotation de l'amortissement que l'élévation des cours au-dessus du pair empêche d'employer au rachat de la dette, et des émissions d'emprunts.

La Belgique fait également usage, dans certaines conditions, du système des crédits spéciaux affectés à une dépense déterminée et votés pour une plus longue durée que ceux du budget extraordinaire. En 1906, un fonds spécial a été mis pour 7 ans à la disposition du gouvernement pour les fortifications d'Anvers.

Edgard ALLIX.

E. Seligman, *The separation of state and local revenues*, broch. in-8 de 29 p. s. d. National tax association. Colombus.

Aux Etats-Unis, les finances des Etats particuliers sont généralement alimentées par des suppléments à l'impôt local, qui est la fameuse *General property tax*. Dans ce travail, M. Seligman développe les raisons qui militent en faveur d'une séparation radicale entre l'imposition locale et l'imposition d'Etat. L'étude est faite exclusivement au point de vue des finances américaines. Elle a, du reste, la clarté et la précision habituelles à l'auteur.

Edgard ALLIX.

Max Lazard, *Le chômage et la profession; contribution à l'étude statistique du chômage et de son coefficient professionnel.* Paris, 1909, Félix Alcan, in-8, 379 p., avec 7 graphiques hors texte.

M. Max Lazard est de ceux qui pensent que « pour combattre efficacement le chômage, il faudrait avant tout savoir en quoi consiste ce phénomène, quelles sont ses lois ». Et il s'est mis à l'œuvre pour rechercher « s'il existe un rapport entre l'inactivité temporaire des professionnels et l'industrie à laquelle ils appartiennent ». Il nous apporte aujourd'hui le fruit d'un long travail; c'est une étude statistique approfondie, aussi soignée dans les détails d'exécution que dans la critique et l'élaboration des documents.

Le rapport entre le nombre des chômeurs et celui des salariés d'une même profession est-il à peu près constant à des époques successives, et même dans différents pays, de telle sorte que l'on puisse attribuer à la profession une influence décisive sur le degré d'intensité du chômage? Telle est la question que l'auteur cherche à résoudre, en consultant exclusivement les quatre statistiques officielles qui lui paraissent, malgré leur insuffisance à certains égards, correspondre le mieux à l'objet qu'il se propose : les deux recensements professionnels français de 1896 et 1901, et les deux recensements allemands, l'un de juin 1895, qui est professionnel, et l'autre, du mois de décembre de la même année, qui porte sur la population. Ces quatre documents contiennent le chiffre des chômeurs par profession au jour du recensement.

Pour la comparaison des coefficients professionnels, M. Lazard est obligé, par certaines rubriques générales de chômeurs qui chevauchent sur plusieurs industries principales, de remanier toutes les catégories professionnelles des deux recensements français, et de former 165 groupements nouveaux mieux appropriés à son but. Mais ce travail ne lui suffit pas encore pour la comparaison des recensements français et allemands; en raison de la différence des groupements professionnels dans les deux pays, il procède à une nouvelle analyse et aboutit finalement à un groupement de 102 professions, qu'il a personnellement opéré en vue de la comparaison des taux professionnels de chômage dans les quatre statistiques. C'est un travail considérable, qui paraît fait avec un soin minutieux.

Les taux professionnels de chômage ne sont cependant pas, dans cette étude, l'objet dernier des observations et des calculs. Afin d'éliminer autant que possible l'action de causes générales non professionnelles, telles que les crises économiques, qui peuvent agir sur la série entière des taux de chômage et élever tous leurs chiffres, M. Lazard emploie un procédé familier aux statisticiens, qui consiste à substituer aux valeurs absolues des valeurs relatives. Au lieu de considérer dans la série de 1896, et dans celle de 1901, les coefficients professionnels en eux-mêmes, il rapporte tous ces taux à leur moyenne dans chaque série, et considère seulement, sous le nom de valeur relative, le chiffre qui exprime l'écart de chaque taux par rapport à la moyenne. Ce chiffre dépasse l'unité ou reste au-dessous, suivant que le coefficient de chômage dans la profession dépasse la moyenne de la série ou lui reste inférieure.

Voulant serrer la réalité de plus près, M. Lazard essaie de mesurer numériquement le degré de ressemblance entre les séries de valeurs relatives du chômage dans les diverses statistiques, et consacre un chapitre à la justification mathématique du procédé de calcul qu'il emploie. Considérant la similitude absolue comme exprimée par 1, il mesure la ressemblance de deux séries au moyen d'une fraction qui se rapproche d'autant plus de l'unité que la ressemblance est plus complète. Cet indice de ressemblance, il l'obtient en divisant la somme des valeurs relatives les plus fortes, notées pour chacun des 102 groupes professionnels des recensements comparés, par la somme des valeurs les plus faibles. Ainsi l'indice de ressemblance des deux recensements français, 0,82, exprime que les écarts des taux professionnels de chômage vis-à-vis de la moyenne de la série sont sensiblement les mêmes dans les deux statistiques, aussi rapprochés dans leur ensemble que la fraction 0,82 l'est de l'unité. Mais si l'on compare entre eux les recensements allemands, puis ceux-ci avec les recensements français, on obtient des indices de ressemblance plus faibles; 0,65; 0,60; 0,56; jusqu'à l'indice 0,44, bien éloigné de l'unité idéale, qui exprime la ressemblance des valeurs de chômage dans les quatre statistiques considérées ensemble.

Le procédé, reposant sur des abstractions superposées, est certes difficile à saisir; il n'effraiera pas les esprits familiers avec les moyens de calcul de la statistique, et sera considéré comme une tentative ingénieuse pour préciser par des notations numériques la comparaison de plusieurs séries statistiques.

Dans une dernière partie, M. Lazard esquisse une théorie des causes du chômage, et se base sur la constance des coefficients professionnels pour attribuer à la profession une influence prépondérante et presque exclusive sur le chômage. Il pense que le chômage est d'autant moins intense dans une catégorie d'industrie que celle-ci est moins concentrée, et illustre cette corrélation par un graphique.

Les graphiques joints à l'ouvrage sont assez significatifs dans le sens de la stabilité des coefficients professionnels quand on compare les deux recensements français; ils le sont beaucoup moins quand on compare les statistiques françaises et allemandes. Cependant, les deux graphiques D et E insérés au texte (p. 296 et 297) font ressortir d'une façon saisissante que pour l'immense majorité des 102 groupes professionnels, comprenant l'immense majorité des salariés, la ressemblance des coefficients de chômage dans les quatre recensements est très grande, les écarts des coefficients vis-à-vis de la moyenne de la série étant sensiblement les mêmes. C'est là un résultat important, qui établit nettement l'influence prépondérante et à peu près constante de la profession sur l'intensité du chômage.

Ce résultat suffit à donner une haute valeur aux recherches si consciencieuses de M. Lazard, qui seront une excellente base pour des recherches théoriques ultérieures sur le phénomène du chômage et ses causes. Il n'est pas, dans notre organisation économique, de fait plus douloureux, de vice plus grave que le chômage. Il faut, pour élucider les problèmes qu'il soulève au point de vue théorique, et pour donner quelque précision aux moyens de le combattre, une légion de travailleurs s'appliquant à l'observation scientifique du mal et à la recherche de ses causes. M. Lazard est un de ces ouvriers, un bon ouvrier qui a contribué à mettre en lumière l'intensité du mal et son origine.

Maurice BOURGUIN.

Walther Jacoby, *Der Streit um den Kapitalsbegriff.* 1 vol. in-8 de 177 pp. Iéna, Fischer, 1908. 3 marks.

La multiplicité des sens dans lesquels le mot « capital » est pris par les économistes est devenue une véritable calamité, car elle engendre toutes sortes de confusions. M. Jacoby s'est proposé d'étudier le développement historique de la controverse relative au concept de capital, et de donner à cette controverse, si possible, une solution définitive.

On s'attend, dans ces conditions, à voir M. Jacoby réunir toutes les différentes définitions qui ont été données du capital, et s'essayer en outre à les classer. Cette attente est déçue. Est-ce parce que M. Jacoby ne connaît bien, en fait de publications récentes, que les publications allemandes? Je ne sais. Mais on est surpris de le voir omettre des définitions du capital qui sont fort importantes : par exemple, pour ne citer que celle-là, la définition d'Irving Fisher.

M. Jacoby ne s'occupe que d'un petit nombre d'auteurs : un premier groupe qui se compose de Turgot, de Say et de Hermann, puis Smith, puis Rodbertus et Wagner, enfin Menger avec quelques auteurs qui se rattachent à lui. Et l'on ne voit pas qu'il y ait dans son exposition un plan, un ordre systématique.

Dans la critique que M. Jacoby fait des auteurs qu'il passe en revue, les remarques intéressantes ne manquent pas. M. Jacoby insiste particulièrement sur deux points.

1° Il demande que le mot « capital » soit employé dans un sens proprement et purement économique, et que l'on abandonne toute définition du capital qui ne serait que technique. Ainsi l'on devrait renoncer à se servir du mot « capital » pour désigner ces biens qui, ayant été produits, servent de moyens de production. Pour exprimer ce concept, il faudrait créer un mot nouveau.

2° M. Jacoby ne veut pas que les capitaux consistent en des valeurs. Les capitaux sont des objets, considérés, à la vérité, plutôt au point de vue de leur valeur qu'au point de vue de ce qui les constitue physiquement.

M. Jacoby termine en nous donnant sa définition du capital. Le capital d'un individu — car c'est cela, d'après lui, qu'il s'agit tout d'abord de définir ; et le capital national ou social ne sera guère que la somme des capitaux des personnes qui forment la nation ou la société —, ce capital consistera dans cette partie de l'avoir de notre individu que celui-ci emploie à s'assurer des revenus. M. Jacoby toutefois élimine du concept du capital

la terre, laquelle représente un don de la nature ; et il élimine encore tous
les biens qui ne sont point meubles.

Est-il à croire que M. Jacoby mettra fin à la controverse dans laquelle il
est entré ? Sa définition s'imposera-t-elle aux économistes ? On notera que
cette définition n'est pas simple, que M. Jacoby commence par nous présenter un concept, pour ensuite en réduire l'extension par l'introduction
de deux idées qui n'ont point de rapport avec lui, et qui n'en ont pas non
plus entre elles.

Passons sur cette remarque. Ce que l'on doit demander avant tout aux
notions que l'on construit pour la science, c'est d'être fécondes ; c'est, en
d'autres termes, d'être telles que l'analyse de ces notions, que leur application à la réalité nous fasse connaître des lois importantes. La notion du
capital que nous trouvons chez M. Jacoby a-t-elle ce caractère ? L'ouvrage
de M. Jacoby ne saurait nous fixer là-dessus, puisque la seule question qui
y soit traitée est la question même de la définition du capital. Mais il est
permis d'en douter. Supposons un pays où chacun vive dans une maison à
lui ; imaginons maintenant que les habitants de notre pays soient tous
obligés de changer de résidence, qu'en conséquence chacun loue sa maison
et en prenne une autre en location. Il en résulterait, d'après M. Jacoby,
une augmentation considérable des capitaux privés et du capital national.
Cet exemple montre assez clairement, ce me semble, que la notion du
capital, telle que M. Jacoby la détermine, n'est pas celle qui nous sera le
plus utile quand nous voudrons comprendre soit ce qui a trait à la production, soit ce qui a trait à la distribution des richesses.

Adolphe Landry.

Arthur Bauer, *Essai sur les révolutions*. 1 vol. in-8 de 303 pp. Paris, Giard
et Brière *(Bibliothèque sociologique internationale)*. 1908. 6 fr.

L'essai de M. Bauer sur les révolutions, c'est-à-dire sur « les changements tentés ou réalisés par la force dans la constitution des sociétés », se
divise en trois parties.

La première partie est consacrée à la recherche des causes des révolutions. L'auteur y suit une méthode régressive : il part des actes révolutionnaires pour remonter aux agents qui les accomplissent, et aux mobiles qui
poussent ces agents. Il découvre ainsi que les révolutions sont l'œuvre de
groupes professionnels luttant pour leurs intérêts, ou de coalitions de
groupes professionnels.

La deuxième partie étudie la marche des révolutions, les aspects multiples de cette lutte qu'elles représentent, dans les phases successives par
lesquelles elles sont marquées à l'ordinaire.

M. Bauer traite enfin des conséquences des révolutions. Il montre comment les vainqueurs modifient à leur profit les lois constitutionnelles, politiques, administratives, etc. Et il indique en même temps les facteurs qui,
dans une mesure plus ou moins grande, mettent obstacle aux transformations voulues par eux.

La thèse principale du livre, c'est que les révolutions sont des luttes entre des groupes professionnels. Quand M. Bauer nous dit que dans les révolutions ce sont toujours des intérêts qui sont en jeu, il énonce simplement un corollaire de cette thèse. Mais alors, de la vérité du corollaire dépendra celle de la thèse à laquelle il se rattache. Est-il donc si sûr que les luttes sociales ne soient jamais que des conflits d'intérêts? D'autres facteurs, les croyances religieuses, par exemple, ne jouent-ils pas un rôle dans ces luttes? M. Bauer aperçoit l'objection, et tâche de la réfuter (v. pp. 156-158). On peut penser qu'il n'y a point parfaitement réussi.

Mais il y a mieux encore, et l'on va voir que M. Bauer nous fournit lui-même des arguments contre la théorie qu'il soutient. Par les exemples qu'il nous donne, il nous montre que ce ne sont pas seulement des groupes professionnels que les révolutions mettent aux prises. Les patriciens de Rome, les aristocraties contre lesquelles, en bien des pays, on a vu la plèbe, le peuple se soulever, ne constituaient pas proprement des groupes professionnels : c'étaient des classes sociales définies soit par la fortune de leurs membres, soit encore par le fait que ces membres jouissaient seuls de certaines sortes de propriétés, de certaines sortes de revenus. Et peut-être trouvera-t-on que cette remarque ne porte que contre le choix fait par M. Bauer de l'expression « groupes professionnels ». Mais voici autre chose. M. Bauer nous parle de ces dispositions législatives par lesquelles l'État crée des catégories juridiques dans le sein d'une même classe, en se fondant sur des caractères étrangers à la fonction — à ce qui peut définir la classe —. C'est contre les privilèges attachés ainsi à la naissance, au territoire, à la religion, que les révolutions, nous dit-il, sont dirigées souvent (v. p. 82). Mais que l'État ait créé des catégories juridiques semblables, cela n'indique-t-il pas qu'elles cherchaient à se former, qu'elles existaient, en un sens, avant de recevoir la consécration légale? Et quelle meilleure preuve trouverait-on que même à considérer leur origine première, les révolutions peuvent provenir d'autres oppositions que de celles des groupes professionnels — ou des classes sociales, en tant qu'elles se définissent par des caractères de l'ordre économique — ?

Pour conclure sur ce point, je reprocherai à M. Bauer d'avoir présenté sa thèse comme une vérité universelle. Il semble bien que les révolutions soient de plus en plus conformes au type qu'il décrit. Mais il y a eu, à ce qu'il semble, et il n'est pas dit qu'il n'y aura pas encore des révolutions d'un autre genre.

J'adresserai, maintenant, une deuxième critique à M. Bauer : c'est de ne pas s'être occupé suffisamment de déterminer les conditions dans lesquelles les révolutions éclatent. Il nous dit sans doute que chez les partis qui entreprennent des révolutions, il faut qu'il y ait à la fois du mécontentement et de l'espoir (p. 13). C'est là une vue par trop sommaire d'un point qui est de grande importance.

Il m'est agréable, pour terminer, de signaler les mérites du livre de M. Bauer. Il est bien construit, clair et d'une lecture agréable. Il dénote chez son auteur beaucoup de jugement et de sagacité. C'est en somme, sur un sujet des plus difficiles, un travail fort distingué.

Adolphe LANDRY.

Charles Brouilhet, *Le contrat collectif de travail* (conférence faite à la Société d'économie politique de Lyon), brochure de 27 pages. Lyon, 1907.

M. Brouilhet a résumé en fort bons termes dans cette conférence les arguments en faveur du contrat collectif, et de sa généralisation dans l'industrie. Les arguments sont connus. Aussi noterai-je, seulement ici l'opinion de M. Brouilhet sur les avantages matériels qu'en peuvent attendre les ouvriers. A l'encontre de ceux qui croient y voir un moyen certain d'améliorer notablement la condition de l'ouvrier, et surtout un procédé pour augmenter le salaire, M. Brouilhet exprime un sentiment qui me paraît très juste : « L'amélioration positive de la condition des travailleurs par le contrat collectif ne peut, au moment où nous sommes s'affirmer d'une manière certaine .. Notre organisation économique... est en somme soumise dans son évolution à des lois économiques, auxquelles la volonté des parties ne saurait porter atteinte » (p. 21). Il est clair, en effet, que le contrat collectif est une simple forme contractuelle, et que son *contenu* dépend de circonstances tantôt favorables, tantôt défavorables à l'ouvrier. On ne saurait trop le rappeler. Peut-être l'opinion contraire serait-elle moins répandue s'il existait une bonne théorie *économique* du contrat collectif. Nous ne connaissons jusqu'ici que M. Clark, en Amérique, et M. Pigou, en Angleterre, qui aient essayé d'en construire une. Peut-être M. Brouilhet voudra-t-il un jour joindre à son bref exposé des avantages sociaux du contrat collectif, une étude de ses effets économiques. Ce serait une œuvre fort utile, et qui compléterait très heureusement son intéressante brochure.

Charles RIST.

GIORNALE DEGLI ECONOMISTI

Avril 1909

La situazione del mercato monetario (X.).
Osservazioni sul metodo storico in economia (G. ARIAS).
Rapport de l'Administration des monnaies et médailles au Ministre des Finances (G. B. SALVIONI).
La doppia imposta su i debiti e i redditi in Italia (B. GRIZIÒTTI).
Sui metodi per la misura delle correlazioni (C. BRESCIANI).
Cronaca (A. RENDA e F. PAPAFAVA).

Le Gérant : L. LAROSE.

31.286. — BORDEAUX. IMPRIMERIE Y. CADORET, RUE POQUELIN-MOLIÈRE, 17.

REVUE
D'ÉCONOMIE POLITIQUE

MONNAIE : PROPRIÉTÉ ET VALEUR EN RÉGIME SOCIALISTE

S'il est un terrain sur lequel l'unification a paru être une réalité pour les socialistes, c'est, à coup sûr, celui de la question monétaire. L'incompatibilité de la monnaie métallique avec un régime se proposant l'abolition de la propriété individuelle a longtemps été considérée comme un axiome. Le socialisme scientifique se faisait fort d'apporter dans sa théorie de la valeur la démonstration raisonnée d'une vérité qui jusqu'alors s'était appuyée sur la seule intuition des réformateurs, quand elle ne se rattachait pas à une interprétation erronée des phénomènes économiques. Aux yeux de Marx et de ses disciples, l'injustice sociale se résume dans la loi de l'offre et de la demande et les métaux précieux, fidèles serviteurs d'un régime artificiellement maintenu par la force, doivent voir leur rôle prendre fin tout naturellement le jour où la société se ralliera franchement au principe : à chacun la valeur du produit intégral de son travail. Emblème de justice, la formule porte aussi en elle la marque de l'utilitarisme dont se targue la nouvelle école à l'encontre des utopistes et autres humanitaires ; sa mise en pratique doit se réaliser par la socialisation des moyens de production et d'échange. Si on aboutit de la sorte au bon de travail, ce n'est pas seulement parce que la nouvelle monnaie se montre la fidèle expression de la doctrine, aussi bien dans les mots que par le principe, c'est encore parce que le besoin n'apparaît plus de posséder un étalon ayant une valeur propre.

Prise en soi, cette transformation de la nature même de la monnaie ne devait à aucun titre être regardée comme un moyen de socialisation ; elle n'était que le complément d'une socialisation antérieure, celle des moyens de production. D'aucuns parmi les socialistes l'ont regardée comme la sauvegarde contre toute renais-

sance de la propriété individuelle ; ils accueillaient avec satisfaction un instrument garantissant à l'individu, dans la mesure compatible avec l'ordre nouveau, une certaine liberté dans la consommation et permettant au régime socialiste d'éviter l'odieuse complication de la distribution en nature. Telles étaient les conséquences
qu'on se plaisait à attribuer à une organisation nouvelle dont le
système monétaire du bon de travail devait compléter harmonieusement l'ensemble.

A peine Schœffle eut-il formulé d'une manière précise les règles
de la répartition collectiviste que des doutes se manifestèrent
Après une courte période d'enthousiasme, les critiques se firent
entendre discrètes d'abord, passionnées ensuite, dans les rangs des
socialistes contre l'idée d'une distribution des richesses basée sur
l'heure de travail social. Schœffle lui-même, entrevoyant le danger,
fait remarquer les difficultés insurmontables auxquelles il faudra
faire face sur le terrain des réformes positives. Lui qui s'était
imprégné de l'œuvre critique de Marx, pour en extraire tous les
matériaux utilisables, il mettait en garde, contre une adhésion
irréfléchie aux formules purement négatives du maître, ceux-là
mêmes qui seraient disposés à accepter le dogme nouveau.

Il signalait les décisions du Congrès de Gotha (23-26 mai 1875),
qui avait pour longtemps formé la base du mouvement socialiste
en Allemagne [1]. Le produit total du travail, déclarait-on dans cette
réunion restée célèbre, appartient à tous ses membres, étant donnée
l'obligation pour tous de travailler, par droit égal à chacun selon
ses besoins raisonnables. C'était donc vers une organisation purement communiste ou tout au moins du côté d'un socialisme hiérarchique ou autoritaire tendant à la distribution des produits en nature
que penchait déjà la jeune doctrine. Etait-il encore besoin de chiffons de papier et d'une théorie des frais de production ? Schœffle
se le demande avec anxiété et certes on ne peut l'en blâmer.

S'il est exact, comme le disait Shramm, que Marx et avec lui tous
les socialistes ne cherchent et ne voient dans la théorie de la
valeur-travail aucune mesure de répartition, il est certain qu'il n'y
a pas lieu de discuter la question. Mais du même coup se trouve
annihilée, avec l'importance pratique du procédé socialiste de distribution, toute la portée scientifique du thème de l'exploitation. Si

[1] A. Menger, *Dr. au produit intégral du travail*, p. 144.

une chose est certaine, en effet, c'est que la théorie de Marx n'est pas non plus l'image de la réalité économique du monde capitaliste. C'est ce qui autorisait pleinement M. Leroy-Beaulieu à observer, dès 1893, dans son étude sur le collectivisme, que les socialistes avaient eu grand tort de sortir du domaine du sentiment ; en s'aventurant sur le terrain de la science, ils avaient, disait-il, beaucoup peiné pour rien.

Il est clair qu'une monnaie basée sur un système de valeur ne répondant pas à la réalité des faits aura grande chance d'exprimer des rapports tout différents de ceux qu'envisagent ses initiateurs. Il n'y a donc rien d'étonnant à voir une conception monétaire, s'appuyant sur des principes aussi discutés, provoquer la controverse. Au cours des polémiques qui suivirent la publication du livre de Schœffle, de cruelles choses furent dites à propos des bons de travail. La *Zukunft,* le 1ᵉʳ juin 1878, dans un article intitulé « La répartition des produits du travail », repousse les bons de travail de K. Marx qui rétablissaient le commerce et le marchandage en changeant seulement de monnaie.

A la veille du Congrès d'Erfurt, la *Neue Zeit* faisait paraître un communiqué rappelant à la prudence les exégètes dont la foi enthousiaste compromettait la doctrine : « Nous ne connaissons pas, y disait-on, les forces productrices dont disposera la Société socialiste à son début, ni les forces qu'elle créera et développera elle-même. Il surgira, croyons-nous, des facteurs inouïs, gigantesques, qui créeront des phénomènes inconnus et considérables. La réalité laissera loin derrière elle tout ce que la fantaisie peut concevoir aujourd'hui. Ce qui est notre devoir, c'est de déblayer le chemin à cet épanouissement et de ne pas le serrer dans des formules juridiques misérables concernant la répartition du produit du travail, etc... ». C'est du même esprit que s'inspire la réponse de M. Rappoport[1] au projet de code socialiste dans lequel M. Deslignières propose une sorte de monnaie fiduciaire consistant en bons du Trésor.

A travers les incertitudes concernant l'organisation de la cité future, une chose au moins apparaît comme certaine : les socialistes ne se sentent plus à l'aise avec la monnaie-travail. Pourquoi bouleverser l'antique notion du prix en argent, si ce changement ne

[1] *Le socialisme,* 26 avril 1908 ; A. Casati, *Rev. pour les Français,* 25 août 1908.

doit, avoir d'autre effet que d'accroître encore les difficultés de
l'organisation nouvelle? C'est ce que n'ont pas tardé à se demander
certains d'entre eux, moins disposés que d'autres à sacrifier à
l'unité dogmatique.

 Cependant les préventions contre la monnaie métallique, naguère
soutenues avec tant de force par Engels, ne devaient pas disparaître
ainsi devant la première attaque. La prudence des Congrès laissait
d'ailleurs aux réformateurs toute liberté de concevoir leur rêve
sous leur responsabilité personnelle. A tout prendre, c'était là une
manière de propagande, un moyen d'attirer l'attention, la diversité
des produits plaisant à la clientèle, sans engager le Parti. On ne
se fit pas, faute d'user de la permission. M. Bourguin nous fournit,
dans son ouvrage sur *Les systèmes socialistes,* une liste de ces
œuvres « souvent bien décevantes » dans lesquelles se révèlent
fréquemment encore des conceptions monétaires procédant de la
théorie marxiste et des idées d'organisation exposées par Schœffle.

 Parmi tous ces projets, il en est deux qu'il convient de ne pas
passer sous silence. Essais relativement récents, ils portent, malgré
leur apparente orthodoxie, la trace des coups violents dirigés contre la doctrine dont ils dérivent et ils révèlent, chez leurs auteurs,
un effort d'adaptation aux nécessités économiques dont il est intéressant de signaler la nature et la direction. Il est curieux, en
effet, d'observer que les systèmes de MM. Jaurès et Renard,
auxquels nous faisons allusion, se proposent de porter remède
plutôt aux inconvénients signalés par les économistes qu'aux dangers redoutés par les socialistes. L'inconséquence est frappante,
elle paraît être un signe non équivoque de décadence pour la conception du bon de travail. S'il ne trouvait pas dans l'autorité de
ces deux auteurs une excuse suffisante, l'examen rapide de ces
projets serait amplement justifié par un tel motif.

 Les adversaires du socialisme ont toujours signalé, dans la
reprise des instruments de production par l'Etat, le danger résultant de l'altération profonde apportée dans les rapports entre les
facteurs de la production. La quasi-suppression de l'action de la demande sur les prix, l'étouffement de toute initiative individuelle doit
fatalement compromettre la mise en œuvre des forces économiques.
 Ce sont ces objections mêmes dont nos deux auteurs ont voulu
tenir compte. M. Renard, frappé des difficultés qu'il rencontrait
dans la distribution des tâches, s'est efforcé, dans le « Régime

socialiste », de concilier la loi de l'offre et de la demande avec une méthode de production socialiste. Il conserve l'heure de travail comme une mesure de la valeur, tout en faisant une place importante à l'action de la demande sur le taux des salaires. C'est là une grave atteinte au principe ; elle menace de compromettre l'organisation égalitaire du socialisme et tout le système d'émission des bons de travail.

Avec M. Jaurès, la rigidité du marxisme subit des altérations plus graves encore. On nous promet une liberté plus ou moins grande de l'entreprise ; les individus auront la faculté de grouper leurs économies en bons de travail dans un but de production privée. Leur serait-il interdit de stipuler un prélèvement sur les bénéfices en raison des valeurs apportées individuellement que les associés n'en seront pas moins libres de se grouper dans les conditions qui leur conviendront, hormis celle de toucher l'intérêt de leurs capitaux, et, comme il leur sera toujours possible de prévoir des parts inégales, qui donc sera assez fort pour interdire de proportionner les avantages des apporteurs à l'importance de leur commandite ?

Il n'est pas nécessaire d'insister : les dangers qui menaceraient le principe socialiste sont évidents et de plus tout ce qui faisait du bon de travail une monnaie à émission rigoureusement limitée est désormais en question : l'offre et la demande des services dans le système de M. Renard, la concurrence de la production libre, dans celui de M. Jaurès introduisent des éléments perturbateurs dans le calcul des heures de travail. Ce n'est pas assez de dire qu'on aboutirait dans cette voie à une circulation purement fiduciaire : les conditions dans lesquelles se présente un régime de papier-monnaie à cours forcé, dans un milieu capitaliste, seraient sensiblement aggravées dans un milieu socialisé. Une circulation inconvertible n'obéit pas, de nos jours, au seul caprice de l'Etat émetteur, l'espérance en la reprise des paiements en espèces, le change sur les pays à saine monnaie, la valeur d'échange des biens productifs, la hausse du taux de l'intérêt combinée avec la souffrance des classes les plus nombreuses invitent les gouvernements, qui ont recours à cet expédient, à limiter leurs émissions. La logique nous interdit de compter sur la plupart de ces éléments d'appréciation en régime socialiste et on peut se considérer comme pleinement autorisé à dire avec M. Bourguin, qu'on tombe dans l'inintel-

ligible : le pouvoir d'achat de l'unité monétaire n'ayant d'autre
limite qu'un caprice numérique.

Dans l'hypothèse de Schœffle, l'émission des bons de travail est
réglée avec le calcul des heures de travail effectivement appliquées à la production et totalisées par les comités compétents.
Mais si d'une part on admet que le taux général des salaires soit
variable, en heures de travail, et que, d'autre part, rien ne vienne
limiter les quantités de signes monétaires à émettre, on est enfermé
dans un dilemme. Fatalement, il est vrai, dans ce chaos, l'individu arrivera à comparer l'heure de travail à un objet quelconque
ayant lui-même de la valeur. La question de la convertibilité sera
de nouveau posée et tout le système mis en cause.

C'est donc une raison d'ordre essentiel qui autorise à penser
qu'en s'écartant de la rigidité du collectivisme pur, la notion du
bon de travail perd toute consistance.

Consciemment ou non, la pensée socialiste se trouve influencée
par cette vérité et une conception nouvelle s'impose de plus en
plus à l'esprit des réformateurs. Nombre d'entre eux se persua-
dent qu'il n'y a pas lieu de s'attaquer à la monnaie d'or ou d'argent
et qu'il suffit d'agir sur la valeur des produits indépendamment du
signe monétaire. C'est donc, en réalité, sur le champ très vaste de
la liberté des appréciations individuelles que se poursuit la lutte.
Incapable de préciser le point où doit s'arrêter l'asservissement des
individus, malgré ses efforts sans cesse répétés, le socialisme ne
réussit pas à formuler les principes essentiels de son organisation,
ou à passer du domaine de la critique à celui de l'action réfléchie.
Il est aisé de voir que les conceptions monétaires des socialistes
évoluent dans le sens même où progresse leur méthode générale :
celle-ci se faisant de plus en plus expérimentale. Pourquoi, dès
lors, ne pas procéder aux essais de socialisation avec des éléments
connus et sans condamner un instrument de circulation qu'après
tout les économistes eux-mêmes regardent comme le véhicule indifférent des richesses? Tel est, semble-t-il, l'état d'esprit qui amène
insensiblement les modernes théoriciens du socialisme à abandonner les préoccupations métalliques de leurs prédécesseurs.

* *
*

Menger, Kautsky et d'autres encore renoncent à frapper d'ostra-
cisme la monnaie métallique. Il est temps de demander au socia-

lisme sur quels arguments il s'appuie pour justifier une telle évolution.

Ce serait s'attarder sans profit que de s'attaquer à l'erreur de ceux, trop nombreux encore, qui attribuent, sans hésiter, à une mauvaise organisation de la circulation certains phénomènes économiques dont le caractère monétaire si net en apparence, mais si fallacieux en réalité, a le plus souvent une autre origine que la monnaie elle-même. A tout homme averti, il paraît évident qu'une économie métallique peut parfaitement se concevoir dans un milieu réformiste des plus accentués. Une civilisation pourrait, théoriquement tout au moins, marcher à la ruine avec une circulation monétaire parfaitement saine; il est permis de prévoir qu'elle périrait sur des monceaux d'or inutiles [1]. Fidèle baromètre, le prix en métal des produits s'élèverait constamment, suivant une marche ascendante jusqu'au jour de la catastrophe [2].

La question qu'il y a lieu de se poser ici est différente. La nature des réformes, les modifications que le socialisme se propose d'apporter au régime des contrats sont-elles compatibles avec la circulation d'une monnaie métallique ? Voilà le problème à résoudre. La monnaie est un instrument d'évaluation, mais elle est aussi, sous certaines conditions, un instrument de thésaurisation. Grâce à elle, l'homme est à même de s'approprier individuellement et d'une manière concrète, ce bien tout abstrait : la valeur. Est-il possible de conserver l'instrument d'évaluation tout en lui enlevant les caractères qui en font un véritable outil de richesse individuelle ?

Si le socialisme se propose comme but essentiel l'abolition de la propriété individuelle, il doit nécessairement, puisqu'il entend ainsi s'attaquer à un caractère fondamental du métal précieux, compter sur une modification radicale des sentiments de l'homme à l'égard de la monnaie métallique, soit par suite d'une lente évolution des mœurs, soit grâce à une action coercitive de la loi sur le régime des contrats, car il ne saurait agir sur les qualités physi-

---

[1] Il faut supposer ici que le pays n'aurait aucune relation avec l'extérieur.

[2] Strictement parlant, il n'y a là qu'une tendance; il ne nous est pas permis d'en entreprendre ici l'analyse. Il est possible que la démonétisation graduelle, la régression relative des méthodes de crédit qui permettent de multiplier la puissance de travail de la monnaie tendent à maintenir les prix à un niveau moins élevé, malgré la diminution des produits. D'autre part, ceci ne se produira qu'au fur et à mesure de l'avilissement des métaux précieux. Sur la théorie quantitave, consulter Mac Laughlin, *Pr. of money.*

ques inhérentes à l'or ou à l'argent. Ce n'est pas tout, il faudrait
encore savoir, dans le cas où la loi écrite prétendrait devancer les
habitudes, ce que les prescriptions impératives des codes laisseraient de valeur métrologique à l'étalon métallique, quels seraient
les résultats d'un conflit entre la volonté de l'état socialiste et celle
des individus, conflit se déroulant sur le terrain monétaire, avec
l'or et l'argent comme instruments de combat.

Pour répondre à ces questions, il n'est qu'un moyen : montrer
ce qui paraît probable en s'appuyant sur ce que l'on sait de l'ensemble des faits et des sentiments sur lesquels est fondée notre
économie du crédit. Mais avant de se livrer à l'étude de l'aspect
positif du problème, il importe d'analyser aussi rapidement que
possible les œuvres des principaux socialistes ralliés au principe
d'indifférence monétaire.

Afin d'éclairer notre marche dans le labyrinthe de la cité future,
Menger décrit avec soin les modifications à apporter au statut
juridique dans le but d'adapter la société au postulatum socialiste.
Kautsky, fidèle au matérialisme marxiste, indique les mesures
d'ordre purement économique que devra prendre le prolétariat
vainqueur pour inaugurer l'ère de la social-démocratie.

Tous deux conservent les prix en argent.

Menger suppose une lente évolution au cours de laquelle l'humanité se façonnera dans le moule communiste pour aboutir à la
distribution en nature. Sous ce dernier régime, la monnaie aura
dû perdre jusqu'à son caractère d'instrument de liquidation pour
n'être plus qu'un symbole destiné à faciliter la comptabilité publique. Mais si, au cours de la période d'évolution pré-communiste,
on maintient ainsi en circulation l'étalon métallique, en tant qu'expression concrète de la valeur, sera-t-il possible de supprimer le
contrat de prêt? et, par là, il ne faut pas entendre seulement le
contrat de prêt dans son sens restreint, le prêt individuel d'usage,
mais encore et surtout le contrat de prêt, dans son sens social,
celui qui pourrait s'établir entre l'Etat ou la commune socialiste et
l'individu. Menger sait fort bien que le socialisme ne serait qu'un
mot si des relations de cette nature s'établissaient entre la collectivité et l'individu, à l'abri d'une sanction du code prolétarien. Cela
ne l'arrête pas, pas plus que le sort des communautés Zoar et
Onéïda, qu'il cite lui-même. La question mériterait cependant
d'être examinée

Pour expliquer l'insuccès répété de tant d'essais du même genre, il ne suffit pas, en effet, d'invoquer le fait que ces tentatives ne se soient réalisées jusqu'à présent que sur des îlots perdus dans l'océan capitaliste. Il faudrait être sûr que les mêmes faits ne se reproduiront pas dans une société socialiste plus étendue, sous des influences dont l'apparence seule serait différente ; les causes profondes, celles qui tiennent à la nature des choses restant inchangées. Chez Menger, il y a un hiatus formidable : que faut-il penser d'un espace plein d'inconnu qu'il faut pourtant explorer avant de s'y engager?

Que se passera-t-il avant que l'humanité ait accepté la solution du communisme autoritaire ? Les anciennes formes de l'appropriation subsistant en même temps que leur symbole le plus parfait, le métal précieux [1], la volonté nationale, cette volonté, fût-elle celle du prolétariat organisé, empêchera-t-elle qu'on revoie chez les peuples civilisés ces phénomènes de thésaurisation qu'on constate encore dans certaines régions de l'Orient soumises aux spoliations des aristocraties et aux prévarications des monarques? Ne serait-on pas amené à revivre les dramatiques périodes du maximum, tristement illustrées par Dioclétien et longtemps après lui par la Convention? Faut-il croire que les masses se convertiront d'elles-mêmes devant les résultats brillants des expériences tentées sous leurs yeux? Les exemples qu'il nous est permis d'apprécier ne sont guère encourageants pour ceux qui persistent à croire au succès des méthodes les plus profitables. Ces hésitations, Menger les ressent tout le premier ; toute son œuvre oscille entre l'idée d'évolution et l'idée de force. Mais l'auteur de l'Etat socialiste limite sa tâche à l'étude des principes directeurs ; le problème monétaire posé, il ne s'en occupe plus. Son grand tort est de voir sa solution dans le progrès même du socialisme. Or c'est précisément là ce qu'il faudrait démontrer et Menger reste muet sur le fond même de la question. Aux demandes pressantes qu'on voudrait lui adresser, il semble ne pouvoir donner qu'une seule réponse : il a foi dans la conversion des peuples à une mentalité nouvelle, sous la pression du législateur. Et cependant, cela paraît certain, tant que l'or circulera, la puissance des lois aura, pour réaliser l'idéal

---

[1] Nous n'entendons pas ici parler seulement de l'or et de l'argent, mais aussi de tout objet de valeur que le progrès pourrait leur substituer.

socialiste, à vaincre des résistances contre lesquelles elle s'est
maintes fois brisée.

Kautsky, le représentant le plus qualifié du socialisme scientifique, va-t-il nous apprendre comment il entend concilier l'idée
d'abolir la propriété individuelle avec celle de conserver une circulation métallique? L'auteur du *Lendemain de la Révolution* se
propose d'indiquer quelles sont les institutions que le prolétariat
victorieux devra adopter pour supprimer le revenu sans travail et
les inégalités qui en proviennent. Il se flatte de procéder « comme
le physicien qui étudie la loi de la chute des corps dans le vide et
non dans l'air en mouvement ». Il formule ensuite son hypothèse :
la classe ouvrière est devenue maîtresse du pouvoir, elle dispose,
pour s'acquitter de la tâche qui lui incombera, des moyens employés
aujourd'hui. Mais faut-il entendre que ces dispositions pourront
être progressivement prises sous la pression de la volonté populaire
exprimée par le bulletin de vote ou qu'elles s'imposeront comme
une charte nouvelle à la suite d'un bouleversement social? Evolution ou révolution, Kautsky, pas plus que Menger, n'a le souci de
se prononcer formellement entre ces deux alternatives; il a cependant le mérite de proposer des mesures définies et qui constituent
en quelque sorte les bases de la société future.

Au premier rang de tout ce que le prolétariat sera forcé de faire
sous la pression de ses intérêts de classe et de la nécessité économique, Kautsky place les services destinés à améliorer la culture
intellectuelle de la dernière classe de la société, à arracher aux
riches le monopole de l'éducation, de manière à mettre les ouvriers
à même de prendre la direction du mouvement économique. Puis
on devra se hâter d'organiser des secours contre le chômage, de
façon, en assurant l'existence de l'ouvrier, à lui faciliter la lutte
contre le capital. N'ayant plus besoin du capitaliste, l'ouvrier, en
refusant de travailler, empêchera l'entrepreneur de continuer
l'exploitation. Le résultat ne se fera pas attendre, le capitaliste
sera le premier à demander qu'on lui rachète ses moyens de production. Il sera aisé, dès lors, de nationaliser et de communaliser
tout le capital industriel, de rendre l'Etat et la commune maîtres
de la production. Il sera fait de même en ce qui concerne le commerce, les exploitations agricoles, forestières ou minières. Quant
au capital argent, qui est cette portion du capital qui peut se placer à intérêts, rien de plus facile, suivant Kautsky, que de le faire

disparaître. « Le capitaliste proprement dit, nous assure-t-il, n'a pas de fonction personnelle à remplir dans la vie économique, il est inutile, et on peut sans aucune difficulté l'exproprier d'un trait de plume ». L'une et l'autre de ces formes de la propriété sont d'ailleurs, à l'en croire, étroitement confondues et, quand on socialise les exploitations, la conséquence naturelle est une socialisation correspondante d'une grande partie du capital argent : « Quand on nationalise une fabrique ou un domaine, leurs dettes sont également nationalisées ; de dettes privées, elles deviennent dettes de l'Etat. S'il s'agit d'une société par actions, les actionnaires deviendront créanciers de l'Etat ».

Qu'est-ce à dire, Kautsky regarderait-il le processus de socialisation comme terminé? Pense-t-il que ses lecteurs soient disposés à admettre la propriété comme supprimée avec une seule des formes du capital? On voit bien l'entreprise socialisée, mais en quoi la propriété individuelle l'aura-t-elle été parce que les porteurs de titres d'actionnaires seront devenus des obligataires ou des porteurs de rentes? L'objection lui est présente, mais vite il se rassure, n'a-t-il pas en réserve l'impôt progressif sur le revenu, cette forme raffinée de la confiscation, qu'on peut s'attendre à voir de plus en plus le prolétariat, à mesure qu'il sera plus éclairé, préférer aux formes primitives de la spoliation? Cette méthode, n'a-t-elle pas l'avantage, en ne s'attaquant qu'à la minorité, de ne pas soulever les colères du suffrage universel et de permettre au phénomène de la socialisation de s'étendre sur des dizaines d'années de lutte et de progressive accoutumance? Ce qui enchante surtout Kautsky, c'est la possibilité d'arriver ainsi à une nomenclature exacte de tous les revenus individuels, par suite de la transformation de toutes les propriétés et de toutes les créances individuelles en inscriptions nominatives de rentes sur l'Etat. « Alors, nous dit-il, on pourra à volonté élever les impôts sans qu'aucune fraude ne *devienne* possible. Il ne sera plus possible d'échapper à l'impôt par l'émigration, car, les intérêts étant payés par les institutions politiques du pays, par l'Etat lui-même, il sera possible de retenir l'impôt sur les revenus à payer ». Tel est le programme qui constitue aux yeux de notre auteur le dernier mot de la conception marxiste, ce projet ne s'embarrasse pas des naïvetés monétaires du bon de travail.

Le socialisme d'Etat semble revêtir l'aspect qu'il prendra lors de

sa réalisation intégrale, il complètera son évolution avec l'étalon
métallique et les prix en argent. L'expropriation des richesses individuelles apparaît à Kautsky comme le plus simple des grands
changements qu'entraînera la révolution sociale. Pour l'opérer, il
suffit, à l'entendre, d'avoir la puissance nécessaire.

Mais est-il vrai que toutes les difficultés que le régime prolétarien rencontrera dans le domaine de la propriété soient ainsi résolues et que désormais il n'ait plus à s'occuper que du seul domaine
de la production ?

Est-il certain que la monnaie métallique ne réserve aucune déconvenue au régime nouveau ?

Le fidèle Engels avait cependant combattu vigoureusement ce
détestable métal qui ne tarde pas, envers et contre tous, à jouer le
rôle de monnaie réelle, à servir de tremplin à l'homme d'argent
dont les funestes émanations : la Banque, la spéculation et l'usure
ne manquent pas, malgré les mesures les plus sévères, d'infecter le
corps social tout entier. Quel motif Kautsky invoque-t-il pour justifier un tel changement d'attitude à l'égard d'une vérité d'hier ?
Peut-il s'appuyer sur une découverte se rattachant au mode de
formation de la plus-value capitaliste ? Prouve-t-il par quelqu'argument nouveau que l'intérêt du capital est bien exclusivement la
conséquence de l'appropriation individuelle des instruments de
production ? Nullement ; notre auteur se contente de répéter les
formules du maître et de regarder l'étatisation ou la communili-
sation de l'entreprise comme des axiomes. Il y a même à invoquer contre lui cette circonstance aggravante, qu'il a été amené
à établir une distinction entre la concentration de la propriété
proprement dite et celle de l'exploitation. Comment ne voit-il
pas dès lors qu'il ne suffira pas de la reprise des instruments
de production pour résoudre la question de la propriété individuelle ? L'impôt progressif, il est vrai, lui paraît le moyen de
sortir de l'impasse, son rôle désigné étant d'absorber toutes les
rentes consenties par le prolétariat aux anciens barons de la finance
et de l'industrie. Mais après ; Kautsky se persuade qu'aucune plus-
value ne pourra renaître, la socialisation de l'entreprise produisant
alors tous ses effets, la propriété individuelle aura vécu, l'or
pourra désormais circuler réduit au rôle d'évaluateur inoffensif.
Duhring et Bebel l'ont cru également.

Il y a là une méprise faite pour étonner chez Kautsky · elle s'explique, seulement en partie, par les circonstances mêmes qui ont pesé sur sa pensée. Celles-ci sont des plus banales : les raisons de l'évolution du socialisme vers des méthodes de fiscalité bourgeoise sont d'ordre pratique. Celui qui naguère fulminait contre Bernstein s'est aperçu que le chiffre des petits et des moyens revenus, que celui des petites et des moyennes parts d'une grande entreprise constituent des données ayant leur importance sociale, que le dénombrement des chefs d'entreprise ne signifie pas tout et que celui des possédants exige aussi qu'on lui prête attention. Cette distinction qu'il venait de traiter de bouffonnerie bourgeoise serait bien capable d'être une réalité agissante. Ne se trouverait-il pas une majorité qui aurait à souffrir d'une expropriation pure et simple ? ne résulterait-il pas d'une mesure générale de spoliation un dégoût qui serait capable d'amener le prolétariat à renoncer à la confiscation des moyens de production, ce « tarte à la crème » de la social-démocratie? Mais s'il a le sens électoral des démagogues, Kautsky n'a cure d'en tirer autre chose qu'une leçon de tactique immédiate. Il pressent bien que cette distinction est essentielle, qu'elle est plus qu'un simple aspect juridique et que l'expropriation de l'entrepreneur ne dispense pas de celle du prêteur; mais il paraît ignorer la profondeur du fossé qui sépare les deux notions : il se contente d'une solution empirique.

Ainsi il a dû battre en retraite devant « les petites économies des ouvriers et de la petite bourgeoisie », et il ne se demande pas si cette opération qui consiste à épargner un louis d'or ou une pièce de cinq francs ne va pas continuer, et si, soit sous la forme individuelle, soit sous la forme corporative, soit sous celle de ces petites républiques d'argent de l'ère absolutiste royale, la puissance des métaux précieux ne va pas reparaître.

Au lendemain même du jour qui apportera tout d'un coup le code nouveau à l'humanité, que se passera-t-il? Lorsque tout le capital industriel et foncier aura été converti en « *capital-argent,* en dettes nationales, communales ou corporatives, et que la plus-value que les capitalistes tiraient directement des ouvriers leur parviendra, diminuée seulement de l'impôt, par l'entremise de l'Etat, des communes ou des corporations », les pouvoirs publics seront bien à même d'empêcher l'individu d'émigrer en même temps que sa fortune, celle-ci étant transformée en inscriptions nominatives, mais on ne voit pas comment il pourrait empêcher les sommes épar-

gnées sur ces revenus de passer la frontière sous forme de numéraire pour reconstituer ailleurs un capital nouveau. Capitalistes petits
ou grands, pris dans le même filet, sauraient désormais le sort qui
attend les naïfs ayant foi dans une telle organisation ; là prime qui
s'établirait rapidement sur le métal[1] ne ferait que hâter l'exode
des espèces. Que ferait alors Kautsky? La banque socialisée refuserait de payer en or, mais cette mesure devrait être générale. On
ne pourrait pas payer les capitalistes en chiffons de papier et les
ouvriers en or[2], cela d'ailleurs n'arrêterait pas le drainage. Une
fois le métal chassé de la circulation, alors se poserait le vrai problème, car les petits revenus comme les gros fondraient dans cette
faillite monstrueuse. C'est en plein désordre, au milieu de la rue
qu'il faudrait résoudre le problème de la valeur que Menger ne
veut pas aborder dans le silence de son cabinet.

Heureux si cette belle spéculation n'avait pour épilogue le rationnement pur et simple.

Voilà quelques-unes des difficultés que réserve au prolétariat la
question monétaire au lendemain du grand soir et Kautsky ne
semble pas y avoir pensé.

Ce sont là, pourrait-on dire en manière de réponse, les conséquences d'une modification soudaine ; or, dans l'esprit de Kautsky,
la transformation peut ne s'opérer que graduellement. Il ne convient pas à l'impartialité d'une discussion scientifique de répondre
par des arguments de cette sorte à une hypothèse dont le seul but
est de faciliter le raisonnement. Voyons donc ce que sera le sur-
lendemain de la Révolution. Le socialisme est obligé d'évoluer
vers son but essentiel, l'abolition de la propriété individuelle et de
son revenu, avec la socialisation des instruments de production
comme unique moyen d'action. L'impôt progressif est un procédé
bon tout au plus pour limiter là propriété, non pour la supprimer.
La monnaie métallique est toujours là, elle conserve les qualités
requises pour permettre à l'individu l'appropriation personnelle de
la richesse ; elle n'est pas seulement le signe, elle est encore le sup-
port de la propriété. L'ouvrier, l'employé, l'ingénieur, le chef de
service, verront journellement leur passer dans les mains cette brillante image de la fortune, ils n'auront qu'à la mettre en réserve

---

[1] Révolution de 1848.
[2] Mermeix, *Le socialisme.*

pour que les comités chargés de fixer le prix des objets de consommation aient à compter avec eux. Dès lors, l'Etat socialiste ne sera peut-être pas en mesure de faire face à ses paiements en or, et à moins de sanctionner le contrat de prêt, il devra tomber dans la monnaie fiduciaire ou le bon de travail.

Il est clair qu'à cette question de la circulation métallique dans une organisation socialiste avancée, se rattachent des considérations importantes. Marx avait aperçu le lien unissant toutes ces choses : la propriété, l'offre et la demande, la production, le crédit et la monnaie. La puissante synthèse de l'économie à laquelle il a attaché son nom lui laissait voir qu'il fallait tout modifier dans l'organisation actuelle et que tous les phénomènes de l'ordre capitaliste sont issus d'un seul et même principe. Tout était facile pour les socialistes alors que le revenu sans travail leur apparaissait comme engendré par une déviation de la valeur naturelle provenant de l'accaparement des instruments de travail par les capitalistes; il suffisait de restituer les moyens de production à la société pour supprimer, avec sa cause, l'exploitation de l'homme par l'homme. C'est là ce que croit Kautsky; ignore-t-il que la théorie de la plus-value est radicalement fausse? Dès qu'un porte-valeur aura été remis en paiement de son salaire au travailleur, il ne tiendra qu'à celui-ci de le transformer en une propriété réelle ; cela lui sera d'autant plus facile que l'instrument de liquidation servant à effectuer le paiement du salaire sera lui-même en métal précieux, valeur essentiellement anonyme et thésaurisable. Menger se rend parfaitement compte de la contradiction qu'il y a à vouloir maintenir à l'individu la liberté de consommer l'équivalent de son salaire quand et comme il voudra et à empêcher en même temps toute renaissance d'un revenu attaché à l'épargne ; aussi prévoit-il dans son régime définitif la distribution en nature du communisme autoritaire.

C'est assez d'avoir signalé les lacunes du « Lendemain de la Révolution », en même temps que les méprises nous paraissant être à la base des conceptions monétaires de son auteur. Nous allons retrouver cette lutte pleine d'enseignements qu'ont à poursuivre les socialistes contre deux forces indissolublement confondues dans la monnaie métallique : la valeur et la propriété. Cette fois la thèse sera présentée par des écrivains ayant, à un plus haut degré, le souci des réalités économiques et plus désireux de ne pas

compromettre le socialisme par des mesures intempestives, au cours
de la période préparatoire.

C'est le soin qui est pris de ménager les forces du prolétariat
accédant au pouvoir qui est le trait dominant du *Socialisme à
l'œuvre*. Cet ouvrage, fruit de la collaboration de M. G. Renard
et de plusieurs autres publicistes distingués, est remarquable à plus
d'un titre. Entre autres choses, il témoigne d'une évolution, chez
l'auteur du *Régime socialiste*, vers le principe d'indifférence
monétaire déjà constaté chez Menger et chez Kautsky. Comme il
en était naguère, nous avons à faire maintenant encore à la socialisation des instruments de production et d'échange, mais non
plus à une sorte de panacée répondant à tous les besoins. La
socialisation des choses n'apparaît plus comme une solution en
opposition avec l'organisation actuelle. Ce que le socialisme
réclame « c'est la reprise par la société de la propriété des moyens
de production, mais pas nécessairement de leur exploitation » [1].
L'Etat socialiste pourra se décharger temporairement et sous certaines conditions du soin de mettre en œuvre les moyens de production exactement comme un propriétaire loue ses terres et ses
maisons. Libéraux et socialistes, à en croire les auteurs du *Socialisme à l'œuvre*, ont établi une confusion regrettable entre la
« propriété entendue dans un certain sens » et l'entreprise.

Dans le feu de la discussion, ils n'ont pas songé que la société
peut opérer la reprise des moyens de production et se borner à
établir des règles pour leur exploitation, tout en encaissant des
rentes et des fermages [2]. C'est une faute dans laquelle nos auteurs
se gardent de tomber.

Au cours de l'ouvrage en question, il nous est donné de constater l'existence de quatre sortes de propriété : celle des biens productifs dont l'exploitation doit, petit à petit, faire complètement
retour à l'Etat ; celle des entreprises qui pourront être temporairement et sous certaines conditions concédées à des groupements
autonomes (associations, communes) ; celle des petites économies,
du petit capital-argent de Kautsky ; celle des grosses accumulations
de la féodalité capitaliste. Quoi de plus simple, dès lors, que de
s'appuyer sur la confiscation de cette dernière espèce de propriété

[1] *Le socialisme à l'œuvre*, p. 125.
[2] *Id.*, p. 126.

pour réaliser les premières socialisations? Quoi de plus juste que de faire peser sur l'ensemble de ceux que vise le programme socialiste « le poids des opérations nécessaires »¹? Le souci des majorités se traduit, il est vrai, par une préférence pour l'indemnité d'expropriation, mais en graduant savamment la spoliation, suivant l'importance numérique des propriétaires visés, on a chance que ces opérations ne rencontrent que de faibles résistances de la part du suffrage universel. Dès lors, l'accession des travailleurs à la propriété trouve son instrument dans la propriété elle-même, qui travaille à sa propre destruction. La guerre à la richesse individuelle, au lieu de rester à l'état de formule sans lendemain, comme chez Kautsky, passe ici dans la pratique administrative et devient un véritable moyen d'action. Grâce aux riches, M. Renard est à même de s'écrier : « Qu'ils accèdent à la propriété, tous les fermiers, tous les métayers, tous ceux qui, comme leurs ancêtres, peinent pour servir sa rente au maître de la ville », ils auront désormais la consolation de la payer à l'Etat.

L'appel à l'intérêt particulier ne se borne pas là. Les auteurs du socialisme à l'œuvre savent fort bien que le *sic vos non vobis* du socialisme demande à être manié avec prudence sous peine de déterminer de fâcheuses conséquences dans le domaine de la production. De même qu'aux ouvrières de la ruche, il faudra donner aux travailleurs qui produiront le mieux un supplément de rémunération, mais on aura soin de ne leur donner que juste ce qu'il faudra pour déterminer chez eux cet effort supplémentaire. De même à ceux qui se chargent de l'accumulation des réserves, il ne faudra retirer leurs épargnes que dans une proportion qui ne risque pas de les décourager. Tel est le nouveau plan d'évolution vers la société future qui nous est présenté sous le nom de répartition optima.

La préoccupation de ne décourager ni l'effort du travailleur, ni la prévoyance du capitaliste conduit M. Renard et ses collaborateurs à regarder d'un œil favorable les projets de confiscation progressive de l'héritage, telles les propositions Berget et Rignano², en insistant sur leur aptitude à réaliser la socialisation des richesses sans décourager l'accumulation.

¹ P. 256.
² P. 287-288.

Que le lecteur ne se hâte pas de nous accuser. Ce n'est pas pour le vain plaisir de discourir sur l'organisation socialiste, envisagée à un point de vue général, que nous insistons sur les formes nouvelles à travers lesquelles les réformateurs aperçoivent la cité future esquissée dans ses grandes lignes. C'est parce que nous croyons qu'il existe un lien entre la valeur et la propriété et que ce lien trouve son expression la plus parfaite dans la monnaie, qu'il nous paraît indispensable d'exposer l'attitude prise par l'école socialiste à l'égard de la propriété, avant d'examiner comment se dessinera le conflit à prévoir, sur le terrain monétaire.

Que ce lien soit une réalité, les auteurs du *Socialisme à l'œuvre* sont les premiers à en convenir. Leur brillante synthèse une fois terminée, ils ne se font guère d'illusions : « Mais, disent-ils, l'émigration des capitaux, pour ce qui est tout au moins de ces valeurs mobilières qui sont des créances sur l'étranger, pour ce qui est encore des biens transportables, comme l'argent, ne pourrait être empêchée que par une entente des États, décidés à se préserver mutuellement contre les fraudes de leurs nationaux ». Il n'est pas sans intérêt de remarquer ici la concordance entre la pensée des socialistes convaincus et celle des simples politiciens. Plus averti cependant qu'un radical opportuniste, M. Renard se rend compte que cette protection fiscale ne saurait être réellement efficace au point de vue de la réalisation d'un programme socialiste qu'à la suite d'ententes internationales dans le but précis de donner une consécration pratique à des progrès parallèles du socialisme dans tous les pays.

N'est-ce pas là l'image de la propriété, dont l'essence même, la valeur, est, grâce à la monnaie, aux titres au porteur, transférable partout où il plaît de l'envoyer ? N'est-ce pas le spectre de l'argent qui reparaît et qui se dresse en face du socialisme triomphant comme un invincible ennemi ?

Au fait, n'est-ce pas là, comme nous le disions tout à l'heure, une des raisons pour lesquelles certains socialistes ont cru ne pas devoir s'arrêter à une distinction entre la propriété entendue d'une certaine manière et la socialisation des entreprises ? La reprise des instruments de travail n'était qu'un moyen indispensable à leurs yeux pour abolir avec la valeur d'échange la loi de l'offre et de la demande et d'y substituer la valeur-travail avec sa représentation monétaire, le bon de travail. Le plan péchait sur plus d'un point, mais il avait l'avantage d'apparaître comme apportant une solution complète. Avec le maintien de la monnaie métallique et de la petite propriété du capital-argent, rien n'est moins certain que de voir les phénomènes de la période capitalistique disparaître. N'est-ce pas ce que redoutaient ces esprits dans lesquels quelque chose de très grossier, s'il faut en croire M. Renard, voulait malgré tout, dresser en face l'une de l'autre, dans un irréductible antagonisme, la société individualiste et la société socialiste? Or, l'aveu de nos auteurs est d'importance, il suffit, pour mettre en péril tout l'échafaudage du « socialisme à l'œuvre », de l'existence d'une seule nation réfractaire assez puissante pour se rire des tentatives dirigées contre la propriété individuelle. La concurrence étrangère, voilà l'obstacle sur lequel vient se briser le régime si laborieusement organisé.

M. Paul Leroy-Beaulieu, dans son étude sur le collectivisme et alors qu'il était question du bon de travail, faisait déjà observer que les relations internationales, indispensables en notre époque de division mondiale du travail, constituent un problème insoluble pour qui tenterait de fixer arbitrairement le pouvoir d'achat de la monnaie. La vente à des courtiers étrangers de bons de travail contre de l'or permettrait à des particuliers de se procurer des placements à intérêt au dehors quelle que soit la surveillance intérieure. Métaux précieux, marchandises, valeurs mobilières circuleraient, même sous le régime de la monnaie-travail, à plus forte raison en serait-il ainsi dans l'organisation que nous étudions. Il est clair que, la spéculation s'en mêlant, le système de détermination des prix se trouverait dominé par des considérations extérieures à lui-même et que le socialisme risquerait d'aboutir à des résultats différents de ceux vers lesquels il tend.

Mais avant de passer à l'étude de la relation qui s'établirait, par la force même des choses, dans un régime hostile à la propriété individuelle, entre le pouvoir général d'achat de la monnaie métallique et l'épargne réalisée par les travailleurs, il ne serait pas inutile de jeter un coup d'œil, pour juger de son importance, sur la difficulté qui arrête M. Renard, avant même qu'il ait déclaré la guerre à toute accumulation de richesses individuelles et alors qu'il ne s'attaque encore qu'aux grosses fortunes.

On aurait grand tort de ne considérer le danger de la concurrence étrangère que comme un simple argument. Elle est en premier lieu un fait et un fait de la plus haute importance parce que pratiquement on n'en aperçoit pas l'élimination. Elle relève en effet de cette grande loi de la lutte pour l'amélioration des espèces, elle a pour fin l'adaptation du gouvernement des hommes aux conditions essentielles des phénomènes économiques et sociaux. Pour autant qu'une chose puisse être certaine, c'est par la concurrence entre diverses théories politiques et juridiques que l'humanité apprendra les meilleures formules d'organisation de l'avenir. Il y a donc là un phénomène dont la durée et la portée contribuent à faire un élément fondamental; il faudra en tenir compte d'autant plus que les partis démagogiques se transformeront davantage en pouvoirs tyranniques. Quand on verra les nations se classer par ordre de prospérité en raison de la sécurité donnée par leurs lois à la propriété, comme on voit aujourd'hui à l'intérieur des Etats se classer les communes selon le degré d'influence que n'ont pas les socialistes dans leur administration, la leçon sera peut-être bien différente de ce que ceux-ci attendent de l'évolution. D'ailleurs, n'y a-t-il pas quelque chose de vraiment inquiétant pour la solidité d'une doctrine à voir les novateurs, qui naguère se contentaient du petit domaine d'Icarie, demander successivement la commune, l'Etat, puis enfin l'univers, comme laboratoire d'expériences et déclarer que toute application qui n'aurait pas l'universalité du monde civilisé, comme milieu, ne saurait être sérieuse!

Quelle que soit la force avec laquelle ce phénomène de la concurrence étrangère s'impose à tout esprit réfléchi, les socialistes se refusent à en reconnaître la permanence. Certes, disent-ils, un problème est d'autant plus difficile à résoudre que les éléments variables dont il se compose sont plus nombreux et sa solution peut être retardée du fait même de cette complexité; mais certaines simplifications, certaines unifications se réalisent sous nos propres yeux, on peut légitimement supposer qu'elles se poursuivront dans l'avenir. A en croire Menger, la question sociale se posera à la fois dans le monde entier. Ce jour-là, les données seront partout identiques à elles-mêmes, seuls les chiffres en présence seront plus élevés; hors cela, tout se passera comme dans le cadre restreint de l'unité nationale. La question se résume donc ainsi : la concurrence étrangère n'est-elle qu'un phénomène différentiel ou est-elle une des formes à travers lesquelles se manifestent et continueront à se manifester des lois de psychologie et de technique économiques dont

on ne voit pas que l'homme puisse se dégager jamais? Dans ce dernier cas, il n'est pas douteux que le socialisme se heurtera à des
difficultés insurmontables. Ses solutions ne pourront être imposées
que dans quelques régions où la puissance d'organisation du prolétariat sera assez forte pour imposer une tyrannie cruelle mais
éphémère.

Suivons donc les socialistes sur le terrain cher à Rodbertus et
plaçons-nous par hypothèse dans un monde fermé, sans communication avec l'extérieur, afin d'étudier les relations nouvelles qui
résulteraient pour les forces sociales en présence d'une guerre faite
à la propriété individuelle, avec le maintien d'une monnaie métallique circulant comme étalon des valeurs et comme instrument de
liquidation entre les individus et la société. N'est-ce pas ainsi que
l'ont compris M. Renard et ses collaborateurs? S'ils n'avaient
affaire qu'à une seule nation, avec un gouvernement assez résolu
pour appliquer leurs principes, ils ne douteraient pas du succès.

Nous voici au cœur même de la doctrine. La reprise par l'Etat
de la propriété des biens productifs, facilitée par l'établissement
d'impôts confiscatoires sur les fortunes importantes, n'a d'autre
but que la détermination du juste prix des services et des produits.
C'est afin d'éliminer la mauvaise volonté des patrons [1], considérée
comme la vraie cause de l'échec des tentatives antérieures de fixation des prix, qu'on veut réserver à l'Etat cette sorte de domaine
éminent sur tous les instruments de travail. Comment, dès lors,
armé de la souveraineté économique, l'Etat fixera-t-il les prix?
« La cession gratuite, répond M. Renard, la vente au prix de
revient, la vente au prix de monopole, voilà les plus intéressants
des partis auxquels on peut s'arrêter quand on recherche comment
la société doit exploiter ses services productifs » [2]. Ces cotes
diverses seraient appliquées aux marchandises selon leur utilité
sociale, le pain pourrait être gratuit comme l'est aujourd'hui la
circulation sur les routes ; d'autres produits moins indispensables,
ou comportant une limitation dans leur consommation, seraient
vendus au prix de revient, les denrées présentant des inconvénients sociaux ou consommées exclusivement par les riches pourraient être taxées à un prix de monopole.

[1] Bourguin, Menger.
[2] *Le socialisme à l'œuvre*, p. 265.

Ce système de prix envisagé au point de vue de l'utilité sociale semble s'appuyer sur les travaux de Cournot et se rattacher aux études de Dutuit sur les valeurs de monopole, ainsi qu'aux schémas descriptifs de l'utilité totale des marchandises si clairement exposés par MM. Colson et Marshall.

La première et la plus importante des nombreuses questions qui se posent ici est de savoir comment l'Etat sera en mesure de maintenir des prix de vente différant des prix de revient. Si, en effet, on considère l'Etat comme un vaste trust réglant tous les prix, on conçoit à la rigueur qu'il puisse maintenir les prix autour ou au-dessus du coût de production. S'il ne craint aucune concurrence, et s'il élève ses prix de vente, cette mesure n'aura d'autre conséquence que de réduire la consommation. Mais comment pourrait-il vendre au-dessous du prix de revient ou fournir gratuitement des denrées sans en limiter la consommation? Et cette limitation ne devra-t-elle pas être individuellement déterminée? Si on parvenait à éviter l'injustice ou la faveur dans un pareil système, on aboutirait au rationnement.

En second lieu, l'idée même du schéma descriptif de l'utilité totale paraît inconcevable si on ne s'appuie pas sur le prix de revient, une fois celui-ci connu et si on suppose connue également la courbe indiquant l'intensité de la demande à divers prix, on se rend bien compte que ce que pourrait perdre le producteur sera, dans certains cas, plus que compensé par le gain du consommateur. Mais, en dehors des difficultés qu'il y aurait à combiner entr'elles les courbes afférentes aux innombrables denrées et à les appliquer avec avantage à la pratique, difficultés qui amènent tous les esprits impartiaux à considérer la vente au prix de revient comme fournissant en général la plus haute utilisation pratique de l'accord entre acheteurs et vendeurs, comment l'Etat socialiste connaîtrait-il ce prix de revient, si à la concurrence économique se substituait la concurrence politique pour la fixation des salaires? Il verrait, dans ce cas, la hauteur des salaires imposés aux comités chargés de régler la rémunération des travailleurs dépendre beaucoup plutôt de l'importance numérique des corporations que de leur utilité productrice. S'il voulait éviter les inconvénients attachés aux décisions purement électorales, faute d'une base prise dans les nécessités mêmes de la production, il se verrait dans l'obligation de fixer *à priori* un juste salaire calculé sur des bases éthiques. Saurait-il éviter l'arbitraire, il n'en aurait pas moins faussé les éléments d'appréciation sur lesquels il prétendait s'appuyer. Quant à laisser subsister la concurrence entre producteurs, il n'y faudrait pas songer sous peine de ne rien changer aux inégalités actuelles. Dans cette recherche d'une méthode propre à la détermination de la valeur d'après un principe abstrait, les auteurs du *Socialisme à l'œuvre* paraissent se heurter, dans le domaine de l'utilité, à des difficultés égales à celles qu'avaient rencontrées dans la sphère de la pénibilité leurs prédécesseurs hantés de l'idée de la valeur-travail. D'ailleurs, n'y a-t-il pas quelque chose de contradictoire à chercher à utiliser chaque individu selon ses aptitudes en le payant juste dans la proportion nécessaire pour réaliser le produit maximum et à se priver en même temps du moyen propre à réaliser automatiquement ce *postulatum,* par une limitation systématique du principe de la responsabilité individuelle?

Malaisée serait la tâche de celui qui voudrait déterminer *a priori* jusqu'à quel point un régime basé sur de tels principes affecterait une circulation monétaire ou serait affecté par elle. Le système, en effet, ne s'attaque que dans une mesure essentiellement élastique au principe des libertés économiques : en pratique, il limite ses restrictions aux cas seuls où celles-ci seraient compatibles avec les nécessités de la production.

Au surplus, M. Renard n'est pas de ces socialistes guidés par la chimère du crédit gratuit. Il ne croit pas qu'il soit au pouvoir des banques, même socialisées, « en ne prélevant qu'un escompte insignifiant sur les effets de commerce, d'abaisser le taux de l'intérêt dans de grandes proportions et de rendre le crédit gratuit » [1]. Il confirme donc le principe de l'intérêt du capital et donne une sanction nouvelle à celui de la propriété individuelle des épargnes : il ramène seulement ce dernier à des proportions raisonnables pour éviter de trop grandes inégalités sociales. Mais il ne se demande pas si la mauvaise administration de l'Etat, dans les services dont l'exploitation serait socialisée, l'établissement de prix éthiques, esthétiques ou politiques, la diminution du capital social provenant d'une suppression partielle de la capitalisation faite par les riches ne vont pas hausser l'importance du prélèvement opéré par le travail passé sur le travail présent. Il ne paraît pas croire, en

---

[1] *Socialisme à l'œuvre,* p. 151.

dehors de l'hypothèse de l'émigration des capitaux, que ceux qui sont visés par une confiscation partielle seront encore à même de thésauriser en une valeur essentiellement impersonnelle, la monnaie d'or et ses équivalents, et de priver ainsi la production du crédit qu'ils pourraient lui faire.

La répartition optima jointe à la propriété minima constitue au fond un essai de socialisme opportuniste aux contours très vagues. La réalisation d'un idéal, qu'il serait osé de considérer comme abandonné par l'auteur, apparaît comme étant si lointaine, que la doctrine élégamment soutenue au cours de ces pages est forcément impuissante à nous fournir autre chose que des indications.

Des trois ouvrages que nous venons de parcourir, le premier, celui de Menger, révèle chez son auteur une conscience très nette de l'incompatibilité qui existe entre le socialisme et la monnaie métallique en même temps qu'une foi complète dans l'action législative pour trancher le débat dans le sens du communisme autoritaire ; le second ne tenant nul compte de l'antinomie, semble croire que la théorie socialiste de la valeur-travail n'a rien à craindre de la monnaie métallique, il adopte le point de vue de Bebel, de Dühring et d'autres ; le troisième abandonnant la théorie de la valeur fondée sur l'heure de travail pense trouver dans celle de l'utilité-limite une méthode propre à fonder un système de répartition socialiste.

Si aucune de ces œuvres considérées isolément ne nous donne la solution cherchée, ces trois aspects de la question nous ont permis néanmoins de parcourir les données de ce difficile problème de la relation entre la monnaie, la valeur et la propriété dans un milieu où on propose, comme fin dernière, l'abolition de la propriété individuelle.

Il est clair, par ce qui précède, que les difficultés surgissent dès l'instant qu'il s'agit de réserver à l'individu cette liberté dans la consommation qui exige la remise aux travailleurs d'un certificat lui permettant de retirer de l'ensemble de la production l'équivalent de sa créance sur la société. Dans le régime de la production libre, les formes économiques qui concourent à la création des produits sont toutes en concurrence, tandis que les forces qui déterminent l'intensité de la demande, elles-mêmes en balance, font naître cet état d'équilibre idéal autour duquel oscille sans cesse la valeur du marché. C'est le rôle de l'entrepreneur, du commerçant

de faire varier ses productions, ses approvisionnements, de manière
à équilibrer le prix des services, le prix du travail selon les indications qui lui parviennent quant aux besoins à satisfaire. Il y a là
comme une consultation perpétuelle des suffrages de tout le monde ;
c'est une sorte de referendum qui, constamment en cours, commande en maître sur le marché. Si l'Etat socialiste assumait ce rôle
tel qu'il est actuellement réalisé par les chefs d'entreprise et s'il se
contentait de donner pour les différents services productifs, main-
d'œuvre, épargne, travail intellectuel, le prix qui résulterait de la
compétition entre ces diverses formes de l'activité économique,
la distribution serait réglée au taux auquel il serait possible de
réunir ces divers éléments en quantité suffisante pour satisfaire à
toutes les demandes de produits en même temps qu'à toutes les
offres de travail et d'épargnes. Dans ces conditions, l'Etat pourrait
faire preuve des plus détestables qualités en tant qu'entrepreneur,
et tuer l'initiative individuelle, mais il aurait changé assez peu de
chose au point de vue des inégalités économiques et du revenu
sans travail. Il y aurait encore des rentiers qui toucheraient probablement un intérêt plus élevé et voilà tout, des ingénieurs et des
directeurs qui toucheraient de hauts salaires, des manœuvres dont
la paie journalière ne serait peut-être pas supérieure au taux actuel ;
d'aucuns peuvent dire, et non sans raison, que ce salaire serait
inférieur à ce qu'il est aujourd'hui. Ainsi l'idée de l'Etat intermédiaire entre la production et la consommation, obéissant, purement
et simplement, aux indications du marché, est une conception n'ayant
d'égalitaire que ce que la crédulité publique veut bien lui prêter
de tel, sous l'empire des mots. Ce n'est donc pas la valeur telle que
nous la concevons actuellement qui devra servir de régulateur à la
production et qui en même temps présidera à la distribution des
biens de consommation à travers les mille canaux de la cité nouvelle. Si nous supposons, après MM. Menger, Kautsky, Renard et
autres, que l'étalon des valeurs sera d'or, qu'est-ce donc que le
métal devra exprimer ? Quelle sera, en d'autres termes, la méthode
de fixation des prix ?

Ne pouvant être le résultat du libre concours des facteurs, techniques, psychologiques et physiques, le prix devra être déterminé
par un fait d'autorité, de par ce que les socialistes se plaisent à

appeler la volonté consciente de la société. S'appuiera-t-on, pour fixer la valeur de toutes choses, sur la quantité de travail, comme paraissait le vouloir l'école marxiste ou sur une mesure de l'utilité comme le proposent les auteurs du *Socialisme à l'œuvre?* En tout cas le premier devoir de l'Etat socialiste sera de connaître son prix de revient, il devra apporter à l'établissement du coût réel de production la plus grande attention sous peine de sombrer dans la misère générale. D'autre part, ainsi que nous le faisons observer quelques pages plus haut, en modifiant, les prix de revient par suite d'une élévation factice des salaires, on s'exposerait à tomber dans un cercle vicieux puisqu'on agirait par le fait sur la mesure du degré de satisfaction qui est l'objet même recherché. C'est à quoi on s'exposerait dans le cas où on prétendrait parvenir à une mesure de la valeur par l'utilité-limite, considérée en dehors de l'échange et de la production libres. Il n'y a pas à se dissimuler que, dans un cas comme dans l'autre, qu'il s'agisse de la valeur travail ou de la valeur utilité-limite, le socialisme se heurte à des obstacles insurmontables. Mais afin de poursuivre notre étude, il nous paraît préférable de regarder le rapport mathématique imaginé par Schœffle entre les heures normales de travail et la production effective comme étant la mesure des frais de production sociaux. Cela aura l'avantage de permettre l'examen d'un sujet, en lui-même confus, et, sans entraîner le lecteur trop loin de la réalité des faits, il sera possible ainsi de le mettre à même de se former une opinion sur l'insuffisance des solutions proposées. D'ailleurs, les faits que nous avons à examiner maintenant peuvent être considérés comme ayant une action, sinon semblable, du moins à peu près équivalente sur les prix, que ceux-ci soient établis selon la formule du coût de production en heures de travail, ou selon celle du degré d'utilité. Cette méthode a encore l'avantage d'être plus simple et, moyennant quelques corrections, ses conclusions peuvent s'appliquer à l'autre alternative.

L'Etat supposé seul producteur devra donc établir son prix de revient en heures de travail, qu'il paiera à ses employés en monnaie métallique, mais laissera-t-il dès lors le prix de vente des produits osciller au gré de l'offre et de la demande? Si les organisateurs de la cité nouvelle se trouvaient dans la nécessité d'imposer des prix de vente différents du coût de production, pourraient-ils les maintenir? Etant supposés écartés tous les obstacles à une socialisation intégrale du capital-argent et en considérant les seules relations entre l'état producteur et les travailleurs, sera-il possible d'empêcher la propriété individuelle et son revenu de renaître? Si l'Etat se trouvait dans la nécessité de sanctionner par ses propres appels au crédit le prélèvement normal de l'intérêt, il se verrait dans la nécessité de consacrer ce que ses édificateurs appellent aujourd'hui l'exploitation capitaliste; il se mettrait dans le cas de rendre toute sa puissance au capital argent et de compromettre ainsi lui-même sa souveraineté économique. Tels sont les points sur lesquels nous nous sommes proposé de porter notre attention au cours de cette étude. Il était bon de le rappeler ici.

Comment connaître le prix de revient en or de la vaste entreprise socialiste? Pour l'instant, laissons de côté la question de savoir s'il sera possible de ne pas tenir compte de l'intérêt du capital, nous y reviendrons plus tard. L'Etat n'aura en face de lui que des salariés; il connaîtra son prix de revient par la note des salaires qu'il devra acquitter. Il lui sera relativement facile, en principe, d'établir un certain rapport entre le gramme d'or et l'heure du travail. S'il prend pour base l'heure de travail du terrassier par exemple, et qu'il fixe, par une disposition législative, la valeur en or de cette fraction de la journée du travailleur non qualifié, il pourra dès lors établir toute sa comptabilité avec des prix exprimés en unités monétaires, comme le franc, le marc ou la livre sterling. Mais lui sera-t-il aussi facile de maintenir à ce rapport la fixité désirable? S'il établit trop haut, pour les besoins de main d'œuvre de cette nature, le prix en or qui doit servir de base à toute l'échelle des salaires, il désorganisera l'équilibre de la circulation ; de même, quoique dans une proportion moindre, s'il l'établit à un niveau trop bas [1].

---

[1] Nous supposons terminée la période, d'ailleurs purement hypothétique selon nous, au cours de laquelle il se pourrait concevoir que les besoins de métaux précieux fussent moins importants. Le système de crédit, la chose a été dite, dans lequel nous vivons et qui exige une large immobilisation métallique étant simplifié, et le nombre d'échanges, avant la livraison du produit fini, étant réduit dans une très forte proportion par suite de la socialisation des entreprises, la demande de métaux précieux pour assurer la circulation des seuls produits de consommation serait très faible, la rapidité de la circulation serait d'autre part considérable, la monnaie n'ayant d'autre office à remplir que celui de la conversion des créances individuelles en objets de consommation immédiate. Nous nous contentons, pour l'instant, de considérer que le stock des métaux précieux s'est ajusté aux besoins nouveaux et que la quantité d'or en circulation ne subit d'autre loi restrictive que celle de son coût de production en travail. Mais il est bien évident qu'un afflux de métal aurait sur le rapport en question une

Il faudra de plus, comme dans le système du bon de travail, que l'échelle des travaux, comme la distribution des tâches, soit réglée d'office par les comités chargés de l'organisation du travail, si on veut éviter que la hauteur des salaires soit régie par la loi de l'offre et de la demande de travail. De même, il faut encore supposer qu'au lieu d'abandonner à son sort propre chaque groupe d'usines composant une entreprise, chaque exploitation agricole ou ouvrière formant un établissement ayant son autonomie, l'État établisse son prix de revient pour toute une catégorie de produits en prenant la moyenne des coûts de production. Si on admet ainsi la production socialiste organisée en dehors de la dangereuse utopie du produit intégral du travail, il faut encore supposer que dans toutes les entreprises, dans tous les champs particuliers, à toutes les veines de mine, dans tous les vignobles, dans les établissements où le machinisme est développé, comme dans ceux qui emploieront des méthodes surannées, se rencontrent le même zèle et la même activité au travail, qu'une égale adaptation de chaque travailleur aux nécessités de sa tâche se trouve réalisée et que les travailleurs ne s'avisent pas de vouloir s'approprier le bénéfice de l'entreprise sous la forme de cette prime à la paresse qui a été maintes fois signalée comme la conséquence fatale du socialisme. Et alors, si ce vaste trust est assez puissant pour éviter toute fissure, il pourra, en faisant varier la quantité de travail dans le sens exact que commande l'intensité des besoins révélés par les statistiques, hausser et baisser les prix de manière à équilibrer l'offre des produits à leur demande. Parti d'un rapport mathématiquement déterminé par les faits même de la production, l'Etat socialiste aura mis en circulation un bon de travail en or. Cet instrument participera, à la fois des inconvénients attachés au bon de travail et de ceux qui résultent d'une circulation métallique. La vaste coopérative socialiste distribuera aux travailleurs toutes les primes provenant de la plus grande productivité du travail, résultats des perfectionnements techniques et du progrès industriel, remettant ainsi à tous les consommateurs le bénéfice provenant des améliorations survenues

action perturbatrice qui se traduirait par des variations dans le rapport établi entre l'heure de travail simple et l'unité monétaire. Il n'y a pas lieu cependant de compliquer cette étude de considérations n'ayant pas une importance sociale particulière dans le régime que nous examinons et se rattachant plutôt à l'étude de la théorie quantitative en régime socialiste.

dans les méthodes appliquées à la production des biens de consommation. Telle est du moins la prétention des doctrinaires.

Revenons aux difficultés qui résulteraient pour l'Etat socialiste de
la nécessité qui s'imposerait à lui de maintenir, entre l'unité de
travail et l'unité métallique, un rapport qui serait lui-même l'expression du besoin de numéraire éprouvé pour le paiement des
salaires et leur conversion en objets de consommation. Il n'y aurait
d'autre moyen, pour conserver l'équilibre, que de faire varier
l'importance du travail appliqué aux mines métalliques, de telle
sorte que l'importance de l'or en circulation répondît effectivement à la quantité nécessaire pour assurer à cette circulation des
proportions convenables et permettre à l'Etat de maintenir un
prix invariable à l'unité de travail. Mais une démocratie socialiste
serait-elle en mesure de poursuivre une telle politique? et si elle
l'abandonnait pour répondre aux sollicitations des classes nombreuses de travailleurs assez fortes pour exiger une hausse de leurs
salaires en argent, ne s'exposerait-elle pas à d'inextricables complications?

Dans le cas où l'Etat socialiste s'astreindrait à toutes ces mesures
dont la complexité dépasse, semble-t-il, les forces légales, il n'en
tirerait d'autre avantage que celui de ne pas bouleverser les habitudes de comptabilité en usage depuis tant de siècles, il ne change-
rait rien au fond même du problème : son prix de revient serait
établi d'après les données du collectivisme pur. Mais cela supprime-
rait-il la nécessité de tenir compte de l'intérêt du capital? On a dit
que l'Etat socialiste pourrait négliger cette partie des frais de production parce que, renonçant à travailler dans un but lucratif, il
peut, contrairement à ce qui se passe dans un régime individualiste basé sur le profit, se dispenser d'ajouter à son prix de revient
l'intérêt des capitaux [1]. C'est le moment d'examiner ce qu'il y a de
fondé dans cette théorie.

La question se rattache à une autre, celle de savoir si le capital-
argent, tel qu'il se comporte actuellement, ne donne des revenus
à son possesseur qu'en raison du système d'obligations contractuelles en vigueur et parce que le droit de propriété est consacré
par les lois de la société individualiste. Dans toute la littérature
socialiste, on rencontre cette idée que l'économie individuelle

[1] Bourguin, *Système socialiste.*

diffère essentiellement de l'économie sociale. Chez certains auteurs
même, chez M. Jaurès, par exemple, on trouve des excuses pater-
nelles pour le particulier qui réclame l'intérêt de son argent. Etant
donnée l'organisation actuelle, le prêteur ne renonce-t-il pas à
une jouissance immédiate et n'est-il pas équitable qu'il se fasse
payer ce sacrifice? Il n'en est plus de même, prétend-on, lorsqu'on
considère le groupe national comme un tout dont la vie n'est pas
limitée et pour lequel le temps ne compte pas. Ne voilà-t-il pas
une affirmation quelque peu hasardée? Lorsque la collectivité aura
renoncé à plus de jouissance dans le présent pour augmenter son
bien-être à venir, peut-on affirmer qu'il n'y a là aucun sacrifice et
que les contemporains ne se privent pas de quelque chose en
faveur de leurs descendants? .On nous dit bien que l'Etat ne se
livrera à la capitalisation qu'à bon escient et après satisfaction
complète des besoins actuels et comme, sous cette forme, la
réponse pourrait paraître encore vague à certains esprits chagrins,
on se hâte d'ajouter qu'il est question ici des seuls besoins légitimes ; les amateurs de précision ont là un bon billet. Regardons-y
de plus près, la matière est d'importance.

Afin d'éviter les considérations sur le prêt d'usage dont s'em-
barrassent le plus généralement les discussions ayant trait à cette
étude, supposons, jusqu'à nouvel ordre, que les individus ne passeront entre eux aucun contrat de cette nature. Cette espèce
d'avances que pourraient se consentir mutuellement les particuliers passe auprès des socialistes pour être la seule à laquelle il
serait possible de se livrer dans une société où toutes les entreprises
seraient, par définition, socialisées. Plaçons-nous dans le milieu
même qu'ils se plaisent à évoquer : l'Etat, unique producteur,
n'aura d'autre souci que celui du bien-être général, aussi bien dans
l'organisation de la production que dans ses relations avec les travailleurs. Et, bien qu'on nous le dise, serait-il vraiment indifférent à
l'Etat socialiste de se livrer au percement d'un canal destiné à
améliorer les communications fluviales et de diriger ainsi vers des
travaux dont les effets sur l'amélioration des transports et sur le
prix des produits de consommation ne se feraient sentir que dans
dix ans par exemple, des milliers d'ouvriers dont la puissance de
travail serait capable de faire face à des besoins plus contemporains, si on l'appliquait à la fabrication d'articles de luxe par
exemple?

Le fait paraît indiscutable et il faudra, bon gré, mal gré, que la social-démocratie en tienne compte.

Dans la société actuelle, la disposition générale de toute une population à estimer plus ou moins haut les biens présents à l'égard des biens futurs trouve sa mesure dans le taux général de l'intérêt, produit de l'ensemble des dispositions de tous les prêteurs et de tous les emprunteurs particuliers. Comment, les marchés du crédit étant supprimés, l'État pourra-t-il régler la répartition des tâches de telle sorte qu'il fasse un emploi judicieux du travail entre les productions à rendement immédiat et les productions à rendement différé?

L'équité lui commanderait de réserver à la génération présente une part à prélever sur les bénéfices que les générations futures tireront du sacrifice de leurs ancêtres. Or comment réaliser cette répartition juste autrement qu'en contractant au nom des générations futures l'engagement de payer l'amortissement de ces avances, plus une prime compensatrice du sacrifice d'attente, ce qui n'est autre chose que l'émission de rentes sur l'État? Ces rentes, va-t-on les remettre à tout le monde, ou seulement à ceux qui acceptent de réduire ainsi leur consommation actuelle[1]? Ce n'est pas seulement la justice qui prêche en faveur de cette solution, c'est encore l'intérêt social. N'est-ce pas au nom même d'une nécessité primordiale qu'il faudra décider la génération présente à renoncer à un superflu qui apparaît de plus en plus indispensable à mesure qu'augmente le bien-être général? S'adresser à ceux qui, soit en raison de leurs revenus, soit en raison de leur goût de l'épargne, sont les plus disposés à renoncer à une satisfaction immédiate, c'est, semble-t-il, adopter le système le plus juste et le plus profitable.

---

[1] Les socialistes pourraient objecter que la collectivité, en prélevant tout ce dont elle a besoin pour développer l'outillage national, sur la production annuelle, charge les générations présentes dans la mesure où les générations passées ont été elles-mêmes mises à contribution pour l'accroissement du capital national. Sans qu'il nous soit possible d'entrer dans des explications qui demanderaient de longs développements, il y a lieu de répondre cependant que les besoins de capitaux sont extrêmement variables et de plus qu'il en est ainsi pour l'offre des capitaux. Mais l'objection fût-elle fondée en elle-même, il y aurait encore intérêt à profiter des dispositions individuelles à l'épargne : celles-ci ne sauraient trouver un équivalent dans une moyenne, d'ailleurs difficile à appliquer sans provoquer des résistances de la part de ceux, et ils sont nombreux, qui préféreraient des jouissances immédiates individuellement partagées, à des jouissances futures qui n'auraient pour eux que l'attrait d'un sacrifice consenti à la collectivité.

Si cependant le socialisme tenait malgré tout à se cantonner dans un priorisme irréductible et à faire triompher le principe de l'abolition de la propriété individuelle et de son revenu, on ne voit pas comment il serait capable d'imposer autrement que par la force une distribution du travail permettant de consacrer au perfectionnement de l'outillage social les efforts nécessaires pour assurer le développement de la richesse. S'adressera-t-on, pour régler cette répartition des travaux, au suffrage universel? Il est bien probable, dans ce cas, que l'escompte entre les biens présents et les biens futurs s'établira dans l'esprit des masses à un taux très élevé et tout fait supposer que l'Etat socialiste se verra dans l'impossibilité de disposer, en vue de la production à venir, de toute la force de travail dont il aurait besoin.

Ainsi la société future renoncerait-elle au bénéfice de la différenciation des fonctions, elle n'en serait pas moins obligée de tenir compte des nécessités de la production moderne. Si l'Etat n'empruntait plus aux particuliers, capitaliste unique, il aurait à régler lui-même la quantité de capitaux qu'il voudrait réunir. Dans un certain sens, il pourrait être exact de dire qu'il n'aura pas à ajouter l'intérêt de ses capitaux à son prix de revient, mais il ne sera pas moins vrai que le coût de production des biens futurs se fera sentir dans le coût en travail des biens immédiatement consomptibles. Il n'aura supprimé aucune des données essentielles du problème et il sera obligé de juger lui-même si la quantité de travail actuellement distraite de la satisfaction des besoins présents, vaudra l'économie à réaliser dans le cours des années suivantes.

Fidèle à notre hypothèse, nous avons tenu à exposer les faits tels qu'ils devront se présenter dans un milieu où toutes les valeurs seraient traduites en unités de travail, rapport mathématiquement établi par le calcul des heures effectivement consacrées à la production. Si l'Etat socialiste tenait à maintenir la quantité de métal en circulation au niveau nécessaire pour satisfaire aux seuls besoins du régime nouveau et s'il pouvait y parvenir, en appliquant à la production ou à l'importation des métaux précieux juste la quantité d'efforts nécessaire pour satisfaire à ces besoins, il serait, par la hausse ou la baisse des prix des objets de consommation, averti des excès qui pourraient être commis par lui, soit dans le sens de la capitalisation, soit dans celui d'une insuffisance de l'épargne collective.

Ainsi, soit qu'on se place au point de vue de l'établissement des prix en travail des produits de consommation, soit qu'on cherche à déterminer la valeur d'arbitrage des biens immédiatement disponibles contre ceux qui ne seront consomptibles que plus tard, on se trouve dans la nécessité de convenir que la fixation d'un rapport entre une mesure du travail et la monnaie métallique n'est d'aucune utilité ; le prix en argent n'apprend au grand trust de la social-démocratie rien qu'il ne connaisse déjà par l'examen des statistiques quantitatives du travail et de la production sociale, rien de ce qu'il est obligé de connaître pour fixer les prix. Mais il n'est pas prouvé encore qu'il y ait incompatibilité entre la circulation métallique et la suppression de la propriété individuelle du capital-argent. C'est la question qu'il y a lieu d'aborder maintenant.

Revenons à Engels.

Dans son anti-Dühring, nous l'avons déjà dit, l'ami de Marx constatait que toutes les communautés socialistes s'étaient dissoutes sous l'influence de l'or. Il invoquait à l'appui de ce fait deux raisons : l'or, disait-il, sert au prêt individuel, il permet au commerce de banque de s'établir. C'était rappeler les formes sous lesquelles le capital-argent, malgré toutes les prescriptions des législateurs, a fait naître au moyen âge, à côté de la propriété féodale et en opposition avec elle, les premières manifestations de la propriété purement capitaliste. Il est clair que l'impuissance de la loi à mettre fin aux pratiques de l'usure se fera sentir surtout dans le cas d'une circulation purement métallique ou dans celui d'une circulation basée sur la convertibilité d'une monnaie de papier. Le métal précieux est essentiellement une valeur au porteur; aucune mesure préventive n'est capable de faire cesser l'échange entre individus d'une pièce de monnaie. Celle-ci emporte avec elle toute sa puissance d'achat, sans que jamais on puisse lui faire dire par quelles mains elle a passé. Par contre, un papier inconvertible peut être inaliénable et nominatif. A moins d'aboutir au régime aussi intolérable qu'inefficace de la délation, sanctionné par des peines sévères, tout ce que la loi peut faire pour empêcher les particuliers de se prêter à intérêt des pièces d'or, c'est de s'abstenir de sanctionner les contrats. Si les tendances psychologiques ne changent pas radicalement, les prêteurs sauront faire eux-mêmes

leur police, comme l'histoire nous en fournit maints exemples;
l'intérêt concordant avec la loi de l'honneur poussera de son côté
l'emprunteur à tenir spontanément ses engagements en dehors de
la loi écrite.

Cet aspect de la question a été très souvent développé; à juste
titre, on a vu là une fissure très sérieuse par laquelle s'introduisait
de nouveau le capitalisme dans l'édifice socialiste. Certes, il serait
intéressant d'examiner si oui ou non le prêt individuel, le prêt
d'usage est un mal social indépendamment des abus auxquels il
donne naissance.

Mais notre but ici est surtout d'examiner si, dans les seules
relations entre l'individu et l'Etat, la situation créée par le paiement
en or des salaires, remis aux travailleurs de la cité collectiviste,
n'est pas incompatible avec les principes fondamentaux de sa propre organisation.

Grâce au double rapport qui serait maintenu entre l'unité métallique et les heures de travail, d'une part, et entre le travail appliqué aux moyens de se procurer de l'or et le besoin de métaux
précieux, provenant des nécessités de la circulation, d'autre part,
on aperçoit de suite que l'Etat socialiste se trouvera dans l'impossibilité comptable de modifier les prix, toutes choses égales d'ailleurs, si ce n'est à la suite d'une diminution ou d'une augmentation
dans la quantité de travail [1] appliquée aux objets de consommation
immédiate. Ces biens, ne l'oublions pas, auraient seuls de l'importance aux yeux de l'individu, dont les fonctions économiques se
borneraient désormais au rôle de travailleur et à celui de consommateur.

Qu'une fraction importante de la nation s'avise de pratiquer
l'épargne personnelle [2], que va-t-il se passer? Kautsky, Menger et
autres se rendent-ils compte de ce qu'est susceptible de représenter cette épargne familiale réalisée même en dehors de tout esprit
d'accumulation, de toute pensée d'accaparement opéré en vue
d'obtenir, par une concentration de la richesse, la capitulation
d'une puissance dirigée comme une machine de guerre contre la
propriété individuelle? En se plaçant au seul point de vue de

[1] Une plus grande facilité de se procurer de l'or pourrait également produire un
bouleversement dans les prix. Nous négligeons cet aspect de la question pour l'instant.
[2] M. Lafargue veut obliger les citoyens de l'Etat futur à la consommation immédiate
(*Rev. p. et p.*, p. 17, 10 octobre 1908).

l'assurance contre les risques de la vie et du désir qu'éprouvent les hommes d'améliorer, par une réserve contre les mauvais jours, le sort de leur descendance, on trouve qu'il y a encore pour l'épargne un certain champ d'action. A-t-on réfléchi à la somme que représenterait une pareille accumulation dans un pays comme la France? On compte en ce pays onze millions de familles environ. C'est une estimation modérée, semble-t-il, que de supposer chacune de ces familles possédant en moyenne une année de revenus d'avance. Or, dans l'hypothèse d'une répartition égalitaire des revenus actuels du pays, chaque famille, d'après M. Zolla [1], recevrait annuellement 2.700 francs; cette accumulation représenterait donc une épargne totale d'environ 30 milliards. Pendant combien de temps cette épargne resterait-elle sans venir sur le marché des biens de consommation, c'est-à-dire sans être échangée contre des produits? C'est ce qu'il est bien difficile de dire.

Dans notre monde actuel, tout ce qui est capitaux constitués reste à l'état de capitaux, à moins de destructions ou de pertes, changeant seulement de mains. Mais à moins de porter son examen sur les affaires d'un pays marchant à la décadence économique, le solde des richesses ainsi enlevées volontairement à la consommation immédiate s'accroît annuellement; les capitalistes petits ou grands n'exigent la transformation immédiate de leurs créances en biens consomptibles que pour une part inférieure à l'épargne de l'année. Grande est certes l'incertitude à propos de ce que pourrait être la capitalisation individuelle dans une société socialiste; on ne saurait donc être trop prudent en matière d'évaluations de cette nature. Il est certain que l'épargne serait très considérablement réduite dans une société où les conditions seraient égalisées et il est très juste de dire que ce qui influe sur la capitalisation, ce n'est pas tant l'ensemble du revenu social que le total des sommes qui, pour les grandes et moyennes fortunes, dépassent celles dont ont besoin leurs détenteurs pour leur genre de vie [2]. Il est donc légitime d'être très réservé sur l'importance de l'épargne individuelle dans un tel milieu, et le chiffre dont il vient d'être question ne saurait être pris qu'à titre indicatif. Néanmoins, les très faibles estimations, auxquelles il est certes prudent

[1] *Illusion de la richesse, Revue pour les Français,* 25 mai 1908.
[2] Voir, à ce propos, Landry, *Utilité sociale de la propriété individuelle,* p. 213.

de s'arrêter, ne sauraient se justifier que dans le cas d'une répartition beaucoup plus égalitaire que la nôtre. Il ne faut pas oublier
que les socialistes les plus absolus ne considèrent pas l'égalité
des revenus individuels comme une solution réalisable dans un
avenir prochain. Avec une inégalité assez accentuée du salariat,
et, à plus forte raison, si on continuait à payer des rentes aux
anciens capitalistes à titre d'indemnités d'expropriation, les sommes disponibles pour la thésaurisation pourraient être plus élevées. L'Etat socialiste, objectera-t-on, serait à même, par un
système de retraites et d'assurances, de satisfaire le besoin de
garantie contre les risques de la vie ; il supprimerait ainsi chez
l'individu un des mobiles les plus actifs de l'épargne. Mais comment supposer, en dehors de l'hypothèse de la richesse absolue,
que ce désir puisse être totalement satisfait? Si les lois d'assurances sont à même de diminuer dans une certaine mesure l'importance de l'épargne libre, elles ne peuvent avoir qu'une action
insignifiante sur les sentiments de l'homme à l'égard de sa descendance, sentiments qui le poussent à vouloir pour sa postérité une
condition plus assurée que la sienne propre. C'est là une conjonc-
ture que redoutent beaucoup de socialistes et dont la crainte explique
dans une certaine mesure leurs attaques contre la famille. Il n'est
que trop facile d'imaginer des modifications dans les données psychologiques sur lesquelles s'appuie la science sociale ; les prévisions
de cette nature ne tendent à rien de moins qu'à ébranler l'ordre
des connaissances sur lesquelles on prétend s'appuyer.

A toutes les époques troublées de l'histoire, dans les périodes de
révolutions et de pillages, dès que la propriété individuelle a été
menacée, l'or, devenu la forme d'appropriation individuelle de la
richesse la plus apte à répondre aux nécessités du moment, a disparu de la circulation sous forme de thésaurisation. On cacherait
encore les pièces d'or, on constituerait le bien familial en espèces
métalliques, comme cela s'est déjà fait. Mais, dira-t-on encore,
pourquoi admettre que l'accumulation de ces fortunes particulières
doive nécessairement se faire en métal, l'Etat socialiste aura lui
aussi une circulation de papier : or ou billet, qu'importe le signe,
l'étalon monétaire exprimera toujours un rapport dont les variations dépendront, non d'un caprice, mais des conditions mêmes de
la production et si la Banque socialiste a le soin de maintenir
l'échangeabilité de la monnaie de papier contre des espèces métal-

liques, il n'y a pas de raison pour supposer ainsi, chez les habitants de la cité future, une préférence pour l'or. L'objection n'est
que spécieuse : d'abord, l'utilisation du métal précieux pour les
usages domestiques ; l'avantage qu'il tire de son inaltérabilité joint
à ses qualités esthétiques feront rechercher l'or de préférence au
papier, dans le cas où il s'agirait avant tout de constituer le trésor
de la famille, en dehors de l'échange entre individus et alors que
les avantages de la monnaie de papier auraient moins l'occasion
de se faire sentir. De ce chef, une prime s'établirait rapidement en
faveur de l'or. Pour s'en convaincre, il suffit de constater à quel
point le besoin de posséder une valeur ayant sa représentation
intrinsèque dans un corps réel, tient une place encore importante
dans l'ensemble des motifs économiques qui gouvernent la psychologie des crises.

Dès qu'une secousse un peu plus violente que les autres agite le
système de crédit moderne, on voit apparaître à nouveau la pièce
d'or, comme le symbole de l'unique richesse véritable. On a vu
récemment des banques américaines accumuler des espèces son-
nantes, sous l'influence de la dernière panique : « l'or fondait comme
un morceau de beurre sur un fourneau surchauffé », disait la presse
américaine dans un langage aussi imagé qu'expressif. A certains
égards cependant ces faits dramatiques sont loin de nous représenter ce qui se passerait dans le monde imaginaire que nous nous
figurons ici. Dans la société actuelle, le besoin de métal n'est pour
sa plus forte part qu'une conséquence de la nécessité qu'éprouve
un marché d'assurer avant tout la sincérité du prix et la réalité des
transactions. La propriété individuelle s'étend aujourd'hui sur des
instruments de production, sur des biens de jouissance, des maisons
de location, sur des terres cultivables, des propriétés minières,
etc..., en régime socialiste, elle n'aurait plus d'autre objet que la
monnaie. Le drainage serait permanent et il passerait à l'état de
fait habituel. Si on tient compte de l'importance relativement si
faible, eu égard à l'ensemble des revenus, des existences métalliques dans un pays comme la France, il faut nécessairement convenir que très rapidement l'État socialiste se verrait en face d'une
situation très grave. Que pèseraient les 7 milliards environ qui
constituent le stock d'or de ce pays en regard de revenus qui se
chiffrent par 25 ou 30 milliards ? Combien infime serait la fraction
d'une telle somme qui, retirée de la circulation par la thésaurisa-

tion, suffirait pour mettre en péril la régularité des paiements en espèces? La prime sur l'or hâterait encore l'accaparement du métal par les individus.

C'est donc sous un aspect purement monétaire que la crise se présentera. Essaiera-t-on de la conjurer en se procurant des quantités d'or plus considérables, le seul résultat de cette politique sera de diminuer la production des objets de consommation par suite de l'application d'une plus grande partie de la force de travail disponible aux opérations nécessaires pour se procurer le supplément de métal. Le prix en or et en heures de travail de tous les produits s'élèvera et le salaire réel de tous les travailleurs s'abaissera : la solution du papier-monnaie s'offrira aussi tentante mais aussi décevante que dans le régime capitaliste. Pour ne pas prolonger outre mesure cette étude déjà longue, laissons cette question quelqu'intéressante qu'elle puisse être et bornons-nous à étudier par quels moyens l'Etat socialiste serait à même de surmonter la difficulté sans altérer les principes de sa circulation.

***

On a vu précédemment quelle était l'essence du phénomène de l'intérêt indépendamment de son aspect monétaire, il est bon, au risque de tomber dans une apparente répétition, de redire certaines choses, à cette seule différence près que les produits apparaîtront désormais remplacés par leur équivalent monétaire. La solution la plus avantageuse pour l'Etat socialiste serait de faire rentrer dans ses caisses par la voie de l'emprunt la masse des accumulations monétaires réalisées par les particuliers en leur offrant un taux d'intérêt suffisant pour faire sortir de leurs cachettes tous ces trésors dissimulés et dont l'utilité sociale se trouve ainsi presque annihilée. Nous savons en effet que ces sommes représentent le produit de certaines quantités de travail qui n'ont pas encore demandé leur conversion en produits immédiatement consomptibles et dont l'équivalent doit se trouver dans les magasins sociaux sous forme de marchandises prêtes à être livrées. Or si l'Etat socialiste se garantit par le contrat de crédit contre les demandes de livraison immédiate de ces denrées, celles-ci deviennent par le fait même disponibles et, en dehors des réserves que la prudence recommande de constituer comme garantie courante, tous ces biens se trouvent désormais libres et susceptibles d'être distribués précisément entre

ceux qui, moins disposés à la prévoyance, gêneraient par leur obs-
truction la capitalisation sociale. Les organes de la circulation se
verraient à même de retrouver ainsi le stock métallique dont ils ont
besoin, sans nouveau travail et moyennant seulement le paiement
des arrérages. L'Etat éviterait le danger de se voir subitement
réclamer, dans le cas de disette par exemple, une quantité de produits qu'il serait incapable de fournir et par suite il s'épargnerait
les difficultés résultant d'une hausse qui se ferait en fin de compte
au détriment des individualités ne possédant aucune réserve.

Dans ces conditions, l'avènement du prolétariat au pouvoir n'aura
pas changé grand chose. L'Etat socialiste ne gardera par devers
lui, c'est-à-dire pour le bienfait de la collectivité, que cette partie
du bénéfice de l'entrepreneur qui se traduit par ce qui dépasse en
moyenne le taux habituel de l'intérêt, déduction faite de tous les
traitements et salaires payés aux fonctionnaires chargés de la direction des entreprises. Une bonne partie du capital social se trouvera
dans la main des particuliers sous forme de rentes ou de créances
sur l'Etat. Dès lors, si l'organisation socialiste se montrait à la hauteur de sa tâche, l'intérêt payé à ses créanciers pourrait ne pas
s'élever plus haut que de nos jours. Si au contraire les faits qui se
passent actuellement sous la pression des méthodes socialistes
venaient à se généraliser, en même temps que le régime nouveau,
l'intérêt aurait une tendance à s'élever et cela pour deux raisons :
1° parce que le bien-être étant moindre, les sommes qui seraient
susceptibles d'être épargnées diminueraient ; 2° parce que l'utilisation des capitaux formés étant moins bonne, le besoin de plus de
capitaux s'ajouterait à la restriction de l'offre pour agir dans le
même sens. La vie économique pourrait se dérouler ainsi, probablement dans le sens de l'appauvrissement général, mais du moins
sans renfermer dans l'essence même de son organisation des contradictions pouvant être fatales à sa stabilité.

Il n'en serait pas de même, il est aisé de le comprendre, dans le
cas où l'Etat se refuserait à faire appel aux réserves métalliques,
seule propriété individuelle permise sous ce régime nouveau.
L'impossibilité de maintenir l'or en circulation aurait pour cause
non pas un engorgement provisoire, mais un drainage constant :
la plus forte partie du stock métallique, pour ne pas dire ce stock
tout entier, serait immobilisée hors des caisses publiques fermées
aux déposants et cela suffirait à peine à la constitution du pécule
individuel ; aussi ne doit-on pas compter sur l'échange de ces

patrimoines contre des objets de consommation pour ramener les espèces aux guichets nationaux.

Il ne faut pas oublier que jamais hypothèse aussi absolue ne s'est réalisée. On n'a jamais supprimé le prêt d'usage et par cette voie il est toujours rentré dans la circulation, même dans les temps les plus durs à la propriété individuelle, une quantité très importante de métaux précieux épargnés. Le prêteur, en cédant à ceux qui en ont un besoin immédiat, tout ou partie de son pouvoir d'achat, tendait, par voie indirecte, à épargner au despotisme la triste déconvenue qui attend les directeurs du trust des manuels ; mais le prêt individuel d'usage n'est autre chose qu'une des formes du contrat de crédit qui seul permet, lorsqu'il peut s'exercer dans sa plénitude, la mobilisation de l'épargne individuelle et sa transformation en richesse socialement utile.

Entre les deux hypothèses extrêmes que nous avons opposées l'une à l'autre, il y a place, cela est évident, pour des solutions intermédiaires [1]. Tel serait le cas d'une caisse acceptant tous les dépôts à un taux très bas : 1 p. 100 ou 1/2 p. 100, par exemple, comme le rêvait Proudhon. Suffit-il vraiment de supprimer toute concurrence par la socialisation des banques et de déclarer aux déposants que ce taux très bas est à prendre ou à laisser, pour que la question soit réglée? L'individu est possesseur d'une valeur et, par le fait même, il reste libre d'en disposer. S'il peut à son gré conclure le contrat de dépôt avec l'État banquier, il consentira à recevoir sur les sommes ainsi déposées un intérêt très bas, au seul cas où cet intérêt sera pour lui l'équivalent de l'escompte qui s'établira dans son esprit, et en raison de sa faculté d'achat, entre les biens présents et les biens futurs. A telle enseigne, la banque sociale ne recueillera que des dépôts à vue ou à très courte échéance, à moins que dans la collectivité ne se rencontrent des personnes très disposées à évaluer assez bas cet escompte, c'est-à-dire des gens très riches. Il y a donc tout lieu de croire que les dépôts à très longue échéance seront une infime exception.

Quelle serait la situation de la Banque sociale à l'égard de ses déposants? Le procédé permettrait vraisemblablement de maintenir de l'or dans la circulation : qu'on juge au prix de quel danger. Comme gage de ses dépôts à vue, et par définition même,

[1] Nous n'avons pas eu à examiner ce que serait l'épargne individuelle et le rôle qu'elle jouerait dans une société qui adopterait le papier comme unique moyen de liquidation (*bon de travail*).

l'Etat socialiste n'aura que des biens de consommation à donner ;
il ne pourra aliéner ni biens de jouissance, ni instrument de production, il n'aura même pas la ressource d'émettre des assignats
gagés sur des biens nationaux. Et se figure-t-on un chiffre important de milliards en dépôts à vue ou à très courte échéance se
transformant subitement sous l'influence d'une crise quelconque,
d'une disette ou d'une catastrophe, en un pouvoir d'achat cherchant
à s'assurer les produits de première nécessité en voie de hausse ?
Que deviendraient les simples salariés, tous ceux qui n'auraient
aucune disponibilité en dehors de leur traitement fixe en face de ceux
qui posséderaient, en plus de leurs salaires, un capital épargné. On
verrait alors se produire, mais non plus sur le terrain des pré-
séances, ce que le professeur Schmoller regarde comme un des
crimes de la société capitaliste : la belle dame qui se présente chez
l'épicier avec un porte-monnaie bien garni serait encore servie
avant la pauvre vieille qui vient demander son café avec quelques
sous, mais à cette différence près que le prix du café s'élevant
prodigieusement, la pauvre vieille n'aurait pas de quoi en acheter.

La Banque offrirait-elle son or pour calmer l'effervescence, ce
serait en vain. L'or comme le papier n'exprimerait plus qu'une
quantité cristallisée de travail dont le pouvoir d'achat serait en
pleine dépréciation. Les porteurs d'épargnes chercheraient à s'assurer la possession des marchandises en magasins, seul gage véritable de leur petite fortune, par crainte de perdre plus encore.

Pour éviter la raréfaction des espèces et les dangers de l'inconver-
tibilité, le trust socialiste tomberait ainsi dans les difficultés aussi
grandes pour lui, qui résulteraient de l'absence de gage pour les
dépôts qu'il aurait sollicités. Des réserves de biens de consommation ne pourront jamais répondre aux besoins courants en même
temps qu'elles devront servir de contre-partie aux accumulations
antérieures. Dans le monde actuel, la hausse du taux de l'intérêt
pousse les individus à modérer leur désir de satisfaction immédiate, à l'instant de la crise ; par suite de l'élévation des revenus à
attendre du prix de vente de leurs capitaux, les porteurs sont
sollicités à restreindre leurs dépenses. Pour arrêter cette conversion des dépôts en objets de consommation, l'Etat socialiste sera
obligé d'élever le taux de l'intérêt payé aux déposants et il devra
consentir des contrats de dépôts à longue échéance, c'est-à-dire se
résigner à consolider une dette flottante.

Ainsi, à mesure que les garanties contre la disparition des métaux

précieux sous forme de trésor se font plus efficaces, on voit apparaître des difficultés d'une autre nature. Le remède qui s'impose
est toujours le même : c'est le contrat de crédit appuyé sur un
marché en fonction de l'offre et de la demande d'épargne.

* *

La tendance des Etats modernes à évoluer vers le socialisme
s'accentuant d'une manière constante devrait nous fournir de
nombreux exemples de ces solutions intermédiaires et de leurs
effets, mais ce qui rend l'examen de ces réalisations partielles du
socialisme difficile et d'une portée scientifique limitée, c'est la
complexité extrême des données et la forme détournée sous laquelle
se manifestent le plus souvent les phénomènes économiques. Tout
d'abord, dans le régime de l'échange, l'intérêt du commerce et de
l'industrie constamment supputé par les banquiers et les cambistes,
distribue les métaux précieux dans le monde selon les besoins de
la circulation, celle-ci se trouvant ainsi constamment proportionnée
à la somme d'échanges à faire dans chaque nation différente. En
dehors des crises momentanées qui pourraient donner aux souffrances du public, provoquées par des mesures violentes de spoliation, la forme d'un exode de numéraire motivé par une exportation
de capitaux, le seul effet qu'il y ait à attendre de cette politique est
celui de la hausse générale des prix. Celle-ci pouvant d'ailleurs
tenir à d'autres causes que les attaques contre la propriété, il n'est
pas possible d'en conclure à une relation de cause à effet. Il se
peut même que cette hausse ne se fasse pas sentir, soit qu'elle
soit balancée par d'autres forces, soit que le phénomène de l'appauvrissement prenne une autre forme. En Australie, par exemple,
où le socialisme d'Etat est peut-être plus développé que partout
ailleurs, les choses ne se présentent pas sous la forme d'une crise
de circulation : le pays étant une contrée à développement rapide,
en pleine période de mise en valeur, la population et l'utilisation
des richesses naturelles se développent dans des proportions moins
heureuses qu'elles ne le devraient et voilà tout. En d'autres régions,
en raison du grand développement de la population existante et de
l'appropriation des richesses territoriales, le phénomène, tout en
étant plus aisé à constater, ne se présentera jamais sous une forme
assez claire et assez indiscutable pour faire ressortir les incompa-
tibilités que permet d'établir l'analyse abstraite. C'est notre seule
excuse d'avoir tenté une démonstration aussi aride.

En résumé, il est permis, semble-t-il, de conclure que la circulation métallique serait d'abord inutile dans un régime de socialisme d'Etat intégral. Le maintien de la monnaie de métal n'aurait d'intérêt que dans le cas où l'Etat socialiste voudrait conserver, grâce au rapport entre une certaine quantité d'or ou d'argent et une certaine quantité de travail, un moyen d'échapper aux émissions arbitraires et, alors, il devrait nécessairement consentir à emprunter aux particuliers. Que deviendrait, par suite, la suppression de la propriété individuelle et du revenu sans travail? Sous peine de faillir aux articles essentiels de son programme, le socialisme se verrait dans la nécessité de supprimer les métaux précieux. Cela tient au double caractère de la monnaie qui est à la fois un instrument d'évaluation et une richesse éminemment appropriable.

Tandis que certains socialistes tiennent avant tout à ne pas bouleverser les habitudes millénaires attachées à l'usage de la monnaie métallique, d'autres et avec eux certains théoriciens se rallient franchement à l'a-métallisme. Pendant qu'aux premiers il semble que la monnaie puisse se plier à tous les caprices, aux seconds il paraît facile de s'en passer quel que soit le régime de la propriété ; ce sont là des interprétations divergentes de la même idée ; toutes deux proviennent d'une exagération du principe d'indifférence monétaire posé par J.-B. Say et les premiers économistes. Et cependant, tant que l'homme aura le souci d'une fortune individuelle assurée, tant qu'il n'aura pas le mépris de la richesse personnelle, il demandera à l'étalon des valeurs de lui apporter cette propriété qu'on lui refuserait par ailleurs. Si la conversibilité n'existait pas il l'inventerait, dans un régime ennemi de la propriété, car il arriverait fatalement à comparer à une valeur réelle le chiffon de papier qu'il aurait dans les mains. S'il était permis de penser au temps « où les échanges se feront sans monnaie métallique, comme les voitures roulent sans chevaux, comme la télégraphie fonctionne sans fil », il y aurait bien des conditions indispensables à de tels progrès et ce n'est pas la marche au socialisme qui peut faciliter ces tentatives. La question de la monnaie, celle de la propriété et de son revenu restent liées et demeurent au premier rang des problèmes que les réformateurs socialistes ont à résoudre ; leur clé est dans la suppression de la liberté de la consommation, il ne faut pas la chercher ailleurs.

André Pinard.

L'ÉTAT ET LES COMPAGNIES DE NAVIGATION SUBVENTIONNÉES

Le gouvernement a soumis récemment à l'approbation du parlement un projet de loi portant renouvellement des conventions qui concernent l'exploitation de certaines lignes postales de navigation par la Compagnie des Messageries maritimes. Ce projet a soulevé non seulement parmi les milieux compétents, mais dans le public même, généralement indifférent en France aux questions de navigation, une émotion qui n'est pas encore calmée. Emotion légitime! Il comporte, en effet, de très importantes innovations et engage l'Etat dans une voie nouvelle. Ce changement d'orientation est-il justifié par la situation actuelle, et la solution proposée répond-elle bien aux données des expériences faites jusqu'ici? C'est ce que nous voudrions examiner.

Cette étude comportera une courte revue du régime actuellement en vigueur, des résultats qu'il a produits. J'examinerai ensuite les améliorations ou modifications proposées, et comment elles ne me paraissent pas remédier aux inconvénients constatés. En terminant, le lecteur me permettra d'exposer mes vues personnelles, les remèdes qui, à mon avis, seraient efficaces, et pourquoi ces remèdes qui semblent s'imposer sont rejetés par le gouvernement et remplacés par des expédients.

Les compagnies de navigation avec lesquelles l'Etat a passé des conventions postales sont :

La Compagnie Générale Transatlantique : Pour l'Atlantique et la Méditerranée.

Les Messageries Maritimes : Pour l'Atlantique (Amérique Sud), la Méditerranée, l'Océan Indien et le Pacifique.

Les Chargeurs Réunis : Pour la Côte occidentale d'Afrique.

Les Transports maritimes : Pour la Méditerranée.

La Compagnie Fraissinet : Pour la Méditerranée.

La Compagnie Touache : Pour la Méditerranée [1].

Les conventions en vigueur et celles qui viennent d'expirer depuis deux ans étaient toutes à peu près conçues sur le même

---

[1] Nous mentionnons pour mémoire la subvention allouée à la Compagnie des chemins de fer du Nord (traversée du Pas-de-Calais).

modèle et imposaient, moyennant une subvention, des charges analogues. Depuis deux ou trois ans seulement, des modifications assez importantes ont été introduites dans les nouveaux régimes. Mais ces innovations sont appliquées depuis trop peu de temps pour qu'il soit possible d'en connaître les résultats. Aussi ne nous occuperons-nous, pour le moment, que des conventions qui sont arrivées récemment à expiration ou vont y arriver. C'est sous leur régime que les compagnies de navigation ont vécu depuis vingt ans. Ce sont elles qui les ont faites ce qu'elles sont.

L'ossature de ces conventions était la suivante :

L'Etat accorde aux compagnies une subvention, généralement calculée par lieue marine parcourue.

En échange, la Compagnie s'engage à faire desservir une ligne déterminée par des paquebots remplissant des conditions de régularité, de confort et de sécurité définies par le cahier des charges, à une vitesse minima.

La compagnie s'engage à transporter gratuitement les dépêches postales, les valeurs, ainsi qu'un agent des postes.

Elle accorde à l'Etat, pour ses transports de voyageurs ou de colis, une réduction sur les prix du tarif appliqué aux passagers et marchandises.

La convention est en général valable pour une durée de quinze ans. Dans certains cas, la compagnie s'engage à mettre en service, pendant cette période, un ou plusieurs paquebots neufs.

C'est, en somme, le régime du forfait. Sur ces bases ont été conclues les conventions des 30 juin et 5 novembre 1894, entre l'Etat et les Messageries maritimes, 16 juillet 1897 avec la Compagnie générale transatlantique, la Compagnie de navigation mixte et la Société générale des Transports maritimes, ainsi que la convention du 20 janvier 1903 avec la Compagnie Fraissinet, et celle du 20 mai 1889 avec la Compagnie des Chargeurs-Réunis et la Compagnie Fraissinet.

Quelles ont été les conséquences de l'application des conventions?

Les quatre plus importantes Compagnies exploitant des lignes subventionnées ont traversé une crise pénible. Toutes ont connu les suppressions de dividendes et les emprunts. Cette situation, due en partie, nous le reconnaissons, à la dépression subie dans le monde entier par l'industrie de l'armement, a cependant une autre cause. C'est le manque de souplesse du régime de la subvention forfaitaire. Cela est si vrai que la prospérité des Compagnies dont nous parlons est en raison inverse de l'importance des rapports qu'elles ont eus avec l'Etat. Les Messageries Maritimes et la Compagnie Générale Transatlantique ont dû recourir à des réductions de capital qui prouvent une situation financière difficile. D'autre part, leur flotte était âgée, en 1907, de 16 ans en moyenne par unité pour la Compagnie Générale Transatlantique, de 17 ans pour les Messageries maritimes, tandis que l'âge moyen de la flotte des Chargeurs Réunis et des Transports Maritimes était respectivement de 7 ans et de 10 ans.

Si nous relevons seulement l'âge de la flotte naviguant sur les lignes postales, les déplorables résultats produits par les conventions sont plus frappants encore :

En 1907, l'âge moyen, par unité, de la flotte postale était :

Pour la Compagnie Générale Transatlantique, 19,6.

Pour les Messageries Maritimes, 21,5.

Pour les Transports Maritimes, 15,7.

Pour les Chargeurs Réunis, il était, en 1905, à l'expiration de la convention, de 20 ans.

Des paquebots âgés de 21 ans et même de 17 ans, n'ont pour ainsi dire plus de valeur commerciale.

N'est-ce pas la condamnation même du système actuel des subventions que les lignes postales soient exploitées par des vapeurs hors d'âge, par conséquent démodés et d'un mauvais rendement? Si, pour le transport des dépêches postales et du passager de Gouvernement, un vieux vapeur qui atteint la vitesse requise, suffit, il ne suffit pas pour retenir la clientèle des voyageurs libres, c'est-à-dire de ceux qui paient vraiment. L'exploitation commerciale des lignes postales est donc négligée. On avait essayé d'y remédier dans la convention avec la Compagnie générale transatlantique. Il avait été stipulé en effet (art. 3 de la convention) :

« Si, au 1ᵉʳ juillet 1905, il est constaté, dans les conditions qui seront définies par le cahier des charges, que la vitesse réalisée en moyenne annuelle sur la ligne postale française du Havre à New-York, est inférieure de 10 p. 100 à la vitesse réalisée en moyenne annuelle sur l'une des lignes étrangères concurrentes, la compagnie sera tenue de mettre en chantier un quatrième paquebot aussi perfectionné que possible et devant entrer en service au plus tard le

1er avril 1908, sous la réserve que le port du Havre et l'une au moins de ses formes de radoub seront capables de recevoir, à cette dernière date, des navires d'une longueur d'au moins 190 mètres.

De son côté, le Gouvernement pourra exiger, pour le quatrième paquebot, toute la vitesse compatible avec les progrès réalisés dans la construction des navires ainsi qu'avec les améliorations résultant des travaux effectués dans le port du Havre ».

Cette clause a été inefficace. Nous verrons pourquoi.

Il faut donc reconnaître que les conventions dont la caractéristique est la subvention annuelle forfaitaire et fixe ont eu comme résultat de faire exploiter les lignes postales par des instruments insuffisants. A leur conclusion a succédé la construction d'une flotte qui n'a pas été remplacée avant leur expiration.

Cela était inévitable. Les conventions ne permettaient pas, en effet, l'exploitation normale d'une compagnie de navigation.

Je suppose une compagnie de navigation ayant, à sa fondation, quatre vapeurs.

Admettons que ces vapeurs soient amortissables en vingt ans, c'est-à-dire à 5 p. 100 par an (nous ne parlons pas des chaudières qui comportent un amortissement spécial). Cet amortissement de 5 p. 100 semble l'amortissement minimum que puisse adopter une compagnie prudente. Au bout de cinq ans, la compagnie aura amorti le prix d'une unité; au bout de dix ans, de deux unités; de quinze ans, de trois; de vingt ans, de quatre. Elle se trouverait, au bout de vingt ans, avoir reconstitué son capital et en état, par conséquent, de reconstituer sa flotte. Mais, comme cela a été très justement dit, une compagnie de navigation n'est pas une banque. De plus, pour donner satisfaction à sa clientèle, il lui faut avoir des unités au niveau de celles des lignes concurrentes. Aussi, au lieu de conserver ses amortissements dans sa caisse, augmentera-t-elle sa flotte, au bout de cinq ans, d'une unité, de dix ans, d'une autre unité, en sorte qu'elle aura une flotte contenant quelques unités vieillies il est vrai, mais aussi des unités neuves. Je sais bien que ceci est théorique et qu'il faut tenir compte d'une foule de facteurs nouveaux qui surgissent toujours : concurrence acharnée, unités toujours plus importantes et, partant, d'un prix plus élevé, etc., etc. Il semble cependant qu'une compagnie normalement administrée doive chercher à se rapprocher de ces données théoriques.

Est-il possible à une compagnie vivant sous le régime des conventions que nous avons examinées de suivre cette voie ? Assurément non.

Les conventions sont faites en général pour quinze ans. Elles
prévoient l'exploitation par des paquebots neufs contenant tous les
perfectionnements actuellement exécutables. Conformément à leurs
engagements, les compagnies construisent un outillage répondant
aux conditions exigées. Le matériel, convenable au début, est très
vite démodé. Normalement, en même temps qu'il est amorti, il
devrait être renouvelé. Il n'en est pas ainsi, car la compagnie ne
veut pas arriver à l'expiration de la concession avec un matériel
moderne non entièrement amorti. Ce matériel n'étant pas susceptible de fournir une exploitation commerciale rémunératrice, deviendrait en effet une lourde charge pour elle si la convention n'était
pas renouvelée. Elle cherche donc à atteindre la fin de la concession avec un matériel usé, mais amorti.

Mais, comme nous le disions plus haut, une compagnie de navigation n'est pas une banque, elle ne peut non plus conserver ses
amortissements improductifs dans ses caisses. Comme il lui est
également impossible, ce qui cependant serait normal, de les consacrer à l'amélioration de sa flotte postale, elle les consacre soit à
se constituer une flotte purement commerciale, soit à accroître la
répartition des dividendes. En toute hypothèse, si la convention qui
vient à expirer est renouvelée, il lui sera nécessaire de recourir à
l'emprunt pour reconstituer la nouvelle flotte.

Or, ne trouve pas à emprunter qui veut, ni surtout quand il le
veut. Les augmentations du capital-action qui semblent seules
compatibles avec une administration prudente, car l'industrie
maritime est particulièrement aléatoire, ne sont pas toujours possibles, soit à cause de l'état général du marché, ou du crédit de la
compagnie, soit pour des raisons tout à fait particulières, telles
que des dispositions spéciales des statuts. Il reste possible un emprunt en obligations. Si cet emprunt est important, et il l'est toujours quant il s'agit de construire des paquebots rapides de gros
tonnage, son existence crée un énorme danger pour la compagnie
qui n'a pas constitué d'importantes réserves.

Ces conséquences des conventions ne sont point hypothétiques.
Nous les voyons se réaliser aujourd'hui pour les Messageries maritimes et pour la Compagnie générale transatlantique.

Comme nous l'avons vu plus haut, les auteurs de la convention de 1897 avec cette dernière compagnie avaient essayé de remédier à un de ces inconvénients. Pour éviter d'arriver en fin de concession avec un matériel démodé, ils avaient prévu la construction successive de trois paquebots, et, dans le cas où des progrès importants, au point de vue de la vitesse, seraient réalisés par les lignes concurrentes, la construction d'un quatrième paquebot, dès le 1er juillet 1905.

Que la compagnie ait mis peu d'empressement à construire ce quatrième paquebot, cela se conçoit (la convention du 16 juillet 1897 vient à expiration le 21 juillet 1911). Il faut ajouter que l'Etat n'en a pas montré davantage à mettre à sa disposition les instruments qui étaient indispensables à la mise en service d'un vapeur de ce genre. Les lignes étrangères ont en service des paquebots de 230 mètres. C'est dire qu'avec des paquebots de 190 mètres, les seuls possibles étant données les dimensions du port du Havre, la Compagnie générale transatlantique ne peut suivre les progrès réalisés sur les lignes étrangères. Quand le progrès est aussi rapide, on ne saurait d'ailleurs espérer que cet organisme si difficile à mettre en mouvement qu'est l'Etat, puisse le suivre, même de loin.

Quoi qu'il en soit, le quatrième paquebot devait être mis en service le 1er avril 1908. L'ordre de mise en chantier vient seulement d'être donné (janvier 1909).

La convention de 1897 n'a donc pas remédié aux inconvénients signalés.

Les conventions de ce type sont donc insuffisantes. Dans deux conventions récemment entrées en vigueur, des dispositions nouvelles ont été introduites. Nous les examinerons rapidement.

1° Convention du 16 mars 1907 avec les Chargeurs réunis.

La subvention fixe subsiste. Mais elle est combinée avec l'allocation de la prime à la navigation ou de la compensation d'armement. Jusqu'ici, la subvention et les primes s'excluaient. Il est incontestable qu'en combinant les deux systèmes, la prime annuelle touchée par le vapeur décroissant avec l'âge du vapeur, la compagnie sera encouragée à n'exploiter qu'avec des bâtiments modernes. On peut ainsi espérer ne point revoir le temps où cette compagnie (en 1905), très sagement d'ailleurs, ne mettait en ligne sur la côte d'Afrique, que des vapeurs âgés respectivement, l'un de 17 ans, les deux autres de 22 ans. Les inconvénients de la subven-

tion fixe n'en subsisteraient pas moins si la dernière loi qui fixe le
régime de notre marine marchande et qui n'est valable que pour
12 ans, c'est-à-dire de 1906 à 1918, n'était pas renouvelée à son
expiration. Et l'intérêt de la compagnie serait encore de se servir,
jusqu'à l'extrême vieillesse, des navires construits à l'occasion du
renouvellement de la convention. On répond que la convention
peut être renouvelée plusieurs années avant l'expiration de la concession, de façon à permettre à la compagnie de rajeunir son matériel. C'est possible, mais l'expérience prouve que le contraire a
généralement lieu. La concession arrive à expiration, elle n'est pas
renouvelée, et un traité est passé entre la Compagnie et l'Etat pour
l'exploitation provisoire de la ligne dans les conditions anciennes,
c'est-à-dire avec un matériel de plus en plus démodé [1].

2° Convention du 26 juin 1907 avec les Messageries Maritimes.

Cette convention ne concerne que la ligne de l'Amérique du Sud.
Par le traité du 5 novembre 1894, la Compagnie des Messageries
Maritimes s'engageait à desservir cette ligne, sans subvention, jusqu'en 1903. Les paquebots en service touchaient la prime à la
navigation, conformément à la loi du 30 janvier 1894. En 1903,
les navires âgés de plus de douze ans ne devant plus toucher la
prime à la navigation (loi du 7 avril 1902), la compagnie fit savoir
qu'elle interromprait le service si l'Etat ne lui venait en aide.
C'était cependant la ligne desservie par les cinq unités les plus
modernes de sa flotte. (*Le Chili,* la plus âgée de ces unités, avait

---

[1] A la date où la convention pour le service de la Côte Occidentale d'Afrique est
entrée en vigueur, la convention précédente (20 mai 1889) (Chargeurs Réunis et Compagnie Fraissinet) était arrivée à expiration depuis 3 ans (1er juillet 1904). La convention déterminant les conditions d'exploitation par la Compagnie Générale Transatlantique du service entre la France, les Antilles et l'Amérique centrale venait à expiration le 21 juillet 1901. Le gouvernement, autorisé par une loi du 1er juillet 1901, passa
une convention avec l'ancien adjudicataire pour le maintien des services jusqu'au
31 décembre 1903. Depuis cette date, l'exploitation continue conformément à cette
convention, renouvelée, d'année en année, par tacite reconduction. Un projet de loi
concernant l'exploitation de ces lignes a été déposé, le 10 juillet 1907, par le gouvernement. A l'heure actuelle, c'est-à-dire depuis près de deux ans, ce projet, non seulement n'a pas été discuté par le Parlement, mais n'a été rapporté que le 2 avril 1909.
Les services postaux entre l'Algérie et la France faisaient l'objet de la convention du
16 décembre 1896 (loi du 11 janvier 1898). Cette convention expirait le 12 mars 1909.
Une convention du 24 décembre 1908, approuvée en février 1909, a prolongé l'application de la convention précédente jusqu'en mars 1911. Toutes les compagnies
subissent donc les graves inconvénients de ces régimes provisoires qui prohibent
toute organisation rationnelle. Ces retards s'expliquent d'ailleurs en partie par la
complexité sans cesse croissante du travail que s'impose le Parlement.

été mis en service en 1895). Seulement, la prime par tonneau de jauge brute et par 1.000 milles parcourus décroissait rapidement en raison de l'âge des vapeurs; en même temps le prix du charbon augmentait et l'exploitation devenait de moins en moins rémunératrice.

Après de longs pourparlers, pendant lesquels la compagnie continuait à desservir provisoirement la ligne, une convention fut signée le 26 juin 1907.

L'Etat accorde une subvention annuelle de 1.550.000 francs. De ce chiffre, sont déduites les sommes touchées par la compagnie au titre des primes à la navigation ou de la compensation d'armement. Comme les vapeurs en service sur cette ligne ne doivent plus toucher qu'une prime minime, la convention permettra à la compagnie de laisser en service ces unités vieillies, et cela jusqu'en 1912. Cette convention n'est, en effet, que provisoire; elle arrive à échéance en même temps que tous les services postaux dont la compagnie est concessionnaire.

Elle contient en outre une innovation très importante, « en vertu » de laquelle l'Etat pourrait être appelé à entrer en participation » dans les bénéfices de la compagnie le jour où ces bénéfices per- » mettraient la distribution d'un dividende supérieur à 5 p. 100. » C'est là une disposition nouvelle qui prête à une double déduc- » tion : d'une part, l'Etat, en consentant à soutenir la ligne du » Brésil et de la Plata, entend ne devoir le faire que tout autant » que les résultats généraux de l'entreprise rendent son interven- » tion nécessaire. A défaut, il veut pouvoir exercer des reprises en » se réservant une participation aux bénéfices. En second lieu, on » peut voir dans cette disposition l'indice de la tendance de l'Etat » à chercher une association d'intérêts plus étroite avec les entre- » prises concessionnaires.

» Cet ordre d'idées, une fois le principe admis, pourrait devenir » le point de départ des négociations futures » (Rapport du Conseil d'administration des Messageries maritimes à l'assemblée générale des actionnaires du 25 mai 1908, pages 16 et 17).

Serait-ce là la panacée rêvée qui assurera les services maritimes dans les meilleures conditions, au point de vue de l'intérêt de l'Etat et de l'intérêt des compagnies ?

On pourrait le croire, car l'Etat et la Compagnie des Messageries maritimes semblent s'engager davantage dans cette voie. La con-

vention du 17 octobre 1908 concernant l'ensemble des services
postaux dont la compagnie est concessionnaire, et soumise actuellement à l'approbation du Parlement, rend plus étroite encore
« l'association d'intérêts avec l'entreprise concessionnaire ».

Nous n'exposerons pas ici en détail le système « ingénieux et
compliqué » (c'est là son moindre défaut) élaboré par le Gouvernement et adopté dans ses grandes lignes par la commission du
budget. Il suffira de dire que l'aide apportée par l'Etat à la compagnie, aide moyennant laquelle cette dernière assurera les services postaux, est de deux sortes :

1° Subvention minima de 15 millions, pouvant être portée à
17.500.000 francs.

2° Garantie d'intérêt pour un emprunt de 40 millions. Ce chiffre
de 40 millions sera accru du montant des emprunts effectués en
vue des constructions nouvelles, emprunts qui devront être autorisés par la loi annuelle des finances.

Le crédit de la Compagnie étant assez faible, il n'est pas certain
qu'elle aurait trouvé prêteur, même à des conditions onéreuses. La
garantie de l'Etat lui permettra d'emprunter à 3 ou à 3 1/2 p. 100.

L'Etat, prêtant son crédit à la Compagnie, court le risque d'être
obligé à des avances. En revanche, il peut être appelé à participer
aux bénéfices.

Le rachat de la flotte postale par l'Etat est prévu. Il pourra être
effectué si le montant des avances dépasse trois fois le montant de
l'annuité des obligations garanties. En toute autre hypothèse, et à
moins de convention contraire, à l'expiration de la concession,
l'Etat doit avoir la libre disposition des éléments d'actif de ce que
la convention appelle le « Domaine contractuel », à charge pour
lui d'assurer le service des obligations non encore amorties.

Ces éléments d'actif comprendront :

1° La flotte actuellement affectée aux services postaux. Malgré
l'esprit de conservation qui préside à la gestion des services sous la
surveillance de l'Etat, est-il permis d'espérer qu'aucun élément de
cette flotte, sauf peut-être les vapeurs des types *Louqsor*, ne sera plus
en service à l'expiration de la concession, c'est-à-dire dans 25 ans ?

2° La flotte construite au moyen de l'émission des obligations.
Cette flotte qui, je pense, ne sera construite que progressivement,
devrait avoir encore quelques unités jeunes, si le Parlement chargé
de la tutelle a le courage de laisser la Compagnie procéder à de

nouveaux emprunts. Nous examinerons plus loin dans quelles
conditions cet entretien de la flotte aura lieu.

3° Le fonds de roulement, les immeubles des agences et les
ateliers de La Ciotat. Les ateliers de La Ciotat suivent la flotte
contractuelle. L'Etat seul en effet est capable d'entretenir une
entreprise de ce genre. Il est de plus très probable que, dans
25 ans, les paquebots qui feront le service de l'Amérique du Sud
et de l'Extrême-Orient auront dépassé les dimensions actuelles,
et que les chantiers de La Ciotat seront inutilisables, à moins
d'une transformation complète et très onéreuse.

Quelles seront les conséquences de la convention?

La conséquence immédiate, celle sur laquelle ministres et rapporteurs insistent, c'est la réduction de la subvention de 16 à 15 millions. On ne voit cependant pas pourquoi la subvention de 16 millions reconnue par tous insuffisante avant la signature de la
convention, devient trop élevée après cette signature. Le fait
d'avoir l'Etat comme associé, rendra-t-il l'exploitation plus économique? C'est peu probable.

Il est à peu près certain que la subvention devra être élevée à
son maximum, soit 17.500.000 francs. Cette variabilité de la
subvention est une des seules dispositions de la convention que
nous approuvions. Mais, au lieu de varier avec les bénéfices nets,
ce qui exige une ingérence toujours dangereuse de l'Etat dans les
affaires de la compagnie, et ce qui peut ralentir les efforts de la
compagnie pour comprimer les dépenses, nous préférerions qu'on
la fît varier avec le prix du charbon.

Malgré que ministres et rapporteurs soient d'accord pour proclamer que l'Etat ne « participera en rien à la gestion de la compagnie », nous n'osons le croire. Dès le premier abord, nous constate-
tons que son intervention sera continuelle dans la gestion financière de la compagnie.

Ayant à partager les bénéfices, il fixe à l'avance comment seront
comptés ces bénéfices. Point d'amortissements autres que ceux
résultant de l'extinction de l'emprunt émis (sauf pour les chaudières). Un prélèvement pour assurance de la flotte est prévu,
mais son maximum est fixé à l'avance et il ne pourra être proportionné au montant des pertes effectuées.

La garantie d'intérêt viendra-t-elle à jouer? C'est impossible à
prévoir. Si elle vient à jouer, il est probable que ce sera sans

interruption. Les compagnies de chemins de fer avaient un avenir assez lointain devant elles pour s'efforcer de remonter la pente et de recouvrer la libre disposition de leurs bénéfices. Dans l'espèce qui nous occupe, au contraire, l'avenir est court, et l'intérêt que peut avoir la compagnie à rendre libres ses bénéfices est minime, car le chiffre de ces bénéfices a été parcimonieusement limité par la convention.

Si la garantie d'intérêt fonctionne, on sera conduit au rachat. Le rachat, c'est l'Etat exploitant ou faisant exploiter un service commercial. Il est inutile d'insister sur ce qui en résultera, les postes, télégraphes et téléphones, les allumettes, nous renseignent assez.

Supposons que la Compagnie n'ait pas recours à la garantie d'intérêt. Elle construira quelques unités neuves. Pourra-t-elle procéder au rajeunissement continu et rationnel de la flotte? C'est douteux. Chaque emprunt à effectuer dans ce but devra être approuvé par le Parlement. Or, celui-ci se débat au milieu des difficultés financières. Au fur et à mesure qu'approchera l'expiration de la concession, c'est-à-dire la perspective de la prise en charge des annuités de l'emprunt par l'Etat, le Parlement hésitera davantage à accroître le montant de ces annuités. D'autant que l'obligation de construire la flotte nouvelle en majeure partie à La Ciotat n'assure peut-être pas le prix de revient le plus favorable aux constructions neuves [1].

Parlerons-nous des difficultés de gestion et de comptabilité?

Le domaine privé et le domaine contractuel sur certaines lignes se trouveront en concurrence. Le fret cher, le fret payant sera-t-il réservé à la flotte privée? Car il ne faut point croire que toute

---

[1] Cela est d'autant plus probable que la charge des chantiers sera plus lourde encore dans l'avenir qu'elle ne l'est actuellement. Des dispositions introduites dans le nouveau cahier des charges, il résulte que « la Compagnie s'engage à verser à la Caisse » nationale des retraites pour la vieillesse...., au nom de chaque ouvrier ayant fait au » moins 30 journées de travail au cours du semestre...., une somme calculée au pro- » rata du nombre des journées, sur la base de 0 fr. 35 par journée de travail au chan- » tier ou à l'atelier, quelle qu'en soit la durée, sans exercer de ce chef aucune retenue » sur ses salaires ». — Comme la Compagnie est obligée d'autre part de faire effectuer dans ces chantiers les grosses réparations de la flotte contractuelle, et une proportion importante de constructions neuves, les chantiers de La Ciotat continueront d'occuper un nombre considérable d'ouvriers. Ces charges nouvelles, bien qu'elles aient été acceptées « de bonne grâce » par la Compagnie, n'en pèseront pas moins lourdement sur les frais généraux. — Est-il bien à propos, au moment où une loi générale sur les retraites est en préparation, d'introduire de semblables dispositions dans une convention relative aux services postaux?

marchandise soit bonne à transporter. De ce fait qu'un vapeur est plein, il ne réalise pas nécessairement la recette maxima. L'habileté, dans l'industrie maritime, ne consiste pas à remplir un vapeur. C'est souvent facile. Elle consiste à le remplir d'une façon avantageuse. C'est ce qu'il est déjà difficile de faire quand un seul agent est chargé de remplir le bateau. Cela exige infiniment de tact et de sens commercial. C'est plus difficile encore quand plusieurs agents sont chargés de récolter le fret, chacun d'eux ayant intérêt, quand ils ont un pour cent sur le fret, à accroître sa part propre, sans tenir compte de l'intérêt général de la compagnie [1]. De même que l'intérêt particulier de chaque agent n'est pas toujours conforme à l'intérêt général de la compagnie, de même l'intérêt particulier de chaque domaine ne pourra-t-il pas être en conflit avec l'intérêt général de l'affaire scindée artificiellement en deux parties?

Des difficultés ne surgiront-elles pas encore à propos de l'évaluation des réparations effectuées par les ateliers de La Ciotat pour le compte du domaine privé? Un des avantages les plus sérieux que retire la compagnie (domaine privé) de la convention actuelle, est de se voir débarrassée de ces ateliers. On peut compter qu'elle fera tous ses efforts pour ne pas réassumer cette charge. Ou bien le contrôle de l'Etat sera purement nominal, ou bien des discussions s'engageront sur ces points. De là à une intervention dans la gestion de la compagnie, il n'y a qu'un pas.

Ce mécanisme « ingénieux et compliqué » assurera-t-il au moins un service convenable sur les lignes postales? C'est douteux.

Et d'abord, l'Etat associé, s'il veut faciliter la tâche et rendre productive l'association, ne pourra se montrer exigeant pour l'exécution du cahier des charges. Appliquera-t-il des amendes pour inexécution dudit cahier? Il en paiera une partie, soit immédiatement par la diminution des bénéfices partagés, ou par le jeu de la garantie d'intérêt, soit plus tard, puisque la participation du domaine privé aux pertes du domaine contractuel, au moment du rachat, est limitée (art. 16 de la convention).

[1] « Prenez un agent à l'extrémité d'un parcours dans une direction quelconque, agent dont le tiers des émoluments dépend désormais des recettes qu'il fera. Il aura tendance à charger nos bateaux avec n'importe quelle marchandise, avec n'importe quel fret, à ne plus laisser d'espace disponible pour ceux de ses collègues qui sont sur le parcours de la ligne. Il peut se trouver que parfois cela soit contraire aux intérêts de la compagnie ». (Discours de M. André Lebon, à l'assemblée générale des actionnaires de la Compagnie des Messageries maritimes du 29 mai 1903).

Il faudrait vraiment que le personnel financier ou technique de
la Compagnie fût composé d'hommes exceptionnels pour que, sans
crainte de perte réelle (car actuellement, le capital-actions des
Messageries Maritimes a bien peu de valeur), sans espoir de gain
considérable, ils se dévouent à une affaire qui, pour être bonne,
exigerait des efforts stimulés par un intérêt puissant. Une affaire
commerciale exige, pour réussir, des gens qui risquent leur argent
et qui ne marchandent pas leur peine. Mais on n'obtient cet état
d'esprit qu'en ne lésinant pas sur la rémunération espérée. A ce
prix seulement, on peut s'assurer le concours d'hommes capables
et énergiques. A prix réduit, on recrute des fonctionnaires qui
fournissent un honnête travail, et encore (voir les Postes et Télégraphes). C'est la caractéristique de toutes les affaires où l'influence
de l'Etat est prépondérante. Il faut ajouter que dans ces affaires,
l'employé, comme l'officier, a en quelque sorte, la propriété de
son poste. Il ne peut être remercié que s'il y a faute lourde, c'est-
à-dire s'il vole ou commet un faux. Mais le fait d'être incapable ou
de l'être devenu ne suffit pas.

Une affaire commerciale menée dans cet esprit, et c'est l'esprit
qui règne dans toutes les administrations de l'Etat où la fonction
semble faite pour le fonctionnaire, et non le fonctionnaire pour la
fonction, est vouée à une ruine certaine. L'Etat a le monopole des
postes, celui des téléphones, celui des allumettes, etc. Le client
mal servi proteste (et encore, de plus en plus, le Français, vis-à-
vis de l'Etat, naît résigné à l'avance), mais ne peut aller ailleurs.
Le commerçant ou le passager mécontent proteste à peine, et va
ailleurs. Il ne s'occupe point de savoir pourquoi le service est mal
fait. Le commerçant a une clientèle à servir, le passager tient à
son confort. Ils s'adressent à qui leur donne satisfaction.

Si la convention conclue et soumise à la ratification des Chambres, a pour résultat « d'étatiser » encore l'administration des
Messageries Maritimes, la connaissance que nous avons du travail
produit par les usines et le personnel de l'Etat, ne nous permet-
elle pas d'affirmer à l'avance que cette convention est mauvaise?

En résumé, décharger les finances publiques dans le présent
immédiat, leur faire supporter dans l'avenir une charge impossible
à calculer et à prévoir, telle est, à notre avis, la caractéristique de
la convention nouvelle. C'est un expédient dont un pays à finances
saines et à politique prévoyante devrait s'abstenir.

Que faut-il faire?

Nous trouverons la réponse à cette question dans l'exposé des motifs du projet de loi. Le Gouvernement reconnaît, en effet, que la situation actuelle est due aux causes suivantes :

1° Hausse du prix du charbon ;

2° Charges imposées à l'armement français et pénurie de fret aggravée par une âpre concurrence ;

3° Charges spéciales imposées en échange de la subvention.

Nous ajouterons :

4° Impossibilité pour une compagnie de pratiquer d'une façon normale l'amortissement et le renouvellement de la flotte subventionnée.

1° Hausse du prix du charbon. — Si, pour éviter l'ingérence de l'Etat dans les affaires de la compagnie et pour ne pas affaiblir l'esprit d'initiative du personnel, nous ne sommes pas d'avis de faire varier la subvention avec les bénéfices nets annuels, bénéfices dont l'évaluation est toujours un peu arbitraire et délicate, nous ne voyons pas pourquoi le chiffre de la subvention ne varierait pas avec le prix moyen du charbon employé pendant l'année précédente ou pendant l'antépénultienne année. Ce serait proportionner, dans une certaine mesure, le montant de la subvention au chiffre des dépenses réelles effectuées par la compagnie [1]. On pourrait, au besoin, prendre comme base les marchés de charbon passés par l'Etat pour la marine de guerre.

2° Charges imposées à l'armement français et pénurie de fret. — Les charges spéciales à l'armement français consistent en droits de péage, droits de quai très élevés (que ne paient pas toujours les compagnies étrangères qui prennent des passagers dans nos ports), taxes de pilotage, etc. Elles résultent aussi de la législation sur l'inscription maritime.

L'élévation des droits de quai est due en grande partie à ce que les grands ports servent en France à entretenir les petits. Dans les

---

[1] Les rapports du Conseil d'administration des Messageries Maritimes de 1900, 1901, 1902, etc., signalent l'importance de la question du prix du charbon : « Nous n'avons pas à rappeler que l'élévation du prix de revient du combustible exerce une influence particulièrement lourde sur les entreprises qui, comme la vôtre, ont la charge de services publics pour lesquels s'imposent des conditions de vitesse comportant l'emploi de bâtiments pourvus de machines de grande puissance qui consomment beaucoup de charbon » (Rapport de 1901, p. 19).

grands ports est effectuée la récolte qui retombe en manne sur les petits [1].

Le système de la « médiocrité pour tous » est' mis en pratique. Comment s'étonner alors que les vapeurs importants paient très cher dans des ports insuffisants ? Le remède sur ce point serait de changer de méthode. Est-il permis d'espérer que cette méthode ne tient pas au fond même de nos institutions ?

Il faut ajouter, et le Gouvernement lui-même le reconnaît, que les charges imposées par l'inscription maritime, « sont plus lourdes en France que la plupart des charges similaires imposées aux armateurs étrangers » (Exposé des motifs du projet de loi portant approbation de la convention passée entre l'Etat et la Compagnie des Messageries Maritimes, p. 3). Le régime de l'inscription maritime est suranné et sa suppression s'impose.

La nouvelle législation sur la sécurité de la navigation maritime et la réglementation du travail à bord des navires de commerce vient encore aggraver les charges générales pesant sur l'armement français (loi du 17 avril 1907).

Quant à la pénurie du fret, si, pour des raisons d'intérêt général, l'Etat veut maintenir des lignes qui ne sont pas rémunératrices par elles-mêmes, le seul remède consiste à payer une subvention suffisante.

3° *Charges spéciales imposées en échange de la subvention.* — Donner et retenir ne vaut, disait-on en droit. Ceci ne s'applique pas à l'Etat français. Il donne beaucoup, semble-t-il au contribuable qui paie. Mais il retient considérablement, assurent certains parmi ceux à qui il donne. Il retient 30 p. 100 sur le prix de passage des fonctionnaires auxquels il exige que des places soient réservées. Il retient 30 p. 100 sur le fret fourni aux compagnies [2].

---

[1] Il suffit, pour s'en convaincre, de jeter un coup d'œil sur les très intéressants tableaux du livre de M. J. Charles-Roux. Ils donnent avec précision le produit des droits perçus dans les divers ports, ainsi que les sommes qui y ont été dépensées (J. Charles-Roux, *Notre marine marchande*, p. 206 et 207).

[2] L'exemple le plus typique de cette générosité qui se repent nous est fourni par la loi du 30 janvier 1893. Le législateur accorde des primes à la construction, à la navigation, primes calculées avec soin pour permettre à notre industrie et à notre commerce de lutter contre la concurrence étrangère. Sur ces primes, il retient 4 p. 100. La somme ainsi retenue doit être distribuée en secours aux marins français victimes de naufrages et autres accidents, ou à leurs familles, ou en subventions pour la création et l'entretien d'hôtels de marins dans les ports (art. 12). La loi du 7 avril 1902 porte la retenue à 5 p. 100 avec une destination analogue (art. 1 et art. 21). Par un

Le projet de loi nouveau, s'il admet quelque allègement aux charges postales (heures de départ et d'arrivée dans les ports), n'apporte aucun allègement à celles imposées pour le transport des passagers et des marchandises de l'Etat. Bien plus, on ajoute à l'article 31 du cahier des charges les dispositions suivantes :

« La compagnie s'engage, au cas où il serait mis fin aux accords » spéciaux concernant les transports militaires à la charge des » départements de la marine et des colonies, à consentir pour ces » transports une réduction complémentaire égale à 10 p. 100 des » prix de passage du tarif général : cette réduction complémen- » taire portera donc à 40 p. 100 pour les trois premières classes et » à 60 p. 100 pour la quatrième, le rabais consenti (ce rabais » s'appliquant, ainsi que les réductions générales de 30 p. 100 et » de 50 p. 100, aux prix pleins, déduction faite de la partie affé- » rente à la nourriture et à la taxe de transit du canal de Suez). » Ces réductions seront applicables aux navires spéciaux de la » ligne d'Australie comme aux paquebots poste proprement dits. » Si des passagers bénéficiant des dispositions de l'article 31, » complété comme il est dit ci-dessus, devaient effectuer une » traversée sur le parcours des lignes contractuelles par des navires » autres que des paquebots, les prix ne pourraient être supérieurs » à ceux qui seraient exigibles si le transport avait lieu par pa- » quebot.

» Les stipulations du présent cahier des charges ne confèrent » aucun monopole au concessionnaire pour les transports de maté- » riel de l'Etat ou des colonies.

» Toutefois, au cas où il serait mis fin aux accords spéciaux » visés ci-dessus, et en compensation des réductions spéciales » consenties par la compagnie, *l'Etat garantirait au concession-* » *naire le transport des neuf dixièmes des passagers voyageant* » *sur réquisition à destination ou en provenance des ports des-* » *servis par les lignes contractuelles* sous les réserves ci-après [1].

. . . .

retour au bon sens, dans la loi du 19 avril 1906, ces retenues incompréhensibles sont supprimées.

[1] Nous croyons devoir signaler que c'est ici une des dispositions les plus dange- reuses du projet au point de vue général. On sait que la Compagnie des Messageries Maritimes a conclu avec certaines compagnies de navigation autrefois concurrentes des accords par lesquels est effectué le partage amiable des passagers et du fret (même en ce qui concerne les transports de troupe). Si les accords spéciaux entre l'Etat et

Pourquoi ne pas supprimer purement et simplement ces dispositions? Si la subvention est trop élevée, qu'on la réduise franchement. Mais à quoi bon charger le budget des postes d'une subvention élevée pour alléger les frais de transport payés par le budget
de la guerre, de la marine ou des colonies? C'est un jeu d'écritures
qui permet d'enfler en apparence les charges que l'Etat s'impose.
A quoi bon? La sincérité et la clarté sont indispensables en matière
financière. Il s'agit ici de conventions postales, et non point de
conventions de transports de troupes ou de marchandises. Les
conventions de transports de troupes ou de marchandises et même
de fonctionnaires devraient donner lieu à des accords particuliers.
Le parlement anglais, quand il a accordé une subvention élevée
à la Compagnie Cunard, n'a point essayé de reprendre d'une main
ce qu'il accordait de l'autre. Bien au contraire, les clauses par lesquelles l'Etat se réserve la possibilité d'affréter dans certains cas
les vapeurs de la compagnie concèdent à cette compagnie des avantages importants. C'est la juste compensation d'un trouble possible
apporté par l'affrétement à l'exploitation normale. Aussi bien les
transports des passagers de l'Etat ont-ils fait disparaître des paquebots français qui effectuent ces transports une partie importante de
la clientèle payante. Celle-ci répugne à voyager côte à côte avec
des clients à prix réduit qui jouissent de la même nourriture et du
même confort, « et se comportent parfois à bord en petits potentats.
L'abus des réquisitions et des billets de faveur pèse certainement
lourdement sur la Compagnie française » (Extrait des registres des
délibérations de la chambre de commerce de Lyon).

4° *Impossibilité de pratiquer des amortissements normaux et
de renouveler la flotte.* — Comme j'espère l'avoir montré plus
haut, la durée relativement assez courte des contrats postaux ne
permet pas aux compagnies de navigation de consacrer les capitaux provenant des amortissements au renouvellement continu de
la flotte postale. Elles risqueraient d'arriver à l'expiration de la
convention avec une flotte encore jeune et cependant difficilement
utilisable pour un service purement commercial. Il leur faudrait

ces compagnies concernant les transports militaires, tombent, la compagnie conquiert
en fait le monopole des dits transports. Il est naturel que l'Etat réserve cette source
de bénéfices à son associé. Mais il est naturel aussi que les compagnies intéressées
s'inquiètent du trouble que peut amener dans le marché des transports une semblable
disposition.

donc renouveler le contrat et accepter par conséquent des clauses très onéreuses.

Il n'est cependant pas admissible que la durée de la concession soit considérablement étendue. Quand il s'agit d'une industrie où les changements et les progrès sont très variables, s'engager pour un temps très long, serait aussi imprudent de la part de la compagnie que de la part de l'Etat. Aussi bien l'inconvénient que nous voulons éviter se représenterait-il quelques années avant l'expiration de la concession.

Ce qui est nécessaire, c'est que la compagnie ait toujours devant elle un temps suffisant pour amortir sa flotte en presque totalité. Ne pourrait-on adopter le principe suivant :

La convention serait faite pour une durée de 15 ans. Dès sa mise en vigueur, elle serait prolongée, chaque année, d'un an, par tacite reconduction, sauf notification contraire, avant la fin de chaque année, par l'une des deux parties contractantes. Dans ce dernier cas, la convention arriverait à son terme à la fin de la quinzième année qui suivrait la notification. Aussi longtemps que la dénonciation du contrat n'aurait pas lieu, c'est-à-dire aussi longtemps que le contrat signé assurerait un service satisfaisant pour les deux parties, la compagnie concessionnaire aurait ainsi devant elle le temps suffisant pour amortir, au moins en grande partie, ses constructions neuves. C'est dire que ces constructions seraient possibles. La flotte postale pourrait être renouvelée d'une façon normale et maintenue par conséquent au courant des progrès effectués par les flottes concurrentes.

Dans une convention du 26 octobre 1908 relative au service des Antilles, convention soumise actuellement à l'approbation du Parlement, l'Etat stipule que, « pendant les dix premières années de la concession, l'âge moyen des navires affectés au service ne devra pas dépasser 15 ans »[1]. En adoptant la prolongation anticipée de la convention par tacite reconduction, telle que nous la prévoyons plus haut, cet âge moyen de là flotte postale pourrait être abaissé et imposé aussi longtemps que la convention n'aurait pas été dénoncée.

En admettant que l'Etat pût mettre à la disposition des compagnies des instruments suffisants (ports, cales sèches, etc.), des

---

[1] Rapport Noulens, p. 30.

stipulations analogues à celles qui avaient été insérées dans la convention du 16 juillet 1896 avec la Compagnie générale transatlantique, donneraient la certitude que les lignes postales seraient convenablement desservies, tant au point de vue de la vitesse que du confort.

Des causes de déchéance devraient être prévues.

Aussi bien, une dénonciation faite à propos pourrait-elle pres-, que toujours amener la Compagnie concessionnaire à accepter des modifications équitables à la convention.

En résumé, nous croyons qu'une convention faite sur les bases suivantes répondrait aux besoins actuels.

1° *Subvention variant avec le prix moyen du charbon,* en prenant pour base de cette moyenne le prix payé par l'Etat, pendant l'antépénultième année, pour l'alimentation de sa flotte de guerre [1].

2° *Grande latitude laissée à la compagnie au point de vue commercial.* Les horaires ne seraient obligatoires que pour les ports extrêmes d'arrivée et de départ. *L'Etat paierait pour ses passagers les Prix des tarifs,* ces prix pouvant, bien entendu, être fixés à l'avance, et un certain nombre de places réservées aux passagers de l'Etat, jusqu'à dix jours avant le départ fixé.

Les transports de marchandises feraient l'objet de conventions spéciales.

3° *Convention prolongée chaque année, par tacite reconduction, et portant obligation de renouveler la flotte et d'éliminer les unitée vieillies.* Ce rajeunissement, ou plutôt cet entretien de la flotte, qui, seul, à notre sens, permet une bonne exploitation, devrait être prévu et rendu obligatoire par la convention même de concession, dans l'hypothèse, bien entendu, où la dénonciation du contrat n'aurait pas été faite.

Nous serions étonné si cette solution, toute préoccupation politique mise à part, n'avait pas au fond les préférences de l'honorable rapporteur de la commission du budget. Ne dit-il pas dans son rapport, à propos de l'insuffisance des subventions : « Nous préfé-

---

[1] En principe, nous ne verrions pas d'inconvénient à ce que la subvention fût combinée avec la prime à la navigation, ou la compensation d'armement. Mais, en fait, la loi qui prévoit ces primes et ces compensations n'étant faite que pour une durée très limitée, je crois qu'une combinaison de ce genre ne favoriserait pas suffisamment le renouvellement continu de la flotte.

rerions infiniment le système adopté par plusieurs Etats étrangers qui allouent à leurs compagnies postales une subvention déterminée, sur laquelle il n'est fait aucune reprise sous aucune forme, et qui leur remboursent, en outre, intégralement le montant de la taxe de transit payée pour le passage des navires à travers le canal de Suez. Ces mêmes Etats payent aussi au tarif officiel les frais de voyages de leurs agents. C'est une méthode meilleure, plus claire, et qui évite certainement de nombreux abus » (p. 21 du rapport).

Et plus loin, au sujet de la subvention revisable : « On conçoit assez bien le régime d'une subvention revisable d'après certains facteurs déterminés : prix du charbon, dépenses d'exploitation, bénéfices réalisés, etc., mais la difficulté immédiate était la même que dans le cas précédent, puisque la première évaluation du chiffre du début devant être nécessairement supérieure au montant de la subvention actuelle, il y avait accroissement de dépenses, ce que M. le Ministre des finances se refusait à accepter » (p. 23).

Si l'on ajoute la prolongation par tacite reconduction de la convention conclue, avec obligation, dans ce cas, de renouveler progressivement la flotte, c'est là toute notre méthode. Elle a le mérite d'être claire et facile à appliquer.

Mais pour l'adopter, il faudrait envisager la situation actuelle en face et ne pas lésiner sur les sacrifices indispensables. On préfère décharger en apparence le présent et se lancer dans une aventure à la fois financière et sociale.

L'avenir dira si la solution la plus franche, mais qui apparaissait au Ministre des finances comme trop onéreuse, n'était pas en réalité la plus économique au point de vue budgétaire et la moins dangereuse au point de vue social.

André Join-Lambert.

LES ASSOCIATIONS POUR LA DÉFENSE DES INTÉRÊTS PATRONAUX

EN ALLEMAGNE [1]

Il existe en Allemagne, comme dans les autres pays, nombre d'associations industrielles. Les unes ont exclusivement pour but la défense des intérêts professionnels, les autres s'occupent des intérêts des patrons dans leurs rapports avec les ouvriers. Ce sont ces dernières qui nous intéressent ici. Ou bien, elles comprennent des fabricants d'industries diverses, ou bien, elles ne groupent que les fabricants de la même branche.

Parmi les associations de patrons renfermant des représentants de diverses industries, il faut mentionner la *Fédération des patrons de Hambourg*. C'est dans cette ville qu'on rencontre les traces les plus anciennes de ce genre d'association : dès 1840-1850; on voit les patrons hambourgeois de diverses industries s'unir pour résister à la grève. Toutefois, la première association régulièrement constituée pour la défense des intérêts patronaux ne date que de 1887 ; c'est la Fédération de l'industrie du fer de Hambourg, d'où sortit plus tard la Fédération des patrons de Hambourg, devenue célèbre depuis la grande grève des ouvriers du port. Elle fut créée dans le but de résister aux prétentions des ouvriers. Cependant, elle renferme aussi des patrons animés de sentiments particulièrement bienveillants à l'égard des ouvriers et partisans de réformes sociales ; ces derniers se recrutent surtout parmi les grands industriels et les autres, parmi les petits patrons. La Fédération se donna comme objet « d'assurer des relations pacifiques entre les patrons et les ouvriers, tout en tenant compte des réclamations justifiées, d'écarter les autres et de se défendre contre les attaques illégales des ouvriers et de leurs syndicats ». Cette association réussit à sup-

---

[1] La matière de ces pages est extraite d'une volumineuse enquête privée sur les associations professionnelles, actuellement en cours de publication et à laquelle nous avons collaboré pour la partie qui sera consacrée aux syndicats ouvriers belges : *Die Berufsvereine* par M. Kulemann, juge à Brême. La première édition de cet ouvrage, qui embrasse les associations professionnelles de tous les pays, a paru en 1901 ; les trois volumes parus, de la nouvelle édition, sont exclusivement consacrés à l'Allemagne. (Chez Fischer à Iéna.)

primer les chômages du 1er mai et créa un fonds de garantie destiné à soutenir les patrons en cas de grève. Elle considère le placement des ouvriers comme une attribution patronale et prétend l'organiser elle-même ; elle se plaint de l'exagération de la législation sociale et se montre hostile à l'institution de l'arbitrage obligatoire ; touchant les syndicats ouvriers, elle estime que l'exemple de l'Angleterre démontre qu'ils conduisent à une diminution de la productivité de l'ouvrier et à un affaiblissement de la capacité de concurrence. Cependant, au fur et à mesure que les syndicats ouvriers perdent leur caractère politique, on constate que des rapports se créent de plus en plus entre eux et les patrons, et que les ententes collectives entre associations tendent à se substituer aux relations personnelles entre patrons et ouvriers.

Le rôle des sociétés composées exclusivement d'industriels de la même profession est plus considérable. Signalons, parmi les plus importantes : l'Union des imprimeurs (*Buchdruckerverein*), la Fédération des patrons imprimeurs (*Arbeitgeberverband für das Buchdruckergewerbe*), la Fédération générale des métallurgistes (*Gesamtverband deutscher Metallindustriellen*), l'Union des chaudronneries allemandes (*Verein des Kupferschmiedereien*), la Fédération de l'industrie textile et celle des mines.

La plus ancienne est l'*Union des imprimeurs;* elle est remarquable aussi par l'organisation des rapports entre elle et les ouvriers. Comme but, elle se propose l'amélioration de la condition matérielle et intellectuelle des imprimeurs (patrons et ouvriers), la réglementation des relations commerciales avec les métiers connexes et le public et surtout celle des rapports entre patrons et ouvriers, notamment par l'organisation de l'arbitrage, l'uniformisation des tarifs et des règlements d'atelier, le progrès de l'apprentissage et de l'instruction professionnelle, enfin le développement des institutions d'assistance mutuelle. D'abord, beaucoup de patrons refusèrent leur affiliation et l'on ne put constituer que deux groupes régionaux. Mais, en 1872, après une campagne menée par les ouvriers en faveur d'une hausse de salaire, les patrons se rallièrent en grand nombre à l'association et acceptèrent même des réformes qu'ils avaient combattues autrefois, telles que le tarif normal appliqué à toute l'Allemagne et la création d'une commission du tarif composée de patrons et d'ouvriers. En 1873, l'Union se trouva encore trop faible pour pouvoir écarter la hausse de salaire réclamée par les ouvriers; mais, bientôt après, elle parvint à réaliser le tarif normal. De 1875 à 1885, période de crise et de baisse des prix, la défection se mit dans les rangs des affiliés; la crise fit baisser les salaires, des violences se produisirent et l'on décida le boycottage des ouvriers socialistes, décision qu'on ne put d'ailleurs appliquer. Puis la prospérité revint et l'Union vit se relever le nombre de ses membres; mais beaucoup d'entre eux, surtout ceux des régions du Rhin et de la Westphalie, se montraient les partisans d'une attitude rigoureuse à l'égard des ouvriers. Ils refusèrent d'observer le tarif fixé par l'Union et finirent par démissionner, tandis que d'autres s'affilièrent à l'association. Il est piquant de constater que l'Union se trouva dans l'obligation de délibérer sur le point de savoir s'il convenait d'admettre dans son sein des patrons socialistes; on finit par se prononcer pour l'affirmative, à la condition que ces membres placeraient la défense de leurs intérêts professionnels et patronaux au-dessus de ceux de leur parti. En 1908, l'Union des imprimeurs allemands comprenait 4.600 membres occupant dix fois autant d'ouvriers.

On vient de voir que la ligne de conduite adoptée par l'Union ne correspondait pas aux aspirations de tous les patrons imprimeurs. Loin de là : la majorité se déclarait hostile au système du tarif uniforme de salaire établi de commun accord avec les syndicats ouvriers. Ces imprimeurs lui reprochaient de convenir trop exclusivement aux grandes imprimeries des grandes villes, d'obliger patrons et ouvriers à s'affilier aux fédérations reconnues, d'attribuer une influence exagérée à la Fédération ouvrière et de renforcer, plutôt que de diminuer, la puissance du socialisme. D'où la fondation, en 1906, d'une autre association répondant à ces tendances divergentes : la *Fédération des patrons imprimeurs*. Celle-ci défend plus étroitement les intérêts patronaux et se recrute surtout parmi les chefs de firmes modestes.

La *Fédération générale des métallurgistes allemands* fut créée en 1887 dans le but d'améliorer la condition des ouvriers, tout en repoussant leurs prétentions inacceptables. Elle intervint, en 1906, dans la grande grève des fondeurs et des mouleurs. La Fédération décida un *lock-out* embrassant les 6/10 des ouvriers métallurgistes qui, aussitôt, se prêtèrent à un arrangement. Les statuts ne prévoient point le *lock-out* dans tous les cas de grève, mais seulement quand les tentatives de conciliation ont échoué. La Fédération patronale refusa en 1904, à la fédération ouvrière, de constituer un comité mixte de conciliation ; en 1907, elle accepta cette proposition.

L'*Union des chaudronneries allemandes,* fondée en 1889, a pour objet la défense des intérêts patronaux, tout en poursuivant l'amélioration du bien-être des ouvriers. Elle se préoccupe du perfectionnement de l'apprentissage et a obtenu, en cette matière, des réformes de l'administration. Quoiqu'elle ait refusé de créer une caisse de grève, elle est cependant intervenue dans plusieurs conflits. Elle ne traite pas avec les syndicats ouvriers.

La *Fédération de l'industrie textile* date de 1904. Elle a pour but d'aider au rapprochement des fédérations patronale et ouvrière de l'industrie textile, afin de favoriser, par cette coopération, la prospérité commune et, si possible, d'aplanir les conflits par la conciliation, « tout en repoussant les prétentions injustes des ouvriers ».

La *Fédération des mines* étend son action sur les provinces du Rhin et de la Westphalie ; elle se propose la défense des intérêts communs dans les questions ouvrières et l'assistance pécuniaire en cas de grève. Elle remonte seulement à 1908. Il existait cependant, dès 1858, une association des charbonniers de la région de Dortmund ; mais ses statuts lui interdisaient d'intervenir dans les questions sociales ; d'où, afin d'y pourvoir, la création de la Fédération.

Centralisation des fédérations patronales. — Depuis longtemps le besoin se faisait sentir de centraliser les fédérations patronales. Toutefois, les grands industriels du Rhin et de la Westphalie, se sentant suffisamment forts, ne se montraient pas disposés à y contribuer. En 1902, la fondation du *Journal allemand des patrons* (*Deutsche Arbeitgeberzeitung*) donna une nouvelle impulsion à ces tendances centralisatrices. En 1903, la grève des ouvriers de l'industrie textile de Krimmitschau (au sud de Leipzig) provoqua l'intervention de la Fédération des patrons de l'industrie textile de la Saxe ; puis, d'autres associations patronales, entre autres celles qui soutenaient le Journal des patrons, vinrent en aide à leurs confrères de Krimmitschau. Cet événement fut l'occasion de nouvelles déclarations en faveur de la centralisation des fédérations. Enfin, en 1904, la Fédération des patrons allemands créa un *Office central* qui devait servir de trait d'union entre les diverses fédérations du pays. Mais des rivalités, des divergences d'opinion politique, commerciale et sociale empêchèrent beaucoup d'industriels de s'affilier à l'Office central (*Hauptstelle*) qu'on venait de créer. Les dissidents créèrent, de leur côté, une autre association : l'*Union des fédérations d'industriels allemands*. L'Office central groupe surtout les grands industriels, tandis que l'Union des fédérations comprend la moyenne et la petite industrie ; le premier englobe 900.000 ouvriers et la seconde 1.400.000.

Ces deux groupes, qui ont à peu près le même programme, ne tardèrent pas à s'entendre pour combiner leurs efforts. Ils signèrent une convention qui entra en vigueur en 1905. Voici les points communs de leur programme : la protection des ouvriers désireux de rester au travail, le développement des bureaux de placement patronaux, l'application de la cause de grève, la protection des droits des industriels dans les affaires touchant à leurs intérêts généraux.

Mesures de protection contre les grèves. — Aux grèves, les patrons opposent la mise à l'index des grévistes, afin que ceux-ci ne trouvent pas de besogne ailleurs. A la grève partielle, ils peuvent aussi opposer le *lock-out* général ou même partiel. Le *lock-out* partiel consiste à congédier une partie seulement du personnel, soit les ouvriers les plus jeunes ou les moins capables, soit ceux dont le nom commence par les premières lettres de l'alphabet : c'est le système de l'A B C. Ces mesures n'empêchent pas que les *lock-out,* aussi bien que les grèves, n'occasionnent aux patrons un dommage considérable. Le *lock-out* peut même leur causer plus de préjudice que la grève, en ce sens qu'il pousse les ouvriers congédiés à chercher du travail ailleurs, ce qui diminue l'offre de bras, tandis que la grève attire au contraire les chômeurs d'autres régions. Dans l'un et l'autre cas, la cessation du travail entraîne la rupture brusque des liens, si pénibles à établir, entre le fabricant et ses clients, des dépenses improductives en frais généraux, qui continuent à courir malgré l'arrêt du travail. Aussi les patrons ont-ils cherché à se prémunir, par l'association, contre les risques de grève. Dans ce même but, ils ont essayé de trois systèmes : l'assistance mutuelle, l'assurance et le dédommagement .

L'assistance mutuelle en cas de grève se pratique par la constitution d'un fonds commun. Or, les petits industriels ne peuvent guère y contribuer, de sorte que la charge retombe presque exclusivement sur les grands fabricants; inversement, ceux-ci ne sont presque jamais obligés de recourir, en cas de conflit, au fonds de grève; les autres, au contraire, presque toujours. Il s'ensuit que les petits fabricants ont l'air de recevoir l'aumône de la part des autres et se trouvent ainsi placés dans une situation désagréable.

L'assurance contre la grève échappe à cet inconvénient, puisque chacun contribue aux charges, mais elle en présente d'autres non moins graves, tels que l'incertitude du risque et l'arbitraire des primes.

L'assurance se pratique de deux manières :

a) *L'assurance non mutuelle ou à prime fixe.* Dans ce cas, l'incertitude des risques fait monter les primes à un taux tellement élevé, que la plupart des industriels ne peuvent en supporter le poids. Autre difficulté : Comme il ne s'agit point d'assurer l'industriel contre toutes les grèves indistinctement, mais seulement contre celles où la résistance du patron paraît justifiée, le difficile problème se pose de déterminer quand il a raison. Ce dernier estimera toujours qu'il a raison, puisqu'il résiste, tandis que la société d'assurance sera souvent d'un avis contraire; d'où des contestations inévitables;

b) *L'assurance mutuelle ou à prime variable* permet d'éviter plus facilement cet écueil, car ce sont les industriels eux-mêmes qui ont à décider de l'opportunité de la résistance. Elle ne laisse pas toutefois de soulever de sérieuses objections : ou bien les industriels groupés en société d'assurance mutuelle constitueront le capital destiné au service des primes, alors ils devront s'imposer de lourds sacrifices et détourner de leurs affaires des sommes énormes; ou bien ils verseront seulement les fonds destinés à être distribués sous forme de prime, au fur et à mesure des besoins, alors l'instabilité du montant de leurs contributions à la caisse commune les mettra dans l'impossibilité d'établir leur budget avec certitude. Il se présente encore des difficultés d'un autre ordre, notamment en Prusse, où une décision ministérielle soumet les sociétés d'assurance mutuelle à une série de mesures auxquelles les industriels consentent difficilement à se plier, telles que la communication, aux inspecteurs, des procès-verbaux, livres et comptes de caisse et le dépôt annuel d'un bilan indiquant le nombre des

membres, ainsi que le montant des versements et des dépenses.
Aussi préfère-t-on généralement à ces deux systèmes le suivant ::
Le *dédommagement en cas de grève (Streikentschædigung.*
Ce système, contrairement à celui de l'assurance, ne crée point
un droit au dédommagement et n'en fixe pas le montant. Ceci est
laissé à l'appréciation du bureau chargé de distribuer les indemnités. Les deux groupements de fédérations dont il a été question
plus haut, l'Office central et l'Union des fédérations, ont formé,
chacun, un bureau de ce genre.

Les ouvriers voient, dans ces institutions, des machines de
guerre très dangereuses pour eux. Leurs craintes paraissent exagérées ; en effet, elles n'accordent pas de dédommagement pour
des grèves que les patrons auraient pu éviter et elles se montrent
particulièrement circonspectes quand il s'agit de sommes importantes. Appelées à statuer sur l'opportunité de la résistance opposée par l'industriel, elles seront moins souvent disposées que ce
dernier à donner tort aux ouvriers.

Telles sont, en résumé, les institutions créées en Allemagne par
les industriels pour la défense de leurs intérêts patronaux et qui
font, en quelque sorte, contrepoids à celles qui existent, en sens
contraire, du côté des ouvriers et qui sont généralement mieux
connues.

Laurent DECHESNE.

CHRONIQUE LÉGISLATIVE

Mai 1909.

DÉBATS PARLEMENTAIRES.

Les primes à la sériciculture et à la filature de la soie.

La Chambre a adopté d'urgence un projet de loi prorogeant pour une durée de vingt années, c'est-à-dire jusqu'au 31 décembre 1929, les primes à la sériciculture et à la filature de soie. Cela n'est pas pour nous étonner, avec l'esprit de protectionnisme qui règne aujourd'hui dans les sphères parlementaires. Il semble toutefois tout à fait excessif d'engager ainsi les finances du pays pour vingt années. Quoi qu'il en soit, la discussion de ce projet de loi a été intéressante et comme symptôme de l'état des esprits et aussi à raison de certains faits qui y ont été révélés.

M. Compère-Morel a dit que les sériciculteurs étaient misérables et que « si l'on ne fait rien pour eux, ils se désintéresseront du Parlement et du Gouvernement de la République, *qui ne leur donnent pas les satisfactions nécessaires;* ils compareront les primes très élevées payées aux grandes compagnies, qui en ont moins besoin qu'eux, à la prime très modérée qu'ils sollicitent ».

M. François Fournier et M. de Ramel ont dit que la thèse primitivement soutenue par les députés méridionaux en faveur de leurs commettants consistait à réclamer *le droit commun,* c'est-à-dire l'application des droits de douane aux cocons venant de l'étranger comme à tous les autres produits pour garantir notre production nationale. Mais on s'est trouvé en présence d'une industrie importante, florissante, particulièrement intéressante, l'industrie du tissage de la soie, qui a demandé et obtenu la franchise des soies grèges, déclarant que les droits de douane à l'entrée des soies seraient sa mort, cette industrie étant obligée de demander à l'étranger les quatre cinquièmes de sa matière première.

C'est pourquoi il a fallu protéger par des primes la sériciculture et la filature de la soie. « *C'est donc un droit que la prime,* a dit M. de Ramel; *c'est un pacte qui a été signé ici définitivement et sur lequel on ne saurait revenir* ».

M. de Ramel a essayé de démontrer par des chiffres que, même

avec la prime actuelle de 0 fr. 60 par kilogr. de cocons, l'éleveur
subissait, par once de graine de vers à soie, une perte de 42 francs.
Comme c'est la même prime qui, finalement, a été accordée, il faut
croire que la sériciculture continuera à se ruiner, et il est étonnant
que M. de Ramel et autres aient attaché tant de prix à la prolongation de cette prime pendant vingt ans qu'ils aient volontiers
passé condamnation sur son chiffre !

M. de Ramel a donné, au cours de sa discussion, des chiffres
intéressants sur le mouvement des salaires agricoles dans la région
représentée par lui. « Autrefois, un ménadier — c'est le nom
qu'on donne à l'ouvrier chargé de participer à une éducation de
vers à soie — était payé 55 francs ; aujourd'hui, il reçoit 80 francs.
La ménadière, qui conduit l'éducation des vers à soie depuis le
commencement de l'éclosion jusqu'à la fin, était autrefois payée
pour la saison, nourrie et logée, 45 francs ; aujourd'hui, nourrie et
logée, elle reçoit 100 francs, plus 3 p. 100 de la récolte. La proportion de l'augmentation est donc de plus de 50 p. 100... Autrefois, on payait le ramassage des feuilles à raison de 1 fr. 50 les
100 kilogr. ; aujourd'hui, le même travail est rétribué à raison de
2 fr. 50 et même 3 francs ; c'est-à-dire que le ramassage de la
feuille de mûrier pour une once de graine de vers à soie coûtait
21 francs, alors qu'il revient aujourd'hui à 35 francs ! » Il eût été
intéressant de savoir à quelle date l'orateur prenait son point de
comparaison dans le passé. Dans tous les cas, ce ne sont pas là les
indices d'une industrie qui périclite !

M. Edouard Vaillant a très habilement profité de l'occasion pour
recommander l'adoption des résolutions prises par un Congrès
régional des fileuses tenu à Alais, en 1908 : 1° demander au Parlement de n'accorder la prime qu'aux patrons qui s'engageront à
assurer aux fileuses un salaire journalier minimum de 2 francs ;
2° de même, de ne l'accorder qu'à ceux qui s'engageront à ne pas
faire travailler plus de huit heures par jour ; 3° de faire subir aux
filateurs une retenue de 10 p. 100 sur les primes, retenue qui sera
employée à la constitution d'une caisse de chômage, etc.

Au vote, il s'est passé quelque chose d'assez étrange. La prime
était jusqu'alors de 0 fr. 60 au kilogr. de cocons ; la Commission,
contrairement à l'avis du gouvernement, proposait de l'élever à
0 fr. 70 ; la Chambre vota, à mains levées, 0 fr. 75 ; puis, dans le
vote sur l'ensemble, l'article fut repoussé, et alors tout le monde

s'est mis d'accord pour revenir à la prime de 0 fr. 60, mais garantie pendant 20 ans, même M. Caillaux, qui avait dit, très justement, dans la discussion, que les primes ne devraient jamais s'étendre à une période supérieure à dix années! Et tout le monde parut content!

DOCUMENTS OFFICIELS

Le *Journal officiel* du 2 mai contient le texte d'une loi du 30 avril 1909, portant que « pour tous les établissements désignés à l'article 1er de la loi du 12 juin 1893, modifiée par la loi du 11 juillet 1903, les différents genres de travail présentant des causes de danger ou exédant les forces, ou dangereux pour la moralité, qui seront interdits aux enfants de moins de 18 ans et aux femmes, seront déterminés par des règlements d'administration publique, rendus après avis de la Commission supérieure du travail et du Comité consultatif des arts et manufactures ».

Dans le n° du 11 mai est un décret portant règlement d'administration publique pour l'exécution de la loi du 17 juillet 1908, relative à l'institution des conseils consultatifs du travail.

Le *J. off.* du 26 mai contient un décret portant règlement d'administration publique pour la délimitation de la région ayant, pour ses eaux-de-vie, un droit exclusif aux dénominations Armagnac, Bas-Armagnac, Ténarèze, Haut-Armagnac.

Dans le n° du 29 mai, on trouvera le résumé de la campagne agricole, donnant l'évaluation des récoltes en terre au 1er mai 1909.

On y trouvera également le rapport de M. Levasseur lu au Conseil de la statistique générale de la France sur les travaux de l'année 1908.

On y trouvera enfin, en annexe, le rapport sur les opérations des sociétés de secours mutuels pendant l'exercice 1906. — On comptait, au 31 décembre 1906, 13.375 sociétés approuvées d'adultes, dont 13.080 avaient fourni leur compte-rendu : elles comprenaient 3.258.520 membres, dont 2.876.234 participants.

Une loi du 29 mai, promulguée au *J. off.* du 30, a modifié la quotité des taxes pour la contribution au fonds de garantie prévues à l'article 25 de la loi du 9 avril 1898 et à l'article 4 de la loi du 12 avril 1906, en matière d'accidents du travail.

Edmond VILLEY.

BULLETIN BIBLIOGRAPHIQUE

Gauthier, *La Réforme fiscale et l'impôt sur le revenu.* 1 vol. in-12, 240 p.
Paris, chez Alcan, 1908.

Nous sommes en retard pour parler du livre de M. Gauthier, mais peu importe, car la question n'a rien perdu de son actualité et la conservera sans doute longtemps encore.

On ne peut pas dire que le livre de M. Gauthier soit un plaidoyer pour le projet de M. Caillaux, car il s'en sépare sur divers points et notamment sur deux très importants. Il est moins rigoureux en ce qu'il n'admet pas l'imposition de la rente sur l'Etat (en quoi il a grandement raison ; il est plus rigoureux en ce qu'il n'admet pas que l'impôt progressif se borne à un impôt complémentaire ne pesant que sur un petit nombre de riches ; il veut l'impôt partout progressif.

Mais les arguments que fait valoir M. Gauthier en faveur de la réforme fiscale dans le sens global et progressif sont bien les mêmes que ceux de M. Caillaux. C'est principalement cette raison de justice que les contributions indirectes pèsent beaucoup plus lourdement sur les classes pauvres que sur les classes riches : il faut donc redresser la balance en surchargeant le plateau des impôts qui portent exclusivement sur les riches. M. Gauthier donne des tableaux intéressants d'après lesquels le taux des contributions indirectes s'élèverait à 27 p. 100 pour les revenus inférieurs à 1.000 francs, descendrait à 4,60 p. 100 pour les revenus de 2 000 à 5.000 fr. et s'abaisserait à 0,13 p. 100 pour les revenus de plus de 5.000 francs, et même 0,009 p. 100 pour les revenus inférieurs à 5.000 francs, en sorte que les pauvres seraient taxés environ 200 fois plus que les riches et 3.000 fois plus que les très riches! Or ces contributions indirectes représentent plus de la moitié du budget. Mais comment s'y est pris l'auteur pour établir ces chiffres impressionnants? Il divise le montant des contributions indirectes, 1.712 millions, par le nombre des contribuables, ce qui lui donne le chiffre de 125 francs par tête, et rapporte ensuite ce chiffre supposé invariable au montant du revenu. Il est clair que pour un revenu de 500 francs cela fera le 1/4 et pour un revenu d'un million seulement le 1/8000 ! C'est là un mode de calcul beaucoup trop simpliste pour avoir une valeur scientifique quelconque. Si nous décomposons les contributions indirectes, nous voyons les postes, les tabacs, les transports et les sucres. Or à qui fera-t-on croire que l'homme riche ne dépense pas plus en timbres-poste ou en télégrammes, en cigares, en chemin de fer, en essence pour automobile, en sucre pour son thé, en desserts, que l'ouvrier? Il dépensera dix fois, cent fois plus! Il n'y a guère que trois catégories de contributions indirectes pour lesquelles l'impôt pèse autant ou plus sur le pauvre que sur le riche : ce sont le sel, les boissons alcooliques et le pétrole,

500 millions environ, et là dessus les trois-quarts sont dus à la consommation de l'alcool. Or j'avoue que le sentiment de la justice ne s'émeut pas beaucoup chez moi quand on me fait remarquer que cet ivrogne paie plus que sa part normale de contribution. Si on estime que cet impôt est trop lourd, qu'on le diminue. Si on estime au contraire que c'est une amende infligée à l'homme qui se rend coupable d'un crime social, qu'on ne vienne pas me dire que moi, abstinent, je dois être soumis à l'impôt progressif pour rétablir l'égalité !

Cela ne veut pas dire que nous soyons opposé à l'impôt progressif : on peut lui trouver de bonnes raisons — notamment dans le fait que la part des causes collectives est plus grande généralement dans la formation des grandes fortunes que dans celle de petites — mais comme redressement de l'impôt de consommation, il ne nous paraît nullement justifié.

Mais si nous admettons l'impôt progressif, par contre nous considérons l'exemption d'impôt à la base non seulement comme très injuste, mais comme le plus grand des périls pour la démocratie. Il faut maintenir comme un principe absolu, et sans aucune exception, que quiconque est membre d'une société, tout au moins quiconque a droit de vote, doit payer une part, si minime soit-elle, des charges publiques. Vainement dira-t-on qu'il paie sous forme de contribution indirecte : cette contribution ignorée de celui qui la paie n'a aucun effet civique ; l'impôt direct seul impose au citoyen la responsabilité de ses actes. Avec le système de larges exemptions à la base on arrive à ce résultat que la majorité qui gouverne ne paie rien et par conséquent ne supporte aucune conséquence de ses sottises, mais les rejette sur une minorité impuissante. Dans le système proposé par M. Gauthier, sur 13.700.000 chefs de famille ou célibataires 6.450.000 seraient exonérés de tout impôt. Cela, il est vrai, ne fait pas tout à fait la moitié, mais il s'en faut de peu et on peut compter qu'en fait elle sera dépassée. On dit qu'on ne doit pas toucher au minimum d'existence ! mais la contribution aux charges sociales doit être considérée comme rentrant dans la nécessité de l'existence au même titre que l'achat du pain ou du logement.

Ch. Gide.

———

Deherme, *L'Afrique occidentale française,* 1 vol. in-8, 528 p. Paris, chez Bloud.

Nous sommes loin du temps — il n'est pourtant pas si loin ! une vingtaine d'années — où l'opinion publique en France n'avait pour la colonisation qu'indifférence, antipathie ou ironie. Aujourd'hui les livres sur la colonisation abondent et la France y goûte quelque satisfaction, car quelles que soient çà et là les horreurs qu'elle y trouve, c'est encore au bout du compte ce qu'elle a fait de mieux au cours de ces trente dernières années et peut-être même est-ce tout ce qui en survivra.

M. Deherme est un témoin particulièrement intéressant : témoin sur place puisqu'il a occupé pendant quelque temps un poste dans l'Afrique occidentale et témoin non suspect de chauvinisme, ni de mercantilisme, ni de bureaucratisme. Eh bien ! son témoignage est nettement favorable à l'œuvre colonisatrice en général et à celle de la France en particulier. Certes ! les sujets de découragement ne manquent pas, surtout en ce qui concerne l'administration. A preuve cette histoire que raconte l'auteur et qui paraît bien être la sienne propre : celle d'un employé de l'administration coloniale là-bas qui, désireux de fournir un travail plus utile que celui de la sinécure qu'il occupait et de se consacrer, corps et âme, à la colonisation d'une région déterminée, a vu sa demande repoussée et a fini par donner sa démission. Ce jour là l'administration coloniale française ne s'est certainement pas doutée de ce qu'elle perdait.

N'importe ! Dans l'immensité d'une telle œuvre, s'il y a beaucoup de pourri, il y a aussi beaucoup de bon. Il suffit de lire le livre tout bourré de faits et de chiffres pour voir qu'il reste un gros gain net pour la France et pour le monde et, ce qui importe plus encore, pour les populations indigènes : plus de paix, plus de sécurité, plus de bien-être, moins de morts et plus de naissances.

On peut penser que tout spécialement intéressants doivent être les aperçus sur l'âme du peuple noir et sur les moyens de l'élever, de la part d'un homme qui s'était tant occupé de l'âme du peuple de nos cités et avait fait de si grands et, semble-t-il, de si vains efforts pour l'élever. En effet, c'est bien là la partie la plus intéressante du livre. Nulle part, à notre connaissance, le noir n'a été étudié avec une sympathie plus éclairée mais aussi plus dépouillé de tout vague humanitarisme. Les considérations largement développées sur le régime indigène de l'esclavage et ses vertus particulières, car il en a de très réelles, sur la nécessité de maintenir les punitions corporelles « le nègre n'est ému que par ce qui le frappe fort et vite », sur les moyens toutefois d'arriver à l'abolir, sur l'influence civilisatrice de la religion musulmane (ne fût-ce que pour lutter contre l'alcoolisme), sur le rôle éducatif que l'auteur attribue à la grande industrie et qu'il estime devoir être très supérieur à celui de la petite industrie parce que le travail à la machine convient à la passivité du noir « il faut qu'il soit secoué par le bruit. Toute cadence le grise » (curieuse et probablement inconsciente illustration de la théorie *Travail et rythme* de M. Bücher) — tout cela est du plus haut intérêt.

Et même les renseignements d'un ordre plus spécial, sur l'avenir du coton, sur les massacres stupides des oiseaux à aigrette, sur l'inexpérience des noirs en ce qui concerne l'emploi des monnaies et même des poids et mesures, etc., devraient faire de ce livre le *vade mecum* de quiconque va dans nos colonies africaines soit comme administrateur, soit comme colon.   Ch. GIDE.

————

Deherme, *La Démocratie vivante,* un vol. grand in-8, 402 p. Paris, chez Grasset.

Il y a quelque emphase dans ce titre mais il signifie évidemment que notre démocratie n'existe que sur le papier et n'est pas encore réalisée dàns les âmes. C'est d'ailleurs ce qui est dit dans une préface de M. Georges Clémenceau reproduite en tête du volume — quoique écrite douze ans auparavant pour inaugurer la Revue *la Coopération des Idées.*

Ce volume est composé surtout d'articles publiés dans cette Revue, au cours des dix dernières années et classés dans un cadre un peu passe-partout, mais peu importe le plan. L'important c'est que les sévères mais trop justifiés avertissements adressés à la démocratie viennent à leur heure, or c'est ce que toute personne de bon sens n'hésitera pas à reconnaître. Et même, comme le dit l'auteur dans la préface, depuis que ces articles ont été écrits « les symptômes délétères se sont aggravés » — énormément aggravés, en effet. La quarantième année de la République va être pour elle l'âge critique dans toute la force du terme. Il ne semble point que les gouvernants, qui sont par ailleurs très intelligents, aient l'intelligence de ce péril, ou bien ils se disent qu'ils n'y pourront rien. La voix âpre et désabusée de Déherme retentit vainement comme celle de Jonas : « Encore quarante jours ! Ninive sera détruite » !

Pourtant Deherme est un témoin bon à écouter, car il a la qualité essentielle du bon témoin qui est d'être indépendant. Il connaît le peuple, il est du peuple. Il veut et attend fermement l'abolition du salariat. Mais il n'est pas socialiste : « La méthodologie du socialisme n'existe pas, sa psychologie est nulle, sa philosophie est puérile, sa sociologie en un mot est insuffisante... Le socialisme n'a pas conquis l'homme... Le socialisme n'a pas fondé une institution utile vraiment, forte et durable ». Il n'est pas religieux : « Nous refusons les anesthésiques de la prière, l'abêtissement voulu de Pascal, le haschisch hallucinant des mysticismes stériles ». Il n'est pas moraliste : « Il n'y pas d'autre loi de justice, osons en convenir, que la nécessité sociale ; il n'y a pas d'autre loi morale que la loi sociale ». Il n'est pas hervéiste (puisque ce nom grotesque est devenu un symbole) parcequ'il veut l'armée et la patrie, parce que « les patries sont les composantes de l'humanité ». Il n'est pas féministe parceque « la vraie royauté de la femme c'est le foyer ». Il n'a pas « la superstition des quatre règles et de l'orthographe », ni même celle sans doute d'une intellectualité plus développée... En fin de compte, que laisse-t-il à la démocratie pour aboutir ? L'association : rien de plus, mais l'association dans sa plénitude, avec le droit de propriété par exemple et sans se laisser effrayer par le ridicule croquemitaine de la main-morte. Et M. Deherme nous reproche même d'avoir manqué de foi en l'association, en mettant sur le même rang qu'elle comme instrument de progrès social, le patronage et l'Etat — dangereux éclectisme, dit-il. Hélas ! quand on n'a que trois planches pour échapper au naufrage, en repousser deux du pied suppose un cœur plus hardi que le nôtre. Si celle que Deherme veut garder seule est pourrie, que lui restera-t-il ? Elle s'est déjà brisée sous lui. D'ailleurs je crois qu'entre ces divers modes d'actions les différences sont surtout extérieures ; le patronage et l'Etat s'exercent aussi par l'association.

L'association d'ailleurs n'est qu'un passe-partout. De quelle association s'agit-il ? Le syndicat ? non « ce n'est qu'une machine à grèves ». La mutualité ? non. L'association coopérative de production ? non. Mais l'association

coopérative de consommation, « qui est évidemment un principe supérieur »; parce que « sa souveraineté est celle de tous ». Inutile de dire combien nous sommes en communion d'idées avec M. Dehesme sur ce point,
et aussi hélas ! sur sa laconique et écrasante conclusion : « La coopération
s'impose. Il n'y a que les coopérateurs qui manquent ».

Ch. Gide.

Paul Leroy-Beaulieu, *Le Collectivisme (Examen critique du nouveau socialisme)*, 5ᵉ édit., un vol., 710 p., gr. in-8. Paris, chez Alcan.

Il y a vingt-cinq ans que nous écrivions pour le *Journal des Economistes*
un long compte rendu de ce livre dont la première édition venait alors de
paraître. Dans ce long laps de temps le livre n'a pas beaucoup perdu de son
actualité, et c'est avec une légitime fierté que l'auteur a pu inscrire
comme épigraphe le mot de Guillaume d'Orange : Je maintiendrai!
M. Leroy-Beaulieu constate même avec quelque amertume que les pierres
avec lesquelles Bernstein a lapidé le marxisme ont été ramassées dans son
jardin à lui, M. Leroy-Beaulieu — du moins pour une bonne part — et il
relève non sans quelque amertume « la badauderie du public qui ne prê-
tait qu'une attention distraite aux critiques du marxisme provenant d'économistes et qui, au contraire, a été frappé des mêmes critiques émanant
d'un socialiste considérable ». Mais il n'y a rien là d'étonnant : dans les
luttes scientifiques on n'est jamais sérieusement démoli que par les siens.
D'autre part, les critiques justifiées qu'adressait alors M. Leroy-Beaulieu
au marxisme auraient fait plus d'impression si elles ne s'étaient dispersées
dans la discussion d'un régime collectiviste à venir purement hypothétique
dont Marx n'avait jamais voulu se préoccuper.

M. Leroy-Beaulieu, dans les rééditions de ses livres, modifia rarement le
plan primitif, soit parce qu'il avait trop de besogne sur les bras, soit probablement aussi parce que ses livres sont clichés : il préfère ajouter des
appendices, quoique ce système de rallonges laisse à désirer au point de
vue de l'art. Dans le présent volume l'addition est considérable, 200 pages
environ dans lesquelles se trouvent exposés :

Le néo-marxisme de Bernstein ;

Le socialisme réformiste sous ses diverses formes : millérandiste, fabien,
municipaliste, coopératiste et solidariste;

Le socialisme révolutionnaire dit syndicalisme, avec un long historique
de l'organisation syndicale et de la Confédération Générale du Travail.

Sous sa forme actuelle le livre déborde donc de beaucoup son titre primitif et est devenu une histoire des doctrines socialistes depuis le milieu
du XIXᵉ siècle. L'appréciation générale de l'auteur sur toutes ces variétés
du socialisme est assez bien résumée dans les lignes qui terminent le
volume. « Tous ces maux qui découleraient du collectivisme, le socialisme
réformiste, le solidarisme, les engendreraient également, avec seulement une courte étape en plus, puisqu'ils ne sont que les précurseurs,
soit avoués et conscients, soit logiques et nécessaires du collectivisme ».

Mais alors qué reste-t-il? Rien d'autre évidemment que le laisser-faire, que la concurrence, que la´ lutte. Remarquez que c'est aussi à cette conclusion qu'arrivent les syndicalistes qui sont comme le prolongement de l'école libérale, comme un individualisme exaspéré : la seule différence, c'est que le laisser-faire s'appelle chez eux « l'action directe ». Aussi, M. Leroy-Beaulieu parle-t-il en termes sympathiques des opinions de M. Georges Sorel, on sent bien qu'il y a entre eux quelque affinité de cœur. Il est possible, en effet, et les événements actuels semblent leur donner raison, qu'il n'y ait place en France que pour les extrêmes et que les doctrines intermédiaires du socialisme d'Etat, du solidarisme ou du coopératisme n'aient point de chance de se réaliser dans notre pays, mais en ce cas ce sera tant pis pour lui bien plus que pour ces doctrines. Celles-ci trouveront certainement, et ont trouvé déjà, dans d'autres pays, un milieu plus tempéré où elles s'épanouissent mieux.

Le volume se termine par un appendice qui, sous ce titre suggestif « Un aperçu de ce que seraient le travail et la production en régime socialiste », reproduit les récents rapports sur l'organisation du travail dans les arsenaux français. Ces résultats sont pitoyables en effet. Mais s'ils prouvent que l'Etat français est, tel qu'il est constitué actuellement, dans l'incapacité de se faire entrepreneur d'industrie, voire même entrepreneur de sécurité, ils ne prouvent rien contre le socialisme d'Etat, puisque sur le même terrain l'Etat allemand fait des prodiges et a su battre les chantiers anglais.

Ch. GIDE.

Giorgio Mortara, *Le popolazioni della grandi città italiane*, 1 vol. grand in-8, 412 p. Unione tipografico, Turin.

Id. La mortalità secondo l'étà e la durata della vita economicamente produttiva, brochure, in-8, 84 p. Cooperative tipografica, Roma.

De ces deux études démographiques, la première, quoique ne s'appliquant qu'à l'Italie, est la plus riche en renseignements de nature à intéresser tous les pays, sur l'émigration des campagnes dans les villes et généralement sur les causes d'accroissement des grandes cités, sur les influences soit perturbatrices, soit bienfaisantes, exercées par ces grandes agglomérations humaines en ce qui concerne la natalité, la mortalité, la nuptialité, l'instruction, la température morale, politique et sociale.

L'Italie est un terrain d'expérience ; elle a été de tout temps un pays de grandes villes ou du moins de villes dont le rôle a été grand. Au cours du xixᵉ siècle, le développement des villes y a été moins accentué qu'aux Etats-Unis, en Allemagne, en Angleterre, en Belgique, etc., mais plus rapide qu'en France. Incidemment nous exprimerons le regret que l'auteur n'ait établi de comparaison entre l'Italie et les autres pays ; la démographie comparée est la plus éloquente. En 1800 les 11 principales villes italiennes comptaient 1.465.000 habitants ; en 1901, elles en comptaient 3.200.000. C'est un accroissement de 124 p. 100, alors que l'accroissement de la population totale du royaume n'a été que de 80 p. 100. Mais tandis que l'accrois-

sement de la nation en général est dû uniquement à l'excédent des naissances sur les décès, celui des villes est dû pour les 3/4 à l'immigration, ce
qui revient à dire que si les villes ne suçaient continuellement les campagnes, loin de s'accroître plus que la population générale, elles s'accroî-
traient beaucoup moins et ne représenteraient qu'un pourcentage décroissant.

A quoi tient cette infériorité des villes au point de vue de l'accroissement
végétatif? L'explication en est facile. On s'y marie moins et plus tard parce
que la vie de célibataire est plus agréable dans les villes que dans les campagnes et la vie conjugale plus onéreuse. Le taux de la nuptialité y varie de
57 à 74 pour 10.000 habitants dans les grandes villes alors qu'il est de 66 à
76 dans le reste du pays. On y a moins d'enfants parce que les pratiques
néo-malthusiennes y sont plus connues et que les habitudes religieuses n'y
servent plus de contre-poids. Signalons l'observation curieuse que l'auteur
a pu obtenir de certaines enquêtes, à savoir que beaucoup de familles, par
scrupule religieux, se refusent aux pratiques anticonceptionnelles mais ne
croient pas commettre un péché en pratiquant l'avortement dans les quarante premiers jours qui suivent la conception et cela avec la tolérance des
confesseurs qui estiment que jusqu'à cet âge l'embryon n'a point encore
d'âme immortelle. En France, hélas! on n'en est plus à faire des distinctions aussi subtiles. Aussi le taux de la natalité varie de 215 à 324 p. 10.000
habitants dans les grandes villes, tandis qu'il est de 283 à 365 dans le reste
du pays.

Et on y meurt davantage. Le taux de la mortalité varie de 210 à 261
p. 10.000 habitants dans les grandes villes italiennes, tandis qu'il n'est que
de 193 à 245 dans le reste du pays. Cependant, sur ce dernier point, de
grands progrès sont réalisés, et nombreuses aujourd'hui en Europe sont les
villes où la mortalité est devenue moindre que celle des campagnes, notamment par les progrès de l'hygiène de la première enfance.

La seconde étude de M. Georges Mortara est consacrée à un fait d'une
grande importance économique, celle de la durée de la *vie utile*. Toute vie
d'homme se divise normalement en trois parties dont la deuxième seule, la
période adulte, est économiquement utile à la société, donne un produit
net : la première et la troisième constituent au contraire une charge et c'est
par l'excédent de la deuxième que seront comblés les déficits de la première et de la troisième. Si par une hypothèse absurde (mais qui pourtant n'est pas loin d'être réalisée dans les pays neufs d'immigration), tout
homme venait en ce monde à 20 ans et en sortait à 60 il est clair que la
productivité d'une telle société serait au maximum.

Le degré de la vie utile dans les différents pays ne peut être déterminé
que par des calculs compliqués dont peut-être l'auteur a abusé avec une
ardeur un peu juvénile et qui en tout cas ne permettent la lecture de son
mémoire qu'à des gens initiés.

Ch. GIDE.

R. Seilhac, *Les Congrès ouvriers en France.* 1 vol., 334 p., chez Lecoffre.

M. de Seilhac a déjà fait bien des fois l'histoire des Congrès ouvriers et socialistes. Celui-ci présente un intérêt tout particulier d'actualité, car il est consacré à la genèse de cet organisme qui a depuis quelques années une étonnante fortune : la Confédération Générale du Travail.

On sait qu'il s'était formé une Fédération des syndicats dont le parti guesdiste avait cherché à s'emparer mais qui avait mal réussi. Par contre la Fédération des Bourses du Travail créée en 1892 au Congrès de Saint-Etienne prenait un grand essor, par des causes multiples dont le talent et le dévouement de son premier secrétaire, Pelloutier, ne fut pas la moindre. Ce fut au Congrès de Montpellier, en 1902, que les deux Fédérations se fondirent en deux sections d'une même organisation qui devint la Confédération Générale du Travail.

On trouvera les résumés des comptes rendus de ces Congrès (y compris les discussions sur la grève générale et la part qu'y prit M. Briand) et un chapitre final sur les théories et le programme du syndicalisme.

Ch. GIDE.

Maurice Alfassa, *La crise ouvrière récente des chemins de fers anglais,* brochure in-12, 102 p., chez Rousseau, 1908.

La grève récente des Postes confère un intérêt tout particulier à la menace d'une grève plus redoutable encore qui a failli éclater chez nos voisins, il y a deux ans, mais qui, grâce à la sagesse des deux partis antagonistes et à l'autorité du gouvernement — toutes vertus que nous sommes réduits à leur envier — est restée à l'état de menace.

. Ce qui est intéressant pour nous c'est qu'on ne s'est pas borné à prévenir la grève pour cette fois, mais à la prévenir pour l'avenir — tout au moins pendant sept ans — par l'institution de Conseils de conciliation composés de délégués élus des employés et des Compagnies et, au cas où l'entente serait impossible, par la nomination d'un arbitre désigné par les parties, ou à défaut d'entente, par le président de la Chambre de Commerce et un haut magistrat. On trouvera dans la brochure très nourrie de M. Alfassa non seulement le texte de l'accord mais les négociations laborieuses qu'il a exigées et aussi les sujets d'appréhension qui peuvent rester encore quant à son efficacité dans l'avenir.

Il semble résulter des observations de M. Alfassa que les griefs des employés étaient fondés mais que les fins de non-recevoir des Compagnies l'étaient aussi parce que leurs bénéfices sont très restreints — et la modicité de ces profits tient elle-même à la concurrence intense qui caractérise le régime anglais — en sorte que peut-être la nécessité de donner satisfaction aux ouvriers conduira à la nationalisation des chemins de fer! Et si d'autre part le nationalisme triomphe aussi dans le régime commercial l'Angleterre du xxe siècle ne ressemblera guère à celle du xixe.

Ch. GIDE.

Jean Granier, *De la responsabilité civile des syndicats en cas de conflit entre l'intérêt professionnel et l'intérêt individuel.* 1 vol. in-8, 344 p. Paris, chez Larose et Tenin.

On comprend sans peine quel est le très grand intérêt économique indiqué par ce titre un peu long. Voici, comme il arrive maintenant tous les jours, une grève déclarée sur l'ordre d'un syndicat. Des préjudices énormes peuvent en résulter non seulement pour les patrons qui en subissent plus directement le contre-coup, mais pour le public, pour les consommateurs, pour les commerçants de la localité. On sait qu'à la suite de l'extinction des lumières électriques par Pataud, un artiste, qui avait perdu son cachet a assigné le syndicat en la personne de son secrétaire et a obtenu, en effet, 11 francs de dommages-intérêts. A combien de millions n'aurait-on pas évalué le dommage infligé au commerce de Paris par la dernière grève des postes? Mais qui en eût été déclaré responsable? D'ailleurs la grève n'est pas le seul acte syndical qui puisse causer des préjudices et poser ainsi la question de dommages-intérêts : il y a aussi le boycottage, la mise à l'index, l'exclusion des femmes, la limitation des apprentis, etc.

Et il y a même des actes qui peuvent engager la responsabilité pénale du syndicat, tels que incendies, pillages, meurtres, etc., et qui pourraient comporter pour le syndicat même la peine de mort. Pourquoi pas? Pour une personne morale la peine de mort c'est la dissolution.

Mais M. Granier ne s'occupe pas de la responsabilité pénale, il s'en tient à la responsabilité civile; la question est déjà, en effet, suffisamment compliquée. En principe, en effet, quiconque use de son droit, alors même qu'il porterait préjudice à autrui, n'encourt aucune responsabilité. Si donc l'acte du syndicat est tel qu'on puisse le considérer comme rentrant normalement dans les attributions que lui confère la loi, à savoir défendre les intérêts de ses membres, il n'y a rien à faire de la part de la partie lésée. Telle est la distinction aujourd'hui consacrée par la jurisprudence. Mais elle donne lieu à de nombreuses difficultés et aussi à des comparaisons instructives avec les législations étrangères, et par là même fournissent à l'auteur matière à de longues discussions, sans compter tout un chapitre d'introduction sur la notion de la personnalité morale.

On pourrait reprocher à M. Granier d'avoir sacrifié à peu près complètement tout le côté économique du sujet s'il n'avait comme excuse que son étude est précisément une thèse de doctorat juridique. Mais on sent bien que c'est surtout ce côté là qui l'intéresse.

Ch. GIDE.

Werner Sombart, *Das Lebenswerk von Karl Marx,* in-8, 59 p. Fischer, à Iéna, 1909, prix 80 pfennigs.

On a beaucoup écrit sur Karl Marx et il a pu sembler à plusieurs que tout avait été dit; les lecteurs de littérature économique allemande savent quelles discussions a soulevées l'antinomie, affirmée par les uns, contestée

par les autres, entre le début et la fin de l'œuvre de Karl Marx. M. Sombart
a trouvé le moyen de traiter une matière plus concrète et plus pratique. Il
s'est proposé de définir vingt-cinq ans après la mort de Karl Marx la place
que l'auteur du *Capital* occupait à sa mort et celle qu'il occupe aujourd'hui,
le rôle qu'il a joué au point de vue du mouvement social et la contribution
qu'il a apportée à la science sociale.

M. Sombart montre Karl Marx à peine lu et connu de son vivant, très peu
compris même de ceux qui, comme Lassalle, ne cherchaient qu'à pénétrer
sa pensée. On ne voyait en lui que le théoricien moral de la valeur, sans
doute parce que les lecteurs n'avaient point franchi les limites du premier
volume du *Capital*.

C'est seulement après sa mort que la réputation de Karl Marx vint à gran-
dir : d'abord dans le parti socialiste avec Schœnlank et Kautsky, puis dans
les cercles des économistes allemands. C'est en effet lors de la publication
du troisième volume du *Capital*, en 1894, que la science économique allemande a repris l'étude de l'œuvre de Karl Marx qui paraissait frappée d'une
condamnation sans appel. M. Sombart l'avait d'ailleurs prévu en analysant
ce livre dès son apparition : la jeune génération de l'époque, qui ne connaissait Karl Marx que comme penseur, a dû le découvrir comme théoricien.

Aussi bien l'action politique de l'œuvre de Karl Marx n'a-t-elle été réelle
qu'après sa mort, surtout dans les pays autres que l'Allemagne.

Par une référence à son ouvrage classique *Sozialismus und Soziale Beur-
gunq*, M. Sombart trouve l'explication de la faveur du marxisme parmi les
classes populaires — en dépit de son aridité — dans la précision avec
laquelle cette doctrine a montré qu' « il n'y a jamais de mouvement politique qui ne soit social en même temps ». L'absence de programme social
déterminé a conquis au marxisme les adeptes des solutions les plus diverses
qui y trouvaient l'affirmation de la puissance et de l'avenir du prolétariat.
De plus, au lieu de développements moraux sur l'oppression des travailleurs par le capitalisme, Karl Marx offrait une étude substantielle dont la
genèse théorique paraissait satisfaire les esprits jaloux de précision scientifique et dont la conclusion devait être l'impossibilité de réformer les injustices alléguées sans recourir au régime socialiste.

C'est un chant de victoire qu'entonne M. Sombart avec une conviction
élevée à la hauteur de son talent. On ne peut lire l'opuscule que nous
avons sous les yeux sans rendre hommage à la ferveur d'un disciple devenu
apôtre. Mais il faut savoir se défendre de son prosélytisme.

Ceux qui déplorent l'influence de Karl Marx ne peuvent, pas plus que
ses admirateurs, en contester la réalité ; ils sont frappés — et nous sommes
du nombre — de la séduction que la puissante logique mise au service des
sophismes marxistes a exercée sur la classe ouvrière ; ils doivent donc ne
pas se borner à les combattre par de vagues déclarations, mais leur opposer
les ressources que la dialectique ne refuse jamais à la cause de la vérité.

Maurice BELLOM.

G. Preziosi, *Il problema dell' Italia d'oggi.* Con introduzione di A. GRAZIANI.
Remo Sandron, Palermo, 1908.

Parmi les problèmes les plus importants de la démographie italienne, il
y a sans doute l'émigration. L'énorme développement numérique, toujours
croissant, de ces dernières années, jusqu'à atteindre le chiffre de 787,977
en 1906, en démontre toute la valeur sociale et politique. Par conséquent
l'étude de M. Preziosi, qui vient nous donner un aperçu très clair des conditions sociologiques et économiques du phénomène émigratoire, a tout
l'intérêt de l'actualité, en agitant encore une fois une question qui mérite
bien l'attention des savants ainsi que des hommes d'Etat.

L'auteur démontre la nécessité absolue de l'émigration pour le bien-être
de l'Italie, nécessité qui se fonde sur nombre de causes, pour la plupart
économiques, telles que : l'extrême densité de la population pour un pays
agricole tel qu'est l'Italie, qui vient toujours s'accroître à cause de l'excédent des naissances sur les morts, l'insuffisance de la richesse mobilière
par rapport à la richesse immobilière, le taux infime de la richesse
moyenne, la diffusion de la malaria...

Il nous énumère aussi les bénéfices qu'on doit attendre de l'émigration,
dont il considère les courants par rapport aux régions du départ aussi
qu'aux pays d'immigration. Il étudie après les conditions, dans les pays étrangers, des émigrants, en démontrant la nécessité d'une action du gouvernement et de la nation plus énergique pour leur protection et leur éducation intellectuelle, sans quoi tous les liens avec leur pays se dissoudraient
très vite, ce qui signifierait une perte absolue économique aussi que politique pour l'Italie.

Le livre de M. Preziosi, qui n'a pas la prétention de nous donner une
étude scientifique mais plutôt une discussion pratique des principaux problèmes de l'émigration italienne, devrait à juste titre être connu par tous
ceux qui s'intéressent à cette profonde question démographique.

Virginio GAYDA.

Charles Salvy, *L'immigration aux Etats-Unis et les lois fédérales,* 1908,
Librairie de la Société du recueil J.-B. Sirey.

Les phénomènes d'émigration et d'immigration attirent aujourd'hui de
plus en plus vivement l'attention des économistes. On se rend compte que,
suivant les expressions de Moritz Wagner : « la théorie de la migration est
le point fondamental de l'histoire universelle ». Mais malgré quelques études récentes dignes d'intérêt, il est encore peu de problèmes en économie
politique qui sollicitent autant le travail des chercheurs que cette théorie,
si négligée naguère.

Un double et curieux revirement s'est opéré dans l'attitude des gouvernements et dans les tendances des législations à l'endroit du phénomène
migratoire. Jadis — et je parle d'un passé peu éloigné, vieux de moins d'un
siècle —, l'émigration était envisagée souvent avec autant de défiance et

·d'hostilité par les pays européens, que l'immigration était favorisée et bien vue par les pays d'outre mer, et les Etats-Unis au premier rang de ceux-ci. De nos jours, les nations d'Europe, sauf quand leur émigration devient excessive et morbide, tirent volontiers vanité de la part qu'elle leur assure dans le peuplement des terres libres et dans la formation des peuples de demain. Ce sont, au contraire, certains pays d'immigration qui tendent à modifier leur attitude favorable et à refouler le courant qu'ils appelaient autrefois. Les résultats de cette notable et antithétique évolution, que j'ai soulignée dans un ouvrage récent [1], ne se sont nulle part plus affirmés qu'aux Etats-Unis, où la législation se fait de plus en plus sévère aux « indésirables » [2].

C'est cette législation que M. Salvy vient d'étudier dans un livre sérieusement documenté aux sources américaines, suffisamment développé, intéressant et bien fait. Après avoir montré l'accroissement prodigieux de l'immigration aux Etats-Unis (1.285.000 immigrants en 1907), et rappelé le changement très grave qui s'est produit dans la composition de l'armée immigrante au profit des races méridionales et orientales, M. Salvy nous fait assister à l'élaboration de la législation restrictive, depuis la loi très anodine du 3 août 1882 jusqu'à celle, très énergique, du 20 février 1907. Il analyse cette législation dans ses dispositions essentielles, et dans celles qui s'appliquent plus spécialement aux Asiatiques et qui, à plusieurs reprises déjà, ont soulevé de si inquiétantes difficultés entre les Etats-Unis et le Japon. Il conclut, — sans se laisser influencer par les idées actuellement prédominantes aux Etats-Unis —, en faveur de la liberté de l'immigration, qui a fait de la république yankee une grande nation. « Le jour où l'immigration cessera de se porter vers les Etats-Unis, les Etats-Unis resteront stationnaires pendant quelque temps, et déclineront ensuite rapidement ».

Le livre de M. Salvy intéressera tous ceux que préoccupe la question de l'émigration en général, et il sera avantageusement utilisé par l'économiste qui dotera nos bibliothèques d'un travail d'ensemble — si désirable —, sur la législation économique internationale de l'émigration.

René GONNARD.

Dr Max Grabein, *Wirtschaftliche und soziale Bedeutung der ländlichen Genossenschaften in Deutschland.* Tübingen, 1908, 195 s.

Le développement pris en Allemagne depuis surtout une vingtaine d'années par les associations agricoles est un phénomène bien connu que nombre de travaux ont rendu familier au public. Il suffira de rappeler entre beaucoup d'autres l'ouvrage de M. Blondel, *Etudes sur les populations rurales de l'Allemagne* ou celui de Lorenzoni, *La cooperazione agraria nella Germania moderna.* Dans l'ouvrage du Dr Grabein on peut, ce nous semble, distinguer deux parties d'inégal intérêt.

---

[1] *L'Émigration au xixe siècle,* Colin, éditeur.
[2] V. Monnier, *Les Indésirables.*

La première concerne les applications de l'association en agriculture déjà
étudiées par ses devanciers parce que de date relativement plus ancienne.
Il s'agit là notamment de sociétés de crédit rural, de sociétés pour l'acquisition de machines ou encore de laiteries coopératives. Il y a sur ces différentes matières une mise au point précieuse comme statistiques du nombre
des sociétés, chiffres d'affaires, etc. Tout cela n'était plus au courant dans
les publications datant de quelques années, et il ne pouvait en être autrement dans une matière qui se renouvelle pour ainsi dire chaque jour. Sur
des sujets d'actualité et à propos d'institutions qui se développent avec
rapidité ce qu'on écrit vieillit vite. M. Grabein a fait œuvre utile en reprenant le sujet.

Je préfère néanmoins comme intérêt ce qui dans son étude touche aux
applications toutes récentes de la coopération agricole. Je veux parler des
associations constituées pour mettre à la disposition des agriculteurs la
force susceptible d'être utilisée à la ferme, telle l'électricité, ou encore les
associations pour l'apport de l'eau.

En ce qui concerne l'électricité utilisée comme lumière et comme force
pour les travaux intérieurs, M. Grabein cite des chiffres intéressants, il
s'agit des résultats obtenus dans les exploitations reliées à la coopérative
d'électricité de Hassum dans le Hanovre ; ces exploitations, grâce au transport de force électrique, réalisent d'importantes économies de main-d'œuvre
ou de frais pour le battage des céréales, le concassage des grains, le fonctionnement des hache-pailles et des trieurs. Voici, à titre d'exemples, les
chiffres relevés dans la comptabilité du domaine de Hohenheim distant de
la source d'énergie électrique de 16 kilomètres, ces chiffres sont relatifs au
battage.

Avec l'ancien système, le battage des céréales du domaine revenait en
moyenne, pour la récolte d'une année, à 3.091 marks dont 1.234 marks pour
le travail des locomobiles à vapeur. Il ressort maintenant avec l'emploi de
l'électricité, en tenant compte de l'amortissement, à 2.094 marks.

Mêmes constatations d'économies réalisées pour les autres opérations de
la ferme.

Le livre de M. Grabein ne vaut pas seulement par ces renseignements
d'ordre technique. Le dernier chapitre, justifiant le titre de l'ouvrage, est
consacré à démontrer l'importance *économique et sociale* de l'association en
agriculture.

On y trouve des aperçus nouveaux sur le rôle que les associations peuvent jouer pour la défense des agriculteurs contre les agissements des
cartels et des syndicats de producteurs. De plus en plus l'agriculture
moderne utilise des matières premières tirées de l'extérieur. Elle trouve en
face d'elle des coalitions de producteurs cherchant à lui imposer une hausse
des prix. Le fait a été signalé pour les engrais phosphatés et potassiques.
Isolés, les agriculteurs sont impuissants en présence de pareils agissements.
M. Grabein leur conseille de s'associer, estimant avec raison qu'il faut en
pareil cas opposer à ces groupements de vendeurs des groupements d'acheteurs. C'est le moyen pour l'agriculture de tenir tête à ses fournisseurs et
de les amener à composition. M. Grabein ne fait du reste que reprendre le

procédé qu'indiquait le président Roosevelt, en mai 1907, au cinquante-
naire de l'Ecole d'agriculture supérieure de l'état de Michigan. Lui aussi
recommandait aux agriculteurs de s'associer pour répondre aux coalitions
de producteurs d'engrais.

On voit, par cette rapide analyse, le profit qu'on peut tirer de la lecture
de l'ouvrage du Dr Grabein.   J. HITIER.

Dr Th. Schuchart, *Die volkswirtschaftliche Bedeutung der technischen
Entwicklung der deutschen Zuckerindustrie.* Leipsig, 1908, 267 pp.

Ce livre constitue la première monographie de toute une série publiée
sous la direction du Dr Ludwig Sinzheimer et qui sera consacrée à l'étude
des grandes industries envisagées à la fois à un point de vue technique et
à un point de vue économique. Sont en préparation notamment les monographies relatives à l'industrie du verre, du papier, de l'imprimerie, à l'utilisation des chutes d'eau, à l'électro-technie.

Le but de cette publication est de démontrer l'action qu'exercent les uns
sur les autres les facteurs techniques et les conditions économiques. Ils se
commandent réciproquement. Telle est la thèse développée à propos de
l'industrie sucrière et illustrée de tout un ensemble de faits empruntés à
l'histoire de cette industrie qui présente pour l'Allemagne une si grosse
importance.

Etudiant les phases traversées par l'industrie sucrière, l'auteur oppose
l'une à l'autre la période précapitaliste et la période capitaliste.

Ce qu'il appelle la période précapitaliste, c'est celle où l'Europe tributaire des pays cultivant la canne à sucre tirait d'eux la totalité de sa consommation et aussi celle où l'Europe a commencé à s'affranchir de cette
dépendance en essayant la culture de la betterave à sucre. Cette partie historique résume des faits connus et n'a pas la prétention d'apporter un jour
nouveau sur le développement de l'industrie sucrière.

Au contraire, la suite de l'étude consacrée à la période capitaliste est la
partie originale de l'ouvrage. Elle nous montre comment les transformations techniques et les transformations économiques ont marché de pair.

Au matériel rudimentaire des sucreries de la première période a succédé
le matériel compliqué des usines modernes, d'une puissance singulièrement accrue et d'une valeur autrement élevée. Cette transformation technique a eu sa répercussion dans l'ordre économique. Elle a conduit rapidement la sucrerie à la concentration. Au régime des usines nombreuses,
mais à faible production, a succédé le régime des sucreries à grande production, mais en même temps plus rares. Le phénomène a été relevé
récemment par M. Bourguin aux annexes de sa magistrale étude sur *Les
systèmes socialistes et l'évolution économique.*

L'industrie sucrière est une de celles où on peut le mieux saisir la tendance à la concentration. M. Schuchart a eu raison de signaler le fait et
aussi d'insister sur un côté moins connu de la question.

Tandis que les sucreries au milieu du xixe siècle étaient disséminées un peu partout dans les différentes régions de l'Allemagne, aujourd'hui l'industrie sucrière tend à se concentrer, géographiquement parlant, dans trois ou quatre régions qui sont, tout naturellement, celles que les conditions de sol et de climat rendent le plus aptes à la production du sucre de betterave. A cet égard les chiffres sont significatifs. Tandis que la Bavière tombe de 17 sucreries en 1837 à 3 en 1902, tandis que le duché de Bade tombe de 9 en 1837 à 2 en 1902, la Saxe monte dans le même temps de 40 à 112, la Silésie de 16 à 56.

Cette spécialisation de certaines régions devenant les grands centres de la culture betteravière a été le point de départ de merveilleux progrès, progrès au point de vue de l'amélioration de la plante productrice par l'application d'une sélection rigoureuse qui a doublé en quelques années le rendement en sucre par hectare, progrès aussi des méthodes de culture quant au travail du sol dont ont bénéficié les plantes alternant dans l'assolement avec la betterave.

Il y a plus. Ces régions spécialisées dans la production de la betterave ont appris à connaître et à apprécier les services que la science avec ses laboratoires était appelée à rendre à l'agriculture. C'étaient les laboratoires qui, par l'analyse des betteraves déterminaient celles qui devaient être choisies comme porte-graines à raison de leur richesse en sucre. C'étaient les mêmes laboratoires qui, étudiant les maladies de la betterave, indiquaient le moyen de les combattre.

Or, toute une révolution est sortie de là en matière agricole, amenant petit à petit l'agriculture moderne au renouvellement de ses méthodes et lui ouvrant la voie scientifique où nous le voyons s'engager chaque jour davantage.

L'étude de M. Schuchart, pleine de chiffres et de faits, a le mérite de mettre en lumière des choses trop souvent laissées dans l'ombre.

J. HITIER.

Bernhard Rost, *Die Wert- und Preistheorie, mit Berücksichtigung ihrer dogmengeschichtlichen Entwickelung*, 1 vol. in-8 de 207 pages. Leipzig, Duncker et Humblot, 1908. 5 m. 40.

On trouvera dans ce livre, tout d'abord, un exposé historique des théories de la valeur et des prix. Le plan de cet exposé n'est pas parfaitement bon. M. Rost parle en premier lieu des théories de la valeur, et ensuite des théories des prix. Mais l'opposition que les auteurs établissent entre la valeur et le prix n'est pas toujours la même : tantôt cette opposition est celle de la valeur d'échange normale et de la valeur d'échange effective ; tantôt c'est celle de la valeur d'usage et de la valeur d'échange. D'autre part, la revue de M. Rost est incomplète : M. Rost, apparemment, ignore la littérature anglaise, américaine et italienne la plus récente ; et il est fâcheux qu'il laisse de côté des auteurs comme Marshall, Fisher ou Pantaleoni. Il nous fournit toutefois un répertoire qu'il peut être utile de consulter, même à côté du livre de Kaulla dont j'ai rendu compte dans cette Revue, il y a deux ans, et qui est beaucoup plus complet.

M. Rost cependant, à la différence de Kaulla, ne s'est pas borné à exposer des théories. Il critique aussi.

Sa critique des théories objectives de la valeur est excellente. M. Rost a fort bien vu les vices de ces théories, et il les met en lumière d'une manière particulièrement heureuse. Les théories objectives de la valeur fondent celle-ci sur le coût de production : mais le coût de production d'un bien résulte de la valeur des moyens productifs qu'il a fallu employer pour l'obtenir, et les moyens productifs tirent leur valeur des biens de consommation qu'ils servent à produire. A supposer même que le coût de production des biens puisse être estimé indépendamment de toute considération de valeur, ce coût de production, pour un même bien, varie, dans la plupart des cas, avec la quantité produite ; dès lors, quelle quantité sera produite ? quel sera, parmi les coûts de production successifs et inégaux, celui qui déterminera la valeur ? Les théories objectives ne peuvent pas donner de réponse à cette question ; et cela les condamne.

Écartant les théories objectives, M. Rost formule également des objections contre les théories subjectives de Jevons et des Autrichiens. Tout d'abord, ces théories lui paraissent d'un subjectivisme en un sens trop individualiste. Elles partent d'appréciations que les individus feraient, chacun à part des autres, de chaque chose. Mais il y a une appréciation collective de l'utilité des biens qui s'impose dans une très grande mesure aux individus — tout comme la mode pour le vêtement — ; et les individus ne font guère que corriger plus ou moins cette appréciation. S'agit-il, maintenant, de la détermination de la valeur d'échange ? On oublie, dans le schéma qu'on en donne, que les vendeurs, comme aussi les acheteurs, cherchent toujours à y avoir un bénéfice. Et d'autre part, on a tort de croire que les appréciations des vendeurs puissent, en définitive, être éliminées ; ces appréciations jouent ici un rôle important : ainsi ceux qui vendent de la main-d'œuvre — les ouvriers — prennent en considération, quand ils contractent avec un employeur, le sacrifice que représente pour eux le travail qu'ils auront à fournir.

Dans les critiques que M. Rost adresse ainsi à la nouvelle école anglaise et aux Autrichiens, tout ne porte pas. Au sujet, par exemple, de l'effort que les acheteurs feraient, dans tout achat, pour obtenir un bénéfice ou une « rente de consommateur », il importe de remarquer que pour tout individu il y aura nécessairement des achats où cette rente n'apparaîtra pas ; si l'on supposait que tous les biens fussent divisibles à l'infini, alors, réglant rationnellement leurs dépenses, les individus achèteraient de chaque bien une quantité telle que la dernière unité ne leur procurât point de rente. Et pour ce qui est de la considération que les ouvriers feraient du sacrifice impliqué dans leur travail, il faut se rappeler que les ouvriers, en général, ne sont pas maîtres de régler à leur guise la durée de leur journée. Un ouvrier qui travaille dans une usine serait peut-être content, pour ne faire que 8 heures de travail au lieu de 10, d'accepter une réduction de salaire

d'un cinquième. Mais il ne sera pas possible, à l'ordinaire, de satisfaire
son désir sur ce point.

Malgré tout, la critique que fait M. Rost des théories de Jevons et des
Autrichiens contient des observations intéressantes, et qui méritent d'être
retenues. On sera moins satisfait, sans doute, de la construction positive
par laquelle son ouvrage se termine. Prenons dans cette construction le
plus important, c'est-à-dire ce qui a trait à la valeur d'échange normale.
Cette valeur d'échange normale, d'après M. Rost, doit s'établir tout d'abord
entre ces deux limites extrêmes : l'appréciation du dernier acheteur et
l'appréciation du dernier vendeur. Mais à l'intérieur de ces limites, il y a
des limites plus étroites, qui sont déterminées par le rapport des quantités
demandées et offertes, la richesse relative des demandeurs et des offrants,
le nombre des demandeurs et des offrants, l' « intensité » de la demande et
de l'offre. Il y aurait beaucoup à dire sur les trois premiers des facteurs que
M. Rost fait intervenir ainsi. Mais nous pouvons nous dispenser d'entreprendre un examen de détail. Et la raison en est que, pour ces biens tout
au moins dont la production est quelque peu abondante, on ne voit pas
comment il pourrait y avoir un écart entre l'appréciation du dernier acheteur et l'appréciation du dernier vendeur — ou plutôt son coût de production : car c'est cela qu'il convient, presque toujours, de considérer ici —.

Adolphe LANDRY.

Paul Dupont, *L'assurance contre le chômage.* 1 vol. in-8 de 264 pp. Paris,
Giard et Brière, 1908. 3 francs.

Des deux premiers chapitres de ce livre, l'un indique les causes diverses
du chômage et les différentes sortes de chômage que l'on peut distinguer,
l'autre nous renseigne sur l'importance que le chômage a actuellement en
France. Ces chapitres sont loin de manquer d'intérêt. Ils sont toutefois un
peu sommaires, et il convient de n'y voir qu'une sorte d'introduction à ce
qui suivra.

C'est des remèdes contre le chômage, ou plutôt encore contre les maux
qu'engendre le chômage, que M. Dupont est surtout préoccupé. C'est à la
recherche de ces remèdes qu'il consacrera la plus grande partie de son
livre.

Il dit quelque chose, tout d'abord, de ces mesures auxquelles les municipalités ont eu recours assez souvent — aidées parfois par des particuliers
ou par des sociétés — et qui consistent à créer des œuvres d'assistance par
le travail. Il ne voit là que des palliatifs tout à fait insuffisants, point de
remèdes véritables. Il passe ensuite en revue des projets divers, les uns
conçus par des particuliers, les autres par des membres du parlement. Et
l'on a ainsi un chapitre, à la vérité un peu confus, dans lequel l'auteur
parle des espoirs que l'on a fondés sur l'établissement du libre-échange ou
sur la réduction de la journée du travail, de l'émigration et de la colonisation intérieure, de ce que les sociétés mutuelles peuvent faire contre le
chômage, etc.

Reste l'assurance contre le chômage. C'est à elle que M. Dupont s'inté-resse le plus. Et il étudiera longuement toutes les tentatives que l'on a faites pour la réaliser. Ces tentatives peuvent être classées en quatre groupes.

1° Il y a tout d'abord ces assurances contre le chômage que des patrons ont instituées pour leurs ouvriers, ou que des associations ouvrières ont créées pour leurs membres, sans aucun secours étranger : telles étaient l'assurance de la Fédération lithographique, celle de la Fédération du livre, celle de la Fédération des mécaniciens, avant que l'État les subven-tionnât.

2° Les pouvoirs publics peuvent instituer une assurance obligatoire con-tre le chômage. C'est ce qui a été fait à Saint-Gall en 1895, sans succès d'ailleurs, puisque la caisse d'assurance de Saint-Gall a cessé de fonction-ner dès 1897.

3° Les pouvoirs publics peuvent établir une caisse d'assurance, en lais-sant facultative l'affiliation à cette caisse. Des essais de ce genre ont eu lieu avec des succès divers à Berne, à Cologne, à Bologne, à Bâle. A ces caisses d'assurance municipales, M. Dupont rattache les assurances créées par les mutualités.

4° En dernier lieu, M. Dupont étudie les caisses subventionnées. Il s'agit ici de caisses d'assurance qui ont ce caractère d'être spéciales aux mem-bres de groupements professionnels déterminés — sauf, parfois, dans les petites localités —, qui sont administrées par ces groupements profession-nels, et que les pouvoirs publics aident par des subventions. C'est à Gand que le système en question a fonctionné pour la première fois sur des bases un peu larges et avec de très bons résultats : d'où le nom de système de Gand sous lequel il est connu. Mais l'initiative de la ville de Gand devait être contagieuse. Elle a été imitée par nombre de villes belges et françai-ses. Et l'État français lui-même, s'inspirant d'un vœu émis en 1903 par le Conseil supérieur du travail, consacre chaque année 110.000 francs, depuis 1904, à des subventions aux caisses professionnelles d'assurance contre le chômage.

De toutes ces tentatives, de toutes ces créations dont je viens de men-tionner les plus importantes, M. Dupont nous raconte l'histoire en détail. Il s'est documenté avec soin, en s'adressant le plus possible aux sources d'une manière directe ; et grâce à lui nous apprenons beaucoup de choses fort instructives. Quant à ses conclusions, elles sont en faveur du système de Gand. M. Dupont croit que l'assurance contre le chômage ne peut être réalisée qu'avec la participation des groupements professionnels. Il croit que le concours financier des pouvoirs publics est indispensable pour que cette assurance puisse fonctionner. Il veut enfin qu'elle soit facultative. Sur le premier point, tout le monde sans doute, à cette heure, lui donnera raison. On lui donnera raison aussi sur le second point ; on trouvera même, avec lui, que ce n'est pas assez du concours de l'État venant aider les intéressés, que celui des patrons doit s'y ajouter ; et l'on ne se contentera peut-être pas, comme il le fait, d'attendre ce concours de la bonne volonté patronale. Mais c'est le troisième point qui ne manquera pas d'être discuté ; car bien

qu'il y ait lieu, selon toute vraisemblance, d'attendre pour un avenir prochain une large extension du système que M. Dupont recommande, il est
difficile d'espérer que, dans une question comme celle du chômage, l'assurance facultative puisse, avant bien longtemps, donner autre chose que des
résultats assez limités.   Adolphe LANDRY.

———————

G. de Greef, *Précis de sociologie.* 1 vol. 332 pp. Paris, Alcan, 1909.

Il y a, dans l'histoire d'une science, deux sortes de moments : ceux où
elle se fait et ceux où elle se fixe. La sociologie semble traverser actuellement une période de fixation; cela se reconnaît à ce que les traités et les
manuels s'y multiplient. Par là, elle ressemble quelque peu à l'économie
politique actuelle, dont elle diffère pourtant à tant d'égards.

Le manuel de M. de Greef tiendra certainement, dans la série, un rang
très honorable. On en connaît la substance : car c'est naturellement la
sociologie de M. de Greef qui s'y trouve contenue; c'est un utile résumé de
ses précédents ouvrages. Il comprend trois parties. La première traite des
généralités et de la méthode de la sociologie; la seconde de la structure; la
troisième de la vie des sociétés.

On trouvera dans la première partie une histoire de la sociologie et de
ses méthodes et une excellente analyse des caractères spécifiques des sociétés qui les distinguent des organismes. La seconde partie expose les lois les
plus générales qui gouvernent les structures sociales. Ce sont, outre la loi
de limitation étudiée par M. de Greef dans un ouvrage récent que nous
avons signalé ici, la loi de connexité, la loi d'agencement, la loi de corrélation, la loi de continuité, la loi de simultanéité, la loi d'universalité, la
loi de subordination. Selon que ces propriétés de la structure sociale prennent telle ou telle forme, toute la société change; elles peuvent donc servir
à constituer des *types sociaux.* C'est ce que fait M. de Greef à la fin de cette
seconde partie. On sait que, comme M. Bücher, il attribue aux modes de
circulation économique une valeur particulièrement grande en tant que
critère de l'état social. Il a donné déjà plus de détails à ce sujet dans sa
Sociologie économique.

Le troisième livre expose de même les lois de la vie sociale ou phénomènes généraux de la physiologie des sociétés. Naturellement, ils ne sont
pas indépendants des phénomènes de structure; on peut, à travers la nature
de ceux-ci, connaître la nature de ceux-là. M. de Greef donne un excellent
exemple de ce procédé méthodologique, en montrant (p. 159 s.) comment
la division de la société belge en classes peut être mesurée à l'aide de la
composition et de la proportion des *classes* d'enseignement, phénomène de
structure que la statistique peut saisir très facilement. Pourtant, la vie des
sociétés a ses lois propres, distinctes de celles de la structure; les plus
importantes sont celles qui règlent la variabilité sociale, l'adaptation et la
sélection sociales, enfin, la différenciation, la solidarité, l'hérédité, comme
phénomènes sociaux. Une bibliographie est jointe à chaque chapitre; les
livres y cités ne sont peut-être pas toujours bien choisis. Ainsi, à propos

des phénomènes moraux, M. de Greef cite l'*Evolution de la morale,* de Letourneau, et omet le livre infiniment supérieur de M. Westermarck (*Origin and development of the moral ideas,* 2 vol. 1906-1908).

On peut aussi chicaner M. de Greef sur quelques petites erreurs. C'est bien à tort qu'il considère M. Giddings comme un représentant de la méthode psychologique ; et, de même, quelque opinion qu'on ait sur le socialisme, on ne peut accorder à M. de Greef qu'il y ait là un courant « scientifique » (p. 51), ou alors les mots n'ont plus de sens.

René MAUNIER.

Semaine sociale de France, *Cours de doctrine et de pratique sociales.* Vᵉ session. Marseille, 1908. 1 vol. 438 pp. Lyon, 1908.

Les questions qui ont été traitées en cette session se rattachent naturellement toutes à l'ordre des réformes sociales : elles constituent un ensemble qui témoigné de l'activité réelle des catholiques sociaux. M. l'abbé Calippe s'attache à démontrer que « le catholicisme est une religion sociale », ce qui n'est pas difficile, car toute religion est, par définition même, une société. M. Deslandres a exposé les avantages et les moyens de la participation des particuliers aux lois d'assistance et d'hygiène sociales. Et, de même, M. Boissard, dans ses leçons sur les lois de justice sociale, indique quel peut être, à côté de l'Etat, le rôle actif des groupes secondaires et des individus.

Les cours pratiques sont plus nombreux. M. Duthoit a exposé les remèdes tentés contre le chômage ; M. Martin Saint-Léon la crise de l'apprentissage ; M. B. Brunhes les manifestations récentes de la lutte contre le déboisement ; M. Estrangin la situation des populations maritimes. Enfin, M. Joseph Brunhes a affirmé les devoirs du consommateur et la nécessité de son intervention dans les conditions du travail par l'organe des *Ligues d'acheteurs*[1]. Il indique comment ces ligues ont pu éviter des conflits entre patrons et ouvriers, qui eussent pu devenir fort graves, notamment à Neuchâtel et à Dijon. Ainsi, pourrait-on ajouter, les ligues n'ont pas seulement une fonction humanitaire, mais elles tendent aussi directement à l'utilité des consommateurs, en leur permettant, si ces interventions se généralisaient, d'échapper aux graves conséquences qui résultent pour eux de la progression sans cesse croissante des grèves. Et c'est là un espoir qui peut être de nature à réconcilier M. Vilfredo Pareto avec les ligues d'acheteurs.

René MAUNIER.

[1] Il est curieux d'indiquer ici l'opinion qu'exprime en même temps sur ces Ligues M. Vilfredo Pareto, dans son tout récent *Manuel d'économie politique* (p. 497) : « La veulerie de certains des consommateurs, écrit-il, dépasse toute croyance. Ils ont imaginé de constituer des ligues dites d'acheteurs. D'après ce nom, il semblerait que ces braves gens s'associent pour avoir des marchandises de la meilleure qualité possible, au moindre prix. Pas le moins du monde ! Leur seul but est d'obtenir des entrepreneurs un traitement de faveur pour les ouvriers et les commis. Tout le reste leur importe peu ». On sait que M. Pareto voit dans cet « humanitarisme morbide » un signe de la décadence de la bourgeoisie.

H. Köppe, *Der Arbeitstarifvertrag als Gesetzgebungsproblem* (Le contrat collectif, considéré comme problème législatif), 1908, 391 p. (Iéna, chez Fischer).

Nous ne sommes pas les seuls à nous préoccuper du contrat collectif. Sous le nom de *Tarifvertrag*, il est en Allemagne l'objet de nombreuses discussions. M. Köppe, privat-docent à l'Université de Marbourg, vient de consacrer 391 grandes pages, d'une impression serrée, où il examine le problème sous toutes ses faces. L'ouvrage est écrit d'un style assez vif, mais l'auteur eût pu condenser facilement son gros volume en un volume plus court. La lecture en eût été plus aisée et plus profitable. Ce qui ressort de l'ouvrage de M. Köppe — très documenté du reste et où il fait en particulier un large usage de travaux de la Société d'études législatives — c'est que la réglementation juridique du contrat collectif implique, en Allemagne, deux réformes préalables : celle du droit de coalition et celle du droit d'association. Le droit de coalition est restreint en Allemagne par les lois spéciales des Etats confédérés et par la jurisprudence, dès que la coalition poursuit autre chose que l'amélioration *immédiate* des conditions de travail des coalisés eux-mêmes. Lorsqu'elle se tient dans ces limites, elle est protégée par la loi de l'empire, mais il est difficile qu'elle s'y tienne toujours et la plupart des auteurs allemands sont d'accord pour reconnaître qu'elles sont trop étroites. Quant aux droits des associations, ils sont également très limités. La personnalité juridique n'est accordée qu'à celles qui se font enregistrer et l'enregistrement dépend d'une autorisation gouvernementale. Il ne faut pas s'étonner que la plupart des syndicats ouvriers aient préféré renoncer à une personnalité si chèrement acquise. Quant aux associations non enregistrées — et c'est la majorité des syndicats ouvriers — elles n'ont que des droits très restreints. Pour en donner une idée : elles peuvent être poursuivies en justice, mais *ne peuvent pas poursuivre*. Dans ces conditions, M. Köppe réclame avant toute chose un élargissement du droit de coalition et d'association.

Cela fait, il propose une législation du contrat collectif dont le caractère essentiel est la responsabilité pécuniaire des syndicats, au cas où ils violeraient le tarif. On sait que les syndicats ouvriers, en Allemagne comme en Angleterre, en France et en Amérique, sont hostiles à toute responsabilité de ce genre, qui risque de mettre leur caisse à la merci des tribunaux. Mais M. Köppe considère que liberté ne va pas sans responsabilité et qu'en accordant l'une, il faut imposer l'autre. C'est là une grave question et, dans l'état actuel des choses, l'attitude des ouvriers nous paraît pouvoir se justifier par des raisons de fait très sérieuses. C'est pourquoi ils resteront probablement hostiles à une extension de leurs droits tant qu'on ne trouvera pas à les garantir contre des condamnations pécuniaires trop fortes.

Charles RIST.

Paul Hirschfeld, *Die freien Gewerkschaften in Deutschland* (Les syndicats libres en Allemagne). Leur extension et leur développement de 1896 à 1906. Iéna, Fischer, 1908, 146 et 289 pages.

On appelle en Allemagne syndicats libres, les syndicats socialistes. M. Hirschfeld avait déjà publié en collaboration avec le professeur Trœlsch un ouvrage sur ces syndicats. Ils étudiaient leur répartition géographique et leur situation statistique jusqu'en 1903, ce sont les changements survenus dans cette situation qu'il examine dans ce gros livre, dont 289 pages sont uniquement des tableaux de chiffres. On reste absolument confondu devant la somme prodigieuse de travail — et de travail ingrat — que suppose cette publication. Nous donner le chiffre des membres de tous les syndicats socialistes, pour les plus intimes sections locales de ces syndicats, c'est là un effort qui est je crois sans précédent dans aucun pays. Nous expliquer en 146 pages, pour tous les syndicats importants, les circonstances qui ont modifié de 1903 à 1906 leur situation numérique et géographique, c'est là encore une tâche dont nous croyons que personne chez nous'ne consentirait à tenter la pareille. Malgré notre admiration pour cet effort, nous avouons ne pas très bien comprendre où il mènera l'auteur. Ces documents si minutieux et si multiples à quoi serviront-ils, et quelles conclusions en tirer? Cela nous échappe. Mais l'auteur en tirera peut-être un jour quelque chose d'utile, et s'il suffit pour cela de se donner de la peine, nous sommes assuré qu'il ne reculera pas devant elle, quelque colossal que puisse être le labeur à fournir.

Charles RIST.

Albert Métin, *Les traités ouvriers.* Accords internationaux de prévoyance et de travail. Textes officiels. Commentaire et historique. Paris, 1908, in-8°, 272 p.

La signature de M. Métin est pour un livre une garantie de précision, d'exactitude et de conscience. Ce nouvel ouvrage est digne des précédents. Un historique et un commentaire sobres mais très utiles accompagnent la reproduction intégrale des textes internationaux qui se sont multipliés ces derniers temps en matière de travail. Une bibliographie complète des documents officiels, des discussions et des publications qui ont préparé les conventions internationales précède le livre. En annexes, une série de tableaux statistiques et comparatifs permet d'apprécier la portée des conventions signées et de comparer le régime législatif en vigueur dans les différents pays. C'est un *vade-mecum* indispensable pour toute personne qui s'occupe de ces questions, un résumé sûr et complet de toute l'œuvre accomplie depuis la conférence diplomatique de Berlin, en 1890, jusqu'à nos jours.

Charles RIST.

Royaume de Belgique. Office du travail, *Annuaire de la législation du travail,* 10ᵉ année, 1906. *Tables des dix dernières années :* 1896-1906.

L'éloge de cet annuaire n'est plus à faire; — nous avons dit déjà le bien que nous en pensons. Cette année il suffira de signaler le volume contenant les tables des dix dernières années. Ces tables sont faites par ordre analytique d'une part, par ordre géographique et chronologique de l'autre. Rien de plus précieux pour suivre le mouvement de la législation ouvrière dans un pays déterminé, ou pour trouver les lois internationales existantes sur un objet donné. C'est un instrument de travail de premier ordre, et qui ne fait pas double emploi avec le Bulletin de la Société pour la protection légale des travailleurs.

Charles Rist.

JOURNAL OF THE ROYAL STATISTICAL SOCIETY

31 st march 1909.

Percy E. Braun : The cost, conditions, and results of hospital relief in London (with discussion).

Sommerville (professor W.) : Forestry in some of its economic aspects (with discussion).

Miscellanea : Wilson (C.-B. Arthur).

Wright (colonel Caroll), Sauerbeck (A.). — Prices of commodities in 1908.

Edgeworth (professeur F.-Y.) : Addendum of «Probable ewors of frequency constants».

Wood (G.-H.). — Real wages and the standard of comfort since 1850. Book reviews.

Le Gérant : L. LAROSE.

31.375. — BORDEAUX, IMPRIMERIE Y. CADORET, RUE POQUELIN-MOLIÈRE, 17.

REVUE
D'ÉCONOMIE POLITIQUE

CONFLITS ENTRE LA CONVENTION SUCRIÈRE DE BRUXELLES

ET LES TRAITÉS DE COMMERCE

Un vœu récemment émis par la Chambre de commerce de
Nantes, en vue d'entraver l'importation en France des sucres
d'Egypte, donne un intérêt d'actualité à la question de savoir comment doivent se résoudre les conflits entre la convention sucrière
de Bruxelles et les traités de commerce contenant la clause du
traitement de la nation la plus favorisée.

§ I. *Observations sur la forme et la portée du vœu de la Chambre de
commerce de Nantes.*

Le vœu de la Chambre de commerce de Nantes, qui a été précédé d'un rapport non publié, a été porté, dans les termes suivants, à la connaissance du public et des départements ministériels
compétents.

« Dans sa séance du 26 janvier 1909, la Chambre de commerce
a pris connaissance d'un rapport rédigé, au nom de la Commission
des sucres, par M. Kerr, sur l'importation en France des sucres
d'Egypte. S'associant aux protestations et aux vœux des raffineurs
de la circonscription, la Commission des sucres propose à la
Chambre de demander à M. le Ministre du commerce qu'à la prochaine réunion de la Commission permanente de Bruxelles, les
délégués français s'efforcent de faire adopter le vœu suivant :

« Les sucres raffinés provenant de pays non contractants impor-
» tant des sucres bruts, et dont la législation ne surtaxe pas à leur
» entrée chez eux les sucres primés dans leur pays d'origine,
» seront frappés, à leur entrée dans les pays contractants, des
» droits compensateurs les plus élevés ».

« La Chambre adopte ce rapport, le transforme en délibération et décide qu'il sera transmis à M. le Ministre du commerce et à M. le Ministre des finances »[1].

Avant d'étudier les rapports qu'aurait avec les traités de commerce un texte semblable, s'il était inséré dans la convention sucrière, nous croyons utile de présenter deux observations.

1° La mesure suggérée par la Chambre de commerce de Nantes est manifestement excessive et mal étudiée.

a) Elle est excessive, en ce sens qu'elle aurait actuellement pour effet de soumettre à un droit compensateur de 27 francs par 100 kil., droit applicable aux provenances d'Espagne, les sucres bruts ou raffinés de pays qui n'accordent aucune prime, tandis qu'elle imposerait d'une façon bien moindre les sucres de pays qui accordent des primes, par exemple, les sucres bruts d'Australie, qui ne sont passibles que du droit compensateur de 0 fr. 94 par 100 kil., parce qu'ils reçoivent une prime évaluée à ce chiffre par la Commission permanente de Bruxelles[2].

b) Elle est mal étudiée, en ce sens qu'une disposition de ce genre devrait tenir compte du régime douanier et, le cas échéant, du système de drawback en vigueur dans le pays exportateur. On ne doit évidemment pas craindre que les producteurs d'un pays qui accorde une prime de 5 francs, par exemple, fassent passer leurs sucres, pour les expédier dans un pays de l'Union, par un pays tiers où ils paieraient un droit de douane de 10 francs et dans lequel le régime de drawback n'existerait pas ou fonctionnerait dans des conditions telles qu'il exclurait la possibilité de produire un certificat d'origine. On sait, en effet, que, conformément à un avis de la Commission permanente de Bruxelles, les chargements non accompagnés de certificats d'origine sont soumis au droit compensateur le plus élevé[3].

2° Si l'industrie nantaise souffre de la concurrence que lui font les sucres candis d'Egypte, malgré les avantages que lui assurent les détaxes de distance[4] et la surtaxe douanière de six francs par 100 kilos de sucre raffiné[5], il faut reconnaître que l'Egypte est un

---

[1] *Journal des fabricants de sucre,* 10 février 1909.
[2] Tarif des douanes, *Tableau des droits,* p. 237.
[3] Tarif des douanes, *Observations préliminaires,* n. 532, § 5.
[4] L. 7 avril 1897, art. 2 et 3; L. 28 janvier 1903, art. 3.
[5] L. 28 janvier 1903, art. 2.

exemple bien mal choisi pour justifier la proposition formulée par la Chambre de commerce de Nantes.

Du *Bulletin mensuel du commerce extérieur de l'Egypte*, publié par la Direction générale des douanes égyptiennes pour les années 1907 et 1908, il résulte que les sucres importés en Egypte proviennent d'Angleterre, d'Allemagne, d'Autriche-Hongrie, de Belgique, de France, de Russie, de Turquie (quantités insignifiantes) et d'Extrême-Orient.

Les six premiers pays qui fournissent le marché égyptien sont actuellement adhérents à la convention de Bruxelles et par conséquent n'accordent ou sont réputés n'accorder aucune prime à leurs sucres. La Turquie n'en accorde pas davantage, puisqu'elle ne figure pas au nombre des pays dont les provenances sont soumises à un droit compensateur. L'expression *Extrême-Orient* est plus vague. Mais il est à la connaissance de toutes les personnes qui s'intéressent aux questions sucrières que les seuls sucres d'Extrême-Orient importés en Egypte sont ceux de Java, qui ne reçoivent aucune prime.

On constate ainsi qu'il n'entre pas en Egypte de sucres primés. Si donc le gouvernement de ce pays les surtaxait ou les prohibait, pour échapper à la menace dont le vœu de la Chambre de commerce de Nantes semblerait être l'annonce, rien ne serait changé à la situation actuelle ; il n'y aurait qu'un texte de plus dans la législation égyptienne.

§ II. *Les stipulations de la Convention de Bruxelles dérogent-elles, au regard des pays non adhérents, à la clause de la nation la plus favorisée?*

On connaît les causes qui ont motivé la réunion de la Conférence de Bruxelles et la signature de la convention du 5 mars 1902. Elles peuvent se résumer en quelques mots : Les primes directes ou indirectes accordées à l'exportation des sucres par la plupart des pays du continent européen avaient faussé les cours de cette denrée sur les marchés des pays importateurs. Pour contrebalancer l'effet de ces primes, les Etats-Unis d'Amérique et les Indes anglaises avaient imposé aux sucres primés des droits compensateurs, et l'Angleterre, qui ne produit pas de sucre, mais en consomme beaucoup, menaçait d'entrer dans la voie tracée par les

Etats-Unis et les Indes, parce que les primes accordées aux sucres européens plaçaient dans une situation d'infériorité intolérable les producteurs des Antilles anglaises et les raffineurs de la Grande-Bretagne[1].

Le principal obstacle à la suppression des primes résidait dans l'attachement du gouvernement français au système de la loi du 29 juillet 1884, qui se caractérisait par de fortes primes à la production, sous forme de réductions de droits sur les excédents de rendement.

La reprise des négociations qui avaient échoué en 1898 fut préparée par une entente entre la France, l'Allemagne et l'Autriche-Hongrie, établie sur les bases suivantes : Moyennant l'engagement pris par les autres Etats « de ne pas frapper les sucres français, à l'importation sur leur territoire, de droits plus élevés que ceux imposés aux sucres de toute autre origine étrangère. », la France « s'engageait, à son tour, à supprimer ses primes à l'exportation des sucres et à n'en pas rétablir, de même qu'à ramener à 20 francs l'écart de 30 francs entre le tarif plein de l'impôt intérieur de consommation, qui grève le sucre, et le tarif réduit, qui s'applique aux rendements de 7 3/4 à 10 1/2 p. 100 et qu'à appliquer le tarif plein aux rendements supérieurs à 10 1/2 p. 100 »[2].

La conférence internationale qui se réunit à Bruxelles, en décembre 1901, et à laquelle participèrent la plupart des pays d'Europe, ne formula pas d'objections contre la concession à la France de l'avance acceptée par les gouvernements allemands et austro-hongrois.

Mais, dans la seconde séance de la conférence (16 décembre 1901), M. Phipps, ministre de la Grande-Bretagne, exprima le désir que l'on précisât, par un chiffre, le montant de l'avance consentie à la France.

Les délégués français expliquèrent que la détaxe, dont le bénéfice dépendait de l'importance des excédents de rendement sur la prise en charge du sucre présumé contenu dans les betteraves mises en œuvre, ne pouvait pas, quel que fût le rendement, excéder 4 fr. 95 par 100 kil., en raison d'un droit normal de 60 francs, mais qu'elle pouvait être inférieure à ce chiffre, qui constituait simplement un maximum.

Le ministre d'Angleterre ne protesta pas contre cette disposition de faveur, mais il demanda « s'il ne serait pas désirable de fixer un chiffre maximum, cinq francs, par exemple, pour la prime indirecte que la France serait autorisée à conserver. *Semblable indication, disait-il, aurait son utilité au point de vue de l'application du traitement de la nation la plus favorisée* »[1].

L'examen de cette proposition fut renvoyé à la séance suivante (18 décembre). Précisant la portée des paroles de M. Phipps, sir Henri Bergne exposa « que la Grande Bretagne était liée vis-à-vis de plusieurs pays par des traités de commerce garantissant le traitement de la nation la plus favorisée. Il semble difficile, ajoutait-il, d'appliquer à ces pays la clause pénale [le droit compensateur imposable aux sucres primés] sans tenir compte du régime spécial réservé à la France. On pourrait stipuler que, si le taux de la prime accordée dans un pays étranger à la convention n'excède pas le chiffre de la prime conservée par la France, ce pays ne sera pas sujet à l'application de la clause pénale ».

Sir Henry Bergne aurait pu ajouter que la concession du traitement de la nation la plus favorisée étant devenue une clause de style dans les traités de commerce, les autres pays représentés à Bruxelles se trouvaient dans la même situation que l'Angleterre.

Un délégué belge, M. Baudouin, soutint, conformément à la prétention du gouvernement français, que « l'avance [accordée à la France] devait rester exceptionnelle, qu'elle devait être considérée comme inexistante, au point de vue des droits compensateurs, et que tout autre pays qui accorderait des primes devrait

---

[1] Documents diplomatiques, *loc. cit.*, p. 192. — Les instructions données le 12 décem-1901 aux délégués anglais par lord Lansdowne contenaient le passage suivant : « Il naîtra sans doute quelques difficultés dans l'application de la clause pénale, si la France continue à garder une partie de ses primes indirectes, et vous aurez l'obligeance d'étudier les obligations qui résultent, pour la Grande-Bretagne, de ses traités de commerce avec d'autres nations contenant la clause de la nation la plus favorisée, soit sous le point de vue des droits d'entrée, soit sous celui de la prohibition d'entrée d'articles étrangers ». — Au cours de la Conférence, les délégués anglais demandèrent de nouvelles instructions, et lord Lansdowne leur répondit, le 17 janvier 1902 : « Il faudra stipuler que les avantages réservés à la France seraient accordés à tous les pays bénéficiant de la clause de la nation la plus favorisée » (*The Times*, 23 avril 1902 ; *Supplément à la circulaire hebdomadaire du syndicat des fabricants de sucre de France*, n. 684, du 4 mai 1902).

être frappé pour le montant de ces primes, sans défalcation » [1].

La faiblesse de la réponse saute aux yeux. Les nations représentées à Bruxelles ne pouvaient pas décider qu'un avantage concédé à la France devrait être considéré comme non existant au regard des autres. « En ce qui concerne les pays de l'Union, la thèse présentée est l'évidence même, disait M. de Smet de Nayer, président de la conférence et chef du cabinet belge. Mais des difficultés pourront naître, lorsqu'il s'agira de faire accepter ce point de vue par les nations qui n'ont pas pris part à la Conférence et ne se considèreront pas comme liées par ses décisions ».

Pour conclure, M. de Smet de Nayer formula la proposition suivante : « L'atténuation des droits compensateurs, dans le sens indiqué par la Grande-Bretagne, ne pourrait être éventuellement accordée qu'aux seuls pays qui jouissent conventionnellement du traitement de la nation la plus favorisée. Toutes les autres provenances seraient frappées de la taxe compensatrice intégrale, sans déduction de l'avance. De plus, les Etats contractants s'engageraient à se délier le plus tôt possible de la clause générale de la nation la plus favorisée, en tant qu'elle s'applique aux sucres, et à substituer à cette clause une disposition leur réservant le droit d'établir éventuellement une taxe compensatrice sur les sucres primés » [2].

Au cours de la septième séance, le Ministre de France, M. Gérard, esquissa un mouvement de retraite : « La délégation française, dit-il, a déjà transmis à son gouvernement le projet de résolution [rédigé par M. de Smet de Nayer] en ajoutant qu'il est bien entendu que, pour les puissances faisant partie de l'Union sucrière, il ne pourrrait être question de traiter la France sur un autre pied que les Etats contractants » [3].

Dans les séances ultérieures, les délégués français concentrèrent leurs efforts sur la défense des détaxes de distance que la loi du 7 avril 1897 accordait à tous les sucres coloniaux et à certains sucres indigènes, ils ne renouvelèrent plus la prétention d'obtenir *erga omnes* une situation exceptionnelle, et ils votèrent sans réserve l'article premier de la convention qui supprime « les primes directes et indirectes, dont bénéficierait la *production* ou l'expor-

---

[1] Documents diplomatiques, *loc. cit.*, p. 229.
[2] Documents diplomatiques, *loc. cit.*, p. 229.
[3] *Ibid.*, p. 250.

tation des sucres », et range parmi les premières « les exemptions
d'impôt totales ou partielles dont bénéficient une partie des produits de la fabrication ».

Ainsi, devant l'impossibilité de contester aux pays tiers le droit à
l'exemption des taxes compensatrices des primes, dans la limite de
la prime que les Etats représentés à Bruxelles consentaient à laisser
subsister en France, nos délégués avaient renoncé à cette prime.

La Convention ayant été approuvée par le Parlement français,
nos lois furent mises en harmonie avec ses stipulations. Le système
des exemptions partielles en faveur des excédents de rendement
fut supprimé[1]. Les plénipotentiaires réunis à Bruxelles et le Gouvernement français lui-même avaient, par leur décision, proclamé
le respect de la clause de la nation la plus favorisée écrite dans les
traités de commerce signés entre une puissance adhérente à la Convention sucrière et une puissance demeurée étrangère à cette
entente.

§ III. *La clause de la nation la plus favorisée met-elle obstacle à l'imposition de droits compensateurs aux sucres exportés avec prime?*

L'affirmative a été soutenue par le Gouvernement russe en 1899,
c'est-à-dire au moment où le Gouvernement de l'Inde anglaise
imposa une taxe compensatrice aux sucres primés, et comprit
parmi ceux-ci les sucres russes.

L'ambassadeur de Russie à Londres déclarait que son gouvernement « ne saurait considérer l'introduction de cette surtaxe que
comme un malentendu, aucune prime pour exportation tant directe
qu'indirecte n'existant en Russie, où seule l'accise perçue est restituée ». Mais, comme il sentait que cette assertion n'avait que
l'apparence de l'exactitude, il argumentait en vue de l'hypothèse
où il serait reconnu que les sucres russes recevaient une prime
indirecte d'exportation : « L'établissement sans négociation préalable, écrivait-il, de taxes différentielles ou compensatrices à
l'égard de pays qui jouissent du traitement de la nation la plus
favorisée constitue une dérogation à cette clause des traités existants, *quand même ces pays accorderaient des primes à l'exportation* »[2].

[1] L. 28 janvier 1903, art. 5.
[2] Lettre de M. Lessar au marquis de Salisbury, du 15 juin 1899. Martens, *Nouveau
recueil général de traités*, 2e série, XXXIII, p. 313.

A cette affirmation le Gouvernement anglais répondit très judicieusement : « Le but de la clause de la nation la plus favorisée
est de garantir aux marchandises une égalité de traitement et non
une faculté de jouir d'avantages supérieurs à ceux dont jouissent
les marchandises de la nation la plus favorisée. Si l'augmentation
de ces avantages peut être la conséquence immédiate de dispositions législatives, prises par une puissance étrangère, qui est l'une
des parties contractantes d'un accord basé sur le traitement de la
nation la plus favorisée, le Gouvernement britannique estime —
lorsque les disposlions législatives en question équivalent à l'établissement de primes d'exportation — que l'autre partie contrac-
tante est en droit de prendre les mesures qu'elle jugera utile en vue
de rétablir l'équilibre commercial artificiellement détruit » [1].

La Russie céda devant des raisons aussi puissantes et une volonté
aussi fermement exprimée. Pour obtenir l'admission de ses sucres
au tarif normal, elle accepta les conditions d'ailleurs bienveillantes
qui lui furent imposées par les Etats adhérents à la Convention de
Bruxelles [2].

La réponse du Gouvernement anglais aurait pu trouver un point
d'appui dans le principe de la souveraineté de chaque Etat fort
justement invoqué par M. de Smet de Nayer, lorsque la Conférence sucrière se réunit à Bruxelles, en 1898 : « Semblable pratique, disait-il en parlant des primes d'exportation, pourrait aller
jusqu'à porter atteinte aux droits respectifs de souveraineté de
chaque nation, si l'on refusait d'admettre la faculté de contrebalancer la prime par une surtaxe correspondante » [3].

Enfin, aurait pu ajouter le Cabinet de Londres, « le principe en
vertu duquel la concession de primes d'exportation ne constitue pas
un droit [dans les rapports internationaux] a été plusieurs fois
exprimé dans des traités de commerce » [4].

[1] Lettre du marquis de Salisbury à M. Lessar, du 15 juin 1899. Martens, *N. R. G.*,
2e série, XXXIII, p. 315.
[2] Protocole, 19 décembre 1907, L. 30 janvier 1908 ; Circ. donanes, n. 3797 du 29 mai
1908.
[3] Documents diplomatiques, *loc. cit.*, p. 49; d'Aulnis de Bourouill, *op. cit.*, p. 94.
[4] Schraut, *System der Handelsverträge und der Meistbegünstigung*, p. 77; Cava-
retta, *La clausola della nazione più favorita*, p. 120. — Bien qu'écrit en 1906, ce
dernier ouvrage ne cite, comme exemple, que la convention sucrière conclue le
8 novembre 1864 entre la France, la Belgique, la Grande-Bretagne et la Hollande
(Duvergier, 1865, p. 348). « Il s'agissait de rapprocher tous les producteurs de la situation de libre et complète concurrence, où ils se seraient rencontrés sur les marchés

Cette phrase écrite par M. Schraut, il y a déjà un quart de siècle, a besoin d'être expliquée et précisée.

Un grand nombre de traités de commerce contiennent une disposition dont la formule ne varie que d'une façon insignifiante et qui limite toujours le taux du drawback au montant du droit intérieur perçu sur le produit exporté[1]. On peut considérer comme type de cette formule l'art. 5 du traité signé le 30 décembre 1881 entre la France et le Royaume-Uni de Suède et Norvège, et qui forme aujourd'hui la base des arrangements commerciaux conclus entre la France et les autres pays.

Cet article est ainsi conçu :

« Les drawbacks établis à l'exportation des produits suédois et norvé-
» giens ne pourront être que la représentation exacte des droits d'accise
» ou de consommation intérieure grevant lesdits produits ou les matières
» dont ils sont fabriqués.

» De même, les drawbacks établis à l'exportation des produits français
» ne pourront être que la représentation exacte des droits d'accise ou de
» consommation intérieure grevant lesdits produits ou les matières dont
» ils sont fabriqués ».

tiers, si l'impôt des sucres n'eût pas existé • (Amé, *Etude sur les tarifs de douanes et les traités de commerce,* II, p. 147). Mais, à cette époque, la limitation du drawback avait moins pour but d'assurer à l'industrie de chaque Etat une protection déterminée que de réaliser, en matière de sucres, les principes du libre-échange. En effet, en vertu d'une déclaration signée le 5 juillet 1865 entre la France et la Belgique, les décrets des 8 et 24 juillet 1865 supprimèrent les surtaxes applicables aux sucres bruts originaires de Belgique, de Hollande et d'Angleterre (Boizard et Tardieu, *Histoire de la législation des sucres,* p. 132 et suiv.).

[1] Traité 2 août 1862 entre la France et le Zollverein, art. 6, §§ 4 et 5; Martens, *N. R. G.,* 1re série, XIX, p. 280. — Tr. 27 déc. 1878 entre l'Italie et l'Autriche-Hongrie, art. 9, § 4; Martens, *N. R. G.,* 2e série, IV, p. 335. — Tr. 31 oct. 1881 entre la France et la Belgique, art. 4; Martens, *ibid.,* IX, p. 6. — Tr. 30 déc. 1881 entre la France et le royaume de Suède et Norvège, art. 5; Martens, IX, p. 173. — Tr. 6 fév. 1882 entre la France et l'Espagne, art. 16; Martens, IX, p. 143. — Tr. 23 fév. 1882, entre la France et la Suisse, art. 6, § 4; Martens, IX, p. 60. — Tr. 6 janv. 1883, entre l'Allemagne et la Serbie, art. 6; Martens, IX, p. 431. — Tr. 22 mars 1883 entre l'Italie et la Suisse, art. 5, § 3; Martens, IX, p. 577. — Tr. 19 avril 1884 entre la France et les Pays-Bas, art. 4 et 5; Martens, XII, p. 605. — Tr. 2 juin 1884 entre l'Italie et l'Espagne, art. 10 ; Martens, XIII, p. 609. — Tr. 10 avril 1885 entre le Portugal et le royaume de Suède et Norvège, art. 4, §§ 1 et 2 ; Martens, XIV, p. 72. — Tr. 23 janv. 1889 entre la Suisse et l'Italie, art. 4, § 3 ; Martens, XVII, p. 223. — Tr. 19 avril 1892 entre la Suisse et l'Italie, art. 4, § 3 ; Martens, XVIII, p. 862. — Tr. 27 juin 1892 entre l'Espagne et la Suède, art. 7; Martens, XX, p. 550. — Tr. 27 juin 1892 entre l'Espagne et la Norvège, art. 7; Martens, XX, p. 554. — Tr. 23 juil. 1892 entre la France et la Suisse, art. 5, § 4 ; Martens, XVIII, p. 622. — Tr. 4 juil. 1893 entre l'Espagne et le Danemark, art. 7; Martens, XXVII, p. 292. — Tr. 13 juil. 1904 entre la Suisse et l'Italie, art. 8; Martens, XXXIV, p. 530.

Une telle disposition constitue-t-elle une restriction à la clause de la nation la plus favorisée ou une application de cette clause? Cette règle peut-elle être invoquée, comme elle l'a été par lord Salisbury, dans sa correspondance avec l'ambassadeur de Russie, par un pays lié à un autre par un traité stipulant le traitement de la nation la plus favorisée, mais ne spécifiant pas la limitation du drawback?

L'origine de cette clause, la place qu'elle occupe dans le texte des traités, au milieu d'autres dispositions sur les droits de consommation intérieure, enfin les variantes que présentent certains traités montrent qu'elle ne constitue que l'expression du droit qu'a chaque Etat d'assurer exactement à ses nationaux la protection qu'il leur a réservée.

a) *Origine de la clause de limitation du drawback.*

Le célèbre traité franco-anglais du 23 janvier 1860 « stipule, dit le rapport à l'empereur, que tous les articles énumérés dans l'art. 1er ne pourront être grevés de droits *ad valorem* supérieurs à 30 p. 100, les deux décimes additionnels compris, jusqu'au 1er octobre 1864, et de 25 p. 100, à partir de cette époque. Il prend toutes les précautions propres à assurer la sincérité des évaluations qui doivent servir de base à l'établissement de ces droits. La valeur de l'objet importé sera calculée au lieu d'origine ou de fabrication..., elle sera calculée sur les prix aujourd'hui connus et à l'abri de toute controverse, qui ont existé pendant les six mois antérieurs au 23 janvier. Cette valeur ainsi déterminée sera augmentée de tous les frais de transport, etc. ».

Le gouvernement français réservait ainsi une protection d'un taux bien déterminé à la production nationale. Il est évident qu'il n'entendait pas que cette protection pût être atténuée ou annihilée par une prime de sortie payée en Angleterre. Mais il n'avait pas eu à prévoir et à repousser cette éventualité, parce que les principes de liberté commerciale, qui font l'honneur de l'Angleterre, ne permettent pas de la soupçonner de recourir à la pratique des primes pour éluder les stipulations d'un traité. Quant au gouvernement de la Grande-Bretagne, il lui était indifférent que son co-contractant favorisât ses exportations par des primes ou des drawbacks exagérés.

La situation ne fut pas la même lorsque les pays du Zollverein traitèrent avec la France qui est, malheureusement pour ses finances, la terre classique des primes et des privilèges commerciaux. Ces Etats voulurent que la convention qu'ils signaient exprimât nettement la pensée que sous-entendait le traité franco-anglais; aussi firent-ils insérer dans l'article 6, qui stipulait l'égalité absolue de traitement quant aux taxes de consommation, une disposition ainsi conçue : « Les drawbacks établis à l'exportation des produits français ne pourront être que la représentation exacte des droits de consommation grevant lesdits produits ou les matières dont ils sont fabriqués » [1].

Il apparaît ainsi nettement que la clause dont il s'agit n'est que l'expression de la volonté naturellement sous-entendue dans un traité de réserver aux produits nationaux la protection stipulée.

b) Clauses des traités relatives aux taxes de consommation intérieure.

La même idée se dégage de l'ensemble des dispositions que les traités précités consacrent aux taxes de consommation intérieure· et qui, sous différentes formes, poursuivent le but unique d'éviter que l'on n'élude, au moyen de la perception et de la restitution des droits intérieurs, les avantages que les parties contractantes ont voulu s'assurer.

Chaque pays s'engage à ne pas imposer aux produits originaires de l'autre des droits d'accise supérieurs à ceux qui grèvent ses propres produits. Cette garantie prise contre une aggravation indirecte des droits d'importation fixés par traité serait superflue entre parties qui auraient pour principe la fidélité à leurs engagements. Mais elle n'est pas inutile, d'abord parce qu'il n'est pas rare de voir une nation chercher à éluder la clause d'un traité de commerce dont elle aperçoit plus tard les inconvénients [2], ensuite parce que

---

[1] Traité 2 août 1862, Martens, *N. R. G.*, 1re série, XIX, p. 280.

[2] Notre législation, en matière d'huiles minérales, offre un exemple frappant de cette pratique. — Le traité de commerce signé entre la France et la Russie, le 5 juin 1893, stipulait que les huiles minérales brutes seraient taxées, à l'entrée en France, à raison de 9 francs par 100 kil. et les huiles raffinées et essences à raison de 12 fr. 50 par 100 kil. (Martens, XX, *N. R. G.*, 2e série, p. 744). — Plus tard, le gouvernement français estima que la protection accordée aux raffineurs français était exagérée; il résolut de la réduire. Comme le droit d'importation des pétroles bruts était fixé par un traité, on ne pouvait l'élever à l'encontre des pays contractants; pour réduire la différence entre le droit du produit brut et celui du produit raffiné, il eût fallu diminuer ce dernier; mais une telle mesure aurait occasionné une perte sensible pour le Trésor. — Pour mener leur projet à bonne fin, les pouvoirs publics durent se résoudre à

le co-contractant n'aurait à sa disposition aucun moyen de contrebalancer l'effet d'une surtaxe appliquée à ses produits sous forme
de droits d'accise.

La clause qui interdit les drawbacks exagérés serait inutile
entre parties respectant loyalement leurs engagements, puisque
l'exagération des drawbacks aurait pour but, comme l'imposition
des droits d'accise sur les produits exclusivement étrangers, de
fausser le fonctionnement des tarifs stipulés ou acceptés. Mais son
insertion dans les conventions commerciales est moins nécessaire
que celle de la clause précédente — elle y figure en effet moins
souvent — parce que le pays lésé a un moyen facile, et même
avantageux pour ses finances, de contrebalancer l'effet d'un
drawback exagéré, c'est l'établissement d'une surtaxe compensatrice.

c) *Formes spéciales de certaines clauses relatives à la limitation des drawbacks.*

Si les rédacteurs des conventions commerciales prennent le soin
d'interdire que l'on dissimule des primes d'exportation sous des
drawbacks calculés d'une façon onéreuse pour les finances du
pays producteur, c'est évidemment parce qu'ils sous-entendent
l'interdiction des primes directes et non déguisées.

Quelques traités ont d'ailleurs exprimé accessoirement, mais
d'une façon formelle, la pensée sous-entendue dans les autres :
« Les drawbacks ne pourront comprendre une prime de sortie » [1].
« Eine Ausfuhrprämie sollen [die Ausfuhrvergütungen] nicht
enthalten » [2].

Après avoir reconnu que les droits intérieurs pourraient être
restitués à la sortie, l'article 8 du traité signé, le 13 juillet 1904,
entre l'Italie et la Suisse, ajoute : « Chacune des parties contractantes s'engage, par contre, à ne pas accorder de primes d'expor-

augmenter le droit des pétroles bruts; mais, pour respecter en apparence le traité
précité, on réalisa l'augmentation de droits par la création d'une taxe de 1 fr. 25 par
100 kil. d'huiles minérales entrant en raffinerie (L. 31 mars 1903, art. 31). Or, comme
tous les pétroles bruts sont dirigés sur des raffineries et que la France n'en produit
pas, la taxe de 1 fr. 25 par 100 kil. constitue en réalité un droit d'entrée qui est d'ailleurs perçu par la douane au moment de l'importation (Circ. Douanes, n. 3347 du
14 août 1903).

[1] Tr. 27 déc. 1878 entre l'Italie et l'Autriche-Hongrie, art. 9, § 4; Martens, IV,
p. 385.

[2] Tr. 6 janv. 1883 entre l'Allemagne et la Serbie, art. 6; Martens, IX, p. 431.

tation pour aucun article et *sous quelque titre ou quelque forme que ce soit,* sauf consentement de l'autre partie » [1].

Le principe en vertu duquel le traitement de la nation la plus favorisée n'exclut pas le droit de surtaxer les produits primés à la sortie a été formellement consacré par l'article 4 du traité signé entre la Belgique et la Roumanie le 28 mai/5 juin 1906 [2] :

> « Il est entendu que la clause du traitement de la nation la plus favorisée
> » stipulée par la présente convention ne fait pas obstacle aux avantages
> » qui résulteraient d'une union douanière conclue ou à conclure par l'une
> » ou l'autre des Hautes Parties contractantes, et qu'elle n'exclut pas non
> » plus la perception de droits supplémentaires en compensation de primes
> » d'exportation ou de production ».

L'allusion à la correspondance échangée, en 1899, entre lord Salisbury et M. Lessar saute aux yeux.

Depuis son échec dans ses négociations pour obtenir la suppression des droits compensateurs imposés aux sucres primés par le gouvernement des Indes, la diplomatie russe a fait introduire dans les traités qu'elle a signés une formule lui permettant de revendiquer le traitement de la nation la plus favorisée, même au profit des produits primés.

L'article 14 du traité franco-russe du 20 mars/1er avril 1874 était ainsi conçu [3] :

> « Les marchandises de toute nature, produits de l'industrie ou du sol de
> » l'un des deux Etats, qui peuvent ou pourront être légalement importés
> » dans l'autre, ou en être exportés, soit par terre, soit par mer, ne seront
> » assujettis à aucun droit d'entrée ou de sortie autre que ceux qu'auront à
> » payer les produits similaires de toute autre nation étrangère la plus favo-
> » risée ».

L'article 5 de la Convention signée entre les mêmes pays le 16/29 septembre 1905 [4] a modifié cette disposition de la façon suivante :

> « Les produits du sol et de l'industrie de la Russie qui seront importés en
> » France... seront soumis au même traitement que les produits de la nation
> » la plus favorisée. *En aucun cas et sous aucun motif,* ils ne seront soumis à

[1] Martens, XXXIV, p. 530.
[2] Martens, XXXV, p. 267.
[3] Martens, I, p. 611.
[4] Martens, XXXV, p. 21.

» des droits, taxes, impôts ou contributions plus élevés ou autres, *ni être*
» *frappés de surtaxes ou de prohibition,* dont ne seraient atteints les produits
» similaires de tout autre pays ».

La même clause a été inscrite dans l'article 5 du traité signé
entre la Russie et la Roumanie le 27 février 1906 [1].

Elle a été également reproduite dans l'article 2 du traité conclu
entre la Russie et l'Autriche-Hongrie le 15/2 février 1906 [2]. Mais
l'article 3 § 6 du même traité contient la stipulation suivante :

« Le Gouvernement impérial de Russie reconnaît à l'Autriche-Hongrie le
» droit d'imposer d'une surtaxe les sucres importés de Russie en Autriche-
» Hongrie, aux conditions toutefois :

a) » Que cette surtaxe ne sera appliquée qu'aux sucres destinés à la con-
» sommation intérieure en Autriche-Hongrie et ne dépassera pas le chiffre
» fixé par la commission permanente de Bruxelles;

b) » Qu'elle ne sera prélevée qu'autant que la convention de Bruxelles
» restera en vigueur et l'Autriche-Hongrie y prendra part;

c) » Que l'Autriche-Hongrie ne fera pas usage de son droit de prohiber
» l'importation des sucres russes destinés à la réexportation, ainsi qu'à
» toutes les opérations auxquelles les sucres pourraient être soumis dans
» ce dernier cas;

d) » Qu'une révision du taux de la surtaxe sera prévue, si les circons-
» tances la rendaient nécessaire ».

L'interdiction d'établir une surtaxe « en aucun cas et sous aucun
motif » est aussi compréhensive que possible, et la restriction stipulée par l'Autriche-Hongrie ne concerne que les sucres. Cette
dernière puissance ne pourrait donc pas imposer des droits compensateurs à des produits autres que les sucres, qu'il plairait au
Gouvernement russe de primer à l'exportation.

La France et la Roumanie se sont, d'une façon encore plus générale, interdit de surtaxer les produits russes primés. Il faut cependant admettre que cette clause n'a pas eu pour but d'interdire à la
France de surtaxer les sucres russes pendant la durée de la convention de Bruxelles. Comment concevrait-on, en effet, que la Russie eût pu, après les débats auxquels a donné lieu le système sucrier
russe, émettre la prétention que la France se refusât d'observer
l'engagement qu'elle avait pris, pour une durée déterminée, de
surtaxer les sucres primés?

[1] Martens, XXXV, p. 152.
[2] Martens, XXXV, p. 99.

La clause visant l'admission des produits russes primés au bénéfice du régime accordé à la nation la plus favorisée ne peut donc
concerner que les marchandises autres que celles auxquelles la
France était tenue, au moment de la signature du traité, d'imposer
une surtaxe. C'est ainsi d'ailleurs que la Russie a entendu cette
clause, puisqu'elle n'a pas protesté contre le maintien des droits
compensateurs dans le tarif français et qu'elle a souscrit, pour s'y
soustraire, aux exigences des puissances (limitation des exportations) [1].

Mais, dans d'autres circonstances, une question semblable comporterait la solution contraire. Aucun argument d'ordre économique ou juridique ne permettrait à la France de refuser à la Russie
et autres pays qui bénéficient des mêmes droits, par l'effet de la
clause de la nation la plus favorisée, la faculté d'importer aux conditions du tarif minimum des produits ayant reçu des primes
d'exportation.

Ainsi s'est trouvée récemment créée une troisième conception des
effets de la clause de la nation la plus favorisée.

La première est la conception américaine [2], que l'on retrouve
d'ailleurs, dans quelques traités auxquels n'ont pas participé les
Etats-Unis d'Amérique [3]. Elle assure à chaque pays contractant :
1° Le traitement de la nation la plus favorisée au moment de la
signature du traité ; 2° les avantages accordés ultérieurement à
d'autres puissances sans condition ; 3° à charge d'une concession
équivalente, les faveurs accordées ultérieurement sous condition.

La seconde est celle qui, jusqu'à ces dernières années, a constamment régi les relations commerciales de la très grande majorité
des pays : « Les Hautes Parties contractantes se promettent réciproquement de n'accorder aucun abaissement de taxe, privilège,
faveur ou immunité quelconque aux sujets ou aux produits d'un

---

[1] Protocole 19 décembre 1907, art. 3 ; L. 30 janvier 1908, art. unique.

[2] Tr. 1er mai 1828 entre les Etats-Unis d'Amérique et la Prusse, art. 5 et 9 ; Martens, *Nouveau recueil de traités,* VII, p. 615 ; Glier, *Die Meistbegünstigungsklausel*
p. 3 et suiv. ; Visser, *La clause de « la nation la plus favorisée » dans les traités de
commerce. Revue de dr. int. et le légis. comp.,* 1902, p. 270 et suiv.

[3] Tr. 31 juillet-12 août 1839 entre la Prusse et la Grèce, art. 9 et 11 ; Martens, *Nouveau recueil général,* 1re série, I, p. 580. — Tr. 20 février 1844 entre la Prusse et le
Portugal, art. 4 et 12 ; Martens, *ibid.,* VI, p. 134. — Tr. du 5 novembre 1895 entre le
Brésil et le Japon, art. 4 ; Martens, *N. R. G.,* 2e série, XXXIV, p. 394 ; Glier, *op. cit.,*
p. 124 et suiv.

autre Etat, qui ne soit aussi et à l'*instant étendu, sans condition,* aux nationaux et aux produits respectifs des deux pays » [1]. Cette clause, nous venons de le voir, permet de surtaxer les produits primés à l'exportation.

Enfin, la troisième est celle qui a été introduite, depuis 1905, dans les traités conclus par la Russie avec la France, l'Autriche-Hongrie et la Roumanie. La formule de ces derniers traités produit, comme la précédente, un effet immédiat en cas de nouvelles faveurs accordées à un pays tiers; elle s'oppose, de plus, sauf l'exception provisoire stipulée ou sous-entendue à l'égard des sucres, à l'imposition de droits compensateurs aux produits primés à la sortie.

§ IV. *Les pays adhérents à la convention de Bruxelles pourraient-ils, malgré la clause ordinaire de la nation la plus favorisée en usage dans les pays européens (seconde conception ci-dessus), surtaxer les sucres de pays non adhérents, qui, sans accorder des primes directes ou indirectes de sortie, se refuseraient à surtaxer ou à prohiber les sucres primés d'autres pays.*

Les arguments exposés au paragraphe précédent pour justifier l'application de droits compensateurs aux produits primés originaires des pays contractants suffiraient à montrer que l'application de ces droits n'est conforme à la lettre et à l'esprit des traités que dans le cas où le pays exportateur accorde lui-même des primes directes ou indirectes de sortie.

L'acte additionnel à la Convention de Bruxelles signé le 28 août 1907 [2] fournit un argument encore plus précis en faveur de la négative :

L'art. 4 de la Convention sucrière du 5 mars 1902 formule la règle suivante : « Les Hautes Parties contractantes s'engagent à frapper d'un droit spécial, à l'importation sur leur territoire, les sucres originaires des pays qui accorderaient des primes à la production ou à l'exportation ».

Mais l'art. 2 de l'acte additionnel du 28 août 1907 apporte à cette règle l'exception réclamée par l'Angleterre :

---

[1] Tr. 20 mars-1er avril 1874 entre la France et la Russie, art. 15; Martens, *N. R. G.,* 2e série, p. 611.

[2] L. 30 janvier 1908, art. unique ; circ. Douanes, n. 3797 du 29 mai 1908.

« Par dérogation à l'art. 1, la Grande-Bretagne sera dispensée, à partir
» du 1er septembre 1908, de l'obligation inscrite à l'art. 4 de la Convention.

» A partir de la même date, les Etats contractants pourront exiger que,
» pour jouir du bénéfice de la Convention, le sucre raffiné dans le Royaume-
» Uni et exporté vers leurs territoires soit accompagné d'un certificat cons-
» tatant qu'aucune partie de ce sucre ne provient d'un pays reconnu par la
» commission permanente comme accordant des primes à la production ou
» à l'exportation du sucre ».

En vertu de la clause de la nation la plus favorisée, les pays non
adhérents à la convention sucrière peuvent naturellement réclamer
le bénéfice du régime stipulé par l'Angleterre, c'est-à-dire la
faculté d'introduire leurs sucres dans les pays de l'Union aux conditions les plus favorables, du moment qu'ils ne sont pas primés et
qu'ils sont accompagnés de certificats d'origine libellés dans les
termes des certificats anglais [1] et cela, alors même qu'ils ouvri-
raient, comme l'Angleterre d'ailleurs, leurs portes aux sucres
primés par d'autres pays non adhérents à la convention.

[1] Dans sa séance du 20 juin 1903, la Commission permanente de Bruxelles a émis
l'avis que « pour les sucres arrivant des Etats non contractants, le certificat doit rela-
ter qu'ils proviennent d'une usine ne travaillant pas des sucres originaires d'un Etat
qui accorde des primes ». Cette formule est exigée en France en vertu d'une circulaire de l'Administration des douanes, n. 3351, du 29 août 1903. Les importateurs ne
sont évidemment pas tenus de se soumettre à cette exigence. Ce qu'ils doivent, c'est
un certificat d'*origine,* dont l'exactitude peut d'ailleurs être contestée par la douane
du pays de destination. Mais la formule indiquée ne certifie pas seulement l'origine,
elle atteste, en outre, que tel fait qui pourrait favoriser la fraude ne s'est pas produit.
Si l'on entre dans cette voie, on n'aperçoit pas à quelle limite on s'arrêtera. Le jour
où l'administration du pays destinataire pourra exiger que l'importateur prouve que
toute fraude est impossible, le commerce aura cessé. L'avis de la Commission permanente de Bruxelles n'ajoute d'ailleurs aucune autorité à la circulaire française et aux
circulaires étrangères qui seraient conçues dans les mêmes termes. Les avis et actes
de cette Commission n'ont aucune force obligatoire, sauf dans les cas où ils constatent l'inobservation des engagements d'un Etat contractant ou l'allocation de primes
par un Etat non contractant (Convention, 5 mars 1902, art. 7, §§ 9 et 10). Ce point a
été bien précisé par M. Gérard, ministre de France, au moment de la discussion de
l'art. 7 (Documents diplomatiques, *loc. cit.,* p. 370). Enfin la même Commission a
déclaré très satisfaisante la formule de certificat d'origine insérée dans l'article 2 de
l'acte additionnel du 28 août 1907, laquelle constate simplement « qu'aucune partie
du sucre [importé de la Grande-Bretagne] ne provient d'un pays reconnu par la Commission permanente comme accordant des primes à la production ou à l'exportation
des sucres » (*Journal des fabricants de sucre,* 16 déc. 1908). Or, cette formule qui
concerne exclusivement l'origine et non plus, comme celle de 1903, les risques de
fraude, ayant été reconnue satisfaisante et adoptée par les Etats de l'Union sucrière,
au regard de l'Angleterre, qui ne surtaxe pas les sucres primés, ces mêmes Etats ne
pourraient en exiger une autre des pays non confédérés, liés à eux par des traités de
commerce contenant la clause de la nation la plus favorisée.

Tel est notamment le cas de l'Egypte, qui est liée avec la France[1], la Belgique[2], l'Autriche-Hongrie[3], l'Italie[4] et l'Allemagne[5], par des traités de commerce stipulant le traitement de la nation la plus favorisée.

Si donc les puissances signataires de la Convention de Bruxelles introduisaient dans cet arrangement une disposition semblable à celle que suggère la Chambre de commerce de Nantes, cette disposition pourrait produire son effet, dans chacun des pays de l'Union à l'égard des pays non contractants; mais elle n'en produirait aucun en France, en Belgique, en Autriche-Hongrie, en Italie et en Allemagne au regard de l'Egypte.

On serait peut-être tenté d'objecter que les sucres raffinés originaires d'Egypte ou d'autres pays n'accordant pas de primes, mais ouverts aux sucres primés, n'ont pas été produits, comme les sucres anglais[6], dans des établissements soumis à une surveillance permanente des agents du fisc, ainsi que le prescrit l'article 2 de la Convention sucrière de 1902, et que, par conséquent, les sucres des pays non adhérents à ladite Convention ne peuvent pas invoquer la clause des traités de commerce qui stipule le traitement appliqué aux « produits similaires du pays étranger le plus favorisé *et en provenant dans les mêmes conditions* »[7].

L'objection ne saurait résister à une discussion même sommaire.

D'une part, la convention de Bruxelles, en tant qu'elle statue sur des produits qui concernent exclusivement la législation intérieure des Etats, ne peut pas être invoquée à l'égard de ceux qui n'y ont pas adhéré. Les pays de l'Union sucrière n'ont pas le droit de réclamer des autres, comme condition à l'observation des traités de commerce, telle ou telle modification à leur législation intérieure et surtout aux règlements sur la surveillance de leurs établissements industriels. S'ils agissaient ainsi, ils empiéteraient d'une façon trop évidente sur les droits de souveraineté des autres

---

[1] Tr. 26 nov. 1902, art. 2; Martens, *N. R. G.*, 2e série, XXXIV, p. 426, *J. off.*, 24 nov. 1906.

[2] Tr. 1er nov./19 oct. 1904, art. 1er; Martens, XXXIV, p. 583.

[3] Tr. 16 août 1890, art. 2; Martens, XXVII, p. 63.

[4] Tr. 1er fév. 1892, art. 2; Martens, XX, p. 529.

[5] Tr. 19 juill. 1892, art. 2; Martens, XIX, p. 764.

[6] Ordre du conseil 11 août 1903, *Journal des fabricants de sucre*, 26 août 1903; Règlement 12 août 1903.

[7] Tr. 26 nov. 1902 entre la France et l'Egypte, art. 2; Martens, XXXIV, p. 426.

nations. Il leur appartient seulement de faire rechercher et constater par leur Commission permanente si les Etats non adhérents
accordent des primes directes ou indirectes, constatation qui justifie l'application de droits compensateurs.

D'autre part, la formule « *et en provenant dans les mêmes conditions* » ne vise manifestement pas les conditions de surveillance
des établissements producteurs, conditions qui varient essentiellement, lorsqu'il n'y a pas eu d'accord international à leur égard,
comme dans l'arrangement de Bruxelles. Il suffit d'ailleurs de
compulser un *Recueil de traités* pour constater que cette formule
fait allusion au *transport direct,* condition d'admission au tarif le
plus réduit inscrite dans les traités de commerce signés par la
France[1] et quelques autres pays[2], par opposition à la formule *de
quelque provenance que ce soit*[3], inscrite dans les traités conclus

[1] Tr. 19 déc. 1866 entre la France et l'Autriche-Hongrie, art. 2; Duvergier, 1866,
p. 487. — Tr. 11 juil. 1866 entre la France et le Portugal, art. 2; Duvergier, 1867,
p. 384. — Tr. 30 déc. 1881 entre la France et le Roy. de Suède et Norvège, art. 12;
Martens, IX, p. 173. — Tr. 5 juin 1893 entre la France et la Russie, art. 1er ; Martens, XX, p. 744.

[2] Tr. 27 juin 1892 entre l'Espagne et la Suède, art. 4 et 5; Martens, XX, p. 549. —
Tr. 12 juil. 1892 entre l'Espagne et les Pays-Bas, art. 1er ; Martens, XX, p. 559. —
Tr. 27 mars 1893 entre l'Espagne et le Portugal, art. 10 et 11; Martens, XXII, p. 416.
— Tr. 19 juil. 1895 entre la Russie et le Portugal, art. 4 et 5; Martens, XXIII, p. 115.
— Tr. 31 déc. 1895 entre la Norvège et le Portugal, art. 8 et 9; Martens, XXIX,
p. 19. — Tr. 26 janv. 1897 entre le Portugal et le Japon, art. 4; Martens, XXV,
p. 283.

[3] Tr. 17/5 juin 1881 entre les Pays-Bas et la Roumanie, art. 2; Martens, X, p. 147.
— Tr. 15 juin 1883 entre l'Italie et la Grande-Bretagne, art. 2; Martens, X, p. 551. —
Tr. 29 oct. 1889 entre l'Egypte et la Grande-Bretagne, art. 2; Martens, XVI, p. 872.
— Tr. 24 juin 1892 entre l'Egypte et la Belgique, art. 2 ; Martens, XVIII, p. 8. — Tr.
1er fév. 1892 entre l'Egypte et l'Italie, art. 2; Martens, XX, p. 529. — Tr. 19 juil.
1892 entre l'Allemagne et l'Egypte, art. 2; Martens, XIX, p. 764. — Tr. 27 oct. 1892
entre l'Italie et la Colombie, art. 13 ; Martens, XXII, p. 312, — Tr. 22 août 1893 entre
l'Italie et le Paraguay, art. 6; Martens, XX, p. 509. — Tr. 16 juil. 1894 entre la
Grande-Bretagne et le Japon, art. 5; Martens, XX, p. 811. — Tr. 1er déc. 1894 entre
l'Italie et le Japon, art. 5; Martens, XXII, p. 633. — Tr. 27 mai 1895 entre la Russie
et le Japon, art. 4; Martens, XXIII, p. 56. — Tr. 4 avril 1896 entre l'Allemagne et le
Japon, art. 5; Martens, XXIII, p. 271. — Tr. 22 juin 1896 entre la Belgique et le
Japon, art. 5; Martens, XXV, p. 27. — Tr. 10 nov. 1896 entre la Suisse et le Japon,
art. 5; Martens, XXIII, p. 388. — Tr. 5 déc. 1897 entre l'Autriche-Hongrie et le
Japon, art. 5; Martens, XXXII, p. 191. — Tr. 25 fév. 1898 entre le Siam et le Japon,
art. 5; Martens, XXXIII, p. 204. — Tr. 28 mars 1900 entre l'Espagne et le Japon,
art. 1 et 3; Martens, XXXIII, p. 247. — Tr. 6 nov. 1900 entre le Mexique et le Nica-
ragua, art. 2; Martens, XXXIII, p. 252. — Tr. 31 oct. 1905 entre la Grande-Bretagne
et la Roumanie, art. 5; Martens, XXXV, p. 415.

par des pays qui ne connaissent pas ou ne connaissent plus le régime anachronique des surtaxes d'entrepôt.

Enfin, la fabrication et le raffinage en entrepôt n'ont été exigés, dans les pays de l'Union, que comme « garantie contre l'enlèvement clandestin des sucres »[1]. Le Président de la Conférence de Bruxelles a dit et « répété que le régime de l'entrepôt n'est applicable que là où se perçoit l'impôt »[2].

Ce régime n'ayant pas, dès lors, pour objet d'établir l'origine des sucres exportés, les pays qui ne l'ont pas organisé ne peuvent pas être considérés comme déchus de la faculté de fournir par des certificats la preuve de cette origine.

Du reste, le gouvernement égyptien, qui ne taxe les sucres à l'entrée qu'à raison de 8 p. 100 de leur valeur[3], soit à 2 fr. 50 environ par 100 kil., pourrait, s'il lui plaisait, supprimer ou laisser éluder le droit intérieur, qui est d'environ 0 fr. 91 par 100 kil. et qui n'est pas perçu sur les sucres étrangers soumis au droit de 8 p. 100 de la valeur, sans qu'on fût fondé à lui reprocher d'accorder à l'industrie indigène des « avantages résultant d'une surtaxe d'un taux supérieur à celui de l'article 3 »[4] de la Convention de Bruxelles, c'est-à-dire à 5 fr. 50 par 100 kil.

§ V. *Les sucres, déclarés par la Commission permanente, passibles de droits compensateurs, non parce qu'ils reçoivent dans leur pays des primes directes ou indirectes d'exportation, mais parce qu'ils sont protégés par une surtaxe douanière supérieure au taux de l'article 3 de la Convention de Bruxelles, devraient-ils acquitter ces droits compensateurs à leur entrée dans un Etat où ils ont droit, en vertu d'une convention, au traitement de la nation la plus favorisée?*

Aux termes de l'article 1er, § 3, alinéa *f,* et de l'article 4, § 1er de la Convention du 5 mars 1902, l'application de droits compensateurs est motivée par « les avantages résultant de toutes surtaxes d'un taux supérieur à celui fixé par l'article 3 ».

L'article 4, § 3 ajoute : « Pour l'évaluation du montant des avantages résultant éventuellement de la surtaxe spécifiée au littera *f* de l'article 1er, le chiffre fixé par l'article 3 est déduit du montant

---

[1] Convention 5 mars 1902, art. 2, § 2.
[2] Documents diplomatiques, *loc. cit.,* p. 401.
[3] Documents diplomatiques, *loc. cit.,* p. 249.
[4] Convention 5 mars 1902, art. 1er, § 3, al. *f.*

de cette surtaxe ; la moitié de la différence est réputée représenter la prime ».

Ainsi, un pays non adhérent à la Convention de Bruxelles qui protège sa production sucrière par une surtaxe douanière de 20 francs verra ses sucres raffinés frappés, dans les pays de l'Union, d'un droit compensateur de 7 francs, alors même qu'il n'accorde aucune prime directe ou indirecte d'exportation.

Ce droit compensateur pourra-t-il être perçu dans un Etat avec lequel le pays exportateur est lié par un traité contenant la clause de la nation la plus favorisée? Evidemment non.

Nous avons vu plus haut qu'entre pays qui se doivent le traitement de la nation la plus favorisée, l'application de droits compensateurs se justifie, sauf stipulation contraire, par l'existence d'une prime de sortie ou d'un drawback exagéré. Du moment qu'aucune de ces deux conditions n'est réalisée, l'établissement d'un droit prétendu compensateur d'un avantage accordé à l'exportation violerait la Convention. Un Etat ne saurait, en effet, reprocher à un autre de fausser, par une surtaxe douanière très élevée sur les sucres, le régime stipulé par le traité qui les lie, alors que ce même traité ne contient aucune clause limitant la protection douanière à accorder aux sucres.

Fabien THIBAULT,

Ancien directeur des douanes de Paris,
Docteur en droit,
Avocat à la Cour d'appel.

LA MATERNITÉ ET L'ÉVOLUTION CAPITALISTE

INTRODUCTION

La maternité est un de ces problèmes d'économie politique, qui jusqu'à maintenant ont été étudiés d'une façon peu scientifique. Si nous consultons les opinions émises sur cette question, nous trouvons d'une part des gens, composés en grande partie des adhérents de docrines conservatrices, qui demandent la suppression du travail de la femme mariée, d'autre part des socialistes qui en désirent le développement aussi grand que possible. Les uns, comme encore récemment Charles Poisson, s'écrient : « La place de la femme est au sein de la famille. Tout l'y appelle, tout l'y retient, tout l'y attache »[1]. De même, le pasteur Naumann, au congrès protestant (evangelisch-sociale kongress), dit : « L'homme considère son travail comme métier principal, et est père dans son occupation accessoire. La femme, au contraire, *doit* être mère dans son occupation principale, et si à côté de cela elle s'occupe d'un travail lucratif, celui-ci doit être pour elle un métier accessoire »[2]. Les socialistes ne partagent pas cet avis. Ils désirent, « que la femme puisse être indépendante et une fois mariée ne soit pas empêchée par la cuisine et la chambre d'enfants, par les petits comptes du ménage et le racommodage du linge, de prendre part à la solution des grandes questions de l'humanité, et qu'elle puisse être active là où son talent et ses penchants l'attirent »[3] (Lily Braun au Congrès de la protection du travail, Zurich, 1897).

Ces deux opinions, si opposées qu'elles soient, ont une chose commune, c'est la méthode. Les conservateurs, comme les socialistes, basent leurs conclusions sur des desiderata d'ordre moral. Au lieu d'étudier ce *qui est,* ils ne considèrent que ce qui *doit être* et, de cette façon, ils laissent un champ d'action illimité au

---

[1] Charles Poisson, *Le salaire des femmes*, Paris, 1906, p. 219.
[2] Alice Salomon, Litteratur zur Frauenfrage (*Archiv für sociale Gesetzgebung und Statistik,* Marz 1908, p. 488).
[3] Cité par Dr Ludwig Pohle, *Frauenfabrikarbeit und Frauenfrage,* Leipzig, 1900, p. 84.

subjectivisme et excluent tout à fait une solution objective du problème.

C'est pourquoi, dans cette étude, j'essayerai d'étudier la question de la maternité dans notre société industrielle à un autre point de vue. Je tâcherai d'éliminer tout jugement personnel, toute préoccupation d'ordre moral. Je me bornerai à la constatation des faits, à l'étude des rapports de causes à effets. Je prendrai pour devise les paroles que Sombart a mises à la tête de son livre célèbre « *Sozialismus und sociale Bewegung* ». « Je ne propose rien, je n'impose rien, j'expose ».

J'étudierai donc, dans un premier chapitre, les causes du travail salarié de la femme; dans un second, son développement au point de vue statistique; dans un troisième, les effets de l'occupation de la mère hors du foyer familial sur la santé et les conditions morales de l'enfant; dans un quatrième, je discuterai la possibilité de l'exclusion de la femme mariée de la fabrique; dans un cinquième, les mesures que la société a prises pour obvier aux tristes conséquences que le travail de la femme mariée a eues pour l'enfance.

CHAPITRE PREMIER

LES CAUSES DU TRAVAIL SALARIÉ DE LA FEMME

Quelles sont les causes du travail salarié de la femme? Je suis persuadé que neuf fois sur dix on répondra à cette question que la machine est la cause du travail de la femme dans l'industrie. Même une économiste aussi distinguée que Lily Braun exprime cette idée banale : « Qui voudra faire l'histoire du travail de la femme prolétaire, devra en même temps écrire l'histoire de la machine. C'est elle qui, comme une sorcière, par son appel bruyant et monotone, avec son haleine de feu, a entraîné à sa suite ces légions infinies de femmes pâles de leurs foyers tranquilles... Le travail des femmes et des enfants étaient donc la conséquence nécessaire du développement de la grande industrie »[1].

Cette explication me semble tout à fait insuffisante. Est-ce que l'invention de la spinning jenny, du selfacting et en général la

---

[1] Lily Braun, *Die Frauenfrage, ihre geschichtliche Entwiklung und ihre wirtschaftliche Seite*, Leipzig, 1901, p. 209. Disons que plus loin l'auteur analyse une partie des véritables causes du travail salarié de la femme, p. 236 et suiv.

révolution technique dont le XIX° siècle était un triomphe ininter-
rompu, nous explique pourquoi les femmes ont quitté un foyer
paisible pour travailler dans des fabriques qui étaient loin d'être
des endroits de tranquillité et de repos? Nous avons des descriptions qui nous montrent les conditions dans lesquelles la femme
travaillait de ce temps. Les fileuses étaient à moitié nues devant
des machines, jusqu'aux chevilles dans l'eau qui était nécessaire
pour maintenir le fil humide. Dans les filatures de soie, les femmes
étaient assises même pendant l'été le plus chaud devant un poêle
surchauffé et obligées de tremper leurs doigts dans l'eau bouillante[1].

La commission médicale du Brabant, dans son rapport présenté
aux membres de l'enquête sur la condition des classes ouvrières,
décrit, en 1843, de la façon suivante, une filature : « La filature
comprend : 1° le battage, opération pendant laquelle les ouvriers
sont plongés au milieu d'une atmosphère chargée de particules
cotonneuses et de corps étrangers que le coton brut renferme. Que
le battage se fasse à la main ou avec des machines, c'est une des
opérations les plus dangereuses pour la santé des ouvriers. Ils sont
environnés d'un duvet cotonneux qui les recouvre, s'attache à leurs
cheveux, à leurs paupières, à leur barbe, à l'ouverture de leurs
narines, ce qui leur donne, pendant le travail, un aspect fort extraordinaire. Cette poussière, en s'introduisant dans le nez, la bouche,
le gosier, même les voies profondes de la respiration, détermine
des affections graves, ainsi que nous l'avons vu. Ils sont, en outre,
forcés de travailler dans des ateliers assez soigneusement clos »[2].
Les ouvrières qui s'occupent du battage du coton à l'aide des
machines sont le plus exposées aux affections pulmonaires[3].

Dans la même enquête le Conseil de salubrité publique de Liège
nous apprend que les femmes travaillant dans des fabriques sont
sujettes à des maladies spéciales, qui sont propres à leur sexe,
telles que l'aménorrhée, la chlorose. Les femmes, à cause de leur
occupation trop sédentaire, pâlissent et tombent dans un état de
langueur[4].

La société de médecine de Gand nous décrit les ateliers de col-

[1] *Ib.*, p. 233.
[2] Royaume de Belgique. Ministère de l'intérieur. *Enquête sur la condition des
classes ouvrières et sur le travail des enfants.* Bruxelles, 1846, vol. II, p. 377.
[3] *Ib.*, p. 378
[4] *Ib.*, v. III, p. 63.

lage dans l'industrie cotonnière, dans lesquels régnait une chaleur
de 47° centigrades, pendant que la température extérieure était de
10°[1]. La ventilation dans les fabriques était regardée souvent
comme une chose superflue[2].

Dans ces endroits terribles, la femme était obligée de travailler
sans connaître le repos dominical, 13, 14 et quelquefois même
16 heures par jour. Et ce n'est à bras ouverts qu'elle fut reçue
dans la fabrique. Lorsque les ouvrières franchissaient pour la première fois les portes de la fabrique, elles s'exposaient au mépris
général, parfois même aux insultes les plus grossières. Il arrivait
fréquemment qu'elles fussent obligées de se glisser dans les salles
de travail par des portes de derrière pour pouvoir y arriver.

Ce fut une campagne systématique que les syndicats anglais
menèrent vers le milieu du XIXe siècle contre le travail des femmes.
Ils s'opposaient à son introduction avec tous les moyens à leur
disposition[3].

En envisageant tous ces faits, je me demande si vraiment il a
suffi d'inventer des machines pour tirer la femme du foyer domestique. Je crois que non. La machine peut être souvent la *condition*
nécessaire du travail féminin dans la grande industrie, elle n'en peut
pas être la *cause*. Je dis souvent, car il est faux de croire que la
femme est employée dans les mines et les fabriques exclusivement
à des travaux mécaniques. Nous voyons, par exemple, que dans
les manufactures de faïence et de porcelaine où le nombre des
femmes dépasse souvent les deux cinquièmes du personnel total
employé, elles s'occupent principalement à des travaux manuels,
elles appliquent des dessins, elles travaillent dans les ateliers de
décor, etc.[4]. Dans les cristalleries, « elles sont employées à certains travaux délicats où elles montrent plus d'adresse que l'homme,
transport de cristaux, emballage, etc. »[5]. Dans la fabrication
d'allumettes, leur travail consiste à remplir les boîtes, à les réunir
par douzaines et à les emballer par paquets[6]. Si nous voulons
trouver la cause du travail salarié de la femme, nous ne devons

---

[1] *Ib.*, v. III, p. 322.
[2] *Ib.*, v. III, p. 343.
[3] Lily Braun, s. c., p. 221 et 222 (voir traduction française, p. 321 et 322).
[4] *Eléments d'enquête sur le rôle de la femme dans l'industrie, les œuvres, les arts
et les sciences en Belgique,* Chicago, 1893. Bruxelles, p. 27.
[5] *Ib.*, p. 31.
[6] *Ib.*, p. 21.

pas nous demander ce qui a *attiré* la femme vers la fabrique, car hélas elle n'a pas, comme nous avons vu, des qualités attractives; nous devons chercher quelles étaient ces forces irrésistibles qui ont *chassé* la femme du foyer. C'est donc dans les grands change-- ments de l'économie domestique que nous tâcherons de trouver les causes du travail salarié de la femme.

Voyons, dans ce but, quelle a été la vie dans les villes il y a cent ans. C'est une description de Kiesśelbach qui, en 1860, a paru dans la *Deutsche Vierteljahrschrift* sous le titre : « Drei Genarationen » et qui est cité par Schmoller [1] et Sombart [2] que j'emprunte la description.

Le fuseau était encore toujours le symbole de la ménagère; c'était son honneur et son orgueil de porter de la toile filée par elle-même; c'était une coutume répandue partout que la jeune fille n'était digne de se marier qu'après avoir filé elle-même la toile pour son trousseau. Le tisserand de la maison recevait le fil et tissait la toile; c'est la ménagère qui la blanchissait. Mais pas seulement la toile, mais aussi le drap, oui même le cuir était tou- jours dans la maison : les armoires devaient être remplies. Le linge, les costumes, les chaussures, tout se faisait à la maison : le tailleur, le cordonnier venaient comme des aides techniques.

C'est de la même façon qu'on faisait les meubles et la literie. Quelques femmes, engagées expressément dans ce but, venaient plumer la volaille tuée à la maison : le tapissier se rendait aussi à domicile, car lui, plus que tout autre, devait travailler sous l'œil de la ménagère, pour qu'on remplît les matelas, les fau- teuils, les sofas avec le matériel choisi et en quantité suffisante. Quand on fondait un ménage, ou quand on l'agrandissait, le menuisier était chargé de faire des chaises, tables, etc., d'après des ordres qu'on lui avait donnés. Il apparaissait au moins une fois par an pour aider au grand nettoyage, réparer et polir les meubles.

Mais plus important que tout cela était le travail dans la cave et dans la cuisine. Les légumes, les fruits *étaient cultivés person- nellement par la ménagère dans son propre jardin;* on avait son jardinier qui venait de temps en temps. On achetait le bois en

[1] P. Schmoller, *Zur Geschichte der deutschen Kleingewerbe,* im 19, Jahrhundert, Halle, 1870, p. 178.

[2] W. Sombart, *Der moderne Kapitalismus,* Leipzig, 1902, I, p. 446.

grande quantité et, pendant quelques jours, le fendeur travaillait dans la maison avec ses apprentis et compagnons. Le souci principal de la ménagère était pour les provisions d'hiver ; on les produisait en partie soi-même, en partie on les achetait. On donnait le blé au moulin à moudre, mais on faisait le pain chez soi.

La fête principale était celle de l'abattage. Le boucher était occupé pendant quelques jours avec ses aides, tant que les saucissons étaient fumés.

Une description semblable nous donne Otto Bähre, dans un petit livre intitulé : *Eine deutsche Stadt vor 30 Jahren*, publié en 1886. Nous apprenons qu'à Cassel, vers 1820, beaucoup d'habitants avaient leur propre jardin devant les portes de la ville : qu'on y cultivait ses légumes et ses fruits et que la ménagère faisait elle-même les bougies et le savon.

Alfred Weber suppose qu'au commencement du xixe siècle la moitié des familles habitant les petites villes possédaient leurs propres jardins et champs. Les femmes qui ne trouvaient pas assez d'occupations dans le ménage s'engageaient comme domestiques. Encore, en 1867, les services domestiques occupaient dans les petites villes et dans les communes rurales de la Prusse 5/6 des femmes salariées [1]. Dans un rapport présenté, en 1791, au congrès de Washington, M. Hamilton estime que, dans certaines régions, les 2/3 et les 3/4 et même les 4/5 de tous les vêtements des habitants étaient fabriqués par eux-mêmes [2].

Tout ce régime a changé aujourd'hui. On ne produit presque rien du tout chez soi ; on achète ses chemises et ses costumes, ses meubles, son pain et sa viande. La conserve en boîtes de fer blanc, qu'on peut se procurer à chaque moment dans le magasin voisin, a remplacé les provisions qui, dans des barriques de bois, étaient rangées dans les caves de nos arrière-grand'mères.

Qu'est-ce qui a provoqué tous ces changements ? Est-ce la technique comme le suppose Weber [3] ? Cette explication me semble insuffisante, car le meilleur marché· des produits fabriqués ne nous dit pas clairement pourquoi la ménagère a abandonné son jardin et son champ, pourquoi elle ne fait plus de pain et n'a plus de volaille.

[1] Alfred Weber, Die Entwickelungsgrundlagen der grossstädtischen Frauenhausindustrie, *Schriften des Vereins für Sozialpolitik*, LXXXV, p. xxvii.

[2] Carroll D. Wright, *L'évolution industrielle des Etats-Unis*, Paris, 1901, p. 206.

[3] Weber, s. c., p. xvi.

Il faut chercher la cause autre part. Je crois que nous la caracté-riserons bien, en appliquant les paroles de Karl Marx que « la rente est devenue la force motrice qui a lancé l'idylle dans le mouvement de l'histoire » [1]. Quand les villes se développaient, quand le loyer montait, on était obligé d'abandonner son champ et son jardin, son écurie, puis ses caves et son grenier [2]. On n'avait plus de fruits et de légumes cultivés par soi-même ; plus de volaille et de bétail propre : plus de place pour faire de grandes provisions, pour cuire son pain, etc.

La femme ne trouvait donc plus d'occupation dans la maison ; ce qu'elle produisait avant elle-même, elle devait l'acheter maintenant. Pour cela, elle devait gagner de l'argent ; elle était forcée d'abandonner le foyer et de chercher au dehors le gain nécessaire. Voilà je crois une des causes du travail féminin. Il s'explique par le passage de l'économie naturelle à l'économie argent, que nous venons de décrire et qui est causé par ce phénomène puissant, qui joue un rôle si important dans notre évolution moderne, la rente [3].

Un autre facteur qui explique la cause du travail salarié des femmes, c'est la décadence des industries rurales. La Belgique en possède un exemple saisissant dans sa crise linière. Encore vers 1825, d'après des chiffres qu'on déclarait réunis avec le plus grand soin et qui n'ont paraît-il jamais été contestés, il y avait dans la Flandre orientale seule 31.597 métiers de tisserands, avec 31.668 tisserands. Chaque métier devait avoir pour son alimentation 5 fileuses, soit en tout 158.340 ouvrières [4]. Dans toute la Belgique il y avait, d'après un recensement opéré en 1830, 280.396 fileuses [5]. Ce n'étaient pas à proprement parler des ouvrières, c'étaient plutôt des femmes ayant une occupation pour les heures oisives et toute femme devait savoir filer, comme elle devait connaître la cuisine, l'entretien des habillements et les soins du ménage [6]. Il y avait aussi dans la Flandre orientale 49.862 femmes qui étaient occupées à la fabrication des fils tors [7]. L'ancien mode

[1] K. Marx, *Misère de la philosophie*, 1898, p. 223.
[2] W. Sombart, s. c., II, p. 494.
[3] Cette idée est exprimée aussi par Sombart : *Der moderna Kapitalismus*, v. II, p. 493.
[4] L. Varlez, *Les salaires dans l'industrie gantoise*, v. II, p. xxvii.
[5] *Id.*, xxix.
[6] *Id.*, p. ix.
[7] *Id.*, p. xxvii.

du travail à la main ne pouvait pas résister à la concurrence des procédés mécaniques qui venaient de naître. Les broches, mues toutes à la fois par un moteur unique, devaient remplacer les doigts et une eau préparée artificiellement, la salive des fileuses flamandes.

Le fil anglais, fait à la mécanique, était numéroté et classifié, pendant que la finesse ou la grosseur du fil belge n'était jugée que par les yeux. « Cette circonstance seule, écrivait en 1839 Briavoinne, suffit quelquefois pour assurer la préférence au fil anglais et au fil allemand » [1].

Une crise terrible, une des plus tristes de l'évolution industrielle éclata. En 1846, la lutte était bien déterminée ; il ne restait que 66.818 fileuses à la main, dont 63.421 dans les campagnes flamandes [2]. La prédominance de la filature mécanique a fait inscrire 42.552 fileuses aux bureaux de bienfaisance [3].

C'était le prolétariat féminin formé, prêt à accepter chaque travail qu'on lui offrait. C'était l'armée qui devait remplir les nouvelles filatures mécaniques, qui vers ce temps commençaient à se développer. La décadence de la filature à la main continua et en 1896, de ces 300.000 fileuses qu'il y avait au commencement du xixᵉ siècle il n'en est resté que 153 [4]. Triste vestige d'un glorieux passé.

Nous observons le même phénomène de la décadence des industries rurales se produire aussi dans d'autres domaines, spécialement dans les anciennes industries à domicile. Le nombre des dentellières est tombé de 150.000 en 1875 à 47.000 en 1896 [5]. « Dans les campagnes les femmes commencent à préférer au travail de la dentelle tout autre métier ; seules les vieilles demeurent attachées à leur carreau et avec quelques lamentations se rappellant le bon temps passé [6]. Les jeunes entrent, comme par exemple celles des environs de Grammont et de Saint-Nicolas, dans les fabriques de cigares, ou celles d'Escloo dans des ateliers de préparation de peaux comme celles de Hamme dans des fabriques de tapis » [7].

[1] N. Briavoinne, *L'industrie en Belgique*, 1839, v. II, p. 353.
[2] L. Varlez, s. c., p. xlv.
[3] M. L. Wolowski, *Études d'économie politique et de statistique*, Paris, 1848, p. 10.
[4] Il y a aussi 16 hommes occupés sous la rubrique : fileurs, fileuses, dévideurs, dévideuses, retordeurs, retordeuses de lin. Tous (hommes et femmes) travaillent à domicile pour le compte des fabricants (*Réc. ind*, 1898, v. IV, p. 184).
[5] Office du travail, *Les industries à domicile en Belgique*, v. V, p. 219.
[6] Office du travail, *Les industries à domicile en Belgique*, v. IV, p. 279.
[7] *Ibid.*, p. 58.

Les tresseuses de la paille disparaissent aussi. « Les listes soigneusement dressées qui m'ont été fournies par l'Office du travail », écrit M. Ansiaux, « renferment déjà des noms qui doivent être rayés. Parmi les personnes citées d'autres ne font pour ainsi dire plus d'affaires » [1].

Il résulte d'une comparaison des recensemets allemands de 1882 et 1895, que, presque sans exception, les *anciennes* industries à domicile sont en décadence. Le nombre des femmes occupées dans la filature, dans le tissage, la broderie, la teinturerie, le blanchissage, la passementerie, le tressage de paille, etc., a diminué pendant 13 ans de 30.000 [2]. Voilà l'armée qui va grossir le rang des prolétaires féminins.

Nous remarquons une augmentation importante des ouvrières travaillant à domicile exclusivement dans les industries *modernes,* comme dans le tressage du caoutchouc et des chéveux, dans le tricotage et la bonneterie, dans l'industrie du tabac, chez les couturières, dans la confection des vêtements et du linge, dans la blanchisserie et le repassage. L'augmentation dans ces industries était de 13.670. En tout, le nombre des ouvrières travaillant chez elles a diminué de 34.000.

Voilà, je crois, les causes principales du travail féminin hors du foyer familial. Dans les villes, c'est la rente qui en est la cause principale; dans les villages, c'est la décadence des industries rurales. Parmi eux, la décadence des *anciennes* industries à domicile joue aujourd'hui un rôle prépondérant. Comme ces facteurs deviennent de plus en plus puissants, nous devons en conclure que le nombre des femmes salariées augmente sans cesse [3]. Voilà un problème que j'étudierai, en me basant sur des statistiques, dans le chapitre suivant.

[1] *Ibid.,* v. II, p. 25.

[2] En dehors des anciennes industries à domicile nous trouvons sous la rubrique des industries ayant une tendance de diminution, une industrie tout à fait moderne, les couturières. M. Sombart explique cela par le fait que ces ouvrières, qui en 1882 travaillaient encore isolément, sont entrées dans des ateliers de sous-entrepreneurs, et comme telles n'ont pas été complées en 1895 comme *Selbstændige Hausindustrielle.* Voir article Hausindustrie *(Handwœrterbuch der Staatswissenschaften),* 2e éd., v. IV, p. 1147 et 1148.

[3] Il est très intéressant de constater comment les changements économiques ont entièrement changé la psychologie de la femme. Pendant qu'au commencement du xixe siècle, seulement la plus grande misère pouvait contraindre la femme mariée à entrer dans la fabrique, aujourd'hui c'est loin d'être la même chose. Nous lisons

Allemagne.

Les industries à domicile dans lesquelles de 1882 à 1895 le nombre des femmes (Selbstændige Hausindustrielle im Hauptberuf) a diminué ou augmenté [1].

INDUSTRIES AYANT UNE TENDANCE DE DIMINUTION	Diminution des ouvrières à domicile de 1882 à 1895	INDUSTRIES AYANT UNE TENDANCE D'AUGMENTATION	Augmentation des ouvrières à domicile de 1882 à 1895
Filature, bobinage.	5.193	Tressage du caoutchouc et des cheveux . . . ;	594
Drapiers, tisserands.	3.599		
Pointerie, broderie	8.890	Tricotage et bonneterie . . .	1.732
Blanchissage, teinturerie, imprimerie, apprentissage . .	6.213	Fabrication du tabac.	1.846
		Tailleuses.	1.713
Passementerie.	811	Confection de vêtements et de linge	4.226
Tressage de la paille et du bois	2.854		
Couturières (Näherinnen) [2]. .	19.164	Blanchisserie et repassage. .	1.913
Industries diverses [3]	894	Industries diverses.	1.646
TOTAL.	47.618	TOTAL	13.670

dans le rapport du ministre de l'intérieur en Allemagne sur la « Beschäftigung verheirateter Frauen » (p. 49) que, dans beaucoup de cas, le travail en fabrique des femmes mariées s'explique par l'habitude. (La *majorité absolue* des femmes mariées sont forcées par la misère d'entrer dans la fabrique. Je le prouverai plus loin.) Celles-ci étant habituées à travailler comme jeunes filles dans l'industrie ne trouvent plus dans le ménage un champ d'activité suffisant. Le rôle de la ménagère les ennuie. — Dans les pays avancés au point de vue de l'évolution capitaliste, il est impossible de trouver des domestiques. Dans les *États-Unis*, par exemple, il est déshonorant d'être servante et l'ouvrier et l'ouvrière la regardent avec dédain et on refuse même de les recevoir dans des sociétés. Sur le continent, au contraire, beaucoup de servantes seraient offensées si on leur demandait pourquoi elles ne vont pas travailler dans la fabrique (Dr Else Conrad, *Das Dienstbotenproblem in den nordamerikanischen Staaten und was es uns lehrt*, Iéna, 1908, p. 21). Cette conception psychologique sur le rôle social de la servante dans les États-Unis influence si fortement la vie économique que, malgré que les appointements des servantes soient égaux à ceux des institutrices, il est difficile de trouver des servantes parmi les Américaines. — Il est naturel que cette psychologie nouvelle accélère la tendance causée par les changements économiques et augmente le nombre des femmes travaillant dans l'industrie et le commerce.

[1] Ce tableau a été préparé d'après les données de la publication *Die berufliche und sociale Gliederung des Deutschen Volkes*. Nach der Berufszæhlung von 14 juni 1895. Bearbeitett im Kaiserrichen Statistischen Amt. Berlin, 1899, p. 223.

[2] Y compris la confection des costumes pour les poupées (Puppenausstaltung).

[3] Sous « Industries diverses », j'ai classé celles où l'augmentation ou la diminution était inférieure à 500.

CHAPITRE II

L'ACCROISSEMENT DU TRAVAIL SALARIÉ DES FEMMES

Toutes les statistiques que nous pouvons consulter nous signalent un accroissement très fort de la main d'œuvre féminine.

En *Allemagne,* où nous pouvons comparer les deux recensements de 1882 et de 1895, nous voyons que, pendant que la population s'est accrue de 45,2 à 51,8 millions, c'est-à-dire de 14,48 p. 100, l'accroissement des hommes et des femmes dans le même laps de temps était de [1] :

	FEMMES		HOMMES	
	Chiffres absolus	P. 100	Chiffres absolus	P. 100
Dans l'agriculture et sylviculture.	+ 218.245	+ 8,6	— 162.049	— 2,8
Dans l'industrie	+ 394.142	+ 35	+ 1.490.613	+ 28,3
Dans le commerce et transports .	+ 281.498	+ 94,4	+ 486.695	+ 38,3
Dans les travaux salariés variant.	+ 50.029	+ 27,2	— 15.120	— 7,1
Dans l'armée et la marine.	—	—	+ 179.153	+ 39,65
Dans les services publics (professions libres)	+ 61.376	+ 53,25	+ 154.285	+ 33,25
TOTAL	+ 1.005.290	+ 23,6	+ 2.133.577	+ 15,9

Il résulte de ce tableau que :

1° L'augmentation du nombre des femmes exerçant une profession était plus rapide que l'augmentation de la population **(23,60 p. 100 contre 14,48** p. 100);

2° Plus rapide que celle des hommes occupés **(23,60 p. 100 contre 15,9).**

Et c'est dans tous les groupes, à l'exception naturellement de la rubrique armée et marine, que nous observons le même phénomène. Dans l'agriculture et la sylviculture, l'accroissement du nombre des femmes était de 11,4 p. 100 plus fort que celui des hommes ; dans l'industrie, de 6,7 p. 100 ; dans le commerce et les transports, de 56,1 p. 100 ; dans les travaux salariés, de 34,3 p. 100 ; dans les services publics et professions libres, de 20 p. 100.

[1] Julius Pierstorff, *Frauenarbeit und Frauenfrage (Handörterbuch der Staatswissenschaften,* 2e Aufl , Bd III, p. 1198).

Il est donc naturel que le travail des femmes jouât en 1895 un rôle plus important qu'en 1882. Pendant le recensement de cette année sur 100 personnes exerçant une profession, il y avait du sexe féminin 24,16 p. 100; 13 ans plus tard, 25,35 p. 100. Le tableau ci-dessous nous montre que la population ouvrière de l'industrie se composait par exemple : en **1882**, de **13,31** p. 100 de femmes; en **189**5, de **16,66** p. 100; celle du commerce, de **19,85** p. 100 et de **29,60** p. 100; dans l'agriculture, de **38,29** p. 100 et de **42,43** p. 100 respectivement.

**Proportion des femmes dans les différentes professions
en Allemagne en 1882 et 1895 [1].**

		Sur 100 personnes exerçant une profession il y avait, du sexe féminin	
		1882	**1895**
A) Agriculture	a) indépendants.	13,50	12,11
	b) employés.	18,83	8,82
	c) ouvriers	42,43	38,29
	Ensemble.	33,20	30,78
B) Industrie . .	a) indépendants	25,20	26,33
	b) employés.	3,54	2,29
	c) ouvriers	16,66	13,31
	Ensemble.	18,37	17,62
C) Commerce et transports	a) indépendants. .	24,02	21,46
	b) employés. . . .	4,58	2,23
	c) ouvriers	29,60	19,85
	Ensemble.	24,79	18,98
D) Services domestiques, travail salarié variant. .		54,07	46,24
E) Services publics, professions libres.		12,39	11,18
	Ensemble A-E.	25,35	24,16

En France, le nombre d'*employés et ouvriers* [2] des deux sexes se présente de la façon suivante [3] :

---

[1] D'après *Die berufliche und soziale Gliederung des deutschen Volkes*, 1899, p. 205.

[2] Je n'ai pas comparé les chiffres relatifs aux chefs d'établissements et aux travailleurs isolés, car : « Ceux de ces nombres qui s'appliquent aux chefs d'établissements et aux travailleurs isolés comportent d'ailleurs relativement peu de certitudes, parce que, dans cette catégorie, on ne dispose pas d'un criterium précis pour le classement des femmes, soit parmi les personnes actives, soit parmi les personnes sans profession, en sorte que le classement est souvent un peu arbitraire ». V. *Bulletin de l'Office du travail*, 1905, p. 1074.

[3] Ces chiffres ont été obtenus d'après des renseignements publiés dans le *Bulletin de l'Office du travail*, 1905, p. 1073.

Accroissement ou diminution de 1896-1901.

	MASCULIN		FÉMININ	
	Chiffres absolus	p. 100	Chiffres absolus	p. 100
Pêche, forêts et agriculture.	— 83.887	— 3,7	— 271.767	— 25,3
Industrie	+ 385.758	+ 13,2	+ 162.082	+ 13,5
Commerce	+ 82.295	+ 16	+ 30.813	+ 18,1

Dans l'industrie et le commerce, nous constatons donc ici aussi un accroissement plus rapide de la main d'œuvre féminine que masculine. La diminution de 25,3 p. 100 pendant cinq années du nombre des femmes occupées dans la pêche, les forêts et l'agriculture comme ouvrières et employées me semble peu vraisemblable. D'autant plus qu'à cette diminution de 271.767 correspond une augmentation des chefs d'établissements du même sexe, sous la même rubrique de 187.279. Il est possible qu'une partie de ceux qui se sont fait recenser en 1896 comme employés et ouvriers, en 1901 se sont inscrits comme chefs d'établissements.

En Autriche, le nombre des femmes exerçant une profession s'est accru, de 1869 à 1890, de 43,9 p. 100 à 44,5 p. 100 du total. Des femmes recensées, il y avait, en 1869, 50,6 p. 100 qui exerçaient une profession, en 1890, 51,2 p. 100 [1].

Aux Etat-Unis, nous constatons un accroissement considérable des femmes dans les différentes occupations.

Le nombre des personnes exerçant une profession a augmenté de [2] :

	1880-1890		1890-1900	
	Chiffres absolus	p. 100	Chiffres absolus	p. 100
Agriculture, pêche, mines :				
Femmes.	85.000	14,3	298.000	43,2
Hommes.	924.000	12,0	1.517.000	19,2
Services publics :				
Femmes.	134.000	75,7	119.000	38,2
Hommes	207.000	48,7	196.000	31
Services domestiques et personnels :				
Femmes.	486.000	41,2	428.000	25,6
Hommes	311.000	13,9	932.000	36,5
Commerce et transports :				
Femmes.	166.000	264	275.000	125
Hommes	1.294.000	71,8	1.166.000	37,6
Industrie :				
Femmes.	396.000	62,8	285.000	27,7
Hommes	1.497.000	47,5	1.122.000	24,1
TOTAL :				
Femmes.	1.267.000	**47,9**	1.405.000	**35,9**
Hommes.	4.076.000	**27,6**	4 933.000	**26,2**

[1] Julius Pierstorff, s. c., p. 1405.
[2] D'après *Abstract of the Twelfth Census*, 1900, p. 24.

Nous voyons donc que l'accroissement du travail féminin était beaucoup plus rapide dans toutes les occupations (à l'exception des services domestiques en 1890-1900) que celui du travail masculin. C'est donc partout que la proportion des femmes est devenue plus importante. Le nombre des femmes exerçant une profession s'est accru également plus vite que la population féminine, qui, de 1880 à 1890, a augmenté de **24** p. 100 et, de 1890 à 1900, de **2 t** p. 100[1].

Quant à l'Angleterre, il est impossible de donner des chiffres pour des groupes généraux comme, par exemple, l'industrie et le commerce, etc. Mais, nous constatons, d'après un tableau publié dans le *General Report of the Census de 1901,* un accroissement considérable de la main d'œuvre féminine dans les différentes occupations.

Il y avait, dans les différentes années, sur 1.000 personnes occupées (hommes et femmes) du sexe féminin[2] :

PROFESSIONS	1867	1871	1881	1891	1901
Instituteurs, professeurs, etc.	725	741	727	740	745
Photographes	66	147	197	234	257
Employés de commerce	5	16	33	72	153
Service télégraphique et téléphonique	82	76	236	291	406
Faïence, porcelaine, etc.	311	354	384	385	392
Caoutchouc	206	200	275	391	398
Papeterie	345	380	531	600	643
Relieurs	450	488	527	554	603
Tailleurs	208	254	330	427	471
Cordonnerie	154	115	160	185	210
Industrie du tabac	221	296	435	548	601

Partout donc la main-d'œuvre féminine est plus importante en 1901 qu'en 1861. Seulement dans la fabrication des dentelles, des gants, etc., il y a proportionnellement plus d'hommes en 1901 qu'auparavant.

Est-ce que la Belgique ferait exception à la règle générale ; est-ce qu'ici le rôle de la femme dans l'industrie n'a pas suivi le même mouvement que dans d'autres pays? Telle est la question que je me suis posée en étudiant les recensements industriels de 1846 et de 1896. A première vue, il résulte de la comparaison qu'en 1846 il

[1] *Ibid.*, p. 7.
[2] *Report of the Census*, p. 86.

y avait sur 300.000 ouvriers des deux sexes, 70.000 femmes, soit une femme pour 3,3 hommes; en 1896, 115.000 pour 700.000, soit 1 femme pour 5 hommes [1].

Les ouvriers se sont accrus de 244.140 en 1846, à 561.295 [2] en 1896, soit de 129.8 p. 100; les ouvrières de 70.702, à 110.301 [3], soit de 56 p. 100.

Mais, en étudiant la question de plus près, nous voyons que ces résultats ne sont pas exacts; que les chiffres de 1846 et de 1896 ne sont pas comparables.

Avant tout, le chiffre des ouvrières de 1846 comprend 21.706 dentellières, qui sont évidemment presque toutes des élèves des écoles dentellières [4]. Comme en 1896 on n'a pas recensé cette catégorie de travailleuses, nous devons déduire de 70.702 environ 20.000. Il reste donc 50.702 ouvrières en 1846. En outre, il faut retrancher des chiffres de 1896 les ouvriers des industries des transports, ceux-ci n'étant pas recensés en 1846. Il reste donc 545.366 ouvriers (561.295-15.929) [5] et 109.371 ouvrières (110.301-1.030) [6].

Nous obtenons donc les chiffres suivants :

	Ouvriers	Accroissement de	Ouvriers	Accroissement de
1846	244.140		50.702	
1896	545.366	123 %	109.371	118,1 %

Ce résultat non plus n'est pas tout à fait exact, car les chiffres de 1846 comprennent les contremaîtres et membres de la famille employés comme ouvriers et des reclus de maisons de force; ceux de 1896 ne comprennent que les ouvriers proprement dits.

Si nous tenons compte de tous ces faits, nous obtenons les chiffres suivants :

[1] Recensement général des industries et métiers. *Analyse des volumes* I et II, p. 43.
[2] Recensement général, 1846. *Industrie*, p. x.
[3] Recensement général des industries et des métiers, 1896, v. XVIII, p. 157.
[4] L'industrie dentellière était déjà en 1846 une industrie à domicile. Le recensement de 1846 n'a pas recensé les ouvrières travaillant à domicile. Mais il y avait de ce temps un grand nombre d'écoles dentellières. (« Les fabricants de dentelles nous disent que beaucoup d'enfants apprennent à confectionner les tissus dans un grand nombre de petites écoles ». M. Waxweiler, dans son Analyse des volumes I et II du recensement de 1896, dit aussi qu'il faut déduire pour la comparaison ces 20.000 filles qui sont visiblement des élèves des écoles dentellières (p. 41). Enquête de 1843, v. II, p. 7). Ce sont évidemment ces élèves qu'on a recensés.
[5]-[6] Rec. ind., 1896, v. LVII, p. 390 et s., col. 3 et 4.

	Ouvriers	Accroissement de	Ouvriers	Accroissement de
1846	234.490 [1]		49.852 [3]	
1896	573.054 [2]	144,4 %	116.054 [4]	132,7 %

Nous pouvons donc constater le fait que le nombre des ouvrières dans l'industrie belge s'est accru plus que deux fois et demie plus vite que la population (d'environ 50 p. 100 de 1846-1896) et environ dans la même proportion que la main-d'œuvre masculine.

L'exactitude de cette conclusion est confirmée par la comparaison des recensements de la population de 1890 et de 1900. Pendant cette période, l'accroissement de la population était de 10 p. 100; le nombre des ouvrières s'est accru de 26 p. 100, des femmes occupées dans les professions commerciales de 22,70 p. 100, des fonctionnaires et employées de 27,42 p. 100 (Voir le tableau ci-après) :

Dans les rubriques professions industrielles, commerciales, fonctionnaires et employés, l'accroissement des femmes était proportionnellement plus rapide que celui des hommes (de 5, de 7 et 3 p. 100); dans les autres moins.

A l'exception des agriculteurs et des domestiques, le nombre des femmes exerçant une profession s'est accru beaucoup plus vite que la population.

Ayant constaté maintenant par des moyens statistiques le *fait général que la femme cherche de plus en plus hors de son foyer domestique du travail,* voyons de plus près quelles sont les principales industries féminines.

Avant tout, c'est l'industrie à domicile qui est un champ très important de l'activité féminine. En Allemagne, par exemple, il y avait, en 1895, dans l'industrie à domicile :

Du sexe masculin, 187.907, soit 54, 86 p. 100.

  » féminin, 154.604, » **45,14** p. 100.

Dans toute l'industrie, la proportion des femmes n'était que de **18,37** p. 100 [5].

---

[1] 244.140 moins 6.000 contremaîtres (d'après les évaluations de M. Waxweiler, *Analyse*, s. c., p. 41) et 3.650 détenus des maisons de force.

[2] 545.366 plus 27.688 membres de famille (*Rec.*, 1896, v. XVIII, p. 157).

[3] 50.702 moins 850 détenus de maisons de force et mendiants.

[4] 109.371 plus 6.783 membres de famille (V. XVIII, p. 157).

[5] *Die berufliche,* etc., s. c., p. 224.

Les hommes et les femmes d'après leurs professions en 1890 et 1900 en Belgique

(D'après les données du Recensement de 1900, t. I, p. LXXI et LXXIII).

Accroissement de la population de 1890-1900 de 10,28 p. 100.

PROFESSIONS	HOMMES			FEMMES		
	1890	1900	Augmentation (+) ou diminution (—) p. 100.	1890	1900	Augmentation (+) ou diminution (—) p. 100.
Les professions industrielles (maîtres, employés, surveillants, ouvriers)	826.502	1.049.528	+ 21,2	255.001	322.723	+ 26,5
Les ouvriers industriels	656.071	865.353	+ 31,9	211.664	268.237	+ 26,8
Professions commerciales	215.559	248.336	+ 15,2	111.532	136.900	+ 22,7
Fonctionnaires et employés	58.963	73.162	+ 24,1	8.897	11.337	+ 27,4
Professions relatives à l'exercice de l'art médical	7.112	8.669	+ 21,9	3.916	4.406	+ 12,5
Professions et conditions relatives aux sciences, aux lettres et aux arts	12.995	16.092	+ 23,8	1.521	1.741	+ 14,5
Agriculteurs, etc.	321.799	341.653	+ 6,2	104.086	108.249	+ 4
Ouvriers de tous genres employés dans les exploitations agricoles, etc.	167.746	192.012	+ 14,5	55.621	55.458	— 0,3
Professions domestiques et petits employés	266.914	206.415	— 22,7	243.481	223.718	— 8,1

En Belgique, sur 200.000 ouvrières, il y avait 76.000 des ouvrières travaillant chez elles pour le compte de fabricants ou de magasins [1].

Dans l'industrie proprement dite, il y avait sur 690.000 ouvrières (hommes et femmes), 113.000 ouvrières [2] soit **16,37** p. 100, dans l'industrie à domicile, sur 118.000, 76.000, soit **65,40** p. 100.

Quant à l'industrie proprement dite (non compris l'industrie à domicile), c'est dans les grandes entreprises que nous trouvons la plupart des ouvrières.

D'après les calculs faits sur la base des données du recensement industriel de 1896, par M. Julin [3], la proportion des ouvrières par rapport au chiffre total du personnel ouvrier est de 16,40 p. 100 environ.

Or nous voyons que sur ce nombre il y a :

2,98 %	ouvrières occupées dans la petite		industrie	(1-4 ouvrières)
3,40 %	»	»	»	moyenne »	(5-49 ouvrières)
7,48 %	»	»	»	grande »	(50-499 ouvrières)
2,46 %	»	»	»	très grande »	(500-2000 ouvrières)

Si nous combinons ces termes deux à deux, nous voyons que :

6,46 % ouvrières occupées dans la petite et moyenne industrie
9,94 %   »   »   »   grande et la très grande industrie

Quant aux différentes industries, les ouvrières travaillant dans les fabriques, ateliers, etc., se répartissent comme suit [4] :

Industries textiles (lin, 13.000; laine, 9.000; coton, 8.500; autres, 8.500).	38.000	ouvrières
Confection de vêtements et d'articles de mode.	25.000	»
Exploitation des mines de houille et industries connexes	9.700	»
Blanchissage et repassage du linge	6.000	»
Industries céramiques	4.000	»
Industries verrières.	3.000	»
Industrie du papier.	2.800	»
Industrie du tabac	2.500	»
Autres industries (occupant chacune moins de 2.000 ouvrières). .	22.000	»

[1] *Rec. des ind.*, etc., 1896, s. c , p. 139.

[2] *Ib.*, p. 138.

[3] Armand Julin, *Le travail des femmes belges dans la grande et la petite industrie*, 1901, v. II, p. 389.

[4] *Rec. des ind.*, etc., 1896, s. c, p. 139.

en

(D'après les recensements industriels de 1846 et de 1896) [1].

INDUSTRIES	1846 Ouvriers	1846 Ouvrières	1846 Total	1896 Ouvriers	1896 Ouvrières	1896 Total	Sur 100 ouvriers et ouvrières il y avait du sexe féminin 1846	1896
Exploitation des mines de houille	38.860	6.988	45.848	107.268	9.006	116.274	15,24	7,74
— de carrières	7.573	323	7.896	25.149	25	25.174	0,41	0,10
Fabrication des produits sidérurgiques	9.365	434	9.799	23.150	472	23.622	4,43	2
Construction des machines	4.739	22	4.761	26.134	68	26.202	0,46	0,26
Fabrication du zinc	356	17	373	5.380	176	5.556	4,56	3,17
— de porcelaines et faïences	680	85	774	1.491	813	2.304	10,98	35,28
Poterie	784	15	799	844	31	875	1,88	3,54
Industries verrières	3.246	437	3.683	18.525	3.174	21.699	11,86	14,62
— chimiques	702	48	750	6.849	353	7.202	6,40	4,90
Savonneries	400	10	410	744	145	889	2,44	16,31
Fabrication des allumettes	144	205	349	1.066	1.429	2.495	58,72	57,23
Meuneries	6.993	220	7.213	6.674	34	6.708	3,05	0,57
Fabrication du sucre	3.164	1.026	4.190	21.303	1.386	22.689	24,48	6,11
Brasseries et malteries	6.546	220	6.766	14.336	202	14.538	3,25	1,39
Filature et tissage de coton pur et mélangé	8.673	3.958	12.631	8.068	7.414	15.482	31,34	47,88
Filature et tissage de laine pure et mélangée	11.009	5.534	16.563	10.871	7.007	17.878	33,45	39,19
Filature et tissage de lin et de chanvre	4.434	5.037	9.471	9.824	13.035	22.859	53,17	57,10
Fabrication de bonneterie	860	700	1.560	277	2.486	2.763	48,86	90
Blanchisseries des tissus	794	210	1.004	1.135	91	1.226	20,92	7,42
Industries du tabac	2.453	56	2.509	7.402	2.338	9.740	2,23	24,10
Fabrication du papier	1.119	1.060	2.179	3.675	1.964	5.639	49,63	34,83
Imprimeries typographiques	2.017	9	2.026	6.857	226	7.083	0,44	3,19
Cordonniers	9.344	235	9.579	10.113	1.075	11.188	2,45	9,61

[1] Dans un ouvrage que je me propose de publier plus tard sur l'*Evolution industrielle en Belgique au XIXe siècle*, je donnerai des renseignements détaillés sur la façon dont les chiffres ont été obtenus. Pour le moment, je me borne à dire que les chiffres de 1896 ont été obtenus d'après le vol. VII du Recensement général, à l'exception des *Cordonneries* et *Meuneries*, pour lesquels, à cause du grand nombre des membres de la famille des exploitants occupés comme ouvriers, j'ai consulté vol. IV, col. 28-32.

Si nous envisageons maintenant les différentes industries d'après la proportion des femmes occupées, nous voyons qu'en dehors des ateliers de confection de vêtements pour femme, de blanchissage et de repassage, de modistes et fleuristes et de lingères et chemisières où on trouve presque exclusivement des femmes [1], c'est principalement dans les industries textiles que la main-d'œuvre féminine est le plus répandue. Il résulte du tableau ci-joint qu'il y avait dans

	Sur 100 ouvriers et ouvrières du sexe féminin		
	1896	1846	1896
La filature et le tissage du coton pur et mélangé. . .	47,88	31,34	+ 16,54
La filature et le tissage de la laine pure et mélangée.	39,19	33,45	+ 5,74
La filature et le tissage du lin et du chanvre	57,10	53,17	+ 3,93
La fabrication de bonneterie.	90	48,46	+ 41,54

Ce sont la bonneterie et l'industrie cotonnière qui deviennent de plus en plus, en Belgique, des industries féminines : « La tendance est si accentuée, écrit M. Julin, qu'à Gand, le centre principal de l'industrie cotonnière en Belgique, un fileur qui perd sa place à l'usine où il se trouvait employé, a grand'peine à trouver de la besogne, tant est active la concurrence que font les femmes à cette catégorie d'ouvriers » [2]. Les autres industries dans lesquelles nous trouvons une proportion assez forte d'ouvrières sont : la fabrication de porcelaines et faïences (en 1896, 35 p. 100 ; en 1846, 11 p. 100) ; fabrication des allumettes (en 1896, 57,4 p. 100 ; en 1846, 59 p. 100) ; fabrication du tabac (1896, 24 p. 100 ; 1846, 23 p. 100) ; fabrication du papier (1896, 35 p. 100 ; 1846, 49 p. 100). Dans les dernières années, on remarque aussi dans l'industrie de la fabrication des armes, d'objets de guerre ou de chasse et matières explosibles, une légère augmentation d'ouvrières au détriment des ouvriers [3].

En Allemagne, nous trouvons aussi une proportion très forte de femmes dans les industries textiles. En 1895, il y avait sous cette rubrique, sur 100 personnes exerçant une profession, 45,28 femmes (y compris l'industrie à domicile) ; en 1882, 38,05 [4].

---

[1] *Ibid.*, p. 216.
[2] A. Julin, s. c., p. 384.
[3] *Recensement de 1900*, v. I, p LXXII.
[4] *Die berufliche*, etc., s. c., p. 206.

En Grande-Bretagne, la tendance à remplacer dans les industries textiles la main d'œuvre masculine par la main d'œuvre féminine est encore plus accentuée.

Nous voyons que le nombre de femmes sur 1.000 personnes exerçant une profession, était, en Angleterre et le pays de Galles de [1] :

DANS L'INDUSTRIE DE	1861	1871	1881	1891	1901
Coton	567	598	620	609	628
Laine	461	513	561	557	582
Soie	642	676	691	667	702
Chanvre, jute	265	304	374	393	492
Bonneterie.	468	468	533	629	713

Après avoir constaté l'accroissement de la main d'œuvre féminine dans les différentes branches de notre production et notamment dans les industries textiles, examinons l'importance du travail salarié de la *femme mariée*.

Est-ce qu'ici aussi nous allons constater les mêmes tendances que pour la main d'œuvre féminine en général ? C'est sur la base de la statistique de l'Empire allemand que nous pouvons répondre à la question ; le nombre des femmes mariées et célibataires était le suivant [2] (la table comprend les patronnes, employées et ouvrières) :

PROFESSIONS	1895				1882			
	mariées	p. 100	non mariées	p. 100	mariées	p. 100	non mariées	p. 100
Agriculture	615.301	22,35	2.137.853	77,65	442.218	17,45	2.092.691	82,55
Industrie	250.666	16,18	1.270.452	83,52	148.913	13,21	978.063	86,79
Commerce	129.176	22,29	450.432	77,71	62.716	21,04	235.394	78,96

[1] *General Report of Census*, p. 86.

[2] D'après *Die berufliche, etc.*, s. c., p. 160, Tafel, VIII, n. 15. M. R. Wilbrandt, dans un petit livre intitulé *Die Frauenarbeit. Ein Problem des Kapitalismus*, Leipzig, B. G. Teubner, 1906, p. 42, conteste la comparabilité des chiffres du recensement de 1882 et 1895 en disant qu'en 1895 on avait recensé les femmes mariées aidant leurs maris (mithelfenden Ehefrauen) plus soigneusement qu'en 1882. On ne sait donc pas s'il faut attribuer l'accroissement des femmes mariées occupées à un accroissement réel ou à la différence de méthode. Cette critique m'étonne, car l'Office impérial donne, dans la *berufliche und soziale Gliederung*, les résultats des deux recensements dans le même tableau (VIII, n. 15, p. 160) et il en tire même ses conclusions. Je ne saurais pas attribuer à l'Office impérial de statistique de Berlin une faute aussi grave que d'avoir groupé dans le même tableau des chiffres obtenus par des méthodes différentes. Dans la *berufliche und soziale Gliederung* je ne trouve aucune remarque que le tableau VIII, n. 15, devait être traité avec réserve.

Il résulte que l'accroissement du nombre des *femmes mariées* était partout proportionnellement plus considérable que celui des *femmes en général*.

Il·y avait sur 100 femmes exerçant une profession, en 1895, dans

l'agriculture, 4,90,

l'industrie, 3,27,

le commerce, 1,25,

plus de femmes mariées qu'en 1882.

Pour les ouvrières, nous constatons le même phénomène [1] :

PROFESSIONS	1895				1882			
	mariées	p. 100	non mariées	p. 100	mariées	p. 100	non mariées	p. 100
Agriculture.......	567.542	23,76	1.820.606	76,24	414.189	18,39	1.837.671	81,61
Industrie	166.338	16,76	825.964	83,24	69.215	12,69	476.014	87,31
Commerce........	73.292	20,08	291.713	79,92	24.380	16,89	119.997	83,11

Il y avait donc sur 100 ouvrières en 1895 dans

l'agriculture, 5,37,

l'industrie, 4,07,

le commerce, 3,19,

plus de femmes mariées qu'en 1882.

Pour les autres pays nous ne possédons pas des données suffisantes pour formuler des conclusions précises quant à l'accroissement des femmes mariées dans les différentes occupations.

Les femmes mariées se trouvent dans une proportion très forte dans les industries à domicile. Pendant que, dans toute l'industrie en Allemagne, il n'y avait que **16,98** p. 100 de femmes mariées, dans l'industrie à domicile il y en avait **23,43** p. 100 [2].

En Belgique, la différence est encore plus considérable. Dans l'industrie proprement dite **14,20** p. 100 des femmes étaient mariées en 1896 [3]; dans l'industrie à domicile, **35,28** p. 100 [4].

[1] Ces chiffres ont été obtenus d'après les données de *Die berufliche, etc.,* s. c., p. 161 et 162, Tafel, VI, n. 9.

[2] *Die berufliche, etc.,* s. c., p. 228.

[3] *Recensement général des industries,* s. c., p. 379.

[4] *Ib.,* p. 385.

Pour les femmes veuves et divorcées les chiffres correspondants
sont de 2,48 p. 100 et de 5,62 p. 100.

Ce sont donc principalement les femmes mariées qui, comme le
fait justement remarquer Lily Braun, entravent l'évolution industrielle vers des formes plus perfectionnées.

Quant à l'industrie proprement dite, c'est dans l'industrie textile que nous trouvons une très forte proportion des femmes
mariées. D'après un tableau publié par Rudolf Martin, il y avait sur
100 ouvrières de l'industrie cotonnière, par exemple dans le Lan-
cashire et Cheshire en 1894, 22,2 p. 100 de femmes mariées,
veuves ou divorcées, à Baden, en 1893, 21,8 p. 100 ; dans le Mas-
sachussets, en 1885, 49 p. 100, etc. [1].

En Allemagne sur 229.334 femmes mariées employées dans des
fabriques en 1899, 111.194 étaient occupées dans l'industrie textile [2], soit presque la moitié (48, 49). En Belgique, les industries
où la proportion des ouvrières mariées (veuves et divorcées) est la
plus forte sont :

La fabrication des fils	de coton. . . .	18,0 %
"	" de lin	26,6 %
"	de laine. . . .	26,6 %
	tissus de jute	20,7 %
	" de laine. . . .	28,7 %

Environ le quart des ouvrières des industries textiles sont des
femmes mariées (veuves ou divorcées) [3]. La proportion pour toutes
les industries (proprement dites) n'est que de 16,7 %.

Le recensement belge nous apprend encore le fait intéressant
que l'ouvrière mariée cesse de travailler en fabrique et en atelier
aussitôt que le nombre des enfants augmente et que sa présence
devient plus nécessaire au foyer. La proportion est de :

10 %	dans les familles sans enfants	
4 %	"	avec 1 ou 2 enfants
1 %		" 3 ou 4 enfants
0,5 %		" 5 enfants et plus [4]

[1] R. Martin, Die Ausschliessung der verheirateten Frau aus der Fabrik (*Zeitschrift
für die gesamte Staatswissenschaft*, 1896, p. 144).

[2] Die Beschäftigung verheirateter Frauen in Fabriken (Nach den Jahresberichten
der Gewerbeaufsichtsbeamten für das Jahr 1899, bearbeitet vom Reichsant des Inne-
ren). Berlin, 1901, p. 256.

[3] *Rec. gén. des ind., etc.*, s. c., v. XVIII, p. 382.

[4] *Ib.*, p. 436.

Mais, cette proportion est loin d'être uniforme dans tout le pays. Principalement dans la ville de Gand, le nombre des femmes mariées ouvrières est considérable [1] :

Sur 1026 familles sans enfants			il y en a 881 soit 85,87 °/₀			où la femme est ouvrière hors de chez elle.
Sur 4311	»	avec 1 ou 2 enfants	»	1374 soit 31,87 °/₀		
Sur 1352	»	» 3 ou 4 »	»	124 soit 9,17 °/₀		
Sur 301	»	» 5 enf. ou plus	»	8 soit 2,66 °/₀		

Dans d'autres parties du pays, la proportion des femmes mariées ouvrières est beaucoup plus faible, probablement parce qu'il y manque encore de l'ouvrage pour la main d'œuvre féminine dans les usines et que l'industrie à domicile profitant de ce fait absorbe une grande partie des femmes mariées. C'est aussi comme journalière que la femme ayant des enfants tâche de contribuer aux dépenses de la famille. Mais hélas son travail est irrégulier et comme tel peu productif : dans les budgets dressés en 1892 pour les familles comptant au moins quatre enfants, ce travail ne rapportait que 1,77 p. 100 des ressources totales [2].

Je crois qu'en raison de la faible lucrativité de ce travail et des dépenses croissantes de la famille, la femme sera obligée de l'abandonner pour entrer partout où la possibilité se manifestera dans les cadres du prolétariat féminin.

Ce fait ne fortifiera que la tendance que nous avons constatée dans ce chapitre : l'accroissement de la main d'œuvre féminine comme phénomène général de notre évolution industrielle.

Voyons maintenant quels ont été les effets produits sur les conditions de l'enfant par la prolétarisation de la mere, par son éloignement du foyer domestique.

[1] *Rec. gén., etc.*, s. c., v. XVIII, p. 437.
[2] A. Julin, s. c., p. 391.

Jan.-St. LEWINSKI.

Bruxelles, Institut de sociologie Solvay.

(*A suivre*).

LES CRISES ET LA STATISTIQUE

Le temps n'est plus où les statisticiens excitaient la verve facile des vaudevillistes, et où on pouvait faire rire en présentant le monsieur qui avait pu déterminer, à une demi-unité près, le nombre de veuves ayant traversé un des ponts de Paris pendant une année. Les recherches, les travaux qui ont été faits, soit dans un but d'études individuelles, soit à l'occasion des Congrès, les résultats obtenus, ont donné à la statistique le rang et l'importance qu'elle mérite, et toute discussion un peu sérieuse ajoute des chiffres à sa documentation. Sans doute tout n'est pas à l'abri de la critique, et certaines statistiques font dire aux chiffres bien des choses différentes ; mais cela ne peut aller contre la science vraie, ni contre les conclusions qu'elle présente. De faux calculs ne prouvent rien contre les mathématiques.

Après avoir placé la statistique dans la plupart des questions, lui avoir donné, sous une forme ou sous une autre, droit de cité dans les journaux et dans les revues, voici qu'on lui demande plus encore. On voudrait que les données statistiques, convenablement réunies et présentées, vinssent annoncer l'approche des crises, de la même manière que les variations barométriques permettent aux observatoires météorologiques de prévoir les perturbations atmosphériques plusieurs jours à l'avance.

Tous ceux qui se sont occupés de ces questions connaissent la théorie de Clément Juglar sur les crises. Les mouvements de l'encaisse et des portefeuilles des grandes banques permettent de les prévoir. Les crises éclatent quand le portefeuille atteint son maximum et que l'encaisse arrive à son minimum ; après la période plus ou moins longue de liquidation, la reprise des affaires se produit quand le mouvement est inverse, c'est-à-dire le portefeuille à son minimum, l'encaisse à son maximum ; les mouvements croissants ou décroissants du portefeuille ou de l'encaisse, dans l'intervalle entre deux crises, sont les indices qui permettent de prévoir si on marche vers la crise ou vers la reprise. M. J. Siegfried, qui a fait siennes les théories de Clément Juglar, a précisément montré, lors de la crise toute récente, que les mouvements des portefeuilles

et de l'encaisse de la Banque de France, non seulement pour
l'année présente, mais pour plus de trente années, justifient complètement cette théorie ; crises et reprises se produisent bien conformément à ses indications. L'intensité de la toute récente crise
américaine, sa répercussion dans les divers pays, les craintes
qu'elle a suscitées, ont donné à cette constatation un relief considérable et tel qu'une question a été posée à M. Caillaux, ministre
des finances, sur l'intérêt que peuvent présenter les observations
relatives à la prévision des crises. C'est en partie pour ce motif
que le *Bulletin de statistique et de législation comparée* a publié,
dans son numéro de mars 1908, une étude intéressante et documentée sur les indices économiques et les crises.

Toutefois cette interprétation des statistiques avait été indiquée
il y a longtemps, et dans les mêmes conditions. Dans une communication faite à la Société de statistique de Paris, le 18 avril 1888,
M. de Foville avait présenté un ingénieux procédé d'investigation
auquel il avait donné le nom de *météorologie économique*. « Ce sont
» en effet des fluctuations semblables aux fluctuations de l'atmos-
» phère que celles qui se font sentir dans le domaine économique.
» Les affaires vont bien un temps, moins bien ensuite, comme il
» est des jours où il fait beau et d'autres où le temps est mauvais.
» Le ciel économique, comme le dit très justement M. de Foville, a,
» lui aussi, ses vicissitudes. Pour mesurer les variations des éléments
» atmosphériques, on se sert d'instruments enregistreurs tels que
» les baromètres, thermomètres, hygromètres, anémomètres, pluvio-
» mètres, etc. Nous n'avons point, dans l'ordre économique, des
» instruments de cette espèce. Cependant les phénomènes et leurs
» variations peuvent aussi être notés, mais d'une autre manière.
» On arrive même à constater, non seulement les crises, les tem-
» pêtes, mais aussi les fluctuations de moindre importance. Pour
» cette fin, on utilise des données statistiques portant sur toutes les
» manifestations de l'activité économique. Ces indices sont plus
» nombreux qu'autrefois, puisque cette activité économique s'accroît
» chaque jour en prenant des formes multiples et nouvelles. A
» chacune d'elles correspond un indice d'importance symptoma-
» tique plus ou moins grande. Ces indices sont, suivant une image
» de l'auteur, comme des bateaux sur un fleuve : les uns vont à la
» vapeur, d'autres à la voile, d'autres à la rame ; quelques-uns
» peuvent paraître immobiles. En les observant avec soin, dans

» leur nature, dans leur forme et leur marche, on arrive à découvrir,
» avec une approximation relative, leur direction d'abord, ensuite
» la puissance et la vitesse du courant qui les entraîne. Tous subis-
» sent en effet la pression de l'eau, l'action du vent. S'ils ont chacun
» une indépendance apparente, aucun de ces bateaux n'échappe
» aux forces générales sous l'influence desquelles il évolue. C'est
» bien l'idée sur laquelle repose le symptôme composé, appelé
» indice totalisateur » [1].

Les divers indices mis en usage par M. de Foville pour la confection de son tableau graphique étaient au nombre de 32, tous
donnant, dans une mesure plus ou moins large, une indication se
rattachant à la prospérité publique :

1. Circulation postale.

2. Circulation télégraphique.

3. Valeur des successions taxées.

4. Valeur des donations taxées.

5. Produit total des droits d'enregistrement.

6. Ventes d'immeubles, valeurs taxées.

7. Timbres des quittances.

8. Cours moyen de la rente 3 p. 100.

9. Montant des effets présentés à la Chambre de compensation
de Paris.

10. Emissions publiques.

11. Revenu des actions soumises à l'impôt de 3 p. 100.

12. Transmissions de titres, valeurs taxées.

13. Commerce extérieur de la France (commerce spécial).

14. Importations de matières premières.

15. Exportations de produits fabriqués.

16. Tonnes de marchandises transportées par les chemins de
fer français.

17. Recettes brutes des chemins de fer français.

18. Navigation internationale, tonnage.

19. Machines à vapeur, force motrice.

20. Production de la houille.

21. Consommation de la houille.

22. Production du fer.

23. Tabacs, vente annuelle.

[1] André Liesse, *La statistique.*

24. Recettes brutes des théâtres parisiens.

25. Octroi de Paris, recettes.

26. Mont-de-Piété de Paris, nombre d'engagements.

27. Anticipation au 30 juin sur le montant des contributions directes.

28. Frais de poursuites en matière de contributions directes au 31 décembre.

29. Condamnations judiciaires, collocations et liquidations (droits d'enregistrement perçus).

30. Faillites.

31. Suicides.

32. Excédent des naissances sur les décès.

D'autres économistes ont basé leurs conclusions sur des indices en nombre moindre. C'est ainsi que M. A. Raffalovich, dans son dernier *marché financier*, s'est servi des éléments suivants pour apprécier l'activité économique de l'Allemagne :

Importations et exportations,

Solde des importations de fer.

Recettes des chemins de fer.

Production de charbon.

Production de fer.

Consommation de combustible par tête d'habitant.

Production allemande de fer par tête d'habitant.

Consommation de fer par tête d'habitant.

Timbre sur effets de commerce.

Timbre sur valeurs mobilières.

Impôt sur les transactions de Bourse.

Montant des émissions.

Capital des sociétés nouvelles.

Compensations à la Reichsbank.

Taux moyen de l'escompte.

En comparant ces deux listes, on s'aperçoit de suite que l'orientation des recherches n'est pas la même; en Allemagne, la métallurgie du fer prend une place prépondérante. Cette dissemblance s'accuse plus encore quand on examine ce qui se rapporte à un plus grand nombre de pays. M. Neumann Spallart, qui a présenté à l'Institut international de statistique une étude complète sur la méthode à suivre pour étudier les variations économiques, a dû changer les éléments à réunir suivant les pays considérés. Il a

examiné la Grande-Bretagne, la France, l'Allemagne, l'Autriche,
la Belgique et les Etats-Unis, et les tableaux qu'il présente offrent
des différences sensibles. C'est ainsi que la fabrication des armes
à feu, les verres, les cristaux, le zinc, sont mentionnés uniquement
pour la Belgique, alors que les brasseries ne figurent que pour
l'Allemagne et l'Autriche, que le Clearing House n'est envisagé que
pour la Grande-Bretagne et les Etats-Unis, que les assurances sur
la vie sont relevées en Allemagne, alors que dans les autres pays
ce sont les dépôts dans les caisses d'épargne, et que le thé, le café,
le tabac, la bière, viennent alternativement prendre place. Sans
doute on peut modifier ces tableaux, bien qu'ils soient le résultat
d'une analyse particulièrement bien conduite, mais quelles que
soient les modifications qu'on pourra y introduire, il y aura toujours
des différences entre les éléments réunis pour les divers pays.

Cependant, pour que les statistiques aient une réelle importance
quant aux prévisions des crises, il faut qu'elles se rapportent, sinon
à tous les pays, ce qui serait une complication inutile, mais bien
aux plus importants, à ceux dont l'état économique influe sur celui
des nations voisines. De plus en plus, les divers marchés du monde
sont solidaires ; la dernière crise a montré une fois de plus comment
s'établit la répercussion, plus ou moins intense sans doute, mais ne
laissant aucun centre absolument indemne.

Mais une distinction est nécessaire entre les relevés à faire en
vue d'étudier les variations économiques, ou ceux dont on a
besoin pour prévoir, si possible, la venue des crises. Pour ces
derniers, il faut naturellement éliminer toutes les statistiques qui
pour des motifs quelconques sont publiées avec un certain délai, et
ne conserver que celles dont la réunion peut se faire dans un intervalle très rapproché.

Dans ces statistiques, celles qui se rapportent aux encaisses et
au portefeuille des banques sont des plus importantes ; Clément
Juglar n'était même pas loin de les considérer comme pouvant
suffire seules pour les prévisions. Pourtant elles n'ont pas et ne
peuvent avoir la même importance dans tous les pays.

Bien qu'en France la concurrence des grands établissements
de crédit, conséquence des puissants capitaux dont ils disposent,
ait modifié sensiblement les opérations d'escompte, les données
relatives à la Banque de France ont toujours une indiscutable
valeur. Le tableau graphique publié par le *Bulletin de statistique*,

et de législation comparée, et qui comprend la période 1893-
1907, montre bien que, conformément aux théories de Clément
Juglar, les crises ont éclaté au moment où le portefeuille atteignait
son maximum et où l'encaisse s'était abaissée, les reprises coïnci-
dant avec les mouvements contraires. Bien qu'il ait été établi
d'une façon plus large, et, pourrait-on dire, un peu approximative,
le graphique joint par M. J. Siegfried à son article de la *Revue des
deux mondes* (décembre 1906) aboutit aux mêmes constatations.

La valeur de ces indications est augmentée par ce fait, que
l'adjonction des portefeuilles des grands établissements de crédit
(Crédit Lyonnais, Société générale, Comptoir d'escompte, Crédit
industriel) n'infirme en rien ces conclusions. D'une façon générale,
la ligne relative aux portefeuilles réunis de la Banque et de ces
quatre établissements concorde, pour ses maxima et ses minima,
avec celle qui se rapporte au seul portefeuille de la Banque de
France.

Ce qui est vrai pour la Banque de France peut encore être admis
pour la Banque Impériale d'Allemagne, bien que quant à la circulation, et par voie de conséquence à l'encaisse, les conditions qui
la régissent soient sensiblement différentes. Mais il n'en est plus
de même pour la Banque d'Angleterre, dont la situation ne reflète
pas toujours l'état vrai du marché des capitaux, surtout à cause de
l'obligation de maintenir l'encaisse, et par suite les billets émis,
dans des limites convenables ; ni pour les Etats-Unis, où n'existe
rien qui, même de fort loin, puisse se comparer aux institutions
existant en Europe, les indications relatives aux banques associées
de New-York ne pouvant être admises comme un indice suffisant.
Mais dans ces deux pays, les statistiques des Clearing Houses
peuvent fournir des indications qui, dans une très large mesure,
viendraient suppléer à ce que ne peuvent donner les relevés relatifs aux banques.

Les statistiques relatives aux prix sont à même de jouer un rôle
important, en ce sens surtout qu'elles peuvent être présentées,
pour les divers pays, dans des conditions sensiblement identiques.
Et en disant les prix, il s'agit plutôt des nombres qui les représentent, des *index numbers* qui en sont la condensation et présentent,
en quelques chiffres, les rapports des prix d'une série d'articles
pendant une période donnée. On a critiqué, non sans raison et
sans motif, les *index numbers*, négligeant forcément une partie des

transactions, donnant une importance égale à des marchandises dont
la consommation est absolument dissemblable, et on en a conclu
même que les indications fournies ainsi n'avaient qu'une insignifiante valeur. Sans doute, considérés pour une seule année, les *index
numbers* ne peuvent donner une indication d'une valeur non discu-
table, déterminer l'état général des prix de l'ensemble des marchandises. Mais considérés pour une certaine période, alors que le
mode d'établissement est le même, que par suite les mêmes causes
d'erreur se retrouvent d'année en année, la comparaison devient
plus intéressante, et les résultats qu'on obtient appellent l'attention.

Parmi les *index numbers* dont la publication est régulière, on
connaît en Angleterre ceux de M. Sauerbeck et de l'*Economist,* en
France ceux de M. de Foville, de M. March et de la *Réforme
économique.* Les bases adoptées sont différentes : M. Sauerbeck
suit les variations de 45 articles différents ; l'*Economist* part du
prix de 47 articles, mais en élimine ensuite une partie et procède
par groupement pour les ramener finalement à 22 ; M. de Foville
se sert des tableaux préparés par la Commission des valeurs de
douane ; M. March prend 43 prix de marchandises à l'importation
d'après les mêmes tableaux ; enfin la *Réforme économique* suit les
prix de 48 groupes de produits.

Or si on examine ces divers *index numbers,* on observe entre
leurs indications une concordance indiscutable. Le tableau reproduit
ci-dessous, d'après celui plus complet du *Bulletin de statistique
et de législation comparée,* montre bien cette concordance. Tous

| | M. DE FOVILLE. | | | RÉFORME | | |
	Importations	Exportations	M. MARCH.	ÉCONOMIQUE.	M. SAUERBECK.	ECONOMIST.
1893.....	76,8	88,7	83,2	85,9	80,9	85,2
1894.....	71,8	83,4	77,5	76,7	75,0	78,7
1895.....	72,2	83,1	75,7	74,3	73,8	81,8
1896.....	71,5	83,0	74,0	72,3	72,6	80,0
1897.....	70,7	81,2	75,0	73,4	73,8	77,4
1898.....	72,3	81,4	78,4	77,1	76,1	78,6
1899.....	77,5	86,7	84,7	84,1	80,9	87,7
1900.....	82,6	88,0	89,2	88,8	89,2	87,0
1901.....	76,6	84,7	86,3	84,3	83,2	79,7
1902.....	76,2	85,0	84,3	82,9	82,0	81,9
1903.....	78,7	86,7	84,7	84,3	82,1	89,9
1904.....	78,1	86,2	84,2	83,8	83,2	87,3
1905.....	79,9	88,1	89,6	84,3	85,7	95,4
1906.....	86,0	92,0	95,6	92,8	91,6	102,4
1907.....	»	»	»	98,7	95,2	94,7

ces *index* ont été rapportés aux prix de 1881 = 100, et ceux de la *Réforme économique* ont été rapportés à ceux de M. March pour 1890. Il faut remarquer que les données de l'*Economist* sont basées sur les résultats de décembre de chaque année, ce journal n'ayant publié que depuis une époque relativement récente des moyennes annuelles.

Le graphique établi d'après les moyennes annuelles des *Index numbers* de MM. de Foville (importations), March et Sauerbeck, et de la *Réforme économique,* rend visible cette concordance, plus frappante encore peut-être avec le graphique des *Index* mensuels de 1906 et 1907 de M. Sauerbeck, de l'*Economist* et de la *Réforme économique.*

Le taux d'intérêt des capitaux doit aussi être relevé, non le taux officiel des banques d'émission, qui est assez souvent déterminé par des causes de natures diverses, mais celui du marché libre, celui qu'on paie pour l'escompte du papier à terme. Le taux plus ou moins élevé annonce l'abondance ou la rareté des capitaux disponibles, c'est-à-dire la pénurie ou l'activité des affaires.

La cote des changes aurait moins besoin d'y figurer; ses indications doivent être considérées comme moins précises, en ce sens qu'une cote peut présenter un change favorable avec un pays et défavorable avec un autre, et en outre la cote du papier long est généralement influencée par le taux du marché libre, c'est-à-dire par le taux de placement qu'on peut obtenir en achetant une devise déterminée. Il en est de même des salaires, variables dans un même pays suivant l'importance des centres de population, n'obéissant que dans une lointaine mesure aux fluctuations des affaires, surtout dans le sens de la baisse, et où se trouvent quelquefois incorporés des avantages permanents ou momentanés dont il serait malaisé de tenir compte.

Mais par contre les cours de la Bourse, pour les plus importants des titres cotés, auraient ici une influence. On a remarqué déjà que les cours des fonds publics, et plus généralement des valeurs à revenu fixe, étaient en raison inverse de l'activité ou du ralentissement des affaires, alors que les cours des valeurs industrielles suivent au contraire ces variations. Les informations que les spéculateurs savent se procurer, agissent rapidement sur les cours; on a dit que la crise américaine avait débuté par une baisse de valeurs industrielles. Il n'y a aucune difficulté à établir mensuellement les variations d'un certain nombre de titres convenablement choisis, les cotes fournissant tous les renseignements désirables. C'est ainsi que chaque mois le *Bankers magazine* de Londres donne la valeur, à un jour déterminé, de 387 titres groupés suivant leur nature, et représentant un capital nominal de 3.424.586.000 £.

Enfin les recettes des chemins de fer viennent à leur tour donner un indice sérieux quant à l'activité commerciale. Sans doute des circonstances spéciales peuvent augmenter le trafic, mais un accroissement de ce genre doit ou être momentané, ou appartenir à une cause bien connue et dont on pourra souvent apprécier la valeur proportionnelle.

Chaque fois qu'on étudie les multiples indices qui peuvent caractériser la situation économique d'un pays, on constate que leurs variations vérifient les lois énoncées quant à la venue d'une crise, ou à la reprise des affaires; on trouve même que certains éléments, convenablement choisis, auraient suffi pour obtenir ces déterminations avec une exactitude suffisante. Ce choix étant fait, et en observant des marches parallèles ou partiellement divergentes, on aurait l'indication que la situation actuelle va se continuer, ou au contraire, qu'une modification pourrait se produire. Sans doute il y aurait une question de mise au point assez délicate, mais le résultat à obtenir est suffisant pour engager les statisticiens à entreprendre un tel travail.

G. François.

CHRONIQUE DES TRANSPORTS ET TRAVAUX PUBLICS

La navigation maritime dans les ports français en 1907. — Les subventions maritimes postales. — Les voies d'accès au Simplon.

Le deuxième volume du *Tableau du Commerce et de la Navigation* pour 1907 nous permet de constater une fois de plus la régularité avec laquelle se manifestent ces deux tendances à demi-séculaires : l'accroissement de notre commerce maritime, et la décroissance de la part relative de notre pavillon national dans le mouvement total de nos ports.

La navigation internationale (relations avec l'étranger, les colonies françaises et grande pêche) a donné lieu en effet aux entrées et sorties de navires que voici :

	Nombre des navires chargés à voile ou à vapeur	Tonnage net
A l'entrée.	27.577	25.995.407
A la sortie.	21.648	19.607.876
Total. . .	49.225	45.603.283

Ces chiffres manifestent, par comparaison aux années antérieures [1], une augmentation sensible du nombre des navires, et un accroissement plus sensible encore du tonnage net, témoignage très net de la concentration qui se produit sur l'industrie maritime.

Mais la plus grande part de ce progrès revient aux pavillons étrangers. En 1907, les navires étrangers font 75 p. 100 du tonnage net (34.240.000) et les navires français 25 p. 100 (11.382.000). Les proportions respectives étaient, il y a une vingtaine d'années, de 62 et 38 p. 100. Et pourtant, depuis lors, que de centaines de millions versées par l'Etat dans ce tonneau des Danaïdes qu'est notre marine marchande !

Le tonnage à la sortie continue à être moindre qu'à l'entrée (75 contre 100), les 25 p. 100 de différence représentant le tonnage des navires qui, entrés avec un chargement, ont dû repartir sur lest. Il y a là une conséquence de notre manque de fret d'ex-

---

[1] Cf. notre Chronique de juillet 1905, p. 639.

portation. Cependant, à ce point de vue, la situation s'améliore peu
à peu d'année en année.

Le manque relatif de fret à la sortie s'accuse mieux encore si
l'on considère le poids des marchandises tranportées. Il est au total
de 22.900.000 tonnes à l'entrée, et de 7.886.000 tonnes à la sortie.
Si l'on rapproche ces chiffres de ceux du tonnage net, on voit que
la portée moyenne par tonneau de jauge est de 881 à l'entrée et
de 402 à la sortie (et même 328 seulement si l'on défalque les
provisions de bord). Ces chiffres sont inférieurs à ceux de ces dernières années. C'est une des manifestations de la crise des transports maritimes qui sévit également chez nos voisins.

Parmi les pavillons étrangers qui fréquentent nos ports, c'est le
pavillon anglais qui arrive en tête pour la navigation de provenance ou de destination (36 p. 100 à l'entrée, 31 p. 100 à la sortie),
le pavillon allemand arrivant ensuite avec 15 p. 100 et 19 p. 100.

Mais pour la navigation sous pavillon tiers, l'Allemagne, qui déjà
depuis quelques années arrivait en tête pour le tonnage à la sortie,
a maintenant battu l'Angleterre, même à l'entrée. Les chiffres respectifs sont, à la sortie, de 29 p. 100 pour l'Allemagne et 28 p. 100
pour l'Angleterre, et à l'entrée 39 p. 100 pour l'Allemagne et
26 p. 100 pour l'Angleterre.

Voici maintenant comment la navigation internationale qui
aborde nos côtes se répartit entre voiliers et navires à vapeur :

		Nombre	Tonnage
Navires chargés à voiles	Français . .	3.400	461.000
	Etrangers. .	3.961	599.000
		7.361	1.060.000
Navires chargés à vapeur . . .	Français. . .	11.390	10.922.000
	Etrangers. .	30.474	33.621.000
		41.864	44.543.000

Ces chiffres comparés à ceux des années antérieures, accusent
une diminution lente et constante du nombre et du tonnage des
voiliers, et une augmentation considérable du nombre, et surtout du
tonnage, des navires à vapeur.

Les relations avec les colonies sont en fait (et même en droit
pour l'Algérie), surtout assurées par les navires français qui, en
1907, transportent 74 p. 100 de tonnage alimentant le trafic colonial. Cependant, il faut noter que ce chiffre tend à baisser ; jusque

dans les premières années du xxe siècle, il oscillait aux environs
de 80 p. 100.

Enfin, le cabotage, qui, on le sait, est réservé au pavillon français, a employé, en 1907, 56.335 navires représentant un tonnage
de 6.389.000 tonneaux et ayant transporté 3.004.000 tonnes de
marchandises.

En réunissant la navigation internationale et le cabotage, on
trouve, pour l'ensemble du commerce maritime de la France, un
trafic total de 34.000.000 de tonnes (soit une portée moyenne de
654 kil. par tonneau de jauge), supérieur de près d'un cinquième
à ce qu'il était il y a cinq à six ans.

Les ports où le mouvement a été le plus considérable sont :

	Tonnage des navires chargés Entrée et sortie Tonneaux	Tonnage des marchandises Tonnes
Marseille	14.638.957	7.296.000
Le Havre	6.816.506	3.945.000
Rouen	2.175.726	3.850.000
Bordeaux	3.303.278	3.445.000
Dunkerque	3.248.000	3.375.000

Il y a quelques années, les deux premiers seuls avaient un trafic
total de marchandises dépassant 3 millions de tonnes.

On estime à 426 millions de francs environ le fret payé par les
marchandises exportées ou importées par mer. Sur ce chiffre, le
pavillon français aurait touché environ 138 millions, les navires
de provenance ou de destination environ 132 millions, et le pavillon
tiers 155 millions de francs.

Quant à l'effectif de notre marine marchande, il ressort, en
1907, à 17.193 navires représentant 1.402.647 tonneaux ayant à
bord 90.136 hommes d'équipage et 9.680 mécaciciens ou chauffeurs.

Les navires à voiles figurent dans ce total pour 15.639 unités et
662.828 tonneaux; les navires à vapeur pour 1.554 unités et
739.819 tonneaux. Au cours des dix dernières années, il y a eu
une augmentation très forte de la capacité de notre flotte, qui
compte 1.578 unités et 502.000 tonneaux de plus (soit une augmentation de tonnage d'environ 56 p. 100, se divisant presque
également entre les voiliers et les vapeurs, avec cependant une
légère supériorité pour les voiliers : 59 p. 100 au lieu de 52 p. 100).
Il serait souhaitable que ce fût le contraire qui se produisît.

* *

En dehors des primes destinées à encourager la construction ou
la navigation, et actuellement réglées par la loi du 19 avril 1906
que nous avons étudiée en son temps [1], la marine marchande, ou tout
au moins certaines grandes entreprises de navigation maritime, reçoivent de l'Etat des encouragements pécuniaires, à titre de subventions postales.

Les plus importantes de ces subventions sont actuellement touché par la Compagnie des Messageries maritimes (environ 16 millions par an) et la Compagnie générale transatlantique (environ
11 millions par an). Elles sont établies par des conventions qui vont
expirer prochainement. Et le renouvellement de ces conventions
donne lieu actuellement à d'assez vives discussions [2].

Il y a tout d'abord un point sur lequel on semble être d'accord.
C'est sur la nécessité de telles subventions par lesquelles l'Etat
assure à ses nationaux des communications postales, régulières et
rapides, avec les différentes parties du monde, et se ménage une
flotte militaire pour le cas de guerre. Il faut d'ailleurs signaler que
dans la plupart des cas la subvention exclut les primes à la navigation ou la compensation d'armement ; et que l'Etat économise
ainsi d'un côté ce qu'il paie de l'autre. D'autre part, que les conventions postales obligent les compagnies subventionnées à transporter
à prix réduits les fonctionnaires, les armes et les approvisionnements
destinés au service de l'Etat. Qu'enfin ces subventions postales
fonctionnent en fait, comme primes à la construction, les conventions postales obligeant en principe les concessionnaires à n'employer que des navires construits en France.

La forme la plus simple de subvention est la subvention fixe,
calculée à raison de la distance parcourue, avec minimum de vitesse.
C'est le système qui a été adopté jusqu'ici. Il n'a pas produit de
résultats très satisfaisants. Son principal inconvénient est que la
compagnie concessionnaire, en possession d'un traité qui, pendant
un temps donné, lui assure une rémunération fixe, n'a aucun intérêt
à faire des dépenses nouvelles pour améliorer et rajeunir sa flotte ;
d'autant plus qu'elle est généralement privée des primes à la navi-

[1] Chronique de juin 1907.
[2] Cf. rapport de M. Chaulard à la Chambre, annexe n° 2375 ; et de M. Noulens,
annexe n° 2457.

gation, qui sont remplacées, en ce qui la concerne, par la subvention. Au lieu de procéder à de sages amortissements, on distribue de larges dividendes jusqu'au moment où l'on doit s'imposer
des sacrifices exceptionnels pour renouveler une flotte vieillie.
C'est ce qui est arrivé par exemple à la Compagnie des Messageries
maritimes dont le trafic et les recettes n'ont cessé de s'accroître,
passant de 50 millions de francs en 1886 à 87 millions en 1907,
dont le bénéfice brut a oscillé, de 1905 à 1907, aux environs de
11 millions, et qui pourtant n'a distribué aucun dividende en 1907.

On avait songé tout d'abord, pour parer à cet inconvénient, à
combiner le régime des primes avec le régime des subventions. De
cette façon, comme la prime à la navigation instituée par la loi de
1902 va en décroissant à mesure que les navires avancent en âge,
et que la compensation d'armement instituée par la loi du 19 avril
1906 cesse d'être payée lorsque le navire a dépassé l'âge de 12 ans,
la compagnie est intéressée à rajeunir son matériel. C'est le système
qui a été adopté par la convention du 16 mars 1907 avec les Chargeurs réunis ; c'est aussi celui qu'on avait songé à employer vis-à-
vis de la Compagnie générale transatlantique. Mais la nouvelle
convention conclue avec cette compagnie, le 26 octobre 1908, et
non encore ratifiée par le Parlement, écarte cette solution, à laquelle
l'administration reproche d'imposer à l'Etat, pour l'exécution d'un
service défini, des charges variables, sans qu'il y ait corrélation
entre l'accroissement de ces charges et l'amélioration des conditions
générales du service (lettre de M. le Sous-Secrétaire d'Etat à la
Commission des postes et télégraphes de la Chambre, du 28 octobre 1908). Une autre solution proposée par la Commission des
postes et télégraphes consistait à subordonner le droit aux subventions non plus à la vitesse moyenne annuelle de chaque ligne,
mais à la vitesse moyenne particulière de chaque bateau : on aurait
évité ainsi que la compagnie ne laissât vieillir ses paquebots en
compensant leur marche insuffisante par la vitesse supérieure de
quelques bateaux neufs. La convention signée le 26 octobre se
borne à stipuler dans un avenant que, pendant les dix premières
années de la concession, l'âge moyen des navires affectés aux services ne devra pas dépasser quinze ans. La convention étant conclue pour 15 ans, on voit que l'âge maximum des navires en fin de
concession peut encore être de 20 ans, ce qui est déjà beaucoup.

La convention du 17 octobre 1908 avec la Compagnie des Messageries maritimes est plus intéressante et plus originale, en ce qu'elle associe l'Etat à l'exploitation des services maritimes postaux, comme il l'est déjà en vertu des conventions de 1859 et 1883, à l'exploitation des chemins de fer concédés aux grandes compagnies. Cette association d'intérêts se manifeste par quatre traits essentiels :

1° Variabilité de la subvention, qui, au lieu d'être fixée une fois pour toutes et quelles que soient d'ailleurs les circonstances favorables ou défavorables au milieu desquelles la compagnie aura à conduire son exploitation, sera susceptible de s'adapter aux nécessités, croissant ou diminuant suivant que le produit net de l'exploitation est lui-même plus ou moins fort. Voici par quel mécanisme. La subvention est fixée en principe à 15 millions (au lieu de 16 versés jusqu'ici). Mais cette subvention peut être relevée jusqu'à un maximum de 17.500.000, si le règlement de compte de deux exercices consécutifs fait ressortir en moyenne pour le domaine contractuel (c'est-à-dire pour les lignes subventionnées), soit une perte, soit un bénéfice net inférieur à 1 p. 100 de la valeur nominale actuelle du capital-actions. En sens inverse, si ce bénéfice net vient ensuite à se relever de façon que la part de la compagnie soit supérieure à 3 p. 100 du capital-actions, la subvention pourra être ramenée au chiffre initial de 15 millions. Elle ne peut pas descendre au-dessous de ce chiffre, mais une ingénieuse combinaison de participation aux bénéfices permet à l'Etat d'en récupérer une partie, si les affaires sont bonnes, car dès que le bénéfice net du domaine contractuel dépasse 1 p. 100, l'Etat est appelé au partage, par moitié ou par deux tiers.

2° Garantie d'intérêt accordée par l'Etat.

a) Pour un emprunt de 40 millions destiné, jusqu'à concurrence de 6 millions, à augmenter les ressources du service des approvisionnements et le fonds de roulement de la compagnie; pour le surplus à mettre la compagnie en mesure de se libérer de ses engagements autres que sa dette obligataire; et, s'il y a un solde, à former la dotation initiale d'un fonds de contribution destiné à parer aux déficits d'exploitation.

b) Pour les emprunts postérieurs, autorisés par les Chambres et destinés au renouvellement du matériel.

3° Contrôle exercé sur la gestion de la compagnie par un commissaire général du gouvernement, et par une commission des comptes.

4° Faculté pour l'Etat de résilier la convention et de prononcer la déchéance de la compagnie, dans le cas où les avances faites par l'Etat pour parer aux déficits d'exploitation pendant trois années consécutives, atteindraient un chiffre déterminé. En ce cas l'Etat reprendrait l'actif du domaine contractuel, assumerait le service des obligations garanties non encore amorties et verserait une annuité correspondant aux obligations anciennes non amorties. En échange, il serait maître d'organiser la gestion des services d'intérêt général comme il l'entendrait, sans avoir à se préoccuper de constituer une flotte, ou de réunir les éléments nécessaires à son exploitation.

Les avantages que l'Etat trouverait d'autre part dans la nouvelle convention consistent en amélioration des services (création d'une ligne nouvelle de Marseille à Haïphong — accélération des vitesses — augmentation du total des parcours passant de 630.000 lieues à 700.000) — et en mesures favorables au personnel et aux ouvriers de la compagnie.

Après une discussion très confuse, la Chambre des députés, dans sa séance du 7 juillet, tout en renvoyant le projet à la Commission du budget pour substituer le principe de l'adjudication à celui du traité de gré à gré avec la Compagnie des Messageries maritimes, a semblé adopter, dans ses grandes lignes, la politique d'association entre l'Etat et les compagnies subventionnées préconisée par M. Caillaux. Nous aurons l'occasion de l'examiner lorsque le projet définitif reviendra devant le Parlement.

* *

La question des voies d'accès au Simplon [1] vient enfin de recevoir sa solution. La conférence réunie à Berne en juin 1909 vient en effet d'aboutir à la rédaction d'une convention franco-suisse dont la ratification parlementaire doit intervenir avant le 31 décembre 1909.

On sait comment se posait la question à l'heure actuelle. Après avoir été d'abord favorable à la solution Frasne-Vallorbes, puis à la Faucille, le gouvernement français, sur l'avis émis par la commission interministérielle de 1907, avait définitivement adopté un

[1] Cf. notre chronique de janvier 1906. Pour l'état le plus récent de la question, voir Eisenmann, *Rev. pol. et parl.*, 10 avril 1909 et Paul Gérardin, *Bulletin de la Fédération des industriels et des commerçants*, juin 1909.

double projet Frasne-Vallorbe et Moutier-Granges qu'il considérait
comme faisant bloc. La dernière partie de cette formule ,Moutier-
Granges, fut soutenue officiellement pour la première fois, et d'une
manière un peu inattendue par nos délégués à la conférence réunie à Berne en 1908, qui dut se dissoudre sans avoir abouti, pour
se réunir à nouveau, avec plus de succès, il y a quelques semaines.

La nouvelle attitude de la France dans cette question a été
dictée par le changement qu'apporte dans la position de la question
cet élément nouveau qu'est la ligne du Lœtschberg. Décidée en
1906 par le canton de Berne, soutenue par les capitaux français,
cette ligne qui franchira les Alpes bernoises, de Frutigen à Brieg,
par un tunnel de 13 kilomètres et demi, à 1.245 mètres d'altitude,
entraînera vraisemblablement une dérivation du Gothard vers le
Simplon pour le trafic de la vallée du Rhin, et aussi pour la majeure
partie du trafic venant de Belgique et d'Angleterre, qui sera ainsi
ramené sur le territoire français pour entrer en Suisse par la porte
de Delle. Rien de plus naturel, dès lors, que l'intérêt très vif témoigné au Lœtschberg par notre compagnie de l'Est ; et rien non plus
d'étonnant dans l'hostilité mal déguisée dirigée contre lui par les
chemins de fer fédéraux suisses, qui viennent précisément, au mois
de mai dernier, de racheter le Gothard.

Mais la voie qui, de Delle, conduira au Lœtschberg par Bienne et
Berne, comporte une section, de Moutier à Bienne, à peu près impraticable, sur une quarantaine de kilomètres, pour le grand trafic
international. C'est précisément la correction de cette section, par
un tunnel sous le massif du Jura, que comporte la solution Moutier-Granges. Elle est d'un intérêt capital aussi bien pour la
France que pour la ligne du Lœtschberg, à qui elle donne la plus
courte distance pour toutes les expéditions de la zone comprise
entre Boulogne et Anvers.

Mais la solution Moutier-Granges ne pouvait exclure l'ancienne
solution Frasne-Vallorbe. D'abord, parce qu'il eût été maladroit
pour les intérêts français de ne pas ménager cette Suisse française
si proche de nous, et aux efforts de laquelle on doit, en définitive,
la percée du Simplon. Et aussi parce que le Frasne-Vallorbe était
énergiquement réclamé par la Suisse dont le réseau fédéral espère
voir le trafic passant par la France se diviser en deux courants :
Calais-Milan par Delle et Paris-Milan par Vallorbe.

Voilà pourquoi les deux solutions étaient liées l'une et l'autre. Et la conférence de 1909, s'inspirant de cet état de fait, a décidé la construction simultanée des deux lignes. Elle a réglé également la délicate question du partage du trafic entre les lignes suisses. Le trafic pénétrant par Delle se divisera à raison de 70 p. 100 pour la Compagnie des Alpes bernoises et de 30 p. 100 pour les chemins de fer fédéraux, qui se chargeront de l'exploitation, à prix coûtant, de la nouvelle ligne. Quant au trafic pénétrant par Bâle et devant donner lieu à un partage entre le Gothard et le Lötschberg les conclusions de la conférence qui s'est tenue spécialement pour cet objet n'ont pas été publiées.

Bien que la rectification Moutier-Granges soit tout entière sur le territoire suisse, elle sera, pour la plus grande partie des 18 millions de dépenses qu'elle entraînera, subventionnée par les capitaux français. La Compagnie de l'Est donne dix millions et les banques de la région nancéenne interviendront sans doute largement.

Le trajet Frasne-Vallorbe, au contraire, est presque tout entier sur territoire français. Depuis 1902 déjà, la Suisse a mis à double voie le tronçon Vallorbe-Daillens. Les travaux à effectuer sont évalués actuellement à une trentaine de millions (par suite de l'élévation du coût de la main d'œuvre, ce chiffre est sensiblement plus élevé que celui fourni en 1902). La Suisse, qui, depuis 1902, avait déclaré s'en tenir à l'engagement qu'elle avait pris de faire les six millions de dépenses occasionnés par la gare de Vallorbe, transforme maintenant cette contribution en une annuité représentant un capital un peu supérieur. Le P.-L.-M. exécutera le tunnel de 6 kil. 1/2 prévu sous le Mont d'Or ; il est dispensé d'établir la double voie sur le trajet Pontarlier-Vallorbe, à laquelle il s'était astreint précédemment pour le moment où le trafic atteindrait 35.000 francs par kilomètre. En revanche, il donnera le capital représentatif de cette dépense qu'on lui épargne, et une subvention. L'Etat français fera le reste.

Quant à la Faucille, dont les deux pays ont assez habilement joué depuis 1902, comme d'un moyen de peser sur les négociations, et qui conserve d'ailleurs des partisans convaincus [1], elle est assez dédaigneusement mise de côté. La France a refusé de pren-

---

[1] Cf. article de M. Trouillot, *Rev. pol. et parl.*, juillet 1908.

dre à son égard aucun engagement formel. Elle se borne à déclarer qu'elle ne s'opposera pas à sa réalisation lorsqu'elle apparaîtra comme possible financièrement. La Suisse s'engage de son côté, si la France construit la ligne jusqu'à la frontière, à la continuer jusqu'à Meyrin et à raccorder la gare de Cornavin à celle des Eaux-Vives. La gare de Cornavin sera nationalisée au profit de la Suisse, et les chemins de fer fédéraux feront le service entre les deux gares.

Enfin on a envisagé l'hypothèse où les voies allemandes essaieraient de ressaisir le trafic par la plus courte distance. En ce cas, la France et la Suisse s'engagent à exécuter certains raccourcis dès maintenant prévus.

Il n'y a, semble-t-il, qu'à se féliciter de cet accord, qui tranche, de la manière la plus heureuse et la moins coûteuse, une question que les délibérations inconsidérées des Chambres de commerce françaises avaient failli orienter au début dans un sens moins avantageux.

Marcel PORTÉ.

CHRONIQUE LÉGISLATIVE

I. Débats parlementaires.

Propositions de loi tendant à modifier le tarif général des douanes.

La Chambre des députés a abordé l'examen des propositions de loi tendant à modifier le tarif général des douanes. Il s'agit, en somme, sous prétexte de mise au point, de procéder à une réforme complète du tarif douanier de 1892, dans le sens d'une protection largement accentuée.

La discussion générale a été ouverte par un très intéressant discours de M. Beauregard, qui, en termes modérés, a caractérisé l'œuvre anti-libérale à laquelle la commission, malgré les principes dont elle était partie, s'est laissée peu à peu entraîner et qui a montré les funestes conséquences qu'elle pourrait avoir sur notre commerce extérieur et au point de vue de la situation de la classe la plus nombreuse et la moins aisée.

Il a notamment réfuté péremptoirement cette prétention du rapporteur que le tarif de 1892 aurait augmenté le taux du salaire et il a prouvé par des chiffres que le salaire s'était beaucoup plus rapidement élevé pendant la période de liberté ou de protection très modérée allant de 1870 à 1890 que dans la période inaugurée par le tarif de 1892.

En ce qui concerne les effets de ce tarif sur notre commerce extérieur, M. Beauregard n'a pas eu de peine à démontrer qu'ils avaient été très restrictifs. Nous ne saurions trop recommander à ceux qui veulent approfondir ce point d'histoire économique l'étude sur le commerce extérieur de la France de 1881 à 1902 de M. Henri Truchy, publiée dans la *Revue d'économie politique* du mois de juillet 1904.

Avec grande raison, M. Beauregard a conclu qu'il fallait laisser au gouvernement l'initiative d'une pareille réforme : « Le gouvernement seul peut nous donner des indications sérieuses et je le supplie de faire ici son devoir avec la plus grande énergie. A lui de nous dire nettement, avec l'autorité qui lui appartient, ce que nous pouvons faire sans danger et ce dont il faut nous abstenir pour éviter des difficultés qui viendraient, à notre grand dommage, compliquer la tâche délicate de la politique française dans le monde ».

M. Plichon, qui a succédé à M. Beauregard à la tribune, a commencé par une condamnation en règle de l'économie politique : « Je crois qu'en matière économique, il n'y a pas de théories, il y a des faits à examiner et il y a une moralité à en tirer ». — Je serais curieux de savoir par quel procédé M. Plichon examine les faits et en tire la moralité *sans aucune théorie!* Il a cependant une théorie à lui, qui peut paraître quelque peu osée, en ce qu'elle présente la protection douanière comme la condition même de la libre concurrence : « La libre concurrence est indispensable pour empêcher le consommateur d'être soumis à des prix exagérés. Pour assurer le jeu de la libre concurrence, il faut défendre nos producteurs par des droits compensateurs des charges qu'ils supportent et que ne supportent pas leurs concurrents. S'il en était autrement, la production de notre vieille France serait bientôt annihilée et ce jour-là les consommateurs seraient à la merci complète des prétentions de l'étranger ». — En d'autres termes, pour empêcher que la libre concurrence ne périclite dans l'avenir, il faut commencer par l'étrangler tout de suite : c'est ainsi que Gribouille se jette à l'eau pour ne pas être mouillé! Notez pourtant que, s'il s'agissait vraiment de sauver une industrie nationale menacée de sombrer, tous les libéraux se mettraient facilement d'accord pour la protéger ; mais il ne faudrait pas abuser à ce point d'un argument qui ne saurait aucunement légitimer aujourd'hui un relèvement des tarifs.

M. Plichon a fait, en faveur du système inauguré en 1892, un argument qui n'est pas bon. Rappelant une critique de Léon Say, qui disait qu'en supprimant les traités de commerce, on supprimait toute stabilité pour le commerce international, qui ne pourrait plus compter sur le lendemain, M. Plichon disait : « La prédiction ne s'est pas réalisée. Depuis l'élaboration de notre tarif des douanes, les pouvoirs publics ont modifié, en tout et pour tout, 30 articles sur 650 de notre tarif, et cela en quinze années et beaucoup dans le sens de la baisse. On peut donc dire que la maîtrise absolue de nos tarifs, que nous avons revendiquée en 1891 et que nous avons obtenue, n'a nullement eu pour résultat et pour effet de porter atteinte à la stabilité commerciale ». — C'est mal raisonner!

Lors même que nous ne toucherions jamais à notre tarif douanier, la stabilité n'existe pas dès lors que nous pouvons y toucher à chaque instant, et quand nous pourrions nous maîtriser nous-mêmes, nous serions toujours à la merci de tous les autres peuples, auxquels le régime du tarif autonome laisse leur entière liberté : la stabilité et la sécurité ne peuvent exister qu'avec des traités de commerce.

Nous ne suivrons pas M. Plichon dans sa longue et habile plaidoirie en faveur de la protection ; nous voudrions seulement montrer combien l'esprit de parti se laisse aller facilement à employer les plus mauvais arguments et M. Plichon nous en donne plus d'un exemple. Après nous avoir montré l'Angleterre « restée fidèle à de vieilles traditions libre-échangistes, *s'appauvrissant au point de ne plus pouvoir se nourrir* » (la malheureuse !), M. Plichon cite à l'appui de sa thèse l'évolution de la production agricole en France depuis 1891. De 1884 à 1891, la moyenne annuelle de la production du blé en France était de 105.700.000 hectolitres ; de 1892 à 1899, elle passe à 114.100.000 hect. et, de 1900 à 1907, elle atteint 117.100.000 hect., soit une augmentation de plus de 10,77 p. 100. C'est un phénomène curieux, dit l'orateur, que, pendant que le cultivateur est protégé par des droits de douane contre son concurrent étranger, il arrive à faire produire davantage à son champ. Et, pour que le tableau soit complet, M. Plichon ajoute que le prix moyen de l'hectolitre de blé a passé de 18 fr. 26 pendant la période 1884-1891 à 16 fr. 71 pendant la période 1900-1907 ; en sorte que le droit de douane a fait baisser le prix du blé ! — Il y a un proverbe qui dit « qui veut trop prouver ne prouve rien » ; nous sommes bien tenté de l'appliquer à M. Plichon. Soutenir que le droit de douane est un stimulant du progrès et un fauteur de bon marché, c'est abuser un peu de la crédulité des gens. M. Plichon s'émerveille que la production du blé en France ait passé de 105 millions et demi d'hectolitres en 1884, à 117 millions en 1907 et il veut faire bénéficier de cela la protection douanière. Mais, ce qui nous paraît plutôt étonnant, c'est que la production du blé ne se soit pas encore développée davantage dans cette période : M. Plichon oublie que, dans cette période, l'industrie agricole s'est complètement transformée, non point sous l'égide de la protection douanière, qui n'aurait pu que l'endormir, mais sous l'action si puissante des syndicats, qui datent de 1884, sous l'influence de l'enseignement agricole, qui a commencé à la même époque, grâce

au choix des semences, à l'emploi judicieux des engrais, à l'usage
des semoirs mécaniques et d'un outillage perfectionné. M. Deschanel avait parfaitement raison quand il a dit : « Les progrès de la
culture proviennent de la science et non pas de la douane ».

Dans le discours très modéré et très substantiel de M. Thierry,
qui a succédé à M. Plichon, nous prendrons quelques chiffres
intéressants, indiquant l'étiage de la protection douanière dans les
différents pays. M. Thierry a classé par degrés de cherté les diverses nations avec lesquelles nous avons des relations économiques.
En tête marche la Russie : c'est, en 1904 et 1906, du 57 au
38 p. 100 de la valeur des produits, suivant l'année. Aux Etats-
Unis, les droits sont, en moyenne, de 20 à 23 p. 100, suivant
l'année, en 1896 et en 1907; les importations de luxe paient de
50 à 60 p. 100. La Serbie représente du 10 ou du 20 p. 100 suivant les années, du 15 p. 100 en moyenne; le Canada, du
16 1/2 p. 100; la Bulgarie, du 13 1/2 p. 100; l'Espagne, environ
14 p. 100. Les droits italiens varient de 9,69 à 11,7 p. 100; ceux
de Roumanie, de 7,8 à 9,7 p. 100, *ce qui est à peu près le taux
des droits français;* ceux de l'Allemagne, de 8,47 à 8,59 p. 100;
ceux de l'Autriche-Hongrie, de 6,8 à 7,1 p. 100; ceux de la Suisse,
de 4 1/4 à 4 1/2 p. 100; ceux de la Belgique, 1 1/2 p. 100 en
chiffres ronds. Quant à l'Angleterre, qui n'a que des droits fiscaux,
elle perçoit environ 1,5 p. 100 sur nos 1.200 millions d'importation. La conclusion de M. Thierry sur ce point, qui est à retenir,
était la suivante : « Les pays qui, en moyenne, sont beaucoup
moins chers que nous à l'importation, et dont aucun n'excède sensiblement nos tarifs, reçoivent à peu près les trois cinquièmes de
notre exportation totale. Je crois que c'est une vérité qui méritait
d'être mise en relief et d'être proclamée ici avec une certaine
solennité ».

On trouvera encore dans le discours de M. Thierry une très
intéressante revue des conventions commerciales existant actuellement entre la France et les différents pays et une très heureuse
définition des traités de commerce. Sa conclusion a été que ce
n'est pas dans la voie des relèvements des tarifs qu'il faut chercher le développement de l'activité nationale, mais dans le perfectionnement des moyens de transport et des voies de communication.

Après que M. Edouard Néron eut parlé spécialement dans l'intérêt des industries de la construction mécanique, M. Georges Gérald a, dans un discours très étudié, repris toute la question dans son ensemble et défendu les conclusions de la commission, tout en regrettant que le gouvernement n'en ait pas pris l'initiative. M. Gérald a dit des choses fort intéressantes; mais un passage de son discours nous laisse perplexe : pour lui, la France ne doit être ni libre-échangiste, ni protectionniste ; il faut être « *échangiste-réaliste* ». Il paraît que c'est là un moyen terme entre le libre-échange et la protection : mystère!

Après lui, M. Paul Boncour, dans un très heureux début à la tribune, plaida la cause de la viticulture ; puis M. Jean Morel, rapporteur général, défendit le travail de la commission des douanes. On trouve dans son discours une définition intéressante des spécialisations qui ont été introduites dans le nouveau tarif allemand, de décembre 1902, pour éluder la clause de l'article 11 du traité de Francfort, lequel stipule entre la France et l'Allemagne le traitement de la nation la plus favorisée. Voici un exemple, emprunté à l'espèce bovine : « L'Allemagne ayant relevé ses droits sur les bestiaux, cela gênait un peu la Suisse, qui lui fournit beaucoup d'animaux de cette catégorie. Comme la Suisse voulait obtenir une réduction et que l'Allemagne n'entendait pas que cet avantage profitât à d'autres Etats, cette dernière a délimité si strictement les caractères de la race destinée à bénéficier de la réduction qu'en réalité il n'y a que le bétail suisse qui puisse désormais entrer en Allemagne sous ce régime de faveur. Jugez-en par quelques traits. Quels sont les caractères que doit présenter le bétail bovin? Tout d'abord, il a dû être élevé à une altitude moyenne de 300 mètres au-dessus du niveau de la mer. Mieux encore, il faut que tous les ans il ait fait une saison d'estivage d'un mois au minimum à 800 mètres au-dessus du niveau de la mer. Enfin, dernière précaution, pour qu'il ne se glisse pas quelque brebis galeuse dans ce troupeau privilégié, on n'accordera la réduction qu'aux animaux appartenant à la grande race tachetée ou à la race brune. On en précise les caractères. Cette race doit présenter les particularités suivantes : un mufle noir marginé de brun très clair, presque blanc ; des ongles noirs, l'extrémité des cornes noire et l'extrémité de la queue foncée ». — Il est piquant de voir l'Allemagne cherchant à se soustraire par ces indignes subterfuges au régime qu'elle nous a elle-même imposé par un abus de la force et déchirant en quelque sorte de ses propres mains le fameux article 11 du traité de Francfort ! Il est vrai d'ajouter que, en vertu des lois sanitaires, il y a prohibition complète du bétail français à la frontière allemande et réciproquement.

Nous reviendrons sur cette importante question dans notre prochaine chronique.

II. Documents officiels.

Le *Journal officiel* du 3 juin contient la statistique annuelle du mouvement de la population de la France pendant l'année 1908. — On y voit que la balance des naissances et des décès, pendant l'année 1908, se solde par un excédent de 46.441 naissances (il y avait eu, en 1907, un excédent de 19.892 décès) : il en ressort un accroissement relatif de population de 12 p. 10.000 habitants !

Dans le n° du 8 est le rapport au Président de la République sur l'administration de la justice criminelle pendant l'année 1906.

Dans le n° du 13 juin, se trouve un très intéressant rapport de M. Cheysson au conseil supérieur des habitations à bon marché pour l'année 1908. — Le nombre des sociétés d'habitations à bon marché approuvées est de 238, dont 149 à forme coopérative, 88 anonymes et 1 société civile.

On trouvera dans le n° du 17 juin la liste des récompenses de l'Exposition hispano-française de Saragosse de 1908 et de l'Exposition franco-britannique de Londres de 1908.

Dans le *J. O.* du 20 juin, a été promulguée une loi sur le crédit maritime, loi prévoyant l'institution de caisses régionales de crédit maritime mutuel d'après les dispositions de la loi du 23 avril 1906.

Dans celui du 24 est un rapport au ministre de l'instruction publique sur l'éducation populaire en 1908-1909.

Edmond Villey.

BULLETIN BIBLIOGRAPHIQUE

Cornélissen, *Théorie du salaire et du travail salarié,* un vol. in-8, 784 pp. Paris, 1908, chez Giard et Brière.

Cet énorme volume, qui fait partie de la *Bibliothèque internationale d'économie politique,* dirigée par M. Alfred Bonnet, n'est lui-même qu'une faible partie d'un traité d'économie politique qui, à en juger par les deux volumes déjà parus, sera le plus colossal qui ait encore paru. Le premier volume était sur la valeur. Celui-ci est sur le salaire et, comme le dit très bien l'auteur, ce n'est qu'une application de la théorie générale de la valeur à un cas particulier, mais important entre tous, à la valeur du travail humain.

Et l'auteur retrouve naturellement dans les lois qui règlent la valeur du travail les mêmes que celles qui règlent la valeur des marchandises. Le salaire oscille entre un minimum marqué par *la valeur de production,* c'est-à-dire la valeur nécessaire pour l'entretien de l'ouvrier, et un maximum marqué par *la valeur d'usage,* c'est-à-dire la valeur produite par son travail. Là où l'ouvrier spécialisé jouira d'une sorte de monopole, il pourra pousser le taux de son salaire jusqu'aux approches de ce maximum; là, au contraire, où, confondu dans la foule des *unskilled workmen,* n'importe quel ouvrier pourra être substitué à lui, il aura assez à faire que d'obtenir le minimum. Entre ces deux degrés extrêmes le salaire obéira au jeu de forces antagonistes que l'on résume sommairement dans la loi de l'offre et de la demande, mais que l'auteur analyse avec une méthode qui donne une impression de puissance et de vérité, quoique pénible à suivre.

Au reste c'est à la dernière partie du livre que se trouve renvoyée la théorie du salaire. Un chapitre plus intéressant est celui consacré à la discussion des fameuses lois classiques du salaire. L'auteur y montre une connaissance approfondie de la littérature économique; il montre, notamment, ce qui, d'ordinaire, est peu connu ou mal compris, comment la théorie de Marx sur le salaire diffère de celle de Lassale, dite loi d'airain; celle-ci se fonde sur la loi de la population, celle-là non. Le scepticisme qu'il montre à l'égard du *marginal labourer,* comme régulateur du salaire dans la théorie du salaire, nous paraît aussi très justifié.

Mais la plus grande partie du volume traite de l'influence exercée sur le taux des salaires : a) par la nature de l'industrie (agriculture, fabrique, industrie à domicile); b) par les conditions individuelles de l'ouvrier (ouvriers spécialisés, manœuvres, etc.) ; c) par le mode de paiement du salaire (sursalaire, participation, etc.), très écourté, celui-ci, et même incomplet); d) par l'action de la loi (salaire minimum); e) par la pression des organisations ouvrières ou patronales (syndicats, grèves, trusts, etc.).

On voit que le terrain est immense. Cependant, il ne s'agit pas d'étudier chacune de ces conditions ou institutions en elle-même, mais seulement dans la mesure où elles peuvent agir sur le taux des salaires. On lira avec intérêt, notamment, les appréciations de l'auteur sur l'intervention de la loi dans la fixation du salaire et la discussion des données fournies par les législations australiennes sur ce point, sur les salaires dans l'industrie agricole et dans l'industrie à domicile que l'auteur a pu étudier plus spécialement sur place, en Hollande.

L'auteur critique, dans sa préface, la méthode mathématique et déclare qu'elle s'est montrée totalement impuissante à résoudre le problème particulier qu'il a en vue, et que, généralement, « les problèmes économiques s'embrouillent, plus facilement qu'ils ne s'y éclaircissent, entre les mains de ces savants ». M. Cornélissen procède donc par la méthode réaliste, c'est-à-dire par l'étude minutieuse des faits. Cependant, ses discussions ne laissent pas que d'être assez abstraites et d'exiger, de la part du lecteur, une contention d'esprit qui ne sera pas du goût de tous les lecteurs français. Ce livre est d'inspiration allemande, non seulement par le plan, mais aussi par le style, ce qui veut dire que, s'il manque d'agrément, il ne manque pas de solidité.   Ch. GIDE.

————

Lucien Hubert, *L'Eveil d'un monde.* 1 vol. in-12, 250 p. Paris, chez Alcan.

On sait que M. Hubert, député, s'est fait une spécialité des questions de colonisation, est allé donner des conférences à Berlin, Londres et Milan et a fait aussi un cours libre à la Sorbonne.

C'est un de ceux qui ont préconisé la formule à la mode « la politique d'association » — mais les définitions que donne M. Hubert de cette association telle qu'on doit la comprendre sont un peu inquiétantes pour nos futurs associés. Ce sera en effet celle « du cerveau qui commande et du bras qui exécute », ou encore « celle du maître et de l'élève » — d'autres viendront qui diront : « celle du cavalier et du cheval ». Retenons cependant que le but de cette association serait « l'utilité commune ».

Le livre traite surtout de l'histoire, de l'organisation, du gouvernement et de la défense de nos colonies africaines. Il a cependant un chapitre intéressant sur l'organisation économique, et notamment sur les chemins de fer, qui donne des chiffres assez encourageants. D'ici 6 ou 8 ans il y aura 2.405 kilomètres construits et dans des conditions moins économiques que les lignes des colonies anglaises, belges et allemandes — moins de 100.000 francs le kilomètre, quelques-unes même 70.000 francs. Si l'on songe que les 54 premiers kilomètres de la ligne Kayes au Niger avaient coûté 440.000 francs le kilomètre, on appréciera le progrès réalisé. Et c'est la construction en régie qui a donné les meilleurs résultats. C'est peut-être parce que c'était M. Roume qui était gouverneur général.

Ch. GIDE.

Edmond Théry, *Les progrès économiques de la France.* 1 vol. in-12, 356 p. Paris, 1908.

Ce volume (composé probablement d'articles du journal l'*Economiste Européen* à en juger par l'aspect typographique très désagréable) est consacré à l'apologie du régime douanier de 1892. Il a pour but de montrer que dans tous les domaines, commerce extérieur, production du blé, du sucre, du vin, des mines, transports par chemins de fer et par canaux, développement des sociétés de crédit, des valeurs mobilières, des caisses d'épargne — de grands progrès ont été réalisés et que par conséquent en somme la France s'est enrichie.

Il y a des ombres au tableau, avilissement du prix des vins qui pèse si lourdement sur une partie notable de la France, maigres résultats obtenus dans la marine marchande de plus en plus distancée par l'étranger, et stagnation de la population française. Mais de tout ceci le régime douanier est innocent, ce sont les Français seuls qui sont coupables. Le régime douanier protégeait leurs vins, tant pis pour eux s'ils en ont trop planté (c'est M. Théry qui le dit, félicitons-le de ce courage qui est rare). Le régime douanier leur a donné les moyens d'avoir plus de pain pour nourrir leurs enfants ; tant pis pour eux s'ils n'en font plus.

La thèse est, comme on le voit, très simple : je la crois cependant peu démontrée. La vérité c'est que dans cette période la France a progressé sans doute en richesse, mais beaucoup moins rapidement que d'autres pays et moins qu'elle ne l'avait fait elle-même à d'autres périodes de son histoire. La relation de cause à effet avec les tarifs de 1892 est donc très douteuse et peut-être un libre-échangiste pourrait-il l'établir dans le sens inverse par des arguments aussi plausibles.

Le livre est précédé d'une préface de M. Cauwès qui en approuve la méthode : « celle qui reconnaît l'autorité souveraine des faits et prend pour orientation en toutes choses l'intérêt du travail national et le développement des forces productives du pays ».

Ch. GIDE.

————

Les forces productives de la France, un vol. in-12, 252 pages, chez Alcan. Paris, 1909.

L'Ecole libre des sciences politiques a organisé des séries de conférences, l'année dernière, sur la politique étrangère, cette année sur les sujets d'économie politique nationale : ce sont celles-ci qui font l'objet du présent volume. Il y en a cinq : M. Daniel Zolla sur « la productivité de l'agriculture » ; M. Allix, notre collègue à la Faculté de droit de Caen, sur « la concentration industrielle » ; M. de Rousiers sur « la marine marchande » ; M. Charpentier, secrétaire d'ambassade, sur « l'organisation du commerce extérieur » ; et M. de Peyerimhoff sur « les forces nouvelles en formation dans l'Afrique du Nord ».

En outre chacune de ces conférences a eu, suivant l'usage, son président

dont on trouvera également l'allocution, savoir MM. Leroy-Beaulieu, Pierre
Baudin, Thierry, Millerand et Roume.

Ch. G.

Chastin, *Les trusts et les syndicats de producteurs.* 1 vol. in-8, 204 p. Chez
Alcan, 1909.

La littérature des trusts commence à devenir presque encombrante. C'est
même une chose curieuse qu'en France où il n'y a point de trusts, on s'y
intéresse plus peut-être qu'ailleurs. Ce présent livre n'est pas signé d'un
économiste de profession, son auteur étant professeur au lycée Voltaire,
mais il a obtenu le prix Rossi de l'Académie des Sciences Morales et Politiques et c'est en effet une étude très complète et très consciencieuse. L'auteur
a dépouillé avec soin tous les documents, les a classés méthodiquement et
les apprécie dans un esprit tempéré. Cependant le chapitre sur les Etats-
Unis est un peu maigre et tout particulièrement l'épisode la plus dramati-
que, la lutte d'ingéniosité entre le législateur et les trusts, ceux-ci échap-
pant toujours au moment où celui-là croit qu'il a enfin trouvé le joint pour
les saisir, fait presque complètement défaut.

L'auteur ne formule pas de jugement très catégorique sur les trusts. Mais
somme toute il est favorable à leur développement pourvu qu'on empêche
les abus. Et si prudhommesque que puisse paraître cette appréciation, il
n'est pas aisé d'en imaginer une autre. En ce qui concerne leur action sur
les prix, qui est le principal grief qu'on a fait valoir contre eux, il estime
que « le trust (il s'agit de celui du pétrole, mais peu importe) a prélevé sur
la consommation une contribution supérieure à celle qu'aurait établi la
libre concurrence, mais on ne peut pas dire qu'il ait abusé de sa puissance
et imposé des prix excessifs. Ch. GIDE.

Georges Narrat, *Milieux libres. Quelques essais contemporains de vie communiste en France.* 1 vol. in-8, 232 p., 1909. Chez Alcan.

Cette étude, qui était originairement une thèse de doctorat, n'a pas exigé
une grande contention d'esprit chez l'auteur et ne l'exigera pas non plus
des lecteurs. C'est une description, faite par des coupures de journaux, de
quatre ou cinq récentes expérimentations de colonies communistes. La
lecture en est d'ailleurs agréable et divertissante, spécialement une des
moins connues, celle de Ciorfoli en Corse.

L'auteur aurait pu peut-être corser un peu ce sujet léger en établissant
quelques comparaisons avec l'histoire, aujourd'hui bien connue, d'autres
colonies communistes plus sérieuses et plus durables, celles qui ont vécu
aux Etats-Unis pendant un demi-siècle. Il est vrai que les expériences rela-
tées dans ce volume paraissent plutôt relever du pique-nique, ou plutôt
du *camping,* sport à la mode aujourd'hui, que d'un programme social quelconque.

Ch. GIDE.

Lavollée, *Les Fléaux nationaux,* un vol. 306 pages, chez Alcan, 1909.

Ces fléaux *nationaux* sont au nombre de quatre : la dépopulation, la pornographie, l'alcoolisme et l'affaissement moral. Mais sont-ils vraiment si nationaux que cela ?

Pour l'alcoolisme, je le nie. Il résulte des tableaux mêmes fournis par l'auteur que la France ne figure qu'au sixième rang sur la liste des pays consommateurs d'alcool : elle a avant elle le Danemark, l'Autriche, l'Allemagne, les Pays-Bas, les Etats-Unis.

Pour « l'affaissement moral », c'est là un mal trop peu défini pour qu'on puisse le déclarer propre à tel ou tel pays, ni en tout cas caractéristique de la France — l'auteur parle lui-même, dans ce chapitre, de la *furia francese!* — En admettant que la classe bourgeoise soit atteinte d'affaissement moral, ce n'est pas le cas de la classe ouvrière ni de la Confédération générale du travail. Je ne crois pas que la société française donne aux étrangers l'impression d'un peuple atteint de la maladie du sommeil mais plutôt d'une agitation quelque peu épileptique.

Il ne reste donc que deux de ces fléaux qui puissent être vraiment qualifiés de français, ce sont la dépopulation et la pornographie — et, à y bien regarder, peut-être n'en font-ils qu'un. Juste châtiment de la nature que le peuple qui s'est plu à exaspérer sa sexualité ait précisément abouti à la stérilité !

A ces maux quels remèdes propose M. Lavollée ? Beaucoup, mais aucun de bien nouveau et nous ne songeons pas à lui en faire un reproche. Lui-même n'a en eux qu'une foi médiocre : le seul qu'il croie vraiment efficace c'est de remettre en honneur l'enseignement spiritualiste et religieux. Mais qui le donnera cet enseignement ? Ceux qui le donnaient autrefois ?... Hélas ! s'ils l'avaient bien donné il durerait encore. Il n'y a plus de lampes, c'est vrai, mais il n'y a plus personne non plus pour rallumer les lampes.

Quant aux petits remèdes, il est inutile de les passer de nouveau en revue. Remarquons cependant que l'un d'eux, qui serait peut-être le plus efficace contre la pornographie et contre le néo-malthusianisme, à savoir le droit de poursuite directe accordé aux associations privées érigées en gardienne de la pudeur publique et du foyer, est catégoriquement repoussé par l'auteur et cela pour des raisons qui nous paraissent peu décisives.

Ch. GIDE.

———

Novicow, *Le problème de la misère et les phénomènes économiques naturels.* 1 vol. in-8, 414 pp. Paris, 1908, chez Alcan.

Le titre de ce livre est un peu vague et le plan l'est aussi. L'auteur ne s'occupe pas plus spécialement de la misère que de tout autre chose. C'est une conversation brillante et agréable à suivre, semée de réflexions spirituelles et suggestives, qui touche à toutes les questions économiques, production, échange, protectionnisme, étatisme, lutte des classes, collectivisme, etc., une sorte de traité d'économie politique en ordre dispersé et à un point de vue exclusivement critique. « Mon but n'est pas d'exposer l'économie politique, mais de montrer comment elle devrait être exposée. Je montrerai comment les hommes, n'ayant pas compris la vérité, se sont fourvoyés dans les sentiers de l'erreur qui les ont conduits à la misère ».

Une des principales erreurs que l'auteur se propose de rectifier est l'idée qu'on se fait de la richesse. Ce n'est ni la monnaie, ni même les produits en général, ni le droit de propriété (qui peut être une charge), ni nécessairement le résultat du travail, ni une chose ou un ensemble de choses, comme on le croit, c'est *un état de choses,* c'est-à-dire une certaine adaptation du milieu à l'homme. Il ne sert pas grand'chose à un riche d'être riche dans les steppes de Russie, car il ne retire presqu'aucune jouissance de sa richesse. « Je préfère être femme de chambre à Paris que grande dame au Brésil », disait à l'auteur une riche habitante de Rio-Janeiro. Il s'agit donc, et c'est le but de l'économie politique, d'obtenir la concordance la plus parfaite et la plus rapide entre l'homme et le milieu. Je n'oserais dire cependant que la démonstration de l'auteur, pas plus que la boutade de l'aimable Brésilienne, laisse une impression beaucoup plus nette de la richesse que ce qui avait été enseigné jusqu'à ce jour[1].

Même erreur, d'après l'auteur, sur l'autre pôle de la richesse, sur la misère. On s'imagine qu'elle peut être abolie par une meilleure répartition des biens, mais c'est impossible, parce que ces biens sont en quantité très insuffisante. La confiscation de tous les profits augmenterait à peine de 12 p. 100 le revenu de toutes les classes ouvrières. Pour donner le nécessaire à tous les hommes, il faudrait trois fois plus de blé, six fois plus de sucre, deux fois plus de coton, etc., etc. Le partage de tous les biens entre tous les hommes ne donnerait pas 1.000 francs de revenu par famille... Mais la terre pourrait fournir à chacune 100.000 francs de rentes (?) (p. 154). Il suffirait pour cela de mieux adapter le milieu et aussi de supprimer le « banditisme » sous toutes ses formes.

La science économique a formulé une série de vérités de premier ordre. L'élaboration de cette science est un des triomphes d'Ormuzd. Mais, grâce aux idées marxistes, une période pendant laquelle Ahriman va l'emporter semble s'ouvrir maintenant pour le genre humain. Souhaitons que cette infortune nous soit épargnée, ou qu'au moins le nouveau régime d'Ahriman soit de courte durée. Mais quoique Ahriman, c'est-à-dire le socialisme, soit très malmené par l'auteur, cependant il lui reconnaît le mérite d'avoir apporté au monde une vérité fondamentale : « C'est que le but de la politique est le bien-être des masses populaires », autrement dit que maintenant tous les intérêts politiques qui ont passionné nos pères seront oubliés et les intérêts économiques passeront en première place. Mais voilà donc

---

[1] Il y a comme définition de la valeur une formule bizarre qui est évidemment un *lapsus* : « La valeur d'un objet est *en raison inverse* du temps nécessaire à sa confection ». En dehors même du bon sens, le contexte indique que l'auteur a voulu dire en raison *directe.* « Tout objet, dit-il ailleurs, dont la confection demande zéro temps n'a aucune valeur... Les étoffes se fabriquent beaucoup plus vite, et par suite le prix en est moins élevé, etc... ».

M. Novicow plus pénétré de matérialisme historique que les marxistes eux-mêmes! Pour nous, nous inclinons à croire, au contraire, que la parole de l'Evangile : « L'homme ne vit pas de pain seulement... » restera vraie pour les peuples aussi. Ce sera là le vrai triomphe d'Ormuzd sur Ahriman.

Ch. GIDE.

Laurent Dechesne, *L'avènement du régime syndical à Verviers.* Paris, Larose, 1908, 1 vol. in-8, 552 p. avec gravures, carte, diagramme et notes historiques originales.

Il n'est pas trop tard pour signaler aux lecteurs de cette *Revue* le dernier livre d'un de ses collaborateurs assidus. Le lock-out de l'industrie lainière à Verviers en 1906, a déjà attiré l'attention de plus d'un économiste [1]. Mais il n'a été qu'une phase d'un mouvement beaucoup plus considérable, qui vient de loin, et qui ira loin. C'est l'avènement d'un régime social nouveau, dans un milieu bien particulier, curieux et original, où les patrons et les ouvriers sont théoriciens à l'envi, obstinés, instruits, conscients de leur rôle.

M. Dechesne, pour nous en décrire les péripéties, est remonté aux origines de l'industrie de la laine à Verviers, à laquelle il a déjà consacré, il y a des années, une étude remarquable [2]. Puis, il nous fait l'historique du syndicalisme dans la région verviétoise : longue suite de tentatives de groupement sans succès, sans efficacité. Les grèves de 1895, à propos du tissage à deux métiers, sont, en réalité, l'origine des conflits de 1906, et l'on voit comment les échecs successifs, les victoires partielles, entretiennent les différends, soutiennent ou dissolvent les associations.

En 1906, il y a comme une formidable fermentation dans toutes les catégories d'ouvriers de la laine et même dans toute la classe ouvrière. Pas d'union, pas d'ensemble, pas de cohésion, mais une poussée commune de revendications, de révoltes. Les patrons, donnant l'exemple, transforment leurs anciennes associations purement professionnelles et les concentrent en une fédération de combat, et la lutte commence, une lutte qu'on sent sérieuse, définitive.

Pour mettre fin à d'incessantes grèves partielles, les « grèves à échelons » comme les a nommées M. de Seilhac, on décide un lock-out général des tissages, et finalement on est acculé au lock-out général de l'industrie textile, seul moyen, pensait-on, d'arriver à une « liquidation rapide et efficace ». Il s'étendit à près de 15.000 ouvriers, dura trois mois (août à novembre 1906) et présenta des caractères très particuliers : tout d'abord, il fut d'un calme exemplaire, pas un acte de violence, pas une bagarre. C'est le lock-out paisible, ensoleillé, joyeux, la promenade en habits des

---

[1] M. Léon de Seilhac y a consacré une brochure de la bibliothèque du Musée Social. Paris, Rousseau, 1907.

[2] *Evolution économique et sociale de l'industrie de la laine en Angleterre.* Paris, Larose, 1900.

dimanches, malgré bien des cas de misère atroce. Des secours venus de partout, du parti ouvrier et de bourgeois; les syndicats et les coopératives font des prêts aux Verviétois. Pour la première fois aussi on employa un système sensationnel d'entre-aide : l'exode en masse des enfants, placés dans les familles ouvrières, à Anvers, à Seraing, dans les Flandres, avec réceptions et manifestations émouvantes.

Je note, comme un fait très remarquable, qu'une des causes de la longue résistance des ouvriers en dehors de leur solidarité, fut leurs réserves d'épargne : les livres de Caisse d'épargne, et les obligations de villes. Ainsi, en obéissant aux sages maximes des patrons manchestériens, ils avaient forgés les armes qui devaient leur assurer la victoire. Mais ce qui frappera peut-être le plus, c'est le dénoûment, le traité de paix solennel, précédé d'une proclamation théorique, d'un exposé des principes sur les relations des patrons et des ouvriers, aboutissant à un contrat collectif. Tout est à étudier dans ce document, unique dans l'histoire ouvrière de la Belgique.

Il ne faudrait cependant pas croire que le régime syndical se borne à l'industrie de la laine. Il faut lire, dans les pages de M. Dechesne, les grèves des tramways, des allumeurs de réverbères, des médecins, des métallurgistes, des ouvriers de l'alimentation, pour se rendre compte de toute l'ampleur du soulèvement.

Nous avons ainsi un tableau très varié et très étendu de cette suite d'événements étonnants qui ont amené la paix, la paix armée, dans le Bradford belge.

M. Dechesne a su le tracer avec un luxe de détails, une richesse de documentation, qui donnent aux cinq cents pages de sa monographie un intérêt permanent. Ceux qui ont à étudier le syndicalisme et l'histoire des conflits ouvriers en général ne peuvent se dispenser de la lire.

Ernest MAHAIM.

———

Jules Sion, *Les Paysans de la Normandie : Pays de Caux, Bray, Vexin normand, Vallée de la Seine.* Etude géographique, 1 vol. in-8, 1909.

M. Jules Sion étudie la vie rurale de cette partie de la Normandie qui correspond approximativement au département de la Seine-Inférieure et à l'arrondissement des Andelys. Comment les populations rurales se sont-elles attachées au sol qui les nourrit? Quelle est leur origine? Comment ont-elles conquis leurs champs sur les forêts ou les marécages? Quel est le système de culture qui caractérise telle ou telle région? Le laboureur doit-il compléter par l'industrie domestique le revenu de son domaine? Quelle est la proportion des cultivateurs propriétaires, des fermiers, des journaliers? de la grande ou de la petite exploitation? Quelles sont la densité de la population, sa répartition, sa vitalité? Dans la forme de ses habitations, dans la texture de ses groupements, peut-on déceler des influences ethniques? Autant de questions abordées par l'auteur et toujours avec une documentation abondante et une exposition très séduisante.

Le livre de M. Jules Sion s'ajoute, de la façon la plus heureuse, à la col'ection des thèses de doctorat ès-lettres consacrées aux diverses régions de France. On sait le grand mérite de la plupart d'entre elles, comme étude de « géographie humaine », mais il est juste de signaler aux économistes, de façon toute particulière, la monographie de M. Sion. Avec succès l'auteur a représenté « dans la complexité de ses réactions au milieu physique, ce qu'a été et ce qu'est la vie matérielle du paysan normand ».

Germain MARTIN.

Maurice Bellom, *La mission sociale des élèves des écoles techniques à l'étranger et en France.* Larose et Tenin, 1908.

Le ministre du commerce, pour améliorer notre enseignement technique, possède une riche et récente documentation. MM. Georges Blondel, Maurice Bellom, ont écrit sur cette matière d'intéressants ouvrages. On a lu, dans la *Revue d'économie politique,* l'analyse du travail de M. Georges Blondel. M. Bellom, accoutumé aux publications qui ont plusieurs volumes, en écrit deux sur la mission sociale des élèves des écoles techniques et l'enseignement économique et social dans les écoles techniques. Il est vrai que le tome II, au cours de 300 pages sur 500, reproduit des programmes d'écoles et de leçons. Les typographes n'ont pas à se plaindre de cette méthode et le lecteur s'instruit.

La mission sociale des élèves des écoles techniques paraît à M. Bellom un devoir : « L'octroi des bienfaits de l'instruction a fait pénétrer dans les masses illettrées, avec les notions les plus élémentaires, le sens de la curiosité intellectuelle. Les représentants des classes élevées sont naturellement désignés pour être les éducateurs du peuple, et, parmi eux, les jeunes gens ont un rôle spécial à jouer... ».

Sans beaucoup de succès, sommes-nous tenté d'écrire, à l'encontre de ce que pense M. Bellom. L'expérience, le tact, la pondération, sont des qualités essentielles pour un éducateur; l'âge mûr les possède plus que la jeunesse fougueuse. Que le jeune technicien acquière, par ses qualités morales et intellectuelles, l'estime des ouvriers qu'il dirige, c'est parfait. Qu'il veuille être missionnaire social avec les meilleures intentions du monde, il deviendra pour ses subordonnés le gêneur. « Les échecs de certaines initiatives ne doivent pas faire oublier le succès des œuvres françaises... et la réussite des œuvres étrangères..., leurs buts et moyens d'actions fournissent des modèles dont l'adaptation à la société française ne semble nullement au-dessus des forces de nos philanthropes », écrit M. Maurice Bellom. Ne faut-il pas redouter des excès de philanthropie et l'échec des œuvres patronales n'est-il pas un indice du vif désir qu'ont les classes ouvrières en France de suivre les exhortations de Proudhon... ? Le syndicalisme veut l'amélioration matérielle et morale hors de toute influence, de toute direction patronale.

L'enseignement économique et social dans les écoles techniques permet à M. Bellom d'écrire d'intéressantes pages sur le rôle respectif des écoles techniques et des Universités.

Loin d'éprouver quelque crainte en présence de la concurrence de ces deux ordres d'enseignements, il se réjouit de l'émulation profitable à tous qui doit en résulter; il souhaite que les professeurs des Universités s'adaptent rapidement à la vie moderne. L'avis d'un auteur distingué et par des études importantes et par une longue pratique des affaires est à retenir. Les Facultés auront grand profit à suivre ses conseils.

Germain MARTIN.

GIORNALE DEGLI ECONOMISTI

Mai 1909.

La situazione del mercato monetario (X.).
L'exercisio 1907-1908 delle ferrovie dello Stato (N. TREVISONNO).
Intorno al calcolo della ricchezza privata dell'Italia (G. MORTARA).
Sulla curva di distributione dei reddili (A. BENEDUCE).
Per una nuova questione sociale (B. SCARSELLI).
Cronaca (A. RENDA).

Juin 1909.

Omaggio a Leone Walras.
Il septantacinquesimo anniversario di Leone Walras.
Apprezzamenti di teorie matematiche (C.-J. EDGEWORTH).
Note sulla curva paretiana dei reddili (V. FURLAN).
Appunti sulla teoria delle distribuzioni di frequenze (C. BRESCIANI).

POLITICAL SCIENCE QUARTERLY

Mars 1909.

Political corruption (R.-C. BROOKS).
Municipal socialism (E.-J. LEVEY).
Unionism in the iron and steel industry (J.-A. FITCH).
A year of bench labor law (D.-Y. THOMAS).
The constitution of Oklahoma (C.-A. BEARD).
French political capacity (J.-T. SHOTWELL).

Juin 1909.

Growth of judicial power (W.-J. DOOD).
Sectionalism in Pennsylvia (ROY SMITH).
Marxism vs. Socialism, III.
College education and race suicide (C.-F. EMERICK).
Duguit's political theory (J.-M. MATTHEWS).
Fischer's the rate of interest (THORSTEIN VEBLEN).

Le Gérant : L. LAROSE.

31.419. — BORDEAUX. IMPRIMERIE Y. CADORET, RUE POQUELIN-MOLIÈRE, 17.

REVUE

D'ÉCONOMIE POLITIQUE

LA CHERTÉ DE L'ARGENT

ET LES MESURES POUR SIMPLIFIER LA CIRCULATION MONÉTAIRE EN ALLEMAGNE

L'Allemagne est en général un pays d'argent cher. Quoique très avancée dans son développement industriel et commercial, elle a un taux d'escompte presque toujours sensiblement supérieur à celui des autres grands pays qui se trouvent à la tête du mouvement économique. Au point de vue du crédit, elle est donc dans une situation moins favorable que la France et l'Angleterre. Nous allons rechercher quelles sont les causes de cette cherté de l'argent, pour montrer ensuite les efforts intéressants qu'on fait depuis quelque temps pour y remédier.

Rappelons d'abord, comme exemple, les taux d'escompte de la Reichsbank pendant l'année dernière. Elle a commencé l'année 1907 avec un taux de 7 p. 100 et ne l'a pas abaissé au-dessous de 5,5 p. 100. La moyenne de toute l'année a été de 6,03 p. 100. Les conditions de crédit étaient tellement tendues qu'à la fin d'octobre et au commencement de novembre, la Banque a été forcée d'élever rapidement son taux à 6,5 et 7,5 p. 100. C'est le taux le plus élevé qui ait été pratiqué par elle depuis son origine (1875). Elle l'a maintenu pendant plus de deux mois. Il faut noter, il est vrai, que cette élévation extraordinaire du taux de l'escompte a été principalement provoquée par la crise américaine et que la Banque d'Angleterre a précédé la Banque de l'Empire en élevant son taux à 7 p. 100 ; mais le fait qu'il vient seulement (le 27 avril) d'être abaissé à 5 p. 100 en Allemagne, tandis que l'Angleterre jouit depuis longtemps déjà d'un taux de 3 p. 100, prouve que la contraction du crédit ne provient pas uniquement des événements extérieurs.

Si le taux du loyer de l'argent est constamment plus élevé en Allemagne que dans d'autres pays, c'est un signe qu'il y a un trouble quelconque dans les conditions intérieures du crédit. Cette constatation n'autorise cependant pas à lui discuter sa place parmi les premières puissances économiques et à la ranger parmi les pays avariés qui ont un taux d'escompte élevé, parce que le capital y trouve moins de sécurité. Au contraire, la crise actuelle prouve que l'organisation économique de l'Allemagne repose sur une base très solide, car les faillites ont été de peu d'importance et proviennent surtout des spéculations exagérées de quelques personnes qui ont été coulées par la baisse des valeurs dans lesquelles elles s'étaient engagées outre mesure. Le monde des affaires est presque sans exception parvenu à s'adapter aux nouvelles conditions, sans manquer à ses engagements. Cela montre en même temps combien les entreprises se sont consolidées depuis 1900.

La cause de la cherté de l'argent en Allemagne est plutôt superficielle que profonde. Loin d'être la conséquence d'une mauvaise constitution économique, elle provient au contraire du grand essor que ce pays a pris surtout depuis une quinzaine d'années. Pendant cette période d'extension violente, où la nation s'est lancée avec toute son énergie sur le champ de la production, pour mettre en exploitation ses grandes ressources naturelles et ses forces actives abondantes, on a sans cesse créé ou agrandi des entreprises, sans se soucier de ce qu'elles absorbaient plus de capitaux que le pays n'en produisait. Le public a pris une part considérable à ce mouvement en mettant ses économies à la disposition du commerce et de l'industrie par l'acquisition des actions et obligations des sociétés anonymes, et les banques même, soutiennent par de longs crédits et d'importantes participations les entreprises qui sont en relations avec elles. Une demande aussi générale des valeurs industrielles est une des causes principales de la cote des fonds publics allemands à un cours plus bas que ceux des autres pays d'une sécurité correspondante. Il en est résulté en outre, comme conséquence naturelle, une grave pénurie des capitaux disponibles. D'une part, le besoin de moyens de paiement s'est accru dans une large mesure, par suite de l'extension des affaires (circulation des effets de commerce en 1895, 15,2 milliards de marcs ; en 1907, 30,8 milliards de marcs), de la hausse des salaires et de l'accroissement rapide du nombre des personnes vivant uniquement sur un revenu payé en argent. D'autre part, au lieu de constituer les réserves nécessaires pour effectuer ces transactions, on a immobilisé l'épargne annuelle de la population et quelquefois même une partie du stock monétaire déjà accumulé, dans des entreprises productives. La conséquence inévitable, pour rétablir l'équilibre entre les transactions et les moyens de paiement, était le renchérissement du crédit, surtout en temps de crise, où le besoin de numéraire se fait spécialement sentir. L'élévation extraordinaire du taux de l'escompte est donc provoquée en premier lieu par l'insuffisance du capital roulant par rapport aux transactions.

Quelles sont maintenant les mesures propres à procurer au monde économique des conditions de crédit plus normales? Voilà la question que tout le monde se pose, car il est évident que cette situation est très gênante pour les affaires et cause de grandes souffrances à ceux qui ont besoin de crédit. On dira que le remède logique consiste à ne plus immobiliser autant de capitaux dans des affaires d'où ils ne peuvent être retirés facilement. C'est cependant un conseil difficile à suivre dans un pays où l'esprit d'entreprise est très vif, où la prospérité des affaires offre un large profit à tous les capitaux. Dans des pays qui ont derrière eux un long développement et sont entrés dans une période de repos, les sommes épargnées annuellement dépassent presque toujours de beaucoup les occasions de placement. L'accroissement de la réserve monétaire s'y fait pour ainsi dire automatiquement par le seul effet de l'excès de l'épargne sur les demandes de nouveaux capitaux. Il peut même arriver que les disponibilités s'accroissent plus vite que les besoins d'argent et qu'une partie du capital est ainsi forcée de chômer au lieu de féconder le travail national. Les pays qui, au contraire, ne sont pas encore arrivés au terme de leur développement, ont un besoin de capitaux beaucoup plus grand et sont portés à réduire au minimum leur fonds de roulement. Les entrepreneurs qui veulent mettre en valeur des projets dont ils espèrent tirer profit, ne se demandent pas s'il ne serait pas plus utile pour l'intérêt général de renoncer à l'exécution de ces idées; et les réserves du pays subissent ainsi, comme conséquence de l'esprit d'entreprise, une diminution continue jusqu'à ce que l'élévation du taux de l'escompte vienne l'arrêter. On a beau souhaiter que les industriels et les commerçants mettent leurs affaires en rapport avec le capital disponible, le seul moyen pour l'obtenir restera l'aggravation des conditions de crédit jusqu'à l'excès.

Si l'on ne veut pas néanmoins renoncer à l'idée d'assurer au commerce et à l'industrie l'argent dont ils ont besoin, et à des taux plus modiques et plus stables, il faut chercher s'il n'y a pas de réformes à introduire dans l'organisation du marché monétaire. En examinant le stock monétaire de l'Allemagne, on s'aperçoit qu'il est assez important et dépasse considérablement celui de l'Angleterre, qui a pourtant un mouvement d'affaires beaucoup plus grand. D'après le directeur de la monnaie américaine, il y avait au 31 décembre 1905, en Allemagne, un stock d'or d'environ 3.850 millions de marks, tandis que celui de l'Angleterre se montait à 2.350 millions seulement. Ces chiffres se réduisent à 3.140 millions et 1.565 millions, si l'on en défalque les sommes qui se trouvent dans les caisses des banques centrales comme couverture de la circulation fiduciaire. L'Angleterre se contente donc, pour ses immenses transactions, d'un montant de monnaies bien inférieur à celui de l'Allemagne. Elle emploie aussi beaucoup moins de billets de banque. L'émission de la Banque de l'Empire a pris, par contre, une très grande extension, surtout dans les dernières années. De 1876 à 1907, la circulation moyenne des billets s'est élevée de 684 à 1.478 millions et le manque de moyens de paiement a été si intense que la Banque a été amenée à dépasser de plus en plus la limite au-dessus de laquelle elle doit payer à l'Etat un impôt de 5 p. 100 sur la circulation à découvert (482.829.000 marks). En 1907, année extraordinaire aussi à cet égard, ces dépassements ont eu lieu vingt-cinq fois, c'est-à-dire pendant vingt-cinq semaines de l'année, et, au 31 décembre, le montant pour lequel la Banque était passible de l'impôt s'est élevé à 625,98 millions de marks, sur une circulation totale de 1885,92 millions. Aussi l'impôt à payer pour toute l'année s'est-il élevé à la somme exceptionnelle de 5,60 millions contre 3,69 millions en 1906 et 1,65 millions en 1905. On sait qu'en Angleterre la circulation non couverte par l'or ne peut dépasser, d'après les dispositions du fameux Act de 1844, une somme déterminée qui est aujourd'hui de 18,450 millions de livres, et que cette loi n'a plus subi de dérogations depuis 1866.

D'où vient cette énorme différence entre l'Allemagne et l'Angleterre? Elle est la preuve éclatante des grands avantages que l'Angleterre tire de l'excellente organisation de sa circulation monétaire. Il n'est pas douteux que les modes perfectionnés de paiement que ce pays a développés depuis longtemps ont contribué dans une large mesure à établir la prédominance de son commerce et de son industrie au XIXᵉ siècle. Son système de banques bien organisées, concentrant les épargnes éparses de la nation dans leurs caisses et compensant la plus grande partie des paiements par de simples écritures dans leurs livres, permettait l'utilisation la plus complète du capital de la nation et procurait au commerce et à l'industrie l'argent pour n'importe quelle entreprise sérieuse à des conditions modiques.

L'Allemagne est encore très arriérée à ce point de vue. L'usage du chèque n'y est pas encore entré dans les habitudes de la population, et ce ne sont guère que le haut commerce et la haute industrie qui se servent des moyens de compensation. En 1905, la chambre de compensation de Berlin a compensé des dettes et créances pour 13.462 millions de marks, ce qui est un chiffre minime à côté de celui des clearing-houses de l'Amérique avec 28.775 millions de livres (dont New-York seul 18.764 millions de livres) et de Londres avec 12.288 millions de livres. Chose curieuse : les contrées de l'Allemagne où le chèque s'est développé aussi parmi les classes moyennes, sont deux petits pays d'une population plutôt bourgeoise et rurale, l'Oldenbourg et le Mecklembourg. Ce sont les banques locales qui y ont introduit chez les petits industriels et commerçants, chez les rentiers et les paysans même l'usage du chèque. Dans la ville d'Oldenbourg, avec 26.000 habitants dont 2.630 ont un revenu de plus de 1.800 m., il y a, d'après une communication au congrès des banquiers allemands de l'année dernière, 2.263 comptes de chèques dans les banques, sans compter ceux des autres petites places où les banques ont des succursales. La Reichsbank a fait aussi beaucoup pour diminuer l'emploi de la monnaie en exécution de la mission de « faciliter les paiements par compensation », que lui a donnée l'article 12 de sa loi fondamentale. Dès le commencement de son existence, elle a créé le Giroverkehr, qui est à peu près la même chose que les virements à la Banque de France. Elle fait un contrat avec les clients qui veulent profiter de cette institution et s'engager à régler leurs engagements réciproques par des virements sur leurs comptes, en demandant comme équivalent de ses services l'existence d'un solde créditeur minimum sans intérêt, fixé par la Banque suivant la personnalité et le montant des transactions du client. En 1907, le mouvement sur ces comptes a été de 260 milliards de marks et leur solde moyen s'élevait à 277 millions[1]. Les grandes banques privées ont imité cette organisation. Elles n'ont pas autant de succursales que la Reichsbank, mais se sont fort étendues aussi par des affiliations de banques régionales.

Malheureusement, ce système merveilleux est-il limité à un cercle d'intéressés assez restreint, de sorte que le gros des paiements lui échappe et n'a jusqu'aujourd'hui pas d'autre moyen que le numéraire et les billets de banque. Le nombre des clients de virements ne s'élevait, à la fin de 1907, qu'à 23.965 parce que le solde minimum exigé par la Banque est trop haut pour les petits commerçants. Si ceux-ci étaient membres de cette institution, cela n'aurait pas seulement pour conséquence d'augmenter encore ces règlements, mais d'en exclure davantage l'emploi de la monnaie, qui entre encore pour le quart environ dans les paiements effectués par la Banque sur comptes de virements. Ce service n'est à la hauteur des progrès modernes que dans un des différents centres d'affaires de l'Allemagne : à Hambourg. Dans cette ville, toute personne qui entretient un mouvement d'argent un peu considérable a un compte dans une banque, comme en Angleterre, et fait ses paiements par des dispositions sur ce compte, depuis les sommes les plus importantes jusqu'aux sommes les plus minimes. Le fonctionnement de ce système est des plus simples[2].

Tout se passe dans des formes déterminées, sans correspondance inutile. Pour faire transférer une somme de son compte sur celui de son créancier, on n'a qu'à remplir un mandat de virement et le remettre à sa banque. Les chèques ne sont en usage que pour des paiements sur d'autres places, et encore se sert-on, si c'est possi-

---

[1] Les titulaires de ces comptes en tirent un très grand profit, car ils s'efforcent à faire circuler les sommes déposées à la Banque avec la plus grande vitesse possible, surtout dans les années où les moyens de paiments sont très recherchés; en effet, en 1907, les fonds ne sont restés sur le même compte que 0,99 jours en moyenne contre 1,03 il y a un an, 1,19 il y a deux ans, 1,22 il y a trois ans. La Reichsbank s'est, du reste, opposée à cette exploitation de son Giroverkehr en procédant à une élévation des soldes minimums.

[2] L'organisation du système de virement à Hambourg a été étudiée dans un rapport détaillé fait par le directeur Thorwart, à la chambre de commerce de Francfort (Mitteilungen, juin 1907). Le directeur Kaemmerer, de Hambourg, a présenté un rupport sur le même sujet au congrès des banquiers allemands, le 5 septembre de l'année dernière. L'intérêt pour la propagation des chèques et virements est, du reste, tellement vif en Allemagne, depuis quelque temps, qu'on trouve des articles sur ces questions dans presque toutes les *Revues*.

ble, du Giroverkehr de la Reichsbank. Les règlements définitifs se font par une chambre de compensation composée des six plus importantes banques de la place sous la présidence de la succursale de la Reichsbank. Elle tient la première place de toutes les quatorze chambres de compensation existant actuellement en Allemagne et dépasse même celle de Berlin. Cette institution est déjà très ancienne. Elle a été créée par la Hamburger Girobank, qui fut remplacée en 1875 par la Reichsbank, et celle ci l'a prise comme modèle pour l'organisation de son Giroverkehr. Il est évident que l'économie de numéraire serait énorme, si l'on pouvait étendre ce système sur l'Allemagne entière. Cela ne peut cependant pas se réaliser sans la condition essentielle que le public s'habitue à déposer son argent dans une institution spéciale au lieu de le garder chez lui, et à faire son service de caisse par l'intermédiaire de cette institution.

Cela aurait pour conséquence de faciliter les compensations, de diminuer les besoins de monnaie dans l'intérêt général, et de rendre les paiements plus faciles, plus rapides, plus sûrs et moins coûteux pour les particuliers. Aussi la nécessité de généraliser l'emploi du chèque a-t-elle été sentie depuis longtemps, mais la grande foule fait rarement des progrès sans qu'elle reçoive une forte secousse du dehors.

Le renchérissement exceptionnel de l'argent, dont a souffert la vie économique dans les dernières années, a été une occasion favorable pour faire une vive propagande en faveur du système de chèque et de virement. On cherche, par tous les moyens, à éclairer le public. C'est certainement un procédé plus raisonnable, pour aboutir à une meilleure constitution du marché monétaire, que les propositions absurdes, que les agrariens et les bimétallistes se sont plu de renouveler à cette occasion. Ils ont, au commencement de l'année, interpellé au Reichstag sur le taux élevé de l'escompte, et demandé qu'on élevât la force libératoire des monnaies d'argent de 20 à 1.000 marks, pour permettre à la Reichsbank de se défendre contre le drainage de l'or par l'étranger. Une telle mesure aurait pour effet la dépréciation du change allemand et compromettrait gravement la situation de la nation dans le commerce international. Car les sorties d'or dépendent principalement de la balance générale des paiements et ne peuvent être empêchées par des entraves artificielles. Ces idées n'ont d'ailleurs aucune chance de succès. Une mesure plus sérieuse a été prise il y a deux ans : pour augmenter le stock d'or de la Reichsbank, base du système de crédit de l'Allemagne, on lui a permis d'émettre des coupures de 50 et de 20 marks. Mais ce n'est qu'un expédient. L'expérience faite dans les pays plus avancés à ce point de vue, prouve que le rôle de la circulation fiduciaire va en diminuant. En Angleterre, par exemple, elle n'a augmenté que dans une très faible proportion dans les quarante dernières années. L'énorme accroissement des affaires pendant ce temps a eu pour corollaire une augmentation analogue des compensations. L'évolution des sociétés modernes tend ainsi à introduire la division du travail dans le règlement même des affaires, en substituant aux innombrables caisses privées un caissier unique : la Banque. Celle-ci peut faire ce service avec beaucoup moins de travail et avec plus de sécurité et d'exactitude ; elle pourra se contenter, en outre, à cause de la centralisation des paiements, d'un fonds de roulement de plus en plus réduit. En dehors des menues transactions qui seront réglées sur-le-champ, on n'aura presque plus besoin de monnaie. L'or n'en gardera pas moins une fonction très importante : celle de mesure de la valeur et de marchandise universellement acceptée pour liquider les soldes des engagements internationaux. Mais sa quantité pourra être bien diminuée, et la presque totalité de l'épargne cherchera alors un emploi plus productif.

C'est ce but qui doit être envisagé pour l'avenir. Comme moyen de compensation, le système des virements, tel qu'il fonctionne à Hambourg, a en principe encore plus de partisans que le système des chèques. Des hommes compétents, comme par exemple les directeurs Thorvart et Kaemmerer et beaucoup d'autres, le déclarent l'organisation idéale. Le mandat de virement a sur le chèque l'avantage d'assurer le paiement immédiat et d'effectuer la transmission de la valeur de la façon la plus sûre et la plus économique, parce qu'il est remis directement à la banque. Il évite aussi les fraudes qui peuvent être commises par la mise en circulation d'un chèque sans qu'il existe une provision. Le rôle très important du chèque consiste cependant à habituer d'abord le public aux nouveaux modes de paiement et à compléter ensuite le système de virement dans les cas où celui-ci ne serait pas applicable.

Jusqu'à présent le chèque n'avait pas encore trouvé de réglementation légale. Le projet de loi que le gouvernement avait présenté en 1892, sur la demande du commerce, n'avait pas été adopté; et depuis ce temps le commerce niait lui-même la nécessité d'une loi, parce qu'il craignait que l'esprit anti-commercial du gouvernement n'y introduisît des dispositions qui seraient plutôt une entrave qu'un encouragement à l'usage du chèque. Le projet de 1892 était surtout inacceptable, parce qu'il ne donnait pas au chèque de garantie pour l'exemption du droit de timbre sur les effets de commerce, et parce qu'il punissait de hautes amendes l'émission d'un chèque sans provision suffisante. On jugeait que ce n'étaient pas des conditions pour *faire naître* la confiance en un instrument déjà si délicat de sa nature. Le commerce aimait donc mieux s'abandonner à la bonne foi et à la loyauté du monde des affaires, et les banques s'efforçaient de régler la circulation des chèques par des dispositions autonomes. Devant la loi, le chèque fut traité comme le mandat : il ne donnait au porteur aucun droit de recours contre les endosseurs et pouvait être révoqué à tout moment par le tireur. En justice, le chèque n'était pas une preuve suffisante de l'existence de la créance, mais il était nécessaire de se reporter à la transaction qui avait provoqué sa création. C'était un chemin trop long et trop incertain pour obtenir le paiement promis dans le chèque. C'est la principale raison, pour laquelle même des maisons importantes hésitaient à accepter des chèques. Que dire alors des simples commerçants auxquels manquent en outre les notions économiques pour comprendre l'utilité d'une réforme des habitudes de paiement? Il ne faut donc pas s'étonner trop que la plus grande partie de la nation se serve encore exclusivement du numéraire, des billets de banque et des mandats postaux.

Il était donc tout à fait indispensable de donner à la circulation des chèques une base certaine et générale, pour les faire entrer dans les habitudes des commerçants plus modestes, et aussi des classes aisées de la population non commerçante. C'est pourquoi le gouvernement a présenté l'année dernière un nouveau projet. Celui-ci fut accueilli avec une grande satisfaction, parce qu'il est uniquement inspiré des intérêts du commerce. Ses principales dispositions, qui sont devenues loi par le vote du Reichstag, sont celles-ci (loi du 11 mars 1908) :

1. Le chèque ne peut être tiré que sur un banquier, une banque ou une autre institution ayant pour objet d'effectuer des paiements pour le compte de tiers. Cette prescription, qui ne se trouve pas

dans la loi française, a été édictée pour favoriser les compensations qui sont le but essentiel des chèques.

2. Le mot chèque doit être contenu dans le texte, ainsi que la mention que la somme indiquée est payable sur l'*avoir* du tireur.

L'avoir peut aussi être constitué par un contrat d'ouverture de crédit.

3. Un chèque qui n'est pas stipulé payable à vue est nul.

Les chèques antidatés sont soumis à l'impôt du timbre sur les effets de commerce, dont les autres chèques sont exemptés.

4. Le délai dans lequel ils doivent être présentés au paiement est de dix jours pour les chèques créés et payables en Allemagne. Pour ceux tirés de l'étranger, le gouvernement a établi des délais de trois semaines à trois mois, par voie de décret. Si l'on néglige cette prescription, on perd le droit de faire dresser un protêt et aussi le droit de recours contre les endosseurs. Le tireur peut, en outre, révoquer un chèque qui n'a pas été présenté pendant le délai légal. Ces dispositions empêcheront la loi de favoriser l'emploi abusif du chèque comme moyen de circulation et de crédit. Dans certains milieux, il est en effet de coutume de ne pas faire recouvrer un chèque qu'on a reçu, mais de l'envoyer à ses créanciers avec son endos, pour se décharger sur eux du soin de le présenter en paiement. Cela s'explique surtout par les frais que le recouvrement d'un chèque occasionne dans un pays où son emploi est encore mal organisé. Il y a ainsi des chèques en circulation pendant des semaines avec plusieurs allonges remplies d'endossements.

Ces sortes de chèques proviennent spécialement des membres des coopératives de crédit. Celles-ci ont un certain intérêt à voir continuer ces abus, parce qu'ils leur procurent des capitaux gratuits et c'est pourquoi elles ont demandé qu'on allongeât les délais.

5. La loi charge le gouvernement de désigner des chambres de compensation pour les chèques et confirme en outre l'usage des chèques barrés.

La circulation des chèques a donc enfin reçu une base solide. Il appartient maintenant à la nation d'en tirer profit. La population doit être dotée d'un esprit plus avancé en matière de paiement. Mais les banquiers aussi, qui sont appelés à servir d'intermédiaires, ne doivent pas attendre que le changement se fasse de lui-même,

Ils ont, au contraire, une importante mission à accomplir : c'est de faire l'éducation du public en lui montrant les avantages que la réalisation de ce progrès aurait pour lui et de l'attirer par des facilités spéciales. Il faut convenir qu'ils semblent comprendre ce devoir. Deux innovations intéressantes ont déjà été créées par eux. Deux banques, à Munich et à Essen, viennent d'introduire le chèque sur carte postale et l'Union centrale des banques et banquiers allemands a réussi à constituer parmi ses membres une Union des banques de chèques (Scheckvereinigung), qui est entrée en action le 1er avril. Les adhérents de cette Union se sont engagés à effectuer gratuitement la remise du montant d'un chèque tiré sur eux par voie de virement à la Reichsbank, sans prélever une commission.

Les administrations publiques aussi commencent à se pénétrer d'un esprit commercial, car elles renoncent de plus en plus à tenir des caisses particulières. L'année dernière, le ministre des finances de la Prusse a avisé les caisses de l'Etat de payer les salaires des fonctionnaires par virement à la Reichsbank, pour éviter un déplacement inutile de l'argent et pour habituer en même temps les fonctionnaires à tenir dépôt en banque. Ces progrès sont d'une très haute importance. Ils ne donnent pas seulement un bon exemple à un grand nombre de personnes : fonctionnaires, fournisseurs et entrepreneurs qui ont des paiements à recevoir de l'Etat, mais rendent disponibles des sommes d'argent considérables.

Une autre innovation récemment décidée qui pourrait contribuer beaucoup à développer des modes de paiement perfectionnés, est la création du chèque postal. Cette mesure a surtout pour but de répandre le chèque et le virement dans les classes trop modestes pour se faire ouvrir un compte dans une banque, ou qui ne peuvent pas le faire, parce qu'elles n'ont pas de banque à leur portée. La poste, qui est connue de tous et se trouve partout, est toute désignée pour combler cette lacune. Aussi l'institution du chèque postal a-t-elle eu un grand succès en Autriche, où elle fonctionne depuis 1883, de même qu'en Suisse. En Allemagne, elle serait le complément le plus utile du Giroverkehr de la Reichsbank. Elle jouerait le même rôle pour le petit et le moyen commerce que le Giroverkehr pour les entreprises plus importantes et remplacerait une grande partie des mandats postaux, qui ont circulé en 1906 pour une somme de 12 milliards de marks. La plupart des petites et moyennes affaires se règlent aujourd'hui au moyen de ces man-

dats ou par lettre chargée et entraînent ainsi un mouvement de
fonds très considérable.

Il est cependant à craindre que le chèque postal ne produise en
Allemagne que des résultats médiocres, parce que le projet qui
vient d'être accepté contient certaines dispositions bureaucratiques
et irrationnelles qui seront une forte entrave à la propagation du
chèque postal dans la population. Il aurait été nécessaire surtout d'abaisser les droits et d'allouer un intérêt, quoique faible,
aux fonds déposés. Cela n'aurait pas encore pour conséquence de
travestir cette institution en une caisse d'épargne postale. Les
fonds déposés viendront, du reste, augmenter le fonds de roulement de la Reïchsbank et serviront ainsi aux affaires. La raison des
entraves est qu'on craint de faire concurrence aux caisses d'épargne
des coopératives de crédit. On veut favoriser le progrès, mais on a
peur de le favoriser aux dépens du crédit populaire, notamment
du crédit agricole. Ces appréhensions ne sont pas fondées, car
l'épargne ne se laissera pas attirer par un intérêt de 1 à 1,5 p. 100,
si elle peut trouver 3 ou 4 p. 100 dans les associations de crédit.
Ces associations ne sont, en outre, pas capables de rendre autant
de services à l'introduction du chèque que le chèque postal, car la
plupart des chèques tirés sur elles sont payés effectivement. En
ménageant leurs susceptibilités, le législateur risque de compromettre le succès d'une institution si utile. Surtout au commencement il y aurait lieu d'offrir au public le plus de facilités et d'avantages possible. Mais l'influence des agrariens sur le gouvernement
est encore trop grande.

Il ne s'agit d'ailleurs que d'un essai. Le Reichstag n'a autorisé
le gouvernement à introduire le chèque postal sur la base du
projet voté le 7 mai [1] que pour trois ans, de 1909 jusqu'au 1ᵉʳ avril
1912. D'ici là, une nouvelle loi doit intervenir pour régler définitivement cette institution, et ses amis espèrent obtenir alors de
plus amples concessions.

La Reichsbank aussi vient de prendre une heureuse initiative.
L'année dernière, elle a repris la proposition de l'ancien directeur
de la Deutsche Bank, Dʳ Georg Siemens, de créer une chambre de
compensation pour les prêts fonciers, à l'exemple des chambres de

[1] Une étude détaillée de ce projet se trouve dans l'*Economiste européen* (mai 1908),
par M. A. Raffalovich.

compensation des chemins de fer anglais. Les hypothèques ont une très grande importance en Allemagne et produisent un mouvement de prêts et de remboursements de plusieurs milliards de marks par an, qui se concentrent surtout sur les quatre termes de paiement principaux. Cela absorbait jusqu'à présent chaque fois des sommes d'argent très considérables et augmentait encore la tension monétaire à ces époques. Pour diminuer ces besoins de moyens de paiement, elle a d'abord l'intention de réunir les banques hypothécaires et les compagnies d'assurances en une chambre de compensation sous sa direction, pour effectuer les paiements des termes par simple compensation et virement. En outre, elle créera un service spécial pour se charger de la transmission des documents et effectuer la remise des fonds par virements. L'organisation de ces deux institutions est près d'être terminée. Elles entreront probablement en action encore cette année.

Nous voyons donc que l'Allemagne fait de grands efforts pour réformer ses modes de paiement arriérés. Cela n'aura certainement pas pour effet d'abaisser sensiblement le taux de l'intérêt général, qui dépend de l'état économique du pays ; mais l'émancipation des paiements de l'usage exagéré de la monnaie aura pour effet d'écarter en grande partie l'influence du mouvement des affaires sur le taux de l'escompte, qui ne subira plus ces hausses considérables et brusques pour la seule raison de l'insuffisance du stock d'or. Les affaires jouiront ainsi de conditions de crédit plus faciles et plus stables. Il faudra donc se féliciter des difficultés actuelles, si elles réussissent à vaincre l'esprit de routine.

B. MEHRENS.

Mai 1908.

LA MATERNITÉ ET L'ÉVOLUTION CAPITALISTE

Suite [1]

CHAPÏTRE III

LA CRISE DE LA MATERNITÉ

La mortalité infantile, voilà un des premiers effets du travail salarié de la femme prolétaire, qui, étant obligée d'aller tôt dans la matinée à la fabrique, ne peut pas allaiter ses enfants. Le rapport du Inter Departmental Committee on physical deterioration fait ressortir ce fait avec toute évidence [2]. On y constate aussi que dans quelques districts industriels les nourrissons sont allaités seulement pendant la nuit, tandis que dans la journée, on les bourre de toutes sortes de matières indigestes [3].

En Allemagne, ils sont emportés à la fabrique, où ils restent dans une atmosphère malsaine [4]. D'autres, confiés à des mercenaires, sont portés dans la matinée à travers la pluie et le vent [5].

Mais c'est le biberon qui fait les ravages les plus forts parmi les nourrissons. Ce fait a été mis en pleine lumière par des observations faites à Berlin.

Sur un nombre d'enfants égal, il meurt sept fois moins d'enfants élevés au sein que d'autres. On a, d'autre part, fait à Berlin le relevé des enfants décédés d'après la manière dont ils étaient nourris. Sur 9.558 enfants décédés en 1900, 9 p. 100 étaient nourris au sein, 78 p. 100 étaient nourris au lait de vache, 12 p. 100 recevaient une autre nourriture. Or, comme une enquête de la même année a fait connaître que 32 p. 100 des enfants sont élevés au sein et 67 p. 100 au biberon, il en résulte que ceux-ci sont cinq fois plus exposés à la mort que les autres.

---

[1] V. *Revue d'Economie politique*, juillet 1909, p. 518.
[2] *Report of the Inter-Departmental Comittee on physical deterioration*, 1904, vol. I, § 264, p. 50 : « C'est sans doute que la femme ne veut pas souvent allaiter ses enfants, car cela l'empêche d'aller au travail ».
[3] *Ib.*, vol. II, réponse § 686.
[4] *Beschæftigung verh. Frauen.*, s. c., p. 135.
[5] *Ib.*, p. 129.

Et sur ces 9.558 décédés en 1900, 46 p. 100, soit 4.400 étaient morts de l'entérite. Et parmi ceux-ci figuraient seulement 187 enfants nourris au sein ; les autres étaient tous des enfants élevés entièrement ou partiellement au biberon. *Cela veut dire que le danger de l'entérite est onze fois plus grand pour les enfants élevés artificiellement que pour ceux qui peuvent jouir du lait maternel* [1].

Il est donc clair que la mortalité doit être grande parmi les enfants d'ouvrières qui ne peuvent pas les élever au sein. Nous en avons des preuves multiples. « C'est spécialement dans les villes et parmi la classe ouvrière, écrit M. Camille Jacquart, que les médecins constatent les funestes effets de l'alimentation artificielle ; c'est là que sévit le biberon à long tube qui, mal entretenu, devient un véritable nid à microorganismes qui infectent le lait. » [2].

Les rapports des commissions médicales provinciales contiennent des preuves multiples que la mortalité infantile est causée par le travail salarié de la femme.

A Blankenberghe, par exemple, pendant la saison balnéaire, beaucoup de mères sont obligées de confier leur enfant à des mains mercenaires ; les résultats sont désastreux. En 1905, il y a eu à Blankenberghe 72 décès dont 38 d'enfants du premier âge [3].

A Ninove, un grand nombre de mères de famille allant travailler dans les fabriques, l'alimentation de leurs enfants est mauvaise et il en résulte une mortalité exagérée [4].

A Roulers, selon le rapport de la commission médicale provinciale de Courtrai, 90 personnes sont mortes en 1902 d'entérite et de diarrhée, et ces personnes sont pour ainsi dire toutes des personnes en bas-âge. « Ces morts, dit le rapport, sont très déplorables. Elles sont certainement dues à l'industrialisme et aux salaires trop bas qu'on paie à l'ouvrier. Son gain n'est pas suffisant pour nourrir sa famille et il faut que la femme aide à gagner le pain quotidien. Pour cela, elle se rend à l'usine et confie sa progéniture à des mercenaires qui bourrent les enfants de nourriture indigeste, sans parler des immenses quantités de pavots données aux petits

---

[1] Camille Jacquart, *La mortalité infantile dans les Flandres*. Bruxelles, Albert Dewit, 1907, p. 89.

[2] *Ib.*, p. 90.

[3] *Ib.*, p. 28.

[4] *Ib.*

malades pour les empêcher de crier et les forcer ainsi au silence et au sommeil » [1].

A Saint-Nicolas, en jetant un coup d'œil sur le tableau donnant l'âge des enfants, on voit que le nombre des décès est insignifiant pour les enfants âgés de moins de deux mois « ce qui veut dire », écrit la commission médicale provinciale de Gand, « que les enfants restent épargnés aussi longtemps que les fabriques n'ouvrent pas leurs portes à la mère et que celle-ci se charge elle-même de son fardeau » (1902, p. 256) [2].

L'étude publiée en Allemagne par le Ministère de l'Intérieur sur le travail des femmes mariées aboutit aux conclusions suivantes : « Comme conséquence spécialement regrettable du travail des femmes mariées il faut, selon un grand nombre de rapports, citer la grande quantité de maladies et la fréquence de la mortalité infantile dans les familles où la mère est empêchée par son travail de s'adonner aux soins et à l'allaitement des enfants » [3].

Il est difficile de donner des preuves statistiques que l'occupation de la mère influence la mortalité infantile. Il faudrait, comme le dit dans son memorandum miss A.-M. Anderson, la Principal Lady Inspector of Factories, des données plus localisées que celles que nous possédons jusqu'à maintenant [4]. Quand même, nous pouvons constater le fait que là où un grand nombre de femmes mariées sont occupées dans des fabriques, la mortalité infantile prend des proportions considérables.

D'après la déclaration du Dr Jatham, devant la Royal Commission on Labour par exemple, il y avait, pendant les dix années de 1880 à 1889, dans 28 grandes villes d'Angleterre, sur 100 naissances, 16,2 cas de décès d'enfants âgés d'un an et moins. A la tête de ces 28 villes il y avait les grands centres de l'industrie textile avec la plus grande mortalité infantile. Comme première figurait Preston, où sur 100 enfants nés vivants, 22 décédèrent dans la première année de leur vie [5].

En Belgique, selon l'étude de M. Camille Jacquart sur la mor-

---

[1] Cité par C. Jacquart, s. c., p. 29.
[2] *Ib.*, p. 30.
[3] *Beschæftigung verheirat. Frauen*, p. 136.
[4] *Report on physical deterioration*, s. c., v. I, p. 123.
[5] Rudolf Martin, *Die Ausschliessung der verheirateten Frauen aus de Fabrik* (*Zeitschrift für die gesamte Staatswissenschaft*, 1896, p. 404).

talité·infantile dans les Flandres, la statistique a permis de constater « une grande fréquence de décès d'enfants dus à l'entérite dans les régions où les rapports médicaux nous ont appris que l'allaitement maternel est complètement abandonné dans les localités industrielles des arrondissements de Saint-Nicolas, Termonde, et les villes industrielles : Courtrai, Roulers, Menin, Gand et certaines communes de l'arrondissement de Gand » [1].

A Krimmifchau, le grand centre saxon de l'industrie textile, la mortalité infantile s'est accrue de 31,8 p. 100 pendant la période de 1856-67 à 37,9 p. 100 pour les cinq ans de 1881-85. Rudolf Martin explique ce fait par l'accroissement du travail des femmes mariées dans les fabriques [2].

A Dresde, où le nombre des mères prolétaires n'est pas aussi grand, la mortalité infantile n'était que de 22,9 p. 100, à Leipzig de 21,6 p. 100.

Si l'enfant de l'ouvrière échappe heureusement à la mort qui le menace dans les premiers mois de sa vie et qui est la conséquence d'un allaitement artificiel et non hygiénique, il doit continuer sa vie dans des conditions qui ne peuvent pas produire une race saine et bien portante.

La mère, comme par exemple dans le Potteries District en Angleterre, va à 6 heures au travail, souvent dans une autre ville ou dans une fabrique éloignée. Elle laisse presque toujours froids le déjeuner et le diner des enfants [3].

De même, nous apprenons qu'en Silésie le travail à la fabrique commence à 6 heures, pendant que l'école ne s'ouvre qu'à 7 heures en été et à 8 heures en hiver. Les mères ne peuvent donc pas préparer le déjeuner pour les enfants; elles-mêmes ne mangent en général rien avant d'aller au travail [4].

A Erfurt, en Allemagne, la femme pour faire la cuisine doit se lever déjà à 4 heures ou préparer le diner la veille. Par là même des familles ne se nourrissent que de pommes de terre, de harengs, café, etc., une nourriture qui, à la longue, ne convient pas aux enfants [5].

[1] C. Jacquart, s. c.
[2] Rudolf Marlin, s. c., p. 405.
[3] *Report... on the phys. det.*, réponse de miss Garnett, v. II, rép. 9042.
[4] *Soziale Praxis*, 1907, n. 19, p. 498.
[5] *Die Beschæftigung verheirateter, etc.*, s. c., p. 127.

D'après des recherches entreprises par les inspecteurs de'fabrique à Berlin (I und III Gewerbeinspektion) sur 2.193 femmes il y en avait 11,8 p. 100 n'ayant pas de ménage ; en général ces femmes n'avaient pas d'enfants ou les avaient placés autre part. La plupart, ou 62 p. 100, ne prenaient leur repas principal que le soir. « Il s'ensuit, ajoute l'inspecteur de fabrique, que les femmes et les enfants doivent se contenter toute la journée d'une nourriture insuffisante » [1].

Le nombre de ces enfants à moitié affamés est loin d'être une quantité négligeable. Le Dr Eichholz estime que parmi les enfants des London Board Schools il y en a 66.000 qui sont mal nourris [2].

Pour Manchester, il fixe le nombre des « underfed children » à 15 p. 100 du total [3]. Le Dr Mackenzie (Medical Officer to the Local Government Board for Scotland) a exprimé l'opinion qu'un grand nombre des enfants des slums d'Edimbourg est à moitié affamé [4].

A Berlin, le docteur Bernhardt a examiné les conditions d'alimentation de 8.451 élèves d'écoles primaires. Il a constaté que 16,8 p. 100 ne reçoivent pas régulièrement le matin le déjeuner ; 0,5 p. 100 pendant un temps assez long ; 10,9 p. 100 boivent le matin seulement du café sans rien manger [5].

Négligé au point de vue de l'alimentation, l'enfant de l'ouvrière l'est aussi au point de vue de la propreté. A la question posée à Miss Garnett, qui a vécu cinq ans dans le Potteries District, si les enfants envoyés à l'école sont propres et bien mis, celle-ci a répondu à l'Inter-Departmental Committee on physical deterioration : « Oh non ! J'en ai vu quelques-uns la semaine passée qui étaient juste le contraire. *On ne peut pas l'attendre, la mère étant partie de la maison avant les enfants* » [6].

A Edimbourg, parmi 1.319 enfants qu'on avait examinés, 909 souffraient de maladies de la peau. 59,47 p. 100 de ces maladies étaient dues non aux défauts inorganiques, mais à la malpropreté [7].

Disons enfin que les enfants laissés seuls à la maison sont très

[1] *Ibid.*, p. 124.
[2] *Report... on the phys.*, s. c., v. I, p. 66.
[3] *Ibid.*, p. 67.
[4] *Ibid.*
[5] *Soziale Praxis*, 12 dez. 1907, n. 11, p. 292.
[6] *Rep. etc.*, s. c., v. II, Réponse 9265.
[7] City of Edinburgh charity organisation Society. *Report on the physical condition of fourteen hundred school children in the city*, 1906, p. 43.

exposés aux incendies. En Angleterre, pendant les années 1899 et 1900, 1.684 enfants ont été brûlés. Dans 1.425 de ces cas, le feu qui avait causé l'incendie n'était pas surveillé [1].

Nous voyons de tout cela que, dans les conditions actuelles, une grande partie des mères ne peuvent pas remplir leur devoir envers leurs enfants. Arrachées à leur foyer domestique, occupées toute la journée hors de la maison, elles ne peuvent pas allaiter leurs petits, préparer pour eux, quand ils deviennent plus grands, les repas, soigner la propreté de leur corps.

CHAPITRE IV

L'EXCLUSION DE LA FEMME MARIÉE DE LA FABRIQUE

Comment obvier à cette dégénérescence de la race humaine? On a cru pendant longtemps et on croit encore aujourd'hui, que le moyen le plus simple et le plus radical est l'exclusion de la femme mariée de la fabrique.

Parmi les économistes qui réclament encore toujours une pareille mesure, citons Schmoller, qui, dans ses *Principes d'économie politique* (vol. II, p. 63), s'exprime de la façon suivante : « Il s'agit aujourd'hui, tout au moins dans la mesure du possible et progressivement, de repousser de nouveau de la plupart des grandes industries la femme mariée et l'enfant et d'ouvrir aux filles non mariées, qui ont besoin de gagner leur vie, un certain nombre de carrières où elles conviennent mieux que les hommes ».

En 1897, Carton de Wiart, le député belge, posait au Congrès de la protection du travail de Zurich, une motion demandant l'abolition du travail féminin dans les mines, carrières et dans la grande industrie. Cette motion fut repoussée par 165 voix contre 98. C'étaient principalement les socialistes qui votaient contre [2]. L'économiste allemand Pohle demande aussi l'exclusion de la femme mariée de la fabrique. Il voit dans cette mesure le premier pas pour la suppression de tout travail salarié de la femme [3]. Rudolf Martin, l'ex-membre du Bureau impérial de statistique de Berlin, écrit dans le même sens : « Est-ce que ce ne serait pas peut-être

---

[1] *Report etc. on phys. s. c.*, v. 1, § 284, p. 55.
[2] Dr Ludwig Pohle, *Frauen-Fabrikarbeit und Frauenfrage*. Leipzig, 1900, p. 6.
[3] *Ibid.*, p. 9.

désirable d'entamer et d'atténuer selon ses forces cette terrible
métamorphose en restituant au foyer domestique et à la famille les
femmes mariées et en partie aussi celles qui étaient mariées »[1] ?

Ceux qui émettent des opinions semblables oublient quelles ont
été les causes du travail salarié de la femme. Nous avons vu que
ce sont les changements de l'économie domestique et la décadence
des industries rurales qui ont forcé la femme à quitter le foyer
familial. Comment voulez-vous qu'elle y retourne? Elle n'y trouvera
ni son fuseau, ni son jardin avec ses légumes, ni sa cour avec sa
volaille. Son foyer domestique n'est plus le même qu'il y a 100 ans.
C'est aujourd'hui, en général, une petite mansarde ou un quartier
où la femme ne peut plus développer ses anciennes qualités de
ménagère. Ce qu'elle produisait elle-même avant, elle doit l'acheter
aujourd'hui et elle ne le peut que grâce au travail salarié.

C'est une nécessité économique qui force la femme à chercher
hors de la maison du travail. Ce fait a été prouvé partout où l'on
s'est occupé de la question. On a vu comme il est faux de croire
que la femme va travailler dans la fabrique pour gagner un salaire,
lui permettant de faire de la toilette.

L'enquête allemande sur le travail des femmes mariées dans les
fabriques organisée par le Ministère des affaires intérieures et
exécutée par des inspecteurs de fabriques, nous fournit sur ce
point des données convaincantes. Le rapport constate que d'après
l'opinion des inspecteurs de fabriques, c'est dans la plupart des cas
la pauvreté de l'ouvrière ou de sa famille qui la force à travailler
en fabrique[2].

Dans le district de la Prusse orientale, 3/5 des ouvrières sont
poussées à leur emploi par le désir de se soustraire à la plus grande
misère. Parmi les ouvrières du district de Schleswig il n'y en a que
3 p. 100 dont le travail n'est pas causé par le souci de gagner son
pain quotidien. Dans le district d'Aix-la-Chapelle, 88 p. 100 des
ouvrières mariées vont à la fabrique, forcées par la misère; dans
le district de la Basse-Bavière, leur proportion est de 74,8 p. 100;
dans celui de Plauen, de 75 p. 100; dans celui de Mayence, de 73
p. 100; dans celui de Brême, de 71 p. 100; dans celui de la Lorraine, de 83 p. 100[3].

[1] R. Marlin, s. c., p. 400.
[2] *Die Beschæftigung verheirateter Frauen, etc.*, s. c., p. 47.
[3] *Ib.*, p. 33.

Dans des conditions pareilles, l'exclusion de la femme mariée de la fabrique aurait seulement des conséquences néfastes. Elle serait forcée de chercher du travail dans des emplois moins lucratifs et plus fatigants. Car, c'est l'avis de presque tous les inspecteurs de fabriques — qui se sont occupés de la question — que le travail comme journalière, le travail à domicile et dans l'agriculture, en procurant des salaires plus petits que le travail en fabrique, demande des efforts physiques plus grands [1].

En excluant la femme mariée de la fabrique, on donnerait un nouveau stimulant à cette forme de production qu'on tâche de combattre aujourd'hui le plus énergiquement — au sweating system —. L'enfance n'y gagnerait rien. Car, depuis longtemps, c'est un fait démontré que l'industrie à domicile, loin d'enrayer la dégénérescence de l'enfant, la facilite par ses longues heures de travail et par l'impossibilité d'un contrôle efficace. Ce fait, signalé par tous ceux qui ont étudié la question de près, est confirmé encore une fois par l'enquête allemande sur le travail des femmes mariées... « A cause de cela » (des mauvaises conditions économiques), conclut le rapport, « l'ouvrière à domicile est aussi, si pas plus, étrangère à son ménage que l'ouvrière de fabrique » [2]. L'inspecteur de fabriques de Cassel est du même avis. « L'espérance que l'ouvrière à domicile », écrit-il, « puisse soigner l'éducation de ses enfants et s'occuper du ménage est fausse » [3].

Une autre conséquence de l'exclusion de la femme mariée de la fabrique serait l'augmentation du nombre des concubinats. Cette éventualité est envisagée dans plus de 30 rapports. La raison en est simple. Le salaire de la plupart des ouvriers n'est pas suffisant pour faire face aux dépenses de la famille ; ils ne peuvent se marier qu'avec des ouvrières contribuant à l'entretien du ménage [4]. Il arrive souvent aujourd'hui, qu'après la naissance d'un enfant naturel les parents se marient pour le légitimer. La restriction du travail salarié de la femme aurait pour conséquence de rendre ces mariages impossibles et d'augmenter ainsi le nombre des enfants naturels [5].

[1] *Ib.*, p. 52.
[2] *Ib.*, p. 228.
[3] *Ib.*, p. 229.
[4] *Ib.*, p. 232.
[5] *Ib.*, p. 233.

Il est donc clair que l'exclusion de la femme mariée de la fabrique est impossible. Les inspecteurs de fabriques d'Allemagne, dans leurs rapports sur cette question, sont unanimes (à l'exception d'un seul), à reconnaître qu'une pareille mesure ne serait pas à conseiller [1].

L'Inter-Departmental Committee on physical deterioration émet une opinion semblable. « Le Committee ne doute pas », lisons-nous, « que le travail des mères dans les fabriques est accompagné des conséquences mauvaises pour elles et pour leurs enfants et il serait heureux de le voir diminuer et même tout à fait disparaître ; mais en approchant la discussion des remèdes proposés, il est convaincu qu'une grande prudence s'impose. Son attention a été attirée : 1° sur les difficultés pratiques énormes qui accompagneraient une prohibition quelconque ; 2° sur l'existence d'un nombre considérable de mères non mariées sans moyens d'existence, dont la chance principale de se délivrer de la dégradation se trouve dans leur désir de travailler et la conviction qu'elles doivent le faire pour soutenir leurs enfants ; 3° sur la présence, dans certains rayons industriels et populeux, d'une grande proportion de mères mariées qui sont les principaux gagne-pain de la famille » [2].

CHAPITRE V

LA SOCIALISATION DES DEVOIRS DE LA MATERNITÉ

Pendant que dans des congrès et dans des livres on préconisait l'exclusion de la femme mariée de la fabrique, comme seul remède pouvant enrayer la dégénérescence de la race humaine, la société prenait inconsciemment, sans être guidée par aucune théorie, d'autres mesures de préservation. Il ne reste à la théorie qu'à coordonner ces faits et à montrer leur relation avec toute notre évolution économique.

Comme il était impossible à la mère, travaillant hors du foyer domestique, de remplir ses devoirs envers ses enfants, la société s'en est chargée. C'est la socialisation des devoirs de la maternité. Je ne ferai pas ici l'histoire détaillée et complète de toutes ces institutions ayant pour but de remplacer pour l'enfant les soins mater-

[1] *Ib.*, p. 142.
[2] *Report*, s. c., v. I, p. 49, § 266.

nels. J'attirerai seulement l'attention du lecteur sur l'importance de ces institutions dans notre société contemporaine. Parmi les premières, je citerai les crèches, dont la plus ancienne fut fondée à Paris en 1844, sur l'initiative d'un employé, Marbeau. Cette institution s'est répandue vite ; on en compte en France 400 ; elles existent dans tous les pays [1]. La *Maternelle* est aussi une institution qu'on trouve presque dans chaque ville industrielle.

Mais, spécialement dans les dernières années, la société s'est chargée de nouveaux devoirs envers les enfants. L'alimentation des enfants devient de plus en plus une fonction inhérente à l'école. En 1871, on fonda à Angers une société philanthropique qui, avec l'aide du Conseil municipal, fournissait gratuitement ou pour dix centimes des dîners dans les écoles, du commencement de novembre jusqu'à la fin de mai. En 1900, on délivrait dans douze écoles 50.000 à 60.000 dîners [2]. La ville de Paris, ayant étudié la question, vota, en 1881, un crédit de 480.000 francs pour des cantines scolaires [3]. En 1905, la somme dépensée annuellement dans ce but était d'un million de francs. 172.705 enfants étaient nourris dans les écoles, dont 142.693 gratuitement. On avait distribué en tout 9.229.278 portions [4].

En Angleterre, le 21 décembre 1906, le Parlement vota une loi permettant aux pouvoirs locaux d'introduire l'alimentation des enfants à l'école [5]. Avant que la loi fût votée, c'étaient des sociétés philanthropiques subsidiées par les pouvoirs qui se chargeaient de l'alimentation. Leur action fut insuffisante et c'est à cause de cela que la nouvelle loi fut votée. Les villes allemandes consacrent jusqu'à maintenant des sommes relativement petites pour l'alimentation des écoliers, mais une agitation très forte les force à s'occuper de la question. A Berlin, par exemple, l'autorité scolaire le « Schuldeputation » a autorisé que, dans une nouvelle école, on bâtît aussi une cuisine [6]. En Hollande, le nombre des communes s'occupant de l'alimentation et de l'habillement des enfants est monté de 21, en 1901, à 35, en 1904 ; les sommes consacrées dans ce but,

---

[1] Kinderfüsorge, article par H. Münsterberg, dans le *Handwœrterbuch der Staatswissenschaften*, 2ᵉ éd., v. V, p. 76.

[2] Hélène Simon, *Schule und Brot*, 1907, p. 39.

[3] *Ib.*, p. 42.

[4] *Ib.*, p. 45.

[5] *Soziale Praxis*, 1907, n. 17, p. 433.

[6] *Ib.*, 1908, n. 21, p. 553.

dans le même laps de temps, de 9.781 à 52.298 fl. [1]. En Norvège, en Italie [2] et en Belgique, nous constatons la même chose.

De même que les cantines scolaires, les gouttes de lait sont d'origine française. Elles se sont multipliées et répandues très vite dans ce pays, grâce à l'influence des Drs Dufour et Variot. Aujourd'hui, il y a plus de 100 villes qui possèdent des gouttes de lait. La plupart est conduite par des sociétés philanthropiques qui reçoivent des subsides des municipalités; d'autres sont des institutions municipales [3]. En Belgique, la première goutte de lait fut fondée à Bruxelles, en 1897, par le Dr Eugène Lust [4]. En Angleterre et en Allemagne, les municipalités ouvrent des gouttes de lait.

Parmi d'autres institutions sociales qui se chargent aujourd'hui des devoirs remplis jadis par la mère, il faut citer l'inspection médicale des écoliers. Répandue principalement en Angleterre, elle s'introduit aussi dans d'autres pays. Il y a des villes où les municipalités ouvrent des cliniques dentaires où les enfants sont soignés gratuitement. A Strasbourg, par exemple, on a traité ainsi du 1er octobre 1904 au 1er octobre 1905, 6.228 enfants: à Mulhouse, on consacrait, dans ce but, pendant une année, 13.000 marks [5]. Des bains de natation et des douches sont aujourd'hui indispensables dans une école. « On ne peut pas s'imaginer une maison scolaire sans bains », disait le bourgmestre de Furth [6].

Des colonies scolaires se répandent aussi de plus en plus; la société se charge de la surveillance et des soins de l'enfant, non seulement pendant les heures de classe, mais même pendant les vacances. Elle l'habille et le nourrit, veille sur sa propreté et son hygiène et remplace la mère, même dans une fonction aussi physique que l'allaitement.

Tous ces changements ont bouleversé et révolutionné l'organisation familiale. La maternité, qui, jusqu'à maintenant, était une fonction purement individuelle, est devenue une fonction sociale. Cette révolution pacifique, qui se poursuit encore, n'est pas le résultat d'une théorie, d'une doctrine abstraite; elle a pour basé

[1] *Ib.*; 1907, n. 19, p. 498.
[2] *Ib.*, 1907, n. 31, p. 828.
[3] G.-F Mecleary, *Infant mortality and infants milk depots*, 1905, p. 604.
[4] *Ib.*
[5] Emil Nilzsche, *Comeindepolitik und Sozialdemokratrie*, p. 102.
[6] *Ib.*, p. 103.

les changements économiques qui ont inauguré l'époque capitaliste et que j'ai décrits dans le premier chapitre de cet article.

Comme cette révolution n'était pas sanglante, elle n'a pas été aperçue par beaucoup. La plupart des gens, en parlant des bienfaits de la maternité et de la nécessité de la présence de la mère au foyer, pensent encore toujours à ce stade qui disparaît de plus en plus, où la mère donnait à l'enfant tous les soins moraux et physiques. A tous ceux qui ne remarquent pas les grands changements survenus, on peut appliquer ces mots si ironiques, mais si justes que Sidney Webb dit du « practical man » : « Le conseiller municipal marche sur le pavé municipal », écrit-il. « Il est éclairé par le gaz municipal et nettoyé par l'eau municipale, et, en voyant sur la montre municipale, dans le marché municipal, qu'il est trop tard de chercher ses enfants venant de l'école municipale, située près de la maison de santé de la county et de l'hôpital municipal, il emploiera le télégraphe national pour leur dire de ne pas traverser le parc municipal, mais de venir par le tramway municipal à la salle de lecture municipale, à côté de l'exposition d'art municipale, du musée et de la bibliothèque, où il consultera quelques publications nationales pour préparer son prochain discours dans l'hôtel-de-ville, en faveur de la nationalisation des canaux et de l'augmentation du contrôle gouvernemental sur les chemins de fer ». « Socialisme », dira-t-il, « ne faites pas perdre à un homme pratique son temps par vos fantaisies absurdes. Self-help, Monsieur, self-help, c'est ce qui a fait de notre ville ce qu'elle est »[1].

Ayant constaté maintenant la tendance qui existe vers la socialisation des devoirs de la maternité, nous voyons comme il est faux de dire que la femme ne doit pas s'occuper de la vie publique, car elle doit être avant tout mère. Au contraire, aujourd'hui où une grande partie des devoirs de la mère sont devenus une fonction sociale, il est nécessaire qu'elle prenne part à la vie publique. Toutes ces institutions, comme les gouttes de lait, les maternelles, les cantines scolaires, etc., demandent constamment la collaboration de la femme. Pour être bonne mère, la femme doit s'intéresser à tout ce qui se passe, elle doit avoir la possibilité de juger et de corriger les défauts. C'est pourquoi, avant de donner aux femmes tous les droits politiques on leur confère, comme en Angleterre, par

---

[1] Sidney Webb, *Socialism in England*, p. 65.

exemple, le droit de vote pour les conseils scolaires (School boards, abolis maintenant) et le droit d'éligibilité pour les Education Committees. En France, ce sont des femmes qui prennent une part active dans l'administration des cantines scolaires.

Aujourd'hui, les devoirs maternels et civiques, loin de s'exclure se complètent. Nous voyons aussi comme les deux sentiments se développent dans la même direction. C'est encore récemment que ce fait a été exposé dans un article des *Sociological Papers*, intitulé : « The Family and the City ». Le docteur Leslie Mackenzie y développe l'idée suivante : lorsqu'un enfant est atteint d'une maladie contagieuse, les parents font venir le docteur qui notifie le cas à la municipalité qui envoie des infirmiers, un docteur, etc., et peut-être dans l'espace d'une heure une opération sera faite qui sauvera la vie de l'enfant. Le père et la mère sont ainsi dans un moment de malheur unis inconsciemment dans leur sentiment à cette grande organisation qui a rendu la guérison de leur enfant possible[1]. Si ce sentiment, que les Anglais appellent « civic sentiment », est encore faible et inconscient, il doit devenir avec l'éducation et avec le développement des institutions sociales plus fort et plus conscient. La mère, en voyant la société s'occuper de son enfant, doit unir à son sentiment d'amour maternel, un amour de cette collectivité qui fait tant de bien pour sa progéniture. La socialisation des devoirs de la maternité, loin de détruire toute affection maternelle, donne à celle-ci une forme nouvelle. Elle n'est plus aussi étroite qu'auparavant, elle ne s'enferme pas dans les quatre murs de la famille, elle s'élargit et devient un stimulant du progrès de la société.

La socialisation des devoirs de la maternité n'est qu'une étape d'une évolution qui se poursuit depuis des siècles et que nous pouvons appeler *la libération de la femme des devoirs domestiques*.

La femme était, chez les Germains, ouvrière, ménagère et éducatrice des enfants. C'est la femme qui s'occupait de l'agriculture, de la maison et du foyer[2]. Avec l'augmentation de la population les

[1] V. I, n. 2, april 1908, p. 129.
[2] Chez les peuples primitifs, nous voyons encore aujourd'hui que tout le travail est exécuté par les femmes. Livingstone écrit sur les Indiens, que la femme, en dehors de ses devoirs comme mère, cuisinière, laveuse, fileuse, tisserande, etc., doit cultiver les champs, faire des corbeilles, des peaux, etc. (cité par Bücher, *Arbeit und Rhytmus*, 3te, Auft, p. 8.

hommes commencèrent de cultiver le sol[1], mais c'était encore la femme qui gardait le bétail, qui faisait la bière et même des reines se consacraient à ce travail[2] et au lavage du linge[3]. La formation des métiers dans les *grandes économies domestiques* libère la femme d'une partie de ses devoirs. Ce sont des serfs qui font la bière, le pain, le vin, etc.[4].

Ce mouvement se propage avec le développement de *l'économie urbaine* et c'est alors que pour la première fois dans notre civilisation chrétienne un mouvement intellectuel apparaît parmi les femmes — c'est *la renaissance*. Les femmes de l'Italie se consacrent aux sciences, à l'étude des langues anciennes et aux arts. Les courtisanes mêmes lisent Virgile, Horace, Ovide et savent leurs ouvrages par cœur[5].

Les métiers se multiplient et déchargent la femme des devoirs différents.

Le xixᵉ siècle, avec l'épanouissement de *l'économie nationale,* porte un coup grave à l'économie domestique. La filature mécanique rend le fuseau inutile ; la fabrique de conserves, les anciennes caves remplies de provisions ; le lavage même cesse d'être fait à la maison.

Le xxᵉ siècle détruit les restes de l'ancienne économie domestique. L'alimentation des enfants dans les écoles, l'hygiène scolaire, les gouttes de lait, tout cela libère la femme d'un grand nombre de devoirs de ménage et lui permet de prendre part à la solution des problèmes qui occupent l'humanité. C'est seulement maintenant que la structure économique rend un mouvement féministe possible et même nécessaire. L'égalité politique et économique de la femme, qui pendant la Révolution française était le desiratum d'une élite, peut seulement maintenant devenir un programme politique de la masse.

Jan.-St. Lewinski.

Bruxelles, Institut de sociologie Solvay.

---

[1] K. Bücher, *Die Frauenfrage im Mittelalter (Zeitschrift für die gesamte Staatswissenschaft)*, 1882, 38 Bd, p. 349 et 374.

[2] K. Weinhold, *Die deutschen Frauen in dem Mittelalter.* Wien, 1851, p. 317.

[3] *Ib.*, p. 326.

[4] K. Bücher, s. c., p. 351.

[5] J. Burkhardt, *Die Cultur der Renaissance in Italien*, 5ᵗᵉ, Aufl. Leipzig, 1896, v. II, p. 123 et 127,

LES ASSOCIATIONS AGRICOLES EN PORTUGAL

Luzatti, l'éminent homme d'Etat, — qui ne peut certainement être traité d'utopiste par aucun de ceux qui connaissent un peu les sciences économiques, car c'est à lui qu'est dû en grande partie le relèvement de son pays — inaugurant, il y a deux ans, le VII° Congrès de l'Alliance Coopérative Internationale, a dit :

« L'entrelacement des associations du monde entier peut nous' faire espérer l'apparition d'une ère nouvelle pour l'humanité.

» En apprenant à se connaître et à s'estimer les coopérateurs de tous les pays échangeront non seulement les idées mais aussi les produits de leurs terroirs.

» De fortes institutions coopératives permettront l'établissement du livret économique universel et du chèque universel de crédit mutuel.

» Ainsi le coopérateur se sentira citoyen, non seulement de sa propre patrie, mais aussi d'une humanité beaucoup plus avancée et plus parfaite, délivrée de toutes les formes de l'usure, politiques et économiques, dont elle est affligée aujourd'hui ; humanité où le travail ne sera plus l'esclave, mais l'égal du capital, non par la violence, mais par l'effet de sa vertu intrinsèque ; humanité plus sélectionnée, pour ainsi dire, où l'énergie des efforts correspondra intégralement à l'efficacité des rétributions et où les haines des âpres concurrences étant abolies par les prix justes et les justes salaires — ce qui constitue l'équilibre idéal des sociétés coopératives les plus parfaites — la paix politique entre les nations naîtra de la paix économique : l'une et l'autre préparant la paix sociale ».

Et, définissant la conception italienne du rôle qui incombe à l'Etat dans le développement de la coopération, Luzatti ajouta :

« Nous considérons les mutualités, fortifiées par la prévoyance, comme l'armée de la paix sociale marchant à la rédemption de ceux qui souffrent et qui travaillent; mais nous n'ignorons pas la fonction complémentaire de l'Etat, qui éclaire et écarte les obstacles, et qui nous·vient souvent en aide lorsque la libre initiative se montre insuffisante. L'Etat, en des cas pareils, est comme une armée de réserve qui, passant au premier rang, contribue à remporter la victoire ».

Personne peut-être au monde n'a plus d'autorité théorique et pratique pour faire de telles affirmations et de telles prévisions, bien faites pour .confondre les incrédules, les pessimistes, les découragés, parmi lesquels se trouvent pas mal de jeunes gens à l'esprit vieillot.

. Fourier serait fier de voir ses idées, taxées d'utopies par ses contemporains, faire leur chemin dans le monde, transformées en faits concrets, et servir d'une manière efficace à libérer l'homme des servitudes économiques que le *laisser faire* de l'école classique *laissait peser* sur lui.

Dans tous les pays de l'Europe, aujourd'hui, on croirait entendre comme le grondement lointain d'une armée en marche. C'est l'armée solidariste qui s'avance. Et voici l'avant-garde de cette nouvelle croisade — plus sainte par l'intention et par les procédés que celles du xi⁰ au xiii⁰ siècles — qui est entrée enfin en Portugal ou, pour mieux dire, les Portugais ont été conquis depuis long-temps à ces principes, car bien des siècles avant que la civilisation moderne eût généralisé les idées solidaristes, ils les avaient déjà concrétisées en associations, telles que l'intéressante *Sociedade de Soccorros Mutuos* (Société de secours mutuels), fondée par les bourgeois de Béjà, gens riches et éclairés, dont l'œuvre fut .con-firmée par le décret royal du 28 juillet 1897. Les *Compromissos Maritimos* (Associations maritimes de secours mutuels) et bien d'autres associations de mutualité apparaissent en Portugal au déclin du xiii⁰ siècle.

§ I. « *Misericordias* » *et Greniers communaux.*

En 1498, la reine Eléonore de Portugal fonda dans la chapelle de *Nossa Senhora da Piedade* ou de *Terra Solta,* située dans les cloîtres de la cathédrale de Lisbonne, la confrérie de la « Miseri-cordia », la première d'une glorieuse série de ces saintes maisons où le principe associatif commence à éclore et à répandre ses bienfaits sur la pauvre humanité. Il existe encore aujourd'hui 215 de ces institutions philanthropiques, qui, ainsi que le disait l'émi-nent poète portugais Garrett, n'ont leur égale en aucun pays du monde.

Les greniers communaux, où l'on trouve les premiers germes des caisses de crédit, paraissent en Portugal en 1576, à Evora, la capitale de l'Alemtejo. C'est près d'un siècle plus tard que surgi-

ront les fameuses banques écossaises et il faut parcourir encore
deux siècles pour trouver la caisse de crédit de Brunswick, c'est-à-
dire les institutions que l'on désigne à l'étranger comme étant les
premières parues pour le crédit agricole.

Puis, jusqu'au commencement du xix° siècle, les formes associatives que nous venons de décrire continuèrent à se multiplier
et les associations de secours mutuels prirent un grand développement à partir de 1807.

En 1876, il y avait à Lisbonne 85 associations de ce genre,
comptant 30.000 associés. En 1900, selon une statistique peu favorable, le nombre de ces associations monte à 200 qui disposent de
plus de 100.000 associés et versent dans les coffres de la mutualité une somme de cotisations annuelles de plus de 560 *contos de
reis* (3.750.000 francs).

Cependant nous ne voulons pas prolonger l'examen du mouvement associatif des grands centres de population, mais nous borner
à exposer ce qui s'est passé dans les campagnes du Portugal.

§ II. *Sociétés agricoles officielles.*

Un décret du 23 novembre 1854, référendé par le ministre
Fontes Pereira de Mello, prescrivait la fondation de *Sociétés agricoles* établies dans les capitales des districts administratifs du
royaume et présidées par le préfet ou gouverneur civil. Les autres
membres obligatoires étaient les secrétaires généraux, les membres
effectifs des conseils du district, les maires des communes et les
présidents des municipalités, les juges et les procureurs généraux,
les professeurs des lycées nationaux et les médecins dépendant des
municipalités.

Dans les sociétés de Lisbonne, Porto et Coimbra, on comptait
non seulement ces personnalités, mais encore le directeur et les
professeurs de l'Institut agricole, les membres du Conseil général
de l'agriculture, du commerce et de l'industrie, et de la troisième
section de la deuxième classe de l'Académie royale des sciences,
quelques professeurs de l'Ecole polytechnique, de l'Académie polytechnique et de l'Université, quelques membres des commissions
régulatrices du commerce et de l'agriculture, des vins de Douro,
etc.

C'étaient de vrais parlements qui ont à peine vécu, mourant
petit à petit d'inanition.

Chacune de ces sociétés se divisait en cinq sections : l'industrie du bétail ; les prairies naturelles et artificielles ; les bois et forêts ; les potagers, vergers et mûriers ; les vignes et des oliviers ; les céréales et d'autres cultures non spécifiées.

Le but principal de ces sociétés officielles serait d'étudier l'agriculture locale et de présenter au gouvernement des rapports sur les sujets intéressant les cinq sections. Elles organiseraient des expositions et créeraient des bibliothèques agricoles et des collections d'estampes et de modèles d'instruments agraires.

On cherchait à commencer l'étude de l'agriculture nationale et ces sociétés furent peut-être le début de l'organisation technique. des services officiels agronomiques et vétérinaires.

C'étaient comme des centres académiques pour des enquêtes sur la vie agricole du pays ; leur utilité était incontestable, mais ils n'avaient pas l'aspect démocratique et pratique que nous trouverons, dix ans plus tard, dans un autre genre d'associations.

§ III. *Sociétés d'assurance mutuelle contre la mortalité du bétail.*

En 1865, le prêtre Joàs Lourenço da Rocha fonda, à Saint-Jorge das Doze Ribeiras (Angra do Heroismo, Açores), une *Sociéte de bienfaisance mutuelle contre la perte du bétail* laquelle est peut-être la première de ce genre en Portugal. Les sociétés d'assurance mutuelle contre la mortalité des bêtes bovines de Oleiros, de Arnieira, de Aluaro, de Isna, dans le district de Castello Branco, de Chamusca dans le Ribatejo, de Verride, de Santo-Varao, de Penella, de Maiorca et d'autres localités du district de Coimbra, datent de 1867, de 1874, de 1878 et d'autres années postérieures. A Montemor, elles furent élevées à la catégorie d'institutions communales dont les attributions étaient marquées dans les ordonnances municipales d'une manière digne de remarque, sous le nom de *Sociedades de Lavoura.* A l'article 82 de ce Code, on trouve la curieuse disposition qui suit : « Lorsque la municipalité aura créé une *Sociedade de Lavoura,* elle publiera sa résolution par des affiches, en déclarant que feront partie de cette société tous les agriculteurs possédant au moins un couple de bœufs, quelle qu'en soit la valeur, à l'exception de ceux qui, dans l'espace de 20 jours, demanderont à être exclus ».

L'association d'assurance mutuelle de Maiorca se nomme *Société agricole indemnisatrice du bétail (Sociedade agricolo pecuaria*

indemnisadora). Elle est régie par des statuts très bien élaborés
en 1877. Les membres payent 200 à 300 reis (1 fr. à 1 fr. 50)
d'entrée et 15 reis (7 centimes et demi) par tête de bétail inscrite·
Les indemnités sont réparties entre tous les membres mais ils n'ont
pas à verser des cotisations fixes.

Toutes ces mutuelles sont rudimentaires, affectant les formes
légales les plus variées, parce qu'il n'y a pas de loi spéciale pour
les régler; mais elles puisent dans la législation sur les secours
mutuels et dans les Codes, civil et commercial, tout ce qui peut les
concerner juridiquement, ce qui est bien peu. Leur statistique est
très difficile à organiser parce qu'elles sont constituées d'après un
contrat public ou par un simple titre particulier, indépendamment
de toute intervention officielle.

Aucune de ces sociétés n'impose le paiement de cotisations fixes
et périodiques, ce qui facilite beaucoup l'organisation et l'administration, et rend inutiles la tenue de livres régulière et les frais
inhérents; mais cela amène de grands inconvénients, tels que le
manque de fonds, l'incertitude de la contribution de ·chaque
associé, ce qui est très grave, et le retard dans le paiement des
indemnités.

C'est M. Pedro Ferreira dos Santos, l'auteur du livre si utile
Guide pratique des associations agricoles en Portugal, qui a
élaboré les statuts de la meilleure et la plus moderne des associations de ce genre existant en Portugal *Société d'assurance pour
les bêtes bovines,* établie en 1904 à Povolide (Vizeu) d'après les
meilleurs modèles de l'étranger applicables au milieu portugais.

Pour augmenter les avantages de ces bienfaisantes initiatives
mutualistes en Portugal, il faudrait les fédérer dans les diverses
régions où ces sociétés d'assurance abondent, comme, par exemple,
dans les campagnes de Coimbra, ou bien créer des caisses de réassurance.

§ IV. *Sociétés de crédit agricole* [1].

Antérieurement à l'établissement à l'île Ferreira de la *Sociéte
de bienfaisance mutuelle contre la perte du bétail,* dont nous
avons parlé, on avait organisé à Angra do Heroismo, capitale de
cette île, la première caisse d'épargne connue en Portugal, excep-

___
[1] Le Parlement vient d'autoriser le gouvernement à augmenter de 5.000 contos de
reis (25 millions de francs) la circulation fiduciaire au profit du crédit agricole.

tion faite de celle du *Monte Pio Geral* de Lisbonne, qui date de 1846.

Elle fut fondée par Nicolau Anastacio de Bettencourt, qui, plus tard, en 1856, lorsqu'il était gouverneur civil d'Aveiro, y fonda une autre institution de ce genre et eut la bonne fortune de laisser son nom lié à deux œuvres méritoires qui se trouvent, après un demi-siècle d'existence, en pleine prospérité, répandant leurs bienfaits sur les régions où elles siègent.

Ces caisses ne sont pas exclusivement agricoles, il est vrai, mais celle d'Aveiro, ainsi que celle d'Angra, où le milieu est parfaitement rural, reçoivent fréquemment la visite des agriculteurs, dont les demandes de fonds ont toujours la préférence.

Agostinho José Freire publia, en 1836, un décret ministériel que l'on peut appeler de propagande des caisses d'épargne. Antonio de Oliveira Marreca, un remarquable économiste portugais, présenta au Parlement, en 1839, un projet pour la création d'institutions de ce genre. Enfin Sebastiaô Ribeiro de Là, en 1844, fonda la *caisse d'épargne* de Lisbonne, entreprise qui eut une vie éphémère. Ces trois hommes courageux ne trouvèrent qu'un seul esprit généreux et patriotique qui sût les comprendre : ce fut celui du fondateur des caisses d'épargne d'Aveiro et d'Angra de Heroismo.

L'historien de ces caisses — M. Jayme de Magachâes Lima — écrit que pendant cinquante ans, tout en secourant des milliers de familles, la caisse d'Aveiro a gagné une fortune de près de 35 *contos* de *reis* — 175.000 francs — (aujourd'hui équivalant à 50 *contos* environ), fortune qui, avec le capital des actionnaires, d'ailleurs insignifiant, est la principale garantie des dépôts et la ressource certaine pour un désastre imprévu ou pour parer à une de ces fréquentes pertes causées par l'escompte des traites.

Pour montrer le développement de cette institution, il suffit d'indiquer le compte des dépôts et du fonds de garantie de dix en dix ans et pendant la dernière année.

Années.	Dépôts. Reis [1]	Fonds de garantie. Reis [1]
1859 . . .	3.605 550	192 490
1869 . . .	40.563 885	1.502 875
1879 . . .	111.470 340	18.363 655
1889 . . .	212.370 640	34.934 040
1907 . . .	227.151 840	49.601 820

[1] 1 franc vaut au change normal 180 reis, donc 100 reis valent 55 centimes. Le *conto* contient un milli n de reis.

Le mouvement des transactions pendant la dernière gérance a été de 1.103.201 265 *reis*.

Ces chiffres suffisent à démontrer l'importance d'un établissement commencé si modestement et dirigé avec tant de dévouement et de désintéressement pendant les cinquante années de son existence. Cette caisse d'épargne est un titre de gloire pour Aveiro ; c'est un honneur que d'être directeur d'un tel établissement.

La manière la plus simple et la plus rapide d'organiser aujourd'hui un établissement de crédit rural de ce genre se trouve dans la loi organique des syndicats agricoles à laquelle je ferai allusion.

A l'article 1ᵉʳ, § 3, il est dit que : « les syndicats agricoles peuvent aussi constituer, encourager ou favoriser, dans les termes des lois, avec des fonds et des statuts spéciaux, les caisses de secours mutuels, les sociétés coopératives, les sociétés de secours mutuels, les banques ou caisses de crédit agricole, les caisses d'épargne et toutes autres institutions qui, dans les mêmes termes et conditions, puissent encourager et aider le développement agricole de la région où elles fonctionnent ».

« Le syndicat doit être une association primaire d'où essaimeront des associations secondaires... », avait dit Waldeck-Rousseau.

Evidemment le principe est excellent, car ces institutions, non seulement celles de crédit, mais toutes les autres, partant d'un noyau associatif ou, plutôt, se formant dans une cellule associative en pleine vie, ont beaucoup plus de garanties de succès et un appui beaucoup plus fort pour soutenir leurs premiers pas.

C'est en usant de cette prérogative que l'on vient de fonder la *Caisse d'épargne et de crédit du Syndicat agricole d'Abrantès*, après deux tentatives infructueuses des *Syndicats agricoles de Montemor o Vecho* et de *Reguengos*.

Il s'agit d'une société anonyme, à responsabilité limitée, ayant pour but de recevoir les dépôts des associés et de leur faire des prêts pour l'acquisition et l'amélioration des terres. La direction et le siège de la caisse sont ceux du Syndicat.

Le capital social minimum est souscrit par les directeurs de la société, et par là le début des travaux de l'institution se trouve garanti.

Les actions sont de 50.000 *reis* (250 fr.) nominaux, mais le capital n'est réalisé que pour 10 p. 100 de cette valeur, ce qui ouvre la porte du crédit au petit prêteur, d'autant plus que la somme versée porte intérêt. Ces actions servent de garantie aux dépôts et limitent la responsabilité des associés, principe contraire à celui des caisses de Reiffeisen qui ont pour règle essentielle la responsabilité illimitée, mais cette limitation est justifiée par l'esprit associatif très réduit et la méfiance de la population portugaise.

D'ailleurs l'entreprise à laquelle le Syndicat agricole d'Abrantès donne tous ses soins n'est pas inspirée par les principes Raiffeisiens, ni même par ceux de Schulze-Delitzsch, si ce n'est au point de vue de favoriser l'agriculteur en le délivrant de l'usure. On a pris pour inspirateur le principe qui règle avec tant de succès les caisses d'épargne d'Aveiro et d'Angra do Heroismo, en l'adaptant avec sagesse et bon sens aux besoins exclusifs de l'agriculture.

Les deux fonctions de cette institution sont : le dépôt et le prêt. Les dépôts ne peuvent être faits que par les associés et ont lieu tous les dimanches, à l'heure de la séance ordinaire du syndicat. Ils sont inscrits sur un livret où on porte le nom du déposant, le montant du dépôt, la liquidation des intérêts, le prélèvement des capitaux, le tout signé par les directeurs qui se trouveront présents à la séance.

On peut faire des dépôts depuis la somme de 1.000 *reis* (5 fr.), jusqu'à 50.000 *reis* (250 fr.). La direction se réserve le droit de régler le montant des dépôts de chaque associé.

Les dépôts donnent droit à l'intérêt de 3 1/2 p. 100 à l'année.

Quant aux prêts, ils ne peuvent être consentis qu'aux associés. Les prêts sont faits au moyen d'une traite et à un taux d'intérêt de 5 p. 100 payables à la fin du délai.

Il faut noter que ce prix de l'argent représente un avantage considérable pour ceux qui sont habitués à payer le double et beaucoup plus ; il justifie largement le versement exigé du dixième de la valeur nominale de l'action de 50.000 *reis*, qui pourrait sembler exorbitant pour le petit propriétaire et peu en harmonie avec le but de l'œuvre.

La traite aura le répondant que la direction jugera convenable.

Le total de tous les prêts faits pendant une année à un associé ne peut dépasser 500.000 *reis* (2.500 francs).

Tous les dimanches, après la séance ordinaire, la direction affiche sur un tableau, dans la salle de lecture, le montant des dépôts disponibles pour les prêts.

§ V. *Syndicats agricoles.*

Les syndicats agricoles ont une grande mission à remplir en
Portugal, soit comme branche de mutualisme, soit comme coopération, et, disons-le de suite, ils l'ont commencée de manière à justifier la prévision d'un brillant avenir, s'ils travaillent avec union
et fermeté.

La loi qui consacre définitivement l'existence de ces sociétés
est du 3 avril 1896.

On permet aux agriculteurs et aux individus qui exercent des
professions se rapportant à l'agriculture de fonder des associations
locales sous le nom de syndicats agricoles dont le but principal
est d'étudier, défendre et encourager tout ce qui touche aux intérêts agricoles généraux et aux intérêts particuliers des associés;
encourager l'instruction agricole en établissant des bibliothèques,
des cours, des conférences, des concours et des champs d'expérience; faciliter aux associés l'acquisition d'engrais, de semences
et de plantes dans des conditions avantageuses comme prix et
qualité, ainsi que l'achat ou l'exploitation en commun ou en particulier de machines agricoles et d'animaux reproducteurs; chercher
des marchés pour les produits agricoles des membres, et faciliter
les rapports entre ceux-ci et les acheteurs au dedans et au dehors
du royaume; conclure des contrats avec les entreprises de transports terrestres, fluviaux ou maritimes, contrats pour transports à
prix réduits des denrées agricoles, engrais, animaux et machines
appartenant au syndicat ou à ses associés; remettre aux tribunaux
ou directement aux intéressés la solution des procès et contestations entre les membres, au moyen d'un jugement arbitral.

Ii est expressément défendu aux syndicats agricoles d'exercer
une industrie ou de négocier pour leur propre compte, et, en général, d'entreprendre une spéculation quelconque, sauf dans les cas
suivants : acquérir des animaux reproducteurs et des machines
agricoles et en permettre l'usage aux associés, dans les conditions
des statuts; employer leur fonds social dans des entreprises
n'ayant pas le caractère d'opérations de banque, telles que tirer,
accepter, endosser ou faire l'aval de lettres de change.

Dans ces termes, ils pourront avec leur capital réaliser des prêts
à leurs membres, sous caution ou en prenant pour gage les récoltes, les meubles agricoles, etc., le tout dans les limites et avec les

garanties déterminées par les statuts. Les syndicats agricoles ne peuvent pas posséder de biens immeubles, excepté ceux qui sont absolument indispensables à leurs réunions, musées, bibliothèques, laboratoires, conférences, cours et champs d'expérience, ceux-ci ne pouvant dépasser un hectare d'étendue.

Le fonds social des syndicats agricoles sera constitué par un droit d'entrée, des cotisations et des commissions payées par les membres, des subsides de corporations administratives ou de l'Etat, et tous dons ou legs faits par des particuliers.

Les syndicats agricoles peuvent, à titre de compensation de frais, prendre jusqu'à 2 p. 100 de commission pour achats, ventes et transport sur le compte de leurs associés.

Les syndicats agricoles peuvent former des Unions de syndicats pour constituer des centres permanents de rapports et d'études sur les questions économiques et agricoles, ou pour encourager et défendre leurs intérêts, dans l'esprit des statuts et des lois communes applicables.

Ces Unions ou syndicats centraux s'établiront dans les mêmes conditions que les syndicats locaux.

Pour faciliter l'organisation des syndicats, le législateur a décidé que, si deux mois après l'enregistrement de l'acte de constitution du syndicat aux bureaux de l'Etat aucune réponse officielle n'est donnée, les statuts seront considérés comme étant approuvés et valables pour tous les effets légaux.

Dans le but de pousser les agriculteurs dans la voie de l'association, la loi non seulement les exempte de la contribution industrielle et du droit de timbre et de l'enregistrement, mais encore leur accorde :

1° Une réduction de 25 p. 100 sur le prix des transports qu'ils ont à faire pour leur propre compte ou pour celui de leurs associés, sur les chemins de fer de l'Etat et sur les lignes des paquebots subsidiées ;

2° Un rabais de 20 p. 100 sur le prix des analyses d'engrais et de plantes ou de leurs parties et dérivés et de 70 p. 100 sur les analyses de terres, faites dans les stations chimico-agricoles de l'Etat.

Cette loi est vraiment remarquable par les encouragements adressés aux cultivateurs. C'est à son abri que l'organisation des syndicats agricoles portugais se développe, non aussi rapidement

qu'il serait à désirer, mais d'une manière assez prospère, eu égard
au milieu où se produit ce mouvement.

Le syndicat agricole est, comme on le sait, un organisme sociologique parfait, qui, pouvant fonctionner et fonctionnant en effet
comme coopérative, vaut cependant mieux que celle-ci.

Sa mission sociale est très vaste et s'étend sur tous les champs
du mutualisme, de l'enseignement, de la propagande scientifique.

Cependant ils doivent toujours — si ce n'est dans des cas ou
situations très particuliers — commencer à exercer leur action du
côté économique, en fournissant aux associés les marchandises
agricoles dont ils ont besoin, à meilleur marché et d'une qualité
plus pure que celles qui sont fournies par le commerce.

Ainsi on démontre pratiquement quels sont les avantages de
l'association par des arguments financiers et dont les résultats
sont sensibles immédiatement sur la bourse, arguments d'une
grande force sur l'esprit des populations villageoises.

Tous les syndicats portugais ont commencé de cette façon judicieuse, et on ne peut leur reprocher que la lenteur de ces premiers
pas, lenteur toutefois utile et nécessaire.

Le syndicat agricole de Serpa (Alemtejo) a déjà commencé à
faire l'acquisition de machines qu'il loue à bas prix à ses associés,
et cela avec tant de succès que, dès la première année de cet essai,
il a été remboursé du prix de quelques-unes de ces machines.

MM. Trigaut et Miserey ont écrit : « Ce que les cultivateurs considérés isolément et abandonnés à leurs propres forces sont
impuissants à réaliser, peut se faire avantageusement au moyen
de l'association : celle-ci achète les machines et les met à la disposition de ses associés. Les petits laboureurs peuvent ainsi, moyennant une rétribution assez minime, se servir de tous les instruments perfectionnés nécessaires à une bonne culture ; ils peuvent
même entreprendre de plus importantes cultures, grâce à ces
machines. De même, les grands cultivateurs, qui seraient en
mesure d'acheter isolément des machines agricoles, ont tout intérêt à se servir de celles du syndicat ; car, en effet, ils ne sont pas
ainsi obligés d'avancer un capital considérable pour acquérir toutes
les machines dont ils désirent se servir. D'ailleurs, le syndicat
trouvera plus facilement une utilisation suffisante des machines
puisqu'elles serviront à tous les associés ; il fera rapporter le plus
possible aux appareils agricoles et assurera le prompt amortisse-

ment des capitaux avancés moyennant la rétribution exigée à ses membres, ce qui lui permettra de posséder toujours des machines à la hauteur du progrès ».

Ce même syndicat de Serpa a déjà entrepris, ainsi que celui d'Alter-do-Chào et d'autres, des ventes de laine en commun et avec grand succès. Dans le premier rapport de la gérance de cette association il est dit qu'en employant ce procédé coopératif le prix de l'*arroba* (15 kilos) de laine est monté de 400 *reis* (2 francs) relativement au prix des ventes individuelles.

C'est aussi grâce aux syndicats que de petits cultivateurs, réunissant leurs récoltes, ont pu utiliser les prix du tarif officiel de la vente du blé sur le *Marché central des produits agricoles de Lisbonne*.

Sur quelques points les transactions réunies des syndicats ont fait baisser de 30 p. 100 le prix des engrais chimiques.

Quelques syndicats, voyant l'utilité des sociétés mutualistes pour assurances agricoles contre l'incendie des moissons et des batteuses, font une propagande très active afin de pousser leurs membres à s'inscrire dans des compagnies d'assurances de ce genre qui leur ont accordé des rabais considérables.

D'autres syndicats, notamment celui d'Evora, ont organisé des expositions intéressantes et des concours de machines en travail.

C'est surtout dans l'acquisition d'engrais chimiques que ces associations ont rendu de grands services à l'agriculture, en répandant et en facilitant l'emploi des engrais dans des conditions de prix et de qualité beaucoup plus avantageuses que celles du commerce envers les simples particuliers.

L'extension en Portugal de la culture des céréales, basée sur l'application des engrais chimiques, est due en partie aux services des syndicats et des ligues, tantôt suivant de près, tantôt appuyant la propagande des agronomes portugais. Lorsque ces sociétés se seront fédérées elles multiplieront leurs bienfaits et rendront beaucoup plus évidents ceux qu'on leur doit déjà aujourd'hui. Au moment où j'écris ces lignes, il s'agit justement d'organiser la première Fédération ou Union des syndicats agricoles portugais, ce qui fera faire un grand pas vers la prospérité à ceux qui existent déjà et renforcera sa petite armée par de nouveaux secours, car cette union facilitera beaucoup leur mission.

Les syndicats, en Portugal, devront certainement donner une

grande impulsion à l'agriculture et améliorer le sort des classes
ouvrières rurales. C'est pourquoi l'Etat, en adaptant au milieu
national la loi française, y a introduit des modifications salutaires.

D'ailleurs, la législation portugaise, sous le point de vue rural
en ce qui regarde les syndicats et les caves sociales, est un modèle
en protégeant et facilitant les tentatives solidaristes. Une mesure
qui s'impose et qui certainement ne tardera pas à surgir est celle
de coordonner les lois sur les coopératives et les sociétés mutualistes et de former un seul corps de doctrine avec la loi des syndicats et des caves sociales, aussi animée des mêmes intentions.

§ VI. *Caves sociales.*

La loi du 14 juin 1901 accentue pour les caves sociales, nous
l'avons déjà dit, les encouragements de la législation nationale pour
l'organisation associative.

Dans le rapport qui précède le diplôme, le ministre, M. Mauvel
Francisco de Vargas, a écrit : « Si la fabrication du vin est une
opération industrielle qui exige du capital et de la science, nous
faudra-t-il donc condamner la petite propriété, et faire perdre à
la viticulture son mérite économique et social, sachant pourtant que
la petite propriété est colonisatrice et favorable à la constitution d'une
nombreuse démocratie rurale, base essentielle de la prospérité du
pays? En aucune façon. Il faut, par tous les moyens, répandre
l'instruction œnotechnique, afin que les fabricants de vin puissent,
avec des raisins à eux ou achetés, orienter rationnellement la
fabrication et en améliorer les procédés et le matériel. Il faut,
autant que possible, pousser l'application du principe associatif
qui, en viticulture, est représenté par les caves sociales. Il ne faut
pas croire que l'utilité des caves sociales se borne à la fabrication
du vin en commun, donc plus parfaite et moins chère. Elles représentent un modèle, ainsi qu'un centre d'irradiation des bonnes pratiques œnologiques. C'est là que des ouvriers qui peuvent devenir
des maîtres de caves vont recevoir l'instruction pratique. Elles
peuvent répandre des instructions rationnelles, appropriées à l'installation rudimentaire des petites caves et destinées à perfectionner
les procédés de fabrication. On peut y réunir les moûts ou les vins
après la première fermentation pour y être convenablement mani-
pulés. Ce sont enfin des hôpitaux pour le traitement des vins
malades, grâce aux appareils dont on dispose pour les filtrer et

les pasteuriser et au personnel technique chargé de les diriger ».

De même que les laboureurs de la moyenne et de la petite culture ne voulant pas profiter de tous les avantages inhérents à l'emploi des machines perfectionnées doivent s'associer en syndicats, ainsi les vignerons des mêmes catégories doivent également avoir recours à la cave sociale pour fabriquer en commun leurs vins dans les conditions exigées par la civilisation. Mais, sous le point de vue commercial, les grands vignerons eux-mêmes trouvent un grand avantage dans ces sociétés de préparation de produits et de vente.

Prévoyant toutes ces hypothèses, l'Etat s'engage à encourager l'établissement des caves sociales et à seconder leur travail, afin de faciliter le perfectionnement de la fabrication et du traitement des vins et l'unification de leurs types régionaux, mais il divise ces institutions en deux groupes : *caves régionales* et *caves libres*.

Les unes et les autres sont obligées : 1° de constituer des types définis de vins régionaux de consommation directe ou de coupage ; 2° d'employer exclusivement de l'eau-de-vie ou de l'alcool de vin dans l'apprêt des vins ; 3° de produire annuellement, les premières 5.000, les secondes 1.000 hectolitres de vin au moins, après trois années de fonctionnement ; 4° de recevoir, sans obligation de les payer, les personnes que le Gouvernement leur envoie pour s'y instruire ou se perfectionner dans les procédés de fabrication et de conservation des vins.

Le Gouvernement accorde aux caves du premier type :

1° L'exemption de toute contribution générale ou municipale pendant les dix premières années, à partir de la date de leur constitution. Ne sont pas inclus dans cette exemption, les droits d'octroi et les droits d'exportation ;

2° L'exemption des droits de douane pendant les cinq premières années, à compter de la date de la constitution des Sociétés des caves sociales, pour l'importation du matériel vinaire fixe ou intérieur et de distillation, ainsi que de toute machine nécessaire à l'exploitation. Elles sont cependant sujettes aux dispositions réglementaires tendant à éviter l'abus de cette concession ;

3° La faculté de disposer des bâtiments et terrains de l'Etat, s'il y en a dans le siège de la société, qui soient disponibles ou appropriables aux installations des caves ;

4° La faculté de réclamer du Gouvernement un maître de chai, dont les honoraires seront payés par l'Etat pendant cinq ans ;

5° La faculté de réclamer du Gouvernement un laboratoire œno-
logique doté des instruments, appareils, ustensiles et réactifs indispensables à l'étude des raisins, moûts, vins et leurs dérivés ;

6° La permission pour l'émission de « warrants » (billets de
dépôt et de gage) dont le montant total ne pourra pas dépasser
50 p. 100 de la valeur des vins en dépôt. Les Sociétés propriétaires des caves sont dépositaires de ces vins ou de leurs valeurs ;

7° La faculté pour les Sociétés créatrices de caves sociales de se
constituer sous, forme de coopératives ou sous une autre forme
légalement autorisée ;

8° La faculté d'obtenir, non seulement des associés, mais aussi
des viticulteurs non sociétaires, dans la région vinicole où elles
fonctionnent, du raisin et des moûts pour la fabrication et des vins
pour coupage, d'après les conditions du chapitre Ier ;

9° La permission, si ce sont des coopératives, de fabriquer des
vins, non seulement dans les caves sociales, mais aussi dans les
caves des associés, si elles répondent aux conditions imposées aux
n. 1 et 2 du 1° de cet article ;

10° La faculté de réclamer du Gouvernement les plans et devis
complets des bâtiments nécessaires à leur installation, plans qui
seront fournis gratuitement ;

11° La faculté de réclamer du Gouvernement le personnel technique nécessaire pour diriger ou surveiller la construction de ces
bâtiments. Les honoraires de ces fonctionnaires seront payés par
l'Etat ;

12° La faculté, si ce sont des coopératives, d'obtenir du Gouvernement les avances nécessaires à la construction ou l'acquisition des bâtiments et du mobilier vinicole. L'Etat devra être
remboursé des sommes dépensées dans le délai de vingt ans, en
comptant du premier jour où la cave sera entrée en exploitation ;

13° L'exemption du payement de toute commission excepté celles
de courtage, pour les opérations commerciales qui seront faites par
l'intermédiaire du Marché central des produits agricoles et au
moyen d'échantillons.

14° L'exemption du droit de timbre et d'enregistrement et la permission d'écrire sur papier libre tous les documents ou diplômes,
y compris les actes de constitution ou de modification des statuts.

Passé les cinq premières années d'exploitation des caves sociales,
leurs Sociétés commenceront à payer des rentes annuelles de

3 p. 100 sur les valeurs attribuées aux propriétés à l'époque où elles auront été cédées. Ces mêmes Sociétés pourront cependant racheter les loyers vingt ans après l'installation, en acquérant les bâtiments d'après l'évaluation faite à la dite époque.

La loi partage les huit caves régionales entre les zones vinicoles suivantes : Entre-Douro et Minho, Douro, Entre-Douro et Siz, Beira, Torres Vedras, Ribatejo, Alemtejo et Algarves.

Pour le moment, on n'en a organisé que cinq. Sont à créer celles de la région du Douro, de Beira et de l'Algarve.

Les *caves libres,* exclusivement organisées par des associations de viticulteurs légalement constituées, indépendamment de la protection du Gouvernement, y jouissent des mêmes exemptions et concessions que l'on accorde aux *caves régionales,* excepté celles qui sont citées aux n°s 3, 7, 8, 11, 12 et 14. Leur nombre et leur distribution ne sont pas fixées.

On en compte quatre actuellement : celle d'Anadia, celle de Castello de Paiva, celle de Vidago et celle de Leiria.

La dernière cave fondée est celle du Ribatejo, dont les statuts peuvent être lus dans le *Diario do Governo* du 28 décembre 1907. C'est une Société coopérative à responsabilité limitée, dont le siège est à Alpiarça, alimentée exclusivement avec vins et eaux-de-vie des associés. Le capital initial pour les dépenses à faire jusqu'à la réalisation des premières ventes sera obtenu par souscription entre les associés ou en ayant recours au crédit. La responsabilité de tous les associés est solidaire et dans la proportion de leurs livraisons de vin et d'eau-de-vie, pour tous engagements que la société pourra contracter. Le capital vin souscrit par les membres fondateurs est 294.750 litres (soit près de 600 *pipas*) réparties inégalement entre 19 membres, dont le plus grand sociétaire a fourni 59.000 litres (c'est-à-dire 118 *pipas*), et le plus petit 5 *pipas.*

Ne sont admis comme membres que les propriétaires, cultivateurs ou fermiers, pouvant prouver, par un document authentique, qu'ils possèdent des vignes aptes à produire des vins types de la société et qu'ils sont membres de syndicats agricoles du district de Santarem.

Nous ferons remarquer que ces statuts sont non seulement rédigés avec une grande précision, mais encore qu'ils établissent hardiment, sans réticences ni omissions rusées, la responsabilité personnelle des associés sur tous leurs biens notamment envers l'Etat dans les cas où seraient demandées les avances que la loi accorde aux sociétés de ce genre.

C'est le principe essentiel des caisses de crédit de Raiffeisen appliqué au coopérativisme vinicole dont l'introduction dans les mœurs rurales portugaises doit être saluée avec joie.

La fabrication du vin et la préparation du blé ne pourront être considérées comme vraiment industrialisées et commercialisées que par le moyen des caves sociales et, dans un avenir non éloigné, par les greniers sociaux (*Kornhäuser* allemands). C'est indispensable dans ces temps de lutte commerciale acharnée que nous traversons.

§ VII. *Associations diverses.*

Evidemment, les organisations associatives qui subsistent encore à l'abri des anciens principes ne correspondent pas bien au courant moderne. *La Real Associaçao Central da Agricultura Portugueza*[1] ne pourrait certainement répondre à toutes les exigences d'aujourd'hui.

Elle continue à exercer son influence morale, pour ainsi dire, et c'est comme la clef de voûte de l'édifice associatif agricole. *La Real Associaçao Central* fait honneur à ses traditions et continue à rendre des services d'une haute portée, usant de son influence pour orienter les questions agricoles générales, facilitant les congrès, les expositions, les concours, et entretenant la correspondance mondiale de l'agriculture nationale avec l'étranger. Elle est aussi le soutien de toutes les sociétés agricoles naissantes, publie un bulletin mensuel, donne des subsides à des publications de propagande, et grâce à sa prépondérance, ses fonds, ainsi qu'à la grande expansion de ses membres dans tout le pays, peut exercer une action très salutaire sur la population de nos campagnes.

Malgré tout, et sans que nous ayons à l'en blâmer, elle ne nous suffisait pas, pas plus que *la Société des sciences agronomiques de Portugal,* dont le caractère est bien défini par son titre et qui est venue combler une lacune importante dans le mouvement associatif spécial.

Il nous fallait de petits centres, de petits groupes régionaux, qui

---

[1] Cette association est la seconde en Portugal dans l'ordre chronologique, la première étant la *Sociedade Michaelense d'Agricultura* (Açores).

se fissent sentir directement et pratiquement dans le sein des populations rurales.

Les syndicats, par leur malléabilité et leur polymorphisme, peu
vent seuls répondre à ce desideratum.

Nous en attendons une action puissante et éducative sur le
milieu agraire portugais.

Si, pour commencer ce simple chapitre, j'ai cité les opinions de
M. Luzatti, je termine en invoquant une pensée de Waldeck-
Rousseau, homme d'Etat digne de lui être comparé : « Je suis
persuadé, — disait-il au *Musée social,* en février 1899, — que
le siècle qui va venir sera le siècle des transformations sociales,
par l'association ».

C'est aux Français à dire si cette prophétie paraît devoir se réaliser en France, mais en ce qui concerne le Portugal, elle semble
bien s'acheminer en ce moment vers sa réalisation.

D. Luiz de Castro,
Ex-Ministre des Travaux publics.

LA QUESTION DES VILLES

Nous nous trouvons aujourd'hui en présence de ce fait que notre civilisation devient une civilisation de villes ; la question de *la ville* est donc pour nous la question du jour. Nous l'avons singulière- ment négligée jusqu'ici. En constatant le mouvement de la popu- lation des campagnes vers les villes, nous nous sommes demandé ce que nous pourrions faire pour l'arrêter, sans nous demander s'il n'y aurait pas une meilleure façon de poser le problème en modifiant la ville de l'avenir de telle sorte qu'elle participe au plus grand nombre possible des avantages de la campagne.

La tendance, jusqu'ici, a été de construire les villes autour d'un point central, entassant les maisons les unes contre les autres. Pour ce plan, il y avait deux raisons principales : la première, la sécurité ; la seconde, la facilité des relations commerciales et sociales. Mais, pour ces deux buts, tous les autres étaient sacri- fiés. Dans la ville agglomérée, l'ouvrier est logé dans des condi- tions malsaines, au moral aussi bien qu'au physique, et il perd l'avantage du contact avec le sol, ainsi que l'habileté à produire une partie de sa nourriture ; en outre, de l'agglomération excessive découlent l'affaiblissement physique, l'alcoolisme, la démoralisa- tion, le chômage et la perte de toute indépendance économique.

Mais maintenant, on n'a plus besoin de s'abriter derrière des murs. Les agglomérations ne nous donnent plus la sécurité : au contraire ! Avec l'aéroplane faisant son entrée dans la tactique mili- taire, menaçant de faire pleuvoir des bombes sur les villes, celles-ci vont devenir tout ce qu'il y a de moins rassurant au point de vue de la sécurité. La simple réflexion nous montre aussi que le temps est passé où la facilité des rapports exigeait un plan compact. A ce point de vue, les conditions modernes réclament des villes radica- lement différentes des cités actuelles.

Le progrès industriel a eu pour effet de favoriser tout ce qui se fait sur une grande échelle. Dans de grandes fabriques de puis- santes machines produisent une douzaine d'articles aussi facilement qu'un seul. Sur les voies ferrées, étant donné un mouvement considérable, on transporte des voyageurs à douze kilomètres aussi vite et à aussi bon marché qu'à un kilomètre dans des conditions moins favorables. Or, pour concentrer le mouvement sur une voie ferrée, un plan de ville allongé convient mieux que le plan circulaire.

Il est évident que quand nous étions individualistes dans nos méthodes de voyager, lorsque les riches avaient leurs voitures particulières et les pauvres allaient à pied, la question de concentrer le mouvement sur certaines lignes ne se posait même pas, et la proximité des maisons, le voisinage de la demeure du bureau et de l'atelier étaient choses essentielles. Mais aujourd'hui que nous sommes devenus collectivistes dans nos déplacements et que tout dépend du développement des chemins de fer, des tramways et d'un bon service de trains ou de tramways, la concentration du mouvement est de toute importance.

Les habitants des grandes villes savent parfaitement que ce n'est pas le voyage d'une gare à l'autre qui prend le temps; ce n'est donc pas la distance qui compte. Ce qui allonge le voyage c'est l'attente pour le départ du train, les trajets circuits, les changements d'un train à l'autre, la distance qu'on doit parcourir à pied pour aller prendre le train ou le tramway. On se rendra facilement compte qu'on voyagerait très vite dans des villes développées en lignes, où tout le monde habiterait à deux pas d'un grand boulevard sur lequel le mouvement serait concentré.

Les frais de voyage, aussi, se trouveraient réduits ou, pour mieux dire, ils ne seraient pas augmentés par la distance, comme on pourrait le penser à première vue. Pour comprendre cela, il suffit de réfléchir que les trains et les trams doivent circuler fréquemment pour que l'on s'en serve et qu'ils doivent circuler avec un plein chargement de voyageurs pour pouvoir être à bon marché. La concentration du mouvement est donc la condition essentielle d'un bon service.

La municipalité de Glasgow a nommé en 1906 une Commission chargée d'examiner la question de la possibilité de transporter les voyageurs sur les tramways municipaux à une distance d'environ 1750 mètres pour 5 centimes. Mais la difficulté qu'on a signalée est que les voitures ne circulaient qu'avec, en moyenne, un peu plus du sixième seulement de leur chargement de voyageurs. On a démontré qu'on pouvait plus facilement transporter les voyageurs à 4 kilomètres pour 10 centimes, qu'à la moitié de cette distance pour 5 centimes[1]. Ce n'est pas la distance qui compte, mais il faut un nombre suffisant de personnes pour remplir des voitures circulant à de courts intervalles; il faut la concentration du mouvement.

Pour nous rendre compte de ce que pourrait être aujourd'hui l'effet d'une complète décentralisation de la population dans des villes *linéaires,* figurons-nous 80 p. 100 de la population de la France devenue urbaine et distribuée dans des villes linéaires espacées de 30 kilomètres. Ces deux villes consisteraient en deux rues s'intersectant à angle droit, de façon à former une croix régulière. Elles seraient reliées entre elles par une route, ou mieux une rue large sur laquelle circuleraient dans les deux directions, et à de fréquents intervalles, des tramways et des trains. Le long de cette voie de connection habiteraient les personnes auxquelles leur occupation ou leurs goûts font préférer la pleine campagne et·qui ont en même temps intérêt à gagner rapidement la ville ou à y envoyer leurs marchandises de façon à la fois rapide et économique. La population de la France étant d'environ 70 par kilomètre carré, nous supposerons qu'il y aurait en moyenne 800 habitants par kilomètre le long de ces voies de connection. Mais dans les villes proprement dites il y aurait, le long des quatre bras de la croix, long de 2.000 mètres chacun, 5.000 habitants par kilomètre, soit 40.000 habitants.

Nous supposerons que chaque famille aurait sa maison avec son jardin, celui-ci de 500 mètres carrés, de façon à pouvoir y pratiquer la petite culture. De la sorte, les quatre membres de la ville cruciforme auraient une largeur d'à peu près 600 mètres en donnant une centaine de mètres aux rues[2]. Ainsi tout le monde serait à deux ou trois minutes du boulevard central, sur lequel circuleraient les tramways, et le centre de la ville serait toujours à cette distance de la campagne. On aurait ainsi les avantages de la ville avec les conditions hygiéniques de la campagne.

Sans doute, une population scientifiquement distribuée dans des

---

[1] Voir *Excerpts from Minutes, Meeting of Tramway Committee,* Glasgow, novembre 1906.

[2] Avec 100 mètres carrés d'espace par habitant, nous aurions 500.000 mètres carrés par kilomètre, de sorte que la largeur totale de l'espace occupé par les habitants serait de 500 mètres. Les maisons ne seraient pas situées sur le bord extérieur de leurs jardins, de sorte que les deux dernières rangées seraient séparées d'à peu près 500 mètres et se trouveraient de la sorte à 250 mètres du boulevard.

villes sur un plan géométriquement correct n'est qu'un rêve, mais il est utile de le considérer afin de se rendre compte du fait qu'une tendance vers la décentralisation ne pourrait qu'être bonne à tous les points de vue.

Pour comprendre cela, il faut constater à quel point les chemins de fer peuvent aider la décentralisation. L'Etat belge, pour donner aux travailleurs la faculté d'être cultivateurs en même temps qu'ouvriers d'industrie, les transporte sur ses chemins de fer à des taux extrèmement réduits : 3 francs par semaine pour un double voyage quotidien de 100 kilomètres, 2 fr. 25 pour 50 kilomètres, 2 fr. pour 40 kilomètres, 1 fr. 50 pour 20 kilomètres, 1 fr. 25 pour 10 et 1 franc pour 5 kilomètres.

Ces tarifs ne rapportent aucun bénéfice aux chemins de fer, mais ils sont suffisants pour payer les frais de transport de ces ouvriers, même pour payer ce qu'il en coûte de faire les trains un peu plus longs. Du reste, on comprendra que, si on facilite de la sorte les déplacements d'ouvriers pour éviter les agglomérations trop denses de population, c'est que la nation y trouve son intérêt et elle n'a le droit, par conséquent, de percevoir que les frais additionnels que cela lui occasionne et rien de plus.

Evidemment, ce qu'on a fait en Belgique est ce qu'on pourrait faire et ce qu'on devrait faire partout.

Or, avec la population décentralisée de la manière que nous venons de considérer, on desservirait 16 de ces villes cruciformes sur une distance de 90 kilomètres et les 16 auraient une population totale de 640.000 habitants, ou de 800.000 en comptant la population des faubourgs linéaux, c'est-à-dire des villes linéales reliant entre elles ces villes cruciformes.

Nous voyons donc que l'effet d'une complète décentralisation de la population d'un pays comme la France serait que l'ouvrier, où qu'il habitât, aurait tous les avantages qu'une grande ville peut offrir pour l'emploi de son travail. Avec les tarifs belges, tous les habitants de ces villes linéaires pourraient atteindre cinq ou six centres pour la modique somme de 2 francs par semaine.

Quand on saisit les deux principes suivants, on comprend pourquoi une décentralisation complète de la population d'un pays très peuplé donnerait tous les avantages de la centralisation actuelle :

1° Le coût du transport d'une personne sur un chemin de fer est insignifiant. En payant pour son voyage, ce qu'on paie est surtout sa part des frais généraux d'établissement et d'exploitation, comme par exemple en payant sa place dans un théâtre. La direction d'un de ces établissements ne perdrait rien à admettre gratuitement une certaine quantité de personnes qui ne seraient pas venues si on leur faisait payer leur place. Les chemins de fer ne perdraient rien non plus à laisser voyager des gens pour leurs simples frais de transport toutes les fois que sans cette faveur ces gens ne voyageraient pas.

2° C'est un principe géométrique que, lorsqu'on décentralise, le centre est partout. Avec la population décentralisée où qu'on habitât on aurait tout autour de soi des lieux peuplés.

On ne pourrait pas accorder au public en général un tarif tout à fait aussi bas que celui qu'on donne aux ouvriers, car les chemins de fer perdraient de l'argent si tous les voyageurs, sur les petites distances, cessaient de contribuer aux frais d'établissement. On ne pourrait réduire le tarif général que proportionnellement à l'augmentation du nombre des voyageurs. Mais puisque cette augmentation serait très considérable, les tarifs pourraient être énormément réduits.

Les trains n'auraient pas besoin de s'arrêter souvent, puisque le long de toutes les villes le chemin de fer serait doublé d'un service de tramways. Du reste, là où on aurait beaucoup de voyageurs et l'espace suffisant, on pourrait employer des méthodes pour arrêter les voitures rapidement et les remettre rapidement en mouvement. Par le système connu en Amérique sous le nom de « saddle-cars » les voyageurs pourraient, à des points donnés, passer du train au tramway ou vice-versâ, sans le moindre arrêt [1].

Avant de passer à la question de savoir comment on pourrait appliquer, à un degré quelconque, le principe de la ville linéaire à nos conditions actuelles, considérons les avantages du plan linéaire à divers points de vue.

[1] Le « saddle-car » est une voiture légère sur une voie parallèle à celle sur laquelle le train voyage. À l'approche du train, on met le « saddle car » en mouvement. Quand le train et le « saddle car » sont à côté l'un de l'autre, on les couple ensemble latéralement. Les voyageurs passent alors de l'un à l'autre comme d'une voiture à l'autre dans un train-corridor, puis on détache le saddle-car. De cette façon, le train n'a pas besoin de s'arrêter.

En premier lieu, pour que tout progrès social soit réel, l'ouvrier doit retourner à la terre. C'est en vain que la science et les inventions rendent possible la production en grande abondance de tout ce qui est nécessaire et désirable, tant que la concurrence pour le travail force la masse des travailleurs à louer leurs services pour la somme qui leur permettra d'acheter le strict nécessaire. On suggère divers moyens pour remédier à cet état de choses et placer notre société sur une base plus rationnelle que celle de la concurrence à outrance. Le moyen le plus naturel serait, à notre avis, de donner à chaque ouvrier une seconde corde à son arc, une parcelle de terre à cultiver qui lui donnera une certaine indépendance. Une parcelle de terre n'est guère utile, toutefois, que si l'ouvrier peut être assuré de rester de façon plus ou moins fixe dans un même endroit. Or, pour pouvoir se fixer il doit généralement avoir un choix d'emploi. Il faut donc la ville et la campagne réunis : c'est la ville linéaire.

C'est un fait connu que partout où la population est industrielle, en même temps qu'agricole, elle est dans le meilleur état, au moral et au matériel. La raison en est claire. La ville et les centres industriels peuvent développer l'homme en le mettant en contact avec ses semblables, mais la campagne le développe en le mettant en contact avec la nature et en lui donnant la santé et la vigueur.

Les deux réunis donnent les meilleurs résultats. La prospérité matérielle qui existe dans ces circonstances a une explication économique aussi bien que morale. L'ouvrier devrait produire pour l'échange ce qui est propre à l'échange, et pour son propre usage les choses qui ne sont pas propres à l'échange. Certains produits de la petite culture ne sont pas propres à l'échange parce qu'ils sont coûteux à distribuer et parce qu'ils se détériorent en voyage. Mais ces mêmes choses sont produites avantageusement près de la demeure, fertilisés avec les déchets provenant de la maison. Il y a ainsi une limite à l'application de la loi de la division du travail. Nous n'avons pas encore appris à respecter cette exception à la loi et, par conséquent, on est pauvre à la campagne parce qu'on y produit des choses qui ne sont pas propres à l'échange, et pauvre à la ville parce qu'on est obligé d'y acheter des choses qu'on devrait produire chez soi.

L'ouvrier qui, dans la ville linéaire, aurait la rétribution qu'on a dans les villes, avec les avantages de la campagne, serait à son aise.

Une parcelle de terre à cultiver est à l'ouvrier ce qu'est le volant à une machine et tout aussi essentiel. L'emploi est toujours incertain, un métier peut être gâté par l'intervention de nouvelles machines ou par toutes circonstances par lesquelles le chômage peut survenir ; mais l'ouvrier qui sait cultiver la terre peut toujours traverser le mauvais moment.

Au point de vue du fabricant, les avantages de la ville linéaire sont aussi clairs qu'au point de vue de l'ouvrier. Le fabricant doit s'établir dans un lieu où il y a de la population, où il peut obtenir la main-d'œuvre des différentes classes ; il veut être près d'un chemin de fer et y avoir accès direct au moyen d'une voie de garage. Il veut aussi avoir de la place ; là où l'espace lui manque, il est très incommodé et il doit avoir recours à toutes sortes d'arrangements coûteux. La ville linéaire, seule, peut lui donner ces avantages réunis.

Au point de vue sociologique, les avantages de la cité-jardin ne sont pas moins évidents. L'atmosphère viciée des villes agglomérées est une des causes les plus puissantes du désir de l'alcool ; les fruits et les légumes frais de la campagne sont parmi les meilleurs antidotes contre ce désir de stimulants. Le manque d'un chez soi agréable pousse les hommes vers le cabaret. Un jardin est connu comme l'une des meilleures choses pour garder l'ouvrier occupé chez lui. Rien n'est meilleur encore que le jardin pour élever les enfants dans de bonnes habitudes.

Chacun sait que l'alcoolisme est la cause principale du paupérisme et du crime. Personne ne s'étonnera donc que les criminels, les aliénés, etc., viennent surtout des villes, beaucoup moins de la campagne et encore moins des districts où sont combinés l'agriculture et l'industrie. Nous avons déja parlé des raisons évidentes pour cela.

Passons maintenant à la considération de la ville linéaire au point de vue esthétique. A ce point de vue, nous la voyons se recommander également à ceux qui aiment la ville et à ceux qui aiment la campagne.

Il ne faut pas se figurer des villes linéaires donnant des perspectives interminables et monotones. Rien n'est plus antipathique à la nature de l'homme que l'uniformité. Nos villes actuelles ne sont pas des cercles parfaits ; de même, les villes de l'avenir ne seraient pas non plus des lignes absolument droites ; elles seraient simple-,

ment plus linéaires et moins circulaires qu'elles ne le sont maintenant. La ville linéaire présenterait une très grande variété d'aspects.
Dans les parties les plus peuplées, le boulevard central aurait un
aspect urbain. Sur ce boulevard seraient concentrés les magasins,
les bureaux et autres locaux qui se trouvent habituellement dans
les rues principales des villes. Le boulevard s'élargirait à certains
endroits pour former des places ou des squares allongés, terminés
par de beaux édifices à côté desquels, ou même sous lesquels, la
route et les tramways pourraient passer. Dans certains endroits
ce boulevard serait droit, dans d'autres courbe. Sur d'autres points
il traverserait une ancienne ville dont les vieux bâtiments auraient·
été rendus plus beaux par l'enlèvement des bâtiments banals. Dans
les villes linéaires les environs ne seraient pas enlaidis par des
faubourgs sordides, des usines et des chemins de fer. Les fabriques
seraient groupées ensemble le long de la voie ferrée aux endroits
qui leur conviendraient le mieux. Ces villes, ayant à leur périmètre
des maisons d'ouvriers, chacune avec son jardin et ses arbres frui-
tiers, présenteraient l'aspect de jolis villages.

L'ouvrier est obligé de vivre là où le capitaliste a établi sa fabrique, là où on a fait passer le tracé d'un chemin de fer, ou là où l'entrepreneur de construction a fait bâtir. Puisque tous ces capitalistes
contrôlent le mouvement de la population, le devoir de l'Etat est de
les contrôler à son tour, afin que le peuple puisse vivre dans les
conditions les plus saines et les plus avantageuses.

Un gouvernement ne pourrait pas empêcher un individu de bâtir
sa maison de campagne où cela lui convient, mais il peut obliger
les riches de bâtir leurs maisons de ville de façon conforme au plan
qu'on aurait jugé plus avantageux pour l'intérêt général. Les maisons des riches, de même que des ateliers, forment des centres
d'activité industrielle attirant autour d'elles des magasins et des
industries diverses.

Quand une fois nous comprenons les avantages qu'auraient des
villes linéaires, nous voyons tout de suite comment nous pourrions
réformer nos villes et résoudre en même temps cette grande question agraire que nous devons régler d'une manière ou d'une autre.

Pour réformer les villes, il faudrait que le public achetât, le long
des chemins de fer et des tramways rayonnant hors des villes, des

bandes de terrain pour bâtir des faubourgs linéaires. Dès ce moment il faudrait interdire de bâtir et de rebâtir des maisons dans nos villes actuelles et transformer peu à peu les emplacements à bâtir en des jardins jusqu'à ce que toutes les villes fussent transformées en des cités-jardins.

Il est évident qu'il faudrait dédommager pleinement tous les propriétaires des terrains où on aurait défendu de construire. La valeur des emplacements sacrifiés serait simplement transférée au public, le public rendrait cette valeur au propriétaire primitif sous forme de compensations, et finalement le public gagnerait par l'accroissement de la valeur totale du sol résultant de l'amélioration du plan de la ville[1]. Car, outre la valeur transférée, il y aurait la valeur créée. Il y aurait, par exemple, des terrains agricoles transformés en jardins, ce qui serait un gain net.

Ainsi, au lieu d'une solution révolutionnaire de cette question agraire, au lieu de l'orage que les révolutionnaires voient s'abattre dans un avenir plus ou moins prochain sur tous les pays, au lieu des confiscations qu'ils prétendent indispensables, tout s'arrangerait d'une manière simple et équitable. Les plus-values foncières créées par le public seraient transférées à des terrains appartenant au public.

On admet sans hésitation que les droits acquis sont la seule difficulté dans la question agraire et que si on pouvait commencer à nouveau on réserverait au public les valeurs foncières qu'il a créées. Eh bien ! en réformant les villes on commencerait à nouveau. Quand on aurait établi un plan rationnel pour le développement des cités, le terrain, qui deviendrait terrain à bâtir, le deviendrait en vertu même de ce plan et les propriétaires n'auraient donc aucun droit moral ou autre à son augmentation de valeur.

Pour la justice, et précisément pour ne pas faire violence aux droits acquis, il faudrait réserver à la collectivité ces plus-values créées par la réforme des villes afin de pouvoir dédommager les

---

[1] Il est évident que si on transforme en jardins des terrains situés au milieu d'une ville et si pour les remplacer on bâtit dans les faubourgs, l'augmentation de valeur du terrain dans les faubourgs ne sera pas égale à la valeur sacrifiée au centre de la ville. Mais il est clair aussi que la valeur *totale* du terrain ne serait pas diminuée mais augmentée plutôt par l'amélioration, car la valeur de toutes les parcelles du centre à la circonférence monterait d'un échelon pour former la même valeur totale, ou même un total augmenté.

propriétaires dont les terrains diminueraient de valeur. Ceci fait,
l'Etat réclamerait l'excédent des plus-values.

D'une manière ou d'une autre, cette question agraire doit être
résolue. C'est surtout le développement industriel d'un pays et son
état de civilisation qui crée la valeur du sol. Par conséquent,
plus nous nous éloignons de l'état primitif dans lequel chacun a sa
parcelle de terre, plus injuste devient la propriété individuelle du
sol. Maintenant que d'immenses valeurs urbaines sont créées par
le public pour être appropriées par des individus, l'injustice est
devenue intolérable et la propagande des réformateurs agraires est
de mieux en mieux accueillie.

Jusqu'ici, toutefois, leur progrès n'a pas été très rapide, deux
arguments ayant toujours milité contre eux : l'un, que toutes nos
institutions sociales sont entachées d'injustice et souvent tout aussi
graves que celle de la possession individuelle du sol ; l'autre, que les
injustices qu'il faudrait commettre pour réformer notre système
seraient plus grandes que celles inhérentes au système lui-même.

Mais le problème urbain a donné une tournure entièrement nouvelle à cette question agraire. Il est très facile de décrire le changement qui a eu lieu. Quand une personne possède une chose dont
d'autres font la valeur — comme dans le cas de la possession individuelle du sol — il en résulte non seulement une injustice mais
aussi une nuisance. C'est ce qui arrive avec le sol dans les conditions
actuelles. Dans le passé on se préoccupait de l'injustice de la possession individuelle du sol. Maintenant ce qu'il faut considérer surtout, c'est le fait qu'elle empêche les améliorations. Nous vivons
maintenant dans l'ère des villes et notre système suranné de propriété foncière nous empêche d'avoir des villes saines. Il est donc
de l'intérêt de toutes les classes de changer un tel état de choses.
Les améliorations que le système actuel empêche de réaliser sont,
il ne faut pas l'oublier, plus nécessaires pour des causes sociologiques que pour des raisons économiques. Le progrès industriel a
créé les vastes fabriques où souvent des milliers de personnes travaillent à la fois, mais ce même progrès industriel nous a donné la
facilité de locomotion qui rend inutile que ces gens vivent entassés
dans des villes agglomérées. Notre ère doit être une ère de cités,
mais ce devrait être une ère de cités-jardins que seule cette anomalie du système foncier actuel empêche de réaliser.

Si profitable que dût être une telle amélioration, elle est impossible tant que l'on devrait en payer les frais et qu'un autre en aurait le profit. Le public aurait à dédommager les propriétaires du terrain sur lequel on défendrait de bâtir par le moyen de la plus-value acquise par les terrains à bâtir créés ailleurs. Autrement nous resterons dans l'état de choses actuel avec tous les désavantages matériels et moraux qui en résultent.

La réforme agraire étant devenue d'importance vitale et en même temps absolument logique — et de ce chef avantageuse pour tous — on se demande pourquoi elle ne se réalise pas ? On pourrait répondre que c'est grâce aux partisans de cette réforme eux-mêmes, lesquels, routiniers, s'en tiennent aux idées et aux arguments du passé. Non seulement ils affaiblissent par là la vraie importance de la réforme, mais ils provoquent l'hostilité là où il ne devrait y avoir que de la sympathie.

Nous pourrions procéder très rapidement à la réforme de nos villes du jour où nous aurions fait disparaître la grande anomalie de notre système de propriété foncière. S'il fallait attendre, pour décentraliser les agglomérations, que les maisons actuelles fussent prêtes à être démolies, le progrès serait lent, mais un simple calcul nous montre que nos villes actuelles sont si coûteuses par suite de leurs mauvaises qualités qu'il serait très profitable de dépenser de l'argent pour les transformer rapidement.

Tout fabricant sait qu'il lui est profitable de raser des bâtiments incommodes et de mettre de côté des machines imparfaites pour les remplacer par des bâtiments mieux adaptés et des machines plus perfectionnées. Le célèbre millionnaire et philanthrope Andrew Carnegie attribue, je crois, le succès de sa carrière industrielle au fait qu'il n'a jamais hésité à mettre à la ferraille une machine-outil de 10.000 dollars, même si elle n'avait fonctionné que quelques semaines, quand il pouvait la remplacer par une autre coûtant 20.000 dollars.

Les statistiques du paupérisme, du crime, etc., nous montrent tout de suite qu'il serait extrêmement profitable de commencer immédiatement la réforme des villes. La moindre réflexion nous montre que le profit en serait énorme, même au point de vue purement pécuniaire.

La reconstruction des villes résoudrait la question sociale.

J.-W. Petavel.

CHRONIQUE LÉGISLATIVE

Juillet 1909.

I. Débats parlementaires.

Propositions de loi tendant à modifier le tarif général des douanes (suite).

La discussion générale sur les modifications à apporter au tarif général des douanes a occupé encore quelques séances à la Chambre. On a entendu successivement M. Edouard Vaillant, qui s'est étendu sur les trusts et cartels dans leurs rapports avec les tarifs douaniers et sur le renchérissement général de la vie ; M. de la Trémoille, prince de Tarente, qui a insisté sur la nécessité de nous ménager nos débouchés à l'extérieur ; M. Plissonnier, qui a demandé au gouvernement de restaurer l'apprentissage et d'encourager les capitaux disponibles de la France à aller à de grands travaux publics ; M. Adolphe Girod, qui a parlé surtout dans l'intérêt de l'horlogerie française et du personnel des douanes ; M. Jules Legrand, qui a montré les déplorables effets que le tarif de 1892 avait produits sur nos exportations en Espagne et prouvé le renchérissement des prix qui en a été la conséquence ; puis MM. Emmanuel Brousse, Dansette, Chauvière, Betoulle, Groussier, Sembat.

Il était particulièrement intéressant de connaître les vues du gouvernement. M. Cruppi, ministre du commerce, a commencé par déclarer que le gouvernement ne saurait s'associer à une œuvre de révision douanière « qui n'aurait pas un caractère de grande modération et de prudence très réfléchie ». Il accepte bien une mise au point du tarif de 1892 ; mais il repousse une révision intégrale, c'est-à-dire une révolution douanière, un bouleversement du tarif. M. Cruppi fait l'historique du tarif de 1892, né d'un mouvement de protestation agricole, parce que l'agriculture avait été toujours sacrifiée ; et il ajoute que, si la révision était imprudente, si elle était excessive, c'est l'agriculture qui pourrait être appelée en définitive à payer l'addition ; et rien n'est plus vrai ; car c'est elle surtout qui a besoin de conserver des débouchés au dehors.

M. Cruppi est revenu sur la question, très discutée en 1892, du tarif minimum dans ses rapports avec le droit de négocier des traités de commerce, qui appartient constitutionnellement au pouvoir exécutif. La question s'était posée de savoir si le gouvernement pourrait, par une convention, accorder à une nation le tarif minimum pour un temps déterminé (ce qu'on appelle le régime des consolidations). Le rapport de M. Méline, en 1892, prétendait que ce régime devait être désormais abandonné. Mais c'était là un empiètement manifeste sur les droits du pouvoir exécutif; aussi une note, insérée à la demande expresse du gouvernement, ajoutait-elle : « Il va sans dire que la commission n'a procédé ici que par voie d'avis et de conseil et n'a nullement entendu porter atteinte à la prérogative que le gouvernement tient de la constitution de faire des traités sous sa responsabilité, sauf à les soumettre à la ratification du Parlement ».

Mais deux autres questions se posent, que M. Cruppi a rappelées : Est-ce que, sous le régime de 1892, que la Commission ne demande pas à modifier, le gouvernement restera libre, soit d'accorder un tarif intermédiaire entre le tarif général et le tarif minimum, soit d'accorder un tarif plus bas que le tarif minimum lui-même? Sur la première question, l'affirmative ne semble pas douteuse; ce que l'on peut dire seulement, c'est que l'hypothèse est peu pratique, tous les pays avec lesquels nous pouvons contracter devant, bien entendu, réclamer le tarif minimum ; et pourtant M. Cruppi remarquait que la question ne relèverait plus de la théorie pure si le tarif général était systématiquement relevé. La seconde question est beaucoup plus intéressante. Il a été formellement affirmé par M. Ribot, ministre des affaires étrangères en 1892, et reconnu par M. Méline que le gouvernement conservait le droit de faire des traités fixant des droits même inférieurs au tarif minimum et M. Cruppi a rappelé les déclarations très nettes qui furent faites à cette époque. Et ces principes ont reçu au moins une application, à l'occasion de la convention que nous avons passée avec la Suisse le 20 octobre 1906 : la loi du 21 novembre 1906, en autorisant le gouvernement à ratifier la convention, a réduit sur quarante-cinq articles les droits du tarif minimum.

Ainsi, il faut rappeler, d'une part, que le gouvernement peut, en vertu de l'article 8 de la loi du 11 janvier 1892, appliquer des surtaxes ou le régime de la prohibition à tout ou partie des marchandises originaires des pays qui appliquent ou appliqueraient des surtaxes ou le régime de la prohibition à des marchandises françaises; d'autre part, que le gouvernement peut, dans certains cas et sauf la ratification des Chambres, descendre au-dessous du tarif minimum.

Comment le régime de 1892 a-t-il fonctionné?

Une liste assez brève de pays sont soumis à notre tarif général : le Portugal, l'Australie, le Guatémala, la Bolivie, le Pérou et le Chili.

Une deuxième catégorie ne bénéficie que partiellement de notre tarif minimum : le Brésil, la Chine, le Canada, les Etats-Unis.

Tous les autres pays bénéficient intégralement du tarif minimum, qui a même été abaissé sur certains points par la Suisse. Dans tous les cas, les consolidations ou réductions ne sont accordées que pour douze mois, conformément à l'article 2 de la loi du 29 décembre 1891.

Après avoir déterminé le régime légal, M. Cruppi a examiné les faits, la situation économique de la France et les relations commerciales qu'elle entretient avec les divers pays.

Nos meilleurs clients, ce sont : l'Angleterre, l'Allemagne, la Belgique, la Suisse, l'Italie. Voilà cinq pays auxquels nous avons vendu, en 1907, pour 3.500 millions de marchandises sur 5 milliards d'exportations. Il faut donc se préoccuper des répercussions que pourrait avoir la révision douanière dans ces pays voisins où nous avons des intérêts si considérables. La France a un intérêt certain à développer ses relations commerciales avec l'Angleterre, la Belgique, l'Allemagne, la Suisse et l'Italie. Et M. Cruppi a montré que, sur bien des points, les conclusions proposées auraient un résultat tout contraire. Notre rupture avec la Suisse, de 1892 à 1895, a fait perdre au commerce français plus de 400 millions : il a fallu onze années pour retrouver, dans nos exportations, le chiffre du commerce de 1891 ! En 1906, avant la dernière convention, la France vend à la Suisse pour 308 millions ; la convention intervient ; en 1908, la France vend à la Suisse pour 347 millions, tandis que la Suisse nous vendait pour 120 millions seulement.

Le ministre a précisé, en terminant, le désaccord entre la Commission des douanes et le Gouvernement. D'après le deuxième rapport de M. Morel, la surcharge douanière serait de 14 millions ; si les propositions du gouvernement étaient adoptées, la surcharge serait réduite à environ 3 millions de francs.

Sur ce fut close la discussion générale. Elle parut toutefois recommencer avec un intéressant discours du président de la Commission des douanes, M. Klotz, repoussant une motion d'ajournement et tendant à prouver que les conclusions de la Commission étaient tout à fait anodines et modérées.

Avant le vote des articles, M. Jaurès a fait adopter par la Chambre, quasi à l'unanimité, cette motion : « La Chambre invite le Gouvernement à provoquer la réunion d'une conférence internationale de toutes les puissances intéressées tendant à la réduction graduelle et simultanée des tarifs de douane ».

II. Documents officiels.

Le *Journal officiel* du 2 juillet contient un rapport sur les opérations de la Caisse nationale des retraites pour la vieillesse pendant l'année 1908.

Dans le n° du 8 juillet, on trouvera deux intéressants rapports : 1° rapport de la Commission de surveillance des banques coloniales sur les opérations de ces banques pendant l'année 1907-1908 ; — 2° rapport sur le service de la colonisation et des forêts à Madagascar.

Dans celui du 9 est un rapport au Président de la République par la Commission supérieure des halles centrales de Paris sur la situation des halles pendant l'année 1908.

Le *J. O.* du 13 juillet contient le texte d'une loi fort importante sur la constitution d'un bien de famille insaisissable.

Dans celui du 19 juillet a été promulguée une loi sur les dessins et modèles, qui abroge en partie celle du 18 mars 1806.

Le n° du 20 contient la loi relative aux contributions directes et aux taxes y assimilées de l'exercice 1910.

Dans le *J. O.* du 22 est la loi sur l'emploi de la céruse dans les travaux de peinture exécutés tant à l'intérieur qu'à l'extérieur des bâtiments.

Dans celui du 24 se trouvent : 1° une loi autorisant le gouvernement à suspendre temporairement par décret, en cas de circonstances exceptionnelles, l'application de la loi du 2 avril 1889 et à déroger, dans les mêmes circonstances, à l'article 1er de la loi du 17 juillet 1867, concernant le régime commercial et maritime entre l'Algérie et la Métropole, et instituant un conseil permanent d'arbitrage ; — 2° une loi portant approbation de la convention conclue, le 24 décembre 1908, entre l'Etat, la Compagnie générale transatlantique, la Compagnie de navigation mixte et la Société générale de transports maritimes à vapeur, pour l'exécution des services maritimes postaux entre la France, l'Algérie, la Tunisie, la Tripolitaine et le Maroc.

Le *J. O.* du 29 juillet contient : 1° un rapport de la commission des voies navigables constituée pour l'étude des questions posées par la lettre ministérielle du 2 avril 1908 ; — 2° un rapport de la commission supérieure des caisses d'assurances en cas de décès et en cas d'accidents, sur les opérations de ces caisses pendant l'année 1908.

Edmond Villey.

BULLETIN BIBLIOGRAPHIQUE

Paul Leroy-Beaulieu, *De la colonisation chez les peuples modernes.* 6e édit.,
2 vol. in-8° de 700 pp. Paris, chez Alcan.

Voici plus de vingt ans que nous avons donné dans cette Revue le compte
rendu du livre de M. Paul Leroy-Beaulieu, alors volume d'un modeste format, et nous l'avons suivi depuis lors dans les étapes successives de son
agrandissement.

A ceux qui croient que les concours et prix de l'Institut servent à quelque
chose, ce livre apporte évidemment un solide argument puisque c'est de là
que, sous sa forme originaire, il est issu. Et si l'orientation de M. Paul
Leroy-Beaulieu vers la colonisation a été vraiment déterminée par là, il
faudrait reconnaître que le fondateur oublié qui a eu la fantaisie d'instituer
ce prix fut bien inspiré. Mais nous aimons mieux croire que, même sans
ce hasard, M. Leroy-Beaulieu se serait tourné vers un sujet qui fascine
tout esprit épris des grands intérêts nationaux.

Nous n'avons pas grand'chose à ajouter aux nombreuses analyses que
nous avons déjà données de ce livre.

Nous n'avons qu'à répéter les éloges et les réserves, notamment en ce
qui concerne le plan qui ne nous paraît pas assez méthodique et qui donne
un peu trop l'impression d'un traité de géographie coloniale.

Notons seulement les additions faites à cette édition, qui ont été naturellement suggérées par les événements récents, et dont la principale est un
chapitre sur le Maroc (difficile à trouver si on n'était averti par la préface,
car il s'est glissé loin de l'Algérie et de la Tunisie, derrière la colonisation
japonaise). L'auteur se console de nos déboires récents parce qu'il avait
toujours enseigné que le Maroc était un trop gros morceau pour la France.

A propos de Madagascar M. Leroy-Beaulieu signale les misérables tra-
casseries — pour ne pas dire les persécutions — dont sont victimes les
missions. Le gouverneur, M. Augagneur, estime qu'il faut libérer les Malgaches de ces superstitions, mais on les empêche aussi d'acquérir une instruction supérieure ou même professionnelle pour qu'ils ne fassent pas
concurrence aux colons. Sur ce point, M. Leroy-Beaulieu trouvera à enrichir sa septième édition. Il rend d'ailleurs un hommage mérité à l'œuvre
civilisatrice des missionnaires en Afrique. Il cite le témoignage que leur
rend M. Challaye et qui vient de se trouver confirmé par celui d'un témoin
non suspect et non moins libre-penseur que M. Augagneur, M. Vandervelde.

En ce qui concerne le Congo belge, M. Leroy-Beaulieu décerne une
palme triomphale au roi Léopold pour avoir doté son pays d'un empire
qui vaudra « plus que les Indes » et pour avoir accompli avec une persévérance inlassable la partie la plus ingrate et la plus pénible de la tâche
colonisatrice — mais pas la moins lucrative, faudrait-il ajouter !

Quant aux massacres commis non pour la gloire de Dieu comme jadis, mais pour celle du caoutchouc, M. Leroy-Beaulieu passe un peu trop facilement l'éponge en disant que « les renseignements positifs manquent pour les prouver ».

Notons enfin, pour terminer, l'opinion très catégorique émise en ce qui concerne le recrutement des indigènes d'Algérie pour suppléer à l'amoindrissement de nos contingents. M. Leroy-Beaulieu déclare que leur imposer le service militaire sans leur accorder le droit de vote serait une iniquité et que de les faire à la fois, et malgré eux, soldats et citoyens, constituerait un immense péril. Il n'y a qu'une chose à faire : c'est d'enrôler des volontaires en les payant. C'est la pure vérité. D'ailleurs, on verra bientôt qu'il faudra en faire autant pour les Français. Dans vingt ans d'ici, la France n'aura plus d'armée ou elle en aura une de mercenaires.

Ch. GIDE.

Emile Vandervelde, *Le socialisme agraire, ou le collectivisme et l'évolution agricole.* 1 vol. in-16 de 487 pp. Paris, Giard et Brière *(Collection des doctrines politiques),* 1908, 5 francs.

Cet ouvrage contient tout d'abord une étude de l'évolution agricole, considérée principalement dans les pays de l'Europe occidentale. Cette évolution, aux yeux de l'auteur, serait caractérisée d'une part, par le développement de la production pour l'échange, d'autre part, par la décadence de la propriété paysanne : cette décadence, M. Vandervelde en donne comme preuves le progrès du morcellement, l'accroissement des charges hypothécaires qui pèsent sur la petite propriété, et cette régression du faire-valoir direct, qui est surtout frappante dans les régions riches et à population dense. Pour ce qui est de la question de la concentration agricole, M. Vandervelde ne voit pas qu'il y ait lieu de la résoudre par l'affirmation d'une extension de la grande culture : celle-ci possède sans doute, d'une manière générale, une supériorité marquée sur la petite culture au point de vue technique ; mais divers facteurs contrebalancent cette supériorité, notamment la concurrence de la production russe, hindoue ou américaine, concurrence qui est plus redoutable pour les grandes exploitations que pour les petites, et la difficulté croissante que les chefs des grandes exploitations éprouvent à se procurer la main-d'œuvre qui leur est nécessaire.

Au total, l'évolution agricole n'est pas favorable au développement du socialisme autant que l'évolution industrielle. Mais ne doit-on pas aller plus loin, et ne peut-on pas soutenir que, par certaines de ses conséquences, cette évolution agricole tend à rendre le triomphe du socialisme plus difficile, sinon tout à fait impossible ? On a soutenu cette thèse, en se fondant sur ces deux faits : la décroissance du nombre des salariés de l'agriculture, et l'accroissement du nombre des propriétaires, ou tout au moins des chefs d'exploitation. M. Vandervelde, lui, la combat : les salariés que l'agriculture perd, dit-il, passent dans l'industrie, où ils demeurent des salariés ; et quant à ces propriétaires ou cultivateurs dont on nous montre le chiffre formidable, ils sont pour la plupart dans une condition telle qu'ils sont intéressés autant que les prolétaires à la transformation socialiste de la société.

Jusqu'ici M. Vandervelde s'est livré à une étude tout objective. La deuxième partie de son ouvrage sera consacrée à l'examen de problèmes pratiques. Quelle doit être l'attitude des socialistes dans les questions agraires ? Il y a ici deux conceptions en présence : la conception « orthodoxe » et la conception « révisionniste ». Kautsky entend que le socialisme demeure un mouvement purement prolétarien ; David demande que les socialistes cherchent à se concilier les paysans, et il ne craint pas de recommander, à leur égard, une politique qui peut paraître plutôt « démocratique » que vraiment socialiste. M. Vandervelde n'adopte complètement ni l'une ni l'autre de ces deux conceptions. Il veut que les socialistes gagnent à leur cause, tout d'abord, les salariés des champs. Il leur montre ensuite comment ils pourront se concilier les paysans propriétaires, sans cependant rien faire qui tende à consolider ou à développer artificiellement la petite propriété, et comment, surtout, ils pourront se concilier les petits cultivateurs locataires. Il indique, enfin, toute une série de mesures que l'on pourrait préconiser dès aujourd'hui et qui seraient des mesures de socialisation. En ce qui concerne l'échange des produits du sol et leur transformation industrielle, bien des socialisations pourraient être opérées qui seraient à l'avantage de tous les travailleurs de la terre. Pour ce qui est du sol lui-même, non seulement il y a lieu de conserver, sauf à l'utiliser mieux, le domaine collectif déjà existant, mais on peut l'étendre en socialisant les eaux et forêts, en socialisant même, par certaines méthodes que M. Vandervelde expose, une partie des terres arables.

On connaît suffisamment les qualités que M. Vandervelde a montrées dans ses précédents travaux. Elles se retrouvent dans ce nouvel ouvrage. On remarquera, par exemple, l'étendue et la sûreté de sa documentation, puisée non seulement dans les livres, mais encore dans des observations directes de la réalité ; sa parfaite probité scientifique, qui se marque à ce que jamais il ne passe sous silence les arguments, les faits pouvant infirmer ses conceptions ; et encore cette grande clarté qu'il sait mettre dans tous ses exposés.

Mais voyons le contenu du livre. Les réserves qu'il peut y avoir lieu de faire sur ce contenu sont légères. Tout au plus pourra-t-on trouver que M. Vandervelde, parfois, montre — en tant que socialiste — un peu d'optimisme : je crains qu'il n'exagère quand il dit que les paysans propriétaires pouvant vivre du revenu de leur terre sont peu nombreux (p. 48) ; je me demande s'il n'estime pas trop bas l'efficacité de la coopération comme moyen de défense de la petite exploitation (v. pp. 378, 393) ; s'il n'est pas porté à voir des revendications socialistes, des commencements de réalisation du socialisme dans des programmes, dans des institutions qui n'ont pas, en réalité, un tel caractère (pp. 215-216, 397-399) ; s'il ne conclut pas trop vite, de l'identité d'intérêts qui existerait entre les petits cultivateurs et les salariés, à la possibilité de convertir ces petits cultivateurs au socialisme (v. pp. 191, 209) ; il ne me semble pas, notamment, que les propositions de M. Vandervelde, en ce qui concerne les paysans-propriétaires, puissent gagner ceux-ci au socialisme, alors qu'il y a des partis qui promettent de travailler à protéger et à étendre la petite propriété : ici d'ailleurs il s'agissait de résoudre un problème qui, apparemment, est insoluble.

Faut-il louer, maintenant, la sagacité, le sens pratique, la clairvoyance dont M. Vandervelde fait preuve à tout instant dans son travail ? Ces qualités éclatent dans l'analyse des faits — qu'on voie par exemple le passage (pp. 106 et suiv.) où M. Vandervelde nous explique comment certaines inventions mécaniques, en favorisant le développement de l'agriculture américaine, ont nui, en Europe, à la grande culture —. Mais elles se révèlent tout d'abord dans la manière dont les questions sont posées : c'est ainsi que M. Vandervelde distinguera soigneusement entre la question de la propriété et celle de l'exploitation, comme aussi entre la question de la culture et celle des industries agricoles. Et on a plaisir à voir comme M. Vandervelde sait s'affranchir des préjugés régnants, par exemple de cette opinion d'après laquelle la socialisation, dans l'agriculture, ne deviendrait possible que moyennant de notables progrès de la concentration.

Encore une fois, ce nouveau livre de M. Vandervelde est digne des précédents — et ce n'est pas un mince éloge que j'en fais —. L'étude s'en impose aux socialistes; mais tous ceux qui le liront trouveront à cette lecture l'intérêt le plus grand.

Adolphe LANDRY.

Fabrizio Natoli, *L'imposta sull'incremento di valore del suolo urbano.* 1 vol. gr. in-8 de 238 pp. Palerme, Fiorenza, 1908, 8 fr.

La première partie de cet ouvrage rassemble les plus frappants des chiffres qui ont été publiés, relativement à l'accroissement de la valeur du sol dans les grandes villes de notre époque. On sait que cet accroissement, d'une manière générale, a été très considérable. Ainsi l'idée devait naître naturellement d'en faire profiter la collectivité, dans une certaine mesure tout au moins, par l'établissement d'un impôt spécial.

A l'impôt en question, quel fondement donnera-t-on? C'est ce que M. Natoli se demande dans la deuxième partie de son étude. Il écarte le principe de la « capacité contributive », en représentant que le sacrifice exigé par une même taxe n'est pas moindre, lorsque la richesse taxée a été acquise sans peine. Il écarte aussi le principe des « contreprestations », pour la raison, notamment, que l'accroissement de valeur du sol urbain n'est pas dû toujours à des dépenses publiques. Il repousse enfin cette théorie qui invoque l'origine sociale de la plus-value du sol urbain : une telle justification, dit-il, ne s'accorderait pas avec la doctrine financière dominante. Pour sa part, il veut que le système des impôts soit combiné de manière à priver les contribuables de la satisfaction des besoins les moins importants. Et il verra dans l'impôt dont il s'occupe « un moyen très propre à combler les lacunes que laissent subsister les autres impôts directs », à « renforcer le mécanisme des impôts directs ». Cet impôt « remplirait, par rapport à la classe spéciale des propriétaires urbains, la même fonction que les autres impôts complémentaires exercent relativement à la distribution générale des charges publiques » (p. 76).

Reste à savoir comment on pourra atteindre, en quelle manière il conviendra de frapper la plus-value des terrains urbains : c'est ce que M. Natoli recherchera dans sa troisième partie. Il montrera que de tous les impôts auxquels on peut songer, le meilleur est celui qui frappe la plus-value seulement, qui la frappe à l'occasion du transfert de la propriété, et qui à chaque transfert ne frappe que la plus-value survenue depuis le transfert précédent. Il examinera si cet impôt doit être perçu à toutes les transmissions de propriété sans exception, comment il y a lieu de déterminer exactement la valeur sur laquelle il portera, s'il vaut mieux qu'il soit progressif ou non; bref, il discutera toutes les questions pratiques qui se posent ici.

Dans l'ouvrage que je viens de résumer brièvement, c'est la deuxième partie qui me paraît appeler le plus de réserves. La critique que M. Natoli y fait de certaines théories n'est pas, à mon sens, décisive : je ne vois pas, par exemple, que Wagner ait tort de soutenir que le prélèvement opéré sur une valeur représente un sacrifice plus lourd quand l'acquisition de cette valeur a coûté soit de l'argent, soit de la peine. Lorsque M. Natoli se déclare partisan du principe du sacrifice minimum, je crains qu'il ne voie pas que ce principe, appliqué rigoureusement, voudrait le nivellement des fortunes. Enfin je me demande si la justification qu'il propose de son impôt est parfaitement satisfaisante, et si elle s'accorde parfaitement avec les idées qu'il émettra par la suite, au sujet du mode d'établissement de cet impôt. Pourquoi y aurait-il un impôt complémentaire frappant une catégorie déterminée de personnes, alors que les autres catégories ne seraient point frappées d'impôts analogues? Pourquoi M. Natoli apporte-t-il tant de soin à maintenir à cet impôt son caractère de spécialité, à faire qu'il soit prélevé seulement sur l'*unearned increment*? Je ne le comprends pas très bien; et il me semble qu'un impôt si spécial ne saurait trouver sa place dans une doctrine aussi rigide que celle dont M. Natoli paraît être partisan. Admettons au contraire qu'on puisse, dans le choix et dans l'établissement des impôts, poursuivre des buts multiples, qu'on doive prendre en considération divers ordres de faits, et faire entrer en compte, entre autres, le facteur que j'appellerai politique : alors il en ira tout autrement. On pourra dire que notre impôt est — dans une mesure à la vérité très approximative — conforme à des principes comme celui de l'égalité du sacrifice, ou comme celui du sacrifice minimum; d'autre part, il ne décourage point la production; et il a encore ce grand avantage de ne point choquer les idées reçues, de se faire accepter assez facilement.

La partie théorique, dans le livre de M. Natoli, peut être discutée : la partie historique, la partie pratique ne le seront guère. La dernière me paraît tout à fait judicieuse et solide; et l'on approuvera sans doute les vues qui y sont exposées.

L'ouvrage de M. Natoli est intéressant par les idées personnelles de l'auteur. Il nous met au courant, en outre, de tout ce qui a été écrit sur le

sujet; il nous fait connaître les taxes par lesquelles on a cherché en
divers lieux, nombreux déjà, à atteindre la plus-value des terrains urbains.
Et comme la question qu'il traite est importante, la lecture s'en trouve être
très profitable.   Adolphe LANDRY.

Mentor Bouniatian, *Studien zur Theorie und Geschichte der Wirtschaftskrisen :* I. *Wirtschaftskrisen und Ueberkapitalisation ;* II. *Geschichte der
Handelskrisen in England (1640-1840),* 2 vol. gr. in-8, de VII-188 et
312 pp. Munich, Reinhardt, 1908. 4 mk. et 7 mk.

Des deux volumes que M. Bouniatian vient de publier, le premier contient une étude théorique sur les crises économiques. Ce premier volume
lui-même peut être divisé en deux parties.

Tout d'abord, M. Bouniatian s'applique à définir, à classer et à décrire
les crises. Appelant du nom de crises ces troubles fonctionnels qui se
manifestent dans l'organisme économique et qui causent des pertes à des
catégories quelque peu étendues d'entrepreneurs, il distingue, en se plaçant au point de vue de la nature de ces troubles, des crises de reproduction et des crises de distribution — ces dernières pouvant être soit exo-
gènes, soit endogènes —; et d'autre part, au point de vue des phénomènes
par lesquels les crises se révèlent, des cercles qu'elles affectent, il distingue
des crises générales, des crises monétaires et des crises de crédit, des
crises commerciales et des crises de Bourse, des crises industrielles et des
crises agraires. Il passe en revue les diverses sortes de crises qui composent
la deuxième classification. Il parle de la périodicité des crises, de leur
marche ordinaire, etc.

M. Bouniatian a fort bien traité tous les points que je viens d'indiquer.
Quand il considère, par exemple, les crises monétaires, il nous fait connaître les différentes manières dont ces crises peuvent se produire, le
retentissement qu'elles ont sur le crédit — comme aussi le retentissement
que les crises de crédit ont dans l'ordre monétaire —, les précautions que
l'on peut prendre contre elles. Toutefois, la partie la plus originale de
l'ouvrage est à coup sûr la deuxième, celle dans laquelle M. Bouniatian
expose et développe une explication générale des crises.

Pourquoi y a-t-il des crises, et périodiques? C'est sans doute parce que
les entreprises sont à la fois autonomes et solidaires. Mais ce fait représente une condition des crises; il n'en saurait être regardé comme la
cause. De même pour l'abus du crédit, que l'on a souvent invoqué ici. Le
resserrement du crédit, la contraction monétaire ne sont pas non plus des
causes de crises : ce sont des symptômes. Pour M. Bouniatian, la cause des
crises, c'est la surcapitalisation, c'est-à-dire l'investissement d'une trop
grande quantité de capital dans la production. Quand les prix de quelques
marchandises importantes viennent à monter, les producteurs de ces marchandises sont enrichis : on a une concentration de la « puissance d'achat »,
par suite une capitalisation — et une production — plus abondante. La consommation, cependant, ne peut pas progresser comme la production; bien

au contraire, cette concentration de la puissance d'achat qui a eu lieu tend
à la réduire. Au bout d'un certain temps, dès lors, on arrivera à la surproduction. Les producteurs ne pourront pas écouler leurs produits ; ne
pouvant pas les écouler, ils auront du mal à assurer la marche de leurs
entreprises. A ce moment, il se plaindront du manque de capital. Le
capital liquide, en effet, fera défaut. Mais ce ne sera là qu'une conséquence
de la surcapitalisation. Si ce capital liquide que les producteurs cherchent
à se procurer pouvait leur être fourni, la surproduction n'en serait
qu'aggravée. De toute nécessité, il faut que la production s'équilibre avec
la consommation ; il faut qu'on ait une « décapitalisation » ; cette décapitalisation résultera de la ruine d'un nombre plus ou moins grand d'entreprises.

Cette théorie de M. Bouniatian repose essentiellement sur l'idée que la
consommation est, sinon rigoureusement limitée, du moins peu extensible.
Elle est peu extensible, pour M. Bouniatian, si l'on suppose donnée une
certaine distribution. L'aptitude à consommer beaucoup, d'après lui,
n'existe que là où il y a une haute culture : et c'est pourquoi la consommation diminue quand l'inégalité de la distribution s'accroît (v. p. 138,
note, pp. 150-151, 152, 168).

Nous sommes ici en présence d'une conception qui n'est pas nouvelle.
Mais à la vérité, on peut s'étonner qu'il se trouve toujours des économistes
pour l'adopter, et pour en tirer des déductions. L'expérience la plus familière ne nous enseigne-t-elle pas que la faculté de consommation, chez la
plupart des hommes, est pratiquement illimitée? Quelque quantité de marchandises que l'on produise, si la juste proportion est observée entre les
diverses sortes de marchandises, toutes les marchandises trouveront des
preneurs. Et ainsi il ne saurait y avoir une surcapitalisation absolue; il n'y
aura jamais qu'une mauvaise direction donnée à la capitalisation; il ne
saurait y avoir de surproduction générale, mais seulement des surproductions partielles. Les capitaux se dirigent plus volontiers vers certains placements que vers d'autres : s'ils doivent être investis dans la production, ils
afflueront, par exemple, vers ces branches de la production où les entreprises peuvent être montées par actions. C'est là que la production deviendra trop abondante, surtout si la technique y progresse plus vite qu'ailleurs;
c'est dans ces branches de la production, à l'ordinaire, que les crises
éclateront — pour étendre ensuite leurs effets, peut-être, à l'économie tout
entière —.

J'arrive au deuxième des volumes de M. Bouniatian. Il contient, à la
différence de l'autre, une étude historique. Et il est complètement indépendant de celui-là — ce dont on doit, au reste, se louer —. M. Bouniatian, en
l'écrivant, ne s'est préoccupé que de raconter et d'élucider des faits. Il ne
se montre pas soucieux de trouver dans ces faits une confirmation de la
théorie qu'il a exposée par ailleurs. Et l'impression qui se dégage de la
lecture de son livre serait favorable, bien plutôt qu'à cette théorie, à la
conception différente que j'ai suggérée tantôt : c'est ainsi que, parlant de la
crise anglaise de 1793, qui fut la première grande crise provoquée en Angleterre par le développement de la production, M. Bouniatian nous dira lui-

même (p. 171) qu'il y avait en 1793, sur les marchés, une surabondance d'articles manufacturés anglais, mais qu'en même temps les denrées coloniales trouvaient à s'écouler aussi bien qu'auparavant.

M. Bouniatian a découpé, dans l'histoire économique de l'Angleterre, une période de deux siècles, pour étudier les crises qui ont lieu dans cette période. Cette délimitation de son sujet apparaît comme un peu arbitraire. Le choix de la date de 1840 comme date terminale peut se justifier par le désir qu'a M. Bouniatian de ne pas refaire le travail de Tugan-Baranowski. Mais pourquoi commencer en 1640? Si l'on veut entendre le mot « crises » dans un sens tout à fait étroit, et ne parler de crise que lorsque la rupture de l'équilibre entre la production et de la demande est de celles que les producteurs eussent pu prévoir, et éviter, alors il ne convient pas de regarder comme des crises, par exemple, ces perturbations économiques de 1640, 1667 et 1672 que M. Bouniatian déclare lui-même avoir eu leur source première dans les embarras financiers de l'État. Et si l'on donne au concept de crise une extension plus grande, comme le fait M. Bouniatian, n'y a-t-il pas eu des crises en Angleterre avant 1640, par exemple en 1620-1622?

Enfermons-nous dans ces limites que M. Bouniatian a choisies. Je ne suis pas assuré que l'interprétation qu'il nous propose des faits dont il s'occupe soit toujours parfaitement juste et complète. En particulier, M. Bouniatian explique la grande perturbation de 1695-1696 par l'état de dégradation où était tombée la monnaie anglaise. Mais peut-on s'en tenir là? A cette époque, la monnaie d'argent seule était dégradée. Il faut en chercher la raison. Et ainsi on sera amené sans doute à placer la première cause de la crise en question dans une surestimation des monnaies d'or — surestimation, au reste, dont il restera à voir comment elle a pu se produire dans un temps où le régime monétaire de l'Angleterre, légalement, était celui de la *Parallelwährung* —.

Quelques points, dans le travail historique de M. Bouniatian, appellent des réserves. Mais le plus souvent, ce travail paraît ne mériter que des éloges. M. Bouniatian, d'une manière générale, expose d'une façon fort heureuse la genèse des crises; il les caractérise excellemment — qu'on voie, par exemple, le chapitre où il étudie l'affaire de la Compagnie de la Mer du Sud —. Il les raconte fort bien aussi. Et son ouvrage offre tout d'abord cette utilité de nous apporter, par tous les faits qui y sont rassemblés, une aide précieuse pour l'étude d'événements qui, dans l'histoire économique de l'Angleterre, comptent à coup sûr parmi les plus importants et les plus intéressants.

Adolphe Landry.

Camille Bloch, *L'assistance et l'Etat en France à la veille de la Révolution.*

Un certain nombre d'anciens élèves de l'Ecole nationale des Chartes ont pensé que leurs aînés avaient suffisamment fouillé les sources du moyen-âge, pour qu'il fût possible et utile d'étudier dans les documents d'archives l'histoire des xvii° et xviii° siècles. Les préoccupations du temps présent étant d'ordre économique et social ils s'adonnent à l'histoire politique, économique et sociale. Leurs travaux sont précieux, car notre époque doit la plupart de ses caractères et de ses institutions, non point tant aux légisteurs de 1789-1793, qu'aux administrateurs et penseurs de la fin du xviie et du xviiie siècle. La centralisation, dont on se plaint, a eu pour premier maître d'œuvre Colbert. Les systèmes de protection douanière, les créations de manufactures d'Etat connurent en lui un père. Le xviiie siècle nous légua et les premières expériences faites dans les sciences appliquées : vapeur, électricité ; et les constructions philosophiques de Rousseau et des Encyclopédistes. Préciser les idées et les faits de 1750 à la veille de la Révolution c'est bien écrire l'histoire des origines de la France contemporaine.

Le volume de M. Camille Bloch a un double intérêt. Il le tire de l'exposé des faits et de la méthode de l'auteur. Jusqu'à ces tout derniers temps on a déploré en France une spécialisation à laquelle on devra nombre de travaux incomplets et sans vie. Nous avons eu, d'une part, les historiens des doctrines économiques, politiques, sociales ; de l'autre les historiens des faits. Les premiers ignoraient à peu près complètement les travaux des seconds et réciproquement. Rien n'est plus artificiel, plus contraire à une méthode historique sérieuse que ce procédé d'exposition. Les doctrines sont édifiées par des esprits généralisateurs qui dégagent des faits les tendances dominantes et veulent donner à leurs contemporains des idées générales et directrices. Elles sont la substantifique moelle des faits. Elles ne peuvent être comprises que par eux. Les faits à leur tour sont modifiés par les systèmes et les théories. M. Camille Bloch partage cette conception et il faut le louer sans réserve de ne pas suivre les errements chers à bien des maîtres et à bien des disciples de l'Université. Il expose et l'histoire des doctrines et l'histoire des faits ; l'une explique l'autre.

**

L'inspecteur général des bibliothèques se devait de n'écrire qu'en recourant aux sources directes. Le fonds Joly de Fleury de la bibliothèque nationale, les archives des généralités de Paris, Rouen, Alençon, Orléans, Châlons, Soissons, Amiens ont largement été mises à contribution. Une riche bibliographie prouve que M. Camille Bloch connaît et étudie les travaux de ses devanciers.

Le premier chapitre est consacré aux origines de l'assistance en France. Au moyen âge, l'Eglise assume le soin de soulager les pauvres : elle accomplit ainsi un devoir de charité. Le pouvoir royal devait, au xvie siècle, réglementer la mendicité. L'assistance devient une branche de l'activité officielle... et les résultats de l'intervention administrative sont médiocres. Malgré l'influence de l'Église au xviie siècle, et bien que la paroisse fût à nouveau la circonscription du service d'assistance, les hôpitaux et les services y ressortant sont centralisés. Dès lors on entreprend la lutte contre la mendicité. On punit d'abord le pauvre et ensuite on l'assiste. Au xviiie siècle, tout autre sera la thèse de Turgot, qui croit « aux droits de l'humanité et voit dans la solidarité un des traits de l'esprit du bon citoyen ».

Sous l'influence des économistes les établissements d'assistance par le travail sont multipliés; les recherches dans les archives du fonds d'intendance de la fin du xviiie siècle permettent d'affirmer que la plupart des créations de manufactures furent le fait d'administrateurs désireux de trouver une occupation aux miséreux. Turgot réorganisera les bureaux de charité, dotés de ressources officielles et régulières; leur caisse assure le service de secours à domicile et leur œuvre se complète par le rôle des ateliers de charité assurant un travail normal aux assistés. Necker partira de ce principe que la « constitution de la société engendrant » la misère, c'est à la société et au gouvernement qu'il appartient de prendre les mesures nécessaires pour lutter contre le mal social. Il faut remonter au temps de son ministère pour trouver l'origine de créations auxiliaires de l'assistance publique : mont-de-piété (7 décembre 1777), assistance médicale, cours d'accouchement, amélioration du régime des hôpitaux, soins aux sourds-muets, organisation du service des épidémies, de l'hygiène et de la salubrité. Les ressources sont abondantes : à côté des dons, des legs, des fondations prennent place celles qui viennent directement du roi, du prélèvement sur les bénéfices de la loterie royale. Necker crée enfin la caisse des hôpitaux, alimentée par les droits cédés par l'archevêque de Paris et les dons faits lors de la conclusion de leurs baux par les fermiers généraux.

A la veille de la Révolution, l'assistance publique est l'objet de la préoccupation générale. De 1785 à 1787, l'Académie des sciences se livre à une enquête sur la réforme de l'Hôtel-Dieu de Paris, l'hospice des enfants vénériens est créé à Vaugirard, des associations laïques se forment. Il était conforme au caractère doux et tendre de Marie-Antoinette d'être présidente de l'une de ces associations.

Le lecteur trouvera dans le livre de M. Bloch l'exposé de cette évolution des faits et des doctrines relatifs à l'assistance. Nous devons beaucoup au xviiie siècle ; nos idées sont celles des penseurs de cette époque. L'intéressant ouvrage que nous venons d'analyser impose cette conclusion.

GERMAIN MARTIN.

G. Schelle, *Turgot*. Paris, Alcan, 1909.

Le titre du volume de M. Schelle est d'une brièveté qui rappelle une indication placée au bas d'un portrait. Et d'ailleurs il est sincère. La figure de l'intendant du Limousin, du contrôleur général, se présente sans cesse au lecteur. La plume qui en dessine les aspects variés aime les traits fins et délicats. M. Schelle écrit d'après les procédés qui valurent aux gravures de Cochin un succès durable. Il tient à la véracité du portrait : « J'essaie dans le présent volume de donner un aperçu des renseignements à tirer des documents nouveaux dont j'ai eu connaissance ». M. Schelle complète et rectifie sur quelques points les travaux importants déjà publiés sur Turgot.

Dans sa jeunesse, Turgot, sans être le génie précoce que ses biographes découvrirent, eut cependant, au séminaire, une belle activité individuelle.

Légende aussi que la dureté du caractère de l'homme d'Etat. Turgot fut
surtout un homme honnête, avec de l'esprit de suite et un beau talent
d'économiste et d'homme politique. Une pointe de timidité l'empêcha
d'être le héros de liaisons aussi agréables que dangereuses, à une époque
où la galanterie fut la passion préférée des heureux de ce monde.
Demande-t-il la main de Mlle de Ligniville, aussi belle que pauvre, et qui
recevait dans l'intimité le nom de *Minette*, il est doucement écarté et Hel-
vétius, aussi riche que voluptueux, est agréé. Turgot pensa à mettre en vers
le récit de son infortune. Il fit mieux, il resta le camarade de Mme Helvé-
tius.

Je serais tenté d'écrire et M. Schelle aussi ; car au xxe siècle il vit dans
un milieu du xviiie ; les amis de Turgot : Mlle de Lespinasse, Mme de Graffi-
gny, Mme d'Enville, Mme Blondel sont pour lui des figures familières. Que
Turgot écrive sur l'impôt unique, qu'il rédige ses réflexions sur la richesse,
M. Schelle est à ses côtés. En Limousin, Turgot est actif, d'autant que les
réformes accomplies satisfont son esprit de justice et lui font oublier les
charmes du séjour de Paris. M. Schelle travaille avec Turgot et redoute pour
l'intendant les heures d'ennui. Quelle émotion à la veille de la nomination
du contrôleur général ! Mais aussi que de satisfaction au lendemain de la
chute ! Le devoir fut bien accompli, malgré les cabales, les combinaisons
des politiques. Les partisans, les gens qui pensaient que les affaires sont
les affaires et l'intérêt national matière à spéculation, rencontrèrent un
redoutable adversaire dans Turgot. Si le monarque eût aidé le ministre
soucieux de réformes, on eût glorieusement réalisé la Révolution.

Mais c'est le propre des hommes sages et pondérés d'être éliminés par les
médiocres ou les violents. C'est aussi leur gloire de survivre à eux-mêmes
et de rencontrer des écrivains qui, par l'unité et la droiture de leur vie, peuvent nous faire connaître et aimer des natures aussi loyales que la leur.

Les dialogues dans les enfers ne sont plus à la mode ; mais grâce au spi-
ritisme les rencontres entre les vivants et les morts deviennent plus fréquentes. Turgot et M. Schelle se sont rencontrés. Ils étaient faits pour se
comprendre et s'apprécier.

GERMAIN MARTIN.

———

J. Lemercier, *Manuel élémentaire pour la répression des fraudes* (Préface
de M. BERTHELEMY, professeur à la Faculté de droit de Paris).

Il y a fraudeur et fraudeur. Le professionnel de la falsification n'aura
aucun attrait pour le livre de M. Lemercier. Il retournera à ses mauvaises
pratiques sans se soucier des nombreux textes qui peuvent l'atteindre. Le
vendeur, soucieux d'être en règle avec la loi, le magistrat scrupuleux d'accomplir un devoir — que certaines interventions rendirent parfois difficile
— auront une obligation toute particulière à M. Lemercier.

M. Berthelemy, professeur à la Faculté de droit de Paris, dans une intéressante introduction, retrace l'histoire de la protection du consommateur
par le Dieu-Etat.

Aux xviie et xviiie siècles, la police et le régime corporatif étaient les défenseurs du consommateur à un degré odieux. On fit la Révolution, en partie, contre le régime réglementaire et policier. Pour le présent, M. Berthelemy dit sa croyance à l'efficacité du traitement de défaveur qu'un client trompé accorde à un fournisseur de mauvaise foi.

« Si mon cordonnier avait l'impudence de me vendre des chaussures à semelle de carton, je changerais de fournisseur, mais il ne me viendrait à l'esprit ni de le dénoncer ni de le poursuivre ».

L'Etat voudrait, grâce à la loi de 1905, faire preuve d'un zèle louable pour protéger le consommateur. M. Berthelemy n'ose pas croire à la persévérance d'un effort qui se heurtera malheureusement à trop d'intérêts particuliers pour qu'on ne leur sacrifie pas très vite l'intérêt général. Mais il applaudit à tout ce qui peut être entrepris pour faciliter l'application d'une législation dont les consommateurs sont en droit d'espérer beaucoup de bien. M. Berthelemy peut nous compter parmi ceux qui donnent leur approbation au travail méthodique et complet de M. Lemercier, et nous sommes heureux d'être en aussi brillante compagnie.

Germain Martin.

Achille Viallate, *L'industrie américaine*, 1 vol. in-8. Alcan, 1908.

M. Viallate a publié depuis 1898 des études sur le mécanisme de la circulation aux Etats-Unis. Il est un des économistes français qui ont suivi avec le plus d'attention l'évolution des Etats confédérés de l'Amérique du Nord. Sa compétence, lorsqu'il écrit un volume sur « l'industrie américaine », est indiscutable. Les résultats fournis par le Census de 1900, les historiques qui précèdent les chapitres monographiques de cette vaste enquête facilitaient aussi la tâche très vaste que M. Viallate s'imposait.

Le volume est plein de renseignements; après la lecture facile et attrayante des deux volumes de Jules Huret sur la patrie des Yankee, les personnes que des chiffres ne rebutent pas auront grand profit à étudier le travail de M. Viallate. Les économistes seront peut-être portés à quelques critiques, par suite de la rapidité avec laquelle certains passages présentent des phénomènes sur lesquels nombre de volumes ont été écrits. Trente-deux pages seulement sont consacrées aux trusts (294-328). M. Martin Saint-Léon a pu écrire un excellent petit livre sur ce seul sujet. La finance américaine est exposée en seize pages. M. Viallate pourrait nous répondre qu'on ne peut pas dire le tout de tant de sujets qu'il aborde. Son livre a trois parties : l'évolution industrielle et la politique commerciale de 1789 à 1905 forment la première... et c'est une vaste histoire. La deuxième partie nous permet de connaître dans le présent l'organisation industrielle.

L'auteur étudie successivement : le milieu, le personnel, les chefs d'industrie, état-major, clans ouvriers, la législation ouvrière, l'usine, les rapports entre patrons et ouvriers, les trusts, les moyens de transports, canaux et chemins de fer, et la finance américaine, qui a joué un rôle considérable dans la fondation des trusts.

La troisième partie a pour titre : « l'expansion industrielle ». Elle donne

l'état actuel de l'exportation des articles manufacturés, américains, et
expose, en même temps que l'importance de la concurrence industrielle
des Etats-Unis sur les marchés, où ils aspirent le plus à développer une
influence, les circonstances favorables ou les obstacles qui peuvent les
aider ou les retarder. .

Il est regrettable que M. Viallate, dans les appendices où il expose les
règles suivies lors de la rédaction des Census, n'ait pas critiqué les méthodes défectueuses et insuffisantes des statisticiens américains. Il est bon de
mettre en garde le lecteur contre des chiffres dont l'état civil nous paraît
douteux ou insuffisant. Que les Américains n'ont-ils lu et adopté les
excellentes théories exposées par M. André Liesse dans son Traité sur la
statistique?   GERMAIN MARTIN.

————————

Marcel Marion, *La vente des biens nationaux pendant la Révolution avec
étude spéciale dans les départements de la Gironde et du Cher.* 1 vol. in-8,
448 p. Paris, Honoré Champion, 1908.

Aux affirmations les plus extrêmes dans tous les sens auxquelles les
ventes des biens nationaux ont longtemps donné lieu se substitue peu à peu
une connaissance scientifique des faits, au moins dans le public scientifique. Les travaux de Logeay (pour la Sarthe), de Minzès (Seine et Oise), de
Rouvière (Gard), d'Anglade (Aveyron, Cantal, Puy-de-Dôme, Haute-Vienne),
Lecarpentier, de Charlety (Rhône), apportent les chiffres nécessaires pour
fonder une opinion sur l'importance de ces ventes et leurs conséquences.

Parmi ces travaux, celui de M. Marion est un des plus méthodiques dans
les recherches. Le soin même qu'il a pris de faire porter ses investigations
sur la Gironde et le Cher à raison des différences dans la structure économique et l'organisation sociale de ces départements montre comment il
est soucieux que sa pierre à l'édifice soit solide et bien assise. Toutefois il
n'a pas conservé dans ses conclusions la même attitude *purement* scientifique. Je sais bien qu'il s'appuie non seulement sur les résultats de ses travaux personnels mais aussi sur ceux qui l'ont précédé. Je sais aussi que
les circonstances de la publication ne sont peut-être pas étrangères à la
rédaction de ces dernières pages, et que son titre même les lui imposait.
Enfin les conclusions en question sont très vraisemblables. Mais il aurait
peut-être été plus élégant, si cela eût été d'aspect plus sévère, de se borner
à la monographie et aux conclusions pour les régions étudiées. Cela est si
vrai que (p. 424) M. Marion est conduit à restreindre une observation d'ordre général relative au mode d'exploitation de la grande propriété avant la
Révolution, en ajoutant « au moins dans la Gironde et dans le Cher ». Malgré
cette observation de méthode, peut-être trop rigoureuse, la contribution
de M. Marion est des plus importantes, et ses conclusions, pour les régions
qu'il a étudiées spécialement sont pour confirmer les vues de ceux qui attri-
buaient à cette grande opération une grande importance pour le développement de la petite propriété. En particulier il convient de signaler l'importance que M. Marion attache à juste titre aux *reventes*, aux transmissions

successives auxquelles la première acquisition a donné lieu. Le mécanisme dans un certain nombre de cas a été celui d'émission de valeurs mobilières, les lots ont été pris par des spéculateurs et le *classement* ne s'est fait que peu à peu.

L'observation est d'autant plus importante que certains auteurs ne paraissent pas s'apercevoir de l'importance des reventes. C'est le cas du travail publié par la Commission d'histoire économique de la Révolution (pour le volume paru). H.-E. B.

Edwin P. Tanner, Ph. D., *The Province of New-Jersey*, 1664-1738, dans la collection des « Studies in History, Economics, and Public law », éditée par l'Université Columbia, vol. XXX. 1 vol. in-8, 712 p. New-York, Columbia University, Longmans, Green and C°, 1908.

Nous signalons cet important travail qui a trait d'ailleurs essentiellement aux institutions politiques de l'Etat de New-Jersey. Il est vrai de dire que ces institutions sont indispensables à connaître pour l'économiste et que toute la vie économique de cet Etat a été influencée par elles. Il est vrai aussi que beaucoup de questions véritablement économiques sont étudiées dans ce volumineux ouvrage. Mais P. Tanner nous avertit cependant qu'il n'a pas entrepris de s'occuper du point de vue économique et social.

On regrette que l'auteur n'ait pas cru devoir, soit dans une introduction, soit en conclusion, ramasser les constatations capitales auxquelles il aboutit et résumer l'évolution qu'on trouve tout au long dans les chapitres sur La propriété de la terre, L'origine et les caractères de la population de New-Jersey, Le système foncier de l'Est de New-Jersey, Les troubles survenus dans cette partie, Les conditions politiques de l'East Jersey, Le système foncier de l'Ouest, Les conditions politiques de l'Ouest, Les rapports entre le duc d'York et la Couronne, Les gouverneurs royaux, Leur position légale comme représentants de l'exécutif, Le fonctionnement pratique du pouvoir exécutif, Le rôle du gouverneur au point de vue législatif, Le mouvement séparatiste, Les divers fonctionnaires exécutifs, Le Conseil royal, sa composition, sa situation légale, son administration, son rôle législatif, l'assemblée royale, Les conflits de l'exécutif et du législatif, le système judiciaire, les finances, la milice, l'Eglise anglaise, La propriété sous la domination royale dans l'Est et dans l'Ouest de New-Jersey.

H.-E. B.

Georges Sorel, *Les illusions du progrès*, 1 vol. in-16. Paris, M. Rivière, 1908.

Il est généralement malaisé de résumer la matière contenue dans un ouvrage de M. Georges Sorel, encore que depuis qu'il a fait profession de mal composer, ses livres, par une coïncidence qui n'est peut-être pas aussi singulière qu'elle peut le sembler au premier abord, soient beaucoup mieux présentés; mais sa pensée fantaisiste ne peut se retenir de digressions où l'on trouve parfois les meilleures parties de l'ensemble.

Le titre de ses chapitres : Premières idéologies du progrès, La bourgeoisie conquérante, La science au xviiie siècle, L'audace du Tiers-Etat, Théories du progrès, nous montre cependant la marche suivie en vue de démontrer que l'idée de progrès est une idéologie qui ne correspond pas à la réalité, et qu'elle a été inventée par la démocratie désireuse de faire croire que c'était elle qui contribuait à la réaliser. L'étude de la façon dont les penseurs de la démocratie lui ont rendu ce service est une application de la méthode marxiste. Du moins, M. Sorel l'affirme, et nous aurions mauvaise grâce à ne pas le croire, il traite trop mal ceux qui ne sont pas de son avis.

Nous aurions cependant quelques réserves à faire.

Nous pensons que M. Sorel aurait pu peut-être analyser le contenu de l'idée de progrès. Autant qu'il paraisse tenir à l'apparenter à l'excellent fonctionnaire des Beaux-Arts qu'était Perrault — il aurait pu nous dire pourquoi, à ses yeux, ni Bacon, ni Paracelse n'ont rien à faire avec l'idée de progrès. Il sait cependant que quelques historiens prétendent que c'est pour avoir eu des tendances à cette idée que le premier fut emprisonné et il est trop érudit pour qu'on lui rappelle la dédicace du livre de Paracelse. Et sans le suivre au cours de son livre attrayant (bien que la violence des épithètes à l'endroit de Condorcet ou de quelques autres penseurs n'ajoute pas ce que l'auteur semble croire à son mérite), on pourrait lui demander s'il est bien sûr d'être lui-même libéré de la croyance à l'idée de progrès, si, même sur le terrain social, l'importance qu'il attache à certaines transformations en est exempte. On pourrait aussi poser la question de savoir si l'hostilité qui se manifeste dans tout l'ouvrage contre le processus idéologique que l'auteur analyse est à quelque degré scientifique. Mais la question serait un peu naïve. M. G. Sorel est un polémiste d'un talent incontestable mais impérieux, trop impérieux, pour lui permettre de n'être pas polémiste; l'impartialité nécessaire aux recherches scientifiques lui est étrangère.   H.-E. B.

Georges Hersent, *Mise au point da notre outillage maritime. Ports et canaux*, 1 vol. in-4º, 89 p., 15 planches édité par la Société d'Encouragement pour l'industrie nationale.

Au moment où le Gouvernement commence à sentir l'impérieuse nécessité de faire des réformes pour améliorer la situation de nos ports, où les hommes publics s'inquiètent des conséquences probables de la concurrence de Paris et d'Anvers, le livre de M. Hersent constitue un document d'autant plus précieux pour les débats, qui s'ouvriront sous peu dans le pays avec toute leur ampleur, que l'auteur représente en ces matières une autorité due à sa compétence incontestée.

Deux questions se posent. Que faut-il faire? Comment pourra-t-on le faire?

M. Hersent répond avec beaucoup de netteté et une sobriété très remarquable aux deux points. Ce qu'il faut faire : Aménager les ports de services internationaux, de telle sorte que les grands navires modernes puissent y entrer aisément, et s'y faire caréner, assurer la sécurité, la rapidité du transport tant du côté des navires que du côté des trains transatlantiques, et il suffit de considérer ces conditions pour voir quels sont les ports qui pourraient s'y adapter : Marseille, le Havre. Quant à Bordeaux il faudra tourner les yeux du côté de Royan ou plutôt peut-être du Verdon pour pouvoir en tirer le parti convenable. A côté de ces ports de départ et d'arrivée, certains ports seront ports d'escales, comme La Palice.

Mais il y aura aussi à relier aux premiers les ports *conjugués* : pour certaines marchandises; port intérieur« d'autant mieux placé qu'il sera placé plus avant dans l'intérieur du pays ». Rouen et Paris pour le Havre. Nantes sur la Loire, et, quand certains travaux seront effectués, Lyon pour Marseille.

De très grands travaux seraient nécessaires pour moderniser l'outillage de nos ports, il en coûterait près de 600 millions auxquels viendraient s'ajouter 1.200 millions pour les travaux de navigation intérieure. Comment les obtenir? tel est le second point. M. Hersent semble admettre qu'on ne peut songer à les obtenir de l'Etat, et qu'il faudrait recourir, soit à un système inspiré du consortium de Gênes, étudié par la mission Bergougnon, soit à l'autonomie des ports telle qu'elle est proposée dans le projet Siegfried. Quel que soit le système définitivement adopté, qu'il consiste dans l'autonomie des ports ou la concession de certains services, il suppose que les dépenses engagées pourraient être rémunératrices, cela est d'ailleurs tout à fait vraisemblable.

Tous ces systèmes auraient d'ailleurs un avantage sur celui des dépenses consenties sur le budget, c'est une moindre tendance à l'émiettement des ressources sur une multiplicité de ports.

On voit l'intérêt de la publication de M. Hersent, le document qu'elle constitue est d'autant plus précieux à consulter qu'elle renferme le plan de quinze des principaux ports français et étrangers.

H.-E. B.

————

C. I. S. Department of Agriculture, *Bureau of Statistics*, Bulletins n. 42, 65, 66, par I.-M. Rubinow. I. Russia's Wheat surplus; — II. Russia's Wheat Trade ; — III. Russian Wheat and Wheat Flour in European Markets. — 3 brochures in-8, 703, 99, 77 pages. Washington, Government Printing Office, 1908.

Ces rapports officiels constituent des documents de premier ordre pour l'étude de la question du blé. Les statistiques présentées en tableaux, en graphiques et en carte sont très abondantes et du plus haut intérêt. Nous nous contenterons ici de résumer les conclusions de l'auteur de ce consciencieux travail.

En Russie, où les trois quarts de la population sont adonnés à la culture, les céréales couvrent 90 p. 100 de la surface cultivée. Si la principale de ces céréales est le riz, cependant depuis l'émancipation, les ensemencements en blé se sont développés au détriment du riz et des autres céréales, de telle sorte que la différence en faveur du riz s'atténue et la même tendance continue, ce qui, d'après certains signes, indique comme probable que dans cinq ou dix ans, la principale céréale sera le blé.

L'espace cultivé en 1905 dépasse 62.000.000 d'acres et promet de se développer rapidement. La récolte totale de blé dans l'Empire Russe dépasse la récolte américaine de 1904. Néanmoins, la production n'est pas aussi considérable que l'espace cultivé semblerait l'indiquer, parce que la production à l'unité d'espace est probablement la plus faible du monde.

Les causes de cette faible production sont l'ignorance des cultivateurs, l'antiquité des méthodes de culture, l'absence de machines, le manque d'engrais, l'extrême pauvreté due au système de la propriété paysanne. Cependant des symptômes d'éléments nouveaux apparaissent ; il y a un rapide développement de l'éducation élémentaire dans les villages et les efforts pour accroître la propriété des paysans amélioreront les méthodes agricoles et élèveront considérablement les rendements.

Au point de vue des transports, la situation est très mauvaise en Russie, car on se heurte à de grandes difficultés ; d'autre part, les méthodes commerciales sont défectueuses, pas d'*elevators,* on laisse s'abimer le grain ; de plus, il règne dans ces opérations une grande immoralité, puisqu'il arrive qu'on ajoute volontairement des produits inférieurs ou détériorés. Certains marchés ont montré une défiance très grande à l'égard des blés russes : généralement les marchés libres, Angleterre, Belgique, Hollande, Pays Scandinaves ; inversement le blé russe est bien accueilli en Italie, en France, en Espagne et en Allemagne, pays protecteurs.

H.-E. B.

Wygodzinski, *Wandlungen der deutschen Volkswirthschaft,* im 19 Jahrhundert. Köln. Du Mont-Schauberg. 1908, in-8, 202 p.

Le volume que nous signalons ici reproduit, avec quelques modifications de détail, une série de leçons faites à l'Université de Bonn dans le but de mettre en relief les principaux traits de la civilisation allemande au cours du xixe siècle. L'auteur a insisté d'abord sur l'esprit capitaliste qui se manifeste par un désir bien plus intense qu'il ne l'était jadis d'accumuler des capitaux et de s'en servir comme d'un levier pour conquérir la puissance. L'ardeur à gagner de l'argent ne passait pas autrefois pour un sentiment élevé. Les idées se sont bien modifiées à cet égard. Les Allemands ressemblent aujourd'hui aux Américains qui se livrent avec tant de passion à « la chasse aux dollars » et qui jugent les hommes d'après leur richesse. La mentalité de l'aristocratie germanique elle-même s'est bien modifiée. Cette évolution contribue à rendre difficile la reconstitution de « l'intérêt professionnel » qui serait pourtant un contrepoids fort utile à notre époque ! M. Wygodzinski s'efforce ensuite de nous faire comprendre l'importance de la technique, technique bien différente de celle des siècles antérieurs : elle a abouti à un progrès inouï du machinisme. C'est le machinisme qui, à son tour, a rendu possible l'intensité extraordinaire de la production, en même temps qu'il a modifié la vie de famille, la mentalité et les goûts de ceux qui la composent. Il a eu aussi pour conséquence de placer l'ouvrier dans une dépendance plus grande de la besogne qui lui est assignée, du rouage dont il est devenu en quelque sorte l'esclave. L'ouvrier apparaît essentiellement comme un accessoire du capital, comme une partie infime du mécanisme gigantesque par lequel ils se sent en quelque sorte annihilé. Très intéressants aussi les chapitres où l'auteur nous montre comment le métier cherche à lutter (on est déjà arrivé par l'association à des résultats appréciables) contre la grande industrie. Mais combien la lutte est difficile, en présence surtout des manifestations nouvelles de l'esprit d'entreprise, des cartells surtout qui donnent à la vie économique une physionomie nouvelle ! M. Wygodzinski dit de fort bonnes choses sur l'agriculture, à laquelle il faudra peut-être, dans certaines régions, qu'un plus grand nombre de personnes consentent à revenir. La plupart de ses réflexions ont une portée générale et ne s'appliquent pas seulement à l'Allemagne. Il est certain cependant que les transformations économiques et sociales ont été plus profondes dans ce pays que chez nous. Etat agricole, l'Allemagne est devenue un pays industriel ; au développement « naturel » du pays on a superposé un développement « artificiel ». Avec des accroissements énormes de population dus à une forte natalité, l'empire allemand ne peut plus se suffire ; il est obligé de se mêler à la politique mondiale. C'est une situation d'autant plus délicate pour lui que l'importation y a, depuis quelques années, grandi plus vite que l'exportation. Dans ces usines gigantesques qu'on a dotées d'un matériel coûteux, il faut qu'on trouve le moyen de faire marcher les machines et d'occuper les travailleurs. Il faut aussi que les produits qu'elles fabriquent puissent être vendus à un prix rémunérateur. Si le livre de M. Wygodzinski ne traite pas d'une façon complète ces graves problèmes, il suggère du moins d'utiles réflexions à ceux qui cherchent à se rendre compte des difficultés en présence desquelles se trouve l'Allemagne au début de ce xxᵉ siècle qui lui réserve peut-être quelques surprises.

Georges BLONDEL.

F. **Arnodin**, *La lutte économique des transports*, Paris (Rivière), 1909, 128 p. in-12.

On ne peut étudier les transformations économiques du monde sans être frappé de l'importance du rôle que jouent les moyens de communication et de transport dans tous les pays civilisés. Le livre que nous signalons ici intéressera tous ceux qui veulent se rendre un compte exact de l'utilité que peuvent avoir aujourd'hui les rivières et les canaux. M. Arnodin réfute d'abord les assertions de ceux qui croient que les tarifs des chemins de fer peuvent s'abaisser à 0 fr. 01 par tonne kilométrique. Il ne faut pas prendre pour base des calculs des chiffres théoriques, il faut tenir compte de l'usure, de l'amortissement du matériel, d'une infinité de choses qui interviennent dans le prix de revient. Le prix moyen le plus bas obtenu par la compagnie du Nord est encore aujourd'hui de 0 fr. 3369. L'auteur montre ensuite par des exemples bien choisis, quels sont les avantages des transports par eau principalement sur les grandes distances. Il met en relief l'heureuse influence de la voie d'eau pour le commerce et l'industrie et montre l'erreur de ceux qui prétendent que le développement de la navigation intérieure serait la ruine des chemins de fer. Des chiffres précis permettent d'établir que les cours d'eau sont pour les voies ferrées, non pas des ennemis, mais des auxiliaires; ils les débarrassent de transports qui sont onéreux pour elles; ils permettent par voie de conséquence la suppression des tarifications élevées.

Le développement des transports par eau est d'autant plus nécessaire que, de l'avis même du Ministre des travaux publics, nos voies de garage sur toutes les grandes lignes sont aujourd'hui insuffisantes. Nos halls sont trop petits, nos wagons et nos lococomotives sont trop rares et celles-ci sont trop faibles pour suffire au trafic actuel. Que les créations ou les transformations désirées doivent être dispendieuses, cela n'est pas douteux. Mais l'argent en France fait-il donc défaut? Un pays qui a pu, d'après les calculs de M. Neymarck, prêter 28 milliards et demi à des pays étrangers pour divers travaux, pourrait bien en consacrer un à ses besoins personnels. Et nous n'avons pas seulement l'argent, nous avons aussi les ingénieurs et les hommes techniques nécessaires pour mener à bonne fin ces grands projets. La France est inexcusable de reculer indéfiniment devant l'effort nécessaire pour l'amélioration de son outillage.

Georges BLONDEL.

ECONOMIC JOURNAL

Juin 1909.

The practical aspects of economics (PRICE).
The gold exchange standard in the light of experience (Charles CONANT).
The foreign exchange policy of the Austro-Hungarian Bank (Ludwig MISES).
International labour treaties (Ernst FRANCKE).
Reviews and memoranda.

Le Gérant : L. LAROSE.

31.494. — BORDEAUX, IMPRIMERIE Y. CADORET, RUE POQUELIN-MOLIÈRE, 17.

REVUE
D'ÉCONOMIE POLITIQUE

L'INFILTRATION DES IDÉES SOCIALES

DANS LA LITTÉRATURE ÉCONOMIQUE ALLEMANDE [1]

RÉSUMÉ SOMMAIRE

« Rien ne fit autant pour attirer l'attention et la sympathie de tous les gens cultivés sur la situation des classes laborieuses que le paupérisme ; ce fut lui qui, après les troubles des tisserands de Silésie et de Bohême, suscita, dans les parties les plus diverses d'Allemagne, des sociétés pour l'amélioration du sort des travailleurs ;

[1] Cette étude de M. le professeur de Philippovich a paru en allemand sous le titre : *Das Eindringen der sozialpolitischen Ideen in die Literatur*. Elle n'a pas été publiée à part mais constitue la contribution de son auteur à l'ouvrage intitulé : *Die Entwicklung der deutschen Volkswirtschaftslehre im neunzehnten Jahrhundert* (2 vol., Leipzig, Duncker et Humblot, 1908), dont un groupe d'anciens élèves a fait hommage à Gustave Schmoller à l'occasion de son 70ᵉ anniversaire (Note du traducteur).

ce fut lui surtout qui posa avec toujours plus d'insistance le grand
problème : quelles sont les réformes sociales qui peuvent combler
le fossé chaque jour plus infranchissable qui sépare le pauvre du
riche? quelles sont les obligations corrélatives du droit de propriété? Chose étonnante, les savants que l'on a l'habitude de considérer comme les princes de la science économique, les Hermann,
les Rau, les Nebenius passent sous silence la plupart de ces questions et les abandonnent aux hommes du peuple, vivant de la vie
des affaires, et aux publicistes de la jeune génération ».

C'est en ces termes que Bruno Hildebrand caractérisa en 1848
l'attitude de la science économique allemande en face des grands
problèmes de l'époque [1]. Il y avait pourtant déjà en Allemagne à ce
moment un mouvement ouvrier et des germes de socialisme, qui
pouvaient d'autant moins échapper à l'attention, que les théories
nouvelles venaient de provoquer en France de sanglants conflits et
menaçaient chaque jour d'en déchaîner de nouveaux. Dans un
article publié quelques années plus tard, Robert de Mohl, après
avoir rappelé les romans utopiques du passé, nota de la façon suivante l'évolution qui s'était produite dans les idées : « Ce qui est
nouveau, écrivit-il, c'est que l'adhésion aux doctrines socialistes ne
passe plus pour un symptôme d'aliénation mentale. L'on se déclare
socialiste de nos jours sans plus de honte que l'on éprouvait jadis
à se dire réaliste ou nominaliste, kantien ou hégélien, partisan du
droit naturel ou membre de l'école historique. Le socialisme a
acquis droit de cité dans le royaume des doctrines admissibles et
raisonnables. Ce qui est nouveau aussi, ce sont les nombreuses
revues et les divers journaux quotidiens qui, non contents de
prêcher l'évangile socialiste par une propagande directe, lui recrutent des disciples en interprétant les événements du jour à la lueur
de ses dogmes » [2]. Mohl s'étonne du manque de clairvoyance des
hommes pour lesquels l'importance de ce phénomène ne fut révélé
que par l'explosion de 1848. La méconnaître encore, c'est, dit-il,
pour l'homme d'Etat comme pour le savant, « faire preuve d'une
âme criminelle ou d'un esprit obtus ».

Et, en effet, tous les éléments constitutifs de la philosophie du
socialisme et de son système économique étaient connus en Alle-

---

[1] *Die Nationalökonomie der Gegenwart und Zukunft*, 1er vol. Introduction.
[2] Cf. son article intitulé *Gesellschaftswissenschaften und Staatswissenschaften*,
paru dans la *Zeitschrift für die gesammte Staatswissenschaft.*, 1851, p. 7 à 10.

magne au milieu du xixᵉ siècle. Les œuvres des socialistes français, ces hommes qui joignaient à la vivacité de l'imagination et à la puissance de la sensibilité une si merveilleuse richesse d'idées, avaient été traduites en allemand. Stein [1], Grün [2] et Biedermann [3] avaient exposé leurs doctrines en des traités systématiques ; Rodbertus [4], Marx [5] et Engels [6] avaient formulé leurs principes fondamentaux ; Gall, Weitling, Hess et Grün avaient prêché leurs dogmes avec un zèle d'apôtres en y mêlant quelques idées personnelles et originales [7] ; Marlo [8] enfin avait publié ses travaux. Tous les systèmes socialistes de quelque importance que nous connaissions aujourd'hui, toutes les théories socialistes en matière économique, historique, politique et juridique avaient été formulés, groupés et lancés à l'assaut de l'ordre établi au milieu du xixᵉ siècle. Mais les économistes attitrés de l'Allemagne ne se crurent point obligés de s'expliquer avec ces novateurs. Dans l'*Archiv der Politischen OEkonomie*, édité par Rau de 1835 à 1853, l'on ne trouve pas un seul article consacré au socialisme, à ses écrits et aux problèmes qu'il soulève [9]. C'est à peine si, au cours de toutes ces années, il est rendu compte de quelques ouvrages relatifs à la situation des ouvriers de la grande industrie (Engels, Villermé, Taylor). De même la *Tübinger Zeitschrift für die gesammte Staatswissenschaft*,

---

[1] *Der Sozialismus und Kommunismus des heutigen Frankreichs. Ein Beitrag zur Zeitgeschichte*, 1842 (1 vol.); 2ᵉ édit., 1848 (3 vol.) : 1. *Der Begriff der Gesellschaft und die Bewegungen in der Gesellschaft Frankreichs seit der Revolution; 2. Der französische Sozialismus und Kommunismus; 3. Anhang, Die sozialistischen und kommunistischen Bewegungen seit der dritten französischen Revolution.*

[2] *Die soziale Bewegung in Frankreich und Belgien*, 1845.

[3] *Vorlesungen über Sozialismus und soziale Fragen*, 1847.

[4] *Zur Erkenntnis unserer staatswirtschaftlichen Zustände. Erstes (einziges).* Heft, 1842. *Soziale Briefe an Kirchmann.* 3 Hefte, 1850-1851.

[5] (Et Engels), *Die heilige Familie. Gegen Bruno Bauer und Konsorten*, 1844 ; *Misère de la philosophie*, 1847; (et Engels), *Das Kommunistische Manifest*, 1848; *Der achtzehnte Brumaire des Louis Bonaparte*, 1852 ; *Enthüllungen über den Kommunistenprozess zu Köln*, 1852.

[6] *Die Lage der arbeitenden Klassen in England*, 1845.

[7] Cf. Georg Adler, *Die Geschichte der ersten sozialpolitischen Arbeiterbewegung in Deutschland*, 1885.

[8] Marlo (K.-S. Winkelblech), *Untersuchungen über die Organisation der Arbeit oder System der Weltökonomie*, 1850 et années suivantes.

[9] L'essai que publia R. Mohl, en 1835, sur les dangers du travail dans les usines pour la société comme pour les ouvriers et sur la nécessité de mesures prophylactiques n'eut pas de suite et ne doit pas d'ailleurs être mis en rapport avec la littérature socialiste.

qui fut fondée en 1844, n'accorda que peu d'attention à la question sociale [1].

Il ne faut pas se le dissimuler, l'économie politique de l'Allemagne officielle de la première moitié du XIXᵉ siècle n'a point été fertile en idées nouvelles. Née de l'ancienne caméralistique d'une part et de la philosophie du XVIIIᵉ siècle de l'autre, elle resta servilement fidèle à ses origines et partagea toute son attention entre des problèmes de technique administrative et des projets incertains de réformes patronales. Tout en préconisant en théorie les solutions individualistes, elle n'influa même pas sur les destinées du libéralisme économique qui ralliait peu à peu tous les suffrages. Le défenseur théorique du laisser-faire en Allemagne à cette époque fut Guillaume de Humboldt, dont les « *Ideen zu einem Versuch, die Grenzen der Wirksamkeit des Staates zu bestimmen* » [2] se répercutèrent même au delà des frontières de sa patrie. L'homme d'action du mouvement fut Prince-Smith [3], publiciste d'origine anglaise. Le seul mérite des théoriciens allemands du temps [4] est d'avoir dégagé avec plus de précision les principes fondamentaux du classicisme anglais et français, d'y avoir introduit une systématique mieux ordonnée et de l'avoir perfectionné et développé au point de vue formel. Toujours fidèles à leurs traditions caméralistiques sur le terrain de la politique, ils ne craignaient pas de faire intervenir les

---

[1] Elle publia, en 1846, une dissertation de Stein sur le socialisme et, en 1847, un article de Fallati sur les associations ouvrières. Il n'y fut tenu aucun compte des questions de politique sociale si vivement débattues par les publicistes du jour. Parmi les économistes, Schüz est le seul (cf. livraisons de 1844 et 1845) à avoir touché aux problèmes de la politique et de la morale sociale. Dans les livraisons des années suivantes, ces questions furent abandonnées aux discussions des philosophes (Warnkönig, Vorländer, cf. note 2, p. 681).

[2] Paru fragmentairement d'abord, puis sous forme de livre en 1851.

[3] *Uber Handelsfeindseligkeit*, 1843; *Uber die englische Tarifreform und ihre materiellen, sozialen und politischen Folgen für Europa*, 1846. Cf., au sujet de Prince-Smith, l'ouvrage de Becker, *Das deutsche Manchesterthum*, 1907.

[4] Encore dans la troisième édition de ses *Grundsätze der politischen OEkonomie*, parue en 1868, Rau résume comme suit son opinion sur l'état contemporain de la science économique (§ 45) : « Sans doute il a fallu formuler avec plus de précision certaines des propositions de Smith, il a fallu en rectifier d'autres et remanier l'ensemble de sa théorie dans le sens d'une ordonnance plus systématique des matières. Ses idées fondamentales toutefois avaient été établies avec un tel soin que tous les travaux postérieurs n'ont pu que contribuer à leur développement graduel et n'ont pas constitué de système nouveau. C'est pourquoi l'économie politique contemporaine, quoiqu'elle ne se contente plus de reproduire servilement toutes les doctrines de Smith, peut cependant encore être considérée comme son œuvre ».

pouvoirs publics pour restreindre la liberté du commerce et de la circulation, s'opposant en cela aux représentants intransigeants de l'individualisme pur. Ils se montrèrent sympathiques aux tentatives isolées faites pour combattre les abus de la libre concurrence, pour atténuer les inégalités entre les classes et pour améliorer le sort des ouvriers de la grande industrie. Mais selon eux « ces phénomènes de malaise social n'avaient pas ébranlé les vérités fondamentales de la science économique », ils n'avaient fait que montrer la nécessité d'élargir sur certains points sa sphère d'observation. « Aux maux et aux besoins nouveaux, des mesures législatives nouvelles »[1], voilà pour eux le programme de politique que l'évolution économique impose aux gouvernants. Il ne leur venait pas à l'esprit d'admettre que les causes qui tendaient à l'industrialisation de la société et à l'établissement de la libre concurrence pussent nécessiter la transformation radicale de la politique économique. Une supposition pareille devait se briser contre les solides remparts de leur orthodoxie. C'est ainsi que la science économique allemande passa indifférente à côté des signes du temps les moins méconnaissables. A tous les bruits du dehors, aux critiques les plus cinglantes des publicistes, aux considérations philosophiques et historiques les plus audacieuses et les plus originales, les économistes, semblables aux astronomes qui cherchent dans la marche des astres les lois éternelles de la nature, opposaient une imperturbable sérénité[2].

[1] Rau, *Volkswirtschaftslehre,* 4ᵉ édit., 1841, p. 41. Cf. aussi la préface au sujet de sa polémique avec Sismondi.

[2] Cette anomalie fut caractérisée d'une façon frappante en 1840 déjà par l'auteur anonyme d'un article qui parut au troisième volume de la *Deutsche Vierteljahrsschrift,* sous le titre de *Die Vergangenheit, Gegenwart und Zukunft der politischen OEkonomie.* Alors que toutes les sciences sociales se transforment, y lisons-nous, l'économie politique seule repose, dans une immobilité sereine, sur les bases qu'un grand homme lui a assignées il y a soixante à soixante-dix ans. Ses assises sont-elles donc immuables ? Possède-t-elle donc toute la vérité ? L'auteur le nie et affirme au contraire la nécessité d'une transformation radicale de l'économie politique, à laquelle il attribue une large part de responsabilité dans l'organisation vicieuse de la société de son époque. Il conclut en revendiquant pour les travailleurs les réformes suivantes : réduction des heures de travail, création d'associations tant facultatives qu'obligatoires, constitution de caisses d'épargne dans les fabriques avec épargne obligatoire au-dessus d'un certain niveau minimum de salaire, limitation de la grandeur de certains établissements industriels. L'auteur de cet article était R. Mohl. Cf. E. Meier dans la *Zeitschrift für die gesammte Staatswissenschaft,* 1878, p. 494 et suiv. Un essai analogue a paru dans la livraison de l'année 1843 sous le titre suivant : *Der jetzige Stand der Volkswirtschaftslehre.*

Ce ne fut que par des voies détournées que le socialisme réussit enfin à forcer l'entrée du sanctuaire dans lequel s'était renfermée la science économique allemande. L'assaut fut livré de deux côtés à la fois : la philosophie du droit d'une part, la morale et la conception historique de la société de l'autre, vivifiées par les courants de pensée nouvelle qu'avaient déchaînés les écrits des réformateurs et les bouleversements des mouvements révolutionnaires, finirent par arracher l'économie politique à son orgueilleuse quiétude. En face du phénomène étrange par sa nouveauté, d'une critique qui, ne respectant ni le droit de propriété ni la libre concurrence, osait porter atteinte à leurs dogmes fondamentaux, les économistes se trouvèrent désarmés, également incapables de vaincre l'adversaire et de se le concilier par des concessions de détail. Les faiblesses et les lacunes de leur orthodoxie furent impitoyablement dévoilées. L'on demanda alors à la science un examen plus approfondi des relations d'interdépendance économique entre les hommes et des jugements basés sur des principes philosophiques et éthiques. Ces spéculations philosophiques inédites sur la propriété privée et les rapports contractuels firent leur apparition dans la littérature en relation directe avec la notion de la « société », qui, dégagée par le socialisme, exprimait une conception nouvelle de la vie collective des hommes. Et le besoin d'un critère éthique, pour apprécier la justice de l'organisation sociale, naquit avec le désir de connaître les faits historiques, géographiques et psychologiques qui ont créé l'état actuel de la société. Il faut donc suivre la philosophie du droit de cette époque et la conception historique et éthique de la société pour bien comprendre la nature et la cause de la révolution subie par la science économique allemande au milieu du XIXe siècle et pour connaître l'origine de la théorie nouvelle, la doctrine de la réforme ou de la politique sociale (*Socialpolitische Richtung*), qui sortit de cette fermentation d'idées. C'est à quoi nous allons nous appliquer au cours des pages suivantes.

II

Une des acquisitions scientifiques les plus précieuses dont nous soyons redevables au socialisme et aux discussions qu'il souleva, réside dans la découverte de l'existence, à côté et en dehors de l'Etat, d'un organisme collectif, vivant de sa vie propre, et repo-

sant sur l'identité de sang, de race, d'intérêts économiques, psychologiques ou religieux de ses membres constitutifs. C'est cet
organisme que nous désignons sous le nom de « société », lorsque
nous l'isolons par la pensée de toute forme politique et que nous
nous le représentons dans son unité autonome.

Hegel est le premier des philosophes du droit en Allemagne qui
ait signalé cette dualité de l'Etat et de la société, mais, par ce
second terme, il entendait l'abstraction de l'ensemble des individus
réunis par les liens de la vie commune plus que la réalité d'un
tout organique doué d'une vie propre [1].

La dualité de l'Etat et de la société a été mieux comprise et
exposée par Ahrens. Pour cet auteur, la société est l' « ensemble
harmonieux des diverses sphères d'activité où se réalisent les destinées des hommes », chacune de ces sphères se composant d'un
organisme muni de ses organes propres et chargé de fonctions
spéciales [2]. La société est donc constituée par la réunion de l'organisme de la vie juridique, l'Etat, de l'organisme de la vie religieuse,
l'Eglise, et des « organismes toujours plus puissants et plus étendus de l'industrie et du commerce », de l'instruction et de l'éducation, de la science et de l'art. De ces diverses sphères de vie,
l'Etat et l'Eglise se sont émancipés et, prenant les autres sous leur
garde et tutelle, les ont dirigées et régies à leur gré. Depuis quelque
temps, ceux-ci, à leur tour, aspirent à plus d'indépendance. L'Etat,
étant de tous les organismes sociaux celui qui se trouve le plus

---

[1] « La société civile est un membre intermédiaire entre la famille et l'Etat, mais sa
formation est postérieure à celle de l'Etat, puisque l'Etat en est une condition nécessaire. Dans la société civile, chaque individu se considère comme sa propre raison
d'être et ses semblables ne lui sont rien. Mais comme, sans eux, il ne peut se réaliser
pleinement lui-même, ils sont pour lui les moyens d'atteindre les buts de son moi.
De là naît un enchevêtrement d'interdépendances mutuelles dans lequel la subsistance, le bien-être et l'existence juridique de chacun reposent sur la subsistance, le
bien-être et l'existence juridique de tous et ne peuvent être bien assurés sans eux ».
Hegel, *Rechtsphilosophie*, 1820, p. 246 et 247. L'expression de société civile se trouve
naturellement déjà chez des auteurs antérieurs. C'est ainsi que Gœthe l'emploie, en
1774, dans les *Leiden des jungen Werther*, pour désigner une communauté prospère
et sagement réglementée, avec un sens analogue à celui qu'on attacha plus tard au
terme de bourgeoisie.

[2] Il paraît bien qu'Ahrens fut le premier à établir scientifiquement cette distinction,
Cours de droit naturel, 1839, 2ᵉ partie (cf. le compte rendu critique que fit Mohl de
cet ouvrage dans les *Heidelberger Jahrbücher*, 1840, n. 3). Les mêmes idées se trouvent analysées avec plus de détail dans la *Organische Staatslehre* que publia Ahrens
en 1850, cf. p. 48 et suiv. V. aussi *Die Rechtsphilosophie*, 4ᵉ édit., 1852, et la *Juristische Encyklopädie*, 1855, p. 107 et suiv.

avancé dans la marche vers l'autonomie, a pour tâche de faciliter l'évolution des autres et de les élever à la liberté. Il ne doit pas toutefois tolérer leur affranchissement absolu, car il est l'*organisme régulateur de toute la société.* Par contre, il ne doit pas non plus absorber toute l'activité des hommes, comme le voudraient les socialistes. Protestant avec raison contre l'ancienne conception négative et purement formaliste de l'Etat et du droit, ces réformateurs, dans leur désir de régénérer l'organisation sociale, commettent l'erreur fondamentale de confondre l'Etat avec la société. Le socialisme a surtout dirigé ses attaques contre la concurrence. Mais ce principe est une suite nécessaire de la *liberté* et un levier indispensable de tout progrès industriel. Seulement la liberté du travail, comme toutes les autres libertés, doit être combinée avec un principe d'*ordre;* de cette union résulte la vraie notion de l'organisation. Il s'agit, en effet, d'organiser, non pas le travail, qui est une abstraction, mais les travailleurs, comme êtres moraux dont l'activité libre doit être soumise aux principes du droit. « C'est cette organisation que l'Etat peut provoquer, en déterminant les conditions générales sous lesquelles doivent être réglés les rapports entre tous ceux qui participent, par des moyens divers, à la production, mais en laissant en même temps à la liberté des particuliers, quand les conditions générales sont observées, à fixer, par convention, telles conditions spéciales qui paraissent les meilleures ou les plus acceptables aux parties contractantes ». L'organisation du travail industriel n'est cependant qu'une partie, quoique la plus urgente, de l'organisation de la société entière. La religion, la morale, la science, l'art, l'éducation attendent aussi une meilleure organisation ; et c'est la science sociale qui est chargée d'exposer les principes d'après lesquels tous les ordres de l'activité sociale doivent être réglés et harmonisés entre eux et, d'autre part, d'assigner à l'Etat d'une manière précise le but particulier qu'il doit remplir par rapport à toutes les sphères sociales[1].

Ahrens ne touche qu'incidemment, en examinant le droit de propriété, à la question de la contexture interne de la « société ». Stein, par contre, dans ses études sur le socialisme et le communisme français, s'applique avec un soin tout particulier à mon-

---

[1] Cours de droit naturel, 4e éd., Bruxelles, 1855, introduction, chap. 5 et 6.

trer que la société dans son essence est déterminée par les conditions économiques de la vie[1]. La division du travail, en faisant du travail de l'un la condition du travail de l'autre, établit des rapports d'interdépendance économique entre les hommes. La prospérité générale résulte donc de la bonne organisation de l'effort producteur de l'humanité. Cette organisation du travail, qui se manifeste par une hiérarchisation des travailleurs, détermine l'organisation de la distribution. Chaque individu, en effet, participe au partage des biens produits dans la mesure où il a participé à leur production et d'après la situation qu'il a occupée dans le processus productif. Par la distribution donc, chaque individu s'approprie une quantité de biens qu'il peut ou consommer ou accumuler en vue d'améliorer sa situation dans les répartitions subséquentes. Il en résulte des inégalités toujours croissantes entre les individus et l'établissement de classes sociales fondées sur l'opposition entre riches et pauvres. Les révolutions de la technique, le machinisme et la liberté du commerce qui caractérisent les temps nouveaux ont accentué cette opposition et les classes antagonistes en ont pris conscience. Voici, toujours d'après Stein, les conséquences de la libre concurrence : « La classe des déshérités tout entière a succombé dans le combat pour la propriété, et ainsi, grâce à la liberté de la concurrence, elle a perdu et tend tous les jours à perdre plus complètement ce qui est la condition même de toute indépendance dans la vie individuelle. Dans tous les domaines de l'activité industrielle, un abîme se creuse entre ceux qui commandent et ceux qui doivent obéir, entre ceux qui possèdent et ceux qui sont sans biens ; la libre concurrence, loin de le combler comme on l'avait espéré, tend au contraire à le rendre toujours plus infranchissable. En permettant aux inégalités de fortune de s'accentuer toujours davantage, elle contribue à assurer la suprématie définitive et complète du capital sur le travail »[2]. Et ce n'est pas là une suite fortuite et contingente de la concurrence, c'en est au contraire la conséquence logique et nécessaire. C'est la concurrence enfin

---

[1] Déjà, dans son *Sozialismus und Kommunismus des heutigen Frankreichs*, paru en 1842, Stein montre que c'est à l'intérieur de la « société », conçu comme organisme indépendant de l'État, que se livrent les combats du mouvement social. Mais il n'analyse l'essence de la société qu'au début du premier volume de la deuxième édition (1848) de sa *Geschichte des Sozialismus*.

[2] *Sozialismus und Kommunismus*, 1re édit., p. 119, 120.

qui, après avoir plongé la classe nombreuse des déshérités dans
une servitude sans issue, lui a donné conscience de sa misère et
l'a poussée à la révolte. Au nom du principe de l'égalité et des
droits de la personne humaine, — formules vides de sens si elles
ne s'appliquent pas aux biens matériels, — cette classe commence
à revendiquer sa juste part dans la distribution du produit du travail collectif. Voilà l'origine du prolétariat et de sa mentalité qui
constitue « peut-être le phénomène le plus important de toute la
vie sociale des temps nouveaux »[1]. La propriété individuelle, nous
venons de le voir, détermine la cristallisation des groupements
humains, assigne à chaque individu sa position et sa tâche dans la
collectivité et lui impose même ses opinions sur l'ensemble dont il
fait partie. L'organisme ainsi ébauché par la propriété obtient une
structure et une forme permanentes par la sanction du droit et
constitue alors ce que nous appelons la société[2]. Elle demeure
dominée par les lois qui régissent la propriété et qui président à
l'exploitation des capitaux dans les entreprises. En d'autres termes : « La constitution de la société est basée sur la suprématie
du capital sur le travail sans capital »[3]. L'existence du prolétariat
« nous oblige à coordonner nos observations diverses sur la société
humaine et à créer une science de la société qui aura à nous montrer ce qu'est le prolétariat, ce qu'il veut être, ce qu'il sera »[4]. En
considérant les relations de la société avec l'Etat, nous constate-
rons que la participation à l'exercice du pouvoir politique a toujours été conditionnée par la situation sociale des individus, de
sorte que la constitution des Etats reproduit toujours l'image de
l'organisation des sociétés, et que l'histoire des sociétés est le cane-
vas sur lequel se dessine l'histoire des constitutions. Dans le passé,
le pouvoir politique a toujours été entre les mains des possédants.
De nos jours, le prolétariat cherche à s'en emparer pour le faire
servir à la satisfaction de ses revendications. Les antagonismes
déchaînés dans cette lutte des prolétaires contre les propriétaires
sont radicaux. L'opposition entre les intérêts en conflit est absolue
et le libéralisme est impuissant à la résoudre. Une seule puissance,
la royauté, plane impartiale et désintéressée au-dessus des com-

---

[1] *Sozialismus und Kommunismus*, 2e édit., 1er vol., p. 47.
[2] *Ibid.*, p. 23.
[3] *Ibid.*, p. 39.
[4] *Ibid.*, p. 13.

battants et voilà pourquoi « l'avenir de l'Etat, comme sa sécurité présente, reposent sur le principe monarchique » [1].

Dans son « *System der Staatswissenschaften* » [2], Stein s'efforce de mieux définir l'objet de la science de la société et de poser les bornes qui la séparent de ses voisines, l'économie politique et le droit public. La première de ces disciplines décrit le processus par lequel l'individu et la collectivité s'asservissent le monde matériel. Le droit public étudie l'Etat considéré comme la personnification agissante de l'ensemble des citoyens qui le composent. Il montre d'une part (droit constitutionnel) comment la forme de l'Etat se moule sur les contours de la société, son contenu matériel, et comment par conséquent elle varie avec les transformations que subissent ceux-ci. Il examine d'autre part (droit administratif) les mesures par lesquelles l'Etat réagit à son tour sur son substratum social, conçu comme l'objet de son activité consciente. La société représente un système de dépendance d'individus et en même temps un organisme collectif essentiellement distinct de l'Etat. Tandis que l'Etat en effet n'est doué que de volonté, la société est animée de vie, vie matérielle qu'elle tire de la circulation des biens économiques, et vie spirituelle qui lui est conférée par l'unité morale et intellectuelle. Dans son ouvrage, Stein poursuit l'étude de ces deux bases éthiques et économiques de la vie sociale. L'organisation sociale dépend des rapports qualitatifs et quantitatifs entre les hommes et les biens. Les premiers, formes de propriété, déterminent les formes de société. Les seconds, distribution des biens, décident de la constitution des classes sociales. Ils l'emportent en importance sur les premiers, car de la distribution des biens matériels dépend la répartition de tous les droits et de toutes les fonctions sociales. Dans l'histoire nous voyons des classes supérieures et inférieures comme expression du contraste entre la richesse et la pauvreté et entre elles une classe moyenne. L'histoire expose la lutte entre les diverses classes, s'opposant les unes aux autres d'après leur degré de richesse respectif. La meilleure organisation de la société est celle dans laquelle le libre accès aux classes supérieures est le mieux assuré.

Les théories sociales de Stein n'ont pas été développées par les

---

[1] *Ibid.*, p. 57 et suiv.

[2] Vol. I, *System der Statistik, der Populationistik und der Volkswirtschaftslehre*, 1852; vol. II, *Gesellschaftslehre*, 1856.

auteurs postérieurs, quoiqu'elles soient remarquablement fertiles en aperçus originaux. Ainsi la lutte des classes, qui aujourd'hui encore est considérée par beaucoup comme le principe du développement de la société, s'y trouve clairement analysée. Néanmoins l'impulsion donnée par Stein n'a sûrement pas été perdue et ses écrits n'ont pas été sans influencer le progrès interne de la science[1].

Sous l'influence d'Ahrens et de Stein, Mohl[2] a lui aussi admis la notion de la société comme unité collective autonome. Pour Mohl, la société est la fédération des groupements naturels des hommes se réunissant pour la défense d'intérêts communs; comme tels, il cite la communauté d'origine, de race, de situation sociale (noblesse), de profession, de richesse, de religion. Ces diverses associations devront faire l'objet d'une série de disciplines scientifiques distinctes; l'une d'entre elles, la science de l'utilitarisme social ou de la politique sociale, sera l'étude des moyens par lesquels une société poursuit ses fins internes et l'examen de ses rapports avec d'autres organismes et avec l'Etat. Mohl accorde à la société une importance prépondérante dans la marche de la civilisation et dans l'évolution de l'Etat[3].

Ce projet de classification nouveau des sciences sociales n'a pas été sans soulever une certaine opposition[4] et sans influencer sensiblement le développement de l'économie politique. Il faut remarquer toutefois qu'elle n'a pas abouti à la fondation d'une science nouvelle.

Après Mohl et ses contradicteurs immédiats, nous ne trouvons plus en Allemagne de discussions générales sur la nature de la société. Nous devons mentionner encore cependant une classifica-

---

[1] En 1866, Schmoller, commentant le *System der Staatswissenschaften*, déclare qu'il contenait autant d'idées brillantes et précieuses que d'obscurités scolastiques. Il ajouta que c'était à cet ouvrage surtout que « Stein devait d'être inconnu de tous sauf des savants, qui profitaient de cette circonstance pour le plagier avec impunité tout en ne le citant que pour le foudroyer de leur critiques ». Cf. *Zur Literaturgeschichte der Staats und Sozialwissenschaften*, 1888, p. 115 et vol. XIX, *des Preussischen Jahrbücher*.

[2] Voir son article intitulé : *Gesellschaftswissenschaften und Staatswissenschaften*, paru en 1851 dans la *Zeitschrift für die gesammte Staatswissenschaft*.

[3] Cf. ci-dessus, p. 658 et ci-dessous, p. 669 et suiv.

[4] Cf. dans Roesler : *Soziales Verwaltungsrecht*, vol. I, 1872, p. 3, note, une revue sommaire des opinions émises sur la nature de la société et leurs adversaires. Treitschke est l'auteur d'une réponse à caractère polémique intitulée : *Die Gesellschaftswissenschaft* (1851). L'on a cherché à y démontrer l'identité absolue de l'Etat et de la société.

tion des principaux groupements sociaux, ébauchée une dizaine d'années plus tard, par Charles Dietzel [1]. Cette tentative, analogue à celle de Stein, est surtout remarquable par le rôle important qui y est attribué à l'Etat. Le pouvoir politique, dit Dietzel, doit affranchir les forces économiques dont la vigueur est paralysée par les antagonismes sociaux. L'association et la coopération ne pourront déployer toute leur action bienfaisante que lorsque tous les individus qui composent la société seront devenus les membres égaux et solidaires d'un organisme harmonieux.

En Angleterre et en France, la notion d'une collectivité née des nécessités internes de la vie physique et morale des hommes et se développant d'une façon indépendante et inconsciente a déjà occupé les esprits au xviiie siècle [2]. Mais l'influence de l'Etat était si prépondérante à cette époque que c'est au droit public surtout que les auteurs accordaient leur attention. A côté d'eux, des économistes étudiaient bien les relations d'ordre matériel des hommes entre eux, mais ils considéraient l'humanité comme une masse inorganique et homogène d'individus égaux. La philosophie allemande, et en particulier Kant et Fichte, ont donné à cette conception atomiste de l'humanité une telle autorité qu'au milieu du xixe siècle encore, l'affirmation de l'existence de groupes sociaux intermédiaires entre les individus et l'Etat paraissait hardie et nouvelle comme une découverte. « Notre époque, écrivit Mohl [3], nous offre, en ce qui concerne la notion de la société, un exemple remarquable de la découverte tardive d'une grande vérité et de sa lente adoption par la science officielle ». Depuis l'antiquité grecque, sans discontinuité jusqu'à nos jours, une littérature immense a été consacrée à la notion de l'Etat. Et voici que tout à coup surgit une pensée nouvelle; ce n'est plus comme autrefois de l'Etat que l'on demande la réforme, mais de la société, et l'Etat ne vaut plus que comme organe social. Les questions constitutionnelles ont perdu leur saveur. « Qu'importent monarchie et démocratie, lorsqu'il s'agit du droit au travail » ! Mohl loue Stein

---

[1] *Die Volkswirtschaft und ihr Verhältnis zu Gesellschaft und Staat*, 1864.

[2] Cf. Hulb, *Soziale und individualistische Auffassung im 18. Jahrhundert, vornehmlich bei Ad. Smith und Ferguson*, 1907; Güntzberg, *Die Gesellschafts und Staatslehre der Physiokraten*, 1907, surtout aux chapitres 2 et 3.

[3] *Gesellschaftswissenschaften und Staatswissenschaften*, dans la *Zeitschrift für die gesammte Staatswissenschaft*, 1851, p. 7.

« d'avoir été parmi les premiers à tenter une définition scientifique
de la société » [1]. Il renonce à comprendre que l'économie politique,
qui étudie les rapports des individus entre eux à l'intérieur d'un
organisme bien réglé, abstraction faite de l'Etat, n'ait pas été amené
à conclure à l'existence de la société et à la nécessité d'une science
sociale. Car « maintenant que la société a été reconnue et définie,
l'importance et la fonction de l'économie politique sont évidentes,
mais auparavant cette discipline ne devait sa place dans la classification traditionnelle des sciences politiques qu'à une inconséquence
de logique » [2]. C'est au socialisme que revient le mérite d'avoir
attiré l'attention des savants sur les phénomènes proprement
sociaux. « Ainsi nous savons tous maintenant qu'il ne suffit pas,
pour comprendre pleinement l'état physique et moral des ouvriers
de fabrique et sa signification pour l'avenir de l'humanité, de connaître les dispositions législatives qui régissent leur contrat de
travail, leurs droits électoraux, leurs obligations fiscales et leur
statut national. Nous savons tous maintenant que la situation
économique, qu'ils partagent avec des millions de leurs semblables
dans d'autres pays, a déterminé une singulière uniformité de vie,
d'opinions, d'intérêts, de passions, de mœurs et de vices et une
même attitude d'hostilité et de méfiance à l'égard des autres
classes de la population. Nous savons tous enfin que nous devons
à ce phénomène la présence dans notre vie publique d'un élément
tout nouveau, néfaste dans la plupart de ses manifestations et de
ses conséquences. Mais quoi qu'il en soit de ses répercussions, ce
qui est certain, c'est que son origine est absolument indépendante
de la forme constitutionnelle de l'Etat et que, dans son essence, il
s'est jusqu'à présent montré inaccessible aux efforts législatifs des
réformateurs » [3].

---

[1] *Geschichte und Literatur der Staatswissenschaften*, 3e vol., 1858, p. 326.
[2] *Gesellschaftswissenschaften und Staatswissenschaften*, p. 14, 15.
[3] En rendant compte du Cours de droit naturel d'Ahrens dans les *Heidelberger
Jahrbücher* en 1840, Mohl avait déjà émis ces vues : « L'on comprendra peu à peu,
dit-il, à la page 490 de la livraison de 1840, que les règles du droit public n'ont qu'une
importance insignifiante en comparaison des principes de l'application desquels dépendent l'organisation même de toute la société civile et la situation réciproque des individus entre eux ». Et plus loin (p. 501), il ajoute : « Il a suffi de 50 à 60 ans pour
transformer en ouvriers de fabrique et pour pervertir foncièrement des millions
d'hommes ; il suffira peut-être de moins d'années encore, pour les opposer aux autres
classes de la société en masses compactes. Il faut saluer comme un bienfait chaque
voix qui s'élève pour combattre les conséquences moralement dégradantes et maté-
riellement funestes de notre science économique libérale ».

Les opinions de Mohl en cette matière sont partagées par d'autres auteurs estimables. W. H. Riehl, par exemple, déclare : « Chaque époque découvre quelques grandes vérités et formule quelques propositions générales qui lui assignent sa place dans l'histoire. Ainsi notre temps a établi entre autres la distinction entre la « société civile » et la « société politique », et elle a reconnu que la notion de la société, prise dans son sens étroit, si intimes que soient ses rapports avec celle de l'Etat, ne doit cependant pas être, en théorie, confondue avec elle »[1]. Cette conception a été reprise par beaucoup d'écrivains[2], et désormais la société sera universellement considérée comme un organisme autonome vivant de sa vie propre. Tout en reconnaissant sa complexité et sa diversité, l'on est frappé surtout par les bouleversements qui se produisent dans les sphères économiques, se répercutent de là sur le droit et modifient ainsi la forme même du corps social. Voilà pourquoi l'on tend à considérer la société comme le produit de facteurs économiques. Mohl l'avait déjà conçu ainsi en 1840, et depuis lors nous retrouvons constamment la prédiction que l'agitation politique disparaîtra devant le mouvement social sous la poussée des antagonismes économiques. Stein avait déclaré close l'ère des luttes purement politiques en France. « Comme à la fin du siècle écoulé, dit-il, une partie du peuple s'est soulevée contre l'Etat, ainsi de nos jours une classe sociale médite le renversement de la société. La prochaine révolution ne pourra être qu'une révolution sociale »[3]. Mohl et Riehl ont étendu cette prophétie à l'Allemagne[4].

« Il est donc très compréhensible que la science de la société ne dépasse guère les bornes de l'économie sociale. En voulant faire

---

[1] *Die Naturgeschichte des Volkes als Grundlage einer deutschen Sozialpolitik*, 2e vol. : *Die bürgerliche Gesellschaft*, 1851, p. 4.

[2] Cf. les ouvrages suivants : Fröbel, *Soziale politik*, 1847; Hasner, *Das Verhältnis der sozialen zur Staatstheorie*, paru dans *Haimerls Magazin für Rechts-und Staatswissenschaft*, 1850 (Hasner a exploité la notion de la société dans sa *Filosofie des Rechts*, p. 81 et suiv., et dans son *System der Politischen Œkonomie*, vol. 1er, 1860, p. 22); Heysler, *Die Gesellschaft und ihre Stellung im System des Rechts, ibid.;* Widmann, *Gesetze der sozialen Bewegung*, 1851; Mundt, *Die Geschichte der Gesellschaft*, 2e édit., 1856.

[3] *Sozialismus und Kommunismus*, 1842, cf. préface.

[4] Riehl, *Die bürgerliche Gesellschaft*, p. 4 : « La révolution sociale attend son Luther dont les thèses feront oublier les fameux projets de constitution politique pour l'Allemagne... Un armistice peut intervenir du jour au lendemain dans nos luttes politiques; mais dans la mêlée sociale de l'avenir des générations se succéderont sans connaître ni trêve ni apaisement ».

plus, elle ferait moins. Car, il faut le reconnaître, l'opposition entre riches et pauvres prime toutes les autres causes de scission dans la société contemporaine ». « Malgré toutes leurs étroitesses et toutes leurs confusions, les vrais socialistes ont eu un mérite capital; ne se contentant plus de l'étude du processus réel de la production et de la distribution des biens, ils ont concentré leur attention sur le facteur personnel dans la vie économique, c'est-à-dire sur l'homme. Par cette voie ils ont été amenés à examiner les répercussions de tous les rapports du travail lucratif et du revenu sur l'état matériel et moral des classes laborieuses ». C'est ainsi que Schulz-Bodmer [1] montrait en termes heureux les conséquences que l'économie politique devait tirer de la découverte nouvelle. Le champ de ses investigations s'en trouva élargi. Dorénavant en effet elle fut obligée d'examiner de plus près les faits concrets de la vie économique et de les envisager d'un point de vue nouveau. Dès que l'homme, avec ses désirs, avec sa personnalité et avec les possibilités théoriquement infinies de son développement, devint l'objet principal des études économiques, l'attention des économistes dut tout naturellement se porter aussi sur le droit, dont la fonction est de protéger et de contenir la personne humaine. Des investigations d'ordre philosophico-juridiques furent donc menées de front avec les recherches sur l'essence de la société.

III

Grâce à l'école historique, l'on avait appris à regarder le droit comme un produit inconscient de la vie du peuple. Semblable à la langue et à la coutume, il ne fut plus considéré comme une création voulue des hommes, œuvre de leur arbitraire ou de leur réflexion, mais bien comme un élément organique de la vie sociale, formé par la lente évolution de l'histoire et compréhensible seule-

---

[1] Cf. son article intitulé *Communismus*, dans la 3e édition du *Staatslexikon* de Rotteck et Welcker (1859), à la page 678. Stein exprima la même pensée en d'autres termes. Jusqu'à présent, dit-il, l'économie politique a « totalement négligé l'examen de l'effet des lois économiques sur le sort des individus. Elle a inconditionnellement subordonné la vie individuelle à la vie de la collectivité, ne daignant jamais s'abaisser vers les individus dont la collectivité n'est cependant que la réunion ». Le socialisme, poursuit Stein, ne comblera pas lui-même cette lacune de l'économie politique antérieure, mais il la fera combler en déterminant la création d'une science de la société, dont la situation de l'individu dans la société formera l'objet propre.

ment en tant que partie du patrimoine national. Quelle que soit la
supériorité de cette conception sur l'ancienne doctrine individualiste de l'école du droit naturel, elle ne put satisfaire entièrement
les esprits. Elle ne tient aucun compte, en effet, de l'élément conscient dans le développement du droit chez les peuples à civilisation
avancée et elle ne fournit aucun critère pour l'appréciation de la
législation en vigueur ni aucune directive pour sa réforme. Or, —
l'agitation sociale en fournissait le témoignage le plus éclatant —, le
droit existant froissait les sentiments de justice d'une partie importante de la population. La personne humaine demandait à s'épanouir librement et à affirmer sa dignité propre, indépendamment
de toute considération de richesse et de fortune, et cette aspiration
se traduisait par des revendications adressées au législateur.
L'histoire seule ne peut pas nous apprendre ce qui doit être en
droit. Mais elle est travaillée par un facteur constant, à savoir par
l'aspiration des hommes vers la justice, vers la réalisation d'un
principe fixe inhérent à l'âme humaine et déterminé par la destination dernière assignée à celle-ci par l'opinion générale. Le droit
apparaît toujours comme une condition de l'existence de l'individu,
mais il résulte de la vie en commun des hommes, de leurs relations mutuelles et du fait que les biens matériels sont en nombre
limité. Sa fonction consiste à soumettre les relations des hommes
entre eux et leurs rapports avec les biens à un régime qui assure
à l'individu et à la société la possibilité de parvenir à leurs fins.
En conséquence, la philosophie du droit ne doit pas considérer
l'homme seulement en sa capacité individuelle, mais doit voir en
lui aussi une partie intégrante de l'organisme collectif. Les règles
du droit positif devront y déterminer sa position.

Se plaçant à ce point de vue, Hugo [1] avait déjà déclaré que la
propriété individuelle était contraire à la nature humaine et que le
droit public finirait par absorber le droit privé. Cette conception
sociale du droit fut approfondie par K.-C.-F. Krause [2] et surtout
par ses disciples, Ahrens et Röder. Ahrens, en particulier, a frayé
la route à la conception interventionniste moderne de la société,
en envisageant les faits essentiels tels que l'égalité politique, la

[1] V. son *Naturrecht*, 2ᵉ édit., 1799, p. 236 et suiv.
[2] *Abriss der Philosophie der Rechts*, 1828.

liberté, la propriété, l'association, l'Etat et ses rapports avec la société et avec l'individu sous l'angle unique du salut de tous. L'on peut dire que par sa philosophie du droit, Ahrens a fondé la doctrine interventionniste de la réforme sociale [1]. Il reproche à toutes les théories antérieures d'avoir mis la volonté à la base du droit, volonté individuelle d'un seul, volonté de la majorité manifestée par l'habitude et la coutume, ou volonté divine acceptée mais librement interprétée par les hommes. Il leur objecte leur méconnaissance du principe suprême qui détermine la volonté et l'incline au droit. Il leur concède cependant le mérite pratique d'avoir fait revendiquer la liberté de la personne humaine. Cette aspiration ne pourra plus être étouffée. Mais l'on ne saurait voir toutefois dans la liberté le principe suprême, puisqu'elle ne dicte aucune règle et ne fournit aucune directive, mais s'en remet entièrement à l'arbitraire individuel. Or, la notion de droit implique avant tout la conformité avec un principe objectif et stable. Le droit réside donc dans un ordre de choses où cette conformité est assurée et dans lequel chaque organe est adapté à sa fonction. Le découvrir est affaire de la pensée et de la connaissance; le réaliser, voilà la tâche de la volonté [2].

Les idées de droit qui agissent le plus puissamment sur l'homme sont la liberté et l'égalité de la personne et de la propriété. Mieux elles seront réalisées dans le monde extérieur, mieux la personnalité humaine pourra s'épanouir. « L'égalité est une idée et un sentiment qui doit dominer la vie idéale et sentimentale des hommes dans leurs rapports sociaux. Elle doit répandre sur eux cette atmosphère de sympathie sans laquelle toute assistance mutuelle, et, partant, toute existence humaine sont impossibles ». Tous les hommes sont reliés entre eux par les liens de la solidarité. Partout où l'égalité peut être appliquée sans que l'individualité et la personnalité humaines en soient détruites, la raison exige qu'elle le soit. L'égalité matérielle réclamée par les socialistes cependant est une impossibilité, puisqu'elle suppose la soumission absolue de l'individu à la règle rigide de l'Etat ou de la société. Et parce qu'elle ne respecte pas la diversité des besoins humains, sa réalisation même doit aboutir à l'inégalité dans la jouissance. Mais, du principe de l'égalité

---

[1] Cf. à la note 2 p. 663 ci-dessus les écrits d'Ahrens.
[2] Cf. sa *Rechtsphilosophie*, 4ᵉ édit., Introduction, ch. VI.

véritable résulte pour chacun le droit à un état qui lui permette de
vivre d'une façon conforme à sa dignité d'homme et de se développer
selon ses aptitudes naturelles ; d'où, pour tous, le droit à l'instruction, à l'éducation et aux moyens de se procurer par ses propres
efforts les biens matériels et intellectuels nécessaires à la culture
supérieure ; d'où aussi, pour les enfants et les invalides, le droit à
l'assistance par la commune, l'Etat ou par toute autre corporation
représentant la collectivité. Le principe de l'égalité implique, en
outre, pour toutes les professions, le droit à une égale considération et la suppression de ces privilèges arbitraires et de ces distinctions extérieures qui visent à établir une hiérarchie entre les
diverses branches de l'activité économique. Il n'exige pas cependant la méconnaissance des inégalités naturelles qui existent entre
elles et qui tiennent à la diversité des buts poursuivis ou des facultés mises en œuvre. D'autre part, il faudrait mettre un terme aux
inégalités maintenues par l'ignorance, l'oppression et l'injustice.
L'humanité, toujours selon Ahrens, a déjà parcouru trois étapes
d'inégalité : le régime des castes, l'esclavage antique et le servage
féodal. Actuellement, elle se trouve engagée dans une quatrième,
le paupérisme [1]. « Le paupérisme, la dernière forme de l'inégalité
des hommes, peut être considéré en grande partie comme l'héritage que les injustices du passé et sa défectueuse organisation
sociale ont légué à la société moderne. Or, toutes les forces bienfaisantes de la société sont appelées à se rendre maîtresses d'un
mal qui met l'ordre social en danger. Car il est impossible qu'un
état social se maintienne où une partie vit dans le superflu et ne
sait pas même jouir dignement de ses richesses, tandis qu'une
autre classe, plus nombreuse, courbée par la misère, rongée par
les soucis, se traîne dans une condition qui rapproche l'homme de
la brute, qui entretient l'ignorance, la bassesse des sentiments, le
désordre des passions et une source permanente de vices et de
crimes ; il n'est pas juste que des hommes ayant la meilleure
volonté de gagner, par le travail, les moyens d'existence, succom-
bent sous l'infortune, l'imprévoyance politique et le défaut d'organisation sociale ; il faut que l'Etat, le représentant de la justice,
prenne des mesures directes ou indirectes par lesquelles on leur
assure au moins les moyens essentiels, physiques et moraux d'une

[1] Cours du droit naturel, 4° éd., p. 279.

existence humaine, pour que l'humanité ne soit plus outragée dans un nombre toujours croissant de ses membres, contrairement à tous les vrais principes de la religion, de la morale et de la justice » [1].

Le second principe inhérent à la personnalité humaine est la liberté, c'est-à-dire la faculté que possède l'homme de choisir rationnellement les moyens ou les conditions sociales dont dépend la réalisation de son but et de son bien, en accord avec le bien de tous. Tandis que dans les stages inférieurs de l'évolution, l'homme conçoit la liberté comme la faculté d'assouvir ses instincts sensuels, ses passions, il se laisse diriger par la réflexion dans les périodes de civilisation plus avancée. C'est une liberté de calcul. C'est alors l'intérêt propre, l'intérêt bien entendu que chacun comprend à sa manière, qui détermine ses jugements et sa conduite. La conception courante de la liberté se ressent de ce que chacun se croit être le but unique de la création et « oubliant qu'il est membre d'un grand corps, tend à ne voir qu'en lui seul le centre, le cœur de toute activité sociale ». L'individu, dominé par ce point de vue, méconnaît les liens qui l'unissent à l'ordre social ; loin de considérer ces liens comme les conditions essentielles de l'existence de la société, ils le regardent comme des entraves imposées à sa liberté ; tout pouvoir social est pour lui un mal, inévitable peut-être, mais qu'il faut réduire autant que possible. C'est la réalisation de cette liberté abstraite et individualiste qui, selon Ahrens, caractérise la société de son temps. On lui est redevable des bienfaits incontestables résultant du déchaînement des rivalités individuelles. Mais ses inconvénients apparaissent peu à peu et le besoin se fait sentir d'une organisation qui mette mieux en harmonie la liberté de chacun avec les droits de tous. Le règne de cette liberté rationnelle, harmonieuse et organique vient, « quand on comprend, d'un côté, que la société n'est pas une agrégation d'individualités, soumise aux lois des volontés arbitraires, mais qu'elle est un tout organique, dans lequel le mouvement des membres particuliers est d'autant plus aisé que les organes centraux ou les divers pouvoirs sont fortement constitués, et lorsque, d'un autre côté, l'homme reconnaît sa nature supérieure, conçoit les principes absolus du vrai et du bien, l'ensemble des buts qui lui sont assignés

[1] Ibid., p. 298.

par la raison et qu'il doit remplir, par le moyen de la liberté, dans la communauté de la vie sociale. Alors l'on comprend que la liberté est un moyen qui ne doit servir qu'à la poursuite de buts rationnels; alors l'on voit naître une solidarité intime entre tous les membres du corps social. Cette liberté harmonieuse doit délivrer la société des abus de la liberté abstraite « et remplacer les rivalités, la concurrence, par une activité humaine » [1].

La troisième qualité fondamentale de l'homme consiste dans sa sociabilité ou son aptitude à s'associer avec ses semblables pour tous les buts rationnels de la vie humaine. Cette faculté repose en partie sur des instincts naturels, en partie sur des réflexions de l'intelligence, en partie enfin sur les aspirations de la raison vers l'harmonie dans l'organisation. Parmi ces associations, ce sont celles fondées sur les calculs de l'intelligence qui se multiplient le plus volontiers sous le régime de la liberté individualiste. N'étant créées qu'en vue des avantages qu'elles accordent à leurs membres, elles sont basées sur l'égoïsme et elles en favorisent l'épanouissement. Loin d'agir dans le sens de la conciliation, elles aiguisent au contraire les antagonismes et accentuent les inégalités. Ce qu'il faudrait au contraire à notre époque, ce seraient des moyens qui lui permettraient « de sortir de cet état d'opposition, de lutte et de concurrence, d'organiser tous les besoins et tous les éléments sociaux d'après des principes de coordination et d'harmonie » [2].

La société devrait se constituer en organismes distincts, adaptés aux diverses fonctions sociales et aux divers grades de la personnalité humaine, mais reliés entre eux par des rapports auxquels l'Etat conférerait la sanction du droit. Quelque soit le régime adopté, la liberté de l'individu devrait toujours en être le fondement. Le lien social pourrait bien la restreindre et forcer l'homme à donner à son activité une orientation altruiste, mais il aurait toujours à respecter les singularités de chacun et à lui assurer le libre accès de tous les domaines de la vie individuelle et collective. L'association ne consiste donc pas dans l'absorption de tous les intérêts individuels dans l'intérêt social, dans le sacrifice de la personnalité et des droits qui en découlent à la communauté. « L'as-

[1] *Ibid.*, p. 303, 304.
[2] *Ibid.*, p. 316, 320.

sociation, qui exclut l'individualisme, est également éloignée du communisme, qui se fonde sur une conception panthéistique de la société » [1].

La conséquence là plus importante de cette conception sociale de l'individu doit être cherchée sur le terrain du droit de propriété. D'après la plupart des définitions que l'on trouve dans les codes, le propriétaire a sur sa chose un droit illimité et exclusif. Cependant tous les législateurs se sont vus obligés d'apporter à ce droit de nombreuses restrictions, qui renferment l'aveu inconscient du principe que la propriété ne doit servir qu'à des buts raisonnables. La propriété, en fait, se compose de deux éléments, l'un individuel et l'autre social. L'histoire nous montre les modifications nécessaires que lui ont fait subir les grandes idées sociales, ainsi que les conceptions morales, religieuses et politiques nouvelles. Sans doute la propriété est un droit personnel, élémentaire et naturel de l'homme, puisque son développement physique et intellectuel dépend de la libre disposition des biens matériels. Il est vrai que l'Etat ne crée pas la propriété, mais ne fait que la sanctionner et en assurer l'exercice. Mais elle ne doit pas constituer un droit illimité et entraîner des abus pour la collectivité. La forme et la mesure des restrictions qui lui sont apportées varient d'après les divers stages de la civilisation et caractérisent les rapports changeants entre l'individu, l'Etat et la société. La législation sur le droit de propriété constitue un des leviers les plus puissants pour soulever la société hors de l'ornière de l'individualisme où elle s'émiette. Grâce à ce moyen l'on peut rappeler à l'individu, oublieux des liens organiques qui le rattachent à la collectivité et qui lui imposent des obligations, qu'il n'est pas le maître incontesté de sa conduite et des biens auxquels il incorpore son travail [2].

En commentant la première édition française du cours de droit naturel d'Ahrens, Mohl prédit que ce livre ferait époque en France et dans tous les pays latins [3]. En effet, il y fut souvent réimprimé et des traductions en ont paru en six langues. Pour ce qui concerne l'Allemagne, Mohl déclara que « les maîtres attitrés du droit naturel ne s'y laisseraient pas distraire des bonnes vieilles doctrines de Kant, de Hegel et de Stahl, qui seules, selon eux, possé-

[1] *Ibid.*, p. 329.
[2] *Ibid.*, p. 358 et suiv.
[3] Cf. *Heidelberger Jahrbücher*, 1840, p. 481 à 501.

daient la vertu de faire admettre leurs adeptes au paradis ». Cependant, même dans son pays natal, l'ouvrage d'Ahrens produisit une certaine impression. Il en a paru cinq éditions allemandes dont la plus récente est de 1870 ; les économistes contemporains de la jeune génération ont incontestablement subi son influence [1] et, dans ces derniers temps encore, plusieurs auteurs, en particulier Adolphe Wagner [1], lui ont accordé leur attention.

Le principal disciple de Krause et d'Ahrens sur le terrain de la philosophie du droit fut Röder. Sans aller jusqu'à adhérer aux doctrines socialistes de la distribution, Röder rompit nettement cependant avec les traditions individualistes, notamment en ce qui concerne la théorie de la propriété [2]. Si les besoins et le mérite de chaque individu pouvaient être déterminés avec exactitude et comparés aux besoins et aux mérites de la population entière, la société pourrait remettre à chacun la part du produit global qui lui revient en justice. Ce mode de distribution directe a pu être appliqué dans des communautés simples, bien organisées et très unies (jésuites au Paraguay, régime agraire des Germains, Rome primitive). Mais chez les peuples plus civilisés, les circonstances les plus favorables ne sauraient rendre, même partiellement applicable, un système pareil, puisque les trois éléments dont il dépend, à savoir : les besoins, les ressources et la population, y sont soumis à des variations constantes. Cette observation paraît justifier le régime actuel sous lequel chacun est maître de tirer parti des produits de son travail à sa guise et de s'assurer un salaire rémunérateur au moyen d'un contrat librement conclu. Il ne faut pas oublier cependant, poursuit Röder, qu' « à côté du travail, le sort favorable ou défavorable, le hasard en un mot, exerce souvent, par voie directe ou détournée, une influence décisive sur la répartition des biens entre les individus ». La vérité de cette affirmation devient particulièrement évidente lorsque l'on songe que l'acquisition de biens par le travail et le rapport supposé nécessaire entre la distribution du produit total et le travail individuel reposent sur la réalisation des deux conditions suivantes : « Il faudrait tout d'abord que chaque homme qui en a la volonté fût vraiment en état de travailler. Il

---

[1] Cf. sa *Grundlegung der politischen Œkonomie*, 3ᵉ édit., I. Teil, 2ᵉ Halbbd. p. 872 et suiv.

[2] Cf. ses *Grundzüge des Naturrechts oder der Rechtsphilosophie*, 1ʳᵉ éd., 1843 ; 2ᵉ éd., 1860 à 1863, 2ᵉ vol., 5ᵉ partie.

faudrait ensuite que, par le libre jeu des forces individuelles, chaque homme fût assuré d'une rémunération proportionnelle à ses
efforts. Or, sous peine de se mettre en contradiction flagrante avec
l'expérience courante, il faut reconnaître que ces conditions ne se
réalisent pour ainsi dire jamais. Une conséquence de ce fait est le
contraste criant et souvent constaté entre la répartition des biens
matériels, leur accumulation ou leur émiettement exagérés d'une
part, et les besoins et le mérite, c'est-à-dire les raisons justificatives mêmes du droit de propriété de l'autre ». A moins de vouloir
laisser libre carrière au hasard aveugle et de nous résigner à subir
ses arrêts avec une servilité byzantine, nous ne devons pas régler
le droit des choses (possession, acquisition, perte, usage) en nous
plaçant au point de vue individuel. Nous devons, au contraire,
tenir compte de l'intérêt de la société prise dans son ensemble et
du salut de chacun de ses membres. Les efforts conscients de
l'égoïsme qui, visant à léser le prochain à l'aide de toutes les ruses
mauvaises, accompagnent le déploiement des capacités individuelles sous le régime dit de la libre concurrence, sont aussi condamna-
bles au point de vue moral que néfastes aux points de vue juridique
et économique. Se poursuivant sous l'égide du principe central de
la science économique actuelle, ils la rendent complice de leurs
méfaits. En outre, la productivité de la société présente doit être
inférieure à ce qu'elle serait si l'anarchie distributive dont elle
souffre faisait place à une coopération harmonieuse et bien réglée.
Sous sa forme actuelle, la propriété privée est trop étendue et trop
exclusive pour pouvoir résister longtemps aux chocs du temps. Son
utilité sociale, d'ailleurs, est bien moins incontestable qu'on ne le
croit communément de nos jours. Plus la culture deviendra générale, plus l'on accordera d'importance aux besoins supérieurs de la
société et plus l'on tendra, par des mesures restrictives du droit de
propriété, à en assurer un exercice conforme aux intérêts de l'individu et de la collectivité et favorable à la production et à la circulation des biens économiques. Dans ses dispositions secondaires,
un tel ordre juridique de l'avenir devra s'adapter aux circonstances spéciales de chaque Etat particulier.

Eisenhart et Warnkönig ont eux aussi soutenu que le législateur devait fonder son œuvre sur une connaissance approfondie du
milieu social et s'inspirer du désir de le réformer par le droit. Les
sciences sociales doivent servir de base à la culture juridique,

s'écrie Eisenhart [1]. Et Warnkönig [2], parlant de la philosophie du droit, déclare : « Notre science doit s'élargir jusqu'à devenir sociale et à englober dans le cercle de ses investigations les divers groupes humains complémentaires ». Il ajoute qu'à elle seule la philosophie du droit sera impuissante à résoudre tous les problèmes qui découlent de ses principes. « Mais la science aura à découvrir les moyens de prévenir les effets fâcheux de la propriété privée, de les atténuer ou de les réparer. Pour cela, quittant le terrain juridique, elle devra faire appel aux lumières de la morale, de l'économie politique et même de la science des finances et leur demander des remèdes aux maux sociaux qui résultent nécessairement de la rigueur et de l'inflexibilité du droit privé ».

(*A suivre*).   Eugène DE PHILIPPOVICH.
                                                        Vienne.

---

[1] Cf. la préface de sa *Philosophie des Staates oder allgemeine Sozialtheorie*, 1843.
[2] Cf. son article intitulé : *Die gegenwärtige Aufgabe der Rechtsphilosophie*, paru dans la *Zeitschrift für die gesammte Staatswissenschaft*. en 1851, p. 257 et 280.

LE PROTECTIONNISME RATIONNEL ET LA RÉFORME DOUANIÈRE EN FRANCE

La question de la politique douanière se pose à nouveau dans notre pays [1]. Je n'étudierai pas cette importante réforme au point de vue de sa portée pratique et des changements qu'elle introduira dans la politique commerciale de la France. Cette étude viendra mieux plus tard, lorsque le texte aura été définitivement adopté par le Parlement. Mais une pareille discussion est une excellente occasion pour saisir sur le vif les idées qui guident dans notre pays la majorité protectionniste.

Beaucoup sont peu rationnelles et il en est ainsi partout. Nous sommes pourtant à ce sujet dans une situation un peu spéciale. Aux Etats-Unis, en Allemagne, en Italie, en Angleterre, la politique commerciale n'a pas été laissée aux inspirations des hommes d'affaires et des parlementaires. Partout une foule d'économistes au courant des méthodes scientifiques et des idées générales du sujet, mais en même temps soucieux des faits et des besoins de la vie nationale, ont étudié avec bienveillance les tendances protectionnistes contemporaines. En France, il en a été autrement. Les économistes de l'école libérale, qui y tiennent une place plus grande qu'ailleurs, s'y sont montrés violemment hostiles au protectionnisme. Dans les Facultés de droit où s'est centralisée la réaction contre les idées de l'école libérale en matière ouvrière, on a peu écrit sur la question douanière, quoiqu'il s'y rencontre beaucoup de protectionnistes. Une seule œuvre importante ressort à ce point de vue, c'est celle de M. Cauwès. Son *Cours d'économie politique* contient un magistral exposé du protectionnisme rationnel; mais écrivant au moment où la réforme se faisait, en pleine bataille, il a surtout insisté sur les motifs qui le légitiment et très peu sur ceux qui le limitent. La révision de nos tarifs douaniers fournit une occasion à ceux qui ont admis la politique protectionniste d'examiner les raisons de leur conviction.

---

[1] Rapport général de M. Jean Morel, Chambre, *Doc. parl.*, sess. ord. 1908, p. 1489 et sess. ord. 1909, p. 240. A cela s'ajoutent un grand nombre de rapports spéciaux et enfin la discussion générale, Chambre, *Débats,* séances du 15 juin au 9 juillet 1909.

En laissant de côté quelques idées moins importantes, trois motifs principaux peuvent légitimer une pareille politique : le protectionnisme militaire, c'est-à-dire le désir de sauvegarder les branches de production nécessaires à la sécurité du pays en cas de guerre, le protectionnisme de transition et le protectionnisme éducateur. Lorsque la politique protectionniste a triomphé chez nous, il y a une vingtaine d'années, deux au moins de ces motifs, les derniers, trouvaient alors, dans la crise agricole, une entière et excellente application. Devant la baisse considérable et brusque des profits, on ne pouvait pas laisser sans défense l'agriculture française. Il était permis d'abord de penser que la crise ne serait que passagère, et les faits depuis cinq ou six ans donnent raison à cette hypothèse. A supposer même qu'elle dût être durable, il fallait l'échelonner, ménager les transitions. Il fallait surtout donner le temps à nos agriculteurs, et c'est ici qu'intervient l'idée du protectionnisme éducateur, sous une forme un peu inattendue, de s'adapter aux conditions techniques et commerciales nouvelles que l'état économique du monde impose à l'agriculture moderne. Cette adaptation, forcément bien plus lente pour l'agriculture que pour l'industrie, est rendue plus difficile en France par le morcellement des exploitations.

Ces résultats, il semble bien que la protection les ait donnés : non sans doute en relevant tout d'abord les profits agricoles, puisque les prix, même chez nous, ont continué à baisser ; mais en atténuant cette baisse ; en permettant de plus aux cultivateurs d'attendre que les modifications du prix de la terre, s'adaptant à ces revenus moindres, aient amené une diminution du coût de production ; en leur donnant enfin pour l'avenir une sécurité relative indispensable aux progrès que l'on attendait d'eux.

On peut donc se réjouir que la politique protectionniste ait triomphé chez nous ; mais, par les motifs mêmes qui la légitiment, elle doit n'être que temporaire et ne pas dépasser des limites raisonnables. Comme toute politique protectionniste, elle a nécessairement des conséquences fâcheuses sur le coût de la vie et sur le commerce extérieur. De là, l'utilité de soumettre à la critique les idées les plus répandues chez les protectionnistes français. Parmi elles il y en a de raisonnables, et je viens de m'expliquer suffisamment sur celles-là ; dans ce qui va suivre, je ne m'occuperai que des autres, cherchant à en préciser le sens et à les critiquer.

* *

a) *Bilan de la réforme de 1892.* — Il paraît rationnel d'apprécier les différents systèmes de politique commerciale d'après leurs résultats. Au fond, c'est un procédé des moins probants. Trop de causes influent sur le commerce d'un grand pays pour qu'on puisse préciser les résultats dus au changement de politique douanière. En 1891, on se disputait sur les effets de la politique libérale du second Empire; aujourd'hui, la réforme de 1892 donne lieu aux mêmes difficultés. Ecrivains protectionnistes, rapporteur général et orateurs ont fait à maintes reprises ce qu'ils appellent « le bilan de la réforme de 1892 »[1]. Leurs adversaires ne sont pour cela ni convaincus, on s'en doute, ni confondus.

De 1900 à 1907, répondent-ils, le monde a passé par une prospérité inouïe; la France en a profité, rien d'étonnant à cela, mais elle en a profité moins que les autres, car l'accroissement du commerce extérieur a été beaucoup plus considérable dans tous les pays. D'ailleurs, l'augmentation de notre commerce est due à notre empire colonial; si l'on en défalque les échanges avec nos possessions coloniales, dont le développement commercial commençait à peine en 1891, il n'a presque pas augmenté. Enfin, terminant par une objection théorique qui n'est pas sans force, ils remarquent que le protectionnisme a nécessairement pour effet sinon de réduire le commerce étranger à un chiffre inférieur à celui qu'il atteignait auparavant, du moins de l'empêcher de progresser autant qu'il l'aurait fait avec une politique libérale.

En somme, et M. le Ministre du commerce le remarquait très justement[2], toutes ces démonstrations sur le bilan de la réforme protectionnisme qui remplissent livres, rapports, discours, ne mènent à aucune conclusion solide.

b) *Pas d'effets fâcheux sur les prix.* — C'est là un point sur lequel la plupart des protectionnistes français ont une attitude qui découragerait les meilleurs amis de la protection. Leur argumentation consiste à prendre les prix d'un produit (blé, viande, etc.) avant la réforme, à les comparer aux prix actuels. Ils constatent une baisse, et concluent que le protectionnisme n'a pas amené le

---

[1] Edmond Théry, *Les progrès économiques de la France. Bilan du régime douanier de 1892.* Paris, 1908.
[2] Chambre, séance du 5 juillet, p. 1810.

renchérissement. C'est une argumentation de style chez les protectionnistes[1].

Chose plus curieuse, on la retrouve dans la bouche de certains
libre-échangistes, et comme un argument contre la protection.
M. Albert Armand, vice-président de la Chambre de commerce de
Marseille, dans un rapport accepté par celle-ci, et qui conclut contre
la réforme douanière, écrit : « C'est pourquoi nous avons pu apercevoir les inconvénients de la protection qui a, presque toujours,
conduit à la surproduction et, par conséquent, à l'avilissement des
prix sur le marché national ».

Voilà la thèse. Son point faible n'est pas difficile à trouver. Montrer que le prix d'une marchandise frappée d'un droit est plus bas
après l'établissement du droit qu'avant, ne prouve rien, parce
que, malgré le droit, elle continue à subir l'influence des prix extérieurs. Le seul moyen correct de connaître l'effet du droit de
douane, c'est de comparer les prix intérieurs du pays protégé avec
les prix des marchés libres dans des pays de situation géographique et économique analogue. Les protectionnistes français font sur
cette question le silence. Ils nous accablent de statistiques sur la
baisse des prix depuis l'avènement du protectionnisme et ne donnent pas la moindre statistique sérieuse sur la vraie question.

Il est vrai que l'écart n'est à peu près jamais égal au montant
des droits; celui-ci ne joue pas tout entier. Il est vrai aussi que
la comparaison est très délicate à faire et demande beaucoup de
prudence et de bonne foi. Pour le blé, par exemple, il ne faut pas
oublier que même avant 1885, à l'époque où nous n'avions qu'un
droit de 0 fr. 60 le quintal, le prix du blé était déjà à Londres plus
bas qu'à Paris. L'écart constaté après la réforme protectionniste
n'est donc pas dû tout entier à l'effet du droit de douane. De même
pour la viande il faut distinguer entre les différentes catégories :
la viande de première qualité est moins chère à Paris qu'à Londres; c'est pour celle de troisième qualité — la plus importante il
est vrai, puisqu'elle est consommée par la classe ouvrière — que
les prix de Paris sont plus élevés que ceux de Londres.

Il faut enfin reconnaître que l'effet du droit protecteur sur les
prix n'est souvent que momentané, à cause de l'accroissement

[1] Certains vont même plus loin : « C'est grâce à nous protectionnistes que le prix
du blé a baissé... C'est aux droits protecteurs que le consommateur doit d'avoir vu
baisser le prix du blé ». Plichon, séance du 16 juin, p. 1749.

de la production intérieure. Les protectionnistes ont raison de dire
que le protectionnisme laisse subsister la concurrence intérieure,
au moins lorsqu'il s'agit de produits pour lesquels l'entente entre
producteurs, à cause de leur nombre ou pour tout autre raison, est
impossible, ce qui est incontestablement le cas en France pour les
produits agricoles. Si quelque chose peut excuser les exagérations
où tombent certains protectionnistes dans cette question des prix,
c'est la mauvaise volonté que mettent beaucoup de libre-échangistes à tenir compte de faits aussi certains. L'écart peut alors diminuer
et même disparaître, surtout si, en même temps, les pays étrangers qui sont, pour le produit considéré, les grands fournisseurs
du monde, se mettent à exporter moins. C'est précisément ce qui
est arrivé pour le blé. L'écart est aujourd'hui presque nul et il est
même arrivé que, la situation se retournant par suite de circonstances spéciales, le prix du blé fût plus bas en France qu'à Londres. Il en a été ainsi pendant quelque temps en 1907 et il vient
d'en être de même plusieurs fois depuis quelques mois. L'écart n'en
a pas moins subsisté longtemps.

Les droits de douane produisent donc certainement un effet sur
les prix ; s'il n'en était pas ainsi, d'ailleurs, à quoi serviraient-ils ?
Les documents publiés sur la cherté de la vie pour l'ouvrier français, anglais et belge sont très nets ; le dernier paru, l'enquête du
Board of Trade, est très catégorique[1]. Les protectionnistes français feraient donc bien de ne pas s'entêter sur ce point [2].

c) *Considérations relatives à la balance du commerce.* — C'est
un sujet plus délicat. Dans les idées des protectionnistes qui s'y
rapportent, on peut distinguer deux catégories : les idées relatives
à la balance du commerce prise dans son ensemble et les jugements
portés par eux sur chacun des éléments qui la composent.

Sur le premier point, la situation est assez curieuse. On rencontre
beaucoup de déclarations grossièrement mercantilistes. Le protectionnisme, disait un député, M. Dansette, « conserve en France
l'argent de la France. Quand un ouvrier français achète un produit
étranger, c'est un salaire français qui s'en va au dehors » [3]. On

---

[1] *Cost of living in french towns.*

[2] M. Ashley, dans un livre en faveur de la politique de M. Chamberlain, écrit :
« L'idée protectionniste courante que les droits de douane sont payés par les étrangers est une immense exagération, et elle est d'ailleurs incompatible avec le but
même de la protection ». (*The tariff problem,* 2ᵉ édit., p. 171).

[3] Chambre, séance du 2 juillet, p. 1774.

trouve même ces idées dans la bouche de certains libre-échangistes, représentants des grands ports, lorsqu'ils défendent les primes à la marine marchande [1].

Mais les représentants autorisés du protectionnisme sont plus avisés. Ils répudient la « doctrine démodée » de la balance du commerce; ils ne manquent pas d'énumérer les éléments de créances et de dettes internationales qui s'ajoutent aux achats et aux ventes pour former la balance des comptes [2]. Cependant ils ne peuvent s'empêcher d'attacher une très grande importance à la balance des achats et des ventes. L'attitude de M. Méline laissait sur ce point beaucoup à désirer : « Il est clair, disait-il, que nous serions plus riches si nos exportations avaient été plus considérables et nos importations moins fortes » [3]. De nos jours, M. Théry, M. Morel, disent au fond la même chose [4].

Même sous cette forme prudente les considérations sur la balance du commerce sont inexactes.

Et d'abord cette balance commerciale, la connaît-on? Chez les peuples modernes où les droits de sortie n'ont en général presque plus d'importance, les exportations sont estimées d'après les déclarations souvent très fantaisistes des intéressés. De plus, en supposant une égalité réelle complète, les importations l'emporteraient cependant sur les exportations dans les statistiques, à cause des frais de transport au-delà de la frontière qui figurent déjà dans la valeur des marchandises importées et qui ne figurent pas encore dans celle des marchandises exportées. Un écrivain allemand s'est même fait une spécialité de montrer que si l'on additionne les chiffres du commerce extérieur de toutes les nations du monde, on trouve qu'elles achètent beaucoup plus qu'elles ne vendent [5].

---

[1] J.-Ch. Roux, rapport sur le budget du ministère du commerce, exercice 1898, p. 122-123 (du tirage à part). M. Dupral, président de la Société des Chargeurs-Réunis, disait : « Le fret français payé au navire étranger est un véritable tribut payé aux industries similaires étrangères..., un appauvrissement de la communauté » (eod., p. 320).

[2] J. Morel, Rapport général, p. 1689.

[3] Chambre, Doc. parl., sess. ord., 1891, p. 2.

[4] Edmond Théry, op. cit., p. 70-71 : « La balance commerciale n'en reste pas moins l'un des grands postes du bilan national par rapport à l'étranger... Le solde net d'un pays habituellement créditeur de l'étranger, comme la France, sera d'autant plus élevé que le déficit commercial qui réduit ce solde par simple compensation, sera lui-même plus faible ».

[5] Rochussen, Die Bedeutung der Zahlen der sogenannten passiven Handelsbilanz. (Iahrbücher de Conrad, 1906, I, p. 23 et suiv.).

Mais à côté de toutes ces raisons d'écarter les craintes relatives à la balance du commerce, il y en a d'autres plus fondamentales.

Sans doute, le commerce extérieur (et non pas la *balance commerciale,* comme le dit M. Théry), est « l'un des grands postes du bilan national par rapport à l'étranger », c'est-à-dire de la balance des comptes internationaux d'un pays; mais ce qu'il faut désirer, c'est que le total de ce commerce soit le plus grand possible, non que les achats dépassent les ventes. Lorsqu'un pays est dans une situation monétaire normale, et le cours de ses changes étrangers avec les pays à bonne monnaie renseigne exactement sur ce point, il y a tendance générale à ce qu'il paye ses dettes avec ses créances. C'est là le fait fondamental dans la théorie du commerce international. Un excédent des achats sur les ventes est simplement le signe que, dans la balance générale de ses comptes, le pays est créditeur pour les éléments autres que la balance commerciale. C'est le cas des pays riches depuis longtemps qui ont des capitaux placés à l'étranger. L'exemple de l'Angleterre est classique; mais il en est de même de tous les grands pays européens [1]. En sens inverse, si l'on étudie la situation des pays à balance commerciale active, ces conclusions sont entièrement confirmées [2].

Cela ne veut pas dire qu'il n'y ait pas à s'occuper du tout, comme le croyait l'école libérale, des effets du commerce extérieur. Il peut amener la disparition de certaines branches de production qu'un pays a intérêt à conserver toujours ou à protéger momentanément. Mais c'est de l'examen détaillé des achats et des ventes que ces inquiétudes peuvent naître, et non du résultat d'ensemble de leur balance, car celui-ci trouve forcément dans la balance générale des comptes une contre-partie et une compensation.

Voyons donc ce que les protectionnistes français pensent des principaux éléments de nos achats et de nos ventes. Les ventes ne les préoccupent guère. Le fait est intéressant, car il en est autre-

---

[1] Fontana Russo, *Traité de politique commerciale,* trad. Poli, p. 54. L'exemple de l'Italie est très instructif; à mesure que sa prospérité économique et financière s'est rétablie, le passif de sa balance commerciale s'est énormément accru (*eod.,* p. 55).

[2] La situation des Etats-Unis dans les dernières années du XIXᵉ siècle a été à ce point de vue très remarquable et a beaucoup préoccupé les économistes allemands : Waltenhausen, *Handelsbilanz Amerikas,* 1901; Dietzel, *Die enorme Ueberbilanz der Vereinigten Staaten (Iahrbücher* de Conrad, 1903).

ment en Angleterre et en Allemagne[1]. Chez nous, ce sont les achats qui attirent l'attention des protectionnistes. La façon dont ils jugent les diverses catégories de nos importations (produits alimentaires, matières premières, produits fabriqués) est fort instructive. M. J. Morel voit avec une extrême défaveur les importations de la première et de la troisième catégories et il se réjouit de constater qu'elles ont beaucoup diminué depuis 1892. Au contraire, l'importation des matières premières est très bien vue par nos protectionnistes, elle alimente nos industries; M. Morel constate avec joie son augmentation depuis 1892.

La thèse est fort intéressante. On remarquera l'analogie complète avec le Colbertisme pour les importations de matières premières et pour celles de produits fabriqués. Ces idées peuvent avoir parfois certaines raisons d'être et se retrouvent dans le protectionnisme éducateur; mais, sous cette forme générale, on peut dire qu'elles vont à la fois trop loin et pas assez loin dans la place qu'elles attribuent à la protection.

Prenons d'abord les importations de produits alimentaires : leur condamnation en bloc est excessive. Elles ne sont fâcheuses que si elles compromettent des productions indispensables à la sécurité du pays en cas de guerre — ce qui n'est vrai que de quelques-unes d'entre elles et seulement dans une certaine mesure — ou des productions qu'il y ait momentanément intérêt à protéger en vue d'une transition à ménager ou d'une éducation à faire.

Il en est de même pour les importations de produits fabriqués. Protectionnisme militaire, protectionnisme de transition, protectionnisme éducateur, peuvent autoriser à défendre certaines industries contre l'importation étrangère. Mais nous n'avons aucun intérêt à fabriquer de tout. L'importation des produits fabriqués ne peut pas être condamnée en bloc; il faut examiner quelles sont les industries nationales qu'elle menace. Prise en bloc, elle est le plus souvent le signe d'un accroissement de richesse du pays. D'ailleurs, beaucoup de produits demi-fabriqués servent de matières premières à de grandes industries nationales, de sorte que même dans le système de nos protectionnistes leur importation devrait être vue avec faveur.

[1] Ashley, op. cit.; Price, Economic journal, 1903, p. 489-490, 498; Ad. Wagner, Agrar-und Industriestaat, 1902.

Pour ces deux catégories, la condamnation de nos protectionnistes va donc trop loin; au contraire, ils ne font pas au protectionnisme rationnel une place suffisante lorsqu'ils se réjouissent
sans réserve de l'importation des matières premières. Il peut être
nécessaire pour la sécurité du pays de sauvegarder la production
de certaines matières premières, houille, fer, par exemple. Le
souci de la sécurité, en cas de guerre, que les protectionnistes
appliquent — et beaucoup plus qu'il n'est raisonnable de le faire
— aux denrées alimentaires, pourquoi ne pas l'appliquer à ces
matières premières?

d) *Protection en bloc.* — Je désigne sous ce nom la justification
du protectionnisme tirée du fait qu'on l'étend indistinctement à
toutes les branches de production du pays. « Nous avons considéré,
écrivait M. Méline dans son rapport en 1891, qu'il ne nous était
pas permis de choisir entre les différentes branches de travail, de
préférer l'une à l'autre, et que nous leur devions à toutes l'égalité
de traitement ». Le 2 avril 1898, la Chambre des députés vota, à
propos du régime douanier des soieries, un ordre du jour qui débutait ainsi : « La Chambre, résolue à assurer une protection égale à
toutes les branches du travail national... ».

La protection en bloc repose sur une vague notion de solidarité
nationale; certaines personnes semblent y voir comme une application du principe de l'égalité de tous les citoyens devant la loi, et
une conséquence de la déclaration des droits de l'homme; d'autres
fois il s'y mêle des sentiments d'un patriotisme un peu comique[1];
mais on trouve aussi des efforts faits pour démontrer rationnellement sa légitimité. Voici, par exemple, comment un député, M. Bon-
nevay, parlait un jour de la solidarité qui existe selon lui à ce sujet
entre la protection agricole et la protection industrielle; la protection agricole retient les cultivateurs à la campagne; si elle ren-
chérit les denrées alimentaires, elle évite donc aux ouvriers de
l'industrie la concurrence de ces bras inemployés et la baisse des
salaires qui en résulterait. A l'inverse, la protection industrielle
profite aux cultivateurs, car la hausse des salaires des ouvriers de
l'industrie, la diminution du chômage, augmentent la consomma-

[1] « La protection douanière c'est la défense nationale en temps de paix; les tarifs de
douane sont au travail national ce que l'armée est au territoire français. Ouvrir la
frontière aux produits étrangers, c'est consentir un démantèlement industriel et inaugurer une sorte d'hervéisme économique ». Dansette, Chambre, séance du 2 juillet.

tion du pain, de la viande, du vin. Ainsi tout le monde est content, ce que l'on perd comme consommateur on le regagne comme producteur. Ce sophisme peut-être rapproché de la théorie selon laquelle l'impôt ne serait jamais un mal, car les sommes perçues retournent au public par les dépenses que font les fonctionnaires, par les travaux publics, par les achats de matières.

Les objections que l'on peut faire au protectionnisme en bloc sont nombreuses. Cairnes l'a particulièrement bien réfuté[1]. Sous cette prétendue égalité de traitement, la protection sacrifie en réalité certaines catégories d'individus à certaines autres. Il peut être bon néanmoins de l'admettre, malgré le dommage qu'elle cause à un grand nombre d'individus, mais ce dommage ne doit pas être nié. Les catégories de personnes sacrifiées sont les suivantes : tous les fonctionnaires publics au sens large, et toutes les personnes appartenant aux professions libérales, artistiques, littéraires, qui souffrent du renchérissement des marchandises sans recevoir aucune compensation ; les personnes appartenant aux branches de production que la concurrence étrangère n'atteint pas, ou à celles qu'elle atteint, mais que l'on renonce à protéger, car on recule toujours devant l'application logique du système, par exemple pour certaines matières premières ; les personnes appartenant aux branches de production exportatrices et qui souffrent doublement, comme consommateurs par le renchérissement des marchandises, comme exportateurs par les représailles douanières des pays étrangers et par l'augmentation de leurs frais généraux. Dira-t-on que pour les ouvriers tout au moins, le renchérissement des denrées alimentaires est compensé par une hausse du salaire nominal? Cela n'est pas du tout certain ; en Allemagne, les économistes ont beaucoup discuté la question lors de la réforme des tarifs, et la conclusion de leurs études est qu'on ne peut rien affirmer sur ce point[2].

Quant à croire que le pays au total n'en souffre pas, et que le dommage causé aux uns soit compensé par le bénéfice procuré aux autres, c'est une idée qui ne peut pas être prise au sérieux. Le protectionnisme cause au pays un dommage, parce qu'il entrave le développement des branches de production où le pays réussit le

[1] Cairnes, *Some leading principles.*
[2] Ad. Wagner, *op. cit.*, p. 18 et note 1.

mieux et aboutit ainsi à un mauvais emploi de ses forces productives. Ce dommage doit être parfois accepté par un pays, par
exemple pour sauvegarder certaines branches de production nécessaires à sa sécurité, ou encore pour permettre la création et le progrès de branches noùvelles ; mais, en dehors de certains cas précis,
le protectionnisme est un mal sans compensation. Le présenter
comme une solution dont les bons et les mauvais effets seraient
nécessairement et toujours compensés, c'est une erreur et une
erreur très dangereuse.

·e) *Thème du travail national et des forces productives nationales.* — Nous touchons ici à un . argument très important des
protectionnistes français. Il a d'ailleurs des liens étroits avec le
précédent, et, comme lui, fait appel à un sentimentalisme national
mal compris.

Il est clair que le libre-échange peut nuire à certaines industries
nationales et même les anéantir. De là des dommages graves :
destruction de certains capitaux, déplacements de certains autres,
crise de main-d'œuvre. La protection en venant au secours des
industries menacées sauvegarde les forces productrices nationales [1].

L'argument s'applique à toutes les forces productives, au capital, comme au travail, mais il va sans dire que dans son application aux ouvriers, il frappe davantage ; on insiste donc le plus souvent, surtout au Parlement, sur ce côté de la question. « Lorsque
la commission a décidé de relever certains droits, dit un député,
elle a eu en vue non pas d'augmenter les bénéfices des industriels
mais de donner de la main-d'œuvre à nos ouvriers ». Un autre
précise : « La commission protège le salaire français par la défense
du travail français » ; et le rapporteur ajoute aussitôt : « Cela a
été notre but essentiel ». On jugera de l'intérêt que présente cet
argument en se rappelant qu'il se rapproche d'une idée très souvent exprimée par Lizt, je veux dire sa théorie des forces productives. Il contient d'ailleurs une part de vérité et on le retrouve dans
la plupart des idées qui donnent au protectionnisme rationnel sa
base scientifique. Dans le protectionnisme de transition par exemple, qui cherche à retarder la destruction ou le déplacement trop
brusques des forces productives consacrées aux productions que le
commerce international menace. Dans le protectionnisme éducateur,

---

[1] J. Morel, Chambre des députés, séance du 28 juin 1909, p. 1688.

qui cherche à fournir de nouveaux emplois plus avantageux aux
forces productives du pays, qui en augmente même la quantité en
attirant des forces productives venues de l'étranger, et peut-être
en favorisant l'épargne, selon l'idée assez nouvelle qui vient d'être
exposée par un économiste américain [1].

Mais l'argument n'a pas la portée qu'on lui donne d'habitude. Il
ne suffit pas de montrer qu'une industrie nationale est gênée par
la concurrence étrangère, pour légitimer des mesures de protection en sa faveur, car en protégeant certaines industries on nuit à
d'autres : on nuit aux industries qui emploient comme matières
premières les produits frappés de droits de douane, et aux industries d'exportation que les représailles de l'étranger atteindront.

Examinons pour ce point important quelques exemples concrets.
Le premier sera l'industrie de la porcelaine à Limoges [2]. Elle
occupe 10.000 ouvriers ; plus du tiers de la population de la ville
(90.000) en vit. Les deux tiers de sa production sont vendus aux
Etats-Unis ; certaines maisons sont même spécialisées pour cette
clientèle et fabriquent des modèles spéciaux qui ne sont vendus
que dans ce pays. L'ancien tarif américain, comme le tarif nouveau qui vient d'être promulgué, frappe la porcelaine de droits se
montant à 55 p. 100 ou à 60 p. 100 de la valeur selon qu'elle est
blanche ou décorée. Mais une surtaxe de 25 p. 100 peut être
ajoutée, portant ainsi les droits à 80 et 85 p. 100, et il y a lieu de
craindre qu'elle ne soit imposée à la porcelaine provenant de notre
pays, si certaines des augmentations de droits proposées par notre
commission sont adoptées. Dès maintenant cette incertitude arrête
les commandes et entraîne des chômages.

Prenons un second exemple [3]. Les droits sur les produits métallurgiques augmentent les frais de production de beaucoup d'industries françaises. Ils nous mettent, par exemple, dans une situation
de grande infériorité pour la construction des locomotives :
« Récemment une de nos compagnies de chemins de fer ayant
besoin de vingt locomotives a fait une soumission et les principaux
établissements métallurgiques de France lui ont demandé le prix
de 1 fr. 70 par kilog. Une maison allemande a offert 1 fr. 50 tous
droits compris. Or le droit sur les locomotives est de 0 fr. 15 par

[1] Alvin S. Johnson, *Protection and capital* (*Political Science Quarterly*, juin 1908).
[2] Bétoulle, Chambre, séance du 2 juillet 1909, p. 1777-1778.
[3] Jules Siegfried, Chambre, séance du 28 juin, p. 1684.

kilog. Il y avait donc entre les produits français et les produits allemands une différence de 0 fr. 35 par kilog. » Il est vrai que le dumping joue ici. Les mêmes locomotives vendues chez nous 1 fr. 50 le kilog. droits payés, c'est-à-dire 1 fr. 35 sans les droits, se payaient en Allemagne au même moment 1 fr. 65[1]. Il n'en reste pas moins vrai que sans les droits de douane sur les produits métallurgiques, les constructeurs français seraient mieux à même de lutter contre la concurrence allemande. M. Siegfried ajoute encore : « Les tôles valent actuellement en France environ 20 francs; en Angleterre, 13 francs; le droit sur les tôles est de 7 francs. Cela représente plus de 50 p. 100. Comment peut-on construire un navire dans des conditions satisfaisantes en France si on est obligé de payer la matière première dans de pareilles conditions? »

Veut-on un autre exemple, ce sera celui de la viticulture[2]. Dans leurs luttes douanières, les pays cherchent à « trouver le point vulnérable de l'adversaire ». Or le vin remplit en France toutes les conditions pour cela, « d'abord d'être un produit qui n'intéresse pas seulement telle ou telle région, mais toute la vie économique de la nation; ensuite d'être un produit dont le pays qu'on veut frapper soit, sinon le seul, du moins le principal exportateur ». Aussi les nations étrangères ne se font pas faute de frapper les vins français et devant les propositions de réforme douanière beaucoup menacent de le frapper encore davantage. « On nous demande aujourd'hui... d'ouvrir le feu sur toute la ligne; avant d'accepter le combat, permettez-moi de vous demander quelles troupes, c'est-à-dire quelles branches de production vous entendez sacrifier ». Formule excellente! Dans un combat, il faut toujours sacrifier des troupes; on ne doit se décider à ce sacrifice que pour des raisons impérieuses et décisives. Les protectionnistes l'oublient trop souvent. L'idée de protéger le travail national les aveugle; mais les sacrifiés ne font-ils pas aussi partie du travail national?

On pourrait ajouter bien des exemples, rappeler que l'augmentation proposée par la Commission sur les fils de lin fins, fabriqués chez nous par deux ou trois maisons seulement, porterait un tort grave à l'industrie du tissage de la toile dans le Cambrésis et à ses

---

[1] Robert Pinot, La métallurgie, la construction mécanique et la révision du tarif douanier, *Revue politique et parlementaire*, 10 juin 1909.

[2] Paul Boncour, Chambre, séance du 25 juin.

15.000 tisseurs; que l'augmentation sur les fils de coton fins retomberait sur l'industrie des dentelles de Calais, sur les tullistes de Lyon, sur les fabricants de batiste et de toile. On pourrait rappeler aussi que notre magnifique industrie du drap souffre des représailles de l'étranger. Dans une réunion tenue à Roubaix au début de mars pour protester contre les propositions de réforme douanière, M. Motte estimait à plus de 100 millions de francs le dommage qu'a subi cette industrie comme contre-coup des tarifs de 1892. Mais les exemples donnés suffisent.

La liberté des échanges, sous la réserve des cas où il y a lieu d'employer des mesures de protectionnisme de transition ou de protectionnisme éducateur, n'est pas au total fâcheuse pour le travail national, bien loin de là : elle nuit aux branches dans lesquelles le pays réussit le moins bien, mais elle favorise le développement de celles où il réussit le mieux.

Sir Robert Giffen, revenant à nouveau sur ces questions, donnait cette formule excellente : « On n'a pas à choisir entre produire les choses importées et ne pas produire du tout, mais entre produire les choses avec lesquelles les importations sont payées et produire les choses mêmes dont on a besoin » [1].

Un mot sur un côté de la question qui demanderait à être traité longuement : le sort des ouvriers dans les industries protégées. La protection fait-elle hausser leurs salaires? Cela n'est pas certain. Dans la discussion qui a eu lieu au mois de mai devant la Chambre pour le renouvellement des primes à la filature de la soie, on nous a appris que les ouvriers de cette industrie touchent des salaires de 1 fr. 50, les mêmes qu'il y a cinquante ans! Les primes existent depuis 1892 et elles équivalent à 1 fr. 33 par ouvrier et par jour. Pour s'assurer que les droits protecteurs profiteront aux ouvriers, il faudrait en tout cas les compléter par une législation sur le modèle de la loi votée par le Parlement fédéral australien : elle n'est pas près d'être adoptée en France, comme le montre l'accueil fait par la Chambre aux propositions sur le minimum de salaire pour les filateurs de soie. Il faut aussi penser aux industries d'exportation dont le développement est gêné par la protection; or au point de vue social celles-ci sont peut-être plus intéressantes : pour

[1] Sir Robert Giffen, *Notes on imports versus home production, and home versus foreign investments* (*Economic Journal*, 1905).

les conditions du travail, pour la force de l'association ouvrière, elles sont souvent préférables aux industries cantonnées sur le marché intérieur et auxquelles peut manquer l'étendue des débouchés nécessaire à la grande production. L'industrie cotonnière anglaise en est un bel exemple.

f) *Indépendance économique du pays*. — Les explications qui précèdent suffisent pour écarter une autre idée, celle qu'un pays doit pouvoir se suffire à lui-même au point de vue économique. Mais personne aujourd'hui n'oserait l'exprimer sous cette forme; c'est seulement à certaines branches de production, surtout aux denrées alimentaires, qu'on l'applique. C'est alors un des dogmes de nos protectionnistes.

Que pour assurer la sécurité d'un pays en temps de guerre, il soit nécessaire de sauvegarder l'existence de certaines branches de production, il faut le reconnaître. Mais si loin qu'on pousse l'application de cette idée, on ne saurait raisonnablement penser que le pays doive suffire tout seul à son alimentation. L'importation de certaines denrées alimentaires peut être gênée par l'état de guerre, mais elle ne peut pas devenir impossible, surtout pour la France qui a, en outre de ses frontières maritimes très étendues, des frontières terrestres la mettant en contact avec six pays étrangers.

Dira-t-on que, même en temps de paix, il peut être dangereux pour un pays de dépendre de l'étranger pour son alimentation? L'argument est encore moins bon. Une crise se produisant sur le principal marché extérieur qui approvisionne le pays, à la suite d'une mauvaise récolte ou d'un accaparement, sera ressentie par celui-ci, mais elle ne pourrait que causer une cherté momentanée. Les marchés extérieurs où un pays peut s'approvisionner sont nombreux : dans l'état actuel des moyens de transport un pays ne court donc pas de danger sérieux.

Si l'on s'inquiète pour un avenir plus lointain, en songeant que dans les pays grands producteurs de denrées alimentaires, les exportations pourront s'arrêter un jour par l'effet d'une industrialisation croissante et d'une augmentation de la population, on peut répondre que le monde offre encore d'immenses espaces où la production des denrées alimentaires est susceptible de se développer. En tous cas, la conclusion raisonnable à tirer est tout au plus, comme pour le cas de guerre, qu'il faut veiller à ce que la production des denrées alimentaires garde dans le pays une certaine importance; vouloir qu'il se suffise à lui-même pour son alimentation est tout à fait déraisonnable. Pour lui éviter un mal imaginaire et momentané, on lui impose un dommage certain et durable.

Le dommage consiste d'abord dans le tort causé aux industries d'exportation. Il consiste aussi dans le fait que les denrées alimentaires coûtent ainsi au pays plus cher que s'il les achetait au dehors. C'est la situation du propriétaire à son aise qui se paie le luxe d'avoir un potager. Chercher à se suffire pour son alimentation est pour un pays un luxe coûteux, puisqu'il entrave le développement de la richesse nationale, et un luxe coupable, puisqu'il est payé par une diminution de bien-être des classes pauvres.

g) Compensation des charges fiscales et des charges sociales. — Avec l'argument du travail national, celui-ci revient à chaque instant dans les propos des protectionnistes français. Ce sont les deux arguments classiques. Comme l'avait fait M. Méline en 1891, M. Jean Morel ne manque pas de lui donner une grande place dans son rapport général. L'aggravation des impôts à la suite de la guerre de 1870, le chiffre énorme de notre dette publique, l'augmentation des budgets départementaux et communaux, l'obligation du service militaire, les lois sociales nombreuses votées depuis quelques années pour la protection des travailleurs, le taux élevé des salaires : toutes ces charges fiscales et sociales mettent nos producteurs dans une situation défavorable à l'égard de leurs concurrents étrangers et exigent que nous les protégions par des droits de douane compensateurs.

On doit commencer par reconnaître que l'emploi des droits de douane compensateurs est parfois légitime. Il en est ainsi d'abord au cas où une marchandise déterminée est frappée d'un impôt intérieur, comme chez nous le sucre ou l'alcool. Cette solution est admise par tout le monde [1]; elle n'a d'ailleurs rien à voir avec le protectionnisme.

La même idée trouve encore application dans une hypothèse voisine de celle-là, mais plus générale et plus intéressante : lorsque dans un pays toute une branche de production se trouve frappée plus lourdement que les autres par l'impôt. Alors le coût compa-

---

[1] *Richesse des nations*, liv. IV, chap. II.

ratif de production, qui est le régulateur de l'échange international, se trouve artificiellement faussé par cette inégalité fiscale. Tant que la péréquation n'est pas opérée, l'emploi de droits de douane peut être admis pour rétablir l'égalité. Cette idée a été très bien mise en relief par certains économistes italiens[1], et elle peut être invoquée parfois en faveur du protectionnisme agricole.

Mais ce n'est pas sous cet aspect que l'argument des droits de douane compensateurs est présenté chez nous. On prétend compenser d'une façon générale et vague l'ensemble des charges fiscales que les producteurs nationaux pris en bloc supportent par rapport aux producteurs étrangers. L'argument manque alors de toute base sérieuse.

Il est bien difficile d'abord de fixer avec quelque exactitude pour un pays la charge fiscale moyenne par tête d'habitant et surtout de faire des comparaisons sur ce point entre pays différents. D'ailleurs, même si ces chiffres pouvaient être établis avec exactitude, on ne serait pas plus avancé. Quelle est la part de ces charges fiscales totales qui pèse sur telle industrie? En quoi, par exemple, un impôt très élevé sur l'alcool peut-il expliquer une augmentation de droits de douane sur les fils de coton ou sur les soieries? Reste enfin la question de l'incidence, dont la difficulté n'a pas même l'air d'être soupçonnée. On semble admettre sans discussion que les impôts grevant les producteurs sont supportés par eux; mais l'incidence ne se fait-elle pas sur les acheteurs des produits? La question est grave, car, s'il en est ainsi, la compensation consiste à accroître ces charges par de nouveaux impôts. Adam Smith l'avait très bien dit[2] et tous les écrivains libre-échangistes ont eu raison de le répéter après lui.

On peut ajouter encore bien d'autres développements. Quand on invoque l'augmentation d'impôts qui a suivi la guerre franco-allemande, on oublie que nous nous sommes alors surtout adressés aux impôts indirects[3]. Malgré d'heureux dégrèvements, leur importance est encore chez nous excessive. Réclamer des droits de

---

[1] Loria, *Verso la giustizia sociale*, p. 316; Fontana Russo, *op. cit.*, p. 165 et s.

[2] *Richesse des nations*, liv. IV, chap. II.

[3] P. Leroy-Beaulieu, *Traité de la science des finances*, 6e édit., t. I, p. 333 : « Une assemblée, qui se vantait de restaurer l'ordre moral dans le pays et de préserver les grands principes sociaux, aura donné un des plus manifestes exemples d'égoïsme de classe que l'histoire nous présente ».

douane plus élevés, c'est-à-dire de nouveaux impôts indirects, comme compensation des charges fiscales imposées par la guerre, est donc d'une ironie, ou en tout cas d'une légèreté bien cruelle.

Quant au service militaire, il vaudrait mieux ne pas en parler; le côté faible de l'argument est là particulièrement évident. Le Français fait un service militaire dont l'Anglais est dispensé; comme compensation, on l'oblige, par l'effet des droits de douane, à payer tels ou tels articles plus cher qu'on ne les paye en Angleterre. Bastiat eût écrit des choses amusantes sur ce thème facile.

En somme, sous prétexte de donner aux uns une compensation à leurs charges, on augmente celles des autres sans aucune compensation. Qu'il puisse y avoir parfois des raisons de le faire, c'est possible, mais ce sont ces raisons qu'il faut alors donner. L'argument de la compensation ne prouve rien par lui-même, pas plus que l'argument du travail national. Travail national favorisé d'un côté, mais travail national sacrifié de l'autre. De même ici, compensation pour les uns, mais surcharge pour les autres.

La compensation pour les hauts salaires n'est pas plus sérieuse. Si l'on veut parler de la concurrence des pays arriérés, à population ouvrière abondante, misérable, écrasée par de longues journées de travail et mal payée, l'argument repose sur une idée bien démodée. Le travail bien payé et peu prolongé des ouvriers qualifiés dans les pays les plus avancés en civilisation est aujourd'hui partout reconnu comme très supérieur. Si l'on veut parler de la concurrence des pays de même civilisation que la nôtre, il ne semble pas que la France soit en tête pour le taux des salaires, bien loin de là. Enfin les protectionnistes tombent ici en une contradiction qui ne leur a pas été assez reprochée. Ils répètent sans cesse que la protection est favorable aux travailleurs, qu'elle fait hausser les salaires dans les industries protégées. Il ne faudrait pas alors la présenter en outre comme une compensation au taux élevé des salaires : singulière compensation, en vérité, si elle doit avoir pour effet de les faire hausser davantage.

Dans les projets actuels de réforme douanière, l'argument du protectionnisme compensateur prend une forme nouvelle; on réclame une compensation aux charges sociales, c'est-à-dire aux charges provenant des nombreuses lois de protection ouvrière votées depuis 1891. Tout ce qui a été dit ci-dessus peut être repris

contre cette forme de l'argument : à supposer que les droits de
douane soient pour certains producteurs une compensation à ces
charges nouvelles, pour beaucoup d'autres ils les aggravent. Il y
a aussi des considérations spéciales à faire valoir. D'abord l'argument ne peut pas s'appliquer à l'agriculture qui reste, jusqu'à présent, en dehors de ces lois sociales. Il faudrait, en outre, faire des
distinctions parmi elles. La loi sur le repos hebdomadaire, dont on
a parlé très souvent dans la discussion récente, intéresse surtout le
commerce de détail et quelques industries de l'alimentation qui
n'ont justement rien à craindre de la concurrence étrangère : dans
l'industrie, le repos hebdomadaire était à peu près partout pratiqué. En somme, l'argument vise surtout la législation sur la durée
du travail pour les femmes, les enfants et les hommes adultes travaillant avec eux dans les mêmes locaux ; et parmi les industries
qu'elle atteint, c'est surtout à l'industrie textile et notamment à
l'industrie cotonnière que l'on songe, car c'est la seule branche
importante où elle ait rencontré des difficultés et fait naître des
craintes vives. Mais les rapports des inspecteurs du travail et les
chiffres du commerce extérieur [1] rassurent pleinement. M. Siegfried,
dans un rapport spécial, écrit pour les fils de coton : « Il ressort
des statistiques que notre marché a été, en grande partie, alimenté
par notre production propre et que l'importation étrangère, tout en
étant assez forte, n'a pas été de nature à mettre en échec notre
industrie nationale ». Quant à l'industrie des tissus de coton, il
remarque qu'elle a réussi à accroître ses exportations [2]. A prendre
ainsi l'industrie qui a eu le plus à souffrir de la limitation légale de
la journée de travail, on voit à quoi se réduit l'argument de la compensation des charges sociales.

Contre lui il y a aussi, à côté de ces raisons de fait, des considérations générales à invoquer. La législation ouvrière repose sur
l'idée que dans un pays civilisé il faut assurer aux travailleurs un
certain niveau minimum de conditions du travail. La loi intervient
pour préciser ce que doivent être ces conditions, pour en imposer

---

[1] Pour les fils de coton : en 1897, importations 12 millions de francs, 3.989 quintaux; exportations, 2,6 millions, 888 quintaux; en 1907, importations, 26 millions,
44.878 quintaux; exportations, 19 millions, 49.966 quintaux. Pour les tissus de coton :
en 1897, importations, 36 millions, 4.418 quintaux; exportations, 118 millions,
22.407 quintaux; en 1907, importations, 67 millions, 49.000 quintaux; exportations,
351 millions, 434.000 quintaux.

[2] Chambre, *Doc. parl.*, sess. ord. 1908, p. 1614 et 1615.

le respect en les mettant à l'abri de l'action déprimante de la concurrence. Il serait en contradiction avec cette idée d'admettre que
les industriels puissent avoir droit pour cela à une compensation
quelconque, et ce serait en pratique, pour les progrès ultérieurs de
la législation sociale, une concession infiniment dangereuse. « Vous
voulez vous faire rembourser », répondait M. Beauregard à M. Plichon qui réclamait des droits de douane plus élevés comme compensation aux lois sociales. C'est tout à fait cela ; mais on ne peut
pas admettre ici ce droit à un « remboursement ». Ou nos lois
sociales sont mauvaises, dépassant la juste mesure, spoliatrices,
dangereuses pour l'avenir de nos industries, et alors il ne fallait
pas les voter ; ou bien — ce que je crois — elles n'ont pas ces
caractères et on ne saurait alors parler de compensation. Quelques
partisans de la législation ouvrière peuvent voir dans cet argument un argument de circonstance, efficace au point de vue politique, afin de briser la résistance que les milieux patronaux opposent au vote de certaines lois sociales. C'est un tort. Les bonnes
causes ne doivent pas être défendues par de mauvaises raisons. Ce
serait faire admettre peu à peu un principe qui pourrait devenir,
nous en avons un exemple dans la question de la céruse, un
sérieux obstacle au progrès de la législation ouvrière.

*
* *

La conclusion à tirer de cette étude c'est que parmi les idées
protectionnistes courantes, un grand nombre ne résistent guère à
l'examen ; il serait à désirer que les chefs du parti protectionniste
se montrassent plus prudents et plus scrupuleux dans le choix de
leurs arguments. En pareille matière les erreurs offrent, en effet,
un extrême danger, et les propositions de la Commission des
douanes en sont justement la preuve.

Parmi elles il en est qui ne font pas difficulté. Notre tarif maximum a besoin d'être relevé ; l'écart avec le tarif minimum n'est
pas assez grand ; notre gouvernement n'est pas suffisamment armé
dans les négociations avec les pays étrangers. Les deux tarifs ont
en outre besoin d'être mis au courant des progrès accomplis dans
l'industrie depuis 1892 : articles inconnus à ce moment, procédés
nouveaux qui ont transformé la production de certains articles,
autant de faits dont il faut tenir compte. Sur tous ces points les
propositions de la Commission sont sages et sont d'ailleurs admises

en principe par tout le monde. Mais elle y a ajouté en grand nombre des augmentations de droits au tarif minimum et ce sont ces
dernières propositions qui sont à la fois indéfendables et très instructives.

On remarque d'abord que ces aggravations intéressent presque
exclusivement l'industrie. A part le droit sur les graines oléagi-
neuses qui a toujours été repoussé par le Parlement, qui est contraire à l'un des principes fondamentaux de la réforme de 1892
(franchise des produits agricoles servant de matières premières) et
qui n'a aucune chance d'être voté, l'agriculture ne reçoit à peu près
rien. Ce fait montre à quel point nos protectionnistes ont mal compris, ou ont oublié, les véritables raisons de la réforme de 1892. A
quel moment d'ailleurs proposent-ils ces aggravations ? Au moment
où depuis plusieurs années la crise agricole est dans l'ensemble
conjurée, sauf pour la viticulture, où le monde paraît entré dans
une période de hauts prix des produits agricoles, où les prix du
blé, du bétail, sont élevés, où les fermages haussent dans beaucoup
de régions. Ajoutons que les industries qui bénéficieraient de ces
augmentations sont presque toutes des industries très fortes et très
prospères ; aucun motif raisonnable de protection ne peut être
invoqué pour elles. Le protectionnisme agricole était défendable en
1892 ; le protectionnisme industriel, sauf quelques exceptions, ne
l'était guère ; il l'est encore moins aujourd'hui.

Voilà les fautes que peuvent faire commettre les lieux communs
acceptés sans critique sur le travail national, la protection en bloc,
la compensation des charges fiscales et sociales, et le bon marché
dû aux droits de douane. En vérité, dans l'état économique actuel
de la France, en dehors des points accessoires dont j'ai parlé
d'abord, la seule question qui se pose est de savoir s'il ne conviendrait pas d'abaisser nos droits de douane. Les protectionnistes ont
bien choisi leur moment pour proposer des augmentations ! Comme
toute politique économique qui a eu sa raison d'être momentanée
dans certaines circonstances, le protectionnisme est exposé à leur
survivre. Il cesse d'être une idée vivante, portant avec elle sa justification et en même temps sa limitation, pour devenir un dogme
accepté à l'aveugle et appliqué hors de raison.

C'est précisément ce qui était arrivé à la doctrine libre-échangiste et, pour être juste, il faut reconnaître que nos protectionnistes
trouvent une excuse à leurs exagérations dans l'opposition intran-

sigeante, hautaine, étroite, et à courte vue, que les libéraux français ont faite à la réforme de 1892. Beaucoup d'entre eux avaient oublié qu'après tout les idées du protectionnisme militaire, du protectionnisme de transition et du protectionnisme éducateur ont été admises par Adam Smith, par Ricardo et par Stuart Mill. On ne saurait exagérer le tort immense que les libre-échangistes du genre de Bastiat, dont nous avons encore en France trop d'échantillons, ont fait à la cause de la politique libérale. S'il est une constatation rassurante, c'est que, dans la discussion récente, ce libre-échangisme-là n'a eu aucun représentant ; elle dénote un progrès sensible sur la discussion de 1891. Comprendre les idées de ses adversaires et se montrer tolérant pour ce qu'elles ont de raisonnable, ce n'est pas seulement une obligation morale, c'est aussi le meilleur moyen de se faire écouter d'eux et de faire avancer les questions.

F. SAUVAIRE-JOURDAN,
Professeur à la Faculté de droit de l'Université
de Bordeaux.

SOCIOLOGUES ET SOLIDARITÉ

L'Institut international de sociologie, fondé en 1893, vient de tenir, du 20 au 24 juillet dernier, à l'Université de Berne, son septième Congrès; la question mise au programme était celle de la solidarité sociale. Comme aux précédentes sessions, les sociologues de tous pays sont venus en nombre prendre part aux discussions : la France, l'Angleterre, l'Allemagne, la Russie, l'Espagne; l'Italie, la Suisse, la Roumanie, l'Autriche, la Hongrie, enfin les Etats-Unis d'Amérique et le Pérou y comptaient des représentants [1]. Mais si le Congrès de Berne ressemble à cet égard à tous les précédents, en revanche il a permis de constater que l'Institut a évolué en un certain sens et a revêtu certains caractères nouveaux; ce sont justement ces caractères qui font que, pour la première fois, le compte rendu d'un Congrès de sociologie paraîtra dans cette *Revue* [2].

Tout d'abord, le *caractère juridique* de l'Institut s'est profondément transformé. A son origine, c'était une œuvre privée; c'est maintenant, à beaucoup d'égards, une institution officielle. Quelques mois avant le Congrès, le gouvernement français reconnaissait l'Institut international de sociologie comme établissement d'utilité publique [3]; le Congrès lui-même s'est réuni sur l'invitation du gouvernement du canton de Berne; des gouvernements étrangers y avaient des délégués officiels; et ainsi la nouvelle session

---

[1] Le Bureau de l'Institut, pendant le Congrès, était ainsi composé : président, le baron R. Garofalo, sénateur, procureur général à la cour d'appel de Venise; vice-présidents, M. Léon Bourgeois, sénateur, ancien président du Conseil des Ministres, M. Béla Fœldes, professeur d'économie politique à l'Université de Budapest, M. C.-S. Loch, professeur à l'Université de Londres, M. Ludwig Stein, professeur de philosophie à l'Université de Berne; secrétaire général, M. René Worms, directeur de la *Revue internationale de sociologie*.

[2] Il nous faut dire en deux mots les sources de ce compte rendu. Outre que nous avons assisté à la plupart des discussions, nous avons eu entre les mains, avant le Congrès, la plupart des mémoires qui y ont été lus. Quant à ceux que nous n'avons pas eus, leurs auteurs, MM. Fournière, Yves Guyot et Robert Michels, ont bien voulu nous en adresser des résumés. Nous les en remercions ici.

[3] Décret du 5 mars 1909.

prenait une particulière importance que n'avaient pas eue les précédentes.

Mais c'est surtout la *fonction* de l'Institut qui a subi d'importants changements, dont on trouve les germes dans les précédents Congrès et spécialement au sixième, tenu à l'Université de Londres en 1906. Cette fonction s'est à la fois spécialisée et compliquée. Elle s'est spécialisée en ce que, tandis que les premiers Congrès étaient consacrés à des discussions libres sur des sujets assez divers, le Congrès de Londres et celui de Berne avaient chacun à leur programme une question déterminée : pour le premier, celle des *luttes sociales ;* pour le second, celle de la *solidarité sociale.* Mais en même temps elle s'est compliquée aussi. Les premiers Congrès avaient une fin purement scientifique; on y discutait des questions de méthodologie, comme en 1903 (rapports entre la psychologie et la sociologie), ou bien on mettait à l'étude une grande doctrine de philosophie sociale, comme le matérialisme historique (1900-1901). Au contraire, en 1906 et surtout en 1909, on s'est davantage tourné vers la pratique. La question des luttes sociales avait déjà donné lieu à des discussions d'intérêt actuel et pratique; celle de la solidarité sociale a fait surtout l'objet d'études relatives aux applications de la solidarité dans les divers pays; la théorie générale de la solidarité n'a tenu dans les discussions qu'une place assez restreinte[1] et, en particulier, la doctrine connue sous le nom de *solidarisme,* qui a donné lieu à tant de joutes ces derniers temps[2], n'a pas été longuement exposée ni discutée au

---

[1] Mémoires de M. H. Mariano Cornejo sur les principes de la solidarité, de M. Yves Guyot sur les déviations de la solidarité, de M. Papillault sur les limites biologiques de la solidarité, de M. Grimanelli sur les notions de la solidarité chez Auguste Comte, de M. Philippe sur les formes de l'idée de solidarité, enfin de M. Ostwald sur l'énergétique et la solidarité. Tous les mémoires du Congrès seront imprimés au t. XII des *Annales de l'Institut international de sociologie.*

[2] Nous ne citerons que quelques travaux parmi les plus récents : Léon Bourgeois et ses collaborateurs, *Essai d'une philosophie de la solidarité*, 1902, et *Applications sociales de la solidarité*, 1904 ; Bouglé, *La démocratie devant la science*, 1904, liv. III, ch. III; *Solidarisme et libéralisme*, 1906; *Le solidarisme*, 1907; Kropotkine, *L'entr'aide*, trad. fr., 1906; Kurnatowski, *Esquisse d'évolution solidariste*, 1907; Duprat, *La solidarité sociale*, 1908. — Pour les critiques, voir : E. d'Eichthal, *La solidarité sociale et ses nouvelles formules (Acad. des sciences morales*, 1903); Follin, *Moralistes, économistes et solidaristes*, Vals, 1903 ; F. Alger, *Essai sur l'histoire des doctrines du contrat social*, Paris, 1906, p. 390-395 ; E. Levasseur, *Aperçu de l'évolution des doctrines économiques et sociales sous la troisième République*, Paris, 1906, p. 27-31 ; Dechesne, *La solidarité (Revue d'économie politique*, 1908, p. 109-112);

Congrès ; celui-ci avait pour but essentiel l'étude du *fait* de solidarité et de ses manifestations pratiques.

Par là même on était amené à faire à l'étude des phénomènes
économiques une place considérable. On verra plus loin comment,
de par la conception même de la solidarité comme phénomène
d'échange ou de crédit, qui ressort des discussions, les principales
manifestations de la solidarité sont surtout des institutions d'ordre
économique : sociétés coopératives, assurances, impôts, etc. La
morale solidariste elle-même se traduit pratiquement par l'idée de
dette et aboutit ainsi à l'obligation d'un transfert de biens économiques. D'ailleurs plusieurs membres du Congrès sont des économistes autorisés, comme MM. Gide, Loria, Hector Denis, Yves
Guyot, et ainsi s'est manifestée, à Berne, l'union de l'économie
politique et de la sociologie.

L'apparition de ces caractères nouveaux mit en pleine valeur un
caractère ancien que l'Institut présenta dès son origine : c'est qu'il
est, malgré sa composition internationale, une institution française ;
son fondateur et secrétaire général qui en est l'âme est un Français, M. René Worms, et les discussions des Congrès sont
publiées en français [1]. La reconnaissance d'utilité publique est
venue renforcer ce caractère en imposant la présence, dans le
bureau, d'une majorité de Français, et, de même, le thème choisi
commandait l'étude d'un fait dont la théorie est essentiellement
française [2].

Nous nous proposons, dans ce court résumé, d'indiquer les principaux résultats du Congrès dont les caractères viennent d'être
définis. Ces résultats sont de trois sortes : des résultats méthodologiques ; des résultats de fait ; enfin des inductions à tirer
de ces faits quant aux conditions et aux causes de la solidarité
sociale.

Leroy-Beaulieu, *Le collectivisme,* 5e éd., 1909, p. 592 et s. ; Gide et Rist, *Histoire des
doctrines économiques,* 1909 ; d'Eichthal, *Pages sociales,* 1909. — V. surtout une
étude juridique serrée de A. Groppali, *La concezione solidaristica del Bourgeois e
la teoria del quasicontratto* (1 br. 28 p., Rome 1907, extrait de l'*Archivio giuridico,*
vol. VII, fasc. 2).

[1] Voir notre article sur *La sociologie en France depuis 1900* (*Revue politique et
parlementaire,* octobre 1909).

[2] On ne peut guère citer, pour l'étranger, que l'opuscule de M. Diesel, *Solidaris-
mus,* Munich, 1903, et un livre polonais qui est la reproduction d'un cours professé
par M. Gide en 1904-1905.

II

Le plus important des *résultats méthodologiques* eût été d'instituer une définition scientifique de la solidarité. Il faut bien avouer qu'il n'a été qu'imparfaitement atteint.

Chaque auteur a naturellement proposé sa conception; et si l'on s'est accordé pour dénoncer, avec M. de Roberty, le vague et l'excessive compréhension de 'la notion actuelle de solidarité, on est resté assez divisé quand il s'est agi d'y substituer un concept mieux défini. On peut classer en deux groupes les définitions proposées.

Un certain nombre de sociologues ont continué d'adopter une définition très large; ils appellent phénomène de solidarité tout fait d'association, de groupement, d'organisation; et ainsi, la solidarité sociale, étant le phénomène social lui-même, serait l'objet même de la sociologie. Ç'a été par exemple la position prise par M. Cornejo. On admet seulement que cette solidarité présente, dans l'espace et dans le temps, des formes diverses, dont M. de la Grasserie a exposé la succession dans son mémoire sur *l'origine et l'évolution de la solidarité,* et dont M. Duprat a marqué le parallélisme avec les formes de l'évolution religieuse. Il faut d'ailleurs reconnaître que cette position est conforme à la tradition sociologique. Quand M. Durkheim distinguait la solidarité mécanique et la solidarité organique[1], il affirmait implicitement l'universalité du phénomène de solidarité, sous des espèces diverses, dans les différents types sociaux; il identifiait la solidarité avec le lien social lui-même. On retrouverait, chez M. Tönnies [2] et chez M. Simmel, des conceptions assez analogues. C'est dans un sens assez voisin aussi que M. René Worms définisssait le phénomène social par l'existence du « *concours* de plusieurs pensées ou de plusieurs activités[3] ». La solidarité serait en quelque sorte le caractère constant et spécifique du fait social.

La plupart des congressistes ont apporté, à cette notion traditionnelle, des limitations plus ou moins sévères. Ils ont réservé le

---

[1] *De la division du travail social,* 2ᵉ édit., 1902.
[2] *Gemeinschaft und Gesellschaft,* Leipzig, 1887; *Das Wesen der Soziologie,* Dresde, 1907.
[3] *Philosophie des sciences sociales,* I, 1903, p. 78-85.

nom de faits de solidarité à *certains* phénomènes sociaux, présentant des caractères particuliers. Les caractères ainsi exigés sont d'ailleurs de nature différente suivant les auteurs. Certains usent de critères objectifs; c'est ainsi que M. Goldscheid, président de la Société sociologique de Vienne, dans son mémoire sur *la solidarité en Autriche,* estime que la solidarité internationale est la seule véritable; autrement dit il estime que des associations d'une certaine *étendue* constituent seules des phénomènes de solidarité. D'autres partent de définitions psychologiques et exigent que l'association soit animée d'un certain *esprit,* ou poursuive certaines *fins.* Dans cette exigence même ils vont plus ou moins loin; M. de Roberty, dans son travail sur *la conception sociologique de la solidarité,* se contente de l'existence de fins quelconques; M. Goldscheid exige que le but de l'association soit désintéressé; M. Gide et M. Loria veulent, au contraire, que la fin soit intéressée; M. Fournière estime que la solidarité est seulement réalisée par les associations ayant un but spécial et défini, intéressé ou non; la *spécialité* de la fin, quel qu'en soit le contenu concret, est pour lui un critère suffisant.

Il semble ainsi qu'on soit loin d'être d'accord sur la notion même de l'objet de l'étude. Il est pourtant facile de montrer que la plupart des membres du Congrès se sont accordés, consciemment ou inconsciemment, à ne considérer comme faits de solidarité que des faits présentant certains caractères définis; et, sur la nature même de ces caractères, un accord partiel a été réalisé[1].

Nous disons qu'en premier lieu on s'est accordé à ne donner le qualificatif de solidarité qu'à certains phénomènes. Certains auteurs l'ont fait consciemment : cela résulte chez d'autres de ce qu'ils ont exclu de l'objet de leur étude certaines institutions, comme la famille, ou l'Etat, sans doute parce que ces institutions réalisent une coopération ou inconsciente, ou involontaire, ou apparente[2].

Mais on s'est accordé aussi sur un second point; c'est que ces phénomènes de solidarité doivent être des phénomènes *sociaux,* en

[1] Dans ce qui va suivre on ne s'étonnera pas de nous voir exprimer avec netteté des notions qui n'ont souvent été senties ou exprimées que confusément par les auteurs; car c'est là le rôle d'un compte rendu tendant, comme le nôtre, à dégager des résultats précis.

[2] L'exemple de l'Etat austro-hongrois vient à l'appui de cette troisième considération; M. Goldscheid y a naturellement insisté.

quelque sorte à un double titre. Ils doivent l'être dans leur fin : les actes dits de solidarité doivent tendre à un résultat, bien ou avantage *collectif;* par conséquent, les actes tendant seulement à l'avantage d'un autre individu ne sont pas des actes de solidarité. Ils doivent être sociaux aussi dans leurs moyens, en ce qu'ils ne doivent pouvoir être réalisés que par l'association. Voilà quelles sont, à notre avis, les deux différences capitales entre la solidarité et la charité. L'une et l'autre peuvent être intéressées ; la charité peut être faite pour gagner le ciel ; mais elle s'adresse à un individu et elle est l'œuvre d'un individu. L'aumône est, pour cela même, un acte de charité ; au contraire, une association professionnelle est un phénomène de solidarité car elle vise des buts collectifs qui ne peuvent être atteints que par des moyens sociaux. L'assurance est à mi-chemin entre les deux ; elle vise un avantage individuel, mais qui ne peut être réalisé que par l'association.

On a admis enfin, en troisième lieu, que ces faits de solidarité sont, par essence, des phénomènes d'ordre *économique.* Ici encore, l'admission de cette proposition, comme des précédentes, n'a pas toujours été consciente ; elle résulte souvent de la nature même des institutions étudiées dans les mémoires. Mais deux auteurs, MM. Gide et Loria, s'en sont rendu nettement compte. M. Loria appelle acte de solidarité « tout acte qui vise à assurer l'avantage de l'agent par des moyens qui procurent en même temps l'avantage d'autrui », et il considère comme répondant à cette condition les sociétés de secours mutuels et les coopératives. Mais la définition la plus précise a été donnée par M. Gide. « La solidarité, dit-il, est *l'échange d'un bien présent· et individuel contre un bien collectif et éventuel* ». La solidarité ne serait donc qu'un phénomène d'échange, un *do ut des* d'une certaine espèce : un phénomène de crédit, pourra-t-on dire, si l'on se rappelle la définition que M. Gide lui-même a donnée du crédit : l'échange d'un bien présent contre un bien futur. Le syndicat serait un fait de solidarité, parce qu'il exige des individus des sacrifices présents dans l'intérêt éventuel de la profession, sacrifices qui pourront ne jamais se muer en avantages pour l'individu même qui les fait. Nous pouvons tirer de là que les faits d'*épargne* ne sont pas des phénomènes de solidarité, car ils visent un bien individuel[1] futur, et de même les phé-

---

[1] M. Buylla, dans son mémoire sur *La solidarité en Espagne,* a donc eu tort d'en

nomènes d'*assurance*, pour la même raison. Ces deux catégories
d'actes supposent bien normalement des organisations sociales : la
seconde n'est même pas possible sans l'association, mais celle-ci
n'y est que le moyen d'intérêts individuels.

Cette définition, on le voit, a le mérite d'être précise et de nous
dire quels phénomènes sont ou ne sont pas des phénomènes de
solidarité. Nous croyons pourtant qu'elle appelle une correction
importante. Le bien présent, sacrifié dans l'attente du bien futur
collectif n'est pas nécessairement un bien *individuel ;* c'est ce qui
apparaît clairement dans les faits de solidarité internationale. Il y
a des institutions comme les Cours d'arbitrage, qui sont des institutions de solidarité, parce qu'elles réalisent le sacrifice par une
ou plusieurs nations de leur bien présent, en vue du bien futur et
éventuel de l'humanité. Une nation qui signe un compromis d'arbitrage consent à une limitation de sa souveraineté, à une atteinte à
son indépendance ; elle met son honneur à la merci d'une sentence
prononcée par des étrangers dans l'intérêt supérieur de la paix et
du droit ; elle échange un bien présent et national contre un bien
humain et éventuel qui, sans doute, pourra être un bien pour elle
aussi, mais seulement par contre-coup. Ici, ce sont deux biens collectifs qui sont échangés, mais ces biens sont ceux de deux collectivités d'ordre différent, d'étendue et d'importance différentes.

Par là nous pouvons voir quel est le caractère spécifique de cet
échange qui constitue l'acte de solidarité. Il implique la mise en
balance d'un bien futur et d'un bien présent ; mais ce n'est pas là
le trait différentiel, car un prêt d'individu à individu constitue
aussi un échange de ce genre. Le trait caractéristique est l'inégalité des échangistes combinée avec le fait que l'un d'eux au moins
est un groupe. Le syndicat réalise un échange entre l'individu et
le groupe ; le tribunal d'arbitrage, un échange entre un groupe
restreint et un groupe large, et c'est cela qui en fait des institutions de solidarité.

On pourrait donc dire, modifiant la définition proposée par
M. Gide, que la solidarité est *tout échange d'un bien présent,
individuel ou collectif, contre un bien futur, nécessairement collectif.*

faire état. Et de même M. Loch, dans son travail sur *La solidarité en Angleterre*, est
parti d'une définition trop peu précise, en faisant une large place aux assurances.

III

Les *résultats de fait* atteints par le Congrès sont de deux sortes: Il a rassemblé utilement des données historiques et statistiques sur les institutions de solidarité dans les divers pays. Mais, surtout, il a confirmé et précisé des résultats antérieurement connus dont il était nécessaire qu'on prît une conscience plus nette.

On a pu d'abord constater l'existence d'une tendance contemporaine au développement des institutions de solidarité, et cela dans les sociétés les plus différentes; il y a là un parallélisme frappant avec le développement du socialisme[1], qui permet de croire que les institutions et la doctrine dépendent, en partie au moins, des mêmes causes et que ces causes sont des caractères communs aux sociétés contemporaines.

Mais il est visible aussi que cette tendance varie considérablement en quantité ou en degré suivant les diverses sociétés. C'est ce que M. Loria a mis en lumière dans son mémoire, en calculant le nombre d'habitants pour un magasin coopératif dans chaque pays. Ce nombre, qui n'est que de 2.325 pour le Danemark, atteint 24.496 pour l'Angleterre, 33.548 pour l'Autriche, 36.899 pour l'Allemagne, 42.528 pour la France, 62.306 pour l'Italie, enfin 226.575 pour la Russie. A l'intérieur même de chaque société, le développement quantitatif des institutions de solidarité est fort variable; l'Italie du Nord compte une coopérative de production et de consommation par 10.783 habitants, tandis que l'Italie du Sud n'en a qu'une par 38.252 habitants.

Mais surtout, la tendance à la solidarité varie *qualitativement* suivant les diverses sociétés; elle revêt des formes très diverses, qui se développent chacune dans un milieu social défini[2]. En partant de notre définition de la solidarité, nous dirons que ces formes dépendent de trois sortes de facteurs.

Elles dépendent tout d'abord de la *qualité des échangistes*; c'est ainsi qu'on a une *solidarité professionnelle* ou, comme dit M. Four-

---

[1] Voir le livre qui vient d'être publié par divers auteurs sur *Le socialisme à l'étranger*. Paris, Alcan, 1909.

[2] C'est ce qu'on a montré aussi pour le socialisme, V. Sombart, *Le socialisme et le mouvement social au XIXᵉ siècle*, Paris, 1898, et le livre cité plus haut sur *Le socialisme à l'étranger*.

nière, une « association de catégorie » ; une *solidarité nationale,*
dont M. Xénopol a défini les éléments ; une *solidarité internationale,* dont M. Novicow s'est attaché à montrer la nécessité en
mettant en lumière que, l'association étant une source de vie et de
développement pour l'individu, plus l'association est vaste, plus
intenses sont ses bienfaisants effets sur celui-ci [1]. Dans le premier
cas, les échangistes sont les individus et la profession ; dans le
second, les individus et la nation ; dans le troisième, les nations et
l'humanité.

Les formes de la solidarité dépendent aussi de la *nature des
biens échangés,* autrement dit de l'objet de l'échange. On a vu que
l'un de ces biens doit être un bien collectif : c'est pourquoi l'assurance, même l'assurance dite mutuelle, n'est pas un phénomène de
solidarité ; elle vise un bien *individuel* et *négatif ;* il s'agit d'un
damnum à éviter, non d'un *lucrum* à acquérir. Sans doute elle
implique nécessairement une association, et par là elle diffère de
l'épargne ; mais l'association n'y est qu'un moyen au service d'une
fin individuelle. Au contraire, l'impôt, les droits protecteurs, sont
des faits de solidarité : ils réalisent le sacrifice de biens individuels
au bien social. La société de secours mutuels, en tant qu'elle n'est
qu'une institution d'assurance contre la maladie, n'est pas une
institution de solidarité ; l'association n'y est encore qu'un moyen
pour le bien de l'individu. De même les coopératives de production
et de consommation ne sont pas nécessairement et en elles-mêmes
des manifestations de la solidarité [2]. Quoi qu'il en soit, le développement relatif de ces diverses institutions est différent suivant les
temps et les lieux. En Italie, ce sont successivement les sociétés de
secours mutuels, puis les coopératives de crédit, enfin les coopératives de consommation et de production, qui ont tenu la place la
plus importante. Aujourd'hui, la société coopérative de travail
caractérise plutôt l'Italie ; on y comptait, en 1902, 417 de ces associations, qui dans certains cas ont tendu, par la pratique du système
des *baux collectifs,* à une espèce de résurrection de la commu-

---

[1] Dans son livre *Le problème de la misère et les phénomènes économiques naturels,*
Paris, 1908, M. Novicow voyait même dans la solidarité internationale une solution
de la question sociale. V. l'article de M. Garofalo, *De la solidarité des nations dans
la lutte contre la criminalité* (*Revue internationale de sociologie,* janvier 1909).

[2] M. Gide lui-même, dans son mémoire, est assez pessimiste à ce sujet. V. aussi sa
conférence sur *La mise en pratique de la solidarité dans les coopératives* (*La coopération,* XIIᵉ Conférence, 2ᵉ éd., 1906).

nauté de village. Des cultivateurs louent ensemble une ferme, en se faisant solidairement responsables vis-à-vis du propriétaire : ils la divisent en lots, qui sont assignés par tirage au sort à chaque famille ; chaque chef de famille paie le fermage au chef de l'association, qui le transmet au propriétaire. La société de secours mutuels caractérise plutôt la France. La coopérative de consommation est surtout une chose anglaise [1]. Enfin l'Allemagne est le pays de la coopérative de crédit [2].

La solidarité est enfin quelque chose de très différent suivant la *nature des moyens;* elle est *libre* ou *contrainte.* On verra plus loin que c'est la solidarité contrainte qui est de beaucoup la plus développée ; tous les mémoires concordent sur ce point ; mais ici encore la proportion des deux types de solidarité varie suivant les sociétés.

L'influence déterminante des milieux sociaux sur la tendance à la solidarité se trouve ainsi mise en pleine lumière. Cette tendance répond bien à des besoins généraux ; mais elle présente, aux trois points de vue que nous venons de dire, des formes différentes, plus ou moins développées selon les pays. C'est là un fait important, car il témoigne que les institutions de solidarité ne sont pas que l'effet d'un idéal moral, d'un besoin de justice, mais qu'elles répondent à des nécessités objectives, différentes suivant les sociétés. En d'autres termes, le développement récent de la solidarité apparaît comme autre chose qu'un produit du « solidarisme ».

IV

De ces faits, certaines *inductions* peuvent être tirées, qui jettent quelque lumière sur les conditions et les causes du phénomène de solidarité.

Il est d'abord apparu de certains mémoires, que la tendance à la solidarité dépendait de causes et de conditions d'ordre *physique.*

---

[1] Pourtant la mémoire de M. Loch montre que les sociétés de secours mutuels y sont aussi très développées; en 1905 le revenu de leurs fonds était de 126.809.890 l. st. (*Report of Chief Registrar*, année 1907, part. A, p. 48).

[2] Mémoire de M. Robert Michels sur *la solidarité en Allemagne.* — M. Maxime Kovalewsky a aussi fait voir, dans un savant travail historique sur *La solidarité en Russie,* comment la solidarité s'est manifestée très anciennement en Russie sous la forme du *mir* et de l'*artell;* il a étudié en détail la genèse de ces deux institutions et montré comment l'une et l'autre n'ont été que les prolongements d'une très vieille organisation familiale.

M. Cornejo a remarqué comment, au Pérou, un territoire accidenté,
et une population peu dense,ont fait obstacle au développement des
institutions de solidarité. Mais surtout M. Loria, toujours fidèle au
matérialisme historique, s'est efforcé de mettre en rapport ce développement avec la fertilité du sol. On se souvient que pour lui les
institutions de solidarité les plus importantes sont les sociétés
coopératives et, parmi celles-ci, en Italie, les coopératives de travail. Cela l'amène à formuler la loi suivante : « Le nombre et l'importance de ces institutions est maximum dans les pays où la terre
est très stérile, et minimum dans ceux où la terre est très fertile ».
En effet, dit-il, là où la terre est fertile, le travail isolé est très productif : l'individu se suffit facilement à lui-même ; rien ne le pousse
à se grouper. Quoique cette explication semble ne pouvoir s'appliquer qu'aux associations de travail [1], M. Loria semble lui attribuer
une valeur générale. Mais lui-même nous offre des faits contradic-
toires ; c'est ainsi que la coopération est beaucoup plus développée
dans l'Italie du Nord que dans l'Italie du Sud, alors que la loi de
M. Loria réclamerait juste l'inverse.

Mais on a surtout reconnu que la tendance à la solidarité dépendait de conditions et de causes *sociales*. Pour les conditions,
M. Gide les a fixées excellemment : ce sont la prévoyance, puisqu'il
s'agit d'échanger un bien présent contre un bien futur ; l'esprit
d'association et la discipline, puisqu'il s'agit de sacrifier un bien
individuel à un bien collectif. Quant aux causes, la plupart des
mémoires ont mis en lumière l'action presque exclusive de deux
ordres de phénomènes.

C'est en premier lieu la *lutte*. Celle-ci a été dans l'histoire et est
encore le facteur le plus puissant de solidarité [2]. Les institutions
qui réalisent le mieux la définition posée sont des institutions de
lutte. Le syndicat l'est dans son essence même. Le cartell et le
trust, comme l'a remarqué M. Goldscheid, sont, pour la même
raison, des institutions de solidarité impliquant, de la part des
patrons, le sacrifice de leurs intérêts privés à l'intérêt du groupe
des producteurs, dans le but de lutter contre le groupe des consommateurs. C'est ce qui fait, ainsi que l'a dit M. Fournière, que

---

[1] Dans son récent livre *La sintesi economica*, Turin, 1909, p. 22-30, M. Loria a
insisté sur ce rapport entre la fertilité de la terre et le travail associé.

[2] V. au tome XI des *Annales de l'Institut international de sociologie* le mémoire
de M. Abrikossoff sur *La solidarité forme de la lutte sociale*.

les progrès de la concurrence ne sont qu'apparents : « La lutte prend de plus en plus des moyens solidaristes, en s'élevant du plan individuel au plan collectif ». C'est là où les nations sont le plus en lutte entre elles, comme en Autriche-Hongrie, que la solidarité nationale est le plus intense. La raison de ce rapport entre la lutte et la solidarité est simple. Les luttes sociales sont de plus en plus collectives; ce sont les classes, les partis, les professions qui s'opposent, non plus les individus; par suite la lutte nécessite le sacrifice constant par l'individu de son bien au bien collectif de la profession et de la classe; et on a vu que c'est là le caractère de la solidarité.

La seconde cause essentielle de la solidarité est la *contrainte juridique*. L'influence de cette cause présente une nature assez spéciale. Par elle, la société réalise consciemment un certain idéal ; elle impose à certains individus ou à certaines classes, une dette envers certains autres, au nom d'un intérêt supérieur, et elle les amène ainsi malgré eux à la pratique de la solidarité. C'est contre cette solidarité contrainte que s'est élevé M. Yves Guyot, et notamment contre les applications juridiques proposées par M. Léon Bourgeois. Il n'admet pas l'intervention de la loi « dans le but de redresser certaines inégalités » ; et il a insisté sur le danger qu'il y a à confier à l'organisme politique de telles besognes. Le riche, a-t-il dit, doit souvent moins à la société que le malade et l'infirme. L'idée de dette sociale aboutit à une spoliation qui est une véritable déviation de la solidarité[1]. Mais il faut bien reconnaître qu'en fait la loi est une source non négligeable de solidarité sociale.

Nous pouvons maintenant faire la synthèse des causes proposées ; et nous nous apercevrons qu'elles agissent toutes en *contraignant* l'individu à la solidarité. Qu'on invoque, comme M. Loria, des nécessités physiques ou qu'on dérive la solidarité de nécessités sociales, de la concurrence ou de la contrainte légale, toujours on aboutit à cette idée que la solidarité se constitue essentiellement par la force. M. Gide lui-même, qui préfère la solidarité volontaire, se voit forcé de reconnaître qu'elle joue un rôle infime.

---

[1] M. le président Garofalo a justement fait observer sur ce mémoire que la théorie proposée par M. Léon Bourgeois n'était pas en discussion au Congrès qui était un Congrès de sociologie, non un Congrès de morale. M. Yves Guyot a opposé, avec sa verve ordinaire, la *Morale de la concurrence* à la morale de la solidarité ; mais ce n'est pas de celle-ci qu'il était question.

Pourquoi la solidarité ne peut-elle aujourd'hui se constituer que par la force? La définition que nous avons posée au début va nous le dire. La solidarité implique le sacrifice temporaire d'un bien individuel à un bien collectif ou du bien d'un groupe étroit à celui d'un groupe plus large. Or la morale traditionnelle est individualiste; elle n'affirme pas la supériorité du groupe sur l'individu; elle veut seulement que l'individu se sacrifie pour autrui, c'est-à-dire pour d'autres individus. De plus, la solidarité n'est pas naturelle à l'individu par cela même qu'elle implique le sacrifice par lui d'un avantage individuel à un avantage collectif, car un bien collectif a toujours, pour l'individu, une valeur moindre qu'un quantum égal de biens individuels. L'avantage collectif n'est un avantage pour l'individu qu'indirectement, et comme la société ne profite pas également à tous les individus, un même bien collectif a pour différents individus une valeur différente; il peut être, pour tels ou tels individus, sans valeur aucune. De plus, la solidarité implique aussi l'échange d'un bien présent contre un bien futur; or, un bien futur vaut toujours moins qu'un bien présent parce qu'il ne représente qu'une jouissance éloignée, et que d'ailleurs le futur n'est jamais que du possible.

On le voit, loin que la contrainte soit une condition adjuvante de la solidarité, il est dans la nature de celle-ci de pouvoir n'être présentement réalisée que par la force, étant donné la nature humaine; car la solidarité implique l'échange par l'individu d'un bien individuel contre un bien collectif et d'un bien présent contre un bien futur, c'est-à-dire l'échange de biens de valeur donnée contre des biens d'une valeur moindre.

V

Il apparaît ainsi que les discussions du Congrès ont eu des résultats scientifiques directs. Nous voudrions montrer, en manière de conclusion, qu'elles ont eu aussi, pour la science, une utilité indirecte, et cela à trois points de vue.

Tout d'abord, un congrès ou un Institut international constitue par lui-même une expérience sociologique qui n'est point négligeable[1]. Ce sont là des formes sociales toutes nouvelles, qui

[1] C'est ce qu'ont bien compris les sociologues belges, qui ont ouvert, sous la direc-

présentent certains caractères spécifiques, et que le sociologue doit comprendre dans son étude.

En second lieu les congrès, et celui-ci en particulier, permettent de démontrer que la science a atteint un certain degré d'unité; c'est ce qui n'est pas contestable en ce qui concerne la sociologie[1]. L'accord des sociologues y est apparu plus réel que ne le disent les ennemis de la science, intéressés à pouvoir modeler à l'aise leurs utopies de réforme sociale sans être dérangés par les savants. De par cette démonstration objective de son unité, l'autorité de la science n'est pas sans être augmentée.

Enfin et surtout, les congrès ne permettent pas seulement de constater et d'affirmer l'existence, chez les savants, d'opinions communes; ils sont un moyen actif d'en augmenter le nombre. Une science, à un moment donné, n'est pas autre chose que le *corpus* des opinions du groupe des savants relativement à un certain ordre de phénomènes; et ces opinions sont certaines dans la mesure où elles sont unanimes. Or les savants s'accordent d'autant plus facilement qu'ils travaillent moins isolément; et, dans tout groupe social, l'autorité des opinions communes est d'autant plus forte que le groupe est plus resserré, et met les individus en contact intime et permanent. Ainsi l'unité du groupe des savants est la condition même de l'unité de la science. Or les congrès font de ce groupe autre chose qu'une abstraction, en le réalisant et le reformant périodiquement. Le fait même qu'ils sont toujours accompagnés de banquets témoigne qu'ils ont pour fonction de constituer entre les savants une communauté temporaire de vie, qui facilite la communion des idées. Voilà pourquoi les économistes devraient, eux aussi, former une association internationale à l'image des Instituts internationaux de statistique et de sociologie. Par là, la science économique acquerrait plus d'unité, dans la même mesure où le groupe des économistes prendrait plus de cohésion.

René MAUNIER.

tion de M. Cyr. Van Overbergh, une *Enquête sur les associations internationales* (*Mouvement sociologique international*, septembre 1907) où dix-huit associations scientifiques internationales ont fait l'objet de monographies.

[1] Voir Albion W. Small, *Points of agreement among sociologists* (*Publications of the American sociological Society*, vol. I, p. 55-77).

CHRONIQUE LÉGISLATIVE

DOCUMENTS OFFICIELS.

Le *Journal Officiel* du 3 août contient, en annexe, un rapport au Président de la République sur l'application générale de la loi du 9 avril 1898, relative aux accidents du travail (*errata* au *J. O.* du 8).

Dans celui du 7 est un rapport sur les opérations de l'évaluation des propriétés non bâties effectuées pendant l'année 1908.

Dans le n° du 8 se trouvent les rapports au Président de la République sur les opérations des caisses d'épargne en 1907 (1° caisses d'épargne ordinaires; 2° caisses d'épargne ordinaires et caisse nationale d'épargne) (*errata* au *J. O.* du 10).

Dans celui du 13, on trouvera un décret portant règlement d'administration publique pour l'application de la loi du 14 juillet 1905 sur l'assistance aux vieillards, aux infirmes et aux incurables.

Le *J. O.* du 25 août contient deux décrets : l'un qui rend applicable à l'Algérie la loi du 30 avril 1900, relative aux travaux interdits aux femmes et aux enfants employés dans les établissements commerciaux; l'autre qui rend applicable à l'Algérie le décret du 30 avril 1909, modifiant le décret du 28 mars 1902 sur la durée du travail effectif des ouvriers adultes.

Dans le n° du 27 est un décret concernant l'application du tarif général des douanes à diverses marchandises originaires des Etats-Unis de l'Amérique du Nord et de l'île de Porto-Rico.

Dans celui du 31 août se trouve le décret portant règlement d'administration publique pour l'exécution des lois des 17 mars et 1er avril 1909 sur la vente et le nantissement des fonds de commerce.

Un décret promulgué au *Journal Officiel* du 1er septembre rend exécutoire en Algérie le premier paragraphe des articles 2 et 3 de la loi du 2 juillet 1890, ayant pour objet d'abroger les dispositions relatives aux livrets d'ouvriers.

Dans le n° du 3 septembre on trouvera, en annexe :

1° Un rapport sur le fonctionnement des caisses de crédit agricole mutuel et les résultats obtenus en 1908 (Au 1ᵉʳ janvier 1909, on comptait 94 caisses régionales, ayant un capital versé de plus de 11 millions et ayant reçu plus de 41 millions d'avances, et 2.700 caisses locales, avec un capital versé de plus de 10 millions) ; 2° Un rapport sur les indices des crises économiques.

Le *J. O.* du 9 septembre donne des tableaux de la production des combustibles minéraux et des usines sidérurgiques pendant le premier semestre de 1909.

Dans le n° du 12 se trouvent les rapports de la Commission extraparlementaire et interministérielle chargée d'étudier la situation actuelle de la Corse : 1° rapport sur les services maritimes postaux ; 2° rapport sur le service des ponts-et-chaussées ; 3° rapport sur l'agriculture.

Dans celui du 24 est un décret rendant applicable à l'Algérie celui du 30 avril 1909, relatif au repos hebdomadaire.

Celui du 25 septembre donne la statistique des accidents du travail d'après les ordonnances et les jugements rendus en vertu de l'article 16 de la loi du 9 avril 1898.

Dans le n° du 29, on trouvera un rapport du ministre de l'agriculture sur le fonctionnement des Sociétés d'assurances mutuelles agricoles. Il y avait, au 31 juillet 1909, 9.842 mutuelles, se répartissant de la manière suivante :

Sociétés contre la mortalité du bétail.	7.923
Sociétés de réassurance-bétail.	55
Sociétés contre l'incendie des risques agricoles. . .	1.816
Sociétés de réassurance-incendie.	20
Sociétés contre la grêle.	24
Sociétés contre les accidents agricoles.	4
Ensemble.	9.842

Les Sociétés d'assurance contre la mortalité du bétail, de beaucoup les plus nombreuses, comprenaient 427.678 membres et le capital assuré montait à 488.818.314 francs. Le total des subventions qui leur avaient été allouées (subventions de premier établissement et subventions pour pertes exceptionnelles) montait, au 31 décembre 1908, à 6.854.350 francs.

Edmond VILLEY.

BULLETIN BIBLIOGRAPHIQUE

Fay, *Cooperation at home and abroad*. 1 vol. in-8, 404 pp. Londres,
King and son.

Il s'agit ici d'un livre purement descriptif et dans lequel l'auteur ne s'est
proposé nullement d'exposer ni de discuter le programme coopératiste en
tant que solution partielle ou totale de la question sociale.

On pourrait reprocher à l'auteur de ce livre d'avoir voulu trop embrasser,
mais c'est un défaut excusable chez un jeune auteur et pour une œuvre de
début. Coopération de crédit, coopération agricole, coopération de production, coopération de consommation, voilà les quatre parties du livre, et
c'est beaucoup (encore que l'auteur ait éliminé les sociétés de construction,
les pharmacies mutualistes et les assurances mutuelles, quoique ces trois
dernières institutions puissent revêtir et revêtent souvent en fait la forme
coopérative). C'est beaucoup, d'autant plus que l'auteur ne se borne pas à
l'Angleterre, mais embrasse la coopération dans tous les pays. Il en résulte
que la part accordée à chacun est petite, et en outre qu'il est bien difficile
d'éviter quelques erreurs. Par exemple, la loi française ne fixe pas la valeur
minimum de l'action à 50 francs, comme le dit l'auteur, mais à 25, et la
loi de 1893 ne sanctionne nullement « la forme hybride de la société civile-
commerciale ». Ce n'est pas 2 millions de francs par an, mais 6 à 7 que la
Banque de France verse pour la coopération de crédit, et elle les donne non
à titre de « présent », mais à titre de part due à l'Etat dans ses bénéfices,
comme prix de renouvellement de son privilège. D'autre part, il serait difficile de reconnaître dans « M. Ailier » le nom de M. Héliès. Mais quoique
ces petites inexactitudes se retrouvent probablement pour chaque pays,
l'ensemble est très bien documenté, les définitions sont judicieuses, les
classifications méthodiques, et la lecture du livre est, somme toute, très
instructive.

L'auteur dit, dans sa préface, qu'il a particulièrement soigné les chapitres
sur la coopération agricole qu'il considère comme « la pierre angulaire du
développement de l'agriculture moderne ». On pourrait se demander pourquoi il en a fait une section spéciale, puisque toute association coopérative agricole rentre nécessairement dans l'une des trois formes types : ou
coopératives de production (exemple les laiteries), ou coopératives de consommation (exemple les syndicats agricoles), ou coopératives de crédit
(exemple les caisses rurales). Néanmoins, le plan de l'auteur peut se justifier parce que ces divers modes de coopération, par cela même qu'ils
s'appliquent à l'agriculture, prennent des caractères spéciaux. D'ailleurs,
elles sont toutes des associations de *propriétaires* et par là très distinctes
des autres formes de coopération qui sont faites généralement pour les
ouvriers.

Dans cette revue générale de la coopération dans le monde, la France n'occupe qu'un petit nombre de pages dans la coopération de crédit et dans celle de consommation, et, en effet, elle n'en mérite guère davantage. Elle en occupe un plus grand nombre, comme il sied, dans la coopération agricole et surtout dans celle de production. L'auteur ne montre pas beaucoup de confiance dans l'avenir de la coopération de production en France : « Les sociétés ouvrières françaises, dit-il à peu près, ont eu l'Etat pour nourrice et elles ne sont pas encore tout à fait sevrées ». Il pourrait ajouter qu'elles n'en ont pas la moindre envie.

Ch. GIDE.

Challaye, *Le Congo français*. Un vol. in-8, 312 pp. Paris, chez Alcan, 1909.

On va beaucoup au Congo aujourd'hui, je ne parle pas des coloniaux professionnels, mais de ceux qui y vont en curieux, pour s'instruire et pour instruire les autres à leur retour. M. Vandervelde y est allé l'année dernière — ce n'était certainement pas pour y étudier le socialisme — et il vient d'y retourner cette année pour défendre deux missionnaires américains dans un procès de diffamation que leur intente une des Compagnies Congolaises.

Et l'auteur du présent livre est un professeur devenu *globe-trotter* et qui s'était joint à la mission d'enquête de M. de Brazza en 1905. C'est un voyage relativement facile si l'on ne s'éloigne pas du fleuve car il se fait tout en bateau à vapeur avec, comme intermède, moins de quarante-huit heures de chemin de fer. Et il faut se hâter car il ne reste plus sur la terre beaucoup de ces régions où « on peut se croire transporté en des paysages antérieurs à l'humanité, à l'animalité elle-même ».

Le livre de Challaye se compose de divers morceaux, probablement d'articles écrits à des dates différentes et rassemblés ensuite : d'abord le récit du voyage où nous avons retrouvé le même charme que dans les autres récits de voyage du même auteur : après l'avoir lu on peut presque se dispenser de faire le voyage ; — puis un compte-rendu du fameux procès Toqué ; — une série d'études sur le régime colonial du Congo français ; — et enfin une autre série d'études sur le Congo belge.

M. Challaye est de ceux qui ont contribué à émouvoir l'opinion publique en faveur des indigènes du Congo français, lesquels ne paraissent guère en avoir moins besoin que ceux du Congo belge. On trouvera dans son livre une collection d'horreurs qui ne le cèdent guère à celles qui ont été dénoncées à la charge du roi Léopold. Le témoignage de M. Challaye est d'autant plus précieux à cet égard que c'est le seul qui ait été publié de la mission d'enquête. On sait, en effet, que le Ministère des colonies a enseveli le rapport dans ses cartons et ne l'en sortira jamais, étant d'ailleurs couvert par l'indifférence de l'opinion publique. En cela le gouvernement français s'est montré moins courageux que le gouvernement belge, qui, lui du moins, a publié le résultat de l'enquête officielle — expurgée peut-être, mais enfin c'est mieux que rien.

L'annexion à la Belgique va très certainement améliorer grandement la

situation du Congo belge et par ricochet aussi celle du Congo français, car
il y a dans les colonies voisines une contagion nécessaire du bien comme
du mal, surtout lorsque les indigènes peuvent émigrer de l'une à l'autre.
Mais plus encore que les progrès en sagesse et en humanité des administrateurs, il faut escompter l'action des facteurs économiques, le développement des voies ferrées qui permettra de supprimer le portage, l'emploi de
la monnaie métallique qui rendra plus difficile l'exploitation par le troc, et
peut-être l'abandon progressif du caoutchouc homicide; soit par suite de
l'épuisement, soit plutôt par suite de la concurrence victorieuse du caoutchouc cultivé.

On lira avec intérêt ce qui est dit du régime des concessions aux Compagnies coloniales. Quoique ces concessions aient été faites avec une coupable
imprévoyance, M. Challaye ne réclame pas leur expropriation mais la
déchéance de celles qui n'ont pas rempli les conditions de la concession —
elles sont nombreuses! — l'obligation de payer les indigènes en argent et
la suppression de leur monopole commercial, lequel d'ailleurs est absolument contraire à la convention internationale de Berlin de 1885.

Ch. GIDE.

———————

Loria, *La Sintesi Economica.* 1 vol. grand in-8, 466 pp. Milan, chez
Bocca frères, 1909.

Malgré ce titre, qui semble embrasser toute la science économique, il n'y
a dans ce volume qu'une seule question traitée, celle du *revenu*. Il est vrai
que l'auteur estime que tout est contenu là-dedans et qu'ainsi son titre se
trouve justifié : « C'est l'objet fondamental et suprême de la discipline
économique ». Et il cite ailleurs cette phrase : « L'histoire de l'humanité se
réduit à la lutte pour le revenu ».

Définition et détermination du revenu; échelle et répartition du revenu;
lutte pour le partage du revenu par l'emploi de la violence, de la fraude et
surtout du monopole — telles sont les grandes divisions de ce livre dont
l'ampleur est en effet assez impressionnante.

Pour M. Loria, le revenu n'est pas simplement un phénomène artificiel
en quelque sorte, dû au mode de répartition des richesses ni même à
l'échange. C'est dans la production elle-même qu'il faut en chercher les
racines. C'est l'excédent du produit sur la subsistance du travailleur. Il n'a
donc pas de relation nécessaire avec le capital, à la différence du « profit ».
Dans le régime de la production isolée et de la terre libre, le revenu se
confond avec le produit même du travail. Mais quand, sous la pression de la
population croissante et de l'appropriation du sol, le régime de la production isolée fait place à celui de la division du travail que M. Loria appelle
l'*association coercitive* (parce qu'elle résulte du fait que le pauvre ne peut
plus acquérir la terre et doit travailler comme salarié), alors le produit du
travail se dédouble en deux : la part qui fait vivre le travailleur et qui est
restituée à celui-ci sous forme de salaire; la part surabondante qui est
gardée par le propriétaire et devient le revenu proprement dit. L'association

coercitive a d'ailleurs pour effet, au début tout au moins, d'accroître cet excédent, mais plus tard diverses causes tendent au contraire à le réduire progressivement, ce qui surexcite les luttes pour se le disputer, et qui déterminera l'avènement d'une forme supérieure, celle de l'*association libre,* dans laquelle le produit du travail et le revenu se confondent à nouveau comme dans la période originaire, et alors ce sera l'équilibre final. Son avènement nous est même annoncé pour avant la fin du xxᵉ siècle.

Le point de départ de cette argumentation, c'est-à-dire l'existence d'un *excédent naturel* du produit sur le coût de production, ne nous paraît pas très clair, pas plus que le produit net des Physiocrates dont il est proche parent. Mais on lira avec un intérêt particulier le chapitre sur la distribution du revenu et sur la fameuse figure pyramidale ou parabolique ou en fer de lance qui représente graphiquement cette distribution. M. Loria réfute avec véhémence l'explication donnée de cette loi, à savoir qu'elle ne serait que la transposition dans l'ordre économique des inégalités de l'ordre intellectuel. La preuve qu'elles ne concordent pas c'est, fait-il remarquer avec finesse, que si les intelligences très supérieures sont en petit nombre, les intelligences très au-dessous de la moyenne sont en petit nombre aussi, tandis que les pauvres sont la grande majorité. C'est vrai. Si on représentait par une figure la répartition des dons intellectuels, cette figure aurait plutôt l'apparence de deux pyramides accolées par la base ou, si l'on veut, d'un œuf et par conséquent ne serait nullement superposable à celle représentant la distribution des fortunes.

Mais l'auteur va un peu loin et affaiblit plutôt son excellente argumentation en cherchant à démontrer que les grandes fortunes ne sont jamais dues à l'intelligence, mais aux moyens les plus vils, « qu'on ne s'élève au sommet de la pyramide sociale que par la bassesse et l'infamie ». C'est exactement la même exagération, mais en sens inverse, que celle des économistes bourgeois lorsqu'ils déclarent que tous les pauvres sont des fainéants et des ivrognes. On peut admettre sans doute que certaines supériorités intellectuelles et des plus éminentes ne conduisent pas à la fortune, mais il serait bien invraisemblable que l'intelligence n'eût pas une part dans la formation des fortunes, sans parler même de certaines vertus, telles que l'énergie, l'audace, la prévision, le sang-froid, l'esprit de décision et de commandement, l'art de découvrir et d'utiliser les capacités, et même quoique plus rarement, je le reconnais, la vulgaire probité.

On peut se ranger plus facilement à une autre thèse de M. Loria, celle où il met en lumière le rôle prépondérant du monopole dans la distribution des richesses, et critique les économistes qui présentent « la lutte pour les revenus comme un phénomène de concurrence, oubliant que c'est au contraire du monopole seulement qu'elle tire son origine ».

Nous n'avons pas la prétention, dans ces quelques lignes, de donner un résumé du livre si touffu de M. Loria. On y trouvera la même abondance d'idées et la même richesse verbale que dans ses autres livres. Toutes les sciences, toute l'histoire, la terre entière, sont mises à contribution. Il est inévitable que dans ce débordement il n'y ait çà et là quelques assertions peu contrôlées. En voici, par exemple, une que nous signalons en passant :

c'est l'assertion que le nombre des sociétés coopératives de consommation et de crédit est en raison directe de la densité de la population et en raison inverse de la fertilité du sol. Le tableau statistique donné à l'appui de ce théorème, et emprunté à un auteur russe, est peu exact, et même à le prendre tel qu'il est, il n'autorise nullement cette interprétation. Au reste le nombre des sociétés a peu d'importance ; comme critérium du mouvement coopératif, c'est le nombre des sociétaires et le chiffre de leurs affaires seuls qui ont une valeur.

Nous ne pouvons que nous associer, comme tout bon coopératiste, à l'espoir formulé par M. Loria et qui sert de conclusion à son livre : que l'évolution humaine se ramène à une transformation progressive de l'association coercitive en association libre.

Ch. GIDE.

Driault, *Le monde actuel. Tableau politique et économique.* 1 vol. in-8, 372 p. Paris, chez Alcan.

Une revue de tous les pays du monde en un volume ne peut être faite qu'au grand galop et on ne peut guère y apprendre grand'chose. Un tel livre ne peut que ressembler à ces résumés que les étudiants apprennent à la veille de leurs examens.

Néanmoins, étant donné le plan ingrat que l'auteur s'est donné à lui-même, il semble en avoir tiré le meilleur parti possible. Il a groupé les pays par races : germanique, slave, latine, anglo-saxone et jaune, sans pourtant s'y assujettir absolument puisque les Etats-Unis et l'Amérique latine sont étudiés dans un même chapitre. Quant aux pays musulmans qui auraient peut-être mérité un chapitre spécial, quoiqu'ils ne soient unis que par la communauté de religion et non par celle de race, ils sont classés, on ne sait trop pourquoi, avec les Russes.

Le livre se termine par un chapitre « Vers la justice sociale » qui nous apprend que la froideur de l'individualisme, né de la Révolution française, se réchauffe « désormais du sentiment profond de la solidarité : c'est le caractère propre de notre temps ».

Ch. GIDE.

Bento Carqueja, *O Capitalismo moderno e as suas origens em Portugal.* 1 vol. in-12, 202 pp. Porto, librairie Chardron.

L'auteur ne se trompe pas en disant « qu'il lui a paru qu'il serait très intéressant d'étudier quelques-unes des origines du capitalisme moderne en Portugal ». En effet ce petit pays placé à l'extrémité de l'Europe a eu un grand rôle économique dans le monde, quoique de courte durée, et cela précisément à l'époque où l'évolution capitaliste commençait : il est donc probable qu'il y aurait beaucoup à apprendre pour l'histoire économique.

Mais c'est précisément parce que le sujet était intéressant et bien délimité que l'auteur aurait dû s'y tenir. Son livre eût gagné s'il avait supprimé les deux premiers chapitres qui sont des discussions d'économie pure sur la notion du capital et les deux derniers qui ne sont plus de l'histoire économique puisqu'ils se réfèrent au Portugal actuel. Et l'auteur aurait pu alors élargir la place accordée à l'histoire économique proprement dite et qui nous paraît un peu étriquée. C'est ainsi que deux ou trois pages seulement sont consacrées aux résultats des grandes découvertes géographiques des xvᵉ et xvıᵉ siècles, alors que je m'imaginais que c'était là le cœur du sujet. Nous croyons aussi, peut-être à tort, que les relations entre le Portugal et l'Angleterre auraient donné lieu à un chapitre important : il n'en est presque pas parlé.

D'autre part, la division chronologique par siècles, un chapitre par siècle, est un peu artificielle et nécessite de fréquentes redites, car naturellement on voit revenir d'un siècle à l'autre les juifs, les moines, les templiers et même la dynastie des Fuggers.

Néanmoins le livre pourra être utile comme suggestions et contributions à une histoire plus détaillée, et l'auteur déclare lui-même n'avoir pas eu d'autre ambition. Ch. Gide.

Rivas Moreno, *La Mutualidad y las Asalariados*. 1 vol. in-12, 180 p. Valence, chez Vives Mora, 1909.

Ce livre contient, avec une préface de M. Radica, une série de courtes études sur les institutions de mutualité d'Espagne et de l'étranger, et surtout sur les pharmacies coopératives. Malgré le qualificatif de « coopératives », ces pharmacies ne sont, en effet, que des annexes des sociétés de secours mutuels et même la loi française ne leur permet pas d'exister autrement.

Mais l'auteur parle aussi des sociétés coopératives de consommation parce qu'il voudrait qu'elles aussi pussent servir de nourrice à la mutualité, leurs bénéfices étant employés à payer les cotisations. Ce programme, qui est fortement préconisé en France par M. Cheysson et (singulière rencontre!) par les socialistes aussi, comporterait, à notre avis, d'assez graves réserves. Que l'on encourage les membres des sociétés de consommation à consacrer *librement* leurs bonis à s'assurer contre la maladie et contre la retraite, d'accord : mais si l'on voulait imposer aux coopératives la règle de verser tous leurs bonis à une caisse d'assurance contre la maladie ou la vieillesse, on tuerait, croyons-nous, la coopération. M. Rivas Moreno n'a pas suffisamment indiqué l'intérêt et la portée de cette discussion.

De même, lorsqu'il préconise « les associations à base multiple », c'est-à-dire les syndicats qui, en même temps que la défense des intérêts professionnels, assument l'assurance contre la maladie, le chômage, etc., comme les Trade-Unions, il aurait dû indiquer les raisons pour lesquelles « les syndicalistes » français sont très hostiles à ce système.

Une curieuse et ingénieuse institution préconisée par l'auteur est celle de syndicats de contribuables qui — si nous comprenons bien sa pensée — auraient pour rôle de servir d'intermédiaires entre l'État et les contribuables, un peu comme les célèbres « fermiers généraux » de l'ancien régime, et de répartir entre leurs associés le montant global des impôts et même au besoin de leur en faire l'avance.

Le livre de M. Moreno est un peu décousu : cela tient, sans doute, à ce que les petits chapitres qui le composent ont paru d'abord sous la forme d'articles de journaux : on le dirait du moins. Les renseignements qu'il contient sont un peu sommaires. Ils pourront être utiles à ses compatriotes, mais les étrangers y trouveront moins d'intérêt que dans le livre d'une portée plus générale qui l'a précédé, el Obrero de Levito (L'ouvrier en redingote).

Ch. GIDE.

A. de **Lavergne** et Paul **Henry**, *La richesse de la France.* Paris, Rivière, in-8, 1908.

Voici un livre à placer sur les pupitres des membres du parlement, en leur demandant de le lire. Les auteurs qui l'ont écrit pensent, avec raison, que les budgets iront sans cesse en croissant ; mais ils veulent nous dire que le développement de la richesse nationale ne progresse pas avec une accélération égale à celle des charges fiscales.

Comment supputer l'ensemble des ressources de notre pays? On recourt à deux méthodes : ou l'on fait des évaluations directes, ou l'on estime d'après l'annuité successorale la fortune probable de tous les citoyens. La critique de cette seconde méthode est fort bien présentée dans le volume que nous analysons.

L'on apprend ensuite l'importance des revenus privés; la répartition géographique de la fortune en France; la répartition individuelle des fortunes et des revenus. Un dernier chapitre décrit les variations de la fortune privée au XIXe siècle. De tels éléments d'information ne sauraient être résumés. Nous aimerions parfois des statistiques un peu plus récentes. Les auteurs exposent les variations comparées des salaires et du coût de la vie au XIXe siècle. Que n'ont-ils pu s'avancer très près de 1908? Il y a eu des mouvements de prix très intéressants depuis 1905. L'enquête récente de M. Levasseur sur le renchérissement du prix des denrées alimentaires nous en est une preuve.

Quelques chiffres auraient pu être présentés avec plus d'esprit critique. Pour connaître la richesse de nos étables en 1850 et en 1900, il ne suffit pas de comparer deux totaux... un bovidé et un bovidé ne sont pas animaux identiques. Il faut tenir compte de la précocité plus grande des races actuelles et ainsi se convaincre de l'accroissement de la richesse des cultivateurs au XXe siècle par rapport au milieu du XIXe, par suite de la rotation plus rapide du capital-cheptel.

Le volume de MM. de Lavergne et Paul Henry est fort bien conçu, écrit avec une grande clarté, beaucoup de précision et de sincérité. C'est un livre très intéressant.

G. M.

Eugen Tarle, *Studien zur Geschichte der Arbeiterklasse in Frankreich während der Revolution.* Duncker et Humblot, 1908.

L'histoire économique de la Révolution française est l'objet d'actives recherches en France, et voici que les étrangers viennent à notre aide. M. Eugen Tarle, privat-docent de l'Université de Saint-Pétersbourg, a même l'ambition de nous donner une étude d'ensemble sur l'histoire des classes laborieuses en France de 1789 à 1799. Mais ce noble dessein n'a pas pu être réalisé. Après avoir lu un titre qui nous prépare à une étude générale, nous devons parcourir les quatre chapitres d'une monographie. Ils sont écrits d'après les documents des archives nationales et consacrés à la manufacture des Gobelins, de la Savonnerie, de Sèvres et de Beauvais. Des travaux nous avaient renseignés plus ou moins sommairement sur le sort de ces quatre fabriques royales qui devinrent ensuite nationales. M. Tarle apporte une plus grande précision que ses devanciers, et il faut lui savoir gré de sa contribution bien ordonnée et sérieusement documentée. Mais il faut reconnaître que l'étude d'ensemble sur le sort des travailleurs à l'époque révolutionnaire est encore à écrire. Que devinrent les nombreuses manufactures provinciales créées au xviii⁰ siècle? Le livre à rédiger devrait aussi étudier le sort des artisans à domicile. Les comités départementaux créés sur l'initiative de M. Jaurès pourront recueillir les documents qui jusqu'à ce jour font défaut, et de leur labeur collectif sortira l'ouvrage précis. G. M.

E. von Halle, *Die Weltwirtschaft,* III Jahrgang 1908. II Teil. Deutschland. Teubner, Leipzig, 1908.

La publication in-folio de M. von Halle, professeur à l'Université de Berlin, est faite en collaboration avec et des spécialistes et les élèves du séminaire. Elle permet de suivre les progrès les plus récents dans toutes les branches de l'activité économique de l'Empire : agriculture, industrie, banque y sont passés en revue. Cet inventaire raisonné de la richesse nationale est précieux à un double titre : il constitue un instrument de travail, et de plus il permet aux hommes d'action d'être renseignés sur les côtés économiques de leurs entreprises. Les universités françaises n'ont pas rendu jusqu'à ce jour de semblable service à notre pays. On ne peut que le regretter. G. M.

Martin Saint-Léon, *Histoire des corporations de métiers depuis leurs origines jusqu'à leur suppression en 1791.* Paris, Alcan, 1909.

M. M. Saint-Léon publie la deuxième édition de son histoire des corporations de métiers en France. La première parut en 1897. Les éloges qu'elle valut à son auteur sont aujourd'hui amplement justifiés par les nombreux emprunts que tous les historiens de nos anciennes institutions ont faits à

cet ouvrage. Les grandes qualités de forme : style sobre, clair, net ; la
sûreté, l'exactitude et la richesse de la documentation expliquent un succès
qui permet à l'auteur de revoir son œuvre.

En effet, depuis la première édition, des travaux importants d'histoire
économique ont été publiés ; des monographies d'histoire provinciale ont
enrichi notre littérature et M. M. Saint-Léon a remanié le chapitre III du
livre premier sur les origines de la corporation ; l'appendice aux quatre
premiers livres a été revu et augmenté. Les autres livres n'ont pas subi de
changements importants ; sauf le VIIe qui a trait à l'évolution de l'idée
corporative au xixe et au début du xxe siècles ; le présent et l'avenir.

Dans la dernière partie de son ouvrage M. M. Saint-Léon se montre aussi
bon juriste qu'historien informé. Il entreprend l'étude des questions délicates relatives aux syndicats et à leur fonctionnement. La jurisprudence
en cette matière a un excellent interprète et ceci explique à quel faible
M. M. Saint-Léon sacrifie lorsqu'il interrompt son exposé historique pour
donner un savant commentaire de la loi de 1884 et des projets de loi portant modification de ce texte. De la page 656 à la page 700, n'y a-t-il pas
rupture dans la trame, jusque là bien ordonnée, de l'ouvrage ?

Puis le juriste s'efface devant l'historien qui nous dit les différents aspects
du mouvement syndical depuis la loi du 21 mars 1884. Je regrette que dans
les paragraphes consacrés à la confédération générale du travail et au syndicalisme révolutionnaire (pages 706 à 746) M. M. Saint-Léon n'ait pas
recherché en dehors de Marx les influences qu'ont subies des esprits comme
Pelloutier et Sorel, Lagardelle, Berth, Griffuelhes... La lecture de Proud'hon
n'a-t-elle pas fortifié le désir de Pelloutier de faire sortir le mouvement
syndicaliste de toute combinaison politique ?

Le syndicalisme révolutionnaire a peut-être des caractères plus nuancés,
plus complexes que ceux dont M. M. Saint-Léon donne l'énumération
(p. 744 et 745). A côté de l'action directe, du boycottage, de l'antimilita-
risme, chers à la C. G. T., il faut relever dans les écrits de Sorel, de Berth,
de Lagardelle, de Griffuelhes des appels à l'énergie, à l'action efficace des
élites qui font des écrivains du mouvement socialiste (jusqu'en 1908) des
moralistes révolutionnaires. Le dégoût des habiletés du parlementarisme
provoque parmi eux une aspiration à la vertu prolétarienne... Il est vrai
que M. M. Saint-Léon aurait surpris bien des lecteurs s'il eût présenté Sorel
Berth, Lagardelle et d'autres comme les Saint François d'Assise du début
du xxe siècle !

Ce sont là, il est vrai, des critiques de détail qui ne doivent pas nous
faire oublier l'importance d'une œuvre qui se classe au tout premier rang
des ouvrages sur l'histoire économique de la France. La plupart de nos lecteurs ont compulsé la première édition. La nouvelle rédaction, plus complète que la précédente, mise à jour, fait grand honneur à l'auteur de
« L'histoire du campagnonnage », de « Trusts et cartells » ; ouvrages classés parmi les plus intéressants travaux de la littérature économique de
notre pays, dans ces dix dernières années.

GERMAIN MARTIN.

Dr G.-D. Creanga, *Grundbesitzverteilung und Bauernfrage in Rumænien.*
Ester Teil. Leipzig, 1907, 208 p.

Quand on a lu les 200 pages où M. Creanga a accumulé les faits et les
chiffres concernant la situation des populations rurales en Roumanie, on
s'explique les troubles agraires dont la Roumanie a été le théâtre au cours
de l'année 1907. Ces troubles sont nés et ils devaient naître fatalement à
un moment donné d'un besoin de révolte des masses paysannes contre la
façon dont est organisé là-bas le régime de la propriété foncière et pratiquée l'exploitation du sol.

Deux traits essentiels caractérisent la situation agraire de la Roumanie :
1° le fait que la masse des paysans n'a pas accès à la propriété, celle-ci
étant aux mains de grands propriétaires maîtres de véritables *latifundia ;*
2° le fait que ces propriétaires traitent avec des fermiers qui accaparent
les terres, constituant de véritables trusts et exploitant les paysans auxquels ils concèdent les lots morcelés à des conditions exorbitantes.

« Nous n'avons ni propriété ni sol à cultiver ; nous demandons de la
terre », tel a été le cri de guerre des paysans roumains au cours des soulè-
vements et des troubles de 1907.

Si on se reporte aux statistiques fournies dans l'ouvrage que nous analysons, la propriété se répartirait en Roumanie de la façon suivante :

3.153.645 hectares appartiendraient à la petite propriété de 1 à 10 hectares.

862.000 à la moyenne de 10 à 100 hectares.

3.810.351 à la grande au-dessus de 100 hectares.

En fait 900.000 paysans, pour la plupart chefs de famille, n'auraient pas
de terres à leur disposition.

Ces familles de paysans qui ne possèdent rien ou ne possèdent qu'une
quantité de terre insuffisante pour assurer leur subsistance sont réduites
à la combinaison suivante : louer quelques parcelles au propriétaire d'un
grand domaine. Mais cette location est pratiquée dans des conditions particulières. Le plus souvent le prix n'est pas fixé en argent. Le propriétaire
cède une certaine étendue de terre au paysan, à charge par ce dernier de
cultiver une autre étendue de terre pour le compte du propriétaire. Le
paysan paie sous forme de travail fourni, système qui se prête à tous les
abus, sans compter que le paysan doit commencer par le champ du maître
quitte à négliger celui qu'il a loué. (Le lecteur fera de lui-même le rapprochement avec le régime de la corvée dans l'ancienne France).

Ce système d'exploitation des populations rurales est encore aggravé là
où un intermédiaire se glisse entre le grand propriétaire et le paysan. Cet
intermédiaire, c'est le fermier, individu ou société. Souvent des étrangers et surtout des juifs se livrent à une opération lucrative. Ils accaparent
les terres d'une région en les louant aux grands propriétaires. A cet effet,
il s'est formé des trusts de fermiers. M. Creanga cite un trust qui, en
1905, détenait 159.000 hectares moyennant un fermage annuel de
2.800.000 francs ; un autre qui avait accaparé 30.800 hectares pour
525.000 francs ; on a constaté que dans certains districts, les domaines de

plus de 50 hectares étaient pour plus des trois quarts affermés par des
étrangers et des juifs.

La responsabilité d'un pareil état de choses incombe en grande partie à
l'Etat et aux établissements publics de toute espèce, car ce ne sont pas
seulement les particuliers gros propriétaires qui cèdent leurs terres aux
accapareurs, c'est l'Etat qui donne l'exemple et les établissements de bienfaisance notamment ne font que l'imiter.

Le paysan est obligé, dans ces conditions, de traiter avec ces fermiers qui
disposent de la plus grande partie des terres. Le fermier qui fait une spéculation' exige un prix de sous-location très élevé pour la parcelle qu'il
consent à céder, avec en supplément, stipulation de journées de travail à
fournir par le paysan sur les terres que le fermier exploite pour son
compte. (Combinaison identique à celle que réalise le propriétaire quand
il traite directement avec le paysan).

Nous avions raison de dire au début de ce compte rendu qu'on comprend
le soulèvement des populations soumises à un pareil régime. Le gouvernement a senti l'impérieuse nécessité d'une réforme agraire. Un manifeste
royal annonçait, dès mars 1907, les intentions du gouvernement. Depuis,
une série de projets de lois ont été élaborés. M. Creanga annonce qu'ils
feront de sa part l'objet d'une étude qui sera le complément de celle que
nous analysons ici. Rappelons seulement, quitte à y revenir plus tard en
détail, que les réformes proposées se ramènent aux points suivants :
1° interdiction des trusts de fermiers ; individus ou sociétés ne pourront
plus prendre en ferme plus de deux domaines qui ne doivent pas être
limitrophes et ne doivent pas dépasser une étendue de 4.000 hectares ;
2° interdiction du système dit *dijma ou tarla,* c'est-à-dire location d'un lot
au paysan avec obligation pour le paysan de fournir du travail au bailleur ;
désormais règlement en argent exclusivement ; 3° enfin, on prévoit la
constitution d'associations de paysans prenant un domaine à ferme et
l'exploitant pour le compte des associés, combinaison qui rappellera les
Affitanze collettive que nous avons eu l'occasion de signaler pour l'Italie.

Cet ensemble de mesures est de nature à modifier heureusement une
situation devenue intolérable pour les populations rurales de la Roumanie.   . Hitier.

Dr K. Jowanowitsch, assessor im Handelsministerium zù Belgrad
(Serbien). *Die Heimstætte oder die Unangreifbarkeit des lændlichen Grund-
besitzes.* Tubingen, 1908, 123 s.

Il y a dans la brochure du docteur Jowanowitsch, toute une partie qui
n'a pas la prétention d'apporter des éléments nouveaux sur la question.
C'est celle où l'auteur, analysant le mouvement législatif ou doctrinal qu'a
provoqué la question du Homestead, s'est attaché à donner des travaux
antérieurs une analyse consciencieuse. Cette analyse s'applique, notamment au point de vue législatif, aux lois américaines et prussiennes et aux
projets soumis en France, au parlement émanant de l'initiative gouverne-

mentale ou de l'initiative parlementaire; tels les projets Ruau, Léveillé et Lemire. Elle a le mérite d'être exacte. Je lui préfère, comme intérêt, l'analyse des conceptions doctrinales formulées par les économistes sur la question du Homestead, à cause de la méthode que M. Jowanowitsch a apportée à classer ces conceptions, distinguant celles qui visent à ne protéger qu'un minimum de propriété, sous la forme d'une ou plusieurs parcelles déclarées insaisissables, celles qui visent à défendre la moyenne propriété, celles enfin qui tendent à assurer certaines garanties à l'ensemble de la propriété foncière, quelle que soit l'étendue de celle-ci. On trouvera aux pages 40 et s., un excellent résumé de la littérature si abondante sur la question. Les conceptions de Buchemberger, Peyrer, Riepenhausen, Schneider, pour ne parler que de l'Allemagne, sont exposées dans leurs lignes essentielles.

Mais la partie la plus originale du travail de M. Jowanowitsch, c'est celle où il nous fait part de ses vues personnelles. Ce sont celles d'un adversaire déclaré de l'institution du Homestead. A l'en croire, il s'agit, sous un nom de baptême nouveau, de restaurer une vieille conception remontant au moyen âge en opposition avec toute l'évolution moderne qui condamne les restrictions apportées au droit de s'obliger et d'obliger son patrimoine.

Au fond, il fait sienne l'appréciation formulée par Gatti. « La reconstitution de la petite propriété est une idée fixe de la bourgeoisie. L'Anerbenrecht et le Homestead en témoignent. La vanité de ces expériences n'en sera pas moins mise en évidence »[1]. J. HITIER.

Paul Frézouls, *La théorie de la rente et son extension récente dans la science économique.* 1 vol. gr. in-8 de 318 pp. Montpellier, Firmin, 1908.

La science économique n'a connu pendant longtemps, en fait de rentes, que ces rentes différentielles des terres au sujet desquelles Ricardo avait développé une théorie fameuse. Mais ce renouvellement de l'économique qui s'est produit au cours des quarante dernières années ne nous permet plus de nous en tenir, sur la question de la rente, aux idées qui naguère étaient classiques. Il est apparu à un certain nombre d'auteurs — principalement des Anglais et des Américains — qu'il y avait lieu d'élargir l'extension du concept de la rente, qu'à côté de la rente ricardienne il y avait toute une série d'autres rentes. Et en même temps on s'efforçait, à la lumière des théories nouvelles de la valeur, de pénétrer mieux l'essence de la rente, de définir d'une manière qui fût tout à fait satisfaisante ses rapports avec les autres sortes de revenus, sa place dans le système général de la distribution. M. Frézouls a compulsé tous ces travaux récents sur la rente. Il en a extrait tout ce qu'ils contiennent de vues nouvelles. Mais il ne se borne pas à nous mettre au courant de ce qu'on y trouve. Son exposé est accompagné d'une critique perpétuelle, qui aboutit à des conclusions positives.

[1] Gatti, *Le parti socialiste et les classes agricoles. Revue socialiste,* 1898, p. 142.

C'est de là rente ricardienne, ainsi qu'il convenait, que M. Frézouls
s'occupe en premier lieu. Il détermine avec beaucoup de soin les conditions
qui doivent être réunies pour qu'elle prenne naissance. Il la décompose en
ces éléments multiples qui la forment, ou qui peuvent y entrer. Il examine
longuement s'il est vrai, comme on le dit communément, que cette rente
« n'entre pas dans les prix »; et après avoir discuté les objections qui ont
été formulées dernièrement contre cette thèse, il déclare que la formule
traditionnelle, convenablement interprétée, reste exacte, que la rente des
terres n'entre dans les prix que d'une manière indirecte.

A la suite de la rente du sol, M. Frézouls met les rentes industrielles, qui
sont analogues à celle-là : elles naissent en effet de ce que le coût de production, dans chaque industrie, varie d'un établissement à l'autre. Puis il
parle des « rentes de capacité », qui se distinguent des rentes foncières et
industrielles en ce qu'elles sont en quelque sorte attachées à la personne
de ceux qui les perçoivent. Il ajoute enfin à toutes ces rentes une dernière
catégorie, celle des « surplus subjectifs »; et il étudie ces surplus successivement dans l'économie individuelle et dans l'économie sociale. Un individu isolé, travaillant pour satisfaire ses besoins, se procurera — aussi
longtemps du moins qu'il n'aura pas atteint la marge de sa production —
plus d'utilité qu'il ne s'imposera de peine. Dans la société, celui qui achète
des biens — aussi longtemps qu'il n'aura pas atteint la marge de sa dépense
— les paie moins cher qu'il ne serait disposé, à la rigueur, à les payer : il
bénéficie de ce qu'on a appelé une « rente de consommateur ».

Jusqu'ici l'étude de M. Frézouls a été analytique. La deuxième partie de
son livre traitera de la rente en général. Il nous y dira notamment que la
rente se définit, par rapport à la théorie de la production, comme une
valeur dérivée, et par rapport à celle de la répartition, comme une valeur
sans coût. Il y distinguera encore les rentes proprement dites, lesquelles
doivent exister dans l'état idéal de l'équilibre économique, et les quasi-
rentes, lesquelles existent en attendant que cet équilibre s'établisse.

Le livre de M. Frézouls mérite de grands éloges. Il faut louer l'auteur
pour la connaissance parfaite qu'il montre de la littérature de son sujet.
Il faut le louer encore pour sa compréhension de la nature des problèmes
économiques, des difficultés que comporte la solution de ces problèmes,
et de la méthode par laquelle il convient de les traiter. Il sait très bien, il
dit en de très bons termes que l'économiste doit procéder par abstraction,
qu'il lui faut simplifier la réalité et raisonner sur des suppositions; qu'ensuite cependant il devra chercher à coordonner — dans la mesure du
possible — les vérités partielles qu'il aura obtenues de la sorte; que dans
l'économie, on se trouve presque toujours en présence de facteurs qui agissent et réagissent les uns sur les autres et que, comme il faut néanmoins
tout au moins à un certain moment de l'explication de la réalité, isoler
ces facteurs, les théories économiques présenteront souvent des apparences
de cercles vicieux (v. pp. 41, 62-63, 112-113). Il faut louer enfin M. Frézouls
pour sa subtilité et sa pénétration. Il en donne des preuves à chaque page.
Qu'on voie, à titre d'exemple, la note dans laquelle il indique que la rente
du sol suppose, entre autres conditions, que le travail et le capital sont en

quantité limitée (pp. 53-54); ou bien encore ce passage dans lequel il dit que l'homme primitif sentait l'utilité totale de ses biens plus que nous, et l'utilité marginale moins (p. 201).

Est-ce à dire que le travail de M. Frézouls ne prête aucunement le flanc à la critique? Je n'irai pas jusque là. Il ne m'est pas possible ici d'entrer dans la discussion des points de détail. Mais je doute qu'il convienne d'étendre le concept de rente autant que M. Frézouls l'a fait, d'appeler du nom de rentes des revenus comme ceux que certaines gens doivent à leurs capacités exceptionnelles, et qui — ainsi que M. Frézouls nous l'a fait remarquer lui-même — ne peuvent pas être capitalisés, et surtout des surplus comme celui du consommateur, qui consiste en utilité et ne constitue aucunement un revenu.

Tel qu'il est, le livre de M. Frézouls rendra de grands services à tous ceux qui voudront étudier la question de la rente, et les importantes questions qui se rattachent à celle-là. Et l'on doit féliciter son auteur de s'être intéressé aux problèmes de la science économique, que l'on néglige beaucoup trop en France. Adolphe LANDRY.

———

Joseph Harding Underwood, *The distribution of ownership (Columbia University Studies in political science,* vol. 28, n. 3). 1 vol. in-8 de 219 pp., New-York, 1907, 1 d. 50.

Le contenu de cet ouvrage répond assez peu au titre. Il n'y est guère question de la manière dont la propriété se distribue entre les individus, et plus généralement entre les personnes qui peuvent être propriétaires. Ce que l'auteur considère surtout, c'est la manière dont se partagent entre les individus d'une part, et d'autre part les collectivités organisées auxquelles ils appartiennent, ces droits multiples dont la réunion constituerait la propriété complète. Dans toutes les sociétés, les droits des individus sur leurs biens ont subi des restrictions légales. La propriété privée, partout, a été définie ou conçue comme la faculté d'user et de disposer des biens dans les limites indiquées par la loi. Elle n'est rien d'autre qu'un « résidu indéfini ». Et l'histoire de la propriété est l'histoire des variations quantitatives de ce résidu.

M. Underwood s'occupe d'abord de la propriété dans les temps anciens et de la propriété en Angleterre. Peut-être eût-il mieux valu qu'il ne le fît point. Il est permis de trouver que ce n'est pas assez de 18 pages pour traiter de la propriété dans les sociétés primitives et barbares, chez les Hébreux, les Hindous, les Grecs, les Romains et les Germains. Et ce n'est pas non plus assez de 43 pages pour raconter l'évolution de la propriété en Angleterre. Une étude aussi sommaire se comprendrait dans un manuel. Ou bien encore on pourrait l'admettre si elle servait à établir une thèse. Mais des deux chapitres que je viens de dire aucune idée générale ne se dégage, si ce n'est celle des perpétuelles variations du concept juridique de la propriété : et cette idée est de celles qui peuvent, aujourd'hui, se passer de démonstrations de ce genre.

Les six chapitres qui suivent sont consacrés à l'histoire de la propriété dans l'Amérique du Nord. M. Underwood y montre d'abord comment la propriété individuelle, dans son pays, a évolué pendant longtemps dans le sens d'un accroissement des droits du propriétaire. Et il passe en revue, successivement, cette propriété dont les hommes sont les objets, puis la propriété des terres, enfin la propriété « corporative », c'est-à-dire celle qui porte sur des représentations des choses. Il raconte comment s'est établi, après le demi-esclavage des « servants » blancs, l'esclavage des nègres. Il nous fait connaître ces lois qui ont assuré de mieux en mieux aux propriétaires la possession, l'usage et la disposition des terres. Il nous fait assister à l'apparition des sociétés industrielles et autres, à leur multiplication, à leurs progrès en indépendance et en puissance. Toutefois cette évolution dans le sens de l'individualisme à outrance devait être suivie d'une évolution en sens inverse. L'esclavage a été aboli. Les droits du propriétaire foncier subissent des restrictions. La propriété « corporative » en subit de son côté, du fait des *anti-trust-laws,* de la législation protectrice du travail, etc. Et des mouvements se dessinent, qui tendent à corriger la mauvaise distribution de la richesse, ou les effets de cette mauvaise distribution : c'est le développement des institutions publiques d'assistance et des services productifs publics, c'est la diffusion de la participation aux bénéfices et de la coopération sous ses deux formes, etc.

Les six chapitres que je viens de résumer contiennent beaucoup de faits, et sur un sujet qui a été moins étudié que d'autres. On aura intérêt et profit à les lire. On trouvera seulement que le plan n'en a pas été établi avec assez de soin — on ne voit pas, par exemple, pourquoi il est parlé des taxes successorales dans le chapitre qui traite des limitations de la propriété terrienne, plutôt que dans celui qui traite des limitations de la propriété « corporative » —. Et l'on peut regretter que M. Underwood se borne à raconter, qu'il ne cherche pas à expliquer comment il se fait qu'après avoir tendu longtemps vers l'individualisme extrême, on s'en écarte de plus en plus.

Dans sa conclusion, M. Underwood se réjouit de l'évolution à laquelle nous assistons. Il nous apprend qu'il n'est point partisan de la concurrence à outrance. Il nous donne à entendre qu'il trouve excessive la part que le capital prélève sur la production à laquelle il concourt, et qu'il n'approuve pas le caractère perpétuel de la propriété du capital. Ses conceptions sociales, toutefois, demeurent quelque chose d'assez vague. Quant aux facteurs sur lesquels il compte pour opérer ces transformations qu'il désire — et qu'il espère —, ils sont à la fois de l'ordre législatif et de l'ordre moral. Mais c'est surtout aux derniers qu'il paraît attacher de l'importance : la réprobation publique poursuivra de plus en plus l'acquisition et l'emploi égoïste de la richesse, la générosité « tempérera la propriété ». Peut-être, ici, M. Underwood fait-il preuve d'un peu trop d'optimisme.

Adolphe LANDRY.

Alphonse André, *Les retraites ouvrières en Belgique.* 1 vol. gr. in-8 de
373 pp. Paris, Giard et Brière, 1907. 6 fr.

Ceux qui admettent que le problème des retraites ouvrières ne saurait
être résolu sans l'intervention de l'État ont à choisir entre trois systèmes.
Le premier est celui du paiement des retraites aux ouvriers par l'État. Le
deuxième est celui des prélèvements obligatoires imposés aux ouvriers —
et à leurs patrons —, avec subvention de l'État. Le troisième est celui des
versements volontaires des ouvriers, ces versements étant majorés par une
contribution de l'État. M. André a étudié l'application qui a été faite en
Belgique de ce dernier système, qu'il appelle le système de la liberté
subsidiée.

Après avoir jeté un coup d'œil sur la législation antérieure à 1900, et
résumé les discussions de la commission nommée pour préparer une loi
nouvelle, M. André nous expose les principes du régime institué par la loi
du 10 mai 1900. Cette loi laisse les ouvriers libres d'effectuer des versements en vue d'une retraite ou de ne pas en effectuer. Mais elle les encourage à verser par la promesse d'une majoration ou prime qui est établie de
la manière suivante : l'État ajoute 60 centimes par franc pour chacun des 15
premiers francs versés par l'ouvrier. En même temps, des dispositions spéciales étaient édictées en faveur des ouvriers qui au 1er janvier 1900 avaient
entre 40 et 65 ans ; et une allocation annuelle de 65 francs était assurée aux
ouvriers âgés de 65 ans. Pour ce qui est de l'invalidité, la loi de 1900 ne
s'en occupe aucunement. Les invalides belges ne trouvent en leur faveur,
dans la législation de leur pays, que certain article d'une loi de 1865 ; à
moins que leur invalidité ne soit due à un accident du travail, auquel cas
ils bénéficient des dispositions d'une loi votée tout récemment, en 1903.

Grâce au concours de l'État — je néglige celui des provinces et de certaines
communes, qui est venu s'y ajouter, mais qui n'est pas très important —,
les conditions dans lesquelles les ouvriers belges peuvent se constituer
une retraite sont très avantageuses. Des versements annuels de 3 francs,
par exemple, faits depuis l'âge de 20 ans leur assurent, à 65 ans, une rente
de 172 francs si ces versements ont été faits à capital abandonné, et de
144 francs s'ils ont été faits à capital réservé. En 1906, le montant des
primes de l'État a été de plus de 4 millions, sans parler de 13 millions que
l'État a dû débourser pour les allocations de 65 francs.

C'est par l'intermédiaire des mutualités que sont faits la plus grande
partie des versements à la Caisse de retraite. La loi de 1900 a voulu encourager la formation de ces mutualités : en outre de la subvention proportionnelle dont j'ai parlé ci-dessus, elle décide qu'une prime annuelle de
2 francs sera allouée aux sociétés mutuelles pour chaque livret contenant
au moins 3 francs de versements. En 1906, les sociétés mutuelles qui ont
participé à la mise en œuvre de la loi de 1900 étaient au nombre de 5.478,
avec 543.000 membres environ.

Notons enfin qu'une propagande active est faite parmi les enfants afin
de développer chez eux la prévoyance, et que cette propagande donne des

résultats. Sur les 780.000 livrets émis jusqu'en 1905, 350.000 ont été créés alors que leurs titulaires étaient mineurs.

J'ai extrait du livre de M. André quelques-uns des faits qu'il contient. On trouvera dans ce livre des renseignements abondants et précis sur toutes les parties du sujet qui y est traité. Et par là il est fort instructif. Mais s'en dégage-t-il quelque conclusion en faveur de l'un ou de l'autre des systèmes que M. André a opposés dans son Introduction? Nous aide-t-il à trancher le débat entre les partisans de l'obligation et ceux de la liberté, puisque c'est là la question que l'on discute aujourd'hui en France? M. André, tout en évitant de se prononcer d'une façon catégorique, ne nous cache pas que l'expérience belge lui paraît être favorable à la conception qui l'a inspirée. Mais si l'on pose le problème d'une certaine manière, si l'on admet, avec M. André lui-même, que le point le plus important de beaucoup, c'est d'arriver à ce que les ouvriers aient une retraite et soient mis à l'abri du besoin dans leurs vieux jours, je doute que cette opinion doive être partagée par ses lecteurs. M. André estime à 2 millions le nombre des personnes susceptibles de bénéficier des primes que la loi de 1900 a instituées; en retranchant 325.000 personnes qui ont droit à une pension de retraite ailleurs qu'à la Caisse de retraite, il reste 1.675 000 individus. Le nombre des affiliés de la Caisse des retraites, cependant, était de 853.000 à la fin de 1906. Mais il faut déduire de ce chiffre ceux qui, après s'être fait donner un livret, ont négligé de verser régulièrement. Et en définitive, il apparaît qu'il y a quelque 600.000 personnes affiliées sérieusement, contre 1.075.000 qui n'ont pas de livret, ou qui ne versent pas d'une manière régulière, et qui pour la plupart, apparemment, sont destinées à ne pas avoir de retraite quand la vieillesse les atteindra.

                                        Adolphe LANDRY.

Anton von Kostanecki, professor an der Universitæt Freiburg in der Schweiz, *Arbeit und Armut.* Ein Beitrag zur Entwicklungsgeschichte sozialer Ideen, gr. in-8 (VI u. 210). Freiburg, 1909, Herdersche Verlagshandlung. 3 m. 50.

M. von Kostanecki s'attache, dans ce livre sur travail et pauvreté, à préciser l'évolution de la notion de pauvreté à travers l'histoire.

Dans un premier stade qui comprend le moyen-âge, le pauvre est celui qui vit de son travail, *mercenarii pauperes sunt,* répètent Thomas d'Aquin et Antonin de Florence. Le pauvre est donc l'individu sans fortune, sans capital. C'est la notion moderne, semble-t-il. Non. Car entre le moyen-âge et l'âge moderne, la notion de pauvreté se modifie et le pauvre n'est plus nécessairement celui qui est obligé de travailler pour vivre. Le pauvre c'est l'individu dont les revenus sont faibles, ou même insuffisants. Aussi les notions de pauvreté et d'assistance deviennent-elles connexes dans ce second stade, qui englobe toute l'époque mercantiliste et la première moitié du XIXe siècle. Et ici M. Kostanecki étudie en détail la littérature anglaise très riche sur cette matière. Mais à partir de 1850 les économistes joignent dans leur conception du pauvre les deux notions antérieures d'absence de capital et d'insuffisance de revenu. Le pauvre devient alors le prolétaire, et le prolétaire est celui dont l'insuffisance des revenus tient à ce qu'il n'a pas de fortune, à ce qu'il ne possède pas de capitaux. Le problème de la pauvreté cesse d'être un problème d'assistance : il devient la question sociale elle-même.

Telles sont les grandes lignes du livre original et très travaillé de M. Kostanecki. Son étude eût cependant gagné en intérêt s'il eût rapproché cette évolution des idées de l'évolution des faits et des formes économiques de la production et de la répartition. Il y a bien, semble-t-il, solidarité entre l'évolution de la richesse et l'évolution des idées relatives à la pauvreté dans les trois stades distingués par M. Kostanecki.

Jean LESCURE.

E. Schwiedland, *Probleme der erwerbenden Jugend* (Problèmes de la jeunesse ouvrière). Vienne, Manz, édit.

La psychologie de l'adolescent présente des traits caractéristiques, et il importe de les connaître pour en tenir compte dans les organismes sociaux. Toutefois, il se fait encore un véritable trafic des adolescents dans les classes pauvres, et l'abandon moral, dans lequel ils se trouvent depuis leur sortie de l'école primaire jusqu'à leur admission au service militaire, a sa répercussion dans les statistiques de la criminalité. Tandis que la proportion des condamnés *adultes,* en Autriche, décroît (de 21,54 par 1.000 en 1880 à 18,09 en 1905), celle des *adolescents* de 14 à 20 ans passe de 20,10 à 21,25 ; l'augmentation est plus grande encore pour le groupe de 10 à 14 ans : 2,34 à 4,37 sur 10.000 ; et la statistique démontre que l'accroissement porte sur les délits graves contre les mœurs, contre le vol et contre les actes de violence. Enfin, la condamnation, loin d'être un remède, dévoie plus sûrement les adolescents. Il faut donc modifier le milieu dans lequel ils se trouvent plongés.

Abordant la partie constructive de son étude, M. Schwiedland observe d'abord que le *choix de la profession* se fait de façon maladroite. Les parents sont d'ailleurs mal renseignés.

La première chose à faire est donc d'intervenir dans le *choix rationnel d'une profession.* L'orateur résume les diverses mesures prises dans ce but dans les principaux pays (cpr. Lambrechts, *La capacité de concurrence des artisans.* Bruxelles, p. 15 et suiv., p. 28, p. 280). Ce choix doit être rationnel, non seulement au point de vue économique, mais encore en considération de la constitution physique des sujets.

Vient ensuite l'organisation du *placement des apprentis,* en vue duquel il faut engager les syndicats, les administrations publiques et les pédagogues. Chaque localité de plus de 10.000 habitants devrait avoir son bureau de placement spécial pour apprentis, et ces bureaux devraient être reliés par des organismes régionaux et centraux.

Lorsque cela sera fait, il sera aisé de faire fonctionner les *logis pour*

adolescents ouvriers (Jügendheime). On y distinguera : 1° l'asile, qui recueillera temporairement les apprentis sans place, moralement abandonnés ou
soustraits à la puissance paternelle par autorité de justice ; 2° la maison de
famille pour les apprentis ; 3° celle pour les jeunes ouvriers.

La création de ces instituts s'impose dans toutes les villes. C'est aux pouvoirs publics à assurer cette charge ; les frais de séjour proprement dits
pourraient être supportés par la famille de l'apprenti et par le patron.

Somme toute, il s'agit ici d'établissements ayant un caractère mixte,
participant de l'hôtel-garni et du pensionnat. Le but éducatif doit cependant dominer : il y faut des bibliothèques, des salles de lecture et de
dessin ; mais aussi des salles de récréations et de jeux, pour soustraire les
apprentis à la rue, où l'insuffisance des logements actuels les pousse infailliblement.

De ces instituts devrait émaner un certain *contrôle sur les apprentis* :
intervention dans le choix du patron, dans les conclusions du contrat, surveillance de la conduite des apprentis et des agissements du patron, tout
un ensemble de mesures protectrices que M. Schwiedland groupe dans le
terme de *patronat* et qui s'étendrait, le cas échéant, jusqu'au vêtement.

Comment occuper le temps libre des apprentis et des jeunes ouvriers ? Il
faut créer pour eux des *patronages (Jugendhorte),* sorte de clubs destinés à
la récréation, aux sports, aux amusements intellectuels, etc. De ces patronages, où la direction appartient à des personnes bienveillantes, M. Schwiedland distingue les *associations (Jugendvereine)* que les jeunes gens dirige-
raient eux-mêmes, sous la tutelle discrète d'un président. Cette éducation
de l'initiative personnelle convient parfois aux jeunes ouvriers ; le patronage serait dans ce cas réservé aux apprentis.

Il est important de faire dans cette jeunesse *l'éducation du citoyen.* Des
cours spéciaux, organisés dans ce but à Berne et à Munich, donnent les
meilleurs résultats. Appliquant ce programme à l'Autriche, M. Schwiedland
propose l'enseignement de l'histoire nationale, régionale et locale, donné
en vue de mettre en évidence la nécessité des vertus civiques, des relations
de confraternité, et d'apprendre comment l'Etat protège les droits de chacun.

Chacune des institutions qui groupe la jeunesse devrait avoir sa *caisse
d'épargne,* en vue de stimuler l'épargne par une application plus directe des
tontines, primes, etc.

L'organisation de *récréations* pour les jeunes ouvriers sous forme de *réunions générales les dimanches et jours de repos* devrait être systématique :
séances musicales, littéraires, dramatiques.

Au point de vue de la santé, il faudrait organiser la *visite médicale périodique,* et combattre par tous moyens l'usage du *tabac* et de l'*alcool.*

Il y a lieu également d'établir des *colonies de vacances* pendant l'été, et
des maisons spéciales pour convalescents.

Les Codes pénal et industriel se sont préoccupés d'assurer la défense des
adolescents. Il est non moins important de leur donner des notions pratiques du droit, et d'établir des *bureaux de consultation gratuite.*

Des écoles spéciales devraient être créées pour la formation professionnelle des servantes de cuisine et d'économie domestique.

Ce programme aura peut-être quelque importance pratique, M. Schwied-land ayant été chargé par le nouveau Ministère du Travail autrichien d'orga-niser un service en faveur de la jeunesse ouvrière *(Wohlfahrtspflege der erwerbenden Jugend)*. Son programme suffit en tout cas pour entraîner une campagne de réformes.   H. L.

S. Mony, *Étude sur le travail.* 3e édition revue, t. I, 1 vol., 372 p. Paris, Hachette, 1909.

C'est une étude de morale, beaucoup plus que d'économique. Elle a pour-tant plusieurs intérêts pour l'économiste. D'abord elle est l'œuvre d'un ancien patron, qui dirigea très longtemps l'exploitation houillère de Commentry, et elle représente assez bien le corps d'opinions qui régnait, il y a trente ans (la troisième édition est de 1885), chez les grands industriels. C'est, dans l'ensemble, un mélange des principes de l'économie politique libérale avec des idées morales et religieuses; pour défendre la famille, la propriété, la liberté du travail, contre les attaques socialistes, alors à leur début en France, l'auteur fait constamment appel aux textes sacrés. Aussi son libé-ralisme est-il largement tempéré d'humanisme. Il est de ceux qui ont rêvé la paix industrielle, et qui l'ont cru possible; il s'élève contre les grèves, mais il constate pourtant les débuts, dès 1860 en Angleterre, de ce régime de lutte organisée que nous voyons s'épanouir aujourd'hui, où les patrons répondent aux coups par des coups et opposent aux grèves les *lock-outs*.

Mais le livre n'est pas qu'un document intellectuel : il contient des faits d'expérience personnelle. Le chapitre XI sur le budget des ouvriers, et la monographie d'un mineur de Commentry qui forme l'un des appendices sont à signaler. Il faut attendre le second volume pour porter sur le livre un jugement d'ensemble; dès maintenant on peut dire avec M. Leroy-Beaulieu, qui a écrit une lettre-préface que « c'est à coup sûr un livre de bonne foi ».   René Maunier.

Georg Simmel. *Soziologie. Untersuchungen über die Formen der Vergesells-chaftung.* 1 vol., 775 p. Leipzig, Duncker et Humblot, 1908.

Ce qu'a d'excellent la sociologie de M. Simmel, c'est qu'elle est moins une philosophie qu'une méthode. Cet auteur ingénieux et subtil se repré-sente nettement l'objet propre et les procédés de la sociologie; et son livre, loin d'être une théorie générale de la vie sociale, ne fait qu'appliquer sa méthode à un certain nombre de questions particulières.

Il définit d'abord le domaine de la sociologie. Celle-ci n'a pas du tout pour fonction de connaître les *faits* dont l'ensemble constitue la vie sociale, car ceux-ci constituent déjà l'objet d'étude des sciences sociales particu-lières; si la sociologie devait étudier la *matière* de la vie sociale, elle n'aurait donc pas d'objet propre. Ce qu'elle a à faire c'est d'étudier les *formes* générales de la vie sociale; autrement dit, de décrire et d'expliquer les modes suivant lesquels les hommes s'associent, sans tenir compte des fins politiques, économiques, etc., en vue desquelles les hommes se groupent. On devra faire exprès de dégager ce qu'ont de commun les groupements fondés dans des buts différents ; on obtiendra ainsi des phénomènes généraux qu'ils présentent tous, phénomènes absolument indépendants des fonctions particulières de chaque groupe ; on remarquera ainsi que dans *tout* groupement se produisent une supériorité et une subordination, une concurrence, une différenciation, etc., ou que l'importance quantitative des groupements, leur étendue spatiale, entraînent toujours certains effets *sui generis.* Ce sont ces phénomènes abstraits qui constituent l'objet de la sociologie ; celle-ci est ainsi *la science des formes sociales, de leurs causes et de leurs effets* [1].

M. Simmel a ainsi étudié, dans des travaux antérieurs, un certain nombre de ces formes, et il réunit dans ce livre l'ensemble de ces études. Ce sont des études sur la *quantité des groupes,* sur la *supériorité* et la *subordination,* la *concurrence,* le *secret* et la *société secrète,* l'*entrecroisement des cercles sociaux* [2], la *pauvreté,* la *conservation des groupes* [3], l'*espace social,* enfin l'*agrandissement des groupes et la formation de l'individualité.*

L'étude sur la supériorité et la subordination est un bon exemple de la méthode de l'auteur [4]. Ces deux phénomènes affectent des formes générales, qui ont chacune leurs effets caractéristiques. La subordination d'un groupe à un individu est quelque chose de très différent de la domination d'un groupe par un groupe : la domination d'un groupe par plusieurs groupes modifie encore plus gravement les caractères qu'affectent les rapports entre dominants et dominés ; le subordonné est ici beaucoup moins dépendant que lorsque son maître est un individu. Enfin la subordination à un idéal, à des principes, rapproche encore plus l'inférieur du supérieur, en tant qu'elle fait du supérieur lui-même un subordonné à quelque chose qui le dépasse. Et à mesure que les cercles sociaux se multiplient et s'entrecroisent, la position du subordonné gagne aux dépens de celle du supérieur ; car le supérieur dans tel groupe devient subordonné dans tel autre, le riche propriétaire devient simple soldat, et il pourra avoir son métayer pour caporal, etc., dès lors, la distance entre eux diminue. Toutes ces considérations sont développées par M. Simmel avec beaucoup d'ingéniosité, et illustrées de nombreux faits.

Les autres études sont du même genre. Les résultats de plusieurs d'entre

---

[1] Le lecteur français trouvera un exposé plus détaillé, de M. Simmel lui-même, dans la *Revue de métaphysique et de morale,* t. II.

[2] Voir *Soziale Differenzierung (Forschungen* de Schmoller, 1890 ; résumé en français par M. Simmel (*La différenciation sociale,* in *Revue internationale de sociologie,* 1894).

[3] Voir G. Simmel, *Comment les formes sociales se maintiennent (Année sociologique,* I).

[4] Parue en résumé dans l'*American Journal of Sociology* de 1896. D'autres études de M. Simmel ont paru dans la même revue, mais les études que contient le présent livre n'en sont pas la reproduction pure et simple, et leur ajoutent d'importants développements.

elles sont déjà bien connus, et passés dans la circulation ; ainsi de celles sur la différenciation sociale, sur la quantité des unités sociales [1], et sur l'élargissement social. Les effets mentaux de ces formes sociales sont surtout mis en lumière : M. Simmel fut un des premiers à montrer que l'agrandissement des cercles sociaux libère la pensée individuelle du poids de l'opinion publique, et que la différenciation croissante des groupes a le même résultat. Les économistes trouveront dans son livre, outre ces propositions dont l'importance pour eux est évidente, de fines réflexions sur le rôle de l'ornement (p. 365 et suiv.), sur l'échange (p. 592-595), sur les conséquences de l'économie monétaire [2] (p. 746), qui touchent quelquefois à la fantaisie, mais peuvent fournir des suggestions utiles.

La place nous manque pour critiquer, comme il le faudrait, la conception méthodologique de M. Simmel [3]. Il nous paraît qu'elle restreint le domaine de la sociologie à ce qui n'est qu'une partie de son objet, la plus importante il est vrai. Il n'est pas exact de dire que la matière de la vie sociale soit, tout entière, embrassée par les sciences sociales particulières ; il reste à découvrir les rapports concrets qui existent entre les divers phénomènes étudiés par les diverses sciences spéciales. Ainsi la sociologie économique, par exemple, n'aura pas seulement à décrire, comme le voudrait M. Simmel, les formes les plus générales qu'affectent les institutions économiques et qui leur sont communes avec les autres institutions sociales ; mais elle devra aussi déterminer quels rapports les phénomènes économiques soutiennent avec les phénomènes juridiques, moraux, religieux, esthétiques. Cette étude concrète, s'opposant par son objet comme par sa méthode à l'étude des formes sociales abstraites, en est le complément nécessaire, car s'il importe que la sociologie ait un objet qui lui soit vraiment propre, il faut aussi que cet objet ne soit pas constitué uniquement par de pures abstractions de l'esprit. René MAUNIER.

G. Müller, *Die chemische industrie.* 1 vol. 488 p. Leipzig, Teubner, 1909.

La collection dont fait partie ce livre a été instituée à des fins pratiques ; comme les précédents, celui-ci est surtout un manuel à l'usage des industriels et des techniciens. C'est un défaut, en ce sens que les faits bruts y sont offerts sans que des questions leur soient méthodiquement posées ; mais c'est une qualité aussi, en ce que cette pure description cherche à être exhaustive ; elle n'exclut systématiquement aucun fait. Parce qu'elle met tous les faits sur le même plan, elle les retient tous. C'est pourquoi il ne faut point lui reprocher de ne pas nous donner le travail tout fait ; cela même a ses avantages.

C'est seulement de l'industrie chimique en Allemagne qu'il y est ques-

---

[1] Cf. Bouglé, *Les idées égalitaires*, 2e édit. 1907, 2e partie, ch. I et III.
[2] Cf. sa *Philosophie des Geldes*, 2e édit., 1907.
[3] V. d'ailleurs l'étude de M. Bouglé dans son livre sur les *Sciences sociales en Allemagne*.

tion ; d'abord en général, puis considérée dans ses différentes branches'
L'étude générale est celle qui contient les renseignements d'ordre économique : statistique des productions, commerce avec les différents pays,
profits moyens, état des cartells et syndicats, enfin, législation ouvrière,
douanière et fiscale. Les chapitres consacrés aux différentes branches de
l'industrie ont un caractère principalement technique ; les procédés de
l'industrie y sont exposés, les réactions chimiques sur lesquelles ils se fondent sont analysées. On trouvera pourtant, dans cette seconde partie, des
chiffres sur la production et le commerce des diverses matières premières.
Les renseignements sur les cartells sont peut-être les plus intéressants ; sur
385 cartells comptés en Allemagne en 1905, il y en avait 46 pour l'industrie
chimique. Certains de ces cartells ont plus de soixante ans de date ; la plupart sont postérieurs à 1890; ils ont des fonctions différentes selon les
industries. Au total, ce qui définit pour l'auteur l'industrie chimique allemande, c'est que ses différentes parties, au lieu de s'être développées inéga-
lement comme dans les autres pays, forment un système très cohérent dont
toutes les parties s'impliquent ; c'est ce qui fait que les cartells ont pu s'y
développer très facilement.

Le livre contient une bibliographie. Celle-ci n'est pas complète ; il faut y
ajouter, pour l'industrie de l'acide sulfurique, le livre récent du Dr Ellinor
Drösser : *Die technische Entwicklung der Schwefelsäurefabrikation (Technisch-
volkswitschafstliche Monographien*, Bd IV, Leipzig, Klinkchardt, 1908).

René MAUNIER.

G. Leclerc, *La juridiction consulaire de Paris pendant la Révolution*. 1 vol.,
421 p. Paris, Plon-Nourrit, 1909.

L'institution des juges-consuls, ancêtre de notre tribunal de commerce,
est assurément de celles dont il est le plus curieux de suivre l'histoire pendant la Révolution ; car, parmi les institutions de l'ancien régime elle avait
un caractère tout spécial, qui la prédestinait à un sort différent. Les autres
institutions étaient nettement des privilèges; celle-ci était plus composite·
D'une part, c'était bien un *corps,* et un corps déjà ancien, — il datait de
1563 — qui avait comme les autres ses traditions et ses privilèges ; un corps
aussi qui servait les intérêts d'une classe professionnelle, la classe marchande, et par là même d'un *ordre ;* la Révolution avait donc contre lui
tous les motifs d'hostilité qu'elle avait contre les juridictions privilégiées
de la noblesse et du clergé. Mais, par ailleurs, ce corps était constitué d'une
façon bien spéciale; issu de l'élection, « il tirait sa force du peuple lui-
même ». Il répondait aux aspirations de la bourgeoisie, comme y répondra
la Révolution elle-même ; de ce point de vue, il était même un signe pré-
curseur et une pierre d'attente de la Révolution issue du tiers-état, une
première expression gauche de l'indépendance de la bourgeoisie ; l'autonomie judiciaire préparait l'autonomie politique.

Il n'est donc pas étonnant que les juges-consuls aient pris une part active
aux événements qui préparèrent 1789 ; et c'est pour ces raisons que la

Révolution, dans sa manie de tout détruire, devait laisser subsister la juridiction des consuls, non sans la transformer profondément.

Tel est l'intérêt de l'histoiré que nous raconte M. Leclerc. Celui-ci, qui est juge au tribunal de commerce, a fait des recherches très complètes ; il n'a pas négligé de décrire la vie extérieuie de la compagnie des juges-consuls, ses traditions et ses usages ; et par là il trouve l'occasion de nous livrer des renseignements intéressants sur les mœurs et l'esprit de la classe marchande à la fin du xviiie siècle, sur sa vie quotidienne et ses rapports avec les autres classes. On y voit ainsi que les marchands habitaient presque tous la maison où était leur commerce, et qu'à la fin du xviiie siècle commençait pourtant à se répandre chez eux la mode des maisons de plaisance. Selon l'esprit général de la société d'alors, le consulat formait, dans la classe marchande, une sorte de noblesse. Le rôle de cette dignité en ce qui concerne le marchand a bien changé aujourd'hui ; c'est plutôt une sorte de réclame, analogue aux grands prix et aux « hors concours » des expositions.

Les péripéties qui marquèrent l'histoire de l'institution pendant la tourmente n'ont en somme qu'un intérêt historique ; car la juridiction des consuls, devenue en 1791 le tribunal de commerce, en devait sortir intacte. Et c'est par ce dernier trait encore que son histoire mérite l'attention ; elle témoigne que la Révolution n'avait pas eu la puissance de détruire ce qui répondait à des besoins profonds, et qu'elle était nécessitée à continuer, sur bien des points, la société même qu'elle avait pour fin de renverser.

René MAUNIER.

Dr Richard Finck, *Das Schulze Delitzsch'sche Genossenschaftswesen und die modernen genossenschaftlichen Entwicklungstendenzen.* 1 vol. 372 p. Iéna, Fischer, 1909.

Cette thèse de doctorat — dont le titre est bien allemand — est d'un intérêt un peu spécial. C'est une histoire détaillée des associations de crédit populaire en Allemagne. Nous distinguerons, dans cette histoire compliquée et que l'auteur ne simplifie guère, trois stades. Le premier est celui de l'émiettement ; une multitude d'associations locales sans lien permanent entre elles se partagent le crédit. Le second stade est celui de la centralisation ; ces sociétés se fédèrent et constituent une caisse centrale à fonctions diverses. Le troisième stade est le stade contemporain ; il se définit par ce fait que des forces extérieures viennent collaborer à l'œuvre des anciennes associations de crédit, et en quelque sorte les concurrencer sur leur terrain. C'est d'abord l'Etat, et ce sont surtout les sociétés coopératives de consommation, les sociétés d'artisans, enfin les banques par actions. L'auteur définit le rôle de ces divers organismes. Son étude, très détaillée et qui nous semble compétente, témoigne du caractère de plus en plus complexe de l'organisation du crédit populaire en Allemagne.

René MAUNIER.

E. Duplessix, *L'organisation internationale.* 1 vol., 151 p. Paris, Larose, 1909.

Dans un précédent livre sur *La loi des nations,* l'auteur avait exposé des projets de traités ayant pour but la formation d'une société des nations, avec un droit commun et un pouvoir distinct. Il présente dans le livre que nous signalons maintenant, la théorie de cette organisation internationale. Il ne croit pas que l'arbitrage soit une institution viable; la paix entre nations sera assurée, non par un simple *pouvoir judiciaire* isolé, mais partout un complexus d'institutions juridiques et politiques constituant vraiment une *société.* L'idée est intéressante; mais on ne crée pas une société de toutes pièces, comme le croit trop facilement l'auteur, qui règle en détail le fonctionnement de la société internationale (siège social, durée, organisation des pouvoirs, etc.). L'arbitrage conserve, sur tous ces nouveaux projets de paix perpétuelle, une supériorité : c'est d'être une réalité.

René Maunièr.

———

Pacificus, *Sociétisme.* 1 vol., 211 p. Lyon, Georg, 1909.

Collection d'articles de journaux, de vulgarisation très élémentaire. Il y est traité de sujets fort divers : patrons et ouvriers, la participation aux bénéfices, le salaire, le syndicalisme, la coopération, etc. Un chapitre sur la solidarité était inévitable. Le livre se termine par deux plans de réforme sociale ou « sociétiste » qui sont destinés à assurer le bonheur social. Nous souhaitons bien sincèrement qu'ils y parviennent.

René Maunier.

———

Michael M. Davis, *Psychological interpretations of society. Studies in history, economics and public law edited by the Faculty of Political science of Columbia University.* vol. XXXIII, n. 2, 1 vol., 260 p. New-York, Columbia University, 1909.

Depuis quelque temps se manifeste en Amérique une tendance à traduire les phénomènes sociaux en termes psychologiques : le livre récent de M. Ross (*Social psychology*), celui de M. Cooley (*Social organisation*) et le présent livre en sont des expressions. M. Davis étudie les différentes conceptions qu'on peut se faire de la vie sociale envisagée comme un phénomène de conscience; mais la plus grande partie de son travail est consacrée à la théorie de Gabriel Tarde.

Une interprétation psychologique inconsciente du fait social est déjà renfermée dans cet axiome populaire que « la société doit correspondre à la nature humaine », ou encore dans l'explication que Smith donnait de la circulation économique par le penchant à échanger. Et avant même la constitution de la sociologie, les philosophes ont tous plus ou moins conçu la société comme un système d'états de conscience, comme une idée; mais surtout de nombreux sociologues ont tenté d'expliquer l'unité qui caractérise toute société par des causes d'ordre mental. Les uns s'en tirent en postulant l'existence d'un « caractère national », d'une « psychologie des peuples »; c'était la position de Lazarus, comme c'est celle de M. Fouillée. La sociologie biologique, au contraire, explique l'unité sociale d'une façon objective et matérielle, en la représentant comme analogue à celle d'un organisme. D'autres enfin affirment l'existence d'une « conscience de l'espèce » (M. Giddings) et même, comme M. Durkheim, d'une conscience sociale, distincte des consciences individuelles. M. Tarde, enfin, cherchait la cause des similitudes sociales dans la généralisation, par voie d'imitation, des initiatives individuelles. C'est cette dernière théorie que M. Davis examine dans le détail; tout en repoussant l'attitude de M. Durkheim, auquel il reproche un « réalisme médiéval », il fait d'assez nombreuses critiques à la théorie de Tarde : l'unité sociale doit bien être interprétée comme un produit d'initiatives individuelles, mais la façon dont elles agissent et se combinent pour former un esprit de groupe est plus complexe que le processus exposé par Tarde. Il reste pour l'auteur que celui-ci a ouvert la véritable voie que la sociologie doit suivre, sous peine de dégénérer en une métaphysique.

René MAUNIER.

P. **Follin**, *Le contrat de travail et la participation aux bénéfices. Guide pratique de législation et de jurisprudence.* 1 vol., 235 p. Paris, Dunod, 1909.

Les lois ouvrières se multiplient et se compliquent, en sorte qu'il devient de plus en plus difficile aux industriels de connaître le droit qui les régit. C'est pour eux qu'a été écrit ce livre.

L'auteur, qui paraît connaître le monde industriel, se plaint de l'ignorance juridique fréquente des hommes d'affaires, visés pourtant aujourd'hui par tant de textes.

La fin pratique de ce livre en explique la composition ; ce n'est pas un exposé dogmatique, mais un manuel du droit ouvrier à l'usage des patrons ; il énumère les diverses questions qui se posent, et donne sur chacune d'elles, outre les textes, d'assez nombreux extraits de jugements ; un index rend les recherches faciles. La plus grande partie du livre est consacrée à la participation aux bénéfices ; elle contient des calculs et un graphique relatifs à la détermination du bénéfice d'entreprise.

René MAUNIER.

C. **Kindermann**, *Volkswirtschaft und Staat.* 1 vol., 128 p. Leipzig, Quelle et Meyer, 1908.

Exposé d'ensemble, d'allure élémentaire, des rapports entre l'Etat et la vie économique. D'une part, l'organisation économique sert aux fonctions traditionnelles de l'Etat ; elle détermine l'organisation des finances publiques. D'autre part et surtout, l'Etat tend à réagir directement sur le système économique. L'auteur classe ces actions de l'Etat sous trois chefs : intervention directe de l'Etat (l'Etat se faisant lui-même producteur) : intervention indirecte par réglementation générale de l'industrie; intervention indirecte par réglementation spéciale de certains travaux. Sur tous ces points, il donne des vues d'ensemble, avec des faits surtout empruntés à l'Allemagne. Le livre contient un certain nombre de tableaux relatifs à la fortune publique (domaines et impôts) des différents Etats allemands, aux chemins de fer et au commerce extérieur des grands pays. Le tableau vraiment intéressant est relatif à la statistique des *Rentengüter* depuis 1891.

René MAUNIER.

Dr Sigmund Nagorski, *Das Rechtsverhæltnis des unehclichen Kindes zu seinem Erzeuger.* 1 vol. 173 p. Zurich, 1908.

Les rapports d'obligation que la société reconnaît entre l'enfant naturel et son père sont de ceux qui traduisent le mieux la constitution de la famille. L'auteur les étudie dans l'histoire et dans le droit actuel comparé. Il constate que la situation des enfants illégitimes n'a cessé de s'aggraver depuis le droit germanique jusqu'au code civil ; ce n'est que récemment qu'on a tendu à leur 'donner, dans la famille du père, une place large. L'auteur se contente d'une étude descriptive, et ne se demande pas comment il se fait que, tandis que le mariage légitime produit la filiation en ligne paternelle, l'union sexuelle dépourvue des formalités légales produit la filiation utérine, et qu'ainsi un très vieux type familial se trouve partiellement survivre dans le droit moderne. L'enfant naturel n'a eu pendant tout le moyen-âge de droits que vis-à-vis de la famille de sa mère; comme à Rome, la conséquence d'une union irrégulière et inférieure est la transformation de la filiation paternelle en filiation maternelle. Cela semble dénoter qu'il y a eu un moment où la famille utérine a tenu, dans les droits romain et germanique, une certaine place, puisqu'on en retrouve des traces jusque dans des types familiaux bien supérieurs.

René MAUNIER.

J. Valdour, *La vie ouvrière : observations vécues.* 1 vol., 278 p. Paris, Giard et Brière, 1909.

Observer la vie ouvrière ne suffit pas pour la connaître : il faut la vivre, dépasser les milieux externes pour pénétrer les états internes qu'ils produisent, faire en quelque sorte la psychologie de l'ouvrier. Dans ce but, l'auteur s'est fait ouvrier tisserand et ouvrier teinturier à Roanne, ouvrier de tréfilerie à Lyon, figurant de théâtre à Paris; et il tâche de dégager la physionomie de ces milieux si divers, sans qu'il paraisse bien s'être assimilé ces divers rôles qu'il voulait revêtir : ses impressions restent moins suggestives que ses descriptions : on ne change pas aussi facilement que cela de personnalité. L'auteur nous présente un certain nombre de types d'ouvriers ; ses portraits ne sont pas flattés. Son livre contient nombre de faits utiles, et aussi d'observations ingénieuses. Pour les premiers, notons ce que dit l'auteur des effets du machinisme sur l'ouvrier (p. 81), de l'hérédité des professions ouvrières (p. 50), du maintien en fait du livret ouvrier par les patrons malgré la loi (p. 40). Comme réflexions particulièrement heureuses, signalons ce qui est dit de l'influence de la vie des ouvriers sur leur notion du temps (p. 55, 128), et de la façon dont la vie de fabrique prépare l'ouvrier à l'habitude des réunions publiques (p. 83). L'auteur a surtout raison d'observer que la « classe ouvrière » est en réalité une superposition de classes sociales profondément distinctes : le « grand soir » pourrait bien profiter à la bourgeoisie ouvrière comme la Révolution de 89 a profité au Tiers-Etat. Une bourgeoisie chasse l'autre, et ainsi les révolutions n'interrompent qu'en apparence la continuité de l'évolution.

René Maunier.

Karl Pearson, *Über Zweck und Bedeutung einer nationalen Rassenhygiene für den Staat.* 1 br., 36 p. Leipzig, Teubner, 1908.

M. Pearson est, après Galton, de ceux qui ont contribué à fonder une « eugénique », ou science et art de l'amélioration de la race humaine. Il esquisse ici l'histoire de cette discipline, et en marque l'importance sociale et politique. Il livre un certain nombre de recherches sur l'hérédité des qualités intellectuelles : les tableaux qu'il donne à cet égard sont des plus significatifs et confirment les recherches de Jacoby et Candolle sur les familles de savants. M. Pearson insiste de même sur l'hérédité des maladies et sur celle du crime ; il observe d'ailleurs que les premiers enfants d'une famille subissent beaucoup plus l'influence de l'hérédité que les tard venus, le pli héréditaire est de moins en moins agissant à mesure que la descendance est plus nombreuse et par suite plus tardive. Les nombreuses familles seraient ainsi un moyen de libérer relativement les individus des tares transmises : c'est un avantage autrement sérieux que beaucoup de ceux qu'on invoque d'ordinaire en leur faveur.

René Maunier.

Charles de Zuttere, *Office du travail du royaume de Belgique. Enquête sur la pêche maritime en Belgique. Première partie : étude économique de la pêche maritime.* 1 vol., 634 p. Bruxelles, Lebègue, 1909.

En même temps que parvient à sa fin la considérable enquête sur les industries à domicile en Belgique, s'ouvre celle-ci, qui porte sur une industrie à caractère très spécial, mais dont l'importance en Belgique est considérable. Le plan même de cette enquête ressemble à celui de l'enquête sur les industries à domicile ; d'abord l'étude des milieux (physique, démogra

phique, économique, moral et social); puis l'étude économique de l'industrie, qui remplit tout ce volume.

Nous classerons les faits qui nous y sont livrés sous quatre chefs. C'est
d'abord une histoire de l'industrie de la pêche et surtout de sa législation
depuis le moyen-âge. Ce sont ensuite des détails très complets sur la technique de l'industrie, notamment sur les ports, la construction des bateaux,
la pêche des divers poissons et ses instruments. Nous citerons en troisième
lieu — quoiqu'elle termine le volume — une étude comparée du mouvement de la pêche dans les divers pays maritimes (quantités pêchées, valeurs,
importance des diverses flottes). Mais les faits qui nous intéressent le plus
sont ceux relatifs à l'organisation économique de l'industrie et à son évolution. Celle-ci est remarquablement analogue à ce que nous savons de
l'évolution des industries non maritimes. Les plus anciens documents
historiques nous montrent la pêche organisée sous la forme du « métier »;
ils ne mentionnent que le patron-pêcheur, travaillant de ses mains et propriétaire de sa chaloupe, jamais l'armateur; de plus ce patron-pêcheur
dirigeait simultanément la pêche et la vente des produits.

Deux causes intervinrent successivement, qui amenèrent la formation
d'un régime capitaliste; la première fut la difficulté croissante de la vente,
qui sépara la vente du travail de la pêche; la seconde fut la grandeur croissante des embarcations, conséquence des progrès de la technique, qui rendit de plus en plus difficile l'accès des pêcheurs à la propriété des embarcations. Ainsi le capitalisme s'est ici formé en deux temps : tout d'abord le
commerce s'est séparé de la production, puis, à l'intérieur même de celle-
ci, le capital et le travail se sont séparés, ont cessé d'être réunis dans les
mêmes mains. Le premier phénomène est complètement accompli à Ostende
dès le début du xvᵉ siècle; on le constate très nettement dans un texte de
1467, qui nous montre les pêcheurs d'un bourg, s'adressant à un citoyen
de Blankenberghe et lui demandant de se charger de la vente de leur poisson, d'en tenir les écritures, *moyennant salaire*, et de leur prêter une somme
d'argent. On voit ici le vendeur capitaliste n'être encore qu'un salarié des
pêcheurs; mais on voit aussi le moyen par où il s'est assuré sur eux, par
la suite, la domination; c'est le prêt d'argent.

Ainsi, l'intérêt de cette histoire est de nous montrer qu'il y a un schème
général de formation du capitalisme qui a été suivi par cette industrie
pourtant si spéciale à tant d'égards. Ce schème, on avait déjà pu l'étudier
sur d'autres industries, comme l'a fait Alfred Doren dans ses belles études
sur l'industrie florentine; il se vérifie ici pleinement. Nous le définirons
par les traits suivants :

1ᵉ *Le capitalisme s'est formé en deux temps; le capitalisme commercial a précédé le capitalisme industriel;* la vente s'est séparée de la production, avant
que, dans la production même, se séparât du travailleur le capitaliste;

2º *Ces deux processus dépendent de causes de nature très différente.* Le premier — séparation de la vente et de la production — est l'effet de l'élargissement du marché, qui crée une difficulté croissante de la vente; le second
tient à ce que, avec les progrès de la technique, les instruments du travail
— ici les bateaux — deviennent trop coûteux pour pouvoir être possédés

par le travailleur lui-même. Autrement dit, le premier stade dépend plutôt de causes *économico-sociales;* le second dépend surtout de causes d'ordre *technique.* René MAUNIER.

Andreas Voigt et **Paul Geldner,** *Kleinhaus und Mietkaserne* (petites maisons et casernes locatives), Berlin, 1905, in-8, 324 p. J. Springer, éditeur.

Vaut-il mieux encourager, dans les villes de plus en plus encombrées, la construction de maisons petites, n'abritant que quelques locataires, ou au contraire celle des grandes casernes locatives, où les étages se superposent aux étages, et où des familles nombreuses trouvent asile côte à côte? Voilà un problème sans doute intéressant, mais qui ne nous paraît pas cependant, en France, de nature à provoquer des polémiques violentes. Le livre dont nous rendons compte a eu cependant ce privilège, et les derniers échos de cette polémique expiraient à peine il y a quelques mois. Né de la collaboration d'un professeur d'économie politique et d'un architecte, il va susciter des critiques sans nombre, des réponses, des attaques, qu'on pourra lire en partie dans le *Jahrbuch* de M. Schmoller, et dans les *Kritische Blætter für die gesammten socialwissenschaften,* et dont le ton est fait pour nous étonner un peu. Il est vrai que M. Voigt n'avait pas ménagé ses adversaires, et voulant provoquer surtout l'un d'entre eux, M. Eberstadt, il avait appelé dans la lice presque toute l'école historique. On sait que celle-ci n'est pas des plus tolérantes chez nos voisins d'Allemagne, et M. Eberstadt a répondu en accusant M. Voigt d' « impuissance intellectuelle », « d'incapacité de lire un livre scientifique, à plus forte raison d'en écrire » ; « d'ignorance de la langue et de la grammaire allemandes », de « sénilité », d' « absence de scrupules », etc. Ne croirait-on pas lire quelque théologien du XVIᵉ siècle? Nous ne nous ferons pas juge dans la querelle, nous nous permettrons seulement de regretter que M. Voigt (il le reconnaît lui-même) ait contribué pour sa part à ce déchaînement par des attaques personnelles qui nous paraissent tout à fait déplacées dans un livre scientifique. Serait-ce vraiment outre Rhin une condition nécessaire pour se faire écouter? M. Voigt voudrait nous le faire croire. Nous avons en France meilleure opinion de ses collègues. Quoi qu'il en soit, l'ouvrage dont nous parlons est un livre scientifique, et même un excellent livre, trop long comme presque tout ce qu'écrivent nos voisins, mais qui témoigne chez son auteur d'un esprit critique aiguisé, et qui se distingue par une clarté et une précision exceptionnelles. La question des logements et de leurs prix en Allemagne et en Angleterre est une question bien plus passionnante que chez nous où les grandes villes sont plus rares et n'ont pas cette rapidité de croissance si inquiétante dans ces pays. Or, si l'on ne peut empêcher cet afflux vers les villes, ne pourrait-on pas au moins, se demandent les réformateurs sociaux, assurer aux habitants des logements sains? Depuis une douzaine d'années leur tendance est de réclamer des ordonnances de police facilitant la construction des petites maisons au

détriment des grandes casernes locatives, sous le prétexte que l'hygiène
est moins compromise dans les premières que dans les secondes. Dans
leur zèle, certains réformateurs sont allés jusqu'à dire que les maisons
à cinq ou six étages renchérissent le loyer et font monter le prix des terrains, de sorte qu'hygiène et bon marché étaient ici d'accord. C'est contre
cette assertion que s'élève M. Voigt. A qualité égale, d'après lui, les loyers
des grandes maisons ne sont pas plus élevés que ceux des petites, et le
prix de revient du mètre carré de surface habitable dans les grandes maisons finit même par être moindre que dans les petites; les entrepreneurs
ont donc intérêt à construire de grandes maisons, et ce n'est pas eux qui
font renchérir ni le prix des loyers ni celui des terrains à bâtir, lesquels
se fixent en dehors du prix de revient des constructions. Sa conclusion,
c'est qu'au lieu de pousser à la construction des petites maisons, ce qui est
contraire à toutes les tendances économiques, il vaudrait mieux s'efforcer
d'améliorer les conditions hygiéniques des grandes. Que cela soit possible
il le démontre par l'exemple d'une grande construction de ce genre créée
à Charlotten Bourg.

    Tout cela peut paraître très technique et très spécial. Mais M. Voigt a
consacré — pour établir sa thèse — plusieurs chapitres à la question de
savoir comment se fixent les prix des terrains, le taux des loyers, la valeur
des maisons; il discute le rôle et les effets de la spéculation sur les terrains, et il le fait avec une compétence, une connaissance à la fois des
théories et des faits, qui rendent son ouvrage des plus instructifs, même
pour l'économiste qui n'est pas directement intéressé aux questions pratiques en jeu. Ses adversaires eux-mêmes semblent l'avoir reconnu, et s'ils
s'en prennent à certains points du livre, ils paraissent avoir accepté toutes
ses conclusions essentielles.

Charles Rist.

A.-N. Anziferoff, privat-docent de l'Université de Charcow, *La Coopération
agricole en France et en Allemagne.* Woronège, 1907, VIII-517 pages.

    La coopération, c'est un fait incontestable, gagne de plus en plus de
terrain en Russie.

    Ce phénomène n'est pas difficile à expliquer : le pays des *artèles*, ruiné
par la crise économique, conséquence des troubles révolutionnaires, et
dans une certaine mesure désenchanté des doctrines collectivistes, se
tourne vers la coopération. La hausse de prix des produits de première
nécessité pousse la population des villes, comme celle des campagnes, à
créer des coopératives : c'est ainsi que les coopératives paysannes représentent aujourd'hui 40 p. 100 sur le nombre total des coopératives, soit 1.393
sur 2.664, tandis qu'en 1900 elles n'en formaient que le 23 p. 100 (d'après la
Gazette de l'industrie et du commerce).

    A ceci, il faut ajouter que la guerre aux intermédiaires est déclarée en
plein, et à Saint-Pétersbourg ainsi qu'à Moscou on a créé des Unions coopératives.

L'Union de Moscou groupe 180 coopératives avec 86.770 membres; en 1906, il a été vendu des marchandises pour 27.235.596 roubles, avec un bénéfice net de 1.203.563 roubles.

L'intérêt pour la coopération se manifeste non seulement dans les milieux ouvriers, mais également parmi les intellectuels.

Des journaux comme *Rousskoïe Slovo* (Moscou), *Rouss* (Saint-Pétersbourg), *Odessky Listok* (Odessa), *Nestnik Jouga* (Elisabetgrad), etc., font une propagande coopérative très active. En mai 1908 a eu lieu à Moscou un congrès coopératif, le premier qui ait été tenu en Russie.

Il est certain que le progrès des coopératives et, en général, l'extension de l'initiative individuelle, sera un des remèdes les plus puissants pour la crise russe, surtout dans le domaine agricole. Ce qui est surtout à souligner, c'est que les paysans, une fois leurs lopins de terre augmentés, auront toujours recours à la coopération, car elle seule peut leur procurer le petit crédit agricole, les machines, les engrais à bon marché et l'unification des cultures, sans laquelle la réforme serait à recommencer dans quelque vingt ans. La coopération agricole est un des articles du programme agraire des spécialistes comme le professeur Herzenstein ou le professeur Tchouproff. Ce dernier a même exprimé la pensée que «l'idée de l'association appliquée à l'agriculture n'est pas une moindre découverte que les nouveaux procédés techniques ».

Cela dit, nous sommes dispensé d'insister sur le haut intérêt que présentent en ce moment, en Russie, les études sur le mouvement coopératif. Le livre de M. Anziferoff, aura une place d'honneur dans la littérature de ce genre. M. Anziferoff dit, dans la préface de son livre, que son idée était d'étudier les *types* de la coopération agricole, les *conditions* nécessaires pour leur apparition et leur progrès, le *but* de leur action et les moyens de réaliser ce but. L'auteur a brillamment rempli cette tâche : étant un publiciste très consciencieux, il ne s'est pas borné à étudier la littérature concernant la question coopérative en France et en Allemagne, mais il a visité ces pays, a pris connaissance du fonctionnement de leurs coopératives, ainsi que de l'activité des chefs du mouvement coopératif. Le résultat de cet examen détaillé est sous nos yeux et nous avons une analyse profonde et complète de la question des coopératives agricoles dans les pays situés des deux côtés du Rhin.

Cette analyse, en plus de son haut intérêt scientifique, a également un intérêt purement pratique en indiquant ce qui est à imiter et à éviter dans la pratique de la France et de l'Allemagne. Précisément M. Anziferoff recommande d'éviter, dans la propagande coopérative en Russie, le dogmatisme et le confessionalisme allemands, ainsi que le caractère en quelque sorte patronal, anti-démocratique et centraliste des coopératives agricoles en France.

Nous tenons à citer la conclusion de l'ouvrage de M. Anziferoff. « Si, dans la structure économique actuelle, la petite propriété rurale du type paysan est nécessaire, alors le problème pratique le plus important est de créer les conditions nécessaires pour le progrès et la floraison de cet organe de la vie économique et sociale. Les conditions nécessaires pour les progrès et

la floraison de la petite propriété paysanne se concentrent dans cette triade :
culture agronomique, instruction et coopération agricole ».

Serge STERN.

————

GIORNALE DEGLI ECONOMISTI

Juillet 1909.

La situazione del mercato monetario (X.).
Ferrovie di Stato e finanza in Italia (V. TREVISONNO).
Il programma dell' administrazione per le tasse sugli affari (V. TANGORRA).
Gli incrementi di valore nelle azioni industriali e il sistema tributario italiano
   (B. GRIZIOTTI).
Rassegna (G. MORTARA).
Note (F. PAPAFAVA).
Cronaca (A. RENDA).

Août 1909.

La situazione del mercato monetario (X.).
Il programma di statistica agraria all' Istituto internazionale di Agricoltura (C. DRA-
   CONI).
La legge sulle tabelle dei salari per la determinazione dell' indennita negli infortuni
   delle solfare di Sicilia (P. COLAJANNI).
L'imposta sul prodotto dei terreni e la piccola proprieta rurale in Italia (E. LOLINI).
Sulla distribuzione per salario dei minatori di carbone nel Belgio (1896-1900)
   (P. MENGARINI).
Cronaca (A. RENDA).

Le Gérant : L. LAROSE.

31.544. — BORDEAUX, IMPRIMERIE Y. CADORET, RUE POQUELIN-MOLIÈRE, 17.

REVUE
D'ÉCONOMIE POLITIQUE

LES VALEURS MOBILIÈRES ET LES PROJETS DE RÉFORME FISCALE

Il a été beaucoup parlé de justice fiscale dans ces dernières années, et le projet d'impôt sur le revenu, voté par la Chambre le 10 mars 1909, témoigne d'un grand effort pour mettre dans notre système d'impôts directs plus de clarté et d'harmonie. Les auteurs de ce projet se proposaient, entre autres choses, d'y réaliser la péréquation des charges sur les diverses catégories de revenus. C'est cette formule, donnée comme une des caractéristiques du projet, que je voudrais contrôler dans une de ses applications. Je me propose d'examiner dans quelle mesure, d'après les dispositions votées par la Chambre, cette péréquation est réalisée pour les valeurs mobilières, en prenant ce terme de valeurs mobilières dans l'acception usuelle de titres négociables, actions et obligations de sociétés, obligations des départements, communes, provinces, établissements publics, fonds d'États.

Il s'agit là d'un élément important des forces contributives nationales, puisque les dernières évaluations en cette matière oscillent entre 90 et 100 milliards en capital. Dans le cadre du futur impôt sur le revenu, le revenu des valeurs mobilières forme à lui seul presque la totalité des revenus de la troisième catégorie (articles 16 à 29 du projet); il est d'ailleurs repris par l'impôt, après l'avoir payé comme tous les autres revenus sous la rubrique des cédules, sous d'autres rubriques qui lui sont propres (articles 78 à 90 et article 92 du projet). Le produit à obtenir de l'impôt frappant les valeurs mobilières sous ces diverses rubriques était évalué, dans le projet originaire, à 250 millions ; dans une des dernières séances avant le vote final de la Chambre, le ministre portait cette évaluation à 300 millions [1].

---

[1] Séance du 2 mars 1909, *Journal officiel* du 3 mars, Chambre, *Débats*, p. 590.

La question que je me propose de traiter offre plus d'un aspect. Elle se pose soit en comparant entre elles les diverses catégories de valeurs mobilières, car il s'en; faut que toutes soient également taxées, soit en comparant les valeurs mobilières aux autres revenus de capitaux, notamment aux revenus fonciers [1]. A ces deux points de vue, au second surtout, la question ne peut pas passer pour neuve, mais certaines dispositions du projet viennent la rajeunir et en modifier l'aspect. Ce n'est pas que le projet transforme profondément la taxation actuelle des valeurs mobilières; sauf pour les valeurs étrangères, c'est un morceau des impôts directs actuels qui entre, sans changements essentiels, dans le système nouveau d'impôt sur le revenu, et beaucoup des constatations que j'aurai à faire s'appliquent au présent. Mais la structure générale du projet, par le seul fait d'une conception logique et systématique, rend plus aisés certains rapprochements, plus saisissants certains contrastes; le projet modifie d'ailleurs sensiblement les droits actuels de timbre et de transmission; par la réforme considérable qu'il apporte à la taxation des revenus de la propriété non bâtie, il change un des deux termes de la comparaison que j'aurai à faire.

Je ne ferai pas entrer dans cette comparaison l'impôt complémentaire : assis sur le revenu global au-dessus d'un certain chiffre, et sans égard à l'origine ou à la nature de ce revenu, il ne rentre pas dans une étude qui s'attachera uniquement à considérer les revenus par catégories. Il conviendra seulement de ne pas oublier, en face du taux élevé d'impôt qu'atteignent certaines catégories de revenus, que l'impôt complémentaire vient éventuellement s'y superposer. Quant aux impositions locales, il en sera question dans la mesure où cela sera nécessaire pour une exacte comparaison de la taxation des revenus mobiliers et de celle des revenus fonciers.

Je me propose, dans une première partie, de déterminer ce que sera, dans le régime nouveau, la taxation des valeurs mobilières; comme cette taxation n'est pas uniforme, il faudra considérer successivement : les rentes sur l'Etat français — les obligations et emprunts des sociétés, colonies, départements, communes, établissements publics français — les actions des sociétés françaises — les valeurs étrangères. Dans une seconde partie, j'étudierai les

---

[1] Les revenus mobiliers autres que ceux des valeurs mobilières sont comptés dans le projet pour bien peu de chose (3 millions); on peut donc ne pas s'en occuper.

diverses questions qui se rattachent à la comparaison, soit des catégories de valeurs mobilières entre elles, soit des revenus mobiliers et des revenus fonciers.

PREMIÈRE PARTIE.

§ 1

Les rentes, obligations et autres effets publics émis par l'Etat français seront désormais soumis à l'impôt sur le revenu (art. 16, § 2 du projet). Il est inutile de rappeler les discussions dont cette disposition a été l'objet; j'ai, dans une autre étude [1], indiqué pour quelles raisons l'imposition des rentes sur l'Etat me paraissait légitime.

Cette catégorie de valeurs mobilières demeurera d'ailleurs privilégiée; elle paiera l'impôt sur le revenu au taux de 4 p. 100 (article 6), mais elle ne paiera pas les suppléments perçus sur les autres valeurs mobilières, c'est-à-dire : 1° un droit de 2 p. 100 du revenu établi en remplacement du droit de timbre actuel; 2° un droit de 6 p. 100 du revenu établi sur les valeurs au porteur en remplacement de la taxe annuelle de transmission. Alors que l'Etat percevra sur le revenu d'une obligation nominative 6 p. 100 et sur le revenu d'une obligation au porteur 12 p. 100, il ne percevra sur les arrérages de la rente que 4 p. 100. Ce sera pour le rentier, atteint dans son immunité traditionnelle, une consolation que de se voir encore à part du troupeau.

Pour ce qui est du droit de 2 p. 100 perçu en remplacement du droit de timbre, l'exception faite en faveur des rentes françaises s'explique par la disposition de l'article 79, § 2, qui met ce droit à la charge exclusive de l'émetteur, sans recours contre le porteur : l'Etat aurait dû inscrire en dépense à son budget le montant du droit qu'il aurait d'autre part inscrit en recette. L'exemption du droit de 6 p. 100 pour les rentes au porteur ne peut au contraire se justifier par aucune bonne raison théorique, étant donné que le projet de loi affirme le principe de l'imposition des rentes; elle est complétée par l'exemption du droit de transmission (0,75 p. 100 du montant de la valeur négociée) au profit des rentes nominatives, et c'est l'ensemble de cette situation de faveur qu'il devient impos-

---

[1] *Le système des impôts directs d'Etat en France*, Paris, 1901.

sible de justifier dès lors qu'on a affirmé l'application aux rentes du droit commun. La vérité est qu'il y a eu une sorte de transaction tacite entre le principe du retour au droit commun et le principe de l'immunité; il fallait adoucir les transitions. Mais il n'en est pas moins certain que la situation fiscale des rentes sur l'Etat français sera, dans le régime nouveau, complètement incohérente : elles paieront l'impôt sur le revenu ; elles paient déjà les droits de mutation à titre gratuit (loi du 18 mai 1850, art. 7) ; mais elles ne paieront pas les droits qui frappent la négociation des autres valeurs mobilières, soit directement pour les titres nominatifs, soit au moyen d'une taxe annuelle pour les titres au porteur.

La réaction du principe d'immunité s'est encore manifestée par la franchise d'impôt accordée dans divers cas aux rentes nominatives : soit à celles qui appartiennent aux personnes morales et institutions énumérées par le projet de loi (caisse des dépôts et consignations, institutions de retraites, établissements de bienfaisance, caisses de crédit agricole et sociétés mutuelles d'assurances agricoles, etc...) ; soit à celles qui sont immatriculées au nom des particuliers dont le revenu en rentes ne dépasse pas 625 francs ni le revenu total 1250 francs (art. 17, § 3). Les dispositions du projet originaire ont été sur tous ces points beaucoup étendues par le vote de la Chambre ; mais elles ne s'appliquent qu'aux rentes ; les autres catégories de valeurs mobilières ne bénéficient de rien de semblable.

L'importance financière de l'imposition des rentes s'en trouve diminuée, mais dans une mesure que ni le ministre ni la Commission n'ont pris soin de préciser. Le projet originaire évaluait le produit à attendre de cette imposition à 14 millions seulement, en prévision de l'évasion fiscale que pouvait permettre le mode de perception admis pour la rente[1]. Le rapport de la Commission de législation fiscale portait cette évaluation à 23 millions, la Commission ayant décidé que la perception de l'impôt se ferait à la source, par retenue sur le coupon, ce qui est le droit commun des valeurs mobilières. Ce document[2] prend comme base un montant de rentes imposables de 584 millions, soit 75. p. 100 des rentes existantes

---

[1] Le ministre écartait la retenue sur le coupon, qui est le droit commun, afin d'éviter certaines critiques des partisans de l'immunité.

[2] Rapport au nom de la Commission de législation fiscale, I, p. 78 : Chambre, 9e législature, n° 1053.

(776 millions). Mais cette proportion n'est certainement plus exacte à la suite des modifications apportées au texte par les votes de la Chambre, et il serait peut-être plus prudent de revenir, pour le produit à attendre de l'impôt, au chiffre de 14 millions qui était à l'origine celui du ministre des finances. En tout cas, cet impôt sur la rente ne tiendra qu'une place modeste dans l'ensemble des impôts sur les valeurs mobilières.

§ II

La seconde tranche de valeurs mobilières comprend les obligations et emprunts des sociétés françaises, des départements, communes et établissements publics, les rentes, emprunts et autres effets publics des colonies françaises. Les colonies françaises jouissent actuellement pour leurs emprunts de la même immunité fiscale que l'Etat français; dans le régime nouveau, cette immunité leur sera enlevée, mais bien plus complètement qu'aux emprunts de l'Etat. Elles seront soumises, non pas seulement à l'impôt proprement dit sur le revenu, mais aux deux autres taxes qui complètent le droit commun fiscal des valeurs françaises et dont il va être question dans ce paragraphe; leurs titres, d'autre part, ne bénéficieront pas des diverses exemptions que l'article 17 du projet accorde aux rentes françaises qui sont aux mains de certaines personnes morales ou physiques[1].

Cette seconde tranche de valeurs mobilières est beaucoup plus importante, comme matière imposable, que la première. D'après le compte définitif des recettes pour 1907, le revenu taxé des obligations, soit des sociétés françaises, soit des départements, communes et établissements publics français, s'élève à 880 millions[2]. On peut d'autre part évaluer à environ 750 millions, valeur nominale, les fonds coloniaux circulant en France[3], et leur revenu, au taux moyen de 3 p. 100, serait de 22 à 23 millions. Il y a donc là une

---

[1] Le premier projet de loi de finances pour 1910 proposait de réaliser cette application aux emprunts coloniaux du droit commun des valeurs françaises (article 26 du projet de loi) sans attendre le vote définitif de l'impôt sur le revenu.

[2] Sans compter le montant des lots et primes, environ 83 millions.

[3] Neymark, *Capital et revenu des valeurs mobilières en France*, Paris, 1908. Cf. de Lavergne et Paul Henry, *La richesse de la France*, chap. I, Paris, 1908. Le premier projet de budget pour 1910 évaluait à 1.900.000 francs le produit à attendre de la taxation des fonds coloniaux, ce qui correspondrait à un revenu d'environ 17 à 18 millions.

matière imposable de plus de 900 millions, qui sera assujettie aux taxes suivantes :

1° L'impôt sur le revenu, au taux de 4 p. 100 (articles 6 et 16 du projet).

2° La taxe de 2 p. 100 sur le revenu, instituée en remplacement du droit actuel de timbre (article 79).

3° Pour les valeurs au porteur, la taxe de 6 p. 100 sur le revenu, instituée en remplacement du droit de transmission (article 80).

La perception totale au profit de l'État s'élèvera donc à 6 p. 100 de revenu pour les titres nominatifs, et à 12 p. 100 pour les titres au porteur.

Par comparaison avec l'état actuel des choses, et abstraction faite de la cessation de l'immunité accordée jusqu'ici aux fonds coloniaux, le changement qu'apporte le régime nouveau est de remplacer par des taxes supplémentaires sur le revenu le droit de timbre et la taxe annuelle de transmission. Le droit de timbre proportionnel, établi par la loi du 5 juin 1850 sur les actions et obligations nominatives ou au porteur, a pour assiette le capital nominal des titres; il est perçu soit au comptant, soit par abonnement; au comptant le taux, décimes compris, est de 0,60 p. 100 à 1,20 p. 100, selon la durée des titres; par abonnement, il est de 0,06 p. 100, et ce mode de paiement est de beaucoup le plus usité [1]. Ce droit de timbre sera remplacé par une taxe de 2 p. 100 sur les revenus et autres produits des titres, taxe dont l'assiette et la perception seront les mêmes que pour l'impôt sur le revenu des valeurs mobilières (article 79); c'est donc bien un supplément à cet impôt. La taxe annuelle de transmission sur les titres au porteur, établie et modifiée par les lois du 23 juin 1857, du 16 septembre 1871, du 28 juin 1872 et du 26 décembre 1908, a pour assiette le cours moyen des titres dans l'année précédente; elle est perçue au taux de 0,25 p. 100 de la valeur ainsi déterminée. Elle sera remplacée par une taxe de 6 p. 100, assise sur les revenus et autres produits des titres, perçue dans les mêmes conditions que l'impôt sur le revenu (article 80), et qui ne sera, elle aussi, qu'un supplément à cet impôt.

Le résultat financier attendu de ces transformations est, cela va

---

[1] En 1907, pour les valeurs françaises, le timbre par abonnement a produit 20.463.000 francs sur 20.526.000 francs.

de soi, un accroissement du produit de l'impôt, accroissement
que l'exposé des motifs du projet évalue à environ 17 millions pour
l'ensemble des valeurs françaises, obligations et actions; mais ce
calcul n'était fondé, pour la taxe annuelle de transmission, que sur
la transformation en une taxe de 5 p. 100 sur le revenu, alors que
le taux adopté par la Chambre est celui de 6 p. 100; il faudrait
donc relever du cinquième le chiffre prévu de 17 millions. Cette
aggravation ne se répartira pas également sur toutes les valeurs;
l'assiette des nouvelles taxes étant le revenu, au lieu du capital
nominal ou réel, toute la charge supplémentaire pèsera sur les
valeurs à rendement élevé, donnant un revenu de 4 à 5 p. 100, et
les valeurs à faible rendement seront par contre un peu dégre-
vées [1]. On s'est proposé par là, comme le fait remarquer l'exposé
des motifs, d'avantager les petits porteurs, ceux dont l'horizon

---

[1] En considérant trois types d'obligations à 500 francs de capital nominal, donnant
respectivement 3 p. 100, 4 p. 100 et 5 p. 100 d'intérêt, les premières étant prises au
cours moyen de 440 francs, les secondes à celui de 480 francs, les troisièmes à celui
de 500 francs, on obtint les résultats suivants :

Régime actuel.

Obligations 3 p. 100	timbre	0,30	1,40
	taxe annuelle.......................	1,10	
Obligations 4 p. 100	timbre............................	0,30	1,50
	taxe annuelle.......................	1,20	
Obligations 5 p. 100	timbre............................	0,30	1,55
	taxe annuelle	1,25	

Régime proposé.

Obligations 3 p. 100	en remplacement du timbre...........	0,30	1,20
	en remplacement de la taxe annuelle...	0,90	
Obligations 4 p. 100	....	0,40	1,60
	....	1,20	
Obligations 5 p. 100	....	0,50	2
	....	1,50	

Pour une action d'une valeur nominale de 500 francs et d'une valeur réelle de
1.400 francs, donnant un dividende de 60 francs, le prélèvement, du chef des deux
taxes, sera porté de 3 fr. 80 à 4 fr. 80. L'exposé des motifs vante l'inspiration démocratique de cette disposition qui dégrève les petits porteurs de valeurs à bas rendement et soulage les porteurs d'actions, gens privilégiés, comme nous le verrons tout
à l'heure. Ne nous hâtons pas trop cependant de féliciter les petits porteurs, et n'oublions pas que, les textes relatifs aux valeurs mobilières ayant été préparés par
l'administration de l'enregistrement, il doit s'y cacher quelques épines sous les fleurs.
La taxe de 2 p. 100 et celle de 6 p. 100 porteront sur les revenus *et autres produits*
(articles 79 et 80 du projet), ce qui ménage aux porteurs, grands ou petits, de désa-
gréables surprises.

financier ne s'étend pas au delà de valeurs comme les obligations des chemins de fer français, de la ville de Paris ou du Crédit foncier.

La taxe de 2 p. 100, établie en remplacement du droit de tim-bre, soulève une question de principe intéressante. On a essayé d'équivoquer sur la portée pratique de cette taxe, et on a dit : ce n'est pas une charge pour les porteurs de titres. En effet, aux termes de l'article 79, cette taxe de 2 p. 100 sera à la charge exclusive des établissements émetteurs, sociétés, compagnies, départements, communes ou colonies ; l'établissement émetteur, qui est le payeur général des taxes sur les valeurs mobilières, quitte à les récupérer sur les porteurs de titres, ne pourra donc pas récupérer celle-ci ; c'est d'ailleurs la consécration juridique de l'état de fait existant actuellement [1].

La question vaut qu'on l'examine avec soin. Il y a ici deux points de vue bien distincts : celui de l'Etat qui perçoit l'impôt, et celui des porteurs de titres. Pour l'Etat, ce qui seul importe, c'est qu'il percevra sur une valeur nominative 6 p. 100 et sur une valeur au porteur 12 p. 100. Si l'on veut comparer ce que fournissent d'impôts à l'Etat les valeurs mobilières et ce que fournissent les biens fonciers, ce sont évidemment ces 6 p. 100 et ces 12 p. 100 qu'il faut inscrire dans la colonne des valeurs mobilières ; c'est leur part contributive, et à ce point de vue il importe peu dans quelle propor-tion se répartit entre l'établissement émetteur et le porteur de titres la charge réelle de l'impôt. C'est bien à ce point de vue que se placent l'exposé des motifs du projet et le rapport de la Commission pour décrire l'ensemble du système : « Nous proposons — dit l'ex-posé des motifs — de compléter cet ensemble de mesures par une refonte des droits de timbre et de transmission, de façon à atteii-dre plus proportionnellement les différentes valeurs frappées aujourd'hui si inégalement..... et arriver, pour ce qui est des valeurs au porteur, à un taux unique, tous impôts compris, de 11 p. 100 » [2].

---

[1] La loi du 5 juin 1850, articles 14 et 25, dit que le droit de timbre sera avancé par les compagnies, départements, communes et établissements publics, et on admet généralement que l'établissement émetteur ne peut en récupérer le montant qu'en vertu d'une convention expresse ; mais, en fait, le coupon est payé par l'émetteur sans retenue pour le droit de timbre.

[2] Dans sa première rédaction, le projet, en effet, ne proposait que 5 p. 100 pour le droit de transmission sur les valeurs au porteur ; c'est par la suite que le taux de 6 p. 100 a été adopté.

Voici maintenant l'autre aspect de la question : l'établissement émetteur, débiteur envers l'État des diverses taxes, qui pèsent sur les valeurs mobilières, peut retenir sur le coupon les 4 p. 100 de l'impôt sur le revenu et les 6 p. 100 du droit de transmission ; il ne pourra pas retenir les 2 p. 100 du droit de timbre. Faut-il en conclure que ces 2 p. 100 n'intéressent pas le porteur de titres, que c'est une charge à son égard inexistante ? A plusieurs reprises, dans la discussion, le ministre des finances et le rapporteur ont fait état de ce que la charge fiscale, pour le porteur de titres, ne dépasserait pas 4 p. 100 pour les valeurs nominatives et 10 p. 100 pour les valeurs au porteur.

La question ne se résout pas avec autant de simplicité. Il y a tout d'abord une vaste catégorie de porteurs de titres auxquels il est tout à fait indifférent que les 2 p. 100 du droit de timbre soient ou non retenus sur le coupon : ce sont les porteurs d'actions ; leur revenu n'est autre que celui de la société elle-même, et quand celle-ci paie l'impôt ils font les frais du paiement. Or, parmi les valeurs françaises, c'est la catégorie la plus importante : en 1907, pour les valeurs françaises, sur un total de revenus taxés de 2.059 millions [1], le revenu des actions, parts d'intérêt et commandites figurait pour 1.179 millions, soit plus de 57 p. 100. Pour plus de la moitié des revenus actuellement taxés, c'est donc jouer sur les mots que de dire : le porteur ne paiera pas.

Il n'y a de question que pour les obligations et emprunts : pour 1907, cela représente 880 millions de revenus taxés sur 2.059 millions. Les porteurs de ces titres touchent actuellement leur coupon franc du droit de timbre, et sous le régime nouveau ils le toucheront de même franc des 2 p. 100 qui tiendront lieu de ce droit. Mais il n'en résulte nullement que cette taxe leur est indifférente et qu'elle ne les atteint pas. L'émetteur paie l'impôt et, juridiquement parlant, ne le récupère pas sur le porteur ; mais l'impôt entre, qu'on le veuille ou non, dans la détermination des conditions de l'emprunt ; il est un des faits qui, dans le débat économique entre les prêteurs de capitaux mobiliers et les emprunteurs, agissent dans le sens de l'amoindrissement de l'intérêt ; il abaisse le niveau général des conditions d'offre que l'emprunteur de capitaux peut normalement apporter sur le marché en échange des capitaux

[1] Déduction faite du montant des lots et primes de remboursement.

qu'il demande. Autour de tout impôt, quelle qu'en soit juridiquement l'assiette, se livre la bataille de l'incidence, et celui-là, en
définitive, a le plus de chance d'y demeurer victorieux dont les prétentions sont le plus en harmonie avec l'ensemble du mouvement
économique. Or le courant des faits n'est-il pas, en France, plus
favorable à l'emprunteur qu'au prêteur ? Ce qui paraît bien s'y
deviner à travers les fluctuations de l'offre et de la demande des
capitaux, c'est que les capitaux en quête de placement se forment,
si l'on envisage une période de temps suffisante, plus rapidement
que les emplois nouveaux qui leur sont offerts, et qu'ils sont, au
total, moins en situation d'imposer des conditions que d'en subir.
En tout cas, et que ce soit le prêteur ou l'emprunteur qui soit le
mieux armé pour cette lutte, c'est une grande illusion de croire
qu'un texte de loi puisse en déterminer l'issue, ou même y influer
d'une façon appréciable. Il n'appartient pas au législateur de fixer
la répartition vraie des charges fiscales entre les deux contractants ;
cette répartition se fera selon l'état des forces économiques en présence. Si le courant économique est favorable aux prêteurs de capitaux, la hausse de l'intérêt les dédommagera des charges fiscales
dont ils sont juridiquement redevables, et s'il leur est au contraire
défavorable, c'est sur eux, en définitive, que retomberont celles
mêmes dont la loi constitue l'emprunteur débiteur. Des textes de loi
ne peuvent jamais donner aux questions de cet ordre que des solutions apparentes et de pure forme ; la solution vraie dépend du point
de savoir à qui appartient la prédominance économique. L'Etat peut
seulement déterminer le prélèvement total à opérer sur une catégorie de revenus ; mais la façon dont ce prélèvement se répartit
entre les intéressés échappe à sa volonté, et même il ne lui est pas
en général possible de la connaître exactement.

Au surplus, cette controverse sur l'incidence n'est, dans la plupart des cas, qu'un débat d'ordre intérieur entre deux catégories
de valeurs mobilières : elle ne touche à la question de péréquation
des charges que dans les rapports des valeurs mobilières entre elles,
et non en tant qu'il s'agirait de les comparer à des revenus d'autre nature. Si, en effet, on refuse de mettre les 2 p. 100 du droit de
timbre au compte des porteurs d'obligations, il faudra les mettre, pour
la plupart des cas, à celui des porteurs d'actions. Sur les 880 millions de revenus d'obligations taxés en 1907, il y en a un peu
plus de 774 millions, soit 88 p. 100, qui proviennent d'obligations

de sociétés, et 106 millions seulement d'obligations de départements, communes, établissements publics. Si c'est l'émetteur qui supporte en définitive le droit de timbre, pour à peu près les 9/10 des droits afférents aux obligations, l'émetteur est une société, c'est-à-dire un groupe de porteurs d'actions, et on n'aurait ainsi dégrevé certains porteurs de valeurs mobilières que pour en surcharger d'autres qui sont déjà, par ailleurs, abusivement taxés.

En résumé, pour cette fraction des valeurs mobilières qui comprend les obligations et emprunts, l'Etat percevra 6 p. 100 de revenu si le titre est nominatif, 12 p. 100 s'il est au porteur. Il y a une partie de ce prélèvement pour laquelle se pose une question d'incidence, mais, dans la plupart des cas, cette question se ramène à savoir si ce sera le capital-actions ou le capital-obligations qui, en dernière analyse, supportera l'impôt. Quelle que soit la solution, la charge totale des valeurs mobilières reste donc sensiblement la même.

§ III

La troisième catégorie de valeurs mobilières est constituée par les actions, parts d'intérêt et commandites [1] ; ce n'est plus, comme dans la catégorie précédente, le capital créancier, mais le capital associé dans les entreprises. Les actions forment de beaucoup la plus importante fraction de cette catégorie : d'après le compte définitif des recettes pour 1907, le revenu taxé des actions s'est élevé à 1.108 millions, contre un peu moins de 71 millions pour les parts d'intérêt et commandités. Pour simplifier l'exposé et laisser de côté quelques différences juridiques, je me référerai uniquement aux actions.

Cette catégorie de valeurs mobilières se trouve au point de vue fiscal dans une situation particulière et peu enviable : leur revenu est frappé à deux titres, d'une part comme revenu gagné par une entreprise commerciale ou industrielle en forme de société, assujettie aux impôts que paient les entreprises individuelles, et d'autre part comme revenu perçu par l'actionnaire. C'est une situation qui existe dès maintenant, que le projet d'impôt sur le revenu

---

[1] Sont exceptées les parts d'intérêt dans les sociétés commerciales en nom collectif, et les parts des associés commandités dans les sociétés en commandite simple (loi du 1er décembre 1875).

ne corrige pas, qu'il met en pleine clarté et qu'à certains égards il aggrave.

Actuellement, une société par actions paie, en tant qu'entreprise, la patente; lorsqu'elle possède des immeubles, elle paie, en outre, la taxe des biens de mainmorte que ne paient ni les entreprises individuelles ni les sociétés en nom collectif ou en commandite simple. Elle paie, en tant que société dont le capital est représenté par des actions, les impôts qui frappent les valeurs mobilières de la seconde catégorie, c'est-à-dire l'impôt sur le revenu des valeurs mobilières, le droit de timbre et, éventuellement, la taxe annuelle de transmission.

Dans le régime voté par la Chambre, une société par actions paiera, en tant qu'entreprise, l'impôt sur le revenu au titre de la quatrième catégorie (bénéfices des professions industrielles et commerciales); elle le paiera au taux des autres entreprises, soit 3,50 p. 100, si les bénéfices ne sont pas supérieurs à 1 million, et à un taux plus élevé que les entreprises individuelles, si les bénéfices imposables dépassent cette somme : 4 p. 100 de 1 à 10 millions, 4,50 p. 100 de 10 à 20 millions, 5 p. 100 au-dessus de 20 millions; cet accroissement de taxe vise d'ailleurs toutes les sociétés et non pas seulement celles par actions (article 92). Elle paiera, comme aujourd'hui, la taxe de mainmorte sur les immeubles. En tant que société dont le capital est représenté par des actions, elle paiera sur les revenus et autres produits distribués à celles-ci les impôts qu'acquitteront les autres valeurs mobilières, soit : 1° l'impôt sur le revenu au titre de la troisième catégorie (revenus des capitaux mobiliers), au taux de 4 p. 100; 2° un supplément de 2 p. 100, en remplacement du droit de timbre; 3° pour les actions au porteur, un supplément de 6 p. 100, en remplacement de la taxe annuelle de transmission.

Cette situation ne différera pas essentiellement de la situation actuelle, en ce sens que, dès maintenant, il y a superposition de la patente aux diverses taxes qui frappent les actions comme valeurs mobilières, et que l'impôt sur les revenus commerciaux et industriels ne fera que prendre la place de la patente. Mais la superposition prend un caractère beaucoup plus saisissant dans un système fiscal logiquement coordonné, comme celui du projet, que dans un système formé, comme est le nôtre actuellement, par des apports successifs et dénué, par suite, de cohésion. Actuellement, il y a dans nos impôts directs des lacunes et des doubles emplois et de criantes inégalités de taux. Le projet apporte un système fortement construit qui prétend frapper tous les revenus, sans faire d'exception, non pas également sans doute, mais selon un principe déterminé de justice fiscale; dans cette architecture rationnelle, la superposition d'impôts qui reste appliquée aux revenus des sociétés par actions frappe les yeux les moins attentifs.

Sur certains points, d'ailleurs, la situation fiscale de ces sociétés se trouve aggravée. En ce qui concerne les impôts perçus sur les actions comme telles, la transformation opérée dans les droits de timbre et de transmission, calculée de façon à surtaxer les titres à rendement élevé [1], sera évidemment défavorable aux actions; ce sont elles qui supporteront pour la plus grande partie le supplément de produit d'une vingtaine de millions qui est attendu de cette transformation. En ce qui concerne les impôts qui frappent les sociétés en tant qu'entreprises, la société par actions paiera, dans les cas que j'indiquais tout à l'heure, un taux plus élevé que les entreprises individuelles. On a dit, il est vrai, que, pour certaines grandes sociétés, l'impôt perçu à ce taux de rigueur ne serait que l'équivalent de leur patente actuelle; cela est possible dans certains cas, mais ne sera pas toujours exact, et d'ailleurs on n'a pas apporté sur ce point de justifications suffisantes.

Il y a une autre cause d'aggravation : les sociétés par actions, soumises au droit de communication exercé par les fonctionnaires de l'enregistrement, paieront l'impôt sur leur revenu exact, tandis que pour les entreprises individuelles il y aura, la plupart du temps, entre le revenu exact et le revenu imposé, une marge assez ample. La procédure instituée par l'article 30 pour l'évaluation des revenus commerciaux et industriels aboutira pratiquement à une sorte de transaction entre le contribuable et le contrôleur des contributions directes, dans laquelle il faudra bien que celui-ci se contente d'une approximation. Pour l'entreprise individuelle, le taux de 3,50 p. 100 sera une limite supérieure, en fait rarement atteinte, tandis que pour les sociétés par actions les taux de 3,50 p. 100 à 5 p. 100, selon les cas, seront une réalité. C'est là une cause d'inégalité que ne comporte pas la patente, assise sur les signes extérieurs; on peut alléguer qu'elle en comporte bien

_____
[1] Voir *supra*, § 2, p. 757.

d'autres, et que.le passage au régime de l'appréciation directe
sera un progrès;.mais l'appréciation directe conduit elle-même à
l'inégalité fiscale, dans la mesure de l'inégalité du contrôle exercé,
et c'est ici le cas [1].

· Le cumul de ces divers.impôts aboutit·à un.prélèvement toujours
élevé, et dans certains·cas démesuré, sur le revenu du capital-
actions des sociétés.

Le minimum de charges fiscales se trouve dans le cas d'une
société sans capital-obligations, distribuant intégralement ses bénéfices, ayant des bénéfices inférieurs à 1 million, et dans l'hypothèse
d'une action nominative..Soit une société réalisant un bénéfice.net
de 600.000 francs et le distribuant.intégralement; elle devra payer :
1° sur son revenu gagné 3,50·p. 100 (impôt de la .4e. catégorie) ;
2° sur le même revenu distribué 4 p. 100 (impôt de la 3e catégorie) plus les 2 p. 100 en remplacement du droit de timbre (art. 79).
L'actionnaire dont le titre est nominatif aura donc subi, avant que
le revenu parvienne.entre ses mains, un prélèvement au profit de
l'Etat.de.9,50 p. 100.; je ne·compte pas, bien entendu, dans ces
9,50 .p. 100, ce qu'il.devra payer lui-même, une fois le revenu
touché par lui, par exemple au titre de l'impôt complémentaire, ni
ce que prélèvent de leur côté le département et la commune. Ces
9,50 p. 100 sont largement dépassés si le titre est au porteur; le
prélèvement s'accroît alors des 6 p. 100 du droit de transmission
et s'élève.par conséquent à 15,50 p. 100.

Ce prélèvement de 9,50 p. 100 ou de 15,50 p. 100 est un minimum..Lorsque la société a.un capital-obligations, elle devra payer
2.p.100 sur le revenu de ces obligations en remplacement du droit
de timbre, et sans pouvoir récupérer ces 2 p. 100 sur les obligataires.
J'ai dit tout à l'heure les raisons pour lesquelles il me semble que
ce droit·pèse en réalité sur les obligataires, par voie d'incidence.
Mais il y a des économistes qui n'admettent.pas.ici l'incidence;
le ministre des finances et le rapporteur ont fait état, au cours de

---

[1] Cette situation se présentera d'ailleurs dans d'autres cédules; sous l'apparente
égalité des tarifs, il y aura, en fait, des taxations fort inégales. Exemple : les fonctionnaires et les personnes qui exercent des professions libérales sont taxés, dans les
sixième et septième catégories, au taux uniforme de 3 p. 100. Mais pour le fonctionnaire, ce taux de 3 p. 100 sera une réalité ; pour le médecin, ou l'avocat, ou le peintre,
ou l'homme de lettres, taxé sur son revenu déclaré et soustrait à toute vérification
sérieuse, il ne sera évidemment qu'une fiction ; ces divers assujettis ne paieront qué
sur ce qu'ils voudront bien déclarer, c'est-à-dire sur peu de chose.

la discussion, de ce que les 2 p. 100 pèseraient exclusivement sur la société émettrice. Si l'on admet cette façon de compter, il faut évidemment porter ces 2 p. 100 à la charge du capital-actions. En prenant comme base les chiffres du revenu taxé des obligations et actions des sociétés françaises pour 1907, on trouve que la charge moyenne supplémentaire qui en résulterait pour les actions s'élèverait à environ 1,40 p. 100 du revenu distribué. Cela porterait donc nos chiffres de tout à l'heure à près soit de 11 p. 100, soit de 17 p. 100 comme moyenne générale. Mais c'est là une constatation purement fictive, puisqu'il y a des sociétés qui ont un capital-obligations considérable et d'autres qui n'en ont pas. Ce qu'il faut retenir, c'est que pour certaines sociétés qui ont un capital-obligations supérieur à leur capital-actions, la surcharge peut s'élever très haut, notamment pour les compagnies de chemins de fer : dans une société, par exemple, qui a un capital-actions de 2 millions, touchant un dividende moyen de 5 p. 100 et un capital-obligations de 7 millions et demi en titres 3 p. 100, la charge du droit de 2 p. 100 sur les obligations atteindrait 4,50 p. 100 du revenu distribué aux actions : le total des charges pesant sur celles-ci serait donc de 14 p. 100 de revenu pour les actions nominatives et de 20 p. 100 pour les actions au porteur.

D'autre part, j'ai raisonné sur le cas d'une société qui fait des bénéfices inférieurs à 1 million et qui les distribue intégralement. Au-dessus d'un million de bénéfices, la société paiera l'impôt de la 4ᵉ catégorie à des taux de 4 p. 100, 4,50 p. 100 ou 5 p. 100 (article 92) ; cela porte le prélèvement à 10 p. 100, 10,50 p. 100 ou 11 p. 100 pour les titres nominatifs, à 16 p. 100, 16,50 p. 100 ou 17 p. 100 pour les titres au porteur. Enfin, il est très rare qu'une société distribue intégralement ses bénéfices ; la plupart des sociétés françaises ont l'habitude de faire, sous diverses dénominations, d'amples réserves ; c'est une politique très sage, mais qui au point de vue fiscal se traduira, sous le régime nouveau, par un taux plus fort de prélèvement sur le revenu distribué.

Je prends comme exemple[1] une société métallurgique réalisant un bénéfice net de 8.500.000 francs, j'entends le bénéfice qui ressort

---

[1] Je crois utile de dire que les exemples cités au texte, dans ce passage ou dans d'autres, sont tirés de la réalité ; j'ai seulement arrondi les chiffres pour la commodité de l'exposé.

après déduction des frais généraux ou spéciaux et les intérêts payés
au capital-obligations ; si elle le distribuait intégralement, le taux du
prélèvement fiscal serait de 10 p. 100 pour les actions nominatives
et de 16 p. 100 pour les actions au porteur. Mais les entreprises
métallurgiques ont besoin, plus encore que d'autres, avec un outillage complexe et sans cesse transformé, avec le mouvement intense
de concentration qui existe dans cette industrie, avec l'âpreté de la
concurrence sur les marchés extérieurs, de faire de très grosses
réserves ; sur les 8 millions et demi de bénéfice, la société ne distribuera donc que 2 millions et demi ; elle emploiera le reste soit à
équiper une mine ou une usine, soit à créer, entretenir ou augmenter un compte de provisions pour travaux, soit à rembourser par
anticipation une partie de son capital-obligations. Elle paiera à
l'Etat : 1° en tant qu'entreprise, sur le bénéfice gagné de 8 millions
et demi, l'impôt de la 4e catégorie au taux de 4 p. 100 (article 92) ;
2° en tant que société par actions, sur le dividende distribué, 6 p. 100
pour les actions nominatives et 12 p. 100 pour les actions au porteur. Un calcul très simple fera voir que le prélèvement total est,
dans ces conditions, de 19,6 p. 100 par action nominative, et de
25,6 p. 100 par action au porteur, eu égard au dividende distribué[1].

Telle est la situation fiscale du capital-actions : un prélèvement
minimum de 9,50 p. 100 ou de 15,50 p. 100 sur son revenu, et
qui peut être de beaucoup dépassé, si la société a un revenu supérieur à 1 million, si elle a un capital-obligations et si le revenu distribué s'écarte sensiblement du revenu gagné.

§ IV

Il reste à parler des valeurs mobilières étrangères ; elles forment
une catégorie importante, qui représente vraisemblablement un capi-

---

[1] A raison de 4 p. 100 sur 8.500.000 fr., l'impôt s'élève à $\frac{4 \times 8.500.000}{100} = 340.000$ fr.,
somme qui représente $\frac{13,6}{100}$ du dividende. Ces $\frac{13,6}{100}$ ajoutés à l'impôt perçu sur chaque
titre font bien $\frac{19,6}{100}$ et $\frac{25,6}{100}$, selon que le titre est nominatif ou au porteur. Il est vrai
que la taxation du revenu gagné et non distribué n'est pas propre aux sociétés par
actions ; mais la publicité de leurs bilans et le droit de communication exercé à leur
égard rendront l'application des principes bien plus rigoureuse pour elles que pour
les autres entreprises.

tal de 25 milliards environ et un revenu d'à peu près 1.200 millions[1].
C'est pour cette catégorie de valeurs que le projet d'impôt sur le
revenu innove le plus profondément. Actuellement, il y a deux
régimes distincts : l'un applicable aux fonds d'Etat, l'autre applicable aux titres des sociétés et collectivités. Pour les premiers, ils
paient un droit de timbre au comptant fixé à 2 p. 100 de la valeur
nominale; les seconds sont assujettis au régime de l'abonnement
en vertu duquel les sociétés et collectivités étrangères doivent payer,
sur la quotité de leurs titres circulant en France, la triple taxe
acquittée par les valeurs françaises : impôt sur le revenu, droit de
timbre par abonnement, taxe annuelle de transmission ; toutefois
les titres qui circulent en France autrement que par le fait des
sociétés et collectivités étrangères, et dont le service financier n'est
pas fait en France, échappent à l'abonnement et paient, comme
les fonds d'Etat, un droit de timbre au comptant de 2 p. 100 ; ils
ne sont pas alors inscrits à la cote officielle.

Le projet institue un régime uniforme selon lequel toutes les
valeurs étrangères circulant en France ou appartenant à des Français devront payer : l'impôt sur le revenu au taux de la 3ᵉ catégorie, soit 4 p. 100 ; un impôt supplémentaire de 1 p. 100 sur le
revenu, en représentation du droit de transmission ; un droit de
timbre au comptant de 2 p. 100 soit de la valeur nominale, soit de
la valeur réelle quand celle-ci est supérieure à la valeur nominale.
Les deux premières taxes sont perçues par voie de retenue sur le
coupon quand celui-ci est payé ou négocié en France ; si le bénéficiaire encaisse ou fait encaisser le coupon à l'étranger, il est tenu
à la déclaration et au paiement dans les trois premiers mois de
l'année suivante. Le droit de timbre doit être acquitté avant
toute émission, souscription, exposition en vente ou introduction
sur le marché en France ; il est donc en principe à la charge de la
société, collectivité ou Etat, sauf la question d'incidence ; mais ceci
n'est vrai que pour les titres qui font en France l'objet d'une de ces
opérations ; pour le titre qui aura été acheté à l'étranger et qui
sera soit déposé dans une banque française, soit mentionné dans un
acte quelconque, il est clair que c'est le porteur français qui paiera
le droit sans recours possible.

[1] Neymark, *Capital et revenu des valeurs mobilières en France. Statistique nouvelle au 31 décembre 1906*, Paris, 1908; de Lavergne et Paul Henry, *La richesse de
la France. Fortune et revenus privés*, Paris, 1908.

Le texte primitif du projet supprimait complètement l'abonnement; il a été modifié, et l'abonnement pourra être maintenu, sous certaines conditions, pour les sociétés et collectivités qui y sont actuellement soumises (article 86). Il ne disparaîtra donc que graduellement.

Ces dispositions nouvelles soulèvent des questions complexes [1]. Le régime de l'abonnement prête à la critique, mais ne vaudrait-il pas mieux l'améliorer et peut-être l'étendre aux fonds d'État que le supprimer? Le régime de la perception par retenue sur le coupon ne risque-t-il pas de mettre à la charge du porteur français les impôts que dans bien des cas payait seule la société ou collectivité étrangère? Les formalités et les mesures de contrôle instituées à l'égard de tous les établissements payant en France les coupons; le droit de timbre frappant désormais les titres étrangers simplement déposés dans les banques françaises; tout cela ne sera-t-il pas pour les banques étrangères une arme excellente dans la concurrence qu'elles font aux nôtres, et n'est-ce pas leur conduire par la main la clientèle? Sur tous ces points il y a, dans l'exposé des motifs du projet et dans le rapport de la commission, une insuffisance, ou même une complète absence de documentation, qui sont bien faites pour surprendre. Mais au point de vue restreint de cette étude je ne puis que les mentionner. Je me demanderai seulement s'il y a lieu de tenter l'équivalence fiscale entre valeurs françaises et valeurs étrangères, et si le projet réalise cette équivalence.

L'exposé des motifs du projet et le rapport de la commission considèrent comme un axiome le principe d'équivalence. Il y a en effet pour l'équivalence de bonnes raisons; elle paraît être une application naturelle et simple de l'idée d'égalité. Et pourtant le projet fournit contre cette thèse un argument excellent, en n'instituant pas l'équivalence pour les revenus des capitaux fonciers et des exploitations situés à l'étranger : ces revenus sont bien comptés pour l'application de l'impôt complémentaire (art. 65, § 3), mais ils échappent à l'impôt cédulaire, tandis que les valeurs mobilières étrangères sont soumises à l'un et à l'autre [2].

---

[1] Cf. l'article de notre collègue M. Wahl, *Les valeurs mobilières étrangères et le droit de communication*, *Revue politique et parlementaire*, décembre 1907.

[2] On pourrait croire que l'article 61 permet d'assujettir à l'impôt cédulaire les revenus des capitaux fonciers et des exploitations sis à l'étranger; mais une lecture plus attentive et le rapprochement des articles 61 et 65, § 3 montrent qu'il n'en est pas ainsi.

La question de la taxation à appliquer aux revenus de source étrangère doit être envisagée dans son ensemble, quels que soient ces revenus. Pour la résoudre on peut hésiter entre deux conceptions théoriques : ou l'Etat taxe tous les revenus des contribuables résidant en France, sans avoir égard au lieu où ce revenu est produit ; ou l'Etat ne taxe que les revenus produits en France, épargnant ainsi tous ceux, de quelque nature qu'ils soient, qui sont tirés de l'étranger et sont déjà soumis à la fiscalité du pays où ils sont produits. On peut encore concevoir l'application combinée de ces deux idées : l'impôt complémentaire, dont la fonction est d'atteindre le revenu global, frappant tous les revenus consommés en France, quelle qu'en soit la source ; l'impôt cédulaire au contraire, qui atteint le revenu à la source, ne frappant que ceux qui sont produits en France. Cette dernière solution est théoriquement la plus séduisante, en ce qu'elle taxe plus fortement le revenu produit et consommé en France que le revenu simplement consommé en France, et que certainement le premier bénéficie davantage de la protection et des services de l'Etat français. Bref, il y a en cette matière plusieurs solutions concevables ; une seulement ne peut se justifier, celle qui assujettit à l'impôt cédulaire une catégorie de revenus produits à l'étranger et y soustrait toutes les autres. C'est cette solution-là que le projet adopte.

On a donné un argument pour justifier cette différence : c'est que les propriétés foncières sises à l'étranger payaient l'impôt étranger, qu'il en était de même pour les exploitations commerciales et industrielles étrangères, et qu'à leur faire payer l'impôt français il y avait double emploi. Mais il y a de nombreuses valeurs mobilières étrangères qui paient aussi l'impôt étranger : par exemple toutes les valeurs anglaises sont assujetties à l'income-tax ; il est vrai que jusqu'ici l'étranger non résidant en Angleterre pouvait obtenir, sous certaines conditions, le remboursement de l'income-tax, mais cette faculté est abolie par la loi de finances actuellement en discussion. On pourrait citer bien d'autres cas encore, notamment celui des sociétés par actions sises en Prusse qui paient l'Einkommensteuer, sans remboursement possible pour l'actionnaire français. Pourquoi le double emploi, tenu pour injuste à l'égard du capitaliste français qui a acquis une propriété à l'étranger, ne l'est-il plus à l'égard de celui qui a acquis une valeur mobilière étrangère ?

Cette question des doubles emplois entre impôts français et

impôts étrangers est fort délicate; elle se pose à propos d'autres
impôts que l'impôt sur le revenu. Il y aurait place ici pour un
régime de conventions internationales. Tant que ce régime n'exis-
tera pas, il y aura dans l'éventualité des doubles emplois une
raison, si l'on tient à être équitable, de ne pas pousser à l'extrême
l'idée d'équivalence entre valeurs françaises et valeurs étrangères,
et cette raison se présente avec d'autant plus de force au législateur
que, dans le système du projet, l'application de l'idée d'équivalence
aux valeurs étrangères constitue une mesure d'exception à leur
détriment.

Il y a bien d'autres raisons encore de ne pas chercher l'application
trop rigoureuse du principe d'équivalence : celle-ci d'abord, qu'à
trop élever le taux de l'impôt sur les valeurs étrangères on provo-
querait l'évasion. Certes le projet est riche en mesures de contrôle
à l'égard des valeurs étrangères et en pénalités contre la fraude[1] :
si riche que l'on s'étonne presque, parmi ces pénalités, de ne pas
voir figurer la peine de mort; mais l'énormité des peines n'a qu'une
efficacité limitée, quand l'impôt est tel qu'il y a à frauder un bénéfice considérable. D'autre part, le marché financier de Paris trouve
dans les négociations de valeurs étrangères un élément d'activité
et d'importance qu'il serait fâcheux de diminuer. Enfin, le porteur
de valeurs françaises peut échapper à une fraction importante de
l'impôt (6 p. 100) en donnant au titre la forme nominative; le porteur de valeurs étrangères ne le peut pas, puisque le fisc français
ne saurait contrôler des registres de transfert tenus hors de France.
Toutes ces raisons sont pour incliner le législateur à la modération
et à la prudence.

En fait, le projet réalise-t-il l'équivalence ? L'Etat français, aux
termes du projet, percevra l'impôt sur les valeurs françaises à des
taux si disparates qu'il n'est pas possible de faire une comparaison
d'ensemble. Je me contenterai de comparer le régime des valeurs
étrangères à celui des obligations françaises, celui-ci tenant le milieu
entre les rentes sur l'Etat, qui restent privilégiées, et les actions, qui
paient beaucoup plus que tous les autres titres. Sur une obligation
française l'Etat percevra : si elle est nominative, 6 p. 100; si elle

---

[1] Il y a une disproportion saisissante entre les mesures de contrôle et les pénalités
instituées pour les valeurs étrangères, et celles dont le projet se contente à l'égard
d'autres catégories de revenus, notamment ceux des professions libérales, qui se prêtent cependant à des fraudes et des évasions bien plus considérables encore.

est au porteur, 12 p. 100. Sur une obligation ou toute autre valeur étrangère — abstraction faite des titres qui resteront soumis à l'abonnement et paieront exactement les mêmes taxes que les valeurs françaises — l'Etat percevra : 1° 5 p. 100 du revenu annuel ; 2° un droit de timbre au comptant de 2 p. 100 de la valeur nominale ou réelle comme je l'ai indiqué tout à l'heure, c'est-à-dire 10 francs sur une obligation de 500 francs. Que représente ce droit de timbre par rapport au revenu ? Cela dépend du rendement et de la durée moyenne des titres. Pour les titres du type obligation de 500 francs, le droit de timbre à 2 p. 100 du capital équivaut à un prélèvement annuel sur le revenu compris dans les limites suivantes : si la durée moyenne du titre est de 10 ans, le prélèvement va de 6,66 p. 100 sur un revenu de 15 francs, à 4 p. 100 sur un revenu de 25 francs ; si la durée moyenne du titre est de 20 ans, ces taux seraient naturellement diminués de moitié. Avec l'impôt constant de 5 p. 100, cela ferait un prélèvement total compris entre 11,66 p. 100 (titre à 3 p. 100 et durée de 10 ans) et 7 p. 100 (titre à 5 p. 100 et durée de 20 ans). C'est donc une taxation qui tient le milieu entre celle des valeurs françaises au porteur et celle de ces mêmes valeurs au nominatif. Il semble qu'elle réalise l'équivalence au degré d'approximation qu'on peut atteindre en cette matière.

Encore faudrait-il tenir compte de ce que, dans les cas assez nombreux où le droit de timbre incombera sans recours possible au porteur français, il est plus lourd de payer en une fois 10 francs pour un titre qui donne un revenu de 15 à 25 francs qu'une fraction modique de ce revenu chaque année pendant la durée du titre. N'oublions pas non plus que le régime proposé, s'il établit à peu près l'équivalence entre les valeurs françaises et les valeurs étrangères, ne l'établit pas dans les rapports des valeurs étrangères entre elles, puisque la charge réelle du droit de timbre, calculée en p. 100 de revenu, varie en raison inverse de la durée du titre et de son rendement.

(*A suivre*).   Henri TRUCHY.

L'INFILTRATION DES IDÉES SOCIALES

DANS LA LITTÉRATURE ÉCONOMIQUE ALLEMANDE

Suite [1]

IV

L'influence exercée sur les économistes par les philosophes du droit ne peut être touchée du doigt que dans certains cas isolés, mais elle fut à coup sûr considérable. Elle contribua notamment à fonder l'école qui se dit elle-même « éthico-historique ». Le mouvement social, les discussions sur l'essence de la société et les spéculations de droit naturel révélèrent une foule de phénomènes vitaux, qui, tout en étant en corrélation directe avec des faits d'ordre économique, échappaient aux prises de la science économique classique. En tant que système théorique, celle-ci n'était qu'une « arithmétique de l'égoïsme », une logique économique, comme l'avait appelé Treitschke ; placée en face de l'organisme complexe qu'est la société, elle avait dû renoncer à expliquer la réalité empirique. En tant que doctrine de politique pratique, elle s'était montrée éclectique, dénuée de principes et d'unité de vues. Beaucoup d'auteurs eurent conscience de ses imperfections [2] et les exposèrent dans leurs écrits. Les uns pressèrent les économistes d'élargir le cadre de leurs études et de constituer ainsi une science de la société. D'autres les invitèrent à abandonner leur conception du *homo economicus,* à tenir compte du caractère moral de la personne humaine et à étudier, dans l'histoire, son activité économique en la mettant en rapport avec les autres manifestations de la vie sociale. Les relations d'influence réciproque qui s'établirent

---

[1] V. *Revue d'Economie politique*, octobre 1909, p. 657.

[2] Cf. aux endroits ci-dessous les opinions émises par des savants illustres sur les doctrines mal arrondies, inachevées, voire même confuses de la science économique du temps : Hildebrand, *Gegenwart und Zukunft*, 1848, p. 4 ; Roscher, *loc. cit.*, sub. p. 775 ; Mohl, p. 661, note 2 ci-dessus (voir *Rev. d'Éc. pol.*, oct. 1909) et *Geschichte und Literatur der Staatswissenschaften*, vol. I, 1855, p. 118 et vol. III, p. 299 et suiv. ; Treitschke, *Gesellschaftswissenschaft*, 1859, p. 35 et suiv. ; Schäffle, *Der gegenwärtige Standpunkt der wissenschaftlichen Politik*, dans la *Deutsche Vierteljahrsschrift*, 1861, 2ᵉ fascicule, p. 13 ; le même, *Mensch und Gut in der Volkswirthschaft*, 1861, 4ᵉ fascicule, p. 232.

entre l'économique d'une part et la morale, la politique et les formes concrètes et historiques de la vie matérielle de l'autre, furent
sans doute la conséquence nécessaire de tous les faits que la
conception sociale du monde économique avait mis en évidence et
de toutes les idées qu'elle avait suscitées. Nous pouvons affirmer
qu'une parenté étroite relie la tendance éthico-historique de la
science économique aux doctrines sociales que nous avons rappelées plus haut; point n'est besoin pour cela d'en retrouver chez les
auteurs postérieurs l'aveu exprès. Dans un livre récent, Othmar
Spann a fort judicieusement insisté sur ces rapports [1]. Il a fait
observer que l'école historique avait engagé la lutte contre le classicisme théorique en attaquant sa conception abstraite de l'économie et sa méthode générale de raisonner sur les phénomènes économiques en les isolant des circonstances politiques et sociales
concomitantes. « Notre but, dit Roscher, est d'exposer les doctrines, les efforts et les expériences économiques des peuples et de
décrire et d'expliquer leurs conquêtes et leurs ambitions matérielles. Pour l'atteindre, nous ne pouvons nous passer du concours
des autres sciences sociales et, en particulier, de l'histoire du
droit, de l'État et de la civilisation » [2]. En traitant des bases de
l'économie politique, Roscher cite Ahrens pour l'approuver et
déclare, avec plus d'insistance encore, que la vie de la nation forme
un tout indissoluble dont les manifestations diverses sont enchaî-
nées les unes aux autres par des liens organiques [3]. La tâche de
la science économique consiste à déterminer l'évolution du monde
économique sous l'influence des divers facteurs de la vie sociale.
Elle nous fera comprendre la valeur relative de toutes les institu-

[1] *Wirthschaft und Gesellschaft*, 1907, p. 13 et suiv. et p. 136. Il ne faudrait pas aller
cependant jusqu'à admettre que l'historisme économique était né des discussions sur
la nature de la société. Ses origines ont été révélées par C. Menger qui y a vu avant
tout « la réaction, vieille comme le monde, de l'empirisme en général et de l'empirisme historique en particulier contre la méthode aprioristique en matière politique ».
(*Untersuchungen über die Methode der Sozialwissenschaften und der politischen
Œkonomie insbesondere*, 1883, 4e vol., chap. III). Nous nous bornons ici à faire
observer que l'influence de la renaissance des sciences sociales a agi dans le même
sens.

[2] *Grundriss zu Vorlesungen über die Staatswirtschaft. Nach geschichtlicher
Methode*, 1843, p. iv. De même, dans son étude intitulée : *Der gegenwärtige Zustand
der wissenschaftlichen Nationalökonomie und die notwendige Reform desselben*,
dans la *Deutsche Vierteljahrsschrift*, vol. I, 1849.

[3] *System der Volkswirtschaft*, 1er vol. *Die Grundlagen der Nationalökonomie*,
1re éd., 1854, § 16.

tions en les expliquant par les conditions de race et de milieu sous lesquelles elles sont nées. Elle nous apprendra aussi « à tenir toujours compte, dans nos appréciations, des mesures de politique économique, même les plus insignifiantes en apparence, de leurs effets immédiats sur le monde des biens matériels d'abord, mais aussi de leurs répercussions lointaines sur les autres sphères de la vie sociale » [1]. C'est sous l'influence directe de l'agitation réformatrice, des transformations politico-économiques et des doctrines sociales de son époque, que Bruno Hildebrand poursuivait ses investigations « dans l'espoir de trouver la bonne voie au milieu de l'anarchie des opinions régnantes » [2]. Il attaqua d'un côté le cosmopolitisme, l'atomisme social et le matérialisme de l'école de Smith en lui reprochant d'avoir réduit l'économie politique à une histoire naturelle des biens circulant sous l'impulsion de l'égoïsme humain. Il se détourna, d'autre part, des constructions *a priori* des socialistes et, tout en approuvant sur divers points leur œuvre critique, il leur objecta leur méconnaissance des progrès accomplis dans le passé et leur scepticisme à l'égard des réformes graduelles toujours possibles dans l'avenir. D'après Hildebrand, la tâche de la science économique consistait à « suivre pas à pas l'évolution économique des diverses nations particulières et de l'humanité dans son ensemble, pour arriver à la compréhension logique des fondements et des éléments de la culture matérielle du temps présent et pour reconnaître la nature des problèmes dont la solution demeure réservée aux efforts de la jeune génération » [3]. Bien avant lui, Adam Müller [4] avait déjà affirmé ce que Frédéric List [5] venait de rappeler, à savoir que cette évolution était l'œuvre, non des individus isolés seulement, mais surtout des collectivités organisées en nations et en Etats. Par une application conséquente de la méthode historique, Charles Knies [6] pénétra encore plus avant dans les rapports des actions économiques avec les autres manifestations

---

[1] *Ibid.*, § 29.

[2] *Die Nationalökonomie der Gegenwart und Zukunft*, 1848.

[3] *Die gegenwärtige Aufgabe der Wissenschaft der Nationalökonomie*, article paru, en 1863, dans le *Jahrbuch für Nationalökonomie und Statistik*.

[4] *Elemente der Staatskunst*, 1809.

[5] *Das nationale System der politischen Œkonomie*, 1841.

[6] *Die politische Œkonomie von Standpunkte der geschichtlichen Methode*, 1853, une 2e édition augmentée a paru, en 1883, sous le titre : *Die politische Œkonomie vom geschichtlichen Standpunkt.*

vitales de l'homme. « En embrassant d'un seul coup d'œil, dit-il, toutes les faces de l'histoire d'un peuple, nous sommes amenés à conclure à l'existence d'une source commune d'où découlent tous les courants divers de son activité. Et c'est précisément parce qu'un esprit unique anime la diversité de ses manifestations et que ses individus, enserrés dans l'étau de la vie collective, ne se développent que dans le sens du mouvement général, qu'un peuple est autre chose qu'un assemblage d'hommes fortuit et arbitraire. Aussi les conditions et les évolutions économiques des nations doivent-elles toujours être envisagées comme les parties intégrantes d'un tout supérieur. Dans la réalité donc, l'objet de la science économique n'est pas une matière isolée qui se suffise à elle-même ; ce n'est, au contraire, que la face économique de la vie sociale, une et indivisible » [1]. Stein, Ahrens et Dietzel ont suffisamment insisté sur cette unité de la vie sociale [2]. Mohl est seul de son avis lorsqu'en termes catégoriques, il déclare que l'Etat est totalement distinct de la société [3]. Sans doute ces divers auteurs n'eurent ni la même méthode, ni le même système, ni la même conception théorique des éléments de la vie sociale, mais, en l'absence d'une méthodologie rigoureuse des sciences psychologiques en général et des sciences politiques en particulier, ces divergences mêmes furent favorables à l'école historique. Grâce à elles, en effet, l'unité essentielle de ses doctrines fut en apparence sauvegardée. L'illusion de cette entente absolue entre ses membres conféra à l'école historique une influence qui se fit sentir surtout en matière de politique économique. Les faits d'expérience historique et les lois de l'évolution parurent, en effet, offrir une base solide pour la solution des problèmes du jour [4].

Presque tous les auteurs qui opposèrent à l'étroitesse du champ

[1] *Ibid.*, p. 141.

[2] Citons, par exemple, Stein, *System der Staatswissenschaft*, vol. I, 1852, p. 23; Ahrens, *Organische Staatslehre*, 1850, p. 73 et suiv. ; Dietzel, *Die Volkswirthschaft und ihr Verhältnis zu Gesellschaft und Staat*, 1864, p. 52.

[3] Dans sa *Geschichte und Literatur der Staatswissenschaften*, 1er vol., p. 104.

[4] V. en particulier à ce sujet, Roscher, *loc. cit.* Cf. aussi Treitschke, qui, à la page 45 de sa *Gesellschaftswissenschaft*, déclare : « Les principes qui doivent guider l'Etat intervenant en matière économique résultent, avec une nécessité historique, des lois de l'évolution des peuples et de l'importance, à un moment donné de leur développement, du facteur économique dans la vie sociale ». Cf. encore Knies, *Politische Œkonomie*, III, chap. IX, intitulé : *Der Absolutismus der Lösungen und das Princip der Relativität*. Hildebrand, *loc. cit.*

d'observation des disciples de Smith l'étendue et la variété immén-
ses de la réalité empirique de la vie économique, s'attachèrent à
montrer que les insuffisances de la doctrine traditionnelle en face
des tumultueuses revendications sociales de l'époque, résultaient
d'une erreur de psychologie. Au lieu d'admettre que les actions
économiques des hommes étaient en fait soumises aux lois de la
morale comme toutes les autres, qu'elles s'inspiraient d'un idéal
éthique ou qu'elles devaient au moins s'en inspirer, le libéralisme
classique, en ne tenant compte que de l'égoïsme, avait fait de l'économie politique la science de la cupidité et de l'avarice. Il est vrai
que la fraction allemande de l'école de Smith n'avait jamais professé sans réserves le dogme de l'harmonie des intérêts individuels
et collectifs que les libéraux anglais et français avaient placé en
tête de leur credo. En faisant de la politique économique une discipline indépendante, elle avait implicitement reconnu à l'Etat et à
la conscience collective qu'il représente, le droit de soumettre
l'activité économique à des principes moraux. Mais « l'égoïsme
individuel et la conscience collective ne sont pas des puissances
distinctes régnant sur des mondes séparés. Dans la réalité au contraire leurs actions s'entremêlent sans cesse, et cela dans des proportions très variables d'après les divers degrés de moralité et de
culture » [1]. Par conséquent, poursuit Hildebrand, l'économie politique ne doit pas se borner à considérer l'individu comme mû par
le seul souci de son intérêt propre, mais doit l'examiner avec tous
ses attributs. C'est l'homme, en tant que personnalité sujette à la
loi morale, qui doit être son objet. Parmi les auteurs plus anciens,
il faut signaler Schüz [2] qui avait déjà pleinement adhéré à cette con-

---

[1] Hildebrand, *Die Nationalökonomie der Gegenwart und Zukunft*, p. 33. Plus tard,
dans son article sur le devoir présent de la science, paru en 1863 dans les *Jahrbücher
für Nationalökonomie und Statistik*, Hildebrand développa avec plus de détails l'idée
que l'activité économique était soumise à la loi morale.

[2] Cf. ses divers articles parus dans la *Zeitschrift für die gesammte Staatswissenschaft : Uber das sittliche Moment in der Volkswirtschaft*, 1844, 1er vol., p. 132 et suiv.;
Uber das politische Moment in der Volkswirtschaft, ibid., p. 329 et suiv.; *Uber das
Prinzip der Ordnung in der Volkswirtschaft, ibid.*, 1845, p. 234; *Uber die sittlichen
Ursachen der Armut und ihre Heilmittel, ibid.*, 1851. Il faut noter aussi les études
que le philosophe Vorländer publia plus tard dans la même revue, *Uber die ethische
und soziale Bedeutung des Wohlstandes und Eigenthums*, 1855; *Das Gesetz der
Gerechtigkeit als Grundlage für die Bestimmung der Rechte der Individuen*, 1856 ;
Uber das sittliche Prinzip der Volkswirtschaft in Rücksicht auf das soziale Problem,
1857; *Uber das ethische Prinzip der volkswirtschaftlichen Konsumtion*, 1858. Dans

ception et assigné à la science économique la tâche d'étudier le
développement de la richesse matérielle dans ses rapports avec les
conditions morales, civiles et politiques de la vie des peuples. Il
lui avait demandé, en outre, de prédire quelle en serait, normalement et rationnellement, l'évolution dans l'avenir. Ces économistes,
comme les philosophes du droit, déclarent expressément que la
nature humaine ne subit pas seulement les impulsions de son
égoïsme, mais qu'elle obéit aussi à des mobiles d'ordre moral.
Röder pouvait être assuré de leur approbation en écrivant
qu' « affirmer que l'espoir de s'approprier des biens matériels est
le seul aiguillon susceptible de stimuler l'activité des hommes,
c'était calomnier la nature humaine et braver l'expérience »[1].
Knies[2], en particulier, soumit le dogme de l'égoïsme inaltérable
de l'homme à une critique minutieuse. Il exposa les contradictions
dans lesquelles étaient tombés Rau, Hermann et d'autres maîtres
de la science économique allemande en déclarant invariable, parce
que toujours fondée sur son égoïsme, l'attitude de l'homme en face
des biens matériels et en ne niant pas malgré cela l'influence de la
conscience collective et de l'altruisme sur le monde économique.
L'histoire et la psychologie humaines, poursuit Knies, nous enseignent que l'instinct de la conservation individuelle n'exclut pas le
souci sincère du bien d'autrui et du salut de tous. En accord parfait avec les vues philosophico-juridiques d'Ahrens et de Röder, il
déclare : « Le déploiement brutal de l'égoïsme sans frein dans la vie
économique est une manifestation du droit du plus fort et non pas
de la liberté. C'est l'arbitraire mis à la place de l'indépendance politique et sociale ». Et plus bas il ajoute : « Loin d'être en contradiction avec la loi morale, le souci d'assurer son bien-être matériel
par ses efforts propres lui est au contraire conforme, et loin d'être
en opposition avec la préoccupation active du bien de son prochain
et de la collectivité, il se combine au contraire avec elle en tout
homme normal »[3]. A côté de l'altruisme, Knies place le sentiment
du droit et de l'équité, qui a sa source « dans le sens de la justice ». « Ici de nouveau il ne s'agit pas d'une fiction, mais de la

ces articles Vorländer combat par des considérations générales, mais judicieuses, un
grand nombre d'idées et de revendications socialistes.

[1] *Rechtsphilosophie*, 1ʳᵉ éd., 1846, p. 251.
[2] *Politische Œkonomie*, II, ch. III.
[3] *Ibid.*, p. 239.

constatation d'un fait d'expérience, qui résulte de la nature morale
de l'homme et de son évolution et qui ne peut que fortifier les liens
entre les divers membres d'une communauté » [1]. Les progrès de la
culture morale et l'affermissement des instincts nationaux et
politico-collectifs des peuples ont déterminé chez eux la conviction
qu'il était anormal que les individus n'eussent à se préoccuper que
d'eux-mêmes dans leur activité économique et fussent affranchis de
toute obligation envers leurs semblables. Pour qu'elle n'attendît
que d'heureux effets de l'égoïsme individuel, il fallait que la science
ne vît de bonheur que dans le développement de la productivité
totale de l'organisme économique. Dès qu'elle se mit à consacrer
le meilleur de son attention aux problèmes de la répartition et du
revenu et qu'elle examina le mode de distribution actuel pour se
convaincre de ses avantages et pour s'assurer de sa justice, il
devait en être autrement. La théorie économique s'imposa alors un
critère moral et politique. Cette conception moins superficielle de
la nature et de la vie de la société avait préparé la découverte du
lien intime qui relie entre elles toutes ses faces et toutes ses manifestations et rendu possible la reconnaissance « de l'ubiquité des
rapports d'influence réciproque entre la politique de l'Etat et les
actions économiques des particuliers ». En conséquence l'on remit
en question, non seulement la valeur morale de la personnalité
humaine, mais aussi les fondements moraux de l'ordre politique de
la collectivité.

Ces idées trouvèrent un défenseur énergique en la personne de
Schäffle, qui est, de tous les économistes, celui qui a tiré le
meilleur parti des doctrines philosophico-juridiques de son temps
dans l'étude des phénomènes économiques et de leurs rapports
avec l'Etat. Il fit observer [2] que les auteurs récents qui avaient le
plus efficacement contribué au développement de l'économie politique étaient des moralistes et des philosophes du droit, estimés
sinon illustres, et des historiens. La science économique devait son
renouveau de vie à d'autres branches de la connaissance et surtout aux disciplines éthiques. Les moralistes, les philosophes et les
théologiens qui demandaient la révision de ses doctrines tradition-

---

[1] *Ibid.*, p. 241.
[2] *Mensch und Gut in der Volkswirtschaft,* article paru dans la *Deutsche Vierteljahrsschrift*, 1861, 4ᵉ fascicule, p. 232.

nelles n'avaient pas tort. « Ce n'est pas le bien acquis ou à acquérir,
le *chréma,* qui doit constituer l'objet principal de la science économique, mais l'homme, producteur et consommateur, moyen et
but tout à la fois de l'activité économique. Et cette activité ne
doit pas être conçue comme un processus naturel et assimilée
comme tel aux phénomènes physiques de la respiration et de la circulation du sang. L'homme, en se proposant librement des buts et
en.appliquant sa volonté consciente à les atteindre, n'est pas l'instrument aveugle et irresponsable de la nature. Il est au contraire
un agent moral travaillant à l'œuvre de la culture générale. C'est
à ce point de vue que l'on demande à l'économie politique d'abandonner ses allures chrématistiques pour devenir une science éthico-
anthropologique[1]. Les limites internes dè la richesse, de la grandeur des entreprises commerciales exploitées par des particuliers
et par des sociétés, la justification morale de la fortune et sa distribution, la raison d'être de la classe des rentiers et leur place en
face de l'impôt, voilà autant de sujets essentiellement économiques
que la science officielle a toujours négligés. C'est pour cela qu'elle
n'a pas pu maîtriser le communisme, qui lui au moins tenait compte
de l'homme. Quant à la tendance nouvelle, dite sociale, Schäffle
ne méconnaît pas son influence sur l'économie politique, mais il
constate qu'il règne encore à son sujet une grande incertitude.
« Quoi qu'il en soit, dit-il, elle exprime le besoin de saisir l'homme
dans sa réalité sociale ». Mais que l'on ne se lasse pas d'opposer à
l'égoïsme dans la société, le correctif moral des sentiments de
communauté. Pour cela il faut des institutions sociales telles que
le mariage, la famille, la commune, l'Etat, l'ordre juridique, l'église
et d'autres. Par dessus tout, il faut que l'Etat, en tant qu'organisme central, coordonne entre eux tous les organismes sociaux
autonomes et les allie à sa propre puissance unitaire.

Schäffle revint à ces problèmes dans une autre partie de son

---

[1] *Ibid.*, p. 236. Plus tard, Schäffle employa d'autres termes pour exprimer la même
pensée. « Ce n'est pas seulement un problème de méthode que l'on pose lorsque l'on
se demande s'il convient de réserver à l'économie politique une place parmi les sciences
morales. Ce qui importe, c'est de savoir si l'on peut envisager l'activité économique
de l'homme comme une manifestation de sa libre volonté, soumise à toutes les puissances morales et sensibles de sa personnalité et dirigée vers la réalisation harmonieuse d'un idéal de raison et de bien. A cette question l'économie politique répond
hardiment par l'affirmative » (*Die ethische Seite der Nationalökonomischen Lehre
vom Werte,* 1862, p. 7).

œuvre[1], en étudiant le mouvement qui visait à introduire la liberté
économique et à abolir l'ancien Etat policier. Il constata que des
écoles et des sociétés s'étaient fondées en Angleterre, en Belgique,
en France et en Allemagne pour substituer à l'Etat, dont la tutelle
était devenue par trop oppressive, des associations libres. « Mais,
dit-il, ce nihilisme ne saurait satisfaire les besoins de la vie pratique ». Aussi les plus grands théoriciens du droit public de l'Allemagne y ont-ils résisté. Bluntschli, de Mohl et Rau admettent tous
expressément ou implicitement le droit d'intervention de l'Etat,
mais leurs opinions sur ce sujet ne reposent pas sur un principe
unique et fondamental. Pour parvenir en cette matière à une unité
de vues, il faut, non pas opposer la police au droit, mais, conci-
liant ces deux termes en une synthèse supérieure, reconnaître que
toute activité juridique de l'Etat constitue de sa part une intervention policière et que toutes ses interventions sont, dans leur essence
comme dans leur forme, des actes de droit. Il s'agit, poursuit
Schäffle, de s'affranchir de la conception subjective selon laquelle
le droit n'aurait d'autre but que de limiter l'arbitraire individuel
et lui assigner une fonction téléologique. Le droit, en effet, doit
orienter les volontés individuelles vers des fins collectives. L'Etat
doit être considéré comme une association fondée en vue de conférer au droit ainsi entendu la sanction de la loi. Ahrens et Röder
se sont brillamment acquittés de la tâche qui consistait à pourvoir
cette conception du droit et de l'Etat d'une base logique, de l'adapter aux nécessités systématiques du droit positif et de la mettre en
harmonie avec ses règles spéciales[2]. Depuis quelque temps, l'on
attribue de nouveau plus d'importance à l'Etat, mais l'on introduit
entre lui et l'individu un groupe intermédiaire ayant un droit social
particulier. Mais ce n'est là, selon Schäffle, qu'un artifice de dialectique, car le droit est une réalité vivante qui doit imprégner

---

[1] *Der gegenwärtige Standpunkt der wissenschaftlichen Polizei und Politik,*
article paru dans le 2e fascicule de la *Deutsche Vierteljahrsschrift* de 1861.

[2] Dans la préface à la deuxième édition de sa *Rechtsphilosophie*, Röder ne dissi-
mula point la satisfaction que lui causait l'adhésion de Schäffle à ses doctrines. « Enfin,
dit-il, il s'est trouvé un Allemand qui n'a pas craint d'adopter, avec toutes ses conséquences logiques, la notion du droit telle qu'Ahrens et moi nous l'avons dégagée. Il
a su reconnaître en elle l'outil indispensable pour travailler à la solution de plusieurs
problèmes scientifiques et vitaux de l'heure actuelle et pour hâter la transformation
de l'Etat policier en Etat juridique que les exigences de la vie pratique réclament
depuis longtemps ».

toute la société et la politique en est la compagne inséparable. Le droit doit sa naissance comme sa mort à des circonstances politiques. Mais la politique repose elle-même sur une double base : elle s'appuie, d'une part, sur le droit qu'elle pare de formes historiques appropriées aux contingences temporelles et locales, et, de l'autre, sur les principes stables de la morale, d'où elle tire ses éléments idéaux et rationnels.

Citons enfin, après Schüz, Hildebrand, Roscher, Knies et Schäffle, Kautz[1], qui, lui aussi, se rattacha à la tendance éthico-historique. Selon lui, l'activité économique est régie par la conscience collective et dirigée par elle vers son but moral, qui est le bien de la communauté. La tâche de l'économie politique consiste à déterminer et à proposer une forme éthico-matérielle d'organisation sociale qui assure et qui tende à développer le bien-être individuel et collectif[2]. Mais, n'étant pas une science purement abstraite, elle doit contribuer aussi à cet ordre de choses en collaborant à la solution des problèmes économiques et politico-administratifs[3]. C'est en prolongeant les lignes de ce système que Roesler[4] arriva à combattre la théorie de Smith, en lui reprochant d'avoir méconnu cette vérité, qu'une discipline, dont l'homme et son développement volontaire sont les objets, ne peut scientifiquement comporter que des notions morales. Selon Roesler, la théorie économique n'est compréhensible qu'en tant que partie intégrante de la philosophie du droit, car, dit-il, les rapports économiques, grâce à leur caractère social, sont des rapports d'autorité entre les hommes et doivent, par conséquent, être soumis à un ordre juridique[5]. Plus tard, il développa cette idée en montrant que le droit des choses et le droit soi-disant privé des personnes ne résultaient pas des décrets de l'arbitraire individuel, mais qu'ils subissaient au contraire l'influence déterminante des conditions de la culture générale, se manifestant et s'exprimant par des normes juridico-sociales. Dans l'époque actuelle,

---

[1] *Theorie und Geschichte der Nationalökonomik*, 1er vol. : *Die Nationalökonomik als Wissenschaft*, 1858 ; cf. surtout 1er livre, chap. III et IV, 2e vol. : *Die geschichtliche Entwicklung der Nationalökonomik und ihrer Literatur*, 1860 ; cf. surtout p. 465 et suiv. et 765 et suiv.

[2] *Ibid.*, 1er vol., p. 176.

[3] *Ibid.*, p. 336.

[4] Voir son ouvrage intitulé : *Uber die Grundlehren der von Ad. Smith begründeten Volkswirtschaftstheorie. Ein Beitrag zur Rechtsphilosophie*, 1868.

[5] *Soziales Verwaltungsrecht*, 2 vol., 1872-1873.

ajouta-t-il, ces normes exigent l'évolution vers l'égalité des droits pour tous et la participation commune à toutes les relations sociales et à toutes les ressources de la civilisation.

V

« Par leurs travaux nombreux et suggestifs, les auteurs socialistes ont constitué un corps de doctrine autonome à côté de l'ancienne économie politique. La science orthodoxe ne se l'est pas encore assimilé, mais il sera impossible à la longue de lui refuser une place parmi les autres systèmes historiques ». Voilà ce qu'écrivit Laurent Stein [1] en 1846 et il faut reconnaître que sa prédiction n'a pas tardé à se réaliser. En concevant la société comme un organisme indépendant de l'Etat, en exposant les rapports intimes entre l'ordre juridique et le monde économique, en montrant enfin que les conditions sociales sont les produits de l'histoire se déroulant sous l'influence de la volonté humaine, que faisait-on en effet, sinon tenter une formulation scientifique des lois d'interdépendance pressenties par le socialisme ? L'empressement avec lequel la science s'empara de ces doctrines s'explique par le fait que l'économie politique ne s'était jamais contentée d'être une théorie de la production et de la consommation des richesses matérielles, mais avait toujours aspiré à déterminer les principes qui doivent présider à l'organisation du droit, de la société et de la politique dans leurs rapports avec le monde économique. Sans se l'avouer nettement à elle-même, elle avait toujours nourri la prétention d'être la science de la société, et maintenant que la complexité des problèmes sociaux avait été révélée, on lui demandait de tenir ses promesses et de mesurer son effort à la difficulté de la tâche entreprise. Voilà comment on en vint en Allemagne à consacrer un soin tout particulier à l'étude des phénomènes concrets et de leur évolution historique et à la recherche des fondements économiques de tous les rapports sociaux. Ce fut le point de départ des travaux considérables qui distinguent l'économie politique allemande et qui firent faire à la science un progrès important. Sans doute l'on se trompait en croyant avoir créé une « théorie » nouvelle, alors que

---

[1] Cf. son article intitulé : *Der Begriff der Arbeit und die Prinzipien des Arbeitslohnes in ihrem Verhältnis zu Sozialismus und Kommunismus*, paru dans la *Zeitschrift für die gesammte Staatswissenschaft* à la page 242 et suiv. de l'année 1846.

l'on n'avait en réalité fait que poursuivre l'élaboration d'une science de la société dont les mercantilistes possédaient déjà les éléments. Mais cette erreur eut d'autant moins de gravité que l'on n'appliqua point les idées nouvelles à l'interprétation théorique des faits mais que l'on s'en servit pour motiver des projets de réformes pratiques de la société en général et de son organisation économique en particulier. L'œuvre critique du socialisme, la misère matérielle des années qui précédèrent 1850, les mouvements révolutionnaires du prolétariat ouvrier anglais et français attirèrent l'attention générale sur les vices du régime individualiste tel que le rêvait l'école libre-échangiste et convainquirent beaucoup d'esprits de son impraticabilité. Avant que la science n'eût formulé les principes de la politique économique nouvelle, des symptômes se firent jour dans la vie pratique qui témoignaient d'un changement survenu dans l'idée que se faisaient les hommes de leurs rapports mutuels. Ainsi par exemple se fonda en 1844, à l'occasion de la première exposition industrielle allemande de Berlin, une « société pour le bien des classes laborieuses de la Prusse », dont le but était de travailler à l'amélioration du sort matériel et moral des ouvriers. L'on discuta en public des conditions du travail et des moyens de procurer aux pauvres un revenu assuré. Les salaires, les règlements de fabrique, le droit d'association, les caisses de secours, de maladie et de vieillesse, voilà autant de questions qui furent librement débattues. Dans les milieux ecclésiastiques l'on se mit à s'occuper des problèmes sociaux de l'époque. Les fidèles furent invités à se soumettre dans leur activité économique, comme dans le reste de leur conduite, à l'influence des idées religieuses et morales et à favoriser une réforme sociale par une régénération personnelle. Le clergé ne craignait pas, dans ses prédications, de se mettre en opposition ouverte avec les opinions reçues. « La formule, la propriété c'est le vol, n'est pas tout à fait mensongère; elle exprime, en même temps qu'une grande erreur, une terrible vérité », voilà ce que déclara du haut de la chaire l'évêque de Mayence, Mgr de Ketteler, en stigmatisant comme un péché continuel contre la nature [1] la fausse doctrine du droit illimité du maître sur sa chose. Parmi les protestants, J. H. Wichern exposa en 1849 les tâches de la mis-

---

[1] *Die grossen sozialen Fragen der Gegenwart, sechs Predigten, gehalten in Mainz im Jahre 1848*, p. 15 de l'éd. de 1878.

sion intérieure en dressant un long programme d'activités et d'institutions de philanthropie sociale. La misère matérielle, dit-il, est en rapport étroit avec la misère morale. L'Etat seul, par ses mesures législatives, est impuissant à supprimer cette dernière. Il faut donc que des forces supérieures et intérieurement affranchies accourent à son aide. La tâche principale de la mission intérieure consiste à imprégner d'esprit chrétien la famille et le ménage et avec eux l'éducation, la propriété et le travail qui s'y rattachent directement et les classes sociales qui en dépendent. Il est de son devoir, poursuit Wichern, non seulement d'atténuer la misère des pauvres, mais aussi de sanctifier la propriété et de ramener les classes séparées par la fortune à une plus juste compréhension de leurs obligations réciproques. A côté des formes d'activité purement charitables, soins aux malades, éducation de l'enfance et de l'adolescence, protection des abandonnés, il lui proposa des tâches d'économie sociale, telles que la création de bureaux de placement, la réunion en sociétés communes de riches et pauvres, la fondation d'associations professionnelles et l'établissement de colonies agricoles [1]. Depuis cette époque, l'église chrétienne des deux confessions constitue dans le monde un puissant facteur d'hostilité à l'individualisme économique, qu'elle combat par la doctrine et par une activité organisatrice effective. Le mouvement coopératif fut encore un des phénomènes symptomatiques du temps. Pas plus que le christianisme social, il ne fut le fruit des efforts des économistes, mais dut son origine à l'initiative d'hommes d'action, comme Schulze-Delitsch et de publicistes, sortis d'autres professions, comme Victor-Aimé Huber. Ce dernier fut en politique un membre de la fraction protestante-conservatrice. Au cours de voyages en Angleterre, en France et en Belgique, il avait appris à y connaître les associations naissantes et avait adopté leur idée-mère, qui était celle de la conquête du monde individualiste par le groupement volontaire des individus. Depuis 1846, il travailla par la plume au développement du coopératisme économique, dont il a saisi la portée matérielle et morale mieux qu'aucun autre auteur allemand de son temps [2]. Il fondait ses revendications sur la considération

---

[1] *Die innere Mission der deutschen evangelischen Kirche*, Hambourg, 1849, 3e éd., 1889. Cf. surtout p. 118 et suiv.

[2] La féconde activité littéraire de Huber s'exerça de 1846 à 1869. Voici les titres de ses principaux écrits relatifs au coopératisme : *Die Selbsthilfe der arbeitenden Klassen*

que le désagrègement pathologique des masses ouvrières, qui frappait tous les yeux, était dû au relâchement ou à la rupture des anciens liens corporatifs et à l'absence de tout principe réorganisateur dans l'anarchie résultant de la transformation des formes du travail et des conditions sociale et économique des travailleurs. Pour remédier à cet état de choses, dit Huber, il faut des réformes qui remplissent les conditions suivantes : s'inspirer de l'esprit chrétien, s'adapter aux formes modernes de la production et de la consommation, ne pas attaquer à l'improviste et d'un seul coup l'ordre établi tout entier, « être animées de l'instinct de la reproduction organique des atomes », concilier les aspirations morales et intellectuelles avec les intérêts matériels, stimuler enfin et non pas émousser le légitime sentiment de l'énergie et de la responsabilité personnelles et le respect de soi-même. Or, pour notre auteur, toutes ces conditions se trouvaient réalisées dans les associations coopératives de production et de consommation, dont les unes, en groupant les individus isolés pour le travail en commun, leur offrent les avantages de la grande production, et dont les autres assurent au petit consommateur les bienfaits de la vie à bon marché.

Alors que V.-A. Huber ne réussit pas à mettre ses projets à exécution, Schulze-Delitsch fonda, en 1848, sa première coopérative pour l'achat en commun de matières premières et, en 1850, sa première association de crédit mutuel. Il ouvrit ainsi pour l'Allemagne la voie à cette nouvelle forme d'organisation sociale. Malgré une orientation intellectuelle toute différente, Huber et Schulze ont suivi, en somme, des routes parallèles. Admettant avec tous les libéraux le principe fondamental de la responsabilité personnelle, Schulze ne se sépara d'eux qu'en attendant le salut de tous, non des efforts des individus isolés, mais de leur association librement consentie. Sa doctrine est celle du libéralisme social. Tout en reconnaissant la nécessité de la collaboration des pouvoirs publics, de l'État, de la commune et de l'église, il leur demanda en première ligne de favoriser la création d'organisations facultatives [1].

durch Wirtschaftsvereine und Kolonisation (art. paru dans la Revue Janus en 1848).; Über Association in England (Ibid., 1851 et 1852); Reisebriefe aus Belgien, Frankreich und England, 1855; Soziale Fragen, 1862 à 1869.

[1] Des nombreux écrits de Schulze-Delitsch, la plupart sont consacrés à des buts d'organisation pratique ou de propagande. Les premiers qui aient trait au principe coopératif sont intitulés Mitteilungen über gewerbliche und Arbeiter-Associationen, 1850, et Das Associationsbuch für deutsche Handwerker und Arbeiter, 1853.

Qu'une « organisation » quelconque était devenue indispensable, qu'une pulvérisation de la société, telle que l'application conséquente des théories du libéralisme économique en eût produite, était grosse de dangers pour la collectivité, que l'Etat devait en principe assumer de nouveau des tâches positives, voilà des opinions très répandues à cette époque. En 1848, le roi Maximilien II de Bavière mit au concours la question des moyens d'alléger la misère matérielle des classes ouvrières allemandes. Le prix fut attribué à de Holzschuer, qui déclarait dans son mémoire [1] que l'Etat devait substituer au régime disparu des castes féodales une organisation nouvelle de la société. « La puissance de l'argent à elle seule ne saurait constituer d'organisme social. La richesse considérée comme moyen de jouissance, loin de créer des groupes collectifs nouveaux, exerce sur la société une action dissolvante. Considérée comme capital, elle soumet l'ouvrier à une tyrannie plus redoutable encore que ne l'était celle de l'ancienne féodalité ». L'Etat devra donc favoriser le développement des associations et des corporations qui naissent spontanément et soutenir, par des mesures générales, leur activité économique, sans s'ingérer dans le détail de leurs affaires. Peut-être l'Etat aura-t-il à intervenir plus directement pour protéger les travailleurs de la grande industrie, en maintenant leurs salaires à un taux suffisant, en limitant la durée de leur journée de travail et en obligeant les patrons à payer leurs ouvriers en argent comptant. En outre, l'on devra créer des caisses de secours en cas d'invalidité, de vieillesse et de misère extraordinaire, organiser le service des moyens de subsistance, construire des habitations ouvrières, établir des magasins de céréales et de farine et fonder des maisons d'éducation pour les enfants, tout cela avec la garantie financière de l'Etat et sous sa surveillance. « Pour défendre leurs intérêts auprès des patrons au moyen d'organes permanents et effectifs de représentation, les ouvriers devront se grouper en associations et nommer des commissions sous le contrôle de l'Etat. Ces commissions auront à attirer l'attention du chef d'entreprise sur tous les abus qui pourraient se produire dans son établissement et à assurer un accueil favorable à toutes les plaintes justifiées qui lui seraient adressées. Elles auront, d'autre part, à veiller au maintien de la discipline parmi les membres des associations ».

[1] Intitulé *Die materielle Not der unteren Volksklassen und ihre Ursachen*, 1849.

La réaction contre l'anarchie sociale qui résulterait du déchaînement d'une concurrence sans frein et de l'établissement d'une
liberté absolue apparaît clairement dans les écrits des publicistes
de l'époque et notamment dans les articles de la *Deutsche Vierteljahrsschrift* [1]. Mais Ahrens et Röder sont les seuls à avoir donné
à cette réaction modérée une formulation systématique, en jetant
les bases d'une politique sociale également distante du libéralisme
et du socialisme.

Malgré toute la véhémence avec laquelle il attaqua la libre
concurrence et ses effets sociaux dissolvants, Ahrens ne manqua
jamais de combattre aussi l'extrême contraire, l'omnipotence de
l'Etat. Il ne voulait à aucun prix du « monstre du socialisme
d'Etat » [2], tel que Hegel, notamment, en avait, selon lui, répandu
la notion par ses doctrines politiques. « Assigner à l'Etat un but
trop restreint, c'est méconnaître une condition essentielle du perfectionnement social ; lui tracer un but trop large, absorber en lui tous
les besoins sociaux, c'est sanctionner un despotisme qui détruit
toute liberté morale, arrête le progrès au lieu de le favoriser [3].
Les fonctions sociales secondaires doivent demeurer réservées aux
divers groupes collectifs et à leurs organes particuliers et l'Etat
n'aura qu'à leur préparer et leur faciliter la besogne. Il distribuera
entre eux les moyens d'action et veillera sans cesse à ce qu'il en
soit fait un usage judicieux. Il les protègera et les secondera dans
la poursuite du bien, du beau et du vrai et dans l'accomplissement
de toutes les tâches véritablement humaines. Il devra résoudre
les antagonismes et les conflits de compétence qui surgiraient entre

---

[1] Dès 1838, nous y trouvons un article sur le paupérisme de Bülau, où cet auteur,
en citant d'autres écrits d'une tendance analogue, recommande le coopératisme industriel, ainsi qu'il l'avait déjà fait d'ailleurs, en 1835, dans son *Handbuch der Staats-
wirtchaftslehre*. Dans les essais suivants, la nécessité d'une organisation du travail
est catégoriquement affirmée : *Vergangenheit, Gegenwart und Zukunft der politischen OEkonomie*, 1840 ; *Der jetzige Zustand der Volkswirtschaftslehre*, 1843 ; *Der
Pauperismus und dessen Bekämpfung durch eine bessere Regelung der Arbeitsver-
hältnisse*, 1844 ; *Theorie und Praxis zur Bewältigung des Pauperismus*, 1845. Déjà
dans ce dernier article, il est dit qu'en face de l'émiettement social, le besoin d'une
organisation nouvelle se faisait, parmi les contemporains, de plus en plus généralement sentir comme une nécessité de l'époque. Des opinions analogues se trouvent
énoncées dans la *Zeitschrift für die gesammte Staatswissenschaft*. Cf. en particulier,
à ce point de vue, Fallati, *Das Vereinswesen als Mittel der Sittigung der Fabrikar-
beiter*, 1844 ; Schüz, *Uber das Prinzip der Ordnung in der Volkswirtschaft*, 1845.

[2] *Juristische Enzyklopädie*, 1855, p. 107.

[3] *Cours de droit naturel*, 4ᵉ éd, p. 231.

eux; son droit d'intervention s'étendra donc aussi aux choses
économiques. Il empêchera que la majorité n'y soit sacrifiée à une
aristocratie commerciale nouvelle et que « les intérêts supérieurs
de l'humanité, engagés dans le développement intellectuel, moral et
juridique des ouvriers de tous les âges, ne soient subordonnés à
des considérations de lucre ». Ahrens insiste particulièrement sur
la nécessité de régler les conditions de travail dans les fabriques.
Il se déclare d'accord avec Stahl, qui demandait d'une part des
lois de protection ouvrière concernant le salaire, les heures de travail et l'exploitation des enfants, et de l'autre des mesures d'assurance publique, prévoyant une socialisation des fortunes des travailleurs, pour subvenir aux besoins des veuves, des malades, des
sans-travail et des invalides. En outre, Ahrens préconisa la création
de caisses de secours alimentées par des cotisations ouvrières dont
le montant annuel serait fixé par la loi et par des contributions
facultatives des patrons. Il ne demanda qu'une faible subvention
à l'Etat et se montra en général très réservé dans ses appréciations de la politique financière à tendances sociales [1].

Röder, au contraire, voyait dans l'introduction de notre système
d'impôts directs « le progrès de beaucoup le plus important qu'ait
réalisé l'époque moderne dans le sens d'une réglementation légale
de la richesse d'après un principe général s'adaptant à toutes les
péripéties de la vie. Assis et perçus avec équité et administrés
avec discernement, les impôts sont pour l'Etat un moyen unique,
universel et constant pour atténuer les inégalités de fortunes et
pour distribuer des secours selon les besoins et les mérites » [2].
Pour Röder donc, toute contribution directe constitue une cession
partielle de propriété individuelle. Il voyait en elle, comme dans
d'autres restrictions apportées au droit d'user et d'abuser, une
arme indispensable dans la lutte contre le paupérisme, l'anéantis-
sement des classes moyennes et les prodigieuses inégalités de
fortune, qui renaissent sans cesse sous le régime de la libre concurrence [3].

Röder attachait une très grande importance aux mesures compensatrices par lesquelles l'Etat devait, selon lui, contribuer au bonheur
de ceux qui, dans la distribution de la richesse matérielle, s'étaient

[1] *Ibid.*, p. 437.
[2] *Grundzüge des Naturrechts*, 2e éd., p. 317.
[3] *Ibid.*, p. 308.

trouvés négligés. A l'Etat donc de prendre ses dispositions pour mettre les pauvres à l'abri de tous les coups du sort. Pour cela, il obligera les communes, les patrons, les membres de certaines professions et d'autres contribuables à soutenir de leurs deniers les fonds mortuaires et les caisses de secours. Ils ont tort, poursuit Röder, « ceux qui proclament l'incompétence de l'Etat en ces matières, puisque ce n'est qu'en fondant l'assurance sur le principe de la mutualité absolue et en élargissant le plus possible le cercle des intéressés, que l'on peut espérer obtenir pour les individus comme pour la collectivité une protection efficace et affranchie de toute préoccupation égoïste » [1]. En augmentant graduellement les pouvoirs des communes, l'on travaillera utilement à l'œuvre de la solidarité universelle. Il conviendrait par exemple de les autoriser à obliger tous leurs membres, et notamment les ouvriers, à s'affilier à des caisses d'épargne, de crédit et d'assurances et à se grouper en associations solidaires et mutuelles pour la satisfaction commune de besoins généraux. Il se fonderait ainsi, entre autres, des sociétés d'habitation, de consommation, d'entreprises communales et d'assistance aux émigrants. En outre, dit Röder, il conviendrait de diminuer l'influence de la chance pure dans les affaires humaines. Pour cela, il faudrait interdire les jeux de hasard et réglementer les opérations de bourse, mais avant tout mettre de l'ordre dans la liberté du commerce et de l'industrie qui, abandonnée à elle-même, conduit au règne arbitraire de l'argent et par conséquent à l'établissement du droit du plus fort. Les principes qui auraient à présider à ces réformes seraient les suivants. Il faudrait, en premier lieu, que la société offrît à chacun de ses membres l'occasion de se préparer utilement à sa carrière. Il faudrait, en second lieu, qu'elle fournît à chaque ouvrier le moyen de subvenir à ses besoins par le travail. « L'Etat doit en tout cas veiller à ce que chacun de ses citoyens puisse, par son travail, se créer une existence conforme à sa dignité d'homme. Il faut aboutir à organiser la société de telle sorte que le sort de l'ouvrier ne dépende plus du hasard, mais qu'il puisse, par son travail, pourvoir à ses besoins et à ceux des siens et arriver à améliorer sa situation par ses propres efforts ». Des bureaux de placement devront être créés dans ce but, mais le remède radical n'aura été trouvé que le jour

_____
[1] *Ibid.*, p. 321.

où l'activité économique aura été rationnellement organisée et
placée sur une base véritablement sociale. « Tous les jours il
devient plus urgent d'assurer à chaque profession une direction
unique, en la confiant à l'ensemble de ses membres et non plus
seulement à quelques privilégiés, comme sous l'ancien régime
corporatif ». Les individus exerceront leurs pouvoirs par l'organe
d'associations librement constituées mais juridiquement sanction-
nées par l'Etat. Il faudrait, en troisième lieu, astreindre au travail
tous les indigents qui y sont aptes. En quatrième lieu, il faudrait
établir des minimas de salaire relatifs dans toutes les branches de
l'activité économique. « Par dessus tout, il importe d'introduire
une réglementation et une surveillance légales des rapports entre
ouvriers et patrons dans les grandes entreprises. Il conviendra d'y
accorder une attention particulière à la durée du travail et aux
salaires, à la juste répartition des gains et des pertes entre tous les
intéressés et au paiement régulier des cotisations aux caisses de
secours, pour éviter que tous les ouvriers frappés de maladie, de
deuil ou d'autres malheurs imprévus ne tombent à la charge exclusive de la commune. Ce n'est que depuis quelque temps que l'on
s'est mis peu à peu à reconnaître la nécessité juridique de ces
mesures ». « Il est clair qu'il n'y aura guère lieu de vanter la
protection légale dont jouit le droit de propriété, tant que tous ceux
qui n'ont d'autre fortune que leurs deux bras seront livrés sans
défense aux hasards de la concurrence et à l'arbitraire aveugle du
capital insensible ». Enfin, en cinquième lieu, il faudrait que tous
ceux qu'une circonstance quelconque rend incapables de travailler,
reçoivent de la collectivité les biens matériels qu'il leur faut pour
vivre[1].

VI

Sans qu'aucun économiste de profession y eût participé, ces
discussions littéraires avaient ébauché tout le système de la politique sociale moderne. Les critiques, dont l'économie libérale avait
fait l'objet de la part des socialistes, s'y trouvaient confirmées sur
les points essentiels. Faisant allusion aux institutions contemporaines de l'instruction publique, des lois d'expropriation, de l'impôt
sur le revenu, de l'intervention économique de l'Etat, Biedermann

[1] *Loc. cit*, p 350 et 351.

pouvait écrire en 1847 : « Notre législation, notre administration, notre régime communal, nos activités sociales et individuelles sont imprégnées déjà d'idées socialistes ». Mais, poursuivait-il, nous, les réformateurs modérés, nous nous séparons des socialistes en ce qu'ils exigent, eux, l'absorption complète de l'individu par la société, alors que nous nous contentons de travailler au progrès, en apportant au principe individualiste, à la libre concurrence et à l'économie privée, des tempéraments destinés à les rendre inoffensifs. Nous demandons qu'une évolution du régime du travail, du commerce et de la société en général introduise dans les rapports entre riches et pauvres plus de régularité, de justice et d'équité [1]. Le caractère général de cette tendance hostile au libéralisme économique s'accuse nettement dans ses revendications, qui peuvent se résumer ainsi : organisation collective au lieu de dissolution individuelle, limitation de la concurrence et affermissement des faibles par l'association, réglementation de droit public des rapports économiques dans lesquels l'association ne peut déployer ses effets, intervention directe de l'Etat ou de la commune et mesures de prévoyance publique pour suppléer à l'impuissance de l'action individuelle là où le besoin s'en fait sentir. Toutes ces réformes, elle les demande au nom de la justice et du respect dû à la personnalité humaine, en s'opposant à ce que l'on fasse de l'individu l'objet d'une exploitation industrielle. La pensée qui est à la base de toutes ces aspirations est celle qu'avait défendue la philosophie du droit et de la société. Elles s'inspirent en dernière analyse de la croyance que les rapports sociaux ne sont pas des rapports nécessaires mais qu'ils sont soumis à la volonté humaine, partant aux idées morales régnantes. Cette croyance, à son tour, procède de la notion de la société, conçue comme un organisme indépendant de l'Etat, mais sensible à son action. « La politique sociale est fondée sur la distinction établie entre la société civile et la société politique », déclara Riehl en 1851 [2]. Le problème à résoudre n'était ni politique, puisqu'il ne touchait pas au droit public, ni

---

[1] *Vorlesungen über Sozialismus und soziale Fragen.* Leipzig, 1847, p. 256 et suiv. Roscher aussi avait déjà reconnu que les revendications socialistes trouvaient dans certaines institutions sociales existantes un commencement de réalisation. Cf. son article *Über Sozialismus und Kommunismus*, paru dans la *Zeitschrift für Geschichtswissenschaft*, 1845, 4e vol., p. 42.

[2] *Die bürgerliche Gesellschaft*, p. 5.

économique, puisqu'il né concernait pas l'augmentation de la richesse collective, mais essentiellement social, puisqu'il s'agissait de régler les relations spontanées entre les hommes vivant en société. La tendance nouvelle méritait donc bien son nom de mouvement de réforme sociale. Elle ne bornait pas ses efforts à la réorganisation du monde économique, puisque aussi bien la vie matérielle de la société n'est pas toute sa vie, mais ce fut pourtant de ce côté-là que le besoin d'une réforme se faisait le plus vivement sentir. Sous un régime de liberté politique, en effet, le facteur économique devient la principale cause de dépendance entre les hommes et rend possible ainsi l'exploitation des faibles par les forts que la morale réprouve. La question ouvrière est au premier rang des préoccupations des réformateurs, parce que l'opposition entre la richesse et la pauvreté, avec ses funestes conséquences, y propose à notre pensée et à notre volonté la tâche « de découvrir une forme de vie sociale qui, tout en respectant la propriété individuelle, empêche qu'elle ne devienne un obstacle insurmontable au parfait épanouissement de la personne humaine » [1].

Toutes les tentatives de réforme sociale ont donc eu pour point de départ la constatation de la condition misérable des classes laborieuses et ont été accompagnées et soutenues par des mouvements ouvriers. C'est ainsi que les idées de politique sociale ont sensiblement gagné en précision et en popularité sous l'influence du premier mouvement ouvrier allemand de quelque importance, qui fut suscité et dirigé par Lassalle de 1862 à 1864. Lassalle a su donner aux doctrines socialistes une forme qui les a rendues accessibles au grand public. Par son éloquence entraînante et sa brillante dialectique, il conquit l'adhésion de ses adversaires politiques mêmes. Les réformateurs sociaux de l'école catholique en particulier n'ont pas pu échapper à la fascination de son charme. L'évêque de Mayence, Mgr de Ketteler, fit siennes ses descriptions et ses critiques de la condition des classes ouvrières [2], et le publiciste Edm. Joerg fit paraître une histoire des partis politico-sociaux de l'Allemagne dans laquelle ses opinions servirent de critères aux appréciations de l'auteur [3]. Cette étude sur les courants

---

[1] Stein, *Sozialismus und Kommunismus des heutigen Frankreichs,* 1re édit., p. 26.
[2] *Die Arbeiterfrage und das Christentum,* 1864.
[3] Les articles de Joerg parurent dans les *Historisch-politischen Blätter* au cours des années 1864 à 1866. Ils furent réunis ensuite et publiés sous forme de livre en 1867

sociaux à l'intérieur des divers partis politiques nous montre combien le principe du libéralisme, qui touchait alors à l'apogée de sa
fortune législative, était déjà discrédité aux yeux des masses
populaires. Joerg n'eut certes pas tort lorsqu'il déclara : « L'économie politique moderne ne peut plus ignorer la contradiction
formidable qui s'est élevée contre ses doctrines. L'esprit nouveau a
gagné dans le monde ouvrier un terrain immense »[1]. Et, en effet,
bientôt après 1860 des conceptions nouvelles se firent jour parmi
les économistes. Nous avons noté plus haut l'attitude décidée
qu'avaient opposée au libéralisme Hildebrand, Schäffle, Kautz et
Dietzel. En 1864, Schmoller exprima pour la première fois son
opinion sur la question ouvrière[2]. Sa conception de l'évolution
économique témoigne encore d'un robuste optimisme et d'une
grande estime pour le libéralisme, mais déjà s'annonce la rupture
avec « la pernicieuse doctrine ancienne » selon laquelle « l'homme
était impuissant à intervenir dans la vie économique, comme si
son existence et sa culture morales n'avaient qu'une importance
nulle ou en tout cas insignifiante ».

Schmoller affirma, au contraire, que toute activité humaine,
économique ou autre, était soumise à l'influence des idées morales
régnantes. La forme organique, dit-il, que la division du travail
impose à la société est le fondement d'obligations mutuelles, de
coutumes morales et de droits. « Un progrès dans la liberté
humaine n'est jamais un progrès de l'arbitraire; c'est, au contraire, une conquête de la morale sur le droit, de l'autonomie
éthique sur la contrainte juridique ». Toute vie économique se
meut dans le cadre établi par la philosophie et par le droit : voilà

sous le titre suivant : « *Geschichte der sozial-politischen Parteien in Deutschland.*
Ils constituent moins une histoire qu'une description analytique des divers mouvements contemporains de réforme sociale. Joerg y distinguait quatre tendances principales : le parti libéral et bourgeois, représentant des intérêts et de la politique économique régnants, à l'intérieur duquel on remarque un vague et faible socialisme
libéral qui place tous ses espoirs dans le développement des associations facultatives
(Schulze-Delitsch); le parti conservateur-corporatif, qui cherche à ranimer le cadavre
de l'ancienne organisation des arts et métiers; le parti conservateur-organisateur, qui
aspire à protéger le travail contre la prépondérance du capital par l'établissement de
normes juridiques nouvelles et par une transformation graduelle de la société; le
parti radical-socialiste-démocrate enfin, qui attend le salut de l'action de l'Etat, organisant la production sur des bases sociales.

[1] *Loc. cit.*, p. 228.
[2] *Die Arbeiterfrage*, article paru dans les *Preussischen Jahrbücher*, vol. XIV
et XV.

la première conception fondamentale de Schmoller. Et en voici la
seconde qui lui est étroitement apparentée : l'on ne doit jamais
envisager ni juger un individu ou une classe sans les mettre en
rapport avec la société tout entière et avec ses fins. Le progrès de
la partie doit toujours demeurer subordonné au progrès du tout.
L'intervention de l'Etat n'exclut donc pas l'effort individuel, mais
le complète. La question ouvrière, selon Schmoller, appelle très
particulièrement la collaboration intime de l'Etat et de l'individu
sur les points les plus divers. L'élévation du « standard of life »
des travailleurs comme moyen pour déterminer une hausse des
salaires, l'interdiction du travail des enfants, la limitation des
heures de travail, l'établissement d'habitations ouvrières, la participation aux bénéfices, l'association, la reconnaissance légale des
syndicats, voilà autant de domaines sur lesquels le progrès ne
peut se réaliser que sous la pression combinée des exhortations de
l'église et de l'opinion publique, de la contrainte de l'Etat et de
la commune et de l'action personnelle et directe des intéressés
eux-mêmes.

Ce fut vers cette époque aussi que le philosophe F.-A. Lange
prit place parmi les membres de l'école nouvelle en écrivant un
traité de la question ouvrière [1] et en exposant les idées de Mill [2]
très sympathiques aux tentatives de réforme sociale. La seconde
édition de la *Nationalökonomie* de Schäffle parut en 1867, sous
le titre symptomatique de *Das gesellschaftliche System der menschlichen Wirtschaft*. Sans présenter un intérêt immédiat pour la
politique pratique, cet ouvrage exerça une influence considérable
sur le développement de la science économique en l'orientant vers
l'étude des problèmes de la société et en consolidant les bases
théoriques de la politique interventionniste. L'on y trouve pour la
première fois une vue d'ensemble des forces naturelles qui travaillent au maintien de l'ordre dans la société humaine et une
analyse des deux systèmes d'organisation, l'économie privée et
l'économie collective, ainsi qu'un aperçu de leurs rapports d'influence et de conditionnement réciproques. Schäffle y a clairement
indiqué la nécessité dans laquelle se trouve la société de disposer
d'organes variés, actionnés par des forces diverses, pour mener à

---

[1] *Die Arbeiterfrage in ihrer Bedeutung für Gegenwart und Zukunft beleuchtet,*
1865.

[2] *J. St.-Mills Ansichten über die soziale Frage,* 1866.

bien les nombreuses tâches que lui impose son évolution historique.
Quant aux fonctions qui incombent à la politique, Schäffle les a
définies avec concision quelques années plus tard [1] en déclarant :
« L'Etat et la science, la littérature, la presse, l'art, la pédagogie,
l'école, l'église, le sentiment religieux, bref toutes les puissances
de la civilisation doivent collaborer à l'œuvre de la réforme sociale ».
Mais le rôle principal, poursuivit-il, revient à l'Etat, car le besoin
d'ordre et de droit que ressent la société croît avec les progrès de
la culture et avec l'extension de la vie collective. Le droit demande
sans doute à être sanctionné par le pouvoir public, mais il ne faut
pas que toute l'organisation sociale repose sur la contrainte. Plus
une société sera avancée, plus les initiatives volontaires trouveront
à s'y employer utilement. L'activité de l'Etat et le travail des individus s'accorderont en une collaboration toujours plus harmonieuse
et n'entreront plus en conflit l'une avec l'autre. L'examen sincère
et impartial des conditions sociales de l'heure présente révèle en
première ligne la nécessité d'une organisation des patrons et des
ouvriers et l'institution d'une police économique. Celle-ci n'aura
pas à éliminer la libre concurrence, mais elle devra protéger le
salariat industriel et agricole, augmenter la productivité sociale
dans son ensemble par une série de mesures de détail et stimuler
l'activité des divers groupes professionnels.

Pendant que Schäffle faisait paraître son *Sozialismus und
Kapitalismus*, d'autres économistes publiaient des ouvrages qui
montraient clairement que la science s'était définitivement engagée
dans une voie nouvelle. Schmoller avoua, dans la préface à son
Histoire de la petite industrie allemande [2], qu'il avait autrefois
adhéré, avec un optimisme trop confiant, au dogme traditionnel
de l'école libérale, en vertu duquel la liberté du commerce constituait une panacée sociale. « Plus j'avançais dans mes travaux,
écrivit-il, et plus mes anciennes croyances, simples et abstraites,
se décomposaient en une multitude de distinctions concrètes ; mon
optimisme, qui jadis me faisait tout voir en beau, céda à la conviction que les grandes révolutions de notre époque entraîneraient
fatalement, en même temps que des progrès saisissants, de graves

---

[1] Dans ses études critiques du socialisme parues sous le titre *Sozialismus und Kapitalismus mit besonderer Rücksicht auf Geschäfts und Vermögensformen. Vorträge
zur Versöhnung der Gegensätze von Lohnarbeit und Kapital*, 1870.
[2] *Zur Geschichte der deutschen Kleingewerbe in 19. Jahrhundert*, 1870.

abus sociaux et économiques. La philosophie nihiliste du laisser-
faire, laisser-passer fit place dans mon esprit à un programme de
revendications positives. J'appelai de tous mes vœux des réformes,
sans m'inquiéter beaucoup de savoir qui, de l'Etat ou de la société,
devait en prendre l'initiative ». Résumant les conclusions de ses
recherches, Schmoller demandait aux individus et aux associations, à l'école et à l'église, à l'Etat et à la commune, de s'unir
pour combattre l'accroissement des inégalités de fortune et pour
obtenir que la concurrence, nécessairement libre, se poursuivît au
moins sous la surveillance morale de la publicité. Des propositions,
comme les suivantes, prouvent qu'il connaissait les œuvres des
philosophes du droit et des réformateurs sociaux que nous avons
rappelés plus haut : « La conscience populaire tolèrera toutes nos
inégalités de fortune et de revenu, pourvu qu'elles correspondent,
au moins approximativement, aux qualités intrinsèques, à la valeur
morale et intellectuelle des individus et des classes sociales qui en
bénéficient »[1]. « La propriété n'est rien d'absolu ni d'intangible.
Sa valeur est toujours déterminée par les conditions sociales, bien
plus que par le mérite individuel. Chacun de nous est redevable
de tant de bienfaits à la société et à l'Etat, que notre droit de propriété n'est admissible que s'il s'y attache de nombreuses obligations et de lourdes charges au profit de la collectivité »[2].

A la même époque, Brentano publia le résultat de ses investigations sur les syndicats ouvriers de l'Angleterre[3]. Il exposa leurs
conditions d'existence, leurs méthodes d'action et leurs effets, et
montra que, sans quitter le terrain de l'ordre économique établi,
ils avaient opéré cependant une sérieuse réforme dans les rapports
entre patrons et salariés et contribué à l'amélioration de la situation des travailleurs. Tous ceux qui, en Allemagne, partant de
considérations abstraites et philosophiques avaient jusqu'ici
demandé en termes généraux une organisation des classes ouvrières, trouvaient ainsi dans la réalité concrète un solide point d'appui. En 1871, de Sheel publia sa théorie de la question sociale[4]
dans laquelle il montrait comment la liberté et l'égalité politiques
devaient fatalement entrer en conflit avec la servitude et l'inéga-

---

[1] *Ibid.*, p. 672.
[2] *Ibid.*, p. 686.
[3] *Die Arbeitergilden*, 1er vol., 1870 ; 2e vol., 1871.
[4] *Die Theorie der sozialen Frage*, 1871.

lité économiques vers lesquelles évoluait la société actuelle. La constitution d'un ordre social vraiment sain, poursuivit-il, ne peut résulter que d'un affermissement du pouvoir de l'Etat, protecteur suprême de la civilisation et d'un exercice de ses attributions législatives, policières et administratives favorable à la liberté et à l'égalité des citoyens. En la même année, Schönberg proposa la création d'offices du travail [1]. Dans la pensée de leur auteur, ces agences devaient avoir pour mission d'étudier avec soin tous les facteurs de la situation matérielle et morale des travailleurs de leurs districts, de noter toutes les modifications qui s'y produiraient et d'en déterminer les causes. Elles seraient chargées en outre de susciter des mesures de réforme individuelle et sociale et de les appuyer de leur influence ; elles auraient enfin à surveiller l'application des lois de protection ouvrière dont l'élaboration s'imposerait. Protestant avec énergie contre l'opinion de ceux qui ne voyaient dans la condition des salariés qu'une question d'intérêt privé, Schönberg proclama nettement la nécessité d'une intervention des pouvoirs publics. Ce fut dans l'automne de la même année qu'Adolphe Wagner prononça son célèbre discours sur la question sociale [2]. Il y déclarait hautement que l'économie politique devait assumer de nouveau le caractère et l'importance d'une science morale pour pouvoir traiter comme il convenait les problèmes sociaux. Il constatait avec satisfaction que les savants ne se contentant plus de l'étude impassible du monde économique et de son devenir, reconnaissaient peu à peu que la responsabilité morale des individus, de la société et de l'Etat y était engagée. Voilà pourquoi, dit Wagner, l'on se met à demander la suppression du luxe, une meilleure entente entre ouvriers et patrons, la limitation de la propriété foncière, l'intervention plus énergique de l'Etat et une distribution plus équitable des charges publiques. Wagner préconisa la création de chambres du travail officielles qui, réunissant les travailleurs manuels et les entrepreneurs, trancheraient leurs litiges et pourraient même fixer les salaires. Il déclara, en outre, qu'il incombait aux pouvoirs publics d'imposer une réduction des heures de travail, d'établir le repos dominical, d'assurer les salariés contre la maladie, l'invalidité et la vieillesse et de pro-

---

[1] *Arbeitsämter, eine Aufgabe des Deutschen Reichs*, 1871.
[2] *Rede über die soziale Frage*, 1872.

téger les veuves et les orphelins. L'Etat, selon Wagner, devait
également améliorer les conditions de la consommation par une
réforme en matière d'habitations ouvrières, par le relèvement intellectuel, moral et religieux des classes inférieures et par une transformation du régime fiscal. « Sans doute, qu'en tout cela la liberté
serait préférable à l'obligation », mais, comme elle suppose un
degré d'éducation morale que nous sommes loin d'avoir atteint, la
contrainte demeure provisoirement indispensable. « Il a fallu l'intervention de l'Etat, il a fallu la loi et la sanction publique pour
faire observer les prescriptions les plus élémentaires de l'humanité et du christianisme ». Reconnaissons donc que, dans l'œuvre
de la réforme sociale, l'Etat doit seconder les efforts individuels.

C'est à la suite de ce discours que s'éleva la fameuse polémique
avec l'école libérale, qui valut aux défenseurs théoriques des doctrines nouvelles l'appellation de « socialistes de la chaire »[1]. Le
caractère propre de l'école de la réforme sociale fut ainsi expressément reconnu et consacré. Une occasion extérieure d'affirmer leur
union ne tarda pas à s'offrir à ses adeptes. Au cours de l'été 1872,
un certain nombre d'universitaires décidèrent de se réunir régulièrement, avec des représentants d'autres professions, pour discuter en commun de la question sociale et pour réagir contre
l'influence pernicieuse de la doctrine manchestérienne. Le premier
congrès eut lieu à Eisenach au mois d'octobre de la même année[2].
Dans son discours d'ouverture[3], Schmoller rappela les motifs qui
avaient déterminé les promoteurs du mouvement à convoquer une
assemblée, avec l'espoir d'y trouver un appui dans l'œuvre de la
réforme sociale. Le mal fondamental dont souffre notre époque,
dit-il, provient du fait que l'on n'a tenu aucun compte des liens
psychologiques qui rattachent les formes organiques du monde
économique à l'ensemble des conditions morales d'une nation
déterminée. L'on s'est laissé absorber par l'ambition d'augmenter
la productivité totale et l'on s'est désintéressé des répercussions
individuelles des formes nouvelles du travail collectif. L'on n'a pas

---

[1] Cf. l'article d'Oppenheim paru dans la *Nationalzeitung* en décembre 1871 sous le
titre *Manchesterschule und Kathedersozialismus* et réimprimé comme opuscule
intitulé : *Der Kathedersozialismus.*

[2] Sur l'origine du congrès et sur les polémiques qui en ont précédé l'ouverture,
voir Dr Else Konrad : *Der Verein für Socialpolitik,* 1906, ch. I et II.

[3] Cf. *Verhandlungen der Eisenacher Versammlung zur Besprechung der sozialen
Frage,* 1873.

accordé aux inégalités croissantes des fortunes et des revenus, à l'insuffisance des conditions d'existence des travailleurs et à la genèse de la lutte des classes toute l'attention que méritait la gravité de ces phénomènes. Une réforme s'impose, non pas un retour à des institutions disparues, ni un bouleversement de l'ordre établi, mais l'édification, sur les bases existantes, d'un monde social nouveau, dans lequel les antagonismes s'apaiseront, grâce surtout à l'action d'un Etat plus fort, intervenant dans une multitude de sphères diverses de la vie économique. L'idéal que nous poursuivons, conclut Schmoller, comporte une participation toujours plus complète d'une fraction toujours plus nombreuse du peuple aux bienfaits supérieurs de la civilisation, de la culture et du bien-être matériel. Lés questions du jour abordées et discutées à ce premier congrès avaient trait aux grèves, aux syndicats professionnels, à la législation ouvrière et aux logements à bon marché.

L'assemblée avait été préparée et convoquée par les soins de Roscher, Hildebrand et Knies, les doyens de la science économique allemande, et de Ad. Wagner, Conrad, Knapp, Brentano, Schmoller, Mithoff et Nasse. Il convient de citer encore Cohn, Held, Neumann, de Scheel et Schönberg qui y assistèrent sans avoir participé à son organisation. Stein et Schäffle furent les plus marquants d'entre les absents et, comme ils se rattachaient incontestablement à la tendance nouvelle par leurs œuvres, il devint évident que toute l'Allemagne économique adhérait aux doctrines de l'interventionnisme social. Une année après le congrès d'Eisenach, elle se créa un centre de ralliement en fondant le « Verein für Socialpolitik »[1]. Cette société a rendu à la science de précieux services en permettant à ses membres d'entreprendre en collaboration de vastes enquêtes sociales et en leur fournissant l'occasion de se réunir pour discuter en commun des projets de réforme. Elle s'inspira de l'exemple donné par les organisateurs du congrès d'Eisenach et adopta la méthode de travail que voici : mettant à l'ordre du jour de chacune de ses assemblées quelques questions précises, elle n'en fait l'objet de ses débats scientifiques qu'après la publication de mémoires sérieusement documentés, que rédigent à l'avance des rapporteurs choisis parmi les intéressés directs ou pris au nombre

---

[1] Cf. Else Conrad, *Der Verein für Socialpolitik und seine Wirksamkeit auf dem Gebiete der gewerblichen Arbeiterfrage*, 1906.

de ses membres universitaires. Elle n'a jamais représenté, et ne
représente pas à l'heure qu'il est, une tendance déterminée de
réforme sociale, puisqu'aussi bien ses membres ne se sont pas mis
d'accord sur le programme même de l'économie politique. Les
idées politico-sociales ne sont pas, comme les idées économiques
du libéralisme, les postulats nécessaires d'un principe unique et
simple. Elles reposent, il est vrai, sur la reconnaissance commune
de la nécessité d'une activité réformatrice positive, due à la collaboration des bonnes volontés individuelles et de tous les organes
et de tous les facteurs sociaux. Mais les avis sont très partagés
quant à la nature, la mesure et la tendance de cette activité. En
effet, une grande uniformité de vues en matière théorique n'exclut
nullement une divergence très marquée dans l'appréciation des
questions particulières de la politique pratique. Les travaux théoriques sur le principe d'action, le but et les limites de la politique
sociale, qui ont été présentés à la société, ont été provoqués
par des discussions sur les rapports entre l'individu et l'Etat,
sur les conséquences des principes de liberté et d'égalité, sur les
mérites respectifs des divers modes de distribution et sur la valeur
relative des diverses professions, des diverses organisations productives et des diverses classes sociales. Ils ne sont pas nombreux.
Pourtant Schäffle, Ad. Wagner et Schmoller se sont occupés de
ces questions aux assemblées de la société. Malgré des divergences
de vues sur des points secondaires, ils se sont toujours accordés en
cherchant à démontrer que la culture et le progrès de l'humanité
ne sont possibles que si les individus ne se considèrent pas comme
des fins en soi, mais comme des membres d'un organisme supérieur. Comme d'autres manifestations de la vie consciente, l'activité
économique doit se proposer pour but suprême la meilleure organisation de la collectivité, pour que celle-ci, dans sa diversité, sou-
tienne et seconde toutes les aspirations individuelles dans leur
essor vers la perfection. Pour cela, il faut que la distribution des
fortunes et des revenus se poursuive dans le sens d'une satisfaction proportionnelle et durable des besoins de la société tout entière et ne serve pas à l'enrichissement exclusif de certains privilégiés ou de certaines classes déterminées. Or, ce but demeure
inaccessible sans une intervention de l'Etat, restreignant la liberté
individuelle au moyen d'un appareil juridique et judiciaire compliqué et d'une multiplicité d'organes politiques chargés de fonctions

positives. Avant 1880 déjà Schäffle et Wagner avaient accordé à ces idées une place importante dans leurs systèmes. Les fondements du monde économique ainsi envisagé ont même fait l'objet de développements circonstanciés dans l'œuvre de Wagner en particulier [1]. Les attaques dirigées par Treitschke[2] contre les socïalistes de la chaire suscitèrent, de la part de Schmoller, une réponse[3], dans laquelle nous trouvons la première expression de son opinion sur ces matières.

Dans cet écrit polémique, Schmoller rendit compte de l'évolution qui s'était produite dans l'esprit des économistes concernant l'objet de leur science et ébaucha en même temps à grands traits un programme de réformes sociales. Il y rappela comment l'ancienne école historique avait combattu l'idée d'un ordre économique, normal et invariable dans le temps et dans l'espace, et montra comment la science avait progressé depuis lors, en soumettant les phénomènes concrets à une analyse plus pénétrante. La nature véritable du monde économique, poursuivit-il, n'est apparue clairement que le jour où l'on a reconnu que, malgré leur extrême importance, les facteurs extérieurs et techniques de son développement historique ne sont pas les seuls à déterminer la forme présente de son organisation. Partout et toujours la coutume et le

---

[1] Schäffle, *Das gesellschaftliche System der menschlichen Wirtschaft*, 3e éd., 1873; Adolphe Wagner, *Allgemeine oder theoretische Volkswirtschaftslehre, Erster Teil. Grundlegung*, 2e éd., 1879 (depuis lors 3e éd., 1892-1894). Aujourd'hui encore les auteurs catholiques justifient l'interventionnisme social par des considérations philosophiques analogues à celles qu'Ahrens et Röder avaient formulées cinquante ans plus tôt. Cf. de Hertling, *Kleine Schriften zur Zeitgeschichte und Politik*, 1897 (voir surtout p. 248 et suiv. sur le droit naturel et la politique sociale); François Walter, *Sozialpolitik und Moral*, 1899; Pesch, *Lehrbuch der Nationalökonomie*, 1er vol. *Grundlegung*, 1905. Ce qui caractérise la doctrine de ces auteurs, c'est l'importance qui y est attribuée à la structure organique de la société et par là aux répercussions des réformes économiques sur l'ensemble de la vie sociale. Hertling assigne à l'intervention de l'Etat la tâche de diriger, de développer et de concilier entre elles les diverses sphères de la société dans l'intérêt de la collectivité politique, *loc. cit.*, p. 254.

[2] *Der Sozialismus und seine Gönner*, article paru dans les *Preussischen Jahrbücher* en 1874.

[3] *Über einige Grundfragen des Rechts und der Sittlichkeit*, article paru en 1874 dans les *Jahrbücher für Nationalökonomie und Statistik*, vol. XXIII et publié l'année suivante sous forme d'opuscule. Les idées essentielles de Schmoller sur ces questions se retrouvent dans un essai postérieur sur la justice dans le monde économique, paru en 1881 dans le *Jahrbuch für Gesetzgebung und Volkswirtschaft* et reproduit dans son livre intitulé *Zur Sozial und Gewerbepolitik der Gegenwart*, 1890, p. 204. Cf. aussi son *Grundriss der allgemeinen Volkswirtschaftslehre*.

droit agissent sur la vie matérielle des hommes, qui n'est donc, en réalité, que le produit de l'action combinée de causes naturelles et sociales. Or, l'ordre social, les idées morales et les institutions juridiques sont des éléments variables qui se transforment avec les progrès de la civilisation, de la culture et de l'éducation. Aucun individu ni aucune classe n'est donc admis à prétendre légitimement à un privilège définitif. Le progrès social, au contraire, réside précisément dans l'évolution du droit positif, se modifiant sous l'action du principe de justice. Grâce à lui, les conditions de la vie se transforment de sorte que le mérite, le travail et la valeur sociale des hommes tendent de plus en plus à déterminer leur puissance, leur fortune et la situation qu'ils occupent parmi leurs semblables. Les révolutions-économiques de notre époque ont créé beaucoup d'injustices qu'il incombe à la réforme sociale de faire disparaître. Elle doit viser à rétablir entre les divers éléments de la société des rapports de bienveillance, à réparer les torts commis ou du moins à en atténuer les conséquences et à élaborer une législation sociale qui assure le progrès des classes inférieures et moyennes, en contribuant à améliorer leur état moral et matériel.

La conception nouvelle de l'économie politique a brisé les cadres dans lesquels les fondateurs de la science avaient entendu l'enfermer, en la condamnant à n'être qu'une théorie des rapports économiques entre les hommes. Rompant avec ce passé, elle est devenue une science sociale, selon les vœux de ceux qui, après 1840, s'étaient rendu compte de son insuffisance en face des phénomènes étranges et nouveaux apparus dans la vie des peuples. Quiconque aspire désormais à comprendre le fonctionnement du monde économique dans sa complexité concrète, doit étudier les conditions d'existence de la « société » et les manifestations diverses de son activité vitale. Voilà ce que les idées sociales, en pénétrant dans la littérature économique et en en élargissant l'horizon, ont définitivement établi. L'étude historique et l'explication philosophico-juridique des institutions économiques n'intéressent en vérité que la science sociale, car, pris en soi, l'élément proprement économique de la vie est toujours semblable à lui-même à travers le temps et l'espace. Sous aucun régime social, en effet, les hommes ne pourront s'affranchir de la dépendance des nécessités matérielles. Tant que les biens accessibles seront en nombre limité et que les besoins resteront infinis, l'attitude de l'humanité en face du monde matériel sera régie par des lois essentiellement stables, parce que fondées sur la nature psychologique et constante de l'homme. L'économie politique classique s'était contentée de cette constatation et de ce raisonnement, qui ont assurément le mérite de nous éclairer sur les limites des possibilités d'influence sociale et d'action morale. Mais, après tout, ils ne révèlent qu'une seule des nombreuses conditions de la vie sociale. A l'intérieur des limites tracées par les nécessités matérielles, les rapports entre les hommes pourront revêtir bien des formes diverses et les causes déterminantes n'en seront plus économiques, mais essentiellement morales. C'est à l'économie politique moderne, fécondée par les idées sociales, que l'on est redevable de la découverte de cette vérité et de son application à la conduite des hommes dans la société et dans l'Etat. La science en a été dotée de tâches nouvelles. D'économique qu'elle était, elle est devenue sociale. Ne se bornant plus à décrire purement et simplement les rapports des biens matériels et de l'égoïsme humain, elle doit nous faire connaître leurs causes et leurs effets. Elle doit nous faire comprendre l'évolution du monde économique, qui se poursuit sous l'impulsion des forces naturelles d'une part et sous l'influence de la culture humaine de l'autre, pour que, l'ayant comprise par l'intelligence, nous sachions la diriger au gré de notre volonté.

Eugène de Philippovich.

Vienne.

LA QUESTION DU MINIMUM DE SALAIRE DANS L'INDUSTRIE A DOMICILE

EN ALLEMAGNE

Dans son congrès tenu à Lucerne en septembre 1908, l' « Association internationale pour la protection légale des travailleurs » s'est préoccupée de la question du travail à domicile et a mis en avant la réglementation légale des salaires comme étant le seul remède vraiment efficace à la situation des travailleurs de cette catégorie.

Le rapporteur français de la « Commission sur le travail à domicile », M. Raoul Jay, déclarait [1] : « Une pensée a dominé et inspiré toutes les délibérations dont je vous apporte les conclusions... Votre commission estime que l'insuffisance du salaire est la cause principale de la mauvaise situation des travailleurs à domicile et que, par conséquent, il faut d'abord chercher les moyens de le relever ». Et il constatait plus loin que « pour relever, d'une façon générale, le taux du salaire, on ne peut, dans le déchaînement de la concurrence, compter ni sur la résistance du travailleur, ni même sur l'action patronale ». D'où nécessité d'avoir recours à des comités de salaires fixant un minimum légal.

Aussi la Commission du travail à domicile, après avoir, dans le § 3 de ses conclusions [2], proclamé que la mauvaise situation des travailleurs à domicile provient principalement de l'insuffisance des salaires et que, par conséquent, il faut d'abord chercher les moyens de les relever, priait-elle les Sections de l'Association « d'examiner dans quelle mesure serait efficace et pratique, dans leurs pays respectifs, une loi civile et pénale permettant aux juges d'annuler et de réprimer les contrats de salaires insuffisants et usuraires », « d'étudier la question de l'organisation des comités de salaires » et « dans les cas où l'action professionnelle s'est montrée

---

[1] Cf. Compte rendu de la Vᵉ Assemblée générale du comité de l'Association internationale pour la protection légale des travailleurs, p. 55 et suiv. Paris, Berger-Levrault, 1909.

[2] Cf. Compte rendu précédemment cité, p. 58.

inefficace et où les circonstances le permettent, d'inviter les gouvernements à faire... l'essai de l'application d'un minimum de salaires établi sous forme de séries de prix par des comités mixtes... ».

Cet appel semble avoir été entendu. Dans toutes les nations européennes intéressées, la question du minimum de salaire pour les travailleurs à domicile a fait de sérieux progrès dans l'opinion publique et au sein des parlements.

On sait qu'en Angleterre un bill instituant des comités mixtes de salaires pour les industries dans lesquelles sévit le sweating system [1], a été proposé par le gouvernement.

En Autriche, un projet émanant du gouvernement a été soumis, à la fin de 1907, à un comité consultatif et la Chambre de commerce et de l'industrie de Vienne, entrant dans les vues de ce projet, préconise l'organisation des parties en présence et l'érection des chambres de commerce et de l'industrie en bureaux de salaires [2].

En France, une proposition de loi sur l'établissement de minima de salaires pour les travailleurs à domicile a été présentée à la Chambre des députés par M. de Mun au cours de la dernière session [3].

Partout associations, congrès, corps constitués demandent une réglementation légale des salaires pour les travailleurs à domicile [4].

[1] Nous indiquons ci-dessous en quelques mots les traits essentiels de ce projet, d'après un article paru dans l'*Eveil démocratique* du 4 avril 1909 : Le projet anglais sur le minimum de salaire. Ce projet a pour but l'établissement de conseils d'industrie (Trade Boards) dans certaines industries où sévit le sweating. Leur mission serait d'établir et de faire appliquer des minima de salaires. Le projet désigne les industries pour lesquelles devraient fonctionner immédiatement les conseils qu'il prévoit. Le salaire minimum ainsi fixé serait obligatoire pour tous ceux qui ont conclu des marchés avec l'Etat ou les autorités locales. Il pourrait, en outre, être réclamé en justice toutes les fois qu'il n'a pas été expressément écarté par un contrat écrit. Après un délai de six mois et sur la demande du conseil d'industrie, le ministre du commerce aurait la faculté de rendre les minima de salaires obligatoires. La sanction, en cas de contravention, serait une amende pouvant aller jusqu'à vingt livres à la charge des contrevenants.

[2] *Soziale Praxis* du 20 mai 1909 : Zur gesetzlichen Lohnregelung in der Hausindustrie. Von Dr. Bittmann.

[3] On sait qu'aux termes de ce projet des comités mixtes pourraient être établis sur l'initiative du ministre. Il pourrait être fait appel des décisions de ce dernier devant la commission permanente du Conseil supérieur du travail. En cas de contravention, le patron en faute serait frappé d'une amende de 16 à 300 francs.

[4] C'est ainsi que l'institution des comités de salaires fut demandée par le II° Congrès

Nous voudrions exposer ici en quelques mots l'état de la question en Allemagne, où elle a été, au cours de la dernière session parlementaire, à l'ordre du jour d'une commission du Reichstag. La commission pour la réforme du Code de l'Industrie avait, en effet, à préparer l'adoption de mesures propres à assurer aux travailleurs à domicile une protection vraiment efficace.

Cette question du travail à domicile est de la plus haute importance en Allemagne, et par la triste situation des travailleurs de cette catégorie et par leur grand nombre (environ 450.000 travailleurs des deux sexes)[1]. Aux dires du député Naumann la situation de ces travailleurs serait demeurée stationnaire, tandis que celle des ouvriers de fabrique s'améliorait dans des conditions notables. Les salaires seraient restés dans l'industrie à domicile les mêmes à peu de chose près qu'il y a dix ans, trente ans, quarante ans[2].

Or jusqu'ici l'ouvrier à domicile est très mal protégé en Allemagne. Nombre de dispositions concernant le travail des enfants, les locaux dans lesquels se fait le travail, les assurances, etc., leur seraient cependant applicables[3]; mais comment atteindre l'ouvrier à domicile véritable (Heimarbeiter), celui qui travaille dans sa chambre, seul ou avec sa famille? Puis l'on fait en Allemagne une distinction quelque peu subtile entre ouvriers à domicile, distinction qui contribue encore à enlever toute efficacité à la législation pro-

international des classes moyennes (Vienne, 1908); — par la Chambre de commerce et de l'industrie de Vienne; — par le IIIe Congrès du syndical des ouvrières à domicile d'Allemagne, tenu à Berlin en avril 1909 ; par le Ier Congrès général suisse de la protection de l'ouvrier à domicile (Zurich, 7 et 8 août 1909) (Cf. le rapport présenté à ce congrès par le professeur Stephan Bauer, sous le titre : Die Stellung des Staates zur Heimarbeit). Un certain nombre de chambres de commerce allemandes se sont pourtant prononcées en ces derniers temps contre les bureaux de salaires et les contrats collectifs (Cf. Soziale Praxis du 30 septembre 1909 : Die Handelskammern und die gesetzliche Lohnregelung). Difficultés d'application, nivellement des salaires, danger pour les industries intéressées en présence de la concurrence internationale, tels sont les principaux griefs invoqués. Et l'auteur de l'article fait remarquer que ces griefs sont les mêmes que l'on a invoqués de tout temps contre toutes les lois protectrices des travailleurs.

[1] Exposé de Mlle Bœhm au Ve congrès de l'Association internationale pour la protection légale des travailleurs (Lucerne, septembre 1908).

[2] Bittmann, loc. cit., Soziale Praxis du 27 mai 1909.

[3] Rouff, La question du travail à domicile en Allemagne, Paris, 1908, p. 19. — Cependant Stephan Bauer, dans son rapport au Congrès de Zurich, déclare que deux lois seulement s'appliquent à tous les travailleurs à domicile : la loi du 30 mars 1903 concernant le travail des enfants et la loi sur les ouvriers de l'industrie des tabacs. (Cf. Die Stellung des Staates zur Heimarbeit, p. 24).

tectrice existante [1]. Il y a le véritable ouvrier à domicile (Heimar-beiter), considéré comme étant sous la dépendance du patron, et celui qui exerce un métier chez lui d'une façon indépendante (Hansgewerbetreibende). On reconnaît ce dernier à ce qu'il fait usage de la liberté (que l'ouvrier à domicile a toujours eu fait) d'organiser son travail comme il l'entend. Et la loi alors ne le protège plus, sinon pour interdire le paiement en nature du salaire [2].

Dans l'état actuel, la réglementation du travail à domicile en Allemagne est donc tout à fait insuffisante. Aussi s'est-il créé un mouvement d'opinion imposant en faveur d'une plus large intervention. Ce mouvement, favorisé par la grève de la confection qui eut lieu à Berlin en 1896 et à laquelle prirent part les travailleurs à domicile, par des congrès pour la protection des ouvriers à domicile, par l'exposition du travail à domicile de Berlin en 1906 [3], par l'action persévérante du syndicat des ouvriers à domicile d'Allemagne, s'est précisé de plus en plus dans le sens d'une réglementation légale des salaires et cette tendance a eu son écho dans les travaux de la commission du Reichstag. Cette dernière se trouvait en présence d'un projet du gouvernement destiné à assurer aux ouvriers à domicile le bénéfice des lois protectrices du travail [4]. Dans ce but le gouvernement proposait d'astreindre les industriels qui donnent du travail à effectuer en dehors de leurs ateliers propres aux obligations suivantes :

1° Tenue d'un registre portant mention des noms et des adresses des personnes auxquelles sont donnés ces travaux. Ce registre doit être à la disposition des agents de la police locale et des inspecteurs du travail.

2° Obligation de s'assurer, au moins deux fois par an, soit per-

---

[1] Rouff, *loc. cit.*, p. 29.

[2] Le Code de l'industrie (Gewerbeordnung), dit Bauer, ne semble pas connaître le véritable ouvrier à domicile dépendant. Cette incertitude qui existe dans la loi à son endroit se retrouve dans la jurisprudence. Ainsi le conseil des Prud'hommes (Gewerbegericht) de Berlin a, dans deux cas, décidé que les ouvriers à domicile devaient être considérés comme des salariés au sens du Code de l'industrie et le tribunal provincial, réformant ces décisions, a déclaré que les ouvriers à domicile devaient être considérés comme des travailleurs indépendants et par suite n'étaient pas soumis aux prescriptions du Code de l'industrie (Stephan Bauer, rapport précité, p. 23).

[3] Rouff, *loc. cit.*, p. 6.

[4] *Soziale Praxis* du 13 mai 1909. Enregistrement obligatoire des ouvriers, contrôle et réglementation des salaires dans l'industrie à domicile.

sonnellement, soit par des préposés, que les ateliers à domicile répondent aux prescriptions de la loi ;

3° Obligation de ne donner du travail à l'ouvrier qu'autant qu'il aura produit un certificat constatant que l'atelier répond aux prescriptions de la loi.

Ce projet fut adopté dans sa teneur, sauf en ce qui concerne le second paragraphe, dont l'application fut limitée aux industries de l'alimentation. Il ne multiplie pas par trop les prescriptions relatives à la surveillance du travail à domicile et à la constatation de l'identité des travailleurs, ce dont il faut, à notre avis, grandement le féliciter. On a souvent voulu aller plus loin dans cet ordre d'idées, et c'est ainsi que M. Schwiedland, dans un rapport présenté au Congrès international de législation du travail de Bruxelles, en 1897, proposait [1] : 1° L'enregistrement des ouvriers à domicile ; 2° la publicité du registre ; 3° l'apposition d'une marque distinctive sur les locaux ainsi enregistrés ; 4° la nécessité d'une autorisation spéciale pour la mise en usage de tous les ateliers ; 5° la mise à la charge des entrepositaires et des propriétaires (dans les maisons desquels se trouvent les ateliers) de la responsabilité de l'application des lois ouvrières.

Or, nous croyons qu'il faut procéder ici avec la plus grande réserve. Toutes ces mesures deviennent facilement vexatoires, sans même avoir l'avantage de produire des résultats sérieux. Il est bien certain que la surveillance du travail en chambre, du travail effectué par une personne seule ou une famille dans sa propre habitation, ne peut s'exercer comme celle du travail effectué par des étrangers pour le compte d'un patron, dans les locaux de ce dernier et sous sa surveillance. C'est pourquoi il faudrait restreindre autant que possible l'inspection du travail à domicile ; c'est une autre protection que celle-là qu'il faut à celui qui travaille indépendant, seul ou avec l'aide des membres de sa famille, dans les quelques pièces servant à son habitation.

La solution de la question du travail à domicile se trouve, en effet, surtout dans la fixation d'un minimum de salaire, ainsi que le déclarait le Congrès de Lucerne, ainsi que le proclament, en Allemagne, les intéressés, d'une part [2], et, d'autre part, de nom-

[1] Schwiedland, *La répression du travail en chambre*. Paris, Larose, 1897.
[2] Rapport du docteur Billmann au III° Congrès du Syndical des ouvriers à domicile

breux sociologues et hommes politiques. « Le problème du travail à domicile est avant tout un problème des salaires », selon les paroles du député Naumann au Reichstag et il ajoutait que l'établissement de bureaux de salaires constituait, selon lui, le point capital de la protection des travailleurs à domicile.

Ces derniers, ainsi que le fait remarquer de son côté Wilbrandt[1], se distinguant des ouvriers ordinaires par l'isolement auquel les condamne leur genre de travail, il faut suppléer à leur défaut d'organisation et à l'impuissance dans laquelle il les met en face du capital. Quel objectif se proposent avant tout les organisations ouvrières? Elever les salaires. Parmi les avantages que les ouvriers de fabrique ont su conquérir, celui qu'il est le plus facile d'accorder d'office aux ouvriers à domicile, c'est précisément l'élévation des salaires et leur maintien à un niveau qui permette à l'ouvrier sobre et honnête de vivre et d'entretenir sa famille.

La situation misérable des travailleurs à domicile, les conditions déplorables dans lesquelles ils produisent sont des conséquences inévitables de la modicité de leurs salaires. A moins de recourir à cette solution radicale préconisée par quelques-uns, la suppression pure et simple du travail à domicile, il faut donc absolument agir sur le taux des salaires.

Cette opinion, qui heureusement se répand de plus en plus, fut adoptée par la Commission de législation industrielle du Reichstag[2]. Dans sa séance du 14 mai, elle vota, en effet, le projet de loi suivant, destiné à compléter le code de l'industrie :

(§ 139 y). — Le chancelier de l'Empire, les administrations centrales des provinces ou l'administration supérieure peuvent créer, pour des branches d'industrie où un grand nombre d'ouvriers à domicile sont employés à des salaires inférieurs à ceux des autres ouvriers de ces industries, des bureaux de salaires composés par moitié de représentants des ouvriers et des patrons et dont le président sera désigné par l'administration compétente.

Les règlements nécessaires à l'application de cette disposition pourront être pris par les mêmes autorités. Les conseils de prud'hommes et les chambres du travail pourront être chargés des fonc-

d'Allemagne. *Soziale Praxis* des 20 et 27 mai 1909 : Zur geselsliche Lohnregelun in der Hausindustrie.

[1] *Arbeiterinnenschutz und Heimarbeit.* Iéna, Fischer, 1906, p. 96.

[2] *Soziale Praxis* du 20 mai 1909 : Lohnämter in der Hausindustrie Deutschlands.

tions dévolues aux bureaux 'de salaires. Ces bureaux de salaires auront à établir autant que possible, pour les ouvriers travaillant à domicile, dans des ateliers ou dans des fabriques, de la branche d'industrie considérée des minima de salaires au temps et aux pièces, sur la base des salaires moyens locaux et professionnels. Ces minima seront obligatoires pendant une durée déterminée, après homologation de l'autorité compétente. *Toute convention contraire au préjudice du travailleur à domicile est nulle* [1].

(§ 139 z). — Le chancelier de l'Empire, les administrations centrales des provinces ou l'administration supérieure peuvent, sur la proposition d'un conseil des prudhommes, d'une chambre du travail ou des organisations intéressées, ouvrières et patronales, décider que et dans quelle mesure les conventions collectives conclues entre ouvriers à domicile et leurs patrons, ou entre organisations professionnelles correspondantes, ou provoquées par un arbitrage, s'appliqueront également de droit aux travailleurs à domicile de la même industrie restés en dehors de la convention ainsi qu'à leurs patrons.

Ce projet avait été présenté par les députés du centre. On voit qu'il a pour but à la fois de suppléer à l'initiative des intéressés là où elle fait complètement défaut et de la renforcer là où elle s'est déjà manifestée par la conclusion de contrats collectifs. Mais on peut lui reprocher, nous semble-t-il, de laisser l'application des mesures qu'il prévoit complètement à la discrétion des autorités administratives. N'y aurait-il pas lieu de déclarer d'ores et déjà dans la loi que le minimum de salaire sera obligatoirement applicable dans certaines industries à domicile, par exemple la confection ?

Deux autres projets, émanant des nationaux-libéraux et des socialistes, avaient été repoussés par la commission [2]. Le premier subordonnait la création des bureaux de salaires à deux conditions : 1° constatation par les inspecteurs du travail que le taux des salaires des ouvriers à domicile d'une industrie est inférieur à celui des autres ouvriers de la même industrie ; 2° proposition de créer des bureaux de salaires faite par les travailleurs ou leurs organisations, avec l'assentiment d'au moins la moitié des patrons.

---

[1] Cette sanction paraît bien insuffisante ; il faudrait qu'une pénalité fût édictée contre le patron qui a payé un salaire inférieur du salaire minimum.

[2] *Soziale Praxis* du 20 mai 1909 : Bureaux de salaires dans l'industrie à domicile allemande.

Les socialistes, de leur côté, proposaient d'attribuer aux conseils de prudhommes, et, là où ils n'existent pas, à des commissions mixtes présidées par un représentant de l'inspection du travail les fonctions de bureaux de salaires. Sur la proposition des travailleurs à domicile, les bureaux ainsi constitués auraient dû, dans tous les cas, fixer des minima de salaires pour une période déterminée, sans pouvoir descendre au-dessous du salaire des ouvriers de fabrique de la même branche d'industrie. Avec ce dernier projet, la protection du travail à domicile recevait une impulsion décisive et il est regrettable que la commission du Reichstag ait cru devoir s'en tenir à la proposition du centre, semblant ainsi manifester une certaine crainte de la réforme, puisqu'elle abandonne aux autorités administratives toute la responsabilité de son application.

La question du minimum de salaire dans l'industrie à domicile semblait donc avoir fait un pas considérable en Allemagne. L'exemple de l'Angleterre a certainement exercé une influence puissante sur l'opinion allemande. Et cependant le gouvernement impérial a fait aux projets de réglementation légale des salaires une opposition rigoureuse et assez inattendue. Cette attitude, mise en parallèle avec celle du gouvernement anglais, fut sévèrement commentée parfois[1]. Il n'en est pas moins vrai que le projet voté par la commission du Reichstag semble devoir être, par suite de ces résistances, provisoirement abandonné[2]. Déjà, au cours de la discussion, le représentant du gouvernement avait manifesté des craintes contre toute intervention de l'Etat dans la fixation des salaires. Aussi le « Comité permanent pour la défense des intérêts des ouvrières » avait-il jugé nécessaire d'intervenir près des pouvoirs publics. Une députation fut reçue dans le courant de juin par le conseiller supérieur du gouvernement Koch. Ce dernier répondit aux membres de la députation, qui affirmaient que les prescriptions sanitaires prévues ne pourraient, sans réglementation des salaires, qu'aggraver la situation des travailleurs à domicile, en invoquant les difficultés de l'établissement de minima de salaires, le manque de précision du projet adopté par la commission, les vexations auxquelles donneraient lieu les pénalités qu'il faudrait appliquer pour inobservation du salaire minimum, etc.[3]. Ces

---

[1] *Soziale Praxis* du 8 juillet 1909. Keine Lohnæmter inder Hausindustrie Deutschland.

[2] *Soziale Praxis* du 8 juillet 1909, *loc. cit.*

[3] *Soziale Praxis* du 24 juin 1909. Lohnæmter für die Hausindustrie.

déclarations faisaient prévoir une opposition formelle du gouvernement, qui se produisit en effet. A la séance de la commission
du 2 juillet dernier, le Secrétaire d'Etat à l'Intérieur lui-même se
prononça contre les bureaux de salaires[1]. Il fit valoir deux raisons
principales. D'abord les grosses difficultés que rencontrerait cette
organisation, difficultés telles, selon lui, qu'aucun chancelier, aucun
ministre n'en voudrait prendre la responsabilité. Ensuite il mettait
en avant l'argument de l'intérêt de l'industrie nationale qui,
disait-il, risquait d'être mise en état d'infériorité dans la lutte économique par de mauvaises évaluations du taux des salaires. Le
Secrétaire d'Etat montra encore la réforme comme dangereuse en
ce qu'elle rompait avec les traditions jusqu'alors respectées, qui
étaient d'éviter l'intervention de l'Etat dans la fixation des salaires,
et en ce qu'elle constituait par cela même un premier pas dans la
voie socialiste. Bref il rééditait contre les bureaux de salaires les
objections qui ont toujours été soulevées contre tous les progrès de
la politique sociale.

Quel que soit le peu de valeur des arguments que l'on oppose à
ses projets, on n'en estime pas moins en Allemagne que la commission du Reichstag se résignera vraisemblablement à renoncer aux
bureaux de salaire pour sauver le reste de la loi.

Le mouvement pour la réglementation des salaires dans l'industrie à domicile n'aura donc pas en Allemagne le résultat prochain
que l'on avait pu un moment escompter. Il est du moins d'un heureux augure de le voir aboutir en ce moment même en Angleterre.
Le projet présenté par le gouvernement et voté par la Chambre
des Communes vient en effet de recevoir le meilleur accueil à la
Chambre des Lords et il y a tout lieu d'espérer qu'il sera bientôt
définitivement passé en force de loi[2]. Il y aura alors en Europe un
précédent qui pourra peut-être exercer une influence décisive, en
faveur du minimum de salaire, sur l'attitude des gouvernements
des autres nations européennes et en particulier sur celle du gouvernement allemand.

Jean LEROY,
Avocat à la Cour d'Appel.

---

[1] *Soziale Praxis* du 8 juillet 1909. Keine Lohnæmter in der Hausindustrie Deutschlands.

[2] Voté dernièrement en troisième lecture par la Chambre des Lords, avec quelques
modifications, le projet a dû être renvoyé devant la Chambre des Communes.

CHRONIQUE BUDGÉTAIRE ET FISCALE

Le budget de 1910.

Le projet de budget de 1910, que les premières discussions à la Chambre semblent, du reste, avoir mis assez mal en point, possède une qualité à laquelle nous n'étions plus accoutumés : c'est un budget de sincérité, normalement équilibré et dont les ressources exceptionnelles, qui formaient l'appoint habituel des budgets précédents, sont impitoyablement bannies.

Il faut rendre justice à l'effort du ministre des finances actuel, dont la tâche était cependant malaisée. En effet, les résultats de l'exercice 1908 qui, en vertu de la règle de la pénultième année, ont servi à l'évaluation de la majeure partie des recettes de 1910, ont été défavorables. Par suite de la dépression économique qui s'est produite à la fin de 1907, les recouvrements sont demeurés stationnaires en 1907 et 1908. Il en résulte que les estimations de recettes sont les mêmes pour 1910 que pour 1909, à quatre millions près. Comme le budget de 1909 n'a été bouclé qu'avec l'aide de 58 millions de ressources exceptionnelles, on s'est trouvé, dès le début, en présence d'un trou de 54 millions à combler, avant même que de pourvoir aux accroissements de dépenses.

Si le budget de 1910 subissait le contre-coup de l'arrêt dans la progression des recettes qui s'était manifesté deux ans plus tôt, par contre la progression des dépenses s'accusait plus rapide et plus inquiétante que jamais. M. Caillaux, qui rédigea le premier projet, fixait le chiffre des dépenses nouvelles à 79 millions : 20 millions pour la Guerre et la Marine, 16 millions pour les chemins de fer de l'État, 43 millions pour l'exécution des lois votées, l'augmentation des frais de régie, les relèvements de traitements promis à diverses catégories de fonctionnaires, etc. Au moyen d'une combinaison sur laquelle nous reviendrons plus loin, le ministre supprimait du budget des travaux publics une partie de la dotation des chemins de fer de l'État (32 millions et demi), pour la faire passer à des comptes spéciaux du Trésor, de sorte que finalement l'augmentation se trouvait ramenée à 43 millions et demi.

M. Cochery, en arrivant au ministère, a eu le courage d'avouer au pays les véritables besoins du budget. Il convient d'ajouter qu'il a rencontré, dans la circonstance, le plus louable concours de la part de la commission du budget. Le chiffre des nouvelles dépenses prévues s'est trouvé ainsi accru de 98 millions et demi et porté au total de 145 millions, en chiffres ronds.

Les prévisions du projet primitif comportaient, en effet, des lacunes graves : les conséquences des lois votées n'y étaient pas exactement mesurées; des économies illusoires —: notamment à l'égard des crédits évaluatifs — y étaient réalisées sur le papier et devaient se traduire, dans la réalité, par le vote inévitable de crédits supplémentaires.

M. Cochery s'est vu obligé de demander 48 millions de plus que son prédécesseur pour la Guerre, 30 millions pour la Marine. La loi récente sur la réorganisation de l'artillerie impose, en effet, à la Guerre une surcharge de 31 millions; d'autre part, les crédits pour vivres et fourrages ont dû être augmentés de 13 millions. Jusqu'ici, l'Administration, pour établir ses prévisions, tablait sur la moyenne des prix des dix dernières années, déduction faite des deux meilleures et des deux plus mauvaises. L'application de ce système, conservé dans le projet primitif, conduisait à des estimations manifestement insuffisantes, par suite de la hausse constatée au cours des dernières adjudications. Il a donc fallu corriger la méthode : les prix de base pour le calcul des prix de 1910 ont été établis moitié d'après l'ancien système et moitié d'après les prix des marchés de 1910, ce qui a déterminé le relèvement indiqué.

Quant à la Marine, la discussion du rapport de la Commission d'enquête avait montré l'urgence de la réorganisation. Un complément de 30 millions a dû être inscrit au budget et il ne s'agit, remarquons-le, que d'assurer l'utilisation du matériel existant et la continuation des constructions portées dans le programme en cours. Comme le vote d'un nouveau programme semble indispensable pour arrêter la décadence de notre puissance navale, ce sont encore d'autres sacrifices financiers en perspective. Les autres sommes réclamées par M. Cochery sont, pour la plus grosse part, destinées à corriger les imprévisions du budget primitif. Les pensions militaires absorbent, par exemple, 1.759.000 francs de plus qu'il n'avait été prévu, les crédits évaluatifs pour frais de justice, primes à la filature de soie, etc., ont dû être majorés d'environ

2 millions. Enfin, on a jugé nécessaire de réinscrire au budget une somme de 5.200.000 francs afférente aux dépenses d'exploitation des chemins de fer de l'Etat, qui en avait été indûment distraite.

L'insuffisance des ressources de l'exercice 1910, après entente entre le Ministre et la Commission a, en fin de compte, été reconnue de 200 millions environ, dont 54 millions de déficit dans les recettes et 147 millions d'augmentation de dépenses.

L'augmentation des dépenses eût d'ailleurs été encore plus considérable et eût atteint 173 millions, sans le transfert, fort contestable, d'une somme de 26.600.000 francs du budget des chemins de fer de l'Etat à un compte spécial. A la suite du rachat de l'Ouest, un compte spécial, alimenté par des obligations à court terme, avait été ouvert par la loi du 18 décembre 1908 pour les frais d'achèvement des lignes et d'acquisition de matériel du réseau racheté. C'était fournir prétexte à un argument d'analogie dont M. Caillaux a ingénieusement tiré parti. Pourquoi maintenir au budget les dépenses de travaux et de matériel roulant de l'ancien réseau de l'Etat — soit 26.600.000 francs — alors que celles du nouveau figurent à un compte d'emprunt hors budget? Les compagnies ne pourvoient-elles point à ces dépenses par l'émission d'obligations? La combinaison était si tentante que M. Caillaux l'élargissait même, en faisant valoir que parmi les dépenses d'*exploitation* des lignes de l'Ouest, 6 millions environ pourraient être assimilées à des dépenses d'établissement et transportées, comme telles, au compte spécial. La plupart des installations, en effet, par suite de la négligence de la Compagnie dépossédée, exigent des remises en état presque équivalentes à des réfections complètes.

M. Cochery n'a pas suivi jusqu'au bout son prédécesseur. Il a pensé que des dépenses d'entretien relevaient normalement du budget. Il a cependant maintenu l' « excorporation » des 26 millions et demi de dépenses de construction de l'ancien réseau. On ne saurait apprécier cette opération plus justement que ne l'a fait M. Doumer dans son *Rapport général :* « Il faudra, dit-il, revenir sur cette mesure, la seule qui soit douteuse dans un budget dont la bonne tenue est incontestable... Le budget annuel doit payer toutes les dépenses annuelles. Emprunter pour faire face aux constructions de nouvelles lignes de chemin de fer, ou pour mieux outiller les lignes existantes, est moins acceptable en France que

partout ailleurs. Dans un pays neuf, sans dette, il est normal
d'emprunter pour créer le grand outillage de circulation sans
lequel la production ne se développe pas, les richesses demeurant
inutilisables faute de pouvoir être transportées là où elles trouveraient des consommateurs. Mais quand un pays est mis en valeur
dans presque toutes ses parties, que ses ressources sont exploitées,
qu'il possède le réseau essentiel de ses voies de circulation et qu'il
n'a plus qu'à les accroître avec l'accroissement des besoins, c'est
sur les recettes de son budget qu'il doit payer cette extension normale de ses moyens de communication ».

Il est toujours malaisé de trouver 200 millions de ressources
pour équilibrer un budget. Mais le problème est surtout épineux
dans une année d'élections générales.

Le projet primitif, prévoyant, comme nous l'avons dit, seulement
43 millions et demi de dépenses nouvelles, au lieu des 145 millions
réclamés par M. Cochery, ne présentait qu'un déficit de 105 millions.
Pour le combler, M. Caillaux ne demandait qu'une somme de
60 millions à des créations et à des rectifications d'impôts. Le reste
devait être fourni, si besoin était, par l'émission d'obligations à
court terme.

Le ministre alléguait, pour justifier cette mesure, les plus-values
constatées dans les recouvrements de 1909, qui se continueraient
sans doute en 1910 et rendraient superflu ce recours à l'emprunt.

Des 60 millions de taxes, la moitié était tirée de l'impôt direct :
refonte de la taxe sur les mines, impôt de statistique sur les capitaux révélés par les déclarations de succession, mesures contre les
fraudes successorales, extension du droit de timbre aux titres des
emprunts coloniaux, etc. L'autre moitié devait provenir d'impôts
indirects : impôt sur les essences de pétrole, impôt d'Etat sur les
chiens, timbre de 0 fr. 05 sur les quittances de 2 à 10 fr., etc.

M. Cochery a considéré qu'il convenait d'en finir avec cet emploi
des ressources exceptionnelles qui est de règle depuis plusieurs
années et qui a si gravement compliqué la préparation de nos
derniers budgets. Il s'est résolu à demander à l'impôt les 200 millions
dont il avait besoin, faisant une sélection parmi ceux qu'avait
proposés M. Caillaux et en ajoutant de nouveaux, notamment sur
les successions, le tabac et l'alcool. Ce sont ces trois impôts, dont le

produit total est évalué à 184 millions, qui forment la pièce de résistance de son projet.

Le remaniement des droits de succession porte sur plusieurs points :

1° Les tarifs de la loi de 1901 sont relevés dans une proportion qui varie avec la fraction de part nette taxée et avec le degré de parenté, les petites successions en ligne directe étant naturellement les plus ménagées ; le tarif des droits de donation est également relevé pour être mis en harmonie avec celui des droits de succession ;

2° Les droits sont augmentés en ligne directe au second degré, ce qui est d'ailleurs équitable. Il est naturel que le petit-fils qui hérite directement de son grand-père, sans que la succession ait passé par le père, ainsi qu'il est normal, acquitte une taxe plus forte ;

3° Le tarif de la ligne directe est augmenté de 50 p. 100 lorsque le *de cujus* ne laisse qu'un enfant, et de 20 p. 100 sur chaque part, lorsqu'il n'en laisse que deux ;

4° Au delà du quatrième degré, les droits appliqués seront les mêmes que pour les successions entre étrangers et s'élèveront à un maximum de 29 p. 100 pour les fractions de part successorale supérieures à 50 millions.

Enfin des précautions nouvelles sont prises contre les fraudes. Les retards dans les déclarations seront frappés d'amende et les amendes pour omissions ou dissimulations ne pourront faire l'objet d'aucune remise ni modération, sauf l'exercice du droit de grâce du Président de la République.

Le produit à attendre de ces diverses dispositions doit être annuellement de 100 millions dont la moitié seulement profitera à l'année 1910, par suite du délai de six mois accordé pour les déclarations.

L'augmentation du prix des tabacs fournira, d'après les prévisions, une somme de 65 millions. Elle pèse surtout sur les tabacs de luxe. Quant au scaferlati, dont le prix est actuellement de 12 fr. 50 le kilogramme, il sera vendu 14 fr. 30 ou 15 francs, suivant qu'il sera destiné à la vente au détail ou à la livraison en paquets aux consommateurs.

Les modifications introduites par M. Cochery au régime des boissons sont également importantes ; elles sont comptées, en effet, pour un produit de 69 millions. Ce sont elles, d'ailleurs, qui ont soulevé les plus véhémentes protestations, tant à la tribune de la Chambre que dans les meetings des corporations intéressées; leur échec paraît infiniment probable. Elles ont trait à l'institution d'une taxe d'ouverture des débits de boissons, à l'augmentation des droits sur l'alcool, à la création de vignettes fiscales d'authenticité et à un calcul plus strict des déductions accordées aux marchands en gros pour coulages et évaporations qui doit, à lui seul, faire rentrer 3 millions dans les caisses du Trésor.

La taxe d'ouverture des débits ne donnera qu'un appoint d'un million. Elle est plutôt intéressante à titre d'effort pour prévenir la multiplication des cabarets, étant donné qu'on n'ose pas en limiter le nombre, ce qui serait la seule mesure efficace contre l'alcoolisme. La taxe serait égale à la valeur locative annuelle de l'établissement, c'est-à-dire que tous ceux qui veulent s'établir débitants auraient à payer au fisc la valeur d'une année de loyer. Ceux qui ne vendent de boissons qu'à titre de complément de la nourriture — hôteliers, aubergistes — ne paieraient que demi-taxe.

Le relèvement des droits sur l'alcool procurera les ressources les plus sérieuses, puisque le produit figure au projet pour une vingtaine de millions. On sait que l'alcool acquitte actuellement un droit de consommation de 220 francs par hectolitre, plus, à l'entrée des villes de plus de 4.000 habitants, un droit d'entrée variable suivant le chiffre de population et allant de 7 fr. 50 à 30 francs. Le droit d'entrée qui occasionne une inégalité de traitement entre les alcools consommés en différents lieux est supprimé par M. Cochery et le droit de consommation est, en revanche, élevé à 260 francs.

Enfin, les vignettes fiscales, qui font l'objet d'une série d'articles dont la mise en œuvre paraît bien compliquée, sont inscrites pour un produit de 42 millions et demi. L'idée inspiratrice du système est d'utiliser le timbre de garantie de l'Etat institué par la loi du 26 novembre 1873, en le rendant obligatoire pour les producteurs de vins et d'alcools. La loi de 1873 a permis aux propriétaires de marques déposées de faire mettre sur leurs produits un timbre d'Etat qui transforme la contrefaçon en délit pénal, la fraude au timbre s'ajoutant à la fraude à la marque. Désormais, tous les vins et eaux-de-vie des régions délimitées à la suite de la loi des fraudes du 6 août 1908 ne pourront circuler qu'en bouteilles munies de vignettes dont le coût varie de 0 fr. 05 à 0 fr. 25, suivant la nature du produit et la valeur du cru. La vignette est également obligatoire pour toutes les bouteilles d'eaux minérales vendues plus de 0 fr. 20, pour les bouteilles d'eaux-de-vie naturelle des régions non délimitées et pour tous les récipients contenant des absinthes, bitters, liqueurs, etc. Quant aux vins en fûts, lorsqu'ils proviennent d'une région délimitée, ils ne circulent qu'accompagnés de titres de mouvements spéciaux portant certificat d'origine, qui ne peuvent être délivrés pour des quantités supérieures à celles indiquées dans les déclarations de récolte. En compensation, le droit de circulation est augmenté pour eux d'une surtaxe de 0 fr. 50 par hectolitre à l'intérieur de la région délimitée, et de 1 franc lorsqu'ils sont expédiés à l'extérieur. Pour assurer l'exécution de ces prescriptions, tout un système de comptes spéciaux et de prises en charge est organisé, tant pour les récoltants que pour les entrepositaires.

En dehors des impôts à grand rendement établis sur les successions, le tabac et l'alcool, dont l'ensemble produit 184 millions, il est demandé une somme de 17 millions à des taxes secondaires.

L'automobilisme paie un tribut de 2 millions et demi, sous forme de taxes diverses sur les voitures et les essences. Le droit de garantie est augmenté pour l'or et étendu au platine. Le prix des poudres de chasse est relevé de 33 p. 100. Enfin le régime fiscal des mines est modifié de façon à rapporter 5.800.000 francs de plus.

Actuellement, les exploitants de mine paient une redevance fixe de 0 fr. 10 par hectare concédé et une redevance proportionnelle de 5 p. 100 du revenu net de l'exploitation. Le projet de budget introduit trois innovations : 1° la redevance fixe est décuplée et portée à 1 franc par hectare. On veut par là obliger les assujettis à ne pas demander de concessions disproportionnées à leurs moyens d'exploitation et à utiliser toute la superficie concédée; 2° la redevance proportionnelle est fixée à 6 p. 100 dont 1/2 p. 100 est abandonné aux communes et distribué entre elles au prorata du nombre d'ouvriers et employés de la mine qui y sont domiciliés; 3° enfin l'État affirme son droit au partage des bénéfices. Lorsque le revenu dépassera 10 p. 100 du capital, une taxe spéciale progressive, allant de 5 à 20 p. 100, viendra frapper l'excédent. La difficulté est ici d'estimer le capital de la mine, en proportion duquel doit être calculé le revenu. L'évaluation, comme le reconnaît M. Doumer dans son Rapport, est évidemment fort arbitraire et les recours au Conseil d'Etat semblent devoir être fréquents.

* *

A côté de ces accroissements de dépenses et de ces surcharges d'impôt, on a plaisir à signaler un effort, encore insuffisant il est vrai, pour amortir. M. Cochery s'est souvenu, avec à-propos, du *New-Sinking fund* anglais et en a fait une ingénieuse application à notre 3 p. 100 amortissable. Par suite d'une combinaison qui a été souvent critiquée, les charges de cet emprunt sont très inéga-lement réparties sur les budgets successifs. On a commencé par éteindre une série annuelle tirée au sort. Depuis 1908 jusqu'en 1926 on tire deux séries; on en tirera trois ensuite, jusqu'en 1938, puis quatre, puis cinq, jusqu'à la dernière période où le tirage annuel sera de six séries. Il en résulte qu'au cours de chaque période, les charges diminuent tous les ans du montant des arrérages des titres amortis l'année précédente. Par contre, au passage d'une période à la suivante, elles s'élèvent brusquement, puisqu'on se met à tirer une série de plus. La combinaison proposée consiste à inscrire au budget, au lieu de l'annuité qui décroît tous les ans en cours de période, une annuité constante : une partie en sera affectée au ser-vice du 3 p. 100 amortissable; l'autre partie, qui s'accroîtra auto-matiquement au fur et à mesure que la première se réduira, sera consacrée à l'amortissement de la dette du Trésor, en commençant par le remboursement des obligations sexennaires. Jusqu'en 1926, on pourrait ainsi réaliser 203 millions d'amortissements nouveaux. En 1926, la transition s'effectuerait sans difficulté et sans soubresaut, puisque l'accroissement de crédit nécessité par le tirage d'une série de plus pourrait être prélevé sur les crédits affectés, l'année pré-cédente, au remboursement des autres dettes du Trésor. La com-binaison se poursuivrait sur la même base dans la nouvelle période, et ainsi de suite.

* *

La discussion générale qui vient de se clore, au moment où nous écrivons ces lignes, donne tout lieu de supposer que le budget dont nous venons d'analyser les dispositions principales ne sortira pas du débat sans accrocs essentiels. Le ministère n'a réussi à écarter une motion préjudicielle tendant à rejeter tout nouvel impôt qu'en déclarant que les taxes proposées n'étaient pas intangibles, et qu'au moment de l'examen des articles du texte de la loi de finances, il ne se refuserait pas à des accommodements avec la majorité. On peut donc dès maintenant prévoir que, de l'ensemble d'impôts demandés par le gouvernement et la commission, seules ont quelque chance d'être acceptées les taxes secondaires, la réforme des droits de succession et peut-être l'élévation des prix du tabac, mais limitée au tabac de luxe. Le relèvement des droits sur l'alcool a soulevé contre lui une opposition qui semble devoir être irréductible ; de même, la création des vignettes de garantie. Nous ne saurions à vrai dire beaucoup regretter cette dernière innovation. Le timbre d'Etat servirait de pavillon pour couvrir toutes les marchandises, de mauvaise et de bonne qualité, au détriment des produits supérieurs. D'ailleurs, le contrôle des boissons est déjà si vexatoire pour les assujettis qu'il serait véritablement excessif de les astreindre à de nouvelles formalités et à de nouvelles surveillances. Quant à l'alcool, qui pourrait et qui devrait fournir au budget un supplément de ressources appréciable, les coalitions d'intérêts qui se nouent toutes les fois qu'il est question d'en modifier le régime fiscal opposent une telle force de résistance et dénotent une telle insouciance de la santé publique et de l'avenir de la race, que les esprits les moins prévenus en faveur des exploitations d'Etat en viennent à se demander si le seul moyen d'en finir ne serait pas l'institution du monopole.

Il est donc entendu tacitement que le budget de 1910 sera équilibré, comme ses devanciers, avec des fonds d'emprunt. M. Massabuau et M. Théodore Reinach, reprenant la thèse exposée par M. Caillaux dans le projet primitif, ont d'ailleurs défendu à la tribune cette solution, et ont invoqué les plus-values réalisées en 1909 qui permettent de compter sur des excédents en 1910. A un déficit fictif, ont-ils dit, peuvent correspondre des moyens d'équilibre fictifs. M. Reinach, notamment, a fait le procès de la règle de la pénultième année, « véritable trompe-l'œil qui laisse aux crédits supplémentaires une marge dangereuse, comme les cinq minutes de différence entre l'heure intérieure et l'heure extérieure des chemins de fer ».

Recourir aux autorisations d'emprunt pour boucler le budget de 1910, c'est croyons-nous, reporter en réalité les difficultés à l'exercice suivant. Nous ne serions pas en présence d'une situation aussi embarrassée si ce système d'ajournement n'avait prévalu depuis 1906. L'avantage du budget de M. Cochery, c'est qu'il préparait le budget de 1911. Établi sur les données plus favorables de l'année 1909, bénéficiant de 50 millions de recettes supplémentaires dus à l'application pendant toute l'année des nouveaux tarifs successoraux qui ne fonctionneront que dans les six derniers mois de 1910, enrichi des autres impôts discutés en ce moment, ce budget aurait pu, sans trop de ressources nouvelles, faire face à la lourde charge des retraites ouvrières. Mais il faut songer aux élections prochaines. La Chambre future, au lendemain de la consultation nationale, aura plus de liberté d'esprit pour aborder les redoutables problèmes fiscaux qui se posent au pays. Elle aura à trancher, d'une façon ou de l'autre, la question de la réforme de l'impôt direct qui ne peut rester indéfiniment ouverte, sous peine de maintenir toute notre organisation financière dans une incertitude paralysante ; elle aura aussi, sans doute, à envisager la question des monopoles fiscaux, notamment du monopole de l'alcool, si elle ne veut pas accabler les classes laborieuses sous le poids des contributions indirectes, ou les classes riches sous le faix d'un impôt direct à progression spoliatrice. D'ici là, nous vivrons encore dans le provisoire.

Si l'électeur de 1910 voit augmenter le prix de sa poudre de chasse, de son tabac et de son petit verre, il goûtera peu, en effet, cet excès tardif de sincérité budgétaire. « Vous avez voulu garder le scrutin d'arrondissement, a dit un député qui traduisait bien la psychologie de l'Assemblée. Faites-nous un budget de scrutin d'arrondissement ».

Il est à prévoir que, malgré les efforts de M. Cochery, le budget de 1910 sera un budget de scrutin d'arrondissement.

Edgard ALLIX.

CHRONIQUE LÉGISLATIVE

Octobre 1909.

Proposition de loi garantissant leur travail ou leur emploi aux femmes en couches.

Les Chambres se sont réunies en session extraordinaire le 19 octobre.

La Chambre a commencé à discuter les propositions de loi relatives à l'établissement du scrutin de liste et de la représentation proportionnelle et y a consacré presque toutes ses séances jusqu'à la fin du mois.

Le Sénat, qui a peu siégé, a adopté la proposition de loi votée par la Chambre, qui garantit leur travail ou leur emploi aux femmes en couches. Il faut nous y arrêter un instant. Donnons tout d'abord le texte qui a été voté : « La suspension du travail par la femme, pendant huit semaines consécutives, dans la période qui précède et suit l'accouchement, ne peut être une cause de rupture par l'employeur du contrat de louage de services, et ce à peine de dommages-intérêts au profit de la femme. Celle-ci devra avertir l'employeur du motif de son absence. — Toute convention contraire est nulle de plein droit. — L'assistance judiciaire sera de droit pour la femme devant la juridiction du premier degré ».

Le principe même de la loi n'a pas été discuté, mais seulement, comme nous allons le voir, l'étendue de son application. Il est pourtant permis de se demander, si intéressant que soit le cas, si ce n'est pas là dépasser la mesure dans la voie interventionniste et reconnaître à l'Etat un pouvoir tout à fait excessif dans les rapports privés. On l'a fait déjà, je le sais, pour les périodes d'instruction militaire. Peut-être cela même était-il contestable; mais, du moins, il y avait la raison d'un devoir civique imposé dans l'intérêt de tous. Il s'agit ici de protéger la maternité : nulle cause, à coup sûr, ne mérite plus de sollicitude; c'est là pourtant, avant tout, une question d'intérêt privé, qui, sans doute, touche de près l'intérêt public, comme le touchent la plupart des intérêts privés : où s'arrêtera-t-on si, pour protéger cet intérêt, le législateur se croit le droit d'intervenir dans les contrats et de les régler à sa guise ?

Un patron bienveillant ne congédiera pas son ouvrière pour cette
cause, et, partant de là, l'Etat décrète que tous les patrons doivent
être bienveillants ! Et, naturellement, la règle qu'il édicte est générale et aveugle ; elle ne tient compte d'aucune considération particulière, ni de la nécessité qui peut s'imposer impérieusement au
patron de remplacer l'ouvrière qui quitte l'atelier (auquel cas il ne
pourra lui rendre sa place qu'en rompant le contrat de travail conclu avec celle qui l'a remplacée), ni des circonstances dans lesquelles se produit l'accouchement. « La suspension de travail par
la *femme...* » ; la loi ne dit pas « par la *femme mariée* » ; sa disposition s'applique à toute femme capable de concevoir et d'accoucher, et, au point de vue humain comme au point de vue physiologique, il n'y a pas à distinguer. Cependant, le patron, en prenant
une fille comme ouvrière, a pu croire légitimement qu'il ne courait
pas les risques de la maternité et il est peut-être un peu excessif
de lui imposer à la fois les conséquences de la faute et l'obligation
de garder celle qui l'a commise sous peine de dommages-intérêts.
J'aimerais mieux qu'on en demandât au père !

Mais la loi deviendrait tout à fait drôle si, comme l'a affirmé le
législateur, elle devait s'appliquer à tous les emplois. M. Touron a
posé la question au Sénat : « Je demande à M. le rapporteur,
a-t-il dit, si l'article unique de la loi qui nous est présentée doit,
dans son esprit, s'appliquer dans tous les cas, même en dehors des
usines et des établissements commerciaux? J'ai dit que je l'accep-
tais en ce qui concerne l'industrie et le commerce, mais je ne puis
m'empêcher de faire remarquer qu'il serait peut-être excessif, dangereux même, d'appliquer cet article, par exemple aux domestiques. Votre domestique étant sur le point d'accoucher, allez-vous
être contraint de lui garantir sa place pendant huit semaines? Je
ne veux pas entrer dans des détails qui seraient peut-être un peu
difficiles à exposer devant le Sénat, ou énumérer les inconvénients
que rencontrerait l'application de la loi dans le cas particulier que
j'indique ; ce que je viens de dire suffit pour les faire pressentir ».

Il serait pourtant facile de faire des hypothèses suggestives, sans
alarmer d'ailleurs la pudeur du Sénat. Voyez-vous cette maîtresse
de maison, mère de plusieurs filles, qui prend à son service une
jeune servante, sur la moralité de laquelle elle a eu les meilleurs
renseignements ; puis celle-ci venant, au bout de quelques mois, lui
demander huit semaines de congé pour accoucher, et la mère de

famille obligée, sous peine de dommages-intérêts, d'attendre son
rétablissement pour la reprendre à son service? 'C'est purement
grotesque! Et cependant le rapporteur n'a pas craint de répondre
à M. Touron ,que la règle s'appliquerait aux domestiques comme
aux autres : « Pour nous, toutes les mères se valent, elles ont toutes les mêmes besoins, variables suivant les milieux, suivant les
professions; mais l'intérêt de l'enfant est le même, il prédomine, il
est supérieur. Nous ne pouvons pas exclure d'une clause protectrice du contrat de travail des travailleuses quelles qu'elles soient ».
— Heureusement que le sens commun a des droits imprescripti-
bles!

Nous n'avons cité qu'un exemple pour prouver que le législateur, en voulant tout réglementer, risque de tomber dans le ridicule : on pourrait les multiplier. M. Touron en rappelait un assez
piquant : « On a cité, au cours de la dernière discussion, l'exemple d'une actrice engagée pour un rôle d'ingénue, et qui prétendrait continuer à jouer en dépit d'un état de grossesse avancée ».
Eh! oui ; si on ne peut pas congédier une femme à cause de l'interruption de service résultant de l'accouchement, il est clair qu'on
ne pourra la congédier à cause de sa grossesse, sans quoi il serait
toujours facile de prendre ce prétexte! Voilà un moyen sûr pour
une fille de garder sa place! Espérons que le législateur reverra
son œuvre!

II. Documents officiels

Le *Journal officiel* du 1er octobre contient encore une série de
rapports de la commission extra-parlementaire et interministérielle
chargée d'étudier la situation actuelle de la Corse (service forestier,
assistance et hygiène, chemins vicinaux, finances départementales
et communales).

Dans le n° du 3 est le rapport au Président de la République
sur l'application de la loi du 2 novembre 1892, concernant le travail des enfants et des femmes dans les établissements industriels
pendant l'année 1908. — Nous en extrayons quelques chiffres
intéressants : Le nombre des établissements soumis au contrôle du
service de l'inspection était de 545.932, dont 275.303 employant
un personnel féminin ou mixte, et 260.629, un personnel exclusivement masculin et adulte. — Les établissements soumis au con-

trôle se répartissaient ainsi, au point de vue du nombre du personnel :

Etablissements occupant	Nombre	Proportions p. 100
De 1 à 5 ouvriers	440.285	80.65
De 6 à 20 —	76.963	14.00
De 21 à 100 —	23.540	4.32
De 101 à 500 —	4.621	0.85
Plus de 500 — , ...	522	0.09

Le nombre des ouvriers et ouvrières protégés à un titre quelconque (et tous le sont, à part les ateliers de famille) montait à 4.048.312, sur lesquels 2.586.109 hommes au-dessus de 18 ans, 861.078 filles au-dessus de 18 ans et femmes, 321.778 garçons au-dessous de 18 ans et 279.846 filles au-dessous de 18 ans. Le rapport affirme que la réduction à dix heures de la durée du travail est aujourd'hui admise par la grande majorité des industriels et qu'il ne paraît point que la production ait diminué à la suite de cette réduction.

Le même rapport contient une annexe relative à l'application pendant l'année 1908, de la loi du 2 novembre 1892 dans les mines, minières et carrières. Il y a eu, en 1908, 563 mines en exploitation, occupant un personnel de 219.518 ouvriers, dont 186.170 hommes adultes et 33.348 individus appartenant au personnel protégé, dont 24.991 garçons au-dessous de 18 ans et 8.357 filles ou femmes.

Le *Journal officiel* du 6 octobre nous donne un rapport au Président de la République sur le fonctionnement des caisses régionales du crédit agricole mutuel en Algérie.

Dans celui du 8 se trouve un rapport au Président de la République sur les opérations de la caisse nationale d'épargne en 1908.

Le n° du 28 octobre donne le mouvement de la population de la France au cours du premier semestre 1909.

Edmond VILLEY.

BULLETIN BIBLIOGRAPHIQUE

Paul Fesch, *L'année sociale et économique en France et à l'étranger,* 1907. 1 vol. in-8, 683 p. Paris, Marcel Rivière, 1908.

M. P. Fesch avait déjà tenté, en 1899, de publier une *Année sociale.* Sa publication, reprise aujourd'hui avec un programme plus étendu, doit être signalée à l'attention des économistes et de tous ceux qui s'intéressent aux questions sociales.

Un tel livre ne peut évidemment s'analyser.

Nous croyons qu'au point de vue du plan, M. Fesch sera admis à l'alléger de certaines questions. Particulièrement en ce qui concerne l'étranger, il semble que ses notes économiques soient un peu éparses et décousues.

Pourquoi les notes sur l'Angleterre commencent-elles par les cités-jardins, institution estimable d'ailleurs, plutôt que par toute autre rubrique ? Mystère.

Pour la France, l'abondance des renseignements recueillis par M. Fesch est très grande, quelques-uns ne se trouvent ailleurs que difficilement. Je me demande si la place qu'il fait à la coopération est en rapport avec l'importance qu'il donne au mouvement catholique ou aux travaux de la maçonnerie.

De plus, en classant la coopération dans l'économie financière, à quel plan a-t-il obéi ?

Sous ces quelques réserves, nous souhaitons que la publication de M. Fesch soit continuée longtemps, elle rendra de grands services.

H. Barrault.

Henry Vouters, *Les procédés d'exportation du commerce allemand,* 216 p. in-8. Thèse, Paris, Rousseau, 1908.

Georges Diouritch, *L'expansion des banques allemandes à l'étranger : ses rapports avec le développement économique de l'Allemagne,* 798 p. in-8. Thèse, Paris, Rousseau, 1909.

Ces deux ouvrages ont plusieurs traits communs. Leurs auteurs déclarent s'être placés à un point de vue strictement objectif, avec le seul souci d'observer et d'exposer les faits d'après la méthode réaliste ; tous deux se sont livrés, en Allemagne, à des enquêtes personnelles : si M. Vouters « s'est borné presque exclusivement à Hambourg », son choix, dans le dessein particulier qu'il se proposait, est justifié par d'excellentes raisons (p. 27). Des considérations particulières, des séjours prolongés sur diverses places de l'Allemagne et de l'étranger, notamment un stage de plusieurs mois dans les archives de la *Discontogesellschaft,* ont permis à M. Diouritch de se livrer à des investigations étendues et minutieuses. Il convient, dès maintenant, de reconnaître le sérieux de ces recherches : tous deux sont demeurés généralement fidèles à la méthode dont ils se réclamaient et la lecture de leurs ouvrages nous autorise pleinement à leur accorder ce *crédit* qu'ils nous demandent dès l'abord.

La rapidité et l'intensité de l'expansion économique de l'Allemagne ont déjà attiré l'attention de nombreux auteurs : c'est le phénomène qui préoccupe également MM. Vouters et Diouritch. Tous deux partent du même point et posent le problème de la même façon : l'Allemagne voit, chaque année, croître son déficit alimentaire et son déficit de produits bruts; elle s'efforce de combler ce déficit en augmentant ses exportations de produits fabriqués, en faisant plus nombreux ses placements de capitaux à l'étranger. L'augmentation du commerce extérieur de l'Allemagne n'est qu'une conséquence de son développement économique général; l'expansion des banques allemandes à l'étranger n'est qu'un des aspects de l'expansion économique de l'Allemagne. Telles sont les données communes, exprimées en des termes sensiblement identiques, d'où partent MM. Vouters et Diouritch. Arrivés à ce point, ils se séparent. Délimitant nettement son sujet, le premier ne veut « décrire qu'une partie de l'outillage qui sert à l'écoulement de la production allemande », à savoir *l'organisation de l'exportation propement dite,* maisons d'exportation, agents, associations diverses... M. Diouritch montrera comment l'essor industriel et commercial devait provoquer *l'expansion des banques :* faire l'historique de ce mouvement, analyser ses modalités, montrer ses rapports avec le développement économique de l'Allemagne, indiquer les positions conquises, les obstacles rencontrés et comment ils furent franchis, présenter, pour ainsi dire, le dessin de ce réseau étendu de banques qui, de Berlin comme centre, s'étend aujourd'hui sur tout le monde, — tel fut son but : nous verrons qu'il l'a pleinement atteint.

I. — La thèse de M. Vouters comprend deux parties : la première décrit *l'organisation commerciale,* — la seconde *la mise en œuvre.* Cette dernière, facilement écrite, abondamment illustrée de détails et d'exemples, est d'une lecture attachante. Il ne semble pas cependant que M. Vouters ait tiré de cette partie de son sujet tout ce qu'il en aurait pu tirer. Sans doute, il s'agit ici de faits qui se passent sur des marchés lointains où l'auteur n'a pu aller enquêter lui-même; il s'agit également de décrire une politique et des procédés commerciaux sur lesquels notre attention a déjà été bruyamment attirée : le fameux *Made in Germany* et les articles de la *Saturday Review* de Williams, certains chapitres de l'*Essor industriel et commercial du peuple allemand* de M. Blondel ont, ici, précédé l'ouvrage de M. Vouters. Il faut noter, de la part de ce dernier, un souci très évident de rajeunir les exemples de cette souplesse, de cette ingéniosité déployées par les Allemands dans la conquête des débouchés : beaucoup lui ont été fournis par des commerçants hambourgeois; il emprunte les autres aux publications officielles les plus récentes. Il faut noter également un effort sérieux de classification, notamment cette distinction entre la *conquête du marché* et la *conquête du client* qui permet de bien grouper les méthodes; et si la distinction peut apparaître spécieuse au premier abord, il faut reconnaître que les faits invoqués et la diversité des procédés décrits la justifient finalement.

Sur certains points cependant, M. Vouters eût pu pousser plus avant son analyse : c'est ainsi (p. 175) qu'il résume trop sommairement, d'après Schanz, les avantages accordés par les chemins de fer et les compagnies de navigation au commerce d'exportation. Nous aimerions être plus amplement renseignés sur « toute une politique de tarifs éminemment avantageuse au commerce d'exportation ». De même (p. 187), n'apparaît pas assez technique l'étude des facilités de paiement et des crédits accordés par les Allemands à leur clientèle. On peut se demander enfin si l'exclusion, voulue par l'auteur, « de l'examen du rôle joué par les banques dans l'exportation » (p. 194) était si indiquée et si justifiée : M. Vouters se borne à énumérer leurs triples fonctions de *mandataires* des exportateurs, d'*escompteurs*, d'*assureurs* contre les variations du change : les explications font défaut : c'est dans le livre de M. Diouritch qu'il faudra le chercher.

La première partie de la thèse de M. Vouters est plus importante et plus originale. Elle décrit, avons-nous dit, l'organisation commerciale, — « quelles institutions suppose la vente à l'étranger et comment elles ont été réalisées en Allemagne. Or, l'exportation peut s'effectuer de deux façons, ou bien l'industriel entre en relations directes avec le consommateur étranger; ou bien, soit qu'il le préfère, soit qu'il y soit contraint, il se cantonne dans son rôle de fabricant et laisse à d'autres le soin d'écouler ses marchandises ». M. Vouters est ainsi conduit à étudier les *intermédiaires* d'une part, la *vente directe* et l'*association en vue de l'exportation* d'autre part.

Les intermédiaires, ce sont les *maisons d'exportation* et les *agents*. A la suite de M. Vouters, pénétrons dans une des premières, dans la *maison-mère*, située à Hambourg : nous y trouvons une activité limitée généralement à une région déterminée du globe, généralement aussi spécialisée dans la vente d'une catégorie d'articles, ou tissus, ou produits métallurgiques, ou objets d'alimentation ; — spécialisations nécessaires, car il faut une connaissance approfondie du débouché et de l'article qu'on y veut vendre. C'est à la maison-mère qu'arrivent les ordres, c'est de là que partent les marchandises. M. Vouters nous présente les personnages importants ; il nous initie à la riche activité, très hiérarchisée, très méthodique, qui règne chez ces pourvoyeurs de l'univers. Mais la puissance d'une maison d'exportation se mesure surtout aux établissements qu'elle possède à l'étranger, à ses *filiales;* celles-ci, simples succursales ou firmes plus ou moins indépendantes, ont pour mission « *d'observer, de renseigner, de vendre* ». Grâce à elles, le contact avec l'acheteur est maintenu permanent : la maison-mère est aussitôt renseignée sur toutes les modifications qui peuvent surgir dans l'état du droit, la législation douanière, les conditions du crédit, les institutions politiques, la mode, etc. Des rapports fréquents, étroits, assurent la cohésion de l'organisme ; les employés de la maison hambourgeoise ont fait outre-mer des stages plus ou moins prolongés ; nous retrouverons, dans le livre de M. Diouritch, la même politique suivie par les banques allemandes.

. L'*agent* s'interpose entre la maison-mère et les fabricants; c'est lui qui,
muni des échantillons, s'en va, matineux et tenace, visiter les *Einkaüfer;*
il est le trait d'union entre l'industrie allemande et l'exportation hambourgeoise. Tout ce premier chapitre, précis et vivant, n'appelle qu'une seule
réserve : la place un peu trop restreinte faite aux questions proprement
juridiques que soulèvent l'existence et le rôle de ces intermédiaires.

Le second chapitre comportait surtout l'examen du *programme* des producteurs allemands : critique des intermédiaires, possibilités de réaliser la
vente directe, moyens préconisés. Les associations en vue de l'exportation
ne semblent pas non plus avoir donné jusqu'ici de grands résultats. Aussi
bien, les intermédiaires sont-ils sceptiques : « ils parlent sans animosité
des tentatives faites pour les éliminer, ne voyant là qu'un mouvement
d'opinion passager ». Tout en paraissant désirer le succès des producteurs
dans leurs essais de vente directe, M. Vouters se refuse à prédire « l'avenir
respectif des intermédiaires et des producteurs qui cherchent à se passer
d'eux ». Il insiste sur les difficultés de toutes sortes que rencontre le commerce d'exportation. Et c'est avec raison : fabriquer est une chose, vendre
au loin en est une autre, et bien différente : je n'en veux pour preuve que
le livre même de M. Vouters, sa description si précise d'une organisation
commerciale très complexe, toujours perfectionnée « qui a fait preuve
d'assez solides qualités pour pouvoir être encore l'instrument de magnifiques succès ».

II. — Beaucoup plus volumineuse que la précédente est la thèse de
M. Diouritch. Sans doute le dessein de l'auteur est vaste : il étudie l'expansion des banques allemandes, non seulement comme un des aspects de
l'expansion économique générale de l'Allemagne mais encore comme un
des aspects, un moment de l'évolution des banques elles-mêmes. M. Diouritch aurait pu, cependant, condenser davantage. Certains chapitres — les
premiers notamment : évolution des banques allemandes au xixᵉ siècle
(p. 9-59) développement industriel et commercial de l'Allemagne de 1870 à
1907 (p. 59-97) organisation technique des banques, mouvement de concentration (p. 97-150); et de même, dans la première section de la deuxième
partie, l'historique des diverses banques et l'analyse de leur activité générale
en dehors de l'expansion proprement dite, — auraient demandé, nous semble-t-il, a être traités avec une plus grande sobriété : on sent que l'auteur n'a
pas eu le loisir nécessaire pour « faire plus court ». Sans doute tout ce que
nous dit M. Diouritch est exact; il groupe des documents nombreux ; mais
ce n'est là qu'un consciencieux travail de seconde main qu'il eût fallu
ramasser et résumer. Si nous insistons sur ce point, c'est qu'en effet le
contraste est frappant entre ces développements, un peu prolixes (exception faite cependant pour ce qui touche l'historique de l'éxpansion, p. 41-
59 : voir également un intéressant essai de classification des liens qui unissent l'industrie et les banques allemandes, p. 114-128) et le reste de l'ouvrage, l'étude proprement dite de l'expansion, la partie de beaucoup la
plus importante d'ailleurs. M. Diouritch nous apporte là, en vérité, les
résultats d'un travail très personnel et très considérable : il ne s'est pas

contenté de présenter les aspects généraux du mouvement : il a pénétré
profondément dans le détail : les analyses les plus techniques ne le rebutent point et il les conduit avec une méthode excellente : il s'appuie sur
des sources directes, nombreuses et dont la critique est faite avec soin.
L'ouvrage est, dans l'ensemble et dans le détail, bien conçu et clairement
divisé.

· Il comprend deux parties. Dans une première partie *synthétique*, M. Diouritch retrace d'abord l'évolution des Banques allemandes : celles-ci sont
parvenues aujourd'hui à ce degré suffisant de concentration, de centralisation des capitaux et des services qu'a nécessité le développement de l'économie nationale allemande : la concentration est sinon complètement
achevée ou arrêtée du moins infiniment moins rapide et moins sensible :
c'est une autre tendance qui s'exerce aujourd'hui en première ligne sur les
banques allemandes : celle de l'*expansion*. La cause générale de cette tendance doit être recherchée dans le développement économique de l'Allemagne : mais quand les banques eurent commencé leur mouvement, elles
réagirent à leur tour sur l'expansion économique générale ; — les causes
particulières, dans l'organisation technique des banques : la complexité de
cette organisation fit les banques prêtes à l'expansion dès que celle-ci fut
nécessitée par le développement économique ; la concentration précède
l'expansion, elle permet de grouper les capitaux nécessaires, de diffuser les
risques plus considérables du commerce d'outre-mer.

· Dans cette politique d'expansion à l'étranger, sans doute chaque banque
a été dirigée suivant ses intérêts propres, chaque établissement a choisi son
terrain et a manifesté ses préférences pour tel ou tel mode d'action déterminé : on peut dégager cependant un certain nombre de traits généraux
communs à toutes les grandes banques. M. Diouritch (chap. III) distingue
les aspects *financiers* des aspects *économiques* de l'expansion de banque.
C'est qu'en effet à « l'expansion de banque se superpose une expansion plus
large, celle des capitaux allemands où les banques jouent le rôle d'intermédiaires, de canaux, d'instruments ». Leur rôle financier se caractérise
par la négociation et le placement en Allemagne des emprunts étrangers.
M. Diouritch se demande comment les banques ont compris et pratiqué
cet *Emissionsgeschæft*, quelles influences les ont guidées. Si, d'après lui,
les intérêts des particuliers n'ont pas toujours été sauvegardés, cela tient
surtout à une raison historique : l'arrivée tardive des banques allemandes
sur le marché international ; elles durent, au début, prendre ces seules
émissions dont ne voulaient pas se charger les banques étrangères. Cette
situation apparaît aujourd'hui complètement modifiée : l'économie nationale allemande a retiré des avantages certains de l'intervention des banques
dans les finances publiques des Etats étrangers.

Plus précise et plus intéressante encore, à notre avis, est l'étude des
aspects *économiques* de l'expansion. Nous nous sentons ici au cœur du sujet :
c'est ici que l'on s'attend à être entièrement éclairé sur l'intérêt que présente l'expansion de banque pour une économie nationale. M. Diouritch
décrit minutieusement l'activité des banques au point de vue du commerce *régulier* : leur rôle dans les payements internationaux, dans l'assu-

rance contre les variations du change : « De l'examen, même le plus superficiel..., il résulte que les efforts des banques pour *servir les intérêts commerciaux* à l'étranger sont considérables : l'importance des résultats apparaît clairement à l'analyse des bilans ». Aussi bien, ces services, jusqu'à quel point les Allemands ont-ils intérêt à les voir remplir par leurs propres banques? L'auteur nous l'indique nettement : et aussi comment il peut arriver que les commerçants allemands aient avantage à recourir à des banques étrangères, anglaises surtout. Il étudie ensuite cette activité des banques à l'étranger au point de vue, très compréhensif, du commerce *irrégulier :* action exercée par les banques dans le domaine *commercial,* qui fait d'elles de véritables agents commerciaux, fondant des comptoirs, des plantations ; part prise par les banques dans la création des *voies de communication* : création par la *Discontogesellschaft* de la société du chemin de fer du Vénézuéla, par la *Deutsche Bank,* — de la société du chemin de fer d'Anatolie, de Salonique-Monastir, — par un consortium de banques allemandes, de la *schantung Eisenbahngesellschaft,* de la société du chemin de fer de Bagdad, pour ne citer que les plus importantes participations : un mot du prince de Bülow nous indique le rôle assigné à ces entreprises : « Nous voulons procurer des marchés et du travail à notre industrie ». Souvent, en effet, les banques se sont montrées plus soucieuses des intérêts nationaux généraux que de leurs intérêts propres (p. 215); enfin, part prise par les banques dans la création d'entreprises industrielles à l'étranger, industries électrique, minière, pétrolifère, cet... M. Diouritch nous montre comment « cette expansion industrielle et commerciale a été souvent dirigée, toujours facilitée et soutenue par les grandes banques allemandes ». Il n'a pas craint de prendre ces mots, expansion de banque, dans leur sens le plus large, pleinement justifié par la complexité même de l'organisation des banques allemandes, comprenant ainsi « tout phénomène de l'activité économique allemande à l'étranger dont les banques ont été le promoteur, le canal ou le soutien ».

Les banques allemandes n'ont point été sans rencontrer des obstacles à leur établissement sur les places étrangères : obstacles *généraux,* inhérents à toute expansion de banque, provenant de ce que des conditions différentes régissent la vie économique et financière des pays étrangers où doit s'exercer l'activité de la banque; obstacles *particuliers* qui provinrent de l'arrivée tardive de banques allemandes sur des places déjà occupées, notamment par les banques anglaises. M. Diouritch (chap. IV) expose de façon analytique comment les banques allemandes ont su écarter ces obstacles, quelle fut leur politique ou générale ou particulièrement dirigée contre les Banques anglaises, comment enfin leur représentation à l'étranger est assurée soit par des *commandites,* soit par des *succursales,* soit enfin par des *banques spéciales* plus ou moins indépendantes des grands établissements berlinois et destinées uniquement au commerce extérieur de banque ; ces banques ont leur siège principal à l'étranger ou y sont représentées par des succursales importantes. Ces dernières constituent un procédé d'expansion particulièrement original et propre aux banques allemandes. Plus que le système de représentation directe par succursales il apparaît avantageux : il permet de limiter les risques au capital engagé; il diffuse

les risques puisque presque tous les grands établissements berlinois participent à la création de ces banques d'outre-mer ; une banque spéciale
s'adapte mieux aux conditions de ces pays où elle doit exercer son activité,
etc...

Dans une seconde partie *analytique,* M. Diouritch cherche à déterminer
la part spéciale que vint prendre dans le mouvement d'expansion, chaque
établissement considéré individuellement. Une première section nous présente l'activité extérieure des huit grands établissements berlinois représentés sur les marchés étrangers par des succursales et des commandites ;
une seconde section étudie ces banques spéciales, destinées plus particulièrement au commerce de banque avec l'extérieur et qui sont toutes, à
une exception près, des créations des *Grossbanken.* Elles sont groupées
géographiquement, classification qui permet de préciser une fois pour toutes
les conditions économiques des régions où plusieurs banques sont établies,
de simplifier l'historique des relations commerciales de l'Allemagne avec ces
diverses régions : les résultats obtenus apparaissent aussi plus clairement.
C'est ainsi que M. Diouritch étudie successivement les banques établies
en *Amérique, en Extrême-Orient, dans l'Europe Centrale, en Orient, en Afrique.* Le plan général adopté pour l'étude de chacun de ces établissements
est très méthodique et très complet. Nous possédons là d'excellentes
monographies d'institutions dont les plus importantes, — pour ne parler
que des banques spéciales, — sont universellement connues ; il faut noter
surtout l'étude de la *Deutsche Uberseeische Bank,* de la *Deutsch. Asiatische
Bank,* de la *Bank für Chile und Deutschland.* Ces monographies détaillées
échappent à un compte rendu rapide ; c'est pourtant la partie la plus originale du travail de M. Diouritch, « la première exécutée » au prix de
minutieuses investigations ; notons la précision de recherches, l'utilisation
presque exclusive des sources originales, la publication des bilans. Quant
à l'étude de l'activité extérieure de banques berlinoises elles-mêmes, il
n'est pas besoin d'insister longuement pour faire apparaître tout l'intérêt
qu'elle présente, surtout quand cette activité se manifeste par la création
de ces banques spéciales d'outre-mer, ou la prise en main des émissions
italiennes, par la création de voies ferrées en Orient ou celle des sociétés
pétrolifères roumaines, par exemple (v. particulièrement *Discontogesellschaft* et *Deutsche Bank*).

De tout récents événements ont mis plus particulièrement en lumière le
Drang nach Osten de l'Allemagne qui cherche, au cours de l'évolution qui
se produit en Orient, à gagner un nouveau terrain. Les journaux nous
annonçaient hier encore que la *Deutsche Orientbank,* l'active création de
la Dresdner Bank, déjà établie à Alexandrie, au Caire, venait de fonder
deux nouvelles succursales à Damas et à Koniak et tentait même de s'installer à Téhéran ou à Tauris. Mais la *poussée allemande* ne se limite pas à
l'Orient. Sur ses multiples directions, son intensité, la variété de ses manifestations, sur les résultats jusqu'ici obtenus, on trouvera les indications
les plus précises dans le livre de M. Diouritch.

Edgard DEPITRE.

Adolphe Quételet, *as statistician,* by Frank H. Hankins. Studies in history, economics and public law, edited by the Faculty of political science
of Colombia University, 1908.

Les « Etudes », publiées par la Faculté des sciences sociales de l'Université de Colombia comptent déjà plus d'une contribution intéressante à
l'histoire de la démographie et de la statistique. Nous avons, en son temps,
analysé et apprécié l'utile volume consacré par M. Stangeland aux *Doctrines
prémalthusiennes de la population.* Plus récemment, M. Hankins vient de
publier, dans la même collection, une étude de 140 pages sur l'un des principaux fondateurs de la statistique appliquée aux faits sociaux, le Belge
Quételet.

D'après M. Hankins, les premiers développements de la statistique
auraient été obtenus, antérieurement à Quételet, par les efforts parallèles
mais distincts de deux groupes d'écrivains; les uns, Muenster, Conring,
Achenwall. — M. Hankins aurait pu ajouter le Français Davity — embrassant, dans leurs analyses et descriptions, la vie et l'organisation entière de
l'Etat; les autres, Graunt, Petty, Süssmilch, limitant davantage leurs investigations, et se servant plus exclusivement du calcul. Quételet a apporté
des contributions nouvelles dans les deux directions, et a mis au point les
découvertes de ses prédécesseurs. « Son génie consista non tant dans des
conceptions originales, que dans une pénétrante appréciation des différentes idées, et dans le grand sens pratique avec lequel il les appliqua ».
Parmi ces idées, il en est une qui occupe une place centrale dans l'œuvre
de Quételet, celle de « l'homme moyen », abstraction statistique contemporaine, ou à peu près, de cette abstraction économique — moins profitable
peut-être — que fut l'*homo manchesterianus.*

M. Hankins a mis consciencieusement en lumière l'importance de son
héros, faisant sienne l'opinion d'un précédent historien de Quételet, que
celui-ci « peut à bon droit, dans l'histoire des sciences naturelles, être
placé au rang de Pascal, Leibnitz, Bernouilli, Laplace et Poisson ».

René GONNARD.

———————

Alfred Marshall, *Principes d'économie politique,* traduits par Sauvaire-
Jourdan et Savinien Bouyssy, t. II. 1 vol. in-8 de 661 pp. Paris, Giard
et Brière *(Bibliothèque internationale d'économie politique),* 1909, 12 francs.

J'ai déjà annoncé dans cette Revue[1] la publication du premier tome de
cette traduction des *Principles* de Marshall, et j'ai essayé d'indiquer, à cette
occasion, les mérites qui ont assuré le grand succès de l'ouvrage de l'éminent économiste. Il suffira donc de signaler la publication du second tome,
et d'indiquer que celui-ci contient les livres V et VI, consacrés à l'étude de
l'équilibre de l'offre et de la demande, à la théorie de la valeur et de la dis-

———————
[1] Voir l'année 1907, p. 469.

tribution, c'est-à-dire cette partie de l'ouvrage où l'originalité de Marshall s'affirme le plus et où l'on trouve les contributions les plus importantes qu'il a apportées à la science économique. On doit se féliciter que les lecteurs français puissent maintenant connaitre en entier l'ouvrage dan lequel les questions fondamentales de l'économique, de l'avis de beaucoup, sont étudiées de la manière la plus pénétrante.

La traduction des *Principles* de Marshall avait été entreprise sur la quatrième édition anglaise complétée par des notes manuscrites de l'auteur. Pour la plus grande partie du deuxième tome, on a pu suivre la cinquième édition anglaise, récemment parue.

Ad. L.

Pigou, *Economic science in relation to practice*. 1 broch. in-8 de 32 pp. Londres, Macmillan, 1908, 1 sh.

C'est la leçon d'ouverture d'un cours professé à l'Université de Cambridge. M. Pigou y montre que l'économique est parmi ces sciences auxquelles on demande moins de nous éclairer sur la réalité que de guider notre pratique. Il fait voir qu'elle est très utile en tant qu'elle nous préserve de certaines erreurs, puis encore en tant qu'elle opère une analyse qualitative des faits et nous révèle, en cette manière, des relations causales; il se demande enfin dans quelle mesure l'économique peut donner une détermination quantitative de ces relations causales qu'elle découvre. Sur chacun de ces points, le professeur Pigou émet des vues fort judicieuses; et des exemples excellemment choisis, en même temps qu'ils illustrent sa pensée, rendent son exposition tout à fait persuasive.

Ad. L.

Die Weltwirtschaft, 3e année (1908), 1re partie : *Internationale Uebersichten*. Publié par E. von Halle. 1 vol. gr. in-4° de 150 pp. Leipzig et Berlin, Teubner, 1908, 6 mk.

Il a été parlé déjà, dans cette Revue, de la publication que dirige M. von Halle [1]. Elle se présente à nous, cette fois-ci, avec un format agrandi et une disposition du texte qui la rend plus facile à consulter. Mais pour ce qui est de la conception et du plan de l'ouvrage, ils demeurent les mêmes, à peu de chose près. C'est un résumé des faits économiques de l'année que cet ouvrage nous donne. Ainsi dans le volume des aperçus internationaux, qui nous a été communiqué, on trouvera des chapitres sur la politique « mondiale » et la politique économique internationale, sur la production agricole et industrielle, sur les métaux précieux, la monnaie, les banques, les Bourses et le change, sur le commerce et les transports, etc. Bien entendu, ces chapitres, comme il arrive toujours dans les publications aux-

---

[1] Voir l'année 1907, p. 160.

quelles plusieurs auteurs ont collaboré, ne sont pas d'égale valeur. L'ouvrage dans son ensemble n'en demeure pas moins fort instructif et fort
utile.   Ad. L.

———

Albin Huart, *La révision douanière*, avec une préface d'Yves Guyot. 1 vol.
in-8° de 77 pp. Paris, Giard et Brière, 1909, 1 fr. 50.

C'est ici un écrit polémique, qui combat avec beaucoup de vivacité le
projet de révision douanière élaboré par la Commission des douanes de la
Chambre des députés. La brochure de M. Huart est un peu décousue peut-
être, et on y pourrait trouver des assertions un peu hasardées, comme celle
qui consiste à dire que l'adoption des tarifs proposés élèverait d'au moins
50 p. 100 le prix de beaucoup de denrées de grande consommation (p. 34).
Mais M. Huart a certainement fait œuvre utile en dénonçant les conditions
très particulières dans lesquelles l'idée de la révision douanière a été lancée, en montrant que le désir d'un relèvement des tarifs est très loin d'être
unanime parmi les producteurs français, enfin, en recueillant des preuves
de l'émotion que le projet de la Commission a soulevée dans divers pays
étrangers et en représentant les représailles que le vote de ce projet nous
vaudrait sans doute.   Ad. L.

———

H. Schumacher, *Le marché financier américain et sa récente crise monétaire*, traduit par J. Lescure. 1 vol. in-16° de 88 pp. Paris, Giard et Brière,
1909, 1 fr. 50.

M. Lescure a été bien inspiré de traduire en français l'étude que
M. Schumacher a consacrée à la récente crise américaine. On trouvera dans
cette étude — dont M. Schumacher a réuni les matériaux pendant un séjour
à Columbia University — une explication très sagace et, à ce qu'il semble,
très complète de cette crise qui a eu dans le monde entier un si grand
retentissement, et une analyse fort pénétrante des conditions du marché
financier américain. M. Schumacher commence par indiquer les causes
constantes qui tendent à provoquer des crises monétaires aux Etats-Unis :
d'une part, l'importance et la nature des productions agricoles du pays,
qui font que chaque année, à l'automne, se fait sentir le besoin d'un surcroît considérable de moyens de paiement; d'autre part, l'élasticité insuffisante de la circulation, due à ce qu'on emploie beaucoup les chèques
pour le règlement des comptes, et qu'on se sert peu des traites, et due
aussi à l'organisation défectueuse des banques d'émission. Il indique, après
cela, les causes accessoires qui en 1907 ont déchaîné la crise. Il examine
les moyens divers qui ont été employés pour mettre fin à celle-ci. Puis il
recherche comment les Etats-Unis pourraient se mettre, dans l'avenir, à
l'abri de secousses pareilles; et il développe cette opinion qu'un tel résultat
ne pourra être atteint que par une réforme radicale des banques, centrali-

sant l'émission et introduisant cette politique du taux de l'escompte dont la France, notamment, se trouve si bien.

Ce sont des faits particuliers que M. Schumacher s'est efforcé de comprendre et d'expliquer. Mais de ses analyses se dégagent des enseignements théoriques et pratiques d'une portée générale. Par là son étude, de toutes les façons fort attachante, acquiert un intérêt des plus élevés.

Ad. Landry.

N. Ziino, *Economia e stima delle acque,* 1 vol. gr. in-8 de 63 pp. Palerme, Virzi, 1909, 3 fr.

M. Ziino a voulu fournir une sorte de guide aux ingénieurs qui sont chargés, à titre d'experts, d'estimer des eaux soit, dans des cas de contrats libres, soit dans des expropriations pour cause d'utilité publique. Il établit que l'estimation en question doit se rapprocher le plus possible de la valeur qui s'établirait spontanément sur le marché du lieu et du temps considérés, et que cette valeur dépend de la rente produite par les eaux, celles-ci étant supposées employées de la manière la plus utile ; il examine si la rente à laquelle on doit s'attacher est la rente actuelle, ou bien celle qui serait susceptible de naître ; il montre enfin par quelles méthodes, par quels calculs, partant des données du problème, on pourra arriver à la solution de celui-ci. Entre temps, il traite certaines questions accessoires : il indique par exemple comment on doit procéder quand on a affaire à des sources d'un débit variable, et en quelle façon il y a lieu, dans un tel cas, de tenir compte des variations du débit.

L'étude de M. Ziino est d'un caractère essentiellement technique. Mais l'auteur montre qu'il est parfaitement instruit des théories économiques, et ce sont des vérités économiques qu'il donne pour base à son travail. Par là celui-ci est de nature à intéresser les économistes.

Ad. Landry.

Eugène d'Eichthal, *Guerre et paix internationales.* 1 vol. in-16 de 338 pp. Paris, Doin (*Encyclopédie scientifique* du Dr Toulouse), 1909, 5 fr.

M. d'Eichthal souhaite qu'il s'établisse entre les nations un régime de paix analogue à celui qui existe à l'intérieur des États ou des fédérations. Le régime actuel, en effet, est des plus fâcheux. La paix armée impose aux nations des charges écrasantes. C'est 6 milliards 700 millions qu'elle coûte chaque année à la seule Europe, si l'on prend les chiffres des budgets; et M. d'Eichthal nous indique, dans un passage qui intéressera vivement les économistes (p. 47), comment ces chiffres doivent être interprétés, par quelle méthode on peut arriver à se faire une idée de la perte véritable que cause la paix armée. La guerre d'autre part, si elle éclate, a des conséquences économiques désastreuses.

Comment donc arrivera-t-on au but désiré ? Ce ne sera pas par le même processus qui a conduit à l'unification des Etats — dans ce processus, on le sait, la force a joué un grand rôle. — Un courant spontané de sentiments, qui existe déjà à côté de tendances contraires, et qui ira se fortifiant, imposera l'institution d'une légalité-internationale ; la notion de plus en plus claire que les peuples prendront des avantages de la paix assurera le règne de celle-ci. Bien des faits, d'ailleurs, nous montrent l'ordre nouveau qui s'ébauche peu à peu : ententes, conférences, arbitrages, conventions entre les nations, etc.

C'est en somme un esprit excellent qui se manifeste dans le livre de M. d'Eichthal. Celui-ci, s'il témoigne qu'il a confiance dans l'évolution future des relations internationales, se garde toutefois des illusions où l'on tombe parfois quant à la rapidité de cette évolution. Et s'il appelle de ses vœux un régime où la paix ne risquera plus d'être troublée, s'il veut que l'on travaille à abolir la guerre, il a soin de repousser certaines méthodes que l'on a préconisées à cet effet, et qui iraient à l'encontre du but.

D'autre part, le livre de M. d'Eichthal contient des documents, des tableaux statistiques judicieusement choisis et qui nous instruisent de l'état présent des faits, en ce qui concerne les divers points de la grande question qu'il traite.   Ad. Landry.

———

Nyok-Ching Tsur, *Die gewerblichen Betriebsformen der Stadt Ningpo.* 1 vol. in-4° de 153 pp. (30e supplément de la *Zeitschrift für die gesamte Staatswissenschaft*). Tübingen, Laupp, 1909, 3 marks.

Un travail économique sur la Chine, s'il est sérieux et bien documenté — comme c'est le cas pour le présent —, ne peut pas manquer d'être bien accueilli. La Chine est un grand pays, de civilisation très ancienne ; et par là il y a un intérêt théorique de premier ordre à savoir dans quelle mesure son économie ressemble à celle des nations occidentales. Mais nous avons aussi des raisons pratiques très sérieuses de désirer la connaître, dans cette heure où il est permis de se demander si la multiplication de nos relations avec l'Extrême-Orient et la pénétration de cet Extrême-Orient par notre civilisation n'auront pas pour nous-mêmes, au point de vue économique comme au point de vue politique, les conséquences les plus considérables.

C'est une monographie que M. Nyok-Ching Tsur a écrite. Il s'est attaché à Ning-Po, ville de 300.000 habitants environ, ouverte au commerce européen depuis la guerre de l'opium ; et après nous avoir donné quelques renseignements géographiques et historiques sur cette ville, il recherche quelle place tiennent, dans l'économie de Ning-Po, les cinq formes d'organisation de la production industrielle que Bücher a distinguées. Il étudie ainsi successivement : l'industrie familiale, importante surtout pour la préparation du riz et des conserves alimentaires et le travail du coton ; le *Lohnwerk,* auquel on recourt pour les travaux de construction et pour toutes sortes de réparations ; le métier, auquel on demande ces objets divers qui doivent être adaptés aux goûts particuliers de chaque client ; l'industrie à domicile, laquelle produit des meubles, des chapeaux, etc.; enfin la fabrique, dont l'importance, sauf en ce qui concerne la préparation du thé, est encore très petite.

Au cours de son exposé, M. Nyok-Ching Tsur nous apprend beaucoup de choses sur les conditions sociales de Ning-Po; il nous renseigne, par exemple, sur les corporations, sur les sociétés de production, sur les salaires, sur l'institution des *Dienstkinder*, qu'on aurait confondue à tort avec l'esclavage, etc. Il note avec soin, en divers endroits, l'influence de la religion et des mœurs — deux facteurs qu'il est bien malaisé ici de dissocier — sur la vie économique des villes de la Chine : il nous parle de la constitution de la famille chinoise, des « grandes-familles » et de l'institution très curieuse de la *Geschlechtshalle*.

L'état des choses que notre auteur décrit, et qui subsiste depuis si longtemps sans avoir subi de grave changement, est-il destiné à se modifier? La Chine ne sera-t-elle pas transformée, économiquement parlant, par le développement de son commerce et d'une manière générale de ses relations avec l'Europe et l'Amérique? Cette grave question, M. Nyok-Ching Tsur se l'est posée. Les indications qu'il nous fournit et qui s'y rapportent ont trait à la seule ville de Ning-Po, et même à l'industrie de cette ville ; car M. Nyok-Ching Tsur — et il faut l'en féliciter — s'est strictement enfermé dans le sujet limité qu'il avait choisi; mais quand il constate que déjà dans Ning-Po la production familiale est en décroissance, que l'industrie à domicile et la fabrique au contraire se développent, il est permis de fonder sur ces constatations des inférences ; et l'on se persuade que la Chine, au point de vue industriel, est engagée désormais dans cette même évolution qui se déroule chez nous depuis plus longtemps, que ces différences tendront à s'atténuer, dans l'avenir, qui séparent son économie de la nôtre.

Il n'y a presque pas de chiffres dans le livre de M. Nyok-Ching Tsur, car les autorités chinoises sont dédaigneuses de la statistique. Mais on sent que M. Nyok-Ching Tsur a vu par lui-même tout ce qu'il décrit; et ceci est fait pour nous inspirer la plus grande confiance dans un travail où tout indique la probité et l'esprit scientifique de l'auteur.

Ad. LANDRY.

———

Ettore Ciccotti, *Indirizzi e metodi degli studi di demografia antica*, 1 vol. gr. in-8 de 99 pp. (Préface du 4ᵉ vol. de la *Biblioteca di storia economica*). Milan, Società editrice libraria, 1908.

M. Ciccotti passe en revue quelques-uns des travaux qui ont été publiés sur la démographie de l'antiquité. Il s'occupe particulièrement de Beloch, et, dans une discussion très approfondie, il montre combien sont hasardeuses les estimations de la population dans l'antiquité que cet auteur a fondées sur la production des céréales ou sur les forces militaires des divers Etats, comme aussi ses estimations relatives à la distribution par âge des habitants de l'Italie, ou au nombre des esclaves. Il ne se borne d'ailleurs pas à critiquer les chiffres que Beloch a avancés; il critique aussi la méthode de celui-ci ; il se refuse — avec raison, semble-t-il — à admettre l'emploi que Beloch fait de la loi des grands nombres comme moyen de compensation des erreurs; il repousse l'idée d'une marge d'erreur qui pourrait être déterminée quantitativement, et proteste contre l'illusion où l'on incline parfois de confondre les nombres avec la mesure.

Mais M. Ciccotti va plus loin encore. C'est la direction même des recherches de Beloch qu'il tient pour peu heureuse. Au lieu de chercher à établir des chiffres qui ne pourront être qu'incertains, mieux vaut, d'après lui, s'efforcer de tracer une image vivante, concrète des réalités historiques. C'est là le but qu'un Hume s'était proposé. Dans l'époque contemporaine, M. Ciccotti trouve chez Pöhlmann un exemple de cette sorte nouvelle de travaux. Pöhlmann nous montre dans la Rome antique un centre de consommation où se multiplie de plus en plus la *plebs frumentaria*. Il nous fait voir l'institution de l'*annone* dépeuplant les régions voisines de la capitale, y provoquant l'extension des *latifundia*, causant dans Rome même la baisse des salaires et l'accroissement des classes dangereuses. Il étudie, au point de vue économique et social, les conditions de l'habitation à Rome, etc.

S'inspirant de la conception de Hume et de Pöhlmann, M. Ciccotti, pour terminer, esquisse sommairement une vue synthétique de l'évolution démographique des Etats de l'antiquité. Les sociétés antiques ont été aux prises avec le problème de la population; elles ont cherché à le résoudre, conformément, bien entendu, à l'intérêt des classes dominantes; mais elles n'ont pas su accroître suffisamment les forces productives : elles ont eu recours, en conséquence, à la guerre, elles ont constitué une économie esclavagiste; elles ont résolu le problème, en somme, d'une manière tout empirique. Seulement, cet ordre parasitaire qu'elles établissaient n'était pas susceptible d'un développement indéfini; il devait produire à la longue la ruine des sociétés qui reposaient sur lui; il a causé l'envahissement de l'Empire romain par les barbares, et une transformation profonde de toute l'économie.

La parfaite exactitude de ce schéma que M. Ciccotti nous présente pourra être mise en doute. On pourra se demander si M. Ciccotti fait une place assez importante au grand fait de la décroissance de la natalité dans la fin de l'antiquité, et même si ce fait s'accorde avec son idée de la production insuffisante comme cause fondamentale de l'écroulement du monde antique. Mais peut-être M. Ciccotti reviendra-t-il quelque jour sur ces questions — et nous devons souhaiter qu'il le fasse —. Telle qu'elle est, l'étude qu'il nous présente aujourd'hui est des plus instructives et des plus attachantes.

Ad. LANDRY.

Fabrizio Natoli, *Studi su gli effetti economici dell'imposta.* 1 vol. gr. in-8 de 109 pp. Palerme, Fiorenza, 1909, 3 francs.

M. Natoli commence par critiquer la terminologie en usage en ce qui concerne les effets de l'impôt, cette terminologie qui distingue la percussion de l'impôt, la translation, l'incidence et les effets de l'incidence.

Il étudie ensuite le problème général des effets de l'impôt. En premier lieu — et c'est là une marche très défendable — il considère l'incidence, et il montre entre autres choses, à propos de celle-ci, comment l'impôt a parfois pour conséquence de stimuler l'activité productrice de celui qui doit le payer, provoquant ainsi une « rémotion » que l'on doit se garder de confondre avec la translation de l'impôt. Il passe après cela à la percussion, dont les contribuables cherchent à se dédommager ou qu'ils cherchent à éviter par la translation ou par l'évasion ; il montre comment la translation est progressive, quand elle va du producteur au consommateur — celui-là élevant le prix de ses produits —, et régressive dans le cas inverse, le consommateur restreignant sa consommation ; il montre comment l'évasion, qui résulte soit de la dissimulation frauduleuse de la base de l'impôt, soit même de la destruction de cette base, est ordinairement indépendante de la volonté du législateur, mais parfois aussi désirée par celui-ci ; comment dans ce dernier cas — c'est celui des taxes semi-prohibitives mises sur certaines denrées nocives — nous sommes en présence d'impôts qui, nécessairement, sont injustes au point de vue strictement financier. Il parle enfin de la translation, laquelle représente une sorte de circulation de l'impôt, mais une circulation différente de celle qui fait passer le montant de l'impôt de la caisse du contribuable de fait dans celles de l'Etat.

Dans une deuxième partie, M. Natoli s'occupe spécialement de certains rapports de l'impôt avec les phénomènes monétaires. Il soutient, contre Ricardo, que la translation « progressive » de l'impôt rend nécessaire un accroissement de la circulation monétaire. Il examine comment pourra se faire la translation d'un impôt qui serait mis sur la monnaie. Il développe également cette opinion qu'un impôt général sur les profits, réduisant ceux-ci, ne modifierait pas la valeur des marchandises, c'est-à-dire les proportions selon lesquelles elles s'échangent les unes contre les autres ; mais que si les producteurs de monnaie étaient exemptés de cet impôt, alors on verrait monter les prix, c'est-à-dire l'expression en monnaie de la valeur des marchandises.

Les discussions de M. Natoli, tout au moins dans la première partie de son livre, portent assez souvent sur des questions de dénominations plutôt que sur des questions de choses — et les questions de la première sorte, pour n'être pas complètement vaines, offrent cependant moins d'intérêt que les autres — : ainsi M. Natoli s'appliquera à établir que l'impôt, étant levé sur la richesse qui se consomme, n'entre jamais à proprement parler dans le coût de production des biens (pp. 24-27) : il se demandera s'il y a translation de l'impôt du producteur au consommateur lorsqu'un monopoleur, taxé en raison du prix de sa marchandise, prend le parti de vendre celle-ci plus cher (pp. 46-48). D'autre part, les théories de M. Natoli ont quelquefois un caractère un peu artificiel et scolastique : ainsi, quand il avance que dans le cas de la translation « régressive » on aurait comme une circulation idéale égale au montant de l'impôt (pp. 69-70). L'étude de M. Natoli n'en est pas moins une étude savante et personnelle, et qui doit retenir l'attention de quiconque s'intéresse aux problèmes de l'impôt.

Ad. LANDRY.

Inama-Sternegg, *Neue Probleme des modernen Kulturlebens* (2ᵉ série des
Staatswissenschaftiche Abhandlungen). 1 vol. in-8 de vi-314 pp. Leipzig,
Duncker et Humblot, 1908, 6 marks.

Ce volume contient des articles que feu Inama-Sternegg avait fait paraître,
dans ces dernières années, en diverses revues. Une partie de ces articles
traitent de la situation économique présente de certains Etats et des perspectives de développement qui existent pour eux, ou bien encore de certaines questions de la politique économique internationale d'à présent : on a
ainsi un parallèle des conditions actuelles du Japon et du Mexique, une
étude sur l'océan Pacifique au point de vue économique, un article sur les
progrès actuels de la richesse dans les nations les plus puissantes, un autre
sur les idées qui dominent — et sur celles qui devraient dominer — la
politique économique des Etats. Un deuxième groupe d'articles traitent de
problèmes de méthode, à propos d'ouvrages de Schäffle et de Schmoller.
D'autres sont consacrés à des problèmes théoriques et pratiques d'ordre
général, comme celui des dépendances réciproques qui existent entre les
villes et les campagnes et de l'influence qu'elles exercent réciproquement
les unes sur les autres, ou encore comme celui de la politique à suivre en
ce qui concerne le sol urbain. Les derniers articles, enfin, se rapportent à
la statistique : l'un parle, par exemple, de la connaissance que les statistiques nous donnent du commerce international ; un autre discute certaine
conception relative à la statistique morale.

On voit combien variés sont les sujets auxquels touche Inama-Sternegg.
Ses articles, d'autre part, sont très inégaux quant aux dimensions ; et il
est manifeste que c'est pour des publics assez divers qu'ils ont été particulièrement écrits. Toutefois, parmi ces articles, il n'en est guère qui ne doivent intéresser à la fois le grand public et les économistes. La clarté, la
facilité et l'agrément de l'exposition les rendent accessibles à tous. Et en
même temps ils sont pleins de substance. On y trouve quantité de renseignements bien choisis et bien présentés sur l'économie de notre
époque. On y trouve aussi quantité d'idées, qui le plus souvent dénotent
chez l'auteur autant de justesse d'esprit que de réflexion. S'agit-il de la
politique commerciale des nations — c'est une question sur laquelle Inama-
Sternegg revient à plusieurs reprises — ? il montrera que la protection, trop
souvent, a pour effet d'attribuer à certaines catégories de producteurs une
part plus importante du revenu national, sans augmenter celui-ci le moins
du monde ; il dénoncera la contradiction qui existe entre le protectionnisme
qui sévit dans certains pays et la prétention de ces pays de développer leur
influence économique au dehors ; il parlera de cette danse des œufs à laquelle tant de nations se condamnent, voulant à la fois conclure des traités
de commerce et conserver l'autonomie de leur tarif ; il émettra l'avis que la
formation d'une union douanière s'imposera un jour prochain aux Etats de
l'Europe continentale. S'agit-il de la question — toute différente de la précédente — des rapports de l'économique avec la sociologie ? Inama-Sternegg
reconnaîtra qu'il est très utile de signaler la solidarité étroite de tous les

faits sociaux, ou de tous les aspects de la vie sociale ; mais il déclarera d'autre part qu'il est indispensable de maintenir séparées ces sciences spéciales qui étudient les faits sociaux. Partout, dans son livre, Inama-Sternegg se montre à nous comme un homme admirablement informé, mais qui ne se contente pas de savoir des faits, qui médite sur ceux-ci, qui excelle à les juger, et à en tirer les enseignements de toutes sortes qu'ils peuvent comporter.   Ad. LANDRY.

G. Valenti, *Principii di scienza economica,* 2ᵉ éd., 1 vol. in-16 de xxxviii-527 pp. Florence, Barbera, 1909, 3 francs.

C. Supino, *Principii di economia politica,* 3ᵉ éd., 1 vol. in-16 de xv-575 pp. Naples, Pierro, 1908.

H.-R. Seager, *Economics (Briefer course),* 1 vol. in-12 de xii-476 pp. New-York, Henry Holt, 1909.

Voici trois manuels qui viennent de paraître ou d'être réédités.

Celui de M. Valenti a été composé sur un plan qui s'écarte nettement du plan ordinaire des ouvrages élémentaires d'économique. Si on laisse de côté une introduction dans laquelle il est parlé de l'économique et de son histoire, il se divise en deux parties, dont l'une expose les principes de l'économie individuelle, et l'autre les principes de l'économie sociale. Ces expressions demandent à être expliquées. Dans la première partie, M. Valenti étudie ces conditions tant subjectives qu'extérieures auxquelles l'homme est soumis en tant qu'il poursuit la satisfaction de ses besoins, et qui existeraient même pour un individu isolé ; il considère, en d'autres termes, l'aspect individuel des phénomènes économiques : il traitera, par exemple, des besoins, des biens et de leur utilité, puis encore de la production, de l'agencement des facteurs productifs et de la loi du *tornaconto* — c'est le principe hédonistique dans son application à la production —. La deuxième partie parlera de la valeur, de la circulation et de la distribution, bref, de ces phénomènes économiques qui résultent de la vie sociale.

C'est de maîtres comme Ricardo, Ferrara et Messedaglia que M. Valenti s'inspire et se réclame le plus volontiers. Il n'ignore pas les travaux de l'école contemporaine ; il en a tiré profit en bien des manières. D'une façon générale cependant, il tend, à mon avis, à contester un peu trop la nouveauté des vues de cette école, ou plutôt à en estimer trop bas l'intérêt. Ceci apparaît principalement dans les théories de la valeur et de la distribution : c'est au coût de production surtout que M. Valenti s'attache pour expliquer la valeur des biens ; il nie, d'autre part, que la distribution se fasse par l'attribution aux divers agents productifs d'une portion de la valeur des biens produits qui leur reviendrait ; et s'il s'agit, par exemple, du salaire, il assignera un rôle prépondérant, dans la détermination de celui-ci, aux frais de production de la force de travail.

Il est permis de ne pas tout approuver dans les théories que M. Valenti expose. Mais il faut reconnaître et louer chez lui l'effort de la pensée, toujours tendue vers la vérité, et une systématisation originale des problèmes de l'économique.

M. Supino nous donne une troisième édition de ses *Principii*. Cette édition nouvelle diffère de la précédente en ce que certains chapitres ont été abrégés, voire supprimés, tandis que d'autre part certaines questions, comme celles des banques, sont traitées d'une manière plus approfondie, et qu'un chapitre nouveau a été ajouté sur les combinaisons des facteurs de la production.

Comme M. Valenti, M. Supino s'attache surtout aux principes théoriques de l'économique, sans toutefois écarter complètement les questions pratiques. Mais son plan est différent de celui de M. Valenti : il consacre un premier livre à ce qu'il appelle l'organisation économique — c'est à savoir, en fait, aux fondements et aux questions les plus générales de l'économique, aux besoins, à la production, à la valeur, à la population, etc. —, pour ensuite passer successivement à la circulation et à la distribution. D'autre part, ses maîtres préférés ne sont pas les mêmes que ceux de M. Valenti. Les auteurs auxquels M. Supino nous renvoie le plus volontiers sont des auteurs anglais et américains de la période qui a précédé notre temps : Stuart Mill, Cairnes, Walker, Nicholson, etc.

Formé à l'école des économistes « classiques », M. Supino demeure fidèle à certaines conceptions dont beaucoup se détournent aujourd'hui : c'est ainsi qu'il conserve, avec quelques modifications dans la terminologie, la théorie du « fonds des salaires » (liv. III, chap. 6). On peut trouver, avec cela, qu'il ne donne pas à l'étude de la valeur une attention proportionnée à son importance, qu'il ne marque pas assez la position dominante et centrale du problème de la valeur. Mais peut-être n'est-il pas indispensable qu'un ouvrage élémentaire présente toujours au lecteur le dernier état des questions; et s'il est vrai — comme on peut le croire — que les progrès de la science économique se soient faits dans une grande mesure d'une manière logique, peut-être même vaut-il mieux que l'on montre les choses aux débutants, parfois, d'un point de vue qui a pu être dépassé.

A tous égards, au reste, le livre de M. Supino, est comme livre d'enseignement, un fort bon livre. L'exposition y est toujours d'une clarté parfaite et d'une grande élégance ; et ce sont là des qualités qu'on doit priser très haut.

Avec des mérites divers, en somme, les manuels de MM. Valenti et Supino sont tous deux des ouvrages très distingués. Le succès qu'ils obtiennent, d'ailleurs, atteste leur valeur, en même temps qu'il montre le développement pris en Italie par les études économiques.

M. Seager, qui avait déjà publié une *Introduction to economics,* fait paraître un livre nouveau, qu'il intitule simplement *Economics.* Ce livre se distingue du précédent non seulement par ses dimensions moindres, mais par l'objet particulier que l'auteur s'est proposé en l'écrivant. M. Seager a voulu, cette fois, fournir un *text-book* aux élèves des écoles techniques et professionnelles des Etats-Unis, dans les programmes desquelles l'économique a été introduite ; d'une façon plus générale, il a voulu réunir sous un volume assez restreint les connaissances qui sont nécessaires aux hommes d'affaires américains pour pouvoir se faire une opinion raisonnée touchant les problèmes économiques qui s'imposent à leur attention.

La moitié environ du livre de M. Seager est consacrée aux questions fondamentales de la science économique : consommation, valeur, production, distribution. M. Seager expose sur ces questions des vues qui sont très proches de celles d'auteurs comme Clark ou Marshall. Il expose ces vues dogmatiquement, évitant d'engager ses lecteurs dans la discussion des théories adverses. Et si, en plusieurs endroits, il émet des idées fort intéressantes — qu'on voie par exemple le passage dans lequel il établit une analogie entre l'échelle des salaires et celle des rentes (§ 90) —, il est manifeste qu'il ne prétend pas ordinairement à l'originalité, et qu'il ne cherche même pas toujours à pousser très loin l'analyse des faits. Tout ceci s'explique par le but qu'il poursuit. D'ailleurs, dans cette première partie de l'ouvrage déjà on a des références nombreuses aux conditions économiques spéciales des Etats-Unis; et très souvent des questions pratiques sont abordées : ainsi celle de l'importance sociale de l'usage que les riches font de leurs revenus, celle de l'utilité de l'épargne, etc.

Dans la deuxième moitié de l'ouvrage, c'est des problèmes américains du jour que M. Seager s'occupe principalement. A propos de la monnaie, par exemple, il parlera surtout du système monétaire des Etats-Unis; il s'étendra de même sur l'organisation des banques aux Etats-Unis, sur la politique commerciale de ce pays, sur le mouvement ouvrier et les questions ouvrières, sur les monopoles, les chemins de fer et les trusts aux Etats-Unis, etc. Il indique, pour chacune de ces grandes questions, l'état actuel des choses et les réformes proposées; il formule des appréciations et risque des prévisions. On ne voit chez lui aucun parti-pris doctrinal ; ses opinions sont celles d'un homme impartial et modéré ; et ce sont celles, en même temps, d'un esprit à la fois très ouvert et très judicieux.

Ad. LANDRY.

———

Franz Oppenheimer, *David Ricardos Grundrententheorie, Darstellung und Kritik,* 1 vol. in-8° de 255 pp. Berlin, Reimer, 6 mk.

Voici comment M. Oppenheimer explique la genèse de la théorie de Ricardo sur la rente foncière. Les libéraux d'avant la Révolution avaient cru qu'il suffirait d'établir la liberté économique pour assurer le bien-être à tous les hommes. A l'épreuve, on put s'apercevoir que cette attente n'était pas fondée. Et alors on vit les socialistes, continuateurs des vieux libéraux, attaquer violemment les privilèges du capital et de la propriété foncière, qui leur apparaissaient comme les deux grands obstacles à la réalisation du bonheur de l'humanité. Contre ces attaques des socialistes, il était relativement facile de défendre les profits du capital : il n'y avait qu'à représenter ces profits comme la récompense des vertus du capitaliste. Il était plus malaisé de défendre la rente. C'est pour la justifier que Ricardo a

édifié sa théorie fameuse. Les produits du sol, d'après lui, se vendent à raison de ce qu'ils ont coûté à produire sur les terres les moins bonnes; les
terres des catégories supérieures, dès lors, donneront une rente; mais puisque les produits du sol sont vendus à leur prix naturel, la rente ne résulte
aucunement d'un monopole que posséderaient les propriétaires fonciers;
elle est elle-même quelque chose de parfaitement naturel.

Après la théorie de Ricardo, M. Oppenheimer expose les vues opposées
de Rodbertus, et les discussions auxquelles elles ont donné lieu chez certains économistes allemands — on notera ici que M. Oppenheimer paraît
ignorer, d'une manière générale, les travaux si nombreux et parfois si
importants dont la rente a été l'objet récemment en Angleterre et en Amérique —. Après quoi il entreprend la critique de la théorie ricardienne. Il
dénonce un certain nombre de vices qu'il croit trouver dans la construction de Ricardo. Et en regard de cette construction il en dresse une autre,
dont voici les grandes lignes.

D'après M. Oppenheimer, les denrées agricoles peuvent se vendre leur
prix « naturel »; mais les travailleurs de l'agriculture ne reçoivent pas le
salaire « naturel » et cela tient à la position privilégiée des propriétaires
fonciers. On peut dire véritablement que ceux-ci jouissent d'un monopole,
et qu'ils en tirent un revenu.

Pour comprendre ce qui se passe sous nos yeux, il est nécessaire, déclare
M. Oppenheimer, de remonter au temps où dominait la propriété féodale.
Les gens qui ne participaient pas à cette propriété étaient contraints, pour
la plupart, de travailler pour les propriétaires féodaux, sous peine de mourir de faim; et il leur fallait travailler aux conditions qu'on leur imposait.
Aujourd'hui, la propriété féodale subsiste en bien des pays. Dans d'autres
pays, elle s'est transformée en la grande propriété capitalistique, qui a les
mêmes effets économiques. Et toutes les rentes foncières dérivent de la
rente féodale : les rentes qui prennent naissance dans les pays transocéa-
niques, par exemple, ou encore les rentes urbaines sont dues à ces masses
d'hommes qui perpétuellement partent des régions de grande propriété
pour aller chercher ailleurs des conditions d'existence un peu moins dures.
D'autre part, en tous lieux les salaires sont sous la dépendance de ces salaires que reçoivent les travailleurs agricoles des régions de grande propriété.

La pensée de M. Oppenheimer demande à être bien entendue. Il ne nie
pas l'existence de la rente différentielle. Il ne prétend pas que toute terre,
ni même que toute terre cultivée donne une rente (v. p. 238). Sa thèse
essentielle, c'est que la terre rapporte au propriétaire plus qu'elle ne devrait
rapporter, et cela parce que les travailleurs agricoles ne sont pas suffisamment rémunérés. Et cet état de choses fâcheux, d'après lui, a sa source
dans le fait qu'il y a une grande propriété foncière, ce fait lui-même étant
la conséquence du régime féodal qui a existé jadis.

Si l'on admet, comme je crois qu'il faut faire, que les salaires se règlent
sur la productivité marginale du travail, on sera conduit à faire des réserves sur la théorie de M. Oppenheimer. Imaginons que les grands domaines
fonciers viennent à être morcelés : peut-être alors verra-t-on les salaires
des ouvriers agricoles s'élever, et les autres salaires par contre-coup. Mais

ce ne sera que parce que des cultures, des méthodes d'exploitation nouvelles seront introduites, qui hausseront la productivité marginale du travail. La grande propriété foncière tend peut-être à déprimer les salaires, mais ce ne saurait être qu'en tant qu'elle a pour effet de faire exploiter les terres d'une certaine façon ; ce n'est nullement par elle-même et d'une manière immédiate, en tant qu'elle implique l'appropriation des terres ou d'une grande partie des terres par un petit nombre d'individus.

J'ajouterai que l'idée d'un monopole des propriétaires fonciers, idée que l'on trouve chez tant d'auteurs, est, de quelque façon qu'on la conçoive, une idée à abandonner. Si les propriétaires fonciers ont le monopole des terres, on devra dire aussi que les capitalistes ont le monopole des capitaux, et les travailleurs — en supposant qu'il y ait une classe de travailleurs en face d'une classe d'oisifs — le monopole de la force de travail. Car la situation des trois catégories est pareille, sauf en ce qu'il n'en coûte rien aux propriétaires fonciers pour fournir leurs terres à la production, tandis qu'il en coûte ou qu'il peut en coûter aux capitalistes pour fournir leurs capitaux et aux travailleurs pour fournir leur force de travail.

La théorie de M. Oppenheimer sera certainement discutée. Mais elle est l'œuvre d'un esprit fort intelligent et ingénieux ; et la lecture du livre qui l'expose est des plus attrayantes et des plus suggestives.

Ad. LANDRY.

Emil Hammacher, *Das philosophisch-ökonomische System des Marxismus,* 1 vol. gr. in-8 de xi-730 pp. Leipzig, Duncker et Humblot, 1909, 17 mk.

Voici un très gros livre, et qui est plein de choses. Je ne saurais, sans m'étendre trop, le résumer d'une manière un peu complète. Je me bornerai à donner une idée sommaire de ce qu'on y trouve.

M. Hammacher commence par rechercher les origines philosophiques du marxisme, par étudier le milieu philosophique, si l'on peut dire ainsi, et aussi les conditions sociales de l'époque où la doctrine marxiste est née.

Après cette première étude, qui fait une sorte d'introduction, vient l'exposé du système philosophico-économique de Karl Marx. Dans cet exposé, on remarquera les interprétations nouvelles que M. Hammacher propose d'un certain nombre de points du système. Ces interprétations, qui s'appuient sur un choix très heureux de textes, pourront parfois être discutées ; mais elles sont pour le moins fort séduisantes. Je signalerai, notamment, les explications de M. Hammacher sur le matérialisme historique de Marx. D'après M. Hammacher, Marx n'aurait pas conçu ce matérialisme historique tout à fait de la façon dont Engels, dans les passages auxquels on se reporte toujours, l'a présenté ; ainsi, ces « rapports de production » dans lesquels le matérialisme historique voit un des éléments de l'infrastructure économique de la société impliqueraient, dans la pensée de Marx, une certaine organisation sociale, l'existence d'une forme déterminée de propriété (pp. 161-166). Qu'on voie, encore, les pages où M. Hammacher s'efforce d'éclaircir la notion marxiste des contradictions sociales, et établit une différence très intéressante entre cette notion et celle des oppositions.

C'est avec une grande sympathie que M. Hammacher a lu Marx ; et la sympathie est nécessaire si l'on veut bien comprendre un auteur. M. Hammacher, toutefois, ne se croit pas obligé de s'attacher toujours à la lettre des écrits de Marx, comme l'ont fait des commentateurs trop pieux de celui-ci. Il cherche à pénétrer la pensée profonde de Marx, celle-là même dont Marx a pu ne pas avoir conscience. Il croit voir, par exemple, que Marx, voulant réagir contre les excès d'une certaine philosophie spéculative, est tombé dans la « téléophobie », et que cette téléophobie, plus d'une fois, l'a empêché d'exprimer sa véritable pensée. Il ne craint pas d'avancer que la philosophie marxiste de l'histoire admet une téléologie immanente (p. 230). Il ose dire que Marx avait un idéal social secret, et chercher à déterminer cet idéal (chap. 15).

Arrivons à la critique du marxisme. Ici encore, les vues originales abondent. A propos des théories économiques de Marx, M. Hammacher signalera la contradiction qui existe entre ce que Marx affirme de l'aggravation progressive de la misère et sa théorie générale du salaire ; il signalera l'absurdité de cette conception d'après laquelle, la production devenant plus intense, toutes les classes sociales cependant, celle des possédants aussi bien que la classe déshéritée, verraient leur condition empirer (pp. 301-303, 571). Dans un autre ordre d'idées, M. Hammacher soutiendra contre Marx que les classes luttent pour la domination plutôt que pour la richesse ; il développera cette thèse que les fins poursuivies par les hommes sont de moins en moins économiques, mais que, en même temps, l'activité économique prend de plus en plus d'importance comme moyen pour atteindre ces fins (pp. 486-489). Et il faut mentionner aussi cette critique fondamentale que M. Hammacher adresse à Marx, d'avoir cru tracer un schème objectif de l'évolution sociale, alors qu'en réalité il ne faisait que constituer l' « idéologie du prolétariat ».

Dans sa conclusion, M. Hammacher formule sur Marx ce jugement, qu'il était un esprit éminemment systématique, mais insuffisamment clair, et manquant de justesse. Les grands mérites de Marx, d'après lui, sont tout d'abord des mérites d'historien. D'autre part, Marx a admirablement compris l'âme des travailleurs, il a exprimé mieux que personne les aspirations, les passions de ceux-ci ; et c'est ce fait, joint à son talent d'organisateur, qui explique l'action immense qu'il a exercée.

M. Hammacher n'aboutit pas seulement à un jugement sur Marx. Il nous expose aussi ses opinions sur le socialisme en général, et sur le mouvement social de notre époque (v. le chap. 21). Le socialisme lui apparaît comme quelque chose de nécessaire en tant qu'il critique la société présente et qu'il nous présente un idéal moral. Mais la réalisation intégrale du programme socialiste serait extrêmement dangereuse à divers points de vue (pp. 703 et suiv.). Le problème essentiel, c'est d'établir une hiérarchie sociale qui soit basée sur le mérite réel, de faire coïncider l'aristocratie sociale avec l'aristocratie naturelle. Pour cela il faut emprunter au socialisme son idée d'organisation, mais cependant conserver du régime capitaliste ce libre mouvement qui le caractérise. M. Hammacher propose, comme programme pratique, la diffusion de l'instruction et de la culture, et l'établissement d'impôts sur la propriété, principalement sur la propriété héritée, qui tendent à empêcher les inégalités de se perpétuer; il demande aussi que l'Etat étende le contrôle qu'il exerce déjà sur une partie de la production, et qu'il intervienne dans le contrat de travail pour élever la condition des travailleurs. Il déclare en même temps qu'il faut, avant tout, que la vie morale des hommes devienne plus saine; car le progrès social a sa source moins dans le droit et dans l'organisation économique que dans l'homme même; il faut qu'un idéalisme, non plus seulement négatif, comme sont le libéralisme, le socialisme et le positivisme, mais vraiment positif se répande, et dirige l'évolution de la société. Et M. Hammacher, faisant preuve d'un optimisme qu'on peut ne point partager, mais qui ne saurait être que bienfaisant, ne nous cache pas son espoir de voir ses vœux se réaliser.

Je ne dissimulerai pas que j'ai ouvert le livre de M. Hammacher sans grand plaisir. Je me demandais s'il ajouterait rien de nouveau à tant de choses qui ont été écrites déjà sur le marxisme, à cette formidable exégèse que les ouvrages de Marx ont déjà suscitée. A mesure que j'ai avancé dans ma lecture, mes craintes se sont dissipées. J'ai été très vivement intéressé par tant d'aperçus attachants que le livre contient. Ce livre n'est pas seulement l'œuvre d'un auteur fort consciencieux et fort savant; c'est aussi l'œuvre d'un esprit très pénétrant, très personnel, et dans le commerce duquel on trouve le plus grand profit.

Ad. Landry.

Annuaire statistique, *Statistique générale de la France.* Ministère du travail et de la prévoyance sociale, 1907. Paris, Imprimerie nationale, 1908. LXIV-416-219 p., 7 fr. 50.

L'Annuaire statistique de la France de 1907 mérite d'être particulièrement signalé. Tous ceux qui sont familiers avec cette remarquable publication savent qu'elle se divise essentiellement en deux parties : l'une relative à la statistique annuelle de la France, l'autre rétrospective et relative à la plupart des grandes nations modernes. L'une et l'autre ont reçu cette année de notables accroissements. C'est ainsi que la statistique annuelle procèdera désormais au classement des valeurs déclarées dans les successions, au classement des valeurs mobilières inscrites à la Bourse de Paris et à leur importance, elle donnera la population des colonies et pays de protectorat. On regrettera par contre que certains tableaux, notamment ceux relatifs à l'enseignement technique, n'aient pu être fournis.

Mais c'est la partie rétrospective, la plus intéressante assurément, car elle autorise les comparaisons des phénomènes sociaux les plus divers année par année et pays par pays, qui a subi la plus notable extension. De 107 pages dans l'Annuaire précédent elle passe à 207 pages dans l'Annuaire actuel. Tous les chapitres : instruction, justice, agriculture,

industrie, associations, transports, Banque de France, propriété, consommation, population, protection agricole, banques, commerce, ont été plus
ou moins élargis et complétés. Nous signalerons particulièrement les
adjonctions de la statistique rétrospective consacrée aux pays étrangers.
Elles sont relatives aux grèves et coalitions, au chômage professionnel, aux
syndicats ouvriers, à l'enseignement primaire, à la démographie considérée
dans les branches les plus diverses (naissances, décès, vie moyenne, émigration). La statistique rétrospective des prix est complétée par une statistique
des prix d'importation à Hambourg et la base du calcul pour la France sera
désormais la période 1891-1900 au lieu de 1867-1877.

Ce bref compte rendu suffit à nous donner une idée de l'effort fourni par
notre service de la statistique générale de la France. Notre Annuaire est
ainsi porté tout à fait au premier rang parmi les publications de cet ordre
et il devient l'auxiliaire toujours plus indispensable et plus précieux de
l'économiste ou du sociologue.

Jean LESCURE.

Georges Villain, directeur du contrôle commercial des chemins de fer au
  Ministère des travaux publics, *Notice sur la périodicité des crises écono-
  miques et ses rapports avec l'exploitation des chemins de fer français.* 1908.
  Impr. Nationale.

Le ministre des travaux publics, soucieux de l'utilisation pratique de la
théorie des crises, a demandé au contrôle commercial des chemins de fer
une étude sur les rapports des crises périodiques avec l'exploitation des
chemins de fer. C'est à cette heureuse initiative que nous devons la remarquable notice de M. G. Villain que nous analysons ci-dessous.

Après avoir établi l'existence du phénomène des crises périodiques au
moyen de statistiques et de graphiques des prix, du portefeuille et de l'encaisse de la Banque de France, du portefeuille des grandes banques françaises, du commerce extérieur, M. Villain recherche le parti qu'on pourrait
tirer de cette météorologie économique pour l'exploitation des chemins de
fer français.

La conséquence essentielle consisterait dans la création d'un matériel
suffisant, dans la mise en état des gares en période de dépression de façon
à faire face à la demande accrue de moyens de transport en période d'essor. On n'assisterait plus ainsi à ces crises de transports dont les périodes
d'essor sont le signal. On ne manquerait plus de wagons, de locomotives,
etc. Les retards inhérents d'une exploitation insuffisamment outillée
seraient évités.

Or, cette conséquence est très importante; car jusqu'ici les Compagnies
ont réservé leurs commandes de matériel, leurs travaux d'installations des
gares pour les périodes d'essor, c'est-à-dire pour le moment où l'industrie
est surmenée de commandes. Elles sont alors obligées de passer de fortes
commandes à l'étranger : 36.750.000 francs en 1899-1900. En période de
dépression, nos usines chôment au contraire.

Cette politique de l'exploitation des chemins de fer est assez naturelle d'ailleurs. Ils passent leurs commandes au fur et à mesure du développement du trafic. Mais nos chemins de fer français ont une raison spéciale de suivre cette politique, car, en période de dépression (et même pendant la dernière année d'essor à la suite du renchérissement des matières premières, houille, etc...), leurs recettes nettes baissent. Ils réduisent donc le plus possible leurs dépenses pour éviter de faire appel à la garantie d'intérêt.

C'est contre cette politique de nos chemins de fer que M. G. Villain propose de réagir en établissant à l'avance un plan de construction de matériel et d'aménagement des gares, car à la dépression succèdera l'essor; en temps de dépression, les Compagnies doivent constituer un matériel susceptible de satisfaire aux besoins élargis de la prochaine période d'essor. Elles le peuvent d'autant mieux qu'en période de dépression les prix sont bas (prix de locomotives 1902-1904 1 fr. 55 le kilog., 1 fr. 94 en 1899), les usines françaises manquent de commandes. Et un même remède guérit alors deux maux : les crises de transports, les crises de surproduction.

Jean Lescure.

Jean Favre, *Les changes dépréciés. Etudes théoriques et pratiques,* 144 p. Paris, 1906, Chevalier et Rivière.

Une préface bienveillante de M. R.-G. Lévy suffit à attirer une attention sympathique sur ce petit livre, que nous nous accusons d'avoir laissé un peu vieillir, mais qui ne présente pas moins un intérêt d'actualité. Car, s'il est écrit d'hier, il traite bien souvent des problèmes de demain : la plupart des chapitres, en effet — dont deux relatifs respectivement à la banque d'Etat du Maroc et à la circulation financière aux Etat-Unis ne correspondent guère au titre du recueil —, concernent plutôt des réformes à réaliser que des réalités présentes. Ainsi, l'auteur donne son avis sur la question du change en Espagne, la stabilisation de la piastre indo-chinoise et le problème monétaire en Chine. Deux autres chapitres se rapportent à deux réformes monétaires récentes : celle de l'Argentine et celle du Mexique, — ce dernier, d'ailleurs, étant de tous le plus incomplet et le plus vieilli.

Ce qui a le plus manqué à M. Favre, en dépit de ses louables efforts pour y parvenir, c'est une conception nette du phénomène qu'il étudiait : la dépréciation monétaire. Est dépréciée une monnaie qui n'a pas conservé sa parité antérieure avec une autre monnaie, — disons, aujourd'hui, avec la monnaie d'or, — et dont la parité actuelle représente, bien entendu, une valeur inférieure à celle qu'elle avait à l'origine. Nous estimons que la dépréciation consiste uniquement dans un changement qui s'est produit dans le rapport de valeur *entre deux monnaies,* et que ce changement se manifeste toujours, dans les cas actuels, à l'occasion d'une opération *de change extérieur.*

Quant à la soi-disant dépréciation intérieure, c'est-à-dire la baisse de valeur par rapport aux marchandises qui se traduit par une hausse des prix à l'intérieur, c'est, croyons-nous, un phénomène consécutif, résultat de la perte au change subie par les importateurs et ne constituant aucunement un criterium de la dépréciation : ce n'est pas parce que les prix sont plus élevés aux Etats-Unis qu'en France que nous irions qualifier le dollar de monnaie dépréciée. Au contraire, nous considérons la *peseta* comme dépréciée, parce que, au cours de 107 ou de 110, il est manifeste que la monnaie espagnole perd beaucoup plus au change que ne le comporterait l'envoi à l'extérieur de *pesetas* en or, s'il y en avait de disponibles. Le cours du change est, dans tous les cas actuels, la seule manifestation de la dépréciation ; *et l'on ne peut remédier à la dépréciation qu'en modifiant les conditions du change.*

Tel est, à notre avis, l'enseignement qui ressort, non pas seulement de l'examen théorique du problème, mais des réformes monétaires récentes. Faute d'avoir su le dégager, M. Favre nous paraît être passé généralement à côté des conceptions justes et des explications vraies. Mais au total, il ne s'est pas plus trompé que beaucoup d'autres ; et son petit recueil peut présenter quelque utilité en raison des renseignements de fait, bien sommaires, mais convenablement exposés, qu'il contient.

·Bertrand NOGARO.

Marcel Détieux, *La question monétaire en Indo-Chine,* 417 p. Paris, 1907, Emile Larose.

Voici un excellent ouvrage, fait dans le meilleur esprit scientifique, et avec un sens très exact de la réalité. Quoique l'auteur n'émette aucune proposition d'ordre général ; on voit qu'il a parfaitement saisi en quoi consiste le problème du change dans un pays à monnaie d'argent.

Ne partageant pas l'optimisme, démenti par les faits, de la commission américaine-mexicaine, il sent fort bien que la raréfaction de la monnaie locale n'est pas un moyen de stabiliser le change. Il a fort bien compris que, si la création d'une monnaie locale et la suppression de la frappe libre sont des conditions premières de la stabilisation, parce qu'elles empêchent les débiteurs étrangers de s'acquitter en envoyant en paiement du métal blanc acheté au cours du marché, il faut, en outre, fournir de l'or aux habitants du pays qui ont à s'acquitter vis-à-vis des pays à monnaie d'or, et que le montant du stock nécessaire dépend de l'état de la balance des comptes.

Il recherche donc si la balance des comptes indo-chinoise n'est pas de nature à provoquer indéfiniment la fuite de l'or ; et, à la suite d'estimations assez délicates, il croit pouvoir conclure à la possibilité d'adopter le système du *gold exchange standard.*

L'auteur traite aussi des rapports entre la monnaie d'argent et la sapèque. Au total, il nous présente un ouvrage très complet et très satisfaisant sur tout ce qui concerne l'historique et l'état actuel du régime monétaire de notre colonie.   Bertrand NOGARO.

J. Ruotte. *Opérations et travaux de banque,* 2ᵉ éd., 1905, 505 p. Lyon, Storck et Cⁱᵉ.

Ce livre se recommande, par un sous-titre assez long, « aux jeunes gens qui se destinent à la banque, aux employés de banque, aux industriels, aux négociants, aux comptables, et, en général, à toutes personnes qui, à un titre quelconque, ont des relations avec les maisons de banque ». On le voit, ceux qui, professeurs ou étudiants, désirent connaître les affaires de banque, sans y être mêlés par leurs occupations, ni même, peut-être, par leurs intérêts, sont à peu près seuls exceptés de cette copieuse énumération.

Il semble que l'auteur n'ait pas prévu leur clientèle, plus zélée, d'ailleurs, que nombreuse. Et cependant, nous croyons que l'ouvrage peut aussi s'adresser à elle.

Il contient, sans doute, beaucoup de notions que l'on trouve, développées avec plus de précision et d'ampleur, dans les manuels les plus variés, de droit commercial, de comptabilité ou d'arithmétique financière. Mais l'auteur, qui a la pratique des affaires — M. Ruotte est un chef de bureau du Crédit Lyonnais —, est en mesure de fournir des renseignements qui ne se trouvent pas dans les ouvrages classiques sur les banques : et ces détails techniques, en éclairant certaines parties du mécanisme de la banque qui avaient pu nous rester obscurs, nous permettent parfois d'en comprendre plus complètement le fonctionnement. Ainsi, certains chapitres nous font mieux saisir — encore qu'ils ne mettent pas bien en lumière le rôle si important des succursales de la Banque de France — les procédés généralement peu connus des règlements de place à place à l'intérieur de notre pays.

Ne demandons pas à ce livre d'être un exposé didactique des principes de la banque. Demandons-lui cependant des informations sur la pratique des affaires : quelques chapitres nous fourniront des données fort instructives. Bertrand NOGARO.

———————

Maurice Alfassa, *La crise ouvrière récente des chemins de fer anglais. Une solution nouvelle des conflits.* Paris, Rousseau, 1908. Une brochure in-16 de 101 p. (Bibliothèque du Musée social).

M. Maurice Alfassa est un des rares Français qui connaissent vraiment à fond les choses d'Angleterre. Il nous le prouve une fois de plus aujourd'hui par cette modeste mais précieuse brochure, dont la documentation est si sûre que les Anglais eux-mêmes voient volontiers en elle le meilleur résumé écrit sur la question.

La précision du détail n'est pas la seule qualité du travail de M. Alfassa. Il s'impose aussi par sa clarté et par la maîtrise avec laquelle l'auteur pose devant nous les termes du problème complexe et vital qui a agité l'Angleterre au cours de l'année dernière. Tout le monde a encore dans la mémoire

les angoisses de ce pays, et, peut-on dire, du monde économique tout entier,
sous le coup de la menace de grève générale du syndicat général des
employés de chemins de fer. Mais on ignore à peu près complètement
chez nous quelles ont été les causes profondes du conflit qui a failli suspendre toute la vie du commerce et de l'industrie britanniques.

L'étude de M. Alfassa projette une lumière remarquable sur cette
question :

Cette lutte des compagnies et des ouvriers a d'abord des racines purement syndicalistes; il s'agissait, pour le syndicat, d'obtenir en premier lieu
sa reconnaissance officielle par les compagnies qui s'y sont jusqu'ici refu-
sées; puis il s'agissait encore, bien entendu, d'arracher aux compagnies
des améliorations du sort du personnel dont les salaires sont relativement
plus faibles et la durée du travail généralement plus longue que dans les
autres industries. Or, c'est par là qu'on pénètre jusqu'aux sources lointaines du conflit : Si l'industrie des chemins de fer a fait jusqu'ici une
situation inférieure à ses agents, si les compagnies, contrairement à
l'exemple donné par les entreprises minières, textiles, métallurgiques, ont
refusé de reconnaître le syndicat de peur d'être amenées à des améliorations
en salaires, c'est que cette industrie des transports par voie ferrée, qui
devrait avoir participé à la prospérité économique générale du pays, est
rongée par un mal interne et spécial qu'il est particulièrement intéressant
de constater et qui est l'excès de la concurrence. Trop nombreuses, les
compagnies anglaises s'épuisent en une rivalité stérile et voient, d'année
en année, leurs dividendes baisser au point de mettre en question leur
crédit et la possibilité même de leur exploitation.

Le problème s'élargit donc d'une singulière façon : il ne s'agit pas seulement d'un conflit entre ouvriers et employeurs, d'un simple épisode de la
vie syndicaliste; c'est le système tout entier de la concurrence en matière
d'industrie des chemins de fer qui est en question, et le syndicat ouvrier
l'a bien vu; comme le dit M. Alfassa, « le syndicat a voulu mettre en lumière
l'effroyable vice de l'organisation actuelle des chemins de fer anglais; en
montrant, pour les périodes de prospérité les plus grandes, les conséquences
financières de la concurrence effrénée, il visait à poser le problème inex-
tricable et ainsi à faire rechercher quelque solution permettant de mettre
un terme à cette situation » (p. 32).

L'impression très nette qui résulte en somme de cet attachant petit
livre, c'est que la crise de 1907 n'est pas seulement une étape importante
du développement du Trade-Unionisme, mais qu'elle est le signal d'un mouvement qui doit aboutir tôt ou tard à la concentration des chemins de fer
anglais et peut-être même à leur nationalisation. En faveur de celle-ci,
en effet, « il existe un mouvement puissant, gagnant chaque jour de nouveaux partisans, industriels, chambres de commerce » (p. 74). Et ceci ne
manque pas d'intérêt pour nous, Français, à l'heure actuelle.

L. POLIER.

TABLE DES MATIÈRES

du tome **XXIII** (Année 1909).

I. Table alphabétique.

1° Articles de fond.

2° Chroniques.

a) Chronique législative (rédigée par Ed. VILLEY).

b) Chronique des transports et travaux publics (par Marcel PORTE).

c) Chronique agricole (par Joseph HITIER).

d) Chronique budgétaire et fiscale (par Edgar ALLIX).

3° Bulletins bibliographiques.

II. Table générale

par matières.

Les mentions qui ne sont pas suivies du mot *article* ou *chronique* sont les mentions des comptes rendus bibliographiques.

Le Gérant : L. LAROSE.

31.639. — BORDEAUX, IMPRIMERIE Y. CADORET, RUE POQUELIN-MOLIÈRE, 17.

Lightning Source UK Ltd.
Milton Keynes UK
UKHW020811081118
331957UK00013B/1701/P